公证管理工作手册

Gongzheng Guanli Gongzuo Shouce

司法部公共法律服务管理局　编

法律出版社
LAW PRESS · CHINA
北京

图书在版编目(CIP)数据

公证管理工作手册 / 司法部公共法律服务管理局编
. -- 北京 : 法律出版社, 2022(2022.12 重印)
ISBN 978-7-5197-6859-1

Ⅰ. ①公… Ⅱ. ①司… Ⅲ. ①公证管理-中国-手册
Ⅳ. ①D926.13-62

中国版本图书馆 CIP 数据核字(2022)第110622号

公证管理工作手册
GONGZHENG GUANLI GONGZUO SHOUCE

司法部公共法律服务管理局 编

策划编辑 沈小英
责任编辑 沈小英 刘雪莲
装帧设计 汪奇峰

出版发行 法律出版社
编辑统筹 法治与经济出版分社
责任校对 王晓萍 王 丰 裴 黎
责任印制 吕亚莉
经　　销 新华书店

开本 787毫米×1092毫米 1/16
印张 69 **字数** 1810千
版本 2022年9月第1版
印次 2022年12月第2次印刷
印刷 天津嘉恒印务有限公司

地址:北京市丰台区莲花池西里7号(100073)
网址:www.lawpress.com.cn
投稿邮箱:info@lawpress.com.cn
举报盗版邮箱:jbwq@lawpress.com.cn

销售电话:010-83938349
客服电话:010-83938350
咨询电话:010-63939796

书号:ISBN 978-7-5197-6859-1
定价:380.00元
凡购买本社图书,如有印装错误,我社负责退换。电话:010-83938349

总　目　录

目　　录

第一部分　法　　律

第二部分　行政法规及党中央、国务院规范性文件

第三部分 司法解释及相关文件

第四部分　司法部规章及规范性文件

一、综　　合

二、公证机构和公证员

三、公 证 程 序

四、公证业务

（一）合同（协议）公证

(二)继承、遗嘱、赠与公证

（九）公司、金融事务公证

（十）不动产事务公证

（十一）保全证据公证

（十二）其他有法律意义的事实和文书公证

五、不予公证事项

六、公证书的制作、翻译和认证

七、公证费、公证经费管理

八、公 证 档 案

九、公证执业指导案例

十、公证协会

第五部分　其他部门规章及规范性文件

第六部分　认证机构、收费及要求

第一部分 法 律

中华人民共和国公证法

（2005年8月28日第十届全国人民代表大会常务委员会第十七次会议通过　根据2015年4月24日第十二届全国人民代表大会常务委员会第十四次会议《关于修改〈中华人民共和国义务教育法〉等五部法律的决定》第一次修正　根据2017年9月1日第十二届全国人民代表大会常务委员会第二十九次会议《关于修改〈中华人民共和国法官法〉等八部法律的决定》第二次修正）

目　　录

第一章　总　　则

第一条　为规范公证活动，保障公证机构和公证员依法履行职责，预防纠纷，保障自然人、法人或者其他组织的合法权益，制定本法。

第二条　公证是公证机构根据自然人、法人或者其他组织的申请，依照法定程序对民事法律行为、有法律意义的事实和文书的真实性、合法性予以证明的活动。

第三条　公证机构办理公证，应当遵守法律，坚持客观、公正的原则。

第四条　全国设立中国公证协会，省、自治区、直辖市设立地方公证协会。中国公证协会和地方公证协会是社会团体法人。中国公证协会章程由会员代表大会制定，报国务院司法行政部门备案。

公证协会是公证业的自律性组织，依据章程开展活动，对公证机构、公证员的执业活动进行监督。

第五条　司法行政部门依照本法规定对公证机构、公证员和公证协会进行监督、指导。

第二章　公 证 机 构

第六条　公证机构是依法设立,不以营利为目的,依法独立行使公证职能、承担民事责任的证明机构。

第七条　公证机构按照统筹规划、合理布局的原则,可以在县、不设区的市、设区的市、直辖市或者市辖区设立;在设区的市、直辖市可以设立一个或者若干个公证机构。公证机构不按行政区划层层设立。

第八条　设立公证机构,应当具备下列条件:

(一)有自己的名称;

(二)有固定的场所;

(三)有二名以上公证员;

(四)有开展公证业务所必需的资金。

第九条　设立公证机构,由所在地的司法行政部门报省、自治区、直辖市人民政府司法行政部门按照规定程序批准后,颁发公证机构执业证书。

第十条　公证机构的负责人应当在有三年以上执业经历的公证员中推选产生,由所在地的司法行政部门核准,报省、自治区、直辖市人民政府司法行政部门备案。

第十一条　根据自然人、法人或者其他组织的申请,公证机构办理下列公证事项:

(一)合同;

(二)继承;

(三)委托、声明、赠与、遗嘱;

(四)财产分割;

(五)招标投标、拍卖;

(六)婚姻状况、亲属关系、收养关系;

(七)出生、生存、死亡、身份、经历、学历、学位、职务、职称、有无违法犯罪记录;

(八)公司章程;

(九)保全证据;

(十)文书上的签名、印鉴、日期,文书的副本、影印本与原本相符;

(十一)自然人、法人或者其他组织自愿申请办理的其他公证事项。

法律、行政法规规定应当公证的事项,有关自然人、法人或者其他组织应当向公证机构申请办理公证。

第十二条　根据自然人、法人或者其他组织的申请,公证机构可以办理下列事务:

(一)法律、行政法规规定由公证机构登记的事务;

(二)提存;

(三)保管遗嘱、遗产或者其他与公证事项有关的财产、物品、文书;

(四)代写与公证事项有关的法律事务文书;

(五)提供公证法律咨询。

第十三条　公证机构不得有下列行为:

（一）为不真实、不合法的事项出具公证书；

（二）毁损、篡改公证文书或者公证档案；

（三）以诋毁其他公证机构、公证员或者支付回扣、佣金等不正当手段争揽公证业务；

（四）泄露在执业活动中知悉的国家秘密、商业秘密或者个人隐私；

（五）违反规定的收费标准收取公证费；

（六）法律、法规、国务院司法行政部门规定禁止的其他行为。

第十四条 公证机构应当建立业务、财务、资产等管理制度，对公证员的执业行为进行监督，建立执业过错责任追究制度。

第十五条 公证机构应当参加公证执业责任保险。

第三章 公 证 员

第十六条 公证员是符合本法规定的条件，在公证机构从事公证业务的执业人员。

第十七条 公证员的数量根据公证业务需要确定。省、自治区、直辖市人民政府司法行政部门应当根据公证机构的设置情况和公证业务的需要核定公证员配备方案，报国务院司法行政部门备案。

第十八条 担任公证员，应当具备下列条件：

（一）具有中华人民共和国国籍；

（二）年龄二十五周岁以上六十五周岁以下；

（三）公道正派，遵纪守法，品行良好；

（四）通过国家统一法律职业资格考试取得法律职业资格；

（五）在公证机构实习二年以上或者具有三年以上其他法律职业经历并在公证机构实习一年以上，经考核合格。

第十九条 从事法学教学、研究工作，具有高级职称的人员，或者具有本科以上学历，从事审判、检察、法制工作、法律服务满十年的公务员、律师，已经离开原工作岗位，经考核合格的，可以担任公证员。

第二十条 有下列情形之一的，不得担任公证员：

（一）无民事行为能力或者限制民事行为能力的；

（二）因故意犯罪或者职务过失犯罪受过刑事处罚的；

（三）被开除公职的；

（四）被吊销公证员、律师执业证书的。

第二十一条 担任公证员，应当由符合公证员条件的人员提出申请，经公证机构推荐，由所在地的司法行政部门报省、自治区、直辖市人民政府司法行政部门审核同意后，报请国务院司法行政部门任命，并由省、自治区、直辖市人民政府司法行政部门颁发公证员执业证书。

第二十二条 公证员应当遵纪守法，恪守职业道德，依法履行公证职责，保守执业秘密。

公证员有权获得劳动报酬，享受保险和福利待遇；有权提出辞职、申诉或者控告；非因法定事由和非经法定程序，不被免职或者处罚。

第二十三条 公证员不得有下列行为：

(一)同时在二个以上公证机构执业;

(二)从事有报酬的其他职业;

(三)为本人及近亲属办理公证或者办理与本人及近亲属有利害关系的公证;

(四)私自出具公证书;

(五)为不真实、不合法的事项出具公证书;

(六)侵占、挪用公证费或者侵占、盗窃公证专用物品;

(七)毁损、篡改公证文书或者公证档案;

(八)泄露在执业活动中知悉的国家秘密、商业秘密或者个人隐私;

(九)法律、法规、国务院司法行政部门规定禁止的其他行为。

第二十四条 公证员有下列情形之一的,由所在地的司法行政部门报省、自治区、直辖市人民政府司法行政部门提请国务院司法行政部门予以免职:

(一)丧失中华人民共和国国籍的;

(二)年满六十五周岁或者因健康原因不能继续履行职务的;

(三)自愿辞去公证员职务的;

(四)被吊销公证员执业证书的。

第四章 公证程序

第二十五条 自然人、法人或者其他组织申请办理公证,可以向住所地、经常居住地、行为地或者事实发生地的公证机构提出。

申请办理涉及不动产的公证,应当向不动产所在地的公证机构提出;申请办理涉及不动产的委托、声明、赠与、遗嘱的公证,可以适用前款规定。

第二十六条 自然人、法人或者其他组织可以委托他人办理公证,但遗嘱、生存、收养关系等应当由本人办理公证的除外。

第二十七条 申请办理公证的当事人应当向公证机构如实说明申请公证的事项的有关情况,提供真实、合法、充分的证明材料;提供的证明材料不充分的,公证机构可以要求补充。

公证机构受理公证申请后,应当告知当事人申请公证事项的法律意义和可能产生的法律后果,并将告知内容记录存档。

第二十八条 公证机构办理公证,应当根据不同公证事项的办证规则,分别审查下列事项:

(一)当事人的身份、申请办理该项公证的资格以及相应的权利;

(二)提供的文书内容是否完备,含义是否清晰,签名、印鉴是否齐全;

(三)提供的证明材料是否真实、合法、充分;

(四)申请公证的事项是否真实、合法。

第二十九条 公证机构对申请公证的事项以及当事人提供的证明材料,按照有关办证规则需要核实或者对其有疑义的,应当进行核实,或者委托异地公证机构代为核实,有关单位或者个人应当依法予以协助。

第三十条 公证机构经审查,认为申请提供的证明材料真实、合法、充分,申请公证的事项真实、合法的,应当自受理公证申请之日起十五个工作日内向当事人出具公证书。但是,因不可抗力、补充证明材料或者需要核实有关情况的，所需时间不计算在期限内。

第三十一条 有下列情形之一的，公证机构不予办理公证：

（一）无民事行为能力人或者限制民事行为能力人没有监护人代理申请办理公证的；

（二）当事人与申请公证的事项没有利害关系的；

（三）申请公证的事项属专业技术鉴定、评估事项的；

（四）当事人之间对申请公证的事项有争议的；

（五）当事人虚构、隐瞒事实，或者提供虚假证明材料的；

（六）当事人提供的证明材料不充分或者拒绝补充证明材料的；

（七）申请公证的事项不真实、不合法的；

（八）申请公证的事项违背社会公德的；

（九）当事人拒绝按照规定支付公证费的。

第三十二条 公证书应当按照国务院司法行政部门规定的格式制作，由公证员签名或者加盖签名章并加盖公证机构印章。公证书自出具之日起生效。

公证书应当使用全国通用的文字；在民族自治地方，根据当事人的要求，可以制作当地通用的民族文字文本。

第三十三条 公证书需要在国外使用，使用国要求先认证的，应当经中华人民共和国外交部或者外交部授权的机构和有关国家驻中华人民共和国使（领）馆认证。

第三十四条 当事人应当按照规定支付公证费。

对符合法律援助条件的当事人，公证机构应当按照规定减免公证费。

第三十五条 公证机构应当将公证文书分类立卷，归档保存。法律、行政法规规定应当公证的事项等重要的公证档案在公证机构保存期满，应当按照规定移交地方档案馆保管。

第五章　公证效力

第三十六条 经公证的民事法律行为、有法律意义的事实和文书，应当作为认定事实的根据，但有相反证据足以推翻该项公证的除外。

第三十七条 对经公证的以给付为内容并载明债务人愿意接受强制执行承诺的债权文书，债务人不履行或者履行不适当的，债权人可以依法向有管辖权的人民法院申请执行。

前款规定的债权文书确有错误的，人民法院裁定不予执行，并将裁定书送达双方当事人和公证机构。

第三十八条 法律、行政法规规定未经公证的事项不具有法律效力的，依照其规定。

第三十九条 当事人、公证事项的利害关系人认为公证书有错误的，可以向出具该公证书的公证机构提出复查。公证书的内容违法或者与事实不符的，公证机构应当撤销该公证书并予以公告，该公证书自始无效；公证书有其他错误的，公证机构应当予以更正。

第四十条 当事人、公证事项的利害关系人对公证书的内容有争议的，可以就该争议向人民法院提起民事诉讼。

第六章　法律责任

第四十一条　公证机构及其公证员有下列行为之一的，由省、自治区、直辖市或者设区的市人民政府司法行政部门给予警告；情节严重的，对公证机构处一万元以上五万元以下罚款，对公证员处一千元以上五千元以下罚款，并可以给予三个月以上六个月以下停止执业的处罚；有违法所得的，没收违法所得：

（一）以诋毁其他公证机构、公证员或者支付回扣、佣金等不正当手段争揽公证业务的；

（二）违反规定的收费标准收取公证费的；

（三）同时在二个以上公证机构执业的；

（四）从事有报酬的其他职业的；

（五）为本人及近亲属办理公证或者办理与本人及近亲属有利害关系的公证的；

（六）依照法律、行政法规的规定，应当给予处罚的其他行为。

第四十二条　公证机构及其公证员有下列行为之一的，由省、自治区、直辖市或者设区的市人民政府司法行政部门对公证机构给予警告，并处二万元以上十万元以下罚款，并可以给予一个月以上三个月以下停业整顿的处罚；对公证员给予警告，并处二千元以上一万元以下罚款，并可以给予三个月以上十二个月以下停止执业的处罚；有违法所得的，没收违法所得；情节严重的，由省、自治区、直辖市人民政府司法行政部门吊销公证员执业证书；构成犯罪的，依法追究刑事责任：

（一）私自出具公证书的；

（二）为不真实、不合法的事项出具公证书的；

（三）侵占、挪用公证费或者侵占、盗窃公证专用物品的；

（四）毁损、篡改公证文书或者公证档案的；

（五）泄露在执业活动中知悉的国家秘密、商业秘密或者个人隐私的；

（六）依照法律、行政法规的规定，应当给予处罚的其他行为。

因故意犯罪或者职务过失犯罪受刑事处罚的，应当吊销公证员执业证书。

被吊销公证员执业证书的，不得担任辩护人、诉讼代理人，但系刑事诉讼、民事诉讼、行政诉讼当事人的监护人、近亲属的除外。

第四十三条　公证机构及其公证员因过错给当事人、公证事项的利害关系人造成损失的，由公证机构承担相应的赔偿责任；公证机构赔偿后，可以向有故意或者重大过失的公证员追偿。

当事人、公证事项的利害关系人与公证机构因赔偿发生争议的，可以向人民法院提起民事诉讼。

第四十四条　当事人以及其他个人或者组织有下列行为之一，给他人造成损失的，依法承担民事责任；违反治安管理的，依法给予治安管理处罚；构成犯罪的，依法追究刑事责任：

（一）提供虚假证明材料，骗取公证书的；

（二）利用虚假公证书从事欺诈活动的；

（三）伪造、变造或者买卖伪造、变造的公证书、公证机构印章的。

第七章　附　　则

第四十五条　中华人民共和国驻外使(领)馆可以依照本法的规定或者中华人民共和国缔结或者参加的国际条约的规定,办理公证。

第四十六条　公证费的收费标准由省、自治区、直辖市人民政府价格主管部门会同同级司法行政部门制定。

第四十七条　本法自2006年3月1日起施行。

中华人民共和国民法典(节录)

(2020年5月28日第十三届全国人民代表大会第三次会议通过　2020年5月28日中华人民共和国第45号主席令发布　自2021年1月1日起施行)

第六百五十八条　赠与人在赠与财产的权利转移之前可以撤销赠与。

经过公证的赠与合同或者依法不得撤销的具有救灾、扶贫、助残等公益、道德义务性质的赠与合同,不适用前款规定。

第六百六十条　经过公证的赠与合同或者依法不得撤销的具有救灾、扶贫、助残等公益、道德义务性质的赠与合同,赠与人不交付赠与财产的,受赠人可以请求交付。

依据前款规定应当交付的赠与财产因赠与人故意或者重大过失致使毁损、灭失的,赠与人应当承担赔偿责任。

第一千一百零五条　收养应当向县级以上人民政府民政部门登记。收养关系自登记之日起成立。

收养查找不到生父母的未成年人的,办理登记的民政部门应当在登记前予以公告。

收养关系当事人愿意签订收养协议的,可以签订收养协议。

收养关系当事人各方或者一方要求办理收养公证的,应当办理收养公证。

县级以上人民政府民政部门应当依法进行收养评估。

第一千一百三十九条　公证遗嘱由遗嘱人经公证机构办理。

中华人民共和国民事诉讼法(节录)

(1991年4月9日第七届全国人民代表大会第四次会议通过　根据2007年10月28日第十届全国人民代表大会常务委员会第三十次会议《关于修改〈中华人民共和国民事诉讼法〉的决定》第一次修正　根据2012年8月31日第十一届全国人民代表大会常务委员会第二十八次会议《关于修改〈中华人民共和国民事诉讼法〉的决定》第二次修正　根据2017年6月27日第十二届全国人民代表大会常务委员会第二十八次会议《关于修改〈中华人民共和国民事诉讼法〉和〈中华人民共和国行政诉讼法〉的决定》第三次修正　根据2021年12月24日第十三届全国人民代表大会常务委员会第三十二次会议《关于修改〈中华人民共和国民事诉讼法〉的决定》第四次修正)

第七十二条　经过法定程序公证证明的法律事实和文书,人民法院应当作为认定事实的根据,但有相反证据足以推翻公证证明的除外。

第一百五十七条　裁定适用于下列范围:

(一)不予受理;

(二)对管辖权有异议的;

(三)驳回起诉;

(四)保全和先予执行;

(五)准许或者不准许撤诉;

(六)中止或者终结诉讼;

(七)补正判决书中的笔误;

(八)中止或者终结执行;

(九)撤销或者不予执行仲裁裁决;

(十)不予执行公证机关赋予强制执行效力的债权文书;

(十一)其他需要裁定解决的事项。

对前款第一项至第三项裁定,可以上诉。

裁定书应当写明裁定结果和作出该裁定的理由。裁定书由审判人员、书记员署名,加盖人民法院印章。口头裁定的,记入笔录。

第二百四十五条　对公证机关依法赋予强制执行效力的债权文书,一方当事人不履行的,对方当事人可以向有管辖权的人民法院申请执行,受申请的人民法院应当执行。

公证债权文书确有错误的,人民法院裁定不予执行,并将裁定书送达双方当事人和公证机关。

第二百七十一条　在中华人民共和国领域内没有住所的外国人、无国籍人、外国企业和组织委托中华人民共和国律师或者其他人代理诉讼，从中华人民共和国领域外寄交或者托交的授权委托书，应当经所在国公证机关证明，并经中华人民共和国驻该国使领馆认证，或者履行中华人民共和国与该所在国订立的有关条约中规定的证明手续后，才具有效力。

中华人民共和国刑法(节录)

(1979年7月1日第五届全国人民代表大会第二次会议通过　1997年3月14日第八届全国人民代表大会第五次会议修订　1997年3月14日中华人民共和国主席令第83号公布　自1997年10月1日起施行　1997年3月14日第八届全国人民代表大会第五次会议修订　根据1998年12月29日第九届全国人民代表大会常务委员会第六次会议通过的《全国人民代表大会常务委员会关于惩治骗购外汇、逃汇和非法买卖外汇犯罪的决定》、1999年12月25日第九届全国人民代表大会常务委员会第十三次会议通过的《中华人民共和国刑法修正案》、2001年8月31日第九届全国人民代表大会常务委员会第二十三次会议通过的《中华人民共和国刑法修正案(二)》、2001年12月29日第九届全国人民代表大会常务委员会第二十五次会议通过的《中华人民共和国刑法修正案(三)》、2002年12月28日第九届全国人民代表大会常务委员会第三十一次会议通过的《中华人民共和国刑法修正案(四)》、2005年2月28日第十届全国人民代表大会常务委员会第十四次会议通过的《中华人民共和国刑法修正案(五)》、2006年6月29日第十届全国人民代表大会常务委员会第二十二次会议通过的《中华人民共和国刑法修正案(六)》、2009年2月28日第十一届全国人民代表大会常务委员会第七次会议通过的《中华人民共和国刑法修正案(七)》、2009年8月27日第十一届全国人民代表大会常务委员会第十次会议通过的《全国人民代表大会常务委员会关于修改部分法律的决定》、2011年2月25日第十一届全国人民代表大会常务委员会第十九次会议通过的《中华人民共和国刑法修正案(八)》、2015年8月29日第十二届全国人民代表大会常务委员会第十六次会议通过的《中华人民共和国刑法修正案(九)》、2017年11月4日第十二届全国人民代表大会常务委员会第三十次会议通过的《中华人民共和国刑法修正案(十)》和2020年12月26日第十三届全国人民代表大会常务委员会第二十四次会议通过的《中华人民共和国刑法修正案(十一)》修正)

第二百二十九条　【提供虚假证明文件罪】承担资产评估、验资、验证、会计、审计、法律服务、保荐、安全评价、环境影响评价、环境监测等职责的中介组织的人员故意提供虚假证明文件，情节严重的，处五年以下有期徒刑或者拘役，并处罚金；有下列情形之一的，处五年以上十年以下有期徒刑，并处罚金：

(一)提供与证券发行相关的虚假的资产评估、会计、审计、法律服务、保荐等证明文件，情节特别严重的；

（二）提供与重大资产交易相关的虚假的资产评估、会计、审计等证明文件，情节特别严重的；

（三）在涉及公共安全的重大工程、项目中提供虚假的安全评价、环境影响评价等证明文件，致使公共财产、国家和人民利益遭受特别重大损失的。

【提供虚假证明文件罪】有前款行为，同时索取他人财物或者非法收受他人财物构成犯罪的，依照处罚较重的规定定罪处罚。

【出具证明文件重大失实罪】第一款规定的人员，严重不负责任，出具的证明文件有重大失实，造成严重后果的，处三年以下有期徒刑或者拘役，并处或者单处罚金。

第二百三十一条　【单位犯扰乱市场秩序罪的处罚规定】单位犯本节第二百二十一条至第二百三十条规定之罪的，对单位判处罚金，并对其直接负责的主管人员和其他直接责任人员，依照本节各该条的规定处罚。

中华人民共和国刑事诉讼法（节录）

（1979年7月1日第五届全国人民代表大会第二次会议通过　根据1996年3月17日第八届全国人民代表大会第四次会议《关于修改〈中华人民共和国刑事诉讼法〉的决定》第一次修正　根据2012年3月14日第十一届全国人民代表大会第五次会议《关于修改〈中华人民共和国刑事诉讼法〉的决定》第二次修正　根据2018年10月26日第十三届全国人民代表大会常务委员会第六次会议《关于修改〈中华人民共和国刑事诉讼法〉的决定》第三次修正）

第三十三条　犯罪嫌疑人、被告人除自己行使辩护权以外，还可以委托一至二人作为辩护人。下列的人可以被委托为辩护人：

（一）律师；

（二）人民团体或者犯罪嫌疑人、被告人所在单位推荐的人；

（三）犯罪嫌疑人、被告人的监护人、亲友。

正在被执行刑罚或者依法被剥夺、限制人身自由的人，不得担任辩护人。

被开除公职和被吊销律师、公证员执业证书的人，不得担任辩护人，但系犯罪嫌疑人、被告人的监护人、近亲属的除外。

中华人民共和国法官法(节录)

(1995 年 2 月 28 日第八届全国人民代表大会常务委员会第十二次会议通过　1995 年 2 月 28 日中华人民共和国主席令第 38 号发布　自 1995 年 7 月 1 日起施行　根据 2001 年 6 月 30 日第九届全国人民代表大会常务委员会第二十二次会议《关于修改〈中华人民共和国法官法〉的决定》第一次修正　根据 2017 年 9 月 1 日第十二届全国人民代表大会常务委员会第二十九次会议《关于修改〈中华人民共和国法官法〉等八部法律的决定》第二次修正　2019 年 4 月 23 日第十三届全国人民代表大会常务委员会第十次会议修订)

第十三条　下列人员不得担任法官:

(一)因犯罪受过刑事处罚的;

(二)被开除公职的;

(三)被吊销律师、公证员执业证书或者被仲裁委员会除名的;

(四)有法律规定的其他情形的。

第二十二条　法官不得兼任人民代表大会常务委员会的组成人员,不得兼任行政机关、监察机关、检察机关的职务,不得兼任企业或者其他营利性组织、事业单位的职务,不得兼任律师、仲裁员和公证员。

中华人民共和国检察官法(节录)

(1995 年 2 月 28 日第八届全国人民代表大会常务委员会第十二次会议通过　1995 年 2 月 28 日中华人民共和国主席令第 38 号发布　自 1995 年 7 月 1 日起施行　根据 2001 年 6 月 30 日第九届全国人民代表大会常务委员会第二十二次会议《关于修改〈中华人民共和国检察官法〉的决定》第一次修正　根据 2017 年 9 月 1 日第十二届全国人民代表大会常务委员会第二十九次会议《关于修改〈中华人民共和国法官法〉等八部法律的决定》第二次修正　2019 年 4 月 23 日第十三届全国人民代表大会常务委员会第十次会议修订)

第十三条　下列人员不得担任检察官:

(一)因犯罪受过刑事处罚的;

(二)被开除公职的;

（三）被吊销律师、公证员执业证书或者被仲裁委员会除名的；

（四）有法律规定的其他情形的。

第二十三条　检察官不得兼任人民代表大会常务委员会的组成人员，不得兼任行政机关、监察机关、审判机关的职务，不得兼任企业或者其他营利性组织、事业单位的职务，不得兼任律师、仲裁员和公证员。

中华人民共和国律师法（节录）

（1996年5月15日第八届全国人民代表大会常务委员会第十九次会议通过　根据2001年12月29日第九届全国人民代表大会常务委员会第二十五次会议《关于修改〈中华人民共和国律师法〉的决定》第一次修正　2007年10月28日第十届全国人民代表大会常务委员会第三十次会议修订　根据2012年10月26日第十一届全国人民代表大会常务委员会第二十九次会议《关于修改〈中华人民共和国律师法〉的决定》第二次修正　根据2017年9月1日第十二届全国人民代表大会常务委员会第二十九次会议《关于修改〈中华人民共和国法官法〉等八部法律的决定》第三次修正）

第七条　申请人有下列情形之一的，不予颁发律师执业证书：

（一）无民事行为能力或者限制民事行为能力的；

（二）受过刑事处罚的，但过失犯罪的除外；

（三）被开除公职或者被吊销律师、公证员执业证书的。

中华人民共和国老年人权益保障法(节录)

(1996 年 8 月 29 日第八届全国人民代表大会常务委员会第二十一次会议通过　根据 2009 年 8 月 27 日第十一届全国人民代表大会常务委员会第十次会议《关于修改部分法律的决定》第一次修正　2012 年 12 月 28 日第十一届全国人民代表大会常务委员会第三十次会议修订　根据 2015 年 4 月 24 日第十二届全国人民代表大会常务委员会第十四次会议《关于修改〈中华人民共和国电力法〉等六部法律的决定》第二次修正　根据 2018 年 12 月 29 日第十三届全国人民代表大会常务委员会第七次会议《关于修改〈中华人民共和国劳动法〉等七部法律的决定》第三次修正)

第五十六条　老年人因其合法权益受侵害提起诉讼交纳诉讼费确有困难的,可以缓交、减交或者免交;需要获得律师帮助,但无力支付律师费用的,可以获得法律援助。

鼓励律师事务所、公证处、基层法律服务所和其他法律服务机构为经济困难的老年人提供免费或者优惠服务。

中华人民共和国招标投标法(节录)

(1999 年 8 月 30 日第九届全国人民代表大会常务委员会第十一次会议　1999 年 8 月 30 日中华人民共和国主席令第 21 号公布　自 2000 年 1 月 1 日起施行　根据 2017 年 12 月 27 日第十二届全国人民代表大会常务委员会第三十一次会议《关于修改〈中华人民共和国招标投标法〉、〈中华人民共和国计量法〉的决定》修正)

第三十六条　开标时,由投标人或者其推选的代表检查投标文件的密封情况,也可以由招标人委托的公证机构检查并公证;经确认无误后,由工作人员当众拆封,宣读投标人名称、投标价格和投标文件的其他主要内容。

招标人在招标文件要求提交投标文件的截止时间前收到的所有投标文件,开标时都应当当众予以拆封、宣读。

开标过程应当记录,并存档备查。

中华人民共和国
海事诉讼特别程序法(节录)

(1999年12月25日第九届全国人民代表大会常务委员会第十三次会议通过　1999年12月25日中华人民共和国主席令第28号公布　自2000年7月1日起施行)

第一百一十三条　债权人向海事法院申请登记债权的,应当提交书面申请,并提供有关债权证据。

债权证据,包括证明债权的具有法律效力的判决书、裁定书、调解书、仲裁裁决书和公证债权文书,以及其他证明具有海事请求的证据材料。

第一百一十五条　债权人提供证明债权的判决书、裁定书、调解书、仲裁裁决书或者公证债权文书的,海事法院经审查认定上述文书真实合法的,裁定予以确认。

中华人民共和国人民陪审员法(节录)

(2018年4月27日第十三届全国人民代表大会常务委员会第二次会议通过　2018年4月27日中华人民共和国主席令第4号公布　自公布之日起施行)

第六条　下列人员不能担任人民陪审员:

(一)人民代表大会常务委员会的组成人员,监察委员会、人民法院、人民检察院、公安机关、国家安全机关、司法行政机关的工作人员;

(二)律师、公证员、仲裁员、基层法律服务工作者;

(三)其他因职务原因不适宜担任人民陪审员的人员。

第七条　有下列情形之一的,不得担任人民陪审员:

(一)受过刑事处罚的;

(二)被开除公职的;

(三)被吊销律师、公证员执业证书的;

(四)被纳入失信被执行人名单的;

(五)因受惩戒被免除人民陪审员职务的;

（六）其他有严重违法违纪行为，可能影响司法公信的。

中华人民共和国
国际刑事司法协助法（节录）

（2018年10月26日第十三届全国人民代表大会常务委员会第六次会议通过　2018年10月26日中华人民共和国主席令第13号公布　自公布之日起施行）

第六十八条　向中华人民共和国提出的刑事司法协助请求或者应中华人民共和国请求提供的文件和证据材料，按照条约的规定办理公证和认证事宜。没有条约或者条约没有规定的，按照互惠原则办理。

中华人民共和国监察官法（节录）

（中华人民共和国第十三届全国人民代表大会常务委员会第三十次会议于2021年8月20日通过　2021年8月20日中华人民共和国第92号主席令公布　自2022年1月1日起施行）

第二十二条　监察官不得兼任人民代表大会常务委员会的组成人员，不得兼任行政机关、审判机关、检察机关的职务，不得兼任企业或者其他营利性组织、事业单位的职务，不得兼任人民陪审员、人民监督员、执业律师、仲裁员和公证员。

监察官因工作需要兼职的，应当按照管理权限批准，但是不得领取兼职报酬。

中华人民共和国法律援助法(节录)

(中华人民共和国第十三届全国人民代表大会常务委员会第三十次会议于2021年8月20日通过 2021年8月20日中华人民共和国第93号主席令公布 自2022年1月1日起施行)

第五十三条 人民法院应当根据情况对受援人缓收、减收或者免收诉讼费用;对法律援助人员复制相关材料等费用予以免收或者减收。

公证机构、司法鉴定机构应当对受援人减收或者免收公证费、鉴定费。

第二部分　行政法规及党中央、国务院规范性文件

中华人民共和国
海洋倾废管理条例(节录)

(1985年3月6日国务院发布　根据2011年1月8日《国务院关于废止和修改部分行政法规的决定》第一次修订　根据2017年3月1日《国务院关于修改和废止部分行政法规的决定》第二次修订)

第十八条　要求赔偿损失的单位和个人,应尽快向主管部门提出污染损害索赔报告书。报告书应包括:受污染损害的时间、地点、范围、对象、损失清单,技术鉴定和公证证明,并尽可能提供有关原始单据和照片等。

关于出国留学人员工作的
若干暂行规定(节录)

(1986年12月8日国务院批准　1986年12月13日国家教育委员会发布施行)

(七)签订"出国留学协议书"

1.公派出国留学人员办理出国手续前,要与选派单位签订"出国留学协议书"。协议书由选派单位和公派出国留学人员双方签字,并经公证机关公证后生效。

2."出国留学协议书"的内容,包括国家和单位对公派出国留学人员规定的留学目标、内容、期限、回国服务的要求、向留学人员提供经费的规定,以及派出单位和出国留学人员双方的其它权利、义务和责任等。

中国公民往来台湾地区管理办法(节录)

(1991年12月17日国务院令第93号发布　根据2015年6月14日《国务院关于修改〈中国公民往来台湾地区管理办法〉的决定》修订)

第八条　本办法第七条第四项所称的证明是指:

(一)前往定居,须提交确能在台湾定居的证明;

(二)探亲、访友,须提交台湾亲友关系的证明;

(三)旅游,须提交旅行所需费用的证明;

(四)接受、处理财产,须提交经过公证的对该项财产有合法权利的有关证明;

(五)处理婚姻事务,须提交经过公证的有关婚姻状况的证明;

(六)处理亲友丧事,须提交有关的函件或者通知;

(七)参加经济、科技、文化、教育、体育、学术等活动,须提交台湾相应机构、团体、个人邀请或者同意参加该项活动的证明;

(八)主管机关认为需要提交的其他证明。

中华人民共和国船舶和海上设施检验条例(节录)

(1993年2月14日国务院令第109号发布　根据2019年3月2日《国务院关于修改部分行政法规的决定》修订)

第四条　中国船级社是社会团体性质的船舶检验机构,承办国内外船舶、海上设施和集装箱的入级检验、鉴证检验和公证检验业务;经船检局授权,可以代行法定检验。

股票发行与交易管理暂行条例(节录)

(1993年4月22日国务院令第112号公布施行)

第二十五条 承销机构或者其委托机构向社会发放股票认购申请表,不得收取高于认购申请表印制和发放成本的费用,并不得限制认购申请表发放数量。

认购数量超过拟公开发行的总量时,承销机构应当按照公平原则,采用按比例配售、按比例累退配售或者抽签等方式销售股票。采用抽签方式时,承销机构应当在规定的日期,在公证机关监督下,按照规定的程序,对所有股票认购申请表进行公开抽签,并对中签者销售股票。

除承销机构或者其委托机构外,任何单位和个人不得发放、转售股票认购申请表。

中华人民共和国发票管理办法(节录)

(1993年12月12日国务院批准 1993年12月23日财政部令第6号发布 根据2010年12月20日《国务院关于修改〈中华人民共和国发票管理办法〉的决定》第一次修订 根据2019年3月2日《国务院关于修改部分行政法规的决定》第二次修订)

第三十三条 单位和个人从中国境外取得的与纳税有关的发票或者凭证,税务机关在纳税审查时有疑义的,可以要求其提供境外公证机构或者注册会计师的确认证明,经税务机关审核认可后,方可作为记账核算的凭证。

中国公民收养子女登记办法(节录)

(1999 年 5 月 12 日国务院批准　1999 年 5 月 25 日民政部令第 14 号发布　根据 2019 年 3 月 2 日《国务院关于修改部分行政法规的决定》修订)

第四条　收养关系当事人应当亲自到收养登记机关办理成立收养关系的登记手续。

夫妻共同收养子女的,应当共同到收养登记机关办理登记手续;一方因故不能亲自前往的,应当书面委托另一方办理登记手续,委托书应当经过村民委员会或者居民委员会证明或者经过公证。

第六条　送养人应当向收养登记机关提交下列证件和证明材料:

(一)送养人的居民户口簿和居民身份证(组织作监护人的,提交其负责人的身份证件);

(二)收养法规定送养时应当征得其他有抚养义务的人同意的,并提交其他有抚养义务的人同意送养的书面意见。

社会福利机构为送养人的,并应当提交弃婴、儿童进入社会福利机构的原始记录,公安机关出具的捡拾弃婴、儿童报案的证明,或者孤儿的生父母死亡或者宣告死亡的证明。

监护人为送养人的,并应当提交实际承担监护责任的证明,孤儿的父母死亡或者宣告死亡的证明,或者被收养人生父母无完全民事行为能力并对被收养人有严重危害的证明。

生父母为送养人的,并应当提交与当地计划生育部门签订的不违反计划生育规定的协议;有特殊困难无力抚养子女的,还应当提交送养人有特殊困难的声明。其中,因丧偶或者一方下落不明由单方送养的,还应当提交配偶死亡或者下落不明的证明。对送养人有特殊困难的声明,登记机关可以进行调查核实;子女由三代以内同辈旁系血亲收养的,还应当提交公安机关出具的或者经过公证的与收养人有亲属关系的证明。

被收养人是残疾儿童的,并应当提交县级以上医疗机构出具的该儿童的残疾证明。

外国人在中华人民共和国收养子女登记办法

(1999 年 5 月 12 日国务院批准修订　1999 年 5 月 25 日民政部发布施行)

第一条　为了规范涉外收养登记行为,根据《中华人民共和国收养法》,制定本办法。

第二条　外国人在中华人民共和国境内收养子女(以下简称外国人在华收养子女),应当依照本办法办理登记。

收养人夫妻一方为外国人，在华收养子女，也应当依照本办法办理登记。

第三条 外国人在华收养子女，应当符合中国有关收养法律的规定，并应当符合收养人所在国有关收养法律的规定；因收养人所在国法律的规定与中国法律的规定不一致而产生的问题，由两国政府有关部门协商处理。

第四条 外国人在华收养子女，应当通过所在国政府或者政府委托的收养组织（以下简称外国收养组织）向中国政府委托的收养组织（以下简称中国收养组织）转交收养申请并提交收养人的家庭情况报告和证明。

前款规定的收养人的收养申请、家庭情况报告和证明，是指由其所在国有权机构出具，经其所在国外交机关或者外交机关授权的机构认证，并经中华人民共和国驻该国使馆或者领馆认证的下列文件：

（一）跨国收养申请书；

（二）出生证明；

（三）婚姻状况证明；

（四）职业、经济收入和财产状况证明；

（五）身体健康检查证明；

（六）有无受过刑事处罚的证明；

（七）收养人所在国主管机关同意其跨国收养子女的证明；

（八）家庭情况报告，包括收养人的身份、收养的合格性和适当性、家庭状况和病史、收养动机以及适合于照顾儿童的特点等。

在华工作或者学习连续居住一年以上的外国人在华收养子女，应当提交前款规定的除身体健康检查证明以外的文件，并应当提交在华所在单位或者有关部门出具的婚姻状况证明，职业、经济收入或者财产状况证明，有无受过刑事处罚证明以及县级以上医疗机构出具的身体健康检查证明。

第五条 送养人应当向省、自治区、直辖市人民政府民政部门提交本人的居民户口簿和居民身份证（社会福利机构作送养人的，应当提交其负责人的身份证件）、被收养人的户籍证明等情况证明，并根据不同情况提交下列有关证明材料：

（一）被收养人的生父母（包括已经离婚的）为送养人的，应当提交生父母有特殊困难无力抚养的证明和生父母双方同意送养的书面意见；其中，被收养人的生父或者生母因丧偶或者一方下落不明，由单方送养的，并应当提交配偶死亡或者下落不明的证明以及死亡的或者下落不明的配偶的父母不行使优先抚养权的书面声明；

（二）被收养人的父母均不具备完全民事行为能力，由被收养人的其他监护人作送养人的，应当提交被收养人的父母不具备完全民事行为能力且对被收养人有严重危害的证明以及监护人有监护权的证明；

（三）被收养人的父母均已死亡，由被收养人的监护人作送养人的，应当提交其生父母的死亡证明、监护人实际承担监护责任的证明，以及其他有抚养义务的人同意送养的书面意见；

（四）由社会福利机构作送养人的，应当提交弃婴、儿童被遗弃和发现的情况证明以及查找其父母或者其他监护人的情况证明；被收养人是孤儿的，应当提交孤儿父母的死亡或者宣告死亡证明，以及有抚养孤儿义务的其他人同意送养的书面意见。

送养残疾儿童的，还应当提交县级以上医疗机构出具的该儿童的残疾证明。

第六条 省、自治区、直辖市人民政府民政部门应当对送养人提交的证件和证明材料进行审查，对查找不到生父母的弃婴和儿童公告查找其生父母；认为被收养人、送养人符合收养法规定条件的，将符合收养法规定的被收养人、送养人名单通知中国收养组织，同时转交下列证件和证明材料：

（一）送养人的居民户口簿和居民身份证（社会福利机构作送养人的，为其负责人的身份证件）复制件；

（二）被收养人是弃婴或者孤儿的证明、户籍证明、成长情况报告和身体健康检查证明的复制件及照片。

省、自治区、直辖市人民政府民政部门查找弃婴或者儿童生父母的公告应当在省级地方报纸上刊登。自公告刊登之日起满60日，弃婴和儿童的生父母或者其他监护人未认领的，视为查找不到生父母的弃婴和儿童。

第七条 中国收养组织对外国收养人的收养申请和有关证明进行审查后，应当在省、自治区、直辖市人民政府民政部门报送的符合收养法规定条件的被收养人中，参照外国收养人的意愿，选择适当的被收养人，并将该被收养人及其送养人的有关情况通过外国政府或者外国收养组织送交外国收养人。外国收养人同意收养的，中国收养组织向其发出来华收养子女通知书，同时通知有关的省、自治区、直辖市人民政府民政部门向送养人发出被收养人已被同意收养的通知。

第八条 外国人来华收养子女，应当亲自来华办理登记手续。夫妻共同收养的，应当共同来华办理收养手续；一方因故不能来华的，应当书面委托另一方。委托书应当经所在国公证和认证。

第九条 外国人来华收养子女，应当与送养人订立书面收养协议。协议一式三份，收养人、送养人各执一份，办理收养登记手续时收养登记机关收存一份。

书面协议订立后，收养关系当事人应当共同到被收养人常住户口所在地的省、自治区、直辖市人民政府民政部门办理收养登记。

第十条 收养关系当事人办理收养登记时，应当填写外国人来华收养子女登记申请书并提交收养协议，同时分别提供有关材料。

收养人应当提供下列材料：

（一）中国收养组织发出的来华收养子女通知书；

（二）收养人的身份证件和照片。

送养人应当提供下列材料：

（一）省、自治区、直辖市人民政府民政部门发出的被收养人已被同意收养的通知；

（二）送养人的居民户口簿和居民身份证（社会福利机构作送养人的，为其负责人的身份证件）、被收养人的照片。

第十一条 收养登记机关收到外国人来华收养子女登记申请书和收养人、被收养人及其送养人的有关材料后，应当自次日起7日内进行审查，对符合本办法第十条规定的，为当事人办理收养登记，发给收养登记证书。收养关系自登记之日起成立。

收养登记机关应当将登记结果通知中国收养组织。

第十二条 收养关系当事人办理收养登记后，各方或者一方要求办理收养公证的，应当到收养登记地的具有办理涉外公证资格的公证机构办理收养公证。

第十三条 被收养人出境前,收养人应当凭收养登记证书到收养登记地的公安机关为被收养人办理出境手续。

第十四条 外国人在华收养子女,应当向登记机关交纳登记费。登记费的收费标准按照国家有关规定执行。

中国收养组织是非营利性公益事业单位,为外国收养人提供收养服务,可以收取服务费。服务费的收费标准按照国家有关规定执行。

为抚养在社会福利机构生活的弃婴和儿童,国家鼓励外国收养人、外国收养组织向社会福利机构捐赠。受赠的社会福利机构必须将捐赠财物全部用于改善所抚养的弃婴和儿童的养育条件,不得挪作它用,并应当将捐赠财物的使用情况告知捐赠人。受赠的社会福利机构还应当接受有关部门的监督,并应当将捐赠的使用情况向社会公布。

第十五条 中国收养组织的活动受国务院民政部门监督。

第十六条 本办法自发布之日起施行。1993 年 11 月 3 日国务院批准,1993 年 11 月 10 日司法部、民政部发布的《外国人在中华人民共和国收养子女实施办法》同时废止。

外国律师事务所驻华代表机构管理条例(节录)

(2001 年 12 月 22 日　国务院令第 338 号)

第八条 外国律师事务所申请在华设立代表机构,应当向拟设立的代表机构住所地的省、自治区、直辖市人民政府司法行政部门提交下列文件材料:

……

前款所列文件材料,应当经申请人本国公证机构或者公证人的公证、其本国外交主管机关或者外交主管机关授权的机关认证,并经中国驻该国使(领)馆认证。

中华人民共和国商标法实施条例(节录)

(2002 年 8 月 3 日国务院令第 358 号公布　2014 年 4 月 29 日国务院令第 651 号修订)

第五条 当事人委托商标代理机构申请商标注册或者办理其他商标事宜,应当提交代理委托书。代理委托书应当载明代理内容及权限;外国人或者外国企业的代理委托书还应当载明委托人的国籍。

外国人或者外国企业的代理委托书及与其有关的证明文件的公证、认证手续，按照对等原则办理。

申请商标注册或者转让商标，商标注册申请人或者商标转让受让人为外国人或者外国企业的，应当在申请书中指定中国境内接收人负责接收商标局、商标评审委员会后继商标业务的法律文件。商标局、商标评审委员会后继商标业务的法律文件向中国境内接收人送达。

商标法第十八条所称外国人或者外国企业，是指在中国没有经常居所或者营业所的外国人或者外国企业。

中华人民共和国税收征收管理法实施细则（节录）

（2002年9月7日国务院令第362号公布　根据2012年11月9日《国务院关于修改和废止部分行政法规的决定》第一次修订　根据2013年7月18日《国务院关于废止和修改部分行政法规的决定》第二次修订　根据2016年2月6日《国务院关于修改部分行政法规的决定》第三次修订）

第三十四条　纳税人办理纳税申报时，应当如实填写纳税申报表，并根据不同的情况相应报送下列有关证件、资料：

（一）财务会计报表及其说明材料；

（二）与纳税有关的合同、协议书及凭证；

（三）税控装置的电子报税资料；

（四）外出经营活动税收管理证明和异地完税凭证；

（五）境内或者境外公证机构出具的有关证明文件；

（六）税务机关规定应当报送的其他有关证件、资料。

婚姻登记条例（节录）

（2003年7月30日国务院第16次常务会议通过　国务院令第387号公布　自2003年10月1日起施行）

第五条　办理结婚登记的内地居民应当出具下列证件和证明材料：

（一）本人的户口簿、身份证；

（二）本人无配偶以及与对方当事人没有直系血亲和三代以内旁系血亲关系的签字声明。

办理结婚登记的香港居民、澳门居民、台湾居民应当出具下列证件和证明材料：

（一）本人的有效通行证、身份证；

（二）经居住地公证机构公证的本人无配偶以及与对方当事人没有直系血亲和三代以内旁系血亲关系的声明。

办理结婚登记的华侨应当出具下列证件和证明材料：

（一）本人的有效护照；

（二）居住国公证机构或者有权机关出具的、经中华人民共和国驻该国使（领）馆认证的本人无配偶以及与对方当事人没有直系血亲和三代以内旁系血亲关系的证明，或者中华人民共和国驻该国使（领）馆出具的本人无配偶以及与对方当事人没有直系血亲和三代以内旁系血亲关系的证明。

办理结婚登记的外国人应当出具下列证件和证明材料：

（一）本人的有效护照或者其他有效的国际旅行证件；

（二）所在国公证机构或者有权机关出具的、经中华人民共和国驻该国使（领）馆认证或者该国驻华使（领）馆认证的本人无配偶的证明，或者所在国驻华使（领）馆出具的本人无配偶的证明。

中华人民共和国归侨侨眷权益保护法实施办法（节录）

（2004年6月4日国务院第53次常务会议通过　国务院令第410号公布　自2004年7月1日起施行）

第二条　归侨、侨眷的身份，由其常住户口所在地的县级以上地方人民政府负责侨务工作的机构根据本人申请审核认定。

与华侨、归侨有长期扶养关系的亲属申请认定侨眷身份的，应当提供由公证机构出具的扶养证明。

第二十三条　按照国家规定退休（离休）的归侨、侨眷获准出境定居的，按照国家规定享受的退休（离休）待遇不变。其养老金可以委托他人领取，但需每年向原工作单位或者负责支付养老金的社会保险经办机构提供由我国驻其所在国的外交（领事）机构或者所在国公证机构出具的本人生存证明文件。

国务院对确需保留的行政审批项目设定行政许可的决定（节录）

（2004年6月29日国务院令第412号公布　根据2009年1月29日《国务院关于修改〈国务院对确需保留的行政审批项目设定行政许可的决定〉的决定》第一次修订　根据2016年8月25日《国务院关于修改〈国务院对确需保留的行政审批项目设定行政许可的决定〉的决定》第二次修订）

附件：

国务院决定对确需保留的行政审批项目设定行政许可的目录

序号	项目名称	实施机关
73	中国委托公证人资格（香港）审批	司法部
74	中国委托公证人资格（澳门）审批	司法部
78	公证员执业审批	司法部 省级人民政府司法行政主管部门

诉讼费用交纳办法（节录）

（2006年12月8日国务院第159次常务会议通过　国务院令第410号公布　自2007年4月1日起施行）

第十条　当事人依法向人民法院申请下列事项，应当交纳申请费：

（一）申请执行人民法院发生法律效力的判决、裁定、调解书，仲裁机构依法作出的裁决和调解书，公证机构依法赋予强制执行效力的债权文书；

（二）申请保全措施；

（三）申请支付令；

（四）申请公示催告；

（五）申请撤销仲裁裁决或者认定仲裁协议效力；

（六）申请破产；

（七）申请海事强制令、共同海损理算、设立海事赔偿责任限制基金、海事债权登记、船舶优先权催告；

（八）申请承认和执行外国法院判决、裁定和国外仲裁机构裁决。

第十四条 申请费分别按照下列标准交纳：

（一）依法向人民法院申请执行人民法院发生法律效力的判决、裁定、调解书，仲裁机构依法作出的裁决和调解书，公证机关依法赋予强制执行效力的债权文书，申请承认和执行外国法院判决、裁定以及国外仲裁机构裁决的，按照下列标准交纳：

1. 没有执行金额或者价额的，每件交纳50元至500元。

2. 执行金额或者价额不超过1万元的，每件交纳50元；超过1万元至50万元的部分，按照1.5%交纳；超过50万元至500万元的部分，按照1%交纳；超过500万元至1000万元的部分，按照0.5%交纳；超过1000万元的部分，按照0.1%交纳。

3. 符合民事诉讼法第五十五条第四款规定，未参加登记的权利人向人民法院提起诉讼的，按照本项规定的标准交纳申请费，不再交纳案件受理费。

不动产登记暂行条例

（2014年11月24日国务院令第656号公布　根据2019年3月24日《国务院关于修改部分行政法规的决定》修订）

第一章　总　　则

第一条 为整合不动产登记职责，规范登记行为，方便群众申请登记，保护权利人合法权益，根据《中华人民共和国物权法》等法律，制定本条例。

第二条 本条例所称不动产登记，是指不动产登记机构依法将不动产权利归属和其他法定事项记载于不动产登记簿的行为。

本条例所称不动产，是指土地、海域以及房屋、林木等定着物。

第三条 不动产首次登记、变更登记、转移登记、注销登记、更正登记、异议登记、预告登记、查封登记等，适用本条例。

第四条 国家实行不动产统一登记制度。

不动产登记遵循严格管理、稳定连续、方便群众的原则。

不动产权利人已经依法享有的不动产权利，不因登记机构和登记程序的改变而受到影响。

第五条 下列不动产权利，依照本条例的规定办理登记：

（一）集体土地所有权；

（二）房屋等建筑物、构筑物所有权；

（三）森林、林木所有权；

（四）耕地、林地、草地等土地承包经营权；

（五）建设用地使用权；

（六）宅基地使用权；

（七）海域使用权；

（八）地役权；

（九）抵押权；

（十）法律规定需要登记的其他不动产权利。

第六条 国务院国土资源主管部门负责指导、监督全国不动产登记工作。

县级以上地方人民政府应当确定一个部门为本行政区域的不动产登记机构，负责不动产登记工作，并接受上级人民政府不动产登记主管部门的指导、监督。

第七条 不动产登记由不动产所在地的县级人民政府不动产登记机构办理；直辖市、设区的市人民政府可以确定本级不动产登记机构统一办理所属各区的不动产登记。

跨县级行政区域的不动产登记，由所跨县级行政区域的不动产登记机构分别办理。不能分别办理的，由所跨县级行政区域的不动产登记机构协商办理；协商不成的，由共同的上一级人民政府不动产登记主管部门指定办理。

国务院确定的重点国有林区的森林、林木和林地，国务院批准项目用海、用岛，中央国家机关使用的国有土地等不动产登记，由国务院国土资源主管部门会同有关部门规定。

第二章　不动产登记簿

第八条 不动产以不动产单元为基本单位进行登记。不动产单元具有唯一编码。

不动产登记机构应当按照国务院国土资源主管部门的规定设立统一的不动产登记簿。

不动产登记簿应当记载以下事项：

（一）不动产的坐落、界址、空间界限、面积、用途等自然状况；

（二）不动产权利的主体、类型、内容、来源、期限、权利变化等权属状况；

（三）涉及不动产权利限制、提示的事项；

（四）其他相关事项。

第九条 不动产登记簿应当采用电子介质，暂不具备条件的，可以采用纸质介质。不动产登记机构应当明确不动产登记簿唯一、合法的介质形式。

不动产登记簿采用电子介质的，应当定期进行异地备份，并具有唯一、确定的纸质转化形式。

第十条 不动产登记机构应当依法将各类登记事项准确、完整、清晰地记载于不动产登记簿。任何人不得损毁不动产登记簿，除依法予以更正外不得修改登记事项。

第十一条 不动产登记工作人员应当具备与不动产登记工作相适应的专业知识和业务能力。

不动产登记机构应当加强对不动产登记工作人员的管理和专业技术培训。

第十二条 不动产登记机构应当指定专人负责不动产登记簿的保管,并建立健全相应的安全责任制度。

采用纸质介质不动产登记簿的,应当配备必要的防盗、防火、防渍、防有害生物等安全保护设施。

采用电子介质不动产登记簿的,应当配备专门的存储设施,并采取信息网络安全防护措施。

第十三条 不动产登记簿由不动产登记机构永久保存。不动产登记簿损毁、灭失的,不动产登记机构应当依据原有登记资料予以重建。

行政区域变更或者不动产登记机构职能调整的,应当及时将不动产登记簿移交相应的不动产登记机构。

第三章 登记程序

第十四条 因买卖、设定抵押权等申请不动产登记的,应当由当事人双方共同申请。

属于下列情形之一的,可以由当事人单方申请:

(一)尚未登记的不动产首次申请登记的;

(二)继承、接受遗赠取得不动产权利的;

(三)人民法院、仲裁委员会生效的法律文书或者人民政府生效的决定等设立、变更、转让、消灭不动产权利的;

(四)权利人姓名、名称或者自然状况发生变化,申请变更登记的;

(五)不动产灭失或者权利人放弃不动产权利,申请注销登记的;

(六)申请更正登记或者异议登记的;

(七)法律、行政法规规定可以由当事人单方申请的其他情形。

第十五条 当事人或者其代理人应当向不动产登记机构申请不动产登记。

不动产登记机构将申请登记事项记载于不动产登记簿前,申请人可以撤回登记申请。

第十六条 申请人应当提交下列材料,并对申请材料的真实性负责:

(一)登记申请书;

(二)申请人、代理人身份证明材料、授权委托书;

(三)相关的不动产权属来源证明材料、登记原因证明文件、不动产权属证书;

(四)不动产界址、空间界限、面积等材料;

(五)与他人利害关系的说明材料;

(六)法律、行政法规以及本条例实施细则规定的其他材料。

不动产登记机构应当在办公场所和门户网站公开申请登记所需材料目录和示范文本等信息。

第十七条 不动产登记机构收到不动产登记申请材料,应当分别按照下列情况办理:

(一)属于登记职责范围,申请材料齐全、符合法定形式,或者申请人按照要求提交全部补正申请材料的，应当受理并书面告知申请人；

（二）申请材料存在可以当场更正的错误的，应当告知申请人当场更正，申请人当场更正后，应当受理并书面告知申请人；

（三）申请材料不齐全或者不符合法定形式的，应当当场书面告知申请人不予受理并一次性告知需要补正的全部内容；

（四）申请登记的不动产不属于本机构登记范围的，应当当场书面告知申请人不予受理并告知申请人向有登记权的机构申请。

不动产登记机构未当场书面告知申请人不予受理的，视为受理。

第十八条 不动产登记机构受理不动产登记申请的，应当按照下列要求进行查验：

（一）不动产界址、空间界限、面积等材料与申请登记的不动产状况是否一致；

（二）有关证明材料、文件与申请登记的内容是否一致；

（三）登记申请是否违反法律、行政法规规定。

第十九条 属于下列情形之一的，不动产登记机构可以对申请登记的不动产进行实地查看：

（一）房屋等建筑物、构筑物所有权首次登记；

（二）在建建筑物抵押权登记；

（三）因不动产灭失导致的注销登记；

（四）不动产登记机构认为需要实地查看的其他情形。

对可能存在权属争议，或者可能涉及他人利害关系的登记申请，不动产登记机构可以向申请人、利害关系人或者有关单位进行调查。

不动产登记机构进行实地查看或者调查时，申请人、被调查人应当予以配合。

第二十条 不动产登记机构应当自受理登记申请之日起30个工作日内办结不动产登记手续，法律另有规定的除外。

第二十一条 登记事项自记载于不动产登记簿时完成登记。

不动产登记机构完成登记，应当依法向申请人核发不动产权属证书或者登记证明。

第二十二条 登记申请有下列情形之一的，不动产登记机构应当不予登记，并书面告知申请人：

（一）违反法律、行政法规规定的；

（二）存在尚未解决的权属争议的；

（三）申请登记的不动产权利超过规定期限的；

（四）法律、行政法规规定不予登记的其他情形。

第四章 登记信息共享与保护

第二十三条 国务院国土资源主管部门应当会同有关部门建立统一的不动产登记信息管理基础平台。

各级不动产登记机构登记的信息应当纳入统一的不动产登记信息管理基础平台，确保国家、省、市、县四级登记信息的实时共享。

第二十四条 不动产登记有关信息与住房城乡建设、农业、林业、海洋等部门审批信息、交易信息等应当实时互通共享。

不动产登记机构能够通过实时互通共享取得的信息，不得要求不动产登记申请人重复提交。

第二十五条 国土资源、公安、民政、财政、税务、工商、金融、审计、统计等部门应当加强不动产登记有关信息互通共享。

第二十六条 不动产登记机构、不动产登记信息共享单位及其工作人员应当对不动产登记信息保密；涉及国家秘密的不动产登记信息，应当依法采取必要的安全保密措施。

第二十七条 权利人、利害关系人可以依法查询、复制不动产登记资料，不动产登记机构应当提供。

有关国家机关可以依照法律、行政法规的规定查询、复制与调查处理事项有关的不动产登记资料。

第二十八条 查询不动产登记资料的单位、个人应当向不动产登记机构说明查询目的，不得将查询获得的不动产登记资料用于其他目的；未经权利人同意，不得泄露查询获得的不动产登记资料。

第五章 法律责任

第二十九条 不动产登记机构登记错误给他人造成损害，或者当事人提供虚假材料申请登记给他人造成损害的，依照《中华人民共和国物权法》的规定承担赔偿责任。

第三十条 不动产登记机构工作人员进行虚假登记，损毁、伪造不动产登记簿，擅自修改登记事项，或者有其他滥用职权、玩忽职守行为的，依法给予处分；给他人造成损害的，依法承担赔偿责任；构成犯罪的，依法追究刑事责任。

第三十一条 伪造、变造不动产权属证书、不动产登记证明，或者买卖、使用伪造、变造的不动产权属证书、不动产登记证明的，由不动产登记机构或者公安机关依法予以收缴；有违法所得的，没收违法所得；给他人造成损害的，依法承担赔偿责任；构成违反治安管理行为的，依法给予治安管理处罚；构成犯罪的，依法追究刑事责任。

第三十二条 不动产登记机构、不动产登记信息共享单位及其工作人员，查询不动产登记资料的单位或者个人违反国家规定，泄露不动产登记资料、登记信息，或者利用不动产登记资料、登记信息进行不正当活动，给他人造成损害的，依法承担赔偿责任；对有关责任人员依法给予处分；有关责任人员构成犯罪的，依法追究刑事责任。

第六章 附 则

第三十三条 本条例施行前依法颁发的各类不动产权属证书和制作的不动产登记簿继续有效。

不动产统一登记过渡期内，农村土地承包经营权的登记按照国家有关规定执行。

第三十四条 本条例实施细则由国务院国土资源主管部门会同有关部门制定。

第三十五条 本条例自 2015 年 3 月 1 日起施行。本条例施行前公布的行政法规有关不动产登记的规定与本条例规定不一致的，以本条例规定为准。

优化营商环境条例(节录)

(2019年10月8日国务院第66次常务会议通过　2019年10月22日国务院令第722号公布　自2020年1月1日起施行)

第六十八条　政府及其有关部门应当整合律师、公证、司法鉴定、调解、仲裁等公共法律服务资源,加快推进公共法律服务体系建设,全面提升公共法律服务能力和水平,为优化营商环境提供全方位法律服务。

国　务　院
关于进一步加强证券市场宏观管理的通知(节录)

(1992年12月17日　国发〔1992〕68号发布)

各省、自治区、直辖市人民政府,国务院各部委、各直属机构:

证券市场的建立和发展,对于筹集资金,优化资源配置,调整产业结构,转换企业经营机制,促进社会主义市场经济发展有积极的作用。我国的证券市场在改革开放中得到恢复并有了较快发展,今年以来,在邓小平同志视察南方时的重要谈话和中央政治局全体会议精神的指导下,又有了进一步发展。但由于我国有关证券市场的法律、法规和监督体系还不健全,证券市场的操作经验不足,投资者缺乏必要风险意识,一些地方推行股份制改革和发展证券市场存在着一哄而上的倾向,加之证券市场管理政出多门、力量分散和管理薄弱,使证券市场出现了一些混乱现象。为了加强证券市场的宏观管理,统一协调有关政策,建立健全证券监管工作制度,保护广大投资者的利益,促进我国证券市场健康发展,国务院已决定成立国务院证券委员会(简称证券委)和中国证券监督管理委员会(简称证监会)。这是深化改革,完善证券管理体制的一项重要决策,对于保障证券市场健康发展有着重要意义。现就进一步加强证券市场宏观管理的有关问题通知如下:

二、严格规范证券发行上市程序

为了确保证券发行与上市的质量,体现"公开、公正、公平"的原则,对证券的发行程序作如下规范:

（一）股票发行、上市的程序是：经过批准的股份制试点企业，经证监会认可的资产评估机构和会计师事务所进行资产评估和财务审核后，向企业所在地的省级或计划单列市人民政府提出公开发行上市股票的申请，地方企业由省级或计划单列市人民政府在国家下达给该地的规模内审批；中央企业由其主管部门商企业所在地的省级或计划单列市人民政府在国家下达给该部门的规模内审批；被批准的发行申请送证监会进行资格复审后，由上海、深圳证券交易所发行上市委员会审核批准，报证监会备案（同时抄报证券委），15 日内异议即可发行。何时上市，由证券交易所发行上市委员会确定。

股票发行要借鉴境外成功经验。目前，可试行在每一个公司股票发行之前，无限量发售只收工本费的一次性认购表，在公证机关监督下公开抽签，中签后再交款购买股票的办法，或者试用国际上通用的其他办法。

国　务　院

关于进一步加强外商投资管理工作若干问题的通知（节录）

（1993 年 12 月 6 日　国发〔1993〕第 83 号）

各省、自治区、直辖市人民政府，国务院各部委、各直属机构：

改革放开以来，外商来华投资迅速增长，投资领域不断扩大，对于缓解我国资金紧张状况，促进国民经济快速发展起到了积极作用。随着改革开放的不断深入，有的地区和行业采取对外出售部分股利或以国有存量资产作为中方股本与外商合资的办法，吸引外资投资于基础设施和基础产业项目，为盘活国有资产存量、促进国有企业转换经营机制、缓解“瓶颈”产业的制约进行了有益的探索，取得了一定成效，但也出现了一些问题，有的地方对国有资产不评估或评估不规范，造成国家资产流失；有的在对外谈判中违反国家有关法律和政策规定，对外商承诺一些优惠条件，包括中方保证外商投资的回报率、为外方投资的股本贷款提供担保、外商投资按贷款方式偿还并享受外商投资企业待遇等，加大了中方的筹资成本和风险，不同程度损害了国家利益。为进一步加强对外商投资的宏观管理，引导外商投资工作的健康发展，现就有关问题通知如下：

三、对外方以机器设备等实物投资的中外合资、合作经营项目，要防止外商低价高报、以次充好、以旧顶新，谋取不合理利益。合同中要对外方采购和定价作出规定，中方在合营项目谈判阶段要认真进行价格咨询，外方实物投资部分要经合营各方认可的中介公证机构进行价格认定，进口设备到达后，要经商检部门检验并进行价格鉴定，海关凭有关的商检证明放行。

国务院办公厅

关于加快电子商务发展的若干意见（节录）

（2005 年 1 月 8 日　国办发〔2005〕2 号）

各省、自治区、直辖市人民政府，国务院各部委、各直属机构：

电子商务是国民经济和社会信息化的重要组成部分。发展电子商务是以信息化带动工业化，转变经济增长方式，提高国民经济运行质量和效率，走新型工业化道路的重大举措，对实现全面建设小康社会的宏伟目标具有十分重要的意义。近年来，随着信息技术的发展和普及，我国电子商务快速发展，应用初见成效，促进了国民经济信息化的发展。但是，与发达国家相比，我国电子商务仍处在起步阶段，还存在着应用范围不广、水平不高等问题，促进电子商务发展的政策环境急需完善。为贯彻落实党的十六大提出的信息化发展战略和十六届三中全会关于加快发展电子商务的要求，经国务院同意，现就加快我国电子商务发展有关问题提出以下意见：

（七）推动电子商务法律法规建设。认真贯彻实施《中华人民共和国电子签名法》，抓紧研究电子交易、信用管理、安全认证、在线支付、税收、市场准入、隐私权保护、信息资源管理等方面的法律法规问题，尽快提出制订相关法律法规的意见；根据电子商务健康有序发展的要求，抓紧研究并及时修订相关法律法规；加快制订在网上开展相关业务的管理办法；推动网络仲裁、网络公证等法律服务与保障体系建设；打击电子商务领域的非法经营以及危害国家安全、损害人民群众切身利益的违法犯罪活动，保障电子商务的正常秩序。

国务院办公厅转发全国政务公开领导小组

关于开展依托电子政务平台加强县级政府政务公开和政务服务试点工作意见的通知(节录)

(2011 年 9 月 13 日　国办函〔2011〕99 号)

各省、自治区、直辖市人民政府,国务院各部委、各直属机构:

全国政务公开领导小组《关于开展依托电子政务平台加强县级政府政务公开和政务服务试点工作的意见》已经国务院同意,现转发给你们,请认真贯彻执行。

国务院办公厅

二〇一一年九月十三日

关于开展依托电子政务平台加强县级政府政务公开和政务服务试点工作的意见

(全国政务公开领导小组)

为贯彻落实党中央、国务院关于深化政务公开和加强政务服务的要求,进一步提高县级政府政务公开和政务服务水平,现就开展依托电子政务平台加强县级政府政务公开和政务服务试点工作提出以下意见。

附件 2：

县级政府依托电子政务平台开展政务公开和政府服务事项基本目录(共 385 项)

第二类　行政职权事项(295 项)

发展改革工作

44. 公证机构变更(初审)；

46. 公证员任免(初审)；

国　务　院

关于印发注册资本登记制度改革方案的通知(节录)

(2014 年 2 月 7 日　国发〔2014〕7 号)

三、严格市场主体监督管理，依法维护市场秩序

(四)发挥社会组织的监督自律作用。扩大行业协会参与度，发挥行业协会的行业管理、监督、约束和职业道德建设等作用，引导市场主体履行出资义务和社会责任。积极发挥会计师事务所、公证机构等专业服务机构的作用，强化对市场主体及其行为的监督。支持行业协会、仲裁机构等组织通过调解、仲裁、裁决等方式解决市场主体之间的争议。积极培育、鼓励发展社会信用评价机构，支持开展信用评级，提供客观、公正的企业资信信息。

国　务　院

关于促进市场公平竞争维护市场正常秩序的若干意见（节录）

（2014 年 6 月 4 日　国发〔2014〕20 号）

七、健全社会监督机制

（二十六）发挥市场专业化服务组织的监督作用。支持会计师事务所、税务师事务所、律师事务所、资产评估机构等依法对企业财务、纳税情况、资本验资、交易行为等真实性合法性进行鉴证，依法对上市公司信息披露进行核查把关。（财政部牵头负责）推进检验检测认证机构与政府脱钩、转制为企业或社会组织的改革，推进检验检测认证机构整合，有序放开检验检测认证市场，促进第三方检验检测认证机构发展。（中央编办、质检总局牵头负责）推进公证管理体制改革。（司法部负责）加快发展市场中介组织，推进从事行政审批前置中介服务的市场中介组织在人、财、物等方面与行政机关或者挂靠事业单位脱钩改制。建立健全市场专业化服务机构监管制度。（发展改革委、财政部牵头负责）

国　务　院

关于第一批清理规范 89 项国务院部门行政审批中介服务事项的决定（节录）

（2015 年 10 月 11 日　国发〔2015〕58 号）

国务院各部委、各直属机构：

根据推进政府职能转变和深化行政审批制度改革的部署和要求，国务院决定第一批清理规范 89 项国务院部门行政审批中介服务事项，不再作为行政审批的受理条件。

各有关部门要加强组织领导，认真做好清理规范行政审批中介服务事项的落实工作，加快配套改革和相关制度建设,加强事中事后监管,保障行政审批质量和效率。要制定完善中介服务的规范和标准,指导监督本行业中介服务机构建立相关制度,规范中介服务机构及从业人员执业行为,细化服务项目、优化服务流程、提高服务质量,营造公平竞争、破除垄断、优胜劣汰的市场环境,促进中介服务市场健康发展,不断提高政府管理科学化、规范化水平。

附件:国务院决定第一批清理规范的国务院部门行政审批中介服务事项目录(共计89项)

国务院

2015年10月11日

附件

国务院决定第一批清理规范的国务院部门行政审批中介服务事项目录(共计89项)

序号	中介服务事项名称	涉及的审批事项项目名称	审批部门	中介服务设定依据	中介服务实施机构	处理决定
56	食品添加剂新品种相关材料中文译文公证	食品添加剂新品种审批	国家卫生计生委	《食品添加剂新品种申报与受理规定》(卫监督发〔2010〕49号)	中国公证机关	不再要求申请人提供相关材料中文译文公证
57	食品相关产品新品种相关材料中文译文公证	食品相关产品新品种审批	国家卫生计生委	《食品相关产品新品种申报与受理规定》(卫监督发〔2011〕49号)	中国公证机关	不再要求申请人提供相关材料中文译文公证

国务院

关于"先照后证"改革后加强事中事后监管的意见(节录)

(2015年10月13日 国发〔2015〕62号)

(十五)鼓励社会监督。

各地区各部门要充分发挥市场专业化服务组织的监督作用。大力依靠消费者协会等社会组织,及时了解市场监管领域的突出问题,有针对性地加强监督检查。积极发挥会计师事务所、律师事务所、公证机构、检验检测认证机构等专业服务机构的监督作用。支持仲裁机构、调解组织等通过裁决、调解等方式解决市场主体之间的争议。积极构建第三方评估机制,培育、发展社会信用评价机构,支持开展信用评级,提供客观公正的市场主体资信信息。支持探索开展社会化的信用信息公示服务。各地区各部门要充分发挥社会舆论的监督作用,健全公众参与监督的激励机制,形成消费者"用脚投票"的倒逼机制,创造条件鼓励群众积极举报违法经营行为,充分利用新媒体等手段及时收集社会反映的问题。

国务院办公厅

关于加快发展生活性服务业促进消费结构升级的指导意见(节录)

(2015年11月19日 国办发〔2015〕85号)

二、主要任务

(七)法律服务。加强民生领域法律服务,推进覆盖城乡居民的公共法律服务体系建设。大力发展律师、公证、司法鉴定等法律服务业,推进法律服务的专业化和职业化。提升面向基层和普通百姓的法律服务能力,加强对弱势群体的法律服务,加大对老年人、妇女和儿童等法律援助和服务的支持力度。支持中小型法律服务机构发展和法律服务方式创新。统筹城乡、区域法律服务资源，建立激励法律服务人才跨区域流动机制。加快发展公职律师、公司律师队伍，构建社会律师、公职律师、公司律师等优势互补、结构合理的律师队伍。规范法律服务秩序和服务行为，完善职业评价体系、诚信执业制度以及违法违规执业惩戒制度。强化涉外法律服务，着力培养一批通晓国际法律规则、善于处理涉外法律事务的律师人才，建设一批具有国际竞争力和影响力的律师事务所。完善法律服务执业权利保障机制，优化法律服务发展环境。

国　务　院

关于上海市开展“证照分离”改革试点总体方案的批复（节录）

（2015 年 12 月 22 日　国函〔2015〕222 号）

四、综合监管措施

（四）以社会力量参与为辅助，实施社会监督。监管部门可依法委托具备法定资质的专业技术机构进行检查、检验、检测。积极发挥会计师事务所、律师事务所、公证机构、检验检测认证机构等专业服务机构在鉴证市场主体财务状况、维护投资人权益等方面的监督作用。推进监管执法信息公开，畅通公众知情和参与渠道，健全公众参与监督的激励机制。进一步发挥新闻媒体作用，强化舆论监督。

国务院办公厅

关于解决无户口人员登记户口问题的意见（节录）

（2015 年 12 月 31 日　国办发〔2015〕96 号）

二、依法为无户口人员登记常住户口

（三）未办理收养手续的事实收养无户口人员。未办理收养登记的事实收养无户口人员，当事人可以向民政部门申请按照规定办理收养登记，凭申领的《收养登记证》、收养人的居民户口簿，申请办理常住户口登记。1999年4月1日《全国人民代表大会常务委员会关于修改〈中华人民共和国收养法〉的决定》施行前，国内公民私自收养子女未办理收养登记的，当事人可以按照规定向公证机构申请办理事实收养公证，经公安机关调查核实尚未办理户口登记的，可以凭事实收养公证书、收养人的居民户口簿，申请办理常住户口登记。

国　务　院

关于第二批清理规范192项国务院部门行政审批中介服务事项的决定（节录）

（2016年2月3日　国发〔2016〕11号）

国务院各部委、各直属机构：

经研究论证，国务院决定第二批清理规范192项国务院部门行政审批中介服务事项，不再作为行政审批的受理条件。

各有关部门要认真做好清理规范行政审批中介服务事项的落实工作，加快推进配套改革和相关制度建设，切实加强事中事后监管。对于涉及公共安全的行政审批事项，中介服务清理规范后，要进一步强化相关监管措施，确保安全责任落实到位。

附件：国务院决定第二批清理规范的国务院部门行政审批中介服务事项目录（共计192项）

国务院

2016年2月3日

附件

国务院决定第二批清理规范的国务院部门行政审批中介服务事项目录(共计 192 项)

序号	中介服务事项名称	涉及的审批事项项目名称	审批部门	中介服务设定依据	中介服务实施机构	处理决定
12	外国商会拟任负责人无犯罪记录证明	外国商会成立登记(外国商会成立、变更、注销登记及修改章程核准的子项)	民政部	注:审批工作中要求申请人委托有关机构提供拟任负责人无犯罪记录证明	申请人所在地公证处	不再要求申请人提供外国商会拟任负责人无犯罪记录证明,改由外国商会拟任负责人提供无犯罪承诺或审批部门商公安部门获取外国商会拟任负责人无犯罪相关信息
39	石油成品油批发经营申请人油库转让、买卖证明	石油成品油批发经营资格审批(石油成品油批发、仓储经营资格审批的子项)	商务部	《国务院对确需保留的行政审批项目设定行政许可的决定》(国务院令第 412 号) 《成品油市场管理办法》(商务部令 2006 年第 23 号) 《原油市场管理办法》(商务部令 2006 年第 24 号) 注:审批工作中要求申请人提供有关机构出具的能证明油库转让、买卖真实性的材料	拍卖公司、会计师事务所、资产评估公司、公证机构等	不再要求申请人提供中介机构出具的油库转让、买卖证明;审批部门通过审查申请人提交的转让、买卖合同等其他证明文件获取相关信息
41	石油成品油仓储经营申请人油库转让、买卖证明	石油成品油仓储经营资格审批(石油成品油批发、仓储经营资格审批的子项)	商务部	《国务院对确需保留的行政审批项目设定行政许可的决定》(国务院令第 412 号) 《成品油市场管理办法》(商务部令 2006 年第 23 号) 《原油市场管理办法》(商务部令 2006 年第 24 号) 注:审批工作中要求申请人提供有关机构出具的能证明油库转让、买卖真实性的材料	拍卖公司、会计师事务所、资产评估公司、公证机构等	不再要求申请人提供中介机构出具的油库转让、买卖证明;审批部门通过审查申请人提交的转让、买卖合同等其他证明文件获取相关信息

续表

序号	中介服务事项名称	涉及的审批事项项目名称	审批部门	中介服务设定依据	中介服务实施机构	处理决定
53	新食品原料安全性评估材料中文译文公证	新食品原料审批	国家卫生计生委	《新食品原料安全性审查管理办法》(国家卫生计生委令2013年第1号) 《新食品原料申报与受理规定》(国卫食品发〔2013〕23号)	中国公证机构	不再要求申请人提供相关材料中文译文公证
54	进口尚无食品安全国家标准食品相关资料中文译文公证	进口尚无食品安全国家标准食品审批	国家卫生计生委	《进口无食品安全国家标准食品许可管理规定》(卫监督发〔2010〕76号)	中国公证机构	根据2015年10月1日起施行的《中华人民共和国食品安全法》,该行政审批事项已取消,该中介服务事项相应取消
56	新消毒产品申请材料中文译文公证	利用新材料、新工艺技术和新杀菌原理生产消毒剂和消毒器械的审批	国家卫生计生委	《新消毒产品和新涉水产品卫生行政许可管理规定》(国卫办监督发〔2014〕14号)	中国公证机构	不再要求申请人提供相关材料中文译文公证
59	新涉及饮用水卫生安全产品材料中文译文公证	利用新材料、新工艺技术和新化学物质生产的涉及饮用水卫生安全产品的审批	国家卫生计生委	《新消毒产品和新涉水产品卫生行政许可管理规定》(国卫办监督发〔2014〕14号)	中国公证机构	不再要求申请人提供相关材料中文译文公证
120	设立外资保险公司相关材料公证	保险公司及其分支机构设立、保险公司终止(解散、破产)审批	保监会	《中华人民共和国外资保险公司管理条例实施细则》(保监会令2004年第4号)	申请人所在国家或者地区依法设立的公证机构	不再要求申请人提供设立外资保险公司相关材料公证,保留申请人相关材料需经中国驻该国使、领馆认证的要求

续表

序号	中介服务事项名称	涉及的审批事项项目名称	审批部门	中介服务设定依据	中介服务实施机构	处理决定
121	外国保险机构驻华代表机构设立及重大事项变更相关材料公证	外国保险机构驻华代表机构设立及重大事项变更审批	保监会	《外国保险机构驻华代表机构管理办法》(保监会令2006年第5号) 《中国保监会关于适用〈外国保险机构驻华代表机构管理办法〉若干问题的解释》(保监发〔2008〕101号)	申请人所在国家或者地区依法设立的公证机构	不再要求申请人提供设立及重大事项变更相关材料公证,保留申请人相关材料需经中国驻该国使、领馆认证的要求
122	保险公司的董事、监事和高级管理人员任职材料中文译本公证	保险公司的董事、监事和高级管理人员任职资格审批	保监会	《保险公司董事、监事和高级管理人员任职资格管理规定》(保监会令2014年第1号)	中国的公证机构	不再要求申请人提供中文译本公证

国务院办公厅

关于完善集体林权制度的意见(节录)

(2016年11月16日　国办发〔2016〕83号)

(十七)健全经营纠纷调处机制。县级以上地方人民政府要加强对农村林地承包经营纠纷调解和仲裁工作的指导,制定纠纷调解仲裁人员培训计划,加强法律法规和政策培训。妥善处理各类纠纷,做好重大纠纷案件的应急处理工作,切实维护社会和谐稳定。探索建立纠纷调解激励办法。建立律师、公证机构参与纠纷处置的工作机制,将矛盾化解纳入法治轨道。开设林业法律救助绿色通道,依法依规向低收入家庭和贫困农户提供法律援助和司法救助。

国务院办公厅

关于印发“互联网+政务服务”技术体系建设指南的通知(节录)

(2016年12月20日　国办函〔2016〕108号)

(四)按服务主题分类

可按面向自然人和法人的不同主题进行分类。

1. 面向自然人的主要有:生育收养、户籍办理、民族宗教、教育科研、入伍服役、就业创业、设立变更、准营准办、抵押质押、职业资格、行政缴费、婚姻登记、优待抚恤、规划建设、住房保障、社会保障(社会保险、社会救助)、证件办理、交通出行、旅游观光、出境入境、消费维权、公共安全、司法公证、知识产权、环保绿化、文化体育、公用事业、医疗卫生、离职退休、死亡殡葬、其他(含个体工商户,按照人类生命周期排序)等。

2. 面向法人的主要有:设立变更、准营准办、资质认证、年检年审、税收财务、人力资源、社会保障、投资审批、融资信贷、抵押质押、商务贸易、招标拍卖、海关口岸、涉外服务、农林牧渔、国土和规划建设、交通运输、环保绿化、应对气候变化、水务气象、医疗卫生、科技创新、文体教育、知识产权、民族宗教、质量技术、检验检疫、安全生产、公安消防、司法公证、公用事业、法人注销、档案文物、其他(按照法人生命周期排序)等。

国　务　院

关于第三批清理规范国务院部门行政审批中介服务事项的决定(节录)

(2017年1月12日　国发〔2017〕8号)

附件

国务院决定第三批清理规范的国务院部门行政审批中介服务事项目录(共计17项)

序号	中介服务事项名称	涉及的审批事项项目名称	审批部门	中介服务设定依据	中介服务实施机构	处理决定
3	台湾居民申请法律职业资格户籍誊本或户口名簿复印件公证	法律职业资格认定	司法部	《台湾居民参加国家司法考试若干规定》(司法部令第110号)	台湾地区公证机构	不再要求申请人提供户籍誊本或户口名簿复印件公证;申请人按要求提交能够证明其身份的有关材料并承诺其真实性,审批部门严格审核,加强与相关部门的信息沟通,做好对申请人身份信息的核查工作
4	申请中国委托公证人资格(香港)所需的学历、经历证明文件公证	中国委托公证人资格(香港)审批	司法部	《中国委托公证人(香港)管理办法》(司法部令第69号)	香港律师会,中国委托公证人	不再要求申请人提供学历、经历证明文件公证;申请人按要求提交能够证明其学历、经历情况的有关材料并承诺其真实性,审批部门严格审核,加强与相关部门的信息沟通,做好对申请人学历、经历等信息的核查工作

续表

序号	中介服务事项名称	涉及的审批事项项目名称	审批部门	中介服务设定依据	中介服务实施机构	处理决定
5	申请中国委托公证人资格(澳门)所需的学历、经历证明文件公证	中国委托公证人资格(澳门)审批	司法部	注:审批工作中要求申请人委托有关机构对学历、经历证明文件进行公证	澳门律师会,公证机构	不再要求申请人提供学历、经历证明文件公证;申请人按要求提交能够证明其学历、经历情况的有关材料并承诺其真实性,审批部门严格审核,加强与相关部门的信息沟通,做好对申请人学历、经历等信息的核查工作

国　务　院

关于印发中国(四川)自由贸易试验区总体方案的通知(节录)

(2017年3月15日　国发〔2017〕20号)

各省、自治区、直辖市人民政府,国务院各部委、各直属机构:

现将《中国(四川)自由贸易试验区总体方案》印发给你们,请认真贯彻执行。

国务院

2017年3月15日

中国(四川)自由贸易试验区总体方案

三、主要任务和措施

(一)切实转变政府职能。

2.构建事中事后监管体系。推进统一社会信用代码制度建设和部门间数据交换共享,建设公共信用信息目录和运用清单。完善社会信用体系,推动各部门间依法履职信息的联通和共享。

健全守信激励和失信惩戒机制。建立企业网上信用承诺制度。政府部门加强对第三方企业信用征信、评估机构开展企业登记评价工作的引导和监督检查。规范开放征信服务,为公民、企业、社会组织、司法部门、政府机构提供信用查询等服务。在监管、执法等方面全面推行"双随机"抽查监管机制。完善行业监管制度和资格审查制度,进一步规范开展文化、教育、信息服务的内容审查。构建事前提醒告知、轻微违法约谈与告诫、严重违法依法处置的"三段式"监管方式。建立健全律师、公证员、司法鉴定人员等法律服务工作者诚信执业制度、违法违规执业惩戒制度。

国　务　院

关于印发中国(陕西)自由贸易试验区总体方案的通知(节录)

(2017 年 3 月 15 日　国发〔2017〕21 号)

各省、自治区、直辖市人民政府,国务院各部委、各直属机构:

现将《中国(陕西)自由贸易试验区总体方案》印发给你们,请认真贯彻执行。

国务院

2017 年 3 月 15 日

中国(陕西)自由贸易试验区总体方案

三、主要任务和措施

(一)切实转变政府职能。

1. 改革创新政府管理方式。按照法治化、国际化、便利化的要求,积极探索建立与国际高标准投资和贸易规则体系相适应的行政管理体系,推动政府管理由注重事前审批转为注重事中事后监管。深化商事制度改革。实施"多证合一"综合审批服务运行模式,建立"一口受理、并联审批"工作机制。推动税收服务创新,包括一窗国地办税、一厅自助办理、培训辅导点单、缴纳方式多元、业务自主预约、税银信息互动、税收遵从合作、创新网上服务等举措。打造事前诚信承诺、事中评估分类、事后联动奖惩的全链条信用监管体系。完善社会信用体系,推动各部门间依法履职信息的联通和共享。健全守信激励和失信惩戒机制。配合商务部开展经营者集中反垄断审查。建立优质、高效、便捷的法律服务体系,建设网上法律服务平台,为自贸试验区内企业提供律师、公证、司法鉴定等综合性法律服务。推动与"一带一路"沿线国家执法联络网络建设。

国务院办公厅

关于制定和实施老年人照顾服务项目的意见(节录)

(2017年6月6日　国办发〔2017〕52号)

二、重点任务

(七)贫困老年人因合法权益受到侵害提起诉讼的,依法依规给予其法律援助和司法救助。鼓励律师事务所、公证处、司法鉴定机构、基层法律服务所等法律服务机构为经济困难老年人提供免费或优惠服务。

国务院办公厅

关于加快发展商业养老保险的若干意见(节录)

(2017年6月29日　国办发〔2017〕59号)

(十九)完善地方保障支持政策。各省(区、市)人民政府要统筹规划养老服务业发展,鼓励符合条件的商业保险机构投资养老服务业,落实好养老服务设施的用地保障政策。支持商业保险机构依法依规在投资开办的养老机构内设置医院、门诊、康复中心等医疗机构,符合条件的可按规定纳入城乡基本医疗保险定点范围。支持商业保险机构开展住房反向抵押养老保险业务,在房地产交易、登记、公证等机构设立绿色通道,降低收费标准,简化办事程序,提升服务效率。

国务院办公厅

关于印发全国深化“放管服”改革转变政府职能电视电话会议重点任务分工方案的通知(节录)

(2017年8月5日　国办发〔2018〕79号)

各省、自治区、直辖市人民政府,国务院各部委、各直属机构:

《全国深化“放管服”改革转变政府职能电视电话会议重点任务分工方案》已经国务院同意,现印发给你们,请结合实际认真贯彻落实。

国务院办公厅

2018年8月5日

全国深化“放管服”改革转变政府职能电视电话会议重点任务分工方案

31.加快水电气暖、银行、公证等服务领域改革,引入社会竞争,强化行业监管和社会监督,解决办事手续繁、效率低问题,提高服务质量。五年内供电企业办理电力用户用电业务平均时间压缩三分之二以上、压减到40个工作日以内,办水办气时间大幅压缩,申请费、手续费等收费尽快取消。(发展改革委、司法部、住房城乡建设部、银保监会、能源局按职责分工负责)

主要措施:

(1)在公证服务方面,2018年底前全面推行“最多跑一次”改革,实现公证机构与政府相关部门信息系统对接,提高服务效率。(司法部负责)

国务院办公厅

关于聚焦企业关切进一步推动优化营商环境政策落实的通知(节录)

(2017 年 10 月 29 日　国办发〔2018〕104 号)

(十三)清理物流、认证、检验检测、公用事业等领域经营服务性收费。发展改革委、交通运输部、公安部、市场监管总局、生态环境部要组织落实货车年审、年检和尾气排放检验“三检合一”等政策,2018 年底前公布货车“三检合一”检验检测机构名单,全面实现“一次上线、一次检测、一次收费”。公安部、市场监管总局要查处整治公章刻制领域行政垄断案件,严禁各地公安机关指定公章刻制企业,纠正和制止垄断经营、强制换章、不合理收费等现象。市场监管总局要在 2018 年底前再取消 10% 以上实行强制性认证的产品种类或改为以自我声明方式实施,科学合理简化认证管理单元,减少认证证书种类,提升认证、检测“一站式”、“一体化”服务能力;增加认证机构数量,引导和督促认证机构降低收费标准。对教育、医疗、电信、金融、公证、供水供电等公共服务领域收费,各行业主管部门要加强监督检查,重点检查是否存在收费项目取消后继续收取或变相收取、越权违规设立收费项目、擅自扩大收费范围和提高收费标准等行为,发现问题要严肃整改问责。

国务院办公厅

关于压缩不动产登记办理时间的通知

(2019 年 2 月 26 日　国办发〔2019〕8 号)

各省、自治区、直辖市人民政府,国务院各部委、各直属机构:

为深化“放管服”改革,深入推进审批服务便民化,不断增强企业和群众改革获得感,经国务院同意,现就压缩不动产登记办理时间有关事项通知如下:

一、总体要求

(一)指导思想。以习近平新时代中国特色社会主义思想为指导,全面贯彻党的十九大和十九届二中、三中全会精神，紧紧围绕统筹推进“五位一体”总体布局和协调推进“四个全面”战略布局，认真落实党中央、国务院决策部署，以推进国家治理体系和治理能力现代化为目标，以为企业和群众“办好一件事”为标准，加强部门协作，实行信息共享集成、流程集成或人员集成，进行全流程优化，压缩办理时间，切实解决不动产登记耗时长、办理难问题，努力构建便捷高效、便民利民的不动产登记工作体系。

（二）工作目标。2019年底前，流程精简优化到位，不动产登记数据和相关信息质量明显提升，地级及以上城市不动产登记需要使用有关部门信息的通过共享获取，全国所有市县一般登记、抵押登记业务办理时间力争分别压缩至10个、5个工作日以内；2020年底前，不动产登记数据完善，所有市县不动产登记需要使用有关部门信息的全部共享到位，“互联网+不动产登记”在地级及以上城市全面实施，全国所有市县一般登记、抵押登记业务办理时间力争全部压缩至5个工作日以内。

二、主要任务

（一）推动信息共享集成。按照“放管服”改革要求，基于数据共享交换平台，建立部门间信息共享集成机制，加强部门协作和信息互联互通，提高信息质量和利用效率，推进“互联网+不动产登记”。

1. 实现信息互通共享。大力促进部门信息共享，打破“信息孤岛”，让信息多跑路、群众少跑腿，方便企业和群众办事创业。有关部门和单位应当及时提供不动产登记相关信息，与不动产登记机构加强协同联动和信息集成，2019年底前实现互通共享。与不动产登记相关的材料或信息能够直接通过共享交换平台提取的，不得要求申请人重复提交，提取后不得用于不动产登记之外的其他目的。应当通过共享交换平台提取的主要信息包括：公安部门的户籍人口基本信息，市场监管部门的营业执照信息，机构编制部门的机关、群团、事业单位统一社会信用代码信息，住房城乡建设（房管）部门的竣工验收备案等信息，税务部门的税收信息，银保监部门的金融许可证信息，自然资源部门的规划、测绘、土地出让、土地审批、闲置土地等信息，法院的司法判决信息，民政部门的婚姻登记、涉及人员单位的地名地址等信息，公证机构的公证书信息，国有资产监督管理机构的土地房屋资产调拨信息，卫生健康部门的死亡医学证明、出生医学证明信息等。

2. 推进“互联网+不动产登记”。充分利用互联网、大数据、人脸识别、在线支付等技术，推行“互联网+不动产登记”。依托网上政务服务平台，建立不动产“网上（掌上）登记中心”，推出网页版、微信版、自助终端版不动产登记网上申请平台，为群众提供多种选择，构建多层次、多维度不动产登记网上办事大厅，实现24小时不打烊，随时随地可申请。构建“外网申请、内网审核”模式，推行线上统一申请、联网审核、网上反馈、现场核验、一次办结，提供网上预约、网上查询、网上支付和网上开具电子证明等服务，实现服务企业和群众零距离。

3. 夯实不动产登记信息基础。各地要加快存量数据整合与质量提升，2019年底前实现所有市县城镇登记数据成果的完善与汇交全覆盖。积极开展地籍测绘等补充调查工作，满足优化登记流程工作需求。按照国家政务信息整合共享要求，积极推进不动产登记信息平台与政府统一的数据共享交换平台有序衔接，为及时共享相关信息提供便利。

（二）推动流程集成。全力推进不动产登记“一窗受理、并行办理”、优化流程、精简材料，重点解决办理环节多、流程不清晰、群众重复提交材料等问题。

1. 一窗受理、并行办理。实现相关职能部门业务网上整合衔接，对登记中涉及多个部门交叉办理的事项，通过信息化手段整合集成业务流程，在政务服务大厅或不动产登记大厅设立综合受理窗口，统一受理各相关办理事项，一次性收取所需全部材料，进行一次性录入、自动分发各相关部门，实现信息化技术支撑的"一窗受理、并行办理"。

2. 取消不必要环节、合并相近环节。将不动产登记登簿和制证环节、缴费和领证环节合并，集成相关办理人员，提高办事效率。不动产继承登记（非公证）办理中，公示应与审核环节并行开展，缩短办理时间。推进不动产抵押登记全程电子化系统建设，将登记服务场所延伸至银行网点，申请人可以在银行现场签订抵押合同的同时提交抵押登记申请材料，通过网络传输至登记机构，无需当事人再到登记机构提交申请。有条件的地区，推进二手房转移登记与抵押登记等相关联登记事项一并申请、一并受理与审核。

3. 精简申请材料。自然资源部门自身产生的，或者能够通过部门实时信息共享获取、核验的材料，不得要求群众重复提交。出让合同、土地出让价款缴纳凭证、规划核实、竣工验收等证明材料由登记机构直接提取，不得要求申请人自行提交。推行告知承诺制，在不动产继承登记中，逐步推广申请人书面承诺方式替代难以获取的死亡证明、亲属关系证明等材料。对非因权利人原因发生的不动产坐落、地址变化，需要变更登记的，由政府相关部门通过信息共享和内部协调方式处理。

4. 优化测绘成果获取方式。办理不动产首次登记，登记机构通过信息共享，直接提取前期供地、规划和预销售等形成的测绘成果；对在登记受理环节获取的测绘成果，要同时办理信息入库。能够直接提取利用测绘成果的，不得另行要求当事人开展测绘和权籍调查。

（三）推动人员集成。不能马上实现信息共享集成和流程集成的，可通过集中办公实现便民快捷。将涉及不动产登记中各部门交叉办理相关事项的有关人员集中办公，可以在政务服务大厅设立综合受理窗口，统一受理各相关办理事项，一次性收取所需全部材料，人工分发各相关部门分别办理，同一个窗口发放办理结果。

三、组织实施

（一）强化组织领导。各省（自治区、直辖市）人民政府要加强统筹协调，指导本行政区域内各市县结合实际制定具体实施方案，梳理整合不动产登记环节，精简优化流程，提高工作质量和效率。各省级自然资源部门要加强业务指导，有序推进改革工作，确保实现目标。各有关部门要全力支持、密切配合。

（二）抓好督促落实。各级自然资源部门要强化对改革情况的跟踪指导，及时总结推广典型经验做法，广泛听取企业和群众对不动产登记的意见与诉求，畅通投诉举报渠道，协调解决改革中的问题，适时进行专项检查，对改革成效显著的地方予以表扬激励，对工作推进不力、进度滞后的地方及时督促整改。

（三）做好宣传引导。要充分利用报纸、广播、电视、网络、新媒体等载体，加大宣传力度，及时宣传报道相关典型做法和工作成效，促进相互学习借鉴。加强舆论引导，及时回应群众关切。

国务院办公厅

2019 年 2 月 26 日

国　务　院

关于做好自由贸易试验区第五批改革试点经验复制推广工作的通知(节录)

(2019 年 4 月 14 日　国函〔2019〕38 号)

一、复制推广的主要内容

(一)在全国范围内复制推广的改革事项。

1. 投资管理领域:“公证‘最多跑一次’”、“自然人‘一人式’税收档案”、“网上办理跨区域涉税事项”、“优化涉税事项办理程序,压缩办理时限”、“企业名称自主申报制度”等 5 项。

(二)在自贸试验区复制推广的改革事项。

投资管理领域:“推进合作制公证机构试点”。

附件

自由贸易试验区第五批改革试点经验复制推广工作任务分工表

序号	改革事项	主要内容	负责单位	推广范围
3	公证“最多跑一次”	改革“取证方式”,减少申请材料要求。变群众提供材料为主动收集材料,变书面审核材料为实地调查核实。创新“办证模式”,变群众跑路为数据共享。推行网上办证、远程办证、上门办证模式。提供延时服务、延伸服务、预约服务、加急服务。	司法部	全国
18	推进合作制公证机构试点	制定实施方案,做好合作制公证机构的申报设立、人员安置、清产核资、资产移交、业务承接、档案管理和法律责任划分等工作。制定好章程,合作制公证机构建立内部管理规章制度体系。制定合作制公证机构管理办法,对合作制公证机构设立、合作人、法人治理结构、内部管理等事项作出明确规定。	司法部	自贸试验区

国务院办公厅

关于推进养老服务发展的意见(节录)

(2019 年 4 月 16 日　国办发〔2019〕5 号)

(十五)发展养老普惠金融。支持商业保险机构在地级以上城市开展老年人住房反向抵押养老保险业务,在房地产交易、抵押登记、公证等机构设立绿色通道,简化办事程序,提升服务效率。支持老年人投保意外伤害保险,鼓励保险公司合理设计产品,科学厘定费率。鼓励商业养老保险机构发展满足长期养老需求的养老保障管理业务。支持银行、信托等金融机构开发养老型理财产品、信托产品等养老金融产品,依法适当放宽对符合信贷条件的老年人申请贷款的年龄限制,提升老年人金融服务的可得性和满意度。扩大养老目标基金管理规模,稳妥推进养老目标证券投资基金注册,可以设置优惠的基金费率,通过差异化费率安排,鼓励投资人长期持有养老目标基金。养老目标基金应当采用成熟稳健的资产配置策略,控制基金下行风险,追求基金资产长期稳健增值。(银保监会、证监会、人民银行、住房城乡建设部、自然资源部按职责分工负责)

国务院办公厅

关于印发全国深化“放管服”改革优化营商环境电视电话会议重点任务分工方案的通知(节录)

(2019 年 8 月 1 日　国办发〔2019〕39 号)

各省、自治区、直辖市人民政府,国务院各部委、各直属机构:

《全国深化“放管服”改革优化营商环境电视电话会议重点任务分工方案》已经国务院同意,现印发给你们,请结合实际认真贯彻落实。

国务院办公厅

2019 年 8 月 1 日

全国深化“放管服”改革优化营商环境电视电话会议重点任务分工方案

（十）治理各种不合理收费，防止地方非税收入非正常增长、抵消减税降费的政策效果，决不能再增加收费项目，确保减税降费的目标落实到位。（财政部、发展改革委、民政部、税务总局、市场监管总局等国务院相关部门及各地区按职责分工负责）

具体措施：

1. 2019 年 9 月底前组织开展减税降费政策实施效果监督检查工作，重点关注非税收入增速异常和乱收费等情况，坚决纠正违规开征、多征、预征非税收入的行为，坚决查处乱收费、乱罚款和各种摊派等问题。（财政部负责）

2. 治理政府部门下属单位、行业协会商会、中介机构等涉企收费行为，坚决清理整治乱收费和第三方截留减税降费红利行为。动态调整行政事业性收费和实行政府定价的经营服务性收费目录清单，全面公示收费项目、标准和依据。2019 年 9 月底前制定出台进一步加强和改进行业协会商会收费管理的有关文件。（发展改革委、市场监管总局、工业和信息化部、民政部、财政部等国务院相关部门按职责分工负责）

3. 降低企业物流成本，督促各地做好口岸收费目录清单公示，整治港口、船公司、物流堆场、货代、船代等乱收费、不合理收费行为，2020 年底前将全国单个集装箱进出口环节常规收费压减至 400 美元以内。清理铁路、水路的货运和客运杂费，降低收费标准，2019 年底前公布收费和处罚事项清单。（交通运输部、海关总署、发展改革委、财政部、市场监管总局、铁路局等国务院相关部门及各地区按职责分工负责）

4. 2019 年底前开展降低融资收费专项清理行动，规范中小企业融资时强制要求办理的担保、保险、评估、公证等事项，减少融资过程中的附加费用。（银保监会牵头，国务院相关部门按职责分工负责）

国　务　院

关于加强和规范事中事后监管的指导意见（节录）

（2019年9月6日　国发〔2019〕18号）

（十六）发挥社会监督作用。建立“吹哨人”、内部举报人等制度，对举报严重违法违规行为和重大风险隐患的有功人员予以重奖和严格保护。畅通群众监督渠道，整合优化政府投诉举报平台功能，力争做到“一号响应”。依法规范牟利性“打假”和索赔行为。培育信用服务机构，鼓励开展信用评级和第三方评估。发挥会计、法律、资产评估、认证检验检测、公证、仲裁、税务等专业机构的监督作用，在监管执法中更多参考专业意见。强化舆论监督，持续曝光典型案件，震慑违法行为。

中共中央办公厅　国务院办公厅

印发《关于强化知识产权保护的意见》（节录）

（2019年11月14日）

（二）严格规范证据标准。深入推进知识产权民事、刑事、行政案件“三合一”审判机制改革，完善知识产权案件上诉机制，统一审判标准。制定完善行政执法过程中的商标、专利侵权判断标准。规范司法、行政执法、仲裁、调解等不同渠道的证据标准。推进行政执法和刑事司法立案标准协调衔接，完善案件移送要求和证据标准，制定证据指引，顺畅行政执法和刑事司法衔接。制定知识产权民事诉讼证据规则司法解释，着力解决权利人举证难问题。探索建立侵权行为公证悬赏取证制度，减轻权利人举证责任负担。

（四）完善新业态新领域保护制度。针对新业态新领域发展现状，研究加强专利、商标、著作权、植物新品种和集成电路布图设计等的保护。探索建立药品专利链接制度、药品专利期限补偿制度。研究加强体育赛事转播知识产权保护。加强公证电子存证技术推广应用。研究建立跨境电商知识产权保护规则，制定电商平台保护管理标准。编制发布企业知识产权保护指南，制定合同范本、维权流程等操作指引，鼓励企业加强风险防范机制建设，持续优化大众创业万众创新保护环境。研究制定传统文化、传统知识等领域保护办法，加强中医药知识产权保护。

（六）建立健全社会共治模式。完善知识产权仲裁、调解、公证工作机制，培育和发展仲裁机构、调解组织和公证机构。鼓励行业协会、商会建立知识产权保护自律和信息沟通机制。引导代理行业加强自律自治，全面提升代理机构监管水平。加强诚信体系建设，将知识产权出质登记、行政处罚、抽查检查结果等涉企信息，通过国家企业信用信息公示系统统一归集并依法公示。建立健全志愿者制度，调动社会力量积极参与知识产权保护治理。

（八）优化授权确权维权衔接程序。加强专利、商标、植物新品种等审查能力建设，进一步压缩审查周期。重点提高实用新型和外观设计专利审查质量，强化源头保护。进一步发挥专利商标行政确权远程审理、异地审理制度在重大侵权行政执法案件处理中的作用。健全行政确权、公证存证、仲裁、调解、行政执法、司法保护之间的衔接机制，加强信息沟通和共享，形成各渠道有机衔接、优势互补的运行机制，切实提高维权效率。

（十七）加强专业人才队伍建设。鼓励引导地方、部门、教育机构、行业协会、学会加大对知识产权保护专业人才培训力度。加强知识产权行政执法和司法队伍人员配备和职业化专业化建设，建立有效激励行政执法和司法人员积极性的机制，确保队伍稳定和有序交流。推动知识产权刑事案件办理专业化建设，提高侦查、审查逮捕、审查起诉、审判工作效率和办案质量。在有关管理部门和企事业单位，全面推行公职律师、公司律师、法律顾问制度，促进知识产权管理和保护工作法治化。充分发挥律师等法律服务队伍作用，做好知识产权纠纷调解、案件代理、普法宣传等工作。建立健全知识产权仲裁、调解、公证、社会监督等人才的选聘、管理、激励制度。加强知识产权保护专业人才岗位锻炼，充分发挥各类人才在维权实践中的作用。

国务院办公厅

关于推广第三批支持创新相关改革举措的通知（节录）

（2020 年 1 月 23 日　国办发〔2020〕3 号）

一、推广的改革举措

（三）知识产权保护方面 2 项：建立跨区域的知识产权远程诉讼平台；建立提供全方位证据服务的知识产权公证服务平台。

附件

第三批支持创新相关改革举措推广清单

三、知识产权保护方面(共2项)				
14	建立跨区域的知识产权远程诉讼平台	知识产权法院设立远程诉讼服务处,建立诉讼咨询服务平台,突破诉讼地域限制,为当事人提供远程立案、案件查询、远程视频庭审等多项诉讼服务。知识产权部门加强跨区域维权援助工作的协同。	最高人民法院、知识产权局	8个改革试验区域
15	建立提供全方位证据服务的知识产权公证服务平台	成立知识产权公证服务中心,围绕知识产权公证案件,办理涵盖知识产权授权公证、证据保全公证等各类型知识产权公证业务,为企业及个人解决知识产权纠纷提供高效的公证法律服务。	司法部、知识产权局	8个改革试验区域

国　务　院

关于做好自由贸易试验区第六批改革试点经验复制推广工作的通知(节录)

(2020年6月28日　国函〔2020〕96号)

一、复制推广的主要内容

(一)在全国范围内复制推广的改革事项。

4.事中事后监管措施:"'委托公证+政府询价+异地处置'财产执行云处置模式"、"多领域实施包容免罚清单模式"、"海关公证电子送达系统"、"商事主体信用修复制度"、"融资租赁公司风险防控大数据平台"、"大型机场运行协调新机制"等6项。

附件

自由贸易试验区第六批改革试点经验复制推广工作任务分工表

序号	改革事项	主要内容	负责单位	推广范围
2	“委托公证 + 政府询价 + 异地处置”财产执行云处置模式	执行案件申请人可在异地委托财产所在地公证机关对财产实况进行取证后提交指定政府部门，由该部门委托第三方评估机构根据有关财产的公证文书及视频资料直接进行批量式书面审查评估，并向法院出具价格认定书，将此作为网上拍卖的底价依据。待网上拍卖成功后，通过人民法院执行指挥管理平台，委托异地法院完成财产的解封、解押、过户等交付手续。	最高人民法院	全国
21	海关公证电子送达系统	对不能当场作出行政处罚决定的海关案件，指引当事人快速完成电子送达地址信息采集。结案后，海关可通过海关公证电子送达平台或其他电子送达方式，将《处罚告知单》与《处罚决定书》等法律文书送达当事人，并全程电子存证。	海关总署、司法部	全国

国　务　院

关于印发北京、湖南、安徽自由贸易试验区总体方案及浙江自由贸易试验区扩展区域方案的通知（节录）

（2020 年 8 月 30 日　国发〔2020〕10 号）

各省、自治区、直辖市人民政府，国务院各部委、各直属机构：

现将《中国（北京）自由贸易试验区总体方案》、《中国（湖南）自由贸易试验区总体方案》、《中国（安徽）自由贸易试验区总体方案》、《中国（浙江）自由贸易试验区扩展区域方案》印发给你们，请认真贯彻执行。

国务院

2020 年 8 月 30 日

中国(北京)自由贸易试验区总体方案

三、主要任务和措施

(七)加快转变政府职能。

21. 强化多元化法治保障。允许境外知名仲裁及争议解决机构经北京市人民政府司法行政部门登记并报国务院司法行政部门备案,在区内设立业务机构,就国际商事、投资等领域民商事争议开展仲裁业务,依法支持和保障中外当事人在仲裁前和仲裁中的财产保全、证据保全、行为保全等临时措施的申请和执行。积极完善公证、调解、仲裁、行政裁决、行政复议、诉讼等有机衔接、相互协调的多元化纠纷解决机制。支持国际商事争端预防与解决组织落地运营。充分利用现有审判资源,为金融诉讼提供绿色通道。

国务院办公厅

关于加快推进政务服务"跨省通办"的指导意见(节录)

(2020 年 9 月 24 日　国办发〔2020〕35 号)

四、加强政务服务"跨省通办"服务支撑

(二)提升"跨省通办"数据共享支撑能力。建立权威高效的数据共享协调机制,明确数据共享供需对接、规范使用、争议处理、安全管理、监督考核、技术支撑等制度流程,满足"跨省通办"数据需求。除现行法律法规另有规定或涉及国家秘密和安全等外,一律面向各级政府部门提供履行职责需要的数据共享服务。依托全国一体化政务服务平台统一受理"跨省通办"数据共享需求并提供服务,加强数据共享运行监测,提升数据质量和协同效率,保障数据的及时性、准确性和安全性。结合推进政务服务"跨省通办",将更多直接关系企业和群众办事、应用频次高的数据纳入共享范围,依法有序推进政务数据向公证处等公共服务机构共享。

附件

全国高频政务服务“跨省通办”事项清单(共140项)

一、2020年底前实现“跨省通办”的事项(58项)

序号	“跨省通办”事项	应用场景	牵头单位	配合单位
1	学历公证	申请人可异地申请博士研究生、硕士研究生、大学本科、大学专科学历公证,不受户籍地或学校所在地限制。	司法部	教育部
2	学位公证	申请人可异地申请博士、硕士、学士学位公证,不受户籍地或学校所在地限制。	司法部	教育部
3	机动车驾驶证公证	申请人可异地申请机动车驾驶证公证,不受户籍地或驾驶证领取地限制。	司法部	公安部

二、2021年底前实现“跨省通办”的事项(74项)

序号	“跨省通办”事项	应用场景	牵头单位	配合单位
12	纳税状况公证	申请人可异地申请办理纳税状况公证,不受缴税地限制。	司法部	税务总局

国务院办公厅

关于印发全国深化“放管服”改革优化营商环境电视电话会议重点任务分工方案的通知(节录)

(2020年11月1日　国办发〔2020〕43号)

各省、自治区、直辖市人民政府,国务院各部委、各直属机构:

《全国深化“放管服”改革优化营商环境电视电话会议重点任务分工方案》已经国务院同意,

现印发给你们，请结合实际认真贯彻落实。

国务院办公厅

2020 年 11 月 1 日

全国深化“放管服”改革优化营商环境电视电话会议重点任务分工方案

（十六）全面推行“不见面”办事，进一步拓展“互联网 + 政务服务”，提供“24 小时不打烊”的在线政务服务。除法律法规有特殊规定的事项外，原则上都要做到网上全程可办。对现场核验、签字、领取等环节，可以采取电子认证、“快递 + 政务服务”等方式解决。完善全国一体化政务服务平台，年底前地方和部门平台要与国家平台完成对接，在更大范围实现“一网通办”。同时，兼顾好老年人、视障听障残疾人等群众的需求，采取必要的线下补充手段，有针对性地提供人工指导和服务，绝不能出现歧视现象。（国务院办公厅牵头，各地区、各部门负责）

具体措施：

4. 持续优化公证服务，加快推进高频公证服务事项“一网通办”，实现申请受理、身份认证、材料提交和缴费等各环节全程网上办。2021 年 3 月底前研究制定降低企业公证事项和公证事务收费办法和标准。（司法部、国家发展改革委等国务院相关部门及各地区按职责分工负责）

（十七）推动政务服务“跨省通办”，推进标准化建设和电子证照跨省互认，从教育、社保、医疗、养老、婚育和企业登记、经营许可办理等领域入手，加快推进政务服务“跨省通办”，2020 年要有所突破，2021 年底前要基本实现高频事项全覆盖。建立权威高效的数据共享机制，推动数据信息标准化，加快政务数据共享，并保障数据安全、保护隐私，防止滥用或泄露。（国务院办公厅牵头，教育部、民政部、人力资源社会保障部、国家卫生健康委、市场监管总局、中央网信办等相关单位及各地区按职责分工负责）

具体措施：

1. 加快推进高频政务服务事项“跨省通办”，加强全国一体化政务服务平台“跨省通办”服务能力，2020 年底前实现市场主体登记注册、职业资格证书核验、学历公证、驾驶证公证等 58 项事项异地办理，2021 年底前实现工业产品生产许可证、就医结算备案、社保卡申领、户口迁移等 74 项事项异地办理。加快实现相关高频政务服务事项“省内通办”。（国务院办公厅牵头，公安部、司法部、人力资源社会保障部、教育部、市场监管总局、国家医保局等国务院相关部门及各地区按职责分工负责）

中华人民共和国国民经济和社会发展第十四个五年规划和2035年远景目标纲要(节录)

(2021年3月11日)

第二节　健全知识产权保护运用体制

实施知识产权强国战略,实行严格的知识产权保护制度,完善知识产权相关法律法规,加快新领域新业态知识产权立法。加强知识产权司法保护和行政执法,健全仲裁、调解、公证和维权援助体系,健全知识产权侵权惩罚性赔偿制度,加大损害赔偿力度。优化专利资助奖励政策和考核评价机制,更好保护和激励高价值专利,培育专利密集型产业。改革国有知识产权归属和权益分配机制,扩大科研机构和高等院校知识产权处置自主权。完善无形资产评估制度,形成激励与监管相协调的管理机制。构建知识产权保护运用公共服务平台。

国务院办公厅

关于印发全国深化"放管服"改革　着力培育和激发市场主体活力电视电话会议重点任务分工方案的通知(节录)

(2021年7月11日　国办发〔2021〕25号)

各省、自治区、直辖市人民政府,国务院各部委、各直属机构:

《全国深化"放管服"改革着力培育和激发市场主体活力电视电话会议重点任务分工方案》已经国务院同意,现印发给你们,请结合实际认真贯彻落实。

国务院办公厅

2021年7月11日

全国深化“放管服”改革　着力培育和激发市场主体活力电视电话会议重点任务分工方案

（十三）把企业和群众的“关键小事”当作政府的“心头大事”来办，着力破解异地就医报销难、车检难、公证难等问题，实现企业常规信息“最多报一次”，分类完成地方政务服务便民热线的归并，用制度和技术的办法，让市场主体和群众依规办事不求人。（国务院办公厅、公安部、司法部、生态环境部、交通运输部、市场监管总局、国家医保局等国务院相关部门及各地区按职责分工负责）

具体措施：

1. 加快推进地方政务服务便民热线优化，2021 年底前按要求分级分类完成热线归并。（国务院办公厅牵头，国务院相关部门及各地区按职责分工负责）

2. 制定出台关于优化车辆检测的政策文件，规范提升车辆检测站服务，优化检测流程和材料，减少群众车检排队等候时间。增加车检服务供给，探索允许具备资质、信用良好的汽车品牌服务企业提供非营运小型车辆维修、保养、检测“一站式”服务，加强对伪造检测结果等违法违规行为的监管和查处。推动检测机构公示服务项目、内容和价格，加大对检测机构相互串通、操纵市场价格等行为的监管和查处力度。（公安部、生态环境部、交通运输部、市场监管总局等国务院相关部门及各地区按职责分工负责）

3. 优化公证服务，规范和精简公证证明材料，全面推行公证证明材料清单管理，落实一次性告知制度，推进人口基本信息、婚姻、收养、不动产登记等办理公证所需数据共享和在线查询核验，实现更多高频公证服务事项“一网通办”。推动降低偏高的公证事项收费标准。（司法部牵头，国务院相关部门及各地区按职责分工负责）

4. 着力缓解异地就医报销难问题，2021 年底前实现各省份 60% 以上的县至少有 1 家普通门诊费用跨省联网医疗机构，各统筹地区基本实现普通门诊费用跨省直接结算；对于高血压、糖尿病、恶性肿瘤门诊放化疗、尿毒症透析、器官移植术后抗排异治疗等 5 个群众需求大、各地普遍开展的门诊慢特病，每个省份至少有 1 个统筹地区实现相关治疗费用跨省直接结算。（国家医保局及各地区按职责分工负责）

5. 对部门规章、规范性文件设定的证明事项进行审核，梳理发布中央层面确需保留的证明事项清单，督促指导各地抓紧发布本地区确需保留的证明事项清单，行政机关办理依申请的行政事项不得索要清单之外的证明。（司法部牵头，国务院相关部门及各地区按职责分工负责）

中共中央　国务院

印发《知识产权强国建设纲要（2021—2035年）》（节录）

（2021年9月22日）

（十）健全统一领导、衔接顺畅、快速高效的协同保护格局。坚持党中央集中统一领导，实现政府履职尽责、执法部门严格监管、司法机关公正司法、市场主体规范管理、行业组织自律自治、社会公众诚信守法的知识产权协同保护。实施知识产权保护体系建设工程。明晰行政机关与司法机关的职责权限和管辖范围，健全知识产权行政保护与司法保护衔接机制，形成保护合力。建立完善知识产权仲裁、调解、公证、鉴定和维权援助体系，加强相关制度建设。健全知识产权信用监管体系，加强知识产权信用监管机制和平台建设，依法依规对知识产权领域严重失信行为实施惩戒。完善著作权集体管理制度，加强对著作权集体管理组织的支持和监管。实施地理标志保护工程。建设知识产权保护中心网络和海外知识产权纠纷应对指导中心网络。建立健全海外知识产权预警和维权援助信息平台。

国　务　院

关于印发"十四五"国家知识产权保护和运用规划的通知（节录）

（2021年10月9日　国发〔2021〕20号）

各省、自治区、直辖市人民政府，国务院各部委、各直属机构：

现将《"十四五"国家知识产权保护和运用规划》印发给你们，请认真贯彻执行。

国务院

2021年10月9日

“十四五”国家知识产权保护和运用规划

（五）加强知识产权司法保护。

完善知识产权司法保护体系。加强知识产权司法资源配置，加强知识产权审判体系建设。健全知识产权案件上诉机制，完善专门法院设置。深入推进知识产权民事、刑事、行政案件“三合一”审判机制改革。完善知识产权检察体制机制。建立健全与审判机制、检察机制相适应的案件管辖制度和协调机制。完善知识产权司法案件繁简分流机制，开展适应知识产权审判特点的简易程序试点，提高审判质量和效率。探索依当事人申请的知识产权纠纷行政调解协议司法确认制度。推动建立跨行政区域知识产权案件审理机制，充分发挥法院案件指定管辖机制作用，有效打破地方保护。（最高人民法院、最高人民检察院等按职责分工负责）

提升知识产权司法保护能力。加强司法保护与行政确权、行政执法、调解、仲裁、公证存证等环节的信息沟通和共享，促进行政执法标准和司法裁判标准统一，形成有机衔接、优势互补的运行机制。强化民事司法保护，研究制定符合知识产权案件规律的诉讼规范。完善刑事法律和司法解释，加大刑事打击力度，准确适用知识产权领域行政执法移送刑事司法标准和刑事案件立案追诉标准，规范刑罚适用。加强知识产权司法工作人员培养和选拔，加强技术调查官队伍建设。（最高人民法院、最高人民检察院、公安部等按职责分工负责）

（七）加强知识产权协同保护。

完善知识产权纠纷多元化解决机制。培育和发展知识产权调解组织、仲裁机构、公证机构。鼓励行业协会、商会建立知识产权保护自律和信息沟通机制。建立健全知识产权调解、仲裁、公证、社会监督等人才的选聘、培养、管理、激励制度。推动完善知识产权纠纷投诉受理处理、诉讼调解对接、调解仲裁对接、行政执法与调解仲裁对接等机制。探索维权援助社会共治模式，鼓励高校、社会组织等开展维权援助工作。建立完善知识产权侵权纠纷检验鉴定工作体系，加强知识产权鉴定机构专业化、规范化建设，推动建立知识产权鉴定技术标准。建立国防领域知识产权纠纷多元化处理机制。（国家知识产权局牵头，中央宣传部、最高人民法院、司法部、国家国防科工局、中央军委装备发展部、中国贸促会等按职责分工负责）

加强知识产权领域诚信体系建设。推进建立知识产权领域以信用为基础的分级分类监管模式，积极支持地方开展工作试点。制定覆盖专利、商标、版权等领域的信用信息基础目录。推进知识产权领域信用承诺制建设。规范知识产权领域严重失信主体名单认定标准和程序，依法依规对严重失信主体实施惩戒。推进知识产权信用修复制度建设。推动全国知识产权信用信息共享平台与全国信用信息共享平台实现数据共享。（中央宣传部、国家发展改革委、农业农村部、人民银行、市场监管总局、国家林草局、国家知识产权局等按职责分工负责）

国务院办公厅

关于全面实行行政许可事项清单管理的通知(节录)

(2022年1月10日　国办发〔2022〕2号)

各省、自治区、直辖市人民政府,国务院各部委、各直属机构:

行政许可是政府依法管理经济社会事务的重要手段。全面实行行政许可事项清单管理,是深化"放管服"改革优化营商环境的重要举措,有利于明晰行政许可权力边界、规范行政许可运行,为企业和群众打造更加公平高效的审批环境,对于推进政府治理体系和治理能力现代化意义重大。为做好全面实行行政许可事项清单管理工作,经国务院同意,现通知如下:

一、总体要求

(一)指导思想。以习近平新时代中国特色社会主义思想为指导,全面贯彻党的十九大和十九届历次全会精神,认真落实党中央、国务院关于深化"放管服"改革优化营商环境的决策部署,正确处理政府和市场、政府和社会的关系,依法编制、严格实施行政许可事项清单,持续推进行政许可标准化、规范化、便利化,加强事前事中事后全链条全领域监管,不断提高审批效率和监管效能,更大激发市场活力和社会创造力,促进经济社会高质量发展。

(二)工作目标。2022年底前,构建形成全国统筹、分级负责、事项统一、权责清晰的行政许可事项清单体系,编制并公布国家、省、市、县四级行政许可事项清单,将依法设定的行政许可事项全部纳入清单管理,清单之外一律不得违法实施行政许可。对清单内事项逐项编制完成行政许可实施规范,大幅提升行政许可标准化水平,"十四五"时期基本实现同一事项在不同地区和层级同要素管理、同标准办理。

二、依法编制行政许可事项清单

(三)明确清单编制责任。国务院审改办负责组织国务院有关部门编制《法律、行政法规、国务院决定设定的行政许可事项清单》,报国务院审定后向社会公布。县级以上地方人民政府牵头推进行政审批制度改革工作的机构(以下称审改牵头机构)负责组织梳理上级设定、本地区实施的行政许可事项和本地区地方性法规、省级政府规章设定的行政许可事项,编制本地区行政许可事项清单,报同级人民政府审定后向社会公布,并抄送上一级审改牵头机构。

(四)统一清单编制要求。各级行政许可事项清单应当逐项明确事项名称、主管部门、实施机关、设定和实施依据等基本要素。各地区行政许可事项清单中上级设定、本地区实施的事项及其基本要素,不得超出上级清单的范围,确保事项同源、统一规范。省、市、县三级清单应当于2022年底前编制完成。依托全国一体化政务服务平台,建设全国行政许可管理系统,将国家、省、市、县级行政许可事项清单全部纳入系统管理。

(五)及时动态调整清单。法律、法规、规章草案拟新设或者调整行政许可的,起草部门应当充分研究论证,并在起草说明中专门作出说明;司法行政部门在草案审查阶段,应当征求同级审改牵头机构意见。行政许可正式实施前,有关部门应当提出调整行政许可事项清单的申请,审改牵头机构应当及时进行调整,行政许可实施机关做好实施前准备。因深化行政审批制度改革需要动态调整行政许可事项清单的,参照上述程序办理。上级清单作出动态调整的,下级清单要及时相应调整。

(六)做好有关清单衔接。市场准入负面清单、政务服务事项基本目录、"互联网+监管"事项清单、投资项目审批事项清单、工程建设项目审批事项清单等中涉及的行政许可事项,应当严格与行政许可事项清单保持一致并做好衔接。行政许可事项清单调整的,有关清单要适时作出相应调整。健全审改牵头机构与其他清单主管部门的沟通协调机制,协同做好清单内容对接匹配。

三、严格依照清单实施行政许可

(七)科学制定行政许可实施规范。对清单内的行政许可事项要逐项制定实施规范,结合实施情况确定子项、办理项,明确许可条件、申请材料、中介服务、审批程序、审批时限、收费、许可证件、数量限制、年检年报等内容,并向社会公布。法律、行政法规、国务院决定设定的行政许可事项原则上由国务院有关部门制定实施规范。对各地区实施规范存在差异、影响跨区域通办的事项,国务院有关部门要研究提出解决方案,制定衔接办法。地方性法规、省级政府规章设定的行政许可事项,由省级、设区的市级人民政府有关部门制定实施规范。

(八)依法依规实施行政许可。行政许可实施机关要依照行政许可实施规范制定办事指南,并向社会公布。办事指南一经公布,必须严格遵照执行,不得随意增加许可条件、申请材料、中介服务、审批环节、收费、数量限制等,不得超时限办理行政许可,但可以作出有利于行政相对人的合理优化调整。在严格执行办事指南的同时,各地区、各部门要按照政务服务标准化、规范化、便利化要求,通过推行告知承诺、集成服务、一网通办、跨省通办等改革措施,更好满足企业和群众办事需求。

(九)严肃清查整治变相许可。各地区、各部门要严格落实清单之外一律不得违法实施行政许可的要求,大力清理整治变相许可。在行政许可事项清单之外,有关行政机关和其他具有管理公共事务职能的组织以备案、证明、目录、计划、规划、指定、认证、年检等名义,要求行政相对人经申请获批后方可从事特定活动的,应当认定为变相许可,要通过停止实施、调整实施方式、完善设定依据等予以纠正。

四、加强事前事中事后全链条全领域监管

(十)依托清单明确监管重点。行政许可事项清单是完善事前事中事后全链条全领域监管的重要基础。对列入清单的事项,各地区、各部门要充分评估实际情况和风险隐患,科学划分风险等级,明确监管重点环节,实施有针对性、差异化的监管政策,提升监管的精准性和有效性。其中,对直接涉及公共安全、公众健康,以及潜在风险大、社会风险高的重点领域,要依法依规重点监管,守牢质量和安全底线。与行政许可事项对应的监管事项,要纳入"互联网+监管"平台监管事项动态管理系统。

(十一)对清单内事项逐项明确监管主体。严格依照法律法规和"三定"规定,确定监管主体;法律法规和"三定"规定未明确监管职责的,按照"谁审批、谁监管,谁主管、谁监管"的原则,确定监管主体。实行相对集中行政许可权改革的地区,按照改革方案确定监管职责。对多部门共同承担监管职责的事项,行业主管部门应当会同相关部门实施综合监管。有关部门之间就监管主体存在争议的,报同级人民政府决定。

(十二)结合清单完善监管规则标准。对于法律、行政法规、国务院决定设定的行政许可事项,国务院有关部门要逐事项或者分领域制定并公布全国统一、简明易行、科学合理的监管规则和标准。地方性法规、省级政府规章设定的行政许可事项,由省级、设区的市级人民政府有关部门制定并公布监管规则和标准。实行相对集中行政许可权改革的地区,要明晰审管边界,强化审管互动,确保无缝衔接。对取消和下放的行政许可事项,要明确监管层级、监管部门、监管规则和标准,对用不好授权、履职不到位的要问责,坚决杜绝一放了之、只批不管等问题。

五、做好清单实施保障

(十三)加强组织领导。各地区、各部门要高度重视全面实行行政许可事项清单管理工作,加强统筹协调,配齐配强审改工作力量,及时研究解决清单管理和行政许可实施中的重大问题,推动工作落地落实。国务院审改办要加强对各地区、各部门行政许可事项清单管理工作的指导、协调和督促,及时总结推广典型经验和做法。

(十四)强化监督问责。各级审改牵头机构要加强对行政许可事项清单实施情况的动态评估和全程监督。要畅通投诉举报渠道,依托"12345 政务服务便民热线"、政务服务"好差评"系统、政府门户网站等接受社会监督。针对违法违规编制清单、实施行政许可或者实施变相许可等问题,要主动加大监督力度,责成有关部门限期整改,情节严重的要依法依规严肃问责。

(十五)探索清单多元化运用。要依托全国行政许可管理系统,汇总公布清单内行政许可事项的线上线下办理渠道,逐步完善清单事项检索、办事指南查询、网上办理导流、疑难问题咨询、投诉举报留言等服务功能,方便企业和群众办理行政许可和开展监督。结合行政许可事项清单,推动各地区、各部门行政许可业务系统与全国行政许可管理系统深度对接,实现数据及时交互共享,对行政许可全流程开展"智慧监督"。鼓励各地区创新行政许可事项清单应用场景,提升企业和群众获得感、满意度。

附件:法律、行政法规、国务院决定设定的行政许可事项清单(2022 年版)

国务院办公厅

2022 年 1 月 10 日

(此件公开发布)

附件

法律、行政法规、国务院决定设定的
行政许可事项清单(2022年版)

序号	中央主管部门	事项名称	实施机关	设定和实施依据
122	司法部	法律职业资格认定	司法部(由设区的市级司法行政部门受理)	《中华人民共和国法官法》 《中华人民共和国检察官法》 《中华人民共和国公务员法》 《中华人民共和国律师法》 《中华人民共和国公证法》 《中华人民共和国仲裁法》 《中华人民共和国行政复议法》 《中华人民共和国行政处罚法》 《国家统一法律职业资格考试实施办法》(司法部令第140号) 《法律职业资格管理办法》(司法部令第146号) 《国家职业资格目录(2021年版)》
123	司法部	律师执业、变更执业机构许可(含香港、澳门永久性居民中的中国居民及台湾居民申请律师执业、变更执业机构)	省级司法行政部门(由设区的市级司法行政部门初审)	《中华人民共和国律师法》
124	司法部	特许律师执业许可	司法部	《中华人民共和国律师法》
125	司法部	基层法律服务工作者执业核准	设区的市级司法行政部门	《国务院对确需保留的行政审批项目设定行政许可的决定》 《国务院关于第六批取消和调整行政审批项目的决定》(国发〔2012〕52号)
126	司法部	律师事务所及分所设立、变更、注销许可	省级司法行政部门(由设区的市级司法行政部门初审)	《中华人民共和国律师法》
127	司法部	香港、澳门律师事务所驻内地代表机构设立、变更、注销许可	省级司法行政部门	《外国律师事务所驻华代表机构管理条例》 《香港、澳门特别行政区律师事务所驻内地代表机构管理办法》(司法部令第70号)

续表

序号	中央主管部门	事项名称	实施机关	设定和实施依据
128	司法部	香港、澳门律师事务所驻内地代表机构派驻代表执业、变更许可	省级司法行政部门	《外国律师事务所驻华代表机构管理条例》 《香港、澳门特别行政区律师事务所驻内地代表机构管理办法》(司法部令第70号)
129	司法部	香港、澳门律师事务所与内地律师事务所联营核准	省级司法行政部门	《国务院对确需保留的行政审批项目设定行政许可的决定》
130	司法部	外国律师事务所驻华代表机构设立、变更、注销许可	司法部(由省级司法行政部门初审)	《外国律师事务所驻华代表机构管理条例》
131	司法部	外国律师事务所驻华代表机构派驻代表执业、变更许可	司法部(由省级司法行政部门初审)	《外国律师事务所驻华代表机构管理条例》
132	司法部	公证员执业许可	省级司法行政部门	《中华人民共和国公证法》
133	司法部	中国委托公证人资格(香港)审批	司法部	《国务院对确需保留的行政审批项目设定行政许可的决定》《国家职业资格目录(2021年版)》
134	司法部	中国委托公证人资格(澳门)审批	司法部	《国务院对确需保留的行政审批项目设定行政许可的决定》 《国家职业资格目录(2021年版)》
135	司法部	司法鉴定机构及分支机构设立、变更、延续、注销登记	省级司法行政部门	《全国人民代表大会常务委员会关于司法鉴定管理问题的决定》 《司法鉴定机构登记管理办法》(司法部令第95号)
136	司法部	司法鉴定人执业、变更、延续、注销登记	省级司法行政部门	《全国人民代表大会常务委员会关于司法鉴定管理问题的决定》 《司法鉴定人登记管理办法》(司法部令第96号)
137	司法部	仲裁委员会设立、注销登记	省级司法行政部门	《中华人民共和国仲裁法》 《仲裁委员会登记暂行办法》

第三部分　司法解释及相关文件

最高人民法院

关于我国公民因私出境为离婚而要求我使领馆办理诉讼文书公证应如何处理的复函

（1991年4月28日）

四川省高级人民法院：

你院关于我驻加拿大使领馆对非法在加拿大居住的我国公民姚开华寄给人民法院的离婚诉讼文书不予办理公证，如何确认其诉讼文书效力的请示收悉。经我们研究并征求了外交部领事司的意见认为，因私出境后，在居留地所在国无合法居留权的我国公民，为离婚而要求我使领馆办理诉讼文书公证的，由于其诉讼文书是在国内使用，与其非法居留地不发生关系，也不涉及我与该国关系，可在从严掌握的前提下，按有关规定予以办理。据此，你院可告知姚开华按照上述精神办理公证手续。

外交部　最高人民法院　最高人民检察院
公安部　安全部　司法部

关于处理涉外案件若干问题的规定（节录）

（1995年6月20日　外发〔1995〕17号）

各省、自治区、直辖市人民政府外事办公室、高级人民法院、人民检察院、公安厅（局）、国家安全厅（局）、司法厅（局）、海关、交通厅（局）、渔政厅（局）、民政厅（局），国务院各部委、各直属机构外事司（局），计划单列市人民政府外事办公室：

随着我国改革开放的不断深化，涉外案件工作中出现了许多新情况、新问题。为进一步妥善处理涉外案件的有关问题，明确分工，减少中间环节，提高效率，便于操作，特制定如下规定。

四、出具证明

正常死亡,由县级或县级以上医院出具“死亡证明书”。如死者生前曾住医院治疗或抢救,应其家属要求,医院可提供“诊断书”或“病历摘要”。

非正常死亡,由公安机关的法医出具“死亡鉴定书”。案件审理中正常死亡,由案件审理机关的法医出具“死亡鉴定书”。在监狱服刑中死亡,由司法行政机关的法医出具“死亡鉴定书”。如案件审理机关或司法行政机关没有法医,可由公安机关代为出具。

“死亡证明书”、“死亡鉴定书”交死者家属或死者所属国家驻华使、领馆。对外公布死因要慎重。如死因尚不明确,或有其他致死原因,待查清或内部意见统一后,再向外公布和提供证明。

外国人死在我村、镇或公民家中,县级或县级以上医院无法出具“死亡证明书”,或者死者所属国家要求或者有关驻华使、领馆提出办理“死亡公证书”时,则应办理“死亡公证书”等公证文件。

“诊断证书”、“病历摘要”、“死亡证明书”、“死亡鉴定书”、“防腐证明书”等证明,如办理认证手续,必须先在死者居所地公证处申办公证,而后办理外交部领事司或外国驻华领馆领区内我地方外办的认证和有关外国驻华使、领馆认证。在“死亡证明书”或“死亡鉴定书”中注明尸体已进行防腐处理的,可不再另行办理“防腐证明书”。

六、骨灰和尸体运输出境

1. 骨灰运输:托运人必须提供医院出具的“死亡证明书”或法医出具的“死亡鉴定书”,及殡葬部门出具的“火化证明书”。各证明书一式二份,一份留始发站,一份附在货运单后,随骨灰盒带往目的站。

骨灰应装在封妥的罐内或盒内,外面用木箱套装。

骨灰自带出境,亦需备妥上述证明。

2. 尸体运输:可由中国国际运尸网络服务中心办理(见民事发〔1993〕2 号文),也可由其他适当途径办理。尸体运输的包装要求是:首先应做防腐处理,然后装入厚塑料袋中密封,放入金属箱内。箱内应放木屑或碎木炭等吸湿物。连接处用锌焊牢,以防气味或液体外溢。金属箱应套装木棺,木棺两侧应装有便于搬运的把手。

尸体、棺柩出境须备以下证明:(1)由医院或公安、司法机关出具的“死亡证明书”或者“死亡鉴定书”,亦可由有关涉外公证处出具的“死亡公证书”代替上述证明书;(2)由殡仪部门出具的“防腐证明书”;(3)由防疫部门出具的“尸体检疫证明书”;(4)海关凭检疫机关出具的“尸体、棺柩出境许可证明书”放行。

七、遗物的清点和处理

清点死者遗物应有死者家属或其所属国家驻华使、领馆官员和我方人员在场。如家属或者驻华使、领馆官员明确表示不能到场时,可请公证处人员到场,并由公证员将上述人员不能到场的事实和原因注明。遗物清点必须造册,列出清单,清点人均应签字。移交遗物要开出移交书,一式二份,注明移交时间、地点、在场人、物品件数、种类和特征等。签字后办理公证手续。如死者有遗嘱,应将遗嘱拍照或复制,原件交死者家属或其所属国家驻华使、领馆。

最高人民法院　司法部

关于涉港公证文书效力问题的通知(节录)

(1996年2月18日　司发通〔1996〕026号)

各省、自治区、直辖市高级人民法院、司法厅(局):

为解决香港居民回内地处理民事、经济法律事务所需公证证明问题,从1981年开始,司法部经商有关主管部门同意,建立了委托公证人制度,即由司法部考核后委托部分香港律师作为委托公证人,负责出具有关公证文书,经司法部在香港设立的中国法律服务(香港)有限公司审核并加章转递后,送回内地使用。十多年来的实践证明,该项制度维护了当事人的合法权益,为人民法院和内地其他机关处理涉港案件提供了真实合法有效的证明文件。1997年7月1日中国政府恢复对香港行使主权后,这一制度仍将继续实行。

随着香港与内地民事、经济和其他交往的不断增多,各类公证事务也日益增加。到1995年10月底为止,司法部共委托了207名香港律师作为中国委托公证人。各级人民法院办理涉港案件时,应严格审核确认公证文书的合法性,防止未经授权的机构、人员出具的无效证明和不法人员伪造的公证文书。为此,现将该207名委托公证人名单和司法部中国法律服务(香港)有限公司审核转递专用章式样印发给你们。在办理涉港案件中,对于发生在香港地区的有法律意义的事件和文书,均应要求当事人提交上述委托公证人出具并经司法部中国法律服务(香港)有限公司审核加章转递的公证证明;对委托公证人以外的其他机构、人员出具的或未经审核加章转递程序的证明文书,应视为不具有《中华人民共和国民事诉讼法》中规定的公证文书的证明效力和执行效力,也不具有《中华人民共和国担保法》第四十三条规定的对抗第三人的效力,所涉及的行为不受法律保护。

附件:一、中国委托公证人(香港)名单(略)

二、中国法律服务(香港)有限公司转递专用章式样

附件二：

中国法律服务(香港)有限公司转递专用章式样

中华人民共和国司法部委托香港 律师办理内地使用的公证文书 转递专用章 ----------------★---------------- 中国法律服务(香港)有限公司 深办第　　号 日期

最高人民法院
关于行政诉讼证据若干问题的规定(节录)

(2002年6月4日最高人民法院审判委员会第1224次会议通过　2002年7月24日最高人民法院公告公布　自2002年10月1日起施行　法释〔2002〕21号)

第十一条　根据行政诉讼法第三十一条第一款第(二)项的规定,当事人向人民法院提供物证的,应当符合下列要求:

(一)提供原物。提供原物确有困难的,可以提供与原物核对无误的复制件或者证明该物证的照片、录像等其他证据;

（二）原物为数量较多的种类物的，提供其中的一部分。

第十二条 根据行政诉讼法第三十一条第一款第（三）项的规定，当事人向人民法院提供计算机数据或者录音、录像等视听资料的，应当符合下列要求：

（一）提供有关资料的原始载体。提供原始载体确有困难的，可以提供复制件；

（二）注明制作方法、制作时间、制作人和证明对象等；

（三）声音资料应当附有该声音内容的文字记录。

第十三条 根据行政诉讼法第三十一条第一款第（四）项的规定，当事人向人民法院提供证人证言的，应当符合下列要求：

（一）写明证人的姓名、年龄、性别、职业、住址等基本情况；

（二）有证人的签名，不能签名的，应当以盖章等方式证明；

（三）注明出具日期；

（四）附有居民身份证复印件等证明证人身份的文件。

第十六条 当事人向人民法院提供的在中华人民共和国领域外形成的证据，应当说明来源，经所在国公证机关证明，并经中华人民共和国驻该国使领馆认证，或者履行中华人民共和国与证据所在国订立的有关条约中规定的证明手续。

当事人提供的在中华人民共和国香港特别行政区、澳门特别行政区和台湾地区内形成的证据，应当具有按照有关规定办理的证明手续。

第四十条 对书证、物证和视听资料进行质证时，当事人应当出示证据的原件或者原物。但有下列情况之一的除外：

（一）出示原件或者原物确有困难并经法庭准许可以出示复制件或者复制品；

（二）原件或者原物已不存在，可以出示证明复制件、复制品与原件、原物一致的其他证据。

视听资料应当当庭播放或者显示，并由当事人进行质证。

第五十五条 法庭应当根据案件的具体情况，从以下方面审查证据的合法性：

（一）证据是否符合法定形式；

（二）证据的取得是否符合法律、法规、司法解释和规章的要求；

（三）是否有影响证据效力的其他违法情形。

第五十七条 下列证据材料不能作为定案依据：

（一）严重违反法定程序收集的证据材料；

（二）以偷拍、偷录、窃听等手段获取侵害他人合法权益的证据材料；

（三）以利诱、欺诈、胁迫、暴力等不正当手段获取的证据材料；

（四）当事人无正当事由超出举证期限提供的证据材料；

（五）在中华人民共和国领域以外或者在中华人民共和国香港特别行政区、澳门特别行政区和台湾地区形成的未办理法定证明手续的证据材料；

（六）当事人无正当理由拒不提供原件、原物，又无其他证据印证，且对方当事人不予认可的证据的复制件或者复制品；

（七）被当事人或者他人进行技术处理而无法辨明真伪的证据材料；

（八）不能正确表达意志的证人提供的证言；

（九）不具备合法性和真实性的其他证据材料。

第六十三条 证明同一事实的数个证据,其证明效力一般可以按照下列情形分别认定:

(一)国家机关以及其他职能部门依职权制作的公文文书优于其他书证;

(二)鉴定结论、现场笔录、勘验笔录、档案材料以及经过公证或者登记的书证优于其他书证、视听资料和证人证言;

(三)原件、原物优于复制件、复制品;

(四)法定鉴定部门的鉴定结论优于其他鉴定部门的鉴定结论;

(五)法庭主持勘验所制作的勘验笔录优于其他部门主持勘验所制作的勘验笔录;

(六)原始证据优于传来证据;

(七)其他证人证言优于与当事人有亲属关系或者其他密切关系的证人提供的对该当事人有利的证言;

(八)出庭作证的证人证言优于未出庭作证的证人证言;

(九)数个种类不同、内容一致的证据优于一个孤立的证据。

第六十四条 以有形载体固定或者显示的电子数据交换、电子邮件以及其他数据资料,其制作情况和真实性经对方当事人确认,或者以公证等其他有效方式予以证明的,与原件具有同等的证明效力。

第六十八条 下列事实法庭可以直接认定:

(一)众所周知的事实;

(二)自然规律及定理;

(三)按照法律规定推定的事实;

(四)已经依法证明的事实;

(五)根据日常生活经验法则推定的事实。

前款(一)、(三)、(四)、(五)项,当事人有相反证据足以推翻的除外。

最高人民法院

关于审理证券市场因虚假陈述引发的民事赔偿案件的若干规定(节录)

(2002年12月26日最高人民法院审判委员会第1261次会议通过 2003年1月9日最高人民法院公告公布 自2003年2月1日起施行 法释〔2003〕2号)

二、受理与管辖

(一)自然人、法人或者其他组织的身份证明文件,不能提供原件的,应当提交经公证证明的复印件;

最高人民法院

关于印发《第二次全国涉外商事海事审判工作会议纪要》的通知(节录)

(2005年12月26日　法发〔2005〕26号)

各省、自治区、直辖市高级人民法院,新疆维吾尔自治区高级人民法院生产建设兵团分院:

现将《第二次全国涉外商事海事审判工作会议纪要》印发给你们,请遵照执行。执行中有何问题,望及时报告我院。

二○○五年十二月二十六日

第二次全国涉外商事海事审判工作会议纪要

为进一步贯彻"公正司法,一心为民"的方针,落实"公正与效率"工作主题,规范涉外商事海事司法行为,增强司法能力,提高司法水平,开创涉外商事海事审判工作新局面,最高人民法院于2005年11月15日至16日在江苏省南京市召开了第二次全国涉外商事海事审判工作会议。各高级人民法院的分管院长、涉外商事海事审判部门的庭长、具有涉外商事审判管辖权的中级人民法院的分管院长、海事法院院长以及中央有关部门的代表共200人参加了会议。最高人民法院院长肖扬发表了书面讲话,副院长万鄂湘到会讲话。

会议总结交流了2001年来涉外商事海事审判工作的经验,研究了审判实践中亟待解决的问题,讨论了进一步规范涉外商事海事审判工作,为改革开放和经贸、航运事业提供司法保障的措施。会议达成以下共识,并形成纪要:

二、关于诉讼当事人

18. 外国当事人在我国境外出具的授权委托书,应当履行相关的公证、认证或者其他证明手续。对于未履行相关手续的诉讼代理人,人民法院对其代理资格不予认可。

19. 外国自然人在人民法院办案人员面前签署的授权委托书无需办理公证、认证或者其他证明手续,但在签署授权委托书时应出示身份证明和入境证明,人民法院办案人员应在授权委托书上注明相关情况并要求该外国自然人予以确认。

20. 外国自然人在我国境内签署的授权委托书，经我国公证机关公证，证明该委托书是在我国境内签署的，无需在其所在国再办理公证、认证或者其他证明手续。

21. 外国法人、其他组织的法定代表人或者负责人代表该法人、其他组织在人民法院办案人员面前签署的授权委托书，无需办理公证、认证或者其他证明手续，但在签署授权委托书时，外国法人、其他组织的法定代表人或者负责人除了向人民法院办案人员出示自然人身份证明和入境证明外，还必须提供该法人或者其他组织出具的能够证明其有权签署授权委托书的证明文件，且该证明文件必须办理公证、认证或者其他证明手续。人民法院办案人员应在授权委托书上注明相关情况并要求该法定代表人或者负责人予以确认。

22. 外国法人、其他组织的法定代表人或者负责人代表该法人、其他组织在我国境内签署的授权委托书，经我国公证机关公证，证明该委托书是在我国境内签署，且该法定代表人或者负责人向人民法院提供了外国法人、其他组织出具的办理了公证、认证或者其他证明手续的能够证明其有权签署授权委托书的证明文件的，该授权委托书无需在外国当事人的所在国办理公证、认证或者其他证明手续。

23. 外国当事人将其在特定时期内发生的或者将特定范围的案件一次性委托他人代理，人民法院经审查可以予以认可。该一次性委托在一审程序中已办理公证、认证或者其他证明手续的，二审或者再审程序中无需再办理公证、认证或者其他证明手续。

39. 对当事人提供的在我国境外形成的证据，人民法院应根据不同情况分别作如下处理：(1)对证明诉讼主体资格的证据，应履行相关的公证、认证或者其他证明手续；(2)对其他证据，由提供证据的一方当事人选择是否办理相关的公证、认证或者其他证明手续，但人民法院认为确需办理的除外。

对在我国境外形成的证据，不论是否已办理公证、认证或者其他证明手续，人民法院均应组织当事人进行质证，并结合当事人的质证意见进行审核认定。

40. 对当事人提供的在我国境外形成的应履行相关公证、认证或者其他证明手续的证据，应当经所在国公证机关公证，并经我国驻该国使领馆认证，或者履行我国与该所在国订立的有关条约中规定的证明手续。如果其所在国与我国没有外交关系，则该证据应经与我国有外交关系的第三国驻该国使领馆认证，再转由我国驻该第三国使领馆认证。

最高人民法院

关于内地与澳门特别行政区相互认可和执行民商事判决的安排(节录)

(2006年3月21日　法释〔2006〕2号)

第十八条　为适用本安排，由一方有权限公共机构(包括公证员)作成或者公证的文书正本、副本及译本，免除任何认证手续而可以在对方使用。

最高人民法院

关于内地与澳门特别行政区相互认可和执行仲裁裁决的安排(节录)

(2007年12月12日　法释〔2007〕17号)

第四条　申请人向有关法院申请认可和执行仲裁裁决的，应当提交以下文件或者经公证的副本：

(一)申请书；

(二)申请人身份证明；

(三)仲裁协议；

(四)仲裁裁决书或者仲裁调解书。

上述文件没有中文文本的，申请人应当提交经正式证明的中文译本。

第五条　申请书应当包括下列内容：

(一)申请人或者被申请人为自然人的，应当载明其姓名及住所；为法人或者其他组织的，应当载明其名称及住所，以及其法定代表人或者主要负责人的姓名、职务和住所；申请人是外国籍法人或者其他组织的，应当提交相应的公证和认证材料；

(二)请求认可和执行的仲裁裁决书或者仲裁调解书的案号或识别资料和生效日期；

(三)申请认可和执行仲裁裁决的理由及具体请求，以及被申请人财产所在地、财产状况及该仲裁裁决的执行情况。

第十二条　由一方有权限公共机构(包括公证员)作成的文书正本或者经公证的文书副本及译本，在适用本安排时，可以免除认证手续在对方使用。

最高人民法院

关于印发《全国法院涉港澳商事审判工作座谈会纪要》的通知(节录)

(2008年1月21日　法发〔2008〕8号)

全国法院涉港澳商事审判工作座谈会纪要

为进一步贯彻“公正司法,一心为民”的方针,落实“公正与效率”工作主题,规范涉港澳审判工作,增强司法能力,提高司法水平,最高人民法院于2007年11月21日至22日在广西壮族自治区南宁市召开了全国法院涉港澳商事审判工作座谈会。各高级人民法院分管院长和庭长,以及具有涉港澳商事案件管辖权的中级人民法院分管院长参加了会议。最高人民法院副院长万鄂湘出席会议并讲话。

会议总结交流了近年来涉港澳商事审判工作的经验,研究了审判实践中亟待解决的问题,讨论了促进内地与香港特别行政区、内地与澳门特别行政区司法协助的措施。现就会议达成共识的若干问题纪要如下:

二、关于当事人主体资格

8.香港特别行政区、澳门特别行政区的当事人参加诉讼,应提供经注册地公证、认证机构公证、认证的商业登记等身份证明材料。

10.原告起诉时提供了作为被告的香港特别行政区、澳门特别行政区的当事人存在的证明,香港特别行政区、澳门特别行政区的当事人拒绝提供证明其身份的公证材料的,不影响人民法院对案件的审理。

最高人民法院

关于内地与香港特别行政区法院相互认可和执行当事人协议管辖的民商事案件判决的安排(节录)

(2006年6月12日最高人民法院审判委员会第1390次会议通过　2008年7月3日最高人民法院公告公布　自2008年8月1日起生效　法释〔2008〕9号)

第六条　申请人向有关法院申请认可和执行判决的,应当提交以下文件:

(一)请求认可和执行的申请书;

(二)经作出终审判决的法院盖章的判决书副本;

(三)作出终审判决的法院出具的证明书,证明该判决属于本安排第二条所指的终审判决,在判决作出地可以执行;

(四)身份证明材料:

1. 申请人为自然人的,应当提交身份证或者经公证的身份证复印件;

2. 申请人为法人或者其他组织的,应当提交经公证的法人或者其他组织注册登记证书的复印件;

3. 申请人是外国籍法人或者其他组织的,应当提交相应的公证和认证材料。

向内地人民法院提交的文件没有中文文本的,申请人应当提交证明无误的中文译本。

执行地法院对于本条所规定的法院出具的证明书,无需另行要求公证。

最高人民检察院

关于公证员出具公证书有重大失实行为如何适用法律问题的批复

（2009年1月6日最高人民检察院第十一届检察委员会第七次会议通过　高检发释字〔2009〕1号）

甘肃省人民检察院：

你院《关于公证员出具证明文件重大失实是否构成犯罪的请示》（甘检发研〔2008〕17号）收悉。经研究，批复如下：

《中华人民共和国公证法》施行以后，公证员在履行公证职责过程中，严重不负责任，出具的公证书有重大失实，造成严重后果的，依照刑法第二百二十九条第三款的规定，以出具证明文件重大失实罪追究刑事责任。

此复。

最高人民法院

关于建立健全诉讼与非诉讼相衔接的矛盾纠纷解决机制的若干意见（节录）

（2009年7月24日　法发〔2009〕45号）

12. 经行政机关、人民调解组织、商事调解组织、行业调解组织或者其他具有调解职能的组织对民事纠纷调解后达成的具有给付内容的协议，当事人可以按照《中华人民共和国公证法》的规定申请公证机关依法赋予强制执行效力。债务人不履行或者不适当履行具有强制执行效力的公证文书的，债权人可以依法向有管辖权的人民法院申请执行。

最高人民法院

印发《关于进一步贯彻“调解优先、调判结合”工作原则的若干意见》的通知（节录）

（2010年6月7日　法发〔2010〕16号）

29. 进一步完善调解衔接机制。对经人民调解、行政调解、行业调解或者其他具有调解职能的组织调解达成的协议，需要确认效力的，有管辖权的人民法院应当依法及时审查确认；符合强制执行条件的，人民法院应当依法及时执行。具有债权内容的诉讼外调解协议，经公证机关依法赋予强制执行效力的，债权人可以向被执行人住所地或者被执行的财产所在地人民法院申请执行。

最高人民检察院

关于废止部分司法解释和司法解释性文件的决定（节录）

（2010年11月19日　高检发释字〔2010〕1号）

附件2

最高人民检察院决定废止的与有关部门联合制发的司法解释和司法解释性文件目录(2件)

序号	司法解释和司法解释性文件名称	发文日期、文号	废止理由
2	司法部、最高人民检察院关于认真办理公证人员玩忽职守案件的通知	1992年3月21日 司发通〔1992〕037号	《中华人民共和国公证法》已于2006年3月1日起施行，按照《中华人民共和国公证法》和刑法的规定，公证人员玩忽职守构成犯罪的行为应当适用刑法第二百二十九条第三款的规定。

最高人民法院

关于进一步做好边境地区涉外民商事案件审判工作的指导意见(节录)

(2010年12月8日　法发〔2010〕57号)

三、境外当事人到我国参加诉讼,人民法院应当要求其提供经过公证、认证的有效身份证明。境外当事人是法人时,对其法定代表人或者有权代表该法人参加诉讼的人的身份证明,亦应当要求办理公证、认证手续。如果境外当事人是自然人,其亲自到人民法院法官面前,出示护照等有效身份证明及入境证明,并提交上述材料的复印件的,可不再要求办理公证、认证手续。

四、境外当事人在我国境外出具授权委托书,委托代理人参加诉讼,人民法院应当要求其就授权委托书办理公证、认证手续。如果境外当事人在我国境内出具授权委托书,经我国的公证机关公证后,则不再要求办理认证手续。境外当事人是自然人或法人时,该自然人或者有权代表该法人出具授权委托书的人亲自到人民法院法官面前签署授权委托书的,无需办理公证、认证手续。

五、当事人提供境外形成的用于证明案件事实的证据时,可以自行决定是否办理相关证据的公证、认证手续。对于当事人提供的证据,不论是否办理了公证、认证手续,人民法院均应当进行质证并决定是否采信。

最高人民法院

关于修订部分司法统计报表及相关事项的通知(节录)

(2011年1月4日　法〔2011〕33号)

附件2

司法统计报表填报说明(节录)

三、执行类统计报表

2.主要指标解释

【赋予强制执行力的调解协议】指《关于建立健全诉讼与非诉讼相衔接的矛盾纠纷解决机制的若干意见》第12条、第23条、第25条规定的,已经过公证机关公证,或者人民法院司法确认的具有强制执行效力的调解协议。

【执行依据】指据以执行的法律文书。包括:法院生效的判决书、裁定书、调解书、支付令及其他法律文书。

各类案件执行依据如下:

①罚金、没收财产案件的执行依据为生效判决书。

②特殊程序的执行依据为生效支付令或生效裁定书。

③申请执行非涉外的国内仲裁裁决、公证债权文书、民事制裁决定书、妨碍诉讼(执行)行为制裁决定书的执行依据为其他生效法律文书。

④经人民法院司法确认赋予强制执行力的调解协议,执行依据为人民法院生效裁定书,经公证机关公证赋予强制执行力的调解协议,执行依据为其他生效法律文书。

⑤除上面的情况外,其他执行案件的执行依据都是生效判决书或调解书。

最高人民法院

关于人民法院办理海峡两岸送达文书和调查取证司法互助案件的规定(节录)

(2010 年 12 月 16 日最高人民法院审判委员会第 1506 次会议通过　2011 年 6 月 14 日最高人民法院公告公布　自 2011 年 6 月 25 日起施行　法释〔2011〕15 号)

第二十四条　对于依照协议和本规定从台湾地区获得的证据和司法文书等材料,不需要办理公证、认证等形式证明。

最高人民法院

印发《关于审理证券行政处罚案件证据若干问题的座谈会纪要》的通知(节录)

(2011 年 7 月 13 日　法〔2011〕225 号)

各省、自治区、直辖市高级人民法院,新疆维吾尔自治区高级人民法院生产建设兵团分院:

现将《关于审理证券行政处罚案件证据若干问题的座谈会纪要》印发给你们,请结合审判工作实际参照执行。执行中遇到问题,请及时报告我院。

2011 年 7 月 13 日

关于审理证券行政处罚案件证据若干问题的座谈会纪要

二、关于电子数据证据

（一）无法提取电子数据原始载体或者提取确有困难的，可以提供电子数据复制件，但必须附有不能或者难以提取原始载体的原因、复制过程以及原始载体存放地点或者电子数据网络地址的说明，并由复制件制作人和原始电子数据持有人签名或者盖章，或者以公证等其他有效形式证明电子数据与原始载体的一致性和完整性。

最高人民法院

关于废止1979年底以前发布的部分司法解释和司法解释性质文件（第八批）的决定（节录）

（2012年6月25日最高人民法院审判委员会第1550次会议通过　2012年8月21日最高人民法院公告公布　自2012年9月29日起施行　法释〔2012〕13号）

予以废止的1979年底以前发布的司法解释和司法解释性质文件目录（第八批）

序号	司法解释和司法解释性质文件名称	发文日期、文号	废止理由
74	最高人民法院关于对印尼归国华侨要求公证请示的复函	1961年4月6日	已被公证法第11条规定代替
95	最高人民法院关于旅居国外华侨委托他人出售国内房屋的公证认证手续问题的复函	1963年6月28日	已被公证法代替

续表

序号	司法解释和司法解释性质文件名称	发文日期、文号	废止理由
97	最高人民法院、公安部、外交部复关于今后办理外侨各种证明的问题	1963 年 8 月 13 日〔63〕法司字第 171 号	已被公证法代替
112	最高人民法院、公安部、外交部关于严格涉外公证手续的通知	1964 年 9 月 23 日〔64〕法司字第 217 号	人民法院不再开展公证业务,通知内容已被公证法第 7、9、11 条规定代替
120	最高人民法院关于办理学历证明书的通知	1974 年 1 月 18 日〔74〕法办司字第 3 号	已被公证法代替
122	最高人民法院办公室、外交部领事司关于公证文件中对中国血统外国籍人的提法事	1974 年 6 月 14 日〔74〕法办司字第 13 号	人民法院不再开展公证业务,通知内容已被公证法相关规定代替
135	最高人民法院、公安部、外交部关于办理出生、结婚和亲属关系证明书的通知	1978 年 11 月 22 日〔78〕法司字第 193 号	已被公证法代替
138	最高人民法院关于北京市高级人民法院办理学历证明工作证明请示的批复	1979 年 5 月 8 日	已被公证法代替
139	最高人民法院关于办理过继和收养关系公证的通知	1979 年 6 月 5 日	已被公证法、收养法代替

最高人民法院

关于废止1980年1月1日至1997年6月30日期间发布的部分司法解释和司法解释性质文件(第九批)的决定(节录)

(2012年11月19日最高人民法院审判委员会第1560次会议通过　2013年1月14日最高人民法院公告公布　自2013年1月18日起施行　法释〔2013〕2号)

予以废止的1980年1月1日至1997年6月30日期间发布的部分司法解释和司法解释性质文件目录(第九批)

序号	司法解释和司法解释性质文件名称	发文日期、文号	废止理由
16	最高人民法院关于如何确认和公证事实婚姻问题的复函	1982年10月5日〔82〕法研字第10号	社会形势发生变化,不再适用

最高人民法院

关于含担保的公证债权文书强制执行的批复

（2014 年 9 月 18 日　〔2014〕执他字第 36 号）

山东省高级人民法院：

你院《关于公证机关赋予强制执行效力的包含担保协议的公证债权文书能否强制执行的请示》(〔2014〕鲁执复议字第 47 号)收悉。经研究，答复如下：

原则同意你院执行复议审查意见。人民法院对公证债权文书的执行监督应从债权人的债权是否真实存在并合法，当事人是否自愿接受强制执行等方面进行审查。《中华人民共和国民事诉讼法》第二百三十八条第二款规定，公证债权文书确有错误的，人民法院裁定不予执行，并将裁定书送达双方当事人和公证机关。现行法律、司法解释并未对公证债权文书所附担保协议的强制执行作出限制性规定，公证机构可以对附有担保协议债权文书的真实性与合法性予以证明，并赋予强制执行效力。

本案当事人泰安志高实业集团有限责任公司、淮南志高动漫文化科技发展有限责任公司、江东廷、岳洋、江焕溢等，在公证活动中，提交书面证明材料，认可本案所涉《股权收益权转让及回购合同》、《支付协议》、《股权质押合同》、《抵押合同》、《保证合同》等合同的约定，承诺在合同、协议不履行或不适当履行的情况下，放弃诉权，自愿直接接受人民法院强制执行。但当债权人申请强制执行后，本案担保人却主张原本由其申请的公证事项不合法，对公证机构出具执行证书提出抗辩，申请人民法院不予执行，作出前后相互矛盾的承诺与抗辩，有违诚实信用原则，不应予以支持。公证机构依法赋予强制执行效力的包含担保协议的公证债权文书，人民法院可以强制执行。

此复。

中华人民共和国最高人民法院

二〇一四年九月十八日

最高人民法院

印发《关于执行案件立案、结案若干问题的意见》的通知（节录）

（2014年12月17日　法发〔2014〕26号）

各省、自治区、直辖市高级人民法院，解放军军事法院，新疆维吾尔自治区高级人民法院生产建设兵团分院：

为统一执行案件立案、结案标准，规范执行行为，最高人民法院制定了《关于执行案件立案、结案若干问题的意见》，现予以印发。请遵照执行，并通过建立、健全辖区三级法院统一使用、切合实际、功能完备、科学有效的案件管理系统，加强对执行案件立、结案工作的管理。该意见自2015年1月1日起施行，执行局要及时与立案庭进行沟通，做好新、旧年度执行案件立案、结案的衔接工作，确保该意见规定的立、结案标准得到全面实施。

最高人民法院

2014年12月17日

最高人民法院关于执行案件立案、结案若干问题的意见

第九条　下列案件，人民法院应当按照执行异议案件予以立案：

（一）当事人、利害关系人认为人民法院的执行行为违反法律规定，提出书面异议的；

（二）执行过程中，案外人对执行标的提出书面异议的；

（三）人民法院受理执行申请后，当事人对管辖权提出异议的；

（四）申请执行人申请追加、变更被执行人的；

（五）被执行人以债权消灭、超过申请执行期间或者其他阻止执行的实体事由提出阻止执行的；

（六）被执行人对仲裁裁决或者公证机关赋予强制执行效力的公证债权文书申请不予执行的；

（七）其他依法可以申请执行异议的。

第十条 下列案件,人民法院应当按照执行复议案件予以立案:

(一)当事人、利害关系人不服人民法院针对本意见第九条第(一)项、第(三)项、第(五)项作出的裁定,向上一级人民法院申请复议的;

(二)除因夫妻共同债务、出资人未依法出资、股权转让引起的追加和对一人公司股东的追加外,当事人、利害关系人不服人民法院针对本意见第九条第(四)项作出的裁定,向上一级人民法院申请复议的;

(三)当事人不服人民法院针对本意见第九条第(六)项作出的不予执行公证债权文书、驳回不予执行公证债权文书申请、不予执行仲裁裁决、驳回不予执行仲裁裁决申请的裁定,向上一级人民法院申请复议的;

(四)其他依法可以申请复议的。

第十九条 执行实施案件立案后,被执行人对仲裁裁决或公证债权文书提出不予执行申请,经人民法院审查,裁定不予执行的,以"不予执行"方式结案。

最高人民法院

关于印发《涉外商事海事裁判文书写作规范》的通知(节录)

(2015年3月16日 法〔2015〕67号)

各省、自治区、直辖市高级人民法院,解放军军事法院,新疆维吾尔自治区高级人民法院生产建设兵团分院:

为进一步规范和统一涉外商事海事裁判文书写作标准,提高裁判文书质量,最高人民法院研究制定了《涉外商事海事裁判文书写作规范》,现予印发,请认真遵照执行。在适用本规范过程中有何问题,请及时报告最高人民法院。

最高人民法院

2015年3月16日

涉外商事海事裁判文书写作规范

二、裁判文书应当准确列明当事人的诉讼地位、姓名或名称及其住所地。

（四）自然人为证明其身份提交的护照、往来港澳通行证、台湾居民来往大陆通行证等证件，无需再办理公证认证等证明手续。

（七）境外企业、组织提交的证明其主体资格的注册登记文件，需依法办理公证认证等证明手续；证明文件是外文的，应当附有中文译本。

最高人民法院

关于认可和执行台湾地区法院民事判决的规定（节录）

（2015年6月29日　法释〔2015〕13号）

第六条　申请人委托他人代理申请认可台湾地区法院民事判决的，应当向人民法院提交由委托人签名或者盖章的授权委托书。

台湾地区、香港特别行政区、澳门特别行政区或者外国当事人签名或者盖章的授权委托书应当履行相关的公证、认证或者其他证明手续，但授权委托书在人民法院法官的见证下签署或者经中国大陆公证机关公证证明是在中国大陆签署的除外。

最高人民法院

关于认可和执行台湾地区仲裁裁决的规定（节录）

（2015年6月29日　法释〔2015〕14号）

第六条　申请人委托他人代理申请认可台湾地区仲裁裁决的，应当向人民法院提交由委托人签名或者盖章的授权委托书。

台湾地区、香港特别行政区、澳门特别行政区或者外国当事人签名或者盖章的授权委托书应当履行相关的公证、认证或者其他证明手续，但授权委托书在人民法院法官的见证下签署或者经中国大陆公证机关公证证明是在中国大陆签署的除外。

最高人民法院

关于全面推进涉外商事海事审判精品战略为构建开放型经济体制和建设海洋强国提供有力司法保障的意见（节录）

（2015年7月14日　法〔2015〕205号）

3. 树立程序正义理念。要更新审限观念，尽管涉外商事案件没有审限的硬性要求，但为提高审判效率，要积极采取措施，尽量缩短涉外商事案件的审理周期。对于不涉及域外送达、域外取证、公证认证以及外国法查明等情况的案件，要设置符合实际的内部审理时限，强化审限管理，避免案件久拖不决。要规范涉外送达工作。严格适用公告送达、邮寄送达的条件，在未穷尽其他送达途径前不得直接进行公告送达，切实保护域外当事人的程序权利。要慎重采用限制出境措施，严格适用条件，完善报批、审核和备案制度，规范操作，避免因措施不当引发外交纠纷。

4. 确立庭审中心主义。要做好庭前准备工作。认真审核外方当事人主体资格证明、授权委托书等需要履行公证认证手续的证据材料。对疑难复杂案件，应通过组织证据交换等方式明晰案件争议焦点，通过合议庭成员共同阅卷、召集庭前会议等方式做好审理前的准备工作。要高度重视庭审工作，切实提高庭审质量。法官应注意庭审言行举止，遵守司法礼仪；要平等保护中、外当事人的合法权益，落实好辩论原则、处分原则等民事诉讼基本原则；根据相关法律、司法解释规定，当事人可以选择涉外民事关系的法律适用的，要对法律适用问题征询当事人意见，并当庭作出归纳、阐释；对于当事人调查、收集证据或进行鉴定的申请，应当按照相关法律、司法解释的规定及时回应；对于缺席审理的案件，仍应调查主要事实，避免法庭调查流于形式；应制作全面、真实、准确、清晰地反映庭审全过程的庭审笔录。探索推进当庭宣判，逐步提高当庭宣判比例。

最高人民法院　最高人民检察院
公安部　国家安全部　司法部

关于进一步规范司法人员与当事人、律师特殊关系人、中介组织接触交往行为的若干规定(节录)

(2015 年 9 月 6 日)

第十四条　本规定所称“司法人员”,是指在法院、检察院、公安机关、国家安全机关、司法行政机关依法履行审判、执行、检察、侦查、监管职责的人员。

本规定所称“特殊关系人”,是指当事人的父母、配偶、子女、同胞兄弟姊妹和与案件有利害关系或可能影响案件公正处理的其他人。

本规定所称“中介组织”,是指依法通过专业知识和技术服务,向委托人提供代理性、信息技术服务性等中介服务的机构,主要包括受案件当事人委托从事审计、评估、拍卖、变卖、检验或者破产管理等服务的中介机构。公证机构、司法鉴定机构参照“中介组织”适用本规定。

最高人民法院

关于海事法院受理案件范围的规定(节录)

(2016 年 2 月 24 日　法释〔2016〕4 号)

108. 申请执行与海事纠纷有关的公证债权文书案件。

最高人民法院

印发《关于落实“用两到三年时间基本解决执行难问题”的工作纲要》的通知(节录)

(2016 年 4 月 29 日　法发〔2016〕10 号)

19. 及时出台单行司法解释或指导性意见。出台变更追加执行主体、财产申报和财产调查、财产保全、网络司法拍卖、执行和解、仲裁裁决执行、公证债权文书执行、参与分配、股权执行等系列单行司法解释或指导性意见。

最高人民法院

关于防范和制裁虚假诉讼的指导意见(节录)

(2016 年 6 月 20 日　法发〔2016〕13 号)

8. 在执行公证债权文书和仲裁裁决书、调解书等法律文书过程中,对可能存在双方恶意串通、虚构事实的,要加大实质审查力度,注重审查相关法律文书是否损害国家利益、社会公共利益或者案外人的合法权益。如果存在上述情形,应当裁定不予执行。必要时,可向仲裁机构或者公证机关发出司法建议。

最高人民法院

关于人民法院进一步深化多元化纠纷解决机制改革的意见(节录)

(2016年6月28日　法发〔2016〕14号)

2. 主要目标。根据“国家制定发展战略、司法发挥引领作用、推动国家立法进程”的工作思路,建设功能完备、形式多样、运行规范的诉调对接平台,畅通纠纷解决渠道,引导当事人选择适当的纠纷解决方式;合理配置纠纷解决的社会资源,完善和解、调解、仲裁、公证、行政裁决、行政复议与诉讼有机衔接、相互协调的多元化纠纷解决机制;充分发挥司法在多元化纠纷解决机制建设中的引领、推动和保障作用,为促进经济社会持续健康发展、全面建成小康社会提供有力的司法保障。

4. 完善平台设置。各级人民法院要将诉调对接平台建设与诉讼服务中心建设结合起来,建立集诉讼服务、立案登记、诉调对接、涉诉信访等多项功能为一体的综合服务平台。人民法院应当配备专门人员从事诉调对接工作,建立诉调对接长效工作机制,根据辖区受理案件的类型,引入相关调解、仲裁、公证等机构或者组织在诉讼服务中心等部门设立调解工作室、服务窗口,也可以在纠纷多发领域以及基层乡镇(街道)、村(社区)等派驻人员指导诉调对接工作。

最高人民法院　最高人民检察院　公安部　司法部

关于对因犯罪在大陆受审的台湾居民依法适用缓刑实行社区矫正有关问题的意见(节录)

(2016年7月26日　法发〔2016〕33号)

第二条　人民检察院建议对被告人宣告缓刑的,应当说明依据和理由。

被告人及其法定代理人、辩护人提出宣告缓刑的请求,应当说明理由,必要时需提交经过台湾地区公证机关公证的被告人在台湾地区无犯罪记录证明等相关材料。

最高人民法院

关于审理发生在我国管辖海域相关案件若干问题的规定(二)(节录)

(2016 年 8 月 1 日　法释〔2016〕17 号)

第九条　行政机关在行政诉讼中提交的于中华人民共和国领域外形成的,符合我国相关法律规定的证据,可以作为人民法院认定案件事实的依据。

下列证据不得作为定案依据:

(一)调查人员不具有所在国法律规定的调查权;

(二)证据调查过程不符合所在国法律规定,或者违反我国法律、法规的禁止性规定;

(三)证据不完整,或保管过程存在瑕疵,不能排除篡改可能的;

(四)提供的证据为复制件、复制品,无法与原件核对,且所在国执法部门亦未提供证明复制件、复制品与原件一致的公函;

(五)未履行中华人民共和国与该国订立的有关条约中规定的证明手续,或者未经所在国公证机关证明,并经中华人民共和国驻该国使领馆认证;

(六)不符合证据真实性、合法性、关联性的其他情形。

最高人民法院　最高人民检察院

印发《关于民事执行活动法律监督若干问题的规定》的通知(节录)

(2016 年 11 月 2 日　法发〔2016〕30 号)

第三条　人民检察院对人民法院执行生效民事判决、裁定、调解书、支付令、仲裁裁决以及公证债权文书等法律文书的活动实施法律监督。

人民法院办理执行案件规范（节录）

（2017年）

16.【执行依据种类】

下列发生法律效力的具有给付内容的法律文书是人民法院据以强制执行的依据：

（一）民事判决，准予实现担保物权、确认调解协议、财产保全、证据保全、先予执行等民事裁定，民事调解书，民事制裁决定，支付令；

（二）行政判决、裁定、调解书；

（三）刑事裁判涉财产部分内容，刑事附带民事判决、裁定；

（四）仲裁裁决、调解书；

（五）劳动人事争议仲裁裁决书、调解书；

（六）公证债权文书；①

（七）法律、司法解释规定的其他应由人民法院执行的法律文书。

32.【申请执行的特殊形式要件】

申请执行仲裁机构的仲裁裁决，应当向人民法院提交有仲裁条款的合同书或仲裁协议书。申请执行国外仲裁机构的仲裁裁决的，应当提交经我国驻外使领馆认证或我国公证机关公证的仲裁裁决书中文文本。②

申请执行公证债权文书的，应当提交公证债权文书及执行证书。③

申请执行农村土地承包仲裁委员会作出的先予执行裁定的，应当一并提交申请执行人提供的担保情况。

41.【外籍当事人的委托代理手续】

代表外国企业或者组织参加执行程序的人，应当向人民法院提交其有权作为代表人参加执行程序的证明，该证明应当经该企业或者组织的设立登记地国或者办理了营业登记手续的第三国所在国公证机关公证，并经中华人民共和国驻该国使领馆认证，或者履行中华人民共和国与该所在国订立的有关条约中规定的证明手续。④

外国人、外国企业或者组织的代表人委托代理人代理执行案件，在人民法院法官的见证下签署授权委托书，或者在中华人民共和国境内签署授权委托书，经中华人民共和国公证机构公证

---

① 参照《中华人民共和国民事诉讼法》（2012年8月31日第二次修正）第二百三十八条。

② 参照《最高人民法院关于人民法院执行工作若干问题的规定（试行）》（法释〔1998〕15号）第21条。

③ 参照《最高人民法院、司法部关于公证机关赋予强制执行效力的债权文书执行有关问题的联合通知》（司发通〔2000〕107号）第七条。

④ 参照《最高人民法院关于适用〈中华人民共和国民事诉讼法〉的解释》（法释〔2015〕5号）第五百二十三条。

的，人民法院应予认可。①

在中华人民共和国领域内没有住所的外国人、无国籍人、外国企业和组织委托中华人民共和国律师或者其他人代理执行案件，从中华人民共和国领域外寄交或者托交的授权委托书，应当经所在国公证机关证明，并经中华人民共和国驻该国使领馆认证，或者履行中华人民共和国与该所在国订立的有关条约中规定的证明手续后，才具有效力。②

依照本条第一、三款规定，需要办理公证、认证手续，而外国当事人所在国与中华人民共和国没有建立外交关系的，可以经该国公证机关公证，经与中华人民共和国有外交关系的第三国驻该国使领馆认证，再转由中华人民共和国驻该第三国使领馆认证。③

42.【港澳台当事人的委托代理手续】

我国台湾地区、香港特别行政区、澳门特别行政区当事人委托他人代理执行案件，应当向人民法院提交由委托人签名或者盖章的授权委托书。授权委托书应当履行相关的公证、认证或者其他证明手续，但授权委托书在人民法院法官的见证下签署或者经中国大陆公证机关公证证明是在中国大陆签署的除外。④

166.【执行申请费的标准】

执行人民法院发生法律效力的判决、裁定、调解书，仲裁机构依法作出的裁决和调解书，公证机关依法赋予强制执行效力的债权文书，申请承认和执行外国法院判决、裁定以及国外仲裁机构裁决的，应当按照下列标准收取执行申请费：

（一）没有执行金额或者价额的，每件交纳 50 元至 500 元。

（二）执行金额或者价额不超过 1 万元的，每件交纳 50 元；超过 1 万元至 50 万元的部分，按照 1.5% 交纳；超过 50 万元至 500 万元的部分，按照 1% 交纳；超过 500 万元至 1000 万元的部分，按照 0.5% 交纳；超过 1000 万元的部分，按照 0.1% 交纳。

人民法院办理刑事裁判涉财产部分执行案件，不应收取执行申请费。

226.【判决、裁定的范围】

刑法第三百一十三条规定的"人民法院的判决、裁定"，是指人民法院依法作出的具有执行内容并已发生法律效力的判决、裁定。人民法院为依法执行支付令、生效的调解书、仲裁裁决、公证债权文书等所作的裁定属于该条规定的裁定。

259.【裁定的适用范围】

裁定适用于下列范围：

（一）驳回执行申请及其复议审查；

（二）撤销案件；

（三）驳回管辖权异议；

（四）准许撤回执行申请、执行异议或复议申请；

（五）采取、解除、撤销查封、扣押、冻结、划拨、拍卖、变卖、提取、扣留等强制执行措施；

---

① 参照《最高人民法院关于适用〈中华人民共和国民事诉讼法〉的解释》（法释〔2015〕5 号）第五百二十五条、第五百二十六条。

② 参照《中华人民共和国民事诉讼法》（2012 年 8 月 31 日第二次修正）第二百六十四条。

③ 参照《最高人民法院关于适用〈中华人民共和国民事诉讼法〉的解释》（法释〔2015〕5 号）第五百二十四条。

④ 参照《最高人民法院关于认可和执行台湾地区民事判决的规定》（法释〔2015〕13 号）第六条。

（六）确认拍卖、变卖成交及权利转移；

（七）确认以物抵债；

（八）变更、追加执行当事人及其复议审查；

（九）执行被执行人债权程序中冻结债权、强制执行次债务人的财产；

（十）强制执行担保财产或执行保证人的财产；

（十一）协助执行人不履行协助执行义务、擅自解除执行措施导致被执行财产未能追回，追究协助执行人的赔偿责任；

（十二）中止或者终结执行；

（十三）终结本次执行程序；

（十四）不予执行仲裁裁决、不予执行公证债权文书；

（十五）审查处理执行行为异议、复议；

（十六）审查处理案外人异议；

（十七）提级执行或指定执行；

（十八）审查处理执行监督案件；

（十九）执行回转；

（二十）其他需要裁定解决的事项。

506.【不予执行】

执行实施案件立案后，被执行人对仲裁裁决或公证债权文书提出不予执行申请，经人民法院审查，裁定不予执行的，以“不予执行”方式结案。

709.【立案和管辖】

一方当事人不履行公证机关依法赋予强制执行效力的债权文书，对方当事人可以凭原公证书及执行证书，向被执行人住所地或被执行的财产所在地人民法院申请执行，受申请的人民法院应当执行。

公证债权文书执行的级别管辖，参照各地法院受理诉讼案件的级别管辖的规定确定。

710.【公证机关赋予强制执行效力的债权文书的条件】

公证机关赋予强制执行效力的债权文书应当具备以下条件：

（一）债权文书具有给付货币、物品、有价证券的内容；

（二）债权债务关系明确，债权人和债务人对债权文书有关给付内容无疑义；

（三）债权文书中载明债务人不履行义务或不完全履行义务时，债务人愿意接受依法强制执行的承诺。

711.【公证机关赋予强制执行效力的债权文书的范围】

公证机关赋予强制执行效力的债权文书的范围：

（一）借款合同、借用合同、无财产担保的租赁合同；

（二）赊欠货物的债权文书；

（三）各种借据、欠单；

（四）还款（物）协议；

（五）以给付赡养费、扶养费、抚育费、学费、赔（补）偿金为内容的协议；

（六）符合赋予强制执行效力条件的其他债权文书。

712.【债权文书强制执行力的赋予】

公证机关在办理符合赋予强制执行的条件和范围的合同、协议、借据、欠单等债权文书公证时,应当依法赋予该债权文书具有强制执行效力。

未经公证的符合本规范第711条规定的合同、协议、借据、欠单等债权文书,在履行过程中,债权人申请公证机关赋予强制执行效力的,公证机关必须征求债务人的意见;如债务人同意公证并愿意接受强制执行的,公证机关可以依法赋予该债权文书强制执行效力。

713.【执行证书】

债务人不履行或不完全履行公证机关赋予强制执行效力的债权文书的,债权人可以向原公证机关申请执行证书。

公证机关签发执行证书应当注明被执行人、执行标的和申请执行的期限。债务人已经履行的部分,在执行证书中予以扣除。

因债务人不履行或不完全履行而发生的违约金、利息、滞纳金等,可以列入执行标的。

714.【公证卷宗的调阅】

人民法院接到申请执行书,应当依法按规定程序办理。必要时,可以向公证机关调阅公证卷宗,公证机关应当提供。案件执行完毕后,由人民法院在十五日内将公证卷宗附结案通知退回公证机关。

715.【不予执行】

当事人在执行程序终结前向执行法院提起对公证债权文书申请不予执行的,参照本规范第二十五章第三节的相关规定处理。

716.【结案】

执行实施案件立案后,被执行人对公证债权文书提出不予执行申请,经人民法院审查,裁定不予执行的,以“不予执行”方式结案。

其他情形下,参照本规范第二十章第七节的其他相关规定结案。

793.【申请文件】

申请人向有关法院申请认可和执行判决的,应当提交以下文件:

(一)请求认可和执行的申请书;

(二)经作出终审判决的法院盖章的判决书副本;

(三)作出终审判决的法院出具的证明书,证明该判决属于本规范第789条第二款所指的终审判决,在判决作出地可以执行;

(四)身份证明材料:

1. 申请人为自然人的,应当提交身份证或者经公证的身份证复印件;

2. 申请人为法人或者其他组织的,应当提交经公证的法人或者其他组织注册登记证书的复印件;

3. 申请人是外国籍法人或者其他组织的,应当提交相应的公证和认证材料。

向内地人民法院提交的文件没有中文文本的,申请人应当提交证明无误的中文译本。

执行地法院对于本条所规定的法院出具的证明书,无需另行要求公证。

808.【申请书的内容】

执行申请书的内容应当载明下列事项:

(一)申请人为自然人的情况下,该人的姓名、地址;申请人为法人或者其他组织的情况下,该法人或其他组织的名称、地址及法定代表人姓名；

(二)被申请人为自然人的情况下，该人的姓名、地址；被申请人为法人或者其他组织的情况下，该法人或其他组织的名称、地址及法定代表人姓名；

(三)申请人为法人或者其他组织的，应当提交企业注册登记的副本。申请人是外国籍法人或者其他组织的，应当提交相应的公证和认证材料；

(四)申请执行的理由与请求的内容，被申请人的财产所在地及财产状况。

执行申请书应当以中文文本提出，裁决书或者仲裁协议没有中文文本的，申请人应当提交正式证明的中文译本。

831.【公共机构作成或公证的文书认证的免除】

为适用《最高人民法院内地与澳门特别行政区关于互相认可和执行民商事判决的安排》，由一方有权限公共机构(包括公证员)作成或者公证的文书正本、副本及译本，免除任何认证手续而可以在对方使用。

837.【申请材料】

申请人向有关法院申请认可和执行仲裁裁决的，应当提交以下文件或者经公证的副本：

(一)申请书；

(二)申请人身份证明；

(三)仲裁协议；

(四)仲裁裁决书或者仲裁调解书。

上述文件没有中文文本的，申请人应当提交经正式证明的中文译本。

838.【申请书的内容】

申请书应当包括下列内容：

(一)申请人或者被申请人为自然人的，应当载明其姓名及住所；为法人或者其他组织的，应当载明其名称及住所，以及其法定代表人或者主要负责人的姓名、职务和住所；申请人是外国籍法人或者其他组织的，应当提交相应的公证和认证材料；

(二)请求认可和执行的仲裁裁决书或者仲裁调解书的案号或识别资料和生效日期；

(三)申请认可和执行仲裁裁决的理由及具体请求，以及被申请人财产所在地、财产状况及该仲裁裁决的执行情况。

845.【公共机构作成或公证的文书认证的免除】

由澳门特别行政区有权限公共机构(包括公证员)作成的文书正本或者经公证的文书副本及译本，在适用《最高人民法院关于内地与澳门特别行政区相互认可和执行仲裁裁决的安排》时，可以免除认证手续在内地法院使用。

851.【委托代理的文件要求】

申请人委托他人代理申请认可台湾地区法院民事判决的，应当向人民法院提交由委托人签名或者盖章的授权委托书。

台湾地区、香港特别行政区、澳门特别行政区或者外国当事人签名或者盖章的授权委托书应当履行相关的公证、认证或者其他证明手续，但授权委托书在人民法院法官的见证下签署或者经中国大陆公证机关公证证明是在中国大陆签署的除外。

873.【委托代理的文件要求】

申请人委托他人代理申请认可台湾地区仲裁裁决的，应当向人民法院提交由委托人签名或者盖章的授权委托书。

台湾地区、香港特别行政区、澳门特别行政区或者外国当事人签名或者盖章的授权委托书应当履行相关的公证、认证或者其他证明手续，但授权委托书在人民法院法官的见证下签署或者经中国大陆公证机关公证证明是在中国大陆签署的除外。

948.【不予执行的一般规定】

申请执行人申请执行仲裁裁决或公证机关依法赋予强制执行效力的债权文书，人民法院受理执行申请后，被执行人可以向执行法院申请不予执行该仲裁裁决或公证债权文书。

949.【不予执行申请的期限】

当事人请求不予执行仲裁裁决或者公证债权文书的，应当在执行终结前向执行法院提出。

962.【不予执行公证债权文书的审查处理】

有下列情形之一的，可以认定公证债权文书确有错误，应当裁定不予执行：

（一）公证债权文书属于不得赋予强制执行效力的债权文书的；

（二）被执行人一方未亲自或者未委托代理人到场公证等严重违反法律规定的公证程序的；

（三）公证债权文书的内容与事实不符或者违反法律强制性规定的；

（四）公证债权文书未载明被执行人不履行义务或者不完全履行义务时同意接受强制执行的。

经审查不符合前款规定情形的，裁定驳回不予执行公证债权文书申请。

人民法院认定执行该公证债权文书违背社会公共利益的，裁定不予执行。

裁定不予执行公证债权文书的，裁定书应当送达双方当事人和公证机关。

963.【公证债权文书的部分不予执行】

公证债权文书的事项，部分有本规范第 962 条规定情形的，人民法院应当裁定对该部分不予执行。

应当不予执行部分与其他部分不可分的，人民法院应当裁定不予执行公证债权文书。

964.【不予执行公证债权文书审查后的救济途径】

公证债权文书被裁定不予执行后，当事人对该裁定提出执行异议或者复议的，人民法院不予受理。当事人、公证事项的利害关系人可以就债权争议提起诉讼。

当事人不服驳回不予执行公证债权文书申请的裁定的，可以自收到裁定之日起十日内向上一级人民法院申请复议。人民法院作出裁定时，应当告知其申请复议的权利和期限。

965.【担保债务公证债权文书的不予执行】

公证债权文书对主债务和担保债务同时赋予强制执行效力的，人民法院应予执行；仅对主债务赋予强制执行效力未涉及担保债务的，对担保债务的执行申请不予受理；仅对担保债务赋予强制执行效力未涉及主债务的，对主债务的执行申请不予受理。

人民法院受理担保债务的执行申请后，被执行人仅以担保合同不属于赋予强制执行效力的公证债权文书范围为由申请不予执行的，不予支持。

972.【驳回不予执行公证债权文书申请的复议】

当事人不服驳回不予执行公证债权文书申请的裁定申请复议的，上一级人民法院应当自收到复议申请之日起三十日内审查，理由成立的，裁定撤销原裁定，不予执行该公证债权文书；理由不成立的，裁定驳回复议申请。复议期间，不停止执行。

最高人民法院　最高人民检察院

关于适用犯罪嫌疑人、被告人逃匿、死亡案件违法所得没收程序若干问题的规定（节录）

（2017年1月4日　法释〔2017〕1号）

第十三条　利害关系人申请参加诉讼的，应当在公告期间内提出，并提供与犯罪嫌疑人、被告人关系的证明材料或者证明其可以对违法所得及其他涉案财产主张权利的证据材料。

利害关系人可以委托诉讼代理人参加诉讼。利害关系人在境外委托的，应当委托具有中华人民共和国律师资格并依法取得执业证书的律师，依照《最高人民法院关于适用〈中华人民共和国刑事诉讼法〉的解释》第四百零三条的规定对授权委托进行公证、认证。

利害关系人在公告期满后申请参加诉讼，能够合理说明理由的，人民法院应当准许。

最高人民法院　香港特别行政区政府

关于内地与香港特别行政区法院相互认可和执行婚姻家庭民事案件判决的安排（节录）

（2017年6月20日）

第五条　申请认可和执行本安排第一条第一款规定的判决的，应当提交下列材料：

（一）申请书；

（二）经作出生效判决的法院盖章的判决副本；

（三）作出生效判决的法院出具的证明书，证明该判决属于本安排规定的婚姻家庭民事案件生效判决；

（四）判决为缺席判决的，应当提交法院已经合法传唤当事人的证明文件，但判决已经对此予以明确说明或者缺席方提出申请的除外；

（五）经公证的身份证件复印件。

申请认可本安排第一条第二款规定的离婚证或者协议书、备忘录的，应当提交下列材料：

（一）申请书；

（二）经公证的离婚证复印件，或者经公证的协议书、备忘录复印件；

（三）经公证的身份证件复印件。

向内地人民法院提交的文件没有中文文本的，应当提交准确的中文译本。

最高人民法院

关于废止部分司法解释和司法解释性质文件（第十二批）的决定（节录）

（2017年9月22日　法释〔2017〕17号）

最高人民法院决定废止的部分司法解释和司法解释性质文件目录（第十二批）

序号	司法解释和司法解释性质文件名称	发文日期、文号	废止理由
7	最高人民法院行政审判庭对《关于审理公证行政案件中适用法规问题的请示》的答复	1999年8月16日 法行〔1999〕4号	与《中华人民共和国公证法》相冲突

最高人民法院　中华全国归国华侨联合会

关于在部分地区开展涉侨纠纷多元化解试点工作的意见(节录)

(2018年3月8日　法〔2018〕69号)

5.鼓励横向合作。各级侨联及涉侨调解组织要与人民调解组织、商事调解组织、行业调解组织、仲裁机构、公证机构等建立和完善工作对接机制。与高等院校、科研机构加强合作,在人员培训、业务拓展、工作协同等方面发挥各自优势、互相提供支持,服务创新驱动发展战略、乡村振兴战略、区域协调发展战略、"一带一路"建设等国家重大发展战略。

最高人民法院

关于设立国际商事法庭若干问题的规定(节录)

(2018年6月25日最高人民法院审判委员会第1743次会议通过　自2018年7月1日起施行　法释〔2018〕11号)

第九条　当事人向国际商事法庭提交的证据材料系在中华人民共和国领域外形成的,不论是否已办理公证、认证或者其他证明手续,均应当在法庭上质证。

当事人提交的证据材料系英文且经对方当事人同意的,可以不提交中文翻译件。

最高人民法院

关于为海南全面深化改革开放提供司法服务和保障的意见(节录)

(2018 年 8 月 1 日　法发〔2018〕16 号)

11. 加强涉外商事审判,推动形成全面开放新格局。创新涉外商事案件审判方式,完善送达、公证认证等诉讼程序,拓宽外国法查明途径,正确适用冲突规范,准确适用国际条约、国际惯例和外国法律,加强司法协助,依法承认与执行外国法院民商事判决和外国仲裁裁决,平等保护中外当事人合法权益,切实维护国际交易秩序,推动建立开放型经济新体制。

最高人民法院

印发《关于增设北京互联网法院、广州互联网法院的方案》的通知(节录)

(2018 年 8 月 9 日　法〔2018〕216 号)

北京市高级人民法院、广东省高级人民法院:

《关于增设北京互联网法院、广州互联网法院的方案》已经中央领导同志批准,现予印发,请你们及时报告北京市委、广东省委后尽快组织实施。实施中的新情况、新问题,请及时报告我院。

最高人民法院

2018 年 8 月 9 日

关于增设北京互联网法院、广州互联网法院的方案

三、主要内容

（八）诉讼平台建设

由最高人民法院完善网上电子诉讼平台建设标准，北京市、广东省高级人民法院根据标准，结合互联网法院业务特色和技术特点，改造优化现有电子诉讼平台；完善与主要电商平台的数据对接方式，确保电子数据的证据效力，保障涉案数据有序接入、安全管理；协调公安、市场监督管理、海关等机关以及金融、通信、邮政、律师事务所、公证、仲裁、调解、司法鉴定等机构，建立实时交互、共享、安全的信息通道，方便在线核实信息、提取证据，确保数据实时更新、云端存储、一键推送。

最高人民法院　最高人民检察院

关于办理虚假诉讼刑事案件适用法律若干问题的解释（节录）

（2018年1月25日最高人民法院审判委员会第1732次会议、2018年6月13日最高人民检察院第十三届检察委员会第二次会议通过　自2018年10月1日起施行　法释〔2018〕17号）

第一条　采取伪造证据、虚假陈述等手段，实施下列行为之一，捏造民事法律关系，虚构民事纠纷，向人民法院提起民事诉讼的，应当认定为刑法第三百零七条之一第一款规定的“以捏造的事实提起民事诉讼”：

（一）与夫妻一方恶意串通，捏造夫妻共同债务的；

（二）与他人恶意串通，捏造债权债务关系和以物抵债协议的；

（三）与公司、企业的法定代表人、董事、监事、经理或者其他管理人员恶意串通，捏造公司、企业债务或者担保义务的；

（四）捏造知识产权侵权关系或者不正当竞争关系的；

（五）在破产案件审理过程中申报捏造的债权的；

（六）与被执行人恶意串通，捏造债权或者对查封、扣押、冻结财产的优先权、担保物权的；

（七）单方或者与他人恶意串通，捏造身份、合同、侵权、继承等民事法律关系的其他行为。

隐瞒债务已经全部清偿的事实，向人民法院提起民事诉讼，要求他人履行债务的，以“以捏造的事实提起民事诉讼”论。

向人民法院申请执行基于捏造的事实作出的仲裁裁决、公证债权文书，或者在民事执行过程中以捏造的事实对执行标的提出异议、申请参与执行财产分配的，属于刑法第三百零七条之一第一款规定的“以捏造的事实提起民事诉讼”。

第二条 以捏造的事实提起民事诉讼，有下列情形之一的，应当认定为刑法第三百零七条之一第一款规定的“妨害司法秩序或者严重侵害他人合法权益”：

（一）致使人民法院基于捏造的事实采取财产保全或者行为保全措施的；

（二）致使人民法院开庭审理，干扰正常司法活动的；

（三）致使人民法院基于捏造的事实作出裁判文书、制作财产分配方案，或者立案执行基于捏造的事实作出的仲裁裁决、公证债权文书的；

（四）多次以捏造的事实提起民事诉讼的；

（五）曾因以捏造的事实提起民事诉讼被采取民事诉讼强制措施或者受过刑事追究的；

（六）其他妨害司法秩序或者严重侵害他人合法权益的情形。

最高人民法院

关于公证债权文书执行若干问题的规定

（2018年6月25日最高人民法院审判委员会第1743次会议通过　自2018年10月1日起施行　法释〔2018〕18号）

为了进一步规范人民法院办理公证债权文书执行案件，确保公证债权文书依法执行，维护当事人、利害关系人的合法权益，根据《中华人民共和国民事诉讼法》《中华人民共和国公证法》等法律规定，结合执行实践，制定本规定。

第一条 本规定所称公证债权文书，是指根据公证法第三十七条第一款规定经公证赋予强制执行效力的债权文书。

第二条 公证债权文书执行案件，由被执行人住所地或者被执行的财产所在地人民法院管辖。

前款规定案件的级别管辖，参照人民法院受理第一审民商事案件级别管辖的规定确定。

第三条 债权人申请执行公证债权文书，除应当提交作为执行依据的公证债权文书等申请执行所需的材料外，还应当提交证明履行情况等内容的执行证书。

第四条 债权人申请执行的公证债权文书应当包括公证证词、被证明的债权文书等内容。

权利义务主体、给付内容应当在公证证词中列明。

第五条 债权人申请执行公证债权文书,有下列情形之一的,人民法院应当裁定不予受理;已经受理的,裁定驳回执行申请:

(一)债权文书属于不得经公证赋予强制执行效力的文书;

(二)公证债权文书未载明债务人接受强制执行的承诺;

(三)公证证词载明的权利义务主体或者给付内容不明确;

(四)债权人未提交执行证书;

(五)其他不符合受理条件的情形。

第六条 公证债权文书赋予强制执行效力的范围同时包含主债务和担保债务的,人民法院应当依法予以执行;仅包含主债务的,对担保债务部分的执行申请不予受理;仅包含担保债务的,对主债务部分的执行申请不予受理。

第七条 债权人对不予受理、驳回执行申请裁定不服的,可以自裁定送达之日起十日内向上一级人民法院申请复议。

申请复议期满未申请复议,或者复议申请被驳回的,当事人可以就公证债权文书涉及的民事权利义务争议向人民法院提起诉讼。

第八条 公证机构决定不予出具执行证书的,当事人可以就公证债权文书涉及的民事权利义务争议直接向人民法院提起诉讼。

第九条 申请执行公证债权文书的期间自公证债权文书确定的履行期间的最后一日起计算;分期履行的,自公证债权文书确定的每次履行期间的最后一日起计算。

债权人向公证机构申请出具执行证书的,申请执行时效自债权人提出申请之日起中断。

第十条 人民法院在执行实施中,根据公证债权文书并结合申请执行人的申请依法确定给付内容。

第十一条 因民间借贷形成的公证债权文书,文书中载明的利率超过人民法院依照法律、司法解释规定应予支持的上限的,对超过的利息部分不纳入执行范围;载明的利率未超过人民法院依照法律、司法解释规定应予支持的上限,被执行人主张实际超过的,可以依照本规定第二十二条第一款规定提起诉讼。

第十二条 有下列情形之一的,被执行人可以依照民事诉讼法第二百三十八条第二款规定申请不予执行公证债权文书:

(一)被执行人未到场且未委托代理人到场办理公证的;

(二)无民事行为能力人或者限制民事行为能力人没有监护人代为办理公证的;

(三)公证员为本人、近亲属办理公证,或者办理与本人、近亲属有利害关系的公证的;

(四)公证员办理该项公证有贪污受贿、徇私舞弊行为,已经由生效刑事法律文书等确认的;

(五)其他严重违反法定公证程序的情形。

被执行人以公证债权文书的内容与事实不符或者违反法律强制性规定等实体事由申请不予执行的,人民法院应当告知其依照本规定第二十二条第一款规定提起诉讼。

第十三条 被执行人申请不予执行公证债权文书,应当在执行通知书送达之日起十五日内向执行法院提出书面申请,并提交相关证据材料;有本规定第十二条第一款第三项、第四项规定情形且执行程序尚未终结的,应当自知道或者应当知道有关事实之日起十五日内提出。

公证债权文书执行案件被指定执行、提级执行、委托执行后，被执行人申请不予执行的，由提出申请时负责该案件执行的人民法院审查。

第十四条 被执行人认为公证债权文书存在本规定第十二条第一款规定的多个不予执行事由的，应当在不予执行案件审查期间一并提出。

不予执行申请被裁定驳回后，同一被执行人再次提出申请的，人民法院不予受理。但有证据证明不予执行事由在不予执行申请被裁定驳回后知道的，可以在执行程序终结前提出。

第十五条 人民法院审查不予执行公证债权文书案件，案情复杂、争议较大的，应当进行听证。必要时可以向公证机构调阅公证案卷，要求公证机构作出书面说明，或者通知公证员到庭说明情况。

第十六条 人民法院审查不予执行公证债权文书案件，应当在受理之日起六十日内审查完毕并作出裁定；有特殊情况需要延长的，经本院院长批准，可以延长三十日。

第十七条 人民法院审查不予执行公证债权文书案件期间，不停止执行。

被执行人提供充分、有效的担保，请求停止相应处分措施的，人民法院可以准许；申请执行人提供充分、有效的担保，请求继续执行的，应当继续执行。

第十八条 被执行人依照本规定第十二条第一款规定申请不予执行，人民法院经审查认为理由成立的，裁定不予执行；理由不成立的，裁定驳回不予执行申请。

公证债权文书部分内容具有本规定第十二条第一款规定情形的，人民法院应当裁定对该部分不予执行；应当不予执行部分与其他部分不可分的，裁定对该公证债权文书不予执行。

第十九条 人民法院认定执行公证债权文书违背公序良俗的，裁定不予执行。

第二十条 公证债权文书被裁定不予执行的，当事人可以就该公证债权文书涉及的民事权利义务争议向人民法院提起诉讼；公证债权文书被裁定部分不予执行的，当事人可以就该部分争议提起诉讼。

当事人对不予执行裁定提出执行异议或者申请复议的，人民法院不予受理。

第二十一条 当事人不服驳回不予执行申请裁定的，可以自裁定送达之日起十日内向上一级人民法院申请复议。上一级人民法院应当自收到复议申请之日起三十日内审查。经审查，理由成立的，裁定撤销原裁定，不予执行该公证债权文书；理由不成立的，裁定驳回复议申请。复议期间，不停止执行。

第二十二条 有下列情形之一的，债务人可以在执行程序终结前，以债权人为被告，向执行法院提起诉讼，请求不予执行公证债权文书：

（一）公证债权文书载明的民事权利义务关系与事实不符；

（二）经公证的债权文书具有法律规定的无效、可撤销等情形；

（三）公证债权文书载明的债权因清偿、提存、抵销、免除等原因全部或者部分消灭。

债务人提起诉讼，不影响人民法院对公证债权文书的执行。债务人提供充分、有效的担保，请求停止相应处分措施的，人民法院可以准许；债权人提供充分、有效的担保，请求继续执行的，应当继续执行。

第二十三条 对债务人依照本规定第二十二条第一款规定提起的诉讼，人民法院经审理认为理由成立的，判决不予执行或者部分不予执行；理由不成立的，判决驳回诉讼请求。

当事人同时就公证债权文书涉及的民事权利义务争议提出诉讼请求的，人民法院可以在判决中一并作出裁判。

第二十四条 有下列情形之一的,债权人、利害关系人可以就公证债权文书涉及的民事权利义务争议直接向有管辖权的人民法院提起诉讼:

(一)公证债权文书载明的民事权利义务关系与事实不符;

(二)经公证的债权文书具有法律规定的无效、可撤销等情形。

债权人提起诉讼,诉讼案件受理后又申请执行公证债权文书的,人民法院不予受理。进入执行程序后债权人又提起诉讼的,诉讼案件受理后,人民法院可以裁定终结公证债权文书的执行;债权人请求继续执行其未提出争议部分的,人民法院可以准许。

利害关系人提起诉讼,不影响人民法院对公证债权文书的执行。利害关系人提供充分、有效的担保,请求停止相应处分措施的,人民法院可以准许;债权人提供充分、有效的担保,请求继续执行的,应当继续执行。

第二十五条 本规定自2018年10月1日起施行。

本规定施行前最高人民法院公布的司法解释与本规定不一致的,以本规定为准。

最高人民检察院

关于人民检察院加强对民事诉讼和执行活动法律监督工作情况的报告(节录)

(2018年10月24日)

最高人民检察院关于人民检察院加强对民事诉讼和执行活动法律监督工作情况的报告

——2018年10月24日在第十三届全国人民代表大会常务委员会第六次会议上

最高人民检察院检察长　张　军

四是切实加强民事执行活动监督。对明显超标的执行、消极执行、选择性执行、违法处置被执行财产等违法情形提出检察建议135145件,法院采纳123914件,采纳率为91.7%。四川一基层法院将案外人的房产违法查封变卖,省市县三级检察院接力监督,先后发出检察建议,最终上级法院认定执行活动违法,给予国家赔偿。2016年4月起,针对一些地方执行案款滞留、执行款物管理混乱等问题,“两高”联合部署集中清理,促进一大批滞留在法院账户上的执行案款发放给申请执行人。吉林、陕西、湖南等地法检“两院”联合开展专项活动,共同解决“小标的大查封大扣押”、“高值低估贱卖”等问题。2018 年 3 月,最高人民检察院又部署开展民事非诉执行监督专项活动,重点监督民事非诉法律文书执行中的违法情形,并以此为切入点,从源头上促进仲裁和公证严格依法规范进行。

坚决支持法院依法执行。对被执行人确无财产可供执行、法院穷尽执行措施仍不能执行到位的,配合法院做好释法说理工作,并对生活陷入困境、符合救助条件的申请执行人开展司法救助。对拒不执行判决、裁定构成犯罪的,批准逮捕 6594 人,呈逐年上升趋势。广东省广州市花都区检察院在办理一起执行监督案件中,发现被执行人有转移财产、逃避履行生效判决确定义务的行为,涉嫌拒不执行判决、裁定罪,向公安机关移送涉嫌犯罪线索,公安机关侦查终结后已将该案移送检察机关审查起诉。

最高人民法院

关于人民法院解决“执行难”工作情况的报告(节录)

(2018 年 10 月 24 日)

最高人民法院关于人民法院解决“执行难”工作情况的报告

——2018 年 10 月 24 日在第十三届全国人民代表大会常务委员会第六次会议上

最高人民法院院长　周　强

执行难成因复杂,是各种社会问题和矛盾叠加、交织的集中体现。从内部原因看,一是执行规范化水平不高。一些法院存在消极执行、选择性执行及乱执行现象,违纪违法、徇私枉法现象时有发生。二是执行人员力量和能力不足。近年来执行案件每年都在 600 万件左右,执行干警年人均办案达 150 件左右,执行队伍的人员配备和能力素质不能充分满足工作需要。三是执行制度机制不够健全完善。法院内部立案、审判、执行等环节存在衔接不畅问题,评估拍卖环节存在较多弊端。四是执行工作管理不够规范。执行实施过程具有相对分散、节点多等特点,异地执行、现场执行等环节监督管理困难,存在较大管理风险。一些法院执行案件底数不清、情况不明,执行管理失序。从外部原因看,一是社会诚信体系不够健全。一些公民的法治观念和诚信意识不够强，覆盖全社会的征信系统尚未形成，社会成员信用记录相对缺失，对多头开户、各种财产形式登记在他人名下等基础性信息缺乏有效掌握，守信激励和失信惩戒机制尚不健全。有的当事人规则意识淡薄，拒不履行生效法律文书，有的甚至通过虚假诉讼等方式，达到拖延执行的目的。二是执行依据复杂多样。按照我国法律规定，人民法院不仅负责执行民事、行政、刑事附带民事判决、裁定、调解书等法院自身作出的生效法律文书，还负责依法执行仲裁裁决、部分行政决定、公证债权文书、司法确认的人民调解协议书、境外法院的民商事判决、境外仲裁机构的裁决等生效法律文书。部分仲裁、公证行为引发当事人较大争议，被执行人不断提出不予执行申请或异议，影响执行工作质效。三是执行标的种类繁多。当前各类新型金融资产、无形资产、投资权益等财产形式日趋多样，但监管、登记等制度尚不健全，尤其是隐名投资、股权代持等情况给财产查控带来障碍。被执行人履行义务的形式除金钱给付之外，还包括腾退房屋、赔礼道歉、赡养老人、抚养及探视子女等行为给付，执行难度较大。四是法律和配套制度不够健全完善。我国尚未制定单独的强制执行法，执行程序在《民事诉讼法》中仅有 35 个条文，很多问题缺乏明确规定。在配套制度方面，我国尚未建立个人破产制度，与执行案件有关的救助制度也不完善。实践中对拒执罪适用较少，法院与有关方面配合形成合力不够。五是多种经济社会矛盾交织。执行工作与经济社会发展关系紧密，大量矛盾激化的群体性案件最终都汇集到执行领域，聚焦在款物分配清偿等攸关当事人切身利益的环节。一些涉及土地使用权、房产、股权等权属争议的案件，标的额巨大，往往关系到众多申请执行人和其他相关人员的权益，加大了矛盾化解和执行难度。

需要说明的是，执行过程中，有相当一部分案件被执行人完全丧失履行能力、经核查确无财产可供执行，客观上不具备执行条件，即使法院穷尽一切措施，也无法实际执行到位。这类案件，一般称之为“执行不能”案件。近年来，我国生效裁判文书的自动履行率逐年提升，2016 年、2017 年分别为 51%、57%，剩余 40% 多未自动履行的案件进入执行程序。在进入执行程序的案件中，约有 5% 属于申请人民法院强制执行仲裁裁决、公证债权文书，约有 43% 属于确无财产可供执行的“执行不能”案件。换算下来，民商事案件中，约 18% 的案件是“执行不能”案件。这类案件所涉债务大致分为两类：一类是法人债务。被执行企业债台高筑、濒临破产，甚至处于无人员、无财产、无办公场所的状态，这些“僵尸企业”在执行中形成大量“僵尸案件”。另一类是自然人债务。一些交通事故、人身损害赔偿、刑事附带民事诉讼等案件，被执行人自始就财力有限，甚至“家徒四壁”，确无清偿能力。实践中，许多当事人及社会公众认为生效法律文书是以国家信用作背书，只要有生效文书就一定要执行到位，要求法院兜底、承担化解一切风险的“无限责任”。从世界各国通例来看，“执行不能”案件都属于当事人应当承担的商业风险、法律风险、社会风险，并非法院执行不力所致，需要通过个人破产、社会救助等制度机制予以解决，不属于申请执行的范围，不能进入执行程序。但在我国，对于“执行不能”案件，人民法院并未置之不理，而是通过严格审查后终结本次执行程序，纳入“终本案件库”管理，公开接受社会监督，一旦发现有财产必须及时恢复执行，尽最大努力、穷尽一切措施兑现胜诉当事人合法权益。

最高人民法院

关于认真学习贯彻《全国人民代表大会常务委员会关于修改〈中华人民共和国刑事诉讼法〉的决定》的通知（节录）

（2018年11月7日　法〔2018〕294号）

二、坚决贯彻实施修改后刑事诉讼法

（三）注重保护被告人的诉讼权利。对被告人没有委托辩护人、法律援助机构没有指派律师为其提供辩护的，及时告知被告人有权约见值班律师，并为被告人约见值班律师提供便利，真正实现刑事辩护或者法律帮助全覆盖。要严格依照修改后刑事诉讼法的规定，对被开除公职和被吊销律师、公证员执业证书的人，除系被告人的监护人、近亲属外，不得担任辩护人。

最高人民法院办公厅

关于印发《最高人民法院国际商事法庭程序规则（试行）》的通知（节录）

（2018年11月21日　法办发〔2018〕13号）

各省、自治区、直辖市高级人民法院，解放军军事法院，新疆维吾尔自治区高级人民法院生产建设兵团分院；本院各单位：

为方便当事人通过最高人民法院国际商事法庭解决纠纷，最高人民法院审判委员会第1751次会议2018年10月29日审议通过了《最高人民法院国际商事法庭程序规则（试行）》，现予以印发。

最高人民法院办公厅
2018年11月21日

最高人民法院国际商事法庭程序规则(试行)

第八条 原告根据《规定》第二条第一项向国际商事法庭提起诉讼,应当提交以下材料:

(一)起诉状;

(二)选择最高人民法院或第一国际商事法庭、第二国际商事法庭管辖的书面协议;

(三)原告是自然人的,应当提交身份证明。原告是法人或者非法人组织的,应当提交营业执照或者其他登记证明、法定代表人或者负责人身份证明;

(四)委托律师或者其他人代理诉讼的,应当提交授权委托书、代理人身份证明;

(五)支持诉讼请求的相关证据材料;

(六)填妥的《送达地址确认书》;

(七)填妥的《审前分流程序征询意见表》。

前款第三项、第四项规定的证明文件,在中华人民共和国领域外形成的,应当办理公证、认证等证明手续。

人民检察院检察建议工作规定(节录)

(2019年2月26日　高检发释字〔2019〕1号)

第九条 人民检察院在履行对诉讼活动的法律监督职责中发现有关执法、司法机关具有下列情形之一的,可以向有关执法、司法机关提出纠正违法检察建议:

(一)人民法院审判人员在民事、行政审判活动中存在违法行为的;

(二)人民法院在执行生效民事、行政判决、裁定、决定或者调解书、支付令、仲裁裁决书、公证债权文书等法律文书过程中存在违法执行、不执行、怠于执行等行为,或者有其他重大隐患的;

(三)人民检察院办理行政诉讼监督案件或者执行监督案件,发现行政机关有违反法律规定、可能影响人民法院公正审理和执行的行为的;

(四)公安机关、人民法院、监狱、社区矫正机构、强制医疗执行机构等在刑事诉讼活动中或者执行人民法院生效刑事判决、裁定、决定等法律文书过程中存在普遍性、倾向性违法问题,或者有其他重大隐患,需要引起重视予以解决的;

(五)诉讼活动中其他需要以检察建议形式纠正违法的情形。

最高人民法院　最高人民检察院　公安部　司法部

印发《关于办理“套路贷”刑事案件若干问题的意见》的通知(节录)

（2019年2月28日　法发〔2019〕11号）

各省、自治区、直辖市高级人民法院、人民检察院、公安厅(局)、司法厅(局),解放军军事法院、军事检察院,新疆维吾尔自治区高级人民法院生产建设兵团分院、新疆生产建设兵团人民检察院、公安局、司法局:

为持续深入开展扫黑除恶专项斗争,准确甄别和依法严厉惩处“套路贷”违法犯罪分子,最高人民法院、最高人民检察院、公安部、司法部联合印发了《关于办理“套路贷”刑事案件若干问题的意见》,请认真贯彻执行。

最高人民法院
最高人民检察院
公安部
司法部
2019年2月28日

最高人民法院、最高人民检察院、公安部、司法部关于办理“套路贷”刑事案件若干问题的意见

1.“套路贷”,是对以非法占有为目的,假借民间借贷之名,诱使或迫使被害人签订“借贷”或变相“借贷”“抵押”“担保”等相关协议,通过虚增借贷金额、恶意制造违约、肆意认定违约、毁匿还款证据等方式形成虚假债权债务,并借助诉讼、仲裁、公证或者采用暴力、威胁以及其他手段非法占有被害人财物的相关违法犯罪活动的概括性称谓。

3.实践中,“套路贷”的常见犯罪手法和步骤包括但不限于以下情形:

(1)制造民间借贷假象。犯罪嫌疑人、被告人往往以“小额贷款公司”“投资公司”“咨询公司”“担保公司”“网络借贷平台”等名义对外宣传,以低息、无抵押、无担保、快速放款等为诱饵吸

引被害人借款,继而以“保证金”“行规”等虚假理由诱使被害人基于错误认识签订金额虚高的“借贷”协议或相关协议。有的犯罪嫌疑人、被告人还会以被害人先前借贷违约等理由,迫使对方签订金额虚高的“借贷”协议或相关协议。

(2)制造资金走账流水等虚假给付事实。犯罪嫌疑人、被告人按照虚高的“借贷”协议金额将资金转入被害人账户,制造已将全部借款交付被害人的银行流水痕迹,随后便采取各种手段将其中全部或者部分资金收回,被害人实际上并未取得或者完全取得“借贷”协议、银行流水上显示的钱款。

(3)故意制造违约或者肆意认定违约。犯罪嫌疑人、被告人往往会以设置违约陷阱、制造还款障碍等方式,故意造成被害人违约,或者通过肆意认定违约,强行要求被害人偿还虚假债务。

(4)恶意垒高借款金额。当被害人无力偿还时,有的犯罪嫌疑人、被告人会安排其所属公司或者指定的关联公司、关联人员为被害人偿还“借款”,继而与被害人签订金额更大的虚高“借贷”协议或相关协议,通过这种“转单平账”“以贷还贷”的方式不断垒高“债务”。

(5)软硬兼施“索债”。在被害人未偿还虚高“借款”的情况下,犯罪嫌疑人、被告人借助诉讼、仲裁、公证或者采用暴力、威胁以及其他手段向被害人或者被害人的特定关系人索取“债务”。

5. 多人共同实施“套路贷”犯罪,犯罪嫌疑人、被告人在所参与的犯罪中起主要作用的,应当认定为主犯,对其参与或组织、指挥的全部犯罪承担刑事责任;起次要或辅助作用的,应当认定为从犯。

明知他人实施“套路贷”犯罪,具有以下情形之一的,以相关犯罪的共犯论处,但刑法和司法解释等另有规定的除外:

(1)组织发送“贷款”信息、广告,吸引、介绍被害人“借款”的;

(2)提供资金、场所、银行卡、账号、交通工具等帮助的;

(3)出售、提供、帮助获取公民个人信息的;

(4)协助制造走账记录等虚假给付事实的;

(5)协助办理公证的;

(6)协助以虚假事实提起诉讼或者仲裁的;

(7)协助套现、取现、办理动产或不动产过户等,转移犯罪所得及其产生的收益的;

(8)其他符合共同犯罪规定的情形。

上述规定中的“明知他人实施‘套路贷’犯罪”,应当结合行为人的认知能力、既往经历、行为次数和手段、与同案人、被害人的关系、获利情况、是否曾因“套路贷”受过处罚、是否故意规避查处等主客观因素综合分析认定。

11.“套路贷”犯罪案件一般由犯罪地公安机关侦查,如果由犯罪嫌疑人居住地公安机关立案侦查更为适宜的,可以由犯罪嫌疑人居住地公安机关立案侦查。犯罪地包括犯罪行为发生地和犯罪结果发生地。

“犯罪行为发生地”包括为实施“套路贷”所设立的公司所在地、“借贷”协议或相关协议签订地、非法讨债行为实施地、为实施“套路贷”而进行诉讼、仲裁、公证的受案法院、仲裁委员会、公证机构所在地,以及“套路贷”行为的预备地、开始地、途经地、结束地等。

“犯罪结果发生地”包括违法所得财物的支付地、实际取得地、藏匿地、转移地、使用地、销售地等。

除犯罪地、犯罪嫌疑人居住地外，其他地方公安机关对于公民扭送、报案、控告、举报或者犯罪嫌疑人自首的“套路贷”犯罪案件，都应当立即受理，经审查认为有犯罪事实的，移送有管辖权的公安机关处理。

黑恶势力实施的“套路贷”犯罪案件，由侦办黑社会性质组织、恶势力或者恶势力犯罪集团案件的公安机关进行侦查。

最高人民法院

印发《关于为深化两岸融合发展提供司法服务的若干措施》的通知（节录）

（2019 年 3 月 25 日　法发〔2019〕9 号）

各省、自治区、直辖市高级人民法院，解放军军事法院，新疆维吾尔自治区高级人民法院生产建设兵团分院：

为了深入学习贯彻习近平新时代中国特色社会主义思想，贯彻习近平总书记关于对台工作的重要论述，更好发挥人民法院在服务、保障、促进两岸经济文化交流合作与融合发展方面的职能作用，现将《最高人民法院关于为深化两岸融合发展提供司法服务的若干措施》印发给你们，请结合实际认真贯彻执行。

最高人民法院
2019 年 3 月 25 日

最高人民法院关于为深化两岸融合发展提供司法服务的若干措施

17. 持有台湾居民居住证的台湾当事人委托大陆律师或者其他人代理诉讼，代理人向人民法院转交的授权委托书无需公证认证或者履行其他证明手续。

最高人民法院

知识产权法庭诉讼指引(节录)

(2019 年 4 月 18 日)

第五条 当事人是个人的,应当提供身份证、护照、军官证或者其他有效身份证明的复印件;当事人是法人、非法人组织或者个体工商户的,应当提供营业执照等有效证照复印件及法定代表人或者负责人、业主证明。有委托诉讼代理人的,应当提供授权委托书。

在中华人民共和国领域内没有住所的外国人、无国籍人、外国企业和组织委托中华人民共和国律师或者其他人代理诉讼,从中华人民共和国领域外寄交或者托交的授权委托书,应当经所在国公证机关证明,并经中华人民共和国驻该国使领馆认证,或者履行中华人民共和国与该所在国订立的有关条约中规定的证明手续后,才具有效力。

最高人民法院

关于深化执行改革健全解决执行难长效机制的意见——人民法院执行工作纲要(2019—2023)(节录)

(2019 年 6 月 3 日 法发〔2019〕16 号)

17. 积极引入专业力量参与执行。建立健全仲裁、公证、律师、会计、审计等专业机构和人员深度参与执行的工作机制,区分执行权核心事务与辅助性事务,建立辅助事务分流机制,探索将财产查控、网拍辅助、案款发放、送达等执行工作中的辅助事务适度外包专业社会力量。健全完善人民法院购买社会化服务工作机制,确保公开竞标、质量评估、运营监督、保密协议、业务培训等各类行为合法合规、外包机制公平公开。

19. 完善立审执协调配合机制。强化执行立案审查,有条件的法院可将恢复执行,调解书、仲裁裁决、公证债权文书执行,执行异议、复议、监督等特定案件立案审查工作交由执行局负责,或建立执行局参与特定案件执行立案审查工作机制。建立立案阶段提示执行不能风险制度,使当事人对诉讼结果及执行结果有合理预期。加强保全立案,推广保全保险担保、执行事务中心工作机制。探索多元纠纷化解机制,由执行人员参与诉前、诉中调解,一揽子化解矛盾,实现案结事了。加强对财产保全工作监督和考核,防止保全措施滥用。严格贯彻裁判的执行内容必须明确具体的要求,2019 年底前,各级人民法院要出台规定,将调解和裁判内容的可执行性作为考核案件质效和工作绩效的重要因素。修订人民法院裁判文书样式,在裁判文书中明确申请执行的期限、受理执行的法院、义务人不履行义务的后果等内容。制定规范诉讼费退费和追缴的管理规定,规范诉讼费的强制执行。

38. 加大财产调查力度。落实财产报告制度,加大对不报告、报告不实等行为的处罚力度,增强制度威慑力。对被执行人存在违反财产报告制度,或者有隐匿财产、财产凭证、会计账簿等行为的,坚决采取搜查措施。在信息系统未覆盖领域采用传统调查措施,加强对被执行人所在社区、营业场所的调查力度。探索建立律师调查被执行人财产等制度,加快推进委托审计调查、公证取证、悬赏举报等制度,最大限度丰富调查手段,拓宽财产发现渠道。

最高人民法院

关于废止部分司法解释(第十三批)的决定(节录)

(2019 年 7 月 8 日　法释〔2019〕11 号)

附件:

最高人民法院决定废止的部分司法解释目录(第十三批)

序号	标题	发文日期和文号	理由
99	最高人民法院关于当事人对具有强制执行效力的公证债权文书的内容有争议提起诉讼人民法院是否受理问题的批复	2008 年 12 月 22 日 法释〔2008〕17 号	已被《最高人民法院关于公证债权文书执行若干问题的规定》代替。

最高人民法院

关于建设一站式多元解纷机制一站式诉讼服务中心的意见(节录)

(2019年7月31日　法发〔2019〕19号)

8.完善诉前多元解纷联动衔接机制。联合有关部门出台推进多元解纷文件,加强与调解、仲裁、公证、行政复议的程序衔接,健全完善行政裁决救济程序衔接机制。畅通与工会、共青团、妇联、法学会、行政机关、仲裁机构、公证机构、行业协会、行业组织、商会等对接渠道,加强数据协同共享,指派专人开展联络工作。促进建立调解前置机制,发挥人民调解、行政调解、律师调解、行业调解、专业调解、商会调解等诉前解纷作用。加强调解协议司法确认工作,进一步完善司法确认程序,探索建立司法确认联络员机制,推动司法确认全面对接人民调解等线上平台,实现人民调解司法确认的快立快办。

15.拓展全方位诉讼服务功能。为当事人提供诉讼指引类、便民服务类、诉讼辅助类、纠纷解决类、提高效率类、审判事务类等诉讼服务。设立诉讼引导和辅导区,配备引导员,张贴诉讼事项办理流程图或服务指南二维码,提供类案诉状模板。为检察官、律师、人民调解员、公证员、司法鉴定人员、志愿者等开辟专门通道,设立当事人休息等候区以及检察官、律师办公休息场所,为残疾人士设立无障碍通道和无障碍设施。建设面向社会的普法宣传教育阵地,打造文化诉讼服务中心。

19.完善内外联动的诉讼服务协作机制。打通人民法院诉讼服务中心与公安检察机关、行政机关、人民团体、行业协会、企业组织、居(村)委会之间的信息渠道,拓展公证参与人民法院司法辅助事务,在送达、调解、鉴定、执行等方面形成工作合力。建立各地法院之间的诉讼服务协作机制,在提交申请、材料收转、文书送达等方面共享信息资源,不断扩大跨域诉讼服务范围。

20.完善社会化服务机制。将能够由社会第三方辅助完成以及能够外包的服务性工作全部剥离出来,通过购买服务,由社会化专业化团队开展。进一步规范购买社会服务的种类、性质和内容。完善社会力量参与诉讼服务机制,引入专家学者、律师、心理学家、公证员、鉴定员、志愿者等第三方,为人民群众提供多元服务。加强与高校对接,为在校学生参与司法实践活动提供广阔平台。

最高人民法院

关于民事诉讼证据的若干规定(节录)

(2001 年 12 月 6 日最高人民法院审判委员会第 1201 次会议通过　根据 2019 年 10 月 14 日最高人民法院审判委员会第 1777 次会议《关于修改〈关于民事诉讼证据的若干规定〉的决定》修正)

第十条　下列事实,当事人无须举证证明:

(一)自然规律以及定理、定律;

(二)众所周知的事实;

(三)根据法律规定推定的事实;

(四)根据已知的事实和日常生活经验法则推定出的另一事实;

(五)已为仲裁机构的生效裁决所确认的事实;

(六)已为人民法院发生法律效力的裁判所确认的基本事实;

(七)已为有效公证文书所证明的事实。

前款第二项至第五项事实,当事人有相反证据足以反驳的除外;第六项、第七项事实,当事人有相反证据足以推翻的除外。

第十六条　当事人提供的公文书证系在中华人民共和国领域外形成的,该证据应当经所在国公证机关证明,或者履行中华人民共和国与该所在国订立的有关条约中规定的证明手续。

中华人民共和国领域外形成的涉及身份关系的证据,应当经所在国公证机关证明并经中华人民共和国驻该国使领馆认证,或者履行中华人民共和国与该所在国订立的有关条约中规定的证明手续。

当事人向人民法院提供的证据是在香港、澳门、台湾地区形成的,应当履行相关的证明手续。

第九十四条　电子数据存在下列情形的,人民法院可以确认其真实性,但有足以反驳的相反证据的除外:

(一)由当事人提交或者保管的于己不利的电子数据;

(二)由记录和保存电子数据的中立第三方平台提供或者确认的;

(三)在正常业务活动中形成的;

(四)以档案管理方式保管的;

(五)以当事人约定的方式保存、传输、提取的。

电子数据的内容经公证机关公证的,人民法院应当确认其真实性,但有相反证据足以推翻的除外。

最高人民法院

关于人民法院进一步为“一带一路”建设提供司法服务和保障的意见(节录)

(2019年12月9日　法发〔2019〕29号)

30. 鼓励边境地区、重要节点城市、核心区域依照共商共建共享原则,探索区域性的双边、多边争端解决合作机制,在边贸地区、合作中心、口岸区域建立联合纠纷解决平台,运用信息化技术和在线纠纷解决机制(ODR),优化送达方式,改革纠纷调处程序,化解涉外案件送达难、耗时长、公证认证慢、对域外法不了解等实际困难,高效低成本地解决国际商事纠纷。

最高人民法院

印发《关于进一步完善委派调解机制的指导意见》的通知(节录)

(2020年1月9日　法发〔2020〕1号)

各省、自治区、直辖市高级人民法院,解放军军事法院,新疆维吾尔自治区高级人民法院生产建设兵团分院:

为深入贯彻党的十九届四中全会精神,完善矛盾纠纷多元化解机制,现将《最高人民法院关于进一步完善委派调解机制的指导意见》予以印发,请结合实际贯彻执行。执行过程中,若遇有问题,请及时层报最高人民法院。

2020年1月9日

最高人民法院关于进一步完善委派调解机制的指导意见

三、专业解纷。人民法院应当加强与相关部门的对接,充分发挥行政机关在行政调解、行政裁决机制上的优势,发挥行业性、专业性调解组织的专业优势,发挥公证、鉴定机构和相关领域专家咨询意见的作用,为纠纷化解提供专业支持,提升委派调解专业化水平。

最高人民法院
关于人民法院深化“分调裁审”机制改革的意见(节录)

(2020 年 2 月 10 日　法发〔2020〕8 号)

一、完善诉非分流对接机制

3. 加强线上诉非分流。加快人民法院调解平台与仲裁、公证、人民调解、商事调解、行业调解、律师调解等其他非诉解纷平台对接,形成诉讼与非诉讼解纷方式线上联动工作体系。当事人在人民法院调解平台录入纠纷信息后,自动推荐可以选择的解纷方式和最适宜的争议解决方案。对选择人工咨询的,通过 12368 诉讼服务热线提供解纷指引。对当事人直接通过网上立案平台申请立案的,根据案件情况智能推送是否同意诉前调解确认书。当事人同意诉前调解的,转入人民法院调解平台。

二、完善调裁分流对接机制

8. 运用人民法院调解平台开展调解。充分运用人民法院调解平台集成工会、共青团、妇联、法学会、行政机关、仲裁机构、公证机构、行业协会、行业组织、人民调解委员会、商会、律师等解纷力量,并将符合特邀调解组织和特邀调解员选任资格的组织和人员全部纳入特邀调解名册并在平台进行录入。上级法院建立的名册,下级法院可以使用。逐步将人民法院调解平台调解事项从民事纠纷扩展到行政纠纷、刑事自诉和执行案件,实现委派调解或者立案后委托调解工作均在人民法院调解平台上开展。

最高人民法院

关于全面加强知识产权司法保护的意见(节录)

(2020年4月15日　法发〔2020〕11号)

二、立足各类案件特点,切实维护权利人合法权益

9. 平等保护中外主体合法权利。依法妥善审理因国际贸易、外商投资等引发的涉外知识产权纠纷,坚持依法平等保护,依法简化公证认证程序,进一步健全公正高效权威的纠纷解决机制,增强知识产权司法的国际影响力和公信力。

最高人民法院

关于为黄河流域生态保护和高质量发展提供司法服务与保障的意见(节录)

(2020年6月1日　法发〔2020〕19号)

三、构建流域司法机制,形成推进黄河流域生态保护和高质量发展的合力

15. 促进纠纷多元化解。坚持和发展新时代"枫桥经验",加强诉源治理,深化"分调裁审"机制改革,加快建设"一站式"多元解纷机制,高效服务黄河流域生态保护和高质量发展。推动健全人民调解、行政调解、司法调解联动工作机制,做好诉讼与和解、调解、仲裁、公证、行政裁决、行政复议等非诉讼纠纷解决机制之间的有机衔接,对调解协议、经磋商达成的生态环境损害赔偿协议依法予以司法确认。积极依靠当地党委、政府,统筹社会各方力量,依法及时化解各类群体性纠纷。

最高人民法院

印发《关于依法妥善审理涉新冠肺炎疫情民事案件若干问题的指导意见(三)》的通知(节录)

(2020年6月8日 法发〔2020〕20号)

一、关于诉讼当事人

1. 外国企业或者组织向人民法院提交身份证明文件、代表人参加诉讼的证明,因疫情或者疫情防控措施无法及时办理公证、认证或者相关证明手续,申请延期提交的,人民法院应当依法准许,并结合案件实际情况酌情确定延长的合理期限。

在我国领域内没有住所的外国人、无国籍人、外国企业和组织从我国领域外寄交或者托交的授权委托书,因疫情或者疫情防控措施无法及时办理公证、认证或者相关证明手续,申请延期提交的,人民法院依照前款规定处理。

二、关于诉讼证据

3. 对于一方当事人提供的在我国领域外形成的公文书证,因疫情或者疫情防控措施无法及时办理公证或者相关证明手续,对方当事人仅以该公文书证未办理公证或者相关证明手续为由提出异议的,人民法院可以告知其在保留对证明手续异议的前提下,对证据的关联性、证明力等发表意见。

经质证,上述公文书证与待证事实无关联,或者即使符合证明手续要求也无法证明待证事实的,对提供证据一方的当事人延长举证期限的申请,人民法院不予准许。

最高人民法院

印发《关于深化司法责任制综合配套改革的实施意见》的通知(节录)

(2020 年 7 月 31 日　法发〔2020〕26 号)

各省、自治区、直辖市高级人民法院,解放军军事法院,新疆维吾尔自治区高级人民法院生产建设兵团分院:

为深入贯彻党的十九大和十九届二中、三中、四中全会精神,全面落实司法责任制,根据中共中央办公厅印发的《关于深化司法责任制综合配套改革的意见》,结合工作实际,最高人民法院制定了《关于深化司法责任制综合配套改革的实施意见》。现将文件印发给你们,请认真组织实施。实施过程中遇有重要问题,请及时层报最高人民法院。

最高人民法院

2020 年 7 月 31 日

最高人民法院关于深化司法责任制综合配套改革的实施意见

五、优化司法资源配置机制,切实提升审判效能

25. 健全多元化纠纷解决机制。各级人民法院应当按照一站式多元解纷和诉讼服务体系建设的要求,积极完善诉讼与非诉讼解纷方式分流对接机制,加强在线诉非分流和诉调对接工作,加快人民法院调解平台与仲裁机构、公证机构、人民调解、行政调解、行业调解等非诉讼解纷平台对接,充分运用线上平台,统筹集成法学会、行业协会、行业组织、商会、律师等解纷力量,实现大量纠纷在诉前多元化解。针对婚姻家庭、道路交通、物业纠纷、消费争议、劳动争议、医疗纠纷、银行保险、证券期货等类型化纠纷,加强与有关部门对接,建立健全线上线下诉前联动调解机制,明确程序衔接细则,促进诉前高效化解纠纷。

最高人民法院

关于涉网络知识产权侵权纠纷几个法律适用问题的批复(节录)

(2020年8月24日最高人民法院审判委员会第1810次会议通过　自2020年9月14日起施行　法释〔2020〕9号)

三、在依法转送的不存在侵权行为的声明到达知识产权权利人后的合理期限内,网络服务提供者、电子商务平台经营者未收到权利人已经投诉或者提起诉讼通知的,应当及时终止所采取的删除、屏蔽、断开链接等下架措施。因办理公证、认证手续等权利人无法控制的特殊情况导致的延迟,不计入上述期限,但该期限最长不超过20个工作日。

最高人民检察院

关于印发《人民检察院审查案件听证工作规定》的通知(节录)

(2020年9月14日　高检发办字〔2020〕53号)

各级人民检察院:

《人民检察院审查案件听证工作规定》已经2020年6月24日最高人民检察院第十三届检察委员会第四十次会议通过。现印发你们,请认真遵照执行。

最高人民检察院

2020年9月14日

人民检察院审查案件听证工作规定

第七条 人民检察院可以邀请与案件没有利害关系并同时具备下列条件的社会人士作为听证员：

（一）年满二十三周岁的中国公民；

（二）拥护中华人民共和国宪法和法律；

（三）遵纪守法、品行良好、公道正派；

（四）具有正常履行职责的身体条件。

有下列情形之一的，不得担任听证员：

（一）受过刑事处罚的；

（二）被开除公职的；

（三）被吊销律师、公证员执业证书的；

（四）其他有严重违法违纪行为，可能影响司法公正的。

参加听证会的听证员一般为三至七人。

最高人民法院

关于知识产权民事诉讼证据的若干规定（节录）

（2020年11月9日最高人民法院审判委员会第1815次会议通过　自2020年11月18日起施行　法释〔2020〕12号）

第八条 中华人民共和国领域外形成的下列证据，当事人仅以该证据未办理公证、认证等证明手续为由提出异议的，人民法院不予支持：

（一）已为发生法律效力的人民法院裁判所确认的；

（二）已为仲裁机构生效裁决所确认的；

（三）能够从官方或者公开渠道获得的公开出版物、专利文献等；

（四）有其他证据能够证明真实性的。

第十条 在一审程序中已经根据民事诉讼法第五十九条、第二百六十四条的规定办理授权委托书公证、认证或者其他证明手续的，在后续诉讼程序中，人民法院可以不再要求办理该授权委托书的上述证明手续。

第三十条 当事人对公证文书提出异议,并提供相反证据足以推翻的,人民法院对该公证文书不予采纳。

当事人对公证文书提出异议的理由成立的,人民法院可以要求公证机构出具说明或者补正,并结合其他相关证据对该公证文书进行审核认定。

知识产权判决执行工作指南(节录)

(2020 年 12 月 10 日)

二、知识产权民事案件的执行

(二)一方当事人不履行义务,对方当事人如何启动强制执行程序

7. 申请强制执行需要提交的材料、交纳的费用。当事人申请执行,应向人民法院提交下列文件和证件,并填写送达地址确认书:

(3)申请执行人的身份证明。公民个人申请的,应当出示居民身份证;法人申请的,应当提交法人营业执照副本和法定代表人身份证明;其他组织申请的,应当提交营业执照副本和主要负责人身份证明。外国人申请的,应当提交护照等用以证明自己身份的证件;外国企业或者组织申请的,提交的身份证明文件,应当经所在国公证机关公证,并经中华人民共和国驻该国使领馆认证,或者履行中华人民共和国与该所在国订立的有关条约中规定的证明手续;代表外国企业或者组织申请执行的人,应当向人民法院提交其有权作为代表人申请执行的证明,该证明应当经所在国公证机关公证,并经中华人民共和国驻该国使领馆认证,或者履行中华人民共和国与该所在国订立的有关条约中规定的证明手续。

最高人民法院

关于审理涉及公证活动相关民事案件的若干规定

（2014年4月28日最高人民法院审判委员会第1614次会议通过　根据2020年12月23日最高人民法院审判委员会第1823次会议通过的《最高人民法院关于修改〈最高人民法院关于人民法院民事调解工作若干问题的规定〉等十九件民事诉讼类司法解释的决定》修正　法释〔2020〕21号）

为正确审理涉及公证活动相关民事案件，维护当事人的合法权益，根据《中华人民共和国民法典》《中华人民共和国公证法》《中华人民共和国民事诉讼法》等法律的规定，结合审判实践，制定本规定。

第一条　当事人、公证事项的利害关系人依照公证法第四十三条规定向人民法院起诉请求民事赔偿的，应当以公证机构为被告，人民法院应作为侵权责任纠纷案件受理。

第二条　当事人、公证事项的利害关系人起诉请求变更、撤销公证书或者确认公证书无效的，人民法院不予受理，告知其依照公证法第三十九条规定可以向出具公证书的公证机构提出复查。

第三条　当事人、公证事项的利害关系人对公证书所公证的民事权利义务有争议的，可以依照公证法第四十条规定就该争议向人民法院提起民事诉讼。

当事人、公证事项的利害关系人对具有强制执行效力的公证债权文书的民事权利义务有争议直接向人民法院提起民事诉讼的，人民法院依法不予受理。但是，公证债权文书被人民法院裁定不予执行的除外。

第四条　当事人、公证事项的利害关系人提供证据证明公证机构及其公证员在公证活动中具有下列情形之一的，人民法院应当认定公证机构有过错：

（一）为不真实、不合法的事项出具公证书的；

（二）毁损、篡改公证书或者公证档案的；

（三）泄露在执业活动中知悉的商业秘密或者个人隐私的；

（四）违反公证程序、办证规则以及国务院司法行政部门制定的行业规范出具公证书的；

（五）公证机构在公证过程中未尽到充分的审查、核实义务，致使公证书错误或者不真实的；

（六）对存在错误的公证书，经当事人、公证事项的利害关系人申请仍不予纠正或者补正的；

（七）其他违反法律、法规、国务院司法行政部门强制性规定的情形。

第五条　当事人提供虚假证明材料申请公证致使公证书错误造成他人损失的，当事人应当承担赔偿责任。公证机构依法尽到审查、核实义务的，不承担赔偿责任；未依法尽到审查、核实义务的，应当承担与其过错相应的补充赔偿责任；明知公证证明的材料虚假或者与当事人恶意串通的，承担连带赔偿责任。

第六条 当事人、公证事项的利害关系人明知公证机构所出具的公证书不真实、不合法而仍然使用造成自己损失，请求公证机构承担赔偿责任的，人民法院不予支持。

第七条 本规定施行后，涉及公证活动的民事案件尚未终审的，适用本规定；本规定施行前已经终审，当事人申请再审或者按照审判监督程序决定再审的，不适用本规定。

最高人民法院

关于人民法院执行工作若干问题的规定（试行）（节录）

（1998年6月11日最高人民法院审判委员会第992次会议通过　根据2020年12月23日最高人民法院审判委员会第1823次会议通过的《最高人民法院关于修改〈最高人民法院关于人民法院扣押铁路运输货物若干问题的规定〉等十八件执行类司法解释的决定》修正　法释〔2020〕21号）

2. 执行机构负责执行下列生效法律文书：

（1）人民法院民事、行政判决、裁定、调解书，民事制裁决定、支付令，以及刑事附带民事判决、裁定、调解书，刑事裁判涉财产部分；

（2）依法应由人民法院执行的行政处罚决定、行政处理决定；

（3）我国仲裁机构作出的仲裁裁决和调解书，人民法院依据《中华人民共和国仲裁法》有关规定作出的财产保全和证据保全裁定；

（4）公证机关依法赋予强制执行效力的债权文书；

（5）经人民法院裁定承认其效力的外国法院作出的判决、裁定，以及国外仲裁机构作出的仲裁裁决；

（6）法律规定由人民法院执行的其他法律文书。

19. 申请执行仲裁机构的仲裁裁决，应当向人民法院提交有仲裁条款的合同书或仲裁协议书。

申请执行国外仲裁机构的仲裁裁决的，应当提交经我国驻外使领馆认证或我国公证机关公证的仲裁裁决书中文本。

最高人民法院

关于人民法院办理执行异议和复议案件若干问题的规定(节录)

(2014年12月29日最高人民法院审判委员会第1638次会议通过　根据2020年12月23日最高人民法院审判委员会第1823次会议通过的《最高人民法院关于修改〈最高人民法院关于人民法院扣押铁路运输货物若干问题的规定〉等十八件执行类司法解释的决定》修正　法释〔2020〕21号)

第十条　当事人不服驳回不予执行公证债权文书申请的裁定的,可以自收到裁定之日起十日内向上一级人民法院申请复议。上一级人民法院应当自收到复议申请之日起三十日内审查,理由成立的,裁定撤销原裁定,不予执行该公证债权文书;理由不成立的,裁定驳回复议申请。复议期间,不停止执行。

第二十二条　公证债权文书对主债务和担保债务同时赋予强制执行效力的,人民法院应予执行;仅对主债务赋予强制执行效力未涉及担保债务的,对担保债务的执行申请不予受理;仅对担保债务赋予强制执行效力未涉及主债务的,对主债务的执行申请不予受理。

人民法院受理担保债务的执行申请后,被执行人仅以担保合同不属于赋予强制执行效力的公证债权文书范围为由申请不予执行的,不予支持。

最高人民法院

关于当事人申请承认澳大利亚法院出具的离婚证明书人民法院应否受理问题的批复

（2005 年 7 月 11 日最高人民法院审判委员会第 1359 次会议通过　根据 2008 年 12 月 16 日公布的《最高人民法院关于调整司法解释等文件中引用〈中华人民共和国民事诉讼法〉条文序号的决定》第一次修正　根据 2020 年 12 月 23 日最高人民法院审判委员会第 1823 次会议通过的《最高人民法院关于修改〈最高人民法院关于人民法院民事调解工作若干问题的规定〉等十九件民事诉讼类司法解释的决定》第二次修正　法释〔2020〕20 号）

广东省高级人民法院：

你院报送的粤高法民一他字〔2004〕9 号“关于当事人申请承认澳大利亚法院出具的离婚证明书有关问题”的请示收悉。经研究，答复如下：

当事人持澳大利亚法院出具的离婚证明书向人民法院申请承认其效力的，人民法院应予受理，并依照《中华人民共和国民事诉讼法》第二百八十一条和第二百八十二条以及最高人民法院《关于中国公民申请承认外国法院离婚判决程序问题的规定》的有关规定进行审查，依法作出承认或者不予承认的裁定。

此复。

最高人民法院

关于中国公民申请承认外国法院离婚判决程序问题的规定(节录)

(1991年7月5日最高人民法院审判委员会第503次会议通过　根据2020年12月23日最高人民法院审判委员会第1823次会议通过的《最高人民法院关于修改〈最高人民法院关于人民法院民事调解工作若干问题的规定〉等十九件民事诉讼类司法解释的决定》修正　法释〔2020〕20号)

第十条　按照第八条、第九条要求提供的证明文件,应经该外国公证部门公证和我国驻该国使、领馆认证,或者履行中华人民共和国与该所在国订立的有关条约中规定的证明手续。同时应由申请人提供经证明无误的中文译本。

第十一条　居住在我国境内的外国法院离婚判决的被告为申请人,提交第八条、第十条所要求的证明文件和公证、认证有困难的,如能提交外国法院的应诉通知或出庭传票的,可推定外国法院离婚判决书为真实和已经生效。

最高人民法院

关于审理著作权民事纠纷案件适用法律若干问题的解释(节录)

(2002年10月12日最高人民法院审判委员会第1246次会议通过　根据2020年12月23日最高人民法院审判委员会第1823次会议通过的《最高人民法院关于修改〈最高人民法院关于审理侵犯专利权纠纷案件应用法律若干问题的解释(二)〉等十八件知识产权类司法解释的决定》修正　法释〔2020〕19号)

第八条　当事人自行或者委托他人以定购、现场交易等方式购买侵权复制品而取得的实物、发票等,可以作为证据。

公证人员在未向涉嫌侵权的一方当事人表明身份的情况下,如实对另一方当事人按照前款规定的方式取得的证据和取证过程出具的公证书,应当作为证据使用,但有相反证据的除外。

最高人民法院

关于适用《中华人民共和国企业破产法》若干问题的规定(三)(节录)

(2019年2月25日最高人民法院审判委员会第1762次会议通过　根据2020年12月23日最高人民法院审判委员会第1823次会议通过的《最高人民法院关于修改〈最高人民法院关于破产企业国有划拨土地使用权应否列入破产财产等问题的批复〉等二十九件商事类司法解释的决定》修正　法释〔2020〕18号)

第七条　已经生效法律文书确定的债权,管理人应当予以确认。

管理人认为债权人据以申报债权的生效法律文书确定的债权错误,或者有证据证明债权人与债务人恶意通过诉讼、仲裁或者公证机关赋予强制执行力公证文书的形式虚构债权债务的,应当依法通过审判监督程序向作出该判决、裁定、调解书的人民法院或者上一级人民法院申请撤销生效法律文书,或者向受理破产申请的人民法院申请撤销或者不予执行仲裁裁决、不予执行公证债权文书后,重新确定债权。

最高人民法院

关于审理票据纠纷案件若干问题的规定(节录)

(2000 年 2 月 24 日最高人民法院审判委员会第 1102 次会议通过　根据 2020 年 12 月 23 日最高人民法院审判委员会第 1823 次会议通过的《最高人民法院关于修改〈最高人民法院关于破产企业国有划拨土地使用权应否列入破产财产等问题的批复〉等二十九件商事类司法解释的决定》修正　法释〔2020〕18 号)

第七十条　票据法第六十三条所称“其他有关证明”是指:

(一)人民法院出具的宣告承兑人、付款人失踪或者死亡的证明、法律文书;

(二)公安机关出具的承兑人、付款人逃匿或者下落不明的证明;

(三)医院或者有关单位出具的承兑人、付款人死亡的证明;

(四)公证机构出具的具有拒绝证明效力的文书。

承兑人自己作出并发布的表明其没有支付票款能力的公告,可以认定为拒绝证明。

最高人民法院

关于适用《中华人民共和国民法典》时间效力的若干规定(节录)

(2020 年 12 月 14 日最高人民法院审判委员会第 1821 次会议通过　自 2021 年 1 月 1 日起施行　法释〔2020〕15 号)

第二十三条　被继承人在民法典施行前立有公证遗嘱,民法典施行后又立有新遗嘱,其死亡后,因该数份遗嘱内容相抵触发生争议的,适用民法典第一千一百四十二条第三款的规定。

最高人民法院

关于修改《最高人民法院关于人民法院扣押铁路运输货物若干问题的规定》等十八件执行类司法解释的决定（节录）

（2020年12月23日最高人民法院审判委员会第1823次会议通过　自2021年1月1日起施行　法释〔2020〕21号）

五、修改《最高人民法院关于人民法院执行工作若干问题的规定（试行）》

1.将第2条修改为：

“执行机构负责执行下列生效法律文书：

（1）人民法院民事、行政判决、裁定、调解书，民事制裁决定、支付令，以及刑事附带民事判决、裁定、调解书，刑事裁判涉财产部分；

（2）依法应由人民法院执行的行政处罚决定、行政处理决定；

（3）我国仲裁机构作出的仲裁裁决和调解书，人民法院依据《中华人民共和国仲裁法》有关规定作出的财产保全和证据保全裁定；

（4）公证机关依法赋予强制执行效力的债权文书；

（5）经人民法院裁定承认其效力的外国法院作出的判决、裁定，以及国外仲裁机构作出的仲裁裁决；

（6）法律规定由人民法院执行的其他法律文书。”

最高人民法院

关于修改《最高人民法院关于人民法院民事调解工作若干问题的规定》等十九件民事诉讼类司法解释的决定（节录）

（2020年12月23日最高人民法院审判委员会第1823次会议通过　自2021年1月1日起施行　法释〔2020〕20号）

十五、修改《最高人民法院关于审理涉及公证活动相关民事案件的若干规定》

将引言修改为：

“为正确审理涉及公证活动相关民事案件，维护当事人的合法权益，根据《中华人民共和国民法典》《中华人民共和国公证法》《中华人民共和国民事诉讼法》等法律的规定，结合审判实践，制定本规定。”

十九、修改《最高人民法院关于中国公民申请承认外国法院离婚判决程序问题的规定》

1.将第十条修改为：

“按照第八条、第九条要求提供的证明文件，应经该外国公证部门公证和我国驻该国使、领馆认证，或者履行中华人民共和国与该所在国订立的有关条约中规定的证明手续。同时应由申请人提供经证明无误的中文译本。”

最高人民法院

关于修改《最高人民法院关于破产企业国有划拨土地使用权应否列入破产财产等问题的批复》等二十九件商事类司法解释的决定（节录）

（2020年12月23日最高人民法院审判委员会第1823次会议通过　自2021年1月1日起施行　法释〔2020〕18号）

十、修改《最高人民法院关于审理票据纠纷案件若干问题的规定》

14.将第七十一条修改为：

“票据法第六十三条所称‘其他有关证明’是指：

（一）人民法院出具的宣告承兑人、付款人失踪或者死亡的证明、法律文书；

（二）公安机关出具的承兑人、付款人逃匿或者下落不明的证明；

（三）医院或者有关单位出具的承兑人、付款人死亡的证明；

（四）公证机构出具的具有拒绝证明效力的文书。

承兑人自己作出并发布的表明其没有支付票款能力的公告，可以认定为拒绝证明。”

最高人民法院

关于印发修改后的《民事案件案由规定》的通知（节录）

（2020年12月29日　法〔2020〕347号）

民事案件案由规定

385．公证损害责任纠纷

最高人民法院

关于适用《中华人民共和国民法典》有关担保制度的解释(节录)

(2020 年 12 月 25 日最高人民法院审判委员会第 1824 次会议通过　自 2021 年 1 月 1 日起施行　法释〔2020〕28 号)

第二十七条　一般保证的债权人取得对债务人赋予强制执行效力的公证债权文书后,在保证期间内向人民法院申请强制执行,保证人以债权人未在保证期间内对债务人提起诉讼或者申请仲裁为由主张不承担保证责任的,人民法院不予支持。

最高人民检察院

关于印发全国检察机关首批检察改革典型案例的通知(节录)

(2021 年 1 月 4 日)

各级人民检察院:

为深入贯彻落实中央有关改革部署和中央全面依法治国工作会议、政法领域全面深化改革推进会精神,为各地推进检察改革提供可资借鉴的样本,最高人民检察院以"推进执法司法制约监督机制建设"为主题,选编了 7 件检察改革典型案例,集中反映各地检察机关在强化法律监督职能、健全内部制约监督制度机制等方面的经验做法。现印发给你们,供参考借鉴。

最高人民检察院

2021 年 1 月 4 日

案例 3

山东省东营市人民检察院创建“三位一体”制度体系打造非羁押诉讼新模式

【关键词】

非羁押诉讼模式　三位一体　认罪认罚从宽制度

【改革情况】

长期以来，我国刑事诉讼案件审前羁押率偏高，羁押时间较长，羁押后被判轻刑、缓刑率较高等问题较为突出。山东省东营市检察机关创建以羁押必要性全流程审查、非羁押诉讼全方位保障、全社会支持为主要内容的“三位一体”非羁押诉讼模式，将降低审前羁押的制度和举措贯穿刑事诉讼全过程，将非羁押诉讼社会协作模式纳入基层社会治理体系，形成“案件办理 + 司法协作 + 社会参与”的中国特色非羁押诉讼制度实践样本。

二、构建非羁押诉讼全方位保障机制，让刑事诉讼进程不因犯罪嫌疑人未羁押而“中途搁浅”

（二）探索赔偿保证金提存制度。针对交通肇事、轻伤害等案件因一时无法达成和解，或者和解后犯罪嫌疑人不积极履行等情况，探索赔偿保证金由公证部门第三方提存制度，检察机关审查后可以对其作出不捕决定，待案件经判决确定赔偿数额后，由被害人持生效裁判文书至第三方申请取得赔偿金。该制度便于促成刑事和解，有效降低了轻罪案件逮捕率。2020 年以来，全市共适用赔偿保证金制度案件 132 起 147 人。

最高人民法院

关于人民法院为海南自由贸易港建设提供司法服务和保障的意见(节录)

(2021 年 1 月 8 日　法发〔2021〕1 号)

8. 推动涉外民商事审判机制创新。完善国际商事纠纷案件集中审判机制，由海南涉外民商事法庭集中审理涉外、涉港澳台民商事案件。鼓励外籍调解员和港澳台调解员参与纠纷化解，探索选任港澳台居民担任人民陪审员参与案件审理。当事人提交的证据材料系英文且经对方当事人同意的,可以不提供中文翻译件。稳步推进简化域外形成证据的公证认证程序。合议庭评议案件,实行少数服从多数的原则,少数意见可以在裁判文书中载明。探索当事人、律师、公证机构协助送达文书、根据当事人申请作出简易裁判文书等机制。

24. 助力智慧海南建设。坚持数据驱动原则,推动制定海南法院系统平台技术、数据协同共享和安全标准,实现数据跨单位、跨平台、跨系统全面对接共享和业务协同。服务和保障海南参与全球数字经济交流合作,促进 5G、区块链、云计算、物联网、车联网等新一代信息技术的运用。积极探索"区块链 + 司法"模式,推进司法链在智慧海南建设中的试点应用,完善电子诉讼规则,推动互联网技术与审判方式、诉讼制度深度融合。加大科技装备投入力度,完善对失信被执行人联合信用惩戒体系,健全失信行为信用修复机制,推动自由贸易港社会信用体系建设。积极推动建设智慧公证、智慧司鉴、智慧法援、智慧调解等诉调对接新应用模式,形成覆盖城乡、普惠均等、便捷优质、智能精准的现代公共法律服务体系。积极参与海南法治信息化平台建设,推动司法与立法、执法、守法、普法等方面数据的整合运用,对海南法院在项目建设、专项资金等方面予以扶持,提升法治海南建设的信息化、智能化水平。

最高人民法院

关于适用《中华人民共和国刑事诉讼法》的解释(节录)

(2020 年 12 月 7 日最高人民法院审判委员会第 1820 次会议通过　自 2021 年 3 月 1 日起施行　法释〔2021〕1 号)

第四十条　人民法院审判案件,应当充分保障被告人依法享有的辩护权利。

被告人除自己行使辩护权以外,还可以委托辩护人辩护。下列人员不得担任辩护人:

(一)正在被执行刑罚或者处于缓刑、假释考验期间的人;

(二)依法被剥夺、限制人身自由的人;

(三)被开除公职或者被吊销律师、公证员执业证书的人;

(四)人民法院、人民检察院、监察机关、公安机关、国家安全机关、监狱的现职人员;

(五)人民陪审员;

(六)与本案审理结果有利害关系的人;

(七)外国人或者无国籍人;

(八)无行为能力或者限制行为能力的人。

前款第三项至第七项规定的人员,如果是被告人的监护人、近亲属,由被告人委托担任辩护人的,可以准许。

第七十七条　对来自境外的证据材料,人民检察院应当随案移送有关材料来源、提供人、提取人、提取时间等情况的说明。经人民法院审查,相关证据材料能够证明案件事实且符合刑事诉讼法规定的,可以作为证据使用,但提供人或者我国与有关国家签订的双边条约对材料的使用范围有明确限制的除外;材料来源不明或者真实性无法确认的,不得作为定案的根据。

当事人及其辩护人、诉讼代理人提供来自境外的证据材料的,该证据材料应当经所在国公证机关证明,所在国中央外交主管机关或者其授权机关认证,并经中华人民共和国驻该国使领馆认证,或者履行中华人民共和国与该所在国订立的有关条约中规定的证明手续,但我国与该国之间有互免认证协定的除外。

第四百八十六条 外国籍当事人从中华人民共和国领域外寄交或者托交给中国律师或者中国公民的委托书,以及外国籍当事人的监护人、近亲属提供的与当事人关系的证明,必须经所在国公证机关证明,所在国中央外交主管机关或者其授权机关认证,并经中华人民共和国驻该国使领馆认证,或者履行中华人民共和国与该所在国订立的有关条约中规定的证明手续,但我国与该国之间有互免认证协定的除外。

第六百零一条 人民法院审理人民检察院依照刑事诉讼法第二百九十一条第一款的规定提起公诉的案件,被告人有权委托或者由近亲属代为委托一至二名辩护人。委托律师担任辩护人的,应当委托具有中华人民共和国律师资格并依法取得执业证书的律师;在境外委托的,应当依照本解释第四百八十六条的规定对授权委托进行公证、认证。

被告人及其近亲属没有委托辩护人的,人民法院应当通知法律援助机构指派律师为被告人提供辩护。

被告人及其近亲属拒绝法律援助机构指派的律师辩护的,依照本解释第五十条第二款的规定处理。

第六百一十七条 犯罪嫌疑人、被告人的近亲属和其他利害关系人申请参加诉讼的,应当在公告期间内提出。犯罪嫌疑人、被告人的近亲属应当提供其与犯罪嫌疑人、被告人关系的证明材料,其他利害关系人应当提供证明其对违法所得及其他涉案财产主张权利的证据材料。

利害关系人可以委托诉讼代理人参加诉讼。委托律师担任诉讼代理人的,应当委托具有中华人民共和国律师资格并依法取得执业证书的律师;在境外委托的,应当依照本解释第四百八十六条的规定对授权委托进行公证、认证。

利害关系人在公告期满后申请参加诉讼,能够合理说明理由的,人民法院应当准许。

最高人民法院

关于为跨境诉讼当事人提供网上立案服务的若干规定(节录)

(2021年2月3日)

第四条 跨境诉讼当事人首次申请网上立案的,应当由受诉法院先行开展身份验证。身份验证主要依托国家移民管理局出入境证件身份认证平台等进行线上验证;无法线上验证的,由受诉法院在线对当事人身份证件以及公证、认证、转递、寄送核验等身份证明材料进行人工验证。

身份验证结果应当在3个工作日内在线告知跨境诉讼当事人。

第五条 跨境诉讼当事人进行身份验证应当向受诉法院在线提交以下材料:

(一)外国人应当提交护照等用以证明自己身份的证件;企业和组织应当提交身份证明文件和代表该企业和组织参加诉讼的人有权作为代表人参加诉讼的证明文件,证明文件应当经所在国公证机关公证,并经我国驻该国使领馆认证。外国人、外国企业和组织所在国与我国没有建立外交关系的,可以经过该国公证机关公证,经与我国有外交关系的第三国驻该国使领馆认证,再转由我国驻第三国使领馆认证。如我国与外国人、外国企业和组织所在国订立、缔结或者参加的国际条约、公约中对证明手续有具体规定,从其规定,但我国声明保留的条款除外;

(二)港澳特区居民应当提交港澳特区身份证件或者港澳居民居住证、港澳居民来往内地通行证等用以证明自己身份的证件;企业和组织应当提交身份证明文件和代表该企业和组织参加诉讼的人有权作为代表人参加诉讼的证明文件,证明文件应当经过内地认可的公证人公证,并经中国法律服务(香港)有限公司或者中国法律服务(澳门)有限公司加章转递;

(三)台湾地区居民应当提交台湾地区身份证件或者台湾居民居住证、台湾居民来往大陆通行证等用以证明自己身份的证件;企业和组织应当提交身份证明文件和代表该企业和组织参加诉讼的人有权作为代表人参加诉讼的证明。证明文件应当通过两岸公证书使用查证渠道办理;

(四)经常居所地位于国外或者港澳台地区的我国内地公民应当提交我国公安机关制发的居民身份证、户口簿或者普通护照等用以证明自己身份的证件,并提供工作签证、常居证等证明其在国外或者港澳台地区合法连续居住超过一年的证明材料。

第六条 通过身份验证的跨境诉讼当事人委托我国内地律师代理诉讼,可以向受诉法院申请线上视频见证。

线上视频见证由法官在线发起,法官、跨境诉讼当事人和受委托律师三方同时视频在线。跨境诉讼当事人应当使用中华人民共和国通用语言或者配备翻译人员,法官应当确认受委托律师和其所在律师事务所以及委托行为是否确为跨境诉讼当事人真实意思表示。在法官视频见证下，跨境诉讼当事人、受委托律师签署有关委托代理文件，无需再办理公证、认证、转递等手续。线上视频见证后，受委托律师可以代为开展网上立案、网上交费等事项。

线上视频见证的过程将由系统自动保存。

第七条 跨境诉讼当事人申请网上立案应当在线提交以下材料：

（一）起诉状；

（二）当事人的身份证明及相应的公证、认证、转递、寄送核验等材料；

（三）证据材料。

上述材料应当使用中华人民共和国通用文字或者有相应资质翻译公司翻译的译本。

第八条 跨境诉讼当事人委托代理人进行诉讼的授权委托材料包括：

（一）外国人、外国企业和组织的代表人在我国境外签署授权委托书，应当经所在国公证机关公证，并经我国驻该国使领馆认证；所在国与我国没有建立外交关系的，可以经过该国公证机关公证，经与我国有外交关系的第三国驻该国使领馆认证，再转由我国驻第三国使领馆认证；在我国境内签署授权委托书，应当在法官见证下签署或者经内地公证机构公证；如我国与外国人、外国企业和组织所在国订立、缔结或者参加的国际条约、公约中对证明手续有具体规定，从其规定，但我国声明保留的条款除外；

（二）港澳特区居民、港澳特区企业和组织的代表人在我国内地以外签署授权委托书，应当经过内地认可的公证人公证，并经中国法律服务（香港）有限公司或者中国法律服务（澳门）有限公司加章转递；在我国内地签署授权委托书，应当在法官见证下签署或者经内地公证机构公证；

（三）台湾地区居民在我国大陆以外签署授权委托书，应当通过两岸公证书使用查证渠道办理；在我国大陆签署授权委托书，应当在法官见证下签署或者经大陆公证机构公证；

（四）经常居所地位于国外的我国内地公民从国外寄交或者托交授权委托书，必须经我国驻该国的使领馆证明；没有使领馆的，由与我国有外交关系的第三国驻该国的使领馆证明，再转由我国驻该第三国使领馆证明，或者由当地爱国华侨团体证明。

最高人民法院　最高人民检察院　公安部　司法部

关于进一步加强虚假诉讼犯罪惩治工作的意见（节录）

（2021 年 3 月 4 日　法发〔2021〕10 号）

第四条 实施《最高人民法院、最高人民检察院关于办理虚假诉讼刑事案件适用法律若干问题的解释》第一条第一款、第二款规定的捏造事实行为，并有下列情形之一的，应当认定为刑法第三百零七条之一第一款规定的“以捏造的事实提起民事诉讼”：

（一）提出民事起诉的；

（二）向人民法院申请宣告失踪、宣告死亡，申请认定公民无民事行为能力、限制民事行为能力，申请认定财产无主，申请确认调解协议，申请实现担保物权，申请支付令，申请公示催告的；

（三）在民事诉讼过程中增加独立的诉讼请求、提出反诉，有独立请求权的第三人提出与本案有关的诉讼请求的；

（四）在破产案件审理过程中申报债权的；

（五）案外人申请民事再审的；

（六）向人民法院申请执行仲裁裁决、公证债权文书的；

（七）案外人在民事执行过程中对执行标的提出异议，债权人在民事执行过程中申请参与执行财产分配的；

（八）以其他手段捏造民事案件基本事实，虚构民事纠纷，提起民事诉讼的。

第二十五条　司法行政机关、相关行业协会应当加强对律师、基层法律服务工作者、司法鉴定人、公证员、仲裁员的教育和管理，发现上述人员利用职务之便参与虚假诉讼的，应当依照规定进行行政处罚或者行业惩戒；构成犯罪的，依法移送司法机关处理。律师、基层法律服务工作者、司法鉴定人、公证员、仲裁员利用职务之便参与虚假诉讼的，依照有关规定从严追究法律责任。

人民法院、人民检察院、公安机关在办理案件过程中，发现律师、基层法律服务工作者、司法鉴定人、公证员、仲裁员利用职务之便参与虚假诉讼，尚未构成犯罪的，可以向司法行政机关、相关行业协会或者上述人员所在单位发出书面建议。司法行政机关、相关行业协会或者上述人员所在单位应当在收到书面建议之日起三个月内作出处理决定，并书面回复作出书面建议的人民法院、人民检察院或者公安机关。

最高人民法院

关于人民法院为北京市国家服务业扩大开放综合示范区、中国（北京）自由贸易试验区建设提供司法服务和保障的意见（节录）

（2021 年 3 月 22 日　法发〔2021〕11 号）

18. 深入实施涉外商事审判精品战略。完善涉外商事案件归口集中办理机制，结合北京“两区”建设需求，优化调整涉外商事案件集中管辖范围，提升涉外商事审判专业化水平。完善域外法查明规则，健全域外法律及案例资源库，准确查明和适用国际条约、国际惯例和准据法。准确适用外商投资法律法规，全面实施外商投资准入前国民待遇加负面清单管理制度，服务保障贸易投资自由化便利化和资金、人才等生产要素自由便利流动。进一步完善涉外商事审判机制，探索符合条件的港澳台居民担任人民陪审员参与案件审理，鼓励外籍调解员和港澳台调解员参与纠纷化解。探索根据当事人申请作出简易裁判文书的机制，稳妥推进简化域外证据的公证认证要求，提升涉外司法效能。

24. 加强诉源治理。支持北京“两区”建设地方性立法工作，积极参与立法研究。北京法院要深化“多元调解＋速裁”工作机制，完善司法调解与人民调解、行政调解联动工作体系，强化诉讼与仲裁、调解、公证、行政复议、行政裁决等非诉讼方式有机衔接。依托北京法院12368诉讼服务热线，对接北京市党建引领“街乡吹哨、部门报到”基层治理工作机制，对各街乡党委政府等组织涉及北京“两区”建设的司法服务需求实行“一号受理”“接诉即办”。加强与重点园区基层党委政府、自治组织和调解组织的协调联动，支持重点园区街乡社区群众自治组织依法自治。深入开展“订单式”精准普法，定期发布典型案例，促进规则意识和法治意识提升，营造良好法治氛围。加强风险研判和预警预防，把矛盾纠纷化解在源头、化解在园区。

人民法院在线诉讼规则（节录）

（2021年5月18日最高人民法院审判委员会第1838次会议通过　自2021年8月1日起施行　法释〔2021〕12号）

第十三条　当事人提交的电子化材料，符合下列情形之一的，人民法院可以认定符合原件、原物形式要求：

（一）对方当事人对电子化材料与原件、原物的一致性未提出异议的；

（二）电子化材料形成过程已经过公证机构公证的；

（三）电子化材料已在之前诉讼中提交并经人民法院确认的；

（四）电子化材料已通过在线或者线下方式与原件、原物比对一致的；

（五）有其他证据证明电子化材料与原件、原物一致的。

第十八条　当事人提出电子数据上链存储前已不具备真实性，并提供证据证明或者说明理由的，人民法院应当予以审查。

人民法院根据案件情况，可以要求提交区块链技术存储电子数据的一方当事人，提供证据证明上链存储前数据的真实性，并结合上链存储前数据的具体来源、生成机制、存储过程、公证机构公证、第三方见证、关联印证数据等情况作出综合判断。当事人不能提供证据证明或者作出合理说明，该电子数据也无法与其他证据相互印证的，人民法院不予确认其真实性。

人民检察院民事诉讼监督规则(节录)

(2021 年 2 月 9 日最高人民检察院第十三届检察委员会第六十二次会议通过　2021 年 6 月 26 日最高人民检察院公告公布　自 2021 年 8 月 1 日起施行　高检发释字〔2021〕1 号)

第一百零四条　人民检察院对人民法院执行生效民事判决、裁定、调解书、支付令、仲裁裁决以及公证债权文书等法律文书的活动实行法律监督。

第一百一十九条　人民检察院发现人民法院审查和处理当事人申请执行、撤销仲裁裁决或者申请执行公证债权文书存在违法、错误情形的,参照本规则第六章、第七章有关规定执行。

最高人民法院

关于深化人民法院一站式多元解纷机制建设推动矛盾纠纷源头化解的实施意见(节录)

(2021 年 9 月 28 日　法发〔2021〕25 号)

(九)发挥社会各方力量协同作用。拓宽与政府部门对接途径,加大与人民调解、行业专业调解、行政调解、律师调解、仲裁、公证等衔接,邀请人大代表、政协委员、专家学者等社会第三方参与调解、化解,并将符合条件的组织和人员纳入人民法院特邀调解名册。完善群众参与源头预防和多元化解的制度化渠道,创新互联网时代群众参与机制,充分发挥社会力量在释明多元解纷优势、引导诉前调解、宣传调解平台方面作用。

(二十)建立健全虚假诉讼防范和惩治机制。全面应用立案辅助系统,加强对虚假诉讼的精准识别和提前预警。强化民事诉讼中防范惩治虚假诉讼的审判指引,明确民间借贷、买卖合同、执行案件等虚假诉讼多发领域案件的甄别要点、证据审查重点和防范处理措施。对认定存在虚假诉讼行为的,根据情节轻重采取相应强制措施,并向参与实施虚假诉讼的诉讼代理人、鉴定、公证、仲裁等相关组织或人员的主管部门、行业协会或所在单位通报情况,提出依法惩处司法建议。加强与公安、检察机关协作配合,建立线索移送、结果反馈机制,依法合力严惩虚假诉讼。及时发布虚假诉讼惩戒典型案件,引导当事人依法行使诉权。

最高人民法院

关于深入开展虚假诉讼整治工作的意见(节录)

(2021 年 11 月 4 日　法〔2021〕281 号)

为进一步加强虚假诉讼整治工作,维护司法秩序、实现司法公正、树立司法权威,保护当事人合法权益,营造公平竞争市场环境,促进社会诚信建设,根据《中华人民共和国民法典》《中华人民共和国刑法》《中华人民共和国民事诉讼法》等规定,结合工作实际,制定本意见。

一、提高思想认识,强化责任担当。整治虚假诉讼工作,是党的十八届四中全会部署的重大任务,是人民法院肩负的政治责任、法律责任和社会责任,对于建设诚信社会、保护群众权利、保障经济发展、维护司法权威、建设法治国家具有重要意义。各级人民法院要坚持以习近平新时代中国特色社会主义思想为指导,深入学习贯彻习近平法治思想,依法贯彻民事诉讼诚实信用原则,坚持制度的刚性,扎紧制度的笼子,压缩虚假诉讼存在的空间,铲除虚假诉讼滋生的土壤,积极引导人民群众依法诚信诉讼,让法安天下、德润人心,大力弘扬诚实守信的社会主义核心价值观。

二、精准甄别查处,依法保护诉权。单独或者与他人恶意串通,采取伪造证据、虚假陈述等手段,捏造民事案件基本事实,虚构民事纠纷,向人民法院提起民事诉讼,损害国家利益、社会公共利益或者他人合法权益,妨害司法秩序的,构成虚假诉讼。向人民法院申请执行基于捏造的事实作出的仲裁裁决、调解书及公证债权文书,在民事执行过程中以捏造的事实对执行标的提出异议、申请参与执行财产分配的,也属于虚假诉讼。诉讼代理人、证人、鉴定人、公证人等与他人串通,共同实施虚假诉讼的,属于虚假诉讼行为人。在整治虚假诉讼的同时,应当依法保护当事人诉权。既要防止以保护当事人诉权为由,放松对虚假诉讼的甄别、查处,又要防止以整治虚假诉讼为由,当立案不立案,损害当事人诉权。

五、坚持分类施策,提高整治实效。人民法院认定为虚假诉讼的案件,原告申请撤诉的,不予准许,应当根据民事诉讼法第一百一十二条规定,驳回其诉讼请求。虚假诉讼行为情节恶劣、后果严重或者多次参与虚假诉讼、制造系列虚假诉讼案件的,要加大处罚力度。虚假诉讼侵害他人民事权益的,行为人应当承担赔偿责任。人民法院在办理案件过程中发现虚假诉讼涉嫌犯罪的,应当依法及时将相关材料移送刑事侦查机关;公职人员或者国有企事业单位人员制造、参与虚假诉讼的,应当通报所在单位或者监察机关;律师、基层法律服务工作者、鉴定人、公证人等制造、参与虚假诉讼的,可以向有关行政主管部门、行业协会发出司法建议,督促及时予以行政处罚或者行业惩戒。司法工作人员利用职权参与虚假考核任职工作实施办法诉讼的,应当依法从严惩处,构成犯罪的,应当依法从严追究刑事责任。

十、加强执行审查，严查虚假非诉法律文书。重点防范依据虚假仲裁裁决、仲裁调解书、公证债权文书等非诉法律文书申请执行行为。在非诉法律文书执行中，当事人存在通过恶意串通、捏造事实等方式取得生效法律文书申请执行嫌疑的，应当依法进行严格实质审查。加大依职权调取证据力度，结合当事人关系、案件事实、仲裁和公证过程等多方面情况审查判断相关法律文书是否存在虚假情形，是否损害国家利益、社会公共利益或者他人合法权益。存在上述情形的，应当依法裁定不予执行，必要时可以向仲裁机构或者公证机关发出司法建议。

最高人民法院

关于适用《中华人民共和国民事诉讼法》的解释（节录）

（2014 年 12 月 18 日最高人民法院审判委员会第 1636 次会议通过　根据 2020 年 12 月 23 日最高人民法院审判委员会第 1823 次会议通过的《最高人民法院关于修改〈最高人民法院关于人民法院民事调解工作若干问题的规定〉等十九件民事诉讼类司法解释的决定》第一次修正　根据 2022 年 3 月 22 日最高人民法院审判委员会第 1866 次会议通过的《最高人民法院关于修改〈最高人民法院关于适用《中华人民共和国民事诉讼法》的解释〉的决定》第二次修正　法释〔2022〕11 号）

第九十三条　下列事实，当事人无须举证证明：

（一）自然规律以及定理、定律；

（二）众所周知的事实；

（三）根据法律规定推定的事实；

（四）根据已知的事实和日常生活经验法则推定出的另一事实；

（五）已为人民法院发生法律效力的裁判所确认的事实；

（六）已为仲裁机构生效裁决所确认的事实；

（七）已为有效公证文书所证明的事实。

前款第二项至第四项规定的事实，当事人有相反证据足以反驳的除外；第五项至第七项规定的事实，当事人有相反证据足以推翻的除外。

第三百九十一条　民事诉讼法第二百零七条第十二项规定的法律文书包括：

（一）发生法律效力的判决书、裁定书、调解书；

（二）发生法律效力的仲裁裁决书；

（三）具有强制执行效力的公证债权文书。

第四百七十八条　有下列情形之一的，可以认定为民事诉讼法第二百四十五条第二款规定的公证债权文书确有错误：

（一）公证债权文书属于不得赋予强制执行效力的债权文书的；

（二）被执行人一方未亲自或者未委托代理人到场公证等严重违反法律规定的公证程序的；

（三）公证债权文书的内容与事实不符或者违反法律强制性规定的；

（四）公证债权文书未载明被执行人不履行义务或者不完全履行义务时同意接受强制执行的。

人民法院认定执行该公证债权文书违背社会公共利益的，裁定不予执行。

公证债权文书被裁定不予执行后，当事人、公证事项的利害关系人可以就债权争议提起诉讼。

第四百七十九条 当事人请求不予执行仲裁裁决或者公证债权文书的，应当在执行终结前向执行法院提出。

第五百二十一条 外国人参加诉讼，应当向人民法院提交护照等用以证明自己身份的证件。

外国企业或者组织参加诉讼，向人民法院提交的身份证明文件，应当经所在国公证机关公证，并经中华人民共和国驻该国使领馆认证，或者履行中华人民共和国与该所在国订立的有关条约中规定的证明手续。

代表外国企业或者组织参加诉讼的人，应当向人民法院提交其有权作为代表人参加诉讼的证明，该证明应当经所在国公证机关公证，并经中华人民共和国驻该国使领馆认证，或者履行中华人民共和国与该所在国订立的有关条约中规定的证明手续。

本条所称的“所在国”，是指外国企业或者组织的设立登记地国，也可以是办理了营业登记手续的第三国。

第五百二十二条 依照民事诉讼法第二百七十一条以及本解释第五百二十一条规定，需要办理公证、认证手续，而外国当事人所在国与中华人民共和国没有建立外交关系的，可以经该国公证机关公证，经与中华人民共和国有外交关系的第三国驻该国使领馆认证，再转由中华人民共和国驻该第三国使领馆认证。

第五百二十四条 外国人、外国企业或者组织的代表人在中华人民共和国境内签署授权委托书，委托代理人进行民事诉讼，经中华人民共和国公证机构公证的，人民法院应予认可。

第四部分　司法部规章及规范性文件

一、综　　合

司法部公证律师司
重申严格涉外公证手续的通知（节录）

［1980年1月14日　(80)司公字第6号］

各省、市、自治区高级人民法院、司法厅（局）：

据我一些驻外使馆来函反映，最近他们发现国内有些侨眷直接给在国外的亲属邮寄证明信件，如毕业证书、出生证明、亲属关系证明等。出证单位是派出所、中学及生产大队革委会。驻在国对这些证件均拒绝受理。

关于出具涉外证明问题，最高人民法院、公安部、外交部曾于一九七三年十一月二十九日联合发了一个通知，重申出具涉外证明统一由法院（或公证处）办理。其他有关机关、单位，只能向法院（或公证处）提供情况，不得出具证明。

现重申上述通知精神仍继续有效，请各有关单位认真贯彻执行。

附件一：

最高人民法院、公安部、外交部关于出具涉外证明统一由法院或公证处办理的通知

（1973年11月29日　公发〔1973〕105号）

各省、市、自治区高级人民法院、公安机关、外事部门、中国红十字会：

关于出具涉外证明问题，过去曾有明文规定，统一由法院（或公证处）办理。其他有关机关、单位，只能向法院提供情况，不得出具证明。但据有关方面反映，最近不断发现黑龙江、吉林、广东等地有些要求出境定居或探亲的外侨（特别是日侨）和华侨、侨眷，从他们所在工厂、学校、人民公社、生产大队和派出所等基层单位取得盖有公章的各种证明，寄往国外或外国驻华使馆。有

的基层单位还直接向外国政府发函索要调查材料。这些随便索要和出具涉外证明的现象,对外将会造成政治上的不良影响,同时也给敌特和坏人提供伪造证件的方便条件。

为了防止此类事情的继续发生,现将最高人民法院、公安部、外交部一九六三年八月十三日《复关于今后办理外侨各种证明问题》和一九六四年九月二十三日《关于严格涉外公证手续的通知》重新印发给你们,今后请严格按照这两个文件的规定精神执行。这两个文件可转发到县以上的法院、公安机关和外事部门。此精神可传达到有外侨和华侨、侨眷的工厂、学校、人民公社、生产大队和派出所等基层单位的领导干部及掌管公章的人员。同时各地负责外侨管理的机构,应向外侨进行有关这一问题的教育,明确说明外侨在向外国驻华使馆提供证明手续,需要中国方面出具时,应由我法院(或公证处)公证后方为有效。对批准出境的华侨和侨眷,在发给出境通行证时应告诉他们,国内有关单位发给的结婚、离婚、出生、死亡、经历、学历等证明,需经当地人民法院(或公证处)予以公证,才能在国外生效(注)。办理涉外公证业务较少的省、市、自治区高级人民法院,应指定若干县、市人民法院负责办理此项业务,并通知所属的单位。各地有关机关对申请办理涉外证明的我国公民也应按此精神进行教育。

司法部公证律师司

关于加强公证机关保密工作的通知

[1984年3月31日　(84)司公字第62号]

各省、市、自治区司法厅(局)公证管理处:

公证处是国家公证机关。在日常工作中,接触到大量的党和政府以及上级主管部门的重要文件,特别是办理涉外公证的公证处,还经常接触到有关外事工作方针、政策的文件和一些保密性很强的公证事项。因此,公证机关搞好保密工作十分重要。但是,近一时期,出现了一些不符合保密要求的情况,例如:某政法学院出版的《公证手册》中,未经我部和外交部的同意,即将两部的一些文件编印在内,广为发行。经审查,这些文件中,有的已经失去指导工作的意义,不能继续执行;有的属于内部掌握的政策,不宜对外公开。这些文件的广为散发,对外造成了不良影响。对此外交部领事司已经向我司提出意见。

据了解,这些文件是由个别公证处提供的,这种做法是错误的。为了加强公证机关的保密工作,防止泄密,特对有关问题通知如下,并请转告各地公证处。

一、各级公证管理机关和公证处应经常对公证干部进行保密教育,使每个干部树立严守国家秘密的自觉性,切实遵守有关保密规定。同时,应定期对保密工作情况进行检查,发现问题及时纠正。

二、我司下发的文件和编印的《公证工作手册》,应按照我司规定的范围发放,并予登记。需扩大发放范围和翻印时,应征得我司同意。禁止在发放范围外传抄。

三、各地公证管理部门和公证处汇编公证文件,凡需将我司和外交部领事司的重要文件编在内时,需征得我司和外交部领事司的同意。编印后,亦应登记编号,严格掌握发放范围。禁止在发放范围外传抄。

四、在办理有关部门所需要的保密公证事项时,应指定专人负责办证和打印、保管,不得扩大知情范围。

五、严格遵行公证保密原则,不得擅自将公证内容泄露,或者作为案例编印对外公开发放。

六、公证机关发现泄密事件后,应迅速采取相应措施,防止进一步扩散,并向公证管理机关报告;对于故意泄密或者泄密造成重大影响者,应根据国家保密工作的有关规定,作出严肃处理。

司法部公证律师司

关于公证处不宜直接与外国驻华使领馆联系的函

[1986年1月13日 (86)司公字第7号]

上海市公证处:

你处一九八五年十二月二十五日(85)沪证外字第8500号函由外交部领事司转我司。经研究认为,外国驻华使、领馆由公证处询问某些事情或请求办理某一公证事项,以及公证处的答复,均须经过我司、外交部领事司或当地外办转递,公证处不宜直接受理。

此次英国驻华使馆直接给你处去函,询问为申安沈出具出生证明事,因你处已受理,复信不宜再由领事司转。故可由你处直接答复英国使馆,并在答复时向对方说明,今后如他们对我公证书有疑问,应与我司或外交部领事司联系或询问。

现将你处给英驻华使馆的复信退回。

司法部公证律师司转发解放军保密委员会办公室关于能否对外公证部队番号事的函的通知

[1986年10月29日 (86)司公字第139号]

各省、自治区、直辖市司法厅(局)公证管理处:

现将中国人民解放军保密委员会办公室有关公证部队番号事的复函转发你处。请通知所属办理涉外公证业务的公证处,在涉外公证中,凡涉及部队番号和部队机关、院校番号的公证事项,均照此规定办理。

附件:

中国人民解放军保密委员会办公室的复函

(1986年10月24日)

司法部公证律师司:

就你司几次提出的关于能否对外公证部队番号事,我们作过反复研究。现根据总参谋部的有关规定精神,函复如下:

一、军区(含省军区、军分区)、军兵种(含军区空军、海军舰队)机关和院校的番号,可以对外公证。

二、一九五五年以前的军以下部队的番号,可以对外公证。

司法部公证律师司　外交部领事司

关于如何答复外国驻华使领馆询问公证事项事的通知

［1987年3月28日　(87)司公字第32号］

各省、自治区、直辖市司法厅(局)公证管理处,各省、自治区、直辖市人民政府外事办公室:

自司法部公证律师司一九八六年一月十三日发出(86)司公字第7号《关于公证处不宜直接与外国驻华使领馆联系的函》以来,一些外国驻华使领馆直接给公证处去函或给公证处打长途电话询问某些公证事项的情况屡有发生。为维护公证机关信誉,统一对外口径,防止出现问题,今后凡遇有上述情况时,公证处可用信函方式(或在电话询问时答复)请他们函请司法部公证律师司,或照会外交部领事司或函有关省、自治区、直辖市人民政府外事办公室协助查核办理。

省(区、市)外办的复函请抄司法部公证律师司。如遇重大问题,需请示司法部公证律师司并抄送外交部领事司。

外交部　司法部

关于对解放前印有“中华民国”字样的历史资料的公证、认证事

［1989年8月10日　(89)领四函195号］

各省、自治区、直辖市司法厅(局);各驻外使、领馆;各外国驻华领馆领区内省、自治区、直辖市(西藏除外)外办:

一、关于对解放前印有“中华民国”字样的历史资料可否公证、认证事,外交部领事司曾有明确规定,即:解放前旧中国政府有关机构出具的带有“中华民国”字样并具有法律意义的文书,如出生、学历、结婚、房产契证等,如需在国内使用,可直接送我有关部门,我有关部门是承认的。上述证书如送国外使用,我国公证机关或我驻外使、领馆则可以根据旧契证提供的事实,另行出具公证书,证词要避开伪机构的名称。如果证词必须提到“中华民国”时,可用“前国民党政府”或

"旧中国政府"等代替。上述做法,是行之有效的。从多年的实践看,迄今未发现有关国家和地区拒绝接受此类公证书的情况。因此,在一般情况下,印有"中华民国"字样的历史资料需办理公证、认证时,仍应按此原则办理。

二、近年来,我国内个别当事人为到域外进行诉讼、继承财产或索还房产等活动,根据所在国(或地区)的特殊法律规定而要求申办解放前伪政府有关机构出具的带有"中华民国"字样的旧房契等档案资料的影印件与原件相符等公证。对此,可否予以公证、认证。我们研究认为,根据当前的形势和政策,我主管机关可做适当松动。今后,在不提供影印件就确有可能影响当事人权益的情况下,为更好地保护我公民的合法权益,只要原旧契证的内容不违反我国现行法律规定,不危害我国家利益,我涉外公证机关原则上可以公证其影印件与原件相符,我认证机关也可办理认证。为慎重起见,今后国内各涉外公证处遇到此类案件,需事先书面报经司法部公证司审批,我驻外使、领馆报外交部领事司审批。上述证书在向外交部领事司或其他有权办理领事认证的机关申办认证时,需同时附上司法部公证司同意办理公证复函的影印件。

三、目前,我公证影印件与原件相符,并给予认证,只限于解放前伪政府有关机构出具的档案资料。新中国成立以来,台湾当局有关机构出具的带有"中华民国"字样的各种契证和公证文书,我国内外有关机关均不得为其办理影印件与原件相符的公证,认证机关也不予认证。

司　法　部

关于严禁乡镇法律服务所直接以公证名义办证的通知

[1989 年 10 月 6 日　(89)司发基字第 183 号]

各省、自治区、直辖市司法厅(局):

根据《中华人民共和国公证暂行条例》,办理公证证明,是国家法律赋予公证机关的一项专有职权,任何其他单位或组织都无权直接以公证名义办理证明事项。我部曾三令五申严禁乡镇法律服务所直接以公证名义办证。因为这是一种违反国家法律和我部颁规章有关规定,超越职权范围,干扰公证正常工作秩序的错误行为。但近年来这种现象在有的地区曾不断发生过。请你们对各地法律服务所协办公证的情况进行一次检查,如有类似情况要严肃指出其错误,并迅速予以纠正。今后要加强对乡镇法律服务所协办公证业务的指导和监督,将其从事的公证辅助性工作严格限定在《关于乡镇法律服务所的暂行规定》第四条第二项规定的范围之内,要强调其协办业务必须在当地公证处的指导下进行,以杜绝直接以公证名义办证现象的发生,保证乡镇法律服务工作健康发展。今后如再发现直接办理公证的,要停止其协办公证的工作。

司　法　部

关于转发国务院台湾事务办公室《关于去台人员回大陆挖掘隐(埋)藏物品的处理意见》的通知

(1990年2月20日　司发〔1990〕041号)

各省、自治区、直辖市司法厅(局):

台湾同胞回大陆探亲、旅游以来,部分原大陆去台人员要求掘取离开大陆前隐(埋)藏的物品。这一问题涉及到司法行政的公证、人民调解等业务。为妥善处理去台人员回大陆挖掘隐(埋)藏物品的有关事务,国务院台湾事务办公室将辽宁省的有关规定整理编发了《关于去台人员回大陆挖掘隐(埋)藏物品的处理意见》[参阅件(1990)5号]。现将此件转发给你们,请你们结合本地的实际情况参照执行。执行情况和遇到的问题,请及时报部。

附件:

关于去台人员回大陆挖掘隐(埋)藏物品的处理意见

一、去台人员回大陆掘取隐(埋)藏物品时,须经隐(埋)藏地县(区)人民政府批准。掘取隐(埋)藏物品如属金银及其制品,须经中国人民银行总行批准。

隐(埋)藏地因有不便挖掘的建筑、设施、文物古迹、物件(包括地下建筑、设施、物件)和成为军事、机密重地等原因而不宜挖掘的,或因掘取隐(埋)藏物品而可能给国家、集体造成较大经济损失、造成不利政治影响的,一般不予批准挖掘,应向申请挖取的去台人员做好解释工作。

二、掘取隐(埋)藏物品的当事人,在挖掘前要向当地政府(城镇街道办事处、乡人民政府)申报,如物品系金银及其制品,应向所在地的中国人民银行省、市、自治区分行申报。申报时需提供隐(埋)藏物品的品名(种)、数量、地点等清单和证人。继承人或委托人挖掘时,应提交台湾公证机关或大陆公证机关出具的亲属关系(或继承权)公证书、委托书公证书。掘取时造成的经济损失,应由申请挖取人负担。

掘出物品经查实与申报不符时,应立即查封,待查明后再做处理。

三、掘取隐(埋)藏物品,应由批准机关确认其为属于掘取人个人财产或继承的财产。必要时,可要求掘取当事人提供经过公证部门公证或司法裁定的有关证明材料。

四、挖掘时,批准机关应责成文物、公安等部门,派出有关人员到现场维护秩序,查核掘物,防止发生意外事件。

五、因挖掘、处理隐(埋)藏物品产生纠纷时,当事人要求给予调解的,由乡镇、街道司法助理员,按大陆有关政策、法律规定,及时予以调解;当事人起诉到人民法院的,当地人民法院应予受理。

六、应归隐(埋)藏者的金银及其制品,可将实物归还原主,其离开大陆时,海关可按《中华人民共和国金银管理条例》,准予限量携带出境,剩余部分可交售当地人民银行,由人民银行按现行收购价格予以收购,或将金银存在当地开办"保险柜"业务的银行;也可作为个人财产转让给在大陆的亲友或委托大陆亲友代为保管。转让或委托代管协议须经公证机关公证。

隐(埋)藏者向当地人民银行交售金银,银行用人民币支付,不支付外汇。交售后所得人民币,可在当地中国银行办理"人民币境外户"存款。

七、凡挖掘出的文物,文物部门须登记造册。要求携带出境的文物,应由北京或天津、上海、广州等省、市文物出境鉴定组鉴定。对允许出境的文物,钤盖文物出境标识,签发《文物出境许可证》,由海关查验放行。经鉴定不得出境的文物,可由国家收购、征购,或转让给大陆亲友,或委托大陆亲友代为保管。转让或委托代管协议须经公证机关公证。

八、在挖掘隐(埋)藏物品时发现的枪支、弹药及其他违禁品,一律上缴当地公安机关,任何人(包括隐、埋藏者)不得以任何理由留存。

九、上述各项,按业务管理归属的不同范围,分别由各有关部门负责解释。

司法部公证司

关于重申涉外证明统一由公证处办理的复函

[1990年5月7日　(90)司公字第78号]

国家教委留学生司:

你司1990年3月10日来函收悉。关于北京师范大学要求由担任学校常年法律顾问的律师在"出国留学协议书"上签字,以代替公证的问题,我司认为这种做法不妥,与国务院国发〔1986〕107号批转国家教委《关于出国留学人员工作的若干暂行规定》中,"出国留学协议书"必须办理公证的规定不符。根据《公证暂行条例》和《律师暂行条例》以及1973年11月29日最高人民法院、公安部、外交部的联合规定,公证机关代表国家行使证明权,公证书统一由公证处出具。另据了解,有的高校也采取北师大的做法,同样是不妥的,请予以制止。

司法部公证司

关于公证处不能直接答复日本驻华使领馆询问公证事项的通知

［1991 年 5 月 27 日　(91)司公字第 97 号］

各省、自治区、直辖市司法厅(局)公证管理处：

近来,在福建省发现大量不法分子伪造的用于去日本留学的公证书和毕业证书,其他省也陆续出现此类情况。日本驻上海、广州总领馆今年曾一度拒绝接受福建省各公证处出具的公证书,同时连续出现日本驻华使领馆直接与公证处联系查询公证事项的情况。关于如何答复外国驻华使领馆询问公证事项,原公证律师司(86)司公字第 7 号、(86)司公字第 32 号文(见《公证工作手册》第九辑第 5 页、第 15 页)已作明确规定,各公证处应严格执行。鉴于上述情况,现特重申,凡日本驻华领馆对其领区内各公证处出具的公证书有疑问的,应通过有关省外办与该省(市)司法厅(局)公证管理处联系;日本驻华使领馆直接向其他地区公证处了解有关公证问题的,公证处应告知他们通过日本驻华使馆与公证司联系,公证处不能直接答复日本驻华使领馆的询问。

据外交部领事司告,日本驻上海总领馆的领区为:上海市、浙江省、江苏省和安徽省;驻广州总领馆的领区为:广东省、海南省;驻沈阳总领馆的领区为:辽宁省。

司法部公证司

关于外国驻华使领馆要求查核我公证书应如何处理的复函

［1992 年 11 月 27 日　(92)司公函 127 号］

广东省司法厅公证管理处：

你处粤司公字〔1992〕258 号《关于外国驻华使领馆要求查核我公证书应如何处理的请示》收

悉。最近，一些外国驻华使领馆直接给公证处去函，要求查核我公证书事宜增多。根据司法部公证律师司、外交部领事司(89)司公字第32号《关于如何答复外国驻华使领馆询问公证事项的通知》和司法部公证司(91)司公字第97号《关于公证处不能直接答复日本驻华使领馆询问公证事项的通知》(见《公证规章集成》第80页和第89页)精神，现再明确规定如下：

1. 外国驻华大使馆直接给我公证处去函、去电话要求查核公证书真伪或询问公证事宜的，公证处可用信函方式(或电话答复)，请他们函请司法部公证司协助查核，或由公证处将查核结果通过省级司法厅(局)公证管理处报我司，由我司处理。公证处或省级司法厅(局)公证管理处均不得直接答复。

2. 外国驻华领事馆直接给我公证处去函、去电话要求查核公证书真伪或询问公证事宜的，凡是在该领馆辖区内的公证处，可用信函方式(或电话答复)请他们函请本省(区、市)外办转省级司法厅(局)公证管理处协助查核，或由公证处将查核结果通过省级司法厅(局)公证管理处答复，同时抄报我司。

对于所询问的公证处不在该领馆辖区的，公证处可用信函方式(或电话答复)，请他们通过其本国驻华大使馆函请司法部公证司协助查核，或由公证处将查核结果通过省级司法厅(局)公证管理处报我司，由我司处理。公证处或省级司法厅(局)公证管理处均不得直接答复。

司法部办公厅

关于切实提高公证质量严防错证假证问题的通知

(1995年4月18日　司办字〔1995〕12号)

各省、自治区、直辖市司法厅(局)：

近来，有些地方的公证处不同程度地出现了忽视公证质量，片面追求经济效益，不重视社会效益的错误倾向，致使办证质量下降，投诉增加。而这些出了问题的公证处，对待错证、假证的态度，往往不是有错必纠，认真对待，而是遮遮掩掩，轻描淡写，以求大事化小，小事化了；对待上级机关的调查，不是主动配合、及时汇报，而是消极抵制，甚至设置障碍。这种现象长此下去，必将严重影响公证的声誉，损害公证员的形象，阻碍公证事业的健康发展。为此，现就有关问题通知如下：

一、进一步在全体公证人员中树立公证质量意识。党的十四届三中全会提出，要加强公证等中介组织的建设，使之发挥应有的服务、沟通、公证、监督的作用，为公证事业的发展提供了机遇和挑战。公证能否在社会主义市场经济中充分发挥作用，归根到底，是看它能否为社会提供及时有效、质量上乘的法律服务。要使全体公证人员清醒地认识到，公证质量直接影响到公证的真实性、合法性。而真实、合法原则是公证的基石，失去这一基础，公证的根基就会动摇。只有提高公证质量，公证工作才能体现其本来的属性，得到社会的认可，公证事业才能繁荣发展。在社会主义市场经济条件下，公证机构正在由行政机关向事业单位转变，注重经济效益无可非议，对公证处的今后发展也是有利的。但是，绝不能单纯讲求经济效益而偏废公证质量。那种只顾眼前利益，不顾真实合法原则去追逐经济效益的做法，不仅损害当事人的利益，而且也败坏了公证的信誉，甚至造成重大政治影响、经济损失，危及社会的安定，必须坚决予以纠正。

二、当前应特别注意提高质量的几类公证事项。随着公证事业的发展和公证服务领域的不断扩大，公证事项越来越多，涉及面越来越广，影响越来越大。对新开拓的公证事项如果不认真学习有关法律法规等知识，不深入调查、核实，不严格按照规定和程序办证，不仅起不到公证应有的作用，反而会给经济诈骗活动披上合法的外衣，使他人轻信上当，以致造成重大损失和恶劣的社会影响，给公证事业的发展也带来难以挽回的消极影响。当前，应着重注意办证质量的公证事项有：

（一）法律、法规规定必须公证的事项，如有关人身权重大变更的涉外收养公证等。

（二）履行期限长、标的和风险大的公证事项。如经济合同公证，公证处不仅要严格审查当事人资格、资信等情况，把握合同真实性、合法性，还要注意审查合同的可行性。自始不能或根本不能履行的经济合同也就谈不上真实、合法。约定提存的，公证处应严格按照条件给付提存款项，并应及时跟踪了解给付后果。

（三）影响面广、责任重大的公证事项。如有偿集资活动公证，要严格按照1993年9月2日《国务院关于清理有偿集资活动坚决制止乱集资问题的通知》（国发〔1993〕62号）执行，只能办理该通知第二条所列的集资活动公证。对于经合法批准的集资活动，应严格按照公证程序，在审查真实、合法的前提下，着重审查集资方的履约能力，并要求其提供真实的还款担保，以最大限度地降低风险。

（四）回报率高、履约期限长的种植、养殖合同公证，一般应有必要的担保或进行农业养殖保险后才能予以公证。

（五）对于没有法律依据，也不符合民事法律精神的合同，如还本销售等，公证处不得给予办理公证。

三、严格质量管理制度，保障公证质量。重视公证质量管理工作，把提高公证质量作为公证工作的一项头等大事来抓，是各级司法行政机关的重要职责。各地在公证工作实践中，积累了一些行之有效的质量管理经验。实践证明，多数质量管理制度是适合公证发展特点并行之有效的，应当继续坚持下去，特别是下列制度必须予以认真执行：

（一）调查取证制度。对于当事人提交的证据材料，应进行认真的审查、核实。对于一些重要的或有疑点的证据材料，公证员应进行实地调查取证。

（二）出证审批制度。在目前情况下，出证审批制度应当根据新的情况予以加强。公证处主任要严把审批关，杜绝只批不审现象，并应明确办证人、审批人分别承担的责任。

（三）重大、疑难公证事项集体讨论制度。对于重大、疑难的公证事项，承办人员不得擅自受理、出证，应提交公证处或处务会议集体讨论决定。

（四）请示汇报制度。对于重大、疑难公证事项，公证处不能自己决定的，应及时向主管司法行政机关请示汇报。

（五）将公证责任与承办人的经济责任挂钩，探索实行错证赔偿制度和积极着手设立赔偿基金，为建立公证赔偿制度打好基础。

四、认真查处错、假证。

（一）各级司法行政机关和各公证处，要始终把提高全员质量意识，切实提高公证质量当成一件大事，摆在突出重要的位置，持之以恒地一抓到底。各地应当从本地实际出发，制定切实有效的公证质量管理措施，降低错证率，坚决杜绝假证。

（二）公证人员应模范遵守《公证人员清廉服务的若干规定》（1989 年 12 月 19 日司法部第 6 号令），严格按照公证程序办理公证事项，不得办关系证、人情证。对已经出现的错证，应及时检查纠正，认真总结经验教训，帮助改进；对业务素质差、多次办错证的公证员应离岗培训或调离公证业务岗位，造成严重影响的，应给予纪律处分。对于假证，要严肃查处；对有关责任人员，要坚决依法处理，绝不姑息迁就。对办证多、质量好、效益高的公证处和公证人员要给予精神鼓励和物质奖励。在制定分配办法时，一定要强调质量因素。分配收入要和办证数量、质量、效益挂钩。

（三）各地应根据实际情况，建立常设的公证质量监督检查机构，定期对公证质量进行检查。要向社会公开公证质量投诉电话，接受各方面的监督。出现重大质量问题，应及时上报。对于隐瞒不报的，要给予通报批评，影响大、性质恶劣的，司法部将会同当地司法行政机关，进行严肃查处。对待人民群众来信来访反映的公证质量问题，应及时调查处理。对于上级机关转去的信函，应将调查结果和处理意见及时上报。一时难以查清或难以定性的案件也要及时报告进展情况。今年七月，由司法部统一部署，各省、区、市要组织一次办证质量大检查活动，重点围绕投诉的事件和人员进行。各地检查的结果，望及时报部。

司法部公证司

关于涉韩公证若干问题的通知

［1996 年 1 月 4 日　（96）司公字 01 号］

各省、自治区、直辖市司法厅（局）公证管理处，长安公证处：

随着中韩两国民事交往的增多，发往韩国使用的公证书大幅度增加，其间也暴露出一些问题。为确保公证质量，维护中韩两国民事交往的正常秩序，保护公民的合法权益，现将涉韩公证中应当注意的几个问题通知如下：

一、认真贯彻真实、合法原则。公证处要严格按法定程序办理涉韩公证，对当事人提出的无理请求，不能无原则的迁就；办证中发现的疑点要认真调查、核实，要严格按规定的格式要求出具公证书，严防错假证的发生。办证中发现的新情况、新问题要及时逐级请示汇报，统一研究解决，不得自作主张、各行其是。

二、婚姻状况公证。韩国公民在华与我国公民登记结婚的，公证处可为其办理结婚公证书；

我国公民赴韩国结婚、定居、探亲的，公证处可为其办理现存婚姻状况的公证。出具婚姻状况公证书后，不得另纸出具过去的婚姻状况的公证。对离婚后立即与韩国人登记结婚的，要从严审查离婚、结婚的意思表示是否真实，严防假结婚、买卖婚姻等违法行为的发生。

三、声明书公证。根据我驻韩使馆要求，我国公民邀请韩国公民来华，需证明相互之间的关系，对此，可由我国公民发表声明，公证处可对声明人的身份、意思表示的真实性以及声明的时间、地点予以公证，按《公证书格式（试行）》第五十一式出具公证书。当事人提供的声明书应当是打印的，当事人无力打印的由公证处代为打印，手写的声明书一律不予公证，其他涉韩声明书公证比照此规定办理。办理涉韩声明书公证，声明书中不得有有损我国国格、法律、社会公德、家庭关系的内容，如声明书中有保证“不携带自己子女赴韩国”或“不邀请自己子女来韩探亲、定居”等文字，公证处应当拒绝公证。

四、公证书译文。发往韩国使用的公证书应当附朝鲜文或英文译文，并要办理译文与中文相附公证。公证处应按《公证书格式（试行）》第四十九式之六另纸出具公证书，并装订在原公证书译文页之后，公证书译文页及译文与原文相符公证书证页应当使用“公证专用水印纸”。

五、发往韩国使用的公证要办理我国外交部认证和韩国驻华使馆认证。

司　法　部

关于严格办理与日本在华孤儿相关公证的通知

（1998年12月1日　司发通〔1998〕147号）

黑龙江、吉林、福建省司法厅：

近两年来，黑龙江、吉林、福建等省一些不法分子利用日本政府接受残留在华孤儿这一渠道，伪造亲属关系等事实，伪造或骗取我公证处出具的公证书以达到非法移民目的。根据日方提供的材料及我方核查结果，假日孤或其亲属使用的公证书除少部分为不法分子伪造外，大部分确系公证处出具。由于不断发现内容失实的公证书，引起了日本法务省等政府部门的密切关注，自去年起，强化了日孤回国定居审批手续，对残留在华的日孤及亲属正常申请去日定居产生了不利影响。公证处屡出错证的情况，严重影响公证机关的信誉，不利于中日两国人员的正常往来，有损于我国际形象。

鉴于在与日本在华孤儿相关的公证中暴露出严重的问题，为了确保公证质量，维护中日两国民事交往的正常秩序，保护公民的合法权益，对与日本在华孤儿相关的公证，各地特别是黑龙江、吉林、福建等省公证机关应给予高度重视，严格办理。现就有关问题通知如下：

一、领导要高度重视，要组织督促公证部门对过去办理的与日本在华孤儿相关的公证进行全面复查，发现错证坚决予以纠正，对问题较多的公证处暂停办理涉外公证业务，对有关责任人员要进行严肃处理。各地要就复查情况写出专题报告,并于1999年3月31日前报司法部律师公证司。报告中应详细说明办理的总件数,错证数,错证发生的原因,错证及有关人员处理情况。

二、今后办理与日本在华孤儿相关的公证过程中,要认真贯彻真实、合法原则,严格按照法定程序办理,要提高调查比例,按规定的公证文书格式出具公证书,严防错证的出现。正确处理经济效益和社会效益的关系,对当事人提出的无理请求,要坚决拒办,不能只考虑经济效益,违规办证。

三、对于公证申请人所提供的有关部门出具的证明一律要求加盖该部门的公章并由承办人签名,否则不予办理。

四、严格公证书专用水印纸、印章等的管理,严防失、盗情况的发生。公证处在办结每件公证时,应将使用的水印纸(包括在制作公证书过程中作废的)的编号记录在卷。

五、对于上级机关委托核查的公证书,各有关公证处要本着认真负责的态度,认真调查核实,并在一个月内上报书面调查结果和处理意见。对于一时难以查清的,要报告调查进展情况。

司　法　部

关于印发《国务院办公厅关于深化公证工作改革有关问题的复函》和《关于深化公证工作改革的方案》的通知

(2000年8月10日　司发通〔2000〕099号)

各省、自治区、直辖市司法厅(局),新疆生产建设兵团司法局:

国务院于2000年7月31日以《国务院办公厅关于深化公证工作改革有关问题的复函》(以下简称“批复”)批准我部下发实施《关于深化公证工作改革的方案》(以下简称《方案》)。国务院批准的《方案》是公证工作改革的纲领性文件,是对《公证暂行条例》的重要补充,充分体现了党中央、国务院对公证工作的高度重视和大力支持。既为公证改革指明了方向,也为公证改革提供了有力的政策法律保证,为公证工作发展奠定了坚实的基础。现将“批复”和《方案》印发给你们,《方案》从十月一日起开始实施。

根据国务院加强领导,周密部署,积极稳妥地推进公证工作改革的要求,各级司法行政机关要认真组织学习《中共中央关于建立社会主义市场经济体制若干问题的决定》、《中共中央关于国有企业改革和发展若干重大问题的决定》、《国务院办公厅关于清理整顿经济鉴证类社会中介机构的通知》以及“批复”和《方案》精神,正确把握党和国家的有关方针政策,加强领导,按照《方案》的规定,结合当地实际,尽快制定细致可行的实施方案,精心组织实施。

公证工作改革是一项重大的系统工程。抓好《方案》的贯彻落实，是当前公证工作的重中之重，要在坚持公证机构作为国家法律证明机构，公证人员依法行使国家法律证明权，公证书的法律效力的前提下，充分认识改革的紧迫性、艰巨性、复杂性，积极争取当地党委、政府和有关主管部门对公证工作改革的重视和支持，解放思想，积极、稳妥地整体推进公证工作改革，促进公证事业的全面发展，为完善社会主义民主与法制做出更大的贡献。

各地在贯彻《方案》中遇到的问题、经验及配套文件，请及时上报我部。

附件一：国务院办公厅关于深化公证工作改革有关问题的复函

附件二：关于深化公证工作改革的方案

附件一：

国务院办公厅关于深化公证工作改革有关问题的复函

（2000年7月31日　国办函〔2000〕53号）

司法部：

你部《关于深化公证工作改革的请示》（司发请〔2000〕011号）收悉。经国务院领导同意，现函复如下：

一、原则同意你部《关于深化公证工作改革的方案》，请进一步修改后自行印发并组织实施。

二、请你部根据《中共中央关于建立社会主义市场经济体制若干问题的决定》（中发〔1993〕13号）、《中共中央关于国有企业改革和发展若干重大问题的决定》（中发〔1999〕16号），以及《国务院办公厅关于清理整顿经济鉴证类社会中介机构的通知》（国办发〔1999〕92号）精神，加强领导、周密部署、积极稳妥地推进公证工作改革，并注意与《中共中央、国务院关于地方政府机构改革的意见》（中发〔1999〕2号）相衔接，及时研究新情况，解决新问题，切实把这项改革工作做好。

附件二：

关于深化公证工作改革的方案

1979年公证制度恢复以来，我国的公证事业取得了较大的发展，在经济建设、社会生活和对外交往等方面发挥了一定的作用。按照党的十四届三中全会和十五届四中全会明确的公证工作改革方向，要加快公证工作改革和发展的步伐，尽快建立健全适应社会主义市场经济要求的公证制度，充分发挥公证机构的服务、沟通、公证、监督作用，把我国的公证事业推向一个新的发展阶段。

一、公证工作改革的指导思想、目标

（一）公证工作改革的指导思想是：认真贯彻党的十四届三中全会及十五届四中全会精神，按照依法治国基本方略的要求，解放思想，积极稳妥地整体推进公证工作改革，争取在2010年初步建成与社会主义市场经济体制相适应的具有中国特色的公证制度。

（二）公证工作发展的目标是：

1. 力争在2002年以前颁布《中华人民共和国公证法》、到2010年基本解决公证工作的法律保障问题，明确公证的法律效力和公证工作的法律地位，健全公证法律体系。

2. 按总量控制、合理布局的原则，尽快完成适应社会主义市场经济要求的公证体制建设。

3. 进一步拓展公证业务领域，改进、优化工作作风和工作方式，充分发挥公证的职能作用，更好地为社会提供公证服务。

4. 积极、稳妥地发展公证队伍，不断提高队伍素质，努力建设一支政治强、作风正、业务精、素质好、效率高、服务优的公证队伍。到2010年，要使懂政治、懂法律、懂经济、懂科学、懂外语的公证员比现在翻两番。

5. 完善司法行政机关宏观管理和公证员协会行业管理相结合的公证管理体制，不断提高管理水平，努力实现公证管理的科学化、规范化。

二、建立与市场经济体制相适应的公证机构

（三）加快公证体制改革步伐。

1. 现有行政体制的公证处要尽快改为事业体制。改制的公证处应成为执行国家公证职能、自主开展业务、独立承担责任、按市场规律和自律机制运行的公益性、非营利的事业法人。今后，不再审批设立行政体制的公证机构。

2. 在改革过渡期内，边远、贫困地区及近三年人均业务收入不足三万元的公证机构，可以暂时保持原行政体制不变，但应按事业单位的模式管理和运行。

（四）实行总量控制、合理布局的原则。公证机构的设置和分布，由司法部根据市场经济发展状况和对公证服务的需要，商有关部门下达控制指标，每两年核定一次。

公证业务辖区为公证机构的地域管辖区域，由省级以上司法行政机关根据地区经济发展程度、人口数量、交通状况和对公证业务的实际需要确定。每个公证业务辖区内至少应当设立一个公证机构。

（五）人事、编制、财政、税务等部门要积极支持公证工作改革，根据公证队伍发展规划和公证工作的实际需要，及时核拨公证机构的编制和经费，给予适当的财税优惠政策，保证改制及新建的公证处能够正常运转。改为事业体制的公证处，原行政编制一律改为事业编制；原列入行政编制的人员，不愿意留在公证处的，由同级司法行政机关按行政机构改革的有关政策另行安排工作，符合离退休条件的，可以申请离退休；离退休人员的关系一律转到同级司法行政机关。改制的公证处正在使用的资产继续划归该公证处使用。对改制及新建的公证处的财税办法由有关部门另行制定。

三、建立高素质的公证专业队伍

（六）改革公证员考试制度。公证员作为执行国家公证职能的专业法律工作者，必须具备坚定的政治信念、优良的道德品质、丰富的法律知识和社会经验等基本素质。要建立公证员考试考核选拔制度。公证员考试要面向社会,由司法部统一组织实施。

(七)鼓励高素质人才进入公证队伍。具备规定条件的高素质人才进入公证机构,经考核合格,可以批准担任公证员。具体办法由司法部另行制定。

(八)实行公证员执业证书和在职培训制度。公证员考试考核合格者,在公证处经过一年的岗前培训和实习合格,由司法部统一授予公证员执业证书。无执业证书者不得执业。执业公证员每年均需接受40小时的在职培训。对培训不合格或一年内出具两件以上错证的公证员,要下岗培训。

(九)公证员实行专业技术职务聘任制度,按照国家专业技术人员管理办法进行管理,并享受相应待遇。

四、规范和完善公证处内部运行机制

(十)建立岗位目标责任制。公证处实行主任负责制和岗位目标责任制,要建立严格的质量管理制度,不断完善自律机制。建立合理的分配机制,实行经费全部自理的公证处可以实行效益工资。

(十一)建立法人财产制度和社会保障机制。公证处要按照国家规定,建立法人财产制度,建立健全内部财务管理和核算制度,加强经费管理、实行独立核算;建立发展基金、福利、修购、奖励、风险赔偿等基金;参加养老、医疗等社会保险。

(十二)完善公证预算管理制度。按事业体制运转的公证处实行事业单位预算管理制度。其定额或者定项补助标准根据各公证处收支状况及国家财政政策和财力确定。非财政补助收入大于支出的公证处,可以实行收入上缴办法或者企业化财务管理制度。具体办法由各级财政部门与同级司法行政部门制定。

(十三)建立完善公证赔偿制度。公证赔偿实行有限责任,以公证处的资产为限,赔偿范围为公证机构及其工作人员在履行公证职务中,因过错给当事人造成的直接经济损失。公证机构赔偿后,可责令有故意或重大过失的公证人员承担部分或全部赔偿费用。自本《方案》实施之日起,公证机构应从每年业务收入中提取3%的份额作为赔偿基金,用于理赔。公证赔偿的具体办法由司法部另行制定。

本《方案》实施以前所发生的因公证行为引起的公证赔偿,依据《中华人民共和国国家赔偿法》有关规定办理。

五、建立有中国特色的公证管理体制

(十四)实行司法行政机关行政管理与公证员协会行业管理相结合的公证管理体制。司法行政机关的行政管理主要侧重于组织建设、队伍建设、政策指导、执业监督处罚等宏观管理。公证员协会主要负责具体事务管理。

(十五)加强公证管理工作的法制化建设。争取《中华人民共和国公证法》尽快提交全国人大审议,并及时研究、制定与之配套的法规规章,力争在2010年基本完成公证法律体系的建设工作,进一步明确公证的法律地位、效力和法定公证的事项,使公证工作纳入法制的轨道。

(十六)加强公证队伍的精神文明建设,健全执业监督检查制度。各级司法行政机关和公证员协会要加强对公证活动的检查监督,深入开展职业道德教育,加大反腐倡廉工作的力度,严禁利用不正当手段招揽业务。要推出一批文明服务示范窗口公证处和优秀公证员,树立公证行业的良好形象。司法行政机关要继续做好公证机构及执业公证员的登记和年检注册工作,未进行登记或未通过年检注册的，一律不得执业。

（十七）建立完善公证惩戒制度，对违法违纪违规的公证机构和公证人员要严肃处理。对公证机构的惩戒措施包括：撤销机构、停业整顿、停止部分业务、警告、罚款等。对公证人员的惩戒措施包括：开除、吊销执业证书、暂停执业、记过、警告、罚款等。

六、强化公证效力，充分发挥公证的职能作用

（十八）公证对维护经济秩序、促进社会稳定、提高行政工作效率具有重要意义。各级政府部门要充分运用公证的证明效力和职能作用，将公证文书作为认定事实的根据。

（十九）充分利用公证的强制执行效力，稳定经济秩序，防范金融风险。要充分发挥公证的证明、沟通、服务、监督职能，规范民事、经济行为，预防纠纷，减少诉讼，维护社会公正和市场经济秩序。

（二十）保证公证机构统一行使国家公证职能。公民、法人或非法人组织所需的各种公证证明，统一由公证机构负责办理。除法律、行政法规规定的外，各级行政机关一般不再办理有偿性的对具体经济、民事行为的证明事务。

七、改革和优化公证工作方式、方法

（二十一）公证机构要改变单一证明的工作方式，努力拓展公证业务领域，积极提供综合性、全方位的非诉讼性法律服务。

（二十二）积极推行主任领导下的主办公证员负责制，明确责任，提高工作效率和质量。要建立公证业务委员会，对重大疑难案件实行集体讨论制度。

（二十三）积极推行要素式公证书。使公证书真正达到《中华人民共和国民事诉讼法》要求的“作为认定案件事实的根据”的标准。

公证工作改革是我国机构改革和法律制度改革的重要组成部分，是一项大的系统工程。地方各级司法行政机关要充分发挥职能作用，在当地党委和政府的领导下，精心组织，周密部署，积极探索公证组织的新形式并做好试点工作，确保公证工作改革积极、稳妥、顺利进行，实现公证改革工作的整体推进，为公证工作跨世纪的发展奠定坚实的基础。

司　法　部

关于贯彻《关于深化公证工作改革的方案》的若干意见

（2000年9月5日　司发通〔2000〕121号）

各省、自治区、直辖市司法厅（局），新疆生产建设兵团司法局：

国务院批准的《关于深化公证工作改革的方案》（以下简称《方案》）已于二〇〇〇年八月十日印发你们，并将于二〇〇〇年十月一日实施。《方案》是公证工作改革的纲领性文件，是对《公证暂行条例》的重要补充，抓好《方案》的贯彻落实，是当前公证工作的重中之重。要以改革为龙头，在坚持公证机构作为国家法律证明机构，公证人员依法行使国家法律证明权，公证书的法律效力的前提下，解放思想，积极、稳妥地整体推进公证工作改革，促进公证事业的全面发展。现就贯彻《方案》的有关问题提出以下意见：

一、加强领导，周密部署，精心组织实施

公证工作改革是一项重大的系统工程，根据国务院加强领导，周密部署，积极稳妥地推进公证工作改革的要求，各司法厅（局）要建立公证工作改革领导小组，厅（局）长要亲自挂帅，加强对改革工作的领导。

要认真组织学习领会《方案》及国务院批复中指明的有关文件的精神实质，统一思想，提高对公证工作改革的认识，学好用好有关方针政策。

要正确处理改革、发展、稳定的关系，统筹规划，结合本地实际，尽快制定本地的公证工作改革实施方案及有关配套措施，理顺与相关部门的关系，精心组织实施，确保改革期间，队伍不散，业务不断，管理不乱，国有资产不流失。

要采用多种渠道、多种形式做好《方案》的宣传工作，要让领导知道，有关部门了解，群众知晓，要动员全社会力量关心支持公证工作改革。

二、贯彻落实的方法、步骤

各级司法行政机关要尽快向本地党委、政府报告国务院批准的《方案》、我部的贯彻意见及本部门的工作设想，在当地党委、政府的领导和有关部门的支持配合下，全面贯彻落实《方案》，积极稳妥地推进公证工作改革。

要着重抓好五件事，一是结合本地的行政机构改革，全力以赴地抓好公证处改制工作，解决好改制中的人、财、物等问题；二是尽快制定完善与改革相关的配套文件和规章制度，全国性的部里统一制定，地方性的地方制定，要成熟一个制定一个，不等不靠；三是尽快建立完善公证机构的自律、运行、监督、保障机制；四是加强对改革工作的领导和管理，完善公证管理体制；五是抓住改革的契机，努力拓展公证业务领域，充分发挥公证的职能作用，促进公证工作的全面发展。

贯彻落实工作分学习动员、拟定方案、组织实施三个阶段进行。要及时将国务院批复及《方案》精神传达到全体公证人员，认真组织公证人员学习《方案》及有关文件，统一思想，提高认识，做好改革动员工作。9 月 30 日前，各级司法行政机关要结合本地的实际情况，拟定本地公证工作改革的实施方案，并要做好实施准备工作。各公证处也要根据《方案》要求拟定本处的改革方案。各省（区、市，含新疆兵团）的改革实施方案要报我部备案。10 月 1 日后，要按计划、有步骤、分阶段地全面推进公证工作改革，切实做好《方案》的实施工作。

三、认真落实总量控制、合理布局的原则

各省（区、市）司法厅（局）要尽快摸清本省（区、市）公证机构、公证人员的数量及分布情况，根据本省（区、市）经济发展、人口、自然交通状况和对公证服务的需要，于 10 月 31 日前提出本省（区、市）2001 年至 2002 年的公证机构和公证人员的控制指标意见，并上报我部律师公证工作指导司。年底前，我部将会同有关部门下达公证机构和公证人员的总量控制指标。

在核定控制指标范围内，由省级以上司法行政机关负责对公证机构的设立、变更或撤销进行审批、登记、注册。对超出控制指标确需新增设公证机构或者设立新的组织形式的公证机构，必须先报司法部批准。未经省级以上司法行政机关批准，任何单位和个人不得设立公证机构。

要按照总量控制、合理布局的原则，合理确定公证业务辖区。公证业务辖区可以不与行政区划相一致。设区的市可将全市或该市所辖的市区作为一个公证业务辖区。经济特区可设一个或几个公证业务辖区。一般地区仍以县（不设区的市）范围作为公证业务辖区。边远地区可以地市（州、盟）为单位，设立一个或几个公证业务辖区。

要对公证机构设置进行调整。同一公证业务辖区内，公证处数量超出实际需要的，要适当予以撤销或合并。要结合公证业务辖区的调整，将没有合格公证员的公证处或人均年办证量不足30件的公证处予以撤销或合并。

四、公证体制的改革

1. 公证体制改革要与地方行政机构改革同步进行，凡符合改为事业体制条件的公证处，应在本地行政机构改革时一律改为事业体制。

2. 要按改制为主，新设为辅的原则，严格控制新设公证处，一律不再审批设立行政体制的公证处，设立其他体制的公证处要先报省级以上司法行政机关核准。

3. 改革过渡期暂定为《方案》实施之日至《公证法》实施之日。各省要尽快摸清需要保留行政体制的公证处的情况，在本地行政机构改革中作出恰当安排。此类公证处的公证人员主动要求改为事业体制的应当予以鼓励。在过渡期内，公证处达到改制条件的应当及时改制。各省（区、市）司法厅（局）应于10月31日以前将本省（区、市）需要保留行政体制的公证处名称、数量、人员、业务收入情况汇总上报我部律师公证工作指导司。

《方案》中的边远地区依据劳动人事部《关于边远地区范围的通知》（劳人科局〔1983〕064号）确定；贫困地区指国家或省级贫困县（自治县、旗）；近三年指1997年、1998年和1999年，人指公证处的全体工作人员。

4. 各地要按国务院对中介组织的要求，积极进行公证组织新形式的试点，特别要着重抓好现有公证处整体转制的试点。年底以前，各省（区、市，不含西藏）至少要抓一个合作制公证处，直辖市和经济发达的省可以多搞一些试点。合伙制公证处的试点工作我部将另行部署。

5. 公证处转为事业体制时，要对其使用的国有资产进行清点；改为合作制时，要对其拥有、使用的财产进行产权界定。要将按政策提取的发展、福利、住房、医疗、养老、失业等基金划归公证处，对政策规定属于个人的，应划归公证人员个人所有。

6. 改为事业体制的公证处，人员实行聘任制。公证处主任由同级司法行政机关从在职的公证员中择优聘任。公证处的其他人员经公证处领导集体研究后，由主任聘任。

7. 要健全完善公证员考试考核选拔制度，努力提高公证队伍素质。对在职公证员实行执业证书制度。公证员执业证书由司法部统一制作，由司法部部长签发。无执业证书者不得执行公证员职务。

五、关于公证机构的运行机制

1. 各公证处应按《方案》要求尽快建立法人财产制度。公证处的法人资产应在三十万元以上。现有公证处的资产未达到上述规定的，县级司法行政机关管理的公证处应在2005年底以前达到（边远、贫困地区的公证处可再延缓两年），市级以上司法行政机关管理的公证处应在2002年底以前达到。到期未达到的，应停止执业。

2. 公证处要建立健全主任负责制、岗位目标责任制、主办公证员负责制、质量管理、民主管理、财务管理、资产管理等自律运行机制。按照兼顾国家利益、集体利益、个人利益的原则，建立合理的分配机制。按照国家规定提取各项基金。我部将会同有关部门制定公证处的财务、人事管理规则。

3. 建立公证责任保险制度。公证责任保险实行强制性全行业统一保险,以保证每个公证处都有相应的赔偿能力。司法部授权中国公证员协会向保险公司投以公证处为被保险人的公证责任保险,保险费从公证处上交的赔偿基金中列支。

4. 公证赔偿基金实行分级管理,集中使用的原则。公证处应于每年3月底以前,按《方案》第13条规定提取赔偿基金。所提赔偿基金的1/6应上交省级公证员协会,4/6应上交中国公证员协会,集中用于理赔。具体办法司法部将另行制定。

5. 逐步建立公证员执业保证金制度。执业公证员交纳执业保证金数额由各省(区、市)司法行政机关确定。执业保证金主要用于偿付应由公证员承担的赔偿费用、罚款等。公证员离任后保证金予以退还。未交足执业保证金的公证员应当暂停执业。

六、加大管理力度,保证改革的顺利进行

1. 各级司法行政机关要加强对公证改革工作的指导、监督和管理工作,与有关部门密切配合,及时制定与改革有关的政策,解决好改革中遇到的实际问题。要加大对公证机构、公证人员、公证业务及公证质量的监管力度,认真做好公证机构和公证员的登记和年检注册工作,坚决制止公证活动中的不正当竞争及其他违法违纪行为,建立良好的公证工作秩序。

2. 要根据行政管理与行业管理相结合的改革思路,加强省级公证员协会的建设,逐步实现协会与司法行政机关公证管理部门在人财物方面的分离,充实协会力量。要注意发挥公证员协会的行业管理作用,凡不属于行政管理的工作要逐步移交行业协会负责。

3. 要根据公证改革的需要,尽快建立完善公证惩戒制度,明确惩戒机关、惩戒内容、标准和程序,对公证活动中的违法违纪违规公证处、公证人员要坚决处理,绝不能姑息手软。

4. 要积极支持公证机构拓展业务的活动,认真贯彻有关公证的法律、法规、规章和规范性文件,积极与有关部门理顺关系,解决公证活动中遇到的问题,保证公证效力和职能作用的充分发挥。要认真做好立法和建章立制工作,及时总结经验教训,将公证改革、公证业务开拓、公证管理中的成果以法规、文件形式固定下来,为公证事业的发展奠定良好基础。

司　法　部

关于国外外国机构要求核查我公证书应如何处理的通知

(2000年11月24日　〔2000〕司律公字095号)

各省、自治区、直辖市司法厅(局)公证管理处:

今年四月,广西南宁市公证处根据外国一官方办事机构的要求对一婚姻状况公证书进行了核查。其后,自治区司法厅公证管理处按我司要求将情况报告等材料报来。经外交部领事司转我驻外使馆核实,上述材料中提供的地址并无该机构。

鉴于公证处对国外外国机构的真实性、合法性无法做出判断,同时,对核查结果的用途更无法把握,经研究并征求外交部领事司意见认为,今后,国外外国机构直接致函公证处或各地公证管理部门要求核查公证书的,公证处或各地公证管理部门应将核查结果通过省级司法厅(局)公证管理部门报由我司处理,公证处、省级司法厅(局)公证管理部门不得直接答复上述机构核查结果。

对外国驻华使领馆直接致函公证处要求核查公证书的,仍按原有规定处理。

司　法　部

关于加强公证质量管理深入开展公证质量检查活动的通知

(2001 年 7 月 16 日　司发通〔2001〕077 号)

各省、自治区、直辖市司法厅(局),新疆生产建设兵团司法局:

近来一些地方公证质量问题比较突出,严重影响了公证工作的社会形象和声誉,对公证工作的改革和发展造成了消极的影响。为尽快扭转这种局面,防止类似事件再度发生,现就有关问题通知如下:

一、提高认识,高度重视公证质量问题。公证质量是公证工作的生命线,直接关系到公证业的形象和声誉,关系到公证的社会公信力,关系到公证工作地位和作用。当前,公证工作改革任务繁重,但绝不能放松对公证质量的管理。公证改革的根本目的,就是要全面提高公证质量,充分发挥公证在社会主义市场经济建设、民主法制建设中的服务、沟通、公证、监督作用。因此,各地务必要把抓公证质量放到工作的突出位置,围绕提高公证质量来落实各项改革措施,通过改革来强化公证质量意识,健全完善公证质量管理、监督制度,全面提高公证质量。

二、进一步强化公证质量意识,加强对公证质量的管理。公证质量管理是一项长期、艰巨的任务,各地必须坚持教育与管理并重、集中治理与制度化建设并举的原则,长期不懈地抓下去。当前要重点抓好以下几项工作:

(一)深入开展公证执业教育,强化公证质量意识。随着公证工作改革的深入,许多公证处已逐步改为事业体制,独立承担责任,按市场规律和自律机制运行,但公证处作为国家法律证明机构的性质没有变,公证人员仍然依法行使国家的法律证明权。公证处、公证员必须依法行使手中的权力,办证必须对国家负责、对法律负责、对社会负责、对当事人负责。要组织公证人员认真学习《公证人员清廉服务的若干规定》和《关于切实提高公证质量预防错证假证问题的通知》，要求公证员办证时必须做到不利用办证谋取私利，不违法违规办证，不压价竞争，不支付介绍费。

（二）采取各种措施，全面提高公证队伍的素质。各地要坚持搞好岗前培训和在职培训，广泛开展各种业务交流、研讨活动，支持、鼓励公证人员参加各种学历教育，采取优惠措施吸引高素质的人才加入公证队伍，尽快使公证队伍的文化素质有明显的提高。要把好人门关，严格按照规定条件进入。进人仍由组织人事部门调配的，要积极与这些部门联系，落实公证处的人事自主权。

（三）进一步完善公证处内部质量管理制度。积极推行要素式公证书、主办公证员制、主任负责制等改革措施，建立严格的质量管理制度，完善公证处内部自律机制。要健全公证处内部错假证责任追究制度，分清职责，明确责任。建立公证处内部公证质量检查制度，定期组织公证人员进行业务质量自查互查，及时发现问题，制定改进措施。

（四）认真查处公证质量问题。目前，少数地方对于错证、假证，总是能遮掩则遮掩，能化小则化小；对于违法违规的公证处、公证人员，以种种理由袒护甚至包庇。这些做法助长了行业内部的不正之风，削弱了管理工作的严肃性。为此，必须认真做好查处工作。对于发现的错证，要及时予以纠正，并要认真总结经验，制定切实可行的改进措施。对于业务素质差、多次办错证的，要调离公证员岗位。对于故意出具假证的，要坚决清理出公证队伍。情节严重，构成犯罪的，要移送司法机关。

三、开展公证质量检查活动。各地要在今年年底以前，集中开展一次公证质量检查活动。重点要检查以下几方面存在的问题：一是继承、赠与公证方面；二是招投标、集资、有奖活动等社会监督公证方面；三是涉外、涉港澳台公证方面；四是金融、房地产公证中存在的压价收费、给介绍费等不正当竞争问题。各地可根据当地的实际情况，采取自查、互查、集中教育等形式进行。要认真搞好公证质量检查活动，切实查处检查中发现的问题，完善相关制度，堵塞漏洞，力争通过这次活动，使广大公证人员端正执业思想、强化质量意识，遏制当前公证质量方面存在的突出问题。

各地开展公证质量检查活动的情况，请及时报部。

特此通知。

司　法　部

关于当前公证工作改革和发展若干问题的意见

（2002 年 4 月 16 日　司发通〔2002〕41 号）

各省、自治区、直辖市司法厅（局），新疆生产建设兵团司法局：

为了进一步贯彻落实国务院批准的《司法部关于深化公证工作改革的方案》（以下简称《改

革方案》)，贯彻落实全国司法厅(局)长会议和全国公证工作改革座谈会的精神，适应我国加入世贸组织后法律服务业面临的新形势，适应司法改革的需要，进一步推进公证工作改革，促进公证事业发展，提出以下意见：

一、高度重视，积极稳妥地推进公证工作改革。各级司法行政部门要高度重视并下大力气抓好公证工作改革。改革的重点是尽快把现有行政体制的符合改制条件的公证处改为事业体制。改制的公证处应成为执行国家公证职能、自主开展业务、独立承担责任、按市场规律和自律机制运行的公益性、非营利事业法人。公证工作改革要切实做到"五个有利于"，即：有利于民主法制建设，有利于推进司法改革，有利于公证职能作用的充分发挥，有利于对公证处的规范管理，有利于对公证人员的规范管理。

二、加大力度，落实和完善配套措施。尽快建立、健全和完善适应行政体制、事业体制和合作制公证处的相应的人事管理制度、财务管理制度、财政税收制度和社会保障制度，特别是落实改制公证处的配套措施，制定相应的财务管理办法，进一步落实财税政策，妥善解决编制问题等。落实财政部和国家计委关于公证处已改制为事业法人的，公证收费由行政事业性收费转为经营服务性收费的政策，公证收费不再作为预算外资金，也不再上缴财政专户实行"收支两条线"管理。依法纳税，使用税务发票，按规定及时到指定的价格、财政主管部门办理收费许可证和行政事业性收费票据购领变更手续。落实国家税务总局关于改制公证处减免所得税的政策。落实《改革方案》关于编制和人员安置问题的政策，即改为事业体制的公证处，原行政编制一律改为事业编制；原列入行政编制的人员，不愿意留在公证处的，由同级司法行政机关按行政机构改革的有关政策另行安排工作，符合离退休条件的，可以申请离退休；离退休人员的关系一律转到同级司法行政机关。事业体制和合作制公证处应参加养老、医疗等社会保险。

三、建立科学的公证员选任制度。根据公证行业的性质和特点，尽快建立一套切实可行的制度和措施，对已通过国家统一司法考试的人员申请公证员执业证书的，要对其业务能力、道德品质等方面进行考核，并建立和完善相应的实习制度。通过公证员选任制度的改革和完善，提高公证员的入门条件和入门标准，不断吸收文化素质高、业务素质好、道德品质过硬的新人进入公证队伍。

四、加大继续教育和培训工作力度，全面提高现有公证员的素质。公证员协会要制定和落实年度及中、长期公证员继续教育和培训计划、规划，全面提高执业公证员的学历、业务能力和道德修养。开辟多种渠道为公证员进行学历教育创造条件，现年45岁以下的公证员5年内一般都要达到本科学历。加强师资队伍建设，从公证行业内部和司法部门、行政部门及教学和研究部门选聘一批专家、学者，为业务培训提供师资保障。有计划地选派优秀公证员到国外学习和培训，培养一批精通公证理论、熟练运用外语、能够熟练办理涉外业务和各种复杂疑难业务的公证人才。积极组织各种专题研讨，特别是加强对加入世界贸易组织后公证工作面临的新形势、新业务进行研讨。

五、提高公证的公信力，充分发挥公证在建立信用体系中的作用。要切实建立起公证信用体系，健全公证责任制度，明确公证处和公证人员的责任。公证员必须亲自履行公证员职责，不得委托公证处以外的机构或人员办理公证事务。要进一步完善公证责任赔偿制度和保险制度，认真落实中国公证员协会《关于缴付2002年度公证赔偿基金和公证职业责任保险费的通知》，管理和使用好公证责任赔偿基金，为公证的公信力提供物质保障。要认真督促、检查《公证员职业道德基本准则》的落实，不断健全和完善公证人员职业道德规范，加强对公证人员的执业道德教育，为公证公信力的不断提高奠定坚实的思想基础。

六、健全和完善监督管理措施，加大监督和处罚力度。根据公证行业的特点，建立和完善公证质量评判标准和监控制度，加强对公证人员职业道德和执业纪律的监督和考核，探索科学有效的对公证质量和公证人员进行监督和处罚的办法。坚决制止和严厉处罚压价竞争、给回扣等不正当竞争行为，对违法、违纪人员要严肃查处，决不手软。要如实上报本地出现的公证人员重大违法、违纪行为，特别是要及时逐级上报被检察机关采取强制措施和在诉讼中败诉、赔偿的情况。

七、深化公证处内部运行机制改革。要确保事业体制公证处和合作制公证处的独立法人地位，加强规范化建设。公证处主任、副主任应从执业公证员中选任。落实主任负责制，公证员和其他辅助人员应由公证处聘任。公证处由行政体制转为事业体制的，应进行清产核资。要建立和健全事业体制和合作制公证处独立法人财产制度，确保公证处的财产不被无偿调用。要确保公证处业务的独立性，任何单位和个人不得非法干预公证处依法独立办理业务。积极推行主任领导下的主办公证员负责制，明确责任，提高效率和质量。司法行政部门和公证员协会向公证处和公证人员收取管理费、会费的，应执行财政部门、民政部门的有关规定。

八、进一步深化公证管理体制改革，建立和完善“两结合”的管理体制。从今年5月中国公证员协会换届起，中国公证员协会的所有常务理事（含会长、副会长）均从执业公证员中选举产生。今后三年内，各省、自治区和直辖市的公证员协会应基本实现按行业组织的模式运作，与司法厅（局）的公证管理部门分离，实现人、财、物的独立，沿海发达地区的公证员协会要在两年内实现独立，执业公证员在常务理事中的比例要逐步加大。公证员协会要承担起公证行业组织的作用，包括制订行业规范，推动公证业务研究、发展和完善，对公证员的违纪行为进行调查并给予相应纪律处分，提高公证员的业务素质和道德修养，广泛开展对外交流，及时总结国内外公证行业的经验，面向社会宣传公证等。司法行政机关要做好宏观管理和指导、监督工作，通过起草、制订和修订法律、法规和规章，为公证工作创造良好的法制环境，确立公证的法律地位，规范公证业务，保障公证作用的发挥；通过公证员考试、考核和任命，确保公证队伍的高素质和公证服务的高水平；通过对公证机构设立的审批和业务辖区或执业地点的指定，确保公证服务的均衡性；通过与有关政府部门的协调，为公证工作创造良好的社会环境；通过对公证质量和公证处、公证人员执业行为的监督、检查，通过受理申诉、投诉，对违法行为进行调查并给予行政处罚，确保社会利益不受损害；监督公证员协会的工作，建立经常性的与公证员协会进行沟通和协调的机制。

九、加强公证宣传工作，树立公证良好形象。要加强对公证工作职能作用的宣传，开展形象建设工程。强调从一点一滴做起，从每一个人做起，进一步改善公证行业的整体形象。继续开展“优秀公证员”、文明公证处等评比活动，大力宣传公证行业的先进人物、先进集体和先进事迹，宣传公证为改革开放和社会主义市场经济服务的好的经验和做法。要做好对以往授予的先进单位和先进个人称号的复查工作，对于不符合有关条件的，要取消其荣誉称号。

司　法　部

关于印发《公证赔偿基金管理试行办法》的通知

（2002年7月5日　司法通〔2002〕57号）

各省、自治区、直辖市司法厅（局），新疆生产建设兵团司法局：

《公证赔偿基金管理试行办法》已经财政部核准，现印发给你们，请遵照执行，并监督公证员协会做好组织和落实工作。

公证赔偿基金是非政府性的行业专用基金，各地要严格按规定筹集、分级管理、专款专用，不得挤占和挪用。公证员协会要建立公证赔偿基金帐户，专门用于公证赔偿基金的核算，严格按规定的范围使用，不得突破有比例控制的开支。

附件：

公证赔偿基金管理试行办法

（2002年7月5日）

第一章　总　　则

第一条　为适应公证工作改革的需要，建立公证风险保障体制，保证公证机构的赔偿能力，维护公证行业的信誉，根据国务院批转的《关于深化公证工作改革的方案》，制定本办法。

第二条　公证赔偿基金是用于偿付公证行业各公证机构及工作人员在履行公证职务过程中因过错给当事人造成的直接损失，以及其他有关支出的专项基金。

第三条　中国公证员协会负责组织和领导公证赔偿基金的管理工作，并接受各级司法行政主管部门和财政部门的监督。

第四条　公证赔偿基金实行按规定筹集、分级管理、专款专用的原则，任何机构或个人不得挤占和挪用。

第二章　基金的筹集

第五条　公证赔偿基金的来源：

（一）各公证机构按国家规定提取、缴纳的费用；

（二）公证赔偿基金用于国家批准投资的收益；

（三）公证机构因违反本办法有关规定而缴纳的滞纳金、罚款；

（四）单位或个人捐赠等其他收入。

第六条　公证机构每年年初应按上一自然年度公证业务收入总额的3%一次性提取公证赔偿基金。

第七条　公证机构应于每年3月31日以前，将提取的公证赔偿基金的1/2上缴中国公证员协会，用于集中缴纳公证责任保险的基本保费；其余的1/2作为公证赔偿后备金（以下简称"后备金"），其中：1/3上缴中国公证员协会，1/3上缴省级公证员协会，1/3留在本公证机构。

第八条　中国公证员协会管理的后备金总额达到上年全国公证业务年收入的3%时，应停止收缴；省级公证员协会管理的后备金总额达到本省公证业务年收入的15%时，应停止收缴。

中国公证员协会收缴的后备金达到规定限额的，原应由其收缴的部分转由省级公证员协会收缴；中国公证员协会及省公证员协会收缴的后备金均达到规定限额的，原应由其收缴的部分转由公证机构充实后备金。

第九条　为壮大基金而进行的投资仅限于用基金购买国债和国家批准发行的可贴现债券。投资收益首先用于支付为获得收益而支出的费用，剩余部分充实基金本金。

滞纳金、罚款首先用于支付有关追缴的必要开支，剩余部分充实基金本金。

第三章　基金的使用

第十条　公证赔偿基金的使用范围：

（一）支付公证责任保险合同规定的保险费；

（二）支付保险赔偿范围以外的公证责任理赔及赔偿费用；

（三）支付为减少公证赔偿案件的发生而建立公证质量监控系统的开发及使用维护费用；

（四）支付司法部核准的其他费用。

第十一条　公证责任保险是强制性全行业统一保险。由中国公证员协会代表全体公证机构向保险公司投以公证机构为被保险人的全行业公证责任保险。

公证责任保险的保险费实行浮动费率制。基本保费在中国公证员协会集中的公证赔偿基金中列支。因费率浮动致使保险费超过基本保费的部分，由中国公证员协会、各省级公证员协会及各公证机构按各负担1/3的原则从所管理的后备金中补足；因费率浮动致使保险费低于基本保费的部分，返回各公证机构用于补充其自管的后备金。

第十二条　后备金用于支付（含垫付）本办法第十条第（二）项的理赔费用，包括：法院诉讼费、律师费、公证责任赔偿委员会办案费及其他合理费用。

后备金用于本办法第十条第（三）项用途，不得超过当年提取的后备金总额的5%。

后备金用于本办法第十条第(四)项用途,不得超过后备金总额的80%。

第十三条 用后备金支付本办法第十条第(二)项费用,首先从应负赔偿责任的公证机构的后备金中支出;不足部分(不含绝对免赔额)由该公证处所在的省级公证员协会管理的后备金垫付;仍不足的,由中国公证员协会管理的后备金垫付。

第十四条 公证机构向省级公证员协会申请使用省管后备金的,应当提交书面申请和相关材料,经省级公证责任赔偿委员会审核后由省级公证员协会批准使用。

省级公证员协会管理的后备金不足以支付的部分,由省级公证员协会向中国公证员协会提交书面申请和相关材料,经中国公证员协会公证责任赔偿委员会审核后由中国公证员协会批准使用。

第十五条 公证机构使用国家和省两级后备金的额度(限额)为其所缴纳后备金的总额减去该公证机构已使用费用的余额的10倍。

公证机构使用上述后备金用于公证责任赔偿后,对于超过该公证机构上缴后备金余额的部分,应于次年起分两年偿还,按中国人民银行公布的当时一年期贷款利率支付利息。公证机构偿还确有困难的,经批准可以延缓一至三年偿还。

第十六条 公证机构赔偿后,可责令有故意或重大过失的公证人员承担部分或全部赔偿费用。

第四章 监督管理

第十七条 各级公证员协会要建立健全内部管理制度,定期或不定期对公证赔偿基金收入、支出等进行检查,并接受财政、审计、司法行政等部门的监督检查。

第十八条 中国公证员协会、各省级公证员协会应根据需要配备专门的机构或人员负责管理公证赔偿基金。

第十九条 中国公证员协会、各省级公证员协会在基金的收付中应当使用财政部门统一印制的基金专用票据,并在银行设立专门帐户;公证机构应当对公证赔偿基金的自留部分单独核算。

第二十条 中国公证员协会的管理职责:

(一)领导和组织全国公证行业执行国家有关公证赔偿基金管理的规定;

(二)负责统一向保险公司投以公证机构为被保险人的全行业公证责任保险;

(三)负责由本会集中的公证赔偿基金的收缴、支付和管理;

(四)对各省级公证员协会及各公证机构的公证赔偿基金管理工作进行指导、监督。

第二十一条 省级公证员协会管理职责:

(一)领导和组织本地区公证机构执行国家有关公证赔偿基金管理的规定;

(二)负责由本会集中的后备金的收缴、支付和管理;

(三)对本地区公证机构的公证赔偿基金管理工作进行指导、监督。

第二十二条 公证机构每年应将自管的后备金使用情况向省级公证员协会报告。

中国公证员协会、省级公证员协会每年应将全国或本地区所管公证赔偿基金的使用情况向同级公证员协会理事会报告,并于每年3月10日前将上一年度公证赔偿基金的财务决算报同级司法行政部门。

第二十三条 公证机构应当按期如实缴纳公证赔偿基金。因延迟或不如实提取、缴纳公证赔偿基金所引起的法律后果由该公证机构自行承担。

第二十四条 公证机构无故不按时、足额缴纳公证赔偿基金的,按欠缴款额收取每日千分之二的滞纳金。

第二十五条 公证机构有下列行为之一的,除责令其限期改正外,由公证员协会报请司法行政机关视情节给予行政处罚:

(一)无故不按时、足额提取、缴纳公证赔偿基金,经基金经办机构催缴无效的;

(二)挪用、挤占公证赔偿基金的;

(三)故意骗取公证赔偿基金的;

(四)其他违法行为。

第二十六条 负责基金管理的人员有挪用、滥用、贪污、违规发放公证赔偿基金等违法行为的,应当给予相应政纪处分;构成犯罪的,依法追究刑事责任。

第五章 附 则

第二十七条 本办法实施前公证机构已经提取的用于公证责任赔偿的资金金额,自本办法实施之日起,转为公证机构自管的公证责任赔偿后备金。

第二十八条 中国公证员协会可根据本办法制定公证赔偿基金管理的实施细则,经司法部批准后实行。

第二十九条 本办法由司法部解释。

第三十条 本办法自发布之日起试行。

司法部办公厅

关于将公证专用水印纸具体管理职责移交公证行业协会的通知

(2002年7月5日 司办通〔2002〕58号)

各省、自治区、直辖市司法厅(局),中国公证员协会,各省、自治区、直辖市公证员协会:

经研究并报部领导批准,自2002年8月1日起,司法部承担的公证专用水印纸具体管理职责移交中国公证员协会。自该日期起,中国公证员协会除承担全国公证专用水印纸的联系生产、调配工作外，还承担对全国各地公证专用水印纸的保管、使用的检查监督等项工作，制订、实施有关行业规范。各省、自治区、直辖市公证员协会及其他地方公证员协会也应当逐步承担起对公证专用水印纸的具体管理职责。

今后，司法行政机关从维护国家利益和公证行业的声誉出发，指导、监督公证行业协会对公证专用水印纸的具体管理工作。公证行业协会要切实履行好这一具体管理职责，积极、扎实地开展工作，并自觉接受司法行政机关的指导、监督。

司　法　部

关于加强大中城市社区法律服务工作的意见

(2002年9月12日　司法〔2002〕13号)

各省、自治区、直辖市司法厅(局)，新疆生产建设兵团司法局，各副省级市司法局：

为贯彻中央关于加强基层建设的有关指示精神，适应基层社会主义民主法制建设的需要，进一步加强大中城市社区的法律服务工作，现提出以下意见。

一、充分认识加强大中城市社区法律服务工作的重要意义

加强大中城市社区法律服务工作，是贯彻落实江泽民总书记“三个代表”重要思想的客观要求。司法行政机关在社区工作中有多方面职责，通过法律服务工作向社区延伸，更好地发挥法律服务功能、法制宣传教育功能、法律参谋助手功能、维护社区稳定功能，有利于保护和促进生产力发展，有利于发展繁荣包括法律文化在内的社会主义文化，有利于提升基层群众生活质量。

加强大中城市社区法律服务工作，是社会主义民主法制建设不断加强的客观要求。依法治国基本方略的实施，对提高全民的法律素质提出了新的更高的要求。大力发展社区的法律服务工作，可以使广大居民法律知识不断丰富，法律素质不断提高，依法维权能力不断增强，从而促进社区的依法治理，形成良好的法治氛围，为社区稳定发展和精神文明建设奠定良好的群众基础。

加强大中城市社区法律服务工作，也是改进司法行政工作，整合各项职能、便民利民的客观要求。改革开放以来，司法行政工作有了长足的发展。但是，在新的形势下需要不断调整规范工作职责，进一步整合各项职能，合理分布使用工作资源，为群众提供优质高效的法律服务。与城市居民不断增加的法律服务需求相比，社区法律服务工作还相对滞后。各级司法行政机关和广大法律服务工作者要进一步增强责任感和使命感，从大局出发，更加重视法律服务工作的社会效益，切实提高社区法律服务工作水平，更好地为基层服务，为社区服务，为人民群众服务。

二、加强大中城市社区法律服务工作的指导思想、基本原则和主要目标

加强大中城市社区法律服务工作的指导思想是：坚持以邓小平理论和江泽民总书记“三个代表”重要思想为指导，着眼于社会主义现代化建设新的历史条件下对法律服务工作多层次的需求,立足实际,深化改革,整合资源,拓宽渠道,健全机制,不断满足社区居民对法律服务工作的需要,营造良好的社区法治环境,为加强基层民主法制建设,维护社会政治稳定,促进城市经济建设和精神文明建设的协调发展服务。

加强大中城市社区法律服务工作的基本原则是:(1)坚持面向基层、面向社区、面向群众。(2)坚持服务的公益性、便民性,把服务的社会效益放在第一位。(3)坚持资源整合、协调并举、运作有序,把律师队伍、公证员队伍、基层法律服务队伍、法律援助队伍和法律服务志愿者队伍有机地组织起来,共同促进社区法律服务事业的发展。(4)坚持实事求是、因地制宜、循序渐进,有计划、有步骤地开展工作,不搞"一刀切"、"齐步走"。

加强大中城市社区法律服务工作的主要目标是:(1)利用三至五年的时间,在各直辖市、副省级市、省会城市的市区构建起社区法律服务体系。(2)理顺律师队伍、公证员队伍、基层法律服务队伍、法律援助队伍的关系,做到既有分工又有合作,使法律服务资源实现合理配置和功能互补,使法律服务秩序更加规范。(3)适应社区法律服务工作的发展要求,培养和整合一支由多方面法律人才构成的思想道德好、业务素质强、扎根社区、甘于奉献的法律服务队伍。(4)加强对社区法律服务工作的管理,充分发挥街道与司法行政机关两个积极性,合理配置资源,搞好法律服务工作的制度建设、机制建设和硬件建设。(5)将社区法律服务工作纳入当地经济和社会发展计划,促进这项工作有计划、有步骤地开展。

三、律师公证法律服务要积极向社区延伸

律师、公证人员作为社会主义法律工作者,应要求他们正确处理社会效益和经济效益的关系,积极为社区提供法律服务。大中城市市区的每个律师事务所、公证处都要定向负责一个社区的法律服务工作。律师在服务社区的工作中,着重接受社区居民委托进行诉讼代理,接受社区内公民、法人和其他组织的聘请,担任法律顾问。律师事务所、公证处要与街道司法所(科)建立联系,了解社区内的法律服务需求,探索在社区开展法律服务的多种途径和方式,可以通过在街道法律服务所投放服务联系卡、宣传页、设置服务联系指示牌,在律师事务所、公证处开设专门电话等形式,也可通过派出律师、公证员定时到街道法律服务所轮流值班提供咨询服务等方式,建立相对固定的社区法律服务联系。对行动不方便和有紧急事项的社区居民上门提供法律服务。鼓励律师、公证员个人利用工余时间义务为社区居民提供法律服务。

四、街道法律服务所要进一步强化面向社区提供法律服务的职能

街道法律服务所要严格按照属地原则开展业务,以本社区居民为主要服务对象,为他们提供便利及时的法律服务。开展业务应以提供法律咨询、担任法律顾问、代写法律事务文书、调解民事纠纷、办理简单的非诉讼法律事务为主,可以协助公证处做好办证联络工作,停止办理见证业务,并根据各地情况逐步从诉讼代理服务领域调整出来。要充分发挥法律参谋助手的作用,协助街道办事处和社区居民组织搞好普法依法治理,大力开展"法律进社区"活动,为社区的稳定和发展营造良好的法治环境。对不依托街道设立的各种"直管所"和"社会所"进行规范调整,具备条件的可转为律师事务所,或经调整后面向社区提供法律服务。要严格街道法律服务所名称的核准与管理,禁止使用"法律事务所"名称。

五、加强大中城市社区的法律援助工作

大中城市各级特别是区一级法律援助中心可采取在街道司法所(科)或法律服务所设立法律援助工作站(联络站)等多种形式,深入社区,为社区受援对象提供法律援助服务。要采取上门服务、定期回访等方法，提高法律援助效率和服务质量。要与“12348”法律服务专用电话工作密切配合，整合法律援助各种工作资源。法律援助中心要加强对社区法律援助站的指导和监督，对其工作人员进行培训，保证其工作规范、有序。

六、大力发展社区法律服务志愿者队伍

街道司法所（科）和法律服务所要配合社区组织进行广泛发动，将居住在社区内具有一定法律专业素养、热心公益事业的在职或退休的法官、检察官、律师、公证员、法学工作者等法律专业人士吸收到法律服务志愿者队伍中来。根据他们的专业特长和时间特点，利用节假日和其他工作以外时间，采用轮流值班、设点咨询、电话（网上）解答或上门服务等多种方法，为本社区居民提供免费法律咨询服务，逐步实现服务的经常化、制度化。

七、切实加强对大中城市社区法律服务工作的指导和管理

各级司法行政机关要将加强大中城市社区法律服务工作摆上重要议事日程，在当地党委、政府的统一领导下，积极推进社区法律服务工作的开展。要结合实际，制定工作方案，认真安排，扎实推进。要积极争取各级党委政府和有关部门的支持，努力解决工作中遇到的问题和困难。要进一步增强全局观念，树立“一盘棋”思想，组织协调律师、公证、基层法律服务、法律援助和法律服务志愿者队伍，充分发挥职能优势，形成优势互补、协调有序的工作机制与格局。大中城市区级司法行政机关要加强对这项工作的指导和管理，理顺各支法律服务队伍在社区法律服务工作中的定位、分工和合作的关系。街道司法所（科）要加强具体的组织协调和管理。要加强社区法律服务工作队伍建设，不断提高队伍的政治业务素质和执业水平，促进社区法律服务工作的健康发展。

司　法　部

关于进一步提高涉外公证质量的意见

（2002年10月25日　司发通〔2002〕82号）

各省、自治区、直辖市司法厅（局），新疆生产建设兵团司法局：

近年来，随着我国对外经济和民事交往的增加，全国涉外公证数量也逐年增加。涉外公证在一些地方占公证业务量的较大份额，甚至是公证的主要业务。在涉外公证业务发展的过程中，公证质量也稳步提高，维护了我国公证的信誉，取得了积极的成果。但是，目前仍存在一些影响公证质量的不容忽视的问题，有的是因个别公证人员工作疏忽造成的，也有的是个别公证人员与当事人合谋造假，还有个别公证机构违反规定，将盖有公证处印章和公证员签名章的空白公证专用水印纸交由中介机构填写。这些行为虽然是极个别的，但影响是恶劣的。为保证涉外公证的质量，维护我国公证的信誉，现提出如下意见：

一、要高度重视涉外公证质量问题。公证质量是公信力的基础,公证工作必须坚持质量至上,诚信为本,公证的发展绝不能以牺牲公证质量和行业信誉为代价,那种认为涉外公证质量问题不会直接损害我国公民、法人利益的想法是错误的。各级司法行政机关、公证员协会和公证处要继续加强对公证人员的教育、培训。公证机构、公证人员对申办公证时的个别造假行为,要保持高度警惕,认真做好调查核实工作,严把涉外公证质量关,切实维护我国国家和公民的国际信誉和形象。对我国驻外国使领馆和外国驻我国使领馆要求核查的公证书,要认真进行核查,及时答复。

二、认真落实各项监督措施。公证人员要严格按程序办理涉外公证,证明材料不齐全不得出证。公证处要严格执行有关审批制度,审批人员要认真负责,不能使审批流于形式。公证处要健全内部自查制度,公证处负责人要经常检查公证质量。各级司法行政机关和公证员协会要定期对涉外公证质量进行检查,也可以组织各公证处之间互查,对发现的问题要及时处理,及时上报。

三、严格实施各项处罚措施。对办理错、假证的公证员,要严格按《公证人员清廉服务若干规定》(1989 年 12 月 19 日司法部第 6 号令)和《中华人民共和国公证员注册管理办法》(1995 年 6 月 2 日司法部第 39 号令)的规定给予处罚。触犯刑律的,要及时移送司法机关。对办理错、假证的公证员、公证处,要将有关情况记入公证员和公证处的信用档案,并对社会公开。今后,司法部将加强与涉外公证书使用部门和认证部门合作,对错、假证,发现一起,严肃处理一起;并采取相应措施,对屡出错证、假证的公证处予以处罚,停止其办理涉外公证业务。

司法部律师公证司

关于进一步做好社区律师公证法律服务工作的通知

(2002 年 11 月 15 日 〔2002〕司律公字 013 号)

各省、自治区、直辖市司法厅(局)律师管理处、公证管理处,新疆生产建设兵团司法局律师管理处、公证管理处:

司法部在加强大中城市社区法律服务工作座谈会上部署了加强大中城市社区法律服务工作,明确提出要加强律师、公证面向基层、面向社区、面向群众服务的功能,加强律师为社区提供诉讼法律服务的功能,这对律师、公证工作提出了新的更高的要求。几个月来,各级司法行政机关律师、公证管理部门认真落实这次会议精神,采取有效措施,积极推进社区律师、公证法律服务工作。但也有少数地方思想重视不够,措施不到位。为进一步做好社区律师、公证法律服务工作,现就有关事项通知如下:

一、积极探索和实践律师、公证面向社区服务的有效形式

要引导和组织广大律师事务所、公证处,适应社区居民对法律服务需求日趋多样化的特点,提供形式灵活、全方位、多层次的法律服务。

1. 组织推动律师事务所、公证处与社区签订提供法律服务协议，使一所（律师事务所）一处（公证处）定向服务于一个或多个社区。律师事务所和公证处少而社区多的地方，也可以每个律师、公证员定向负责一个社区。

2. 通过向社区居民发放服务联系卡、宣传页、设置服务指示牌，使居民能够及时、便捷地与律师事务所和公证处取得联系，获得所需要的法律服务。

3. 在有条件的社区法律服务电脑平台设置触摸式电脑查询，使社区居民能够及时、方便地获悉所在城市律师事务所、公证处及其专长的相关信息，并能够根据自身的法律服务需求与所选择的律师事务所、公证处取得联系，及时获得所需要的律师、公证法律服务。

4. 定向服务社区的律师事务所、公证处定期定时定点对社区居民进行法律咨询和法制宣传，解答社区居民的法律问题。

5. 定向服务社区的律师事务所、公证处对行动不方便和有紧急事项的社区居民上门提供法律服务。

6. 鼓励律师、公证员个人利用工余时间义务为社区居民提供各种可能的法律服务。

7. 有条件的地方，要认真探索面向社区服务的新的律师事务所组织形式。

8. 律师事务所、公证处要积极接受法律援助机构的指派，为不能支付法律服务费用的社区困难居民提供法律援助。

9. 深入开展建立青少年、残疾人、老年人法律维权岗和爱心助残示范点等活动，更好地为弱势群体提供法律服务。

二、切实加强律师为社区居民提供诉讼法律服务的功能

各地要认真研究制订律师为社区居民提供诉讼法律服务的具体措施，确保在街道法律服务逐步地从诉讼领域退出后，律师服务能够及时跟进，有效地维护社区居民的诉讼权利。

1. 要积极配合审判方式改革和证据展示制度的试行，加强律师培训和业务指导，引导律师积极办理社区居民的诉讼代理案件，提高刑事案件辩护率和民事案件代理率。

2. 要主动与有关部门协调，认真解决当前律师在办理刑事、民事诉讼案件中遇到的困难和问题，如会见犯罪嫌疑人难、阅卷难、调查取证难等，为加强律师提供诉讼法律服务功能创造良好环境。

三、要切实加强对律师、公证进社区工作的领导

各地律师、公证管理部门要把律师、公证进社区工作作为当前的一项重点工作来抓，精心组织，狠抓落实。

1. 要抓紧制订具体实施方案。年底前省级司法厅（局）律师、公证管理部门要完成动员和实施方案的制订工作。年底召开全国律管处长会和公管处长会时，要将律师、公证进社区工作作为一项重要内容进行交流、汇报。

2. 要建立考核评价机制。把为社区提供法律服务的情况纳入对律师、公证机构和人员进行综合考评的一项重要内容。

3. 要加强与有关部门的协调，理顺并处理好与基层法律服务、法律援助之间的关系，做到既有分工又有合作，实现优势互补。要充分发挥各级律师协会、公证员协会的职能作用，共同推进律师、公证进社区工作。

4. 要及时发现和总结先进经验并及时上报。律师公证工作指导司简报和《中国律师》、《中国公证》等刊物也要开辟相应专栏，加大宣传和推进力度。

司　法　部

关于拓展和规范公证工作的若干意见

（2003年9月1日　司发〔2003〕16号）

各省、自治区、直辖市司法厅（局），新疆生产建设兵团司法局：

党的十六大提出“拓展和规范法律服务”的重要命题，这是在全面建设小康社会的时代背景下对我国法律服务事业发展思路和目标的科学概括，体现了党和国家对法律服务工作的高度重视和充分肯定，为新世纪新阶段推动法律服务事业的发展指明了方向。为拓展和规范当前以及今后一段时期的公证工作，指导和推动公证工作不断加快改革发展，围绕中心、服务大局，为建设社会主义物质文明、精神文明和政治文明服务，结合当前公证事业的发展实际，现提出以下意见：

一、紧扣主题，把握机遇，在改革创新中发展公证事业

（一）拓展和规范法律服务，既是党和国家对法律服务事业二十多年来实践经验的概括和科学总结，也是公证工作今后必须长期坚持的指导思想。拓展，要求公证工作积极开辟服务新领域，探索服务新方式，更好地发挥公证制度的功能与作用；规范，要求公证工作在健康有序的轨道上进行，重点是规范公证服务主体、服务程序、服务秩序、规范公证工作的管理。拓展与规范并举，是公证事业发展的必由之路。

（二）围绕建设小康社会的目标，党的十六大提出了一系列经济社会发展与深化改革开放的任务，使我国公证事业迎来了新的发展机遇。推进政治体制改革，进一步转变政治职能和管理方式，必将更加注重发挥公证制度的职能；完善诉讼程序，提高司法效率，必然更加重视证据的效力；人民群众物质文化生活的不断提高，法律意识的日益增强，对高质量、多层次的公证法律服务的需求也将不断增加；推进司法体制改革，实现社会的公平与正义，稳定经济与社会秩序，需要更加充分地发挥公证工作的职能作用。

（三）当前和今后一个时期的主要任务，要以国务院批准的《关于深化公证工作改革的方案》（以下简称《方案》）明确的指导思想和发展目标，推动公证体制改革，规范公证机构内部运行机制，实现公证体制的创新；着眼于强化公证的预防纠纷功能，进一步发挥公证在社会主义市场经济建设中的职能作用，实现公证业务创新；以探索和建立中国特色的公证管理体系为目标，完善司法行政机关与公证行业协会“两结合”管理办法，实现管理体制创新；立足国情实际，借鉴国外有益经验，对公证制度的功能定位、性质等进行深入研究，努力实现公证理论创新。通过改革创新，不断完善公证法律法规体系，开拓公证工作服务领域，丰富工作方式，完善工作机制，在2010

年初步形成与社会主义市场经济体制相适应的具有中国特色的公证法律制度。

二、围绕全面建设小康社会的奋斗目标，积极拓展公证法律服务

（四）拓宽思路，开阔视野，抓住机遇，努力开辟公证法律服务新领域。各级司法行政机关和公证员协会要围绕国家信用体系建设，切实发挥公证制度在防范风险、化解纠纷、减少诉讼、维护正常的经济秩序中的职能作用；特别是围绕我国加入世界贸易组织后面临的机遇与挑战，树立"大服务"的思想，积极介入，大胆实践，使公证业务不断深入到经济、社会生活的各个领域，扩大公证服务的覆盖面。

（五）不断研究、探索公证业务领域的新情况、新问题。公证机构及其公证人员要以高质量、高效率的服务，努力赢得社会和人民群众的信赖与支持。一是巩固和发展金融、房地产、涉外、政府采购、资金监管、电子商务、提存等经济、民事领域里已经较为成熟的公证业务，做精做细，使公证真正渗透到这些领域的全过程并发挥更加显著的作用。二是通过积极研究和推进，把能充分体现公证证明效力的业务做大做强，比如通过增强公证在维护市场经济秩序等服务中的实际效果，争取公证法律服务更广阔的空间。三是及时发现并研究经济社会生活领域的新变化、新需求，主动提供综合性、全方位的公证法律服务。拓展公证业务要克服随意性和盲目性，确保合范性，遵循公证工作的内在规律，体现公证工作的本质要求。

（六）积极开展面向基层、面向社区、面向群众的公证法律服务。公证工作要坚持深入农村，为农业发展和农村改革与稳定提供及时到位的法律服务。积极做好包括农村土地承包、土地使用权转让、农产品购销合同、农村金融信贷经济公证事项。配合有关部门做好计划生育以及租赁、赡养、继承等方面的民事公证事项。今后，大中城市的公证处都要与一个或多个社区建立联系点，签订服务协议，向社区居民发放服务联系卡，设置服务指示牌，向居民解答法律咨询，办理公证事务；积极参加社会公益活动，公证处、公证员都要积极为残疾人、老年人等弱势群体提供帮助。

（七）加强面向社会、面向群众的宣传，进一步扩大公证的影响。要综合运用电视、广播、报刊等新闻媒介，结合典型案例，大力宣传公证制度的产生、发展及其在稳定社会秩序和经济秩序，保障国家法律正确实施中的功能、作用，宣传和普及公证法律法规知识，为公证事业的发展奠定更加广泛、坚实的社会基础。

三、健全公证法律法规和规章制度，切实规范公证法律服务

（八）完善公证法律体系。目前，公证法已经列入全国人大常委会2003年立法计划。要积极做好相关工作，推动公证法（草案）2003年底由国务院提交全国人大常委会审议。建立健全公证机构法人保障机制和内部运行机制，制定公证员执业证管理暂行办法、公证处审批登记管理暂行办法、公证员助理（或辅助人员）管理暂行办法、公证机构冠名办法、公证行业惩戒办法、公证行业反不正当竞争规约等。

（九）规范公证法律服务主体。加强公证员职业道德和执业纪律教育，进一步提高公证队伍的政治素质、业务素质。认真落实《公证员职业道德基本准则》，深入开展理想信念教育、法纪法规教育，树立正确的世界观、人生观和价值观，把维护最广大人民群众的根本利益作为公证工作的出发点和归宿，使公证行业成为国家诚信体系的建设者和捍卫者。提高公证员准入标准，从通过国家司法统一考试的人员中选录公证员。研究适应当前公证行业现状、能够吸引高素质法律人才的各种机制和办法，改善和提高公证队伍的人才结构和整体素质。按照《2002—2006年公证员教育培训规划》,精心安排,周密实施,努力使现有公证员达到《规划》要求的学历标准。尊重公证工作的规律,按照合理布局、总量控制的原则,借鉴国际通行做法,根据各地经济、人口、交通状况及公证需求量,合理配置公证机构和公证员,近期各地一律暂停批准设立新的公证机构;研究和推进与体制改革相适应的公证机构设置、名称、业务管辖、收费标准等配套改革措施,保障公证行业有序、健康地发展。

(十)进一步提高公证服务质量。规范和明确公证业务程序与质量标准,建立公证行业诚信保障体系,提升公证的公信力。要把公证质量作为衡量公证工作的主要标准。司法行政机关和公证行业组织要从各自的职能出发,尽快建立健全公证质量标准及公证质量保障与监督制度。通过实行公证责任保险和公证责任赔偿制度等,形成配套、有效的公证职业风险防范与化解机制,为提高公证的公信力提供保障。

(十一)强化行业自律管理,加大对违规行为的惩戒力度。公证员协会要抓紧制定并实施公证行业反不正当竞争规则、公证员惩戒规则;及时受理和调查对公证处和公证人员的投诉,对违法违纪行为予以行业惩戒;尽快建立公证行业违法违纪信息披露制度,增强管理工作的透明度。对提供虚假信息,采取不正当手段争揽业务,损害公证质量和信誉、产生严重后果的公证处和公证人员,由司法行政机关严格依法处罚。

(十二)加强检查监督。适应下放办证审批权和推行主办公证员负责制的要求,各级司法行政机关和公证员协会必须强化对公证工作的监管。从今年起,各公证处每年进行两次内部检查,重点检查规章制度和相关措施、公证书质量、公证专用纸使用管理以及公证人员的职业操守等。

四、推进公证体制和其他各项改革,逐步建立健全公证管理体系

(十三)各级司法行政机关要摒弃部门利益观念,把思想认识统一到国务院批复的精神上来,坚决贯彻落实《方案》的有关要求,积极稳妥地推动公证体制改革。现有符合条件的行政体制公证处要改为事业体制。

公证机构内部要加大自身的规范化、制度化建设,尽快建立健全与体制相适应的人事管理、财务管理和社会保障等各项配套措施。各级司法行政机关要加强与有关部门的协商,解决改革中遇到的实际问题,帮助公证机构在税收和财务管理方面进一步理顺关系,减轻负担,解除公证人员的后顾之忧。

(十四)继续深化公证文书改革,大力推行要素式公证书。继续推广主办公证员负责制,加快公证员队伍的职业化进程。在公证行业内部形成注重知识更新、善于学习、重视理论研究的良好氛围,形成优胜劣汰的良性机制。

(十五)完善"两结合"管理体制。司法行政机关在公证管理工作中要切实转变职能,加强宏观指导,主要做好组织起草公证法律法规和其他规范性文件;负责审批公证处的设立、公证员的考试、考核、任命和业务辖区的指定;指导公证业务工作,开展对公证质量和公证处、公证人员执业行为的检查、监督工作,对违法行为进行行政处罚;指导和监督公证员协会的工作。

加强行业协会组织建设。今后三年,省级公证员协会要基本实现按行业组织模式运作,有条件的地方要做到与司法厅(局)公证管理部门分离。逐步提高执业公证员在各级公证员协会中的比例。协会秘书长由司法行政机关推荐,负责协会办事机构的日常工作。各级公证员协会主要职责是:制定行业规范;对公证人员进行业务素质和职业道德方面的教育与培训;开展公证业务和理论研究,面向社会宣传公证;维护公证人员的合法权益。

建立运转协调的工作机制。司法行政机关与公证员协会既要有所分工,又要加强协作,形成合力,全面落实规范公证工作的各项制度、措施。要建立例会制度,共同研究工作,及时通报情况;有关会议应互相派员参加;协会作出重要决策包括出台行业管理规范前,应征求司法行政机关的意见;一些重要活动,如公证质量检查、公证队伍素质教育等,应统一部署,共同开展。

(十六)加强公证管理工作干部队伍建设。不断提高自身指导和管理工作的能力和水平,努力做到作风正、懂业务、肯钻研、会管理。今后两到三年内,司法部和各省(区、市)司法厅(局)应分期分批将现有公证员全部轮训一遍。

(十七)重视和加强理论研究工作。关注与当前公证改革发展密切相关的重点课题,有计划、有步骤地组织开展研讨,推动公证工作理论指导水平。利用中国公证员协会已经加入国际拉丁公证联盟的有利条件,注意广泛了解和学习借鉴各国公证制度的先进做法和有益经验,建立具有中国特色的公证制度。

司法部办公厅

关于当前公证工作几个问题的通知

(2004 年 9 月 13 日　司办通〔2004〕第 142 号)

各省、自治区、直辖市司法厅(局),新疆生产建设兵团司法局:

目前,《公证法》正处在起草制定阶段,很多问题尚在进一步调研论证之中。《公证法》的出台,对改革和完善我国公证制度具有重大意义,同时也不可避免地带来现有公证管理体制、机制等方面的一些调整。对此,各级司法行政机关一方面要积极配合立法部门的工作,另一方面要结合本地实际,深入细致地做好各级管理人员和公证人员的思想工作,保持公证队伍的思想稳定,维护正常的公证秩序,确保公证工作的质量。当前,要重点做好以下几项工作:

一、自本通知下发之日起,各地一律暂停审批设立新的公证机构,暂停颁发新的公证员执业证。各公证处暂停办理人员调入(聘用)、调出(解聘)手续;确需办理的,应报经省级司法行政机关同意。

二、各公证处进一步加强内部管理,认真做好人事、财务、质量监管、档案管理等项工作。严肃工作纪律,严禁违规处置资产,严禁违规发放钱、物。违反有关规定,造成严重后果的,要追究公证机构责任和公证处主任的领导责任。

三、各级司法行政机关要高度重视,充分发挥司法行政机关公证管理、财务审计、纪检监察等部门的职能作用,切实履行对公证机构的监督和管理职责,确保公证工作的正常秩序。

执行过程中发现的重大情况,请及时报部。

司法部　最高人民检察院　国家发改委　中国银监会

关于规范公证法律服务秩序有关问题的通知

(2005年6月17日　司发通〔2005〕56号)

各省、自治区、直辖市司法厅(局)、人民检察院、发展与改革委员会、物价局、银监局：

改革开放以来,全国公证工作服从服务于党和国家的工作大局,在维护社会稳定、推动经济发展、促进对外开放、保障人民群众合法权益等方面发挥了重要作用。但由于受法制不健全和少数公证人员素质不高等因素的制约和影响,公证法律服务秩序出现了一些不容忽视的问题,主要表现在采取低收费或给付回扣等不正当手段进行公证业务竞争的现象日益突出,一些单位和个人直接或变相向公证处和公证人员索取带有回扣性质的费用或其他利益,在一定程度上加剧了公证行业的不正当竞争,导致一些地方公证质量和公证的公信力下降,影响了公证信誉和形象。为规范公证法律服务秩序,防范和制止不正当竞争行为,现就有关问题通知如下：

一、严格执行公证法律服务收费管理规定。公证处和公证员必须认真遵守《公证服务收费管理办法》,严格执行国家有关公证法律服务收费的政策。公证处要向社会公布公证法律服务的具体收费项目、收费标准以及收费减免办法,自觉接受社会监督。公证处为申请人提供公证法律服务,应按照规定的收费标准向申请人收取公证费,出具收费票据,并不得随意扩大减免公证收费的范围。公证员个人不得私自收费。

二、严禁支付、索要和收取带有回扣性质的费用和利益。公证处、公证人员在办理公证业务时,不得向任何单位和个人支付回扣或以公证事项“介绍费”、“协办费”、“联络费”、“信息费”等为名的、带有回扣性质的费用和其他利益。任何单位和个人不得以任何名义和形式向公证处或公证人员索取上述带有回扣性质的费用和利益。

三、严厉查处不正当竞争行为。公证处及公证人员违反上述规定,进行不正当竞争,扰乱公证法律服务秩序的,特别是对2005年4月1日以后发生的行为,要严肃纪律,严厉查处。司法行政机关、公证员协会要切实履行职责,定期或不定期进行检查,及时发现问题,认真、严肃处理。疏于履责、监管不到位、查处不力的,要追究有关司法行政机关和公证员协会的领导责任。价格主管部门要加强对公证收费行为的监管,依法查处乱收费行为。司法行政机关、公证员协会发现公证处有违规收费行为的,应通报价格主管部门依法查处。司法行政机关内部审计和监察部门要进一步发挥职能作用,依法追究违规单位和个人的责任。发现银行业金融机构和银行业金融机构工作人员索要、收受回扣或带有回扣性质的费用和利益的,银行业监督管理部门可以区别不同情况,责令银行业金融机构对直接负责的董事、高级管理人员和其他直接责任人员给予纪律处分,直至给予银行业金融机构和银行业金融机构工作人员行政处罚。涉嫌构成犯罪的,移交司法机关依法处理。

四、加强公证行业监管和自律。要积极推进公证同业规则建设，司法行政机关、公证员协会要积极引导设区的市市区范围内的各公证处，通过建立主任联席会议制度、签订反不正当竞争自律规约等形式，加强自我管理，自我约束。要积极推进公证信息化平台建设，有条件的地方，可以尽快实现区域内微机联网，借助统一的网络平台进行有效的信息沟通，加强相互监督，加强行业监管。

五、建立健全协调配合的工作机制。防范和制止不正当竞争行为，规范公证法律服务秩序，是当前及今后一段时期司法行政机关的重要任务，各相关部门和单位要高度重视，统一思想，各司其职，密切配合，建立信息通报和案件查处反馈制度，形成协调配合的工作机制。司法行政机关要加强公证工作指导和监督，健全完善内部审计与监察制度，进一步规范公证处的财务收支和服务行为。司法行政机关和价格主管部门要加强公证法律服务收费管理，进一步规范公证处的收费行为，并根据实际情况，适时调整公证法律服务收费标准。司法行政机关、银行业监督管理部门要切实加强监管，进一步规范金融公证业务活动中公证处、金融机构、中介组织之间的关系，积极引导公证人员和金融工作人员规范操作、清廉从业。

各级司法行政机关、检察机关和价格主管部门、银行业监督管理部门要把规范公证法律服务秩序工作摆上重要议事日程，切实加强组织领导，根据本通知要求，结合工作实际，提出实施意见并认真贯彻落实。

司　法　部

关于学习贯彻《中华人民共和国公证法》的意见

（2005年8月28日　司发〔2005〕8号）

各省、自治区、直辖市司法厅（局），新疆生产建设兵团司法局：

2005年8月28日，十届全国人大常委会第十七次会议审议通过了《中华人民共和国公证法》（以下简称《公证法》）。这部法律将于2006年3月1日起正式实施。做好《公证法》的学习、宣传、贯彻工作，是当前司法行政工作的一件大事。现提出如下意见。

一、充分认识颁布实施《公证法》的重大意义

《公证法》是新中国第一部公证法典。它的颁布实施，对于建立和完善中国特色社会主义公证制度，推动公证事业发展，充分发挥公证工作在全面建设小康社会、加快推进社会主义现代化建设、构建社会主义和谐社会中的职能作用，具有重要意义。

《公证法》的颁布实施，是推动依法治国，完善中国特色社会主义法律体系的重要组成部分。公证是一项国际通行的预防性法律制度，是一个国家司法制度的组成部分。经过五十多年的发展完善，我国公证工作已成为依法治国、建设社会主义法治国家的重要法律手段。加强公证立法，是进一步推进依法治国的重要措施，是丰富和完善社会主义法律体系的有机组成部分，体现了党和国家高度重视运用公证等法律手段推动经济建设和民主法治建设。

《公证法》的颁布实施，是规范民商事活动，维护社会主义市场经济秩序，构建社会主义和谐社会的重要举措。公证具有服务、沟通、证明、监督的职能，通过行使法律证明职责，能够有效防范民商事纠纷发生，保障交易安全，这对于依法规范民商事活动，维护社会主义市场经济秩序，具有重要的保障和促进作用。公证工作预防纠纷、维护诚信，有利于实现法治基础上的社会和谐。颁布实施《公证法》，是依法发挥公证制度职能作用的客观需要，是更好地运用公证手段为构建社会主义和谐社会服务的必然要求。

《公证法》的颁布实施，是我国公证工作实现法制化的重要标志。《公证法》是公证工作的基本法，它明确了我国公证制度的法律地位和公证执业活动的基本原则，对公证机构、公证员、公证程序、公证效力和公证法律责任等都作出了明确规定；它充分肯定了建国以来我国公证事业发展所取得的成绩，总结吸纳了公证制度恢复重建以来，特别是《公证暂行条例》颁布后公证改革发展建设所积累的经验，同时，也借鉴了国外有益的做法，为我国公证工作和司法行政工作提供了有力的法制保障。

总之，《公证法》的颁布实施，为广大公证人员依法从事公证执业活动，为各级司法行政机关和各公证员协会依法履行管理职责，提供了有力的法律支持和法律保障。《公证法》以法律形式确立了中国特色社会主义公证制度的基本框架，标志着我国公证制度逐步走向成熟。

二、明确学习、宣传、贯彻《公证法》的指导思想、主要任务和基本要求

要运用好《公证法》，必须抓好《公证法》的学习、宣传、贯彻等各项工作。

（一）指导思想：坚持以邓小平理论和“三个代表”重要思想为指导，全面落实科学发展观，认真组织学习、宣传、贯彻《公证法》，加强公证队伍建设，提高广大公证人员的思想政治素质和业务素质，加强公证工作管理，提高公证公信力，提高依法开展公证工作的水平，增强全社会对公证制度的深入了解，完善中国特色的社会主义公证制度，发挥公证工作在全面建设小康社会、加快推进社会主义现代化建设、构建社会主义和谐社会中的重要职能作用。

（二）主要任务：一是组织全国公证管理干部、公证人员学习《公证法》；二是组织开展面向社会、形成一定规模和声势的《公证法》宣传活动；三是按照《公证法》确立的原则，研究制定推进公证体制、机制改革和加强公证队伍建设的措施、意见，制定修改有关配套规章和规范性文件。

（三）基本要求：一是通过组织开展《公证法》的学习、宣传活动，使广大公证管理干部和公证人员的思想认识进一步统一，了解和掌握《公证法》的立法原则、精神和主要内容，增强做好公证工作的责任感，提高贯彻落实《公证法》、依法开展公证工作的水平；二是通过开展《公证法》的宣传活动，营造贯彻落实《公证法》的社会氛围，促使社会各界和广大人民群众进一步了解公证制度，自觉运用公证手段保障和促进经济、民事活动顺利开展；三是通过贯彻落实《公证法》，进一步完善公证工作管理体制和工作机制，规范公证执业活动，拓展公证业务，加强公证队伍建设，提高公证公信力，推动公证制度创新与发展。

三、认真做好学习、宣传、贯彻《公证法》的组织领导工作

学习、宣传、贯彻《公证法》，任务繁重，各级司法行政机关和各公证员协会要高度重视，精心组织，周密部署，确保各项学习、宣传、贯彻的任务落到实处，以便为明年 3 月正式实施《公证法》

打下思想基础、组织基础和工作基础。

（一）切实加强组织领导。对《公证法》的学习、宣传、贯彻工作，要实行领导责任制，各省（区、市）司法厅（局）的一把手要负总责，厅（局）党委（党组）要把这项工作列入重要议事日程，加强对《公证法》学习、宣传、贯彻工作的指导，根据司法部即将提出的贯彻落实《公证法》的工作意见，组织研究制定本地的贯彻实施意见。要教育和引导广大公证管理干部、公证人员把思想认识统一到《公证法》的立法原则和精神上来，统一到部党组的有关工作部署上来，切实熟悉《公证法》的各项内容，全面、准确领会《公证法》的立法原意。要把学习、宣传、贯彻《公证法》，列入今年全国公证队伍教育规范树形象活动的重要内容，以此推动教育规范树形象活动的深入开展。

（二）认真开展学习培训。2005 年 10 月中旬，司法部、中国公证员协会将举办《公证法》培训班，为各地开展培训提供师资力量。各省（区、市）司法厅（局）可陆续组织《公证法》培训，2006 年 2 月底前要完成本省（区、市）公证业务骨干培训任务。目前，司法部正会同有关部门组织编撰《公证法》释义，作为《公证法》学习培训资料。

（三）广泛开展宣传活动。从现在开始到明年 3 月《公证法》正式实施的这段时间，各级司法行政机关和各公证员协会要集中组织开展一次《公证法》宣传活动。司法部将研究制订《公证法》宣传提纲，开展一系列《公证法》的宣传活动。各地要制定《公证法》宣传工作计划，充分利用报刊、电台、电视台、网络等媒体，有组织、有步骤地开展形式多样、群众喜闻乐见的《公证法》宣传活动，把宣传《公证法》与宣传公证制度、宣传公证行业的先进典型结合起来，形成声势，取得实效。

（四）做好实施前的各项准备工作。司法部将根据《公证法》的有关规定，研究提出贯彻、落实《公证法》的工作意见，在今年适当时候召开司法行政系统贯彻落实《公证法》会议，对贯彻、落实《公证法》作出部署。2006 年 3 月 1 日前后，司法部陆续出台《公证法》的有关配套规章和规范性文件，并对已有的相关规章和规范性文件进行修订、清理。各地要加强论证和调研，积极配合完成有关的工作任务。同时要依据《公证法》，结合本地实际，及早研究本地学习贯彻《公证法》的意见。

（五）加强工作配合和协调。围绕学习、宣传、贯彻《公证法》，各级司法行政机关公证管理部门、政工部门、法制部门、法制宣传部门和公证员协会，要注重发挥各自的职能作用，加强工作的协作配合，形成共同推进《公证法》学习、宣传、贯彻工作的合力。

（六）严肃工作纪律。贯彻落实《公证法》，将涉及部分机构、人员的调整，对此，必须严肃工作纪律，严格执行有关规定。在司法部作出有关部署前，各地要严格执行 2004 年 9 月 13 日《司法部办公厅关于当前公证工作几个问题的通知》（司办通〔2004〕第 142 号），采取切实措施，加强公证处的人事、财务、办证质量和档案管理等各项工作，严肃工作纪律，严禁违规处置资产，严禁违规发放钱、物，维护当前公证工作的正常秩序，保持公证队伍的稳定，确保工作不断、秩序不乱、队伍不散、国有资产不流失。

各地传达落实此意见的情况，请及时报部。

司法部办公厅

关于同意中国公证员协会更名为中国公证协会的批复

（2005年10月14日　司办函〔2005〕252号）

中国公证员协会：

你会10月12日《关于中国公证员协会更名为中国公证协会的报告》收悉。根据2005年8月28日全国人民代表大会常务委员会第十七次会议通过的《中华人民共和国公证法》第一章第四条的规定和国务院《社会团体登记管理条例》第二十条的规定，我部同意你会名称变更为中国公证协会。

请你会自接到本批复之日起30日内向社团登记管理机关申请变更登记。

特此批复。

司　法　部

关于贯彻实施《中华人民共和国公证法》的若干意见

（2005年12月10日　司发〔2005〕13号）

各省、自治区、直辖市司法厅（局），新疆生产建设兵团司法局：

《中华人民共和国公证法》（以下简称《公证法》）将于2006年3月1日起施行，现就贯彻实施《公证法》提出以下意见。

一、深刻认识贯彻实施《公证法》的重要意义

《公证法》是新中国第一部有关公证工作的法律，是五十多年来我国公证事业改革发展的重要法制成果，它确立了中国特色社会主义公证制度的基本框架，为优化公证资源配置、加强公证队伍建设、提升公证管理水平、强化公证执业监督提供了法律依据，为公证事业的发展奠定了坚实的法制基础。贯彻实施《公证法》，是推动依法治国的客观需要，是完善公证制度的有效途径，是提升公证队伍素质的重要保障。各级司法行政机关一定要从政治和全局的高度，充分认识贯彻实施《公证法》的重要意义，增强工作责任感和历史使命感，确保《公证法》的精神和要求落到实处。

二、正确把握贯彻实施《公证法》的指导思想和任务目标

1. 指导思想：坚持以邓小平理论和“三个代表”重要思想为指导，全面贯彻落实科学发展观，认真贯彻党的十六大、十六届五中全会精神，准确把握《公证法》的立法原则和精神，适应全面建设小康社会、构建社会主义和谐社会的需求，适应推进依法治国、拓展和规范法律服务的需求，紧紧围绕加强服务、健全组织、完善管理、提高质量、提升素质的总要求，坚持有利于公证队伍稳定、有利于公证事业发展的原则，积极稳妥地做好公证机构设置和布局调整工作，进一步加强公证队伍建设，进一步发挥公证职能作用，努力开创公证事业的新局面。

2. 任务目标：围绕贯彻实施《公证法》，完善公证体制机制，规范公证执业活动，提高公证队伍素质，加强公证工作管理，使公证资源配置更加合理，公证队伍建设明显加强，公证法律体系进一步健全，公证工作规范化水平进一步提高，公证职能作用得到充分发挥，推动公证工作为我国经济建设、民主法治建设提供优质高效的法律服务。

三、依法稳妥地做好公证机构设置和布局调整工作

3. 根据《公证法》的规定，司法部、省、自治区司法厅不再设立公证处。设区的市、直辖市市区范围内只能在一个层级设立公证处。

4. 各省（区、市）司法厅（局）按照统筹规划、合理布局的要求，结合本地实际，综合考虑人口、经济社会发展、交通状况、公证业务需求、便民利民等因素，拟定本省（区、市）公证机构规划和调整意见，报司法部核定。

5. 从有利于公证队伍稳定和公证事业发展出发，依法稳妥地做好公证机构设置和布局调整工作。坚持合法有序的原则，遵循《公证法》的立法精神和有关规定，有领导、有组织、有计划地进行调整；坚持积极稳妥的原则，以对公证事业负责，对涉及的每一个公证机构、每一名公证人员负责的态度，统筹协调各方面的利益关系，认真细致地做好每一项工作，确保调整工作顺利进行；坚持循序渐进的原则，从实际出发，因地制宜，分类指导，稳步推进；坚持便民利民的原则，以是否方便群众办证，是否有利于维护群众的合法权益，作为检验和衡量调整工作成效的重要标准。

6. 公证机构设置调整过程中，要切实做好政治思想工作。司法行政机关要高度负责，认真协调落实好各项交接工作，做好公证档案移交和保管等工作，确保公证队伍不散、秩序不乱、业务不断、国有资产不流失。

四、推动公证工作为经济社会发展提供优质高效的公证法律服务和保障

7. 推动公证工作为经济建设服务。依法拓展公证服务领域，积极引导公证工作介入国有企业改革、金融体制改革、国家和地方重点工程项目建设、西部大开发、振兴东北老工业基地等重大经济活动。积极引导公证工作在更大范围内、更深层次上为各类市场主体参与市场活动提供服务，认真开展国内及国际贸易、投资、知识产权保护等方面的公证业务。围绕建设社会主义新农村，认真做好公证为农业、农村、农民服务的工作。

8. 推动公证工作为社会主义和谐社会建设服务。依法开展遗嘱、继承等传统公证业务，严格规范现场监督、保全证据等公证业务，预防纠纷，保障社会安定有序，维护社会诚信，促进民主法治。积极引导广大人民群众运用公证手段预防社会矛盾纠纷、促进和谐社会建设。

9. 推动公证工作为依法治国服务。积极引导公证工作参与政府采购、招标投标等活动,保障公开、公平与公正。充分发挥公证作为预防性法律制度的重要作用,实现公证制度与司法审判制度的有效衔接,节省司法成本,提高裁判效率,促进司法公正,维护人民群众的合法权益。认真落实《公证法》关于法定公证制度的原则性规定,积极推动在有关法律、行政法规中明确具体的法定公证事项。

10. 推动公证工作为扩大对外开放服务。进一步发挥公证工作的桥梁和纽带作用,依法做好涉外、涉港澳台公证工作,为引进外资、境内企业参与对外经济技术交流与合作、参与国际市场竞争等提供公证法律服务和保障,促进对外开放。

五、努力造就一支高素质的公证队伍

11. 按照"坚持信念、精通业务、维护公正、恪守诚信"的总要求,进一步加强公证队伍建设,不断提高公证人员的政治素质、业务素质和职业道德素质。

12. 加强公证人员的政治思想教育、法制教育和职业道德、执业纪律教育,加强公证队伍党的建设,使广大公证人员牢固树立政治意识、大局意识、责任意识和宗旨意识,自觉践行"三个代表"重要思想,贯彻落实科学发展观,正确处理社会效益与经济效益的关系,始终把社会效益放在首位,严格依法办证。

13. 积极引导公证人员筑牢诚信为本的执业理念,培育公证人员诚实信用的品格,健全完善公证人员考核和奖惩机制,不断提高公证工作质量,维护公证行业信誉,维护公证的公信力。

14. 提高公证队伍的专业素质。健全完善公证执业准入机制,鼓励通过国家司法考试、符合规定条件的高素质人才进入公证队伍,建立科学、合理的考核机制,扶持中西部公证事业的发展,切实解决这些地方群众"办证难"的问题。制定统一的公证员培训规划,加强公证员的业务知识和岗位技能培训,提高公证人员的业务水平和办证能力。

15. 加强对公证员配备数量的宏观调控。各省(区、市)司法厅(局)要根据公证机构的设置情况和公证业务的需要,核定本省(区、市)公证员配备方案,报司法部备案。

16. 努力树立讲服务、讲规范、讲信誉的社会形象。通过思想教育、制度规范和典型引导等多种方法,引导公证人员树立服务至上的观念,珍视公证信誉和形象,严守办证程序,清廉执业。使广大公证人员切实树立起讲服务、讲规范、讲信誉的社会形象,成为党和政府信赖、人民信任的高素质的法律服务队伍。

六、推进公证工作的规范化、制度化建设

17. 建立完善公证机构业务、财务、资产等管理制度,健全公证人员社会保障和公证执业责任保险机制,逐步统一公证业务操作规程,规范内部分配制度,确保公证处规范运行。

18. 司法行政机关、公证协会要加强对公证业务的监督和管理,制定、修订各类办证细则,规范公证程序,指导公证处健全完善公证质量保证机制,确保公证质量不断提高。

19. 制定、完善《公证法》的配套规章和规范性文件,规范公证机构审批、公证员执业审批、公证机构名称管理以及对公证机构和公证人员违法行为处罚等管理行为。加快公证信息化平台建设,加强对公证服务秩序的监督管理,及时、严肃查处公证违法违规违纪行为,维护正常的公证执业秩序。

七、切实加强对《公证法》贯彻实施的组织领导

20. 各级司法行政机关要高度重视,把贯彻实施《公证法》放到重要位置,列入司法厅(局)党委(党组)的重要议事日程。要实行领导责任制,一级抓一级,层层抓落实。

21.要认真组织学习《公证法》,使广大公证管理干部和公证人员进一步了解《公证法》的基本精神,准确掌握《公证法》的主要内容,熟练运用《公证法》的各项规定,把思想认识统一到《公证法》的规定上来,统一到司法部党组的决策和部署上来,牢固树立法制观念,增强依法办事的自觉性。认真开展调查研究,抓紧研究制订贯彻实施《公证法》的具体意见和公证机构设置布局调整的方案,并有计划、有步骤地组织实施。

22.加强司法行政机关对公证协会的监督和指导,推进公证协会建设特别是省级公证协会建设,充分发挥其在制定行业规范、组织业务交流与培训、维护会员合法权益等方面的作用。

23.司法行政机关对贯彻实施《公证法》的每一项工作、每一个环节都要加强工作指导和监督检查。深入基层,调查研究,关心广大公证人员的思想和生活,指导和帮助公证人员了解政策,了解形势,增强贯彻实施《公证法》的主动性和自觉性;要针对不同情况,加强分类指导,善于发现新情况,解决新问题,对于遇到的复杂情况和问题,要认真研究,提出意见,加强指导,督促解决;上下级司法行政机关、司法行政机关与公证协会之间要加强协调,形成推进工作的合力,确保《公证法》的各项规定不折不扣地得到贯彻实施。

24.要下大力气,通过多种方法,广泛持久组织宣传《公证法》,宣传公证制度,宣传公证工作为推动经济社会发展服务的先进人物和典型事迹,使社会各界和广大人民群众进一步了解《公证法》,了解公证工作,关心和支持公证事业的发展,形成学习宣传和贯彻实施《公证法》的良好氛围。

25.各级司法行政机关要主动向当地党委、政府汇报,积极争取和认真落实有关政策措施,切实解决贯彻实施《公证法》工作中存在的一些矛盾和问题,协调落实公证债权文书强制执行效力,依法查处伪造、变造或者买卖伪造、变造的公证书、公证机构印章等不法行为,进一步改善公证执业环境。

各地执行本《意见》过程中遇到的问题,请及时报部。

司　法　部

关于《公证法》施行后如何办理公证行政申诉问题的批复

(2006年5月11日　司复〔2006〕8号)

四川省司法厅:

你厅《关于如何适用〈公证法〉第四十条规定的请示》(川司法〔2006〕14号)收悉。经研究,批复如下：

2006年3月1日以后出具的公证书，当事人、公证事项的利害关系人认为公证书有错误的，应当根据《公证法》第三十九条的规定向出具该公证书的公证处提出复查；对公证书的内容有争议的，根据《公证法》第四十条的规定，可以就该争议向人民法院提起民事诉讼。司法行政机关不再按行政申诉程序处理有关争议。

2006年3月1日以前出具的公证书，当事人、公证事项的利害关系人认为公证书有错误的，并于3月1日以前根据《公证程序规则》提出行政申诉，司法行政机关已经受理尚未作出处理决定的，应当继续按行政申诉程序办理。

2006年3月1日以前出具的公证书，当事人、公证事项的利害关系人认为公证书有错误或者对公证书的内容有争议，于3月1日以后提出行政申诉的，司法行政机关不再受理，并告知申诉人按照《公证法》第三十九条、第四十条的规定向公证处提出复查或者向人民法院提起民事诉讼。

司　法　部

关于印发《关于深入开展司法行政机关评查案件工作的意见》的通知(节录)

(2010年9月19日　司发通〔2010〕172号)

各省、自治区、直辖市司法厅(局)，新疆生产建设兵团司法局、监狱管理局：

为了进一步提高司法行政机关执法公信力，深入推进“三项重点工作”，维护社会和谐稳定，根据《中共中央办公厅、国务院办公厅转发〈中央政法委员会、中央维护稳定工作领导小组关于深入推进社会矛盾化解、社会管理创新、公正廉洁执法的意见〉的通知》(中办发〔2009〕46号)精神，研究制定《关于深入开展司法行政机关评查案件工作的意见》。现将该意见印发给你们，请结合实际，认真贯彻落实。

关于深入开展司法行政机关评查案件工作的意见

二、深入推进司法行政机关评查案件工作，切实提高公正廉洁执法水平

3. 评查范围。以群众反映强烈的信访案件、容易滋生腐败、容易发生违规违法的案件为评查重点，对监狱、劳教、律师、公证、法律援助、社区矫正、司法鉴定等领域的案件进行评查。司法行政机关评查案件的范围主要是：

监狱办理罪犯减刑、假释、暂予监外执行，以及罪犯非正常死亡等案件。

劳动教养机关办理减期、提前解教、所外就医、所外执行、非正常死亡以及强戒人员变更执行方式等案件。

律师私自接受委托、收取费用、接受委托人的财物或者其他利益；向法官、检察官、仲裁员以及其他有关工作人员行贿、介绍贿赂或者指使、诱导当事人行贿，或者以其他不正当方式影响法官、检察官、仲裁员以及其他有关工作人员依法办理案件；故意提供虚假证据或者威胁、利诱他人提供虚假证据，妨碍对方当事人合法取得证据；煽动、教唆当事人采取扰乱公共秩序、危害公共安全等非法手段解决争议；扰乱法庭、仲裁庭秩序，干扰诉讼、仲裁活动的正常进行等案件。

公证中私自出具公证书；为不真实、不合法的事项出具公证书；故意出具虚假公证书或因工作失职造成错证；未按国家规定标准收取公证费或巧立名目滥收公证费；利用职务之便谋取私利、侵占、挪用公证费或公证专用物品；出具公证书程序违法；为无强制执行效力的公证书签发执行证书等案件。

法律援助中受援人投诉的案件；重大疑难复杂案件或群体性案件；社会各方面关注、群众反映较大的案件；法律援助人员对司法行政机关办案质量检查评估结果有争议的案件。

基层司法行政工作中社会重点关注的医疗纠纷、劳动人事、道路交通民事赔偿等经人民调解达成协议后，又提起诉讼的案件，以及刑释解教人员脱管失控等案件。

社区矫正中为社区服刑人员办理减刑等执行变更；发生社区服刑人员脱管、漏管；违反规定侵害社区服刑人员合法利益等案件。

司法鉴定中投诉人对司法行政机关处理不服的久拖不决的案件。

今年，重点评查司发通〔2010〕103 号文中《关于开展司法行政涉法涉诉信访案件评查活动的工作方案》要求评查的涉法涉诉信访案件。

司法部重点评查中央领导批办的案件、在社会上有重大影响的案件和跨省（区、市）案件；省级司法行政机关重点评查司法部、省（区、市）政法委交办的案件和影响较大的案件；地、县级司法行政机关根据本地实际确定评查的案件。

评查的案件应是程序已经终结的案件；政法机关尚在处理、审理中的案件，不进行评查。

司法部办公厅

关于印发《司法部机关文件材料归档范围和文书档案保管期限规定》的通知(节录)

(2010年11月8日　司办通〔2010〕101号)

六、律师公证工作指导司

(一)全国律师、公证、基层法律服务工作会议文件材料

1. 请示、批复、通知、名单、议程、报告、领导讲话、决定、纪要,讨论通过的会议文件、决议等　永久

2. 典型材料、学习材料、交流材料、代表发言、简报等　30年

3. 领导讲话、报告等材料的修改稿、参考材料、讨论纪录、事项决定等文件材料　10年

(二)律师、公证、基层法律服务工作专题会议文件材料

1. 请示、批复、通知、名单、议程、报告、领导讲话、决定、纪要,讨论通过的会议文件、决议等　永久

2. 代表发言、典型材料、学习材料、交流材料、简报等　30年

(三)起草制定的有关律师、公证、基层法律服务工作的规章制度、管理办法、方针政策性文件材料　永久

(四)本部门向上级机关的请示、报告及上级机关的批复、指示　永久

(五)本部门代上级机关起草并被采用的文件的上报稿　永久

(六)同级机关、下级机关的来函、请示与本部门的复函、批复等文件材料

1. 重要的　永久

2. 比较重要的　30年

3. 一般的　10年

(七)本部门业务工作中形成的文件材料

1. 录取律师资格、公证员资格人员名单　永久

2. 取消律师资格和法律职业资格证书的批复　永久

3. 任命和免去公证员职务的决定　永久

4. 办理公证事项和公证文书格式的批复　永久

5. 涉及港澳台公证问题的规定

(1)重要业务问题的　永久

(2)一般业务问题的　30 年

6. 批准外国(香港)律师事务所驻华(内地)代表处、代表处代表的有关材料

(1)批准外国(香港)律师事务所设立(增设、减少)驻华(内地)代表处或变更驻华(内地)代表处名称的文件材料　永久

(2)批准外国(香港)律师事务所增加(减少)驻华(内地)代表处代表的文件材料　30 年

7. 全国律师、公证、基层法律服务工作的统计表　30 年

8. 办理中央国家机关公职律师试点工作的文件材料　30 年

(八)本部门召开的司长办公会记录、纪要等文件材料

1. 重要业务问题的　永久

2. 一般业务问题的　10 年

(九)本部门负责编印的情况反映、简报、工作动态及编辑出版物

1. 重要业务问题的　永久

2. 一般业务问题的　10 年

(十)本部门年度工作计划、总结　30 年

司　法　部

关于转发中国公证协会《公证员职业道德基本准则》的通知

(2011 年 1 月 31 日　司发通〔2011〕18 号)

各省、自治区、直辖市司法厅(局),新疆生产建设兵团司法局、监狱管理局:

中国公证协会于 2011 年 1 月 6 日印发了修订后的《公证员职业道德基本准则》(以下简称《基本准则》)。现予以转发,请你们会同公证协会认真做好《基本准则》的学习、宣传和贯彻落实工作。

大力加强公证员职业道德建设,是公证员队伍建设的一项重要内容,是司法行政机关、公证协会和公证机构一项长期的重要任务。认真做好《基本准则》的学习、宣传和贯彻落实工作,关系到培养和造就广大公证员成为合格的中国特色社会主义法律工作者,依法履行公证职责;关系到公证机构在服务科学发展、促进社会和谐的实践中,始终维护和不断增强公证公信力,更好地实现自身的科学发展。各地司法行政机关要指导公证协会,高度重视公证员职业道德建设,加强对公证员执行《基本准则》的监督,充分发挥公证机构的自我管理、监督作用,把行政管理、行业管理和自我管理有机地结合起来,把贯彻落实《基本准则》与贯彻落实《公证法》及其配套规章的

相关规定结合起来,努力提高公证员的职业道德水平,保证公证员依法履行公证职责,维护公证员的良好职业形象,推动公证事业持续、稳步、健康发展。

附件:《公证员职业道德基本准则》(略)

最高人民法院　司法部

关于认真贯彻实施《中华人民共和国人民调解法》加强和创新社会管理的意见(节录)

(2011 年 5 月 3 日　司发〔2011〕8 号)

五、大力加强人民调解员队伍建设

要按照人民调解法关于人民调解员选任方式、选任条件、行为规范、教育培训、优待抚恤的规定,采取有力措施,大力加强人民调解员队伍建设。要发展壮大人民调解员队伍,努力建设一支善于做人民调解工作、有奉献精神、年龄和知识结构合理、专兼职相结合的调解员队伍。认真做好人民调解员选任工作,严格按照选任条件,采取推选、聘任等方式,把那些公道正派、热心人民调解工作并具有一定文化水平、政策水平和法律知识的人员吸收到调解员队伍中来。要充分利用社会资源,吸纳热心公益事业的离退休法官、检察官、警官和律师、公证员等法律工作者以及不同行业的社会志愿者参与人民调解工作,不断完善人民调解员队伍结构。要积极发展专业化、社会化的人民调解员队伍,争取有关部门支持,在相关领域和行业建立一支具有相应职业背景和专业知识的调解员队伍。各级司法行政机关特别是县级司法行政机关、司法所要加强对人民调解员的日常管理,教育他们自觉遵守法律、法规、政策和行为规范,定期进行督促检查。要进一步加大人民调解员培训力度,按照人民调解法的要求,有计划、有组织地定期开展人民调解员的普遍轮训,对他们进行思想政治教育、行为规范教育,以及与调解相关的法律法规培训、调解实务培训,提高他们的政治法律素质、业务能力和调解技巧。

司法部办公厅

关于推进公证机构体制改革有关问题的通知

（2012年2月1日　司办通〔2012〕8号）

各省、自治区、直辖市司法厅（局），新疆生产建设兵团司法局：

为贯彻落实《中共中央　国务院关于分类推进事业单位改革的指导意见》（中发〔2011〕5号），积极稳妥地推进全国公证机构体制改革工作，经商中央编办同意，将由我部依据《公证法》的规定和《指导意见》的精神和要求，结合公证行业发展实际，在调研论证的基础上提出深化公证机构体制改革的实施意见，明确公证机构的定性分类、编制和人事管理、经费管理模式、分配机制和社会保障、财税管理等相关制度和配套政策，以指导各地稳步、顺利推进公证机构体制改革工作。目前，我部正在研究起草推进公证机构体制改革的实施意见，拟征求各有关方面意见，在中央编办指导下，协调、会同有关部门联合制定出台。请各省（区、市）司法厅（局）积极配合做好相关调研论证和研提意见工作，共同推动实施意见尽早出台，保证公证机构体制改革依法、规范、有序推进。

附件：《关于贯彻落实中发〔2011〕5号文件推进公证机构改革有关问题意见的函》（中央编办函〔2011〕113号）

附件

关于贯彻落实中发〔2011〕5号文件推进公证机构改革有关问题意见的函

（中央编办函〔2011〕113号）

司法部：

《关于贯彻落实中发〔2011〕5号文件推进公证机构改革有关问题的函》（司发函〔2011〕293号）收悉。经研究，对你部研究深化公证机构改革有关问题，提出实施意见，指导各地稳步推进公证机构体制改革，我们没有不同意见。同时，建议研究工作遵循中央《关于分类推进事业单位改革的指导意见》的精神和要求。

司　法　部

关于进一步加强司法行政基层建设的意见(节录)

(2012年9月5日　司发通〔2012〕276号)

各省、自治区、直辖市司法厅(局),新疆生产建设兵团司法局:

基层是司法行政工作的根基。近年来,各级司法行政机关坚持把基层建设作为一项长期战略任务,坚持抓基层、打基础,着力建设基层、服务基层、发展基层,司法行政基层建设取得了显著成效,基层基础面貌发生了根本性变化,有力地推进了司法行政工作改革发展,为维护社会和谐稳定,促进经济社会发展做出了重要贡献。为适应形势发展需要,进一步巩固和强化司法行政基层基础,实现司法行政事业长远发展,现就进一步加强司法行政基层建设提出如下意见。

6. 切实强化管理职责。加强组织实施管理,对县(市、区)司法局直接组织开展的社区矫正、安置帮教、法制宣传等各项工作,要规范业务标准和工作流程,进一步提高工作制度化、规范化和法制化水平,确保职责任务落实到位。加强指导监督管理,对指导监督人民调解、律师、公证、基层法律服务、法律援助、司法鉴定等各项业务,要公开执业和管理工作的依据、程序、流程、结果,针对各项业务工作的不同性质特点,采取有针对性的管理措施,促进各项工作依法规范进行。加强对司法所的管理,按照双重管理、县(市、区)司法局管理为主的要求,指导、监督司法所加强内部管理、认真履行职责、检查、督促司法所各项工作任务落实。

12. 全面履行法定职责。按照法定职能、法定权限全面履行职责。紧紧围绕基层党委政府中心工作履行职能,认真做好政府法律顾问工作,为党委政府依法决策、依法行政、依法管理经济和社会事务提供法律咨询,当好参谋助手;认真做好人民调解、社区矫正和安置帮教等工作,排查化解矛盾纠纷,预防和减少重新违法犯罪,维护社会和谐稳定。紧紧围绕群众法律需求开展工作,深入乡村社区,深入群众,组织开展法制宣传教育,发挥律师、公证、法律援助、基层法律服务等职能作用,及时为基层群众提供法律服务和帮助。紧紧围绕形势发展需要,及时调整工作思路,转变工作重点,强化工作措施,使基层司法行政工作更好地适应形势任务的变化发展。

司　法　部

关于推进公共法律服务体系建设的意见（节录）

（2014 年 1 月 20 日　司发〔2014〕5 号）

一、总体要求

公共法律服务，是指由司法行政机关统筹提供，旨在保障公民基本权利，维护人民群众合法权益，实现社会公平正义和保障人民安居乐业所必需的法律服务，是公共服务的重要组成部分。具体包括：为全民提供法律知识普及教育和法治文化活动；为经济困难和特殊案件当事人提供法律援助；开展公益性法律顾问、法律咨询、辩护、代理、公证、司法鉴定等法律服务；预防和化解民间纠纷的人民调解活动等。

二、主要任务

（一）进一步健全法律服务网络。健全覆盖城乡的公共法律服务网络，将公共法律服务延伸到城市社区和农村基层，不断增强公共法律服务的广泛性、可及性、便利性。

2. 大力发展县域公证工作，扩大公证机构规模，充实公证人员力量，增强县域公证机构辐射乡镇的能力。开展巡回办证、蹲点办证，组织公证人员定期或不定期深入乡镇（街道）、村居（社区）开展公证咨询、受理公证业务。充分运用考核任命公证员制度，解决经济欠发达地区公证机构缺员问题。

（三）进一步拓展法律服务领域。围绕《国家基本公共服务体系“十二五”规划》确立的重点公共服务领域，加强工作引导和政策调控，大力拓展教育、就业、社会保障、医疗卫生、住房保障、文化体育等领域的法律服务，促进基本民生工程建设，维护和实现人民群众权益。

1. 引导广大律师、公证员和基层法律服务工作者自觉履行社会责任，积极参与公益性法律服务，进一步做好弱势群体、困难群众的法律服务和法律援助工作。积极探索建立乡村（社区）法律顾问制度，通过政府购买方式，向乡村（社区）选派律师或基层法律服务工作者担任法律顾问，逐步实现“一村（社区）一顾问”。深化政府法律顾问工作，推动在省、市、县三级普遍建立政府律师法律顾问团，协助政府运用法律手段管理经济和社会事务。通过政府购买等方式，引导律师积极参与信访、调解、群体性案（事）件处置和社区工作等公益法律服务，服务群众、维护社会和谐稳定。

5. 拓展司法鉴定业务范围和服务领域，及时将与保障和服务民生密切相关的鉴定事项纳入统一登记管理的范围。为人民调解、公证、仲裁等非诉讼纠纷解决活动，以及交通事故、保险理赔、医疗损害、职工工伤、房屋拆迁等争议解决提供公益性司法鉴定服务。

司法部办公厅

关于做好学习贯彻《最高人民法院关于审理涉及公证活动相关民事案件的若干规定》工作的通知

（2014年6月19日　司办通〔2014〕27号）

各省、自治区、直辖市司法厅（局），新疆生产建设兵团司法局：

近日，最高人民法院制定出台了《最高人民法院关于审理涉及公证活动相关民事案件的若干规定》（以下简称《规定》），为切实做好这一司法解释的学习贯彻工作，现就有关事宜通知如下：

一、充分认识制定出台《规定》的重要意义

《规定》对公证活动相关民事案件的起诉受理、过错认定、责任承担等问题作出规定，进一步细化了《公证法》等法律的相关规定，明确了公证赔偿责任纠纷的性质、公证书效力异议和公证书内容争议的救济方式、公证执业过错的认定标准、公证机构赔偿责任的承担方式、当事人提供虚假证明材料的赔偿责任、公证机构免责的情形等内容。《规定》的颁布实施，统一和规范了法律适用标准，为人民法院依法审理涉及公证活动相关民事案件提供了遵循，也有利于引导公证机构及公证员依法开展执业活动，努力防范和降低公证执业风险。

二、规范公证执业活动和公证管理工作

《规定》就解决人民法院审理涉及公证活动的相关案件主要问题所作的规定，直接关系到公证执业活动和公证管理工作。各级司法行政机关公证管理部门、各地公证协会和公证机构，要以《规定》的颁布实施为契机，进一步规范公证执业行为，健全完善各项公证管理制度，切实做到“五个进一步”，即：进一步完善公证复查及争议救济机制，妥善解决当事人的合理诉求；进一步完善办证规则和行业规范，细化公证执业过错认定标准；进一步完善公证管理工作规范，强化对公证执业活动的监督管理；进一步增强依法依规执业观念，切实做到勤勉尽职履责；进一步提高公证质量，确保公证文书真实、合法、有效。

三、做好《规定》的学习宣传和贯彻实施工作

各级司法行政机关、各地公证协会要认真组织公证执业人员和公证管理人员学习领会《规定》的内容，理解和掌握《规定》精神，切实把相关要求落实到公证执业和公证管理之中。要加强与当地人民法院之间的沟通联系，配合做好涉及公证活动相关案件的审理工作，妥善解决《规定》实施过程中遇到的问题，确保《规定》得到全面贯彻落实。要加强宣传工作，引导当事人、公证事项的利害关系人准确理解《规定》的相关规定，依法表达利益诉求，正确履行举证责任。

附件：最高人民法院关于审理涉及公证活动相关民事案件的若干规定（法释〔2014〕6号）（略）

司法部办公厅
2014年6月19日

司　法　部
关于进一步加强公证工作的意见

（2014年8月6日　司发〔2014〕12号）

各省、自治区、直辖市司法厅（局），新疆生产建设兵团司法局：

为推动公证工作适应新形势新任务发展的要求，切实满足经济社会发展和人民群众对公证服务的需求，现就进一步加强公证工作提出如下意见。

一、充分认识加强公证工作的重要性

1. 公证制度是我国社会主义法律制度体系的重要组成部分，是一项预防性的司法证明制度，具有服务、沟通、证明、监督等功能，在维护人民群众合法权益、保障民商事交易安全、维护市场经济秩序、创新社会治理等方面具有独特的职能优势和重要作用。

2. 党中央、国务院历来高度重视公证工作，近年来，对深化公证工作改革、健全公证制度、发挥公证在经济社会发展中的作用作出部署，提出明确要求，为公证事业发展指明了方向。各级司法行政机关、各地公证协会认真贯彻落实中央对公证工作的要求，深入贯彻实施《公证法》，大力拓展和规范公证法律服务，健全完善公证工作体制机制，加强公证工作管理，实现公证事业持续健康发展。

3. 当前，我国正处于全面建成小康社会的关键时期。深化经济体制改革，健全社会主义市场经济体制，对公证工作提出新要求；创新社会治理，推进国家治理体系和治理能力现代化，赋予公证工作新使命；深化司法体制改革，促进社会公平正义，对公证工作提出新期待；保障和改善民生，满足人民群众日益增长的公证服务需求，对公证工作提出新挑战。公证工作要积极适应形势和任务发展变化的要求，根据公证服务需求新特点新趋势，全面加强自身建设，充分发挥职能作用，为服务经济社会发展作出新贡献。

二、加强公证工作的总体要求

4. 指导思想。高举中国特色社会主义伟大旗帜，以邓小平理论、“三个代表”重要思想、科学发展观为指导，全面贯彻落实党的十八大和十八届三中全会精神，认真贯彻落实习近平总书记系列重要讲话精神和对司法行政工作的重要指示精神，坚持围绕中心、服务大局，坚持以人为本、执业为民，依法履行公证工作职责，进一步规范公证执业行为，切实加强公证工作管理，大力加强公证队伍建设，坚持和完善中国特色社会主义公证制度，推进公证事业全面发展，为促进经济社会发展、维护人民群众合法权益提供优质高效的公证法律服务。

5. 基本原则。

——坚持党对公证工作的领导，切实把党的路线方针政策贯彻落实到公证工作中，努力推动公证工作服务于党和国家工作大局，维护人民群众合法权益。

——坚持公证工作正确方向，坚持公证制度作为预防性司法证明制度的基本定位，坚持公证活动不以营利为目的的价值取向，按照立足基本国情、遵循公证工作规律的要求，健全完善中国特色社会主义公证制度。

——坚持依法规范，树立正确的公证执业理念，推进公证执业规范化、标准化、信息化，完善公证执业准入、考核、监督机制，加强公证质量监管，确保公证活动依法、客观、公正。

——坚持改革创新，着眼于拓展服务领域、发挥职能作用，完善制度设计、大胆探索实践，积极推动公证工作创新，以创新思维和改革的办法解决工作中的困难和问题，不断推动公证工作实现新发展。

——坚持分类指导，立足我国经济社会发展及公证业发展不平衡的实际情况，根据公证机构不同管理模式特点，实施分类指导，增强工作指导的针对性、有效性。

三、依法履行公证工作职责

6. 认真办理涉及经济活动的公证事项，促进社会主义市场经济健康发展。紧紧围绕使市场在资源配置中起决定性作用提供公证服务，促进劳动、知识、技术、管理、资本等要素自由有序流动、科学合理配置，推进完善现代市场体系。紧紧围绕完善宏观调控体系、调整经济结构、实施区域发展战略、深化重点领域改革、推进城镇化建设和国家及地方重大工程、重点项目提供公证服务，促进转变经济发展方式。积极为各类市场主体提供公证服务，规范交易行为，预防经营风险、维护市场主体的合法权益。积极做好涉及经济活动的公证服务，认真办理合同协议、招标投标、拍卖、提存、抵押登记、电子商务、公司事务等公证业务，促进和保障市场经济活动依法有序进行。

7. 认真办理涉及公民权利义务的公证事项，维护人民群众合法权益。坚持以人为本、执业为民，把全心全意为人民服务落实到公证工作的每一个环节，为人民群众提供热情、周到、方便、快捷的服务。积极做好涉及公民人身关系、财产关系、家庭关系的公证服务，认真办理婚姻、收养、遗嘱、继承、抚养、赡养、监护、劳务、财产分割等公证业务，为公民个人处置财产、确认权利、维护权益等提供公证法律服务。完善便民、利民、惠民的工作措施，推动建立为老、残、病、弱等当事人服务的绿色通道，健全对社会困难群体的减免公证收费政策，推动公证服务向城乡社区延伸，加快构建覆盖城乡基层的公证法律服务体系。

8. 认真办理涉及社会和谐稳定的公证事项，促进实现社会公平正义。充分发挥公证工作预防在先的特点和方便群众、贴近基层的优势，围绕土地承包、企业改制、土地征用、房屋拆迁、劳动关系、环境保护等社会矛盾易发多发领域，贴近人民群众就业就学、医疗养老、社会保障等民生利益诉求，提供及时、有效的公证服务，从源头上预防矛盾纠纷的发生。认真办理拆迁补偿安置、入学派位、彩票发行、保障房分配、医疗纠纷赔偿、小汽车摇号等公证业务，维护和保障人民群众的合法权益，促进社会和谐稳定，维护社会公平正义。

9. 认真办理涉外涉港澳台公证事项，促进对外开放与交流合作。积极适应经济全球化新形势下,国际国内要素有序自由流动、资源高效配置、市场深度融合的发展态势,努力为我国参与国际经济合作提供公证服务。认真办理合同协议、公司章程、营业执照、知识产权、法人资格、股权证书、票据拒绝、不可抗力、海损事故等公证业务,为我国企业及个人对外投资、招标投标、对外贸易、诉讼仲裁、承揽工程、劳务合作等提供服务。认真办理自由贸易区建设、密切内地(大陆)与港澳台经贸关系、内陆沿边开放涉及的各类公证业务,为促进自由贸易区建设、构建全方位开放新格局提供优质高效的公证法律服务。积极为人员往来提供公证服务,认真办理学历学位、职务职称、亲属关系、有无违法犯罪记录等公证业务,为公民个人出国出境考察学习、就业谋职、旅游探亲、继承财产提供服务。

四、规范公证执业行为

10. 树立正确的公证执业理念。教育引导广大公证员和公证管理人员牢固树立依法执业的理念,严格履行法定的公证职责,严格依照法律法规办理公证事务,严格遵守执业规范和标准,自觉维护宪法和法律的权威。牢固树立执业为民的理念,把维护人民群众合法权益作为公证工作的出发点和落脚点,坚持把人民群众满意作为检验公证工作成效的根本标准,全心全意做好服务群众的各项工作。牢固树立质量至上的理念,全面、准确把握提高公证质量和信誉的内涵和要求,将公证质量意识真正融入公证执业理念中,体现到公证服务和公证管理工作中。牢固树立诚信执业的理念,自觉加强以公信为重点的职业道德建设,切实维护公证公信、促进社会诚信,营造守信光荣、失信可耻的社会氛围。

11. 推进公证执业规范化、标准化、信息化建设。规范服务行为,优化工作流程,强化执业技能,提高办证效率,改善服务设施,全面提升公证服务品质,真正把优质高效的要求落到实处。规范服务秩序,鼓励和倡导公证机构通过提高公证质量和服务水平进行公平竞争,严禁以贬损其他公证机构及公证员或者支付回扣、佣金等不正当竞争手段争揽公证业务,形成良性竞争的执业秩序。规范和细化办证标准,进一步健全公证受理、审查核实、出证审批、立卷归档、争议处理、责任追究等各环节的工作标准和要求,完善操作规程,提高公证执业标准化水平。建立完善公证综合管理信息系统,积极推广应用信息化手段,逐步实现办证信息录入、办证流程控制、办证质量监管等在公证信息平台上统一操作、规范运行,对办证全过程进行跟踪监督,不断提高公证质量和工作效率。

12. 完善公证执业准入、考核、监督机制。强化对公证执业活动全过程监督,建立涵盖执业准入、日常监管、考核评价、奖励处罚等方面公证执业监管体系。健全执业准入制度,严把公证员队伍“入口关”。完善公证机构和公证员年度执业考核制度,对于年度考核连续不合格的公证员,探索淘汰退出机制。建立科学的行业评价指标体系,完善公证执业水平评价机制,实现有效监督。建立健全公证不良执业记录披露制度,及时在公证行业内并面向社会公布公证违法违规执业信息,形成重质量、讲公信的公证执业导向,使公证工作进一步取信于民、取信于社会。完善执业奖惩机制,健全公证执业惩戒的法规规章和行业规范,细化处罚依据,完善惩戒程序,依法依规惩处各类公证违法违纪行为。

五、加强公证工作管理

13. 完善公证工作管理体制。完善司法行政机关行政管理、公证协会行业管理、公证机构自我管理相结合的公证管理体系。完善“两结合”管理体制,司法行政机关要依法加强对公证工作的监督、指导,强化制定政策法规、行业规划、标准规范、执业监管和改善执业环境等职责;公证协会要强化行业自律管理,依法、依章程履行指导业务、规范执业、维护权益、行业惩戒等职责。建立健全司法行政机关公证工作管理机构与公证协会之间的重要决策会商、重要情况沟通、重要信息共享工作机制,提高公证管理工作水平。

14. 科学合理配置公证资源。坚持统筹规划、合理布局,继续依法做好公证机构设置、布局调整工作。以满足公证服务需求为导向,完善公证机构设置和公证员配备制度,形成动态调整机制。加大对公证资源不足地区政策扶持,通过考试、考核任职、选派公证员驻点执业、设立分支机构、开展公证行业志愿服务活动等方式,解决欠发达地区公证机构人员短缺问题。

15. 完善公证机构管理运行机制。继续贯彻落实2000年国务院批准的《关于深化公证工作改革的方案》和《公证法》,坚持行政体制公证机构改为事业体制的方向,坚持公证机构依法设立,不以营利为目的,依法独立行使公证职能、承担民事责任的属性定位。认真贯彻落实中央有关文件要求,积极做好事业体制公证机构分类工作。探索建立符合公证行业特点的法人治理结构,健全决策、执行和监督机制,提高公证机构自我管理、自我发展的能力。

16. 加强公证机构建设和管理。加强公证机构组织建设,做好对选任公证机构负责人的监督指导工作,强化公证机构及其负责人对本机构公证人员的管理责任,建立和完善公证机构岗位责任制,明确和落实公证机构内部各类人员的岗位责任。加强公证机构业务建设,建立健全公证机构内部学习培训制度,严格公证业务受理、审批、出证管理,加强公证业务质量监督,建立完善重大疑难公证事项会商机制,加强公证文书档案管理。加强公证机构制度建设,建立健全公证机构人员管理、业务管理、财务管理、收入分配、资产管理等内部管理制度。加强公证机构场所和基础设施建设,健全便民服务措施,更好满足公证工作发展需要和群众办证需求。

17. 加强公证工作管理力量建设。健全司法行政机关特别是市、县两级司法行政机关公证管理机构,选配公证管理人员,为依法全面履行指导监督职责提供有力保证。加强地方公证协会建设,充实办事机构人员力量,完善管理制度,健全议事规则,提高自律管理能力。加强公证管理队伍教育培训工作,全面提高管理人员综合素质,进一步增强依法履职的能力。

六、加强公证队伍建设

18. 提高公证队伍综合素质。按照习近平总书记提出的“政治过硬、业务过硬、责任过硬、纪律过硬、作风过硬”的要求,大力加强公证队伍职业化、专业化建设,努力建设一支信念坚定、执业为民、敢于担当、清正廉洁的高素质公证队伍。始终把思想政治建设放在首位,坚持用中国特色社会主义理论体系武装公证队伍,教育引导广大公证员进一步坚定中国特色社会主义的道路自信、理论自信、制度自信,牢固树立社会主义法治理念,积极践行社会主义核心价值观。加强业务素质建设,结合实际,开展多层次的业务培训、岗位练兵等,加强重点和新兴公证业务研究及经验交流,全面提高公证队伍的业务素质、岗位技能和执业水平。加强职业道德和执业纪律建设,引导广大公证员进一步增强大局观念、法治观念、诚信意识、责任意识,恪守职业道德和执业纪律,在执业活动中切实做到忠于法律、客观公正、诚信为民、勤勉尽责。

19. 充实和发展公证员队伍。坚持从通过国家司法考试人员中选拔、任命公证员,依法有序充实和发展公证员队伍。欠发达地区公证机构无法招录到通过国家司法考试人员的,可以按有关法律规定通过依法考核任职的方式补充公证员。建立健全申请公证执业人员实习管理制度,完善实习登记、培训管理、考核监督,确保新任公证员具备合格的品行操守、业务素质和执业能力。

20. 加强公证教育培训体系建设。完善公证教育培训管理制度,把公证员参加教育培训情况作为执业年度考核的一项重要内容,并记入执业档案。将公证人员教育培训纳入司法行政队伍教育培训总体规划,科学制定公证员教育中长期培训规划,统筹做好任职前培训、年度职业培训、专项培训等工作。完善全国公证员教育培训大纲,规范培训内容。实施公证人才培养工程,建立公证专业人才评价机制,加快推进公证队伍的职业化、专业化。

21. 加强公证行风建设。积极培育和弘扬公信为民的良好行业风尚,做到尽职履责、廉洁执业、热情服务。积极开展公证行业文明创建活动,大力表彰先进个人和先进集体,充分发挥先进典型的引领示范作用,树立公证行业良好社会形象。针对群众反映的公证服务中存在的突出问题,组织开展公证行业服务窗口整治活动。建立健全公证行业行风社会监督机制,加强对公证执业活动的社会监督。

七、加强公证工作领导

22. 完善公证业发展的保障政策。积极加强与有关部门沟通协调,推动出台促进公证业发展的政策措施,加大公证业发展的政策保障力度。探索建立公证机构更为灵活的人员和编制管理政策,实现公证员配备方案与事业单位编制管理相互衔接。结合公证行业特点制定公证机构绩效考核指导意见,建立健全符合公证服务属性、体现岗位绩效和分级分类管理的绩效工资制度。推动建立符合公证服务公益属性的税收政策,建立健全符合行业特点的公证机构会计核算制度。完善和落实公证从业人员社会保障政策,确保待遇水平平稳过渡、合理衔接,保持国家规定的待遇水平不降低。根据经济社会发展和公证业发展的要求,改革完善公证收费制度。

23. 改善公证执业环境。抓住国家立法及有关部门制定行政规章的契机,积极提出立法建议,推动确立法定公证事项,强化公证法律效力。会同有关部门切实解决公证机构在核实证明材料过程中遇到的困难和问题,加强公证执业权利保障。会同有关部门打击提供虚假材料骗取公证书违法行为,建立工作联动机制。健全和规范公证赔偿基金制度,完善公证执业保障机制。

24. 加强公证理论研究。着眼于完善中国特色社会主义公证制度,深入开展理论研究,加强事关顶层制度设计和公证业发展的战略性、全局性、前瞻性问题的研究,着力解决公证工作改革发展面临的重大问题,增强公证工作指导的科学性、有效性,推动工作发展。

25. 加强公证宣传工作。加大公证宣传力度,综合运用广播、电视、报刊、网站、微博、微信等多种形式,广泛宣传我国公证制度和公证工作,使广大人民群众进一步增强公证法律意识,更加自觉地在民商事活动和社会交往中运用公证手段实现和维护自身权益,为公证事业发展营造良好社会环境。

八、认真做好组织实施工作

26. 加强领导。加强和改进公证工作事关公证事业持续健康发展,涉及面广、任务繁重。各地司法行政机关要高度重视,切实履行工作职责,积极发挥职能作用,在当地党委、政府领导下,精心做好组织实施工作。在工作推进过程中,积极加强与有关部门的协调配合,确保各项工作顺利进行。

27. 稳步推进。各地司法行政机关根据本意见,结合本地实际情况,制定具体实施办法,细化工作要求,明确任务分工,明确路线图、时间表,落实工作责任制,确保各项工作任务落到实处。

司法部

2014 年 8 月 6 日

司　法　部

关于进一步加强公证质量管理工作的通知

（2015年3月24日　司发通〔2015〕24号）

各省、自治区、直辖市司法厅（局），新疆生产建设兵团司法局：

为了进一步加强公证质量管理，提高公证公信力，服务经济社会发展，现就有关工作通知如下。

一、充分认识公证质量管理工作的重要性

党的十八届四中全会对发展公证法律服务业作出了重要部署，为新时期公证工作改革发展指明了方向。公证质量是公证工作的生命线，是公证公信力的重要标志。随着依法治国的全面推进，人民群众的法治观念和法律意识不断增强，对公证质量和公信力的要求日益提高。近年来，各级司法行政机关、各地公证协会高度重视公证质量管理和公信力建设，建立质量监控体系、制定质量评价标准、开展质量检查，全面加强公证质量监管，取得了明显成效。广大公证员坚持服务为民，依法规范诚信执业，在预防化解矛盾纠纷、维护当事人合法权益、促进经济社会发展中发挥了积极作用。但是，当前公证质量管理也出现了一些值得重视的问题，特别是公证当事人反映公证质量问题数量增多，社会舆情也有反映，有的公证机构内部质量管理机制不够健全，工作流程不够规范，审查把关不够严格，少数公证员质量意识和责任意识淡漠，不认真履行公证职责，甚至违反公证程序，出现瑕疵或者错误公证书；有的公证机构公证效率不高，便民利民的工作措施不到位，出证周期长；有的公证员违规收费，违反职业道德和执业纪律，等等。这些问题影响了公证工作服务为民作用的发挥。各地要从全面推进依法治国、推进公证事业持续健康发展的高度，充分认识公证质量管理工作的重要性，把提高公证质量放到当前工作的突出位置，采取有效措施，落实工作责任，创新工作举措，切实加强质量监管，全面提升公证质量。

二、大力加强公证员队伍质量意识教育

各地要加大公证员队伍教育管理力度，提高公证员队伍的政治素质、业务素质和职业道德素质。要教育引导广大公证员坚持依法执业，严格依照法律法规规章和执业规范办理公证事务；坚持执业为民，把维护人民群众合法权益作为公证工作的出发点和落脚点，全心全意做好服务群众的各项工作；坚持质量至上，高标准办理公证事务，将公证质量意识融入公证执业活动中；坚持诚信执业，自觉加强以诚信为重点的职业道德建设，杜绝出现假证、错证。要在公证执业中强化红线意识、坚守底线思维，不准未履行公证受理、登记、审批等程序私自出具公证书，不准为虚假的公证申请人或者不真实、不合法的事项出具公证书，不准违规收费，利用办证谋取私利或者向经办人、中间人支付回扣、介绍费等，不准与当事人恶意串通，损害对方当事人或第三人的合法权益。

三、着力加强公证执业的监督管理

各级司法行政机关、各地公证协会要针对目前公证执业中存在的突出问题，认真履行工作职责，对公证执业活动实施全面有效的质量监管，不断提高监督管理工作水平。

健全完善公证执业日常监督管理机制。加强公证质量检查，针对本地区公证质量情况进行全面摸底排查，深入办证一线，集中排查公证质量和效率问题，对排查出的问题要限期整改，及时通报，确保检查工作不走过场。完善公证质量监管制度，健全公证复查投诉处理机制，建立公证不良执业记录披露制度，健全公证执业信息公开制度，完善公证受理、审查核实、出证审批、立卷归档、质量评价、争议处理、责任追究等工作标准。强化质量监管手段，建立完善公证综合管理信息系统，积极推广应用信息化手段，逐步实现办证信息录入、办证流程控制、办证质量监管等统一操作、规范运行，对办证全过程进行跟踪监督，不断提高公证质量和工作效率。

健全完善公证机构质量控制机制。健全质量风险预防机制，严格公证受理标准，对存在申请人不具有相应的民事行为能力，当事人虚构、隐瞒事实、提供虚假证明材料等情形的，严格依法不予办理公证。健全质量过程控制机制，严格内部质量监测，严格规范审查核实、出证审批等工作流程，对申请公证的事项以及当事人提供的证明材料，按照有关办证规则需要核实或者对其有疑义的，应当进行认真核实。健全业务质量评查机制，设立公证质量检验员，定期组织人员进行业务质量自查互查，及时发现问题，规范执业行为，消除执业隐患。健全收费管理机制，严格规范服务收费，主动公示公证服务收费管理办法和收费标准，自觉接受主管部门和人民群众的监督。健全便民利民服务机制，进一步优化操作流程，强化执业技能，改善服务设施，提高办证效率，明确出证时限，切实做到及时受理、及时办理、及时出证，全面提升公证服务品质，真正把优质高效、便民利民的要求落到实处。

依法依规惩处公证违法违规执业行为。进一步健全完善公证违法违规执业惩戒制度，坚持教育与惩处并举、行政处罚与行业惩戒相结合，做好对公证违法违规行为的监督和惩处工作。认真做好公证复查和投诉处理工作，对待人民群众来信来访反映的公证质量问题，要及时调查，反馈处理情况。坚持严字当头、敢抓敢管，对违法违规办证、出具错假证以及公证存在严重质量问题，严重损害公证公信力等行为，要坚决追究责任，严肃处理，绝不姑息。对高于收费标准收费、分解收费项目、重复收费、扩大收费范围等违规收费或变相收费行为，要严肃查处，及时整顿、坚决纠正。

四、切实加强对公证质量管理工作的领导

各级司法行政机关、各地公证协会要高度重视公证质量管理工作，把加强公证质量监管摆上重要日程，高度重视，加强领导，抓紧抓实。要坚持属地管理原则，分别落实司法行政机关、公证协会和公证机构的管理责任，注重沟通协调，加强协作配合，形成齐抓共管的局面。要有效推进公证执业机构建设，落实公证处执业管理责任，严密各项工作流程，堵塞工作薄弱环节。要加强公证舆情监测，注重对舆论的正面引导和有效疏导。要健全信息通报机制，对涉及公证服务的重大突发事件及处置情况要及时上报下达，实现信息共享，增强工作的针对性、协调性。

各地贯彻落实本通知的有关情况，请及时报部。

司法部

2015 年 3 月 24 日

司　法　部

关于印发《关于加快解决部分地区公证员不足问题的意见》的通知

（2016年7月14日　司发通〔2016〕66号）

各省、自治区、直辖市司法厅（局），新疆生产建设兵团司法局：

为贯彻落实党的十八届四中全会重要部署，根据中央办公厅印发的《党的十八届四中全会重要举措实施规划（2015—2020年）》（中办发〔2015〕31号）要求，司法部研究制定了《关于加快解决部分地区公证员不足问题的意见》，经中央司法体制改革领导小组同意，现印发你们，请结合实际认真贯彻落实。

司法部

2016年7月14日

关于加快解决部分地区公证员不足问题的意见

党的十八大以来，在党中央、国务院的正确领导下，我国公证员队伍稳步扩大，公证事业持续健康发展。但目前全国仍有一些地方没有公证员，一些欠发达地区公证资源严重不足。据统计，全国共有66个县（市、区）公证机构没有公证员，206个县（市、区）公证机构只有1名公证员（以下统称缺员公证机构）。这种状况不适应人民群众对公证法律服务的需要。党的十八届四中全会对发展公证员队伍提出明确要求。为认真贯彻落实党的十八大和十八届三中、四中、五中全会精神，加快解决部分地区公证员不足问题，现提出如下意见：

一、有关省（区）司法厅要根据《公证法》有关规定，统筹公证资源，指导设区的市司法行政机关从本市范围内具备条件的公证机构中调剂公证员到缺员公证机构执业，补充公证员，确保其正常开展业务。

二、各地要依照《公证法》有关规定，从通过国家司法考试人员中选任公证员；无法招录到通过国家司法考试人员的，要依照《公证法》和《公证员考核任职工作实施办法》的有关规定，运用考核任职方式补充公证员，使缺员公证机构符合法定条件，开展执业活动。

三、各地要加强公证员培训工作，特别是要做好公证员职前培训。同时，在公证机构和公证员评优、表彰等方面实行倾斜，促进公证员到缺员地区开展工作。

各级司法行政机关要按照本意见精神，结合本地区实际，抓紧研究制定实施方案，抓好落实。

司　法　部
关于进一步加强公证便民利民工作的意见

（2016 年 9 月 18 日　司发通〔2016〕93 号）

各省、自治区、直辖市司法厅（局），新疆生产建设兵团司法局：

为充分发挥公证工作职能作用，切实满足人民群众对公证服务的需求，服务经济社会发展，现就进一步加强公证便民利民工作提出如下意见。

一、充分认识进一步加强公证便民利民工作的重要性

党中央、国务院高度重视公证工作。党的十八届四中全会对发展公证法律服务业作出了重要部署，为公证事业发展指明了方向。近年来，各级司法行政机关、各地公证机构认真贯彻落实中央关于公证工作的决策部署，坚持服务为民，建立健全便民利民工作机制，在预防化解矛盾纠纷、保障当事人合法权益、服务经济社会发展等方面发挥了重要作用。但是，当前公证工作也出现了一些值得重视的问题，主要是：有的公证机构办证效率不高，手续比较繁琐，出证周期较长；有的服务收费不够规范；一些公证机构质量管理不严，甚至出具瑕疵或者错误公证书，等等。这些问题影响了公证职能作用的发挥，影响了公证工作的社会形象。加强公证便民利民工作关系到维护人民群众合法权益，关系到公证事业的健康发展，关系到全面依法治国的顺利推进。各地要从政治和全局的高度，充分认识进一步加强公证便民利民工作的重要意义，教育引导广大公证员牢固树立执业为民的理念，把维护人民群众合法权益作为公证工作的出发点和落脚点，坚持把人民群众满意作为检验公证工作成效的根本标准，切实提高公证便民利民工作水平。

二、进一步加强公证便民利民工作的指导思想和主要措施

进一步加强公证便民利民工作的指导思想是：高举中国特色社会主义伟大旗帜，全面贯彻落实党的十八大和十八届三中、四中、五中全会精神，以邓小平理论、“三个代表”重要思想、科学发展观为指导，深入学习贯彻习近平总书记系列重要讲话精神和对司法行政工作的重要指示精神，坚持以人为本、执业为民，依法履行公证工作职责，深入开展民生领域公证服务，精简公证办理手续，推进公证信息化服务，依法规范公证收费，提高公证服务质量，完善便民服务设施，为促进经济社会发展、维护人民群众合法权益提供优质高效的公证法律服务。

根据以上指导思想，进一步加强公证便民利民工作的主要措施是：

（一）深入开展民生领域公证服务。认真办理婚姻、收养、遗嘱、继承、抚养、赡养、监护、劳务、财产分割等涉及公民人身关系、财产关系、家庭关系的公证业务，为公民个人处置财产、确认权利、维护权益等提供公证法律服务。紧紧围绕土地承包、企业改制、土地征用、房屋拆迁、劳动关系、环境保护等社会矛盾易发多发领域，贴近人民群众就业就学、医疗养老、社会保障等民生利益诉求，认真办理拆迁补偿安置、入学派位、保障房分配、医疗纠纷赔偿等公证业务。通过开展公证服务进社区活动等多种形式，为人民群众提供热情、周到、方便、快捷的公证服务。

（二）精简公证办理手续。要简化办证流程。申请人申办公证时，公证机构应当一次性明确告知所需资料及获取材料的途径和方式，减少当事人现场排队等候时间和往返公证机构次数。要简化办证手续。有条件的地方，公证机构要充分运用户籍、婚姻、工商登记、银行征信等公共信息资源，对公证当事人身份信息、证明材料等进行审查核实。能够运用信息手段核实的事项，可以不再要求当事人提供证明。要严格办证时限。尽量缩短办证周期，提高办证效率，能尽快出证的应当尽快出证。当事人能够提供真实、合法、充分的证明材料且不需要核实的，公证机构应当自受理公证申请之日起 15 个工作日内出具公证书。法律关系简单的公证事项，可压缩为 10 个工作日内出具公证书。

（三）推进公证信息化服务。要完善网上公证业务办理工作流程和服务标准，推进公证服务方式规范化、科学化。要建设公证业务网络服务平台，提高公证受理、登记、审批、出证等环节信息化水平。要运用互联网门户网站、微博微信等手段，提供服务内容、服务方式、受理条件、办证流程、材料手续及办公地址、执业区域、服务电话等信息，方便当事人查询。对于具备网上申办条件的公证事项，要实行网上申请、网上受理、网上反馈。

（四）依法规范公证收费。要认真落实公证收费公示制度。公证机构应当严格执行省、自治区、直辖市人民政府价格主管部门会同同级司法行政部门制定的公证服务收费标准，严格执行明码标价有关制度，在本机构显著位置和网站首页公示公证服务收费项目、收费标准、监督举报电话等信息，广泛接受社会监督。要依法减免公证收费。公证机构办理与给付社会保险待遇或者最低生活保障待遇有关的公证事项，办理与领取抚恤金（或劳工赔偿金）、救济金、劳动保险金等有关的公证事项，办理赡养、抚养、扶养协议的证明，办理与公益活动有关的公证事项时，对于符合法律援助条件的当事人应当按照有关规定减免公证服务费用；对于不符合法律援助条件，但确有困难的当事人，公证机构可以酌情减收或者免收相关的公证服务费用。推行小额遗产继承公证费用减免制度，降低当事人成本。倡导对 80 岁以上的老年人办理遗嘱公证免收公证费。

（五）提高公证服务质量。健全完善公证执业日常监督管理机制，完善公证质量监管制度和公证各环节工作标准。加强公证员队伍质量意识教育，教育引导广大公证员自觉加强以诚信为重点的职业道德建设，杜绝出现假证、错证。要在公证执业中强化红线意识、坚守底线思维，不准未履行公证受理、登记、审批等程序私自出具公证书，不准为虚假的公证申请人或者不真实、不合法的事项出具公证书，不准违规收费，利用办证谋取私利或者向经办人、中间人支付回扣、介绍费等，不准与当事人恶意串通，损害对方当事人或第三人的合法权益。

（六）完善便民服务设施。公证机构要设立便民指示牌、咨询台，在服务大厅配备便民设施和适老用品等，有条件的公证机构要为当事人提供网络、复印等便利。对残疾人、孕妇、老年人等当事人，设立公证办理绿色通道，实行优先受理、优先审批、优先出证。要设立服务热线电话，完善热线受理、转办、回访、督办工作流程，规范接听用语，统一答复标准，及时高效解答。要改进窗口服务态度，推进公证行业服务窗口标准化规范化建设，提升公证服务社会满意度。

三、切实把公证便民利民工作落到实处

(一)加强组织领导。各级司法行政机关要高度重视,把进一步加强公证便民利民工作摆上重要日程,结合本地实际,制定加强公证便民利民工作的具体方案,认真组织实施。司法行政机关主要负责同志要对本地区加强公证便民利民工作负总责,分管领导和公证管理部门负责具体组织实施。各地公证协会要将加强公证便民利民工作作为一项重要任务,按照职责分工开展工作。

(二)加强监督检查。要坚持问题导向,针对本地区公证服务中存在的突出问题开展专项检查和服务窗口整治活动。要设置监督举报电话,畅通公证办理监督渠道,及时调查群众反映的问题,反馈处理情况。要加强工作指导,及时推广工作经验,研究解决工作中的问题,推动公证便民利民工作有效开展。

(三)做好宣传工作。各地要利用报刊、网站、广播、电视等各种媒体,大力宣传加强公证便民利民工作的措施和要求,宣传公证队伍中涌现出来的优秀典型、先进事迹,宣传加强公证便民利民工作取得的成效,为公证事业健康发展创造良好的社会氛围。

司法部

2016年9月18日

司法部　外交部　商务部　国务院法制办公室

关于发展涉外法律服务业的意见(节录)

(2016年12月30日　司发通〔2016〕136号)

(十二)提高涉外法律服务质量。充分发挥法律服务行业协会行业自律和服务功能,完善涉外法律服务工作标准和职业道德准则,规范律师涉外法律服务执业行为和管理。加强涉外法律服务机构基层党组织建设。健全完善涉外公证质量监管机制,建立严格的证据收集与审查制度、审批制度以及重大疑难涉外公证事项集体讨论制度。建立完善涉外司法鉴定事项报告制度,进一步规范涉外司法鉴定工作。

司法部　中央编办　财政部

关于推进公证机构改革发展有关问题的通知

（2016年12月30日　司发通〔2016〕140号）

各省、自治区、直辖市司法厅（局）、编办、财政厅（局），新疆生产建设兵团司法局、编办、财政局：

公证制度是我国社会主义法律制度的重要组成部分。公证机构改革是深化公证工作改革、健全公证制度、完善社会主义法治的重要内容，对于维护人民群众人身财产权益，保障民商事活动交易安全，维护市场经济秩序，促进民事、经济活动依法有序进行具有重要意义。党中央、国务院高度重视公证工作。2000年，国务院批准印发《关于深化公证工作改革的方案》，明确公证机构是自主开展业务、独立承担责任，按市场规律和自律机制运行的公益性、非营利的事业法人。2005年颁布的《中华人民共和国公证法》，进一步明确公证机构是依法设立，不以营利为目的，依法独立行使公证职能、承担民事责任的证明机构。党的十八届四中全会对发展公证法律服务业和发展公证员队伍提出明确要求。

为贯彻落实党的十八大和十八届三中、四中、五中、六中全会精神，贯彻落实中央关于公证机构和事业单位分类改革的精神，进一步深化公证机构改革，强化公证工作的公益属性，根据《中共中央　国务院关于分类推进事业单位改革的指导意见》（中发〔2011〕5号）要求，现就推进公证机构改革发展有关问题通知如下：

一、按照中央有关改革精神，贯彻落实《公证法》有关要求，完善体制机制，促进公证机构改革和发展。

二、各地根据实际，科学合理划分事业体制公证机构类别，事业体制公证机构划入从事公益服务的事业单位，坚持公证机构公益性、非营利性事业法人的属性。

三、继续按照2000年国务院批准的《关于深化公证工作改革的方案》，抓紧将行政体制的公证机构转为事业体制，推进公证工作改革，健全完善事业体制公证机构岗位目标责任制、分配机制、社会保障机制和法人财产制度、预算管理制度、公证赔偿制度等工作制度机制。

司法部
中央编办
财政部
2016年12月30日

司　法　部

关于开展国内律师事务所聘请外籍律师担任外国法律顾问试点工作的通知(节录)

(2017 年 3 月 27 日)

二、国内律师事务所聘请外籍律师担任外国法律顾问的程序

(二)拟聘请外籍律师的国内律师事务所应当向所在地的省(区、市)司法厅(局)提交下列文件材料:

1. 国内律师事务所与外籍律师签订的聘用协议。聘用协议应当符合国内企业聘用外籍员工的有关规定。聘用协议的内容主要包括:聘用期限、执业范围、方式和权利义务、外国法律顾问的过错承担方式等;

2. 该外籍律师已在中国境外执业不少于 3 年的证明文件;

3. 该外籍律师所在国出具的该外籍律师没有受过刑事处罚和没有因违反律师职业道德、执业纪律受过处罚的证明文件;如该外籍律师曾任外国律师事务所驻华代表处首席代表或代表,还需代表处所在地的省(区、市)司法厅(局)出具该外籍律师未受处罚证明文件。

前述第 2、3 项所列文件材料,应经该外籍律师本国公证机构或者公证人的公证、其本国外交主管机关或者外交主管机关授权的机关认证,并经中国驻该国使(领)馆认证。

司法部办公厅

关于北京市国立公证处违法案件情况的通报

(2017 年 5 月 2 日　司办通〔2017〕40 号)

各省、自治区、直辖市司法厅(局),新疆生产建设兵团司法局:

近期,北京市国立公证处接连发生数起为不真实的事项出具公证书,导致当事人房产在不知情的情况下被买卖或抵押的情况,造成极坏的社会影响。4 月 25 日,北京市司法局研究决定,给予国立公证处公证员李铁林、冯跃吊销公证员执业证书的行政处罚；给予国立公证处警告、罚款（共计20万元）并处没收违法所得（共计12580元）的行政处罚。北京市西城区司法局研究决定，对负有领导责任的国立公证处主任薛卫平，免去其公证处主任职务。现将有关情况通报如下。

国立公证处是北京市西城区司法局管理的一家自收自支事业单位，有执业公证员14人。经北京市司法局查实，2016年5月24日，当事人张某因资金周转需要，携自称是张某父母的二人（后经核实系他人假冒张某父母）及出借人牟某伟，向国立公证处申请办理《借款抵押合同》赋予强制执行效力公证，涉及房产抵押、解押、出售、过户的委托公证，用张某父母名下的房产做抵押担保向牟某伟借款180万元。公证员李铁林在办理公证时，未能审查发现当事人系假冒他人办理公证的事实，出具三份错误公证书，导致有关房产在权利人不知情的情况下被过户出售。2016年11月16日，当事人彭某与自称彭某惠的当事人（后经核实并非彭某惠本人）向北京市国立公证处申请办理房产继承权公证。彭某称其父彭某明于2016年8月29日在河北省廊坊市死亡，其母肖某玲于2014年6月13日在河北省廊坊市死亡（后经核实彭某明、肖某玲二人均在世）。自称彭某惠的女子签署放弃继承权声明书，表示放弃继承权，彭某父母名下两处房产由彭某继承。公证员冯跃为彭某及自称彭某惠的当事人办理公证时，未严格执行关于办理继承公证和自然人身份审查的有关规定，对当事人提交伪造的死亡证明和亲属关系证明未予核实，于2016年11月18日出具错误的继承权公证书，导致有关房产被过户抵押。北京市国立公证处在审核出证环节中未严格审查把关，未发现当事人冒用他人身份证件、公证事项的证明材料不真实等问题，导致出具错误公证书。

北京市国立公证处接连发生数起为不真实事项出具公证书的违法案件，严重损害了人民群众利益，严重损害了公证队伍的形象和声誉，社会影响极坏，教训十分深刻。究其原因，一是质量管理意识和责任意识淡薄，公证处内部管理缺位，各项管理制度和风险防控机制形同虚设；二是少数公证员不尽心、不负责，工作不规范，审查不严格，核实工作流于形式；三是有关地方司法行政机关日常监管不力，行业自律工作不到位。各级司法行政机关、各地公证协会和公证机构要深刻汲取教训，举一反三，把提高公证质量放到当前工作的突出位置，大力加强公证员队伍质量意识教育，切实加强质量监管，落实工作责任，切实提高公证工作水平。重点做好以下工作：

一、切实提高对公证质量重要性的认识。公证质量是公证工作的生命线，是公证公信力的重要标志。要教育引导公证机构、公证员在执业活动中强化红线意识、坚守底线思维，坚持质量至上，高标准办理公证事项。要时刻绷紧公证质量管理这根弦，严谨细致开展工作，坚决防止为虚假的公证申请人或者不真实、不合法的事项出具公证书，杜绝出现假证、错证，切实维护公证公信力。

二、强化对自然人情况的审查核实。公证机构应当综合运用询问、交叉印证、信息技术等手段，严格审查当事人身份。对亲属关系、被继承人死亡情况等进行审查后有疑义的，应当根据情况通过公安、民政、卫生、人事等部门信息核实。加大核实环节工作力度，坚决防止核实程序流于形式。公证员对核实过程应作相应工作记录，留档备查。

三、严格规范办理涉及财产转移的委托公证。公证机构在办理此类公证时，要严格审查委托书内容是否与委托人意思表示一致，委托书中有无违反法律规定或者明显虚假的内容；处分房产的，要严格核实委托人提交的房产权属凭证是否属实及有无被抵押、查封、扣押等限制处分的情况。

四、严格规范办理遗嘱、继承公证。公证机构要严格按照全国公证遗嘱备案查询平台的有关工作规范和要求，办理遗嘱公证、撤销遗嘱声明书公证、遗赠扶养协议公证应当在出具公证书当日录入遗嘱信息,办理继承公证或者接受遗赠公证的,应当及时在全国公证遗嘱平台查询。遗嘱人系年老体弱、危重伤病人、聋哑盲人、间歇性精神病人的,公证员应当在笔录中记录其识别、反应能力,公证机构对其立遗嘱过程应当全程录音录像,存档备查。

五、切实加强质量监督检查。各级司法行政机关要把公证质量管理作为政治责任,一级一级压下去,压紧压实。各地要针对本地区继承、委托、赋予债权文书强制执行效力等公证中存在的突出问题开展专项检查。坚持问题导向,健全完善公证执业日常监督管理机制。对侵害群众切身利益、造成不良社会影响的,要严肃问责,追究公证机构、公证员的责任。公证管理部门失职渎职、怠于履行管理职责的,要依法依纪追究相关责任人的责任。

各地要将《通报》精神传达到每一个公证机构、每一个公证员,组织司法行政机关、公证协会和全体公证员认真学习领会、提高思想认识,从通报的案件中汲取深刻教训,切实加强公证队伍教育管理,推进公证工作健康顺利发展。

司法部办公厅
2017 年 5 月 2 日

司法部办公厅

关于加强公证质量监管严防错证假证问题的紧急通知

(2017 年 5 月 17 日　司明电〔2017〕17 号)

各省、自治区、直辖市司法厅(局),新疆生产建设兵团司法局:

近一段时期来,金融诈骗、不动产诈骗不法分子越来越多地利用公证程序谋求骗局得逞,北京、内蒙古等地接连发生办理民间借贷、涉及房产处分的委托书、遗嘱、继承等公证业务中出具错误公证书的情况,导致当事人房产在不知情的情况下被买卖或抵押,严重损害了人民群众的切身利益,严重损害了公证队伍的形象和声誉,社会影响极坏,教训十分深刻。北京市司法局对此召开局党委会专题研究整改措施,并调整了局领导分工;对西城区司法局局长进行了行政约谈,并在前阶段对涉案公证机构、公证员作出行政处罚的基础上,进一步追究了涉案公证机构负责人的党纪政纪责任。内蒙古司法厅已向公安部门报案,并启动了内部调查程序。为严格规范公证质量监管,加强公证执业风险防控,严防错证假证问题,切实维护当事人合法权益和公证工作公信力,现就有关事项紧急通知如下:

一、加强质量意识教育和风险预防。公证质量是公证工作的生命线。各级司法行政机关、各地公证协会和公证机构要深刻汲取教训,举一反三,把提高公证质量放到当前工作的突出位置,大力加强公证员队伍质量意识教育,切实加强质量监管和风险预防,压紧压实主体责任,切实提高公证工作水平。要教育引导公证机构、公证员在执业活动中强化红线意识、坚守底线思维,时刻绷紧公证质量管理这根弦,严谨细致开展工作,决不能不顾真实合法原则追逐经济效益,决不能为拓展公证业务而偏废公证质量,坚决防止为虚假的公证申请人或者不真实、不合法的事项出具公证书,杜绝出现假证、错证。

二、严格审查核实当事人身份。从近期出现的错证情况看多数都涉及不法分子冒充他人身份申请办理公证,在公证员审查核实环节、公证机构出证审批环节均未严格把关,未能发现假冒身份的情况,导致为不真实的事项出具公证书。各地公证机构在审核当事人身份时一定要严谨细致、慎之又慎,确保准确识别当事人身份,不给不法分子可乘之机。要综合运用询问、交叉印证,身份证识别仪等信息技术手段,严格审查核实当事人身份。对当事人身份、亲属关系、被继承人死亡情况等进行审查后有疑义的,应当根据情况通过公安、民政、卫生、人事等部门信息核实。加大核实环节工作力度,坚决防止核实程序流于形式。公证员对核实过程应作相应工作记录,留档备查。

三、严格规范办理民间借贷公证业务。近期出现的错证大多都涉及民间融资行为,民间借贷与非法集资、金融诈骗相互交织,不法分子越来越多地利用公证程序为其非法行为背书或谋取合法形式,公证书被使用后导致当事人重大财产损失。各地公证机构在办理民间借贷公证业务中应当严格遵守法律、法规规定的程序,切实做好当事人身份、担保物权属、当事人内部授权程序、合同条款等审核工作,严格审查当事人意思表示是否真实,确认当事人签约行为的合法效力,明确告知当事人申请赋予债权文书强制执行效力的法律后果,严格防控风险。

四、严格规范办理涉及财产转移的委托公证。公证机构在办理此类公证时,要严格审查委托书内容是否与委托人意思表示一致,委托书中有无违反法律规定或者明显虚假的内容;处分房产的,要严格核实委托人提交的房产权属凭证是否属实及有无被抵押、查封、扣押等限制处分的情况;对异地办理委托书公证的,尤其要提高警惕,严格精细审查。

五、严格公证审批制度。加强公证机构风险防控机制建设,建立严格的质量管理制度,明确办证人、审批人分别承担的责任。公证机构负责人要严把审批关,杜绝只批不审现象。对一些重要的或有疑点的证据材料,公证员应当主动报告,重大疑难事项应当提交集体讨论,真正做到材料不实不出证,核实不准不出证,审批不严不出证。

六、加强监督检查。近期,各地要集中时间,组织精干力量开展公证质量专项督查,重点检查民间借贷、涉及房产处分的委托书、遗嘱、继承等公证业务办理情况,发现问题要及时报告。各公证机构要查摆突出问题,采取措施,堵塞漏洞。对已经出现的错证,要及时纠正,最大限度减少损失;对业务素质差、多次办错证的公证员,应离岗培训或调离工作岗位;对公证机构和公证员的违法违纪行为,发现一起,查处一起,坚决依法处理,绝不姑息迁就;对公证机构内部人员积极参与或者纵容默许非法活动的,要依法依规严惩;对疏于管理、怠于管理引发严重后果的,要严肃追责,追究公证机构和管理机关相关责任人的责任。

各地要将本通知精神迅速传达到每一个公证机构、每一名公证员,组织司法行政机关、公证协会和全体公证员认真学习讨论,制定相应措施和规范,切实加强公证质量管理,切实防范错证假证问题发生,推进公证工作健康顺利发展。

司法部办公厅

2017 年 5 月 17 日

最高人民法院　司法部

关于开展公证参与人民法院司法辅助事务试点工作的通知

（2017年6月29日　司发通〔2017〕68号）

北京、内蒙古、黑龙江、上海、江苏、浙江、安徽、福建、广东、四川、云南、陕西省（区、市）高级人民法院、司法厅（局）：

为深入贯彻党的十八大和十八届三中、四中、五中、六中全会精神，贯彻落实中共中央办公厅、国务院办公厅《关于完善矛盾纠纷多元化解机制的意见》，充分发挥公证制度在推进多元化纠纷解决机制改革中的职能作用，现就开展公证参与人民法院司法辅助事务试点工作通知如下。

一、充分认识开展公证参与司法辅助事务试点工作的重要意义

公证制度是我国社会主义法律制度的重要组成部分，是预防性司法证明制度。公证活动可以为人民法院审判和执行工作提供裁判依据，促进审判活动依法高效进行；经公证的债权文书具有强制执行效力，可以不经诉讼直接成为人民法院的执行依据，减少司法成本，提高司法效率；公证制度具有服务、沟通、证明、监督等功能，是社会纠纷多元化解决的基础性司法资源，可以成为人民法院司法辅助事务的重要承接力量。近年来，一些地方人民法院积极引入公证机构参与司法辅助事务，取得了良好效果。公证参与司法辅助事务，是公证服务推进以审判为中心的诉讼制度改革的有益探索，是公证助力人民法院司法体制改革的重要举措，有利于协助法官集中精力做好审判执行工作，缓解人民法院“案多人少”的矛盾，有利于进一步深化多元化纠纷解决机制改革，推动社会纠纷资源的合理配置和高效利用，有利于促进公证机构改革创新发展。各级人民法院、司法行政机关要从全面依法治国和推进社会主义法治建设的高度，充分认识公证参与司法辅助事务的重要意义，积极为公证机构参与司法辅助事务创造条件，扎实推动此项试点工作的深入开展。

二、开展公证参与司法辅助事务试点工作的主要内容

自2017年7月起，选择在北京、内蒙古、黑龙江、上海、江苏、浙江、安徽、福建、广东、四川、云南、陕西12省（区、市）开展公证参与司法辅助事务试点，试点期限为一年。试点地方高级人民法院、司法厅（局）要选择法院“案多人少”矛盾突出，公证机构服务能力强的地方，积极稳妥开展公证机构参与人民法院司法辅助事务试点工作，支持公证机构在人民法院调解、取证、送达、保全、执行等环节提供公证法律服务，充分发挥公证制度职能作用。公证机构参与司法辅助事务的主要内容有：

（一）参与调解。人民法院通过吸纳公证机构进入人民法院特邀调解组织名册，进入名册的公证机构可以接受人民法院委派或委托在家事、商事等领域开展调解，发挥诉前引导程序性作用、开展调解前置程序改革。经委派调解达成协议的,公证机构可以应当事人申请,对具有给付内容、债权债务关系明确的和解、调解协议办理公证并赋予强制执行效力;经委托调解达成调解协议的,公证机构应当将调解协议及相关材料移交人民法院,由人民法院按照法律规定出具民事调解书或作相应处理。未达成调解协议的,公证机构可以在征得各方当事人同意后,用书面形式记载调解过程中双方没有争议的事实,并由当事人签字确认。在诉讼程序中,除涉及国家利益、社会公共利益和他人合法权益的外,当事人无需对调解过程中已确认的无争议事实举证。

(二)参与取证。公证机构可以接受人民法院委托,就当事人婚姻状况、亲属关系、财产状况、未成年子女抚养情况、书面文书等进行核实和调查取证。核查结束后,公证机构应就核查内容、核查过程、核查结果向法院出具取证报告。

(三)参与送达。公证机构可以接受人民法院委托,参与案件各个阶段的司法送达事务。鼓励公证机构采用信息化手段,推行集约化送达模式,避免分散作业和资源的重复投入。送达工作完成后,公证机构应当就送达过程、送达结果等情况形成送达全流程登记表,交由人民法院留存备查。

(四)参与保全。公证机构可以协助人民法院核实被保全财产信息和被保全财产线索,核实被保全动产的权属和占有、使用等情况。财产保全需要提供担保的,公证机构可以协助人民法院审查申请保全人或第三人提交的财产保全担保书、保证书,对其中的担保内容及证据材料进行核实。

(五)参与执行。人民法院支持公证机构在执行工作环节参与司法辅助事务。公证机构可以参与人民法院执行中的和解、调查、送达工作,协助人民法院搜集核实执行线索、查控执行标的,协助清点和管理查封、扣押财物。经执行机关申请,可以办理保全证据公证。

三、加强对公证参与司法辅助事务试点工作的组织领导

(一)加强组织领导。各试点省(区、市)高级人民法院和司法厅(局)要高度重视公证参与司法辅助事务试点工作,研究制定试点实施方案,确保试点工作按时启动、顺利推进、如期完成。要建立工作沟通协调机制,为公证机构和公证人员参与司法辅助事务创造条件。

(二)加强培训指导。要明确公证机构参与司法辅助事务的条件、内容、程序和工作措施,及时研究解决试点工作中遇到的问题。加强公证人员业务培训和纪律教育,加强相关领域尤其是专业技术领域公证业务的培训,严格规范公证行为,确保公证证据的真实性,避免公证证据瑕疵,提高司法辅助事务工作质量和信息化、规范化水平。

(三)加强政策保障。试点地方各级人民法院、司法行政机关要结合工作实际,争取党委政法委、财政等部门的支持配合,采取政府购买服务等方式引入公证机构参与司法辅助事务,为试点工作提供必要的经费、场地、设施等,保障试点工作的深入开展。

(四)推动制度完善。各级人民法院、司法行政机关要加强对试点情况的跟踪和指导,加强工作协调和督促检查,认真总结推广试点工作的经验做法。2018 年 6 月,最高人民法院会同司法部总结经验,全面评估试点工作的实际效果,积极推动有关规章制度修订完善。

最高人民法院

司法部

2017 年 6 月 29 日

司法部办公厅

关于开展办理公证“最多跑一次”试点工作的通知

（2017 年 7 月 3 日　司办通〔2017〕70 号）

北京、天津、黑龙江、上海、江苏、浙江、安徽、福建、四川、陕西省（市）司法厅（局）：

为适应社会对公证工作的新期待，切实满足人民群众对公证服务的新需求，更好地为当事人提供通畅便捷、优质高效的公证服务，现就开展办理公证“最多跑一次”试点工作通知如下。

一、试点范围和期限

自 2017 年 8 月起，选择在北京、天津、黑龙江、上海、江苏、浙江、安徽、福建、四川、陕西 10 省（市）开展办理公证“最多跑一次”试点工作。试点地区要选择服务能力较强、信息化建设水平较高的公证机构，积极稳妥开展试点工作，试点期限为一年。2018 年 7 月，总结试点经验，全面评估试点工作的实际效果，适时在全国推广。

二、“最多跑一次”公证事项范围

对于以下法律关系简单、事实清楚、无争议的公证事项，只要申请材料齐全、真实，符合法定受理条件，要实现让当事人“最多跑一次”：

（一）出生、身份、曾用名；

（二）学历、学位；

（三）职务（职称）、资格；

（四）证书（执照）、文本相符。

有条件的试点省份可结合实际，适度扩大“最多跑一次”公证事项范围。

三、健全完善信息化办证手段

完善网上公证业务办理工作流程和服务标准，推进公证服务方式规范化、科学化。建设公证业务网络服务平台，提高公证受理、登记、审批、出证等环节信息化水平。对于具备网上申办条件的公证事项，要实行网上申请、网上受理、网上审核、网上缴费。充分利用微信、支付宝等平台的服务功能，开展掌上办证业务。有条件的公证机构自主研发办证软件 APP，设置便于操作、便于审查、便于沟通的工作流程，将公证服务关口前移，努力做到当事人办证取证只跑一次公证处。

四、着力畅通咨询答复渠道

为实现当事人“最多跑一次”，公证机构要求当事人提交的材料要明确具体，一次性告知清楚。无特殊情形，公证机构或公证员不得要求当事人另行提供其他证明材料。提交材料的标准要在公共网络平台公布，方便当事人查询。要公开咨询电话和网上咨询路径，努力做到咨询电话一打就通、咨询事项一口说清、网上咨询即时答复。

五、创新提高窗口服务能力

着力打造良好的窗口形象，安排业务素质高、工作能力强、服务态度好的公证人员办理窗口业务，优化工作流程，提高办证效率。建立窗口人员动态调整机制和科学的分流机制，减少当事人现场排队等待的时间和往返公证机构次数。在醒目的地方张贴办证流程文字说明或流程图，对办证各环节进行详细说明和后续环节提示，使当事人及时掌握办证信息。

六、努力改进文书送达方式

根据当事人的需要，在公证机构与当事人协商一致的基础上，可采取邮政、快递等方式发送公证书。需要寄送公证书的，公证机构应当在询问笔录中明确公证发送的方式，寄送回单要留卷备查。

七、积极推动信息互联共享

加大沟通协调力度，加强与所在地外事、公安、法院、民政、国土、住建、卫计、档案等部门的协作配合，建立完善公证服务查询系统，实现与这些部门的数据互联对接，为办理公证业务提供有效的信息核实手段。

各试点省份要高度重视开展办理公证“最多跑一次”工作，真正做到思想认识到位、工作措施到位、组织机构到位，尽快制定工作方案，先行先试，专项督办，总结推广成功经验，将此项工作渐次有序推进，务求实效。开展办理公证“最多跑一次”试点工作的情况，请及时报部。

司法部办公厅

2017 年 7 月 3 日

司　法　部

关于进一步拓展创新公证业务领域
更好地服务经济社会发展的意见

（2017 年 7 月 5 日　司发通〔2017〕72 号）

各省、自治区、直辖市司法厅（局），新疆生产建设兵团司法局：

为深入贯彻落实党的十八大和十八届三中、四中、五中、六中全会精神，努力适应新形势对公证服务的需求，进一步拓展创新公证业务领域，充分发挥公证工作职能作用，更好地为经济社会发展提供优质高效的公证服务，经商最高人民法院、外交部、国家发改委、国土部、农业部、商务部、国资委、工商总局、国家版权局、国家知识产权局、银监会、证监会、保监会，现提出如下意见。

一、充分认识进一步拓展创新公证业务领域的重要性

党中央、国务院高度重视公证工作。党的十八届四中全会对发展公证法律服务业作出了重要部署，为公证事业发展指明了方向。近年来，我国公证事业不断发展，公证业务领域不断拓展，服务能力日益增强，公证工作在服务经济社会发展、预防化解矛盾纠纷、保障当事人合法权益等方面发挥着越来越重要的作用。当前，我国经济发展进入新常态，深入推进供给侧结构性改革，重点实施“一带一路”、京津冀协同发展、长江经济带三大战略，扩大了公证服务的新需求；全面深化改革，特别是深化司法体制和社会体制改革，推进以审判为中心的诉讼制度改革，完善多元化纠纷解决机制，丰富了公证服务的新领域；全面依法治国，建设完备的法律服务体系，建设社会主义法治国家，拓展了公证服务的新空间。但与新形势、新任务的要求相比，公证工作服务经济社会发展还存在一些不适应的问题，主要是：新型业务领域介入不够，公证服务方式有待创新，公证服务能力和水平有待进一步提高等。这些问题迫切需要采取有力措施加以解决。各级司法行政机关和广大公证员要充分认识做好公证服务经济社会发展工作的重要意义，切实增强使命感和责任感，把进一步拓展创新公证业务领域作为当前工作的重要任务，紧紧围绕党和国家工作的大局，充分发挥公证服务、沟通、证明、监督等功能，综合运用公证证明、保全证据、现场监督、赋予强制执行效力等制度特色和职能优势，努力满足经济社会发展中多层次、宽领域的公证法律服务需求。

二、总体要求

进一步拓展创新公证业务领域的总体要求是：高举中国特色社会主义伟大旗帜，全面贯彻落实党的十八大和十八届三中、四中、五中、六中全会精神，以邓小平理论、“三个代表”重要思想、科学发展观为指导，深入学习贯彻习近平总书记系列重要讲话精神和治国理政新理念新思想新战略，围绕全面依法治国对公证服务的新要求，在巩固发展已有公证业务的基础上，拓展新型领域公证业务，创新公证服务方式方法，提高公证服务质量，增强公证工作活力，引导广大公证员充分发挥职能作用，为促进经济社会发展、维护人民群众合法权益、全面建成小康社会提供优质高效的公证法律服务。

三、工作任务

（一）拓展创新金融领域公证服务。适应经济发展新常态和推进供给侧结构性改革新要求，着眼于防控金融风险，充分运用公证机构赋予债权文书强制执行效力的手段，服务促进和规范金融业健康发展。推进公证机构在国务院证券监督管理机构统一监管下开展证券业务活动，为市场主体证券发行、信息披露，以及重大资产重组和并购等提供公证服务，研究推动在资本市场公开承诺中运用公证制度，增强公开承诺的公信力和可执行力，强化对中小投资者的保护，减少违反承诺行为的发生。推动公证机构依据法律法规的规定，为信托、保险、金融衍生品交易等业务提供公证法律服务，在资产投资、转让、清收、处置等方面提供综合性、个性化专项公证服务。加大对中小企业融资贷款的公证服务力度，研究推进银行贷款公证业务，规范民间借贷公证业务，防范非法集资风险，确保融资安全。

（二）拓展创新知识产权保护公证服务。围绕实施国家创新驱动战略、建设创新型国家的要求，创新拓展知识产权公证法律服务，加快构建完善的知识产权预防性保护机制。建立知识产权公证服务平台，搭建在线证据保全公证系统。探索以公证的方式保管知识产权证据及相关证明材料，加强对证明知识产权在先使用、侵权等行为的保全证据公证工作。司法行政部门在国家自主创新示范区、高新技术开发区、知识产权服务业集聚区等地区，选取若干地方开展公证服务知识产权保护试点，遴选培育设立若干家知识产权保护公证服务示范机构。

（三）拓展创新司法辅助公证服务。贯彻落实《中共中央办公厅、国务院办公厅关于完善矛盾纠纷多元化解机制的意见》，积极推动公证服务多元化纠纷解决机制改革。充分发挥公证机构法定证明机构的职能作用和中立地位优势，支持公证机构依法对民事法律行为、有法律意义的事实和文书依法进行核实和证明，促进矛盾纠纷有效化解。支持引导公证机构加强与人民法院、行政机关、社会组织、调解组织等的对接，在人民法院诉讼服务中心等部门设立工作室、服务窗口，为当事人达成的债权债务合同以及具有给付内容的和解协议、调解协议办理债权文书公证。探索开展公证机构参与人民法院司法辅助事务试点工作，支持公证机构在人民法院调解、取证、送达、保全、执行等环节提供公证法律服务。推进与人民法院等部门实现遗嘱、继承等业务信息互查共享，加强公证债权文书的强制执行工作。

（四）拓展创新产权保护公证业务。贯彻落实《中共中央、国务院关于完善产权保护制度依法保护产权的意见》，积极服务各种所有制经济组织和公民财产权保护，做好产权保护领域公证工作。围绕健全企业内部监督制度和内控机制，在资产评估、清点登记、权益转让、清算退出等环节办理现场监督、保全证据、咨询代理等业务，为国有企业股权多元化和公司治理现代化提供法律服务和保障。拓宽传统婚姻家庭公证业务，开展家庭理财、资产管理、财富传承等公证法律业务，创新开展家庭财产分割、绿色继承、意定监护、遗嘱信托、养老保险反向抵押公证等公证业务。实现涉及不动产的公证遗嘱、公证继承等业务信息与不动产登记机构不动产登记信息互查互享。研究探索婚姻法与公司法、信托法交叉业务，离婚与股权分割业务等新型业务，从传统业务中研发新的业务增长点。

（五）拓展创新“三农”领域公证业务。贯彻落实《中共中央　国务院关于稳步推进农村集体产权制度改革的意见》，围绕深化以所有权、承包权、经营权“三权分置”为重点的农村土地制度改革，开展公证法律服务，服务完善农村基本经营制度，更好地维护农民集体、承包农户、经营主体的权益。深入开展公证服务农村集体建设用地使用权、宅基地使用权、集体林权的确权、流转工作，做好农产品商标和地理标志证明商标的保护工作，增加农产品附加值。积极介入农村经济社会事务管理，不断拓展公证服务的广度和深度，推进公证工作为农村基础设施建设和脱贫攻坚等提供优质高效法律服务。

（六）拓展创新涉外公证法律服务。围绕推进“一带一路”、自贸区建设等重大国家发展战略，适应我国实施“走出去”发展战略的需要，鼓励和支持公证机构参与中国企业和公民“走出去”法律事务。推动建立“一带一路”沿线国家和地区公证知识产权合作机制，在国际货物贸易、服务贸易等方面，为中国企业和公民国际知识产权申请、转让、许可和国际诉讼、仲裁等提供公证法律服务。培育建设若干家涉外公证服务示范机构，健全完善涉外公证质量监管机制，进一步提高涉外公证服务质量。建立严格的证据收集与审查制度、审批制度以及重大疑难涉外事项集体讨论制度，为全面提升开放型经济水平提供公证法律服务。

（七）拓展创新公证服务方式。着眼于打造特色品牌，推动一批公证机构在特色领域形成竞争优势，在优势领域巩固领先地位。推行公证机构一条龙、一站式、个性化服务，通过源头服务和跟踪回访，提供更多的延伸业务。推动服务方式向线上线下互补转变，加强互联网手段与现有服务方式的协作配合，完善网上公证业务办理工作流程和服务标准，推进公证服务方式规范化、科学化。建设公证业务网络服务平台，提高公证受理、登记、审批、出证、查询等环节信息化水平。

四、加强工作指导

（一）完善工作机制。研究建立公证员依法独立办证和责任机制，推进公证文书改革，制定适应新型领域公证的要素式公证书格式。加强对公证新型业务的理论研究，制定完善公证新型业务指导目录。充分发挥公证机构和广大公证员的主动性和创造性，健全完善业务交流、创新、信息共享机制，形成各地公证机构和广大公证员协同配合，互相支持，互相联动的工作机制。通过业务合作、战略联盟等形式，拓宽公证服务领域，实现优势互补、融合发展。完善公证质量监管机制，坚持一手抓创新，一手抓质量，确保业务创新依法依规进行。

（二）健全政策制度。各级司法行政机关要制定切实可行的工作措施，为公证机构拓展创新业务创造有利条件。要主动搭建平台，建立与政府有关部门、行业协会、组织的沟通合作机制。加大政策制度保障，及时总结和固化公证业务创新拓展成果，逐步推进重点领域公证业务法定化。积极推动公证业纳入本地区服务业规划，争取公证业享受现代服务业的鼓励和扶持政策措施，推动完善政府购买公证法律服务制度，力争将公益性公证法律服务列入政府采购目录。

（三）注重总结推广。各级司法行政机关和各地公证协会要努力发掘公证机构和公证员在拓展公证服务领域、创新服务方式方法、打造特色服务品牌等方面的经验做法，认真总结推广典型经验。要通过报纸、电视、微信、微博等平台，开展多种形式的宣传，激发和调动公证机构和广大公证员的工作热情，扩大公证工作的社会影响力，营造良好社会氛围。

执行中的重大问题和情况，请及时向司法部请示报告。

司法部

2017 年 7 月 5 日

司　法　部

关于印发《“十三五”全国司法行政信息化发展规划》的通知（节录）

（2017 年 7 月 12 日　司发通〔2017〕75 号）

三、主要任务

（二）深化应用，构建司法行政业务应用平台体系

3. 建设公共法律服务平台（12348 公共法律服务网）。全面开展“互联网＋政务服务”，建设全国一体化的涵盖律师、公证、法律援助、司法鉴定、人民调解、国家统一法律职业资格考试（司法

考试)、法治宣传教育、信息公开、行政许可审批、法律咨询、法律服务信用查询、投诉及信访、案例库等服务,集热线、网站、微博、微信、APP 于一体的公共法律服务平台(12348 公共法律服务网),构建方便快捷、公平普惠、优质高效的法律服务信息体系,更好地满足人民群众日益增长的法律服务需求。大力发展电子公证、法律服务智能保障等业务模式,推进人工智能语音热线和社交网络法律服务机器人技术研发,促进公共法律服务提档升级。开设“一带一路”专题栏目,建设沿线涉及的 65 个国家法制地图、国别法律信息数据库、法律服务数据库及案例库、跨境律师人才库等,提高“一带一路”法律服务能力。

4. 建设政务管理平台。全面推进司法行政机关办公自动化,推行无纸化办公,深入开展网络办公、网络会议、网络教育,提升工作效率。建设涵盖律师管理、公证管理、法律援助管理、司法鉴定管理、人民调解管理、司法所管理、人民监督员管理、国家统一法律职业资格考试(司法考试)管理、行政许可审批管理、法制督查、司法协助、党的建设、队伍建设、计财装备管理、信访管理、电子监察等应用系统的政务管理平台,推进司法行政机关内部管理信息化,提升工作规范化水平和政务监管能力,促进司法行政政务管理模式的变革。加强移动互联网应用,推进安全移动办公,促进政务办公模式向云端化、移动化变革。

司法部　中央编办　财政部　人力资源社会保障部

印发《关于推进公证体制改革机制创新工作的意见》的通知

(2017 年 7 月 13 日　司发〔2017〕8 号)

各省、自治区、直辖市司法厅(局)、编办、财政厅(局)、人力资源社会保障厅(局),新疆生产建设兵团司法局、编办、财务局、人力资源社会保障局:

现将《关于推进公证体制改革机制创新工作的意见》印发你们,请结合实际,认真贯彻执行。

司法部
中央编办
财政部
人力资源社会保障部
2017 年 7 月 13 日

关于推进公证体制改革机制创新工作的意见

为深入贯彻落实《公证法》、国务院2000年批准的《关于深化公证工作改革的方案》、《中共中央　国务院关于分类推进事业单位改革的指导意见》(中发〔2011〕5号)和《司法部　中央编办　财政部关于推进公证机构改革发展有关问题的通知》精神,现就进一步推进公证体制改革机制创新工作提出如下意见。

一、总体要求

(一)指导思想。全面贯彻落实党的十八大和十八届三中、四中、五中、六中全会精神,以邓小平理论、"三个代表"重要思想、科学发展观为指导,深入学习贯彻习近平总书记系列重要讲话精神和治国理政新理念新思想新战略,围绕全面依法治国对公证服务的新要求,坚持《公证法》对公证机构的基本定位和国务院2000年批准确立的公证机构事业体制改革方向,按照中央关于分类推进事业单位改革指导意见的精神和要求,深化公证机构体制改革,抓紧将行政体制公证机构转为事业体制,创新优化事业体制公证机构体制机制,推进合作制公证机构试点,完善配套扶持政策,更好地满足人民群众和经济社会发展对公证服务的新需求。

(二)基本原则。坚持创新发展。把人民群众新要求新期待作为推进公证工作改革的发力点,进一步创新体制机制,增强公证机构发展活力,提高公证服务水平,健全公证服务体系。

坚持依法改革。根据《公证法》对公证机构和公证服务的定性,按照中央关于推进公益服务事业单位改革的要求,健全公证机构管理体制和运行机制。

坚持分类指导。指导地方根据公证工作实际和公证机构体制现状,按照改革总体设计制定具体方案,因地制宜、分步实施、稳慎推进,不搞"一刀切"。

坚持统筹兼顾。加强与相关部门沟通协调,完善公证机构改革配套政策,统筹推进行政体制公证机构改为事业体制、创新优化事业体制公证机构体制机制、推进合作制公证机构试点。

(三)工作目标。现有行政体制公证机构2017年底前全部改为事业体制;事业体制公证机构的编制管理、人事管理、收入分配机制不断健全完善;合作制公证机构试点工作稳步推进。扶持保障公证机构发展的配套政策逐步建立健全,公证事业发展的制度和政策环境日益优化,公证机构人员积极性进一步调动,发展活力进一步增强。

二、抓紧将行政体制公证机构转为事业体制

(四)限期按时完成。按照既定部署,采取因地制宜、分类指导、分步推进的方式,抓紧将现有行政体制公证机构改为事业体制。2017年底前,现有行政体制公证机构全部改为事业体制。

(五)加强编制保障。作为司法行政机关内设科室的公证机构改为事业体制时,可新设事业单位,也可按照精简效能的原则,在一定区域内合并设立。行政体制公证机构改为事业体制时,原有行政编制通过置换的方式核拨事业编制。原使用的行政编制由机构编制管理部门收回统筹使用,其中政法专项编制由中央编办商司法部统筹用于加强司法行政系统重点急需领域工作力量。

（六）妥善安置人员。改革中具有公务员身份的公证员，选择留在司法行政机关工作的，保留其公务员身份及工资、福利和养老、医疗保障待遇。选择留在改革后的公证机构工作的，执行事业单位人事管理办法和岗位绩效工资制度，不保留公务员身份。

（七）加强财政保障。对改革为公益类事业单位的公证机构，按照事业单位分类改革有关政策规定，提供相应的经费保障。

三、优化事业体制公证机构体制机制

（八）科学合理划分公证机构类别。事业体制公证机构划入从事公益服务的事业单位，坚持公益性、非营利性事业法人的属性。

（九）落实公证机构自主管理权。深化公证机构内部运行机制改革，保障其依法决策，独立自主办理业务并承担责任。公证机构主任、副主任应从执业公证员中选任。落实主任负责制，明确公证机构的用人自主权，公证员和其他辅助人员由公证机构根据业务需要自主聘用。建立健全公证机构法人财产制度，确保公证机构财务自主权和财产不被无偿调用。

（十）创新编制管理制度。建立健全符合公证业发展需求的编制管理制度，对划入公益二类的公证机构实行备案制。

（十一）完善绩效工资分配激励机制。建立健全符合公证机构公益属性和社会功能，体现按劳分配、多劳多得要求的公证机构绩效工资分配激励机制，公证机构在核定的绩效工资总量内可自主进行分配。实行灵活多样的绩效工资分配办法，使工作人员收入与岗位职责、工作业绩、实际贡献紧密联系。对于业务发展较好、绩效考核优秀的公证机构，可以在核定绩效工资总量时给予适当倾斜。

（十二）完善财务管理制度。完善事业体制公证机构财务管理制度，建立健全科学合理的公证机构运营成本及利润的核算制度。具备条件的公证机构实行企业化财务管理制度。

四、推进合作制公证机构试点

（十三）积极稳妥推进试点。坚持高标准、高起点，在具备条件的地区，可以设立合作制公证机构。合理确定合作制公证机构的设立条件，积极探索创新公证机构组织形式，建立与市场经济体制相适应、按市场规律和自律机制运行的公证机构，进一步增强公证工作活力。

（十四）加强监督管理。加强质量监管，健全完善公证执业日常监督管理体系，完善公证机构内部风险防控机制，推进质量标准化建设，确保公证质量。明确合作制公证机构设立原则、设立条件、议事规则、合作人权利义务、财产归属、终止与清算等事项，规范合作制公证机构收入分配、财务开支、资产管理等制度。

五、加强组织领导

（十五）明确工作责任。各省（区、市）司法行政机关要高度重视推进公证体制改革机制创新工作，列入重要议事日程。司法厅（局）主要负责同志要作为推进改革的第一责任人，认真抓好本地区改革实施工作。各地司法行政机关要制定本地区改革具体实施意见，及时研究解决改革中遇到的新情况新问题，不断总结经验，完善改革措施。

（十六）加强工作协调。加强司法行政部门与机构编制、财政、人社部门的沟通协调，建立健全符合公证业发展要求的机构编制管理制度，完善事业体制公证机构聘用制度、收入分配激励机制、职称评定制度，继续做好公证从业人员基本养老、基本医疗、失业、工伤等社会保障工作，加强事业体制公证机构经费保障。

（十七）稳妥推进改革。各省（区、市）要结合本地公证工作实际，制定改革工作方案和改革时间表，完善改革过渡有关政策，依法依规、稳妥有序推进本地区公证机构改革，确保公证机构业务不断、队伍不乱、人心不散。做好改革后公证机构的资产、档案承接，防止国有资产流失，确保国有资产的保值、增值。严禁借推进改革突击进人和提拔干部，严禁以各种名义侵吞、私分国有资产。对因改革政策执行不到位、工作不力、处置不当而引发不稳定事件的，依法追究相关人员责任。

司 法 部

关于印发《司法行政系统落实“谁执法谁普法”普法责任制实施意见》的通知（节录）

（2017 年 9 月 8 日）

十三、公证机构、公证员在受理公证申请时，要根据不同公证事项，明确告知当事人申请公证事项的法律意义、法律后果，办理公证过程中享有的权利、承担的义务，以及办证中涉及的法律文书、争议解决及维护权利等问题，把普法融入公证服务各环节。公证员在证据保全等现场公证活动中，要向社会公众解析法律、阐明法理。在办证结束后跟进追踪公证书使用情况，选择典型案例向当事人和社会释法析理。

二十四、鼓励支持律师、公证员、基层法律服务工作者、人民调解员、司法鉴定人加入普法讲师团、普法志愿者队伍。

司　法　部

关于进一步做好老年人照顾服务工作的通知（节录）

（2017 年 9 月 21 日）

一、充分认识贯彻落实《意见》的重要意义

《意见》以习近平总书记系列重要讲话精神和治国理政新理念新思想新战略为指导，全面贯彻党的十八大和十八届三中、四中、五中、六中全会精神，统筹考虑我国经济社会发展状况和人口老龄化形势，从解决好老年人最关心最直接最现实的利益问题入手，以老年人权益保障法为依据，明确提出老年人照顾服务工作的指导思想、基本原则和重点任务，对老年人家庭赡养、社会保障、社会服务、社会优待、宜居环境和参与社会发展等方面提出了具体要求。法律服务和法律援助工作肩负着做好为老服务、维护老年人合法权益的光荣使命和重要职责。引导律师、公证员、基层法律服务工作者、法律援助人员和司法鉴定人员贯彻落实好《意见》，做好老年人照顾服务工作，是社会主义司法制度优越性的具体体现，是社会主义核心价值观的内在要求，是适应我国老龄事业发展新形势，应对人口老龄化，推动民生改善、促进社会和谐稳定、实现社会公平正义的客观需要，是法律服务和法律援助队伍践行职责使命的生动实践。各级司法行政机关要充分认识《意见》的重要意义，自觉将思想和行动统一到习近平总书记关于加强老龄工作重要讲话指示精神上来，切实增强做好老年人照顾服务工作的责任感和使命感，确保这一重要民生政策更多更好地惠及广大老年群体，不断提升老年人的获得感和幸福感。

二、认真贯彻落实《意见》精神　精准做好老年人照顾服务工作

各级司法行政机关要根据党中央、国务院关于老年人照顾服务工作的决策部署，从我国国情出发，立足老年人法定权益保障和服务需求，整合资源，拓展内容，创新方式，提升质量，最大限度发挥法律服务和法律援助在老龄照顾服务工作中的积极作用，让老年人享受更多看得见、摸得着的实惠。

（一）突出服务重点。各地要结合实际，组织引导广大律师事务所、公证处、基层法律服务所、法律援助机构、司法鉴定机构及人员参与涉及老年人合法权益的诉讼、调解、仲裁和法律咨询等活动。要兼顾不同年龄特点，重点关注高龄、失能、贫困、伤残、计划生育特殊家庭等困难老年人的特殊需求，着力解决医疗、保险、救助、赡养、婚姻、财产继承和监护等老年人最关心、最直接、最现实的法律问题。要认真办理涉老不动产公证事项，严格审查核实相关证明材料，切实维护老年人财产权益。推动相关部门认真落实“谁执法谁普法”普法责任制，把老年人权益保障法宣传列入普法责任清单,积极开展以案释法,确保党中央、国务院对广大老年人的关心关怀落到实处。

(二)加大惠民力度。进一步鼓励律师事务所、公证处、司法鉴定机构、基层法律服务所等法律服务机构对不符合法律援助条件但确有经济困难的老年人提供免费或优惠服务。推行小额遗产继承公证费用减免制度。继续倡导各地对80岁以上的老年人办理遗嘱公证免收公证费;鼓励各地结合实际,进一步降低老年人免费遗嘱公证年龄门槛。进一步推动扩大法律援助覆盖面,降低法律援助门槛,有条件的地方可适度放宽老年人申请法律援助的经济困难标准和受案范围。不断扩大与老年人权益保护密切相关的法律援助补充事项范围,把婚姻家庭、人身伤害赔偿等方面涉老侵权纠纷纳入法律援助补充事项范围。对70岁以上老人、"三无"老人(无劳动能力、无生活来源、无赡养人和抚养人)、失能半失能老人、空巢老人和享受低保待遇、特困供养待遇的老人、有特殊困难的老人以及老年人因家庭暴力、虐待、遗弃主张权利申请法律援助,免予经济困难审查,直接给予法律援助,努力实现"应援尽援"。

(三)不断优化服务。建立"涉老法律服务、法律援助绿色通道",建立健全"四优先"服务机制,对老年人申请法律服务和法律援助的案件,普遍实行优先受理、优先审查、优先指派、优先办理,对行动不便的老年人申请法律援助和法律服务事项实行电话预约、上门服务。要提高工作效率,尽量缩短工作周期,能尽快办理的尽快办理。要进一步简化公证办证流程,老年人申办公证时,公证机构应当一次性明确告知所需材料及获取途径和方式,对于法律关系简单、事实清楚、无争议的公证事项,只要申请材料齐全、真实,符合法定受理条件,应当场受理,让老年人"最多跑一次"。要提升服务质量,注重指派有爱心、擅长与老年人沟通、办案经验丰富的法律服务和法律援助人员办理老年人案件,在办证接待大厅设立专人、专岗负责接待咨询。在等候区配备座椅、饮水机、纸笔等适老用品。充分发挥"互联网+"优势,通过官方网站、微信公众号、老年人法律服务和法律援助微信群、手机APP等方式,建立老年人法律服务和法律援助业务网上预约办理平台及网上咨询平台,有效满足老年人需要,真正将便民利民服务理念落到实处。

司　法　部

关于"十三五"加强残疾人公共法律服务的意见(节录)

(2017年11月2日　司发通〔2017〕110号)

一、充分认识做好残疾人公共法律服务的重要意义

残疾人是一个特殊困难群体,需要格外关心、格外关注。没有残疾人的小康,就不是真正意义上的全面小康。党中央、国务院高度重视残疾人民生改善,推动残疾人事业与经济社会协调发展。习近平总书记指出："2020 年全面建成小康社会，残疾人一个也不能少。为残疾人事业做更多事情，也是全面建成小康社会的一个重要方面"。残疾人在政治、经济、文化、社会和家庭生活等方面享有同其他公民平等的权利，依法保障残疾人平等权益，是残疾人小康进程的重要内容。司法行政部门履行律师、公证、人民调解、司法鉴定、法律援助、法治宣传等公共法律服务职能，与残疾人权益保障密切相关，在促进残疾人小康进程中具有重要作用。

当前，我国正处在全面建成小康社会的决胜阶段。建立健全公共法律服务体系，为残疾人提供更多、更优惠、更便捷高效的公共法律服务，切实维护残疾人合法权益，是保障残疾人基本民生、落实以人民为中心发展思想的具体实践，是促进社会公平正义的必然要求，是加快残疾人小康进程的重要任务。各级司法行政机关要充分认识做好新形势下残疾人公共法律服务的重要性，进一步增强责任感、使命感，扎实工作，多谋残疾人之利、多解残疾人之忧、多急残疾人之难，认真履行职责，切实维护残疾人权益，不断增进残疾人福祉，促进残疾人事业取得更快发展。

二、明确为残疾人提供公共法律服务的总体要求和主要任务

（一）总体要求

以习近平新时代中国特色社会主义思想为指导，贯彻落实党的十九大和十九届一中全会精神，深入贯彻习近平总书记对残疾人工作和司法行政工作的重要指示，贯彻落实党中央、国务院关于残疾人事业发展的决策部署，以残疾人公共法律服务需求为导向，健全残疾人权益保障机制。进一步拓展服务领域，丰富服务内容，创新服务方式，提升服务水平，着力增加残疾人在律师、公证、人民调解、司法鉴定、法律援助、法治宣传等方面的公共法律服务供给。到 2020 年，公共法律服务网络体系覆盖所有残疾人，服务能力显著增强，服务质量明显提高，使所有残疾人在需要时都能获得普惠、精准、及时和优质高效的公共法律服务。

（二）主要任务

4. 提高服务质量。推行岗位责任制、服务承诺制、首问负责制、限时办结制、服务公开制，增强优质服务意识。广泛开展"残疾人维权示范岗"创建活动，培育一批维护残疾人权益的律师、公证、司法鉴定、法律援助等方面的先进典型，引导法律服务工作者严格遵守法定程序和执业规范，提供符合标准的公共法律服务。创新服务方式，根据不同服务类别和服务人员探索组建公共法律服务专业团队，对重大疑难案件实行集体讨论、全程跟踪、重点督办，提高公共法律服务专业化水平。加强监督检查，将残疾人法律援助案件纳入同行评估范围，促进提高案件办理水平。健全服务信息反馈机制，开展残疾人公共法律服务满意度调查，使各项服务措施更加符合残疾人需求。

三、加大残疾人公共法律服务保障力度

（一）加强组织领导。各级司法行政机关要高度重视残疾人权益保障工作，切实落实主体责任，加强组织领导。对残疾人公共法律服务中遇到的困难和问题，及时协调研究解决。加强与法院、检察院、公安、民政、人力资源和社会保障、教育、卫生、残联等部门的沟通协调和衔接配合，健全残疾人法律救助工作协调机制，形成工作合力。律师、公证、人民调解、司法鉴定、法律援助、法治宣传等业务部门要加强协调联动，在服务平台建设、人员配备、资金保障、资源供给、政府购买服务等方面做到统筹、整合、融入、共享。有效整合律师、公证员、基层法律服务工作者、人民调解员、司法鉴定人员、法律援助工作者等服务力量，加强团队协作，强化职业素养，引导他们树立高尚的人道主义情怀，更好服务残疾人。大力表彰为残疾人提供公共法律服务的先进典型，增强公共法律服务队伍的荣誉感、使命感。

司法部办公厅

关于11月份公证改革进展督察情况的通报

（2017年12月18日）

各省、自治区、直辖市司法厅(局),新疆生产建设兵团司法局：

现将11月份公证改革进展督察情况通报如下：

一、行政体制公证机构改为事业体制完成情况。截至11月14日,全国889家行政体制公证机构全部改为事业体制,提前完成改革任务。其中,改为公益一类的195家,占21.9%,改为公益二类的624家,占70.2%,未明确公益一类或公益二类的28家,改为公益三类的10家,改为性质不明中介机构的7家,关闭或合并25家。从改制后的公证机构类别看,个别省份行政体制公证机构改为公益一类的比例偏高,陕西47家中有38家改为公益一类,云南48家中有31家改为公益一类,靠财政全额保障的公证机构数量较大。从公证员队伍变化情况看,原行政体制公证机构2856名公证员中,有498名选择留在公证机构,710名选择不再担任公证员,1648名将于过渡期满后离开公证机构,改制后公证机构新招录公证员29名,公证员的缺口较大。从改制后公证机构机制创新情况看,889家公证机构中有60家实行编制备案制管理,70家实行绩效工资总量核定,47家实行企业化财务管理,行政体制公证机构转为事业体制后,体制机制创新优化的工作较重。另外,根据法律服务机构赋码工作情况,一些地方新改制的事业体制公证机构尚未在编制部门登记,未取得事业单位登记证书,影响法律服务机构赋码和业务正常开展。

二、事业体制公证机构体制机制创新优化情况。截至11月30日,全国2960家公证机构中(2016年底数据为3001家,减少41家),公益一类事业体制656家,公益二类事业体制1755家,尚未进行公益一类、公益二类划分的事业体制361家,公益三类事业体制和性质不明的中介机构168家,合作制20家。在全部事业体制公证机构中,有434家公证机构完成绩效工资总量核定,占14.66%;有238家公证机构实现企业化财务管理,占8.04%;109家公证机构实行公益二类事业单位人员编制备案制管理,占3.68%。总体上看,全国公益二类事业体制公证机构实行编制备案制、绩效工资总量核定、企业化财务管理等配套政策措施尚未落实到位。司法部正在与中央编办、财政部、人社部沟通,对相关政策进行解读。各地要进一步加强与有关部门的协调,出台具体措施并确保这些措施落地见效。

三、合作制公证机构试点工作方案报送情况。截至11月30日,除内蒙古、湖南、四川外,有28个省(区、市)上报本地区合作制公证机构试点工作方案。11月22日,根据《司法部关于推进合作制公证机构试点工作的意见》,已批准山西等18个省(区、市)的试点方案,上述省份将有51

家合作制公证机构开展试点,其中整体改制24家、新设立27家,拟于年底前组建完成。还有10个省(市)需要按照确定试点机构数量、明确组建时间的要求完善试点方案。司法部将继续开展试点方案的审批工作,年底前再批准一批,同时指导各地加强对试点机构的执业管理,确保合作制试点工作稳妥有序开展。

四、地方公证协会建设情况。截至11月30日,北京、天津、河北、山西、上海、江苏、浙江、安徽、福建、山东、湖北、湖南、广东、广西、海南、重庆、四川、贵州、陕西、甘肃、新疆21个省(区、市)公证协会办事机构实现独立运行、专职工作人员自主聘任。内蒙古、辽宁、吉林、黑龙江、江西、河南、云南、西藏、青海、宁夏10个省(区)公证协会秘书处与司法厅(局)公证管理处仍存在"一套人马、两块牌子"的情况。

五、公证业务创新情况。在服务知识产权方面,全国设立专门知识产权服务部门的公证机构96家,提供远程知识产权保护公证服务的公证机构200家,拥有自主产权知识产权保护系统或软件的公证机构131家。7月底至今,全国共办理知识产权保护公证业务数量6.4万件。在服务银行金融债权风险防控方面,全国新建立固定业务联系的各类银行业金融机构4184家。7月底至今,全国共办理银行业债权文书赋予强制执行效力公证业务数量36.7万件;出具执行证书数量9405件,被人民法院受理的数量7469件,受理率为79.4%。在公证参与人民法院司法辅助事务试点方面,12个试点省(区、市)有132家公证机构参与试点,办理调解、取证、送达、保全、执行案件分别为14582、10718、42277、9284、1724件(次)。在办理公证"最多跑一次"试点方面,10个试点省(市)有189家公证机构参与试点,办理"最多跑一次"公证数量17万件。各地要认真贯彻落实公证业务创新的有关文件,加强沟通协调和经验总结推广,努力为人民群众提供更加优质、便捷、高效的公证法律服务。

六、公证管理工作情况。北京开展公证质量整顿督察,梳理出公证执业过程中的六个方面十八项问题,针对问题开展整改。上海根据司法部督察组公证质量抽查反馈情况开展自查工作,发布十个公证质量问题典型案例,监督指导公证机构依法依规办证,同时加快"智慧公证"建设步伐,构建公证监管大数据平台,提升公证质量管理工作信息化水平。另外,截至11月30日,河北、内蒙古、浙江、安徽、河南、广东、广西、重庆、贵州、云南、青海11个省(区、市)未出台公证服务收费管理办法和公证服务收费标准,北京、天津、吉林、福建、陕西、宁夏、新疆7个省(区、市)仅出台公证服务收费管理办法。有关地方要进一步加大力度,加快进度,争取年底前全部完成公证服务收费管理办法和收费标准制定工作。

附件:公证改革进展督察统计表

司法部办公厅

2017年12月18日

附件：

各省（区、市）行政体制公证机构转制情况统计表

省（区、市）	公证机构变化情况					公证员变化情况						改制公证机构体制机制创新情况		
	2016年底行政体制的公证机构中	相应改制完成后				2016年底行政体制的公证机构中		相应改制完成后				公益二类备案制数量	实行绩效工资总量核定数量	实现企业化财务管理数量
	行政体制公证机构数量	公益一类公证机构数量	公益二类公证机构数量	尚未进行一类、二类选择的事业单位数量	关闭、合并的机构数量	行政编制公证员数量	行政编制以外的公证员数量	选择留在公证机构的公证员数量	选择离开公证机构的公证员数量	选择以过渡期形式留在公证机构服务的公证员数量	改制后新招录的公证员数量			
河北	78	10	65	0	3	175	69	53	46	145	0	0	0	0
山西	30	1	17	12	0	52	35	37	1	49	0	0	0	0
内蒙古	6	0	1	5	0	12	0	0	3	9	0	0	6	0
辽宁	43	8	17	7	11	127	25	19	100	33	0	0	0	0
黑龙江	9	0	8	0	1	12	0	1	0	11	0	0	0	0
江苏	18	0	18	0	0	31	35	35	0	31	0	6	4	4
浙江	13	3	10	0	0	29	9	0	0	38	0	0	0	0
安徽	16	1	15	0	0	29	14	13	2	28	4	0	15	15
福建	1	0	0	0	1	3	3	4	2	0	0	0	0	0
江西	68	14	54	0	0	179	10	14	8	167	1	2	0	0
山东	24	12	1	0	1	70	62	62	26	44	0	6	7	7
河南	73	3	65	0	5	136	135	22	92	157	0	15	0	4

续表

省（区、市）	公证机构变化情况					公证员变化情况						改制公证机构体制机制创新情况		
	2016年底行政体制的公证机构中	相应改制完成后				2016年底行政体制的公证机构中		相应改制完成后						
	行政体制公证机构数量	公益一类公证机构数量	公益二类公证机构数量	尚未进行一类、二类选择的事业单位数量	关闭、合并的机构数量	行政编制公证员数量	行政编制以外的公证员数量	选择留在公证机构的公证员数量	选择离开公证机构的公证员数量	选择以过渡期形式留在公证机构服务的公证员数量	改制后新招录的公证员数量	公益二类备案制数量	实行绩效工资总量核定数量	实现企业化财务管理数量
湖北	83	3	72	0	1	198	39	24	106	107	13	4	1	6
湖南	77	22	53	0	2	225	64	46	81	162	11	0	31	2
广东	10	8	1	1	0	28	1	1	0	28	0	0	0	0
广西	70	0	69	1	0	190	34	43	0	181	0	0	0	0
海南	4	0	4	0	0	8	1	0	8	1	0	0	4	4
四川	51	13	38	0	0	118	24	24	0	118	0	0	0	0
贵州	10	3	6	1	0	39	5	11	27	6	0	0	2	0
云南	48	31	17	0	0	89	12	0	89	12	0	17	0	0
西藏	1	1	0	0	0	0	1	0	0	1	0	0	0	0
陕西	47	38	9	0	0	189	12	21	0	180	0	0	0	0
甘肃	36	16	19	1	0	74	24	27	23	48	0	4	0	5
青海	2	0	2	0	0	6	1	1	0	6	0	0	0	0
宁夏	4	1	3	0	0	12	0	1	0	11	0	1	0	0
新疆	67	7	60	0	0	130	80	39	96	75	0	5	0	0
总计	889	195	624	28	25	2161	695	498	710	1648	29	60	70	47

司法部　中国残联

关于开展“法援惠民生·关爱残疾人”法律援助品牌建设工作的通知(节录)

(2018 年 6 月 8 日　司发通〔2018〕51 号)

(三)加强协作配合。司法部和中国残联探索在“12348”法律服务热线与“12345”政务热线、“12385”残疾人服务热线和紧急司法救助平台之间建立协作机制,实现资源共享和信息互通。各省(区、市)司法厅(局)和残联要加强与法院、检察院、公安等部门合作,依法办理残疾人权益纠纷案件。加强与民政、人力资源和社会保障等部门的沟通协作,建立健全信息交流和定期沟通机制,及时更新辖区残疾人信息,发挥社会团体在残疾人公共法律服务中的积极作用。各省(区、市)司法厅(局)及各地司法局之间、各地残联之间要积极开展异地协作,紧密配合、通力合作,为跨省跨区域残疾人权益保护工作提供便利条件,充分发挥法律援助在服务残疾人工作中的作用。要整合律师、公证员、基层法律服务工作者、人民调解员、司法鉴定人员、法律援助工作者、残疾人服务志愿者等服务力量,加强团队协作,更好服务残疾人。

司　法　部

关于充分发挥职能作用为民营企业发展营造良好法治环境的意见(节录)

(2018 年 11 月 10 日)

12. 发挥公共法律服务平台服务民营企业功能。推行实体平台“一窗办多事”,整合司法行政系统各项服务职能,实现“前台统一受理,后台分流转办”,降低民营企业寻求法律服务的成本。加强“12348”公共法律服务热线平台接听队伍专业化建设,有条件的地方组建专门服务团队,提供法律咨询服务。推行服务事项网上办理,实现请律师、办公证、求法援、找调解、寻鉴定等与民营企业密切相关的服务事项在网络平台一站式办理。

14. 拓展创新公证服务民营企业工作。监督指导公证机构认真办理企业并购、招标投标、知识产权、拍卖、提存、抵押等公证业务，加大对中小企业融资贷款的公证服务力度，规范交易行为，防范非法集资风险，维护民营企业的合法权益。积极开展公证服务知识产权保护，围绕“一带一路”建设等国家重大战略，推动建立“一带一路”沿线国家和地区公证服务知识产权保护合作机制。在有条件地区开展民营企业公证服务知识产权保护试点，遴选培育第二批若干家公证服务知识产权保护示范机构。

司　法　部

关于印发《公职律师管理办法》《公司律师管理办法》的通知(节录)

(2018 年 12 月 13 日　司发通〔2018〕131 号)

公职律师管理办法

第六条　申请人有下列情形之一的，不予颁发公职律师证书：

(一)无民事行为能力或者限制民事行为能力的；

(二)曾被吊销律师、公证员执业证书的；

(三)涉嫌犯罪、司法程序尚未终结的，或者涉嫌违纪违法、正在接受审查的；

(四)上一年度公务员年度考核结果被确定为不称职的；

(五)正被列为失信联合惩戒对象的。

公司律师管理办法

第六条　申请人有下列情形之一的，不予颁发公司律师证书：

(一)无民事行为能力或者限制民事行为能力的；

(二)受过刑事处罚的，但过失犯罪的除外；

(三)曾被开除公职或者吊销律师、公证员执业证书的；

(四)涉嫌犯罪、司法程序尚未终结的，或者涉嫌违纪违法、正在接受审查的；

(五)正被列为失信联合惩戒对象的。

司法部　财政部

印发《关于完善法律援助补贴标准的指导意见》的通知(节录)

(2019年2月15日　司发通〔2019〕27号)

三、根据法律援助的不同服务形式,可以分别制定办案补贴标准、值班律师法律帮助补贴标准、法律咨询补贴标准。

区分法律援助的不同服务形式,根据服务过程中实际产生的差旅费、邮电费、印刷费、调查取证费、翻译费、公证费、鉴定费等因素确定直接费用。差旅费中包含的交通、食宿费用参照党政机关差旅费有关标准予以测算。邮电费、印刷费、调查取证费等由各地结合实际情况确定。翻译费、公证费、鉴定费经法律援助机构核实后予以安排。

基本劳务费用根据日平均工资、服务天数等因素确定。其中,日平均工资参照上一年度本地在岗职工年平均工资除以年工作日所得或其一定系数。

司法部办公厅

关于明确中国法律服务(澳门)公司业务范围的通知(节录)

(2019年5月13日　司办通〔2019〕51号)

二、公证业务

(一)根据当事人申请,直接办理《公证法》第十一条和第十二条规定范围内、发往内地使用的公证文书。

(二)核验中国委托公证人(澳门)出具的发往内地使用的公证文书。

(三)应澳门用证部门的要求,协助核查内地公证机构出具的发往澳门使用的公证文书。

（四）协助或代理澳门居民、法人和其他组织办理内地有关公证事务及其他法律事务。

（五）其他公证业务。

最高人民法院　司法部

关于扩大公证参与人民法院司法辅助事务试点工作的通知

（2019 年 6 月 25 日）

各省、自治区、直辖市高级人民法院、司法厅（局），新疆维吾尔自治区高级人民法院生产建设兵团分院、新疆生产建设兵团司法局：

2017 年 7 月以来，按照《最高人民法院　司法部关于开展公证参与人民法院司法辅助事务试点工作的通知》（司发通〔2017〕68 号，以下简称《通知》）要求，北京、内蒙古、黑龙江、上海、江苏、浙江、安徽、福建、广东、四川、云南、陕西等 12 个省（区、市）积极开展试点工作，取得了明显成效。为进一步推动公证参与人民法院司法辅助事务试点工作的深入开展，最高人民法院、司法部决定将试点工作扩大至全国范围。现将有关事宜通知如下。

一、充分认识扩大公证参与司法辅助事务试点工作的重要意义

开展公证参与司法辅助事务，是构建社会矛盾纠纷多元化解机制的重要内容，是公证服务推进以审判为中心的诉讼制度改革的有益探索，是公证助力人民法院司法体制改革、社会治理创新的重要举措。试点一年多来，试点省份根据需求规范开展各项辅助业务，各具特色。如，浙江省丽水市莲城公证处、绍兴诸暨市公证处参与法院终本案件的财产查控工作，负责调查终本案件被执行人财产线索，参与实施财产的线上线下查控措施，出具法律意见书，推动严把进口、规范管理、畅通出口、有序退出的终本案件管理机制的不断完善。昆明市明信公证处以公证调解为中心，建立起一套涵盖法律文书送达、案件调解、调查取证、参与财产保全、参与执行以及全流程公证法律服务六大业务的综合服务体系，实现公证对司法辅助事务的全面承接。北京市中信公证处推出网络赋予债权文书强制执行效力公证系统，对网上小额借贷在线公证，将案件直接推送至人民法院，批量立案、批量执行，全程无纸化操作，从源头上分流案件，有效缓解了互联网金融案件诉讼难、执行难的问题。实践证明，公证参与司法辅助事务有利于保障法官集中精力做好审判执行工作，提高司法效率，有利于进一步深化矛盾纠纷多元化解机制改革，推动社会解纷资源的合理配置和高效利用，促进公证机构改革创新发展。随着人民群众对民主、法治、公平、正义、安全、环境等方面的要求日益增长，需要进一步发挥公证参与司法辅助事务在提高司法效率、推动司法改革、维护司法公信中的专业优势，在更大范围、更高层次上实现公证职能与法院审判执行工作的有机衔接。要从全面依法治国和完善公证制度的高度,充分认识公证参与司法辅助事务的重要意义,切实做好扩大公证参与司法辅助事务试点工作。

二、明确扩大公证参与司法辅助事务试点工作的主要任务和要求

首批试点的12个省(区、市)要深入总结前期试点工作经验,坚持问题导向,大胆探索创新,努力破解影响试点工作开展的突出问题和瓶颈,创造更多新鲜经验,在全国起到示范引领作用。

其余19个省(区、市)和新疆生产建设兵团要在2019年7月底前启动公证参与司法辅助事务试点工作。要充分借鉴首批试点地方的经验做法,根据经济社会发展水平和公证行业发展情况,确定在全省(区、市)范围内或者选择部分地区开展试点。要因地制宜,分类指导,把公证资源充足、司法辅助事务需求较大的地区作为试点工作重点,积累经验、以点带面,逐步扩大试点。到2020年底,公证参与司法辅助事务力争在所有地市级行政区进行试点,使每个"案多人少"矛盾突出的人民法院都有公证参与司法辅助事务工作室。各地要在认真落实《通知》基础上,在扩大试点中把握好以下要求。

(一)完善制度机制。公证参与司法辅助事务既要遵守诉讼程序,又要遵循公证程序。要梳理完善现有制度机制,严格的执行,严密的监督,不能为完成司法辅助事务突破现有制度框架,违反公证程序。对于公证参与司法辅助事务中出现的新情况、新问题,要抓紧研究,开拓思路,用好用足用活政策,寻求新的制度性支撑点,明确相关规则。

(二)健全有机衔接。应当坚持需求导向,因地制宜,各地法院根据审判执行工作中的实际需要,聚焦送达、调解、保全、取证、执行等辅助事务,合理确定公证参与司法辅助事务的业务项目,有所侧重,做精做强。辅助执行、调查取证、保全与公证职能高度契合,可以加强法院与公证机构的衔接、面上推广,参与调解、送达和司法拍卖等可以根据法院需求有所选择。统筹法院系统、公证实务部门和研究机构的力量,围绕公证与法院如何衔接、公证程序如何科学合理嵌入法院的审判执行工作流程加大政策理论研究力度,明确并细化有关工作流程。

(三)规范开展辅助事务。规范公证机构参与人民法院司法辅助事务活动,研究制定服务事项、服务方式、服务流程、服务验收标准、违约责任等操作规范,高度重视、确保公证文书尤其是赋强债权文书的质量,充分发挥公证文书的证明作用。加强公证人员参与司法辅助事务的技能培训和交流,不断提高公证人员的专业素质和综合服务水平。

(四)推进信息平台建设。积极探索现代信息技术在司法辅助中的应用,大力开展在线对接平台建设,逐步建立相互贯通、共享共有、安全可靠的在线快速查阅通道平台,逐步实现纠纷的在线受理、调解、统计、督办、反馈、数据分析,送达、取证、保全、执行等工作的网上委派,相关法律文书的网上传递,有关业务数据的互查共享。

三、进一步加强组织领导和工作保障

(一)落实试点工作责任。各地要周密部署、精心安排,尽快制定试点工作的实施意见和方案,明确扩大试点的步骤、目标和时间节点等,确保试点工作顺利启动、扎实推进。人民法院、司法行政机关要细化任务分工,明确本单位的具体牵头部门和责任人员,主动加强与相关单位的沟通联系,分工负责,紧密协作,确保试点工作高效、有序运转。要注重围绕经济社会发展大局推进试点工作,努力赢得党委政府、相关单位和社会各界的支持。

(二)提高经费保障水平。各级司法行政机关要加强与人民法院的沟通协调,为试点工作提供必要的经费、场地、设施等,保障试点工作的深入开展;积极争取政府财政预算安排和政府购买服务,同时也要鼓励和引导各地采取多种方式,包括赋予公证机构财务自主权、设立基金等解决办法,多措并举予以经费保障。

(三)加大宣传推广力度。要拓展宣传渠道,充分利用各类新闻媒体和工作渠道,宣传公证参与司法辅助事务,不断提高公证参与司法辅助事务的社会知晓度和公众认可度。要加强理论研究,积极宣传推广公证参与司法辅助事务的先进典型和有益经验,为推进公证参与司法辅助事务试点创造良好舆论氛围。

附件:《最高人民法院 司法部关于开展公证参与人民法院司法辅助事务试点工作的通知》(司发通〔2017〕68 号)(略)

最高人民法院
司法部
2019 年 6 月 25 日

疫情防控和企业复工复产公共法律服务工作指引

(2020 年 3 月 3 日)

为统筹推进新冠肺炎疫情防控和经济社会发展,根据法律援助、公证、司法鉴定、仲裁和公共法律服务平台工作职责,结合现阶段分区分级疫情防控策略和保障企业复工复产工作要求,制定本指引。

一、努力满足分区分级阶段的公共法律服务需求

1. 准确把握现阶段社会公共法律服务特点。根据湖北省、北京市和其他地区低风险、中风险、高风险的疫情分区分级防控策略,针对党政机关、企事业单位、人民群众在疫情防控、复工复产、社会稳定、脱贫攻坚、农业生产、基本民生等方面的法律服务需求,及时总结分析、精准研判,有效调配、布局法律服务资源,努力满足各类法律服务需求。

2. 着力加强法律服务针对性有效性。统筹、整合本地法律服务资源,针对不同主体、不同阶段、不同性质、不同类型的法律服务需求,部署、指导、组织法律援助、公证、司法鉴定、仲裁等法律服务机构和公共法律服务网络、热线、实体平台积极主动开展工作,不断拓展服务范围和项目,提供精准、有针对性的服务,提高服务质量和效果。

3. 加强法律服务宣传力度。利用多平台、多渠道、多方式宣传公共法律服务对疫情防控和经济社会发展的重要作用,引导服务需求,树立模范典型,强化正面引导,不断提高公共法律服务知晓率、首选率、满意率。

二、积极提供便捷高效、均等普惠的法律服务

4. 为复工复产提供有效法律服务。针对企业复工复产面临的债务偿还、资金周转、扩大融资等困难,提供有针对性的公证服务。银行及信贷机构决定延长企业还款期限的,及时提供合同延期、协议变更等公证服务。为受疫情影响较大的行业、民营企业、小微企业减免公证费用。根据当地疫情防控统一部署,依法组织具有相关资质的司法鉴定机构为企事业单位提供新冠病毒核酸检测服务。仲裁案件确需线下开庭审理、延期审理不影响企业复工复产的,可依法依规延期审理。仲裁裁决结果可能有利于复工复产的,要快审快结。慎用影响企业复工复产的保全等措施。

5. 有序恢复法律服务机构和实体平台执业。各地司法行政机关要及时跟进当地党委、政府关于分区分级差异化防控策略和精准复工复产的决策部署,对各类法律服务机构、实体平台的自身疫情防控和恢复执业进行科学评估、统筹安排,有条件的地区要积极稳妥、逐步有序恢复执业。要推进公共法律服务网络、实体、热线平台融合发展,利用公共法律服务平台点多、线长、面广的优势,广泛收集企事业单位复工复产和人民群众法律服务需求,提供普及化、一体化、精准化服务,及时回应、直接办理或有效转办,帮助解决法律问题。加强执业监管,维护行业良好社会形象,严肃处理违法违规执业行为。

6. 开通绿色通道,优先受理、快速办理。各类法律服务机构和实体平台要开通绿色通道,对疫情防控、企事业单位复工复产所需公证、鉴定、仲裁服务需求以及困难职工的法律援助需求,要在不违反相关规定、确保服务质量和公平性的前提下,优先受理、快速办理。推行法律援助预约服务,对复工复产企业的农民工到窗口申请法律援助的,免于经济困难审查,做到当天申请、当天受理、当日指派。

7. 提供全业务全时空法律咨询服务。充分利用公共法律服务网络、实体、热线平台,对社会公众提出的法律服务咨询问题进行权威解答。要更加注重发挥网络平台、热线平台作用,提供 7×24 小时不间断咨询服务。

8. 减免防疫一线人员法律服务费用。对疫情防控一线医务人员、军人、公安民警、志愿者等群体提出的法律援助、公证、鉴定、仲裁等法律服务需求,根据实际提供上门服务,减免相关费用。

三、为受援人提供有效的法律援助

9. 适当放宽经济困难审查标准。对于群众因疫情而导致生活困难的,与相关部门研究建立信息共享和衔接协作机制,依法合理审查经济困难标准,明确免于审查经济困难的人员范围。探索法律援助经济困难证明告知承诺制,因疫情无法提供困难证明的申请人可采取书面承诺方式申请法律援助。对于诉讼时效即将届满、需要立即采取保全措施等紧急或者特殊案件,可为受援人先行提供法律援助。

10. 切实保障法律援助服务质量。认真组织办理涉疫情刑事法律援助案件,依法加强质量监督和风险管理。充分利用远程视频、微信等信息化手段,实现值班律师“在场”的法定要求,为犯罪嫌疑人、被告人提供法律帮助。对因疫情延误行使管辖权异议、举证、上诉、申请强制执行等程序权益的,指导当事人通过申请不可抗力事实证明等方式维护自身权益。

11. 深化“法援惠民生”活动。充分利用法律服务网“农民工欠薪求助绿色通道”,做好农民工欠薪线索收集、留言咨询解答、法律援助案件办理等工作。开展“情暖农民工法律援助项目”,将讨薪农民工纳入“中彩金”法律援助重点项目,动员“1+1”行动律师优先服务被欠薪农民工,切实维护农民工合法权益。

四、加大公证服务保障力度

12. 做好疫情期间不可抗力事项的公证证明和证据保全。对疫情期间已经发生的当事人主张其不能预见、不能避免且不能克服的不可抗力事件或事实,公证机构要根据当事人申请,依照法定程序对有关证据材料进行公证证明或证据保全，为受疫情影响的企业和个人在合同履行、责任免除等方面提供法律咨询和公证服务，强化矛盾预防，切实减少法律纠纷。

13. 支持加强湖北等疫情严重地区公证服务能力。指导湖北省司法厅将公证机构执业区域扩大至全省，支持、引导服务能力强、信息技术条件好的公证机构提供远程非接触式服务。指导各地做好公证机构对口帮扶，减轻疫情对公证行业发展的影响。

五、充分发挥司法鉴定优势作用

14. 积极开展涉疫情医疗纠纷等鉴定工作。主动配合司法机关、行政执法部门、人民调解机构等部门，积极开展疫情相关医疗纠纷、伤残等级、保险理赔等涉及到的鉴定工作，为诉讼活动、行政执法和纠纷解决提供证据支持。坚持依法快速审查受理，审慎科学实施鉴定，高效出具专业鉴定意见。

15. 全力支持打击破坏野生动植物资源违法犯罪行为。积极配合司法机关和执法部门，组织有资质的司法鉴定机构开展野生动植物及其制品鉴定，野生动植物物种及其濒危与保护等级鉴定，野生动植物损害类型、范围和程度鉴定等，及时提供高效、专业的司法鉴定服务，助力打击破坏野生动植物资源违法犯罪行为。

六、加强仲裁信息化和仲裁调解工作力度

16. 加快推进互联网仲裁系统建设。加强互联网仲裁线上办案系统、管理系统建设，强化工作推进和协调，动员组织互联网仲裁系统技术研发机构与仲裁机构的对接，协调本区域内仲裁机构间互联网仲裁系统技术的对口支援。

17. 加大仲裁调解工作力度。仲裁机构要加强与人民法院和行政调解、人民调解等纠纷调解组织的协调联动，积极引导、支持当事人尽可能运用调解方式妥善解决纠纷。组织仲裁员、仲裁机构工作人员针对企业在疫情防控期间以及疫情后出现的相关法律问题开展有针对性的调研分析，主动为企业防范和应对法律风险提供专业意见。

司法部　全国工商联　中华全国律师协会

关于深入开展民营企业“法治体检”活动服务疫情防控和企业复工复产的通知（节录）

（2020 年 3 月 12 日）

三、工作要求

（二）增强服务实效。要把陷入生产经营困难的中小企业和餐饮住宿、交通运输、旅游影视等受疫情影响严重行业作为服务重点，急企业所急，想企业所想，增强服务针对性。律师事务所和律师要根据疫情防控需要创新服务模式，更多采取远程办公、在线咨询等方式为企业提供网上服务。加强与司法机关和仲裁、公证等机构的对接，帮助企业通过网上开庭、视频公证、线上仲裁等方式高效便捷办理法律事务。对公益法律服务难以全面覆盖的企业，鼓励律师事务所根据自身实际，酌情减免或缓收法律服务费用，与企业共克时艰、共谋发展。

中共司法部党组

关于加强公证行业党的领导优化公证法律服务的意见

（2020年3月24日　司党〔2020〕1号）

各省、自治区、直辖市司法厅（局）党委（党组），新疆生产建设兵团司法局党委：

为加强党对公证工作的领导，坚持公证工作正确发展方向，充分发挥公证制度作用，更好满足人民群众日益增长的公证法律服务需求，现就加强公证行业党的领导、优化公证法律服务提出如下意见。

一、总体要求

（一）指导思想。以习近平新时代中国特色社会主义思想为指导，全面贯彻党的十九大和十九届二中、三中、四中全会精神，增强“四个意识”，坚定“四个自信”，做到“两个维护”。坚持党对公证工作的全面领导，坚持以政治建设为统领，以高度的思想自觉、政治自觉和行动自觉，提升公证行业党建工作制度化、规范化水平。把满足人民群众公证法律服务需求放在第一位，坚持发展公证公益服务，切实防止公证逐利倾向。提高公证服务能力和水平，不断增强人民群众对公证法律服务的获得感、幸福感、安全感。

（二）工作目标。公证行业党的组织和党的工作实现全覆盖，党章党规规定的党建工作基本制度得到落实，党组织参与公证机构业务发展、队伍建设、质量管理、公益服务等决策机制不断完善。司法行政机关和公证协会“两结合”管理优势得到充分发挥，公证行业有序健康发展。公证工作体制机制不断改革完善，公证领域监管得到有效加强，公证服务手段不断优化创新，工作活力得到释放，人民群众对公证法律服务知晓率、首选率、满意率进一步提升。

二、主要任务

（一）规范党组织设置。开展公证机构党组织规范化建设，对公证机构党组织建设情况全面排查。有3名以上正式党员的公证机构，都要单独设立党组织，新设立的公证机构须同步成立党组织。党员人数不足3名的公证机构，可以按照区域相邻、就近方便的原则，“以大带小”“以强带弱”，在法律服务行业内组建联合党支部。对无党员的公证机构，由主管司法行政机关选派党建工作指导员，明确工作职责，实现指导工作全覆盖。选优配强党组织领导班子，有条件的设立专职副书记，配备专兼职党务工作者。

（二）完善党组织工作机制。要建立健全党组织全面参与公证机构业务发展、队伍建设、分配考核等重大事项决策的工作机制，发挥党组织在人员选聘、表彰奖励、违法违规惩戒中的政治把关作用，明确党组织负责出具公证机构工作人员的政治表现鉴定意见。要落实公证机构负责人“一岗双责”，推动实现党组织负责人与公证机构管理层、决策层双向进入、交叉任职，把党的领导落实到公证工作和公证队伍建设全过程、各方面，确保公证机构正确发展方向。

（三）强化党建工作制度建设。要对照党章党规，抓紧对各地公证协会、公证机构章程或工作制度进行修订完善，写入党组织设置、地位作用、职责任务、工作保障等党建工作内容。要对照《公证机构党组织规范化建设考评标准》，在加强政治建设、健全组织设置、完善工作机制、过好组织生活、严格党员管理等方面，落实落细党建工作要求，为加强党的全面领导提供有力制度支撑。

（四）拓展公益服务范围。各地要结合经济发展水平和服务能力，科学制定并大力拓展公证公益服务事项范围。鼓励公证机构为老年人、未成年人、残疾人、农民工及生活困难群众提供公益性法律服务；支持公证机构在减灾救灾、生态环境和资源保护、食品药品安全、国有资产保护、脱贫攻坚等领域发挥职能作用；指导公证机构主动参与法治宣传、信访调处、案件化解、重大突发事件处置等工作，努力发挥公证在推动经济社会发展、服务保障和改善民生、维护社会和谐稳定中的重要作用。

（五）强化公益服务管理。各地司法行政机关、公证协会要结合本地经济社会发展水平和公证行业实际，制定公证员公益法律服务工作量的具体指导标准，并可以根据地域、年龄、身体状况等分类提出要求，纳入评价公证机构、公证员的重要指标。公证协会开展公证员职业培训时，要将公益法律服务培训作为重要内容。公证机构要承担管理职责，科学制定并严格执行公益服务案件与其他案件的指派比例，依托全国公证管理系统公证登记簿及公证机构办证系统，严格推行公益案件统一受理、随机指派、全员办理机制。公证员应当积极参与党委和政府、司法行政机关和公证协会组织的公益法律服务活动。

（六）注重示范引领。各地司法行政机关、公证协会要坚持以党建带队建，加强对党员公证员的公益服务理念教育，引导党员公证员、担任人大代表或者政协委员、获得优秀表彰的公证员在公益服务中发挥模范带头作用。鼓励、支持青年公证员、公证员助理参与公益服务，在实践锻炼中提升道德修养和业务能力。规模大、力量强的公证机构应积极组织、支持公证员参与公益服务，在服务时间、经费、绩效考核等方面给予必要的保障。要积极培养和选树公益服务先进典型，总结推广有益经验和做法。

（七）牢固树立执业为民理念。教育引导广大公证人员牢固树立依法执业、执业为民的理念，严格履行法定的公证职责，严格依照法律法规办理公证业务，严格遵守执业规范和标准，自觉维护宪法和法律的权威。常态化开展执业警示教育，深刻剖析违法违规执业案件教训，坚决纠正高风险、经济类业务逐利倾向问题。要始终把维护人民群众合法权益作为公证工作的出发点和落脚点，坚持把人民群众满意作为检验公证工作成效的根本标准，全心全意做好服务群众的各项工作。

（八）完善收入分配制度。各地司法行政机关、公证协会要对公证机构收入分配情况进行摸底调查，根据经济社会发展水平，制定出台公证机构收入分配的管理办法，坚持按劳分配、公平可持续的收入分配原则，提出绩效和分级分类管理的具体要求，突出分配激励、约束有力的导向。要加强公证机构收入分配管理，对公证机构年度收入分配方案实施备案管理，促进公证机构队伍稳定和公证事业健康可持续发展。

（九）严格收费财务管理。要认真落实公证收费公示制度，监督公证机构严格执行公证服务收费标准，严格执行明码标价有关制度，在本机构显著位置和网站首页公示公证服务收费项目、收费标准、监督举报电话等信息，广泛接受社会监督。要加强对公证机构执业行为的检查，严格公证员助理管理，防止公证人员利用办证谋取私利或者向经办人、中间人支付回扣、介绍费，严厉打击乱收费、收费不入账等违法执业行为。

（十）依法从严监管。要实行公证质量评估检查制度，加大关系群众切身利益的遗嘱、继承、赋予强制执行效力文书公证等民生类、经济类、涉外类重点公证事项监管力度，对不审查核实、不立卷归档、与中介不正当交往及公证专用纸管理混乱等问题，开展专项检查，对公证机构和公证人员触碰公证执业底线的情形“零容忍”。要依法依规对公证员违法违规执业行为作出行政处罚、行业惩戒，并及时向社会公开；对内部管理混乱、执业风险大的公证机构，要责令停业整顿；符合刑事案件移送标准的，要依法移送司法机关，严格刑事责任追究。

（十一）提高监管效能。各地司法行政机关、公证协会要科学运用互联网、大数据、人工智能等技术手段，依托全国公证管理系统，跟踪分析公证业务数据主要指标，研判防范公证执业风险。要实行扁平化管理和实地走访，定期不定期开展公证案卷质量网上检查、抽查，做好人民法院、登记机构等用证部门和当事人回访工作，及时发现问题。要严格落实公证业务办理全面登记、全程可控、全网留痕的工作机制，对存在隐患和风险的公证机构，要早提醒、早介入、早处置，防患于未然。

（十二）健全监管制度。2020 年底前，各地要科学制定出台公证执业行政处罚裁量基准，规范公证领域行政执法自由裁量权；公证协会要根据公证执业实际，修订完善行业惩戒工作规定，在行政处罚情形的基础上增加实施行业惩戒的情形。要健全充分发挥行政管理和行业自律管理“两结合”优势的体制机制，加强处罚和惩戒工作衔接，明确侧重，有效协同。支持公证协会通过行业自律管理，依法依章程履行规范执业、教育培训、行业惩戒等职责。

（十三）深化公证机构体制改革机制创新。各地按照分类指导、分步推进的原则，统筹用好政策激励、适度竞争等措施，提高事业体制公证机构编制备案制、绩效工资总量核定、企业化财务管理制度落实比率。要做好合作制公证机构试点工作，加强监督管理和跟踪服务保障，在自贸试验区等政策灵活地方培育形成一批服务能力强、辐射范围广的品牌化、规模化公证机构，发挥引领示范作用，释放公证服务活力。要制定落实执业区域调整的工作方案，加强对偏远地区公证机构对口帮扶，促进优质公证资源均衡覆盖。

（十四）持续深化“最多跑一次”改革。2020 年底前，全面推行公证事项证明材料清单制度，向社会公布公证证明材料清单。要重塑优化办证流程，实行“一窗受理、集成服务、一站办结”的标准化公证服务，提高办证效率。要根据当地实际和服务能力，不断扩大“最多跑一次”公证事项范围，在受理、审批、出证等环节提供延伸服务、延时服务、代办服务。要改进涉外公证工作，全面清理规范地方对公证机构办理涉外公证业务的不合理限制，强化公证机构对公证员办理涉外公证业务的管理，多形式开展公证员涉外公证业务培训，提高涉外公证服务质量。

（十五）创新优化服务方式方法。要深入推进“互联网+公证”服务，开通线上自助办证平台，对具备网上申办条件的公证事项全部实现网上预约、申请、受理、审核、缴费，研究制定“非接触”公证服务工作指引。合作制试点公证机构2020年底前要全部具备应用电子公证书、在线电子证据保全保管、债权文书网上赋予强制执行效力、海外远程视频公证服务等能力。拓展司法辅助、知识产权保护等业务，在新型、前沿领域提升公证服务能力。

三、工作保障

（一）加强组织领导。各级司法行政机关党委（党组）要把公证行业党的建设工作摆上重要议事日程，切实履行主体责任，党委（党组）书记要认真履行第一责任人责任。各地公证协会要加强对党建工作的工作指导，认真落实具体责任。开展公证行业党组织书记述职评议考核工作，各公证机构党组织书记要向主管司法行政机关党委（党组）述职。各地公证协会在党建等方面工作的落实情况，要及时向司法行政机关党委（党组）报告。

（二）强化工作保障。要落实经费保障措施，将公证行业党建工作经费纳入司法行政机关年度预算，从各地协会会费中拨付一定额度，保障行业党建工作有效开展。要分级开展党建工作培训，创新运用实地观摩、案例教学等方式，由司法部公共法律服务管理局、中国公证协会对全国公证机构党组织书记或负责人一年一轮训，各省对公证机构党员原则上两年一轮培训教育。

（三）注重考评督导。将党建等工作纳入公证服务评价体系，作为评价公证机构、公证员的重要指标。充分运用考评结果，对党建工作要求落实不重视、不到位的，要通报整改，开展专项督导；对工作优秀的单位和个人予以表彰，推荐优秀党组织书记和党员公证员作为党代会代表、人大代表、政协委员人选，优先推荐参加各类先进人物评选。

（四）做好宣传推广。各地司法行政机关、公证协会要努力挖掘在党建工作等方面表现突出的公证人员和公证机构典型，认真总结推广经验做法。要通过报纸、电视、微信、微博等平台，大力宣传公证工作成效，广泛报道公证服务为民的感人事迹，讲好公证故事，生动展现公证员队伍良好精神风貌，激发和调动广大公证员的工作热情，扩大公证工作的社会影响力。

附：《公证机构党组织规范化建设考评标准》（略）

中共司法部党组

2020年3月24日

司法部公共法律服务管理局　中国公证协会

关于加强公证行业惩戒工作健全完善行政处罚和行业惩戒衔接机制的通知

（2020年3月25日　司公通〔2020〕5号）

各省、自治区、直辖市司法厅（局）公共法律服务管理处（局）、公证管理处，新疆生产建设兵团司法局公共法律服务管理处，各地方公证协会、新疆生产建设兵团公证协会：

近年来，我国公证工作快速发展，广大公证机构、公证员认真履职，充分发挥职能作用，为推进全面依法治国、促进经济社会发展作出了重要贡献。但是个别公证员执业不诚信、不规范，违反职业道德、执业纪律的问题时有发生，造成了不良社会影响，严重损害了公证公信力和公证工作形象。为进一步加强公证惩戒工作，严格规范公证执业行为，促进公证事业顺利健康发展，现就有关事项通知如下。

一、公证协会切实履行对公证机构、公证员实施惩戒的职责。各公证协会要切实加强行业自律管理，加大公证行业监督力度，主动调查处理通过网络等渠道发现的公证员违规执业线索，及时受理调查对公证员违规执业的投诉，严格依据行业规范开展惩戒工作。各地司法行政机关要监督指导公证协会对公证员违规行为实施行业惩戒，督促各公证协会切实履行好惩戒职责。各地司法行政机关要支持公证协会开展自律管理，实施行业惩戒工作，要切实把行规行纪挺在前面，发挥抓早抓小、防微杜渐的作用。对公证员违法违规行为原则上先由公证协会依规依纪调查作出行业惩戒，再由司法行政机关依法依规给予相应行政处罚。

二、加大司法行政机关对公证机构、公证员行政处罚的力度。各地司法行政机关要加大公证执业行为的行政执法力度，对于在投诉处理中发现的线索、监督检查中发现的问题，要及时立案调查。要严格依法认定事实，对于违反《公证法》及有关规章的，按照行政处罚裁量基准依法给予行政处罚。做好行政执法和刑事司法的衔接，对符合刑事案件立案追诉标准的案件，要依照有关规定，及时移送公安机关追究刑事责任。

三、完善司法行政机关和公证协会惩戒工作衔接机制。司法行政机关与公证协会在履行监管职责方面要依法分工、各有侧重，建立健全重要决策会商、重要情况沟通、重要信息共享工作机制。协会对公证员作出行业惩戒的，应当自行业惩戒生效之日起5个工作日内向司法行政机关报告。司法行政机关对公证员作出行政处罚的，应当自行政处罚生效之日起5个工作日内通报公证协会。公证协会认为公证员违规执业行为依法应当给予行政处罚的，应当书面建议司法行政机关作出相应行政处罚，并移交相关证据材料。司法行政机关收到公证协会意见建议后，应当及时立案调查,一般于60日内作出行政处罚,最长不得超过3个月。司法行政机关经调查核实,认为依法不能作出行政处罚或者不能作出相应行政处罚的,应报上一级司法行政机关审核。上一级司法行政机关应当对司法行政机关、公证协会处理意见和相关证据材料进行审查,于30日内提出处理意见。

四、完善处罚惩戒公示制度。全国公证机构和公证员违法违规执业受行政处罚、行业惩戒的决定一律在司法部网站公开,向社会披露。各地司法行政机关、公证协会应当将本辖区内作出的行政处罚、行业惩戒于生效之日起7日内按照要求格式,报司法部公共法律服务管理局、中国公证协会。对瞒报、漏报、不及时报送的,司法部公共法律服务管理局、中国公证协会将通过公证工作督查机制定期予以通报。

五、强化惩戒工作信息化手段。各地司法行政机关、公证协会要依托全国公证管理系统,实现投诉举报受理、调查惩戒、转办跟踪、协调反馈、上报通报等工作网上运行,实现投诉事项及时登记、调查处理全程记录、惩戒情况留痕可查。要加强惩戒工作数据统计分析,建立公证执业风险防范预警工作机制,对存在隐患和风险的公证机构,要早提醒、早介入、早处置,防患于未然。

六、落实处罚和惩戒工作责任制。各地司法行政机关、公证协会要严格执行《公证法》《公证机构执业管理办法》《公证员执业管理办法》和公证协会行业规范等规定,切实履行监管职责,积极主动开展工作,依法及时调查处理公证机构、公证员违法违规行为。对于影响大或者久拖不决的违法违规行为,上级司法行政机关和公证协会实行挂牌督办。要加强公证惩戒工作专项督察,加大投诉处理工作监督力度,并在适当范围内通报督查情况。对工作不力,推诿、懈怠,失职、渎职,造成不良社会影响的,予以通报批评;情节严重的,建议纪检监察、组织人事部门追究相关人员责任。

司法部公共法律服务管理局
中国公证协会
2020年3月25日

司法部公共法律服务管理局　中国公证协会

关于规范涉外公证业务管理有关工作的通知

(2020年4月30日　司公通〔2020〕7号)

各省、自治区、直辖市司法厅(局)公共法律服务管理处(局)、公证管理处,新疆生产建设兵团司法局公共法律服务管理处,各地方公证协会、新疆生产建设兵团公证协会:

涉外公证管理工作是公证管理工作的重要组成部分,涉外公证书是服务我国对外民商事交往的重要内容。加强和规范涉外公证管理，对提高涉外公证服务质量，保障我国公民和法人的合法权益、维护我国公证工作形象具有重要意义。为进一步规范涉外公证管理工作，明确责任、严明纪律，确保涉外公证执业秩序，现就有关工作通知如下。

一、强化公证机构对涉外业务的管理。各地公证管理部门要支持公证机构强化涉外业务管理，依法依规对公证员办理涉外业务进行具体监管。公证机构要建立完善涉外业务管理制度，加强内部质量控制管理，培养具备相应外语水平、具有一定工作经验的公证员办理涉外业务，杜绝因业务不熟或低级错误，导致涉外公证书被拒绝认证或被外方退回等情况的发生。

二、及时完成印章电子化备案。自 2020 年 6 月 1 日起，新增的公证机构以及公证员印章涉外备案，应通过全国公证管理系统办理，各地司法行政机关不再接受纸质印章备案。各公证机构、公证员应自开始办理涉外业务前 5 个工作日，将公证机构以及公证员印章上传管理系统进行备案；印章更换的，应当在更换当日上传备案。备案印章（签名章）的图形应与实物印章一致。备案完成后，方可用于办理涉外公证业务。10 月 1 日前，全国已完成备案的公证机构、公证员，应当在全国公证管理系统逐步完成电子印章（签名章）录入。

三、依法规范开展公证书查核。有关单位、个人向司法行政机关提出涉及公证书内容的查核，符合复查情形的，应告知其依照《公证法》第三十九条规定的公证机构复查程序办理。司法行政机关转递有关部门、单位查核文书的，应通过全国公证管理系统向公证机构递交。

四、抓好专用水印纸管理和涉外业务培训。各地公证管理部门要依托全国公证管理系统，做好公证专用水印纸的申领、使用和检查监督工作，制定完善并严格执行公证专用水印纸管理规范，确保责任明确、使用留痕、可溯可查，切实防止遗失、被盗情况的发生。要加强涉外公证业务培训，加强与外事部门的联系，根据日常自查检查和领事认证等用证部门的反馈情况，针对性地开展涉外业务技能培训，切实提高涉外公证业务质量。

五、落实涉外公证质量监管责任。公证机构对办理涉外公证连续出现错误、导致不良影响的公证员，要依法依规进行警示教育和离岗培训。公证协会按照《公证程序规则》第六十四条、六十七条的规定，对公证机构复查处理工作进行监督管理，对日常发现的违法违规线索及时调查处理。公证机构、公证协会在涉外业务方面的自律管理情况应及时向司法行政机关报告；司法行政机关发现违法违规行为的，要及时立案调查、依法严肃处理。

六、加强公证机构与涉外中介往来管理。各公证机构应规范与翻译代办、涉外劳务、旅游留学等中介机构往来，加强业务、收费、人员管理，不得委托中介人员代办公证业务，不得转嫁审查核实责任，严禁不经审查核实、不经立卷归档、不经受案登记，违规批量办理涉外公证业务。违反上述规定的，司法行政机关、公证协会要及时查处，依法依规严肃追究公证机构负责人的管理责任。

司法部公共法律服务管理局
中国公证协会
2020 年 4 月 30 日

司法部　财政部

关于建立健全政府购买法律服务机制的意见(节录)

(2020年10月8日　司法通〔2020〕72号)

三、购买内容

政府购买法律服务的内容为属于政府职责范围且适合通过市场化方式提供的法律服务事项。政府购买法律服务的具体范围和内容实行指导性目录管理。下列法律服务事项可以依法纳入政府购买服务指导性目录:

(一)政府向社会公众提供的公共法律服务。主要是政府为保障和改善民生,促进基层依法治理,维护社会和谐稳定,委托律师、基层法律服务工作者等社会力量向公民、法人和其他组织提供的公共性、公益性、普惠性、兜底性的法律服务,包括:法律援助服务;值班律师法律帮助服务;村(居)法律顾问服务;法治宣传教育服务;人民调解服务;公共法律服务热线、网络、实体平台法律咨询服务;公益性律师调解、律师代理申诉、律师化解涉法涉诉信访案件服务;公益性公证、司法鉴定服务;仲裁委员会参与基层纠纷解决服务;等等。

(二)政府履职所需辅助性法律服务。主要是政府委托律师、基层法律服务工作者等社会力量提供的政府法律顾问服务及其他辅助性法律服务,包括:参与重大决策、重大执法决定合法性审查,为重大决策、重大行政行为提供法律意见;参与法律法规规章、党内法规和规范性文件的起草论证;参与合作项目的洽谈,起草、修改重要的法律文书或者合同;参与处理行政复议、诉讼、仲裁等法律事务;为处置涉法涉诉案件、信访案件和重大突发事件等提供法律服务;参与法治建设相关调研、培训、督察等工作;为行政活动办理合同证明、权利确认、保全证据、现场监督等公证;等等。

实施政府购买法律服务的部门负责将符合规定的法律服务事项纳入本部门政府购买服务指导性目录,根据经济社会发展变化、政府职能转变及公众需求等情况,按程序及时对目录进行动态调整。

司法部办公厅

关于落实部分公证服务事项“跨省通办”有关工作的通知

（2020年12月4日　司办通〔2020〕91号）

各省、自治区、直辖市司法厅（局），新疆生产建设兵团司法局：

为贯彻落实《国务院办公厅关于加快推进政务服务“跨省通办”的指导意见》（国办发〔2020〕35号），加快推进学历公证、学位公证、驾驶证公证实现“跨省通办”，现将有关事项通知如下：

一、“跨省通办”公证事项不受地域限制。自2021年1月1日起，申请人申请办理学历公证、学位公证、驾驶证公证，可以向全国范围内任一公证机构提出，公证机构应当受理；公证书用于涉外或涉港澳台的，应当由具备条件和能力的公证机构办理。公证机构能够通过政务信息资源共享方式获取学历、学位、驾驶证等权威数据的，当事人可不提供原件。

二、改进办证服务模式。申请人可以通过国家政务服务平台、司法部政务服务平台及相关链接，了解公证机构、公证员信息，查阅告知事项，在线向公证机构提出申请。公证机构要利用网络服务平台，对学历公证、学位公证、驾驶证公证实行网上申请、网上受理、网上反馈，全面落实当事人“最多跑一次”。

三、认真核查确保办证质量。公证机构、公证员要通过核查教育、公安部门相关数据信息等多种方式，加强对当事人身份信息、证明材料的审查核实，确保有关材料的真实性、合法性，杜绝出现错证、假证。

各地在贯彻执行中的问题，请及时报部公共法律服务管理局。

司法部办公厅

2020年12月4日

司　法　部

关于印发《关于优化公证服务更好利企便民的意见》的通知

（2021年5月28日　司发〔2021〕2号）

各省、自治区、直辖市司法厅（局），新疆生产建设兵团司法局：

《关于优化公证服务更好利企便民的意见》经报国务院同意，现予印发，请结合实际，认真抓好贯彻落实。

司法部

2021年5月28日

关于优化公证服务更好利企便民的意见

公证是公共服务的重要组成部分。优化公证服务，是深化“放管服”改革，打造市场化、法治化、国际化营商环境的重要举措，对于激发市场主体活力、便利人民群众生活、促进服务经济社会高质量发展具有重要意义。为贯彻落实深化“放管服”改革部署要求，进一步健全制度、完善机制，优化公证服务，更好利企便民，现提出如下意见。

一、总体要求

（一）指导思想。以习近平新时代中国特色社会主义思想为指导，全面贯彻落实党的十九大和十九届二中、三中、四中、五中全会精神，深入学习贯彻习近平法治思想，坚持以人民为中心的发展思想，深化部门协同、强化创新推动、优化资源配置，综合运用告知承诺、信息共享、在线服务等手段，不断健全和完善公证利企便民制度体系和服务机制，促进公证服务能力和水平整体提升。

（二）工作目标。到2021年底，公证证明材料清单制度、一次性告知制度、告知承诺制度得到普遍落实，将公证业务执业区域分类推进放宽至省一级，公证办理难繁慢的局面明显改观；到2025年，公证发展环境更加优化，“跨省通办”、“全程网办”公证事项明显增多，公证利企便民体系更加完善，部门协同机制更加健全，基本解决公证办理难繁慢问题，公证服务供给能力明显增强，公证服务质量和社会满意度显著提升。

二、规范和精减公证证明材料

（三）全面推行公证证明材料清单管理。坚决清理没有明确法律法规或者国务院决定依据、不必要的证明材料，凡是能够通过个人有效证照证明的、能够通过部门之间信息共享核验的证明材料，不得让当事人重复提供，杜绝循环证明、无谓证明。司法部、中国公证协会梳理法律关系明确、事实清楚的高频公证事项所需证明材料清单，2021 年 8 月底前向社会公示，并适时动态调整。

（四）落实一次性告知制度。公证机构必须一次性明确告知当事人办理公证的条件、程序、期限以及需要提交的材料、获取材料的途径和方式，减少现场排队等候时间和往返公证机构次数。各级司法行政机关、地方公证协会要强化督促落实，确保实效。

（五）探索实行公证证明材料告知承诺。按照利企便民原则，有针对性地选取与企业和群众生产生活密切相关、使用频次较高或者获取难度较大的公证证明事项实行告知承诺制，按规定不再要求企业和群众提供证明材料，由省级司法行政机关确定本地区告知承诺事项范围并于 2021 年底前向社会公布。司法部会同有关部门将公证纳入社会信用体系，将企业和个人提供虚假材料、不实承诺的行为信息记入信用记录，依法依规与有关部门共享并向社会公布；相关主体不得再次适用公证证明材料告知承诺制。

三、提升公证服务能力

（六）放宽公证执业区域。按照分类推进、分步实施、有序调整的原则，2021 年底前将法律关系简单的公证业务执业区域放宽至省一级，促进公证资源均衡配置，方便人民群众选择优质服务、就近办证，推动更多公证事项“全省通办”、“跨省通办”。

（七）均衡配置服务资源。加强对偏远地区、力量薄弱公证机构的对口帮扶，引导县域公证机构进驻基层公共法律服务中心（站），通过视频公证、巡回办证、定期办证等方式，实现群众申办公证“就近办”。科学制定公证公益服务事项范围，鼓励公证机构为老年人、未成年人、残疾人、农民工及生活困难群众提供公益性法律服务，对符合法律援助条件的当事人，按照规定减免公证费。积极探索开展意定监护协议公证，公证机构不得向协议双方以外的第三人透露协议内容，严格审查涉老不动产公证申请人的真实身份和意思表示，不准办理涉及不动产处分的全项委托公证。

（八）持续深化“最多跑一次”改革。2021 年 6 月底前，各地要对公证领域“最多跑一次”改革开展“回头看”，对于法律关系明确、事实清楚、无争议的委托、声明等公证事项，只要当事人提交的申请材料齐全、真实，符合法定受理条件，原则上全部纳入“最多跑一次”改革范围。

（九）提升窗口服务效能。公证机构应当在窗口醒目位置公示办证流程、收费项目、收费标准、服务内容、监督电话，设立便民指示牌、咨询台，落实首问负责制，安排业务素质高、工作能力强、服务态度好的公证人员办理窗口接待咨询业务。加强公证人员服务规程、礼仪规范、文明用语、设备应用等方面培训，提高服务能力。公证机构应当配备便民设施和适老用品，有条件的要提供雨伞、网络、打印复印等便利设施或服务。

（十）优化涉企公证服务。充分发挥公证助力经济社会发展作用，为企业提供及时高效的公证法律服务。针对中小微企业面临的扩大融资、资金周转、债务偿还等困难，有效运用涉企“绿色通道”，设置专门办证窗口，安排公证员“一对一”全程跟踪服务，做到当日受理、及时办理、快速出证。

（十一）完善便民服务举措。倡导公证机构开展预约办证、节假日轮值、延时服务、代办服务，在严格办证程序前提下，缩短办证期限，对法律关系简单、事实清楚、证明材料充分的公证事项，做到当日出证。着力打造便民公共法律服务平台，探索与不动产登记、房屋交易管理、社保、金融等部门互设办事窗口，使用一张表单联办公证和相关业务。

四、推进公证信息化应用和信息共享

（十二）加快推进数据共享。司法行政机关要加大沟通协调力度，切实做好公证机构与用证部门之间信息共建共享工作。依托全国一体化政务服务平台和国家数据共享交换平台推进人口基本信息、婚姻、收养、不动产登记、房产开发、房屋交易、住房租赁、住房公积金、企业登记等办理公证所需数据的共享和在线查询核验，提高数据的完整性、及时性和准确性。建立疑义信息快速校核机制，公证机构在办理业务时，对获取的共享信息有疑义或发现有明显错误的，应当及时向提供部门反馈、校核；在校核期间，如申请人已提供合法有效的证明材料，公证机构应按程序办理，不得拒绝、推诿或要求申请人自行办理信息更正手续。

（十三）加快公证行业内部协查和用证部门间数据应用。健全完善行业内部查询核验机制，由中国公证协会建立统一的电子公证书查询方式，在全国公证管理信息系统增设公证机构之间查询核验功能。扩大电子公证书面向使用部门的对接范围，2021 年底前，实现大多数公证机构与人民法院、仲裁、住房和城乡建设、住房公积金、不动产登记等部门（机构）的发送、查询、对接，2022 年所有公证机构全部完成对接工作。充分运用区块链、数码防伪等技术，丰富公证书验真方式方法，防止伪造公证书的行为，积极配合有关部门依法查处公证造假。

（十四）推广运用在线公证服务模式。整合利用已有移动办证端口，提高在线申办公证服务水平，并接入全国一体化政务服务平台，方便当事人在线完成相关申办流程。加快推进法律职业资格证书、译本与原本相符、学历学位证书、驾照等高频公证服务事项实行全流程在线办理、“一网通办”，完善身份识别比对、电子签名、在线询问、在线审查等功能，实行申请、受理、审核、缴费、出证、送达等全流程在线办理。推广远程视频公证在偏远地区、司法行政机关确定的定点场所应用，稳步有序推进我驻外使领馆（中国签证申请中心）和国内公证机构合作开展海外远程视频公证试点工作。

五、强化公证行业监督管理

（十五）强化公益服务。司法行政机关、地方公证协会要将公证员开展的公益法律服务纳入考核指标。将公益法律服务事项和技能作为公证员职业培训重要内容，深化公证员职称制度改革，把公证员参与公益法律服务作为职称评审的考核指标之一。

（十六）强化执业监督。健全公证执业活动检查制度，推行“双随机、一公开”监管，依法对机构和人员资质、公证档案、公证收费和会计账册进行核查。加大对关系群众切身利益的遗嘱、继承、赋予强制执行效力文书公证等重点事项的监管力度，严格履行审查核实职责，防止出现根据虚假证据出具公证书和执行证书损害人民群众权益的情形。依法依规对公证人员违法违规执业行为作出行政处罚、行业惩戒。支持公证协会通过行业自律管理，依法依章程履行规范执业、教育培训等职责。

（十七）强化质量与服务监管。注重公证质量建设，常态化开展公证警示教育、质量评查评估和督促整改，定期开展公证行业专项教育整顿活动，大力整治“一证难求”、“限号公证”、违规收费和“门难进、事难办、态度差”等社会反响强烈的突出问题。落实执业过错责任追偿制度，加大违法成本。落实公证法律服务“好差评”制度，以服务窗口设置评价器或评价二维码、办结环节设置“随单评价”等方式，分阶段或一次性主动接受当事人监督，评价结果向社会公开，促进提升服务品质。

六、加强组织领导

（十八）狠抓责任落实。各省（区、市）司法行政机关要结合本地实际，采取更加精准的举措，制定具体落实方案，明确时间表、路线图，层层压实责任，确保优化公证服务各项举措落地见效。要畅通投诉举报渠道，按照规定针对本地区落实推进公证改革和服务的情况开展监督检查。公证机构和公证人员要自觉接受各方面的监督。

（十九）持续深化改革。各级司法行政机关要把公证体制改革摆上重要位置，结合本地实际，创造性抓好各项改革任务的落实，坚决打通“最后一公里”。积极落实事业体制公证机构改革政策，推进合作制公证机构规范建设，推动公证改革向纵深发展，以制度供给增强公证行业吸引力和从业人员内生动力，使改革更加精准地对接发展所需、基层所盼、民心所向。

（二十）加强宣传引导。各级司法行政机关和地方公证协会要善于发现培育基层公证工作改革创新做法经验，复制推广各类优化服务的先进典型。综合运用报刊、广播、电视、网络等媒体，宣传公证法律制度、程序规则，宣传公证服务经济发展、社会治理和保障民生的做法、案例和成效，讲好公证故事，让社会各界知晓公证、了解公证，认可公证的服务价值，为公证事业规范建设与改革发展营造良好氛围。

司　法　部

关于印发《关于深化公证体制机制改革　促进公证事业健康发展的意见》的通知

（2021 年 6 月 29 日　司发〔2021〕3 号）

各省、自治区、直辖市人民政府，中央和国家机关有关部门和单位：

《关于深化公证体制机制改革　促进公证事业健康发展的意见》已经中央全面深化改革委员会审议通过。现印发给你们，请结合实际认真贯彻落实。

司法部

2021 年 6 月 29 日

关于深化公证体制机制改革促进公证事业健康发展的意见

公证制度是重要的预防性司法制度,公证服务是公共法律服务的重要组成部分。为贯彻落实党中央决策部署和习近平总书记关于公共法律服务工作的重要指示精神,根据《中华人民共和国公证法》,提出如下意见。

一、总体要求

(一)指导思想。坚持以习近平新时代中国特色社会主义思想为指导,全面贯彻党的十九大和十九届二中、三中、四中、五中全会精神,深入贯彻习近平法治思想,坚持以人民为中心的发展思想,深化公证服务供给侧结构性改革,优化事业体制公证机构运行机制,规范推进合作制公证机构建设发展,有序放宽执业区域,拓展服务领域,强化执业监管,改进服务方式,增强公证机构活力,不断提高公证服务的供给总量、质量和效率,提高公证行业公信力,切实增强人民群众的获得感、幸福感、安全感。

(二)基本原则。坚持党对公证工作的全面领导,把党的领导贯彻落实到公证事业改革发展的全过程和各方面;坚持公证服务为民、便民利民,为人民群众多办证、办好证;坚持公证的公益性、非营利性,区分公证机构的公益性服务与市场化服务,实行不同的价格政策,提高公证服务均等化、可及性水平;坚持统筹谋划,从公共法律服务体系建设全局出发,分类指导,不搞"一刀切",协调推进公证事业改革发展;坚持依法依规诚信执业,牢牢把握社会公平正义价值追求,确保公证工作客观、公正。

(三)主要目标。到2022年,事业体制公证机构、合作制公证机构普遍建立比较完善的管理体制和运行机制,规范执业、充满活力,领域广泛拓展、服务高质高效。到2025年,公证服务供给能力明显增强,公证服务质量和公信力显著提升,人民群众获得公证服务的可及性、便捷化程度显著提高,公证服务经济社会发展的功能作用得到有效发挥。

二、加强党的领导

(四)坚持党对公证工作的全面领导。坚持把加强党的领导作为推进公证事业改革发展的根本政治保证,切实增强"四个意识",坚定"四个自信",做到"两个维护",确保党中央决策部署和习近平总书记重要指示批示得到不折不扣贯彻落实,坚定有力地完成好推进公证事业改革发展的各项目标任务。

(五)健全完善中国特色社会主义公证制度体系。坚持以我为主、借鉴国外有益经验,加快修改公证法,完善公证制度体系,确保公证工作的中国特色社会主义方向。充分发挥公证制度在推进国家治理体系和治理能力现代化中的重要作用,强化预防纠纷功能作用,促进经济社会发展。

(六)加强公证行业党建工作。强化各地司法行政机关党组(党委)对公证机构党建工作的领导责任。健全公证机构基层党组织,优化组织设置,完善党建工作制度,有效实现党的组织和党的工作全覆盖。建立健全公证机构党组织全面参与业务发展、队伍建设、收入分配、考核评价等重大事项决策的工作机制,充分发挥基层党组织战斗堡垒作用和党员先锋模范作用。

三、坚持公益属性

（七）均衡配置服务资源。加强公证服务资源的布局规划、动态调配，推进基本公证服务均衡发展。县域内没有公证机构的，可依法按程序设立。加强对欠发达地区公证服务专业人才和志愿者的政策扶持。推进服务资源跨区域有序流动，鼓励发达地区公证机构通过对口援建、交流培训等形式支持欠发达地区公证机构建设发展。支持采用巡回办证、网上办证、蹲点办证、进驻公共法律服务平台等多种形式开展咨询和办证服务。

（八）保障特殊群体服务需求。加强公证工作与法律援助工作的衔接，制定公证法律援助服务规定，扩大援助覆盖面，对符合法律援助条件的当事人，公证机构按照法律援助的有关规定减免公证费。对于低收入群体、残疾人、农民工、老年人、青少年、单亲困难母亲等特殊群体和军人军属、退役军人及其他优抚对象，开通绿色服务通道，提供便利服务，有条件的提供上门服务，推动公证服务公平共享。

（九）开展公益法律服务。完善政府购买公证公益服务机制，支持公证机构在减灾救灾、脱贫攻坚、污染防治、疫情防控等领域发挥职能作用。组织党员公证员、青年公证员进驻公共法律服务平台，深入基层开展法治宣传教育、法律咨询等工作。引导公证机构和公证员优先保障劳动、就业、社保、教育、医疗等民生类基本公证法律服务需求。公证员参与公益法律服务情况作为年度考核重要内容，培养和树立公证公益法律服务先进典型。通过政府购买服务等方式，加大对公益类公证服务的保障力度，满足基本民生公证需求，更好发挥政府作用。

（十）强化便民利民。切实增强公证机构、公证员为民服务意识，担当作为，维护群众利益。认真办理涉及人身关系、财产关系、家庭关系等民生领域、社会矛盾易发多发领域的公证业务。公证机构一次性明确告知申办公证所需资料及获取材料的途径和方式。全面推行公证事项证明材料清单制度，能够运用信息手段核实的事项，不再要求当事人提供证明。对于当事人能够提供真实、合法、充分的证明材料且不需要核实的公证事项，以及法律关系简单的公证事项，大幅压缩出具公证书的时限。

（十一）完善收费管理政策。省级价格主管部门会同司法行政部门进一步健全完善公证服务收费管理政策措施，对密切关系民生的公益类公证服务事项实行清单制，收费标准实行政府管理；将市场化的公证业务交给市场，服务价格协商确定，充分发挥市场作用。开展成本调查，按照兼顾社会承受能力和公证事业可持续发展的原则，合理确定、动态调整政府定价（含指导价）范围和收费标准，标准偏高的及时降低，保障人民群众能够获得支付得起的基本公证服务。市场化的公证业务价格放开前进行充分论证。对价格政策、收费标准实施情况开展评估分析，及时发现和解决存在的问题。

四、推进公证机构分类改革

（十二）落实事业体制公证机构有关改革政策。各地党委和政府要结合本地事业单位体制改革总体部署，结合公证行业特殊要求，认真研究、协调解决改革工作中存在的突出问题。各地司法行政、编制、财政、人力资源社会保障等部门要进一步提高认识、统一思想，加强沟通协调，按照司法部、中央编办、财政部、人力资源社会保障部相关政策要求，建立健全公证机构编制管理制度和标准、公益二类公证机构实行备案制，完善绩效工资分配激励机制，结合实际推进企业化财务管理，压实改革责任，明确具体目标任务，制定改革方案，落实事业体制公证机构各项改革举措，最大限度激发公证机构活力。

（十三）规范推进合作制公证机构建设发展。制定合作制公证机构管理办法，明确公有公益属性，对设立变更注销、加强党的建设、依据章程管理运行、产权归属、利润分配等作出规定。综合考虑经济社会发展需求、公证行业发展等因素，规范有序推进合作制公证机构建设，激活行业发展动力。支持、引导在自贸区（港）、国家级经济技术开发区等改革开放前沿阵地率先设立合作制公证机构。具备相关条件的事业体制公证机构按程序转为合作制公证机构的，要突出加强党建，妥善解决人员、业务、资产等的衔接，确保工作秩序不乱、国有资产不流失。新设或转设合作制公证机构须报国务院司法行政部门核准后，由省级司法行政机关颁发执业证。

（十四）完善公证机构保障机制。对依靠业务收入无法满足可持续发展需要的事业体制公证机构，特别是革命老区、民族地区、边疆地区、贫困地区的公证机构，要进一步强化当地党委和政府的领导，落实司法行政、发展改革、编制、财政、人力资源社会保障等部门责任，完善政策，做好场所、设施、人员、经费等方面保障，确保公证机构正常运转，满足当地人民群众基本公证服务需求。

五、扩大服务区域和领域

（十五）进一步放宽执业区域。制定放开省级以下（含省级）公证业务办理行政区划限制的指导意见，按照分类推进、分步实施、有序调整的原则，针对不同类型和特点的公证事项制定具体放宽执业区域政策。一般证明性公证事项可放开至省级行政区域。对于继承等民生类公证服务事项、涉及不动产的公证服务事项，以及重大财产处分等涉及群众切身利益、审查核实告知公证程序要求高的公证事项，结合实际情况，稳慎推进扩大执业区域。推进具备相关部门信息和数据共享支撑的公证事项实行跨省通办。

（十六）积极拓展创新业务领域。巩固发展传统公证业务领域，制定完善传统服务事项的规则、细则、业务规范，创新服务方式方法，优化服务流程，研发新的业务增长点。进一步深化公证在服务金融、民营企业、保障“三农”、知识产权保护、产权保护、司法辅助事务、家庭事务、竞技体育、突发公共事件应对等领域的实践。充分利用公证的预防性司法制度职能作用，积极参与矛盾纠纷多元化解和诉源治理。发挥公证机构、公证员首创精神，综合运用公证证明、保全证据、现场监督、赋予强制执行效力等制度特色和职能优势，不断拓展创新服务领域和项目，努力满足新时代经济社会发展“全业务、全时空”的公证服务需求。

六、强化从严监管

（十七）健全从严监管制度规定。围绕加强公证质量和公信力建设，制定出台公证执业过错责任追究办法、公证质量评估检查办法、公证投诉处理办法，修订公证行业惩戒规则、公证员职业道德基本准则、公证行业自律公约。研究建立公证执业活动稽查制度，部署开展稽查工作试点，依法对公证机构的资质条件、公证档案、会计账册等进行核查。建立公证业务统一登记编码制度，公证机构受理当事人业务申请，按照统一规范的规则赋予案件编号。

（十八）从严监管执业行为。加强对公证机构、公证员执业活动的常态化监管，认真组织开展年度考核，加强对考核结果的运用，依法淘汰退出不合格的公证员。严格落实公证业务办理全面登记、全程可控、全网留痕工作机制。严格投诉处理程序，认真调查核实投诉举报线索。把涉及群众切身利益的遗嘱、继承、赋予强制执行效力文书公证等民生类、经济类、涉外类公证业务作为监督检查重点。加大信息公开力度，畅通公证当事人、新闻媒体监督渠道。

（十九）从严惩处违法违规执业行为。依法调查核实公证机构、公证员存在的各种违法违规行为，依法依规作出行政处罚、行业惩戒。健全完善并严格落实公证赔偿制度，公证机构及其公证员因过错给当事人、利害关系人造成损失的，公证机构、公证员依法承担赔偿责任。对公证从业人员触碰执业底线的情形“零容忍”，发现故意或因重大过失出具假证、错证的，一律从严查处，涉及刑事犯罪的，依法移送司法机关。深入开展公证行业教育整顿，坚决纠正损害群众利益行为，着力整治顽瘴痼疾，持续整改执业作风突出问题。定期通报、曝光公证执业违法违规典型案例。

（二十）从严查处违法违规收费行为。依法加强对公证机构、公证员执行价格政策和收费标准的监督检查，依法依规从严查处高于收费标准收费、扩大收费范围、分解收费项目、重复收费、变相乱收费等违法违规收费行为。对实行自主定价的服务项目，收费水平不得畸高、畸低。严厉打击虚假宣传、恶意压价等不正当争揽业务、影响行业有序竞争行为。加强对公证机构遵守国家财经纪律、财务制度情况的审计监督。

七、提升行业管理水平

（二十一）明确行政管理和行业管理职责权限。司法行政机关和公证行业协会各司其职、相互配合，共同推动公证工作改革发展。依法明确公证行政管理和行业管理职责权限，司法行政机关依法加强对公证机构、公证员和公证协会的监督、指导，负责加强党建、推进改革、制定政策、强化监管、发展队伍等。公证协会加强行业管理，在业务指导、拓展服务领域、标准制定、信息化建设、教育培训、行业惩戒、维护合法权益、理论研究和宣传等方面发挥作用。

（二十二）健全“两结合”管理工作机制。坚持司法行政和行业协会“两结合”的公证管理体制定位，发扬“两结合”管理体制特色优势，司法行政机关、行业协会建立健全沟通协作机制，切实做到重要决策会商、重要情况沟通、重要信息共享，切实提升管理工作效能。司法行政机关加大对公证协会的支持力度，把行业自律各项工作纳入公证体制机制改革发展总体布局。公证协会认真履行自律管理职责，以更高站位、更高标准、更大力度参与改革发展各项工作。

（二十三）加强公证协会建设。进一步加强公证协会党的建设，充分发挥公证协会党组织作用，确保党的路线方针政策全面贯彻落实。制定出台公证协会建设指导意见，加强公证协会党的建设、组织建设、作风建设和制度建设，充实公证协会人员力量，落实公证协会专门办事机构人财物保障。进一步健全完善公证协会议事规则，发挥工作委员会作用，完善行业规范、业务指引。

八、加强信息化建设

（二十四）提升公证服务能力。推进公证业务办理方式改革，推进全国公证机构实现公证业务在线预约、申办，建立健全公证业务线下线上协同办理机制。加强与公安、民政、自然资源、人力资源社会保障以及人民法院等有关部门信息化建设方面的合作，拓展在线办理公证业务范围。建立全国统一的公证链平台，探索开展区块链应用。对有法律意义的事实、文书的公证业务，尽快实现全程在线受理、办理。

（二十五）赋能公证行业管理。健全完善公证行业管理信息系统，提升在线开展公证管理工作的能力水平，建立公证机构发展情况线上综合测评机制，建设融预警、监督、处置为一体的信息化公证执业监管体系。加强公证行业标准建设，完善公证行业标准体系框架。

（二十六）加强公证行业信息化建设。推动全国公证管理系统升级改造，加强公证行业管理信息系统与公证业务信息系统的流程衔接和数据对接，实现公证信息数据全部汇聚，为公证事业改革发展提供技术保障和数据支撑。

九、建设高素质公证员队伍

（二十七）加强思想政治建设。加强思想政治教育，教育引导公证从业人员坚持正确政治方向，不断增强拥护中国共产党的领导、拥护社会主义法治的自觉性。加强公证员职业道德建设，贯彻“崇法、尚信、公正、求真”的执业理念，坚持中立、独立，依法依规诚信执业，认真履行社会责任,不断增强社会责任感和职业荣誉感。

(二十八)提高业务能力。加大公证员选拔、任命和考核任职工作力度,提高公证从业人员待遇,吸引优秀人才从事公证行业。深化公证员职称制度改革,规范开展公证员教育培训,加强业务研究和经验交流。健全完善申请公证执业人员实习管理制度,完善登记、培训管理、考核监督。推进法学院校增设公证业务课程。建设公证人才联合培养基地,培育公证员后备人才。

(二十九)加强职业保障。保障公证机构、公证员依法执业,改善执业环境,维护正常执业秩序,保障公证工作人员合法权益不受侵害,依法严惩暴力妨害公证机构正常工作秩序的违法犯罪行为。落实公证调查核实权,公安、民政、自然资源、教育、市场监管、税务等部门对公证员依法调查核实工作予以配合。推进体制机制改革过程中,依法依政策保障公证员合法权益。

十、加强组织领导

(三十)落实改革责任。各地党委和政府要把推进公证体制机制改革列为深化改革重要项目,抓紧研究制定相关措施,整合各方面资源和力量,明确责任、大力推进。各地司法行政、编制、财政、人力资源社会保障等部门要加强沟通协调,密切配合,把各项政策措施落到实处。各省(区、市)司法厅(局)要切实承担主体责任,把推进公证改革列入重要议事日程,进一步提高认识、转变观念,明确路线图和责任人、时间表,真抓实干、务求实效。

(三十一)加强理论研究和宣传引导。着眼于建设中国特色社会主义公证制度,组织广大专家学者紧紧围绕提高公证行业公信力和增强公证机构活力深入开展理论研究,为深化改革提供智力支撑。充分运用传统媒体和新媒体,积极宣传公证工作典型人物和先进事迹,扩大公证工作社会影响力,营造良好社会氛围,在全社会树立公证行业公道正派、客观公正、诚信规范、廉洁自律的良好社会形象。

中共司法部党组

印发《关于全面加强公证行业党的建设的指导意见》的通知

(2021 年 10 月 18 日　司党字〔2021〕1 号)

各省、自治区、直辖市司法厅(局)党委(党组),新疆生产建设兵团司法局党委:

《关于全面加强公证行业党的建设的指导意见》已经 2021 年 9 月 29 日第 27 次司法部党组会议审议通过,现印发给你们,请结合实际认真贯彻落实。

中共司法部党组

2021 年 10 月 18 日

附件：

关于全面加强公证行业党的建设的指导意见

为深入贯彻落实习近平新时代中国特色社会主义思想，全面贯彻落实党的十九大和十九届二中、三中、四中、五中全会精神，深入学习贯彻习近平法治思想和习近平总书记“七一”重要讲话精神，认真落实新时代党的建设总要求，进一步加强新形势下公证行业党的建设工作，引领高素质公证队伍建设，保证公证行业健康发展，充分发挥公证工作职能作用，更好地服务大局、服务社会、服务群众，现提出如下意见。

一、坚持政治引领，提升公证行业党建工作向心力

（一）突出政治引领。公证行业党的组织要始终把政治建设摆在首位，坚持以党的政治建设为统领，组织广大公证人员认真学习贯彻习近平新时代中国特色社会主义思想特别是习近平法治思想，切实增强“四个意识”、坚定“四个自信”、做到“两个维护”，进一步提高政治判断力、政治领悟力、政治执行力。坚持和加强党的领导，把党的领导落实到公证工作和公证队伍建设全过程、各方面，体现到公证执业活动的各个环节，体现到广大公证员拥护中国共产党的领导、拥护社会主义法治的具体行动上，始终同以习近平同志为核心的党中央保持高度一致。

（二）明确政治责任。各级司法行政机关党委（党组）要切实履行主体责任，党委（党组）书记要认真履行第一责任人责任，每年听取公证行业党建工作情况汇报。公证协会要落实具体责任，始终把加强公证行业党建工作作为协会的重要政治任务，强化督导检查，对行业党建工作开展经常性调研分析，推动各项工作任务落地见效。公证机构党组织要切实履行直接责任，把党组织的具体工作抓细抓实。开展党组织书记述职评议考核工作，党组织书记要向主管司法行政机关党委（党组）述职。公证协会在党建等方面工作的落实情况，要及时向司法行政机关党委（党组）报告。

（三）加强教育管理。公证行业党组织要按照全面从严治党要求，制定完善并严格落实党支部“三会一课”、组织生活会、民主评议党员、党员党性定期分析等基本制度，推动党内政治生活制度化、规范化。以主题党日为有效载体，推动组织生活经常化，增强组织生活实效。积极推进党务公开，提高党员对党内事务的参与度，发挥党员在党内政治生活中的主体作用。认真执行基层党组织任期制度和按期换届提醒督促机制，督促党员按时足额交纳党费。加强对党员公证人员的日常监督管理，建立健全批评教育、党纪处分与违法违规执业惩戒相衔接的工作机制。精心设计党员教育培训的内容和方式，特别注重习近平法治思想教育培训，把党员公证人员、公证机构党务工作者纳入党员教育培训范围，加强公证机构党组织书记培训。要分级开展党建工作培训，对全国公证机构党组织书记实行一年一轮训，各省对公证机构党员原则上两年一轮培训教育。

二、完善组织建设，提升公证行业党建工作凝聚力

（四）优化党组织设置。各级司法行政机关要进一步加强对公证机构党组织设置的指导，扩大党的组织覆盖和工作覆盖。及时了解掌握公证机构建立党组织、开展党的工作情况，摸清所辖区域内公证行业党建基础工作底数，进一步优化基层党组织设置。有 3 名以上正式党员的公证机构，都要单独设立党组织，新设立的公证机构须同步成立党组织。要根据党员数量及时调整党组织设置，符合条件的及时升格为党总支或党委。党员数量较多的公证机构，结合内设部门、业务团队等建立党支部或党小组。事业体制公证机构党组织关系应隶属于司法行政机关党组织，不能单独组建党支部的，由主管司法行政机关按照区域相邻、就近就便的原则，在法律服务行业内组建联合党支部或并入主管司法行政机关党组织。联合党支部要切实做到“以大带小”“以强带弱”，注意避免“联而不合”“合而不活”的问题，推动联合党组织建优建强。对无党员的公证机构或党建工作薄弱的公证机构，由司法行政机关选派政治素质好、工作责任心强、党务工作经验丰富的党员干部担任党建工作指导员，帮助开展和强化党建工作。同时将指导公证党建工作纳入司法行政工作目标管理，切实解决挂名指导、有名无实的问题，真正实现公证行业党的组织和党的工作有效覆盖。合作制公证机构应当按规定单独设立党组织，隶属于司法行政机关党组织或行业党组织统一管理；不隶属于司法行政机关党组织或行业党组织的，要于 2021 年底前调整理顺。公证机构党组织每年要向上级党组织和主管司法行政机关党组织报告党建工作情况。

（五）完善党组织工作机制。坚持把党的领导贯穿于公证行业和公证机构内部治理全过程，特别是要突出党组织在公证机构决策中的领导作用，明确党组织政治把关和监督管理职责，全面参与贯彻执行司法行政机关、公证协会重要工作部署。包括制定修订公证机构章程和主要管理制度，申请公证员执业人员实习期满考核、公证员年度考核、评先评优，选派公证员参与重大项目法律服务、参与社会基层治理，完善收入分配、队伍建设、文化建设相关工作制度，共同组织开展职业道德和执业纪律教育，对违法违规公证员提出处理意见等工作。司法行政机关和公证行业党组织要制定行业党建工作规范和工作指引。各地公证协会章程和公证机构章程要写入党建工作要求，明确党组织地位作用、职责任务、基本保障等内容，为公证机构党组织有效开展活动、发挥作用提供制度保障。建立健全公证机构党组织与机构决策管理层重大问题会商、重要情况通报、重要会议列席工作机制，推行党组织班子成员与管理层、决策层双向进入、交叉任职。公证机构研究重大事项，应当视情选择党组织会议先行审议、决策管理层与党组织联席会议、党组织负责人列席决策管理层会议等方式，确保党组织参与决策管理。

（六）选优配强党组织书记。坚持把政治标准放在首位，培养选拔一批守信念、讲奉献、有本领、重品行的公证机构党组织书记队伍。推动符合条件的公证机构主要负责人担任党组织书记。公证机构主要负责人不是党员的，可从管理层中选拔或由上级党组织按规定选派。上级党组织要加强公证机构党组织书记后备人才培养。依托公证协会成立行业党组织的，党组织书记一般由同级司法行政机关党员负责同志担任。规模较大、党员人数较多的公证机构党组织，应当设一名副书记。要将党组织书记党建工作履职情况纳入公证机构年度考核范围。

（七）加强党员队伍建设。各地司法行政机关、公证协会要坚持以党建带队建，以开展各类主题教育活动为引线，教育引导公证队伍依法依规诚信执业，认真履行社会责任，严厉查处违法违规执业行为，治理损害群众利益的突出问题，提升服务意识、服务能力。公证机构党组织要制订党员发展计划，完善梯队发展结构，建立梯队发展队伍，有计划地把青年公证员和业务骨干发展为入党积极分子，作为重点对象培养教育，把优秀人才不断吸纳到党员队伍中来。建立健全公证员党员信息采集制度，准确掌握公证行业党员队伍情况，完善党员组织关系接转、党员管理监督、党费收缴、档案管理等制度。注重推荐优秀党组织书记和党员公证员作为各级党代会代表、人大代表、政协委员人选,参评劳动模范等各类先进人物。

三、创新工作机制,提升公证行业党建工作执行力

(八)开展示范创建。开展公证行业党建工作示范点创建,以“支部班子好、党员管理好、组织生活好、制度落实好、作用发挥好”的“五好党支部”为标准,因地制宜开展党员先锋岗、示范岗等创建活动,加强选树、扶持、指导和宣传工作,推行动态考核管理,发挥先进党组织示范引领作用和优秀党员先锋模范作用。按照有场所、有设施、有标志、有党旗、有书报、有制度的“六有”标准,加强公证机构党组织活动场所规范化建设。

(九)创建教育基地。积极与地方党校和大专院校合作,定期开展公证行业党建工作专题培训,搭建公证行业党务工作者、党员公证人员、入党积极分子的党建理论培训平台;与红色教育基地和警示教育基地合作,建立公证行业党建工作教育培训基地,与街道、社区或其他社会组织合作,共同建立党员法律服务活动中心,打造公证行业党建工作贴近群众、服务群众的活动基地,积极组织党员公证员为残疾人、农民工、青少年等弱势群体提供公益法律服务。

(十)创新活动载体。深化公证行业党组织与重点服务对象“结对共建”、党员公证员“法律七进”、党员公证员与其他公证人员“结对互帮”等多种活动,提高党组织活动的有效性。结合习近平法治思想学习教育和上级党组织部署的各项主题教育、文化建设、服务实践活动,组织开展主题鲜明、内容丰富、形式多样、具有行业特色的党建争创活动,不断提高公证行业党建工作的感召力。充分利用现代信息技术手段开展活动,推广公证行业“智慧党建”“互联网 + 党建”等做法,把党的活动阵地拓展到网络上,提升党组织活动的渗透力。

(十一)深化融合发展。坚持服务中心、围绕大局,以“党建 + 业务”为支撑,深度融入国家战略、党委政府中心工作和重大项目、重点工程,积极搭建公证法律服务平台,有针对性地组建以党员为骨干的公证服务团队,充分发挥党员公证员的先锋模范作用,主动参与和融入公共法律服务体系建设,为改革发展稳定提供优质高效的公证法律服务。推动公证行业党的建设与队伍建设、业务发展深度融合,通过党建带队建促发展,把党建工作渗透到公证机构日常管理的各个环节,渗透到公证执业活动的全过程,渗透到公证文化建设的各个方面,进一步增强党建工作对公证工作的覆盖面,推动公证事业全面发展。

(十二)完善监督制约机制。完善公证行业诚信档案制度和诚信评价机制,把党员公证员作为公证行业诚信建设的排头兵,积极推行党员挂牌上岗制度,设立党员先锋岗、党员示范岗等,鼓励党员发挥先锋模范作用,做诚信执业的表率。建立健全联系和服务群众制度,构建党员服务群众工作体系,切实增强服务社会的实际效果。严格落实全面从严治党要求,着力构建党员公证员廉洁从业的监督约束机制,加强对党员公证员执业活动的监督。

四、加强工作指导,提升公证行业党建工作保障力

(十三)强化工作指导。公证行业要紧紧依靠司法行政机关党委(党组)对党建工作的领导作用,结合本地工作实际,健全完善责任明确、上下衔接、运转高效的党建工作领导体制和运行机制。各地司法行政机关、公证协会要加强工作指导,对行业党建工作定期分析通报,加强调查研究和督促检查,从业务特点和工作职责出发,把党建工作作为检查指导、考核评估的重要内容,定期开展党建工作专项检查,确保工作扎实推进。对党建工作要求落实不重视、不到位的,要通报整改,开展专项督导;对工作优秀的单位和个人予以表彰。

（十四）落实经费保障。探索建立多渠道筹措、多元化投入的党建经费保障机制，按照规定落实公证行业党建工作经费保障。各地司法行政机关要将公证行业党建工作经费纳入司法行政机关年度预算。各地公证协会和公证机构党组织要建立党建工作经费保障机制，将党建工作经费纳入管理费用列支。有条件的地方公证协会和公证机构，可采取多种方式给予必要经费支持。鼓励和支持具备条件的地方公证协会和公证机构建设党组织活动场所，为党组织开展活动、做好工作提供必要条件，并将有关内容写入公证协会和公证机构章程。

（十五）加强宣传引导。各地司法行政机关、公证协会要努力挖掘在党建工作等方面表现突出的公证人员和公证机构典型，发挥典型示范作用，以点带面，为行业党建工作营造良好氛围。通过报纸、电视、微信、微博等平台，大力宣传公证工作成效，广泛报道公证服务为民感人事迹，讲好公证故事，生动展现公证员队伍良好精神风貌，激发和调动广大公证员工作热情，不断扩大公证工作社会影响力。

公证执业活动投诉处理办法

（2021 年 11 月 30 日　司法部令第 147 号）

第一章　总　　则

第一条　为了规范公证执业活动投诉处理工作，加强公证执业活动监督，维护投诉人的合法权益，根据《中华人民共和国公证法》等规定，结合公证管理工作实际，制定本办法。

第二条　司法行政机关开展公证执业活动投诉处理工作，适用本办法。

第三条　本办法所称投诉人，是指认为公证机构或者公证员违法违规执业侵犯其合法权益，向司法行政机关投诉的自然人、法人或者其他组织。

本办法所称被投诉人，是指被投诉的公证机构或者公证员。

第四条　司法行政机关开展公证执业活动投诉处理工作，应当遵循属地管理、依法公正、及时便民的原则。

第五条　司法部负责监督、指导全国公证执业活动投诉处理工作。省、自治区、直辖市司法行政机关负责监督、指导本行政区域内公证执业活动投诉处理工作。

公证机构所在地司法行政机关或者公证员执业所在地司法行政机关（以下称投诉处理机关），具体负责投诉处理工作。

第六条　公证协会应当根据司法行政机关要求，协助和配合开展公证执业活动投诉处理工作。

第七条　司法行政机关发现公证执业活动投诉涉及民事纠纷的，可以引导投诉人和被投诉人在自愿、平等的基础上，依法通过调解等方式解决。

第二章　投诉受理

第八条　自然人、法人或者其他组织认为公证机构或者公证员在执业活动中有下列违法违规行为侵犯其合法权益的，可以向投诉处理机关投诉：

（一）为不真实、不合法的事项出具公证书；

（二）私自出具公证书；

（三）毁损、篡改公证文书或者公证档案；

（四）违反规定的收费标准收取公证费；

（五）侵占、挪用公证费或者侵占、盗窃公证专用物品；

（六）以诋毁其他公证机构、公证员或者支付回扣、佣金等不正当手段争揽公证业务；

（七）同时在二个以上公证机构执业；

（八）从事有报酬的其他职业；

（九）为本人及近亲属办理公证或者办理与本人及近亲属有利害关系的公证；

（十）泄露在执业活动中知悉的国家秘密、商业秘密或者个人隐私；

（十一）其他违反法律法规以及司法部规定的行为。

第九条　投诉处理机关应当向社会公布公证执业活动投诉电话、传真、电子邮箱、通讯地址以及投诉事项范围、投诉处理程序等信息，并指定专人负责投诉接待和处理工作。

第十条　投诉人应当自知道或者应当知道被投诉人执业活动侵犯其合法权益之日起三年内，向司法行政机关投诉。法律另有规定的除外。

第十一条　投诉人向投诉处理机关提出投诉，一般应当采用书面形式，载明投诉人姓名（名称）、性别、身份证号码（统一社会信用代码）、住址、联系方式，被投诉人的姓名（名称），以及投诉事项、请求、事实、理由，并提交与投诉事项相关的证明材料。

采用书面形式投诉确有困难的，可以现场提出口头投诉，投诉处理机关应当当场记录前款规定的相关信息，并由投诉人签字或者捺印。

第十二条　投诉人应当对其所提供材料内容的真实性负责，不得捏造、歪曲事实，不得诬告、陷害他人。

第十三条　投诉人或者其法定代理人委托他人代理投诉的，代理人应当提供投诉人或者其法定代理人的授权委托书、代理人的联系方式和投诉人、代理人的身份证明。

第十四条　投诉处理机关收到投诉材料后，应当及时登记，并进行审查。

其他司法行政机关收到投诉材料的，应当及时转送投诉处理机关，并书面告知投诉人。

第十五条　投诉人提供的信息不齐全或者无相关证明材料的，投诉处理机关应当在收到投诉材料之日起七个工作日内一次性书面告知投诉人补充。书面告知内容应当包括需要补充的信息或者证明材料和合理的补充期限。

投诉人经告知后无正当理由逾期不补充的，视为投诉人放弃投诉。

第十六条　投诉事项属于本办法第八条规定情形，投诉材料齐全的，投诉处理机关应当受理。

第十七条　有下列情形之一的，不予受理：

（一）投诉事项已经司法行政机关处理，且没有新的事实和证据的；

（二）对人民法院等单位是否采信公证书有异议的；

（三）投诉事项不属于本办法第八条规定情形的。

第十八条 投诉处理机关应当自收到投诉材料之日起七个工作日内，作出是否受理的决定，并书面告知投诉人。情况复杂的，可以适当延长作出决定的时间，但延长期限不得超过十五个工作日，并应当将延长的时间和理由书面告知投诉人。

投诉人补充投诉材料所需的时间，不计算在前款规定的期限内。

第三章 调查处理

第十九条 投诉处理机关受理投诉后，应当全面、客观、公正地进行调查。必要时，可以委托下级司法行政机关或者相关公证协会进行调查。

投诉处理机关进行调查，不得妨碍被投诉人开展正常的公证执业活动。

第二十条 在调查过程中，投诉人就同一投诉事项，以不同事实、理由和诉求对被投诉人多次提出投诉的，投诉处理机关可以合并办理。

第二十一条 投诉处理机关进行调查，可以对公证机构进行实地调查，要求被投诉人说明情况、提交有关材料，调阅被投诉人有关业务案卷和档案材料，向有关单位、个人核实情况、收集证据；并可以根据需要，组织专家论证或者听取有关部门的意见、建议。

调查应当由两名以上工作人员进行。必要时，应当制作调查笔录，并由相关人员签字或者盖章；不能或者拒绝签字、盖章的，应当在笔录中注明有关情况。

调查人员应当对被投诉人及有关单位、个人提供的证据和有关材料进行登记并妥善保管；不能保存原件的，应当保存复印件，并由被投诉人或者有关单位、个人在复印件上签名或者盖章。

第二十二条 被投诉人应当配合调查工作，在投诉处理机关要求的期限内如实陈述事实、提供有关材料，不得提供虚假、伪造的材料或者隐匿、毁损、涂改有关证据材料。

被投诉人为公证员的，其所在的公证机构应当配合调查。

第二十三条 投诉处理机关在调查过程中，对于投诉人认为公证书有错误的，应当告知其可以向公证机构提出复查；对于投诉人对公证机构作出撤销或者不予撤销公证书的决定有异议的，应当告知其可以向有关地方公证协会提出公证复查争议投诉。投诉人向公证机构提出复查或者向地方公证协会提出公证复查争议投诉的，投诉处理机关应当中止调查，并书面告知投诉人。

投诉处理机关发现在受理投诉前投诉人已经向公证机构提出复查或者向地方公证协会提出公证复查争议投诉，尚未处理完毕的，应当中止调查，并书面告知投诉人。

公证机构复查或者地方公证协会对复查投诉处理结束后，司法行政机关应当及时恢复调查。

第二十四条 投诉处理机关在调查过程中发现有本办法第十七条规定情形，或者投诉人书面申请撤回投诉的，可以终止投诉处理工作，并将终止决定和理由书面告知投诉人、被投诉人。

第二十五条 投诉处理机关在调查过程中，发现被投诉人的违法违规行为仍处于连续或者继续状态的，应当责令被投诉人立即停止违法违规行为。

第二十六条 公证协会接受委托开展投诉事项的调查工作，发现被投诉人有违反职业道德、执业纪律和行业规范行为的，应当依据行业规范对被投诉人实施行业惩戒。

第二十七条 投诉处理机关应当根据对投诉事项的调查结果，分别作出如下处理：

（一）被投诉人具有应当给予行政处罚的违法违规行为的，依法给予行政处罚或者移送有处罚权的司法行政机关依法给予行政处罚；

（二）被投诉人违法违规情节轻微，没有造成危害后果，依法可以不予行政处罚的，应当给予批评教育、责令限期整改等处理；

（三）投诉事项缺乏事实依据或者查证不实的，对投诉请求不予支持，并向投诉人说明情况。

被投诉人涉嫌违反职业道德、执业纪律和行业规范的，移交有关公证协会调查处理；涉嫌犯罪的，移送司法机关依法追究刑事责任。

第二十八条 投诉处理机关受理投诉的，应当自作出投诉受理决定之日起六十日内作出处理决定；情况复杂，不能在规定期限内作出处理的，经本机关负责人批准，可以适当延长办理期限，但延长期限不得超过三十日，并应当将延长的时间和理由书面告知投诉人。

投诉案件因本办法第二十条规定的情形合并办理的，办理期限自受理最后一次投诉的时间开始计算。投诉调查工作因本办法第二十三条规定的情形中止的，中止期间不计入投诉处理期限。

第二十九条 投诉处理机关应当自作出处理决定之日起七个工作日内，将处理决定书面告知投诉人、被投诉人。处理决定应当载明不服处理决定的法律救济途径和期限。

第三十条 对于被投诉人存在违法违规行为并被处罚、处理的，投诉处理机关应当及时将投诉处理决定记入被投诉人的公证执业档案，通报相关公证协会，并依法向社会公开。

第三十一条 投诉处理机关应当对被投诉人履行处罚、处理决定，纠正违法违规行为的情况进行监督、检查，发现问题应当责令其限期整改。

第四章 监　　督

第三十二条 上级司法行政机关应当加强对下级司法行政机关投诉处理工作的监督、指导和检查，发现有违法、不当情形的，应当及时责令改正。下级司法行政机关应当及时上报纠正情况。

第三十三条 司法行政机关应当建立公证执业活动投诉处理工作档案，并按年度将公证执业活动投诉处理工作情况书面报告上一级司法行政机关。

对于涉及重大违法违规行为的投诉处理决定，应当及时报告上一级司法行政机关。

第三十四条 司法行政机关工作人员在投诉处理工作中有滥用职权、玩忽职守或者其他违法违规行为的，依法给予处分；构成犯罪的，依法追究刑事责任。

第五章 附　　则

第三十五条 本办法所称公证机构所在地司法行政机关，是指根据当地公证机构设置方案的规定，负责组建该公证机构，并承担对其实施日常监督、指导职能的司法行政机关。公证员执业所在地司法行政机关，是指负责组建该公证员所属的公证机构，并承担对该公证机构及其公证员实施日常监督、指导职能的司法行政机关。

第三十六条 本办法由司法部解释。

第三十七条 本办法自2022年1月1日起施行。司法部此前制定的有关公证执业活动投诉处理规定与本办法不一致的,以本办法为准。

司法部办公厅
关于推进海外远程视频公证试点工作的通知

(2022年5月5日 司办通〔2022〕57号)

各省、自治区、直辖市司法厅(局),新疆生产建设兵团司法局:

自2020年启动海外远程视频公证试点工作以来,试点公证机构与试点驻外使领馆(或中国签证申请服务中心,以下简称签证中心)积极协作,充分满足试点地区我国公民的公证服务需求,试点工作得到一致认可和普遍好评。为进一步满足旅居海外的我国公民的公证服务需求,巩固扩大"我为群众办实事"活动成果,经商外交部,司法部决定进一步扩大海外远程视频公证试点。经各地推荐,综合考虑公证需求量、实力信誉、软硬件设施等条件,确定94家公证机构(名单见附件1)与驻外使领馆共同开展海外远程视频公证试点。现将有关事项通知如下。

一、总体要求

坚持以习近平新时代中国特色社会主义思想为指导,深入贯彻落实习近平法治思想,践行以人民为中心的发展思想,坚持稳中求进工作总基调,遵循稳妥务实、循序渐进、真实合法的原则,充分尊重公证当事人意愿和实际需求,严格按照《公证法》《公证程序规则》和相关规定办理公证事项,确保海外远程视频公证试点工作依法依规有序推进。

二、适用对象、业务范围及工作要求

(一)适用对象

申请办理海外远程视频公证的当事人应当是具有中华人民共和国国籍的大陆地区居民,并在外交部试点馆(名单见附件2)所在国长期居住(指已在所在国连续停留达180天,或已获得所在国永久、长期居留身份证件,或工作、学习等长期签证的情形)。当事人需要其他人员提供语言或行为辅助,不能直接与公证员交流的,不适用海外远程视频公证。

(二)业务范围

1. 申请办理的公证事项系驻外使领馆不具备办理条件,且公证书原则上在国内(除港澳台地区)使用,当事人自愿选择其国内住所地、经常居住地、行为地、事实发生地的试点公证机构办理海外远程视频公证。

试点公证机构应当遵守公证执业区域的规定和要求,涉及不动产的公证应当按照《公证法》第二十五条第二款的规定办理。

2. 可申请办理海外远程视频公证的事项包括：声明、委托（包括涉房产、股权、继承等财产类事务）、婚姻状况、国籍、姓名、出生、死亡、亲属关系、无犯罪记录、经历、学历、证书（执照）、文书上的签名、印鉴、文本相符公证等。

涉及处分财产的声明公证应当符合以下条件：（1）为公证机构办理关联公证事项时所需；（2）当事人承诺将其手写签名的声明书纸质文本原件，通过试点使领馆或签证中心邮寄给公证机构存档。

涉及处分财产的委托公证应当符合以下条件：（1）受托人是委托人的近亲属；（2）该处分遵循公平原则；（3）受托人无转委托权；（4）处分价款全部转入委托人本人在国内的银行账户。

（三）工作要求

1. 坚持便利当事人原则。当事人可以向试点公证机构或试点馆、签证中心提出远程视频公证申请。试点公证机构应当按照当事人申办的公证事项，一次性告知当事人办理公证的条件、程序、期限以及需要提交的材料、获取材料的途径和方式。试点公证机构经审核符合办理条件并决定受理的，由试点公证机构与当事人、试点馆或签证中心共同商定办理时间。当事人须本人前往试点馆或签证中心指定的海外远程视频公证现场完成公证程序。办理公证所需书面材料，当事人提交或签署完毕后，由试点馆或签证中心即时封存并向国内邮寄。

2. 严格遵守办证程序。试点公证机构应当综合运用人口数据库、护照、出入境等信息核查确认当事人的国籍以及所处地点，利用身份证识别系统、活体人脸识别比对、交叉印证等方式核实当事人身份；严格按照《公证法》《公证程序规则》有关规定和业务指引，通过视频连线方式与当事人进行深入、有效地互动交流，对当事人真实意愿、办证目的、申请公证的事项以及所提供的证明材料等进行核实，确保当事人陈述与事实相符，并告知其所办理的公证事项的法律意义及后果。试点公证机构应当对办证过程全程录音录像，按要求将相关信息同步录入公证登记簿，及时做好办证形成的电子数据、文书等材料的立卷归档工作；相关电子数据应当独立存放并异地备份，确保安全可查、可调阅。

3. 依法保障当事人权益。具有《公证程序规则》第五十条情形之一的，试点公证机构应当终止公证。试点公证机构应当告知和提醒当事人在包括但不限于因受胁迫导致其人身或意思表达不自由时，向公证员发出终止办理的信号；当事人发出明确的终止办理信号的，或者公证员认为申请人所处环境、语言表达、身体状况等可能影响其真实意思表达的，应当终止办理。当事人认为公证书有错误或对公证书内容等有异议的，试点公证机构应当按规定程序妥善处理。

三、组织实施

（一）建立动态调整发布机制。试点公证机构和试点馆名录由司法部、外交部协商一致发布，并根据业务办理和运行情况动态调整。试点公证机构应当通过办证大厅、官网、媒体等公布海外远程视频公证办证指南，包括试点公证机构和试点馆地址、办公时间、收费标准及方式、所需材料、联系方式等信息，并做好对外宣传和咨询应答工作。

（二）强化沟通协调配合。试点公证机构和公证员应当严格依法履行公证职责，依照法律法规和司法部有关规定、行业办证指引办理公证事项，保证公证质量，承担相应法律责任。经商外交部，由试点馆、签证中心负责与试点公证机构和当事人的协调联络、现场协助核验当事人身份及全程见证当事人办理公证并录音录像、邮寄书面材料等事务，落实场地和设施配备，确保视频公证过程规范、有序、流畅，试点馆监督指导签证中心实施海外远程视频公证相关服务工作。

（三）配齐配全设施设备。试点公证机构应当设立办理海外远程视频公证的专门场所，配置电脑、视频通讯、打印扫描等软硬件设备，配备必要的办公桌椅。试点公证机构应当使用专门办理远程视频公证的信息系统，且具有人脸识别、活体检测、电子签名、视频连线、视频录制等功能，原则上不得使用社会公用视频软件，保证数据传输安全可靠。

（四）严格执行收费规定。海外远程视频公证费用应当坚持公平公开原则，严格执行《国家发展改革委、司法部关于进一步完善公证服务价格形成机制的意见》（发改价格〔2021〕1081 号）相关规定，按照试点公证机构所在地规定的收费标准，由当事人直接向试点公证机构交纳。当事人撤回公证申请的，试点公证机构预收的公证费用按相关规定处理。经商外交部，试点馆不向当事人收取视频公证费用，签证中心可以向当事人收取服务费，但不在公证收费范围。

（五）做好组织实施保障。各地要高度重视，精心组织、周密部署，指导、监督试点公证机构严格按照《公证法》和相关规定办理海外远程视频公证事项，不断规范服务行为，优化工作流程，加强技能培训，改善服务设施，全面提升服务品质，为当事人提供优质、高效、便捷的公证服务。要加强与试点馆和本地区政府外事部门的协调沟通，共同研究、推动解决工作中遇到的问题，确保试点工作高效、有序开展。要组织做好试点工作总结宣传，加大对经验做法、典型模式和工作成效的宣传力度，为试点工作营造良好氛围。

各地在试点中的经验做法、遇到的情况和问题，要及时向司法部报告，并抄送外交部。

附件：1. 参与海外远程视频公证试点公证机构名单

2. 参与海外远程视频公证试点驻外使领馆所在地名单

司法部办公厅

2022 年 5 月 5 日

附件 1

参与海外远程视频公证试点公证机构名单（共 94 家）

北京市

北京市长安公证处、北京市方圆公证处

天津市

天津市北方公证处、天津市和信公证处、天津市津滨公证处

河北省

石家庄市燕赵公证处、唐山市华忆公证处、邯郸市赵都公证处

山西省

太原市城北公证处、太原市城西公证处、太原市城南公证处

内蒙古自治区

包头市方正公证处、呼和浩特市蒙正公证处、呼和浩特市正信公证处

吉林省

长春市国安公证处

辽宁省

辽宁省公证处、大连市公证处、盘锦市兴盛公证处

黑龙江省

哈尔滨市哈尔滨公证处、哈尔滨国信公证处

上海市

上海市东方公证处、上海市徐汇公证处、上海市张江公证处、上海市新虹桥公证处、上海市临港公证处

江苏省

南京市南京公证处、南京市石城公证处、苏州市苏州公证处、南通市南通公证处

浙江省

杭州市国立公证处、杭州市杭州互联网公证处、温州市华东公证处、文成县公证处、义乌市公证处、宁波市天一公证处、青田县公证处

安徽省

合肥市徽元公证处、芜湖市法信公证处、六安市江淮公证处

福建省

福州市闽江公证处、厦门市公证处、漳州市龙海公证处、

厦门市鹭江公证处、福清市玉融公证处

江西省

南昌市赣江公证处、南昌市豫章公证处、南昌市大成公证处

山东省

济南市泉城公证处、济南市齐鲁公证处、青岛市黄海公证处

河南省

郑州市黄河公证处、郑州市大豫公证处、郑州市华夏公证处

湖北省

武汉市尚信公证处、襄阳市襄阳公证处、宜昌市三峡公证处

湖南省

长沙市长沙公证处、长沙市华湘公证处、郴州市福城公证处

广东省

广州市南方公证处、广州市南沙公证处、深圳市前海公证处、珠海市横琴公证处、江门市五邑公证处

广西壮族自治区

南宁市桂南公证处、南宁市北部湾公证处、南宁市东博公证处

海南省

海口市南海公证处、三亚市凤凰公证处

重庆市

重庆市公证处、重庆市国信公证处、重庆市中信公证处

四川省

成都市律政公证处、成都市国力公证处、成都市蜀都公证处

贵州省

贵阳市国信公证处、遵义市法信公证处

云南省

昆明市明信公证处、昆明市国信公证处、昆明市国正公证处

西藏自治区

拉萨市阳光公证处

陕西省

西安市汉唐公证处

甘肃省

兰州市国信公证处、兰州恒信公证处、兰州飞天公证处

青海省

西宁市夏都公证处、西宁市永信公证处

宁夏回族自治区

银川市国信公证处、银川市国安公证处、银川市国立公证处

新疆维吾尔自治区

乌鲁木齐市法诺公证处、乌鲁木齐市中信公证处、伊宁市白杨公证处

新疆生产建设兵团

乌鲁木齐西域公证处

附件 2

参与海外远程视频公证试点
驻外使领馆所在地名单(共 65 馆)

亚洲(22 馆)

韩国、越南、泰国、新加坡、马来西亚、印度尼西亚、尼泊尔、菲律宾、东帝汶

大阪、名古屋、福冈、釜山、光州、胡志明市、古晋、泗水、棉兰、清迈、宋卡、伊斯坦布尔、迪拜

欧洲(24 馆)

英国、德国、意大利、葡萄牙、瑞士、荷兰、比利时、奥地利、丹麦、瑞典、芬兰、挪威、罗马尼亚、波兰、捷克、希腊

法兰克福、慕尼黑、汉堡、杜塞尔多夫、米兰、佛罗伦萨、苏黎世、哥德堡

大洋洲(7 馆)

澳大利亚

悉尼、墨尔本、珀斯、布里斯班、阿德莱德、奥克兰

非洲(4 馆)

肯尼亚、博茨瓦纳

约翰内斯堡、开普敦

美洲(8 馆)

加拿大、墨西哥、阿根廷

纽约、多伦多、蒙特利尔、卡尔加里、圣保罗

《全国公共法律服务体系建设规划(2021—2025 年)》(节录)

二、总体要求

(四)"十四五"时期主要目标

——扩大公证服务供给。大力发展公证员队伍,到 2025 年达到 2 万名。深化公证体制机制改革,增强事业体制公证机构活力和创新动力,规范推进合作制公证机构建设发展,稳妥扩大数量规模。坚持和强化公证的公益性,提升民生领域公证服务供给能力,均衡配置公证服务资源,调整公证机构执业区域,提高公证服务的均等化、可及性。增强公证工作能动性,充分发挥预防化解矛盾纠纷作用。

三、坚持和加强党对公共法律服务工作的全面领导

(二)大力加强法律服务行业党的建设。认真贯彻落实新时代党的建设总要求,全面加强律师、公证、司法鉴定、仲裁、法律援助、基层法律服务、人民调解等行业党的建设,实现党的组织和党的工作有效覆盖。加强法律服务行业基层党组织建设,遵循行业特点、规律,适应发展趋势,创新体制机制,改进工作方式,以提升组织力为重点,突出政治功能。充分发挥基层党组织战斗堡垒作用和党员先锋模范作用,教育引导法律服务工作者坚持正确政治方向,拥护中国共产党的领导,拥护我国社会主义法治,依法依规诚信执业,认真履行社会责任,满腔热忱投入社会主义法治国家建设。

四、加快推进公共法律服务均衡发展

(四)加强欠发达地区公共法律服务建设。结合革命老区、民族地区、边疆地区、脱贫地区实际,制定支持公共法律服务体系建设方案举措。进一步完善、落实支持西藏和四省藏区公共法律服务建设方案。健全完善中西部边远地区法律援助机构设置,支持法治宣传阵地建设。加强对中央财政转移支付资金用于欠发达地区、边疆地区公共法律服务基础设施建设和人才培训等的监管。支持东部经济发达地区和中西部经济欠发达地区建立多种形式对接机制,开展对口援建、

挂职锻炼、交流培训。通过选派志愿律师到无律师县、鼓励支持其他地区律师事务所与无律师县结对帮扶等方式,确保法律服务县域全覆盖。加强无律师县国资律师事务所建设,鼓励、支持外地律师事务所在无律师县设立分所,全国无律师县问题基本解决。立足基层法律服务工作者贴近基层和群众的特征和优势,因地制宜发展基层法律服务工作者队伍,有效补充律师资源不足地区的法律服务力量。加强公证服务资源布局规划、动态调配,统筹解决"无人处""一人处"导致公证机构不能正常执业、公证服务缺失等问题。实施"云公共法律服务中心"建设项目,运用网络服务、远程视频服务模式,促进优质资源向欠发达地区辐射。推进"1 +1"中国法律援助志愿者行动、"援藏律师服务团"、"同心·律师服务团"等志愿服务活动。

(五)重点保障特殊群体合法权益。将进城务工人员、残疾人、老年人、青少年、妇女和军人军属、退役军人等作为公共法律服务的重点服务对象。结合经济社会发展水平,扩大法律援助范围。落实法律援助法关于扩大残疾受援人范围和不受经济困难条件限制、免予经济困难核查情形的规定。加强对特殊群体的法治宣传,引导群众通过法律方式保护自身合法权益。律师协会、公证协会、司法鉴定协会制定完善公益服务制度,指导法律服务机构建立健全特殊群体减免服务费用制度机制。加强特殊群体服务指导,针对各类群体不同特点,建立公共法律服务典型案例库。加强公共法律服务中心、法律服务机构无障碍环境建设,有条件的可建立绿色快速通道或者提供上门服务。适应老年人、残疾人、少数民族特点和法律援助需求,完善法律服务网无障碍功能,根据实际需求提供老年人大字版、视力残疾人语音版、少数民族语言版等服务。

五、建成覆盖全业务全时空的法律服务网络

(九)推进"智慧法律服务"。大力发展公共法律服务领域科技创新支撑技术,推进智慧法律服务重点实验室建设,重点突破精准普法宣传、法律援助智能保障、律师执业保障与执业监管、线上公证、社会矛盾纠纷排查与预警等关键技术,建立公民法律服务电子档案,探索区块链技术在公共法律服务领域的应用,提高法律服务智能化水平。完善法律职业资格管理系统和法律职业资格考试信息管理系统,试点建设非诉解纷联动平台。提高在线服务能力水平,逐步建立主动服务、精准服务机制,推进公共法律服务向移动服务、随身服务方向发展。

(十)优化法律服务机构布局。从提高法律服务的便利性出发,统筹考虑公共法律服务中心(站)和律师事务所、公证处、司法鉴定机构、仲裁机构、人民调解委员会等法律服务机构设置,优化空间布局。

七、保障司法公正

(十七)改革完善公证体制机制。落实公证体制机制改革有关政策,坚持公证非营利性、公益性基本属性,对密切关系民生的公证服务事项,实行清单化管理,推动纳入基本公共服务体系,给予经费保障和资金支持。市场性、竞争性的公证服务事项实行市场定价,服务价格协商确定,充分发挥市场作用。深化公证参与司法辅助事务,完善公证参与调解、取证、送达、保全、执行等司法活动的程序规则。健全完善线上办理公证债权文书赋予强制执行效力的规定,优化与人民法院执行程序的衔接,提高执行效率。加强对公证机构和公证从业人员监督管理,发挥"两结合"管理体制效能,落实公证投诉处理办法,提高公证质量和公信力。

(二十五)营造法治化营商环境。鼓励支持律师为银行、证券、保险、知识产权保护、环境保护等市场经济专业领域提供法律服务,把律师专业意见作为股票公开发行、国有企业产权非公开转让等特定市场经济活动的必备法律文书。推进民营企业"法治体检"常态化,建立"万所联万会”法律服务机制。增强“法律进企业”法治宣传的针对性和实效性，促进企业依法诚信经营。放宽省级以下(含省级)公证业务办理行政区划限制。不断深化公证在服务金融、民营企业、知识产权保护等领域的实践，落实便企利民政策措施，拓展高频事项“跨省通办”业务范围。发挥仲裁制度的中立性、保密性、专业性等优势，着力化解市场经济和涉外经贸领域的民商事纠纷。加强仲裁、调解等法律及社会服务资源统筹，打造国际商事争议解决平台，加强企业和商会调解工作。

十、加强涉外法律服务

(三十)推进涉外法律服务方式多元化、交流合作机制化。建立健全为符合条件的外国人提供法律援助的相关规定。积极推进海外远程视频公证，扩大服务覆盖面。总结北京、上海等特定区域引入境外仲裁机构试点工作经验，完善相关制度安排。加强与国际商事调解组织的交流合作。推进完善上海合作组织司法部长会议机制，推动成立上海合作组织法律服务委员会，深化法律服务领域交流合作。推进“一带一路”律师联盟工作。推动我国仲裁机构与共建“一带一路”国家仲裁机构合作建立联合仲裁工作机制。

十一、健全完善国家统一法律职业资格制度

(三十三)建立实施法律职业人员统一职前培训制度。会同有关部门制定出台《关于建立法律职业人员统一职前培训制度的指导意见》，推动建立法律职业人员统一职前培训制度。推动建立法官、检察官、律师、公证员等法律职业人员同堂培训制度，促进法律职业人员形成共同的政治素养、业务能力和职业伦理。

十二、组织实施保障

(三十六)推进法律服务队伍规范化建设。加快发展法律服务队伍，增加法律服务有效供给。加强各类培训机构建设，推进国家律师学院建设。加强法律服务人员职业道德建设，健全执业行为规范，完善惩戒工作机制，加大失信行为惩戒力度。完善全国律师诚信信息公示平台，依法实行不良信用记录向社会披露机制。加强对法律援助人员的教育培训，完善公证员执业准入和退出制度。完善公证、司法鉴定职业教育培训制度，推进职称评审工作。改进仲裁员选聘和管理工作，推进仲裁秘书职业化和专业化建设。积极发展专业化、职业化人民调解员队伍，全面开展人民调解员等级评定工作。完善人民调解员培训和激励保障机制。

二、公证机构和公证员

公证机构执业管理办法

（2006年2月23日　司法部令第101号）

第一章　总　　则

第一条　为了加强对公证机构的审批管理和执业监督，规范公证机构的执业行为，根据《中华人民共和国公证法》（以下简称《公证法》）和有关法律、法规的规定，制定本办法。

第二条　公证机构依照《公证法》和本办法设立。

设立公证机构，应当按照统筹规划、合理布局的原则，实行总量控制。

第三条　公证机构办理公证，应当遵守法律，坚持客观、公正的原则，遵守公证执业规范和执业纪律。

公证机构应当加入地方和全国的公证协会。

第四条　公证机构办理公证，不以营利为目的，独立行使公证职能，独立承担民事责任，任何单位和个人不得非法干预，其合法权益不受侵犯。

第五条　司法行政机关依照《公证法》和有关法律、法规、规章，对公证机构进行监督、指导。

第六条　公证协会是公证业的自律性组织。公证协会依照《公证法》和章程，对公证机构的执业活动进行监督。

第二章　公证机构设立审批

第七条　设立公证机构，由省、自治区、直辖市司法行政机关审核批准。

第八条　公证机构可以在县、不设区的市、设区的市、直辖市或者市辖区设立；在设区的市、直辖市可以设立一个或者若干个公证机构。公证机构不按行政区划层层设立。

第九条　省、自治区、直辖市司法行政机关应当按照公证机构设立原则，综合考虑当地经济社会发展程度、人口数量、交通状况和对公证业务的实际需求等情况，拟定本行政区域公证机构设置方案，并可以根据当地情况和公证需求的变化对设置方案进行调整。

公证机构设置方案包括：设置方案拟定的依据，公证机构设置和布局的安排，公证执业区域划分的安排，公证机构设置总量及地区分布的安排。

公证机构设置方案及其调整方案，应当报司法部核定。

第十条　公证执业区域可以下列区域为单位划分：

（一）县、不设区的市、市辖区的辖区；

（二）设区的市、直辖市的辖区或者所辖城区的全部市辖区。

公证机构的执业区域，由省、自治区、直辖市司法行政机关在办理该公证机构设立或者变更审批时予以核定。

第十一条　设立公证机构，应当具备下列条件：

（一）有自己的名称；

（二）有固定的场所；

（三）有二名以上公证员；

（四）有开展公证业务所必需的资金。

设立公证机构，应当符合经司法部核定的公证机构设置方案的要求。

第十二条　公证机构的负责人应当在有三年以上执业经历的公证员中推选产生，由所在地司法行政机关核准，并逐级报省、自治区、直辖市司法行政机关备案。

第十三条　公证机构的开办资金数额，由省、自治区、直辖市司法行政机关确定。

第十四条　设立公证机构，由所在地司法行政机关组建，逐级报省、自治区、直辖市司法行政机关审批。

申请设立公证机构，应当提交下列材料：

（一）设立公证机构的申请和组建报告；

（二）拟采用的公证机构名称；

（三）拟任公证员名单、简历、居民身份证复印件和符合担任公证员条件的证明材料；

（四）拟推选的公证机构负责人的情况说明；

（五）开办资金证明；

（六）开公场所证明；

（七）其他需要提交的材料。

设立公证机构需要配备新的公证员的，应当依照《公证法》和司法部规定的条件和程序，报请审核、任命。

第十五条　省、自治区、直辖市司法行政机关应当自收到申请材料之日起三十日内，完成审核，作出批准设立或者不予批准设立的决定。对准予设立的，颁发公证机构执业证书；对不准予设立的，应当在决定中告知不予批准的理由。

批准设立公证机构的决定，应当报司法部备案。

第十六条　公证机构变更名称、办公场所，根据当地公证机构设置调整方案予以分立、合并或者变更执业区域的，应当由所在地司法行政机关审核后，逐级报省、自治区、直辖市司法行政机关办理变更核准手续。核准变更的，应当报司法部备案。

公证机构变更负责人的，经所在地司法行政机关核准后，逐级报省、自治区、直辖市司法行政机关备案。

第十七条　省、自治区、直辖市司法行政机关对经批准设立的公证机构以及公证机构重要的变更事项，应当在作出批准决定后二十日内，在省级报刊上予以公告。

司法部定期编制全国公证机构名录。

第三章　公证机构名称和执业证书管理

第十八条　公证机构统称公证处。根据公证机构设置的不同情况，分别采用下列方式冠名：

（一）在县、不设区的市设立公证机构的，冠名方式为：省（自治区、直辖市）名称＋本县、市名称＋公证处；

（二）在设区的市或其市辖区设立公证机构的，冠名方式为：省（自治区）名称＋本市名称＋字号＋公证处；

（三）在直辖市或其市辖区设立公证机构的，冠名方式为：直辖市名称＋字号＋公证处。

第十九条　公证机构的名称，应当使用全国通用的文字。民族自治地方的公证机构的名称，可以同时使用当地通用的民族文字。

公证机构名称中的序号，应当由两个以上文字组成，并不得与所在省、自治区、直辖市内设立的其他公证机构的名称中的字号相同或者近似。

公证机构名称的内容和文字，应当符合国家有关规定。

第二十条　公证机构的名称，由省、自治区、直辖市司法行政机关在办理该公证机构设立或者变更审批时予以核定。

公证机构对经核定的名称享有专用权。

第二十一条　公证机构执业证书是公证机构获准设立和执业的凭证。

公证机构执业证书应当载明下列内容：公证机构名称、负责人、办公场所、执业区域、证书编号、颁证日期、审批机关等。公证机构执业证书分为正本和副本。正本用于在办公场所悬挂，副本用于接受查验。正本和副本具有同等法律效力。

公证机构执业证书由司法部统一制作。证书编号办法由司法部制定。

第二十二条　公证机构执业证书不得涂改、出借、抵押或者转让。公证机构执业证书损毁或者遗失的，由该公证机构报经所在地司法行政机关，逐级向省、自治区、直辖市司法行政机关申请换发或者补发。

第二十三条　公证机构变更名称、办公场所、负责人、执业区域或者分立、合并的，应当在报请核准的同时，申请换发公证机构执业证书。

公证机构受到停业整顿处罚的，停业整顿期间，应当将该公证机构执业证书缴存所在地司法行政机关。

第四章　公证机构执业监督检查

第二十四条　司法行政机关依法对公证机构的组织建设、队伍建设、执业活动、质量控制、内部管理等情况进行监督。

第二十五条　省、自治区、直辖市司法行政机关对公证机构的下列事项实施监督：

（一）公证机构保持法定设立条件的情况；

（二）公证机构执行应当报批或者备案事项的情况；

（三）公证机构和公证员的执业情况；

（四）公证质量的监控情况；

（五）法律、法规和司法部规定的其他监督检查事项。

第二十六条 设区的市和公证机构所在地司法行政机关对本地公证机构的下列事项实施监督：

（一）组织建设情况；

（二）执业活动情况；

（三）公证质量情况；

（四）公证员执业年度考核情况；

（五）档案管理情况；

（六）财务制度执行情况；

（七）内部管理制度建设情况；

（八）司法部和省、自治区、直辖市司法行政机关要求进行监督检查的其他事项。

第二十七条 公证机构应当建立健全业务、公证档案、财务、资产等管理制度，对公证员的执业行为进行监督，建立执业过错责任追究制度。

公证机构应当严格执行国家制定的公证收费标准。

公证机构应当按照规定参加公证执业责任保险。

第二十八条 公证机构应当依法开展公证执业活动，不得有下列行为：

（一）为不真实、不合法的事项出具公证书；

（二）毁损、篡改公证文书或者公证档案；

（三）以诋毁其他公证机构、公证员或者支付回扣、佣金等不正当手段争揽公证业务；

（四）泄露在执业活动中知悉的国家秘密、商业秘密或者个人隐私；

（五）违反规定的收费标准收取公证费；

（六）法律、法规和司法部规定禁止的其他行为。

第二十九条 公证机构应当依照《公证法》第二十五条的规定，在省、自治区、直辖市司法行政机关核定的执业区域内受理公证业务。

第三十条 公证机构应当按照省、自治区、直辖市司法行政机关的规定，定期填报公证业务情况统计表，每年2月1日前向所在地司法行政机关提交本公证机构的年度工作报告。

年度工作报告应当真实、全面地反映本公证机构上一年度开展公证业务、公证质量监控、公证员遵守职业道德和执业纪律、公证收费、财务管理、内部制度建设等方面的情况。

公证业务情况统计表的统计项目及样式，由司法部制定。

第三十一条 公证机构由所在地司法行政机关在每年的第一季度进行年度考核。年度考核，应当依照《公证法》的要求和本办法第二十六条规定的监督事项，审查公证机构的年度工作报告，结合日常监督检查掌握的情况，由所在地司法行政机关对公证机构的年度执业和管理情况作出综合评估。考核等次及其标准，由司法部制定。

年度考核结果，应当书面告知公证机构，并报上一级司法行政机关备案。

第三十二条 公证机构应当对所属公证员的执业情况进行年度考核。

公证机构的负责人由所在地司法行政机关进行年度考核。

第三十三条 公证机构存在下列情形之一的，所在地司法行政机关应当进行重点监督检查：

(一)被投诉或者举报的;

(二)执业中有不良记录的;

(三)未保持法定设立条件的;

(四)年度考核发现内部管理存在严重问题的。

第三十四条 司法行政机关实施监督检查,可以对公证机构进行实地检查,要求公证机构和公证员说明有关情况,调阅公证机构相关材料和公证档案,向相关单位和人员调查、核实有关情况。

公证机构和公证员应当接受司法行政机关依法实施的监督检查,如实说明有关情况、提供相关资料,不得谎报、隐匿、伪造、销毁相关证据材料。

第三十五条 司法行政机关应当建立有关公证机构设立、变更、备案事项、年度考核、违法违纪行为处罚、奖励等方面情况的执业档案。

第五章 法律责任

第三十六条 公证机构有《公证法》第四十一条、第四十二条规定所列行为之一的,由省、自治区、直辖市司法行政机关或者设区的市司法行政机关依据《公证法》的规定,予以处罚。

公证机构违反《公证法》第二十五条规定,跨执业区域受理公证业务的,由所在地或者设区的市司法行政机关予以制止,并责令改正。

第三十七条 司法行政机关对公证机构违法行为实施行政处罚,应当根据有关法律、法规和司法部有关行政处罚程序的规定进行。

第三十八条 司法行政机关在对公证机构作出行政处罚决定之前,应当告知其查明的违法行为事实、处罚的理由及依据,并告知其依法享有的权利。口头告知的,应当制作笔录。公证机构有权进行陈述和申辩,有权依法申请听证。

公证机构对行政处罚不服的,可以依法申请行政复议或者提起行政诉讼。

第三十九条 司法行政机关在实施监督检查和年度考核过程中,发现公证机构存在违法行为或者收到相关投诉、举报的,应当及时立案调查,全面、客观、公正地查明事实,收集证据。被调查的公证机构应当向调查机关如实陈述事实,提供有关材料。

第四十条 司法行政机关查处公证机构的违法行为,可以委托公证协会对公证机构的违法行为进行调查、核实。

接受委托的公证协会应当查明事实、核实证据,并向司法行政机关提出实施行政处罚的建议。

第四十一条 公证协会依据章程和有关行业规范,对公证机构违反执业规范和执业纪律的行为,视其情节轻重,给予相应的行业处分。

公证协会在查处公证机构违反执业规范和执业纪律行为的过程中,发现有依据《公证法》的规定应当给予行政处罚情形的,应当提交有管辖权的司法行政机关处理。

第四十二条 公证机构及其公证员因过错给当事人、公证事项的利害关系人造成损失的,由公证机构承担相应的赔偿责任;公证机构赔偿后,可以向有故意或者重大过失的公证员追偿。

第四十三条 司法行政机关及其工作人员在公证机构设立审批、公证机构执业证书管理、对公证机构实施监督检查、年度考核的过程中,有滥用职权、玩忽职守、徇私舞弊、干预公证机构依法独立行使公证职能行为的,应当依法追究责任人员的行政责任;构成犯罪的,依法追究刑事责任。

第六章　附　　则

第四十四条　本办法所称公证机构所在地司法行政机关,是指根据当地公证机构设置方案的规定,负责组建该公证机构,并承担对其实施日常监督、指导职能的司法行政机关。

第四十五条　《公证法》和本办法施行前设立的公证机构,其设置、布局、名称、执业区域及管理体制不符合《公证法》和本办法规定的,由省、自治区、直辖市司法行政机关拟定调查方案,报司法部核定后组织实施。

第四十六条　本办法由司法部解释。

第四十七条　本办法自二〇〇六年三月一日起施行。

公证员执业管理办法

(2006 年 3 月 14 日　司法部令第 102 号)

第一章　总　　则

第一条　为了加强对公证员的任职管理和执业监督,规范公证员的执业行为,根据《中华人民共和国公证法》(以下简称《公证法》)和有关法律、法规的规定,制定本办法。

第二条　公证员是符合《公证法》规定的条件,经法定任职程序,取得公证员执业证书,在公证机构从事公证业务的执业人员。

公证员的配备数量,根据公证机构的设置情况和公证业务的需要确定。公证员配备方案,由省、自治区、直辖市司法行政机关编制和核定,报司法部备案。

第三条　公证员依法执业,受法律保护,任何单位和个人不得非法干预。

公证员有权获得劳动报酬,享受保险和福利待遇;有权提出辞职、申诉或者控告;非因法定事由和非经法定程序,不被免职或者处罚。

第四条　公证员应当遵纪守法,恪守职业道德和执业纪律,依法履行公证职责,保守执业秘密。

公证员应当加入地方和全国的公证协会。

第五条　司法行政机关依照《公证法》和有关法律、法规、规章,对公证员进行监督、指导。

第六条　公证协会是公证业的自律性组织。公证协会依照《公证法》和章程,对公证员的执业活动进行监督。

第二章　公证员任职条件

第七条　担任公证员，应当具备下列条件：

（一）具有中华人民共和国国籍；

（二）年龄二十五周岁以上六十五周岁以下；

（三）公道正派，遵纪守法，品行良好；

（四）通过国家司法考试；

（五）在公证机构实习二年以上或者具有三年以上其他法律职业经历并在公证机构实习一年以上，经考核合格。

第八条　符合本办法第七条第（一）项、第（二）项、第（三）项规定，并具备下列条件之一，已经离开原工作岗位的，经考核合格，可以担任公证员：

（一）从事法学教学、研究工作，具有高级职称的人员；

（二）具有本科以上学历，从事审判、检察、法制工作、法律服务满十年的公务员、律师。

第九条　有下列情形之一的，不得担任公证员：

（一）无民事行为能力或者限制民事行为能力的；

（二）因故意犯罪或者职务过失犯罪受过刑事处罚的；

（三）被开除公职的；

（四）被吊销执业证书的。

第三章　公证员任职程序

第十条　符合本办法第七条规定条件的人员，由本人提出申请，经需要选配公证员的公证机构推荐，由所在地司法行政机关出具审查意见，逐级报请省、自治区、直辖市司法行政机关审核。

报请审核，应当提交下列材料：

（一）担任公证员申请书；

（二）公证机构推荐书；

（三）申请人的居民身份证复印件和个人简历，具有三年以上其他法律职业经历的，应当同时提交相应的经历证明；

（四）申请人的法律职业资格证书复印件；

（五）公证机构出具的申请人实习鉴定和所在地司法行政机关出具的实习考核合格意见；

（六）所在地司法行政机关对申请人的审查意见；

（七）其他需要提交的材料。

第十一条　符合本办法第八条规定条件的人员，由本人提出申请，经需要选配公证员的公证机构推荐，由所在地司法行政机关出具考核意见，逐级报请省、自治区、直辖市司法行政机关审核。

报请审核，应当提交下列材料：

(一)担任公证员申请书;

(二)公证机构推荐书;

(三)申请人的居民身份证复印件和个人简历;

(四)从事法学教学、研究工作并具有高级职称的证明,或者具有本科以上学历的证明和从事审判、检察、法制工作、法律服务满十年的经历及职务证明;

(五)申请人已经离开原工作岗位的证明;

(六)所在地司法行政机关对申请人的考核意见;

(七)其他需要提交的材料。

第十二条 省、自治区、直辖市司法行政机关应当自收到报审材料之日起二十日内完成审核。对符合规定条件和公证员配备方案的,作出同意申请人担任公证员的审核意见,填制公证员任职报审表,报请司法部任命;对不符合规定条件或者公证员配备方案的,作出不同意申请人担任公证员的决定,并书面通知申请人和所在地司法行政机关。

第十三条 司法部应当自收到省、自治区、直辖市司法行政机关报请任命公证员的材料之日起二十日内,制作并下达公证员任命决定。

司法部认为报请任命材料有疑义或者收到相关投诉、举报的,可以要求报请任命机关重新审核。

第十四条 省、自治区、直辖市司法行政机关应当自收到司法部下达的公证员任命决定之日起十日内,向申请人颁发公证员执业证书,并书面通知其所在地司法行政机关。

第十五条 公证员变更执业机构,应当经所在公证机构同意和拟任用该公证员的公证机构推荐,报所在地司法行政机关同意后,报省、自治区、直辖市司法行政机关办理变更核准手续。

公证员跨省、自治区、直辖市变更执业机构的,经所在的省、自治区、直辖市司法行政机关核准后,由拟任用该公证员的公证机构所在的省、自治区、直辖市司法行政机关办理变更核准手续。

第十六条 公证员有下列情形之一的,由所在地司法行政机关自确定该情形发生之日起三十日内,报告省、自治区、直辖市司法行政机关,由其提请司法部予以免职:

(一)丧失中华人民共和国国籍的;

(二)年满六十五周岁或者因健康原因不能继续履行职务的;

(三)自愿辞去公证员职务的。

被吊销公证员执业证书的,由省、自治区、直辖市司法行政机关直接提请司法部予以免职。

提请免职,应当提交公证员免职报审表和符合法定免职事由的相关证明材料。司法部应当自收到提请免职材料之日起二十日内,制作并下达公证员免职决定。

第十七条 省、自治区、直辖市司法行政机关对报请司法部予以任命、免职或者经核准变更执业机构的公证员,应当在收到任免决定或者作出准予变更决定后二十日内,在省级报刊上予以公告。

司法部对决定予以任命或者免职的公证员,应当定期在全国性报刊上予以公告,并定期编制全国公证员名录。

第四章 公证员执业证书管理

第十八条 公证员执业证书是公证员履行法定任职程序后在公证机构从事公证执业活动的

有效证件。

公证员执业证书由司法部统一制作。证书编号办法由司法部制定。

第十九条 公证员执业证书由公证员本人持有和使用,不得涂改、抵押、出借或者转让。

公证员执业证书损毁或者遗失的,由本人提出申请,所在公证机构予以证明,提请所在地司法行政机关报省、自治区、直辖市司法行政机关申请换发或者补发。执业证书遗失的,由所在公证机构在省级报刊上声明作废。

第二十条 公证员变更执业机构的,经省、自治区、直辖市司法行政机关核准,予以换发公证员执业证书。

公证员受到停止执业处罚的,停止执业期间,应当将其公证员执业证书缴存所在地司法行政机关。

公证员受到吊销公证员执业证书处罚或者因其他法定事由予以免职的,应当收缴其公证员执业证书,由省、自治区、直辖市司法行政机关予以注销。

第五章　公证员执业监督检查

第二十一条 司法行政机关应当依法建立健全行政监督管理制度,公证协会应当依据章程建立健全行业自律制度,加强对公证员执业活动的监督,依法维护公证员的执业权利。

第二十二条 公证机构应当按照规定建立、完善各项内部管理制度,对公证员的执业行为进行监督,建立公证员执业过错责任追究制度,建立公证员执业年度考核制度。

公证机构应当为公证员依法执业提供便利和条件,保障其在任职期间依法享有的合法权益。

第二十三条 公证员应当依法履行公证职责,不得有下列行为:

(一)同时在两个以上公证机构执业;

(二)从事有报酬的其他职业;

(三)为本人及近亲属办理公证或者办理与本人及近亲属有利害关系的公证;

(四)私自出具公证书;

(五)为不真实、不合法的事项出具公证书;

(六)侵占、挪用公证费或者侵占、盗窃公证专用物品;

(七)毁损、篡改公证文书或者公证档案;

(八)泄露在执业活动中知悉的国家秘密、商业秘密或者个人隐私;

(九)法律、法规和司法部规定禁止的其他行为。

第二十四条 公证机构应当在每年的第一个月份对所属公证员上一年度办理公证业务的情况和遵守职业道德、执业纪律的情况进行年度考核。考核结果,应当书面告知公证员,并报所在地司法行政机关备案。

公证机构的负责人履行管理职责的情况,由所在地司法行政机关进行考核。考核结果,应当书面告知公证机构的负责人,并报上一级司法行政机关备案。

经年度考核,对公证员在执业中存在的突出问题,公证机构应当责令其改正;对公证机构的负责人在管理中存在的突出问题,所在地司法行政机关应当责令其改正。

第二十五条 公证员和公证机构的负责人被投诉和举报、执业中有不良记录或者经年度考核发现有突出问题的，所在地司法行政机关应当对其进行重点监督、指导。

对年度考核发现有突出问题的公证员和公证机构的负责人，由所在地或者设区的市司法行政机关组织专门的学习培训。

第二十六条 司法行政机关实施监督检查，可以对公证员办理公证业务的情况进行检查，要求公证员及其所在公证机构说明有关情况，调阅相关材料和公证档案，向相关单位和人员调查、核实有关情况。

公证员及其所在公证机构不得拒绝司法行政机关依法实施的监督检查，不得谎报、隐匿、伪造、销毁相关证据材料。

第二十七条 公证员应当接受司法行政机关和公证协会组织开展的职业培训。公证员每年参加职业培训的时间不得少于四十学时。

司法行政机关制定开展公证员职业培训的规划和方案，公证协会按年度制定具体实施计划，负责组织实施。

公证机构应当为公证员参加职业培训提供必要的条件和保障。

第二十八条 公证员执业所在地司法行政机关应当建立公证员执业档案，将公证员任职审核任命情况、年度考核结果、监督检查掌握的情况以及受奖惩的情况记入执业档案。

公证员跨地区或者跨省、自治区、直辖市变更执业机构的，原执业所在地司法行政机关应当向变更后的执业所在地司法行政机关移交该公证员的执业档案。

第六章 法律责任

第二十九条 公证员有《公证法》第四十一条、第四十二条所列行为之一的，由省、自治区、直辖市或者设区的市司法行政机关依据《公证法》的规定，予以处罚。

公证员有依法应予吊销公证员执业证书情形的，由所在地司法行政机关逐级报请省、自治区、直辖市司法行政机关决定。

第三十条 司法行政机关对公证员实施行政处罚，应当根据有关法律、法规和司法部有关行政处罚程序的规定进行。

司法行政机关查处公证员的违法行为，可以委托公证协会对公证员的违法行为进行调查、核实。

第三十一条 司法行政机关在对公证员作出行政处罚决定之前，应当告知查明的违法行为事实、处罚的理由及依据，并告知其依法享有的权利。口头告知的，应当制作笔录。公证员有权进行陈述和申辩，有权依法申请听证。

公证员对行政处罚决定不服的，可以依法申请行政复议或者提起行政诉讼。

第三十二条 公证协会依据章程和有关行业规范，对公证员违反职业道德和执业纪律的行为，视其情节轻重，给予相应的行业处分。

公证协会在查处公证员违反职业道德和执业纪律行为的过程中，发现有依据《公证法》的规定应当给予行政处罚情形的，应当提交有管辖权的司法行政机关处理。

第三十三条 公证员因过错给当事人、公证事项的利害关系人造成损失的，公证机构依法赔偿后，可以向有故意或者重大过失的公证员追偿。

第三十四条 以欺骗、贿赂等不正当手段取得公证员任命和公证员执业证书的，经查证属实，由省、自治区、直辖市司法行政机关提请司法部撤销原任命决定，并收缴、注销其公证员执业证书。

第三十五条 司法行政机关及其工作人员在公证员职务任免、公证员执业证书管理、对公证员执业活动实施监督检查的过程中，有滥用职权、玩忽职守、徇私舞弊、干预公证员依法执业行为的，应当依法追究责任人员的行政责任；构成犯罪的，依法追究刑事责任。

第七章 附 则

第三十六条 公证员配备方案，应当遵照司法部有关公证业的总体发展规划和要求，根据当地公证机构设置、布局的安排、公证执业区域划分的安排、公证业务总体需求和地区分布情况，以及当地经济社会发展和人口状况，结合公证员年均办证数量和办证能力，予以编制和核定，并可以根据当地情况和公证需求的变化进行调整。

第三十七条 公证员执业年度考核的具体办法，由省、自治区、直辖市司法行政机关制定。考核办法应当包括考核工作的原则、考核的内容、考核的等次和标准、考核的程序和时间安排。

第三十八条 《公证法》和本办法施行前已担任公证员的，其公证员职务继续有效，适用《公证法》和本办法进行管理。

第三十九条 本办法所称公证员执业所在地司法行政机关，是指负责组建该公证员所属的公证机构，并承担对该公证机构及其公证员实施日常监督、指导职能的司法行政机关。

第四十条 本办法由司法部解释。

第四十一条 本办法自发布之日起施行。司法部1995年6月2日发布的《中华人民共和国公证员注册管理办法》(司法部令第39号)同时废止。

司法部律师公证工作指导司

关于开展合作制公证处试点工作的通知

(2000年1月19日 〔2000〕司律公字第001号)

各省、自治区、直辖市司法厅(局)公证管理处，新疆生产建设兵团司法局公证管理处：

根据党的十五届四中全会精神和部党组“三讲”整改方案提出的“要进一步加大公证工作改革力度，抓紧制定公证工作整体改革方案，并尽早报国务院审议，同时着手进行合伙制、合作制公证处的试点工作，进一步探索总结经验”的要求，经部领导批准，我司决定，由各省、自治区、直辖市进行1～2家合作制公证处试点。为保证试点工作的顺利进行，现就有关问题提出要求如下：

一、解放思想，统一认识。

党的十四届三中全会和十五届四中全会决定确立了公证工作改革的总体目标和发展方向，公证改革势在必行。为认真贯彻落实中央决定的精神和司法部党组的有关指示精神，各级司法行政机关和广大公证人员，要进一步认清形势，转变观念，统一思想，特别是各级司法行政机关的领导，更要解放思想，强化改革意识，切实提高对开展合作制公证处试点工作重要性的认识，集中力量和精力，有领导、有组织地抓好试点工作。

二、加强领导，积极稳妥地搞好试点工作。

进行合作制公证处试点，是一项公证体制改革的新举措，因此，试点工作一定要在司法行政机关的统一领导下，有组织、有步骤、有计划地进行。各地要注意借鉴律师等其他中介组织改革的成功经验和做法，吸取教训，力争使试点工作少走弯路，并结合公证工作实际，制定本地区合作制公证处试点方案。制定方案时，需要注意以下几个方面的问题：

（一）确定合作制试点公证处，省与地、市司法行政机关之间要协调一致；新建还是改组原有公证处作为试点，由各省（区、市）司法厅（局）自定；试点应选择在经济相对发达的大、中城市进行。

（二）发起人的条件，除应具备较高的政治、文化和专业素质，还要有改革创新和奉献精神。

（三）业务管辖范围及名称。试点公证处的业务辖区由各省、自治区、直辖市司法厅（局）商其所在地司法局确定；新建公证处的名称一律采用地名加字号，不得以个人名字命名；以地名加字号命名的，需报司法部进行名称检索。

（四）对实行改组的试点单位，要注意解决好两个问题：一是妥善解决好原公证处老公证人员的退休、养老和医疗等社会保障问题；二是做好公证处国有资产的界定，防止国有资产的流失，确保国有资产的保值、增值。

（五）建立一套科学、规范的内部运行管理机制，包括建立健全人事、财务、分配、质量、赔偿、奖惩、档案等各项规章制度，把公证处真正建成不要国家编制和经费，自主开展业务，独立承担法律责任，实行民主管理，按市场规律和自律机制运行的法律服务机构。

（六）为保证公证处更好的发展，制定分配制度时，要正确处理好利益分配与公共积累的关系。业务收入扣除各项成本开支和税费后的部分，要留出一定比例的资金用作公共积累，不能采取分光吃净的做法。

（七）作为试点单位的公证处和公证员要模范遵守公证行业的职业道德和执业纪律，严禁公证行业之间的不正当竞争；强化公证质量意识，防止出现单纯追求经济效益，忽视公证质量的现象。

（八）各级司法行政机关既要重视、关心和支持试点工作的开展，帮助协调理顺各种关系，及时解决遇到的困难和问题；又要加强对合作制公证处的监督和指导。特别是各级公证管理部门要切实负起责任，采取有力措施，建立和完善公证监督机制和处罚办法；严格对公证员职业道德、执业纪律和公证质量的监督和检查；加大对违法违纪公证处和公证员的处罚力度。

三、需要明确的几个问题。

（一）进行合作制公证处试点，是坚持从我国国情出发，为尽早建立与我国政治、经济体制相适应的公证机构组织形式而进行的一次探索，为进一步加快和深化公证工作改革提供有益的经验。合伙制公证处试点部里另有安排，各地暂时不作试验。

（二）进行合作制公证处试点是在坚持公证机构作为国家法律证明机构，公证人员依法行使国家法律证明权、公证书的法律效力的前提下进行的。合作制公证处是对公证机构组织形式的变革，对公证文书的效力没有影响。公证的效力是由国家法律、法规赋予的，不是由公证机构实行什么样的机构组织形式决定的。

（三）公证机构作为国家专门的法律证明机构，其构成的基础，是公证员及辅助人员，它首先是由人的集合组成的，其工作成果是公证员制作的公证书，是公证员智力劳动的结晶。因此，公证机构组织形式的称谓应有别于其他经济组织形式，不能使用"股份制"的提法。

四、为了加强对合作制公证处试点工作的指导，我们起草了《关于设立合作制公证处的规范性意见（试行）》（见附件），随文发给你们，请各地按照《通知》和《意见》的要求，结合本地具体情况，制定合作制公证处试点方案，并报我司核准。

各级司法行政机关在进行合作制公证处试点过程中，要及时发现问题，研究解决办法；注意总结试点工作经验，及时将试点工作情况报告我司，以便我们全面了解和掌握各地试点工作的情况，加强针对性的指导，确保试点工作能够在司法行政机关的统一领导下，健康、有序地进行。

附件：关于设立合作制公证处的规范性意见（试行）

附件：

关于设立合作制公证处的规范性意见（试行）

一、设立合作制公证处应当把握以下原则

（一）合作制公证处由公证员（合作人）自愿组合，共同参与，其财产由合作人共有，以其全部资产对债务承担有限责任。

（二）合作制公证处应当在国家法律、法规、规章规定的范围内开展业务活动，遵守职业道德和执业纪律。公证处和公证员不得从事其他任何经营性活动，不得在其他单位从事获取工资等劳动报酬的工作。

（三）公证处接受司法行政机关和公证员协会的监督、指导。

（四）公证处依法自主开展业务活动。任何行政机关、团体和个人不得随意调用公证处的资金和财产，不得干涉公证员依法执业。

二、合作制公证处的设立条件及程序

（一）合作制试点公证处由发起人向住所地司法行政机关提出申请，经省、自治区、直辖市司法厅（局）批准设立，并报司法部备案。

（二）设立合作制公证处应具备以下条件：有自己的名称、住所、章程；有 30 万元人民币的资产；有 3 名以上公证员作为发起人。

合作制公证处的所有公证员均为合作人。

合作制公证处的发起人条件：必须具有法律大学本科以上学历；年龄 50 岁以下；执业 5 年以

上的公证员,其中至少有两名三级公证员。

其他合作人须具有法律大专以上的学历。

公证员未受过惩戒和行政处罚。

(三)申请设立合作制公证处,发起人向所在地司法局报送以下材料:1. 申请书;2. 公证处章程;3. 发起人和合作人名单、学历证明、简历、身份证、公证员执业证;4. 资金证明;5. 出资协议书;6. 规章制度(草案);7. 办公场所产权或使用权证明。

(四)合作制公证处应依法制定章程,章程内容包括:1. 公证处的名称、执业场所;2. 公证处的宗旨;3. 公证处的组织形式和机构设置;4. 合作人会议的组成和职责;5. 公证处主任的条件、职责及产生和变更的程序;6. 合作人的权利和义务;7. 开办资金的数额及来源;8. 财务管理制度、分配制度及债务承担方式;9. 公证处变更、终止的条件和程序;10. 章程的修改程序;11. 其他需要说明的事项。

章程自公证处被批准之日起生效。

(五)合作制公证处在各省、自治区、直辖市司法厅(局)办理设立、变更和终止登记手续。

合作制公证处及公证员实行年检注册制,未通过年检的公证处及公证员不得继续执业。

三、机构组织形式、议事规则和权利义务

(一)合作制公证处的公证人员不占国家编制。辅助人员实行聘任制,并签订聘用合同。

(二)合作制公证处实行民主管理和议事的机构为合作人会议制度。合作人会议的职权包括:1. 决定公证处的发展规划;2. 批准公证处主任提出的年度预决算方案,决定公证处的分配方案;3. 提出担任公证处主任人选的条件,选举、罢免公证处主任及调入或开除合作人;4. 决定重大财务支出和大型固定资产的购置;5. 修改章程,制定规章制度;6. 决定公证处的分立、合并、解散及财产的清算;7. 其他重大事宜。

(三)公证处主任依公证处章程产生,并在司法行政机关备案。

公证处主任是公证处的法定代表人,主持公证处的日常工作,代表公证处行使下列职权:1. 组织公证人员的政治业务学习,疑难案件的研讨,总结经验,协调开拓新的业务领域;2. 向主管司法行政机关报告工作;3. 召集合作人会议;4. 组织执行合作人会议的决议;5. 合作人会议及章程授予其应当行使的其他管理权力。

(四)合作人的权利和义务。

1. 合作人享有下列权利:参加合作人会议,行使表决权;担任公证处负责人的选举权和被选举权;监督本处财务及收支情况和合作人会议决议的执行情况;获得养老、医疗和其他社会保障的权利;章程规定的其他权利。

2. 合作人承担下列义务:忠实履行公证员职责,遵守公证处的规章制度;执行合作人会议决议;章程规定的其他义务。

(五)合作人退出公证处时,公证处应向其支付一定的退职费,但合作人给公证处造成重大损失或被吊销执业证的除外。

四、财务管理

(一)合作制公证处实行独立核算,自负盈亏,依法纳税。

(二)合作制公证处按照按劳分配原则,实行效益浮动工资制。

(三)合作制公证处应当在扣除各项开支和税费后,从盈余部分提取一定比例的资金用于公共积累。要建立事业发展基金、风险赔偿基金、社会保障和培训基金。

合作人按出资比例享受收益和承担相应的风险责任。

（四）合作制公证处实行统一受理公证事项，统一收费和统一入账制度；应按规定向司法行政机关报送审计结果和年度财务报表。

（五）合作制公证处应按规定建立人事、财务、分配、质量、奖惩、赔偿、档案等内部管理制度，并报住所地司法行政机关备案。

（六）公证处存续期间，其财产不得随意转移、挪用和分割。

（七）合作制公证处应当履行法律援助义务。

五、终止与清算

（一）有下列情形之一的，合作制公证处应当终止：

1. 公证员不足3人，且三月内不能补齐的；

2. 公证处资产不足30万元，且三月内不能补足的；

3. 合作人会议决定终止的；

4. 法律、法规规定应当终止的其他情况。

（二）合作制公证处被终止或吊销执业证书时，应对其财产进行清算。清偿债务后的剩余财产，由合作人依照章程进行分割。清算期间，该公证处的公证员不得执业。

（三）合作制公证处终止后，文件、财务帐簿和公证文书档案移交住所地司法行政机关保管；印章由司法行政机关收回。

司　法　部

关于进行主办公证员负责制试点的通知

（2000年3月11日　司发通〔2000〕039号）

省、自治区、直辖市司法厅（局），新疆生产建设兵团司法局：

根据公证工作改革的要求，为了改进、优化公证工作程序，明确责任，提高工作效率和公证质量。经研究决定：在全国范围内开展主办公证员负责制的试点工作。现就试点工作的有关问题通知如下：

一、主办公证员负责制是公证工作方式改革的重要内容，是公证处内部责任制的表现形式之一。其核心内容是在公证处主任的领导下，明确主办公证员办理公证事务的权限和责任，在授权范围内，免除审批环节，由主办公证员独立办理公证事务，并承担相应的责任。实行公证处主任领导下的主办公证员负责制对提高公证员素质和工作效率，保证公证质量，适应社会主义市场经济发展对公证服务的需要具有重要意义。各级司法行政机关要加强对试点工作的领导，精心制定试点方案,选好试点单位和试点人员,认真组织实施。要及时掌握试点情况,总结试点工作经验,使之不断完善和科学化,保证试点工作顺利进行,为全面推行主办公证员负责制打好坚实基础。

二、推行主办公证员负责制要本着积极、稳妥、循序渐进的原则进行。首先要抓好试点工作。各省、自治区、直辖市可先选择2至3个条件较好的公证处(沿海省份及直辖市可以多些)进行试点。试点公证处的公证人员不应少于8人,其中公证员不应少于5人。试点公证处应制定试点实施办法,要按公证事项的难易程度、社会影响大小等因素,将主办公证员承办的公证事项分为必须审批和不需要审批两类,要明确主办公证员的产生办法、对主办公证员的要求、职责权限和质量监督保证措施。试点实施办法要报省级公证管理部门核准。经核准的试点实施办法中明确的主办公证员承办的不需审批的公证事项,在试点期间暂不适用《公证程序规则(试行)》第三十六条第一款的规定。为保证公证质量,不需要审批的公证事项应由易到难,随着试点的深入逐步增加,不宜一下放开。

三、主办公证员应从具备以下条件的公证员中选拔:

1. 品行端正,三年内未受过党纪、政纪和职业纪律处分;

2. 办证质量良好,最近三年内无错、假证;

3. 具备良好的法律知识、社会知识和丰富的办证经验;

4. 具有高等院校本科以上学历,担任公证员职务三年以上;或者具有大专以上学历,担任公证员职务五年以上;或者担任公证员职务十年以上。

试点公证处可根据本处实际情况适当增加条件限制,但不得放宽上述条件限制。

四、试点公证处应建立健全公证质量保障机制。试点初期,每三个月应组织抽查主办公证员办结的不需审批的公证事项,发现问题要及时纠正。发现错证的,应视情给予处理,情况严重或出具假证的,应取消该主办公证员的资格。

五、试点公证处要及时总结试点经验。处内每三个月总结一次,每半年要将试点情况及经验教训总结上报省级公证管理部门。省级公证管理部门应每半年将本省试点情况汇总上报我部律师公证工作指导司。试点中发现的重大问题要随时上报。

中国委托公证人(香港)管理办法

(2002年2月24日　司法部令第69号)

第一章　总　　则

第一条　为进一步健全委托公证人制度,加强对委托公证人的管理,提高委托公证的质量,维护当事人的合法权益,促进内地与香港社会经济的稳定发展,根据国务院有关规定,制定本办法。

第二条 委托公证人由司法部考试、考核合格后委托。委托期为三年,特殊情况可适当变更委托期限。委托期满,本人提出申请,经司法部考核合格并接受业务培训后,可连续委托。

第三条 委托公证人的业务范围是证明发生在香港地区的法律行为、有法律意义的事实和文书。证明的使用范围在内地。

第四条 委托公证人必须按照司法部规定或批准的委托业务范围、出证程序和文书格式出具公证文书。

第五条 委托公证人出具的委托公证文书,须经中国法律服务(香港)有限公司(以下简称公司)审核,对符合出证程序以及文书格式要求的加章转递,对不符合上述要求的不予转递。公司应定期(7月15日前报上半年,1月15日前报上年度)将加章转递情况报司法部。

第六条 委托公证人接受当事人委托后,应亲自办理委托公证事项。特殊情况下,需要内地公证机构或其他机构协助办理的,应征得当事人的同意,委托费用由委托公证人支付,或由委托公证人与当事人协商支付。

第七条 委托公证人应定期接受业务培训。

第二章 委托条件及程序

第八条 具备下列条件的香港律师,可向司法部提出成为委托公证人的申请:

(一)拥护《中华人民共和国宪法》,拥护《中华人民共和国香港特别行政区基本法》;

(二)在香港具有永久居留权的中国公民;

(三)担任香港律师十年以上;

(四)职业道德良好,未有因不名誉或违反职业道德受惩处的记录;

(五)掌握内地有关法律、法规和办证规则;

(六)能用中文书写公证文书,能用普通话进行业务活动。

第九条 具备本办法第八条规定条件的香港律师申请担任委托公证人,由本人向司法部提出书面申请;向公司申领并据实填写申请委托公证人登记表。申请书、登记表原件,学历、经历等证件的影印件经委托公证人公证后交由公司一并报司法部。

第十条 司法部接到有关申请后,对申请人资格进行审查并征求有关部门的意见,对符合申请条件的,集中组织进行法律知识和公证业务的培训,经培训后方可参加司法部组织的考试。

第十一条 司法部每三年举行一次委托公证人考试。

考试分为笔试、面试。重点测试申请人对内地有关法律和规定及委托公证业务、普通话的掌握程度。

通过考试的人员由司法部进行考核。

考核合格者,由司法部颁发委托书并予以首次注册。

第三章 注册条件及程序

第十二条 委托公证人应于每年12月15日前向司法部申请年度注册。未经注册的,不得办理委托公证业务。

司法部于每年一月份对注册的委托公证人进行年度公告。

第十三条 委托公证人符合下列条件的准予注册：

(一)在上一年度无违纪和判工行为；

(二)职业道德良好，无违反本办法及协会章程的行为；

(三)能按要求办理委托事宜。

第十四条 委托公证人注册程序：

(一)委托公证人向协会提出注册申请；

(二)填写协会发给的注册申请表，连同本人上年度办证情况及司法部规定需报的材料递交协会；

(三)协会理事会对委托公证人的注册申请签注意见后，将上述材料转交公司，公司将委托公证人所办公证加章转递情况签注意见后报司法部；

(四)司法部根据委托公证人的注册申请及有关材料并参考有关部门的意见，作出准予或不准予注册的书面决定。准予注册的，通知公司和协会，由协会代办注册手续。

第十五条 委托公证人受到本办法第十六条第二项处分期间应暂缓注册。

第四章 法 律 责 任

第十六条 委托公证人有违反法律、法规、规章和执业纪律的行为分别给予以下处分：

(一)警告；

(二)中止委托；

(三)取消委托。

第十七条 委托公证人有下列行为之一的予以警告处分：

(一)发往内地使用的公证文书未按规定的时间送公司审核转递的；

(二)不按规定的程序、格式及要求出具公证书，经提示未及时改正的。

第十八条 委托公证人有下列行为之一的，根据不同情节，予以中止委托6至12个月的处分：

(一)发往内地使用的公证文书，不经加章转递的；

(二)因被投诉受到调查而不积极配合调查或经查实造成不良后果的；

(三)有判工行为但经提示及时改正的；

(四)不按规定的收费标准收费的；

(五)无正当理由不参加业务培训的；

(六)对协会理事会决议无正当理由不予执行的。

第十九条 委托公证人有下列行为之一的，取消委托：

(一)发往内地使用的公证文书不经加章转递，受警告或中止委托处分后仍不改正的；

(二)不按规定的程序要求出具公证书，经书面提示仍不改正的；

(三)被投诉业经查实，确已造成严重后果的；

(四)有判工行为经提示不及时改正的；

(五)受到两次中止委托处分的；

(六)在申请登记表及其他申请文书中做虚假陈述的；

（七）其他丧失第八条规定条件的。

第二十条　委托公证人接受委托一年内无正当理由不办理委托业务或不申请年度注册的，经协会书面提示仍不改变，视为自动中止委托。自动中止委托期限为6个月，到期经协会再次书面提示不申请恢复委托，视为自动放弃委托。申请恢复委托者，应说明理由。

因特殊原因，不能办理委托业务的应向司法部报告，经审查批准后，可予以注册。

第二十一条　司法部设立委托公证人纪律监督委员会（以下简称委员会），受理当事人对委托公证人的投诉，直接或委托有关单位进行调查。委员会应将调查结果及时向司法部报告并提出处理意见。

第五章　委托公证人协会

第二十二条　委托公证人协会由委托公证人依法组成，是委托公证人的自律性组织。委托公证人协会接受司法部的委托，承办与委托公证人有关的具体事项。

委托公证人在任期内必须参加协会成为协会会员。

第二十三条　委托公证人协会的职责由其章程作出规定。

第六章　附　　则

第二十四条　本办法由司法部解释。

第二十五条　本办法自2002年4月1日起施行。原司法部第34号令《中国委托公证人（香港）管理办法》同时废止。

司法部　商务部

关于认真落实内地与香港关于建立更紧密经贸关系的安排严格执行委托公证人制度的通知

（2003年12月17日　司发通〔2003〕128号）

各省、自治区、直辖市司法厅（局）、外经贸委（厅、局）、经贸委（商委、内贸办、财贸办）、商务厅（局），副省级城市司法局、外经贸局、经贸委（商委、内贸办、财贸办）、商务局：

《内地与香港关于建立更紧密经贸关系的安排》（以下简称《安排》）及其附件已签署，并将于2004年1月1日正式实施。为保证《安排》的顺利实施，现就执行委托公证人制度的有关问题通知如下：

一、重视发挥委托公证人制度在内地与香港间民事活动、经济活动中的法治保障功能。中央政府与香港特区政府之间签署的《安排》，是“一国两制”在经贸领域的落实和发展，是党中央、国务院从促进内地与香港的经济发展与繁荣的全局出发，审时度势，作出的一项战略部署。《安排》及其附件明确规定要实行委托公证人制度，标志着此项制度已经成为内地与香港共同认可的司法互助制度。《安排》附件5《关于“服务提供者”定义及相关规定》第六条第三款规定：“本附件第六条第(一)款第1项和第2项、第(二)款规定的法定声明、自然人身份证明的复印件，以及工业贸易署认为需要由律师作出核实证明的文件资料，应经内地认可的公证人核证。”“内地认可的公证人”即为中国委托公证人(香港)。委托公证人制度，即香港居民回内地处理法律事务所需公证书须由司法部任命的委托公证人出具，并经中国法律服务(香港)有限公司加章转递，才能发往内地使用。实行这一制度，是基于香港和内地之间法律制度不同，办理公证证明所依据的法律、办证程序和效力不同而设置的一项特殊法律制度，核心是为了确保香港发往内地使用的公证文书的真实性、合法性。委托公证人制度实行于1981年，二十多年来，这项制度解决了内地和香港不同社会制度和法律体系下公证文书相互使用的问题，对于规范市场秩序，有效防止商业欺诈，维护两地当事人的合法权益发挥了重要作用。各地、各部门要从维护内地法律尊严，依法促进内地与香港经贸关系健康发展的高度重视并使用好委托公证人制度，依法保障《安排》的顺利实施。

二、按照《安排》的要求，认真执行委托公证人制度。各地、各部门在审核“服务提供者”申请《安排》附件4中的优惠待遇时，要认真核验有关材料，确认其按《安排》附件5规定提交的有关“文件资料、法定声明和身份证明”是“内地认可的公证人”亦即委托公证人出具的证明文书，并经中国法律服务(香港)有限公司审核后加盖转递章。

三、共同配合，确保委托公证人制度发挥应有的作用。随着《安排》的落实，由香港发往内地的公证文书会呈现增长的趋势，且涉及经济贸易的多个领域。为了防止出现伪造和欺诈行为，保护当事人的合法权益，更好地发挥委托公证人制度在促进内地和香港经济发展与繁荣中的法治保障作用，各地、各部门要严格执行《安排》及其附件有关委托公证人制度的规定，确保落实到位，杜绝使用未经授权的机构、人员出具无效的证明和不法人员伪造的公证文书，维护委托公证人制度的严肃性。

各地、各部门在执行过程中发现的有关情况和问题，请及时通报司法行政部门和商务部门。

司法部办公厅

关于严格规范公证处设立办证点有关问题的通知

（2005 年 4 月 6 日　司办通〔2005〕25 号）

各省、自治区、直辖市司法厅(局),新疆生产建设兵团司法局:

近年来,一些地方的公证处随意设立办证点,加剧了公证业务的不正当竞争,扰乱了公证服务秩序,损害了公证工作的良好社会形象。为严格规范公证处设立办证点的行为,现就有关问题通知如下:

一、公证处的办公场所应与其注册登记地点一致,且只能保留一个。设区的市市区范围内的公证处在办公场所之外设立办证点,需经省级司法行政机关核准,且仅适于以下两种情形:(1)新设区(开发区)尚未设立公证处、其他公证处尚未按规定设立办证点,而当地公证业务需求量较大的;(2)房屋产权交易市场等特定场所确需设立公证服务窗口,而其他公证处尚未按规定设立的。县(县级市)公证处设立办证点,仍按司法部公证司(1993)司公字 09 号函有关规定精神执行。

二、公证处对按上述规定设立的办证点实施统一管理,应指派执业公证员到办证点承办公证业务,严禁委托公证机构和公证人员以外的任何机构或个人承办公证业务,严禁公证员助理以公证员名义办证,并严格规范受理、审批、出证、归档、收费等程序和环节,确保公证质量。办证点对外不得悬挂公证处的牌匾。在房屋产权交易市场等特定场所设立的公证服务窗口,只能办理有关的专项公证业务,不得以公证处名义对外宣传、招揽、承办综合性公证业务。

三、对现有的公证处办证点,包括办事处、联络点、联系点、办证室等,各级司法行政机关要组织进行一次清理。2005 年 8 月底以前,不符合本《通知》要求的公证处办证点一律予以撤销。

司法部办公厅

关于严格规范公证员助理管理有关问题的通知

（2005年7月7日　司办通〔2005〕48号）

各省、自治区、直辖市司法厅（局），新疆生产建设兵团司法局：

近年来，随着公证业务的发展，公证人员数量不断增加。然而，一些地方的公证处、公证员违反公证员必须亲自办理公证事务的规定，随意指派或容许公证员助理独立办理公证事务，或由其“借用”公证员签名章出具公证文书。这些问题扰乱了公证法律服务秩序，影响了公证的权威性、合法性。为了规范对公证员助理的管理，严格依法办理公证事务，经部领导同意，现就有关问题通知如下：

一、公证是一种国家授权行为，国家规定了严格的公证员准入条件和任免程序，公证员必须亲自办理公证事务。公证处、公证员均无权委托公证员助理履行公证员职责。公证员助理不得独立开展公证业务、出具公证文书。

二、公证员助理协助公证员办理公证事务的范围包括：解答有关公证业务咨询；指导当事人填写公证申请表，接受公证当事人委托代书申办公证的有关材料；审核公证当事人的资格及其提交的证明材料、制作谈话笔录；调查取证；立卷归档；其他公证事务辅助工作。

公证员助理协助公证员办理公证事务，要严格遵守国家法律法规和《公证程序规则》等规定，不得泄露知悉的国家秘密、当事人的商业秘密和个人隐私；不得私自收取公证费或索取、收受当事人财物；不得以给付回扣等不正当手段争揽公证业务；不得有其他违反法律、法规和规章的行为。

三、各级司法行政机关应切实加强对公证员助理的管理。发现公证处、公证员、公证员助理有违规行为的，应责令公证处限期改正；对违规的公证员应给予相应的处分；对违规的公证员助理，应根据性质、情节，责令公证处给予包括暂停协助办证或调离工作岗位在内的处理。对公证员助理的管理工作不到位、给公证工作或当事人造成严重损失和后果的，还要追究主管司法行政机关有关负责人的责任。

执行过程中有何情况和问题，请及时报部。

司　法　部

关于贯彻落实《公证法》做好省(区)公证处移交工作的通知

(2006年2月22日　司发通〔2006〕11号)

各省、自治区司法厅：

全国公证工作会议以来，各省(区)司法行政机关认真贯彻会议精神和司法部实施《公证法》的若干意见，做了大量的工作，总体情况是好的。有的省经过研究、协调，形成了3月1日以前将省公证处调整、移交的工作方案，已经司法部核定。现在距离3月1日实施《公证法》的时间已临近，各地要高度重视，抓紧做好相关工作。

一、各地要认真贯彻落实《公证法》和全国公证工作会议精神，贯彻落实会议上的讲话要求，以及司法部实施《公证法》的若干意见，加强领导，结合实际，抓紧制定工作方案，切实做好省(区)公证处的移交工作。

二、做好省(区)公证处的移交工作，要在当地党委、政府领导下进行。方案中涉及的人、财、物等移交工作，要与省(区)有关部门以及需要移交的所在市做好协商工作。所形成的方案，要向省(区)党委、政府领导同志汇报，并经批准同意后尽快报部核定。

司　法　部

关于民族自治州公证处设置问题的批复

(2006年4月3日　司复〔2006〕2号)

云南省司法厅：

你厅2月9日《云南省司法厅关于公证机构设置问题的请示》(云司证〔2006〕6号)收悉。经研究，现批复如下：

民族自治州公证机构的设置，应当根据《公证法》第七条和《公证机构执业管理办法》的相关规定，并参照《司法部关于贯彻落实〈公证法〉做好省(区)公证处移交工作的通知》(司发通〔2006〕11号)的规定，比照设区的市公证机构设置办理。民族自治县可以设立公证机构。

此复。

司法部办公厅

关于公证机构印章和公证员签名章规格等事宜的通知

(2006年4月6日　司办通〔2006〕第18号)

各省、自治区、直辖市司法厅(局)，新疆生产建设兵团司法局：

为统一、规范公证机构印章和公证员签名章的规格等，根据国家有关规定，现就有关事宜通知如下：

一、关于公证机构印章的规格、式样、名称、文字和字体等

公证机构的印章，分为图章和钢印，一律为圆形。图章的直径为4.2厘米，钢印的直径为4厘米，中央刊五角星，五角星外刊公证机构名称，名称前段文字在五角形上方自左而右环行，公证处三个字自左而右横排在五角星下方。

公证机构印章所刊名称，为该公证机构经省、自治区、直辖市司法厅(局)核定的名称。

民族自治地方公证机构的印章可以使用汉字刻制，也可以在同一印章上使用汉字和当地通用的民族文字刻制，由省、自治区、直辖市司法厅(局)根据当地情况确定。

公证机构印章所刊汉字，应当使用国务院公布的简化字，字体为宋体。

二、关于公证员签名章的规格、式样、文字和签名要求等

公证员签名章是公证员本人依法履行职务，加盖于公证文书上的签名图章。其形状为长方形，长4.5厘米、宽2.5厘米，不加边框。

公证员签名章中，公证员姓名由本人自左而右排列书写，使用国务院公布的汉字简化字；字迹应清晰、匀称，易于辨认。

本通知未尽事宜，请按照国家、地方有关规定执行。

司法部办公厅

关于启用颁(换)发新的《公证机构执业证》和《公证员执业证》工作有关事宜的通知

(2006年7月11日　司办通〔2006〕44号)

各省、自治区、直辖市司法厅(局):

按照《公证法》和《公证机构执业管理办法》、《公证员执业管理办法》的有关规定,司法部决定于近期制发新的《公证机构执业证》和《公证员执业证》。为了保证此项工作顺利进行,现就有关事宜通知如下:

一、关于颁(换)发执业证书的范围

(一)《公证机构执业证》。符合《公证法》和《公证机构执业管理办法》规定的设立条件,并经省(区、市)司法厅(局)批准设立的公证机构,予以颁发《公证机构执业证》,有效期为四年。

(二)《公证员执业证》。

1. 2006年3月1日后,符合《公证法》和《公证员执业管理办法》规定的条件担任公证员的人员,应当按照《公证法》和《公证员执业管理办法》的规定履行任职手续后,予以颁发执业证书。

2.《公证法》和《公证员执业管理办法》施行前已经任职并在公证机构执业的公证员,无需履行前述任职手续,予以换发执业证书。

3. 2006年3月1日前,经中国公证员协会公证员任职前培训合格、符合担任公证员的原规定条件,并已经省(区、市)司法厅(局)任命,尚未领取《公证员执业证》的人员,无需履行前述任职手续,予以颁发执业证书。

(三)公证机构有下列情形之一的,暂缓颁发执业证书:

1. 不符合《公证法》规定的设立条件的;

2. 负责人不是公证员的;

3. 公证机构受到停业整顿处罚,处罚期限未满的。

(四)公证员有下列情形之一的,不予换发执业证书,现持有的执业证收回予以注销:

1. 有《公证法》第十六条规定的免职情形的;

2.《公证法》施行前,因故意犯罪或职务过失犯罪受到刑事处罚的。

(五)公证员有下列情形之一的,暂缓换发执业证书:

1. 受到暂时停止执业处罚,处罚期限未满的;

2. 有应予吊销执业证书的违法行为尚未查处的。

二、关于执业证书的填制要求

执业证书所列项目,由省(区、市)司法厅(局)负责填写(对公证机构考核情况和奖惩记录项目除外);所填各项内容应与审批机关批准文件中的有关内容相一致;填写的内容不得涂改,填错的执业证书作废。

执业证书应当采取打印的方式填写。确实不具备条件的,可以使用毛笔或黑色钢笔(签字笔)以正楷填写,字迹应端正、清晰。

三、关于执业证书的发放

各省(区、市)司法厅(局)在收到本通知后,要抓紧摸清本地区颁(换)发执业证书范围内的公证机构、公证员底数,并将所需执业证书数量、联系人姓名、电话号码、地址及邮编加盖司法厅(局)印章后,书面报部律师公证工作指导司(可先传真)。今后,颁(换)发工作中遇有执业证书数量不足情况,照此办理。

四、其他

对现有公证机构,属于设置调整范围但尚未完成调整工作的,包括虽不属设置调整范围但应当变更机构名称尚未完成变更工作的,应抓紧进行设置调整、变更工作。省(区、市)司法厅(局)可根据公证机构设置调整或更名进展情况,分别按以下方式,颁发执业证书:①近期内尚不能完成公证机构设置调整或更名工作的,先予颁发执业证书,待完成后,予以换发执业证书;②近期内即可完成公证机构设置调整或更名工作的,可以暂缓颁发,待完成后,予以颁发执业证书。

公证机构、公证员执业证书的颁(换)发工作是保证公证机构和公证员依法执业、规范执业证书管理的重要措施,各地应严格按照《公证法》和《公证机构执业管理办法》、《公证员执业管理办法》有关的规定进行,切实保证这项工作依法、有序、顺利地开展。省(区、市)司法厅(局)可以根据本通知制定有关执业证书颁(换)发、填制的具体办法,并报司法部备案。

各地在执行本通知中遇到的问题,请及时报部。

附件:1.《公证机构执业证》和《公证员执业证》填写及编号办法

2.《公证机构设立报审表》

3.《公证员任职报审表(一般任职)》

4.《公证员任职报审表(特许任职)》

5.《公证员免职报审表》

附件1:

《公证机构执业证》和《公证员执业证》填写及编号办法

一、执业证书的填写办法

(一)《公证机构执业证》

1. 正本:

“证号”后填按照本通知规定编制的证书号码;“名称”后填经核定的公证机构名称;“执业区

域”后填经核定的公证机构执业区域，如××县、××市；“负责人”后填公证机构负责人姓名；“办公场所”填经核定的公证机构所在的具体地点，如××省××市××区××路××号。

“有效期限”填发证日期至以下第四年换发执业证书日期，如自2006年8月1日至2010年7月31日。

“审批机关”后加盖或套印省（区、市）司法厅（局）的印章；“发证日期”填审批机关颁发执业证书的日期（新设立的公证机构填审批机关作出批准该机构设立的决定的日期）。

2. 副本：

第一页：“××××××（填经核定的公证机构名称）公证处，符合《公证法》及《公证机构执业管理办法》规定的条件，准予设立并依法执业。”其他项目的填制方法同正本中的同一项目一致。

第二页：“公证机构设立审批事项”栏目中所列“名称、负责人、办公场所及执业区域”四项内容的填写同正本中的同一项目一致。

第三页：“公证机构年度考核记录”中的栏目，由公证机构所在地司法行政机关按照《公证机构执业管理办法》第三十一条的规定，完成公证机构年度工作考核后，填写考核结果，并加盖考核机关印章。

第四页：“公证机构奖惩记录”栏中所列“奖惩事由、奖惩种类、奖惩机构、奖惩日期”四项内容，由公证机构所在地司法行政机关根据司法行政机关或其他管理部门、公证协会作出的奖惩决定填写。

（二）《公证员执业证》

第一页：“证号”后填按照本办法编制的证书号码。

第二页：“执业机构”后填持证人所在公证机构经核定的名称；“发证机关”处加盖或套印省（区、市）司法厅（局）的印章；“发证日期”后填颁（换）执业证书的日期。

第三页：须在上方正中粘贴持证人近期二寸正面免冠蓝底彩色照片，并加盖发证机关钢印。本页其他项目按持证人情况据实填写。

二、执业证书编号办法

（一）《公证机构执业证》

《公证机构执业证》的证号由十三位阿拉伯数字组成，排序及其含义如下：

第一位数为公证行业各种证书（证件）种类代码（《公证机构执业证》为2）；第二至三位数为公证机构所在省（区、市）代码（由司法部制定，下同）；第四至五位数为公证机构所在市（地、州、盟）代码（由省级司法行政机关制定，下同）；第六位数是公证机构设置区域代码（县为1，不设区的市为2，设区的市为3，直辖市为4，市辖区为5）；第七至十位数为该公证机构设立的年度代码；第十一至十三位数为该证书在本省（区、市）范围内颁发总顺序的编号（从001—999）。

设：河北省石家庄市某公证机构于1982年批准设立，颁发的执业证书证号为“2030031982001”。

（二）《公证员执业证》

《公证员执业证》的证号由十五位阿拉伯数字组成，排序及其含义如下：

第一位数为证书（证件）种类代码（《公证员执业证》为1）；第二至三位数为持证人所在省（区、市）代码；第四至五位数为持证人执业机构所在市（地、州、盟）代码；第六位数为持证人任职方式代码（一般任职为1，特许任职为2）；第七位数为持证人性别代码（男性为1，女性为2）；第八至十一位数为批准持证人任职的年度代码；第十二至十五位数为该执业证书在本省（区、市）范围内颁（换）发总顺序的编号（从0001—9999）。

设：北京市一女性公民参加全国公证员统一考试合格，于1998年被任命为公证员，其执业证书的证号为“101001219980112”。

（三）执业证书证号中地区代码的编制

各省（区、市）的代码分别是：北京—01，天津—02，河北—03，山西—04，内蒙古—05，辽宁—06，吉林—07，黑龙江—08，上海—09，江苏—10，浙江—11，安徽—12，福建—13，江西—14，山东—15，河南—16，湖北—17，湖南—18，广东—19，广西—20，海南—21，重庆—22，四川—23，贵州—24，云南—25，西藏—26，陕西—27，甘肃—28，青海—29，宁夏—30，新疆—31。

市（地、州、盟）代码由各省（区、市）司法厅（局）根据本地区市（地、州、盟）行政区划排序惯例予以编制。直辖市可以县、不设区的市、市辖区为单位编制代码。

附件2：

公证机构设立报审表

组建和提出设立申请的司法行政机关名称	
设立申请和组建报告摘要	（设立公证机构申请和组建报告全文见附件一）
拟设立的公证机构的条件	1. 是否有自己的名称？□是　　□否 拟采用的名称为：　　、　　或　　，由省级司法行政机关审查，并核定其中一个为正式名称。 2. 是否有固定的办公场所？□是　　□否 办公场所设在××县（市）××路××号（办公场所证明见附件二）。 3. 是否有二名以上公证员？□是　　□否 拟任公证员姓名为：×××、×××……（简历、居民身份证复印件及公证员执业证书复印件见附件三）。 4. 是否有省级司法行政机关确定的开展公证业务所必须的资金？□是　　□否 开办资金数额为：　　元（资金证明见附件四）。 5. 是否符合经司法部核定的公证机构设置方案的要求？□是　　□否 6. 是否在有三年以上执业经历的公证员中推选了负责人？□是　　□否 拟推选的负责人为×××（推选等的情况说明见附件五）。 7. 有无其他需要说明的情况？□有　　□无（如有，其他需要提交的材料见附件六）。 以上情况及所提交全部材料均属实。 申请机关（印章）：　　年　　月　　日

续表

上一级司法行政机关审查意见	审查机关(印章)：　　年　　月　　日
省级司法行政机关主管部门审核意见	主管部门(印章)：　　年　　月　　日

说明

1. 本表连同附件一式三份，由省级司法行政机关、组建和提出设立申请的司法行政机关各收存一份。公证机构依法批准设立的，应收入该公证机构的执业档案一份。

2. 本表使用 A4 型纸制作。除“省级司法行政机关主管部门审核意见”栏外，均以打印方式填写。确实不具备打印条件的，可以使用毛笔或黑色钢笔(签字笔)以正楷填写，字迹应端正、清晰。

附件 3：

公证员任职报审表(一般任职)

<table>
<tr><td>姓名</td><td></td><td>性别</td><td></td><td>民族</td><td></td><td rowspan="4">本人近期二寸正面免冠蓝底彩色照片</td></tr>
<tr><td>最高学历</td><td></td><td>最高学位</td><td colspan="3"></td></tr>
<tr><td>党派</td><td></td><td>身份证号码</td><td colspan="3"></td></tr>
<tr><td>拟选配公证机构名称</td><td colspan="5"></td></tr>
<tr><td>任职方式与任职的条件</td><td colspan="6">任职方式：一般
1. 是否具有中华人民共和国国籍？□是　　□否
2. 年龄是否在二十五周岁以上六十五周岁以下？□是　　□否
3. 是否公道正派，遵纪守法，品行良好？□是　　□否
4. 是否通过国家司法考试？□是　　□否
5. 是否在公证机构实习二年以上，经考核合格？□是　　□否
或者是否具有三年以上其他法律职业经历并在公证机构实习一年以上，经考核合格？
□是　　□否
6. 是否有《公证法》第二十条和《公证员执业管理办法》第九条规定的不得担任公证员的情形？
□是　　□否</td></tr>
</table>

续表

省级司法行政机关审核意见	经审核，×××具备《公证法》第十八条和《公证员执业管理办法》第七条规定的担任公证员的各项条件，且无《公证法》第二十条和《公证员执业管理办法》第九条规定的不得担任公证员的任何情 形；其担任公证员的报请符合《公证法》第二十一条和《公证员执业管理办法》第十条的有关规定，材料齐全，程序合法；其担任公证员符合公证员配备方案。根据《公证法》第二十一条和《公证员执业 管理办法》第十二条的有关规定，我厅（局）同意其担任公证员，报请司法部予以任命。 审核机关（印章）：　　年　　月　　日
司法部主管部门审核意见	主管部门（印章）：　　年　　月　　日

说明

1. 本表一式三份，由司法部和省级司法行政机关各收存一份。申请人依法任职的，应收入其公证员执业档案一份。
2. 本表使用 A4 型纸制作。除“司法部主管部门审核意见”栏外，均以打印方式填写。
3. 司法行政机关审核中发现申请人弄虚作假，伪造、变造相关证明材料的，应取消其申请资格。

附件 4：

公证员任职报审表（特许任职）

<table>
<tr><td>姓名</td><td></td><td>性别</td><td></td><td>民族</td><td></td><td rowspan="5">本人近期
二寸正面
免冠蓝底
彩色照片</td></tr>
<tr><td>党派</td><td></td><td>最高学历</td><td colspan="3"></td></tr>
<tr><td>身份证号码</td><td colspan="5"></td></tr>
<tr><td>原职业</td><td colspan="5">□法学教授　□法学研究员
□公务员　□律师</td></tr>
<tr><td>拟选配公证机构名称</td><td colspan="5"></td></tr>
</table>

续表

任职方式与任职的条件	任职方式：特许 1. 是否具有中华人民共和国国籍？ □是 □否 2. 年龄是否在二十五周岁以上六十五周岁以下？ □是 □否 3. 是否公道正派，遵纪守法，品行良好？ □是 □否 4. 是否从事法学教学、研究工作并具有高级职称？ □是 □否 或者是否具有本科以上学历，从事□审判、□检察、□法制、□法律服务工作满十年的公务员、□律师？ □是 □否 5. 是否已离开原工作岗位，经考核合格？ □是 □否 6. 是否有《公证法》第二十条和《公证员执业管理办法》第九条规定的不得担任公证员的任何情形？ □是 □否
省级司法行政机关审核意见	经审核，×××具备《公证法》和《公证员执业管理办法》规定的担任公证员的各项条件，且无《公证法》和《公证员执业管理办法》规定的不得担任公证员的任何情形；×××担任公证员的报请审核符合《公证法》第二十一条和《公证员执业管理办法》第十一条的有关规定，材料齐全，程序合法；其担任公证员符合公证员配备方案。 根据《公证法》第二十一条和《公证员执业管理办法》第十二条的有关规定，我厅（局）同意其担任公证员，报请司法部予以任命。 审核机关（印章）： 年 月 日
司法部主管部门审核意见	主管机关（印章）： 年 月 日

说明

1. 本表一式三份，由司法部和省级司法行政机关各收存一份。申请人依法任职的，应收入其公证员执业档案一份。
2. 本表使用 A4 型纸制作。除“司法部主管部门审核意见”栏外，均以打印方式填写。
3. 司法行政机关审核中发现申请人弄虚作假，伪造、变造相关证明材料的，应取消其申请资格。

附件 5：

公证员免职报审表

姓名		执业机构	
公证员任命决定编号			
公证员执业证书编号			
免职事由	□丧失中华人民共和国国籍 □年满 65 周岁 □因健康原因不能继续履行职务 □自愿辞职 □被吊销公证员执业证书		
所在地司法行政机关意见	报告机关（印章）： 年 月 日		

续表

省级司法行政机关意见	提请机关(印章)： 年 月 日
司法部主管部门意见	主管部门(印章)： 年 月 日

说明

1. 本表应按照公证员免职的法定事由，附相关书面证明材料。如，公证员辞职的，附本人辞职申请书。

2. 本表使用A4型纸制作。

由省级司法行政机关直接提请司法部予以免职的，除"司法部主管部门意见"栏外，均由省级司法行政机关以打印方式填写；由所在地司法行政机关报告省级司法行政机关的，除"省级司法行政机关意见"和"司法部主管部门意见"两栏外，均由所在地司法行政机关以打印方式填写。确实不具备打印条件的，可以使用毛笔或黑色钢笔(签字笔)以正楷填写，字迹应端正、清晰。

3. 本表应填写一式三份，由司法部和省级司法行政机关各收存一份。公证员被依法免职的，本表应收入被免职人的公证员执业档案保存一份。

司 法 部

关于公证机构设立审批不属行政许可行为的批复

(2006年8月9日　司复〔2006〕11号)

浙江省司法厅：

你厅《浙江省司法厅关于公证机构设立审批是否属于行政许可项目的请示》(浙司〔2006〕114号)收悉。经研究，现批复如下：

根据《中华人民共和国公证法》第九条规定，结合当前及今后一段时期公证机构的性质、组建方式和管理体制，公证机构设立审批属司法行政机关内部审批行为，不属行政许可行为。

此复。

司　法　部

关于做好公证机构设置调整工作应当注意的有关问题的通知

（2006年9月15日　司发通〔2006〕59号）

各省、自治区、直辖市司法厅（局），新疆生产建设兵团司法局：

为贯彻落实《中华人民共和国公证法》和全国公证工作会议精神以及《司法部关于贯彻实施〈中华人民共和国公证法〉的若干意见》的要求，保证公证机构设置调整工作依法有序进行，特通知如下：

一、充分认识公证机构设置调整的重要意义

做好公证机构设置调整，是《公证法》的明确规定，是贯彻实施《公证法》的一项重要工作，是当前公证工作的一件大事，对于健全公证工作的组织体系，保证公证资源科学合理配置和公证活动规范有序开展，提高公证法律服务能力与水平，增强公证的公信力，实现公证事业可持续发展，具有重要意义。公证机构设置调整工作的法律性和政策性很强，各级司法行政机关一定要进一步统一思想，提高认识，从讲政治、顾大局、保稳定、促发展的高度，以对公证事业负责的态度，按照《公证法》和全国公证工作会议的要求把这项工作抓紧抓好。

二、认真贯彻公证机构设置调整的指导思想和工作原则

公证机构设置调整工作的指导思想是：认真贯彻实施《公证法》，严格按照全国公证工作会议的精神，围绕加强服务、健全组织、完善管理的要求，从有利于保证公证工作履行职责、有利于促进经济社会发展、有利于满足人民群众需求出发，精心做好公证机构设置调整工作，做到顾全大局，周密细致，确保调整工作积极、稳妥、有序进行。

公证机构设置调整工作应当遵循以下基本原则：（1）依法原则。《公证法》对于公证机构设置做出了明确规定，《公证机构执业管理办法》是对法律规定的具体化。各地要严肃工作纪律，按照《公证法》和部颁规章、指导性文件的要求，加强领导，结合实际，抓紧制定公证机构设置调整方案，有组织、有计划地做好省（区）司法厅直属公证机构的移交工作，把纳入调整范围内的公证机构调整到一个层级，不搞变通，保证方案和采取的措施符合法律法规等的各项规定。（2）便民原则。按照统筹规划、合理布局的原则，公证机构设置数量和布局，都要从方便人民群众办证出发，体现公证工作以人为本的服务宗旨。（3）合理原则。设区的市司法行政机关在制定公证机构设置调整方案的过程中，要充分研究、论证，注意听取各方意见，特别是基层司法行政机关的意见，保证方案合理、周密、可行。

三、注意工作方式与方法

（一）各省（区）司法厅要积极依法做好直属公证机构的移交工作。在贯彻《公证法》、调整公证机构设置的工作中，省（区）司法厅直属公证机构能否顺利移交，不仅直接关系到这些公证机构的人员思想稳定、业务和管理工作正常开展，而且对本省（区）各设区的市公证机构设置调整工作的顺利进行，起着重要的示范作用。省（区）司法厅一定要带头贯彻《公证法》，起到示范表率作用。厅党委（组）必须高度重视，实行一把手负责制，厅长要亲自过问、亲自抓。年底前，省（区）司法厅直属公证机构设置调整方案必须报部，完成核定工作；方案已经司法部核定的，要抓紧组织实施，尽快实现整体移交。

（二）认真做好设区的市公证机构设置调整工作。要切实遵循依法、便民、合理的原则，防止出现偏差，避免发生违规。在规模较大、人口较多的城市，不能一味强调公证机构规模化而过度集中、设置过少。人口在百万以上的大中城市不得只设立一个公证机构。同时，要严格执行《司法部办公厅关于严格规范公证处设立办证点有关问题的通知》（司办通〔2005〕第25号），不得违规在公证机构以外设立办证点（包括办事处、办证室、联络点、公证处分部等）。

设区的市公证机构设置调整工作，涉及面广，必须在当地党委、政府的领导下进行，同时接受上级司法行政机关的指导和监督。涉及的人、财、物等移交工作，要与设区的市有关部门以及需要移交的地方做好协商工作。要从实际出发，积极稳妥地做好相关各项工作，特别是在人员安置上要妥善周到，确保这项工作不留后遗症。所形成的设置调整方案，要及时向市党委、政府领导同志汇报，经批准同意后尽快报省（区）司法厅，并由其审查同意后尽快报部核定。

（三）切实加强公证机构设置调整工作的组织领导。各省（区）司法厅要加强工作督导，确保各设区的市公证机构设置调整工作积极稳妥地进行。监督指导的具体职责：一是要监督设区的市公证机构设置调整方案是否符合《公证法》规定，公证机构是否调整到了一个层级；二是要监督方案是否做到了便民、合理；三是要把握好时间进度。鉴于合作制公证处处于试点阶段，各地要保持试点工作平稳有序，数量上不再增加，现有的原则上也不做变动。

以上通知，请遵照执行。重要情况请及时报部。

司　法　部
关于公证员任免职工作有关问题的批复

（2007年10月19日　司复〔2007〕15号）

江苏省司法厅：

你厅《关于公证员免职及任命有关问题的请示》（苏司办〔2007〕100号）收悉。经研究，根据《公证法》和《公证员执业管理办法》的有关规定，现批复如下：

1. 公证员调离公证机构的，应当辞去公证员职务；不辞职的，其调离公证机构，即视为已自愿辞去公证员职务，由原所在公证机构向所在地司法行政机关提出免职申请，并由公证机构所在地司法行政机关根据《公证员执业管理办法》第十六条规定程序办理。

2.《公证法》施行前调离公证机构但未免去公证员职务的人员以及《公证法》和《公证员执业管理办法》施行后免去公证员职务的人员，现回到公证机构申请担任公证员的，应当根据《公证法》和《公证员执业管理办法》规定的条件和程序履行公证员任职手续。

3. 达到法定退休年龄已办理退休手续但未满65周岁的公证员被公证机构聘用继续执业的，不需重新申请任职。

此复。

司　法　部

关于印发《公证机构年度考核办法（试行）》的通知

（2007年10月30日　司发通〔2007〕67号）

各省、自治区、直辖市司法厅（局），新疆生产建设兵团司法局：

现将《公证机构年度考核办法（试行）》印发你们，请认真遵照执行。

公证机构年度考核办法（试行）

第一章　总　　则

第一条　为了规范对公证机构的年度考核工作，加强对公证机构的监督、指导，根据《中华人民共和国公证法》（以下简称《公证法》）和《公证机构执业管理办法》以及其他有关规定，制定本办法。

第二条　对公证机构实施年度考核（以下简称年度考核），应当坚持客观公正、民主公开、年度考核与日常检查相结合、注重实绩的原则。

第三条　年度考核，由公证机构所在地司法行政机关（以下简称考核机关）组织实施。

省、自治区、直辖市司法行政机关对本行政区域内公证机构的年度考核工作进行监督、指导。

第二章　考 核 内 容

第四条　年度考核的内容为上一年度(以下称考核年度)公证机构在下列方面的情况,重点考核公证机构的执业情况、公证质量监控情况、遵守职业道德和执业纪律的情况:

(一)执业活动情况。包括公证机构及其公证员在执业活动中遵守法律、法规、规章、规范性文件和行业规范,遵守公证职业道德和执业纪律的情况;完成公证业务工作任务、拓展公证业务领域的情况;公证执业过错责任追究制度建立和执行的情况;接受司法行政机关和公证协会的监督以及当事人和社会的监督,及时查处和纠正执业中存在问题的情况等。

(二)公证质量情况。包括公证质量自我检查、评估的情况;公证质量自我监督、控制、审查和纠错等相关制度、机制的建立和执行情况;重大、复杂公证事项集体讨论制度的建立和执行情况;受理公证业务投诉、复查、过错赔偿的情况等。

(三)组织建设情况。包括公证机构党组织建设及活动情况;公证机构符合法定设立条件和机构性质、体制及其运行情况;公证机构负责人选任、履职及调整情况;公证员的配备数量及素质结构变化情况;开展公证员职业道德、执业纪律教育和公证业务知识、技能学习、培训的情况;其他工作人员配备及管理情况;办公设施和办公环境建设情况等。

(四)公证员执业年度考核情况。包括公证机构按照规定组织实施本机构公证员执业年度考核的情况及其考核结果。

(五)公证档案管理情况。包括公证机构执行有关公证档案管理各项规定的情况;本机构内部有关公证档案管理制度的建立和执行情况等。

(六)公证收费和财务管理情况。包括公证机构年度公证收费情况;执行国家有关公证收费管理规定的情况;年度财务收支、分配及执行有关财务管理制度的情况;本机构内部财务管理制度的建立和执行情况;依法纳税和按规定缴纳公证协会会费、公证赔偿基金及其他保险金、基金的情况;接受税务、物价、审计等部门检查、监督的情况等。

(七)内部管理制度建设情况。包括公证机构依照《公证法》和《公证机构执业管理办法》的有关规定,建立健全各项内部管理制度的总体情况、执行落实的情况和效果。

(八)司法部或者省、自治区、直辖市司法行政机关根据需要增加的其他考核事项。

第五条　公证机构在考核年度有下列情形之一、被司法行政机关责令改正的,考核机关应当将相关问题整改措施的实施、完成情况及其效果列入对该公证机构的考核内容:

(一)被投诉或者举报,经核查存在违法、违纪问题的;

(二)执业中有不良记录的;

(三)出现未能保持法定设立条件问题的;

(四)内部管理存在突出问题的。

第三章　考核程序及结果

第六条　公证机构应当于每年2月1日前向考核机关提交年度工作报告。年度工作报告应当真实、全面地反映本机构考核年度公证业务开展、公证质量监控、公证员遵守职业道德和执业纪律、公证收费、财务管理、档案管理、内部制度建设等方面的情况。

新设立的公证机构在考核年度执业不满三个月的,不参加年度考核。

第七条 考核机关应当依照有关法律、法规、规章和本办法的规定,对公证机构的年度工作报告进行审查,并结合考核年度日常监督、检查的情况,对该公证机构考核年度的工作情况做出综合评价。

对公证机构考核年度工作情况的综合评价,可以采取计分评估办法。各项考核内容所占分值及权重,由省、自治区、直辖市司法行政机关根据本办法,结合本行政区域内公证工作实际规定。

第八条 考核机关实施年度考核,可以对公证机构进行实地检查,要求公证机构、公证员及其他工作人员说明情况,可以调阅相关材料和公证案卷,向有关单位和人员调查、核实情况。

公证机构、公证员及其他工作人员应当如实说明有关情况、提供相关材料,不得谎报、隐匿、伪造、销毁有关材料。

第九条 考核结果包括以下内容:对公证机构年度工作情况的综合评价、主要成绩、存在的问题、整改要求或者建议,以及据此确定的考核等次。

公证机构年度考核等次分为优秀、合格、基本合格、不合格。具体评定方法和标准,由省、自治区、直辖市司法行政机关根据本办法制定。

第十条 公证机构在考核年度受到停业整顿处罚的或者未能保持法定设立条件经整改仍未达标的,该年度考核等次应当被评定为不合格。

公证机构所属公证员在考核年度受到吊销公证员执业证书处罚的,该公证机构的年度考核不得被评定为合格以上等次。

第十一条 考核机关在公布对公证机构的考核结果之前,应当将初步形成的考核结果向本行政区域内的公证机构公示并抄送地方公证协会。公示期不得少于 7 日。

公证机构对考核机关初步形成的考核结果有异议的,可以向考核机关申请复核,考核机关应当在 10 日内完成复核,并将复核结果书面答复申请人。

第十二条 考核机关应当于每年 3 月 31 日前,向公证机构书面公布考核结果,将考核等次填入公证机构执业证书副本,并将考核结果报上一级司法行政机关备案。

设区的市(自治州、地区、盟)司法行政机关应当将本行政区域内开展公证机构年度考核的情况以及针对存在的问题提出的改进公证工作的意见和建议形成书面报告,于每年 4 月 15 日前上报省、自治区司法行政机关。

第四章 考核结果的使用

第十三条 考核机关在年度考核中发现公证机构有违反《公证法》和《公证机构执业管理办法》的突出问题的,应当责令其立即纠改或者限期整改,并进行重点监督、检查。

第十四条 考核机关在年度考核中发现公证机构及其公证员有《公证法》第四十一条、第四十二条规定所列行为之一的,应当依法予以处罚或者提请上一级司法行政机关予以处罚。

第十五条 公证机构对司法行政机关的年度考核结果列明的问题以及责令整改的要求,应当查找、分析造成问题的原因,及时制定整改措施,并书面报告考核机关。

第十六条 上级司法行政机关可以对考核结果进行抽查,抽查结果与考核结果有明显差异的,可以要求考核机关就有关问题作出说明;必要时可以要求考核机关进行复核,并上报复核结果。

第十七条 年度考核结果应当存入设区的市(自治州、地区、盟)、直辖市司法行政机关建立的公证机构执业档案。

第十八条 公证机构年度考核被评定为优秀等次的,该公证机构及其负责人可以参加全国公证行业文明单位或者先进集体、先进个人的评选。

第十九条 公证机构年度考核被评定为不合格等次的,其所在地司法行政机关应当根据存在问题的不同情况,对该公证机构的负责人予以批评教育,提出整改要求,或者组织进行培训。

第二十条 公证机构在年度考核后被发现有隐瞒事实、弄虚作假行为的,考核机关应当追究公证机构负责人以及其他相关责任人员的责任,撤销原考核结果,重新进行考核。

第二十一条 省、自治区、直辖市司法行政机关应当于每年4月30日前,将公证机构年度考核结果在本行政区域内的司法行政机关和公证业内进行通报,并将通报和年度考核工作总结报告上报司法部,同时抄送中国公证协会。

第五章 附 则

第二十二条 本办法所称考核机关,是指根据当地公证机构设置方案的规定,负责组建该公证机构,并承担对其实施日常监督、指导职能的司法行政机关。

第二十三条 省、自治区、直辖市司法行政机关可以根据本办法制定实施细则,报司法部备案。

第二十四条 本办法自2007年12月1日起施行。

司 法 部

关于东莞市和中山市可以比照设区的市设立公证机构的批复

(2008年6月23日 司复〔2008〕13号)

广东省司法厅:

你厅《关于东莞市、中山市请求增设公证机构若干问题的请示》(粤司〔2008〕61号)收悉。经研究,原则同意你厅意见。东莞市和中山市作为不设区的地级市,按照《公证法》和《公证机构执业管理办法》规定的统筹规划、合理布局原则，在实行总量控制的前提下，可以比照设区的市设立公证机构。在上述两个市设立多个公证机构，应当符合经我部核定的你省公证机构设置方案或调整方案的要求，公证机构名称等应当符合《公证法》和《公证机构执业管理办法》等的各项规定。

此复。

司法部

关于印发《公证员考核任职工作实施办法》的通知

(2010年1月15日　司发通〔2010〕6号)

各省、自治区、直辖市司法厅(局)，新疆生产建设兵团司法局、监狱管理局：

为规范公证员考核任职工作，充分发挥公证员考核任职制度的作用，根据《中华人民共和国公证法》、《公证员执业管理办法》，司法部制定了《公证员考核任职工作实施办法》，现印发你们，请认真遵照执行。

公证员考核任职工作实施办法

第一章　总　　则

第一条　为规范公证员考核任职工作，充分发挥公证员考核任职制度的作用，根据《中华人民共和国公证法》(以下简称《公证法》)、《公证员执业管理办法》的有关规定，制定本办法。

第二条　公证员考核任职，是指司法行政机关对于符合《公证法》第十九条规定条件的专业人员，按规定程序经考核合格，可以任命为公证员，在公证机构专职从事公证业务。

考核任职制度，是公证员基本准入制度的补充，目的是加强公证员队伍建设和解决欠发达地区公证员缺员问题。

第三条　公证员考核任职工作，应当遵循严格依法、总量控制、因地制宜、满足急需的原则。

第四条　公证员考核任职工作，采用按年度集中考核任命的方式办理。

省、自治区、直辖市司法行政机关应当于每年的九月份统一受理考核任职申请，在规定的时间内完成审核，报请司法部审查、任命。

第二章　考核任职条件

第五条　公证员考核任职制度适用于下列人员：

(一)曾在高等院校、法学研究机构从事法学教学、法学研究工作,并已取得高级职称的人员。

(二)具有大学本科以上学历,曾从事审判、检察、法制工作、法律服务满十年的公务员、律师。

第六条　申请考核任职的人员,除须符合本办法第五条规定的条件外,还应当符合《公证法》第十八条规定的下列条件：

(一)具有中华人民共和国国籍；

(二)年龄二十五周岁以上六十五周岁以下；

(三)公道正派,遵纪守法,品行良好。

第七条　有下列情形之一的,不得经考核程序担任公证员：

(一)无民事行为能力或者限制民事行为能力的；

(二)因故意犯罪或者职务过失犯罪受过刑事处罚的；

(三)被开除公职的；

(四)被吊销执业证书的。

第三章　考核任职程序

第八条　省、自治区、直辖市司法行政机关在每年度考核任职工作启动前,应当根据司法部对考核任职工作的部署和要求,按照本省、自治区、直辖市公证员配备方案及发展公证员队伍的实际需求,确定本年度拟按考核任职程序配备公证员的名额及其分配方案。

省、自治区、直辖市司法行政机关制定的年度公证员考核任职工作的方案,应当报司法部备案。

第九条　省、自治区、直辖市司法行政机关应当在集中受理考核任职申请三个月前,将开展考核任职工作方案通知本地区司法行政机关和公证机构,必要时向社会公布相关信息。

第十条　拟申请考核任职的人员,应当向需要选配公证员的公证机构提出申请,经公证机构审查,对于符合规定条件且为本机构所需要的人选,由其向所在地司法行政机关提交推荐书。

第十一条　经公证机构推荐参加考核任职的人员,应当按照规定的时间,由省、自治区、直辖市司法行政机关统一安排,参加中国公证协会组织的任职培训。

第十二条　申请考核任职的人员,经任职培训合格后,应当通过需要选配公证员的公证机构向所在地司法行政机关提交如下申请材料：

(一)考核任职申请书；

(二)公证机构推荐书；

(三)申请人的居民身份证复印件和个人简历；

(四)符合本办法第五条规定条件的证明；

（五）申请人原所在单位出具的申请人品行良好的鉴定材料；

（六）申请人已经离开原工作岗位的证明；

（七）中国公证协会出具的任职培训合格的证明；

（八）其他需要提交的材料。

第十三条 公证机构所在地司法行政机关收到申请材料后，应当依照规定对申请人及提交的材料进行审查，出具初审意见，按照当年考核任职工作方案规定的时间，将申请材料连同审查意见，逐级报送省、自治区、直辖市司法行政机关审核。

第十四条 省、自治区、直辖市司法行政机关应当按照规定的时间，集中受理考核任职申请材料，并于20日内完成审核。对符合规定条件和本年度公证员配备方案的，作出同意申请人担任公证员的审核意见，填制《公证员考核任职报审表》，连同本办法第十二条规定的第（三）、（四）、（五）、（六）项材料，报请司法部任命；对不符合规定条件或者本年度公证员配备方案的，作出不同意申请人担任公证员的决定，并书面通知申请人及其拟任职的公证机构所在地司法行政机关。

第十五条 司法部自收到省、自治区、直辖市司法行政机关报请任命公证员的材料之日起20日内完成审查，对符合规定条件和公证员配备方案的，制作并下达公证员任命决定。

司法部认为报请任命材料有疑义或者收到相关投诉、举报的，可以要求报请任命机关重新审核。

第十六条 省、自治区、直辖市司法行政机关应当自收到司法部公证员任命决定之日起10日内，向申请人颁发公证员执业证书，并书面通知其任职的公证机构所在地司法行政机关。

第四章 监督管理

第十七条 省、自治区、直辖市司法行政机关负责指导、监督下级司法行政机关依法开展公证员考核任职工作，确保考核任职工作依法有序进行。

第十八条 司法行政机关及其工作人员在考核任职工作中，有滥用职权、玩忽职守、徇私舞弊行为的，应当依法追究责任人员的行政责任；构成犯罪的，移送司法机关追究刑事责任。

第十九条 申请人以欺骗、贿赂等不正当手段通过考核被任命为公证员的，经查证属实，由省、自治区、直辖市司法行政机关提请司法部撤销原任命决定，并收缴、注销其公证员执业证书。

第五章 附则

第二十条 省、自治区、直辖市司法行政机关可以依据本办法制定具体实施办法，报司法部备案。

第二十一条 《公证员考核任职报审表》的格式文本，由司法部制定。

第二十二条 本办法自2010年3月1日起施行。

司　法　部

关于做好全国首次公证员考核任职工作的通知(已废止)

(2010 年 3 月 8 日　司发通〔2011〕33 号)

各省、自治区、直辖市司法厅(局),新疆生产建设兵团司法局:

近日,司法部印发了《公证员考核任职工作实施办法》(以下简称《实施办法》),并于今年(2010 年)3 月 1 日起施行。为切实执行《实施办法》的有关规定,做好 2010 年及今后一个时期公证员考核任职工作,现就有关事项通知如下:

一、充分认识公证员考核任职工作的重要意义

《公证法》第十九条确立的公证员考核任职制度,是针对公证员队伍发展的实际情况,以加强公证员队伍建设和解决欠发达地区公证员缺员为目的的一种公证员任职制度。有利于壮大公证员队伍,特别是解决欠发达地区公证员缺员问题,有利于保障公证工作的开展,满足社会需求,推动公证事业的区域协调发展。因此,开展公证员考核任职工作具有重要的意义。各级司法行政机关和各公证机构对此要充分认识,高度重视。

二、切实把握公证员考核任职工作的基本原则

(一)严格依法原则。《公证法》对公证员考核任职的条件和程序做了原则规定,《公证员执业管理办法》和《实施办法》对法律规定做了进一步细化,增强了操作性。各地要严格按照《公证法》和部颁规章、规范性文件的规定,依法开展公证员考核任职工作。

(二)总量控制原则。《公证法》第十八条规定的公证员基本准入制度是公证员任职的主渠道,第十九条规定的公证员考核任职制度是公证员基本准入制度的重要补充。因此,通过考核任职途径担任公证员的数量要实行总量控制。2010 年,各省、自治区、直辖市经考核任职的公证员数量不得超过本年度新配备公证员总数的三分之一。部分省份因特殊情况确需放宽幅度的,要报司法部批准。

(三)因地制宜、满足急需原则。各省、自治区、直辖市司法行政机关要充分把握本地区公证员队伍发展的区域性、阶段性特点,结合不同区域公证工作所面临的实际需求等因素,明确引进高素质法律人才与解决缺员问题中的侧重点,积极稳妥加以推进,以保证公证员考核任职工作的效果与公证员队伍建设、满足公证需求的要求相一致。

三、严格按照要求做好相关工作

公证员考核任职工作涉及面广,法律性强、政策性强。各级司法行政机关及其公证管理部门要按照法律规定和司法部的部署，周密安排，严格要求，认真负责地做好各项工作，确保公证员考核任职工作开好头，起好步，为今后开展此项工作积累经验、打好基础。

（一）制定考核任职工作方案。各省、自治区、直辖市司法行政机关要在准确掌握本地区公证机构办证总量、公证员办证能力和目前缺员等情况的前提下，计算本地区公证机构今年（2010年）拟推荐任职公证员的人数，按照《实施办法》和本通知的要求，抓紧制定2010年度本省（区、市）公证员考核任职工作方案。方案应当明确：本省（区、市）本年度拟通过考核任职程序配备公证员的数额，并将名额分配到公证机构；依据《实施办法》的规定，明确考核任职适用的对象、条件以及选拔、推荐、初审、报请任命等考核任职工作的具体程序、方法和时限要求。工作方案应于5月30日前报部备案。如有需放宽考核任职比例的，请提前一个月报部审批。各省、自治区、直辖市司法行政机关应当在本省（区、市）集中受理考核任职申请三个月前，将工作方案下发本辖区内各市（地区）、县（市、区）司法行政机关，并注意加强与各地的沟通、协调，指导、监督各地按照方案的要求，做好集中受理前的选拔、推荐、组织培训和申请材料的准备工作。

（二）确保各项工作按规定时限完成。《实施办法》对考核任职工作的程序和时限都做出了明确规定。各地要注意把握工作进度，按照考核任职工作方案明确的工作程序、方法和时限要求，加强督导，提高效率，做到环环相扣，确保按时完成各项工作。

（三）统筹做好考核任职培训工作。根据《实施办法》的规定，公证员考核任职培训应于7月至8月间进行，并于8月底前完成。有关公证机构所在地司法行政机关应及时将推荐书逐级报省、自治区、直辖市司法行政机关并抄送地方公证协会。省、自治区、直辖市司法行政机关要按照中国公证协会的具体培训方案，统一安排，确保全员参训。

四、加强监督，坚决杜绝违法违规等问题

各级司法行政机关要以高度负责的态度，严格按照各项规定做好审查、考核、任命工作。司法行政机关工作人员要严明纪律、不徇私情，对不良行为要坚决制止、纠正，并依法严肃查处违法违规行为，确保考核工作规范有序。

公证机构要切实做好对申请考核任职人员的考察工作，对经考察符合条件规定，公证业务确实需要，同时符合公证员配备方案员额规定的，要按规定的程序和要求予以积极推荐。要注意防止和纠正为了公证机构现有人员的既得利益，而对符合条件人员不予推荐的错误做法。各地公证员考核任职工作中的问题，请及时报部。

国　务　院

关于第三批清理规范国务院部门行政审批中介服务事项的决定(节录)

(2017年1月12日　国发〔2017〕8号)

国务院各部委、各直属机构：

经研究论证，国务院决定第三批清理规范17项国务院部门行政审批中介服务事项，不再作为行政审批的受理条件。另有2项涉及修改法律的中介服务事项，国务院将依照法定程序提请全国人民代表大会常务委员会修订相关法律规定；另有1项涉及修改《内地与香港关于建立更紧密经贸关系的安排》和《内地与澳门关于建立更紧密经贸关系的安排》的中介服务事项，国务院有关部门将按程序与香港、澳门特别行政区政府磋商，修改补充相关安排。

各有关部门要认真做好清理规范行政审批中介服务事项的落实工作，加快配套改革和相关制度建设，加强事中事后监管，保障行政审批质量和效率。对于涉及公共安全的行政审批事项，中介服务清理规范后，要进一步强化相关监管措施，确保安全责任落实到位。

附件：国务院决定第三批清理规范的国务院部门行政审批中介服务事项目录(共计17项)

国务院

2017年1月12日

附件：

国务院决定第三批清理规范的国务院部门行政审批中介服务事项目录(共计17项)

序号	中介服务事项名称	涉及的审批事项项目名称	审批部门	中介服务设定依据	中介服务实施机构	处理决定
4	申请中国委托公证人资格(香港)所需的学历、经历证明文件公证	中国委托公证人资格(香港)审批	司法部	《中国委托公证人(香港)管理办法》(司法部令第69号)	香港律师会,中国委托公证人	不再要求申请人提供学历、经历证明文件公证;申请人按要求提交能够证明其学历、经历情况的有关材料并承诺其真实性,审批部门严格审核,加强与相关部门的信息沟通,做好对申请人学历、经历等信息的核查工作

司　法　部

关于建立公证员宣誓制度的决定

(2017年7月4日　司发通〔2017〕69号)

各省、自治区、直辖市司法厅(局),新疆生产建设兵团司法局,公证协会:

为切实提高公证员队伍思想政治素质、职业道德素质和专业素质,不断增强公证员的职业使命感、荣誉感和社会责任感,根据《中华人民共和国公证法》,决定在全国建立公证员宣誓制度。现就有关事项规定如下:

一、经省、自治区、直辖市司法行政机关许可,首次取得或者重新取得公证员执业证书的人员,应当进行公证员宣誓。

二、公证员宣誓,应当在公证员取得公证员执业证书之日起六个月内进行,采取分次集中的方式进行。

三、公证员宣誓仪式,由设区的市级或者直辖市司法行政机关会同公证协会组织举行。

四、宣誓仪式要求

（一）宣誓会场悬挂中华人民共和国国旗；

（二）宣誓仪式由司法行政机关负责人主持，领誓人由公证协会负责人担任；

（三）宣誓仪式设监誓人，由司法行政机关和公证协会各派一名工作人员担任；

（四）宣誓人宣誓时，应当着公证员职业装，免冠，佩戴中国公证协会会徽，呈立正姿势，面向国旗，右手握拳上举过肩，随领誓人宣誓。领誓人持相同站姿位于宣誓人前方；

（五）宣读誓词应当发音清晰、准确，声音铿锵有力。

五、宣誓程序

（一）宣誓人面向国旗列队站立，奏（唱）国歌；

（二）领誓人逐句领读誓词，宣誓人齐声跟读；领誓人领读完誓词、读毕“宣誓人”后，宣誓人自报姓名；

（三）宣誓人在誓词页上签署姓名、宣誓日期。

经宣誓公证员签署姓名的誓词页一式两份，一份由宣誓公证员收执，一份存入该公证员执业档案。

六、公证员宣誓誓词为：

我是中华人民共和国公证员。我宣誓：忠于祖国，忠于人民，忠于宪法和法律，拥护中国共产党的领导，拥护社会主义法治，依法履行职责，客观公正执业，遵守职业道德，勤勉敬业，廉洁自律，为全面依法治国、建设社会主义法治国家努力奋斗！

七、公证员应当自觉践行誓词，将誓词作为执业行为准则，依法、诚信、尽责执业，恪守职业道德和执业纪律，接受司法行政机关、公证协会、当事人和社会的监督。

八、宣誓的具体实施办法由省、自治区、直辖市司法行政机关依据本决定制定。

九、本决定自印发之日起施行。

司法部

2017年7月4日

司　法　部

关于推进合作制公证机构试点工作的意见

（2017年9月5日　司发通〔2017〕95号）

各省、自治区、直辖市司法厅（局），新疆生产建设兵团司法局：

为深化公证体制改革，增强公证发展活力，司法部决定推进合作制公证机构试点工作，现提出如下意见。

一、指导思想

深入贯彻落实《公证法》、国务院批准的《关于深化公证工作改革的方案》和《司法部 中央编办 财政部关于推进公证机构改革发展有关问题的通知》《司法部 中央编办 财政部 人力资源和社会保障部关于推进公证体制改革机制创新工作的意见》精神，紧紧围绕全面依法治国对公证服务的新要求，积极探索创新公证机构组织形式，建立与市场经济体制相适应的，按市场规律和自律机制运行的公证机构，促进公证事业发展，更好地满足人民群众和经济社会发展对公证服务的新需求。

二、设立合作制公证机构的条件

（一）依照统筹规划、合理布局的原则，在符合以下条件之一的地方开展合作制公证机构试点：

1. 具备统一执业区域和同一监督管理层级条件的设区市的城区。

2. 人口众多、公证需求量大的县、不设区的市。

3. 自贸区、高新区、国家级经济技术开发区需要新设公证机构的地方。

4. 已有一个合作制试点公证机构的城市。

（二）设立合作制公证机构应具备以下条件。

1. 有5名以上公证员作为发起人，有不低于50万元人民币的开办资金。

2. 发起人政治素质高、社会责任感强，具有改革创新的共同理念和甘于奉献的精神；近3年内未受过行政处罚、行业惩戒或行政、党纪处分；年龄在60岁以下，其中至少有3人执业5年以上。牵头人还应具有较强的领导能力和组织协调能力，业界公认的道德品质和业务素质。

3. 发起人中至少有3人为中共党员，发起设立后建立党支部。

现有公证机构改制的，该公证机构应当有符合发起设立条件的人员，应当建立党支部。

其他条件按照《公证机构执业管理办法》的规定办理。

三、设立合作制公证机构应遵循以下程序

（一）省（区、市）司法行政机关根据本意见，制定推进本地区合作制公证机构试点工作方案。已有试点的省份，一般增设不超过3家；目前还没有试点的省份，一般试点不超过3家。

（二）方案确定开展试点的地方，所在地的司法行政机关负责组织实施。

（三）设立合作制公证机构，由发起人向试点机构所在地司法行政机关提出申请，并逐级报省（区、市）司法行政机关审批；设立后，报司法部备案。

1. 申请设立合作制公证机构，发起人向所在地司法行政机关报送以下材料：申请书，拟用名称，公证机构章程，发起人和合作人名单、简历、身份证、公证员执业证，开办资金证明，规章制度（草案），办公场所产权或使用权证明。

2. 合作制公证机构应依法制定章程，内容包括：公证机构的名称、执业场所；公证机构的宗旨；公证机构的组织形式和机构设置；合作人会议的组成和职责；公证机构负责人的条件、职责及产生和变更的程序；合作人的权利和义务；合作人新增、退出、除名的条件和程序；合作人争议的解决；开办资金的数额及来源；财务管理制度、分配制度及债务承担方式；人员聘用的程序；公证机构变更、终止的条件和程序；章程的修改程序；其他需要明确的事项。

章程自公证机构被批准设立之日起生效。设立后修改章程，应逐级报审批机关批准。

3. 合作制公证机构的负责人应依法核准、备案。

四、合作制公证机构的组织形式、议事规则和权利义务

(一)组织形式

合作制公证机构由符合条件的公证员个人自愿组合,共同参与,共同出资;不要国家编制和经费,自主开展业务,独立承担民事责任,其财产由合作人共有,以其全部资产对债务承担有限责任;实行民主管理,按市场规律和自律机制运行。

(二)议事规则

合作制公证机构实行民主管理和议事的机构为合作人会议。合作人会议的职权包括:

1. 决定公证机构的发展规划;

2. 批准公证机构负责人提出的年度预决算方案,决定公证机构的分配方案;

3. 提出推选公证机构负责人人选的条件,选举、罢免公证机构负责人,决定新增、退出或者除名合作人;

4. 决定重大财务支出和大型固定资产的购置;

5. 修改章程,制定规章制度;

6. 决定公证机构的分立、合并、解散及财产的清算;

7. 其他重大事项。

合作制公证机构还应建立健全公证员大会、管理委员会会议、监督委员会会议制度。

(三)合作人权利义务

1. 合作人的权利:参加合作人会议,行使表决权;担任公证机构负责人的选举权和被选举权;监督本机构财务及收支情况和合作人会议决议的执行情况;获得养老、医疗和其他社会保障的权利;章程规定的其他权利。

2. 合作人的义务:忠实履行公证员职责,遵守公证机构的规章制度;执行合作人会议决议;章程规定的其他义务。

3. 公证机构负责人是公证机构的法定代表人,负责对本机构的业务活动和内部事务进行管理,对外代表公证机构,依法承担相应管理责任。

五、合作制公证机构的管理

(一)质量管理

1. 合作制公证机构要健全完善公证执业日常监督管理体系,建立多层次的风险防控机制。严格公证审批制度,对重大公证事项要经过部门负责人、副主任或主任二级审批,对重大、复杂的公证事项,应提交公证机构集体讨论,真正做到材料不实不出证,调查不全不出证,审批不严不出证。

2. 严格公证质量责任,建立公证质量责任制、错证追究制和公证质量检查公证质量保障制度,真正使证前、证中、证后的质量监管都落到实处,严防单纯追求经济效益、忽视公证质量的现象。

3. 建立公证员执业责任保证金制度,主要用于偿付应由公证员承担的赔偿费用、罚款等。

4. 建立重大事项报告制度。事关当地政府实事工程、重点项目及社会稳定的重大公证事项,应当事先报告;合作人变更,机构及人员违法违纪情况,错、假证及对公证文书的复查、投诉情况,涉及诉讼的公证事项,公证文书未被仲裁、审判等部门采信等重大事项,应当事后报告。

（二）人员管理

1. 建立科学的人事管理制度，规范公证员的任用、培训、考核、奖惩、晋升等工作，减少内部矛盾。

2. 严格执行公证员助理管理制度。严禁公证员助理履行公证员职责、独立办理公证业务。

（三）财务管理

1. 合作制公证机构实行独立核算，自负盈亏，依法纳税。

2. 建立体现按劳分配、多劳多得要求的公证机构收入分配激励制度，使工作人员收入与岗位职责、工作业绩、实际贡献紧密联系。

3. 在扣除各项开支和税费后，从盈余部分提取一定比例的资金用于公共积累，不能采取分光吃净的做法。

4. 按规定参加公证职业责任保险，建立事业发展基金、风险赔偿基金、社会保障和培训基金。

5. 合作制公证机构存续期间，禁止随意挪用、转移和分割资产，禁止进行投资，禁止引入社会资本开办和运营公证机构。

六、加强对合作制试点工作的领导

合作制公证机构试点工作是创新公证组织形式、深化公证体制改革的重要举措。各级司法行政机关要切实提高认识，加强组织领导，进一步解放思想，强化改革意识，积极稳妥地推进本地区合作制公证机构试点工作。要严把设立关、审核关，统筹人员素质、服务水平、监管能力和外部条件等因素，高标准选好试点地区、选准试点公证机构，帮助其协调理顺各种关系，确保试点工作符合正确的政治方向，自始在高起点上规范运行。要严格国有资产管理纪律，做好由现有公证机构改制为合作制公证机构的国有资产界定，确保国有资产不流失。妥善处理好人员身份转换、社会保障、资产、档案及法律责任承接等相关问题。要开展深入细致的思想工作，教育引导试点公证机构与同一执业区域的其他公证机构及其公证人员秉持行业担当、社会责任理念，开展合理竞争、做到互助共赢，坚决防止同业间的不正当竞争。

省级司法行政机关要与试点公证机构所在地的司法行政机关共同担负起监督、指导的责任，组织专门力量，建立健全机制，对试点公证机构及其公证员执业活动中遵法守规、负责人履职、执业规范及其服务质量、党建活动等情况，加强日常性监督检查，立足抓早抓小抓苗头，及时发现问题，研究解决办法。对严重违规、管理混乱、内部矛盾突出、出现严重质量问题的试点公证机构，可以终止其试点。

各省（区、市）司法厅（局）制定的推进本地区合作制公证机构试点工作方案，于 2017 年 10 月底前报司法部评估、批准。

司法部公共法律服务管理局

关于加强公证员执业准入有关工作的通知

（2019 年 11 月 18 日　司公通〔2019〕17 号）

各省、自治区、直辖市司法厅(局)公共法律服务处(局)、公证工作处,新疆生产建设兵团司法局公共法律服务处:

为规范公证员执业准入有关工作,优化流程、提高效率、严明责任,大力发展公证员队伍,现就公证员执业准入有关工作通知如下:

一、清理并规范涉及公证员任职许可的不合理限制。各地要落实公证员配备方案,建立公证员储备人员库,凡符合公证员任职条件的人员要协调公证协会提前安排任职前培训;依法受理、按时办结公证员执业许可申请;规范公证机构推荐权使用,明确推荐标准,保障具备资格、符合条件的新申请公证执业人员正当权益。

二、提高公证员任职许可工作质量和效率。要强化公证机构、所在地司法行政部门的工作责任,严禁伪造材料、经历造假等违法违规的不诚信人员层层通关、骗取资格。对符合《公证法》规定任职条件的人员,省级司法行政机关要尽快完成许可审核、尽快报请任命,杜绝懈怠拖拉,确保符合条件人员能尽快进入公证员队伍。

三、自 2020 年 1 月 1 日启用新修改的公证员任命免职工作表。公证机构、所在地和省级司法行政部门应当严格审查,签署审核意见;对资格材料、工作经历等有疑问的,要走访询问、认真核实。今后凡发现报请任命材料虚假、错误,一律退回重新制作;属于审查不严、弄虚作假、敷衍塞责的,一律记录、通报,并严肃追究相关人员责任。

附件:1. 公证员报请任命表(一般任职)

2. 公证员报请任命表(考核任职)

3. 公证员提请免职表

司法部公共法律服务管理局

2019 年 11 月 18 日

附件 1

公证员报请任命表(一般任职)

<table>
<tr><td>姓名</td><td></td><td>性别</td><td></td><td>民族</td><td></td><td rowspan="4">本人近期
二寸正面
免冠蓝底
彩色照片</td></tr>
<tr><td>最高学历</td><td></td><td>最高学位</td><td colspan="3"></td></tr>
<tr><td>党派</td><td></td><td>身份证号码</td><td colspan="3"></td></tr>
<tr><td>拟任职公证机构名称</td><td colspan="5"></td></tr>
<tr><td>任职方式与任职条件</td><td colspan="6">任职方式:一般任职
1. 是否具有中华人民共和国国籍? □是 □否
2. 年龄是否在二十五周岁以上六十五周岁以下? □是 □否
3. 是否公道正派,遵纪守法,品行良好? □是 □否
4. 是否通过国家统一法律职业资格考试? □是 □否
5. 是否在公证机构实习二年以上,经考核合格? □是 □否
或者是否具有三年以上其他法律职业经历并在公证机构实习一年以上,经考核合格? □是 □否
6. 是否有《公证法》第二十条和《公证员执业管理办法》第九条规定的不得担任公证员的任何情形? □是 □否</td></tr>
<tr><td>拟任职公证机构推荐意见</td><td colspan="6">公证机构(印章):
年 月 日</td></tr>
<tr><td>所在地司法行政机关意见</td><td colspan="6">所在地司法行政机关(印章):
年 月 日</td></tr>
<tr><td>省(区、市)司法厅(局)审核意见</td><td colspan="6">经审核,×××具备《公证法》和《公证员执业管理办法》规定的担任公证员的各项条件,且无不得担任公证员的任何情形;其申请担任公证员的材料齐全,内容真实,程序合法,符合公证员配备方案,符合法律等有关规定。我厅(局)同意其担任公证员。
根据《公证法》第二十一条和《公证员执业管理办法》第十二条的有关规定,现报请司法部予以任命。
审核机关(印章): 年 月 日</td></tr>
</table>

说明

1. 本表一式三份,由司法部和省(区、市)司法厅(局)各收存一份。申请人依法任职的,应收入其公证员执业档案一份。

2. 本表使用 A4 型纸制作,均以打印方式填写。

3. 司法行政机关审核中发现申请人弄虚作假,伪造、变造相关证明材料的,应取消其申请资格。

附件 2

公证员报请任命表(考核任职)

<table>
<tr><td>姓名</td><td></td><td>性别</td><td></td><td>民族</td><td></td><td rowspan="4">本人近期
二寸正面
免冠蓝底
彩色照片</td></tr>
<tr><td>最高学历</td><td></td><td>最高学位</td><td colspan="3"></td></tr>
<tr><td>党派</td><td></td><td>身份证号码</td><td colspan="3"></td></tr>
<tr><td>拟任职公证机构名称</td><td colspan="5"></td></tr>
<tr><td>任职方式与任职条件</td><td colspan="6">任职方式:考核任职
1. 是否具有中华人民共和国国籍? □是　　□否
2. 年龄是否在二十五周岁以上六十五周岁以下? □是　　□否
3. 是否公道正派,遵纪守法,品行良好? □是　　□否
4. 是否曾从事法学教学、研究工作并具有高级职称? □是　　□否
或者是否是具有本科以上学历,曾从事审判、检察、法制工作、法律服务满十年的公务员、律师? □是　　□否
5. 是否已离开原工作岗位,经考核合格? □是　　□否
6. 是否有《公证法》第二十条和《公证员执业管理办法》第九条规定的不得担任公证员的任何情形? □是　　□否</td></tr>
<tr><td>拟任职公证机构推荐意见</td><td colspan="6">公证机构(印章):
年　　月　　日</td></tr>
<tr><td>所在地司法行政机关意见</td><td colspan="6">所在地司法行政机关(印章):
年　　月　　日</td></tr>
<tr><td>省(区、市)司法厅(局)审核意见</td><td colspan="6">经审核,×××具备《公证法》和《公证员执业管理办法》规定的通过考核担任公证员的各项条件,且无不得担任公证员的任何情形;其申请担任公证员的材料齐全,内容真实,程序合法,符合公证员配备方案,符合法律等有关规定。我厅(局)同意其担任公证员。
根据《公证法》第二十一条和《公证员执业管理办法》第十二条的有关规定,现报请司法部予以任命。
审核机关(印章):
年　　月　　日</td></tr>
</table>

说明

1. 本表一式三份,由司法部和省(区、市)司法厅(局)各收存一份。申请人依法任职的,应收入其公证员执业档案一份。
2. 本表使用 A4 型纸制作,均以打印方式填写。
3. 司法行政机关审核中发现申请人弄虚作假,伪造、变造相关证明材料的,应取消其申请资格。

附件 3

公证员提请免职表

姓名		身份证号	
执业公证机构		公证员任命决定编号	
公证员执业证书编号			
免职事由	□丧失中华人民共和国国籍 □年满 65 周岁 □因健康原因不能继续履行职务 □自愿辞职 □被吊销公证员执业证书		
所在地司法行政机关意见	报告机关(印章): 年　月　日		
省(区、市)司法厅(局)意见	提请机关(印章): 年　月　日		

说明

1. 本表一式三份,由司法部和省(区、市)司法厅(局)各收存一份。申请人被依法免职的,本表应收入被免职人的公证员执业档案保存一份。

2. 本表使用 A4 型纸制作,均以打印方式填写。

司法部公共法律服务管理局

关于进一步加强公证员考核任职工作的通知

(2020 年 3 月 24 日　司公通〔2020〕4 号)

各省、自治区、直辖市司法厅(局)公共法律服务处(局)、公证工作处,新疆生产建设兵团司法局公共法律服务处:

为及时补充公证行业发展所需人才,充分发挥公证员考核任职制度的作用,优化工作流程,

提高工作效率,发展壮大公证员队伍,现就加强公证员考核任职有关工作通知如下:

一、及时受理考核任职申请。各省、自治区、直辖市司法行政机关按照本省、自治区、直辖市公证员配备方案及发展公证员队伍的实际需求,常态化受理考核任职申请,不再执行于每年九月份统一受理考核任职申请的工作规定。

二、依法严格掌握考核条件。要按照《公证法》规定考核任职条件,重点引进具有统一法律职业资格,十年以上法官、检察官、律师等执业经历的高素质人才。

三、优化考核任职工作流程。申请考核任职的人员,可以在参加任职培训前提交申请材料;培训完成后,直接由中国公证协会向考核机关出具任职培训合格证明,不再要求申请考核任职的人员提交。

四、严格审查任职有关材料。要严格审查申请任职人员的学历、工作经历,时间计算具体到月份,申请人原所在单位出具的申请人品行良好的鉴定材料应由政工部门或党组织出具,严禁经历造假、虚假陈述等不诚信人员违法违规骗取执业证书。

司法部公共法律服务管理局
2020 年 3 月 24 日

司法部办公厅

关于进一步完善公证机构收入分配管理机制的通知

(2020 年 4 月 30 日　司办通〔2020〕45 号)

各省、自治区、直辖市司法厅(局),新疆生产建设兵团司法局:

为切实贯彻落实《中共司法部党组关于加强公证行业党的领导　优化公证法律服务的意见》(司党〔2020〕1 号),按照司法部党组关于做好巡视整改工作的部署安排,在总结前阶段工作的基础上,进一步完善公证机构收入分配管理机制,确保公证行业发展的正确方向,增强公证机构的运行活力,更好地发挥公证工作职能作用,现通知如下。

一、充分认识完善公证机构收入分配管理机制的重要性

完善公证机构收入分配管理机制是公证体制改革机制创新的重要内容,对于建立以"激励有效、约束有力"为原则,健全符合岗位绩效和分级分类管理要求的公证机构分配制度,维护公证法律服务公益属性,既调动广大公证人员的工作积极性,又从制度上防范逐利行为,促进公证事业健康发展具有重要意义。司法部、中央编办、财政部、人力资源和社会保障部《关于推进公证体制改革机制创新工作的意见》(司发〔2017〕8 号,以下简称《意见》)下发后,各地按照《意见》的要求,开展了公证收入分配改革、规范工作,取得一定进展。但总体看成效不明显,大部分地区尚未建立完善与公证事业发展客观要求相适应，体现公证职业特点的收入分配管理制度。有的地方落实《意见》主动性不强，工作协调力度不大，政策落实止步不前；有的地方公证机构绩效工资总量核定偏低，激励作用不明显，与提升公证职业吸引力、扩大公证服务有效供给的目标存在差距；有的地方虽然争取到了比较好的绩效工资核定政策，但公证机构内部没有建立科学合理的分配激励机制，公益服务导向不明确，个别公证员收入偏高，甚至存在逐利倾向。各级司法行政机关对此要高度重视，增强工作的责任感、紧迫感，进一步推动落实《意见》要求，完善健全公证机构收入分配管理机制，充分发挥绩效工资制度正向激励作用，深化公证体制改革机制创新，调动广大公证从业人员积极性，提升公证工作服务人民群众的能力和水平。

二、完善公证机构收入分配管理机制的任务和要求

（一）坚持公益性、非营利性导向。要坚持以人民为中心的思想，引导公证人员为人民群众提供更加普惠、优质的公证法律服务，避免公证服务偏离公益方向、执业活动市场化、逐利化。公证机构内部收入分配要对涉及民生、公益类的岗位和业务给予倾斜，将公益法律服务工作量作为收入分配的重要指标，在经费、绩效考核方面给予必要的保障，彰显社会担当。

（二）科学制定绩效工资总量标准。要通过深化改革和优化机制，建立健全既符合公证服务公益属性和社会功能，又体现按劳分配、多劳多得和公证职业特点与要求的公证机构年度绩效工资总量和内部分配机制。要根据收入情况，在确保留足各类基金、扣除工资成本以外的其他成本开支和税费前提下，科学核定用于绩效分配的工资总量。要根据具体经济发展水平和业务发展情况，合理确定不同公证机构的绩效总量与年度业务收入的比例。

（三）坚持公平可持续的收入分配原则。各地在核定公证机构绩效工资总量的具体工作中，要对人员规模较大、创新能力强、业务发展好且财政负担少或没有财政补助的公证机构给予适当倾斜并且动态调整。要兼顾地域、城乡经济社会发展差异，以及公证机构体制区别、财政保障程度、业务开展、社会贡献等因素，坚持因地制宜、区别对待，不搞“一刀切”。条件允许的要分类指导，做到一处一策。

（四）坚持灵活自主多样的分配方法。公证机构内部收入分配，要考量不同的岗位职责和日常表现、工作业绩差别、实际贡献大小，体现多劳多得原则，使公证人员收入分配更趋公平合理。要避免差距过大，对个人创收增长幅度大的公证员以及公证机构负责人，可以规定年收入的上限。通过聘用合同引进人才的公证机构，应当打破公证员身份限制，按照相同岗位同一标准，体现同工同酬。

（五）公证机构应当建立法人财产制度。公证机构要加强经费管理，实行独立核算。要恰当配比个人收入、公共积累与事业发展的关系，留足用于发展、培训、修购、奖励、风险赔偿等各项公共基金，并为公证人员缴纳养老、医疗等社会保险。在依法依规扣除各项开支和税费、发放绩效工资后，剩余部分纳入公证机构的公共积累。司法行政机关不能把公证机构的收入作为行政经费的补充。

（六）建立备案管理、动态调整制度。要加强对公证机构收入分配管理，公证机构内部收入分配办法应当报主管司法行政机关备案。公证机构要根据经济发展状况、业务规模等情况及时对收入分配办法作出调整，原则上 2 至 3 年调整一次。建立收入分配办法公开制度，在适当范围内公布，接受民主监督。

三、加强对公证机构收入分配管理的组织领导

（一）加强政策支持。各级司法行政机关要把公证机构收入分配管理工作摆在突出重要位置，在调研掌握实情的基础上，加强与人社、财政等有关部门的沟通协调，争取优惠政策支持，确保公证机构收入分配标准符合公证事业发展需求，保证公证员薪酬水平正常合理，以此激发公证机构运行活力，留住现有公证员并吸引高素质法律人才加入公证队伍。

（二）加强工作指导。各省（区、市）司法厅（局）要在5月底前开展全面的调查摸底，对不同体制的公证机构进行分类指导。要首先落实公证机构自主权，再具体指导有监管职责的司法行政机关结合本地公证机构发展状况，科学设定包括公益服务在内的指标体系，量身定做公证机构绩效工资分配管理办法，发挥好分配机制的激励和约束作用。要具体指导所属公证机构制定与工作岗位、工作业绩、公益服务、日常表现等相挂钩的科学合理的内部收入分配办法，切实调动起公证人员工作积极性。要尊重基层创新做法，注意总结推广典型经验，推动这项工作落实见效。

（三）加强监督检查。各省（区、市）司法厅（局）要带头承担完善公证机构收入分配制度的政策协调工作，同时加强对下级司法行政机关的督促检查。有监管职责的司法行政机关要加强对所属公证机构收入分配制度执行情况的检查，督促严格落实。要始终加强党建工作，突出思想政治教育工作，引导公证人员正确处理好个人、集体和国家利益相互之间关系，树立大局意识、服务意识，勤勉履行岗位职责，切实做好公证服务大局、服务民生的各项工作。

各地在执行本通知过程中遇到的困难和问题，请及时报部。

司法部办公厅

2020年4月30日

法律职业资格管理办法

（2020年12月1日　司法部令第146号）

第一章　总　　则

第一条　为规范法律职业资格申请受理、审查核查、审核认定、证书颁发、服务和管理等工作，根据《中华人民共和国行政许可法》等规定，制定本办法。

第二条　司法行政机关实施法律职业资格管理，应当以习近平法治思想为指导，坚持法律职业队伍革命化、正规化、专业化、职业化方向，建设一支高素质的社会主义法律职业队伍。

第三条　司法行政机关实施法律职业资格管理，应当遵循程序规范、高效便民、公开透明、公平公正的原则。

第四条　司法部负责法律职业资格审核认定、法律职业资格证书制作颁发等工作。

省、自治区、直辖市司法行政机关负责本地法律职业资格申请材料的核查、证书的组织发放等工作。

设区的市级司法行政机关负责本地法律职业资格申请材料的受理、审查和证书发放等工作。

第五条 司法行政机关应当加强法律职业资格管理信息化建设,提高在线服务水平。

第二章 申请受理和审查、核查

第六条 司法行政机关统一受理法律职业资格申请,以公告方式确定统一受理日期。

第七条 符合《国家统一法律职业资格考试实施办法》第十八条规定情形的人员,申请授予法律职业资格的(以下简称申请人),应当在受理期限内通过司法部网站登录法律职业资格管理系统,如实填写申请授予法律职业资格信息,并到设区的市级或者直辖市司法行政机关(以下简称受理机关)指定的工作场所现场提交下列材料:

(一)居民身份证;

(二)毕业证书、学位证书或者学历、学位证明书原件;

(三)司法部公告要求的其他材料。

申请享受放宽政策并达到放宽条件地区合格分数线的申请人,应当向本人户籍所在地设区的市级司法行政机关申请授予法律职业资格,并现场提交户口簿原件。

申请人应当对其所提交材料的真实性负责。证件原件由受理机关核验并复印或者扫描后退回,复印件或者扫描件留存归档。

第八条 受理机关收到申请人的申请材料后,应当根据下列情况分别作出处理:

(一)申请材料齐全、符合法定形式的,或者申请人按照受理机关要求提交全部补正申请材料的,应当受理并向申请人出具法律职业资格申请受理单;

(二)申请材料不齐全或者不符合法定形式的,应当当场或者在五个工作日内一次告知申请人需要补正的全部材料及内容;

(三)不符合法律职业资格申请条件的,应当出具不予受理通知书并说明理由。

具有前款第二项规定等情形的,受理机关可以采用个别受理方式受理法律职业资格申请。

第九条 受理机关应当自统一受理之日起对申请人提交的申请材料进行审查,并将书面审查报告与相关申请材料一并报送省级司法行政机关核查。对申请材料不真实或者不符合法律职业资格授予条件的,应当提交不授予法律职业资格的书面报告并说明理由,报省级司法行政机关核查。

省级司法行政机关应当对申请授予法律职业资格人员的申请材料进行核查,提交授予或者不授予法律职业资格的书面核查报告,报司法部审核认定。

受理机关为直辖市司法行政机关的,由该直辖市司法行政机关对申请授予法律职业资格人员的申请材料进行审查、核查,提交授予或者不授予法律职业资格的书面核查报告,报司法部审核认定。

自受理申请至向司法部报送书面核查报告的期限为二十个工作日。

第十条 受理机关应当将申请授予法律职业资格的依据、条件、程序、期限以及需要提交的全部材料的目录和申请书示范文本等在办公场所和网站上公示。

第三章　审核认定和证书颁发

第十一条　司法部应当自收到省级司法行政机关书面核查报告等材料之日起二十个工作日内完成审核认定，根据下列情况分别作出处理：

（一）符合《国家统一法律职业资格考试实施办法》第十八条规定的法律职业资格授予条件的，作出授予法律职业资格的决定，颁发法律职业资格证书；

（二）不符合法律职业资格授予条件的，作出不授予法律职业资格的决定，并说明理由。

按照前款规定期限不能完成审核认定的，经司法部负责人批准，可以延长十个工作日。延长期限的理由以司法部公告统一告知申请人。

第十二条　司法部根据下列情形，授予申请人法律职业资格，并颁发相应的法律职业资格证书：

（一）符合《国家统一法律职业资格考试实施办法》第九条、第二十二条规定的条件，考试成绩达到全国统一合格分数线的，颁发 A 类法律职业资格证书；

（二）符合《国家统一法律职业资格考试实施办法》第二十三条规定的条件，申请享受放宽政策，考试成绩达到全国统一合格分数线的，颁发 B 类法律职业资格证书；

（三）符合《国家统一法律职业资格考试实施办法》第九条、第二十二条、第二十三条规定的条件，申请享受放宽政策，考试成绩达到放宽条件地区合格分数线的，颁发 C 类法律职业资格证书。

第十三条　司法部应当自作出授予法律职业资格决定之日起十个工作日内颁发法律职业资格证书。

省、自治区、直辖市司法行政机关具体负责法律职业资格证书的组织发放，并将相关情况载入档案。

第十四条　取得 C 类法律职业资格证书人员，重新参加国家统一法律职业资格考试，达到全国统一合格分数线的，可以申请授予 A 类或者 B 类法律职业资格证书，并向司法行政机关交回已取得的 C 类法律职业资格证书，原证书自作出授予新的法律职业资格决定之日起自动失效。

第十五条　A 类法律职业资格证书在全国范围内有效。B 类和 C 类法律职业资格证书的适用范围，由国家统一法律职业资格考试协调委员会确定。

取得 B 类法律职业资格证书人员，在获得《国家统一法律职业资格考试实施办法》第九条规定的专业学历条件后，其 B 类法律职业资格证书在全国范围内有效。

第十六条　法律职业资格证书采用纸质证书和电子证书形式，由设区的市级及以上司法行政机关实施管理。

法律职业资格证书的样式，由司法部统一制定。

法律职业资格纸质证书与电子证书具有同等法律效力。

第十七条　取得法律职业资格人员应当妥善保管和使用法律职业资格证书，不得涂改、倒卖、出租、出借和转让。

第十八条　取得法律职业资格人员遗失、损毁纸质证书的，可以向设区的市级司法行政机关申请办理法律职业资格证明书。

法律职业资格证明书与法律职业资格证书具有同等法律效力。

第四章　服务和管理

第十九条　司法行政机关应当建立取得法律职业资格人员档案,实行纸质档案和电子档案形式,由设区的市级及以上司法行政机关管理,并及时记载、更新相关信息。

档案主要记载下列内容:

(一)考试报名信息、本办法第七条规定的相关申请材料;

(二)法律职业资格证书种类、取得时间和撤销、注销法律职业资格情况;

(三)调转档案情况;

(四)办理法律职业资格证明书情况;

(五)参加职前培训情况;

(六)其他应当载入档案的情况。

第二十条　司法部公布授予法律职业资格有关信息,供有关部门和社会公众查询。

第二十一条　取得法律职业资格人员需要调转档案的,由本人通过法律职业资格管理系统向调入地司法行政机关提出申请,办理变更手续。

第二十二条　通过贿赂或者使用虚假身份证件、学历和学位证件以及其他证明文件等不正当手段取得法律职业资格的,由司法部依法予以撤销,并办理注销手续。

具有前款规定情形的,依法移送有关部门追究法律责任。

第二十三条　伪造、变造或者使用伪造、变造的法律职业资格证书、法律职业资格证明书的,依法追究法律责任。

第二十四条　司法行政机关作出不予受理申请、不予授予法律职业资格或者撤销法律职业资格等处理决定的,应当告知相对人享有依法申请行政复议或者提起行政诉讼的权利。

第五章　附　　则

第二十五条　参加国家统一法律职业资格考试成绩合格的港澳台居民,申请授予法律职业资格及其管理,适用本办法。

第二十六条　实行国家统一法律职业资格考试前取得的法律职业资格证书、律师资格凭证,与参加国家统一法律职业资格考试取得的法律职业资格证书具有同等法律效力。

对参加国家司法考试取得的法律职业资格的管理,适用本办法。

第二十七条　本办法由司法部负责解释。

第二十八条　本办法自2021年1月1日起施行。2002年7月8日公布的《法律职业资格证书管理办法》(司法部令第74号)同时废止。

人力资源社会保障部　司法部

关于深化公共法律服务专业人员职称制度改革的指导意见

（2021年7月27日　人社部发〔2021〕59号）

各省、自治区、直辖市及新疆生产建设兵团人力资源社会保障厅（局）、司法厅（局），国务院各部委、各直属机构人事部门，各中央企业人事部门：

为贯彻落实中共中央办公厅、国务院办公厅印发的《关于深化职称制度改革的意见》，进一步加强公共法律服务队伍建设，为公共法律服务事业改革发展提供有力人才支撑，现就深化公共法律服务专业人员职称制度改革提出如下指导意见。

一、总体要求

（一）指导思想

以习近平新时代中国特色社会主义思想为指导，全面贯彻落实党的十九大和十九届二中、三中、四中、五中全会精神，认真落实党中央、国务院决策部署，围绕全面依法治国建设总目标，坚持党管人才，遵循公共法律服务人才队伍建设规律，完善公共法律服务专业人员职称制度，科学、客观、公正地评价公共法律服务专业人员业务能力和服务水平，更好地满足公共法律服务需求，充分发挥公共法律服务专业人员在全面依法治国中的重要作用，为实现"两个一百年"奋斗目标和中华民族伟大复兴的中国梦提供优质高效的公共法律服务。

（二）基本原则

1. 坚持遵循规律。遵循公共法律服务人才成长规律，统筹设计公共法律服务专业人员职称制度，建立适应发展需要的动态调整机制，引导公共法律服务专业人员提升理论水平，拓展专业能力。

2. 坚持科学评价。突出评价职业道德、能力素质和工作业绩，分级分类完善评价标准，创新评价机制，丰富评价方式，科学客观公正评价公共法律服务专业人员。

3. 注重评用结合。将公共法律服务专业人员评价与培养、使用相结合，鼓励用人单位将选人用人制度与公共法律服务专业人员职称制度有机衔接，促进公共法律服务专业人员职业发展。

二、主要内容

（一）健全职称体系

1. 完善专业类别。公共法律服务专业人员职称专业类别分为公证员和司法鉴定人。公证员是指符合法定条件，在公证机构从事公证业务的执业人员；司法鉴定人是指在司法鉴定机构从事司法鉴定业务的专业技术人员。

2. 健全职称层级。公共法律服务专业人员职称设初级、中级、高级,其中高级分设副高级和正高级。公证员初级、中级、副高级、正高级职称的名称分别为四级公证员、三级公证员、二级公证员、一级公证员。司法鉴定人初级、中级、副高级、正高级职称的名称为初级司法鉴定人、中级司法鉴定人、副高级司法鉴定人、正高级司法鉴定人。司法鉴定人职称按司法鉴定执业类别分为四个专业方向,分别为法医类、物证类、声像资料、环境损害。其中,法医类的职称名称为法医师、主检法医师、副主任法医师、主任法医师。其他专业方向在职称名称后标注,如初级司法鉴定人(物证类)等。

原司法鉴定人职称与统一后的司法鉴定人职称对应关系为:原助理工程师对应初级司法鉴定人,原工程师对应中级司法鉴定人,原高级工程师对应副高级司法鉴定人,原正高级工程师对应正高级司法鉴定人。法医类司法鉴定人职称名称不变。

3. 动态调整专业设置。各地、各有关部门可根据公共法律服务工作实际,动态调整职称专业设置。对从业人员数量较大、评价需求稳定、发展良好的专业,持续稳定开展评价工作;对发展势头良好,评价需求旺盛的新兴公共法律服务行业,如法律援助、仲裁等,符合条件的增设为新的职称专业;对未来评价需求缩减、从业人员减少的专业,及时调整或取消。

4. 公共法律服务专业人员职称分别与事业单位专业技术岗位等级相对应。正高级对应专业技术岗位一至四级,副高级对应专业技术岗位五至七级,中级对应专业技术岗位八至十级,初级对应专业技术岗位十一级至十三级。

(二)完善评价标准

1. 坚持德才兼备,以德为先。把政治品德和职业道德放在评价标准的首位,要求公共法律服务专业人员坚决拥护中国共产党领导、拥护社会主义法治。遵守宪法和法律,恪守公共法律服务专业人员职业道德和执业纪律,爱岗敬业,科学公正,勤勉尽责。通过个人述职、年度考核等方式加强对职业道德、从业操守等方面的评价,强化公共法律服务专业人员的社会责任,对学术和执业不端行为实行"零容忍"。

2. 突出对能力水平和实际贡献的评价。充分体现公共法律服务职业特点,突出评价公共法律服务专业人员的专业能力、业绩和贡献。破除唯论文、唯学历、唯资历、唯奖项倾向,分类完善公共法律服务人才评价标准。改变在成果评价中过分依赖论文、论著的局面,推行代表作制度,各地区可结合实际建立成果代表作清单,注重代表性成果的质量、贡献和影响力。对于公证员,探索引入公证书、理论文章、指导案例、创新业务等成果形式,重点考察成果质量,注重公证员的实际贡献。对于司法鉴定人,司法鉴定意见书、指导案例、标准规范制定等可作为业绩,重点评价司法鉴定实务、解决疑难复杂司法鉴定案件、新技术新方法运用、科技成果转化等方面的能力。引导公共法律服务专业人员不断更新知识,创新思路,提高专业素养,积极投身法治建设。

3. 实行国家标准、地区标准和单位标准相结合。以公共法律服务专业人员职业属性和岗位需求为基础,人力资源社会保障部会同司法部负责制定《公证员职称评价基本标准》和《司法鉴定人职称评价基本标准》。各地区可根据实际制定本地区标准,具有自主评审权的用人单位可根据本单位实际制定单位标准。地区标准和单位标准不得低于国家标准。

(三)创新评价机制

1. 丰富职称评价方式。建立以同行专家评议为基础、个人评价和团队评价相结合的评价机制，通过考试考核、个人述职、面试答辩、业绩展示、案卷抽样评估等多种评价方式开展评价。为涉密部门和特殊技术人才开辟特殊通道，采取特殊评价办法。

2. 畅通职称申报渠道。进一步打破户籍、地域、身份、档案等限制，畅通各类公共法律服务专业人才的职称申报渠道，民办机构与公立机构的公共法律服务人才，公立机构中各种方式使用的公共法律服务人才，在职称评审等方面享有平等待遇。建立职称评审绿色通道，对在促进法治建设中作出重大贡献，长期在艰苦边远地区工作的公共法律服务人才，适当放宽学历、科研能力要求，重点考察工作业绩。对引进的海外高层次人才和急需紧缺人才，放宽资历和任职年限要求，可直接申报评审高级职称。公务员（含参照公务员法管理人员）不得参加公共法律服务人才职称评审。对在公证机构改革中由行政编制转为事业编制的公证员，可不受职称层级限制，依据学历资历条件和业绩成果直接申报评审相应级别职称。职称评审工作一般每年度组织开展一次。

3. 明确职称评审权限。省级司法行政机关组建公证员职称评审委员会，并可根据需要将中级和初级公证员职称评审工作交由地市或直辖市的区司法行政机关组织实施，不具备条件的省级司法行政机关可委托相邻省级司法行政机关进行评审。有条件的省级司法行政机关可以组建司法鉴定人高级职称评审委员会，对本地区司法鉴定人进行评审。司法部组建司法鉴定人高级职称评审委员会，可接受不具备高级职称评审条件的地区委托评审。各级职称评审委员会按规定程序报人力资源社会保障部门核准备案。

（四）促进职称制度与人才培养使用有效衔接

1. 促进职称制度与人才使用相衔接。各类公共法律服务机构应结合用人需求，根据职称评价结果合理使用公共法律服务专业人才。全面实行岗位管理的事业体制公共法律服务机构，一般应在岗位结构比例内，推荐符合条件的公共法律服务专业人员参加职称评审。不实行事业单位岗位管理的公共法律服务机构，可根据工作需要，择优聘任具有相应职称的公共法律服务专业人员。用人单位应结合用人需求，根据职称评价结果合理使用公共法律服务专业人员，实现职称评价结果与公共法律服务专业人员聘用、考核、晋升、待遇等有效结合。加强聘后管理，在岗位聘用中实现人员能上能下。

2. 促进职称制度与公共法律服务专业人才培养相结合。充分发挥职称评价对提高公共法律服务专业人才培养质量的导向作用，结合公共法律服务事业发展需求，加快人才培养。推进职称评审与公共法律服务人才继续教育制度相衔接，创新和丰富继续教育的内容和形式，促进公共法律服务人才更新知识，提升能力。

（五）加强职称评审监督和服务

1. 加强职称评审委员会建设。完善评审委员会的组织管理办法，健全工作程序和评审规则，合理确定评审委员会组成人员范围，明确评审委员会工作人员和评审专家责任，强化评审考核，建立倒查追责机制。加强评审委员会专家库建设，注重遴选高水平的公共法律服务专家，定期对专家库进行更新，形成专家库动态优化机制。

2. 严肃职称评审工作纪律。探索建立职称申报评审诚信档案和失信黑名单制度，健全诚信承诺和失信惩戒机制，对通过弄虚作假、暗箱操作等违纪违规行为取得的职称，一律予以撤销。建立职称评审公开制度，实行政策公开、标准公开、程序公开、结果公开。建立职称评审回避制度、公示制度和评审结果备案制度。建立复查、投诉机制，加强对评审全过程的监督管理，构建机关、行业协会监管，公共法律服务机构自律，社会监督的公共法律服务专业人员职称评审综合监管体系。

3. 优化职称评审服务。加强职称评审信息化建设,探索建立职称评审信息系统,逐步实现职称网上申报、网上审核、网上评审、网上公示和查询。进一步简化职称申报渠道和审核环节,精减申报材料。加强职称评审信息库建设,探索推行职称电子证书,逐步实现职称证书网上查询验证。加强人才评价、机构评估等相关业务统筹,加强申报材料和业绩成果信息共享,实行材料一次报送、一表多用,减少重复提供材料和重复审核。

三、组织实施

(一)提高认识,加强领导

各地区要充分认识公共法律服务专业人员职称制度改革的重大意义,加强组织领导,狠抓工作落实,确保各项改革措施落到实处。各级人力资源社会保障部门会同司法行政部门具体负责公共法律服务专业人员职称制度改革的政策制定、组织实施和监督检查等工作。各部门要高度重视,密切配合,确保公共法律服务专业人员职称制度改革工作顺利推进。

(二)结合实际,周密部署

各地区要根据本指导意见,紧密结合实际,落实好各项改革措施,妥善做好新旧政策衔接工作,按照改革前后的职称对应关系做好过渡。在推进改革过程中,各地要深入开展调查研究,充分掌握本地区公共法律服务专业人员队伍现状,全面考虑改革推进工作中可能遇到的各种情况和问题,及时研究解决,妥善处理改革、发展和稳定的关系。

(三)加强宣传,营造环境

各地区要加强宣传引导,鼓励公共法律服务专业人员争当公共法律服务领域创新的推动者和实践者,充分调动公共法律服务专业人员的积极性,激发创新活力和潜力,为公共法律服务专业人员参加职称评审提供便利,引导公共法律服务专业人员支持和参与改革,营造有利于公共法律服务专业人员职称制度改革的良好氛围。

附件:1. 公证员职称评价基本标准

2. 司法鉴定人职称评价基本标准

人力资源社会保障部

司法部

2021 年 7 月 27 日

附件 1

公证员职称评价基本标准

一、忠于祖国,忠于人民,忠于宪法和法律,拥护中国共产党领导,拥护社会主义法治。

二、热爱本职工作,认真履行岗位职责,依法、规范、诚信执业。

三、恪守公证员职业道德和执业纪律，勇于担当，勤勉敬业，廉洁自律，作风端正，按照要求参加继续教育。

四、公证员申报各层级职称，除必须达到上述基本条件外，还应分别具备以下条件：

（一）四级公证员

1. 基本掌握公证相关法学理论和专业知识，认真执行相关法律、法规、政策和工作制度。

2. 初步掌握公证员执业技能，能够独立承办基本的公证事项和公证事务。

3. 具备硕士学位或第二学士学位；或具备大学本科学历或学士学位，担任公证员满 1 年；或具备大学专科学历，担任公证员满 3 年。

（二）三级公证员

1. 熟练掌握公证相关法学理论和专业知识，能够准确理解、熟练运用相关法律、法规、政策和工作制度。

2. 具有较丰富的公证业务经验，熟悉办证流程，能够独立承办公证事项和事务，近三年内在质量检查中无不合格卷。

3. 具有较丰富的公证管理经验，能够独立负责某领域公证工作，在推动公证机构依法决策、依法经营、依法管理方面作出一定贡献。

4. 具备博士学位；或具备硕士学位、第二学士学位，担任四级公证员满 2 年；或具备大学本科学历、学士学位或大学专科学历，担任四级公证员满 4 年。

（三）二级公证员

1. 全面系统掌握相关法学理论和专业知识，熟悉与公证业务相关的其他学科知识，全面了解掌握相关法律、法规、政策和工作制度。

2. 具有丰富的公证业务经验，办理过一定数量的有较大影响的公证法律事务，能够组织和协调处理较为重大、复杂、疑难公证法律事务，业务办理质量良好，近三年内在质量检查中无不合格卷。

3. 工作业绩较为突出，能够指导三级公证员、四级公证员开展公证工作。具有丰富的公证管理工作经验，在推动公证机构依法决策、依法运营、依法管理方面作出较大贡献。

4. 有较强的理论研究能力，能够开展公证法律事务政策、实务研究，主持完成公证法律事务相关课题研究、调研报告，或参与公证法律事务相关重大课题研究、重大调研报告，有较高水平的代表性成果。

5. 具备博士学位，担任三级公证员满 2 年；或具备硕士学位、第二学士学位，或具备大学本科学历、学士学位或大学专科学历，担任三级公证员满 5 年。

（四）一级公证员

1. 具备系统、深厚的法学理论功底，精通本领域相关法规、政策及本单位相关制度，并掌握同本职工作相适应的其他学科知识。

2. 具有丰富的公证业务经验和公证管理工作经验，办理过一定数量的本专业领域有重大影响的公证法律事务，业务办理质量良好，近五年内在质量检查中无不合格卷。

3. 能够独立负责某领域的公证员管理工作，能够有效地组织和协调处理重大、复杂、疑难公证法律事务，能够办理、指导开拓新兴公证业务。

4. 工作业绩突出，能够指导二级公证员、三级公证员、四级公证员开展公证工作，在推动公证机构依法决策、依法运营、依法管理方面作出较大贡献。

5. 理论研究能力强，能够组织领导公证事务理论、政策和实务重大课题研究，取得重大研究成果，在推动公证制度改革发展方面发挥了重要作用；具有较高影响力的代表性成果。

6. 具备大学本科及以上学历或学士及以上学位，担任二级公证员满 5 年。

附件 2

司法鉴定人职称评价基本标准

一、忠于祖国，忠于人民，忠于宪法和法律，拥护中国共产党领导，拥护社会主义法治。

二、热爱本职工作，恪守司法鉴定人员职业道德和执业纪律，科学公正，勤勉敬业，廉洁自律，作风端正。

三、取得《司法鉴定人执业证》，认真履行岗位职责，按照要求参加继续教育。

四、司法鉴定人申报各层级职称，除必须达到上述基本条件外，还应分别具备以下条件：

（一）初级司法鉴定人、法医师

1. 基本掌握本专业领域基础理论和专业知识，认真执行本专业领域相关法规、政策和制度。

2. 具备从事司法鉴定相关工作的能力，能够胜任基础性工作，参与完成的司法鉴定业务符合质量要求。

3. 具备大学本科及以上学历或学士及以上学位，从事司法鉴定相关工作满 1 年；或具备大学专科学历，从事司法鉴定相关工作满 3 年。

（二）中级司法鉴定人、主检法医师

1. 熟练掌握本专业领域基础理论知识和专业知识，认真执行本专业领域相关法规、政策和制度，了解本专业领域技术现状和发展趋势。

2. 具有承担较复杂司法鉴定工作的能力，能准确理解、熟练运用本专业领域技术标准和规范，能够独立出具司法鉴定意见文书。

3. 具有一定的技术研究能力，能够撰写为解决复杂技术问题的研究报告或发表论文，取得有实用价值的技术成果。

4. 具备博士学位，从事司法鉴定相关工作满 1 年；或具备硕士学位，从事司法鉴定相关工作满 3 年，或取得初级司法鉴定人职称或其他相关的初级及以上职称后从事司法鉴定相关工作满 2 年；或具备大学本科学历或学士学位，从事司法鉴定相关工作满 5 年，或取得初级司法鉴定人职称或其他相关的初级及以上职称后从事司法鉴定相关工作满 4 年；或具备大学专科学历，取得初级司法鉴定人职称或其他相关的初级及以上职称后从事司法鉴定相关工作满 4 年。

（三）副高级司法鉴定人、副主任法医师

1. 系统掌握本专业领域基础理论知识和专业知识，认真执行本专业领域相关法规、政策和制度，具有跟踪本专业领域科技发展动态的能力，能够吸取最新科研成果应用于实际工作，是本专业的技术业务骨干。

2. 具有丰富的司法鉴定工作经验，能深刻理解和熟练运用本专业领域技术标准和规范，业绩突出，能主持或独立完成复杂疑难司法鉴定工作。

3. 有较强的技术研究能力，能够承担或参与较高水平的技术研究项目，独立完成的较高水平研究报告或发表的较高学术价值论文或研制发布的技术标准规范等技术成果，受到同行专家认可。

4. 具备博士学位，取得中级司法鉴定人职称或其他相关的副高级及以上职称后，从事司法鉴定工作满 2 年；或具备硕士学位、大学本科学历或学士学位，取得中级司法鉴定人职称或其他相关的副高级及以上职称后，从事司法鉴定工作满 5 年；或具备大学专科学历，取得中级司法鉴定人职称或其他相关的副高级及以上职称后，从事司法鉴定工作满 10 年。

（四）正高级司法鉴定人、主任法医师

1. 具备全面系统深厚的专业理论和实践功底，精通本专业领域相关法规、政策及制度，全面掌握本专业领域国内外前沿发展动态，具有引领本专业领域科技发展前沿水平的能力，学术造诣深，学术影响力大，是本专业领域的学术和技术带头人。

2. 具有丰富的司法鉴定工作经验，能深刻理解和研究制定本专业领域技术标准和规范，有效地组织和处理本专业领域有重大影响的复杂疑难司法鉴定工作，能够解决重大技术问题或掌握关键核心技术，业绩显著。

3. 具有主持完成省部级以上研究项目的能力和经历，在突破关键核心技术和自主创新方面作出突出贡献，取得重大研究成果，有高水平、高影响力的代表性研究报告、学术论文和著作、技术标准规范。

4. 具备大学本科及以上学历或学士及以上学位，取得副高级司法鉴定人职称后，从事司法鉴定工作满 5 年。

三、公 证 程 序

公证程序规则

（2020年10月20日　司法部令第145号）

第一章　总　　则

第一条　为了规范公证程序，保证公证质量，根据《中华人民共和国公证法》（以下简称《公证法》）和有关法律、行政法规的规定，制定本规则。

第二条　公证机构办理公证，应当遵守法律，坚持客观、公正、便民的原则，遵守公证执业规范和执业纪律。

第三条　公证机构依法独立行使公证职能，独立承担民事责任，任何单位、个人不得非法干预，其合法权益不受侵犯。

第四条　公证机构应当根据《公证法》的规定，受理公证申请，办理公证业务，以本公证机构的名义出具公证书。

第五条　公证员受公证机构指派，依照《公证法》和本规则规定的程序办理公证业务，并在出具的公证书上署名。

依照《公证法》和本规则的规定，在办理公证过程中须公证员亲自办理的事务，不得指派公证机构的其他工作人员办理。

第六条　公证机构和公证员办理公证，不得有《公证法》第十三条、第二十三条禁止的行为。

公证机构的其他工作人员以及依据本规则接触到公证业务的相关人员，不得泄露在参与公证业务活动中知悉的国家秘密、商业秘密或者个人隐私。

第七条　公证机构应当建立、健全公证业务管理制度和公证质量管理制度，对公证员的执业行为进行监督。

第八条　司法行政机关依照《公证法》和本规则规定，对公证机构和公证员的执业活动和遵守程序规则的情况进行监督、指导。

公证协会依据章程和行业规范，对公证机构和公证员的执业活动和遵守程序规则的情况进行监督。

第二章　公证当事人

第九条　公证当事人是指与公证事项有利害关系并以自己的名义向公证机构提出公证申

请，在公证活动中享有权利和承担义务的自然人、法人或者其他组织。

第十条 无民事行为能力人或者限制民事行为能力人申办公证，应当由其监护人代理。

法人申办公证，应当由其法定代表人代表。

其他组织申办公证，应当由其负责人代表。

第十一条 当事人可以委托他人代理申办公证，但申办遗嘱、遗赠扶养协议、赠与、认领亲子、收养关系、解除收养关系、生存状况、委托、声明、保证及其他与自然人人身有密切关系的公证事项，应当由其本人亲自申办。

公证员、公证机构的其他工作人员不得代理当事人在本公证机构申办公证。

第十二条 居住在香港、澳门、台湾地区的当事人，委托他人代理申办涉及继承、财产权益处分、人身关系变更等重要公证事项的，其授权委托书应当经其居住地的公证人（机构）公证，或者经司法部指定的机构、人员证明。

居住在国外的当事人，委托他人代理申办前款规定的重要公证事项的，其授权委托书应当经其居住地的公证人（机构）、我驻外使（领）馆公证。

第三章 公证执业区域

第十三条 公证执业区域是指由省、自治区、直辖市司法行政机关，根据《公证法》第二十五条和《公证机构执业管理办法》第十条的规定以及当地公证机构设置方案，划定的公证机构受理公证业务的地域范围。

公证机构的执业区域，由省、自治区、直辖市司法行政机关在办理该公证机构设立或者变更审批时予以核定。

公证机构应当在核定的执业区域内受理公证业务。

第十四条 公证事项由当事人住所地、经常居住地、行为地或者事实发生地的公证机构受理。

涉及不动产的公证事项，由不动产所在地的公证机构受理；涉及不动产的委托、声明、赠与、遗嘱的公证事项，可以适用前款规定。

第十五条 二个以上当事人共同申办同一公证事项的，可以共同到行为地、事实发生地或者其中一名当事人住所地、经常居住地的公证机构申办。

第十六条 当事人向二个以上可以受理该公证事项的公证机构提出申请的，由最先受理申请的公证机构办理。

第四章 申请与受理

第十七条 自然人、法人或者其他组织向公证机构申请办理公证，应当填写公证申请表。公证申请表应当载明下列内容：

（一）申请人及其代理人的基本情况；

（二）申请公证的事项及公证书的用途；

（三）申请公证的文书的名称；

(四)提交证明材料的名称、份数及有关证人的姓名、住址、联系方式;

(五)申请的日期;

(六)其他需要说明的情况。

申请人应当在申请表上签名或者盖章,不能签名、盖章的由本人捺指印。

第十八条 自然人、法人或者其他组织申请办理公证,应当提交下列材料:

(一)自然人的身份证明,法人的资格证明及其法定代表人的身份证明,其他组织的资格证明及其负责人的身份证明;

(二)委托他人代为申请的,代理人须提交当事人的授权委托书,法定代理人或者其他代理人须提交有代理权的证明;

(三)申请公证的文书;

(四)申请公证的事项的证明材料,涉及财产关系的须提交有关财产权利证明;

(五)与申请公证的事项有关的其他材料。

对于前款第四项、第五项所规定的申请人应当提交的证明材料,公证机构能够通过政务信息资源共享方式获取的,当事人可以不提交,但应当作出有关信息真实合法的书面承诺。

第十九条 符合下列条件的申请,公证机构可以受理:

(一)申请人与申请公证的事项有利害关系;

(二)申请人之间对申请公证的事项无争议;

(三)申请公证的事项符合《公证法》第十一条规定的范围;

(四)申请公证的事项符合《公证法》第二十五条的规定和该公证机构在其执业区域内可以受理公证业务的范围。

法律、行政法规规定应当公证的事项,符合前款第一项、第二项、第四项规定条件的,公证机构应当受理。

对不符合本条第一款、第二款规定条件的申请,公证机构不予受理,并通知申请人。对因不符合本条第一款第四项规定不予受理的,应当告知申请人向可以受理该公证事项的公证机构申请。

第二十条 公证机构受理公证申请后,应当指派承办公证员,并通知当事人。当事人要求该公证员回避,经查属于《公证法》第二十三条第三项规定应当回避情形的,公证机构应当改派其他公证员承办。

第二十一条 公证机构受理公证申请后,应当告知当事人申请公证事项的法律意义和可能产生的法律后果,告知其在办理公证过程中享有的权利、承担的义务。告知内容、告知方式和时间,应当记录归档,并由申请人或其代理人签字。

公证机构受理公证申请后,应当在全国公证管理系统录入办证信息,加强公证办理流程管理,方便当事人查询。

第二十二条 公证机构受理公证申请后,应当按照规定向当事人收取公证费。公证办结后,经核定的公证费与预收数额不一致的,应当办理退还或者补收手续。

对符合法律援助条件的当事人,公证机构应当按照规定减收或者免收公证费。

第五章 审　　查

第二十三条 公证机构受理公证申请后，应当根据不同公证事项的办证规则，分别审查下列事项：

（一）当事人的人数、身份、申请办理该项公证的资格及相应的权利；

（二）当事人的意思表示是否真实；

（三）申请公证的文书的内容是否完备，含义是否清晰，签名、印鉴是否齐全；

（四）提供的证明材料是否真实、合法、充分；

（五）申请公证的事项是否真实、合法。

第二十四条 当事人应当向公证机构如实说明申请公证的事项的有关情况，提交的证明材料应当真实、合法、充分。

公证机构在审查中，对申请公证的事项的真实性、合法性有疑义的，认为当事人的情况说明或者提供的证明材料不充分、不完备或者有疑义的，可以要求当事人作出说明或者补充证明材料。

当事人拒绝说明有关情况或者补充证明材料的，依照本规则第四十八条的规定处理。

第二十五条 公证机构在审查中，对当事人的身份、申请公证的事项以及当事人提供的证明材料，按照有关办证规则需要核实或者对其有疑义的，应当进行核实，或者委托异地公证机构代为核实。有关单位或者个人应当依法予以协助。

审查自然人身份，应当采取使用身份识别核验设备等方式，并记录附卷。

第二十六条 公证机构在审查中，应当询问当事人有关情况，释明法律风险，提出法律意见建议，解答当事人疑问；发现有重大、复杂情形的，应当由公证机构集体讨论。

第二十七条 公证机构可以采用下列方式，核实公证事项的有关情况以及证明材料：

（一）通过询问当事人、公证事项的利害关系人核实；

（二）通过询问证人核实；

（三）向有关单位或者个人了解相关情况或者核实、收集相关书证、物证、视听资料等证明材料；

（四）通过现场勘验核实；

（五）委托专业机构或者专业人员鉴定、检验检测、翻译。

第二十八条 公证机构进行核实，应当遵守有关法律、法规和有关办证规则的规定。

公证机构派员外出核实的，应当由二人进行，但核实、收集书证的除外。特殊情况下只有一人外出核实的，应当有一名见证人在场。

第二十九条 采用询问方式向当事人、公证事项的利害关系人或者有关证人了解、核实公证事项的有关情况以及证明材料的，应当告知被询问人享有的权利、承担的义务及其法律责任。询问的内容应当制作笔录。

询问笔录应当载明：询问日期、地点、询问人、记录人，询问事由，被询问人的基本情况，告知内容、询问谈话内容等。

询问笔录应当交由被询问人核对后签名或者盖章、捺指印。笔录中修改处应当由被询问人盖章或者捺指印认可。

第三十条 在向当事人、公证事项的利害关系人、证人或者有关单位、个人核实或者收集有关公证事项的证明材料时，需要摘抄、复印(复制)有关资料、证明原件、档案材料或者对实物证据照相并作文字描述记载的，摘抄、复印(复制)的材料或者物证照片及文字描述记载应当与原件或者物证相符，并由资料、原件、物证所有人或者档案保管人对摘抄、复印(复制)的材料或者物证照片及文字描述记载核对后签名或者盖章。

第三十一条 采用现场勘验方式核实公证事项及其有关证明材料的，应当制作勘验笔录，由核实人员及见证人签名或者盖章。根据需要，可以采用绘图、照相、录像或者录音等方式对勘验情况或者实物证据予以记载。

第三十二条 需要委托专业机构或者专业人员对申请公证的文书或者公证事项的证明材料进行鉴定、检验检测、翻译的，应当告知当事人由其委托办理，或者征得当事人的同意代为办理。鉴定意见、检验检测结论、翻译材料，应当由相关专业机构及承办鉴定、检验检测、翻译的人员盖章和签名。

委托鉴定、检验检测、翻译所需的费用，由当事人支付。

第三十三条 公证机构委托异地公证机构核实公证事项及其有关证明材料的，应当出具委托核实函，对需要核实的事项及内容提出明确的要求。受委托的公证机构收到委托函后，应当在一个月内完成核实。因故不能完成或者无法核实的，应当在上述期限内函告委托核实的公证机构。

第三十四条 公证机构在审查中，认为申请公证的文书内容不完备、表达不准确的，应当指导当事人补正或者修改。当事人拒绝补正、修改的，应当在工作记录中注明。

应当事人的请求，公证机构可以代为起草、修改申请公证的文书。

第六章　出具公证书

第三十五条 公证机构经审查，认为申请公证的事项符合《公证法》、本规则及有关办证规则规定的，应当自受理之日起十五个工作日内向当事人出具公证书。

因不可抗力、补充证明材料或者需要核实有关情况的，所需时间不计算在前款规定的期限内，并应当及时告知当事人。

第三十六条 民事法律行为的公证，应当符合下列条件：

(一)当事人具有从事该行为的资格和相应的民事行为能力；

(二)当事人的意思表示真实；

(三)该行为的内容和形式合法，不违背社会公德；

(四)《公证法》规定的其他条件。

不同的民事法律行为公证的办证规则有特殊要求的，从其规定。

第三十七条 有法律意义的事实或者文书的公证，应当符合下列条件：

(一)该事实或者文书与当事人有利害关系；

(二)事实或者文书真实无误；

(三)事实或者文书的内容和形式合法，不违背社会公德；

（四）《公证法》规定的其他条件。

不同的有法律意义的事实或者文书公证的办证规则有特殊要求的，从其规定。

第三十八条 文书上的签名、印鉴、日期的公证，其签名、印鉴、日期应当准确、属实；文书的副本、影印本等文本的公证，其文本内容应当与原本相符。

第三十九条 具有强制执行效力的债权文书的公证，应当符合下列条件：

（一）债权文书以给付为内容；

（二）债权债务关系明确，债权人和债务人对债权文书有关给付内容无疑义；

（三）债务履行方式、内容、时限明确；

（四）债权文书中载明当债务人不履行或者不适当履行义务时，债务人愿意接受强制执行的承诺；

（五）债权人和债务人愿意接受公证机构对债务履行情况进行核实；

（六）《公证法》规定的其他条件。

第四十条 符合《公证法》、本规则及有关办证规则规定条件的公证事项，由承办公证员拟制公证书，连同被证明的文书、当事人提供的证明材料及核实情况的材料、公证审查意见，报公证机构的负责人或其指定的公证员审批。但按规定不需要审批的公证事项除外。

公证机构的负责人或者被指定负责审批的公证员不得审批自己承办的公证事项。

第四十一条 审批公证事项及拟出具的公证书，应当审核以下内容：

（一）申请公证的事项及其文书是否真实、合法；

（二）公证事项的证明材料是否真实、合法、充分；

（三）办证程序是否符合《公证法》、本规则及有关办证规则的规定；

（四）拟出具的公证书的内容、表述和格式是否符合相关规定。

审批重大、复杂的公证事项，应当在审批前提交公证机构集体讨论。讨论的情况和形成的意见，应当记录归档。

第四十二条 公证书应当按照司法部规定的格式制作。公证书包括以下主要内容：

（一）公证书编号；

（二）当事人及其代理人的基本情况；

（三）公证证词；

（四）承办公证员的签名（签名章）、公证机构印章；

（五）出具日期。

公证证词证明的文书是公证书的组成部分。

有关办证规则对公证书的格式有特殊要求的，从其规定。

第四十三条 制作公证书应当使用全国通用的文字。在民族自治地方，根据当事人的要求，可以同时制作当地通用的民族文字文本。两种文字的文本，具有同等效力。

发往香港、澳门、台湾地区使用的公证书应当使用全国通用的文字。

发往国外使用的公证书应当使用全国通用的文字。根据需要和当事人的要求，公证书可以附外文译文。

第四十四条 公证书自出具之日起生效。

需要审批的公证事项，审批人的批准日期为公证书的出具日期；不需要审批的公证事项，承办公证员的签发日期为公证书的出具日期;现场监督类公证需要现场宣读公证证词的,宣读日期为公证书的出具日期。

第四十五条 公证机构制作的公证书正本,由当事人各方各收执一份,并可以根据当事人的需要制作若干份副本。公证机构留存公证书原本(审批稿、签发稿)和一份正本归档。

第四十六条 公证书出具后,可以由当事人或其代理人到公证机构领取,也可以应当事人的要求由公证机构发送。当事人或其代理人收到公证书应当在回执上签收。

第四十七条 公证书需要办理领事认证的,根据有关规定或者当事人的委托,公证机构可以代为办理公证书认证,所需费用由当事人支付。

第七章 不予办理公证和终止公证

第四十八条 公证事项有下列情形之一的,公证机构应当不予办理公证:

(一)无民事行为能力人或者限制民事行为能力人没有监护人代理申请办理公证的;

(二)当事人与申请公证的事项没有利害关系的;

(三)申请公证的事项属专业技术鉴定、评估事项的;

(四)当事人之间对申请公证的事项有争议的;

(五)当事人虚构、隐瞒事实,或者提供虚假证明材料的;

(六)当事人提供的证明材料不充分又无法补充,或者拒绝补充证明材料的;

(七)申请公证的事项不真实、不合法的;

(八)申请公证的事项违背社会公德的;

(九)当事人拒绝按照规定支付公证费的。

第四十九条 不予办理公证的,由承办公证员写出书面报告,报公证机构负责人审批。不予办理公证的决定应当书面通知当事人或其代理人。

不予办理公证的,公证机构应当根据不予办理的原因及责任,酌情退还部分或者全部收取的公证费。

第五十条 公证事项有下列情形之一的,公证机构应当终止公证:

(一)因当事人的原因致使该公证事项在六个月内不能办结的;

(二)公证书出具前当事人撤回公证申请的;

(三)因申请公证的自然人死亡、法人或者其他组织终止,不能继续办理公证或者继续办理公证已无意义的;

(四)当事人阻挠、妨碍公证机构及承办公证员按规定的程序、期限办理公证的;

(五)其他应当终止的情形。

第五十一条 终止公证的,由承办公证员写出书面报告,报公证机构负责人审批。终止公证的决定应当书面通知当事人或其代理人。

终止公证的,公证机构应当根据终止的原因及责任,酌情退还部分收取的公证费。

第八章 特别规定

第五十二条 公证机构办理招标投标、拍卖、开奖等现场监督类公证，应当由二人共同办理。承办公证员应当依照有关规定，通过事前审查、现场监督，对其真实性、合法性予以证明，现场宣读公证证词，并在宣读后七日内将公证书发送当事人。该公证书自宣读公证证词之日起生效。

办理现场监督类公证，承办公证员发现当事人有弄虚作假、徇私舞弊、违反活动规则、违反国家法律和有关规定行为的，应当即时要求当事人改正；当事人拒不改正的，应当不予办理公证。

第五十三条 公证机构办理遗嘱公证，应当由二人共同办理。承办公证员应当全程亲自办理，并对遗嘱人订立遗嘱的过程录音录像。

特殊情况下只能由一名公证员办理时，应当请一名见证人在场，见证人应当在询问笔录上签名或者盖章。

公证机构办理遗嘱公证，应当查询全国公证管理系统。出具公证书的，应当于出具当日录入办理信息。

第五十四条 公证机构派员外出办理保全证据公证的，由二人共同办理，承办公证员应当亲自外出办理。

办理保全证据公证，承办公证员发现当事人是采用法律、法规禁止的方式取得证据的，应当不予办理公证。

第五十五条 债务人不履行或者不适当履行经公证的具有强制执行效力的债权文书的，公证机构应当对履约情况进行核实后，依照有关规定出具执行证书。

债务人履约、公证机构核实、当事人就债权债务达成新的协议等涉及强制执行的情况，承办公证员应当制作工作记录附卷。

执行证书应当载明申请人、被申请执行人、申请执行标的和申请执行的期限。债务人已经履行的部分，应当在申请执行标的中予以扣除。因债务人不履行或者不适当履行而发生的违约金、滞纳金、利息等，可以应债权人的要求列入申请执行标的。

第五十六条 经公证的事项在履行过程中发生争议的，出具公证书的公证机构可以应当事人的请求进行调解。经调解后当事人达成新的协议并申请公证的，公证机构可以办理公证；调解不成的，公证机构应当告知当事人就该争议依法向人民法院提起民事诉讼或者向仲裁机构申请仲裁。

第九章 公证登记和立卷归档

第五十七条 公证机构办理公证，应当填写公证登记簿，建立分类登记制度。

登记事项包括：公证事项类别、当事人姓名（名称）、代理人（代表人）姓名、受理日期、承办人、审批人（签发人）、结案方式、办结日期、公证书编号等。

公证登记簿按年度建档，应当永久保存。

第五十八条 公证机构在出具公证书后或者作出不予办理公证、终止公证的决定后，应当依照司法部、国家档案局制定的有关公证文书立卷归档和公证档案管理的规定，由承办公证员将公证文书和相关材料,在三个月内完成汇总整理、分类立卷、移交归档。

第五十九条 公证机构受理公证申请后,承办公证员即应当着手立卷的准备工作,开始收集有关的证明材料,整理询问笔录和核实情况的有关材料等。

对不能附卷的证明原件或者实物证据,应当按照规定将其原件复印件(复制件)、物证照片及文字描述记载留存附卷。

第六十条 公证案卷应当根据公证事项的类别、内容,划分为普通卷、密卷,分类归档保存。

公证案卷应当根据公证事项的类别、用途及其证据价值确定保管期限。保管期限分短期、长期、永久三种。

涉及国家秘密、遗嘱的公证事项,列为密卷。立遗嘱人死亡后,遗嘱公证案卷转为普通卷保存。

公证机构内部对公证事项的讨论意见和有关请示、批复等材料,应当装订成副卷,与正卷一起保存。

第十章 公证争议处理

第六十一条 当事人认为公证书有错误的,可以在收到公证书之日起一年内,向出具该公证书的公证机构提出复查。

公证事项的利害关系人认为公证书有错误的,可以自知道或者应当知道该项公证之日起一年内向出具该公证书的公证机构提出复查,但能证明自己不知道的除外。提出复查的期限自公证书出具之日起最长不得超过二十年。

复查申请应当以书面形式提出,载明申请人认为公证书存在的错误及其理由,提出撤销或者更正公证书的具体要求,并提供相关证明材料。

第六十二条 公证机构收到复查申请后,应当指派原承办公证员之外的公证员进行复查。复查结论及处理意见,应当报公证机构的负责人审批。

第六十三条 公证机构进行复查,应当对申请人提出的公证书的错误及其理由进行审查、核实,区别不同情况,按照以下规定予以处理:

(一)公证书的内容合法、正确、办理程序无误的,作出维持公证书的处理决定;

(二)公证书的内容合法、正确,仅证词表述或者格式不当的,应当收回公证书,更正后重新发给当事人;不能收回的,另行出具补正公证书;

(三)公证书的基本内容违法或者与事实不符的,应当作出撤销公证书的处理决定;

(四)公证书的部分内容违法或者与事实不符的,可以出具补正公证书,撤销对违法或者与事实不符部分的证明内容;也可以收回公证书,对违法或者与事实不符的部分进行删除、更正后,重新发给当事人;

(五)公证书的内容合法、正确,但在办理过程中有违反程序规定、缺乏必要手续的情形,应当补办缺漏的程序和手续;无法补办或者严重违反公证程序的,应当撤销公证书。

被撤销的公证书应当收回,并予以公告,该公证书自始无效。

公证机构撤销公证书或出具补正公证书的,应当于撤销决定作出或补正公证书出具当日报地方公证协会备案,并录入全国公证管理系统。

第六十四条 公证机构应当自收到复查申请之日起三十日内完成复查,作出复查处理决定,发给申请人。需要对公证书作撤销或者更正、补正处理的,应当在作出复查处理决定后十日内完成。复查处理决定及处理后的公证书,应当存入原公证案卷。

公证机构办理复查,因不可抗力、补充证明材料或者需要核实有关情况的,所需时间不计算在前款规定的期限内,但补充证明材料或者需要核实有关情况的,最长不得超过六个月。

第六十五条 公证机构发现出具的公证书的内容及办理程序有本规则第六十三条第二项至第五项规定情形的,应当通知当事人,按照本规则第六十三条的规定予以处理。

第六十六条 公证书被撤销的,所收的公证费按以下规定处理:

(一)因公证机构的过错撤销公证书的,收取的公证费应当全部退还当事人;

(二)因当事人的过错撤销公证书的,收取的公证费不予退还;

(三)因公证机构和当事人双方的过错撤销公证书的,收取的公证费酌情退还。

第六十七条 当事人、公证事项的利害关系人对公证机构作出的撤销或者不予撤销公证书的决定有异议的,可以向地方公证协会投诉。

投诉的处理办法,由中国公证协会制定。

第六十八条 当事人、公证事项的利害关系人对公证书涉及当事人之间或者当事人与公证事项的利害关系人之间实体权利义务的内容有争议的,公证机构应当告知其可以就该争议向人民法院提起民事诉讼。

第六十九条 公证机构及其公证员因过错给当事人、公证事项的利害关系人造成损失的,由公证机构承担相应的赔偿责任;公证机构赔偿后,可以向有故意或者重大过失的公证员追偿。

当事人、公证事项的利害关系人与公证机构因过错责任和赔偿数额发生争议,协商不成的,可以向人民法院提起民事诉讼,也可以申请地方公证协会调解。

第十一章　附　　则

第七十条 有关办证规则对不同的公证事项的办证程序有特殊规定的,从其规定。

公证机构采取在线方式办理公证业务,适用本规则。司法部另有规定的,从其规定。

第七十一条 公证机构根据《公证法》第十二条规定受理的提存、登记、保管等事务,依照有关专门规定办理;没有专门规定的,参照本规则办理。

第七十二条 公证机构及其公证员在办理公证过程中,有违反《公证法》第四十一条、第四十二条以及本规则规定行为的,由司法行政机关依据《公证法》、《公证机构执业管理办法》、《公证员执业管理办法》给予相应的处罚;有违反公证行业规范行为的,由公证协会给予相应的行业处分。

第七十三条 本规则由司法部解释。

第七十四条 本规则自 2006 年 7 月 1 日起施行。司法部 2002 年 6 月 18 日发布的《公证程序规则》(司法部令第 72 号)同时废止。

司　法　部

关于委托香港八位律师办理公证的若干问题的通知

［1985年6月11日　(85)司发公字第251号］

各省、自治区、直辖市司法厅(局)：

自一九八一年我部委托香港阮北耀等八位律师办理港澳同胞回内地处理民事法律事宜的有关证明以来，他们作了大量工作，有效地维护了当事人的合法权益。为了进一步加强联系，解决工作中出现的一些问题，去年十二月我部派出公证工作者小组赴港，就有关业务问题与八位律师交换了意见。现将双方商定的几个问题通知如下：

一、关于防止、识别伪造八位律师出具的证明问题

据各地公证处和有关部门反映，伪造八位律师出具的证明的现象屡有发生。为维护八位律师的声誉和保证公证书的真实性，确定采取以下措施：

1. 除出具收养子女、未婚证明按原商定的统一的证明格式办证外，其他证明，每位律师均按自己统一格式办证。

2. 凡八位律师出具的证明，均由律师本人亲自签名、盖章，不能由他人代签。所出具的公证书不论页数多少、有无附件，一律用火漆封印。

3. 八位律师应将其出具的公证书副本一份寄到文书使用单位，以便查核。如：办理结婚登记的有关证明，寄到当事人所在地的县(市)民政局；收养子女，财产继承等证明，寄到当事人所在地的县(市)公证处；有关诉讼的证明，寄到受理该案的人民法院。

4. 文书接受单位如对八位律师出具的公证书无法辨认真伪，可将原件送省、自治区、直辖市司法厅(局)公证管理处辨认。如仍难以确认，统一由省、自治区、直辖市司法厅(局)公证管理处与香港经办律师联系，将公证书的影印件寄给经办律师(原件保存)，由经办律师作出辨明真伪的答复。

二、关于香港八位律师办理证明的程序问题

据各地公证处反映，由于对香港八位律师办理证明的程序不了解，因而有时对一些证明的真实性发生怀疑。几年来，香港八位律师为保证证明文书的真实性，摸索总结了一套办证程序，主要是：

1. 由申请人交验自己的身份证，并提供与自己所申办的证明有关的证件材料。

2. 在香港法律允许的情况下，八位律师向有关部门核实申请人提供的证件材料。如申请人未能提供有关证件材料，律师则在声明书上注明："据当事人称，有关之××文件现已遗失"；或"据当事人称，有关之××文件现存于××处"；或"当事人未能出示有关之证明文件"等等，以引起接受文书单位的注意,进行认真审核。对于申办到内地人民法院诉讼所需的证明,如申请人不能提供有关证件材料,律师则不予办理证明。

3. 由律师为申请人起草声明书或其他法律文书。

4. 申请人再次到律师行交验身份证,并在声明书上签字,经律师证明本人签字属实后,即可制作公证书(包括若干份副本)。

三、关于扩大八位律师办理公证业务的范围问题

一九八二年二月二十日(82)司发公字第39号《关于为港澳同胞回内地申请公证出具证明办法的补充通知》规定的业务范围,已不适应港澳同胞与内地民间往来的需要,也不适应经济贸易发展的需要。

经研究,现作出如下规定:

1. 凡发生在香港地区的法律行为、有法律意义的事实和文书的公证事项,均可由八位律师办理。

2. 公证机关在受理内地与香港的一些公司、企业签订的经济合同公证时,如有需要,可要求港方当事人提供下列由八位律师出具的证明:该公司或企业登记注册记录的证明;银行资信情况证明;委托代签经济合同的委托书的证明;公司或企业纳税情况的证明;银行担保证明等等。

3. 港澳同胞因婚姻、财产等纠纷,在内地人民法院诉讼,提交给人民法院的答辩书、意见书、委托书等有关材料的证明。

4. 香港的公司、企业因经济合同纠纷,在内地人民法院诉讼,提交给人民法院的法人登记注册证、委托书等有关材料的证明。

5. 以上通知自一九八五年七月十五日起执行,在执行中有何问题,请及时告我部公证律师司。

司法部公证律师司

关于公证处不能限期无音讯者到公证处办理公证手续的通知

[1985年7月9日 (85)司公字第106号]

各省、自治区、市司法厅(局)公证管理处:

近期在《中国法制报》上,连续出现某些公证处的“通知”,其内容多是通知无音讯者限期三个月之内到公证处办理某些公证手续。有的通知还强调逾期则按“自动放弃”某种权利处理或“逾期则依法办理”等等。

对上述做法，我们认为是不妥的，应立即纠正。一是按照《公证暂行条例》规定，公证机关根据当事人的申请办理公证证明，无权限令当事人前来办理某项公证事项；逾期不来办理的，公证机关既不能“依法办理”，更不能按“自动放弃”某项权利处理，这些都是无法律依据的。二是当事人申办公证欠缺的某些手续、材料，有的可由公证处调查，有的应由申请人提供。有关人无音讯的，应按《民事诉讼法》（试行）第一百三十三条和一百三十四条的规定精神，待人民法院作出裁定或判决后，公证处再酌情办理。

请通知所属各公证处遵行。

司法部公证律师司

关于加强公证处之间协作调查的通知

［1985年11月29日　（85）司公字第183号］

各省、自治区、直辖市司法厅（局）公证管理处：

近几年，随着公证工作的发展，各地公证处之间互相委托代为调查的情况逐渐增多。这不仅对提高办证效率，防止出具错证、假证有重要意义，而且节省了派人到外地调查的费用，是值得提倡的。为了更好地推行这一做法，加强全国公证机关之间的协作，特对有关问题通知如下：

一、各公证处都要树立全局观念，把接受其他公证处委托代为调查作为应尽的职责，并认真、及时地完成。

二、公证处在委托其他公证处代为调查时，应以书面方式告知受托公证处，说清调查内容、用途和时间要求等，以便受托公证处按要求进行调查。

三、公证处在接到委托调查后，应按照委托公证处提出的要求尽快办理；如确有困难，应在委托要求的时间之内将调查情况告知委托公证处。不能拖而不办，不给答复。对于拖而不办，不给答复的公证处，委托公证处可向他们的上级司法行政机关反映。司法行政机关在接到反映后，应对受托公证处进行批评教育，并督促其尽快办理。

四、公证处之间协作调查，属于公证处责无旁贷的义务，均不计费用。

五、除了代为调查以外，公证处之间如有其他委托代办的事项，亦按照上述通知内容办理。

司法部公证律师司

关于我委托的香港律师不宜为未在香港登记注册的外国公司企业办理证明的函

[1986年12月18日 (86)司公字第147号]

新华社香港分社协调部:

我公证工作代表团访港期间,胡百熙律师曾询问,我所委托的香港律师能否为在我国投资的外国公司、企业办理所需要的有关证明。经研究认为,凡在香港以外登记注册的外国公司、企业,对其法人资格、资信、纳税情况等,应由其所在国或地区的公证机关或有关主管部门出具证明,必要时还需要办理领事认证。因此,我所委托的香港律师不宜办理上述证明。

以上意见,请转告胡百熙等二十六位律师。

司 法 部

关于授权中国法律服务(香港)有限公司办理加章转递事务的函

(1992年1月14日 司发函〔1992〕008号)

中国法律服务(香港)有限公司:

根据我部《关于再委托二十三位香港律师办理公证事务并改变出证方式的通知》(司公通字〔1991〕170号)中第四项的规定,授权你公司对我部委托的香港律师出具的,发往内地使用的公证文书的加章转递事务。授权期限为三年。

附件:授权委托书

附件：

授权委托书

兹授权中国法律服务(香港)有限公司的办事机构办理对我部委托的香港律师出具的发往内地使用的公证文书,进行登记、核查并加章转递国内用证单位的有关事务。

授权期限从一九九一年十二月一日起,为期三年。

司法部公证司

关于可以不要求国内承担寄养者提供公证委托书的函

[1995 年 6 月 26 日　(95)司公函 050 号]

各省、自治区、直辖市司法厅(局)公证管理处：

据我驻洛杉矶总领事馆反映,国内个别公证处在为华人、华侨子女办理国内承担寄养者的保证书公证时,要求寄养申请人先办妥经我驻外使领馆认证的公证委托书之后才予办理,给申请人造成许多困难和不便。经研究认为,我部公证律师司《关于转发公安部六局〈关于受理、审批寄养外籍儿童问题的通知〉的通知》[(88)司公字第 97 号]和我司《关于寄养外籍儿童有关公证问题的复函》[(89)司公字第 9 号](见《公证规章集成》第 244—246 页、249 页)已对有关寄养的公证问题做出明确规定,各地公证处可以不要求国内承担寄养者提交经驻外使领馆认证的公证委托书。

请通知所属各办理涉外公证的公证处。

司　法　部

关于严格执行委托公证人和证书转递制度的通知

（1996年3月1日　司发通〔1996〕032号）

各省、自治区、直辖市司法厅（局），新疆生产建设兵团司法局：

为解决香港居民回内地处理法律事务所需公证书问题，从1981年开始，我部经商有关部门同意，建立了委托公证人制度和证书转递制度，即香港居民回内地处理法律事务所需公证书须由我部香港委托公证人出具，并经中国法律服务（香港）有限公司加章转递，才能发往内地使用。最近，最高人民法院与司法部又联合就涉港公证文书效力问题发出了通知，明确非经上述程序的公证文书为无效证书。

最近一个时期以来，发现内地一些公证处擅自接受非委托公证人出具或未经转递的公证书，内地一些律师擅自在香港出具发往内地使用的法律文书，这些做法严重违反了上述规定。为维护委托公证人制度和证书转递制度，防止伪造、欺诈行为的出现，保护香港居民的合法权益，现重申：

一、公证处办理涉港公证时，不得接受非委托公证人出具的和未经中国法律服务（香港）有限公司加章转递的公证书。

二、公证员不得擅自在香港执行职务。

三、未经司法部批准，内地有关地方和部门不得在香港设立法律服务机构。

四、对违反上述规定的机构和人员，由司法部和有关省、自治区、直辖市司法厅（局）给予以下处罚：

1. 公证处违反上述规定出具的公证书，一律按错证处理，予以撤销；

2. 对擅自接受非委托公证人出具的和未经转递的公证书的公证员给予延缓注册或撤销公证员职务的处分；

3. 对擅自在域外执行职务的公证员按严重违纪论处，撤销公证员职务；

4. 对擅自往香港等域外派公证员执行职务的公证处，停止其办理涉外公证的资格。

五、为严格执行本通知精神，中国法律服务（香港）有限公司，对发现有违反本通知行为的内地公证人员，要及时书面报告司法部和有关司法厅（局），以便处理。

司　法　部

关于不得委托国外机构或个人以公证处名义代办公证事项的通知

（2000 年 12 月 29 日　〔2000〕司律公字 099 号）

各省、自治区、直辖市司法厅(局)公证管理处：

近来，有公证处为方便居住在国外的当事人办理公证，与国外有关机构建立联系或应其请求，由他们代办当事人申请材料寄送、公证书送达及公证咨询等事项。国外有关机构随即在国外报纸上做内容夸张的广告，甚至自称是某公证处代办点，引起各方关注。对此，我部原公证司早于 1994 年 11 月就发出过《关于〈公证机关可否与域外机构建立业务协作、委托代办公证等业务问题的请示〉的复函》[(94)司公函 098 号]，明确“各公证处暂不得直接与域外机构(或个人)建立业务协作、委托代办公证业务关系”。对近来发生的情况，我司已作出处理。

经研究认为，国外有关机构或个人受公证处委托代办居住在国外的当事人的公证事项，其既是公证处、也是当事人的代理人，其在国外的活动往往带有营利性且无法把握，后果难以预料。另外，公证咨询应为公证专业人员的活动；公证书的送达是对公证处规定的，当事人的代理人领取公证书并交付当事人不是送达。因此，为保证公证处业务活动正常开展，防止无益的干扰，公证处不得委托国外有关机构或个人以公证处名义代办居住在国外的当事人的公证事项。

请将上述内容尽快通知各有关公证处。

司　法　部

关于因公证机构原因导致公证卷宗丢失能否适用《公证程序规则》第五十七条第一款第(四)项规定撤销公证书等问题的复函

(2005年11月29日　司复〔2005〕20号)

北京市西城区人民法院：

你院《关于李东旭不服北京市西城区司法局行政决定一案的咨询请示报告》(西法〔2005〕102号)收悉。经研究，函复如下：

由于公证机构的原因导致公证卷宗丢失，不属于《公证程序规则》第五十七条第一款第(四)项规定的公证程序问题，不能以公证卷宗丢失为理由撤销公证书。关于署名公证员出具的否认办理过公证书的说明的问题，属于诉讼过程中的证据采信问题，应由你院依法进行审查和确认。

司　法　部

关于将相邻县(市)的公证机构执业区域合并为一个共同的执业区域不符合《公证机构执业管理办法》有关规定的批复

(2009年5月14日　司复〔2009〕6号)

浙江省司法厅：

你厅《关于能否调整公证机构执业区域的请示》(浙司〔2009〕43号)收悉。经研究，批复如下：

《公证机构执业管理办法》第十条规定，公证执业区域可以下列区域为单位划分：(一)县、不设区的市、市辖区的辖区;(二)设区的市、直辖市的辖区或者所辖城区的全部市辖区。据此,将相邻县(市)的公证机构执业区域合并为一个共同的执业区域,不符合《公证机构执业管理办法》第十条的规定。

为了解决因个别县(市)的公证机构不符合法定设立条件等原因而导致当事人不能依法及时获得公证法律服务的问题,你厅可以根据《公证机构执业管理办法》第十条的规定对公证执业区域进行调整,将设区的市的辖区作为一个执业区域。

此复。

司　法　部

关于同意调整公证执业区域的批复

(2016 年 12 月 1 日　司复〔2016〕16 号)

山东省司法厅:

你厅《关于调整公证执业区域的请示》(鲁司〔2016〕126 号)收悉。经研究,同意依照《公证机构执业管理办法》第十条规定,以设区的市的辖区为单位,对你省公证执业区域进行调整。

此复。

司法部

2016 年 12 月 1 日

司　法　部

关于公证执业“五不准”的通知

(2017 年 8 月 14 日　司发通〔2017〕83 号)

各省、自治区、直辖市司法厅(局),新疆生产建设兵团司法局:

近期,全国各地发生数起公证机构、公证员为虚假的公证申请人和不真实的公证事项办理公证案件，有的涉及房产、金融诈骗等违法行为，严重损害了公证公信力，影响了公证机构社会形象。为严肃公证执业纪律，规范公证执业行为，加强公证工作管理，确保公证质量，现就公证执业有关具体规范通知如下：

一、不准为未查核真实身份的公证申请人办理公证。公证机构、公证员应严格审查公证申请人的身份，告知冒充他人、伪造证件、骗取公证书的法律责任后果，未经证件视读、单独谈话、交叉印证、身份证识别仪核验等程序，不得办理公证。申请人使用临时身份证，公证员未到公安部门核实的，不得受理公证申请。对涉及敏感、重大权益事项的公证申请，应当由有经验的公证人员认真审核。

二、不准办理非金融机构融资合同公证。在有关管理办法出台之前，公证机构不得办理自然人、法人、其他组织之间及其相互之间（经人民银行、银监会、证监会、保监会，商务主管部门、地方人民政府金融管理部门批准设立的从事资金融通业务的机构及其分支机构除外）的融资合同公证及赋予强制执行效力公证。

三、不准办理涉及不动产处分的全项委托公证。公证机构、公证员办理涉及不动产处分的委托公证，应当按照“重大事项一次一委托”的原则，告知当事人委托抵押、解押、出售、代收房款等的法律意义和法律后果，不得办理一次性授权全部重要事项的委托公证，不得在公证书中设定委托不可撤销、受托人代为收取售房款等内容。

四、不准办理具有担保性质的委托公证。公证机构、公证员在办理涉及不动产处分的委托公证时，应当严格审查申请人的真实意思表示，审查其与受托人是否具有亲属关系，不得办理名为委托实为担保，或者可能存在担保性质的委托公证。

五、不准未经实质审查出具公证书。公证机构、公证员应当尽到更高标准的审查注意义务，不得片面依赖书面证据材料而忽视沟通交流，不得只重程序合规而轻实体内容审查。对涉及敏感、重大权益事项的公证事项，除通过交叉询问、分别谈话等形式进行审查外，还要综合使用仪器识别、联网查询等方式进行审查核实，全过程记录存档，必要时应当全程录音录像。公证员对“合理怀疑”的公证申请，应当及时提请公证机构进行会商研究，进一步核实有关情况，所需时间不计入法定办理期限。要严格审查申请人的真实目的和公证书的用途，不得以签名（印鉴）属实公证替代委托公证，以原件与复印件相符公证规避对实质内容的审查。

各省（区、市）司法厅（局）要立即将本通知精神传达到每一个公证机构、公证员，切实履行监管职责，加大对本通知贯彻落实情况的督导检查力度，发现问题及时予以纠正。对公证机构、公证员违规公证，有令不行、有禁不止的，要严肃查处，绝不姑息。同时，要加快推进公证工作改革，大力拓展金融、知识产权、司法辅助等新型领域公证业务，深入开展公证便民利民活动，在确保公证质量的前提下精简公证办理手续，推进公证信息化建设，依法规范公证收费，提高公证服务质量，完善公证便民利民措施，为促进经济社会发展、维护人民群众权益提供优质高效的公证法律服务。

各地贯彻落实情况请及时报送司法部。

司法部

2017 年 8 月 14 日

司法部办公厅

关于调整公证机构执业区域的通知

（2018 年 2 月 8 日　司办通〔2018〕30 号）

河北、山西、内蒙古、辽宁、黑龙江、江苏、浙江、安徽、福建、江西、河南、湖北、湖南、广东、广西、海南、四川、贵州、陕西、甘肃、青海、宁夏、新疆等省（自治区）司法厅：

为认真贯彻落实党的十九大精神，通过优化公证法律服务资源配置，增强新时代公证法律服务能力，为人民群众提供更加充分、优质、便捷的公证法律服务，根据《公证机构执业管理办法》的有关规定，经研究，决定调整公证机构执业区域。调整后，公证机构的执业区域为所在设区的市的辖区，即受理公证业务的地域范围扩大为设区的市的辖区。请按本通知要求尽快制定本省（自治区）公证机构执业区域调整方案，并于 2 月底前报部核定。

特此通知。

司法部办公厅
2018 年 2 月 8 日

司法部办公厅

关于调整公证机构执业区域的通知

（2021 年 7 月 29 日　司办通〔2021〕69 号）

各省、自治区、直辖市司法厅（局），新疆生产建设兵团司法局：

为贯彻落实《司法部关于印发〈关于优化公证服务更好利企便民的意见〉的通知》（司发〔2021〕2 号）和《司法部关于印发〈关于深化公证体制机制改革　促进公证事业健康发展的意见〉的通知》（司发〔2021〕3 号）精神，促进公证资源均衡配置，方便群众选择优质服务，就近办理公证事项，根据《公证机构执业管理办法》的有关规定，经研究，决定进一步调整公证机构执业区域。现将有关事项通知如下。

一、对于法律关系相对简单的一般证明性公证事项，公证机构的执业区域放开至本省、自治区、直辖市行政区域。一般证明性公证事项的范围由省、自治区、直辖市司法行政机关结合实际确定。

二、对于继承等民生类公证服务事项、提存类公证服务事项，以及重大财产处分等涉及群众切身利益、审查核实告知公证程序要求高的公证事项，结合本地区实际情况，按照分类推进、分步实施、有序调整的原则扩大执业区域。

三、涉及不动产的公证执业区域仍按《公证法》第二十五条第二款的规定执行。

请各地按照上述要求尽快制定本地区公证机构执业区域调整方案（包括此前已将公证机构执业区域放开至省级的地区），于10月底前报司法部核定。

司法部办公厅

2021年7月29日

司法部公共法律服务管理局　中国公证协会

关于做好公证证明材料清单管理工作的指导意见

（2021年8月28日　司公通〔2021〕15号）

各省、自治区、直辖市司法厅（局）公共法律服务管理处（局）、公证管理处，新疆生产建设兵团司法局公共法律服务管理处，各地方公证协会、新疆生产建设兵团公证协会：

为贯彻落实司法部《关于优化公证服务更好利企便民的意见》，司法部公共法律服务管理局和中国公证协会制定了高频公证事项证明材料清单（见附件，以下简称"本清单"），现予以公布。为做好公证证明材料清单管理工作，提出如下意见。

一、各地已经公布的公证证明材料清单与本清单列明的证明材料要求不一致的，以本清单为准。鼓励各地结合实际，就本清单之外的公证事项制定证明材料清单。

二、各地要督促指导公证机构落实本清单，能够通过政务信息资源共享方式获取的证明材料信息，不得让当事人重复提供。

三、根据公证执业实际，需要在本清单之外补充证明材料的，公证员应当根据当事人提供的线索主动收集。依职权无法完成证明材料收集，导致不符合公证书出具条件的，按照《公证程序规则》的相关规定办理。

四、本清单明确的是当事人应当提交公证证明材料的范围，是公证审查的基础材料，不影响公证机构的审查范围、审查责任和审查结果。

司法部公共法律服务管理局
中国公证协会
2021 年 8 月 28 日

高频公证事项证明材料清单

一、委托

（一）（自然人申办）城市房屋所有权委托

1. 申请人身份证明；
2. 委托书涉及的不动产权利证明；
3. 受托人身份证明影印件或者复印件；
4. 涉及不动产处分的，提交婚姻状况证明。

（二）（自然人申办）一般事务性委托

1. 申请人身份证明；
2. 与委托事务相关的证明；
3. 受托人身份证明影印件或者复印件。

二、声明

（一）涉及法律事实的声明（出生、死亡、婚姻状况等）

1. 申请人身份证明；
2. 与声明的法律事实相关的证明。

（二）商标转让声明

1. 申请人身份证明；
2. 商标权利证明；
3. 申请人为法人、非法人组织的，提交履行相关决策、审批程序的证明及依据；
4. 受让人身份证明影印件或者复印件。

三、遗嘱

（一）处分财产的遗嘱

1. 申请人身份证明；
2. 遗嘱涉及具体财产的，提交财产权利证明；
3. 指定遗嘱执行人的，提交身份证明影印件或者复印件。

（二）处理事务的遗嘱

1. 申请人身份证明；

2. 指定遗嘱执行人的，提交身份证明影印件或者复印件。

四、公司章程

1. 申请人身份证明；

2. 公司章程文本；

3. 发起人协议或者股东名册；

4. 享有表决权的参会人员名册及身份证明；

5. 会议通知（或公告）及会议文件；

6. 事前经有关部门审核批准的，提交批准文件。

五、出生（婚生子女）

1. 申请人身份证明；

2. 出生证明；

3. 生父母的身份证明、婚姻关系证明。

六、学历

1. 申请人身份证明；

2. 学历证明。

七、学位

1. 申请人身份证明；

2. 学位证明。

八、资格

（一）法人资格

1. 申请人身份证明；

2. 法定代表人身份证明书。

（二）非法人组织资格

1. 申请人身份证明；

2. 负责人身份证明书。

九、（自然人申办）纳税状况

1. 申请人身份证明；

2. 纳税证明。

十、证书（执照）

1. 申请人身份证明；

2. 申请公证的证书（执照、其他证明）。

十一、文本相符

1. 申请人身份证明；

2. 申请公证的文本原本。

十二、合同（协议）

（一）婚前财产约定协议

1. 申请人身份证明；

2. 协议涉及具体财产的，提交财产权利证明。

(二)夫妻财产约定协议

1. 申请人身份证明;

2. 申请人婚姻状况证明;

3. 协议涉及具体财产的,提交财产权利证明。

(三)收养协议

1. 申请人身份证明;

2. 被收养人身份证明;

3. 收养人婚姻状况证明;

4. 送养人、收养人、被收养人符合收养条件的证明。

(四)解除收养协议

1. 申请人身份证明;

2. 收养关系证明;

3. 被收养人未成年的,提交身份证明。

(五)抚养协议

1. 申请人身份证明;

2. 申请人婚姻状况证明;

3. 被抚养人身份证明;

4. 申请人之间以及与被抚养人关系证明。

(六)变更抚养权协议

1. 申请人身份证明;

2. 被抚养人身份证明;

3. 原抚养权证明。

(七)(自然人申办)遗赠扶养协议

1. 申请人身份证明;

2. 申请人婚姻状况证明;

3. 遗赠人近亲属关系证明;

4. 协议涉及具体的财产的,提交财产权利证明。

清单所涉证明例举

本清单所涉证明包括但不限于以下例举材料,由公证员根据所办公证事项的实际情况予以明确:

一、身份证明

(一)自然人

1. 境内自然人提供居民身份证、户口簿等;

2. 香港澳门特别行政区自然人提供港澳居民来往内地通行证、港澳居民居住证、香港、澳门特别行政区居民身份证等；

3. 台湾地区自然人提供台湾居民来往大陆通行证、台湾居民居住证等；

4. 华侨提供中华人民共和国护照、国外长期居留身份证件等；

5. 外籍自然人提供所在国护照、中国政府主管机关签发的居留证件等。

（二）组织

1. 境内法人或非法人组织的，提供营业执照、事业单位法人证书、社会团体法人登记证、基金会法人登记证书、民办非企业登记证书等；

2. 法定代表人或者负责人身份证明。

（三）代理

本清单中公司章程、出生、学历、学位、资格、纳税状况、证书（执照）、文本相符公证，可以由代理人代为申办公证，代理人按以下情况提供相关证明：

1. 监护人代为申办的，需要提交监护人身份证明和代理权证明；

2. 委托代理人代为申办的，需要提交委托代理人身份证明和授权委托书。

二、不动产权利证明

不动产权证书（房屋所有权证、国有土地使用证等）、不动产查档资料、购房合同、契税发票、生效裁判文书、公证书、拆迁安置协议等。

三、婚姻状况证明

结婚证、离婚证及离婚协议书、婚姻档案、夫妻关系证明书、（生效）离婚判决书、调解书等。

四、死亡证明

公安机关出具载明死亡日期的死亡户口注销证明、死亡证明，医疗卫生机构出具的死亡医学证明，殡葬部门出具的火化证，人民法院宣告死亡的民事判决书、死亡（继承）公证书、人事部门档案等。

司法部公共法律服务管理局　中国公证协会

关于印发《公证一次性告知内容概要》的通知

（2021年8月28日　司公通〔2021〕16号）

各省、自治区、直辖市司法厅（局）公共法律服务管理处（局）、公证管理处，新疆生产建设兵团司法局公共法律服务管理处，各地方公证协会、新疆生产建设兵团公证协会：

为贯彻落实司法部《关于优化公证服务更好利企便民的意见》，司法部公共法律服务管理局和中国公证协会制定了《公证一次性告知内容概要》，现予印发，请认真贯彻执行。

司法部公共法律服务管理局
中国公证协会
2021 年 8 月 28 日

公证一次性告知内容概要

一、本公证机构执业区域范围；

二、本公证机构办理公证业务范围（国内、涉外、涉港澳台）；

三、本公证机构服务时间、各办证点地址、联系方式和已开放的线上（咨询、查询、预约、申办）公证平台路径等；

四、申请公证事项的证明材料清单和取得证明材料的途径；

五、公证收费标准和减免费用条件；

六、公证书出具时限要求；

七、不予办理、终止公证的适用情形；

八、本公证机构所属的执业监管部门及投诉电话；

九、法律关于提供虚假证明材料，骗取公证书的有关规定。

关于公证机构执业区域调整方案的审核意见

（2021 年 11 月 2 日　司公通〔2021〕17 号）

各省（自治区、直辖市）司法厅（局），新疆生产建设兵团司法局：

为贯彻落实《司法部关于印发〈关于优化公证服务更好利企便民的意见〉的通知》（司发〔2021〕2 号）和《司法部关于印发〈关于深化公证体制机制改革　促进公证事业健康发展的意见〉的通知》（司发〔2021〕3 号）精神，按照《司法部办公厅关于调整公证机构执业区域的通知》（司办通〔2021〕69 号）要求，现对你省（自治区、直辖市）公证机构执业区域调整方案提出如下审核意见。

一、对于法律关系相对简单的一般证明性公证事项（事务），公证机构执业区域放宽至本省、自治区行政区划。一般证明性公证事项（事务）是指本意见第二条规定的公证事项之外的公证事项（事务）。

二、对于民生类公证服务事项以及重大财产处分等涉及群众切身利益、审查核实告知公证程序要求高的公证事项(事务),公证机构的执业区域仍为设区的市的辖区,也可以结合本地区实际情况,按照分类推进、分步实施、有序调整的原则扩大执业区域。具体包括:继承、提存、赋予强制执行效力的债权文书、保全证据、合同(协议)、不可抗力(意外事件)、查无档案记载、现场监督(包括拍卖、招标、开奖、股份公司创立大会)、公司章程、认领亲子、收养关系、事实收养、抚养事实。

三、涉及不动产的公证执业区域仍按照《公证法》第二十五条第二款的规定执行。

四、对于学历公证、学位公证、驾驶证公证、纳税状况证等实行"跨省通办"的公证事项可不受执业区域的限制。

各地要按照上述审核意见,制定本地区的执业区域调整初案,北京、上海、天津、重庆四个直辖市按行政区划设置统一的一个公证执业区域。公证机构提供远程视频公证法务服务,应当遵守公证执业区域的规定和要求;涉外公证业公应当由具有办理涉外公证业务条件的公证机构办理。要密切关注执业区域调整后各公证机构业务发展情况,严格执行证法律服务收费管理规定,鼓励和倡导公证机构通过提高公证质量和服务水平进行公平竞争,严厉查处不正当竞争行为,加强行业监管和自律,形成良性竞争的执业秩序,切实为人民群众提供更加便利快捷、优质高效的公证法律服务。执行中相关问题请及时报我局。

司法部公共法律服务管理局

2021 年 11 月 2 日

司法部办公厅

关于加快推进部分公证事项"跨省通办"工作的通知

(2021 年 11 月 12 日　司办通〔2021〕88 号)

各省、自治区、直辖市司法厅(局),新疆生产建设兵团司法局:

为贯彻落实《国务院办公厅关于加快推进政务服务"跨省通办"的指导意见》(国办发〔2020〕35 号),加快推进学历公证、学位公证、机动车驾驶证公证、纳税状况证明公证实现"跨省通办",切实提升公证服务便捷度和群众获得感,现将有关事项通知如下:

一、调整纳税状况公证事项执业区域

自 2021 年 12 月 16 日起,当事人申请办理纳税状况公证,可以向全国范围内任一公证机构提出,公证机构应当受理;公证书用于涉外或涉港澳台的,应当由具备条件和能力的公证机构办理。

二、启用司法部政务服务平台"跨省通办"专区查询核验功能

自 2021 年 12 月 16 日起,各公证机构可使用分配的账号和密码登录司法部政务服务平台

“跨省通办”专区，查询或核验相关部门提供的“跨省通办”公证事项所需共享信息，查询页应当打印后附卷存档。为确保在规定期限内所有公证机构在线办理“跨省通办”公证业务，各地务必于11月30日前完成与司法部政务服务平台“跨省通办”专区的对接；不能按时完成对接工作的，要向司法部作出说明。

三、司法部政务服务平台“跨省通办”专区登录规则

（一）平台登录地址

公证机构网址：https://zwfw.12348.gov.cn/gz/jg，公证管理部门网址：https://zwfw.12348.gov.cn/gz/gl。

（二）用户命名规则及要求

所有公证机构请在11月17日至30日期间完成填报和注册工作。每个公证机构设一名联络员，联络员为公证员，负责信息填报和数据使用管理。用户命名参照公证行政管理和行业管理系统命名规则进行填报和设置：

1.公证机构和公证员的账号设置规则，按照执业证号和执业区域编号编制。如公证员是gy+公证员执业证号，比如gy107011119930555；公证机构是gz+公证机构执业区域编号+两位数字，两位数字是按公证处设立时间顺序自动排序。比如创建上海市静安区市北公证处的用户名，静安区的行政区域代码为310106，市北公证处是静安区设立的第3家机构，最后两位是03，则上海市静安区市北公证处的用户名为gz31010603。

2.省级公证管理部门按照“省级名称+司法厅（局）”拼音首字母，省级公证协会为“省级名称+协会”拼音首字母。如：北京市司法局公证管理部门用户名为bjsfj，北京市公证协会用户名为bjxh，河北省司法厅公证管理部门用户名为hbsft，河北省公证协会hbxh。

3.所有用户首次登录须修改密码、完成实名信息登记才能使用，初始密码见本《通知》纸质版，密码格式应为8~20位字符，包含字母、数字和特殊符号。

四、提升公证服务效能

进一步规范和精减公证证明材料，能够通过司法部政务服务平台“跨省通办”专区信息共享查询或核验的证明材料，不得让当事人重复提供。当事人提交的“跨省通办”公证事项申请材料齐全、真实，符合法定受理条件的，全部纳入“最多跑一次”改革范围。整合利用已有移动办证端口，提高在线申办公证服务水平，实现“跨省通办”公证事项申请、受理、审核、缴费、出证、送达等全流程在线办理。

各地在贯彻执行中的问题，请及时报部公共法律服务管理局。技术方面问题请与部信息中心、中国公证协会联系。

联系人：

司法部公共法律服务管理局李清　010-65152755

司法部信息中心王安东　010-65152565

中国公证协会宋佳　010-59513429

司法部办公厅

2021年11月12日

四、公 证 业 务

(一)合同(协议)公证

司法部公证律师司

关于办理“出国留学协议书”公证事的通知

[1987 年 2 月 13 日　(87)司公字第 20 号]

各省、自治区、直辖市司法厅(局)公证管理处:

根据国务院国发〔1986〕107 号文件批转国家教委《关于出国留学人员工作的若干暂行规定》中关于“公派出国留学人员办理出国手续前,要与选派单位签订‘出国留学协议书’。协议书由选派单位和公派出国留学人员双方签字,并经公证机关公证后生效”的规定,公证处应受理出国留学协议书公证的申请。在办理时应注意:

1. 根据国家教委意见,协议书的具体内容由各选派单位与出国留学人员根据《暂行规定》的要求和具体情况自行拟订。公证处可帮助完善协议的条款和内容,明确双方的权利、义务等,但公证处只证明协议双方在协议上的签字属实。

2. 出国留学协议书一般需附译文。

请通知所属公证处,办理中有何问题望及时函告我司。

司　法　部

关于由各省、自治区、直辖市司法厅(局)长为世界银行与各省、自治区、直辖市签订的贷款协议出具项目协议证明书的通知

［1988 年 6 月 5 日　(88)司发公字第 147 号］

各省、自治区、直辖市司法厅(局)：

为尽快引进外资,加速社会主义现代化建设的进程,应世界银行的要求,并经商得财政部同意,请各省、自治区、直辖市司法厅(局)长为当地政府或企业与世界银行签订的贷款协议出具项目协议证明书,具体工作可由各司法厅(局)的公证管理处承担。

为与世界银行签订的贷款协议出具项目协议证明书,是一项新的工作,请你们主动向省、自治区、直辖市人民政府报告,参与当地和世界银行贷款项目的谈判,提出法律意见,使贷款协议符合国家的法律规定。执行中有什么问题,望告部公证律师司。

附件:一、项目协议证明书参考格式(略)

二、公证律师司给部领导的报告

三、(略)

附件二:

公证律师司给部领导的报告

关于由各省、自治区、直辖市司法厅(局)长为世界银行与各省、自治区、直辖市签订的贷款合同出具证明文书的报告。

部领导:

四月二十六日下午,朱乐群同志会见了世界银行的主任律师 Andrew N. vorkink 先生(中译名伏金克),伏金克先生提出,鉴于目前世界银行与中国的二十八个省、自治区、直辖市(甚至一些国营企业)都有贷款业务关系,国务院已授权各省、自治区、直辖市人民政府核准当地与世界银行签订的贷款协议,建议今后世界银行与中国各省、自治区、直辖市签订的贷款协议由司法厅

(局)长出具证明书,而不是由公证处出具。其理由如下:

一、世界银行与中国各省级人民政府及国营企业签订的贷款合同不是一般的民事、商事合同,世界银行的借贷文件经双方全权代表正式签字以后,应在联合国注册登记,并在联合国条约集上公布,因此,世界银行的借贷协议具有国际条约的性质,不能按借款人国内法对贷款协议进行要求。

二、世界银行在承担贷款协议项下的义务以前,必须确信该协议是符合有关国家的国内法,并且是能够得到履行的,这需要出具一份法律意见书(legal opinion),这份法律意见书是贷款协议不可缺少的一部分。法律意见书要能代表政府的意见,由作为省级政府成员的司法厅(局)长出具最为合适,因为他们作为政府的组成人员,最了解政府的意图,也最能代表政府,世界银行并不想在政府以外来证明合法性,而是想在政府内部找知情人来证明,司法厅(局)长就是最合适的人选。

三、司法行政首脑为与世界银行的贷款协议出具证明文书是各国的惯例,据伏金克介绍,世界银行每年要接到大约四百份各国司法行政首脑为与世界银行签订的贷款协议而出具的证明文书,这种做法已被各国所接受。伏金克对上海市司法局局长李庸夫今年二月为上海污水项目出具的证明书非常满意,认为该证明书完美无缺。

另外,一九八〇年司法部部长魏文伯曾为财政部代表中国政府向世界银行的贷款出具过证明文书。

我们意见,从尽快引进外资,加速四化建设进程考虑,司法部授权各省、自治区、直辖市司法厅(局)长为各地与世界银行的贷款协议出具证明文书,文书格式由我司负责拟制。

司法部公证司

关于办理“出国留学协议书”公证中几个问题请示的复函

[1988年12月8日　(88)司公字第003号]

天津市公证处:

你处一九八八年九月一日《关于“出国留学协议书”公证中几个问题的请示》收悉。经商国家教委外事局,现答复如下:

一、对国家公派出国留学的《出国留学协议书》公证,应根据国家教委、司法部(87)教外综字第686号《关于签订〈出国留学协议书〉的通知》办理。

二、对单位公派出国留学的《出国留学协议书》公证,可按你处意见办理,即:(1)如选派单位是县级或低于县级,甲方签字人应为该单位的法定代表人,对保证人的职务和职称条件可不作硬性要求,但必须是本单位公职人员。(2)保证人在当保证人期间出国的,除临时出国者外,均可要求调换保证人。关于一人能否同时担保几个出国人员问题,我们已向教委提出修改建议,在原规定未修改以前,应尽量避免一人同时担保几个出国人员的保证人。

司法部公证司

关于当事人申办变更法院离婚判决书的协议书能否公证的复函

[1989年8月22日　(89)司公字第83号]

江苏省司法厅公证管理处:

你处司公(1989)第10号《关于当事人变更法院离婚判决书的协议书能否公证的请示》函收悉。经商最高人民法院民庭认为,人民法院的离婚判决书或调解书发生法律效力后,当事人双方对其中子女扶养、财产分割的裁决自行协议变更的,如该裁决尚未履行或正在履行中,应按民事诉讼法(试行)第181条的规定办理,即双方当事人自行和解达成的协议,经人民法院认可后,公证处可根据当事人的申请予以公证;如裁决已履行完毕,双方当事人对自行达成的新的协议申请公证,公证处经审查符合申办公证的规定,应予以受理。经公证的协议书,当事人应交一份给原审人民法院备查。在执行新的协议过程中,如发生纠纷,应协商解决,协商不成仍需通过诉讼解决。

司　法　部

关于印发《赡养协议公证细则》的通知

(1991年4月2日　司发〔1991〕048号)

各省、自治区、直辖市司法厅(局):

现将《赡养协议公证细则》印发给你们,请遵照执行。

赡养协议公证细则

第一条 为规范赡养协议公证程序，根据《中华人民共和国民法通则》、《中华人民共和国婚姻法》、《中华人民共和国继承法》、《中华人民共和国公证暂行条例》、《公证程序规则（试行）》，制定本细则。

第二条 赡养协议是赡养人就履行赡养义务与被赡养人订立的协议。或赡养人相互间为分担赡养义务订立的协议。

父母或祖父母、外祖父母为被赡养人，子女或孙子女、外孙子女为赡养人。

第三条 赡养协议公证是公证处依法证明当事人签订赡养协议真实、合法的行为。

第四条 赡养协议公证，由被赡养人或赡养人的住所地公证处受理。

第五条 申办赡养协议公证，当事人应向公证处提交以下证件和材料：

（一）赡养协议公证申请表；

（二）当事人的居民身份证或其他身份证明；

（三）委托代理申请，代理人应提交委托人的授权委托书和代理人的身份证明；

（四）当事人之间的亲属关系证明；

（五）赡养协议；

（六）公证处认为应当提交的其他材料。

第六条 符合下列条件的申请，公证处应予受理：

（一）当事人及其代理人身份明确，具有完全民事行为能力；

（二）当事人就赡养事宜已达成协议；

（三）当事人提交了本细则第五条规定的证件和材料；

（四）该公证事项属本公证处管辖。

对不符合前款规定条件的申请，公证处应作出不予受理的决定，并通知当事人。

第七条 赡养协议应包括下列主要内容：

（一）被赡养人和赡养人的姓名、性别、出生日期、家庭住址；

（二）被赡养人和赡养人之间的关系；

（三）赡养人应尽的具体义务。包括照顾被赡养人衣、食、住、行、病、葬的具体措施及对责任田、口粮田、自留地的耕、种、管、收等内容；

（四）赡养人提供赡养费和其他物质帮助的给付方式、给付时间；

（五）对被赡养人财产的保护措施；

（六）协议变更的条件和争议的解决方法；

（七）违约责任；

（八）如有履行协议的监督人，应到场并在协议上签字。

第八条 公证人员应认真接待当事人，按《公证程序规则（试行）》第二十四条规定制作笔录，并着重记录下列内容：

（一）被赡养人的健康、财产、工作状况，劳动和生活自理能力及子女情况，对赡养人的意见和要求；

（二）赡养人的工作、经济状况及赡养能力；

（三）赡养人与被赡养人之间的关系，签订赡养协议的原因和意思表示；

（四）赡养人应尽的具体义务；

（五）违约责任；

（六）设立赡养协议监督人的情况；

（七）公证人员认为应当记录的其他内容。

公证人员接待当事人，须根据民法通则、婚姻法和继承法等有关法律，向当事人说明签订赡养协议的法律依据，协议双方应承担的义务和享有的权利，以及不履行义务应承担的法律责任。

第九条 赡养协议公证，除按《公证程序规则（试行）》第二十三条规定的内容审查外，还应着重审查下列内容：

（一）赡养人必须是被赡养人的晚辈直系亲属；

（二）当事人的意思表示真实、协商一致；

（三）赡养协议条款完备，权利义务明确、具体、可行，协议中不得有处分被赡养人财产或以放弃继承权为条件不尽赡养义务等，侵害被赡养人合法权益的违反法律、政策的内容；

（四）协议监督人应自愿，并有承担监督义务的能力；

（五）公证人员认为应当查明的其他情况。

第十条 符合下列条件的赡养协议，公证处应出具公证书：

（一）当事人具有完全民事行为能力；

（二）委托代理人的代理行为合法；

（三）当事人意思表示真实，自愿；

（四）协议内容真实、合法，赡养人应尽的义务明确、具体、可行，协议条款完备，文字表述准确；

（五）办证程序符合规定。

不符合前款规定的，应当拒绝公证，并在办证期限内将拒绝的理由通知当事人。

第十一条 被赡养人不具有完全民事行为能力，应由赡养人之间共同签订赡养协议，并参照本细则规定办理公证。

第十二条 办理兄、姐与弟、妹之间的扶养协议公证，可参照本细则规定。

第十三条 本细则由司法部负责解释。

第十四条 本细则自一九九一年五月一日起施行。

公证书格式(一)

公　证　书

(　)××字第××号

兹证明被赡养人×××(男或女,××××年×月×日出生,现住××省××县××乡××村)与赡养人×××(男或女,××××年×月×日出生,现住××省××县××乡××村)、×××(男或女,××××年×月×日出生,现住××省××县××乡××村),于××××年×月×日自愿签订了前面《赡养协议》,并在我的面前,在前面的协议上签名(盖章)。当事人签订上述协议的行为符合《中华人民共和国民法通则》第五十五条和《中华人民共和国婚姻法》的规定。

××省××县公证处
公证员×××
××××年×月×日

公证书格式(二)

公　证　书

(　)××字第××号

兹证明赡养人×××(男或女,××××年×月×日出生,现住××省××县××乡××村)、×××(男或女,××××年×月×日出生,现住××省××县××乡××村)就赡养×××的问题于××××年×月×日自愿签订了前面《赡养协议》,并在我的面前,在前面的协议上签名(盖章)。当事人签订上述协议的行为符合《中华人民共和国民法通则》第五十五条和《中华人民共和国婚姻法》的规定。

××省××县公证处
公证员×××
××××年×月×日

[注:本格式用于《赡养协议公证细则》第十一条规定的情况]

司　法　部

关于印发《遗赠扶养协议公证细则》的通知

（1991年4月3日　司发〔1991〕047号）

各省、自治区、直辖市司法厅（局）：

现将《遗赠扶养协议公证细则》印发给你们，请遵照执行。

遗赠扶养协议公证细则

第一条　为规范遗赠扶养协议公证程序，根据《中华人民共和国民法通则》、《中华人民共和国继承法》、《中华人民共和国公证暂行条例》、《公证程序规则（试行）》，制定本细则。

第二条　遗赠扶养协议是遗赠人和扶养人为明确相互间遗赠和扶养的权利义务关系所订立的协议。

需要他人扶养，并愿将自己的合法财产全部或部分遗赠给扶养人的为遗赠人；对遗赠人尽扶养义务并接受遗赠的人为扶养人。

第三条　遗赠扶养协议公证是公证处依法证明当事人签订遗赠扶养协议真实、合法的行为。

第四条　遗赠人必须是具有完全民事行为能力、有一定的可遗赠的财产、并需要他人扶养的农民。

第五条　扶养人必须是遗赠人法定继承人以外的公民或组织，并具有完全民事行为能力、能履行扶养义务。

第六条　遗赠扶养协议公证，由遗赠人或扶养人的住所地公证处受理。

第七条　办理遗赠扶养协议公证，当事人双方应亲自到公证处提出申请，遗赠人确有困难，公证人员可到其居住地办理。

第八条　申办遗赠扶养协议公证，当事人应向公证处提交以下证件和材料：

（一）当事人遗赠扶养协议公证申请表；

（二）当事人的居民身份证或其他身份证明；

（三）扶养人为组织的，应提交资格证明、法定代表人身份证明，代理人应提交授权委托书；

（四）村民委员会、居民委员会或所在单位出具的遗赠人的家庭成员情况证明；

（五）遗赠财产清单和所有权证明；

(六)村民委员会、居民委员会或所在单位出具的扶养人的经济情况和家庭成员情况证明;

(七)扶养人有配偶的,应提交其配偶同意订立遗赠扶养协议的书面意见;

(八)遗赠扶养协议;

(九)公证人员认为应当提交的其他材料。

第九条 符合下列条件的申请,公证处应予受理:

(一)当事人身份明确,具有完全民事行为能力;

(二)当事人就遗赠扶养协议事宜已达成协议;

(三)当事人提交了本细则第八条规定的证件和材料;

(四)该公证事项属于本公证处管辖。

对不符合前款规定条件的申请,公证处应作出不予受理的决定,并通知当事人。

第十条 公证人员接待当事人,应按《公证程序规则(试行)》第二十四条规定制作笔录,并着重记录下列内容:

(一)遗赠人和扶养人的近亲情况、经济状况;

(二)订立遗赠扶养协议的原因;

(三)遗赠人遗赠财产的名称、种类、数量、质量、价值、坐落或存放地点,产权有无争议,有无债权债务及处理意见;

(四)扶养人的扶养条件、扶养能力、扶养方式,及应尽的义务;

(五)与当事人共同生活的家庭成员意见;

(六)遗赠财产的使用保管方法;

(七)争议的解决方法;

(八)违约责任;

(九)公证人员认为应当记录的其他内容。

公证人员接待当事人,须根据民法通则和继承法等有关法律,向当事人说明签订遗赠扶养协议的法律依据,协议双方应承担的义务和享有的权利,以及不履行义务承担的法律责任。

第十一条 遗赠扶养协议应包括下列主要内容:

(一)当事人的姓名、性别、出生日期、住址,扶养人为组织的应写明单位名称、住址、法定代表人及代理人的姓名;

(二)当事人自愿达成协议的意思表示;

(三)遗赠人受扶养的权利和遗赠的义务;扶养人受遗赠的权利和扶养义务,包括照顾遗赠人的衣、食、住、行、病、葬的具体措施及责任田、口粮田、自留地的耕、种、管、收和遗赠财产的名称、种类、数量、质量、价值、坐落或存放地点、产权归属等;

(四)遗赠财产的保护措施或担保人同意担保的意思表示;

(五)协议变更、解除的条件和争议的解决方法;

(六)违约责任。

第十二条 遗赠扶养协议公证,除按《公证程序规则(试行)》第二十三条规定的内容审查外,应着重审查下列内容:

(一)当事人之间有共同生活的感情基础,一般居住在同一地;

(二)当事人的意思表示真实、协商一致,协议条款完备,权利义务明确、具体、可行;

（三）遗赠的财产属遗赠人所有，产权明确无争议；财产为特定的、不易灭失；

（四）遗赠人的债权债务有明确的处理意见；

（五）遗赠人有配偶并同居的，应以夫妻共同为一方签订协议；

（六）扶养人有配偶的，必须征得配偶的同意；

（七）担保人同意担保的意思表示及担保财产；

（八）公证人员认为应当查明的其他情况。

第十三条 符合下列条件的遗赠扶养协议，公证处应出具公证书：

（一）遗赠人和扶养人具有完全民事行为能力；

（二）当事人意思表示真实、自愿；

（三）协议内容真实、合法，条款完备，协议内容明确、具体、可行，文字表述准确；

（四）办证程序符合规定。

不符合前款规定条件的，应当拒绝公证，并在办证期限内将拒绝的理由通知当事人。

第十四条 订立遗赠扶养协议公证后，未征得扶养人的同意，遗赠人不得另行处分遗赠的财产，扶养人也不得干涉遗赠人处分未遗赠的财产。

第十五条 无遗赠财产的扶养协议公证，参照本细则办理。

第十六条 本细则由司法部负责解释。

第十七条 本细则自一九九一年五月一日起施行。

公证书格式（一）

公　证　书

（　　）××字第××号

兹证明遗赠人×××（男或女，××××年×月×日出生，现住××省××市××街××号）与扶养人×××（男或女，××××年×月×日出生，现住××省××市××街××号）于××××年×月×日自愿签订了前面的《遗赠扶养协议》，并在我的面前，在前面的协议上签名（盖章）。×××与×××签订上述协议的行为符合《中华人民共和国民法通则》第五十五条和《中华人民共和国继承法》的规定。

××省××市公证处

公证员×××

××××年×月×日

公证书格式(二)

公 证 书

(　　)××字第××号

兹证明遗赠人×××(男或女,××××年×月×日出生,现住××省××市××街××号)与扶养人××××(单位名称)代表人×××(男或女,××××年×月×日出生,现住××省××市××街××号)于××××年×月×日自愿签订了前面的《遗赠扶养协议》,并在我的面前,在前面的协议上签名(盖章)。×××与××××(单位名称)的代表人×××签订上述协议符合《中华人民共和国民法通则》第五十五条和《中华人民共和国继承法》的规定。

××省××市公证处
公证员×××
××××年×月×日

国家教委　司法部

关于签订《出国留学协议书》的乙方保证人可由留学人员亲属承担的通知

[1991年8月14日　(91)教留字42号]

各省、自治区、直辖市人民政府、教委、高教(教育)司局,国务院有关部委教育司局,中国人民解放军总政治部,委属各高等院校:

1987年12月5日国家教委和司法部颁发的“关于签订《出国留学协议书》的通知”[(87)教外综字686号]规定,乙方保证人的条件是本单位的具有讲师、工程师或科长以上职称或职务的人员。几年来,有些派出单位(甲方)与出国留学人员(乙方)在签订出国留学协议书时,由乙方自行选择了具有一定经济能力的亲属作为乙方保证人,并由公证机关加以公证,这是完全符合法律规定的民事行为。这种保证方式是可行的。鉴于上述情况,今后甲方和乙方在签订出国留学协议书时,乙方保证人的范围可在原规定的基础上扩大到具有一定经济能力并在乙方违约情况下自愿承担法律责任的亲属。这类乙方保证人与留学人员可不在同一个工作单位，也可不具备中级以上职称或任何行政职务。甲方应将已签订的《出国留学协议书》（副本）及时送到乙方保证人所在单位。在留学人员（乙方）回国工作前，乙方保证人不得因私出国。在本文下达以前，已由亲属做乙方保证人签订的《出国留学协议书》，在公证机关公证以后也是甲、乙两方必须信守的具有法律效力的文书。

司　法　部

关于印发《企业租赁经营合同公证程序细则》的通知

（1991 年 9 月 20 日　司发〔1991〕077 号）

各省、自治区、直辖市司法厅（局）：

现将《企业租赁经营合同公证程序细则》印发给你们，请遵照执行。

企业租赁经营合同公证程序细则

第一条　为规范企业租赁经营合同公证活动，保证办证质量，根据《中华人民共和国公证暂行条例》、《全民所有制小型工业企业租赁经营暂行条例》、《公证程序规则（试行）》及有关规定，制定本细则。

第二条　企业租赁经营合同是出租方与承租方按照所有权与经营权分离的原则，明确双方权利、义务关系的协议。

第三条　企业租赁经营合同公证是国家公证机关依法证明企业租赁经营合同的真实性、合法性的活动。

第四条　本细则适用于全民所有制小型工业企业、集体所有制工业企业租赁经营合同公证。

第五条　企业租赁经营合同公证由实行租赁经营的企业所在地的公证处管辖。

第六条　出租方（人民政府委托的部门或集体所有制企业的所有者）、承租方（承租经营者）为企业租赁经营合同公证的申请人。

第七条　申请人应填写公证申请表，并分别提交下列材料：

（一）出租方

1. 法人资格证明和法定代表人身份证明及本人身份证件，代为申请的，应提交授权委托书和本人身份证件；

2. 企业实行租赁经营的批准文件和有关材料，集体所有制企业需提交企业职工代表大会的决议；

3. 租赁前的企业资产审计评估报告；

4. 经过招标投标的，需提交承租方的中标证明；

5. 企业租赁经营合同；

6. 其他有关材料。

（二）承租方

1. 法人资格证明和法定代表人身份证明及本人身份证件（企业承租），企业职工代表大会决议和全员承租代表身份证明及本人身份证件（全员承租），合伙协议和授权委托书及合伙代表本人身份证件（合伙承租），本人身份证件（个人承租），代为申请的，需提交授权委托书和本人身份证件；

2. 承租经营者符合国家有关法律规定和出租方要求的厂长（经理）条件的证明材料；

3. 担保书和抵押物的所有权凭证，抵押物系共有的，应提交共有人同意的证明；

4. 其他有关材料。

第八条 企业租赁经营合同应具备下列条款：

1. 合同双方的名称、地址、法定代表人或代理人的姓名、住址，合同签订的日期、地点，合同的生效日期；

2. 标的；

3. 合同的生效条件和有效期限；

4. 租赁期内经营总目标及年度经营目标；

5. 租金数额、交付期限及计算办法；

6. 承租方的收益及企业各项基金的分配比例；

7. 租赁前债权债务及遗留亏损的处理；

8. 双方的权利、义务；

9. 租赁期满后资产的返还和验收；

10. 合同变更、解除的条件和程序；

11. 违约责任和合同争议的处理办法；

12. 经济担保及风险基金；

13. 双方约定的其他条款。

第九条 符合下列条件的申请，公证处应予受理，并书面通知当事人：

（一）申请人符合本细则第六条的规定；

（二）申请公证事项符合本细则第四条规定的范围；

（三）申请公证事项属于本公证处管辖；

（四）本细则第七条规定的材料基本齐全。

不符合前款规定条件的申请，公证处应作出不予受理的决定，通知当事人，并告知对不受理不服的复议程序。

第十条 受理或不受理的决定，应在本细则第七条所列材料基本齐全后的七日内作出。

第十一条 公证员应认真接待申请人，按《公证程序规则（试行）》第二十四条的规定制作谈

话笔录,并着重记录下列内容:

(一)实行租赁经营企业的基本情况;

(二)经过招标投标的,招标投标情况;

(三)合同签订情况;

(四)承租方经营实施方案;

(五)公证费的负担及支付方式;

(六)公证员认为应当询问的其他情况。

第十二条 办理企业租赁经营合同公证,公证员除应按《公证程序规则(试行)》第二十三条规定的内容审查外,还应着重审查以下内容:

(一)本细则第七条所列材料是否齐全、属实;

(二)合同条款是否完备、合法,文字表述是否清楚、准确;

(三)租金确定的依据;

(四)担保能力。

第十三条 符合下列条件的企业租赁经营合同,公证处应按《公证程序规则(试行)》规定的程序和期限出具公证书:

(一)出租方、承租方符合规定的出租、承租条件;

(二)双方意思表示真实;

(三)合同内容真实合法。

不符合前款规定条件的,应当拒绝公证。拒绝公证的,公证处应在办证期限内将拒绝的理由书面通知当事人,并告知对拒绝不服的复议程序。

第十四条 非工业企业的企业租赁经营合同公证,参照本细则办理。

第十五条 本细则由司法部负责解释。

第十六条 本细则自发布之日起施行。

司　法　部

关于印发《企业承包经营合同公证程序细则》的通知

(1991年9月20日　司发〔1991〕078号)

各省、自治区、直辖市司法厅(局):

现将《企业承包经营合同公证程序细则》印发给你们,请遵照执行。

企业承包经营合同公证程序细则

第一条 为规范企业承包经营合同公证活动,保证办证质量,根据《中华人民共和国公证暂行条例》、《全民所有制工业企业承包经营责任制暂行条例》、《公证程序规则(试行)》及有关规定,制定本细则。

第二条 企业承包经营合同是发包方与承包方按照所有权与经营权分离的原则,明确双方权利、义务关系的协议。

第三条 企业承包经营合同公证是国家公证机关依法证明企业承包经营合同的真实性、合法性的活动。

第四条 本细则适用于全民所有制工业、交通、建筑、农林、物资、商业、外贸企业承包经营合同公证。

第五条 企业承包经营合同公证由实行承包经营的企业所在地的公证处管辖。

第六条 发包方(为人民政府指定的部门)、承包方(由企业经营者代表)为承包经营合同公证的申请人。

第七条 申请人应填写公证申请表,并分别提交下列材料:

(一)发包方

1. 法人资格证明和法定代表人身份证明及本人身份证件,代为申请的,应提交授权委托书和本人身份证件;

2. 企业实行承包经营的批准文件和有关材料;

3. 承包前的企业资产审计评估报告;

4. 经过招标投标的,需提交企业经营者的中标证明;

5. 企业承包经营合同;

6. 其他有关材料。

(二)承包方

1. 法人资格证明和法定代表人身份证明及本人身份证件(企业承包),企业职工代表大会决议和全员承包代表身份证明及本人身份证件(全员承包),合伙协议和授权委托书及合伙代表本人身份证件(合伙承包),本人身份证件(个人承包),代为申请的,需提交授权委托书和本人身份证件;

2. 企业经营者符合国家有关法律规定和发包方要求的厂长(经理)条件的证明材料;

3. 担保书和抵押物的所有权凭证,抵押物系共有的,应提交共有人同意的证明;

4. 其他有关材料。

第八条 企业承包经营合同应具备下列条款:

1. 合同双方的名称、地址,法定代表人或代理人的姓名、住址,合同签订的日期、地点,合同的生效日期;

2. 承包形式及承包期限；

3. 上交利润或减亏数额；

4. 国家指令性原材料供应计划和产品生产计划；

5. 产品质量及其他主要经济技术指标；

6. 技术改造任务，国家资产维护和增值；

7. 留利使用、贷款归还；

8. 承包前债权债务的处理，承包期满后的资产返还验收；

9. 双方的权利、义务；

10. 合同变更、解除的条件和程序；

11. 违约责任和合同争议处理办法；

12. 经济担保及风险基金；

13. 对企业经营者的奖罚；

14. 双方约定的其他条款。

第九条 符合下列条件的申请，公证处应予受理，并书面通知当事人：

（一）申请人符合本细则第六条的规定；

（二）申请公证事项符合本细则第四条规定的范围；

（三）申请公证事项属于本公证处管辖；

（四）本细则第七条规定的材料基本齐全。

不符合前款规定条件的申请，公证处应作出不予受理的决定，通知当事人，并告知对不受理不服的复议程序。

第十条 受理或不受理的决定，应在本细则第七条所列材料基本齐全后的七日内作出。

第十一条 公证员应认真接待申请人，按《公证程序规则（试行）》第二十四条的规定制作谈话笔录，并着重记录下列内容：

（一）实行承包经营企业的基本情况；

（二）经过招标投标的，招标投标情况；

（三）合同签订情况；

（四）承包方经营实施方案；

（五）公证费的负担及支付方式；

（六）公证员认为应当询问的其他情况。

第十二条 办理企业承包经营合同公证，公证员除应按《公证程序规则（试行）》第二十三条规定的内容审查外，还应着重审查以下内容：

（一）本细则第七条所列材料是否齐全、属实；

（二）合同条款是否完备、合法，文字表述是否清楚、准确；

（三）承包基数确定的依据；

（四）担保能力。

第十三条 符合下列条件的企业承包经营合同，公证处应按《公证程序规则（试行）》规定的程序和期限出具公证书：

（一）发包方、承包方符合规定的发包、承包条件；

（二）双方意思表示真实；

（三）合同内容真实、合法。

不符合前款规定条件的，应当拒绝公证。拒绝公证的，公证处应在办证期限内将拒绝的理由书面通知当事人，并告知对拒绝不服的复议程序。

第十四条 集体所有制企业、三资企业、企业集团承包经营合同公证，参照本细则办理。

第十五条 本细则由司法部负责解释。

第十六条 本细则自发布之日起施行。

司　法　部

关于办理民间借贷合同公证的意见

（1992年8月12日　司发通〔1992〕074号）

各省、自治区、直辖市司法厅（局）：

随着我国商品经济的不断发展，民间借贷活动日益增多。民间借贷对于缓解国家借贷资金不足的矛盾，促进社会经济的发展起了一定作用，但也存在着高利贷、纠纷多等问题。为保护合法的民间借贷活动，制止民间借贷活动中的各种违法行为，保护借贷双方当事人的合法权益，满足人民群众对公证的需求，公证机关可以根据国家有关法律、政策和当事人的要求，办理民间借贷合同公证。根据《民法通则》的有关规定，参照最高人民法院《关于人民法院审理借贷案件的若干意见》，现就公证机关办理民间借贷合同公证的有关问题提出如下意见：

一、公民之间、公民与非金融机构的法人及其他经济组织之间签订借贷合同，申请公证的，公证机关可根据《民法通则》和国家的有关政策规定，以及最高人民法院《关于人民法院审理借贷案件的若干意见》给予公证。

二、公证机关办理民间借贷合同公证，应帮助当事人完善合同条款，明确双方的权利义务及违约罚则，做到合同真实合法，手续完备，证据齐全。

三、公证处办理民间借贷合同公证，一般应要求借款人提供担保，担保的具体形式，可由当事人协商约定。

四、民间借贷合同经公证机关公证后，借款人到期不偿还借款（包含利息）时，公证处可以根据出借人的申请，出具强制执行证书，由出借人向有管辖权的人民法院申请强制执行。

五、过去司法部的有关规定与此相抵触的，按本《意见》执行。

司法部公证司

关于单位和职工住房抵押贷款公证问题的复函

［1993年2月27日　(93)司公函019号］

各省、自治区、直辖市司法厅(局)公证管理处：

近接一些地方公证处询问有关单位和职工住房抵押贷款的政策性规定，以便办证时掌握。据了解，中国人民建设银行于1992年9月11日、9月19日以建总发字(1992)第167号、第171号分别印发了《中国人民建设银行房地产信贷部单位住房抵押贷款暂行办法》和《中国人民建设银行房地产信贷部职工住房抵押贷款暂行办法》，规定抵押贷款合同应经公证机关公证。根据各地提出的问题，现就单位和职工住房抵押贷款公证作如下规定：

一、《中国人民建设银行房地产信贷部单位住房抵押贷款暂行办法》、《中国人民建设银行房地产信贷部职工住房抵押贷款暂行办法》对抵押贷款公证的规定是对公证机关参与金融法律服务的肯定，是完善房地产市场交易秩序的重要配套措施之一。各地公证处要按照两个《办法》的要求，配合住房制度的改革，提供法律服务和法律保障。办证中遇到的政策性规定问题，应主动与当地建设银行联系解决。

二、根据《办法》的有关规定，除抵押贷款合同必须办理公证外，公证处可以办理的业务项目还有：第三方保证合同、抵押财产保险合同、借款人主体资格证明、借款人财务计划、会计报表确认证明等公证事项。在借款合同中应有“强制执行(拍卖抵押物)”条款，确保合同的履行。

三、公证处办理抵押贷款合同公证应以《抵押贷款合同公证程序细则》(司发〔1992〕015号)为依据，对合同条款认真进行审查。既要坚持真实、合法的原则，又要充分考虑方便当事人。对贷款方申办公证时需提交的法人资格证明、经营金融业务许可证等材料可以实行准则主义，只要符合规定条件进行备案即可，无需每次提交。建设银行房改贷款具有时间集中、合同量大的特点，公证处可以采取设点办证的方式集中办理。必要时，经协商同意，可在建行设公证联络点，聘请公证顾问、联络员协助工作。

公证处应按《抵押贷款合同公证程序细则》第十三条的规定，在抵押贷款合同公证中应明确银行的抵押权位于第一清偿顺序，并对抵押物的情况进行登记，定期向银行通报，以减少贷款风险，维护正常的金融秩序。

借款合同和抵押贷款合同及其他公证书，请按照《公证书格式(试行)》中的规定出具。

司　法　部

关于认真办好粮食购销合同公证的通知

（1993 年 3 月 1 日　司发通〔1993〕037 号）

各省、自治区、直辖市司法厅（局）：

2 月 23 日至 25 日，国务院在北京主持召开了“全国粮食产销政策发布及定货会”。此会议主要是发布粮食产销政策，同时，组织粮食产区与销区直接见面定货，并由双方签订《省间粮食购销合同》。把传统的计划调拨、统购统销改为粮食产销区直接见面签订购销合同，是适应社会主义市场经济需要，在放开粮价和经营的情况下，加强宏观调控的重要措施，也是粮食体制改革的一种新的尝试。国务院领导对此非常重视，为保证合同的依法签订和履行，在总理办公会议上，李鹏总理明确指示粮食购销合同要办公证，国务委员陈俊生在讲话中强调：“合同签约要请公证部门进行公证，要保证履约，不执行合同的要承担经济责任”。

根据国务院领导的指示，蔡诚部长要求公证系统“坚决贯彻李鹏总理和陈俊生国务委员指示，把办好此项公证作为司法行政部门支农的重要任务来抓”。

经部党组决定成立了国家公证处并根据有关部门的申请，委派徐健、邓甲明等四位公证员，对会上由 29 个省、市、自治区及部分计划单列市签订的全部 182 份《省间粮食购销合同》进行了公证，并参加了合同的签字仪式，现场发表了公证词。

按照国务院部署，为保证《省间粮食购销合同》的落实兑现，各地都要参照这次会议的形式，在省内层层签订产销区粮食购销合同，逐级分解落实到各县，落实到粮食企业，落实到农户。为配合粮食体制的改革，搞好省内粮食购销、定购合同及其他粮食合同的公证，现提出要求如下：

一、各级司法行政机关和各公证处要充分认识这项工作的重要性，并在思想上，行动上给予高度重视，把它当成司法行政机关扶农支农的一件大事、实事来抓。各省要抓紧时间做好机构和人员的准备，各地公证处要结合贯彻落实“全国公证工作为农业和农村工作服务德州现场会”的精神，采取积极支持的态度，主动与当地粮食、农业等部门取得联系，通过办好粮食合同公证，配合粮食部门切实搞好合同的签订和落实工作，为农业和农村工作提供法律服务，为粮食流通体制改革的顺利进行贡献力量。

二、办理粮食合同公证，应依照《公证程序规则（试行）》的有关规定，认真审查合同的内容和必要条款，并帮助修改完善。在坚持真实、合法原则和必须的法定程序、格式的前提下，要针对此类合同数量大、时间集中、交叉签约等特点，采取一些灵活的变通措施，尽量为当事人办证提供方便。对于批量办理的，公证处可以上门设点办证，尤其在与农户签订合同时，要注意发挥乡镇法律服务所协办公证的作用，必要时，可以与粮食部门协商设立公证联络点，聘请公证顾问、公证联络员协助工作。

三、认真贯彻国务院领导同志关于“各部门要积极配合,做好定货合同落实的配套服务工作”,“凡签订了定货合同的,税务、公证部门要给予优惠、给予方便”的指示精神,各地公证处在办理粮食合同公证时,不但要从人力、物力上给予保证,在时间上给予优先办理,而且在公证收费上也要尽量酌情减收。

四、各省、自治区、直辖市司法厅(局)应加强对粮食合同公证工作的指导,注意总结在新的历史条件下,公证为建立与完善社会主义市场经济提供法律服务的经验,遇到问题应及时请示和报告。

随文将国家公证处为这批粮食购销合同所办的公证书(附件一)及现场公证词(附件二)附后,供参阅。

附件:一、粮食购销合同公证书

二、省间粮食购销合同签约仪式现场公证词

附件一:

粮食购销合同公证书

(93)国证经字第××号

兹证明××××的法定代表人×××及担保人×××与××××的法定代表人×××及担保人×××于一九九三年二月二十五日在北京,在国家公证处公证员徐健、公证员邓甲明面前,签订了前面的《省间粮食购销合同》。

经查,上述双方当事人的签约行为符合《中华人民共和国民法通则》第五十五条和《中华人民共和国经济合同法》的规定;合同约定的内容是双方当事人及担保人的真实意思表示,双方当事人及担保人在合同上的签字真实、合法、有效。

中华人民共和国国家公证处

公证员 (签名)

一九九三年二月二十五日

附件二：

省间粮食购销合同签约仪式现场公证词

根据《省间粮食购销合同》当事人的申请，中华人民共和国国家公证处委派公证员徐健、邓甲明，于1993年2月23日至25日参加了“全国粮食产销政策发布及定货会”，对当事人和担保人的资格及其在合同内容中的意思表示进行了审查，确认合同主体、内容符合《中华人民共和国民法通则》和《中华人民共和国经济合同法》的有关规定。

现在，我宣布，1993年省间粮食购销合同当事人及担保人资格有效，合同约定的内容是当事人和担保人的真实意思表示，双方当事人及担保人在合同上的签字真实、合法，《省间粮食购销合同》自公证之日起生效。

中华人民共和国国家公证处
公证员　徐　健
一九九三年二月二十五日

司法部公证司　国家留学基金管理委员会

关于办理《资助出国留学协议书》公证的通知

［1996年10月7日　(96)司公字10号］

各省、自治区、直辖市司法厅(局)公证管理处：

为使我国公费出国留学工作走上法制化轨道，更加符合国际惯例，根据中央和国务院的指示精神，国家教育委员会对国家公费留学人员的选派和管理办法进行了改革。经中央机构编制委员会批准，设立“国家留学基金管理委员会”，根据“按需派遣”的方针，在政府宏观指导下，实行“个人申请、专家评审、平等竞争、择优录取、签约派出、违约赔偿”的新办法。新办法已于去年在江苏、吉林两省试点，今年在全国全面试行。根据新办法的要求，选派的留学人员应在录取后与国家留学基金管理委员会签订《资助出国留学协议书》。协议书经公证生效。现将公证中的有关问题通知如下：

一、《资助出国留学协议书》按国家留学基金管理委员会拟定格式签订。根据对选派的留学人员的资助方式,格式分A、B、C三种。A种适用于由该基金管理委员会资助出国留学;B种适用于根据与接受国双边交流计划、享受接受国提供的互惠奖学金并由该基金管理委员会资助出国留学;C种适用于由接受国提供资助、该基金管理委员会给予必要资助等出国留学。

公证处对协议各方的签约行为进行公证,协议书经公证生效。

如协议各方对协议书进行了修改或补充,应在协议书中注明或另订补充协议并由各方签字,公证处的谈话笔录中应反映双方平等自愿协商的过程及意思表示。补充协议应与原协议一并公证。

二、协议甲方国家留学基金管理委员会授权其秘书长解其钢同志统一负责签约。为方便签约工作,解其钢秘书长本人将在协议书上加盖签名章。请将该签名章式样发公证处备查。

三、公证处要注意审查当事人及其担保人的资格、行为能力、保证金的数额、交付时间、方式、担保的方式和担保责任等内容。

四、公证收费标准和收费办法按有关规定执行。

五、各有关公证处应注意与地方教委(国家公费出国留学申请受理机构)密切配合,共同做好《资助出国留学协议书》公证工作。

请尽快通知所属各涉外公证处。办证中有何问题请及时函报司法部公证司。

附件:(略)

司法部公证司　国家留学基金管理委员会

关于《资助出国留学协议书》担保问题的通知

[1997年9月23日　(97)司公字018号]

各省、自治区、直辖市司法厅(局)公证管理处:

国家公费出国留学改革新办法已在全国全面实施。根据新办法的要求,被录取的留学人员出国前必须与国家留学基金管理委员会签订《资助出国留学协议书》,协议书经公证生效。为保证各地公证机关正确办理《资助出国留学协议书》公证事宜,现将签订协议书中的有关担保问题通知如下:

一、担保方式

担保可采用连带责任保证或不动产抵押或贵重物品、货币的质押,由协议双方根据实际情况选择一种或数种担保方式。协议乙方也可采用将与担保金额相等的货币或贵重物品提存于公证机关的方式代替上述担保。

二、连带责任保证

1.保证人应具备的条件:(1)年满十八周岁并具有完全民事行为能力的公民。(2)具有代为清偿能力。(3)作为保证基础的财产必须是保证人可以依法处分的财产。

2. 法人、其他组织以及协议乙方的配偶不得作为协议书所指的保证人。

3. 代为清偿能力是指保证人具有与担保金额相适应的个人财产或稳定的收入。保证人应当提供银行存款、有价证券、动产、不动产证明,或具有正式工作和稳定收入来源证明,证明其具有代为清偿债务的能力。

三、抵押、质押

协议乙方或第三人可以本人所有的不动产作为抵押或将本人所有的贵重物品、货币(银行存款凭证)交给协议甲方指定的部门作为质押。作为抵押、质押的财产价值应高于或相当于担保金额。抵押人、质押人应按《担保法》的规定办理抵押、质押的法律手续。以第三人的财产或共有财产作抵押的,必须征得第三人或共有人书面同意。抵押人或质押人必须提供抵押、质押财产的有效产权证明。

司法部　财政部

关于重新下发世界银行贷款项目协定法律证明书参考格式有关问题的通知

(1998年4月1日　司发通〔1998〕059号)

各省、自治区、直辖市司法厅(局)、财政厅(局):

为引进世界银行(下称"世行",包括国际复兴开发银行及国际开发协会)贷款的需要,应世行要求,并商财政部同意,司法部于1988年6月下发《关于由各省、自治区、直辖市司法厅(局)长为世界银行与各省、自治区、直辖市签订的贷款协议出具项目协议证明书的通知》[(88)司发公字第147号],要求各司法厅(局)积极参与当地与世行贷款项目的谈判,提出法律意见,并为贷款协议出具法律证明书。同时,根据当时情况,随附了"项目协议证明书"参考格式,对规范此种重要法律文书的出具起到了积极作用。但是,由于情况的变化和形势的发展,原有格式已难以适应实际要求。近年来,一些司法厅(局)所制作的证明书,在参照原有格式的同时,考虑到项目的具体要求,也对原有格式有所突破。

为进一步规范世行贷款项目协定法律证明书的出具,便于今后工作的开展,缩短出证时间,提高工作效率,更好地为引进世行贷款提供法律服务和帮助,经研究决定,重新下发法律证明书参考格式(见附件),并就有关问题通知如下:

一、法律证明书是对世行项目协定的法律确认,是项目协定不可或缺的组成部分,是世行贷款项目生效的重要条件之一,对于能否顺利引进世行贷款起着重要作用。在过去十年中,有关项目省(区、市)司法厅(局)认真、及时为世行贷款项目提供法律服务,为当地与世行签订的项目协定出具法律证明书。今后,各省、自治区、直辖市司法厅(局)仍应继续重视这项工作,积极为世行贷款项目提供法律服务,依法出具法律证明书。

二、财政部门和项目承办单位与世行商签项目协定和签订项目协定,应及时通知本省(区、市)司法厅(局),并积极配合司法行政部门工作,及时提供有关出具法律证明书所需的证明文件和材料,包括各省、自治区、直辖市人民政府与世行有关协定、协议副本,有关政府批文及电报、电传等。

三、司法厅(局)出具法律证明书之前的具体工作,可仍由公证管理处承担,也可根据情况,由各省(区、市)公证处承担。公证部门要掌握有关世行和世行贷款的背景知识,主动了解世行贷款项目的谈判和签约情况,提供法律意见和建议,并认真审查与出具法律证明书有关的证明文件。

四、法律证明书的出具既要本着谨慎认真的态度,又要有一定的灵活性。要考虑到具体项目的时间要求,及时制作和签发法律证明书。公证部门应审查法律证明书的中英文本的一致性,司法厅(局)长一般只在法律证明书中文本上签名。

五、各省(区、市)司法行政部门与财政部门应当加强联系沟通,积极配合协作,共同做好这项工作。

附件:法律证明书(参考格式)

附件:

法律证明书(参考格式)

我,　　(姓名)加底线的括号需根据具体情况填写。(省、直辖市、自治区)司法厅(局)长,已审阅了如下文件:

1. 世界银行(国际复兴开发银行/国际开发协会)与　　　(省、直辖市、自治区)于　　年　　月　　日签订的　(名称)　项目的《项目协定》副本;

2. 各项目具体要求的分贷款协定　(分贷款协定名称)　;

3. 有关借款人[即中国政府]及　(省、直辖市、自治区)　涉及国际协定之签署和递交的所有基本文件、法律、法规和程序;

4. 授权或批准《项目协定》和分贷款协定之签署和递交所必需的一切政府/公司等机构行动的文件证明;

5. 我认为与提供该法律证明书有关的其他任何文件。

基于对以上文件的审阅,我代表　(省、直辖市、自治区/及有关机构)　特此证明;

1. 　(省、直辖市、自治区)　具有与外国实体,特别是世界银行,签订合约的法律地位和能力;

2. 　(省、直辖市、自治区)　已采取了签署和递交《项目协定》所必需的一切行动,并在此方面得到政府的一切批准;

3. 下列文件可作为上述第1段和第2段证明的凭证：

（1）（省、直辖市、自治区）（副）省长（自治区主席）（姓名）于　　年　　月　　日致世界银行的批准《项目协定》谈判后文本的电传（其复印件为附件1）；

（2）（省、直辖市、自治区）（副）省长（自治区主席）（姓名）于　　年　　月　　日授权中华人民共和国驻美利坚合众国特命全权大使（姓名）或其不在时，由使馆公使（姓名）代表（省、直辖市、自治区）签署《项目协定》及有关文件的传真（其复印件为附件2）；

（3）（省、直辖市、自治区）对《项目协定》及有关文件的批准和签署符合中华人民共和国的法律程序和惯例；

4.《项目协定》已被（省、直辖市、自治区）政府正式批准（核准），并由其代表签署和递交，《项目协定》的条款对（省、直辖市、自治区）具有法律约束力；

5.（具体项目中的有关机构名称）：

（1）具有签署各自分贷款协定的法律地位和能力；

（2）在签署和递交各自分贷款协定方面已采取了所需的一切行动，并得到政府/有关机构的批准；

（3）对各自分贷款协定的批准和签署均符合中华人民共和国的法律程序和惯例。

6. 各分贷款协定已被（有关机构名称）正式批准（核准），并由其代表签署和递交，相应分贷款协定的条款对（有关机构名称）具有法律约束力。

（省、直辖市、自治区）司法厅（局）长：

（姓名）

年　　月　　日

附件：（略）

最高人民法院　司法部

关于公证机关赋予强制执行效力的债权文书执行有关问题的联合通知

（2000年9月1日　司发通〔2000〕107号）

各省、自治区、直辖市高级人民法院、司法厅（局），解放军军事法院、司法局，新疆维吾尔自治区高级人民法院生产建设兵团分院、新疆生产建设兵团司法局：

为了贯彻《中华人民共和国民事诉讼法》、《中华人民共和国公证暂行条例》的有关规定，规范赋予强制执行效力债权文书的公证和执行行为，现就有关问题通知如下：

一、公证机关赋予强制执行效力的债权文书应当具备以下条件：

（一）债权文书具有给付货币、物品、有价证券的内容；

（二）债权债务关系明确，债权人和债务人对债权文书有关给付内容无疑义；

（三）债权文书中载明债务人不履行义务或不完全履行义务时，债务人愿意接受依法强制执行的承诺。

二、公证机关赋予强制执行效力的债权文书的范围：

（一）借款合同、借用合同、无财产担保的租赁合同；

（二）赊欠货物的债权文书；

（三）各种借据、欠单；

（四）还款（物）协议；

（五）以给付赡养费、扶养费、抚育费、学费、赔（补）偿金为内容的协议；

（六）符合赋予强制执行效力条件的其他债权文书。

三、公证机关在办理符合赋予强制执行的条件和范围的合同、协议、借据、欠单等债权文书公证时，应当依法赋予该债权文书具有强制执行效力。

未经公证的符合本通知第二条规定的合同、协议、借据、欠单等债权文书，在履行过程中，债权人申请公证机关赋予强制执行效力的，公证机关必须征求债务人的意见；如债务人同意公证并愿意接受强制执行的，公证机关可以依法赋予该债权文书强制执行效力。

四、债务人不履行或不完全履行公证机关赋予强制执行效力的债权文书的，债权人可以向原公证机关申请执行证书。

五、公证机关签发执行证书应当注意审查以下内容：

（一）不履行或不完全履行的事实确实发生；

（二）债权人履行合同义务的事实和证据，债务人依照债权文书已经部分履行的事实；

（三）债务人对债权文书规定的履行义务有无疑义。

六、公证机关签发执行证书应当注明被执行人、执行标的和申请执行的期限。债务人已经履行的部分，在执行证书中予以扣除。因债务人不履行或不完全履行而发生的违约金、利息、滞纳金等，可以列入执行标的。

七、债权人凭原公证书及执行证书可以向有管辖权的人民法院申请执行。

八、人民法院接到申请执行书，应当依法按规定程序办理。必要时，可以向公证机关调阅公证卷宗，公证机关应当提供。案件执行完毕后，由人民法院在十五日内将公证卷宗附结案通知退回公证机关。

九、最高人民法院、司法部《关于执行〈民事诉讼法（试行）〉中涉及公证条款的几个问题的通知》和《关于已公证的债权文书依法强制执行问题的答复》自本联合通知发布之日起废止。

司　法　部

关于经公证的具有强制执行效力的合同的债权依法转让后受让人能否持原公证书向公证机构申请出具执行证书问题的批复

（2006年8月14日　司复〔2006〕13号）

四川省司法厅：

你厅《关于能否办理赋予强制执行效力的借款合同的债权转让后债权人持原公证书申办执行证书能否出证的请示》（川司法〔2005〕68号）收悉。经研究，并征求最高人民法院意见，批复如下：

债权人将经公证的具有强制执行效力的合同的债权依法转让给第三人的，受让人持原公证书、债权转让协议以及债权人同意转让申请人民法院强制执行的权利的证明材料，可以向公证机构申请出具执行证书。

此复。

最高人民法院　司法部　中国银监会

关于充分发挥公证书的强制执行效力服务银行金融债权风险防控的通知

（2017年7月13日　司发通〔2017〕76号）

各省、自治区、直辖市高级人民法院、司法厅（局），解放军军事法院，新疆维吾尔自治区高级人民法院生产建设兵团分院、新疆生产建设兵团司法局；各银监局，各政策性银行、大型银行、股份制银行，邮储银行，外资银行，金融资产管理公司，其他有关金融机构：

为进一步加强金融风险防控，充分发挥公证作为预防性法律制度的作用，提高银行业金融机构金融债权实现效率,降低金融债权实现成本,有效提高银行业金融机构防控风险的水平,现就在银行业金融机构经营业务中进一步发挥公证书的强制执行效力,服务银行金融债权风险防控通知如下：

一、公证机构可以对银行业金融机构运营中所签署的符合《公证法》第37条规定的以下债权文书赋予强制执行效力：

(一)各类融资合同,包括各类授信合同,借款合同、委托贷款合同、信托贷款合同等各类贷款合同,票据承兑协议等各类票据融资合同,融资租赁合同,保理合同,开立信用证合同,信用卡融资合同(包括信用卡合约及各类分期付款合同)等;

(二)债务重组合同、还款合同、还款承诺等;

(三)各类担保合同、保函;

(四)符合本通知第二条规定条件的其他债权文书。

二、公证机构对银行业金融机构运营中所签署的合同赋予强制执行效力应当具备以下条件：

(一)债权文书具有给付货币、物品、有价证券的内容;

(二)债权债务关系明确,债权人和债务人对债权文书有关给付内容无疑义;

(三)债权文书中载明债务人不履行义务或不完全履行义务时,债务人愿意接受依法强制执行的承诺。该项承诺也可以通过承诺书或者补充协议等方式在债权文书的附件中载明。

三、银行业金融机构申办强制执行公证,应当协助公证机构完成对当事人身份证明、财产权利证明等与公证事项有关材料的收集、核实工作;根据公证机构的要求通过修改合同、签订补充协议或者由当事人签署承诺书等方式将债务人、担保人愿意接受强制执行的承诺、出具执行证书前的核实方式、公证费和实现债权的其他费用的承担等内容载入公证的债权文书中。

四、公证机构在办理赋予各类债权文书强制执行效力的公证业务中应当严格遵守法律、法规规定的程序,切实做好当事人身份、担保物权属、当事人内部授权程序、合同条款及当事人意思表示等审核工作,确认当事人的签约行为的合法效力,告知当事人申请赋予债权文书强制执行效力的法律后果,提高合同主体的履约意识,预防和降低金融机构的操作风险。

五、银行业金融机构申请公证机构出具执行证书应当在《中华人民共和国民事诉讼法》第二百三十九条所规定的执行期间内提出申请,并应当向公证机构提交经公证的具有强制执行效力的债权文书、申请书、合同项下往来资金结算的明细表以及其他与债务履行相关的证据,并承诺所申请强制执行的债权金额或者相关计算公式准确无误。

六、公证机构受理银行业金融机构提出出具执行证书的申请后,应当按照法律法规规定的程序以及合同约定的核实方式进行核实,确保执行证书载明的债权债务明确无误,尽力减少执行争议的发生。

公证机构对符合条件的申请,应当在受理后十五个工作日内出具执行证书,需要补充材料、核实相关情况所需的时间不计算在期限内。

七、执行证书应当载明被执行人、执行标的、申请执行的期限。因债务人不履行或不完全履行而发生的违约金、利息、滞纳金等,以及按照债权文书的约定由债务人承担的公证费等实现债权的费用,有明确数额或计算方法的,可以根据银行业金融机构的申请依法列入执行标的。

八、人民法院支持公证机构对银行业金融机构的各类债权文书依法赋予强制执行效力,加大对公证债权文书的执行力度,银行业金融机构提交强制执行申请书、赋予债权文书强制执行效力公证书及执行证书申请执行公证债权文书符合法律规定条件的，人民法院应当受理，切实保障银行业金融机构快速实现金融债权，防范金融风险。

九、被执行人提出执行异议的银行业金融机构执行案件，人民法院经审查认为相关公证债权文书确有错误的，裁定不予执行。个别事项执行标的不明确，但不影响其他事项执行的，人民法院应对其他事项予以执行。

十、各省（区、市）司法行政部门要会同价格主管部门合理确定银行业金融债权文书强制执行公证的收费标准。公证机构和银行业金融机构协商一致的，可以在办理债权文书公证时收取部分费用，出具执行证书时收齐其余费用。

十一、银行业监督管理机构批准设立的其他金融机构，以及经国务院银行业监督管理机构公布的地方资产管理公司，参照本通知执行。

最高人民法院
司法部
中国银监会
2017年7月13日

（二）继承、遗嘱、赠与公证

司法部公证律师司

关于办理涉外继承公证中应注意的几个问题

［1984年8月8日　（84）司公字第161号］

各省、市、自治区司法厅（局）公证管理处：

据国务院侨办国外司向我司反映，最近日本东京华侨总会和一些华侨在办理国外华侨去世，国内亲属继承遗产的公证中遇到很多问题，对此意见很大。现就办理涉外继承公证中应注意的几个问题重申如下：

一、国内继承人继承国外亲属的遗产，可根据当事人申请，为其办理继承权证明或出生证明、亲属关系证明、婚姻状况证明等，无需要求将国内继承人应得的遗产份额先汇回国内，才为其出具有关公证书。

二、国内继承人分散居住在各地的，公证处办理有关公证事项时，应按公证暂行条例第十二条规定，统一由一个公证处办理。

三、国内继承人在办理有关继承公证事项时，一般待遗产调回后，公证处按比例收取公证费。

如果继承人出境办理继承事宜,为保证收取公证费,可请申请人提交一份保证在遗产调回国内后照章缴纳公证费的保证书,作为公证处日后向其收取公证费的凭证。

四、如果国内继承人申请办理放弃继承权的公证,公证处无需要求当事人提供遗产数额、产权证等,更无需要求当事人先把应继份额调回国内后再给办理放弃继承权公证书。

五、办理涉外遗产继承公证涉及到有关国家法律,情况复杂,请各公证处注意加强与中国银行分行和我驻外使领馆联系,密切配合,并注意加强请示汇报。

司法部公证律师司
关于涉外遗产继承的公证书如何出具事的复函

[1985年8月3日 (85)司公字第124号]

山东省司法厅公证管理处:

你处一九八五年七月十五日(85)鲁司公函字第16号函收悉。关于我国继承法公布施行后,有关涉外遗产继承的公证书如何出具的问题,经研究认为,根据继承法第三十六条“中国公民继承在中华人民共和国境外的遗产或者继承在中华人民共和国境内的外国人的遗产,动产适用被继承人住所地法律,不动产适用不动产所在地法律”的规定,公证处在办理此类涉外遗产继承的有关公证书时,应分别情况办理。

中国公民继承居住在国内和国外的中国人或者外国人在境外的不动产、继承居住在国外的中国人或者外国人在境外的动产和继承居住在国外的外国人在境内的动产,都不宜直接出具继承权公证书,可出具国内有关当事人与死者的关属关系证明书、结婚证明书或者有关当事人的出生证明书,依照被继承人住所地法律或不动产所在地法律继承遗产。如果被继承人住所地法律和被继承人不动产所在地法律规定,遗产继承适用我国法律,公证处则可根据继承人的申请,为其出具继承权公证书。

如果中国公民继承居住在国内的中国人或者外国人在境外的动产,继承居住在国内的外国人在境内的动产或者不动产和继承居住在国外的外国人在境内的不动产,公证处则可根据继承人的申请,按照我国继承法的规定,为其出具继承权公证书。公证书的格式仍参照《公证书试行格式》第二式(之一)出具。

涉外遗产继承的情况比较复杂,一般因被继承人的国籍、遗产性质、住所地和遗产所在地不同而适用不同的法律。各地在办理此类公证书时,务必持慎重态度,认真研究被继承人所在地和遗产所在地的有关继承的法律规定。如无确实把握,要逐级请示。

司　法　部

关于印发《办理涉港雇员死亡赔偿公证办法(试行)》的通知

[1987年3月16日　(87)司发公字第050号]

各省、自治区、直辖市司法厅(局):

我部公证律师司于去年十二月三日在广东省深圳市召开座谈会,讨论和研究了办理涉港雇员死亡赔偿公证的有关问题。参加会议的有广东、福建、上海、浙江、江苏、北京、四川、广西等省、自治区、直辖市司法厅(局)公证管理处和公证处的负责同志。中国银行信托咨询公司、国家外汇管理局、外交部领事司和中国银行上海分行、广州分行、珠江分行以及香港南洋商业银行信托有限公司、新华银行信托有限公司、香港建造业工会联合会等也派员参加了会议。根据座谈会讨论的意见,特制定《办理涉港雇员死亡赔偿公证办法(试行)》,现印发给你们,望转发各公证处遵照执行。

附:

办理涉港雇员死亡赔偿公证办法(试行)

香港雇员在工作时间意外死亡和香港居民在工余时间因交通事故或暴力意外死亡的,其在内地的家属,为向雇主或港英政府有关部门申请赔偿而办理的有关公证事项,统称为涉港雇员死亡赔偿公证。

为办理涉港雇员死亡赔偿公证,特制定本办法如下:

一、办理涉港雇员死亡赔偿应出具的公证书

涉港雇员死亡赔偿公证,因各种死亡性质不同,所需办理的公证文书也不同。一般需出具亲属关系证明书、死者家属的声明书公证书、委托书公证书。视情况,有的还需出具收养证明书、死亡公证书、结婚公证书、出生公证书等。

二、办理几种主要涉港雇员死亡赔偿公证书的要求

(一)亲属关系证明书

1. 按《公证书试行格式》第十九式出具。

2. 限于证明死者与下列人员的亲属关系:配偶,未成年子女,父母,依靠死者供养的未成年弟、妹,其他因严重疾病丧失劳动能力的家庭成员,已婚、有职业但生活困难需死者扶养的家庭成员。上述人员,应在证明书中列为申请人。

3. 死者的父或母有一方死亡的,需附死亡证明书。

4. 申请人与死者是收养关系的,应在亲属关系证明书中写明,并附收养公证书。

(二)死者家属声明书公证书

1. 家属声明书的内容直接关系到赔偿的数额,公证处应指导申请人写好声明书。声明书的内容要尽量详细(内容见附件)。

2. 声明书有关死者生前对其家属供养情况的陈述,要注意结合死者的工资收入和日常生活支出情况,要实事求是,合情合理。

3. 办理声明书公证书,应要求当事人提供相应的证据,并同声明书的内容进行核对。必要时,公证人员应做适当调查。

4. 发表声明书的人,应为亲属关系证明书中所列的成年申请人。除夫妻外,成年人每人需根据死者对自己的供养情况制作一份声明书。

(三)委托书公证书

1. 死者死亡原因不同,申请赔偿的性质也不同,因此,委托书中赋予受托人的代理权限也应有所不同。

(1)死者在工作时间因意外事故死亡,受托人的代理权限为:A. 申请领取死者的遗产管理证明书;B. 申请领取死者的雇员赔偿和习惯法赔偿。

(2)死者在工作时间因受暴力死亡,受托人的代理权限除上述(1)中所列的两项外,还应增加向社会福利署申请赔偿的内容。

死者在非工作时间因受暴力死亡,代理权限为:向社会福利署申请赔偿金或援助金。

(3)死者在非工作时间因交通事故意外死亡,受托人的代理权限为:A. 申请领取死者的遗产管理证明书;B. 向责任人或车主申请“交通意外赔偿”;C. 向社会福利署申请援助金。

2. 死者的未成年子女(依香港法律,未满二十一周岁者为未成年人)所出具的委托书须委托两个代理人;死者的未成年子女和成年人合并出具的委托书也须委托两个代理人。

三、办理涉港雇员死亡赔偿公证应注意的问题

公证处在办理公证书时须注意时效。香港雇员死亡赔偿时效为两年;交通意外赔偿时效为三年;暴力赔偿时效为六个月。公证处在办理各类赔偿公证时,应及时调查出证,以保证在时效期内索赔,维护当事人合法权益。

公证处可向申请人推荐委托香港南洋商业银行信托有限公司、香港新华银行信托有限公司或香港建造业工会联合会办事处秘书林晃先生代理申请赔偿。

附件：

死者家属声明书应包括的内容

一、声明人的姓名、性别、出生日期(详至年、月、日)、现在住址。

二、死者死亡时声明人的职业,工资或者其他劳动收入状况。

三、声明人与死者的关系。

四、死者生前供养的其他家庭成员的姓名、职务、工资或其他劳动收入状况。

五、死者生前家庭开支情况(要分类说明),在这些开支中,死者对家庭的供给在个人收入中所占比重。

六、死者生前对其家庭的供给情况。包括:是否定期供给、供给方式和日期(如系托人带钱带物,应写明受托者的姓名、住址等)、供给的数额(如果是物品也应写明)等详细情况,并附证据,如汇款单、往来书信等。

七、死者生前供给的款项等是如何使用的,支付到哪些方面等。

司法部公证律师司

关于涉外遗嘱继承公证中如何确认遗嘱效力问题的复函

[1987年6月16日　(87)司公字第65号]

广东省司法厅公证管理处：

你处1987年3月21日粤司公字(1987)30号《关于在国外立的遗嘱是否要经居住国遗嘱检验部门检定后才能依遗嘱办理继承权公证的请示》收悉。经与有关部门反复研究认为,目前《继承法》中对涉外遗嘱效力问题未作出规定,如何确认遗嘱效力需具体问题具体研究。为慎重办理此类公证,总结经验,今后凡是公证处受理的涉外、涉华侨、涉港澳台遗嘱继承公证事项,均需逐案报我司研究,并着重了解以下几个问题：

1. 遗嘱人的国籍、出生年月日,死亡年月日、亲属状况；

2. 遗嘱人的住所地、立遗嘱的行为地；

3. 遗嘱受益人的状况(姓名、性别、出生年月日、国籍、住所地、与遗嘱人的关系等)；

4. 遗嘱中所处分的在我国内的遗产状况(动产、不动产、价值、存放或坐落地点等);
5. 遗嘱人住所地或遗嘱行为地国家对遗嘱效力的有关法律规定;
6. 当事人向公证处提交的遗嘱是否办理了公证、认证。
请你处按上述要求,将来函所请示的几个遗嘱继承的详细情况报我司研究后再作答复。

司法部公证律师司对《关于香港居民为处理在港财产所立代书遗嘱应如何处理的请示》的批复

[1988年6月6日　(88)司公字第51号]

广东省司法厅公证管理处:

你处一九八八年四月七日粤司公(1988)44号函收悉。关于香港居民因探亲、旅游、治病等在内地所立的代书遗嘱,在遗嘱人死亡后为拿到香港使用而申办公证事,据香港南洋商业银行信托有限公司介绍,香港居民不论在香港或内地以中文订立的遗嘱,即使没有见证人在遗嘱上签字,香港法院在得到某些必要的详情和文件佐证后也会予以确认和接受。香港法院最基本的要求,是要得到熟知遗嘱人立遗嘱详情的亲友的声明书公证书,声明他们确知遗嘱人生前曾立有遗嘱,而且确信该遗嘱是遗嘱人亲笔签署,且是唯一有效的遗嘱。香港法院也可能会根据情况要求进一步提供其他材料。因此,我司认为公证处不宜对汤启德所立代书遗嘱予以确认并给予公证。可由遗嘱见证人发表声明,公证处证明见证人签字盖章属实。在出证时,将遗嘱与声明书装订在一起,如果与声明书装订在一起的遗嘱是影印件,还必须证明影印件与原件相符。

请注意了解该公证书的使用效果,并函告我司。

司法部公证律师司

关于如何确认香港高等法院遗嘱检定书事的复函

[1988年8月2日　(88)司公字第67号]

广东省司法厅公证处:

你处一九八七年十二月四日粤司公(87)109号《关于朱箕能等五宗遗嘱继承公证的请示》、

一九八八年二月二十二日粤司公(1988)21号《关于陈冰怡等三人遗产案的请示》和一九八八年三月二十五日粤司公(1988)39号《关于被继承人霍伯谦遗产事的请示》均收悉。

关于香港居民谢淡秋、吕贤藻、黄少楚、陈冰怡、黄兆镇和霍伯谦等六件遗嘱继承案,遗嘱人均在香港设立的遗嘱,处分其在内地的房产,因此遗嘱内容应符合我国法律。在当事人申办遗嘱继承公证时,我公证机关应对遗嘱进行检验。主要包括:确认遗嘱是否是遗嘱人本人所立,遗嘱人在立遗嘱时是否符合行为地法律;遗嘱人在遗嘱中所处分的财产是否属于本人所有;遗嘱受益人有无变化,遗嘱有无取消缺乏劳动能力又没有生活来源的继承人的继承权等等。对于遗嘱是否是遗嘱人本人所立,遗嘱人在立遗嘱时是否符合行为地法律,应由香港高等法院进行检定。根据香港惯例,遗嘱经高等法院检定后,法院即发给当事人一份遗嘱检定书及遗嘱影印件,遗嘱原件则由高等法院保存。为确认遗嘱检定书和遗嘱影印件的真实性,公证机关可要求当事人请我部委托的香港律师办理公证证明。经香港高等法院检定并由我委托的香港律师公证的遗嘱(副本),如其内容与我国法律无抵触,应视为有效遗嘱,公证机关据此为遗嘱受益人办理遗嘱继承权公证;如其内容与我国法律有抵触,应视为无效遗嘱,公证机关不能办理遗嘱继承公证;如其内容部分与我国法律相抵触,则遗嘱视为部分无效,公证机关只能对有效部分出具遗嘱继承公证书。

司法部公证司

关于如何确认涉外遗嘱效力的复函

[1988年12月24日　(88)司公字第006号]

广东省司法厅公证管理处:

你处一九八八年十月十七日粤司公〔1988〕203号《关于如何确认涉外遗嘱效力的请示》收悉。据我驻美使馆介绍,在美国,遗嘱一般包括:口授遗嘱,自书遗嘱,见证遗嘱,公证遗嘱,见证公证遗嘱等。每个州都承认一种或几种遗嘱为有效遗嘱。美国没有专门的遗嘱检验机关。自书遗嘱须有两个见证人,并一式两份。遗嘱人死亡后,继承人应将遗嘱交遗嘱人生前所在郡法院,由该法院登广告三周,看是否有债权人申报。遗嘱人死亡六个月后,即可按遗嘱或本州法律分割遗产。自书遗嘱的见证人须以宣誓书方式证明该遗嘱是遗嘱人生前所立,如见证人也死亡,可由其家属证明自书遗嘱上的见证人签名属实。

李秖弼、朱箕能所立遗嘱属于自书遗嘱,继承人应按美国的有关法律规定将遗嘱交被继承人生前所在郡法院办理有关手续,以确认遗嘱是否有效。同时办理与被继承人的亲属关系公证。这些证明均需经我驻美使领馆认证。我有关公证处再根据我司(88)司公字第67号《关于如何确认香港高等法院遗嘱检定书事的复函》的规定精神,审查该遗嘱内容是否符合我国法律规定并办理继承权公证。

请将办理该两件涉外遗嘱继承的结果函告我司。

司法部公证司

关于办理继承权公证和赠与公证等问题的复函

[1989年1月18日　(89)司公字第10号]

广东省司法厅公证管理处：

你处粤司公(1988)296号《关于继承权转移和继承份额赠与等问题的请示》函收悉。现答复如下：

一、关于如何办理继承人为转让其应继承的份额而申办的公证证明事项，同意你处意见，即在未取得应继承财产的所有权之前，继承人之间通过协商的办法转移继承权和继承份额是无法律依据的。我国《继承法》中关于法定继承人之间可以协商继承份额的规定，只是指继承人之间可以对继承份额的划分进行协商。继承权作为一种具有人身性质的财产权利，是不能转让的。因此，继承人放弃继承就不能再通过继承协议的方式将他应继承的份额转让给其他继承人。只有在办理了继承手续，对应继承的份额取得了所有权之后，继承人才能将该份额赠与他人所有。对此，公证处应先办理继承权公证，再办理赠与或转让公证。

二、关于如何办理旧家庭一夫多妻共有财产分割的公证证明事项，根据婚姻法的有关规定，原则上同意你们的第一种意见，即丈夫与妻子享有同等份额，但需要根据夫妻(妾)结婚时间和共有财产取得的时间，做具体分析和处理。

司法部公证司

关于如何确认在加拿大订立的处分国内遗产的遗嘱效力的复函

[1991年2月26日　(91)司公字第43号]

广东省司法厅公证管理处：

你处粤司公字(1990)69号、288号《关于王景兴，雷持芬申办遗嘱继承两公证案呈请审核的报告》、《关于检定吕钟锦棠遗嘱书的函》收悉。关于如何确认在加拿大订立的处分在我国内遗产的遗嘱的效力问题,据驻加拿大使馆领事部和我驻多伦多总领馆告,加拿大没有全国统一的继承法,在加拿大所订立的处分在加拿大以外遗产的遗嘱,不需检定。为辨别其真伪,可出遗嘱见证人或立遗嘱人生前的家庭医生以书面证明遗嘱的笔迹是立遗嘱人的或遗嘱人签名是真实的。证明书应经加拿大公证人公证、加拿大外交部或其授权的机构及我驻加使领馆认证。上述遗嘱继承公证的申请人,如提交此证明书,并符合涉外遗嘱继承公证的其他条件,公证处可以为其办理继承权公证。

随函将三份公证卷宗退回。

司　法　部

关于印发《赠与公证细则》的通知

(1992 年 2 月 14 日　司发通〔1992〕008 号)

各省、自治区、直辖市司法厅(局):

现将《赠与公证细则》印发给你们,请遵照执行。

附:

赠与公证细则

第一条　为规范赠与公证程序,根据《中华人民共和国民法通则》、《中华人民共和国公证暂行条例》制定本细则。

第二条　赠与是财产所有人在法律允许的范围内自愿将其所有的财产无偿赠送他人的法律行为。

将其所有财产赠与他人的人为赠与人,接受赠与的人为受赠人。

赠与人、受赠人可以分别为公民、法人或其他组织。

第三条　赠与公证是公证处依法证明赠与人赠与财产、受赠人收受赠与财产或赠与人与受赠人签订赠与合同真实、合法的行为。

第四条　办理赠与公证,可采取证明赠与人的赠与书,受赠人的受赠书或赠与合同的形式。

赠与书是赠与人单方以书面形式将财产无偿赠与他人;受赠书是受赠人单方以书面形式表示接受赠与;赠与合同是赠与人与受赠人双方以书面形式,就财产无偿赠与而达成的一种协议。

第五条 赠与人赠与的财产必须是赠与人所有的合法财产。赠与人是公民的,必须具有完全民事行为能力。

第六条 赠与书公证应由赠与人的住所地或不动产所在地公证处受理。受赠书、赠与合同公证由不动产所在地公证处受理。

第七条 办理不动产赠与公证的,经公证后,应及时到有关部门办理所有权转移登记手续,否则赠与行为无效。

第八条 办理赠与书、受赠书、赠与合同公证,当事人应亲自到公证处提出申请,亲自到公证处确有困难的,公证人员可到其居住地办理。

第九条 申办赠与书、受赠书、赠与合同公证,当事人应向公证处提交的证件和材料:

(一)当事人办理赠与书、受赠书、赠与合同公证申请表;

(二)当事人的居民身份证或其他身份证明;

(三)被赠与财产清单和财产所有权证明;

(四)受赠人为法人或其他组织的,应提交资格证明、法定代表人身份证明,如需经有关部门批准才能受赠的事项,还需提交有关部门批准接受赠与的文件,代理人应提交授权委托书;受赠人为无民事行为能力或限制民事行为能力的,其代理人应提交有监护权的证明;

(五)赠与书、受赠书或赠与合同;

(六)赠与标的为共有财产的,共有人一致同意赠与的书面证明;

(七)公证人员认为应当提交的其他材料。

第十条 符合下列条件的申请,公证处应予受理:

(一)当事人身份明确,赠与人具有完全民事行为能力和赠与财产的所有权证明;

(二)赠与财产产权明确,当事人意思表示真实,赠与合同已达成协议;

(三)赠与财产为不动产时,不得违背有关房地产的政策、规定;

(四)当事人提交了本细则第九条规定的证件和材料;

(五)该公证事项属本公证处管辖。

对不符合前款规定条件的申请,公证处应作出不予受理的决定,并通知当事人。

第十一条 公证人员接待当事人,应按《公证程序规则(试行)》第二十四条规定制作笔录,并着重记录下列内容:

(一)赠与人与受赠人的关系,赠与意思表示及理由;

(二)赠与财产状况:名称、数量、质量、价值,不动产坐落地点、结构;

(三)赠与财产产权来源,有无争议;

(四)赠与财产所有权状况,占有、使用情况及抵押、留置、担保情况;

(五)赠与形式;

(六)赠与书、受赠书或赠与合同的具体内容;

(七)赠与行为法律后果的表述;

(八)公证人员认为应当记录的其他内容。

公证人员接待当事人,须根据民法通则和有关房地产政策、规定,向当事人讲明赠与的法律依据和不动产权属转移须办理的登记手续以及当事人应承担的责任。

第十二条 赠与书的主要内容：

（一）赠与人与受赠人的姓名、性别、出生日期、家庭住址；

（二）赠与人与受赠人的关系，赠与的意思表示及理由；

（三）赠与财产状况：名称、数量、质量、价值，不动产坐落地点、结构。

第十三条 受赠书的主要内容：

（一）受赠人与赠与人的姓名、性别、出生日期、家庭住址；

（二）受赠人与赠与人的关系，接受赠与的意思表示及理由；

（三）受赠财产状况：名称、数量、质量、价值，不动产坐落地点、结构。

第十四条 赠与合同的主要内容：

（一）赠与人与受赠人的姓名、性别、出生日期、家庭住址；

（二）赠与人与受赠人的关系，赠与、接受赠与的意思表示及理由；

（三）赠与财产状况：名称、数量、质量、价值，不动产坐落地点、结构；

（四）违约责任。

第十五条 赠与公证，除按《公证程序规则（试行）》第二十三条规定的内容审查外，应着重审查下列内容：

（一）赠与人的意思表示真实，行为合法；

（二）赠与人必须有赠与能力，不因赠与而影响其生活或居住；

（三）赠与财产的权属状况，有无争议；

（四）赠与书、受赠书、赠与合同真实、合法；

（五）公证人员认为应当查明的其他情况。

第十六条 符合下列条件的赠与，公证处应出具公证书：

（一）赠与人具有完全民事行为能力；

（二）赠与财产是赠与人所有的合法财产；

（三）赠与书、受赠书、赠与合同的意思表示真实、合法，条款完备、内容明确、文字表述准确；

（四）办证程序符合规定。

不符合前款规定条件的，应当拒绝公证，并在办证期限内将拒绝的理由通知当事人。

第十七条 根据司法部、财政部、物价局制定的《公证费收费规定》收取公证费用。办理赠与书公证，每件收公证费十元；办理受赠书公证、赠与合同书公证，按受赠人取得财产价值的金额总数，不满一万元的，收百分之一，最低十元；一万元以上的收百分之二。

第十八条 本细则由司法部负责解释。

第十九条 本细则自一九九二年四月一日起施行。

公证书格式(一)

赠与公证书

( )××证字第××号

兹证明×××(男或女,××××年×月×日出生,现住××省×县×乡×村)于××××年×月×日来到我处,在我的面前,在前面的赠与书上签名(或盖章或按手印)。×××的赠与行为符合《中华人民共和国民法通则》第五十五条的规定。

中华人民共和国××省××县公证处
公证员:
××××年×月×日

公证书格式(二)

受赠公证书

( )××证字第××号

兹证明×××(男或女,××××年×月×日出生,现住××省×县×乡×村)于××××年×月×日来到我处(或在××地),并在我的面前,在前面的受赠书上签名(或盖章或按手印)。×××的受赠行为符合《中华人民共和国民法通则》第五十五条的规定。

中华人民共和国××省××县公证处
公证员:
××××年×月×日

公证书格式(三)

赠与合同公证书

(　　)××证字第××号

兹证明赠与人×××(男或女,××××年×月×日出生,现住××省××县××乡××村)与受赠人×××(男或女,××××年×月×日出生,现住××省××县××乡××村)于××××年×月×日来到我处(或在××地),自愿签订前面的《赠与合同》,并在我的面前,在该合同上签名(或盖章或按手印)。×××与×××签订上述《赠与合同》行为符合《中华人民共和国民法通则》第五十五条的规定。

中华人民共和国××省××县公证处

公证员:

××××年×月×日

司法部公证司

关于涉港雇员死亡申请赔偿时可办理继承权公证书的通知

[1993年4月7日　(93)司公函034号]

各省、自治区、直辖市司法厅(局)公证管理处:

据香港新华银行信托有限公司公告,应聘到香港工作的国内公民,如在港工作期间因工伤意外死亡,其亲属向香港雇主或香港有关部门申请意外赔偿及疏忽赔偿时,除仍依我部(87)司发公字第050号《关于印发〈办理涉港雇员死亡赔偿公证办法(试行)〉的通知》(《公证规章集成》第395页)的规定办理有关公证书外,还可视情况办理继承权公证书,以备香港法院判决时参考。请尽快通知所属办理涉外公证的公证处。

司法部公证司

对《关于对巴西籍华人蒋秉南遗产继承人范围问题的请示》的复函

[1996年3月4日 (96)司公函019号]

上海市司法局公证管理处：

你处沪司公管发字(1995)第54号《关于对巴西籍华人蒋秉南遗产继承人范围问题的请示》收悉。经研究认为，根据《继承法》第三十六条及《民法通则》第一百四十九条的规定，涉外动产的法定继承适用被继承人死亡时的住所地法律。经查，蒋秉南自1992年至1995年7月20日一直在沪居住，办理了有关居住手续，最后在沪因病死亡。《民法通则》第十条："公民以户籍所在地的居住地为住所，经常居住地与住所不一致的，经常居住地视为住所"。最高人民法院《关于贯彻执行〈中华人民共和国民法通则〉若干问题的意见》第九条："公民离开住所地最后连续居住一年以上的地方，为经常居住地"。根据以上事实和规定，蒋秉南的最后住所地应为我国上海市，其所遗动产的法定继承应当适用我国《继承法》有关法定继承的规定。据此，请你们依据《继承法》第二章确定蒋秉南遗产的合法继承人。

司法部公证司

关于我国公民持解放前在华或国外的外国银行存款单据申办有关公证事的复函

[1997年3月13日 (97)司公字007号]

青海省司法厅公证管理处：

你处一九九六年十二月四日《关于韩英申办遗嘱继承公证的情况汇报》函及附件收悉。国内公民持解放前在华或在国外的外国银行外汇存款单据，以继承等名义向公证处申办有关公证的情况,近年来时有出现。个别公证处办理有关公证后发生问题的情况亦有反映。经与有关单位联系,目前国内没有关于有关公民持有解放前在华或在国外的外国银行外汇存款应如何处理的具体规定,对外国银行存款单据的真实性,由存款单据的签发银行加以鉴定。对你处函请示的问题,经研究认为:

一、根据你处函所附的两份遗书均系解放前所立和立遗嘱人、证人均已不在人世的事实,公证处不能为韩英办理遗嘱公证。

二、如申请人委托他人代领存款,申办委托书(或合同)公证或继承公证,则必须提供存款单据签发银行出具的确认存款单据真实、有效的鉴定书,在国外签发的鉴定书须经公证认证,否则公证处不予受理。

三、如申请人申办亲属关系公证和委托他人向外国银行申请鉴定的委托书(或合同)公证,公证处可以办理。但此委托书(或合同)中对委托申请鉴定的内容必须清楚、准确,不得有代领存款的内容。

随函退回你处函附的照片6张、遗书2份、翻译文本1张,请查收。

此复。

司法部律师公证工作指导司

关于监护人与被监护人订立或变更共同遗嘱不应予以公证的复函

[1999年4月29日　(99)司律公函026号]

山东省司法厅公证管理处:

你处今年四月二十三日《关于监护人与被监护人订立或变更共同遗嘱能否予以公证的请示》函收悉。经研究认为,符合法律规定条件的遗嘱方为有效。根据有关法律、法规和司法解释,设立或变更遗嘱的行为应由遗嘱人亲自实施,遗嘱人应有遗嘱能力(即完全民事行为能力),遗嘱必须表示遗嘱人的真实意思,不能由他人代理,且遗嘱只能处分其个人财产。因此,公证处不应办理监护人与无民事行为能力或者限制民事行为能力的被监护人的共同遗嘱公证,也不应办理其变更共同遗嘱公证。已经办理的应予撤销。

此复。

司法部律师公证工作指导司

关于印发中国法律服务(香港)有限公司《关于办理香港遗产继承的程序和应注意问题的介绍》的通知

[1999年6月15日　(99)司律公字049号]

各省、自治区、直辖市司法厅(局)公证管理处、长安公证处:

香港回归后,内地与香港的联系日益紧密,涉及两地的遗产继承事项也不断增多,为更好地为当事人提供法律服务,规范涉港遗产公证业务,现将中国法律服务(香港)有限公司提供的《关于办理香港遗产继承的程序和应注意问题的介绍》印发给你们,请即转发各所属公证处,以供办理涉港遗产继承公证时参考。中国法律服务(香港)有限公司是司法部在香港设立的法律服务机构,有专门办理香港和内地遗产继承的机构和人员,公证部门办理有关涉港公证事宜可与其联系[中国法律服务(香港)有限公司地址:香港金钟道95号统一中心32楼B室电话:(852)28279700]。

附件:

关于办理香港遗产继承的程序和应注意问题的介绍

一、办理香港遗产继承的规定和程序

香港遗产继承是由高等法院遗产管理处负责处理。按以下程序办理:

1. 领取死者的死亡证明。如果死者在内地死亡须提供经过公证的死亡公证书。

2. 调查统计死者遗留的财产。包括死者名下的房地产物业记录及价值、在银行的存款本息和保险箱内的财物、所持有的上市公司及私人公司的股票和价值,以及死者所欠的债务。

3. 申报和交纳遗产税。按照死者死亡日期向香港税务局遗产税署申报死者遗产情况。将遗产详细列表并由申请人宣誓呈报遗产税署。根据香港法例规定,1982年初以后死亡的,其遗产未达二百万,不用纳税;

遗产二百万至二百五十万交纳10%的税金;

遗产三百万至三百五十万交纳 14% 的税金；

遗产三百五十万至四百万交纳 16% 的税金；

遗产四百万以上交纳 18% 的税金；

死者生前所住的寓所遗留给配偶的，可免交遗产税；

死者对公共慈善机构的捐赠也可以免税；

死者逝世前三年以内的全部馈赠（除海外馈赠外）都计算在其遗产内，需要交税；

死者生前与他人共管的物业，虽然在死者逝世前已自动转移给其共管人，都要交税，只不过以财产购买时的出资比例而决定交税数额；

死者已转移的财产，如果仍保留控制权，也列入遗产的范畴；

死者在香港的所有债务，都从财产中扣除，然后决定税额和税率。死者的丧葬费限于扣除一万港币。

不动产的遗产税，可以分八年缴纳，每半年交一次，如果死者去世后十二个月内承办人不向遗产税署申报税金和利息，可由遗产官视有无合理的拖延理由，而决定是否予以双倍缴纳的处罚。

如果死者和遗产受益人在五年内相继死亡，其物业及生意应缴的遗产税可酌情减少。

遗产额在豁免交税以下的，可获得遗产税署签发豁免遗产税证明书和明细表；如果遗产超过豁免交税额，遗产税署会发出缴税通知书，申请人交妥遗产税后，遗产税署会签发已交遗产税证明书和遗产清单。在任何情况下，遗产税署都可以向遗产管理人追收死者生前所欠的个人入息税或薪俸税。

4. 向高等法院申请承办和验证。

（1）官方承办人申请承办遗产的条件：a. 死者在香港既没有遗嘱，也没有继承人，但有遗产；b. 死者在香港有遗产，但没有遗嘱，而继承人要求官方承办人承办；c. 死者有遗产在香港，但没有遗嘱，而继承人在十二个月内未提出申请承办；d. 死者没有遗嘱，但有遗产在香港，而居住在香港的继承人未成年；e. 如死者有遗嘱，而执行人拒绝执行，也作为没有遗嘱处理；f. 官方承办人需作完整遗产帐目，把文件的副本提供给当事人，并可收取酬金（首一千元按 5% 收取，次四千元按 2.5%，其余部分按 1% 收取）。

（2）其他承办人的条件。承办人不得超过四人，如果由自然人申请办理时只需一人；如果所承办的遗产涉及未成年人的权益，或受益人只有在有生之年享有权益则承办人不得少于两人；但承办者如果属于信托公司，则可以单独执行。

遗嘱继承中，遗嘱执行人死亡，则由遗嘱执行人的遗嘱执行人继续执行其任务；如果没有指定遗嘱执行人，或执行人先于立遗嘱人死亡，或执行人拒绝执行，继承人可以申请承办，但需按遗嘱执行。

法院在某些情况下也可以委派承办人，或认可承办人。

（3）承办人的权力与责任：a. 承办人有权代替死者起诉；b. 承办人有权出售、转让、抵押死者的遗产；c. 承办人在忠诚办事的情况下无需负责遗产的损失；d. 承办人可以收取酬金；e. 承办人为信托人的，如果购买遗产，受益人有权推翻，但如果所付价钱合理或受益人同意的除外；f. 未领承办而擅自处理死者遗产，应负与承办人相同的法律责任。

（4）向法院申请承办的文件：a. 申请人作为合法遗产管理人的宣誓，誓词应证明死者的身份、继承人是谁，死者有无遗嘱，并保证依法执行；b. 一位证人证明申请人与死者的关系的宣誓，内地申请人需提供证明申请人与死者关系的公证书；c. 死者的死亡证明书；d. 遗产税已交纳或予以免税的证明原件，并附上经遗产税署核定的死者遗产清单；e. 如果申请人不是唯一的遗产受益人，遗产官有权要求提供一位或多位保证人，以保证承办人按照法律办事。

(5)死者遗产总值不超过港币五万元，申请人可在申领遗产税署签发的免税证后，直接和高等法院申请简易承办。

5. 提取死者遗产。承办人经过向高等法院申请领取了死者遗产管理证明书或遗嘱检定书后，凭这些文件向有关银行领取死者名下的存款本息和保险箱内遗物，向田土厅办理房产转名登记手续，向股票登记处办理有关股票、股息及红利事宜，而后，可以办理房产、股票、黄金的出售。

6. 遗产的处理和分配。在清偿了死者生前所欠的债务，支付了丧葬费和承办费用等项开支后，依照死者的遗嘱或无遗嘱法定继承的规定，将遗产剩余部分分配给各合法受益人。

二、香港法例规定的无遗嘱合法继承人

1. 死者只有配偶，而没有子女、父母和兄弟姐妹、侄儿侄女、甥儿甥女时，死者的遗产全部由配偶继承。

2. 死者有配偶子女尚在，无论其父母兄弟姐妹是否在世，死者的遗产中首先划出五万连同年息以 5% 计算，从死者去世之日分割财产日止，由配偶继承；其余部分配偶占一半，子女平均分配另一半。

3. 死者只有配偶，没有子女，配偶首先继承二十万连同利息以 5% 计算，从死者去世之日到分割财产时止；其余部分配偶占一半，另一半由死者的父母平均继承；死者父母均已死亡的，由死者的兄弟姐妹或他们的子女平均继承。

4. 死者只有子女而无配偶的，由其子女平均继承。

5. 死者只有父母没有子女的，由其父母平均继承。

6. 死者没有配偶、子女、父母的，其遗产分配如下：首先由死者有兄弟姐妹或他们的子女继承；如无兄弟姐妹侄甥，由其祖父母继承；如无祖父母，由其父母的兄弟姐妹继承。

7. 如果上述所有人都已去世，死者的遗产由政府没收；但如有任何依靠死者抚养的人，政府可视情况拨出部分遗产给此人。

三、按香港法例承办遗产的优先次序

无遗嘱死亡或有遗嘱死亡耽误指定遗嘱执行人时，香港法例规定了有权向香港高等法院申办死者遗产继承人士的优先次序：

1. 死者的配偶或 1971 年 10 月 7 日以前在香港所纳的妾。

2. 死者的合法子女(包括死者在 1971 年 10 月 7 日以前在香港纳妾所生的子女)或先于死者死亡子女的子女。

3. 死者的父亲或母亲。

4. 死者的兄弟姐妹或先于死者死亡的兄弟姐妹的子女。

四、在香港办理遗产继承应注意的问题

1. 应实事求是、客观公正地出具公证书。近年来，在办理香港遗产继承中，发生了几起一个继承事项由内地几个公证处同时出具不同内容公证书的问题，有的为此导致了诉讼。为避免发生类似情况，继承人涉及两个以上公证处的，应由一个公证处为主办理，同时，公证处应加强与遗产承办人的联系,根据香港规定和承办人的要求,出具有关的公证书。

2. 要及时全面地清理死者的财产。在香港办理遗产继承均有一个时限要求,向遗产税署申报遗产税,需在一年内完成,否则会视情况予以一倍的罚款或征收逾期的利息。

3. 公证处出具的公证书格式和内容应符合香港办理继承的需要。由于内地与香港法律制度的差异,在办理香港遗产继承时,难免会出现突破公证书格式和内容的现象,对此,应加强请示,只要不违背原则,尽可能地根据遗产承办人的要求办理。

遗嘱公证细则

(2000 年 3 月 24 日　司法部令第 57 号)

第一条　为规范遗嘱公证程序,根据《中华人民共和国继承法》、《中华人民共和国公证暂行条例》等有关规定,制定本细则。

第二条　遗嘱是遗嘱人生前在法律允许的范围内,按照法律规定的方式处分其个人财产或者处理其他事务,并在其死亡时发生效力的单方法律行为。

第三条　遗嘱公证是公证处按照法定程序证明遗嘱人设立遗嘱行为真实、合法的活动。经公证证明的遗嘱为公证遗嘱。

第四条　遗嘱公证由遗嘱人住所地或者遗嘱行为发生地公证处管辖。

第五条　遗嘱人申办遗嘱公证应当亲自到公证处提出申请。

遗嘱人亲自到公证处有困难的,可以书面或者口头形式请求有管辖权的公证处指派公证人员到其住所或者临时处所办理。

第六条　遗嘱公证应当由两名公证人员共同办理,由其中一名公证员在公证书上署名。因特殊情况由一名公证员办理时,应当有一名见证人在场,见证人应当在遗嘱和笔录上签名。

见证人、遗嘱代书人适用《中华人民共和国继承法》第十八条的规定。

第七条　申办遗嘱公证,遗嘱人应当填写公证申请表,并提交下列证件和材料:

(一)居民身份证或者其他身份证件;

(二)遗嘱涉及的不动产、交通工具或者其他有产权凭证的财产的产权证明;

(三)公证人员认为应当提交的其他材料。

遗嘱人填写申请表确有困难的,可由公证人员代为填写,遗嘱人应当在申请表上签名。

第八条　对于属于本公证处管辖,并符合前条规定的申请,公证处应当受理。

对于不符合前款规定的申请,公证处应当在三日内作出不予受理的决定,并通知申请人。

第九条　公证人员具有《公证程序规则(试行)》第十条规定情形的,应当自行回避,遗嘱人有权申请公证人员回避。

第十条　公证人员应当向遗嘱人讲解我国《民法通则》、《继承法》中有关遗嘱和公民财产处分权利的规定,以及公证遗嘱的意义和法律后果。

第十一条 公证处应当按照《公证程序规则(试行)》第二十三条的规定进行审查,并着重审查遗嘱人的身份及意思表示是否真实、有无受胁迫或者受欺骗等情况。

第十二条 公证人员询问遗嘱人,除见证人、翻译人员外,其他人员一般不得在场。公证人员应当按照《公证程序规则(试行)》第二十四条的规定制作谈话笔录。谈话笔录应当着重记录下列内容:

(一)遗嘱人的身体状况、精神状况;遗嘱人系老年人、间歇性精神病人、危重伤病人的,还应当记录其对事物的识别、反应能力;

(二)遗嘱人家庭成员情况,包括其配偶、子女、父母及与其共同生活人员的基本情况;

(三)遗嘱所处分财产的情况,是否属于遗嘱人个人所有,以前是否曾以遗嘱或者遗赠扶养协议等方式进行过处分,有无已设立担保、已被查封、扣押等限制所有权的情况;

(四)遗嘱人所提供的遗嘱或者遗嘱草稿的形成时间、地点和过程,是自书还是代书,是否本人的真实意愿,有无修改、补充,对遗产的处分是否附有条件;代书人的情况,遗嘱或者遗嘱草稿上的签名、盖章或者手印是否其本人所为;

(五)遗嘱人未提供遗嘱或者遗嘱草稿的,应当详细记录其处分遗产的意思表示;

(六)是否指定遗嘱执行人及遗嘱执行人的基本情况;

(七)公证人员认为应当询问的其他内容。

谈话笔录应当当场向遗嘱人宣读或者由遗嘱人阅读,遗嘱人无异议后,遗嘱人、公证人员、见证人应当在笔录上签名。

第十三条 遗嘱应当包括以下内容:

(一)遗嘱人的姓名、性别、出生日期、住址;

(二)遗嘱处分的财产状况(名称、数量、所在地点以及是否共有、抵押等);

(三)对财产和其他事务的具体处理意见;

(四)有遗嘱执行人的,应当写明执行人的姓名、性别、年龄、住址等;

(五)遗嘱制作的日期以及遗嘱人的签名。

遗嘱中一般不得包括与处分财产及处理死亡后事宜无关的其他内容。

第十四条 遗嘱人提供的遗嘱,无修改、补充的,遗嘱人应当在公证人员面前确认遗嘱内容、签名及签署日期属实。

遗嘱人提供的遗嘱或者遗嘱草稿,有修改、补充的,经整理誊清后,应当交遗嘱人核对,并由其签名。

遗嘱人未提供遗嘱或者遗嘱草稿的,公证人员可以根据遗嘱人的意思表示代为起草遗嘱。公证人员代拟的遗嘱,应当交遗嘱人核对,并由其签名。

以上情况应当记入谈话笔录。

第十五条 两个以上的遗嘱人申请办理共同遗嘱公证的,公证处应当引导他们分别设立遗嘱。

遗嘱人坚持申请办理共同遗嘱公证的,共同遗嘱中应当明确遗嘱变更、撤销及生效的条件。

第十六条 公证人员发现有下列情形之一的,公证人员在与遗嘱人谈话时应当录音或者录像;

(一)遗嘱人年老体弱;

(二)遗嘱人为危重伤病人;

(三)遗嘱人为聋、哑、盲人;

(四)遗嘱人为间歇性精神病患者、弱智者。

第十七条 对于符合下列条件的,公证处应当出具公证书:

(一)遗嘱人身份属实,具有完全民事行为能力;

(二)遗嘱人意思表示真实;

(三)遗嘱人证明或者保证所处分的财产是其个人财产;

(四)遗嘱内容不违反法律规定和社会公共利益,内容完备,文字表述准确,签名、制作日期齐全;

(五)办证程序符合规定。

不符合前款规定条件的,应当拒绝公证。

第十八条 公证遗嘱采用打印形式。遗嘱人根据遗嘱原稿核对后,应当在打印的公证遗嘱上签名。

遗嘱人不会签名或者签名有困难的,可以盖章方式代替在申请表、笔录和遗嘱上的签名;遗嘱人既不能签字又无印章的,应当以按手印方式代替签名或者盖章。

有前款规定情形的,公证人员应当在笔录中注明。以按手印代替签名或者盖章的,公证人员应当提取遗嘱人全部的指纹存档。

第十九条 公证处审批人批准遗嘱公证书之前,遗嘱人死亡或者丧失行为能力的,公证处应当终止办理遗嘱公证。

遗嘱人提供或者公证人员代书、录制的遗嘱,符合代书遗嘱条件或者经承办公证人员见证符合自书、录音、口头遗嘱条件的,公证处可以将该遗嘱发给遗嘱受益人,并将其复印件存入终止公证的档案。

公证处审批人批准之后,遗嘱人死亡或者丧失行为能力的,公证处应当完成公证遗嘱的制作。遗嘱人无法在打印的公证遗嘱上签名的,可依符合第十七条规定的遗嘱原稿的复印件制作公证遗嘱,遗嘱原稿留公证处存档。

第二十条 公证处可根据《中华人民共和国公证暂行条例》规定保管公证遗嘱或者自书遗嘱、代书遗嘱、录音遗嘱;也可根据国际惯例保管密封遗嘱。

第二十一条 遗嘱公证卷应当列为密卷保存。遗嘱人死亡后,转为普通卷保存。

公证遗嘱生效前,遗嘱卷宗不得对外借阅,公证人员亦不得对外透露遗嘱内容。

第二十二条 公证遗嘱生效前,非经遗嘱人申请并履行公证程序,不得撤销或者变更公证遗嘱。

遗嘱人申请撤销或者变更公证遗嘱的程序适用本规定。

第二十三条 公证遗嘱生效后,与继承权益相关的人员有确凿证据证明公证遗嘱部分违法的,公证处应当予以调查核实;经调查核实,公证遗嘱部分内容确属违法的,公证处应当撤销对公证遗嘱中违法部分的公证证明。

第二十四条 因公证人员过错造成错证的,公证处应当承担赔偿责任。有关公证赔偿的规定,另行制定。

第二十五条 本细则由司法部解释。

第二十六条 本细则自2000年7月1日起施行。

司 法 部

关于能否确认冯倩倩为养女的复函

（2001年5月24日 〔2001〕司律公函034号）

广西壮族自治区司法厅公证管理处：

你处《关于能否确认冯倩倩为养女的请示》（桂司公〔2001〕9号）函收悉。对你处请示的南宁市公证处在办理有关遗产继承公证中遇到的能否确认冯倩倩为贾倩养女的问题，经研究认为，《中华人民共和国收养法》施行后的收养均应当符合法定条件，包括实质要件和形式要件。从你处请示函的内容看，贾倩于1994年“在南宁市妇幼医院将一女婴抱回家扶养，起名冯倩倩”。据此难以认定冯倩倩的身份。另外，贾倩、冯炎夫妇已于1991年生育一子。根据1992年4月1日起施行的《中华人民共和国收养法》的规定，如其收养符合法定实质要件，亦应当依法办理收养登记或订立书面收养协议、办理公证。否则，公证处不能仅依据户籍登记内容和继承公证当事人的陈述等确认其为贾倩的养女。

此复。

司法部律师公证工作指导司对《关于遗嘱公证能否因未录音或录像而被撤销的请示》的复函

（2001年12月12日 〔2001〕司律公函052号）

天津市司法局公证工作管理处：

你处《关于遗嘱公证能否因未录音或录像而被撤销的请示》（津司公管〔2001〕22号）收悉。经研究，现答复如下：

一、《遗嘱公证细则》第十六条是为保障遗嘱人的合法权益，正确认定遗嘱人于立遗嘱时的行为能力,增强遗嘱公证的证明力而作的特别规定,它不是遗嘱公证生效的必备要件。从保护遗嘱人合法权益的角度出发,一般不宜以欠缺录音或录像形式而认定遗嘱公证无效。

二、考虑到《遗嘱公证细则》第十六条规定的基本宗旨和我国现阶段人民的生活水平、身体状况、精神状态等因素,该条第(一)项中的“年老体弱”通常是指:年满七十岁以上且因身体虚弱影响其思维意识能力或语言表达能力的老人;该条第(二)项“危重伤病人”通常是指:因患严重疾病或受到严重身体伤害影响其思维意识能力或语言表达能力的伤病人。

三、遗嘱公证不是行政行为,遗嘱公证书也不是行政文书,不宜适用《行政诉讼法》的规定解决对公证文书的异议问题。

此复。

司法部　中国银行业监督管理委员会

关于在办理继承公证过程中查询被继承人名下存款等事宜的通知

（2013 年 3 月 19 日　司发通〔2013〕78 号）

各省、自治区、直辖市司法厅(局),新疆生产建设兵团司法局,各银监局,各国有商业银行、股份制商业银行,邮储银行:

为保障存款人及其继承人的合法权益,便利当事人申办存款继承公证,及时办理银行存款过户或者支付手续,根据我国《商业银行法》、《公证法》、《继承法》等法律法规的规定,现就办理继承公证过程中查询被继承人名下存款等事宜通知如下:

一、经公证机构审查确认身份的继承人,可凭公证机构出具的《存款查询函》查询作为被继承人的存款人在各银行业金融机构的存款信息。

公证机构出具《存款查询函》,应当审查确认存款人的死亡事实及查询申请人为存款人的合法继承人。

二、银行业金融机构接到《存款查询函》后,应当及时为继承人办理查询事宜,并出具《存款查询情况通知书》。

继承人为多人的,可以单独或者共同向银行业金融机构提出查询请求。查询申请人可在公证机构签署《委托书》,授权他人代为查询。

三、公证机构在办理继承公证过程中需要核实被继承人银行存款情况的,各银行业金融机构应当予以协助。

四、在办理继承公证过程中查询或者核实银行业金融机构管理、知悉的具有遗产性质的其他财产权益的情况依照本通知执行。

五、公证机构、银行业金融机构要加强协作、配合，积极做好存款查询和核实工作，切实保障存款人及其继承人的合法权益，维护银行存款过户和支付秩序。

六、本通知自发布之日起施行。本通知执行过程中遇到的问题，由司法部会同中国银行业监督管理委员会解释。

请各省（区、市）司法厅（局）和银监局，分别将本通知转发至本辖区内各公证机构、各银监分局和银行业金融机构。

附件：1.《存款查询函》格式

2.《存款查询情况通知书》格式

3.《委托书》格式

司法部

中国银行业监督管理委员会

2013 年 3 月 19 日

附件 1

存款查询函

（　　）第　　号

各有关银行业金融机构：

本公证机构已经受理×××（查询申请人姓名）（身份证件类型及号码）的继承公证申请，并对存款人×××（存款人姓名）（身份证件类型及号码）的死亡事实（死亡时间：××年××月××日）及×××（查询申请人姓名）的继承人身份进行了审查确认。请根据×××（查询申请人姓名）的申请，协助查询被继承人×××（存款人姓名）名下的个人银行存款信息以及银行管理、知悉的理财产品、股票、基金、信托等其他财产权益的关联信息。

公证机构联系人：　　　　联系电话：

×××公证处（公章）

××年××月××日

注：

1. 本函仅用于查询被继承人遗产信息，不作为相关财产支付或者过户的凭据。

2. 如查询申请人另行委托他人查询的，请在本函中附注如下内容：查询申请人×××委托×××（受托人姓名）（身份证件类型及号码）代为查询上述信息（见所附当事人签署的《委托书》）。

3. 本函由接受查询的银行业金融机构收执留存，公证机构依照查询需求出具相应份数。

附件2

存款查询情况通知书

×××公证处：

×××（查询申请人姓名）于××年××月××日提交了你处出具的《存款查询函》[（××）第××号]。现将查询情况通知如下：

一、存款信息

存款人姓名（户名）：

存款人身份证件类型及其号码：

存款基本情况：

账号/卡号	存入时间	截止时间	存款余额	币种	备注

二、管理、知悉的理财产品、股票、基金、信托等其他财产权益的关联信息：（可另纸出具）

金融机构联系人：　　　　　　　　　　　　　　　　　联系电话：

×××金融机构（印章）

××年××月××日

注：

1. 本通知书仅用于办理继承公证，不得用于其他用途。

2. 定期存款应当列明存款的存入时间；对于活期存款，如果被继承人死亡后仍有存取记录的，应当列明该存取记录。上述存款记录以打印清单的形式附在本通知后。

3. 存款如处于冻结等权利受限状态的，请在“备注”栏中予以注明。

附件 3

委　托　书

本人×××(查询申请人姓名)(身份证件类型及号码)系存款人×××(存款人姓名)(身份证件类型及号码)的×××(亲属关系)。现存款人×××(存款人姓名)已经于××年××月××日去世,我作为其合法继承人,现在×××公证处签署此委托书,授权×××(受托人姓名)(身份证件类型及号码)代为办理查询被继承人×××(存款人姓名)名下的个人银行存款信息及银行管理、知悉的理财产品、股票、基金、信托等其他财产权益的关联信息。

委托人:(签名)

××年××月××日

注:该委托书应当与《存款查询函》相粘连,并加盖公证机构钢印。

中国银保监会办公厅　司法部办公厅

关于简化查询已故存款人存款相关事项的通知

(2019 年 4 月 4 日　银保监办发〔2020〕107 号)

各银保监局,各省、自治区、直辖市司法厅(局),新疆生产建设兵团司法局,各政策性银行、大型银行、股份制银行,邮储银行,外资银行,银行业协会:

为进一步贯彻党中央、国务院关于减证便民、优化服务的部署要求,便利群众办理存款继承,根据《中华人民共和国商业银行法》《中华人民共和国公证法》《中华人民共和国继承法》等相关规定,现就简化查询已故亲属存款相关事宜通知如下:

已故存款人的配偶、父母、子女凭已故存款人死亡证明、可表明亲属关系的文件(如居民户口簿、结婚证、出生证明等)以及本人有效身份证件,公证遗嘱指定的继承人或受遗赠人凭已故存款人死亡证明、公证遗嘱及本人有效身份证件,可单独或共同向存款所在银行业金融机构提交书面申请,办理存款查询业务。查询范围包括存款余额、银行业金融机构自身发行或管理的非存款类金融资产的余额。银行业金融机构经形式审查符合要求后,应书面告知申请人所查询余额。对代销且无法确定金额的第三方产品,银行业金融机构应告知申请人到相关机构查询。

本通知未尽事宜,按照《司法部　中国银行业监督管理委员会关于在办理继承公证过程中查询被继承人名下存款等事宜的通知》(司发通〔2013〕78 号)执行。通知执行过程中遇到的问题,由银保监会会同司法部解释。

附件:存款查询情况告知书(参考样本)

2019 年 4 月 4 日

附件

存款查询情况告知书(参考样本)

×××(查询申请人):

根据您(你们)于××××年××月××日提交的关于×××(已故存款人)名下个人存款余额、非存款类金融资产信息的查询申请以及相关资料,经查询,现将查询情况告知如下:

一、存款余额情况

存款人姓名(户名):

存款人身份证件类型及号码:

存款基本情况:

账号/卡号	定期存款到期日(活期可不填)	截至查询日余额	币种	备注

二、可确定金额的非存款类金融资产余额:

□理财产品:______________________________

□其他:______________________________

(可另纸出具)

×××金融机构(印章)

××年××月××日

注:

1. 本告知书仅适用于已故存款人存款的查询程序,不得用于其他用途。

2. 对于存款余额,应告知查询日可确定的金额;定期存款应当列明到期时间。

3. 存款如处于冻结等权利受限状态的,请在“备注”栏中注明。

4. 对于理财、基金等非存款类金融资产,无法提供当日净值的,可告知上一交易日净值并向申请查询人予以说明;无法提供净值的,可告知资产购入价款并向申请查询人予以说明。非存款类金融资产难以确定金额的，应告知查询申请人到相应机构办理查询。

注：

中国银行保险监督管理委员会令2021年第7号《中国银保监会关于清理规章规范性文件的决定》：九、将《中国银保监会办公厅　司法部办公厅关于简化查询已故存款人存款相关事项的通知》（银保监办发〔2019〕107号）中的“《中华人民共和国继承法》”修改为“《中华人民共和国民法典》”。

（三）委托、担保、声明公证

司法部公证律师司

关于为潘家天办理公证书的函

［1983年5月28日　（83）司公字第69号］

广东省琼海县公证处：

你处（83）琼公字第3号《关于公证员能否在外文本上签名的请示》由外交部领事司转我司。经与外交部领事司研究，我公证员不宜在马来西亚的英文授权书上签名。我国发出的经我外交部领事司和马驻华使馆的认证的公证书，马来西亚政府是承认的。你处可按我公证程序为潘家天办理委托书公证，并附英文译本。将中文本英文译本一并送外交部领事司办理认证后，交申请人转寄马来西亚的亲属使用，并告申请人转告在马亲属，把我公证书送当地律师楼，由律师送马来西亚高等法院注册。如律师说这样办还不行，可与我驻马使馆联系，他们会协助解决。

司法部公证律师司

关于办理经济保证书原件与复印件相符公证书事的函

［1984年9月4日　（84）司公字第188号］

各省、市、自治区司法厅（局）公证管理处：

公安部一九八四年八月二十九日（84）公六（2）第1791号《关于改变我公民申请自费去美国

留学的经济保证书认证的通知》告，最近美国国务院中国处、美新闻总署中国处，就我自费留学生的经济保证书在美国的认证手续，同我使馆教育处磋商了新的办法。美方提出，根据美国法律和惯例，经济保证书只需州一级认证处认证即生效，本人可执此件办理入美签证，不必经美国国务院认证。公安部根据中央放宽出国限制，鼓励和支持自费出国留学的精神，经与有关部门研究，同意美方意见。今后公安部门在受理我公民自费去美国留学的申请时，要求本人提供经美国州政府认证过的经济保证书原件；有的申请人因恐怕原件丢失而要求提交复印件的，如经我公证处公证，公安部门也予接受。

据此，请即通知所属办理涉外公证的公证处，如当事人申请办理上述经济保证书原件与复印件相符的公证事项，请给予办理。

司法部公证律师司

关于办理黄成委托书事的函

[1985年8月1日　(85)司公字第122号]

驻法国使馆领事部：

根据你部一九八五年六月十七日(85)法领字216号《请协助办理黄成先生委托书事》函的要求，广东省揭阳县公证处为黄成先生办理了委托书公证，并送外交部领事司认证。因所办公证不符合我部要求，由领事司转我司。

根据我司一九八〇年三月二十二日(80)司公字第26号文件规定，“在办理国外拟就的外文委托书和外文表格式申请书问题时，只要内容上无违反我国法律、法令和现行政策，无危害我国主权和人民利益的字句，可允许申办人在公证员面前，在国外拟就的外文委托书和外文表格式申请书上签名，然后，另纸公证证明其签名属实。”(见《公证工作手册》第一辑第93页)而你部来函要求公证处、领事司直接在外文委托书上盖章予以公证、认证，似有不妥。我司意见，仍采取由公证处另纸公证的做法，然后将委托书与公证书装订在一起，公证书后附认证页，供办理认证使用。如此意见可行，请你部再寄一份空白委托书来，我司转揭阳县公证处重新办理；哪些意见不可行，亦请提出解决办法，以便研究。

司法部公证律师司

关于委托书上可否贴受托人照片事的复函

[1985 年 8 月 16 日　(85)司公字第 130 号]

黑龙江省司法厅公证管理处：

你厅一九八五年七月二十四日(85)黑司公字第 21 号《关于身份证明(委托)书应张贴照片的请示》收悉。经研究认为,身份证明和委托书是两种不同的公证事项,上述来函标题不妥。一些公司、企业在经济活动中申办委托书公证书,对促进合同的签订和履行,防止诈骗行为,起到了较显著的作用。为防止一些不法分子利用公证书进行经济犯罪活动,同意你厅意见,可将受托人的照片贴在委托书左下角(位置同试行格式第一式之二),加盖委托单位的印章,公证处根据公证书试行格式第四式另纸出具公证书,然后将委托书放在公证书前面,装订在一起。

此外,在国内经济活动中,有关单位所发的工作证和公证处出具的委托书公证书,一般不需公证机关再出具身份证明。对当事人申办身份证明的问题,有待进一步调查其必要性与可行性,你处可将这方面的情况函告我司。

司法部公证律师司

关于可以办理纳妾声明书公证事的函

[1987 年 5 月 8 日　(87)司公字第 43 号]

外交部领事司：

香港南洋商业银行信托有限公司和香港新华银行信托有限公司介绍,一九七一年以前的纳妾行为不违背香港法律,凡涉及到遗产继承时,如由死者原配妻子发表知道并同意其丈夫纳妾的声明,即可承认妾的继承权。为此,要求内地公证处为当事人办理上述声明书公证书。

经研究认为,我国虽然实行一夫一妻制,但当事人的纳妾行为发生在香港,且在一九七一年以前,为保护继承人的合法权益,公证处可为在内地居住的死者原配妻子办理上述声明书公证书。

(下略)

司　法　部

关于办理外文文书公证事的意见

［1988年10月6日　(88)司发公函字第224号］

各省、自治区、直辖市司法厅(局)：

近年来,随着对外经济的发展和国际民间交往的增多,许多国内当事人要求公证机关直接证明用外文制作的有法律意义的文书。对此经与有关部门研究,提出以下处理意见：

一、凡是我国有关单位或公民申请公证拟在域外使用的有法律意义的文书,一般应以中文制作,文书使用国家或地区要求附译文的,可附译文。公证机关只证明当事人在中文文本上的签字盖章属实。如果文书使用国家或地区要求必须使用外文的,公证机关可证明当事人在中文文本上的签字盖章属实的同时,证明当事人在外文本上的签字盖章属实。

二、凡我国有关单位或公民应其他国家或地区要求,在其提供的下列外文文书或表格上签字盖章并申办公证的,公证机关可以另纸证明该签字盖章属实。该外文文书或表格不需附中译文,但当事人应提交一份该外文文书或表格的中文译本供公证处存档。

1. 向域外申请专利时填写的对方提供的外文表格；

2. 其他国家或地区银行提供的外文表格、票据或单据；

3. 在域外参加诉讼、仲裁时填写的对方国家或地区的律师或有关机构制作的表格式委托书；

4. 涉及寄养、监护权等民事法律关系时填写的对方国家或地区提供的声明书、委托书等。

三、我国有关单位与其他国家或地区的企业,或其他经济组织签订的合同、协议,要求公证机关证明我方法人代表在合同、协议上签字、盖章属实的,如果该合同、协议是由双方选定的外文制作的,在无需或无法附中文文本的情况下,可不附中译文,我公证机关可直接予以证明,并要求当事人提交一份中文译本供公证处存档。

四、对于前述第二、三项中的外文文书,公证机关如发现有违背我国法律,有损我国主权和国家利益的内容,应予拒绝公证。

五、公证机关在办证时,如遇有上述情况以外的新问题,应注意逐级请示。

上述意见在执行中有何问题,望及时告我部公证律师司。

司法部公证司

关于为担保人出具公证书事的复函

［1989年5月16日　(89)司公字第42号］

辽宁省司法厅(局)公证管理处：

你处一九八九年四月二十七日辽司公发(1989)9号《关于不为担保人出具公证证明的请示》收悉。关于外国人申请来华定居,其在华担保人需办理有关公证证明问题,经商公安部六局,根据公安部颁布的《关于执行外国人入境出境管理法及实施细则的内部规定》中附件1:《关于外国人证件、申请表、印章使用说明》第二项规定:申请来华定居的外国人,由申请人或其在华亲属向拟定居地的市、县公安局领取并填写《外国人来华定居申请表》。申请表中担保人一栏的姓名、性别、出生日期、国籍、职业、工作处所、住址、与申请人关系、担保人签字等九个项目需经公证处公证。公证机关可根据上述规定和当事人的申请,办理亲属关系证明(其中包括了担保人的姓名、性别、出生日期、住址、与申请人的关系等内容)和担保人的声明书公证(其中包括担保人的姓名、性别、出生日期、住址、工作单位、职务、签字等内容),由当事人将这两份公证书连同申请表一并提交公安机关。由于国籍问题属公安部门管理,故公证处可不予公证。

司法部公证司

关于发往澳门使用的公证书二个问题的复函

［1990年9月28日　(90)司公字第148号］

广东省司法厅公证管理处：

你处粤司公字(1990)52号《关于新华社澳门分社外事部向我处反映有关公证的二个问题的请示》收悉。

一、关于可否为已与澳门居民在内地登记结婚的内地居民,委托他人到澳门婚姻登记局代办婚姻备案手续的委托书办理公证事,经向新华社澳门分社外事部了解,葡萄牙公民之间或葡公民与外籍人在葡萄牙以外地区结婚的，需把婚姻资料通过葡驻外使领馆送里斯本婚姻登记局总部备案，此婚姻才能得到葡国确认。备案确认的程序要求夫妻双方亲自到葡驻外使领馆或澳门婚姻登记局提交有关资料，办理有关手续。如其中一方不能亲自前往，可委托他人代办，受托人需持经公证的委托书随另一方前往办理手续。澳门葡籍居民与内地居民在内地依法登记结婚后，可把有关资料送到葡驻华大使馆或澳门婚姻登记局，由他们送里斯本总部，婚姻关系即可得到葡国认可。鉴于此种情况，公证处可为上述委托人办理委托书公证，证明委托人在委托书上的签字属实。

二、关于可否为澳门原内地居民加入葡籍办理国籍公证事，经商国务院港澳办认为，公证处不予办理。

司法部公证司

关于为华侨回国定居办理担保声明书公证的复函

［1991年11月15日　(91)司公函字第71号］

广东省司法厅公证管理处：

你处粤司公字(1991)149号《关于可否办理用于申请印尼华侨在大陆定居的担保声明书公证的请示报告》收悉。经商国务院侨办国内司认为，华侨或外国籍华人回国定居，一般不需要国内居民担保或办理担保声明书公证。如你省侨务或公安部门要求国内居民为华侨或外国籍华人回国定居提供生活或住房方面的担保，担保人和被担保人均符合上述部门的有关规定，公证处可以为其办理担保声明书公证。公证处对担保人在担保声明书中承诺的生活或住房等内容的担保能力，应进行具体调查，情况属实的，方可办理公证。

司法部公证司

关于采取声明书形式证明取款人姓名的复函

［1993年3月19日 (93)司公函023号］

辽宁省司法厅公证管理处：

你处辽司公发〔1993〕4号《关于采取声明书形式证明取款人姓名公证事的请示》函悉。关于储户在提前支取个人定期存款时，遇到存款单姓名与本人身份证明音同字不同等情况，而要求申办两个名字为同一人的公证问题，经研究同意你处意见。即在当事人提供足够证据后，公证处可为当事人办理两个名字为同一人的声明书公证。声明书的内容主要写明出现姓名差错的原因及今后如发现冒领存款所应承担的法律责任。公证处证明声明人的签字或盖章属实。但对万元以上的数额较大的存款不宜办理。

司法部公证司

关于公证处能否办理抵制以色列声明书公证的复函

［1996年12月19日 (96)司公函066号］

北京市司法局公证管理处：

你处京司公(1996)33号《关于能否办理涉及有损我国与以色列国关系的声明书公证的请示》收悉。

关于中国远洋运输(集团)总公司为使上海远洋运输公司的船舶能够在阿拉伯国家港口挂靠，应国外要求，到公证处申请办理有抵制以色列内容的声明书公证事，经研究并商外交部领事司，我们认为，考虑到中以友好关系，现不宜办理有抵制以色列内容的声明书公证。但是，为了不妨碍当事人在阿拉伯国家进行正常的经贸活动，可在不影响中以关系，不对今后做出保证的前提下，在此类声明书中采用“与以色列无商业往来”等变通措辞，然后由公证处予以公证。

司法部律师公证工作指导司

复《关于当事人申请更名改姓是否可以办理公证的请示》的函

［1999 年 5 月 17 日　(99)司律公函 036 号］

吉林省司法厅公证管理处：

你处一九九九年四月五日《关于当事人申请更名改姓是否可以办理公证的请示》函悉。经研究并征求有关部门意见认为，更改未成年子女姓为继父姓，应征得生父同意，并取得其生父同意其改随继父姓的明确意思表示。经公安机关按照有关规定变更并登记在册的姓名是公民的合法有效姓名。作为意思表示形式之一的声明书，其是否办理公证应由当事人自己决定。公证处可以为其办理声明书公证。

此复。

(四)现场监督公证

司　法　部

关于印发《招标投标公证程序细则》的通知

(1992 年 10 月 19 日　司发通〔1992〕101 号)

各省、自治区、直辖市司法厅(局)：

现将《招标投标公证程序细则》印发给你们，请遵照执行。

招标投标公证程序细则

第一条　为规范招标投标公证活动，保证办证质量，根据《中华人民共和国公证暂行条例》、《公证程序规则（试行）》和国家有关招标投标的规定，制定本细则。

第二条　招标投标公证是国家公证机关依法证明招标投标行为的真实性、合法性的活动。

第三条　本细则适用于建设工程、申请进口机电设备、水运工程施工、建设工程设备招标投标公证。

第四条　招标投标公证由招标方所在地的公证处管辖。委托招标的，由委托招标方所在地的公证处管辖。

第五条　招标投标公证申请由招标方提出。委托招标的，由委托招标方提出。

招标投标公证申请，应于招标通知（公告）或招标邀请函发出之前提出，特殊情况下，也必须于投标开始前提出。

第六条　申请人应填写公证申请表，并提交下列材料：

（一）法人资格证明和法定代表人身份证明及本人身份证件，代为申请的，应提交授权委托书和本人的身份证件；

（二）受委托招标的，应提交委托书和具有承办招标事项资格的证明；

（三）有关主管部门对招标项目、招标活动的批准文件；

（四）招标组织机构及组成人员名单；

（五）招标通知（公告）或招标邀请函；

（六）招标文件（主要包括：招标说明书、投标人须知、招标项目技术要求、投标书格式、投标保证文件、合同条件等）；

（七）对投标人资格预审文件；

（八）评标组织机构及组成人员名单；

（九）公证人员认为应当提交的其他有关材料。

第七条　符合下列条件的申请，公证处应予受理，并书面通知申请人：

（一）申请人符合本细则第五条的规定；

（二）申请公证事项符合本细则第三条规定的范围；

（三）申请公证事项属于本公证处管辖；

（四）本细则第六条第（一）、（二）、（三）、（九）项所列材料基本齐全。

不符合前款规定条件的申请，公证处应作出不予受理的决定，通知当事人，并告知对不受理不服的复议程序。

受理或不受理的决定，一般应在本细则第六条第（一）、（二）、（三）、（九）项所列材料基本齐全后的七日内作出。

第八条　公证人员应认真接待申请人，按《公证程序规则（试行）》第二十四条的规定制作谈话笔录，并着重记录下列内容：

（一）招标项目的基本情况；

（二）招标活动准备情况和标底编制情况；

（三）对投标人的资格要求；

（四）公证费的负担和支付方式；

（五）公证人员认为需要询问的其他情况。

第九条 办理招标投标公证，公证员除应按《公证程序规则（试行）》第二十三条规定的内容审查外，还应着重审查以下内容：

（一）本细则第六条所列材料是否齐全、真实、合法；

（二）招标方是否具备规定的招标资格，受托招标方是否具有承办招标事项的资格并已获得合法授权；

（三）招标文件的内容是否完备，文字表述是否清楚、准确，审查的重点是招标、投标对当事人的效力规定，开标、评标、定标的办法，无效标书和招标不成的认定标准及处理办法；

（四）委托招标的，要审查委托书中权利义务的规定是否明确；

（五）标底的编制和审核是否符合规定的条件和程序，是否已得到有关主管部门的批准；

（六）评标组织机构的人员组成是否合理，评标人是否符合规定的条件，与投标人有无利害关系。

第十条 经审查，有下列情况之一者，应拒绝公证：

（一）招标方不具备招标资格的；

（二）受托招标方不具有承办招标事项的资格或未获得合法授权的；

（三）招标项目、招标活动未经有关主管部门批准的；

（四）招标文件及有关材料不真实或不合法的。

拒绝公证的，公证处应将拒绝的决定和理由书面通知申请人，并告知对拒绝不服的复议程序。

第十一条 符合办证条件的，公证处应派二名以上公证人员（其中应至少有一名公证员）参加整个招标投标活动，进行现场监督和证明。

第十二条 投标前，公证员应检查投标箱并加封。

第十三条 投标时，公证人员应查验投标人的身份，记录投标人投送标书的时间，检查并记录标书密封情况。

第十四条 投标截止时，公证员应封贴投标箱。

第十五条 公证员应监督招标方（受托招标方）按规定的时间和地点开标。

第十六条 开标前，公证员应查验投标方的法人资格证明及代表人或代理人的身份证明，审查投标方是否符合规定的投标条件。

第十七条 公证员应检查投标箱的密封情况，监督投标箱的启封。

第十八条 投标箱开启后，公证员应检查投标书的密封情况，监督投标书的启封。

第十九条 公证员应验明投标书是否有效。有下列情况之一者，应作无效标书处理：

（一）投标人不具备投标资格的；

（二）投标书未密封的；

（三）没有报价的；

（四）投标书未加盖本单位公章及法定代表人未签字的；

（五）投标书未按规定的格式、内容和要求填写的；

（六）投标书书写潦草、字迹模糊不清难以辨认的；

（七）投标书逾期送达的；

（八）在一个招标项目中，投标单位投报两个或多个标书或有两个或多个报价，又未书面声明其中哪一个有效的；

（九）投标方未能按要求提交投标保函的；

（十）其他不符合招标文件要求的。

第二十条 唱标时，公证员应监督唱标，并作记录。如发现所唱投标书内容与正本不相符的，应予纠正。

第二十一条 开标结束后，公证员应当场口头证明开标活动真实、合法，并作出记录。

第二十二条 公证员应参加评标会议，对违反规定的，应予纠正，但不得担任评标机构的成员。

第二十三条 公证员应当对评标、定标的情况进行记录，并在定标决议书上签名。

第二十四条 评标结束后，公证员应宣读公证词，对整个招标投标活动的真实性、合法性予以证明。

第二十五条 有下列情况之一者，公证员应终止现场监督的公证活动：

（一）招标方（受托招标方）擅自变更原定招标文件内容、违背招标程序、原则和其他有关规定，经指出不予纠正的；

（二）招标中出现舞弊行为的。

第二十六条 公证处应在公证员宣读公证词后的七日内出具公证书。宣读现场公证词的时间为公证书的生效时间。

第二十七条 其他招标投标公证，参照本细则办理。

第二十八条 本细则自下发之日起施行。

司法部办公厅　国家发展计划委员会办公厅

关于认真做好依法必须进行招标项目招标投标公证有关问题的通知

(2000 年 12 月 15 日　司办字〔2000〕第 89 号)

各省、自治区、直辖市,及计划单列市、新疆生产建设兵团发展计划委员会、司法厅(局):

为了贯彻落实《中华人民共和国招标投标法》,规范依法必须进行招标项目的招标投标公证活动,加强法律监督工作,现就有关问题通知如下:

一、公证制度是我国的一项重要法律监督制度,各主管部门在对招标投标活动实施行政监督的过程中,要充分发挥公证的法律监督作用。

二、公证机构办理招标投标公证,必须严格遵守《中华人民共和国招标投标法》,对招标投标活动是否遵循公开、公平、公正和诚实信用的原则进行严格监督,认真把关。

三、依法必须进行招标项目,特别是其中公开招标项目、国家重点建设项目以及采取国际招标的项目,鼓励招标人委托公证机构进行公证。

四、为了确保招标人、投标人具备相应的资格、资质、资信等条件,有关主管部门在对招标人、投标人进行资格审查时,可以要求招、投标人提供经公证机构公证的证明。

五、公证机构对公证过程中所发现的问题要认真做好记录,及时向有关部门反映情况。

六、公证机构要严格执行公证档案管理规定,对所办理的招标投标公证要建立完整的档案。

七、公证机构办理招标投标公证,必须严格执行公证业务收费标准。

八、有关部门在对招标投标活动进行监督,对违法、违纪行为进行查处时,应将公证书作为认定事实的依据之一。

司　法　部

关于印发《开奖公证细则（试行）》的通知

（2004 年 5 月 29 日　司发通〔2004〕87 号）

各省、自治区、直辖市司法厅（局），新疆生产建设兵团司法局：

现将《开奖公证细则（试行）》印发你们，请认真遵照执行。

《开奖公证细则（试行）》（以下称《细则》）的制定，对于规范开奖公证程序，充分发挥公证监督职能，维护有奖活动秩序和社会公众利益，保障公证事业的健康发展，具有重要的意义。各级司法行政机关、公证员协会、各公证处和广大公证人员一定要认真学习，严格遵守。要认真开展宣传教育，进一步增强广大公证人员的责任意识、诚信意识，严格遵守职业道德和执业纪律，自觉履行开奖公证的各项法定职责和办证程序；要对照《细则》进行检查，发现问题，及时纠正；要依照《细则》的规定，进一步完善公证处的办证流程和各项规章制度，严格质量管理和监督；要加强对贯彻执行《细则》情况的督促检查，严肃查处违反《细则》的行为，切实维护公证工作的公信力和公证行业的信誉。

各地贯彻执行的情况，请及时报部。

开奖公证细则（试行）

第一条　为了规范开奖公证程序，发挥公证监督职能，维护有奖活动秩序和社会公众利益，根据《中华人民共和国公证暂行条例》、《公证程序规则》的有关规定，制定本细则。

第二条　开奖公证是公证处通过事前审查、现场监督的方式，依法证明面向社会发行彩票或者其他有奖活动的开奖行为真实、合法的活动。

第三条　公证处办理开奖公证，应当严格按照国家有关有奖活动的规定、有奖活动主办单位向社会公布的有奖活动规则和公证程序规定对开奖行为进行审查、监督。

司法行政机关、公证员协会应当加强对开奖公证活动的指导、监督。

第四条　开奖公证由有奖活动主办单位向开奖行为发生地或者其住所地的公证处提出申请。申请至迟应当在开奖活动举办七日前提出。

中奖人对中奖结果申请公证的，应当亲自向承办该次开奖公证的公证处提出。

第五条　有奖活动主办单位申办开奖公证，应当如实填写公证申请表，并提交下列材料：

（一）主办单位的资格证明；

(二)法定代表人的身份证件,或者代理人的身份证件和授权委托书;

(三)举办有奖活动的依据和有关批准文件;

(四)有奖活动规则、方案和有关公告、广告;

(五)奖金、奖品来源的说明材料;

(六)其他需要提交的材料。

第六条 中奖人申办中奖公证,应当如实填写公证申请表,并提交下列材料:

(一)本人身份证件;

(二)中奖凭证;

(三)有奖活动主办单位出具的中奖确认书;

(四)其他需要提交的材料。

第七条 对于符合《公证程序规则》第十七条和本细则第四条、第五条、第六条规定的申请,公证处应当予以受理。

对于不符合规定的申请,公证处应当在三日内作出不予受理的决定,并通知申请人。

第八条 公证处受理公证申请后,应当按照《公证程序规则》第二十三条和本细则的规定进行审查,重点审查以下内容:

(一)主办单位是否具备主办有奖活动的资质;

(二)申请人提交的材料是否真实、充分;

(三)有奖活动规则、方案是否合法、公平、合理;

(四)开奖器具是否符合规定标准、能否正常使用。

第九条 办理开奖公证,公证处应当派两名以上公证人员在开奖现场对开奖活动的全过程进行监督,对开奖活动的过程和结果予以证明,并在开奖活动结束时由公证员当场宣读公证词。现场情况及中奖结果应当记录并存档。

第十条 对采用从器具中抽取奖票确定中奖人及中奖等次的开奖活动,公证员应当对开奖器具和奖票的投放情况进行检查、监督;对提前投放奖票的,公证人员应当在投放结束后对开奖器具进行封存并予以监控,待开奖时启封。

对依据数据电文作为计奖基础数据的,公证人员应当采取有效方式对相关数据电文予以保全。

第十一条 在开奖现场,公证人员应当检查开奖器具及有关封存情况,并严格按照开奖规则监督开奖人员实施开奖行为。

第十二条 中奖结果产生后,公证人员对公证词中涉及的中奖号码、中奖凭证、中奖人姓名应当即时核对。中奖人的身份证件,应当复印存档。

第十三条 办理开奖公证,公证人员应当着公证制服,注重形象,举止文明。

第十四条 公证处发现有奖活动有下列情形之一的,应当拒绝公证:

(一)违反国家法律和规定的;

(二)损害社会公共利益或者违反社会公德的;

(三)违反向社会公布的活动规则的;

(四)申请人拒绝提供有关材料的;

(五)主办单位弄虚作假、徇私舞弊的;

(六)主办单位阻挠公证人员依法对开奖活动实施监督的。

第十五条 在开奖现场,公证员发现有下列情形之一的,应当要求主办单位妥善处理;无法当场解决的,应当建议主办单位中止开奖活动:

(一)发生开奖纷争或者秩序混乱的;

(二)开奖器具出现技术故障的;

(三)中奖的彩票或者奖票需要核实真伪而未进行核实的;

(四)中奖结果待确定的;

(五)公证词中涉及的中奖人未能提供有效身份证件的。

上述情形解决后,开奖活动继续进行的,应当给予公证;主办单位拒不解决的,应当拒绝公证;开奖活动中止后仍然无法解决的,应当终止公证。

第十六条 公证处应当在公证员宣读公证词后七日内出具公证书。宣读公证词的时间为公证书的生效时间。

第十七条 公证处可以应有奖活动主办单位的申请,对未发出的彩票或者奖票销毁情况办理公证。

第十八条 承办开奖公证的公证处及公证人员不得以任何方式与主办单位串通,损害社会公众利益;不得购买或者收受本次有奖活动的彩票、奖票或者设奖物品。

第十九条 公证处及公证人员违反本细则和其他有关规定的,应当视情节给予纪律惩戒、行政处罚;构成犯罪的,依法追究刑事责任。

司法行政机关、公证员协会非法干预开奖公证活动的,应当依法对有关责任人员给予处分;构成犯罪的,依法追究刑事责任。

第二十条 本细则未作规定的,适用《公证程序规则》及其他有关规定。

第二十一条 本细则自 2004 年 7 月 1 日起施行。

(五)收养、寄养、认领亲子公证

司法部公证律师司

关于转发公安部六局《关于受理、审批寄养外籍儿童问题的通知》的通知

[1988 年 10 月 22 日 (88)司公字第 97 号]

各省、自治区、直辖市司法厅(局)公证管理处:

现将公安部六局(88)公六(1)第 821 号函《关于受理、审批寄养外籍儿童问题的通知》转发

你处，请转所属办理涉外公证业务的公证处，按此通知精神办理有关证明。

附件：(88)公六(1)第821号

附：

公安部六局关于受理、审批寄养外籍儿童问题的通知

［1988年10月6日　(88)公六(1)第821号］

各省、自治区、直辖市公安厅、局：

近年来，有越来越多的华侨、外籍华人把自己的年幼外籍子女送回国内寄养在亲属家中。他们当中，有的是由于没有精力照顾子女，有的是让子女回来学习中文、培养热爱祖籍国意识。处理好这个问题，有利于我对海外华侨、外籍华人的工作。现就寄养申请的受理和审批问题通知如下：

一、认真审查寄养儿童国籍。要按照我国国籍法及有关内部规定审查确定寄养儿童的国籍。对于经确认具有外国国籍的，外管部门方能受理。应为中国国籍的，要按照中国人寄养规定到当地派出所申请，其所持外国护照由寄养人保存，如护照内有我驻外使领馆错发的签证，应予以注销，并复印后报我局。

申请寄养时，申请人要提供足以证明寄养儿童确系外国籍的证件和证明材料。除出示寄养儿童的有效护照外，其父母双方或一方为外国人的，须提供外国护照、证件的影印件；其父母双方或一方为中国公民的，须提供在国外定居证件的影印件。

二、寄养儿童的父母要提出书面寄养申请。申请内容包括寄养理由，指定抚养、监护人，寄养年限及寄养儿童父母的简历（含国籍、职业或身份、何时何因出国、何时获得所在国居留权、何时加入外国籍）等。该书面申请可以由其父母本人直接呈交，也可以由抚养、监护人代为转交。

三、要有可靠的抚养、监护人。承担寄养者须与被寄养者有亲属关系；朋友关系的应从严掌握。承担寄养者要写出保证书，保证对被寄养者担负抚养和监护的责任。

承担寄养者的保证书应包括下列内容：1. 承担人的基本情况（包括姓名、工作单位、职业、家庭住址、与被寄养人的关系等）；2. 被寄养者的基本情况（包括姓名、出生日期及出生地点）；3. 接受被寄养人父母委托，承担抚养与监护责任；4. 保证被寄养者如没有不可抗拒的原因按期出境。

承担寄养者的保证书要经公证机关公证。

四、寄养申请由所在地市、县公安局受理审批。经审查批准的，可发给一至三年有效的外国人居留证（不足一年的发给外国人临时居留证），居留证件期满前可申请延期。外国人居留证中身份栏内可注明“寄养儿童”字样。

五、寄养儿童来华可申请L字签证，准许在华居留后不必变更签证种类。

六、十六周岁以上的外籍儿童不得在华寄养。

司法部公证司

关于寄养外籍儿童有关公证问题的复函

［1989年1月18日　(89)司公字第9号］

河南省司法厅公证管理处：

你处豫司便公字(88)第25号《关于寄养外籍儿童有关公证部分的请示》函悉。来函请示的问题，经商公安部六局，现答复如下：

一、承担寄养者的保证书的四项内容均应由承担寄养者本人所写，公证处只证明其签字属实即可。审查时，公证处首先应依据《办理公证程序试行细则》《办理公证程序试行细则》已被《公证程序规则(试行)》代替；现行有效的是2006年公布的《公证程序规则》。审查申请人是否具有申请公证的行为能力，其次审查保证书内容是否符合公安部门的四项要求。对于被寄养者的基本情况，有当事人护照为凭即可。公证处也不必要求申请人提供被寄养人父母的公证委托书。

二、关于承担寄养者与被寄养者之间因朋友关系而从严掌握问题，由公安部门负责，公证处按规定办理即可。

司法部公证司

关于办理认领亲子公证的复函

［1989年6月22日　(89)司公字第64号］

北京市司法局公证管理处：

北京市公证处三月二十日《关于为贺、李卓勋申请办理非婚生子出生公证的报告》收悉。此两件公证事项实际上是对非婚生子女的认领问题。目前我国尚无认领亲子的法律规定，经商有关部门，现仅对这两件公证事项如何办理答复如下：

一、张甬敏、贺雪聪夫妇申办贺的出生公证，首先需确认贺雪聪是否是贺的生父。张、贺结婚时间为1989年1月20日，而贺(1986年11月22日出生)是在张甬敏与前夫婚姻关系存续期间所生，因此张、贺必须提供贺雪聪确系贺生父的有关证明材料。主要应包括：1.“亲子鉴定”结论；2.张甬敏前夫不承认贺是自己所生的证明材料；3.贺雪聪承认贺是自己与张甬敏所生的证明材料；4.张甬敏承认贺的生父是贺雪聪的证明等。如证据确凿，公证处可办理贺雪聪、张甬敏是贺生父母的出生证明书。

二、香港居民金美琪申请办理她与李卓勋母子关系证明，因金美琪与李卓勋的生父李铁铸并未存在过婚姻关系，所以金必须提供李卓勋确系本人与李铁铸所生的有关证明材料，主要应包括：1.“亲子鉴定”结论；2.李卓勋出生时间、地点证明；3.李铁铸与妻子隋葵庚结婚时间证明；4.隋葵庚不承认李卓勋是自己所生的证明，以及同意由金美琪认领的证明；5.李铁铸承认李卓勋是自己与金美琪所生的证明；6.金美琪承认李卓勋是自己与李铁铸所生的证明等。以上如证据确凿，公证处可办理金美琪与李卓勋的母子关系证明。

鉴于此项公证尚无法律依据，今后各地公证处遇此类问题均需逐案请示。请北京市公证处将办理此案详情函告我司。

司法部公证司

关于为李威、孟云峰申办非婚生子出生公证的复函

［1991年7月2日　(91)司公函字第18号］

河南省司法厅公证管理处：

你处(1991)豫司便字第20号“关于为李威、孟云峰申请办理非婚生子孟良的出生公证的请示报告”收悉。经研究认为此公证事项属于认领亲子问题，仍应按我司(89)司公字第64号文规定精神办理。即要提交“亲子鉴定”结论和有关证明材料。现申请人提交的“洛阳市血液中心报告单”，只能证明孟良不是孟亚国与刘芳所生，但证明不了孟良是孟云峰与李威所生。另外，重要证据不能以推理认定，故不应以“洛阳市血液中心检验报告单”及孟良与孟云峰和李威的血型相符来认定孟良是孟云峰和李威所生子。因此，不能为孟良出具出生公证证明，更不能以此为其他自费留学人员办理类似的公证证明。

随函退卷宗二本。

司法部公证司

关于为何天祥办理认领亲子公证的复函

［1992 年 4 月 21 日　(92)司公函 064 号］

江西省司法厅公证管理处：

你处《关于能否为何天祥办理认领亲子公证的请示》收悉。经研究，同意为何天祥办理认领亲子公证。公证书可出具何金凤的出生证明公证和何天祥、周梅新各自承认孩子是他们俩人所生的声明书公证。

另外，依据我国婚姻法、继承法等规定，非婚生子女享有与婚生子女同等的权利。公证处在为当事人办证时，应向认领亲子的生父母讲清有关法律规定，并应从保护未成年人出发，要求当事人就抚养非婚生子女做出相应的安排与保证。

司　法　部

关于办理收养法实施前建立的事实收养关系公证的通知

（1993 年 12 月 29 日　司发通〔1993〕125 号）

各省、自治区、直辖市司法厅(局)：

近来一些地方请示，收养法实施前建立的事实收养关系，能否办理公证。经与有关部门研究认为，对于收养法实施前已建立的事实收养关系，当事人可以申办事实收养公证。凡当事人能够证实双方确实共同生活多年，以父母子女相称，建立了事实上的父母子女关系，且被收养人与其生父母的权利义务关系确已消除的，可以为当事人办理收养公证。收养关系自当事人达成收养协议或因收养事实而共同生活时成立。办理事实收养公证由收养人住所地公证处受理。

附件：事实收养公证书格式一、二。

格式一：

收养公证书

（　　）××字第××号

收养人：×××，男，××××年×月×日出生，现住××省××市××街××号。

×××，女，××××年×月×日出生，现住××省××市××街××号。

被收养人：×××，男（或女），××××年×月×日出生，现住××省××市××街××号。

送养人：×××，男，××××年×月×日出生，现住××省××县××乡××村。

×××，女，××××年×月×日出生，现住××省××县××乡××村。

兹证明收养人×××、×××与被收养人×××的生父母×××、×××于××××年×月×日商定，收养×××为养子（女）。[同时征得×××（被收养人）的同意。]自该日起，×××、×××（收养人）与×××共同生活，相互以父母子女相称，并履行抚（扶）养义务，已形成事实收养关系。×××是×××的养父，×××是×××的养母。

中华人民共和国××省××市公证处

公证员（签名）

年　　月　　日

注：本格式用于事实收养公证。

格式二：

收养公证书

（　　）××字第××号

收养人：×××，男，××××年×月×日出生，现住××省××市××街××号。

×××，女，××××年×月×日出生，现住××省××市××街××号。

被收养人：×××，男（或女），××××年×月×日出生，现住××省××市××街××号。

兹证明收养人×××、×××于××××年×月×日在××××（何处）收养弃婴×××。双方共同生活，相互以父母子女相称，并履行抚养义务，已形成事实收养关系。×××是×××

的养父，×××是×××的养母。

中华人民共和国××省××市公证处
公证员（签名）
年　月　日

注：本格式用于办理弃婴的事实收养公证。

司法部公证司

关于可以办理收养三代以内同辈旁系血亲的孙子女为养孙子女公证的复函

［1995年4月8日　(95)司公函024号］

山东省司法厅公证管理处：

你处今年三月二十三日《关于能否办理收养孙子女公证的请示》函悉。经研究，对符合收养法规定条件、没有子女和孙子女的当事人，为收养三代以内同辈旁系血亲的孙子女申办收养公证的，公证处可以为其办理收养孙子女公证。关于养祖父母与养孙子女间的权利义务关系，可以比照养父母与养子女关系处理。

司法部公证司

对《关于能否为陈学义办理收养公证的请示》的复函

［1996年3月5日　(96)司公函021号］

天津市司法局公证管理处：

你处津司公管(95)20号《关于能否为陈学义办理收养公证的请示》函悉。经研究认为，过继是一种传统习俗，带有封建宗法色彩，不同于法律上的收养。最高人民法院一九八四年八月《关于贯彻执行民事政策法律若干问题的意见》指出：“‘过继’子女与‘过继’父母形成扶养关系的，即为养子女，互有继承权；如系封建性‘过继’、‘立嗣’，没有形成扶养关系的，不能享有继承权”。根据五十年代以来的有关规定，过继行为构成收养至少要具备三个条件：(1)过继三方一致同意；(2)过继子女与过继父母之间以父母子女相称，并解除了与生父母之间的权利义务关系；(3)过继子女与过继父母之间形成了扶养关系。从你处提供的情况看，陈学义之父1955年的档案中仍认为陈学义是其次子，表明其未同意将陈学义送与他人收养；陈学义与生父母间的权利义务关系也未解除，双方仍以父母子相称，且长期共同生活，有相互扶养之事实；而陈学义与李静萍间确未形成扶养关系，有关档案中也缺乏养母子或“过继”母子关系之记载。综合以上事实，陈学义与李静萍间之“过继”不构成法律上的收养，公证处不能为其办理收养公证。

司法部律师公证工作指导司

关于公证处能否为离婚后的一方当事人办理事实收养公证的复函

(2001年8月31日 〔2001〕司律公函048号)

北京市司法局公证工作管理处：

你处《关于公证处能否为离婚后的一方当事人办理事实收养公证的请求》[京司公(2001)23号]函悉。经研究认为，张保东与王保才虽于1989年12月离婚，但弃婴系于张、王二人婚姻关系存续期间内的1987年7月被王及他人捡拾，由张、王二人抚养并取名张立欣。他们的离婚协议中也有已收养的弃婴由张抚养的内容，因此，该事实收养宜按共同收养办理公证，公证申请人应为张保东和王保才。鉴于王保才目前下落不明的事实，公证处对张保东的单方申请不宜受理。

如王保才明确否认收养事实或已死亡，则公证处可在事实清楚，证据充分、可靠的条件下，根据张保东的申请，办理张保东与张立欣形成事实收养关系的公证证明。

因张立欣目前已年满15岁，如其知晓自己的身世，则无论办理张、王共同的事实收养公证，还是张的单方事实收养公证，公证处均应取得张立欣的当面确认。

此复。

民政部　公安部　司法部　卫生部　人口计生委

关于解决国内公民私自收养子女有关问题的通知

（2008 年 9 月 5 日　民发〔2008〕132 号）

各省、自治区、直辖市民政厅（局）、公安厅（局）、司法厅（局）、卫生厅（局）、人口计生委，新疆生产建设兵团民政局、公安局、司法局、人口计生委：

《中华人民共和国收养法》（以下简称《收养法》）实施以来，国内公民依法收养意识不断增强，通过办理收养登记，有效地保障了收养关系当事人的合法权益。但目前依然存在国内公民未经登记私自收养子女的情况，因收养关系不能成立，导致已经被抚养的未成年人在落户、入学、继承等方面的合法权益无法得到有效保障。为全面贯彻落实科学发展观，体现以人为本，依法保护当事人的合法权益，进一步做好国内公民收养子女登记工作，现就解决国内公民私自收养子女问题通知如下：

一、区分不同情况，妥善解决现存私自收养子女问题

（一）1999 年 4 月 1 日，《收养法》修改决定施行前国内公民私自收养子女的，依据司法部《关于办理收养法实施前建立的事实收养关系公证的通知》（司发通〔1993〕125 号）、《关于贯彻执行〈中华人民共和国收养法〉若干问题的意见》（司发通〔2000〕33 号）和公安部《关于国内公民收养弃婴等落户问题的通知》（公通字〔1997〕54 号）的有关规定办理。

依据司法部《关于贯彻执行〈中华人民共和国收养法〉若干问题的意见》（司发通〔2000〕33 号）的规定，对当事人之间抚养的事实已办理公证的，抚养人可持公证书、本人的合法有效身份证件及相关证明材料，向其常住户口所在地的户口登记机关提出落户申请，经县、市公安机关审批同意后，办理落户手续。

（二）1999 年 4 月 1 日，《收养法》修改决定施行后国内公民私自收养子女的，按照下列情况办理：

1. 收养人符合《收养法》规定的条件，私自收养非社会福利机构抚养的查找不到生父母的弃婴和儿童，捡拾证明不齐全的，由收养人提出申请，到弃婴和儿童发现地的县（市）人民政府民政部门领取并填写《捡拾弃婴（儿童）情况证明》，经收养人常住户口所在地的村（居）民委员会确认，乡（镇）人民政府、街道办事处审核并出具《子女情况证明》，发现地公安部门对捡拾人进行询问并出具《捡拾弃婴（儿童）报案证明》，收养人持上述证明及《中国公民收养子女登记办法》（以下简称《登记办法》）规定的其他证明材料到弃婴和儿童发现地的县（市）人民政府民政部门办理收养登记。

2. 收养人具备抚养教育能力，身体健康，年满 30 周岁，先有子女，后又私自收养非社会福利机构抚养的查找不到生父母的弃婴和儿童，或者先私自收养非社会福利机构抚养的查找不到生父母的弃婴和儿童，后又生育子女的，由收养人提出申请，到弃婴和儿童发现地的县（市）人民政府民政部门领取并填写《捡拾弃婴(儿童)情况证明》,发现地公安部门出具《捡拾弃婴(儿童)报案证明》。弃婴和儿童发现地的县(市)人民政府民政部门应公告查找其生父母,并由发现地的社会福利机构办理入院登记手续,登记集体户口。对于查找不到生父母的弃婴、儿童,按照收养社会福利机构抚养的弃婴和儿童予以办理收养手续。由收养人常住户口所在地的村(居)民委员会确认,乡(镇)人民政府、街道办事处负责审核并出具收养前当事人《子女情况证明》。在公告期内或收养后有检举收养人政策外生育的,由人口计生部门予以调查处理。确属政策外生育的,由人口计生部门按有关规定处理。

捡拾地没有社会福利机构的,可到由上一级人民政府民政部门指定的机构办理。

3. 收养人不满30周岁,但符合收养人的其他条件,私自收养非社会福利机构抚养的查找不到生父母的弃婴和儿童且愿意继续抚养的,可向弃婴和儿童发现地的县(市)人民政府民政部门或社会福利机构提出助养申请,登记集体户口后签订义务助养协议,监护责任由民政部门或社会福利机构承担。待收养人年满30周岁后,仍符合收养人条件的,可以办理收养登记。

4. 单身男性私自收养非社会福利机构抚养的查找不到生父母的女性弃婴和儿童,年龄相差不到40周岁的,由当事人常住户口所在地的乡(镇)人民政府、街道办事处,动员其将弃婴和儿童送交当地县(市)人民政府民政部门指定的社会福利机构抚养。

夫妻双方在婚姻关系存续期间私自收养女性弃婴和儿童,后因离婚或者丧偶,女婴由男方抚养,年龄相差不到40周岁,抚养事实满一年的,可凭公证机构出具的抚养事实公证书,以及人民法院离婚判决书、离婚调解书、离婚证或者其妻死亡证明等相关证明材料,到县(市)人民政府民政部门申请办理收养登记。

5. 私自收养生父母有特殊困难无力抚养的子女、由监护人送养的孤儿,或者私自收养三代以内同辈旁系血亲的子女,符合《收养法》规定条件的,应当依法办理登记手续;不符合条件的,应当将私自收养的子女交由生父母或者监护人抚养。

(三)私自收养发生后,收养人因经济状况,身体健康等原因不具备抚养能力,或者收养人一方死亡、离异,另一方不愿意继续抚养,或者养父母双亡的,可由收养人或其亲属将被收养人送交社会福利机构抚养(被收养人具备完全民事行为能力的除外)。其亲属符合收养人条件且愿意收养的,应当依法办理收养登记。

(四)对于不符合上述规定的国内公民私自收养,依据《收养法》及相关法律法规的规定,由当事人常住户口所在地的乡(镇)人民政府、街道办事处,动员其将弃婴或儿童送交社会福利机构抚养。

二、综合治理,建立依法安置弃婴的长效机制

有关部门要高度重视,从构建社会主义和谐社会的高度出发,采取有力措施,加大《收养法》、《登记办法》等法律、法规和政策的宣传贯彻力度,充分发挥乡(镇)人民政府、街道办事处,村(居)民委员会的作用,广泛深入地向群众宣传弃婴收养的有关规定,切实做到依法安置,依法登记和依法收养。

民政部门应协调、协助本辖区内弃婴的报案、临时安置、移送社会福利机构等工作。同时,要进一步加强、规范社会福利机构建设,提高养育水平,妥善接收、安置查找不到生父母的弃婴和儿童;对不按规定,拒绝接收的,要责令改正。

公安部门应依据有关规定及时为弃婴捡拾人出具捡拾报案证明,为查找不到生父母的弃婴和儿童办理社会福利机构集体户口,将已被收养的儿童户口迁至收养人家庭户口,并在登记与户主关系时注明子女关系;应积极查找弃婴和儿童的生父母或其他监护人,严厉打击查处借收养名义拐卖儿童、遗弃婴儿等违法犯罪行为。

司法行政部门应指导公证机构依法办理收养公证和当事人之间抚养事实公证。

卫生部门应加强对医疗保健机构的监督管理,配合民政、公安部门做好弃婴和儿童的收养登记工作。医疗保健机构发现弃婴和弃儿,应及时向所在地公安部门报案并移送福利机构,不得转送他人或私自收养。

人口计生部门应积极配合民政部门做好收养登记工作,掌握辖区内居民的家庭成员情况和育龄人员的生育情况,做好相关工作。

各地应广泛深入宣传通知精神,集中处理本行政区域内2009年4月1日之前发生的国内公民私自收养。自本通知下发之日起,公民捡拾弃婴的,一律到当地公安部门报案,查找不到生父母和其他监护人的一律由公安部门送交当地社会福利机构或者民政部门指定的抚养机构抚养。公民申请收养子女的,应到民政部门申请办理收养登记。对本通知下发之前已经处理且执行完结的私自收养子女的问题,不再重新处理;正在处理过程中,但按照通知规定不予处理的,终止有关程序;已经发生,尚未处理的,按本通知执行。

各级政府和有关部门应以科学发展观为统领,本着“以人为本、儿童至上、区别对待、依法办理”的原则,积极稳妥地解决已经形成的私自收养问题。各省、自治区、直辖市相关部门应根据通知精神,结合本地实际情况,制订相关实施意见。对已确立的收养关系的户口迁移,应按当地公安部门的现行规定执行。

(六)婚姻状况、亲属关系公证

司　法　部

关于解释和公证婚姻状况问题的通知

[1983年7月16日　(83)司发公字第257号]

各省、市、自治区司法厅(局):

广东、福建等省司法厅(局)多次来文提出如何解释和公证婚姻状况问题。经与有关部门研究,现通知如下:

一、关于婚姻状况的解释问题

我国实行登记婚姻制度。凡符合我国婚姻法规定结婚条件的男女,到婚姻登记机关登记,领取结婚证后,即确立了夫妻关系。登记时间为结婚时间。

由于我国是一个经历过长期封建统治的国家,经济和文化较落后,解放后三十多年来,虽然两次颁布婚姻法，多次大张旗鼓地宣传婚姻法，但历史上遗留的某些封建传统习惯对于婚姻家庭问题的影响，还一时难以完全消除。至今在一些地方，特别是偏僻地区的农村，仍有一些人结婚时没有按婚姻法的规定到婚姻登记机关登记，就以夫妻相待共同生活，有的已生儿育女，形成了事实上的夫妻关系（所谓"事实婚姻"）。对于这种不符合我国婚姻法规定的情况，一般应通过宣传教育，动员他们到婚姻登记机关办理登记手续，登记时间为结婚时间。他们在登记前所生育的子女，根据我国婚姻法第十九条的规定，享有与婚生子女同等的权利。

以上问题，如外国驻华使领馆向我提出询问，可据此精神予以口头答复。

二、关于婚姻状况的公证问题

1. 对于第一部婚姻法公布施行前（即1950年5月1日以前），按当时当地风俗习惯结婚，且为群众公认的，经调查核实后，给予办理夫妻关系证明。

2. 对第一部婚姻法公布施行后结婚的（即1950年5月1日以后结婚的），公证处凭申请人的结婚证，经调查核实后，给予办理结婚证明，出具公证书。

3. 对于未履行结婚登记手续的所谓"事实婚姻"的当事人，申请办理有关婚姻状况公证书的，公证处应动员教育他们先办理结婚登记手续，然后凭他们的结婚证，经调查核实后，给予办理结婚证明，出具公证书。登记时间为结婚时间。不得凭其他证明文件办理结婚证明，出具公证书。

对于他们办理结婚登记以前生育的子女，公证处在办理其出生证明时，公证书的内容按《公证书试行格式》第八式出具即可，不必证明他们的父母结婚登记前的婚姻状况。

以上精神，希即通知所属地、市、县司法局（处）和公证处，并自文到之日起一律按本文的规定办理有关婚姻状况证明。各地如有疑问或遇到特殊情况，可逐级请示解决。

司法部公证律师司

关于旅哥华侨向国内汇寄赡养费办理所需公证书事的通知

［1984年1月5日　(84)司公字第3号］

各省、市、自治区司法厅（局）公证律师处：

据我驻哥伦比亚大使馆(83)哥发侨字第50号函称，中哥双方关于旅哥华侨申请外汇，汇回国内赡养亲属一事，业经我使馆与哥伦比亚共和国银行换函商定：为旅居哥伦比亚华侨申请向国内汇款，赡养其在华亲属，需办理各项手续和必需的证件。旅哥华侨平均每人每年可申请外汇六百美元汇回国内赡养亲属，华侨在申请外汇时，必须提供其国内受赡养人所在地的公证处出具的该华侨与其国内受赡养人的亲属关系证明及受赡养人的生存证明。公证书需办理哥伦比亚驻华使馆认证或我驻哥使馆认证。华侨申请汇款不论多少美元,正常情况下,每年只需办理一次审批手续。

为保证华侨申请外汇,并汇回赡养亲属,请通知各办理涉外公证的公证处及时为当事人办理所需的公证书。执行中有何问题望告,以便研究解决。

司法部公证律师司

关于居住在中国的越南难民移居加拿大增办“亲属关系证明书”事的复函

[1984 年 2 月 15 日　(84)司公字第 19 号]

广东省司法厅公证管理处:

你处一九八三年十二月二十三日粤司公字(1983)159 号《关于居住中国的越南难民移居加拿大增办“亲属关系证明书”事的请示》函悉。经与有关部门研究认为,现加拿大政府对居住在我国的申请移居加拿大的越南难民,没有明确规定需办理何种证明,但一般都以移民对待。因此如果当事人申请,可根据以下证明为其办理亲属关系证明书:1. 当事人在加的亲属提供的经加公证机关公证的证人证词或个人声明等亲属关系证明,或加移民局出具的包括亲属关系、经济担保等内容的担保书(这些证件需经我驻加使馆认证);2. 当事人所在农场出具的证明;3. 当事人入境时填写的与在加亲属有亲属关系内容的登记表;4. 其他足以证明其亲属关系的有关资料。

司法部公证律师司

关于办理涉外公证几个问题的复函

[1984 年 4 月 4 日　(84)司公字第 65 号]

内蒙古海拉尔市公证处:

你处一九八四年三月十四日(84)海公字第 1 号《关于涉外公证工作问题的请示报告》收悉,现答复如下:

一、对于申请人申请办理与国外亲属的亲属关系证明的,只要公证处能够调查清楚他们之间的亲属关系状况,就可以为其出具亲属关系证明,包括姨表、姑表兄弟姐妹等关系都可以如实证明。

二、(略)

三、(略)

司法部公证律师司

关于为申请人办理赴加定居所需公证书事的复函

[1985年4月3日　(85)司公字第42号]

广东省司法厅公证管理处:

你处一九八五年二月二十六日粤司公字(1985)23号《关于为申请人办理赴加定居所需公证书的情况和意见》收悉。对于加拿大政府准许华侨唯一留在国内的超过二十一岁未婚子女赴加定居的新规定,我公证处经过调查核实,可以根据加方的要求出具公证书(格式见附件)。

对于最近加拿大驻华使馆对赴加定居用的亲属关系证明书中,增加"家属族谱(证明全家人兄弟姐妹现在居住的地址及婚姻状况)"的要求,实际上是要求出具申请人所有兄弟姐妹的亲属关系证明。公证处可以在申请人提供证明材料的基础上,经调查核实后直接出具实体证明,不必采用声明书形式。

外交部、国务院侨办、公安部、司法部一九八四年十一月二十二日(84)部领四字第106号《关于简化中国公民去加拿大定居手续的通知》规定,"凡为申请去加拿大定居而要求出具出生、结婚和亲属关系等的证明书的,可在公安机关批准其出境之前办理;公证处出具的证明书不需再加'定'字编号"。而来函请示的亲属关系公证书格式中仍用"定"字编号,请予以纠正。

附件:

公　证　书

(　　)××字第××号

申请人:×××男(或女),××××年×月×日出生,现住××省××市××路××号。

关系人:×××男,现住加拿大××市××路××号。

×××女,现住加拿大××市××路××号。

兹证明申请人×××是关系人×××与×××尚在中国国内唯一超过二十一岁的未婚儿子（或女儿）。

中华人民共和国××省××市公证处
公证员：　　　（签名）
年　　月　　日

司法部公证律师司

关于为赴澳自费留学生办理公证书的复函

［1987年11月19日　(87)司公字第126号］

广东省司法厅公证管理处：

你处粤司公(87)96号《关于为赴澳自费留学生办理公证书事的请示》函收悉。关于澳驻华使馆要求赴澳自费留学的中国学生提供出生证明、结婚证明或未婚证明、最高学历证明、直系及非直系亲属证明事，经研究认为，公证处可以为中国学生办理这四项公证其中直系及非直系亲属证明，即亲属关系证明中，亲属关系的范围，可依澳驻华使馆的要求出具，但一般不超出《继承法》第十条所列亲属关系的范围。

另，根据澳驻华使馆的要求，上述公证书应以1987年出具的为有效，对1987年以前出具的公证书，公证处可以应当事人申请重新编号出具新的公证书。

司法部公证律师司

关于为未达法定婚龄的人出具未婚证明事的函

［1988年9月10日　(88)司公字第75号］

广东省司法厅公证管理处：

现将广州市公证处送认证的(88)穗证字第49501号未婚公证书退你处。我司曾于一九八七年三月十三日以(87)司公字第24号《关于办理余丽云未婚公证事的函》规定,对未达我国婚姻法所规定的结婚年龄的当事人,公证处不宜为其出具未婚公证书,而以信函方式答复申请人。该文件下发后,一些公证处反映,有的国家不接受公证处的信函,仍要求当事人提供未婚公证书。为方便当事人,我司意见可以为其出具未婚公证书。证词为:“兹证明×××(男或女,××××年×月×日出生,现住××省××县××乡××村)现尚未达到《中华人民共和国婚姻法》规定的结婚年龄,至今未曾登记结婚。”对于已到国外定居的当事人,证明的后半部分为:“至××××年×月×日离境(或去香港、澳门)之日,尚未达到《中华人民共和国婚姻法》规定的结婚年龄,未曾登记结婚。”

请转告广州市公证处,如当事人李伟斌前往的国家确实不接受公证处信函,可按上述证词将该公证书修改后重新送领事司认证,并注意保留原认证号:L189。

司法部公证司

关于转发《关于自费留学生婚姻的有关问题》的通知

[1990年2月27日　(90)司公字第20号]

各省、自治区、直辖市司法厅(局)管理公证处:

现将外交部领事司领认函(1990)002号《关于自费留学生婚姻的有关问题》转你处,请即转发所属办理涉外公证的公证处,作为办理此类公证的根据。

外交部领事司

关于自费留学生婚姻的有关问题

(1990年2月17日　领认函〔1990〕002号)

驻日本大使馆、驻大阪、札幌、长崎、福冈总领事馆:

最近,我赴日自费留学生田小京、李扬、张洁舫分别来信、来访,谈及他们在日本办理了婚姻登记,要求我驻日使馆和国内有关公证处为他们出具夫妻关系证明遇到困难的情况,同时递交了有关材料。

经商司法部公证司和民政部婚姻管理司，为了今后更好地处理我自费留学生的婚姻问题，特将有关规定和做法说明如下：

一、双方均是我自费留学生，自愿在国外登记结婚，适用于婚姻缔结地法律。对在国外依法产生的婚姻关系，我承认其婚姻是有效的，但并不排除婚姻双方遵守《中华人民共和国婚姻法》的义务。上述留学生回国后，为了去第三国而申办婚姻状况公证，我公证机关可凭当事人提供的并经原婚姻缔结地国外交部或外交部授权的机构认证和我驻该国使、领馆认证的结婚证书，出具夫妻关系证明，但不能出具结婚公证书。

二、双方均是我自费留学生，到我驻外使、领馆要求办理结婚登记，我应受理。符合《中华人民共和国婚姻法》和婚姻登记办法的，应给予结婚登记，颁发结婚证。回国后如因某种需要再申办婚姻状况公证，我公证机关可根据我驻外使领馆出具的结婚证，为申办人办理结婚公证书或夫妻关系公证书。

三、我自费留学生回国结婚，要求我驻外使、领馆出具未婚证明的，仍按领事司一九八九年二月十二日领四函〔1989〕98 号文件中的有关规定办理。

四、我自费留学生在日本已办理结婚登记，为申请其配偶赴日，日本国入境管理局应当承认日本国婚姻登记机关出具的结婚证件，无需要求当事人提供我驻日使、领馆或我公证机关公证的结婚证明。对申办人的此项申请，我公证机关不予受理。对此，我驻日使馆可向日本国入境管理局作些解释。

五、我驻日使、领馆为自费赴日留学生办理结婚证明认证时，必须要求婚姻当事人双方亲自到场，并提供相应的身份证件，以防止个别当事人钻空子。

若田小京、李扬、张洁舫到我驻日使、领馆谈其婚姻事，请按上述精神处理。

司法部公证司

关于为申请加入外籍的当事人办理其已死亡的父母的结婚公证书的复函

［1990 年 4 月 17 日　(90)司公字第 43 号］

吉林省司法厅公证管理处：

你处吉司公字(1989)第 32 号《关于为申请加入外籍的当事人出具父母结婚证明问题的请示》收悉。经研究认为，申请加入外籍的当事人要求办理其已死亡的父母的结婚公证书或夫妻关系公证书，应当依据我部(83)司发公字第 257 号《关于解释和公证婚姻状况问题的通知》(见《公证工作手册》第五辑第44页)、原公证律师司(83)司公字第125号《关于夫妻关系公证书格式的复函》(见《公证工作手册》第五辑第109页)和(86)司公字第38号《关于严格按照〈婚姻登记办法〉出具婚姻状况证明的通知》(见《公证工作手册》第九辑第95页)的规定办理。对申请人的父母一方或双方已死亡的,可将此公证书与死者的死亡公证书装订在一起。如申请人不需证明其父母的死亡事实,则可在其父母结婚公证书或夫妻关系公证书中死者名字后加括号注明“已故”即可。

对于申请人父母均已死亡,因年代久远结婚时间无从查考的,公证处不予公证。但如果确有知情者健在,可由知情者发表声明,证明申请人父母结婚的时间、地点。公证处证明其签字盖章属实。

司法部公证司

关于不能为“事实婚姻”当事人出具夫妻关系公证书的复函

[1990年7月13日　(90)司公字第82号]

浙江省司法厅公证管理处:

你处浙司公便字第010167号函收悉,关于旅美再婚当事人为申请与“事实婚姻”的前夫所生子女移居美国而申办与前夫的结婚公证书,经与民政部婚姻管理司研究认为,不能为其出具结婚证明或夫妻关系证明;可按(83)司发公字第257号文的规定,为其与前夫所生子女出具出生证明。

司法部公证司

关于为来华探亲的南朝鲜当事人出具亲属关系公证书的复函

［1990年7月25日　(90)司公字第88号］

辽宁省司法厅公证管理处：

你处辽司公发(1990)20号《关于如何为来华探亲的南朝鲜当事人出具亲属关系证明的请示》收悉。关于为来华探亲的南朝鲜当事人出具亲属关系公证书，经商公安部六局，同意你处意见，即：

一、如我国居民与欲来华探亲的南朝鲜当事人的亲属关系无档案记载，也无其他线索可查，可由我国居民以声明书声明其与欲来探亲者的亲属关系，公证处证明声明书上的签字、盖章属实。

二、上述亲属关系在近十年的档案中确有记载，公证处可据此出具亲属关系公证书。

司法部公证司

关于在港登记结婚的内地居民申办夫妻关系证明的复函

［1990年8月22日　(90)司公字第122号］

广西壮族自治区司法厅公证管理处：

你处桂司公管字(1990)第5号《关于内地公民提供香港结婚证书申请办理夫妻关系证明问题的请示》收悉。经商公安部六局，并征得新华通讯社香港分社同意，内地居民与香港居民在港登记结婚后，需在我公证机关办理夫妻关系证明时，当事人在港的配偶必须持香港婚姻登记处颁发的结婚证书，到我部委托的香港律师处辨别真假，由律师另行出具证明，并将双方照片贴在公证书上,加盖钢印。我公证机关根据香港婚姻登记处颁发的结婚证书和我委托的香港律师出具的公证书,办理夫妻关系证明。请通知所属办理涉外公证的公证处。

司法部公证司

关于办理“同意结婚声明书”公证的复函

[1992年4月2日　(92)司公函047号]

广东省司法厅公证管理处:

你处粤司公字(1991)214号函收悉。关于能否为居住在内地的当事人办理同意其居住在香港的子女在香港结婚声明书公证事,经研究认为,公证处经审查后,可为当事人办理同意其在香港有居留权的,已满16周岁未满21周岁的子女在港结婚的声明书公证书,证明当事人在声明书上的签字属实。但是对于临时去港学习、工作、探亲、旅游,未达我国婚姻法规定的法定婚龄的子女在港结婚的声明书,公证处不予办理公证。(附注,根据香港有关方面的要求,声明人应是申请结婚人的父亲;父亲去世或为限制行为能力的,声明人应是母亲;父母都已去世或限制行为能力的,可由申请结婚人的监护人发表声明)。

司法部公证司

关于为未婚同居者办理婚姻状况等公证书的复函

[1992年5月23日　(92)司公函076号]

黑龙江省司法厅公证管理处:

你处黑司公函(1992)5号收悉。对于未婚男女同居,并生有子女者申办婚姻状况公证的,公证处应按(87)司公字第63号(见《公证工作手册》第九辑第96页)和(89)司公字第13号文(见《公证规章集成》第313页)的规定办理,即为当事人办理未婚公证书,不能办理非法同居公证书。当事人要求办理父母子女关系公证的,可以依据实际情况为其子女办理出生公证。由于该子女是非婚生子女,因此生父的确定应符合认领亲子的规定。

司法部公证司

关于公证处可以为在我驻外使、领馆登记结婚的我国公民办理结婚公证的通知

[1995年5月4日 (95)司公函019号]

各省、自治区、直辖市司法厅(局)公证管理处:

据我驻米兰总领事馆反映,一些在该馆登记结婚的我国侨民,其在国内的一方配偶为申请出国团聚,持该总领馆出具的结婚证申办结婚公证时,公证处不予办理。为了维护我国侨民侨眷的正当权利,经研究,今后公证处对上述情况应比照外交部领事司《关于自费留学生婚姻的有关问题》(领认函〔1990〕002号)(见《公证规章集成》第314~315页)第二条的规定办理,即,公证处根据我驻外使领馆出具的结婚证及其他证据,为当事人办理结婚公证书。

请及时通知所属办理涉外公证的公证处。

附件:结婚公证书格式

附件:

结婚公证书

(　　)××字第××号

兹证明×××(男,××××年×月×日出生)与×××(女,××××年×月×日出生)于××××年×月×日在中华人民共和国驻××大使馆(或中华人民共和国驻××总领事馆或中华人民共和国驻××领事馆)登记结婚。

照　片

中华人民共和国××省××市(县)公证处
公证员(签名)
××××年×月×日

民政部　外交部　司法部　公安部　全国妇联

关于加强涉韩婚姻管理的意见

(1996年2月27日　外函〔1996〕61号)

吉林、黑龙江、辽宁省人民政府:

对目前涉韩婚姻出现的问题,各地方政府应当引起足够的重视,并结合当地情况,制定出新的有力措施,打击非法涉外婚姻活动,以利我社会的稳定,边疆的安全,使涉韩婚姻走到正常的轨道上来。经国务院批准,现提出以下意见:

一、各地政府要高度重视涉韩婚姻中出现的新情况和新问题,认真贯彻《国务院办公厅关于加强涉外婚姻介绍管理的通知》(国办发〔1994〕104号)精神,对文件下发以来的执行情况再做一次认真的检查。

二、要着重打击伪造、变造公章、结婚证书、户籍证明、公证文书的违法犯罪行为,取缔非法从事婚姻介绍的机构和组织。对违反法律的单位和个人要依法查处,追究行政责任;构成犯罪的,依法追究刑事责任。

三、警惕外国人员、机构和公司在华从事公开或地下的非法涉外婚姻活动。一经发现要坚决制止并依据《中华人民共和国外国人入境出境管理法》和有关法规予以处罚。

四、民政部门要把好婚姻登记审查第一关,对有迹象表明可能欲去韩打工搞假结婚而与其丈夫离婚的妇女,应对其晓以利害,正面引导。司法行政部门要严格公证程序,对涉韩婚姻的有关材料的公证需认真核查,严防假证错证的发生。考虑到目前"一窝蜂"的状况,民政、司法行政和公安部门在一定时期内宜放慢涉韩离婚、结婚、公证和出境审批工作。对有疑点的,应予调查,发现问题,一律不予批准,并依法处理。

五、各级妇联组织要针对出现的问题做好有关妇女的思想教育工作。民政、司法行政、公安、外事和工商行政管理等有关部门要根据责任分工，做到相互协作，密切配合，及时妥善处理涉韩婚姻中发生的问题。

司法部公证司

复《关于能否为当事人马益标办理结婚公证的请示》的函

［1997年3月26日　(97)司公字009号］

北京市司法局公证管理处：

你处《关于能否为当事人马益标办理结婚公证的请示》(京司公〔1997〕1号)函悉。经商民政部社会事务司认为，我国第一部《婚姻法》颁布施行初期，在尚未建立健全婚姻登记机关的地区，当事人在人民法院经公证结婚或人民政府办理的结婚登记，均视为有效。马益标与董素秋是1952年10月1日在上海市人民法院经公证结婚的，上海市婚姻登记机关是在同年12月才建立健全的，因此，应视为有效，公证处可依据其结婚公证书办理实体的结婚公证。

此复。

司　法　部

关于办理未婚(未再婚)保证书公证的通知

(1998年3月12日　司发通〔1998〕051号)

各省、自治区、直辖市司法厅(局)，新疆生产建设兵团司法局：

一九九七年五月八日民政部、外交部印发了《出国人员婚姻登记管理办法》(民事发〔1997〕14号)(以下简称《办法》)。《办法》第九条规定，"回国一年以上，确实无法取得在国外期间的婚姻状况证明的，须提供经现住所地公证机关公证的未婚或者未再婚保证书"。据此，经研究决定，公证机关可以根据该《办法》规定的范围、条件为当事人办理未婚或未再婚保证书公证；对不符合《办法》规定的范围、条件的，公证机关不得办理未婚或者未再婚保证书公证。

出国人员未婚或未再婚保证书公证应当由保证人亲自到公证处申办。保证人应当在保证书中明确承诺愿承担因作虚假保证所引起的一切法律责任,并在保证书上签名或盖章。除提供本人身份证明材料外,保证人还应当提供有关单位或两名知情人的书面证明。保证人无法提供书面证明的,公证处可向其所在单位、户籍所在地有关部门调查取证。保证书上应粘贴保证人的近期免冠照片。公证处证明保证人在保证书上签名或盖章属实,保证书上粘贴的是保证人本人的照片。

请尽快通知当地各公证处。

附件:《出国人员婚姻登记管理办法》

附件:

出国人员婚姻登记管理办法

第一条 为加强出国人员的婚姻登记管理,保护婚姻当事人的合法权益,依据《中华人民共和国婚姻法》、《婚姻登记管理条例》制定本办法。

第二条 本办法所称出国人员系指依法出境,在国外合法居留 6 个月以上未定居的中华人民共和国公民。

第三条 出国人员的婚姻登记管理机关是省、自治区、直辖市民政厅(局)指定的县级以上人民政府的民政部门和我驻外使、领馆。

第四条 出国人员中的现役军人、公安人员、武装警察、机要人员和其他掌握国家重要机密的人员不得在我驻外使、领馆和居住国办理婚姻登记。

第五条 出国人员婚姻登记应符合国家有关婚姻法律、法规的规定。

第六条 出国人员在我国境内办理结婚登记,男女双方须共同到一方户籍所在地或出国前户籍所在地的婚姻登记管理机关提出申请。

出国人员在境外办理结婚登记,男女双方须共同到我驻外使、领馆提出申请。出国人员居住国不承认外国使、领馆办理的结婚登记的,可回国内办理;在居住国办理的结婚登记,符合我国《婚姻法》基本原则和有关结婚的实质要件的,予以承认。

第七条 出国人员同居住在国内的中国公民、以及出国人员之间办理结婚登记须提供下列证件和证明:

甲、居住在国内的中国公民

(一)身份证和户口证明;

(二)所在单位或村(居)民委员会出具的婚姻状况证明。

乙、出国人员

(一)护照;

(二)所在单位(国内县级以上机关、社会团体、企事业单位)出具的婚姻状况证明;或我驻外使、领馆出具或经我驻外使、领馆认证的居住国公证机关出具的在国外期间的婚姻状况证明。

持在国外期间的婚姻状况证明且出国前已达法定婚龄的，还须提供出国前所在单位或村（居）民委员会出具的出国前的婚姻状况证明。在我驻外使、领馆办理结婚登记的，须提供国内公证机关出具的婚姻状况公证。婚姻状况公证的有效期为六个月。

居住在国内的中国公民同出国人员在国内登记结婚的还须出具婚姻登记管理机关指定医院出具的婚前健康检查证明。离过婚的，须提供有效的离婚证件。丧偶者，须提供配偶死亡证明。

第八条 已办理出国护照、签证并已注销户口尚未出国的人员，应持护照和所在单位或村（居）民委员会出具的婚姻状况证明，到注销户口前的户籍所在地或对方户籍所在地的婚姻登记管理机关办理结婚登记。

第九条 出国六个月以上，现已回国的人员，应按本办法第七条的有关规定提供本人在国外期间的婚姻状况证明；回国一年以上，确实无法取得在国外期间的婚姻状况证明的，须提供经现住所地公证机关公证的未婚或者未再婚保证书。

第十条 申请复婚的，按结婚登记程序办理。

第十一条 一方为出国人员，一方在国内，双方自愿离婚，并对子女抚养、财产处理达成协议的，双方须共同到国内一方户籍所在地或出国人员出国前的户籍所在地的婚姻登记管理机关申请离婚登记，并须提供下列证件和证明：

甲、居住在国内的中国公民

（一）身份证和户口证明；

（二）所在单位或村（居）民委员会出具的介绍信；

（三）离婚协议书；

（四）结婚证。

乙、出国人员

（一）护照；

（二）离婚协议书；

（三）结婚证。

当事人双方有争议的，可以向国内一方住所地人民法院起诉。

第十二条 双方均为出国人员，且在我驻外使、领馆办理的结婚登记，自愿离婚，并对子女抚养、财产处理达成协议的，双方须共同到原结婚登记的我驻外使、领馆申请离婚登记。居住国不承认外国使、领馆办理的离婚登记并允许当事人在该国离婚的，可以在居住国办理离婚或回国内办理离婚。

双方有争议的，可以向出国前一方住所地人民法院提起诉讼。

第十三条 申请结婚当事人不符合法定结婚条件的，向婚姻登记管理机关隐瞒真实情况或者弄虚作假、骗取婚姻登记的，按照《婚姻登记管理条例》有关规定处理。

第十四条 本办法由民政部负责解释。

(七)学历、经历、有无犯罪记录公证

司法部公证律师司

关于学历公证问题的请示的批复

[1980年10月21日 (80)司公字第133号]

天津市公证处：

你处一九八〇年十月十七日关于学历公证问题的请示收悉。经研究，我们认为，办理在广播函授大学、电视大学、职工业余大学以及单位举办的“七二一”大学学习的学历证明时，应与当地教育部门联系。如此类大学经当地省、市、自治区政府批准，并经教育部备案的，可予以办理学历证明。否则，如当事人需要，可出具经历证明书，把这一经历写上。

司法部公证律师司

复关于出具受刑事制裁证明等问题

[1981年9月4日 (81)司公字第124号]

广东省司法厅：

粤司公字(1981)158号关于出具受刑事制裁证明等问题的来函收悉。现对来函所提问题答复如下：

一、关于对受过刑事制裁证明的内容如何写法问题，同意来函所提意见，对此类受过刑事制裁证明(指实体证明)，罪行事实不宜过于详细具体。

二、关于如何出具受刑事制裁证明书问题，可由法院提供判决书，由公证处证明该判决书上法院印章属实；或由法院提供判决证明，以公证处名义出具刑事制裁证明书；或视使用国规定，不经公证而直接出具法院判决书。三种形式可视情况采用。

关于公证处是否有权公证法院印章属实问题，公证机关证明有法律意义的文书的真实性与

合法性，是公证机关的职能之一。公证处公证印章属实纯属公证处的业务。法院的判决书绝不会因公证处公证其印章属实而影响其法律效力。因此说公证处无权公证法院印章是欠妥的。

三、(略)

四、(略)

司法部公证律师司

复《关于美国驻华使领馆要求公证机关代查出境申请人经历的请示》函

[1981年12月8日　(81)司公字第167号]

福建省司法厅：

你厅闽司公(1981)135号请示收悉。

关于美国驻华使领馆要求公证机关代查出境申请人经历问题，基本同意你们的意见。对外国驻华使领馆来函要求公证机关代查我国公民经历的，可复函请其转告申请人通知在中国境内的亲友前往所在地的公证机关申请办理公证，否则不予调查。

附件：福建省司法厅请示报告

附件：

福建省司法厅关于美国驻华使领馆要求公证机关代查出境申请人经历的请示

(1981年11月21日　闽司公〔1981〕135号)

司法部公证律师司：

今年以来，美国驻广州总领事馆多次致函我省县、市公证处，要求代查我国公民的经历。被调查人既没有申请公证，也没有向公安机关申请出境，而是旅美华侨向美移民局为被调查人申请入境。如美驻广州领事馆于今年八月致函光泽县公证处，要求代查居民曾通伦的经历。因光泽县公证处将调查材料寄给该领事馆时，在复函中提到："曾通伦于一九六三年元月至一九六四年十二月在黄俊春家当帮佣。”美领事馆认为“从来未听说过中国解放后仍有帮佣,对此感到迷惑不解”,因此又来函要求我厅“通知光泽县公证处再派人查实”。并列出曾通伦户籍关系等六条调查提纲。据光泽公证处汇报,曾通伦本人没有向公安部门申请出境,也没有申请公证,而是曾通伦的表姐在美国为其申请入境。我们意见:

一、出境申请人的经历证明应由其本人向公证机关申请办理。未申请公证的,公证机关不予调查;

二、公证机关不得在业务范围之外任意向外国驻华使领馆提供我国公民的经历等情况。今后外国驻华使领馆要求公证机关代查我国公民经历的,可通知被调查人申请办理公证。被调查人不申请公证的,则不予调查和答复。

当否,请批示。

司法部公证律师司

关于出具“未受刑事处分证明书”的通知

[1982年8月18日　(82)司公字第117号]

各省、市、自治区司法厅(局):

接外交部领事司(82)领四字第271号关于《美要求申请人递交“无刑事犯罪证明书”事》的通知:根据美国移民和国籍条例,从一九八二年九月一日起美驻华使馆将要求十六岁以上,在中国居住六个月以上的申请美移民签证者,须递交“无刑事犯罪证明书”(NO CRIMINAL CONVICTION HAS OCCURRED)或“有关刑事法庭记录”(THE APPROPRIATE CRIMINAL COURT RECORD)。

经研究,对申请赴美定居者,经过核实确无前科,公证处可出具“未受刑事处分”的公证书。

司法部公证律师司

关于如何办理李锦涛经历公证书事的函

[1983年4月22日　(83)司公字第52号]

广东省司法厅公证管理处：

外交部领事司转来你处一九八三年二月七日给领事司的函及有关李锦涛学历的证明影印件一份。经与公安部一局、外交部领事司共同研究,我们认为,经过你处调查,李锦涛如确实参加过广东省陆军大学特训班,可为其出具经历证明(不出具学历证明),证词为:兹证明李锦涛于×年×月至×年×月在×地参加广东省陆军大学特训班。(下略)

附件:外交部领事司来函

附件:

司法部公证律师司：

葡萄牙驻华大使馆照会我司,要求出具李锦涛学历证明书。我司转请广东省司法厅公证管理处查核办理。

公证处复函称,李锦涛一九四八年参加国民党广东省陆军大学特训班这段学历不宜为我承认,故不能为其出具学历证明。

(下略)

外交部领事司

1983年4月16日

司法部公证律师司

复《关于白斯尼·卡尔洛经历事》的函

［1983年7月29日　(83)司公字第88号］

上海市公证处：

外交部转给我司你处(83)沪证外字第2663号《关于白斯尼·卡尔洛经历事》一文。经与有关单位研究认为，对解放前在海关供职的经历可以公证证明。

司法部公证律师司

关于三个涉外公证问题的复函

［1984年6月2日　(84)司公字第116号］

吉林省司法厅公证管理处：

你处一九八四年四月四日吉司公字〔84〕10号《关于三个涉外公证问题的请示报告》收悉。经与有关部门研究，现答复如下：

一、(略)

二、对于原在我国居住、现在朝鲜定居的申请人，申办本人在我国居住期间的经历、成份、职务及是否党团员证明的问题，可以为其出具经历、职务和成份证明。但如果其经历涉及曾在我公安机关、武装部队或其他要害部门工作过，为保守国家机密，则需由原所在单位考虑或请示其上级机关决定能否对外出具这样的经历证明。原所在单位出具证明后，公证处可证明其印鉴属实。

对于居住在我国，因其居住在朝鲜的亲属的需要，而申办本人的经历、职务、成份及是否党团员证明的问题，考虑到不是申请人本人的需要，没有必要向国外提供其详细的政治情况。因此不能为其办理经历、职务、成份的公证证明。

对于上述两种情况的人申办党团员证明事，因我公证处属司法行政机关，不能为其出具党团员证明。可转告申请人直接找所属的党团组织联系解决。

三、(略)

司法部公证律师司

关于如何出具无法查证的刑事处分公证书的复函

[1984 年 10 月 10 日　(84)司公字第 211 号]

上海市公证处:

你处一九八四年九月二十五日(84)沪证发字第 55 号《关于对早年出境的本市居民申办未受过刑事处分证明书的请示报告》收悉。对于解放以前或解放初期出境赴美定居的,现在要求办理其在中国居住期间是否受过刑事处分证明者,如果能够查到当时的档案记载或有关知情人,可为其出具是否受过刑事处分的证明;如果确实无法查证,可为其出具查无档案记载公证书。证词为"兹证明至今未发现×××于××××年×月至××××年×月在中国居住期间曾受过刑事处分的档案记载。"

此复。

司法部公证律师司

关于办理从事宗教活动经历证明事

[1985 年 5 月 10 日　(85)司公字第 65 号]

上海市公证处:

现将上海居民陆小欣来信及附件(均为影印件共九页)转你处。关于陆小欣申办其夫姜观胜曾从事过佛教活动的经历证明事,经商国务院宗教局研究室认为,我们虽不出具宗教信仰证明,但可以对曾从事过宗教活动的经历给予公证证明。一九八二年,原中国佛教协会副会长巨赞(现已去世)、中国佛教协会理事王新曾为姜观胜出具过证明。请你处与上海市宗教局联系,如其经历属实,最好由上海市佛教组织为姜出具证明,如有困难,则请转告陆小欣重新请王新或者其他两个以上了解情况的人证明姜的这一经历。你处可据此给予办理证明人签字盖章属实的公证书。

司法部公证律师司

关于可否为解放前曾在国内居住的外籍华人出具未受刑事处分证明事的复函

[1986年4月25日 (86)司公字第54号]

广东省司法厅公证管理处：

你处一九八六年四月八日粤司公字(1986)035号《关于可否为在中华人民共和国成立前移居境外的外籍华人出具无档案记载“未受刑事处分证明书”事的请示》收悉。对于解放前曾在国内居住，后移居国外的外籍华人为申请移居美国而申请办理在国内居住期间未受刑事处分证明事。原则上应予办理。如无档案可查，可为其出具查无档案记载公证书。

司法部公证司

关于对赴澳大利亚自费留学生申办经历公证涉及几个问题的复函

[1989年5月13日 (89)司公字第41号]

上海市司法局公证管理处：

你处沪司公管发字(1989)第10号《关于对赴澳大利亚自费留学生申办经历公证涉及几个问题的请示》函收悉。关于办理经历公证中涉及当事人服兵役、服刑、待业及受过劳动教养等应如何表述问题，经研究认为：

一、关于服兵役经历，证词可表述为：“××××年×月至××××年×月依法服兵役。”

二、关于服刑经历，证词可表述为：“……××××年×月至××××年×月，因犯有××罪，依法服刑。”

三、关于待业经历，证词可表述为：“……××××年×月至××××年×月在家待业。”

四、关于劳动教养经历，证词可表述为："……××××年×月至××××年×月，因××问题，在××地被劳动教养。"

司法部公证司

关于如何出具党校学历证明书的复函

［1989年8月5日　(89)司公字第78号］

广东省司法厅公证管理处：

你处粤司公发(1989)071号《关于如何出具党校学历公证事的请示报告》收悉。经商有关部门认为，公证处不宜为当事人出具在党校学习的学历证明。在办理此类学历公证时，可由当事人与其所在地方相应的学校协商，如该校和教育行政部门同意为其出具同等学历证明，公证处可予以证明。

司法部公证司

关于为申请自费出国留学者办理公证证明事

［1990年3月19日　(90)司公字第33号］

各省、自治区、直辖市司法厅(局)公证管理处：

近来，澳大利亚和新西兰驻华使馆对赴该国短期(一年以内)自费留学的我国公民所应提供的公证书提出了以下要求：

1. 亲属关系公证书中应包括当事人的所有家庭成员(父母、配偶、子女、兄弟姐妹)及其住址。再由当事人声明其所有家庭成员均已包括在上述公证书中；

2. 当事人系独生子女公证书；

3. 在经历公证书中同时证明本人工资收入；

4. 当事人所在单位同意其出国自费留学证明，并提供其回国后重新就业的保证；

5. 证明从小学到高中十二年学历的公证书。

经商外交部领事司、国家教委留学生司认为：

1. 对第1、2项要求，原则上可以接受。公证机关可根据当事人的申请，在亲属关系公证书中证明当事人的所有家庭成员及其出生年月日和住址，再由当事人按上述公证内容声明其所有家庭成员的情况（要与公证书一致），公证处证明当事人在声明书上的签字盖章属实，并将亲属关系公证书和声明书公证书装订在一起。如当事人是独生子女，可在其出生公证书中予以证明。

2. 对第3项要求，根据我司（89）司公字第12号《关于为赴阿根廷旅游、探亲者出具公证书的复函》的规定不予办理，但可出具经历证明。

3. 对第4项要求，根据我司（89）司公字第12号文和第81号《关于不为出国旅游、探亲和留学者办理保证回国后仍在原单位工作的公证证明的函》的规定不予办理。但可采取如下变通做法，即由当事人所在单位出具证明书，内容大致为："根据×××的申请，我单位已同意其赴××（国名）留学，学成回国后的工作安排按有关规定办理。"当事人如无工作单位，可由其所在街道办事处或乡镇政府出具此证明，公证处公证证明书上的印章属实。

4. 对第5项要求，公证处应如实出证。如当事人过去的学习期不足十二年，而所就读过的学校能出具其所受到的教育相当于十二年制教育的证明，公证处可予以公证。当事人申办中小学学历公证时，可持该中小学毕业证书、原所在学校的学历证明或其所在单位出具的学历证明。无工作单位的，可持其所在街道办事处或乡镇政府出具的证明。

如其他国家驻华使馆有类似要求，可按上述规定办理。

司法部公证司

关于办理外国公民在华居住期间是否受过刑事制裁证明的通知

［1990年5月15日　（90）司公字第55号］

各省、自治区、直辖市司法厅（局）公证管理处：

为给曾在中国居住过的外国公民办理是否受过刑事制裁的公证证明，统一办证程序，特作如下规定：

一、凡在中国居住半年以上的外国公民，申办在中国居住期间未受刑事制裁证明的，应持其身份证明，以及在华居住的时间、地点，从事何种工作或在何学校学习等证明材料，向其在中国最后居住地的公证处申请办理。

1. 曾在我国有关单位或学校工作、学习的外国公民，申办在中国居住期间未受刑事制裁证明的，公证处受理后，应根据申请人提供的材料，向其在华工作、学习过的单位或学校进行调查，由该单位或学校为申请人出具在该单位或学校工作、学习期间是否受过刑事制裁的证明，公证处据此为当事人办理在中国居住期间是否受过刑事制裁的公证书（格式见附件一、二）。

2. 曾在外国驻华使、领馆和外国驻华机构工作过、不享有外交豁免权的外国公民，申办在中国居住期间未受刑事制裁证明的，公证处受理后，应根据申请人提供的材料，向该使、领馆或外国驻华机构所在地县、市以上公安机关调查，由该公安机关为申请人出具在该使、领馆或外国驻华机构工作期间是否受过我国司法机关给予的刑事制裁的证明，公证处据此为申请人办理是否受过刑事制裁的公证书（对在驻华使、领馆工作的外国公民，其公证书格式见附件三、四。对在外国驻华机构工作的外国公民，其公证书格式仍用附件一、二）。必要时，对于受过刑事制裁的，公证机关还可向审理该案件的人民法院进行核实。

二、曾在外国驻华使、领馆工作，享有豁免权的外交、领事人员及其家属申办未受刑事制裁证明的，公证处不予办理。如有被我国司法机关给予刑事制裁的领事人员，则可为其出具受过刑事制裁的公证书（格式见附件四）。

附件：公证书格式（一、二、三、四）

附件：

格式一：

公　证　书

（　　）××字第××号

兹证明××国公民×××（男或女，××××年×月×日出生）于××××年×月×日至××××年×月×日在中国居住期间未曾受过刑事制裁。

中华人民共和国×省×市公证处

公证员（签名）

年　　月　　日

注：当事人姓名应写本人外文姓名

格式二：

公　证　书

(　　)××字第××号

兹证明××国公民×××(男或女,××××年×月×日出生)于××××年×月×日至××××年×月×日在中国居住期间因犯××罪,于××××年×月×日被××人民法院判处××刑×年。

中华人民共和国×省×市公证处
公证员(签名)
年　　月　　日

注:当事人姓名应写本人外文姓名

格式三：

公　证　书

(　　)××字第××号

兹证明××国公民×××(男或女,××××年×月×日出生)于××××年×月×日至××××年×月×日在××国驻中华人民共和国大使馆(驻中华人民共和国××总领事馆)工作期间未曾受过中国司法机关给予的刑事制裁。

中华人民共和国×省×市公证处
公证员(签名)
年　　月　　日

注:当事人姓名应写本人外文姓名

格式四:

公　证　书

(　　)××字第××号

兹证明××国公民×××(男或女,××××年×月×日出生)于××××年×月×日至××××年×月×日在××国驻中华人民共和国大使馆(驻中华人民共和国××总领事馆)工作期间,因犯××罪,于××××年×月×日被××人民法院判处××刑×年。

中华人民共和国×省×市公证处

公证员(签名)

年　　月　　日

注:当事人姓名应写本人外文姓名

司法部公证司

关于为公派出国留学、工作人员办理经历公证的函

[1990年9月14日　(90)司公字第128号]

北京市司法局公证管理处:

现将崔文康来信转你处。据崔反映,他于1981年由国家公派赴联邦德国进修两年,现为被派往加拿大工作申办经历公证时,遇到在国外学习、工作的经历能否公证问题。经商外交部领事司,现作如下规定:

曾被公派出国留学、工作等人员申办经历公证的,其在国外留学、工作等经历,可由其所在单位人事部门出具证明,公证处据此办理公证。

司法部公证司

关于办理部队中、小学学历公证的复函

［1991年5月7日 (91)司公字第94号］

上海市司法局公证管理处：

你处关于办理在部队获得的学历公证的请示收悉。经商总政有关部门和国家教委成人教育司，现答复如下：

1. 部队干部、战士在服役期间参加中、小学文化学习所取得的学历，可以对外公证。

2. 公证书中不应出现部队番号、代号及当事人在部队所担任的职务。

3. 部队干部、战士取得中、小学毕业、结业证书应符合以下条件：

①经考试成绩合格；

②考试内容以国家教育委员会编制的中、小学教学大纲所规定的教学内容和要求为准；

③小学语文、算术两科考试及格，中学数学、物理、化学、语文四科考试及格者，可分别发给小学、中学毕业证书。单科考试及格者，发给单科结业证书；

④干部、战士的小学考试和战士的中学考试，由团以上政治机关组织实施。干部的中学考试由师以上政治机关组织实施。小学试题由师一级政治机关拟定，中学试题由军一级政治机关规定，试题要征求驻地教育部门或中、小学的意见。一律采取闭卷考试；

⑤证书按总政治部统一设计式样，由部队各大单位印制。战士证书由团以上政治机关颁发，干部证书由师以上政治机关颁发。

4. 公证书证词为："兹证明×××（男或女，××××年×月×日出生），于××××年×月×日至××××年×月×日依法服兵役，服兵役期间在部队××（小学、初中或高中）班学习，于××××年×月×日经中国人民解放军部队考试合格，取得××（小学、初中或高中）学历"。

司法部公证司

关于办理武警部队学历公证的复函

[1991 年 5 月 9 日　(91)司公字第 95 号]

上海市司法局公证管理处：

你处关于能否办理武警部队学历公证的请示收悉。经商武警总部有关部门、国家教委成教司，答复如下：

1. 武警部队干部、战士服役期间参加文化学习取得的中学学历可以对外公证。

2. 武警部队干部、战士取得中学学历，应符合以下条件：

①经考试成绩合格；

②考试内容以原教育部制定的职工业余中等学校各科教学大纲所规定的主要教学内容和要求为准；

③战士的考试，由支队(团)政治机关拟定试题并组织实施。干部的考试，由总队(师)以上政治机关拟定试题并组织实施。试题要征求驻地教育局或全日制普通中学的意见。考试一律采取闭卷方式；

④证书由武警总部政治部统一印制。战士证书由支队(团)政治机关颁发。干部证书由总队(师)以上政治机关颁发。

3. 公证书证词为："兹证明×××(男或女，××××年×月×日出生)，于××××年×月×日至××××年×月×日在中国人民武装警察部队服役，服役期间参加××(初中、高中)班学习，经中国人民武装警察部队考试合格，取得××(初中、高中)学历"。

司法部公证司

关于为去台人员办理解放前在大陆未受刑事制裁公证的函

［1991年10月17日　(91)司公字第105号］

各省、自治区、直辖市司法厅(局)公证管理处：

据反映，一些去台人员为申请赴美定居，需办理在大陆居住期间是否受过刑事制裁公证书。现就有关问题规定如下：

对解放前曾在大陆居住的去台人员申办在大陆期间是否受过刑事制裁公证，有据可查的，公证处经调查属实，可以为其办理去台之前是否受过刑事制裁的公证证明(公证书格式见附件一、二)。如无档案可查，公证处对当事人姓名、出生日期、现住址、解放前在大陆住址及去台时间调查属实后，可以为其出具去台之前是否受过刑事制裁查无档案记载公证书(公证书格式见附件三)。

附件一：

公　证　书

(　　)××字第××号

兹证明×××(男或女，××××年×月×日出生，现住台湾省×市×街×号)于××××年×月(注)以前在中国居住期间未受刑事制裁。

中华人民共和国×省×市公证处

公证员(签名)

××××年×月×日

注：此日期指当事人离开大陆去台湾的时间

附件二：

公　证　书

（　　）××字第××号

兹证明×××（男或女，××××年×月×日出生，现住台湾省×市×街×号）于××××年×月×日被××法院因××罪判处××刑×年。

中华人民共和国×省×市公证处
公证员（签名）
××××年×月×日

附件三：

公　证　书

（　　）××字第××号

兹证明至今未发现×××（男或女，××××年×月×日出生，现住台湾省×市×街×号）于××××年×月（注）以前在中国居住期间曾受过刑事制裁的档案记载。

中华人民共和国×省×市公证处
公证员（签名）
××××年×月×日

注：此日期指当事人离开大陆去台湾的时间

司法部公证司

关于经历公证书的复函

［1992年3月21日　(92)司公函045号］

浙江省司法厅公证管理处：

你处浙司公(1992)第3号函收悉。关于为未取得厨师技术等级职称的私营饮食店从业人员办理经历公证，经商商业部饮食服务业管理司认为，如当事人提供了店主、饮食服务业主管部门、街道办事处或乡镇政府的证明，公证处可以为其办理在私营饮食店工作的经历公证书，但只证明当事人从事烹饪工作。如其具有厨师技术等级职称，可另行按规定办理厨师公证书。

司法部公证司

关于如何办理党校学历、经历公证的复函

［1992年4月8日　(92)司公函09号］

四川省司法厅、北京市司法局公证管理处：

你处1991年11月5日电、京司公(1992)1号函收悉。经商有关部门，现答复如下：

一、关于在党校毕业的学历公证，仍应依照(89)司公字第78号文的规定，采取变通办法办理。

二、关于在党校工作的经历公证，可以为当事人办理，当事人应提供该党校同意办理经历公证的证明。

司法部公证司

关于办理劳改警察学校学历公证的复函

[1992 年 11 月 11 日　(92)司公函 119 号]

山西省司法厅公证管理处：

你处十月二十二日请示函收悉。关于可否为出国自费留学人员办理劳改警察学校学历公证事，经商部劳改局认为，公证处可予办理。当事人应提供其所在单位同意其出国自费留学的证明及毕业证书等。

司法部公证司　文化部文化市场管理局

关于办理演唱经历公证的通知

[1993 年 2 月 16 日　(93)司公函 015 号]

各省、自治区、直辖市司法厅(局)公管处，文化厅(局)文化市场管理处：

近来，我国公民为出国或其他缘由申办从事演唱工作的公证书。经研究认为可以为其办理演唱经历公证。具体程序和方式是：申请人向公证处提供县市以上文化局出具的证明某人于某年某月至某年某月在某地某歌厅从事演唱工作的证明，在证明的左下方贴本人二寸免冠照片，并加盖印章。公证处证明该证明上的印章属实。

司法部公证司　人事部离休退休司　劳动部保险福利司

关于办理离休、退休、退职公证书的通知

［1993年4月20日　(93)司公函040号］

各省、自治区、直辖市司法厅(局)、人事厅(局)、劳动厅(劳动人事)厅(局)：

近来一些离退休人员因出境探亲、定居等申请办理离退休公证书。我们意见,公证机关可以受理此项业务。对要求办理公证的人员,凭本人离休荣誉证、退休证、退职证及其管理单位出具的介绍信,当地公证机关可为其办理离休、退休、退职公证书。

附:离休(或退休、退职)公证格式

附件：

离休(或退休、退职)公证书

(　　)××字第××号

兹证明×××,男(或女),××××年×月×日出生,现住中华人民共和国××省××市××街××号,于××××年×月×日从××××(原工作单位全称)离休(或退休、退职)。

中华人民共和国××省××市公证处

公证员(签名)

年　　月　　日

注：

1. 本格式用于申办公证时尚未出境人员。对于已出境人员,可在证词中将现住址改为居住国地址。
2. 对于去台定居人员,证词中现住址可不冠国名。

司法部公证司

关于能否对中国公民在国外或港澳地区取得的学历、学位证书进行公证的复函

[1993年12月25日 (93)司公函158号]

四川省司法厅公证管理处：

你处川司公函(93)082号《关于能否对中国公民在国外或港澳地区取得的学历、学位证书进行公证的请示》收悉。对于为出国或去港澳定居、学习、工作等，而申办原在国外或港澳地区取得的学历、学位公证，公证处能否受理问题，经研究，现答复如下：

公民在国外或港澳地区取得学历、学位证书的事实，我公证处不应办理实体性公证。可建议当事人向其取得学历、学位证书所在国的公证人或公证机构申办公证。在香港地区取得的学历、学位证书应由具有国际公证人资格的香港律师办理。

如当事人不便向境外申办上述公证，公证处可应当事人请求，按照《公证书格式(试行)》中第四十九式证明书格式(之七)为其出具学历、学位证书影印件和原件相符证明书。

司法部公证司　外交部领事司

关于为我国公民办理在国外期间是否受过刑事处分公证的通知

[1994年1月19日 (94)司公字03号]

各驻外使、领馆：

近来，一些曾在国外居住过的我国公民为申请出国工作、学习、定居等，申办在国外居住期间是否受过刑事处分公证，经研究认为，凡在国外连续居住六个月以上者，应按以下方式办理：

一、曾在国外工作或学习过、不享受外交或领事豁免权的我国公民，申办在国外居住期间曾

受(或未受)刑事处分公证,应向其原居住国有关部门申请办理。当事人可直接或委托在国外亲友代为申请。

外国公证机关出具的曾受(或未受)刑事处分公证书,将在我国内使用的,须办理出证国外交部或其授权机关和我驻该国使、领馆的认证。

二、曾在我驻外使、领馆工作过,享受外交、领事豁免权的外交官、领事官或工作人员及与其构成同一户口之随行家属申办在国外居住期间是否受过刑事处分公证的,应由本人向原派出单位提出书面申请,再由原派出单位出函,通过外交部信使向我有关驻外使、领馆申请办理。

我驻外使、领馆为上述中国公民出具在国外居住期间是否受过刑事处分公证书,以中文为主,如需要也可根据当事人的要求为其附上使用国的文字或国际通用的外国文字作为译文。

凡在我驻外使、领馆工作的现任外交官、领事官或工作人员及与其构成同一户口之随行家属,如申办在国外居住期间是否受过刑事处分公证,一律不予受理。

三、曾在我驻联合国及其他国际组织、机构工作过的外交官或工作人员及与其构成同一户口之随行家属,申办在国外居住期间是否受过刑事处分公证,可参照本通知第二条规定,由我派驻该国的使、领馆负责办理。

司法部公证司

关于转发《中国人民解放军院校学历证书管理暂行规定》(摘录)的通知

[1995年2月28日 (95)司公函012号]

各省、自治区、直辖市司法厅(局)公证管理处:

中国人民解放军总参谋部和总政治部于今年一月十七日颁发了《中国人民解放军院校学院学历证书管理暂行规定》。现将该规定中与公证有关的条文摘录转发给你们,请及时下发所属各公证处,供办证时参考。

附：

中国人民解放军院校学历证书管理暂行规定(摘录)

第三条 军队院校学历证书分为生长干部教育学历证书和成人教育学历证书两类和毕业证书、结业证书、肄业证书三种。

第四条 总部统一制作的学历证书封面印有军徽图案和“学历证书”、“中国人民解放军总参谋部、总政治部制”的字样。内芯分别印有“军队院校毕业(结业)证书”、“硕士(博士)研究生毕业(结业)证书”、“成人教育毕业证书”等及防伪标记。

第五条 学历证书应具备以下内容:

(一)毕业(结业、肄业)学员姓名、性别、年龄、学习起止年月;

(二)学制、专业、层次,毕业(结业、肄业);

(三)贴有本人免冠照片并加盖院校骑缝钢印;

(四)院校名称及印章,院(校)长、政委签名章;

(五)发证日期及证书编号。

第七条 军队院校颁发统一学历证书的范围:

(一)按照国家教育委员会、总政治部下达的军队院校从地方招收普通中学毕业生计划和招生政策规定录取后取得学籍,并且经过军队院校培训合格准予毕业的学员。

(二)按照总参谋部、总政治部下达的士兵、干部招生计划和招生政策规定录取后取得学籍,并且经过军队院校培训合格准予毕业的学员。

(三)按照总参谋部、总政治部下达的函授招生计划和招生政策规定录取后取得学籍,并且经过军队院校函授培训合格准予毕业的军官和文职干部学员。

第八条 军队院校对于具有学籍的学员,完成全期或者某一阶段的学业后,根据考试(考查)的结果,发给相应的学历证书,国家和军队承认学历证书所证明的学历。

(一)对于学完教学计划规定的全部课程,考试成绩及格或者修满学分,政治、身体合格,发给毕业证书。

(二)对于学完教学计划规定的全部课程,其中一门以上课程补考后仍不及格但不属于留级范围或者未修满规定的学分,政治、身体合格,发给结业证书。

(三)对于学满一年以上而未学完教学计划规定的课程中途退学者(被开除学籍者除外),发给肄业证书。

第九条 军队院校举办的各种短期培训班、轮训班、进修班学习结束后,只发给相应的学习证明书和进修证明书。

第十条 从1993年起军队成人教育和1994年起军队生长干部教育所颁发的学历证书,凡未使用“中国人民解放军总参谋部、总政治部制”的毕业(结业)证书者,国家和军队一律不予承认。

第十一条 1983年(不含)以前军队院校毕业的学员,凡符合总参谋部、总政治部《关于军队院校以往毕业学员学历问题的规定》[(1983)参联字5号文件]所领取的学历证明;1983年至1992年经军队成人教育和1983年至1993年军队生长干部教育毕业的学员,凡由中央军委批准,按照总部下达的招生计划参加地方或者军队统考,符合招生政策规定被录取并取得学籍,经军队院校培训合格后所领取的学历证书,国家和军队均予承认,毋须换发。

第十二条 学历证书遗失后,可以由本人向原发证机构申请,原发证机构审查后依据其毕业(结业、肄业)的情况出具相应的学历证明。

第十七条 本规定自颁布之日起施行。

司法部公证司

关于办理单位工作证明公证的通知

[1995年5月25日 (95)司公函041号]

各省、自治区、直辖市司法厅(局)公证管理处:

近来,阿根廷驻华大使馆根据其国内的规定,要求我申请专家移民的人员提供本人所在单位出具的"职业证明"并经公证处公证,而不接受实体经历公证书。

为保证当事人正当权益的实现,经研究,公证处可以应当事人的请求,在真实合法的基础上办理当事人的现单位或原单位出具的证明当事人在某段时间内在该单位从事何种专业技术工作的证明公证,证明上面印章属实。其他国家如有此种要求,可比照办理。

司法部公证司

关于发往意大利使用的学历证书公证事的通知

[1998年9月8日 (98)司公字015号]

各省、自治区、直辖市司法厅(局)公证管理处,长安公证处:

根据外交部领事司与意大利驻华大使馆的磋商结果,现就发往意大利使用的学历公证事宜通知如下：

一、凡在意大利使用的初中以上学历证书均需办理公证。大学以上学历（均含同等职业教育或成人教育学历）还需办理大学期间每年的成绩公证。

二、发往意大利使用的学历和成绩公证格式适用《公证书格式（试行）》第四十九式（之四），不做实体公证。需附意大利文译文。

三、鉴于目前社会上假学历问题的存在，公证处在办理上述公证时应当按照程序规定，严格审查，以维护公证的真实性、合法性和中国公证的声誉。

请尽快通知所属各办理涉外公证的公证处。

公　安　部

关于印发《公安机关办理犯罪记录查询工作规定》的通知

（2021 年 12 月 3 日　公通字〔2021〕19 号）

各省、自治区、直辖市公安厅、局，新疆生产建设兵团公安局：

为规范公安机关办理犯罪记录查询工作，公安部制定了《公安机关办理犯罪记录查询工作规定》，现印发给你们，请认真贯彻执行。

公安部

2021 年 12 月 3 日

公安机关办理犯罪记录查询工作规定

第一章　总　　则

第一条　为适应经济社会发展需要，方便有关单位和个人开展、从事相关活动，规范公安机关办理犯罪记录查询工作，根据《中华人民共和国刑法》《中华人民共和国刑事诉讼法》等有关法律，制定本规定。

第二条　本规定所称的犯罪记录，是指我国国家专门机关对犯罪人员的客观记载。除人民法院生效裁判文书确认有罪外，其他情况均应当视为无罪。

有关人员涉嫌犯罪，但人民法院尚未作出生效判决、裁定，或者人民检察院作出不起诉决定，或者办案单位撤销案件、撤回起诉、对其终止侦查的，属于无犯罪记录人员。

第三条 公安部建立犯罪人员信息查询平台。查询结果只反映查询时平台录入和存在的信息。

第二章 申请与受理

第四条 个人可以查询本人犯罪记录，也可以委托他人代为查询，受托人应当具有完全民事行为能力。

单位可以查询本单位在职人员或者拟招录人员的犯罪记录，但应当符合法律、行政法规关于从业禁止的规定。

行政机关实施行政许可、授予职业资格，公证处办理犯罪记录公证时，可以依法查询相关人员的犯罪记录。有关查询程序参照单位查询的相关规定。

第五条 中国公民申请查询，由户籍地或者居住地公安派出所受理；在中国境内居留 180 天（含）以上的外国人申请查询，由居住地县级以上公安出入境管理部门受理；委托他人查询的，由委托人户籍地或者居住地受理。

单位申请查询，由住所地公安派出所受理。查询对象为外国人的，由单位住所地县级以上公安出入境管理部门受理。

各地根据本地工作实际和便民服务需要，可以增加查询受理单位，也可以采取线上办理、自助办理等方式开展犯罪记录查询工作。

第六条 公民在户籍地申请查询的，应当提交本人有效身份证明和查询申请表；在居住地申请查询的，应当提交本人有效身份证明、居住证和查询申请表。外国人申请查询的，应当提交本人有效身份证明和查询申请表。委托他人查询的，还应当提交委托书和受托人有效身份证明。

个人在一年内申请查询 3 次以上的，应当提交开具证明系用于合理用途的有关材料。

单位申请查询的，应当提交单位介绍信、经办人有效身份证明、加盖单位公章的查询申请表，以及查询对象系单位在职人员或者拟招录人员的有关材料。查询申请表应当列明申请查询依据的具体法律条款。

第七条 受理单位对申请单位或者申请人提交的相关材料，应当认真审查。材料齐全的，予以受理；材料不全的，一次性告知应当补充的材料；对于单位查询不符合法定情形的，不予受理，并向申请单位说明理由。

第三章 查询与告知

第八条 受理单位能够当场办理的，应当当场办理；无法当场办理的，应当向申请单位或者申请人出具《受理回执》，并在 3 个工作日内办结。

情况复杂的，经县级以上公安机关负责人批准，可以进行调查核实。调查核实的时间不计入办理期限。调查核实需要当事人配合的，当事人应当配合。

第九条　对于个人查询,未发现申请人有犯罪记录的,应当出具《无犯罪记录证明》;发现申请人有犯罪记录,应当出具《不予出具无犯罪记录证明通知书》。

对于单位查询,查询结果以《查询告知函》的形式告知查询单位。

第十条　查询结果的反馈,应当符合《中华人民共和国刑事诉讼法》关于未成年人犯罪记录封存的规定。

对于个人查询,申请人有犯罪记录,但犯罪的时候不满十八周岁,被判处五年有期徒刑以下刑罚的,受理单位应当出具《无犯罪记录证明》。

对于单位查询,被查询对象有犯罪记录,但犯罪的时候不满十八周岁,被判处五年有期徒刑以下刑罚的,受理单位应当出具《查询告知函》,并载明查询对象无犯罪记录。法律另有规定的,从其规定。

第四章　异议与投诉

第十一条　当事人对查询结果不服的,可以向原受理单位提出书面异议,申请复查。提出异议的,异议申请人应当配合公安机关开展复查工作。

第十二条　原受理单位对于查询异议应当进行复查,复查结果应当在受理后15个工作日内书面答复异议申请人。情况复杂,不能在规定期限内查清并做出答复的,经县级以上公安机关负责人批准,可以适当延长,并告知异议申请人,但延长期限最多不超过30个工作日。

第十三条　对于开具的《无犯罪记录证明》《不予出具无犯罪记录证明通知书》《查询告知函》确有错误,经查证属实的,出具文书的公安机关或者其上级公安机关应当及时予以撤销并重新出具有关文书。

第十四条　异议申请人认为受理单位不予出具无犯罪记录证明依据的法院判决有误,符合法定申诉条件的,受理单位可以告知异议申请人按照法定程序向有关法院、检察院申诉。

第五章　法 律 责 任

第十五条　任何单位和个人不得采用编造事实、隐瞒真相、提供虚假材料、冒用身份等申请查询犯罪记录,或伪造、变造《查询告知函》《无犯罪记录证明》。查证属实的,依法给予处罚;构成犯罪的,依法追究刑事责任。

第十六条　有关单位和个人应当严格依照本规范规定的程序开展查询,并对查询获悉的有关犯罪信息保密,不得散布或者用于其他用途。违反规定的,依法追究相应责任;构成犯罪的,依法追究刑事责任。

第十七条　有关单位和个人违规开展查询工作,造成严重后果的,应当依法追究有关单位和个人的责任;构成犯罪的,依法追究刑事责任。

第六章　附　　则

第十八条　各地可以结合本地实际和工作需要,制定实施细则。

第十九条 国家有关单位对特定事项的犯罪记录工作有专门查询规定的,从其规定。

第二十条 本规定自2021年12月31日起施行。

(八)出生、死亡、身份公证

司法部公证律师司

关于谢绍勇申办在越南出生公证书的函

[1983年7月21日 (83)司公字第86号]

广西壮族自治区司法局公证律师管理处:

外交部领事司(83)领认转字第180号转办单转来广西防城各族自治县司法局给南宁市公证处的信一封,以及谢应忠为其弟谢绍勇申请更改出生地的两封信和附件两件。经研究,我司认为,公证处一般不能证明发生在域外的事实。但是,为了保护当事人的合法权益,对谢绍勇申办在越南出生的公证书,可在查实不是在我国出生,又无在越南以外第三国出生的可能性以后,由有关证人发表声明,证明其出生在越南,尔后,公证处证明当事人在声明书上签字盖章属实。

(下略)

司法部公证律师司 公安部六局

关于办理国籍公证证明的复函

[1983年12月2日 (83)司公字第149号]

广西壮族自治区司法局:

你局公证律师处桂司公律(83)26号函悉。经研究认为,凡中国公民因与外籍人通婚,而要求办理中国国籍证明的,公证处可以根据申请人所持的护照或户口簿,没有户口簿的公民(指非城镇户口的人)可由县公安局出具书面证明,给予办理国籍证明。证词为:“兹证明×××(男或女,××××年×月×日出生)具有中国国籍。”

司法部公证律师司

有关华侨张悦荣要求为其妻出具死亡证书事

［1984 年 3 月 3 日　(84)司公字第 40 号］

广东省司法厅公证管理处：

(前略)

莫兰英回国探亲期间在国内死亡,其亲属为了领取保险金要求出具死亡证明书,请转告斗门县公证处根据死亡事实给予办理。关于收费问题,考虑到人寿保险含社会福利性质,不宜按继承收费,请按证明死亡收费标准收费。

司法部公证律师司

关于可否为外籍人在原籍重婚所生子女出具证明事的复函

［1984 年 4 月 28 日　(84)司公字第 85 号］

福建省司法厅公证管理处：

你处一九八四年四月二十日闽司证〔1984〕41 号《关于可否为外籍人在原籍重婚所生子女出具证明的请示》函悉。经研究认为,根据我国审判实践,杨人松与朱燕英的婚姻属事实上的重婚,不符合我国婚姻法的规定。但应承认杨人松是杨坤的生父、朱燕英是杨坤的生母的事实。(下略)

司法部公证律师司

关于为徐雅云出具监护人证明书事的复函

［1984 年 5 月 5 日　(84)司公字第 92 号］

上海市公证处：

你处一九八四年四月二十五日(84)沪证外字第 2555 号《关于为徐雅云出具监护人证明书的请示报告》收悉。同意所提意见。可以出具徐雅云是其未成年女儿刘海敏、刘海勤的监护人的公证书。所拟公证书格式(稿)的前半部分可省略,证词为“兹证明徐雅云是刘金章的妻子,是刘海敏和刘海勤的生身母亲。根据《中华人民共和国婚姻法》第十七条规定的精神,徐雅云是其未成年女儿刘海敏和刘海勤的监护人”。

司法部公证律师司

关于发往委内瑞拉使用的出生公证书需附出生证原件事的复函

［1987 年 12 月 9 日　(87)司公字第 132 号］

广东省司法厅公证管理处：

你处粤司公(87)88 号《关于委内瑞拉要求出生公证需将出生证原件附上问题的请示》收悉。函中反映,自我司(87)司公字第 94 号《关于瑞士和委内瑞拉两国对公证书要求事的函》下发后,公证处在办理发往委内瑞拉使用的出生证明时,很多当事人不能提供出生证原件。为此,同意你处意见,即:如当事人是在医院出生,可由当事人向原出生医院申请补发出生证明,公证处证明其印章属实;如当事人不是在医院出生,或因各种原因确实无法由原出生医院补发出生证明书,公证处可按户籍登记,查证属实后出具出生证明。

司法部公证司

关于为澳门十八岁以下非法入境者出具有关公证书事的通知

[1989年5月24日　(89)司公字第47号]

福建、广东省司法厅公证管理处：

据了解，澳门政府一月初对非法入境的十八岁以下未成年人进行登记，经审查后可发放澳门身份证。如当事人在内地出生，登记时须提供五种证明，其中包括内地公证机关出具的当事人的出生公证书（须附照片）和当事人父母的结婚公证书。为此，你省各公证处办理了大量上述公证事项。但因当事人系偷渡出境不能亲自回内地申办公证以及当事人提供假证明欺骗公证机关的情况较多，给公证处办理公证带来了一定困难。经商国务院港澳办三司，现就办理用于上述登记目的的公证书应注意的问题通知如下：

1. 澳门政府登记、发放身份证的举动有利于稳定澳门的社会秩序，我公证机关应积极受理，尽快出证。

2. 公证处在办理公证时，应严格执行有关办理公证的程序规定，注意调查核实当事人所提供的证明材料的真实性，坚决不搞照顾出证，以维护公证处的信誉。

3. 办理出生公证时，如当事人不能亲自来公证处或无可靠的足以证明当事人与照片是同一人的证明时，出生公证书上一律不附照片。

司法部公证司

关于出生公证书中加贴照片的通知

[1990年9月19日　(90)司公字第131号]

各省、自治区、直辖市司法厅(局)公证管理处：

为防止冒领护照，经研究采纳驻美使馆建议，今后凡发往美国使用的出生公证书均须附照片

并加盖钢印,具体规定如下:

一、当事人申办出生公证书,应亲自持有关证明材料和照片到有关公证处提出申请,公证人员必须将照片与本人进行核对。

二、当事人已在国外或港澳台,委托他人代为申办的,需提供当事人所在国公证机关或我部委托的香港律师、澳门有关机构、台湾公证机关出具的证明当事人与照片系同一人的公证书,同时向公证处提供相同的照片若干张。公证书须经该国外交部或其授权机构及我驻该国使馆认证(港、澳、台地区的证明直接使用)。还须提供当事人原工作单位出具的当事人与照片系同一人的证明,如当事人出国前无工作单位,由街道或乡镇政府出具证明。

三、照片一律用近期一寸半身免冠照片,贴照片的位置按我部一九八一年颁布的《公证书试行格式》第一式(之二)的规定执行,贴照片处加盖公证处钢印。

司法部公证司

关于出生公证书中加贴照片的补充通知

[1991年5月23日　(91)司公字第96号]

上海市司法局公证管理处:

你处沪司公管发字(1991)第1号《关于对出生公证书中加贴照片遇到一些问题的情况报告》收悉。经研究认为,为防止冒领护照,维护当事人的权益,公证处应严格执行(90)司公字第181号《关于出生公证书中加贴照片的通知》。为方便当事人,现补充规定如下:

凡已在美国的当事人,除应按上述规定申办出生公证外,还可以亲自持其附有照片的身份证件和照片到我驻美使领馆申办当事人与照片系同一人的公证书。然后当事人或其代理人再持此公证书、照片及其他有关材料直接到国内公证处申办出生公证书。公证处据此经核实为当事人办理出生公证书。如果当事人出国时已成年,且出国时间较短,并能够提供其原工作单位出具的与照片系同一人的证明,公证处能够与本人人事档案中的照片或出入境部门护照底卡上的照片核定的,就可以不必在美国办理照片与本人系同一人的证明。如当事人出国前无工作单位,可由其原居住的街道或乡镇政府出具证明。但公证处也必须与出入境部门护照底卡上的照片进行核实。

发往其他国家和地区使用的公证书,如需附照片,依上述规定办理。

司法部公证司

关于办理王栋明律师资格等公证的复函

［1993年6月16日　(93)司公函066号］

浙江省司法厅公证管理处：

你处今年六月七日《关于对王栋明律师资格公证的请示》函收悉。对于请示中提出的问题，经商部律师司认为，对1992年以后通过全国律师资格考试的人员，司法厅(局)不直接颁发律师资格证书，而是发给盖有“通过考试”字样的成绩通知书，公证处可根据当事人提供的司法厅发出的盖有“通过考试”字样印章的律师资格考试成绩通知书，为其办理律师资格公证书(格式见附件一)；对于1992年以前取得的律师资格证书，公证处仍按(91)司公字第93号文的规定办理。

另，随函将外交部领事司转来的青田县公证处出具的(93)浙青公证字第2069号公证书原件一份退你处。经商部律师司认为，该公证书的出具方式不妥。今后如遇申办律师身份公证的情况，公证处可依上述办法为当事人办理律师资格公证，并根据律师事务所出具的证明和对律师执照的审查结果，出具从事律师职业的经历公证书(格式见附件二)。

附件一：

律师资格公证书

(　　)××字第××号

兹证明×××(男或女，××××年×月×日出生)通过了××××年全国律师资格考试。

贴照片

(加盖公证处钢印)

中华人民共和国××省××市(县)公证处

公证员　　(签名)

××××年×月×日

附件二：

经历公证书

（　　）××字第××号

兹证明×××(男或女,××××年×月×日出生)于××××年×月×日至××××年×月×日在××律师事务所从事律师工作。

贴照片

(加盖公证处钢印)

中华人民共和国××省××市(县)公证处

公证员　　　(签名)

××××年×月×日

司法部公证司

关于发往奥地利使用的出生公证书的复函

［1993年8月7日　(93)司公函089号］

福建省司法厅公证管理处：

你处(93)闽司笺证字第134号函收悉。关于奥地利驻华使馆要求申请在该国取得居留许可的我国公民提供户口本复印件与原件相符公证事,经研究,并与奥地利驻华使馆协商,公证处仍应执行(86)司公字第151号文(《公证规章集成》第130页)的规定,不办理户口本公证。为方便当事人,今后用于申请在奥地利取得居留许可的出生公证书格式,将《公证书格式(试行)》第二十二式(之一)的证词改为"兹证明×××,男(或女),于××××年×月×日在××省××市出生,现住××省××市××街××号。×××的父亲是×××,×××的母亲是×××。"

司法部公证司

关于修改国籍公证书格式的复函

［1994 年 9 月 27 日 (94)司公函 086 号］

浙江省司法厅公证管理处：

你处今年九月十二日《关于如何办理陈幸国籍公证的请示》函悉。对所请示的问题，经研究后决定，对现行国籍公证书格式［《公证书格式（试行）》第二十八］进行修改。修改后的国籍公证书格式见附件。

公证处在事实清楚、证据可靠充分的前提下，按修改后的格式出具国籍公证书。

另，各地公证处使用这一格式的时间不应晚于 1995 年 1 月 1 日。

附件：

国籍公证书

（ ）××字第××号

兹证明×××（男或女，××××年×月×日出生）现（或原）户籍地在中国的××省××市××路××号，具有中国国籍。

中华人民共和国××省××市（县）公证处

公证员： （签名）

××××年×月×日

司　法　部

关于归侨温宏基出生公证问题的复函

（2000 年 8 月 17 日　〔2000〕司律公函 047 号）

江苏省司法厅公证管理处：

你处今年 7 月 25 日《关于能否为归侨温宏基办理出生公证的请示》函悉。经研究认为，对发生在国外的事实，我公证处一般不予证明。对这种情况的公证申请，公证处应告知申请人向其出生地国申办。但为保护申请人的合法权益，如申请人同意，在排除其第三国出生可能性的前提下，可由合格的证人发表声明，公证处证明其在声明书上签字盖章属实。公证处也可通过调查，取得其回国后最原始的有关其出生事实的书证（如回国入境时提交或填写的文件等），与其档案中有关记载一致的前提下，办理档案记载情况公证，证词为："根据×××（当事人）的申请，兹证明××××（单位名称）的档案中对×××出生事实的记载为：×××于××××年×月×日出生于××××国，父亲是×××，母亲是×××。"

此复。

司　法　部

关于公证处办理居民身份证复印件与原件相符公证的批复

（2003 年 6 月 15 日　司复〔2003〕15 号）

天津市司法局：

你局《关于可否在一定范围内办理身份证复印件与原件相符公证的请示》（津司请〔2003〕9 号）收悉。经研究，现批复如下：

一、公证处在下列情形可以为申请人办理身份证复印件与原件相符的公证：

（一）我国公民、法人在国内委托代理诉讼、登记等事务，当事人不能提供身份证原件时，有关部门或单位要求当事人必须提供身份证复印件与原件相符公证书的；

（二）我国公民、法人委托代理境外诉讼或非诉讼事务，到境外参加资格考试，境外有关机构要求当事人须提供身份证复印件与原件相符公证书的。

二、申办此类公证，必须由当事人亲自申请并提交证明其符合上述申办用途的材料。在公证书证词中，应当明确限定公证书只用于该项公证申办事由，用于其他事由无效。

此类公证书参考格式如下：

“兹证明前面的复印件与××持有的××公安局（或××公安局××分局）签发的编号为××的居民身份证原件相符。

本公证书仅限用于××，用于其他事由无效。”

三、此批复自下发之日起施行。《司法部关于不宜办理居民身份证复印件与原件相符公证的批复》（司复〔1998〕004号）同时废止。

此复。

（九）公司、金融事务公证

司　法　部

关于办理国际票据拒绝证书的通知

［1983年9月14日　(83)司发公字第315号］

北京、上海、天津、广东、辽宁、山东、江苏、河北、福建、浙江、湖北、广西省、市、自治区司法厅（局）：

为适应对外贸易和经济交往发展的需要，根据国际惯例，经与中国银行研究决定，在北京、上海、天津、广州、大连、青岛、南京、石家庄、福州、杭州、武汉、南宁等十二个市公证处，开展办理国际票据拒绝证书的公证业务。

票据是具有一定格式的支付凭证，具有流通作用，在国际经济贸易往来中经常使用。票据拒绝证书是证明票据持有人在法定或约定期限内，行使或保全票据上权利的必要行为已被拒绝的一种要式公证书，是票据流通中可能发生的一种情况，其作用在于保护票据流通中的债权关系。在我国尚未制定颁布“票据法”的情况下，如果不办理此项公证业务，不利于票据在我国的流通，甚至引起国外某些人怀疑票据在我国的有效性，从而影响我国对外贸易和经济交往的发展。

目前，我国对外贸易和经济交往中发生票据拒付的情况虽然很少，但当付款人拒绝承兑或付款时，为维护票据持有人的合法权益，保证票据的流通，公证处应当根据票据持有人的申请及委托，给予办理票据拒绝证书。办证程序是：将申请人提供的票据到付款人处核实，证实付款人确实拒绝承兑或付款时，即可出具票据“拒绝证书”（格式附后），并将原票据附后，加盖骑缝章，作为该证书不可分割的组成部分。如果当事人需要，可附译文（英译文附后）。票据“拒绝证书”须制作二份，正本交票据持有人，副本由公证处归档存查。办理该公证事项应按件收费，每件收费人民币五十元。

办理票据“拒绝证书”是我公证机关一项新的业务。由于缺乏经验，各公证处在工作中应主动与当地中国银行分行联系，认真办好，并注意总结经验。

以上通知，请即转发所属的有关市司法局和公证处，自文到之日起执行。

附件：拒绝证书格式（中、英文各一份）

附件：

拒 绝 证 书

（　　）××字第××号

兹应票据持有人×××的要求（票据原件附后），本公证员于××××年×月×日向票据付款人×××提示原票据，并要求其付款，遭其拒绝。

据此，本公证员特立此证书证实该票据项下付款确实遭到汇票付款人拒绝。

中华人民共和国××省××市公证处

公证员　　　　（签名）

年　　月　　日

Protest Certificate

(　　) ×× Zi, No. ××

On the…day of…in the year…, at the request of…, holder of the bill of exchange, a true copy of which is here to annexed, I, Notary Public, duly authorised, produced and exhibited the said original bill to…, on whom the said bill is drawn and demanded payment thereof, and he answered that it would not be paid.

Whereupon, I, the said Notary, at the request as aforesaid, issue this certificate attesting that the payment of the said bill has been refused by the drawee.

Notary: × ×(Signature)
× × Notary Public Office(Seal)
× × Province
The People's Republic of China
×(month), × ×(day),19 × ×

司法部公证律师司

关于出具专利有关证明事的复函

［1984年1月25日 (84)司公字第15号］

中国贸促会法律事务部：

你部一九八三年十二月十五日(83)贸促法专字第0311号《关于出具专利有关证明事》函收悉。经与有关部门研究认为,我国企业或个人向外国申请专利时,所需要提供的有关文件的证明事项属于公证业务范围,根据我国公证机关统一行使公证职能的原则,应由公证处办理为宜。

司法部公证司

关于对私营企业的私人借款等事项给予公证的复函

［1991年3月26日 (91)司公字第55号］

上海市司法局公证管理处：

你处一九九〇年十一月三日沪司公管发字(1990)第38号《关于对私营企业的私人借款等事项给予公证的请示》函悉。经研究,答复如下：

一、根据国家税务局(88)国税集字第058号《私营企业财务管理暂行办法》的规定及上海市税务局关于商请公证机关对私营企业的私人借款等事项给予公证的意见,对按银行一年期存款利率计息的私营企业的私人借款协议及私营企业投资者撤出股金或生产发展基金等事项,可以给予公证。办理此类公证要注意:

1. 协议不得有利息计入本金计算复利的条款;借款人应提供必要的担保。

2. 办理私营企业投资者撤出股金或生产发展基金的公证证明,可采取私营企业和撤股人共同签具“撤股清单”或“撤出固定资产清单”给予证明双方签章属实的方式。

二、(略)

国家国有资产管理局　司法部　对外经济贸易部

关于印发《关于境外国有资产以个人名义进行产权注册办理委托协议书公证的规定》的通知

(1991 年 12 月 4 日　国资境外发〔1991〕73 号)

各省、自治区、直辖市、计划单列市国有资产管理局(办公室、处)、司法厅(局)、经贸委(厅、外贸局),国务院各部委、直属机构,各外贸、工贸总公司:

为了加强对境外国有资产的管理,保护境外国有资产的安全,将境外国有资产逐步纳入法制化管理的轨道,我们制定了《关于境外国有资产以个人名义进行产权注册办理委托协议书公证的规定》,现发给你们,请按照执行。

国内投资单位与境外国有资产产权注册人签订本规定附发的委托协议书,以书面的形式确认双方的权利和义务,并由国家公证机关予以公证,确认其法律效力。目的是有效地防止境外国有资产的流失,保护国有资产的安全,促使境外企业健康地发展。各级国有资产管理部门、经贸主管部门和各地公证机关,应密切配合,将此项工作切实搞好。

附件:关于境外国有资产以个人名义进行产权注册办理委托协议书公证的规定

附件：

关于境外国有资产以个人名义进行产权注册办理委托协议书公证的规定

为了贯彻《国务院关于加强国有资产管理工作的通知》（国发〔1990〕38 号）和《国务院办公厅转发财政部、国家国有资产管理局〈关于驻港澳机构以个人名义办理产权注册登记手续等问题的意见〉的通知》（国办发〔1989〕54 号）的精神，加强境外国有资产的管理，保护国有资产的安全，有效地防止国有资产的流失，将境外国有资产纳入法制化管理的轨道，现就境外国有资产以个人名义进行产权注册办理委托协议书公证的问题，作如下规定：

一、凡经国务院和国务院授权部门批准的全民所有制单位在境外设立企业、事业机构（以下称境外机构），确需将国有资产以个人名义进行产权注册的，必须经省、自治区、直辖市人民政府和中央主管部门批准后，由国内投资单位（以下称委托人）与境外国有资产产权的注册人（以下称受托人）签定《境外国有资产以个人名义持股委托协议书》或《境外国有资产以个人名义拥有物业产权委托协议书》（以下简称委托协议书），并经委托人所在地公证机关公证。否则，一律不得以个人名义在境外进行产权注册。

二、本规定所称境外国有资产，是指各级人民政府、企业主管部门、全民所有制企业及其他行政、事业单位向境外投资（包括现金及有价证券；机器、设备；无形资产，如技术专利、商标、商誉等）所形成的资产和资产收益，境外机构接受馈赠及完全用贷款（包括境内、境外贷款）投资创办的境外机构内部积累等形成的资产。

三、本规定所称境外国有资产以个人名义进行产权注册，是指以个人名义持有境外实属国有的企业股份和以个人名义拥有在境外购置的实属国有的房地产、汽车、设备等物业及其他形式的产权。

四、本规定所称境外，包括港、澳地区。

五、以个人名义持有境外国有股份的，应于境外注册产权之前，在国内办理委托协议书公证。以个人名义拥有在境外购置的国有物业产权的，应于境外办妥产权注册之后一个月内，在国内办理委托协议书公证。

六、同一境外机构中，不同的受托人由同一委托人委托的，应在委托人所在地的同一公证机关同时办理委托协议书公证；不同受托人由不同委托人委托的，应分别在委托人所在地的公证机关办理委托协议书公证。

七、委托协议书要明确委托人和受托人的权利和义务（具体内容在附件中规定）。

八、本规定下发之前已在，现仍需在境外以个人名义进行产权注册的，应由委托人与受托人补签委托协议书，并办理公证手续。

九、委托协议书应具备以下主要条款：

（一）委托事项；

（二）双方权利和义务；

（三）违约责任；

（四）双方约定的其他事项；

（五）协议签订的日期、地点。

十、申请办理委托协议书公证应向公证机关提交下列材料：

委托人：

（一）法人资格证明；

（二）法定代表人身份证明；

（三）由代理人代为申请的，需提交授权委托书及代理人身份证明；

（四）国务院及国务院授权部门批准设立境外机构的批件；

（五）中央主管部门或省、自治区、直辖市的主管部门批准在境外将国有资产以个人名义进行产权注册的文件；

（六）公证机关认为应当提交的其他文书、证件等。

受托人：

（一）身份证明（有效的中国护照影印本）；

（二）以个人名义购置物业的买卖合同、物业产权注册证明；

（三）补签委托协议书的，还需提交以下文件：

1. 公司注册证书和企业登记书；

2. 以个人名义持有股份的有关证明文件；

（四）公证机关认为应当提交的其他文书、证件等。

十一、国家专线部门将境外国有资产以个人名义进行产权注册的，经有关部门批准，可不办或缓办委托协议书公证。

十二、违反本规定，不办理委托协议书公证，给境外国有资产造成损失的，要追究国内投资单位主要负责人的法律责任。

十三、委托协议书经委托人所在地公证机关公证后生效，并需报送委托人的上级主管部门和同级国有资产管理部门备案。

十四、本规定自下发之日起施行。

附件一：境外国有资产以个人名义持股委托协议书（参考格式）

附件二：境外国有资产以个人名义拥有物业产权委托协议书（参考格式）

附件一：

境外国有资产以个人名义持股委托协议书（参考格式）

委托人：

受托人：　　　　姓名：　　　　性别：

出生日期：　　年　　月　　日

工作单位：

详细住址：

委托人于　　　年　　月　　日经　　　　　批准出资　　　　元(币种),委托受托人在　　　　以受托人个人名义持有　　　　　　公司实属委托人的　　　　　　股份(以下简称股份)。为明确双方权利、义务,经协商一致,达成协议如下：

一、委托事项：

委托人委托,受托人接受委托在　　　　　以受托人个人名义持有该股份。

二、双方权利和义务：

(一)受托人的义务：

1. 按照委托人的指示,依照当地法律以个人名义持有该股份,并办理产权登记注册及明确该股份实属国家或委托人所有的有关法律手续；

2. 受托人以其个人名义持有的股份以及所获一切收益(包括债权),均归委托人所有,受托人及其配偶、子女、亲属和其他人均无权享有和继承；

3. 未经委托人许可,受托人不得私自以任何形式将以其个人名义持有的股份转让给第三人,也不得转委托第三人持有；

4. 受托期限内,除经委托人批准外,受托人不得再以其个人名义持有其他任何公司的股份；

5. 受托人被解除委托或因其他特殊情况不能履行职责时,必须按照委托人的指示或决定将以其个人名义持有的股份及一切权益转回给委托人或委托人所指定的接替人,并按要求办理交接手续。

(二)委托人的义务：

1. 受托人在委托授权范围内所发生的债务,委托人应当承担；

2. 受托人在委托授权范围内签署的一切合法、有效文件,委托人应当予以承认。

三、违约责任：

(一)受托人违反本协议书的规定而采取遗嘱、声明、协议或其他方式处理以其个人名义持有的股份以及未经委托人许可擅自转委托的一切行为均属无效,并须承担由此而产生的法律责任和经济责任；

(二)受托人超越委托授权范围的行为,委托人有权不予承认,造成的损失由受托人负责赔偿；

(三)受托人在被解除委托或因其他特殊情况不能履行职责时,不按委托人的要求将以其个人名义持有的股份转回委托人或委托人所指定的接替人,给委托人造成损失的,受托人应负赔偿责任；

(四)因受托人的过错给委托人造成经济损失的,受托人应予赔偿。

四、双方约定的其他事项：

五、有效期限：

本协议书由双方签署后经公证处公证之日起生效,有效期至委托人解除对委托人的委托或受托人因其他特殊情况不能履行职责,受托人按委托人的要求将以其个人名义持有的股份及一切权益转回给委托人或委托人指定的接替人时为止。

六、本协议书的未尽事宜或在执行中遇到新情况时，双方可协商作出补充协议，但须经原公证处公证。

本协议书正本一式三份，双方各执一份，公证处存档一份；副本一式　　份，分别报送　　、　　备案。

委托人：　　（公章）　　受托人：　　（签章）

地　址：　　　　　　　　住　址：

法定代表人（或委托代理人）：（签章）

签订日期：　　年　　月　　日

地　点：中华人民共和国　　　　　　市（县）公证处

附件二：

境外国有资产以个人名义拥有物业产权
委托协议书（参考格式）

委托人：

受托人：　　　　姓名：　　　　性别：

出生日期：　　年　　月　　日

工作单位：

详细住址：

根据委托人的指示，受托人于　　年　　月　　日用委托人的资金　　　元（币种），以个人名义在　　　　　购置了　　　　　（境外物业名称及详细情况）（以下简称物业）。为明确双方权利、义务，经协商一致，达成协议如下：

一、委托事项：

委托人委托，受托人接受委托在　　　以受托人个人名义拥有该物业的产权。

二、双方权利和义务：

（一）受托人的义务：

1. 按照委托人的指示，依照当地法律，以个人名义拥有该物业，并办理有关明确该物业的产权实属国家或委托人所有的法律手续；

2. 受托人以其个人名义拥有的物业及一切收益、孳息，均归委托人所有，受托人及其配偶、子女、亲属和其他人均无权享有和继承；

3. 未经委托人许可，受托人不得私自以任何形式将以其个人名义拥有的物业转让给第三人，也不得擅自转委托第三人拥有；

4. 受托人被解除委托或因其他特殊情况不能履行职责时，必须按照委托人的指示或决定将以其个人名义拥有的物业及一切权益转回给委托人或委托人所指定的接替人，并按要求办理交接手续。

（二）委托人的义务：

1. 受托人在委托授权范围内所发生的债务，委托人应当承担；

2. 受托人在委托授权范围内签署的一切合法、有效文件，委托人应予承认。

三、违约责任：

（一）受托人违反本协议书的规定而采用遗嘱、声明、协议或其他方式处理以其个人名义拥有的物业以及未经委托人许可擅自转委托的一切行为均属无效，并须承担由此产生的法律责任和经济责任；

（二）受托人超越委托授权范围的行为，委托人有权不予承认，造成的损失由受托人负责赔偿；

（三）受托人在被解除委托或因其他特殊情况不能履行职责时，不按委托人的要求将以其个人名义拥有的物业转回委托人或委托人所指定的接替人，给委托人造成损失的，受托人应负赔偿责任；

（四）因受托人的过错给委托人造成损失的，受托人应予赔偿。

四、双方约定的其他事项：

五、有效期限：

本协议书由双方签署后经公证处公证之日起生效，有效期至委托人解除对受托人的委托或受托人因其他特殊情况不能履行职责，受托人按委托人的要求将以其个人名义拥有的物业及一切权益转回给委托人或委托人指定的接替人时为止。

六、本协议书的未尽事宜或在执行中遇到新情况时，双方可协商作出补充协议，但须经原公证处公证。

本协议书正本一式三份，双方各执一份，公证处存档一份；副本一式　　　　份，分别报送、备案。

委托人：　（公章）　　　　受托人：　（签章）

地　址：　　　　　　　　　住　址：

法定代表人（或委托代理人）：（签章）

签订日期：　　　年　　月　　日

地　　点：中华人民共和国　　　　市（县）公证处

国家国有资产管理局　司法部

关于驻澳门机构以个人名义持有国有资产产权办理转名的法律手续的通知

（1992年11月25日　国资境外发〔1992〕81号）

各省、自治区、直辖市、计划单列市国有资产管理局（办公室、处）、司法厅（局），国务院有关部委、直属机构，有关行业总公司：

鉴于港澳两地法律要求不尽相同，为了各地、各部门能顺利贯彻《国务院办公厅转发财政部、国家国有资产管理局关于驻港澳机构以个人名义办理产权注册登记手续等问题的意见的通知》（国办发〔1989〕54号），办好驻澳门机构的国有资产转名登记工作，经商外交部和国务院港澳办公室，我们整理了《驻澳门企业以个人名义持有国有股权转名的法律手续》和《驻澳门机构以个人名义持有国有物业和车辆产权转名的法律手续》（见附件），现发给你们参考。

现再就有关问题通知如下：

一、所有驻澳门机构，应在一九九三年九月三十日前办妥以个人名义持有的国有资产产权转名的法律手续。如因工作延误致使国有资产遭受损失的，要追究驻澳门机构和境内投资单位领导人的责任。

二、驻澳门企业以个人名义持有国有股权转名的法律手续，应由境内全民所有制企业对驻澳门企业中的以个人名义持有的国有股权进行虚拟性收购，凭借收购文件办理。如果驻澳门企业是中外合资公司，则可最少由一家境内全民所有制企业收购该驻澳门企业中的100%的国有股权；如果驻澳门企业是中方全资公司，则可最少由两家境内全民所有制企业收购该公司的100%的股权。驻澳门机构办理以个人名义持有的国有物业的车辆产权的转名法律手续，应在澳门办理"物业转让契约"和车辆转名手续。

三、有条件的地区和部门，可按上述办法，由一家或两家驻澳门中资企业（该企业必须是：100%的股权已以境内两家全民所有制企业的名义持有）收购驻澳门企业的全部国有股权。

四、除经国家专线部门特批以外，今后，凡用国有资产到澳门投资持股或购置物业和车辆的，其产权必须以机构名义持有，不得再以个人名义持有。

五、国家专线部门驻澳门机构以个人名义持有的国有资产产权是否办理本通知要求的转名手续，可按国务院办公厅国办函〔1992〕29号文件精神办理。

六、各省、自治区、直辖市、计划单列市的国有资产管理部门和国务院有关部委、直属机构应按本通知要求，掌握所属地区和部门驻澳门机构的情况、督促并指导所属驻澳门机构办理以个人名义持有国有资产产权转名的法律手续的工作。

附件：一、驻澳门企业以个人名义持有国有股权转名的法律手续

二、驻澳门机构以个人名义持有国有物业和车辆产权转名的法律手续

附件一：

驻澳门企业以个人名义持有国有股权转名的法律手续

按照国办发〔1989〕54号文件的精神，驻澳门企业中以个人名义持有实属国有的股权应办理有关的法律手续。根据澳门法律的要求，办理股权转名的法律手续是：用境内全民所有制企业的名义收购驻澳门企业的国有股权，以境内全民所有制企业为股东，在澳门组成有限公司（如果驻澳门企业是中外合资公司，则可最少以一家境内全民所有制企业的名义收购该公司中的100%的国有股权；如果驻澳门企业是中方全资公司，则可最少以两家境内全民所有制企业的名义收购该公司的100%的股权）。具体手续为：

一、由欲购澳门公司股权的境内企业向其所在地的公证机关提交下列证明文件：

1. 上级有关部门关于企业成立的批文；

2. 企业的法人营业执照；

3. 企业的章程；

4. 企业法定代表人的任命或聘任书；

5. 企业法定代表人的身份证；

6. 企业接收澳门公司部分国有股权的决定（见格式一）；

7. 如企业法定代表人需授权他人在澳门办理立契等法律手续，应提交授权委托书（见格式二）。

二、公证机关对企业的营业执照、接收澳门公司部分股权的“决定”和企业法定代表人的“委托书”进行公证。

三、将上述公证文书翻译成葡文或英文后送外交部领事司办理认证手续。

四、将已经外交部认证的公证文书送葡萄牙驻华大使馆办理认证手续（事先应到外交部外交人员服务局办理有关进入葡驻华使馆的手续）。

五、将已经葡驻华使馆认证的公证文书连同驻澳门公司提供的下列文件，一同送交澳门的一家律师楼，由律师到澳门立契官公署或注册的私人公证员处排期立契，并由律师相应修改公司章程。

1. 公司近期的商业登记（正本）；

2. 公司决定转让股权的董事会会议记录（必须用澳门政府印制的记录本，该工作可由澳门律师代为办理）；

3. 公司股权持有人的身份证明文件(有效的中国护照或澳门身份证影印件);

六、按澳门立契官公署或注册的私人公证员约定的立契日期,原澳门公司国有股权的持有者和接收股权的境内企业的法定代表人或其受托人,带齐合法的身份证明文件(有效的中国护照或澳门身份证、笔迹卡)正式在立契官或私人公证员面前签署“公司股权转让契约”。

七、契约签署及交清律师费、立契费、登记费、印花税等款项后,澳门政府正式刊登宪报,公司到澳门商业与汽车登记局办理商业登记,公司的股权转名手续才告完成。

重新登记的公司,可保留原公司的章程,但要对有关股东组成的规定作相应的修改。如无特殊情况,原董事会(经理团)人员可维持不变,原公司法定代表人签署的文件继续有效,公司法定代表人可以不作更改。公司法定代表人仍可以对外代表公司签订合约、协议等文件和在澳门立契官公署或注册的私人公证员面前签订有关契约。同时,新股东要承担原公司的债权、债务。

格式一:

(企业)关于接收澳门公司部分股权的决定

根据本公司章程和对外业务需要,经公司董事会(或经理团)讨论,作出如下决定:

1. 由本公司法定代表人　　　　　　代表本公司以其认为适合之价格接收在澳门注册之　　　　　公司的　　　元葡币注册股本的　　%股份计　　　　　元葡币(即接收原公司持股人　　　　先生名下的100%股份),委托澳门律师及有关机构办理有关收购股份的法律手续,在澳门立契官公署或注册的私人公证员面前签署契约和在其他政府部门办理一切所需有关手续,直至全部办妥为止。

2. 接收后,按所占澳门　　　　　　　公司的　　%股份承担债权和债务。

年　　月　　日

格式二:

委　托　书

委托单位:

法定代表人:姓名　　　　性别　　　出生年月　　　　现任职务　　住址

受托人:姓名　　　性别　　住址

现我代表(企业)委托　　先生为本公司办理接收澳门　　　　　　公司的　　%股权(即

接收原公司持股人　　　先生名下的100%股份)事务的合法代理人,其权限是委托澳门律师或有关机构办理法律手续,在澳门立契官公署或注册的私人公证员面前签署契约和修订公司章程。代理人在其权限范围内所签署的一切有关文件,本公司均予承认。有效期限至办完上述事宜为止。

授权单位:
法定代表人:
年　　月　　日

附件二:

驻澳门机构以个人名义持有国有物业和车辆产权转名的法律手续

按照国办发〔1989〕54号文件的精神,驻澳门机构(包括公司和非公司机构)中以个人名义持有的物业和车辆的产权应办理有关的法律手续。根据澳门法律的要求,办理物业和车辆产权的转名的具体法律手续为:

一、物业转名的法律手续

1. 物业注册人和机构法定代表人带齐下列文件,一同亲自到澳门律师楼办理"物业买卖合约":

(1)物业近期的商业登记(正本);

(2)澳门商业与汽车登记局的房屋产权证明书(俗称"查物纸");

(3)物业注册人的身份证明文件(影印件);

(4)公司近期的商业登记(正本);

(5)公司法定代表人的身份证明文件(影印件);

(6)公司法定代表人的笔迹卡及澳门立契官公署签署的辨认笔迹文件(正本)。

2. "物业买卖合约"签妥后,填报物业转移税申报表,并由买卖双方在申报表上签名后到澳门政府财政司税务局缴纳物业转移税。

3. 物业转移税缴清后,委托律师到澳门立契官公署或注册的私人公证员处排期立契。

4. 按澳门立契官公署或注册的私人公证员约定的立契日期,由原物业注册人和接受物业转移机构的法定代表人带齐身份证明文件,正式在立契官或注册的私人公证员面前签署"物业转让契约"。

5. 立契签字及交清律师费、立契费、登记费、印花税等款项后,到澳门商业与汽车登记局办理商业登记。待物业登记文件正式发出后,物业转名手续才告完成。

二、车辆转名的法律手续

1. 公司填报车辆转名申报表后，由原车辆持有人与接收车辆转名机构的法定代表人签字、盖章。

2. 带齐车契、登记折、上述机构法定代表人的笔迹证明文件到澳门商业与汽车登记局办理车辆转名登记手续。

3. 缴清转名费和印花税后，澳门商业与汽车登记局发给新的车契和登记折，车辆的转名手续才告完成。

今后，车辆的牌费和保险到期后，即以新车主的名义缴交牌费和办理保险手续。

司法部公证司

关于认真办好发往独联体各国使用的经济公证文书的通知

［1993 年 7 月 17 日　(93) 司公字 07 号］

各省、自治区、直辖市司法厅(局)公证管理处、国家公证处：

随着我国与独联体各国经贸关系的发展，国内不少公司、企业积极开拓独联体市场，贸易往来和投资活动日益频繁，各地公证处出具的发往独联体各国使用的经济公证文书也随之增多。这些公证文书对于保证我公司、企业对独联体各国的投资和贸易活动的顺利开展起到了积极的作用。

但是我们也发现，一些公证处出具的发往独联体各国使用的经济公证文书在质量和内容方面还存在一些亟待解决的问题，主要表现在：(一)有些公证员对涉外公证文书的质量不够重视，有的违反办证程序，将涉外公证交由非涉外公证员办理；办证人员对当事人提供的文件审查不细，证明的文件内容不完备甚至有明显错误，公证文书中证词与所证内容不符，文件的签署日期与证词中所述日期不一致或与出证日期矛盾等；(二)办证经验不足，对独联体各国的有关法律规定缺乏了解，仅凭国内当事人的要求出证，存在一定的盲目性，一些公证文书因不符合使用国的要求而影响正常使用，造成当事人徒劳往返；(三)公证书格式不规范，证词用语不当、表述不清，容易产生歧义，译文不够完整和准确，文书装订不合要求；(四)缺乏保密意识，有的将政府及有关部门的批件中不宜对外公开的内容，也以证明文件的复印件与原件相符的形式进行证明直接提供出去，对外造成不良影响，等等。

针对以上问题，为提高发往独联体各国使用的经济公证文书的质量，保证公证文书发挥效用，经商外交部领事司同意，特就有关问题通知如下：

一、要认真重视涉外经济公证文书的质量。涉外公证文书质量的好坏，不仅影响到我国公证机关的威信，也直接影响国家的声誉。各地公证处首先要从思想上重视涉外公证文书质量的提高，严格按照《公证程序规则（试行）》和有关规定把好出证关，保证发往独联体各国使用的经济公证文书及其他涉外公证文书的质量。同时，切实注重公证人员素质的提高，公证处领导更要以身作则，适应新形势，抓紧业务学习，不断提高业务水平。

二、要通过办证过程，注意及时了解和掌握独联体各国涉及公证业务的有关法律、法规，增强办证的针对性，为企业与独联体各国进行经贸活动提供法律咨询和法律服务。近年来，俄罗斯、哈萨克斯坦等国为鼓励和规范外商在该国的投资活动，已先后颁布了外商投资法。根据这些法律，外国投资者在该国创办合资、独资企业或分支机构，在办理国家注册时，必须向注册机关提交一系列公证证明。现将有关资料附后（附件一），供各地办证时参考。

三、从独联体各国的规定和经贸活动的实践看，公证机关为我国企业到独联体开展投资或其他经贸活动，出具的证明材料主要有：企业法人营业执照、公司章程、资信证明、授权委托书，以及董事会（或职工大会）决议、在外设立机构的批准证书等。公证处在出具以上证明时，应注意所证明的文件和公证书均应附俄文译文，公证书证词中应证明该文件的俄文译文与原文内容相符。要做到译文完整、翻译准确。译文应另纸打印，附在文件之后，一并装订在公证书内。装订顺序：第一页为所证明文件的中文本（或复印件）；第二页为该文件的俄文译文；第三页为公证书；第四页为公证书的俄文译文。

四、办证时应特别注意公证文书的规范性：

1.证明企业法人营业执照。当地审批机关对外商法人资格的审查一般要求提供法人营业执照，因此，为方便当事人在独联体各国设立机构，开展经贸活动，对企业法人资格的证明，宜采取直接证明企业法人营业执照复印件与原件相符、发照机关印章属实、俄文译文与原文内容相符的形式出证，具体证词格式及其俄文译文见附件二、三。应注意所证明的营业执照复印件应与原件完全一致，不得再加盖其他任何印章。办证时还应特别注意审查执照上已按规定进行企业法人年检的记录。

2.证明公司章程。公司章程上只加盖公司印章，公证处证明公司印章属实、译文与原文相符。

3.证明企业资信情况。企业资信证明必须由与该企业有直接业务关系的银行（一般是企业的开户行）出具。否则，不予公证。证明企业资信情况，公证处以证明有权人的签名、印章属实、译文与原文相符的形式出证。

4.证明授权委托书。授权委托书和证词中均应写清委托人和受托人的职务和身份。公证处以证明签名、印章属实，译文与原文相符的形式出证。另外，授权委托书上不应盖有其他政府部门的证明印章。

5.证明董事会或职工大会的决议。董事会或职工大会的决议应由公司加盖印章，并由董事会成员或企业法定代表人签名。公证处证明签名、印章属实、译文与原文相符，证词中还应写明签名人的职务和身份。

6.证明批准证书。国内企业在国外创办企业、设立机构，需经对外贸易经济合作部或其授权的省（自治区、直辖市）外经贸主管部门同意并颁发批准证书，见附件四、五。对批准证书进行公证时，可直接证明批准证书（或复印件）上的发证机关印章属实，译文与原文相符。

公证处在办理其他国家和地区的涉外经济公证中的成功做法,应注意及时积累和总结,了解的新情况和遇到的新问题,应当及时反映和请示。

本通知请转办理涉外公证的各公证处遵照执行。

附件:一、《俄罗斯联邦外国投资法》(节录)

《哈萨克斯坦共和国外商投资法》(节录)

二、证明书

三、证明书俄文译文

四、在国外举办中外合资(中方独资)企业批准证书

五、国际经济技术合作公司国外常设机构批准证书

附件一:

《俄罗斯联邦外国投资法》(节录)

(1991 年 9 月 1 日)

第三章　建立与解散外资企业

第十六条　外资企业的国家注册

外资企业的国家注册由俄联邦财政部或其他被授权的国家机关办理。

外资超过一亿卢布的企业需经俄联邦部长会议批准,再由俄联邦财政部办理注册。俄联邦部长会议应从外商向俄联邦财政部递交申请之日起两个月内签发许可或驳回申请,并阐明驳回理由。

外资企业办理国家注册需具备下列文件:

1. 合资企业

①创办人的注册申请书;

②经公证确认的创办书副本两份;

③依法需做的有关鉴定的鉴定书;

④苏联法人还需出示公证确认的由财产人做出的创办企业决定书副本或其授权机关的决定书副本以及经公证确认的每位参与建立合资企业的苏联法人的创办书副本;

⑤由投资商的业务银行或其他金融信贷机构出具的外商支付能力书(附经公证的俄语译文);

⑥根据投资人所在国、国籍国或长期居住国立法出具的原始国商务登记节录或其他能证明其法律地位的同等证书(附经公证的俄语译文)。

2. 外商独资企业

①投资商的注册申请书;

②经公证的创办书副本两份；

③由投资商的业务银行或其他金融信贷机构出具的外商支付能力书(附经公证的俄语译文)；

④原始国商务登记节录(附经公证的俄语译文)；

⑤依法需做的有关鉴定的鉴定书。

3. 外资企业分支机构及外国法人分支机构

①筹建分支机构的企业领导人签署的注册申请书；

②经公证的企业管理机构做出的创办分支机构决定书副本；

③经公证的分支机构状况副本两份；

④经公证确认的筹建分支机构的企业的创办书；

⑤外国法人需根据所在国法律出示原始国商务登记节录或其他能证明其法律地位的同等证书(附经公证的俄语译文)；

⑥依法需做的有关鉴定的鉴定书。

业已注册的外资企业和分支机构对其创办书需做补充和改动或申报解散企业,也应注册备案。

业经公证的由企业主管机构做出的关于修改或补充创办书的决议副本,外资企业必须在决议通过后三十日内交注册机关。创办书中的修改及补充只有注册后方能生效。

《哈萨克斯坦共和国外商投资法》(节录)

(1992 年 3 月 9 日)

第十三条　外资企业创办书及国家注册

外资企业创办书应包括下列内容:(1)企业的经营宗旨及其项目;(2)合资人的国籍及所在国地方行政机关的认定书;(3)法定投资额及各合资人份额;(4)机构设置及其各自的权限;(5)企业决策程序及解散的办法;(6)必须写明不违反哈现行法律和本法。

外资企业的国家注册由哈萨克斯坦外贸部或其他国家授权的机构办理;如超过一亿哈币的外资企业则由哈政府批准。从外商递交申请之日起两个月内批准或不批准,批准者发给许可证;不批准者发给不批准的通知书,在通知书中写明拒绝的理由。

外资企业办理国家注册必须备齐下列文件:

(一)合资企业:(1)创办人要求注册的申请书;(2)申请书的公证确认的副本(两份);(3)投资者银行或金融机构出示的资信;(4)投资人的身份证明。

(二)独资企业:(1)投资商的国家注册申请书;(2)经公证的创办书副本(两份);(3)投资商银行或金融机构出示的外商支付能力书;(4)投资者的身份证明。

(三)外资企业分支机构及外国法人在哈境内设立的分支机构:(1)注册申请书必须有上一级企业领导人的签字;(2)经公证确认的分支机构决定书副本;(3)外国法人的身份证明。

附件二：

证　明　书

（　　）××字第××号

兹证明前面复印件与××工商行政管理局于××××年×月×日发给××××（企业全称）的注册号为××《企业法人营业执照》的原件相符，原件上“××工商行政管理局”的印鉴属实。该复印件后所附的俄文译本与中文原本内容相符。

中华人民共和国××省××市（县）公证处
公证员：　　（签名）
××××年×月×日

附件三：

CIIPABKA

（　　）…HO…

Дана настоящая в том, что данная колия адекватна оригиналу “Свидетелъства юридического лица лредлриятия” иод регистрационным номером …, выданного Торговодромъццленнои администрациеи …（иолное НаэВаНие лридлриятия）от …（число, месяц, год）, что оттиск “Торговолромъццленнои администрации …” на оригинале достоверен. Приложенн ыик колиирусскии леревод индетичен с оригиналом на китаиском яэыке.

Нотариалъная контора

КНР

город лровинцня

чеэд

нотариус：（лодлисъ）

число месяц год

附件四：

在国外举办中外合资(中方独资)企业批准证书

中华人民共和国对外经济贸易部

批准证书

外经贸政发字[　]号

根据中华人民共和国有关法律规定，经审查，同意在________________举办下表所列中外合资（中方独资）企业。

年　　月　　日

<table>
<tr><td rowspan="2">企业名称</td><td>中文</td><td colspan="5"></td></tr>
<tr><td>外文</td><td colspan="5"></td></tr>
<tr><td rowspan="2">法定地址</td><td>中文</td><td colspan="5"></td></tr>
<tr><td>外文</td><td colspan="5"></td></tr>
<tr><td rowspan="2">合资各方</td><td>中方</td><td colspan="5"></td></tr>
<tr><td>外方</td><td colspan="5"></td></tr>
<tr><td colspan="2">注册资本</td><td></td><td>中方</td><td>%</td><td>外方</td><td>%</td></tr>
<tr><td rowspan="4">实际投资</td><td>总额</td><td colspan="5">100%</td></tr>
<tr><td>中方</td><td colspan="5">%</td></tr>
<tr><td>外方</td><td colspan="5">%</td></tr>
<tr><td></td><td colspan="5"></td></tr>
<tr><td colspan="2">合资年限</td><td colspan="5"></td></tr>
<tr><td colspan="2">经营范围</td><td colspan="5"></td></tr>
<tr><td colspan="2">批准文件</td><td colspan="5"></td></tr>
<tr><td colspan="2">申报文件</td><td colspan="5"></td></tr>
<tr><td colspan="2">备注</td><td colspan="5"></td></tr>
</table>

附件五：

编号：

国际经济技术合作公司国外常设机构批准证书

中华人民共和国对外经济贸易部

<table>
<tr><td colspan="4">批准证书
(　　)外经贸合驻证字第　　号
根据中华人民共和国有关规定，经研究，同意＿＿＿＿＿＿＿＿公司按下表所列在国家(地区)设立常设机构。
年　　月　　日</td></tr>
</table>

<table>
<tr><td rowspan="2">国外机构名称</td><td>中文</td><td colspan="2"></td></tr>
<tr><td>外文</td><td colspan="2"></td></tr>
<tr><td rowspan="2">国外机构地址</td><td>中文</td><td colspan="2"></td></tr>
<tr><td>外文</td><td colspan="2"></td></tr>
<tr><td colspan="2">主管部门</td><td colspan="2"></td></tr>
<tr><td colspan="2" rowspan="2">人员编制</td><td colspan="2">国外机构负责人</td></tr>
<tr><td>姓名</td><td>职务</td></tr>
<tr><td colspan="2"></td><td colspan="2"></td></tr>
<tr><td colspan="2">公司申报文号及日期</td><td colspan="2"></td></tr>
<tr><td colspan="2">主管部门报批文号及日期</td><td colspan="2"></td></tr>
<tr><td colspan="2">经贸部批准文号及日期</td><td colspan="2"></td></tr>
<tr><td colspan="2">备注</td><td colspan="2"></td></tr>
</table>

司　法　部

关于认真办好金融公证业务的紧急通知

（1993年7月17日　司发通〔1993〕077号）

各省、自治区、直辖市司法厅（局）：

几年来，各地公证机关积极为改革开放和金融市场的发展提供公证法律服务和法律保障，开办大量的金融公证业务，在引进、利用外资、保证信贷资金回收，促进股份制改革和社会资金融通，规范金融市场行为，稳定金融市场秩序方面发挥了积极作用。为贯彻落实中央关于当前经济工作重要决策精神，进一步促进金融公证业务的发展，不断提高金融公证质量，充分发挥公证在预防纠纷，制止不法经济行为，规范和稳定金融市场秩序的职能作用，现作如下通知：

一、各级司法行政机关要组织公证人员认真学习、贯彻中央对当前经济工作重要决策指示精神，统一思想认识，明确加强宏观经济调控，是当前做好经济工作的迫切任务；整顿金融秩序，是强化宏观调控的主要方面。各地司法行政机关要结合公证工作的实际情况，参考国际上公证为金融市场服务的有效做法，按照中央有关文件的精神，积极、主动地办好金融公证业务，在整顿金融秩序中发挥应有的作用。

二、各地公证机关要将金融公证业务作为公证机关为市场经济服务的重点之一，积极、稳妥的开办借款、抵押、证券、票据、融资、担保、资信、提存、保险等方面的公证业务，努力为金融体制改革，完善金融管理秩序，加强金融宏观调控，规范金融市场行为提供公证法律服务和法律保障，充分发挥公证的预防、监督、保障职能，制止金融领域中的违法行为，为稳定金融秩序，繁荣金融市场作贡献。

三、要积极配合金融管理机关和金融部门作好金融市场的宏观调控工作，发挥公证职能，稳定金融市场秩序。公证机关要认真贯彻执行关于整顿金融秩序、加强金融市场管理、坚决制止各种乱集资的指示，严格按照国家法律、法规和金融政策审查、办理金融公证事项。凡有下列情况之一的应当拒绝公证：

（1）对非金融机构的贷款及其参与的资金拆借；

（2）未经授权部门批准的各种形式的集资或变相集资活动及相关文件；

（3）未经批准发行的股票、债券以及相关的文件；

（4）钱庄、银号等非法金融机构的设立及其进行的业务活动；

（5）金融机构违反信贷计划或超越权限进行的贷款、资金拆借、投资、担保活动；

（6）不具有担保能力的单位或个人出具的担保书、保函或其他担保文件；

（7）采用摸奖形式的有奖储蓄活动；

(8)其他违反国家法律、法规或金融政策的行为或文书。

公证机关在公证活动中发现当事人有欺诈、贪污、伪造公文等违法犯罪行为的,除拒绝公证外,应以司法建议的形式及时通知有关部门。

四、努力提高金融公证质量,不断拓宽金融公证领域。各地公证机关要认真学习、掌握、执行国家有关金融的法律、法规、政策,严格按我部规定的程序办理金融公证业务。对标的额巨大的贷款、集资、担保以及涉外的贷款、担保、融资活动,要提高警惕,严格审查把关,确保金融公证事项的真实性、合法性。公证中遇到的新情况、疑难问题以及发现的疑点,应当及时请示汇报。公证机关要在保证质量的前提下,不断拓展金融公证的深度和广度,配合金融体制改革和金融市场发展,努力开拓新的金融公证业务;要充分运用公证机关赋予债权文书强制执行效力的手段,保证信贷资金的回收,为维护、稳定金融市场秩序,繁荣金融市场,完善金融立法,发展社会主义市场经济提供优质的法律服务和法律保障。

司法部公证司

关于发往国外使用的营业执照复印件上不得有原件上没有的印章及文字的通知

[1994年1月3日 (94)司公字01号]

各省、自治区、直辖市司法厅(局)公证管理处,国家公证处:

根据《公证暂行条例》第四条的规定,证明文件的复印件与原本相符是公证处的业务之一。公证证明文件复印件与原件相符,所证明的复印件应与文件的原件完全一致,复印件上不能增加原件上没有的内容,包括原件上没有的文字和印章。

近来,有的公证处在办理发往国外使用的企业法人营业执照复印件与原件相符公证时,所证明的营业执照复印件上加盖了原发照工商局或合并后的工商物价局的红色印章,还注有“归档用”等文字说明及复印时间等。营业执照复印件上增加原件上没有的印章及文字说明,会造成复印件与原件不完全相符,从而使证明营业执照复印件与原件相符的公证书内容不真实,在发往国外使用时,难于为使用国所接受,给企业法人在外申办手续造成困难。因此,此类公证书在送外交部领事司认证时,均被退回要求重作。

为保证公证文书的正常使用,促进企业对外交往的顺利进行,经商得国家工商行政管理局企业登记司和外交部领事司同意,特就证明发往国外使用的营业执照复印件的有关问题,通知如下:

公证证明发往国外使用的企业法人营业执照复印件,应与营业执照原件完全一致,复印件上不得有原件上没有的印章及文字说明。公证处在办理此类公证时,应要求企业提交企业法人营业执照原件。办证时,公证处应特别注意查验营业执照上的企业法人年检戳记及其有效期,并对照企业提交的营业执照原件,核对营业执照复印件与原件内容是否完全一致。在审查核对无误的基础上,出具证明复印件与企业法人营业执照原件相符、原件上发照机关印鉴属实的公证书。

以上通知,请尽快转发各公证处遵照执行。

司法部公证司

关于可否办理同为一个法定代表人的两个企业之间担保公证的复函

[1995 年 7 月 3 日　(95)司公函 051 号]

青海省司法厅公证管理处:

你处〔95〕青司公字 09 号《关于两个企业法人一个法定代表人能否互为担保的请示》收悉。经研究,答复如下:

一、企业法人的法定代表人原则上不得兼任另一企业法定代表人,特殊需要兼任的,只能在有隶属关系或联营、投资入股的企业兼任。两个独立企业法人法定代表人变更,不影响企业行为。因此,一个人符合法定条件兼任两个企业的法定代表人,两个企业可以互为担保。

二、请示中提到的担保行为,是一个企业法人(海州民贸公司)以自己的财产(该公司的房屋)为另一个企业法人(西宁天香肉类股份有限公司)提供的担保,不能因为它们有一个共同的法定代表人,而视为一个企业法人(西宁天香肉类股份有限公司)以本企业的财产提供的担保行为。因此,办理上述公证,公证处以出具担保合同公证书为宜。

三、为降低担保风险,具体担保形式可将海州民贸公司的房屋设定为抵押物。公证处应重点审查该公司的担保能力,即该公司对设定为抵押物的房屋及产权是否有瑕疵并依法有处分权。

司法部公证司

关于开办人民币存款公证的通知

[1996年1月5日　(96)司公字02号]

各省、自治区、直辖市司法厅(局)公证管理处,新疆生产建设兵团司法局公证管理处,长安公证处:

近年来,不断有公民为在国外定居、旅游、探亲、留学等事项,向公证处申办人民币存款公证和个人收入公证,一些国家也要求公民提供此类公证书。为保证改革开放政策的落实,适应国际民间交往的需要,保障公民个人合法权利,经商外交部领事司同意,公证处可以开办人民币存款公证业务。现将有关事宜通知如下:

一、公证处可以应公民的请求办理赴国外所需的人民币存款公证。

公证人民币存款仅限于证明当事人本人在金融机构的个人定期存款,且已存满三个月。

二、当事人申办上述公证应提交本人的身份证件、存款凭证和金融机构的证明;当事人难以提供金融机构证明的,公证处可直接调查取证。

公证处应严格审查当事人提供的材料,发现疑点的,必须调查核实。发现下列情况之一的应当拒绝公证:(1)公款私存的或非自己所有的存款;(2)活期存款、零存整取存款、存入时间未满三个月的定期存款的;(3)当事人提供虚假证明或私自涂改有关证明材料的。

三、有金融机构证明并经查证属实的,公证处可采用证明印鉴属实的方式出具公证书;公证处直接调查的或当事人在多家金融机构有存款的,应按所附格式出具实体公证书。

四、公证处办理个人存款公证应当注意保密。在存款到期之前,公证档案应作为密卷保管。

五、考虑到改革开放以来个人收入情况比较复杂,原则上仍不办理个人收入公证。但我国公民为在国外申请税务减免或社会福利补贴或奖(助)学金的,公证处可办理其本人或其父母、配偶、子女在国内的收入公证。其他人员请求办理收入公证的,可为其出具人民币存款公证。

个人收入公证一般应证明当事人的年收入。个人收入应以当事人所在单位人事或劳资部门出具的工资收入证明为基本依据;对无固定收入的,可以个人所得税交纳凭证所计算出的收入为准。

六、本通知从下达之日起执行,有关文件中与本通知内容相抵触的,以本通知为准。公民申办在国内使用的人民币存款公证可比照本通知办理。

附件:一、人民币存款公证书格式

　　　二、个人收入公证书格式

附件一:人民币存款公证书格式

之一:

公　证　书

(　　)××字第××号

兹证明×××(男/女,××××年×月×日生,住×××××)在××××(金融机构全称)存有人民币定期存款××××元,存期为××××年×月×日至××××年×月×日。

(×××免冠二寸照片)

中华人民共和国××省××县公证处
公证员　　　(签名章)
××××年×月×日

之二:

公　证　书

(　　)××字第××号

兹证明×××(男/女,××××年×月×日生,现住××××××)在下列金融机构存有人民币定期存款具体情况如下:

1. 在××××(金融机构全称)存有人民币定期存款××××元,存期为××××年×月×日至××××年×月×日;

2. 在××××(金融机构全称)存有人民币定期存款××××元,存期为××××年×月×日至××××年×月×日;

3. ……

(×××免冠二寸照片)

中华人民共和国××省××县公证处
公证员　　　(签名章)
××××年×月×日

附件二:个人收入公证书格式

公　证　书

（　　）××字第××号

兹证明×××(男/女,××××年×月×日生,现住××××××)××××年个人年收入为人民币××××元。

(×××免冠二寸照片)

中华人民共和国××省××县公证处

公证员　　　(签名章)

××××年×月×日

司法部公证司

复《关于能否为赴日本自费留学人员办理企业经济状况等公证的请示》的函

[1997年1月19日　(97)司公字004号]

河南省司法厅公证管理处:

你处《关于能否为赴日本自费留学人员办理企业经济状况等公证的请示》[豫司便公字(96)19号]函悉。对请示的公证处能否为赴日本自费留学人员办理企业提供的银行存款证明、纳税证明、企业负债表、企业损益表等企业经济状况公证的问题,经商国家国有资产管理局认为,《企业法》等法律法规中规定的国有企业的自主权,应限于企业从事正当经营活动所享有的权利,为个人与企业经营活动无关的行为提供经济担保不属于企业经营活动的范畴。因此,企业国有资产不能用于为个人自费留学等与企业经营活动无关的行为提供担保,公证处不能为上述个人自费留学等与企业经营活动无关的行为办理担保物为国有资产的上述公证。

集体所有的资产用于为上述情况的个人提供担保并申办上述公证的,当事人应提交企业同意为个人提供担保的证明及该企业主管部门同意的证明。

此复。

(十)不动产事务公证

司法部公证律师司

关于加强研究和积极开展不动产法律事务公证的通知

[1988年8月3日 (88)司公字第23号]

各省、自治区、直辖市司法厅(局)公证管理处:

自公证机关重建以来,各地公证处陆续办理了许多不动产方面的公证事项。有效地保护了公民、法人的合法权益,维护了社会主义的安定团结,促进了经济体制改革。

不动产是指不能移动或移动后会引起性质、形状改变,损失经济价值的物,如土地、建筑物及定着物等。民事权利义务主体之间涉及不动产所有权转移、抵押等方面的公证是公证机构的主要业务。公证制度的出现是与不动产事务紧密联系在一起的。目前,大陆法系国家不动产法律事务均是由公证人办理的,就是东欧、苏联等国不动产法律事务也离不开公证人。这些公证事务包括不动产的买卖、赠与、抵押、拍卖等。我国民事法律中虽未作出类似规定,但是,一些地方性法规中有类似规定。特别是近几年,随着经济体制改革的深入发展,涉及不动产的法律事务日益增多,地方性法规和部门规章中纷纷规定涉及不动产的法律事务必须经过公证。随着城市住房制度改革和土地有偿使用制度的建立,不动产法律事务将急剧增加,这方面的公证事务可能会逐步成为公证机关的重要任务。对此,我们必须引起足够的重视,采取有效措施,做好思想上、业务上的准备,把这项工作抓紧抓好。

一、加强学习,提高办理不动产公证的业务能力。不动产公证涉及法律较为复杂,其中有些问题尚无法律规定。这给公证工作带来了一些困难,同时,也提出了更高的要求。各地应及时组织公证人员认真学习和掌握有关不动产的法律、政策,特别要着重学习和掌握有关企业租赁,拍卖,抵押和住房改革,土地有偿使用的法规和政策,不仅要掌握条文内容,而且要从理论上理解,把握基本原则和精神。对实践中出现的新问题,不要等上级、靠别人来解决,要通过自己学习研究求得正确回答。各级要根据实际情况,适时举办一些专题研究会、学习班、集中力量,掌握几个法规和政策,使业务水平有个明显提高。

二、积极宣传,把办理涉及不动产事务公证的作用传播到社会各个角落。目前,公证工作的作用尚不为人们所熟悉,办理涉及不动产事务公证的作用更不为人们所了解。为此,加强这方面的宣传工作十分重要。各级司法行政机关都要支持公证机关开展这项业务,在宣传上给予有效的指导和帮助,特别是要向政府、人大等领导部门汇报,求得领导支持,争取在制定地方或部门法规中规定有关办理不动产公证的内容。要充分利用各种媒介,采取各种方式,广泛宣传不动产公证的作用和意义;同时,要撰写一些高质量的文章,从理论上回答办理不动产公证的必要性。

三、大胆探索,加快拓展不动产公证业务。各地要根据本地实际情况,组织专人对不动产问题进行专题调查,摸清不动产法律事务的实际状况和未来发展趋势。积极与有关部门协调配合,疏通理顺关系,为开展不动产公证创造良好的外部环境。当前,要继续做好有关企业租赁、拍卖、抵押贷款等公证,切实发挥公证的有效作用。同时,要积极注意住房改革和土地有偿使用可能带来新的公证事项,并下大力气,争取在这些领域打开缺口,拓展业务。公证机关在开展业务时,要注意摸索、总结经验,及时汇总上报情况,特别是遇到的难以解决的法律、政策问题尤应及时逐级请示,不能擅作主张。各级司法行政机关也要深入基层,掌握第一手材料,根据实际情况,切实有效地予以指导。

不动产公证是关系到公证工作发展的重要问题,望接此通知后,要根据当地情况,及时制定有效措施,并将情况于6月30日前报告我司。

司法部　建设部　外交部　国务院侨办

关于办理华侨、港澳同胞、台湾同胞以及外国人房屋产权事宜中如何确认公证文书效力的通知

[1989年2月24日　(89)司发公字第024号]

各省、自治区、直辖市司法厅(局)、建委(建设厅)、侨办:

近年来,华侨、港澳同胞、台湾同胞、外籍华人以及外国人来国内(中国)办理房产确权登记、转移和继承等事项不断增多。为统一制度,现将如何确认上述人员办理在我国境内房屋产权事宜中,所提供的赠与、转让、委托等有关公证文书的效力规定如下:

一、居住在与我国有外交关系国家的华侨、外籍华人,在我国驻该国使领馆办理的公证或认证证明,房地产管理机关应予采证;如果当事人提交的是当地公证人出具的公证文书,须经该国外交部或其授权的机构和中国驻该国使(领)馆认证(根据领事条约,两国互免认证的除外),其内容只要不违反我国法律和政策的规定,房地产管理机关应予采证。

二、居住在与我国有外交关系国家的外国人提供的当地公证人出具的公证文书,须经该国外交部或其授权的机构和中国驻该国使(领)馆认证(根据领事条约,两国互免认证的除外),其内容只要不违反我国法律和政策的规定,房地产管理机关应予采证。

三、华侨、外籍华人以及外国人在与我国无外交关系的国家办理的公证文书,原则上需经该国外交部及与该国和我国均有外交关系的第三国驻该国使(领)馆认证。如果华侨、外籍华人办

理这些认证手续确有困难,可请求房产所在地的县以上的侨务部门根据本部门所掌握的情况,出具确认是该国公证人出具的公证文书的证明,如果该公证文书的内容不违反我国法律和政策的规定,房地产管理机关可视该项房产的具体情况予以采证。

四、香港同胞提供的经司法部委托的二十六位律师之一办理的公证文书应予采证。

五、澳门南光公司、澳门南光(集团)有限公司、中国银行澳门分行及澳门工会联合总会、澳门中华教育会、澳门中华总商会、澳门街坊会联合总会等机构、社团为本机构、社团工作人员和会员出具的证明文书,房地产管理机关应予采证。

六、台湾同胞在台湾公证机关办理的公证文书,房地产管理机关可作参考,视该项房产的具体情况予以采证。

另外,华侨、港澳同胞、台湾同胞、外籍华人以及外国人继承在我国内(内地)的房产,适用我国的法律规定。当事人须先向房屋所在地公证机关提供其住所地公证人出具的亲属关系、出生、死亡、婚姻状况等公证证明,再由房屋所在地公证机关出具继承权公证书,房地产管理机关根据继承权公证书办理有关房产手续。

司法部公证司

贯彻国务院《关于出让国有土地使用权批准权限》的通知

[1989年9月1日　(89)司公字第92号]

各省、自治区、直辖市司法厅(局)公证管理处:

国务院于一九八九年七月二十二日发出《关于出让国有土地使用权批准权限的通知》,通知主要规定:

一、政府对有偿出让国有土地使用权的批准权限,应与行政划拨国有土地使用权的批准权限相同,按照《中华人民共和国土地管理法》中关于国家建设用地批准权限的规定,出让国有土地使用权的批准权限为:耕地一千亩以上、其他土地二千亩以上的,由国务院批准;耕地三亩以下、其他土地十亩以下的,由县级人民政府批准;省辖市、自治州人民政府的批准权限,由省、自治区人民代表大会常务委员会决定。

各地必须严格执行上述规定,对一次出让国有土地使用权的土地不得“化整为零”,变相扩大批准权限。

二、出让使用权的国有土地的用地指标,要纳入国家下达的地方年度建设用地计划,未经批准,不得突破。

三、本通知发布前已经出让使用权的国有土地，由各省、自治区、直辖市人民政府按照本通知的规定负责进行清理，凡与本通知规定不符的，必须重新办理批准手续，并报上一级土地管理部门备案。

请将此规定精神通知所属各公证处，在办理土地使用权有偿出让合同公证时严格按国务院通知审查办理。

司法部公证司

关于注意做好城镇国有土地使用权出让和转让公证工作的通知

[1990 年 12 月 8 日 (90)司公字第 203 号]

各省、自治区、直辖市司法厅(局)公证管理处：

随着国有土地用地制度的改革，土地改为有偿、有限期使用，沿海开放地区的公证机关配合政府土地管理和建设部门在土地使用权的出让、转让方面做了不少工作，对于推动用地制度改革，促进对外开放的发展起了积极作用。在已经制定的有关国有土地使用权有偿出让和转让的地方性法规和规章中对公证工作都作了规定。

今年五月十九日国务院颁发了《中华人民共和国城镇国有土地使用权有偿出让和转让暂行条例》，条例要求“各省、自治区、直辖市人民政府应当根据本条例的规定和当地的实际情况选择部分条件比较成熟的城镇先行试点”。同时规定条例的“实施办法由省、自治区、直辖市人民政府制定”。望各地注意在当地制定实施办法时及时向有关部门提出土地使用权出让和转让应当公证的建议，并提出相应的办法。按照国发〔1990〕31 号《国务院批转机构改革办公室对建设部、国家测绘局与国家土地管理局有关职能分工意见的通知》的规定精神，国有土地使用权出让由土地管理部门负责，土地使用权的转让是土地使用者之间的交易行为，一般可由房地产经营管理部门管理。

不动产法律事务公证是公证机关的一项长期的、重要的任务，而土地使用权转让是不动产法律事务的重要内容。请各地务必十分重视土地使用权出让和转让方面的公证事务，注意总结经验，切实加强指导，真正抓出成效，该项工作进展情况和工作中遇到的问题请及时告诉我们。

司　法　部

关于印发《城市房屋拆迁补偿、安置协议公证细则》的通知

(1992 年 10 月 9 日　司发通〔1992〕098 号)

各省、自治区、直辖市司法厅(局):

现将《城市房屋拆迁补偿、安置协议公证细则》印发给你们,请遵照执行。

城市房屋拆迁补偿、安置协议公证细则

第一条　为规范城市房屋拆迁补偿、安置协议公证程序,根据《中华人民共和国民法通则》、《城市私有房屋管理条例》、《城市房屋拆迁管理条例》、《中华人民共和国公证暂行条例》、《公证程序规则(试行)》,制定本细则。

第二条　拆迁补偿、安置协议是拆迁人与被拆迁人为明确拆迁补偿、安置中相互间权利义务关系所订立的协议。

第三条　拆迁补偿、安置协议公证是公证处依法证明当事人签订拆迁补偿、安置协议真实、合法的行为。

第四条　房屋拆迁补偿、安置协议公证的当事人是具有拆迁人和被拆迁人资格的人。

拆迁人是指取得房屋拆迁许可证的建设单位或个人;被拆迁人是指被拆除房屋及其附属物的所有人(包括代管人、国家授权的国有房屋及其附属物的管理人)和被拆除房屋及其附属物的使用人。

第五条　拆迁补偿、安置协议公证,由被拆迁物所在地公证处受理。

第六条　被拆迁物系共同共有或共同使用者,一般应由共有人共同申请,共有人可以委托一人为代理人,申办拆迁补偿,安置协议公证。

第七条　申办拆迁补偿、安置协议公证,申请人应向公证处提交以下证件和材料:

(一)公证申请表;

(二)身份证明;法人应提交法人资格和法定代表人的身份证明;代管人、管理人应提交代管权或管理权资格证明;

（三）代理人应提交本人身份证明和授权委托书或其他代理权资格的证明（含共同共有人的代理），委托行为不在本公证处辖区的，其委托书应经委托行为地的公证处公证；

（四）县以上（含县级）人民政府房屋拆迁主管部门发给的房屋拆迁许可证；房屋拆迁需要变更土地使用权的，还要提交土地使用权证；

（五）被拆迁物的产权和使用权证件、现状及登记表；

（六）补偿、安置协议草稿；

（七）公证人员认为应提交的其他材料。

第八条 符合下列条件的申请，公证处应予受理：

（一）申请人具有拆迁人和被拆迁人资格；

（二）申请人就拆迁补偿、安置达成了协议；

（三）申请人提交了本细则第七条规定的证件和材料；

（四）该公证事项属于本公证处管辖。

对不符合本条规定的申请，公证处应作出不予受理的决定，并通知申请人。

第九条 公证人员与当事人的谈话笔录除按《公证程序规则（试行）》第二十四条规定的内容制作外，还应记明下列内容：

（一）公证人员向当事人讲明的事项：

①签订拆迁补偿、安置协议的法律依据；

②双方享有的权利和应承担的义务；

③不履行义务承担的责任；

④双方应注意的事项。

（二）被拆迁物坐落地点和具体拆迁范围（包括：名称、产权人、使用人、产权或使用权的来由、种类、数量、面积、结构、价值及有无争议等）；

（三）协议是否是双方自愿签订的及签订的过程；

（四）协议中补偿、安置的依据和条件，有无争议；

（五）搬迁的具体时间、方法、违约责任和处理办法等；

（六）有无需要说明的问题；

（七）公证人员认为应记明的问题。

第十条 办理拆迁补偿、安置协议公证，要重点审查下列内容：

（一）提交的证件；

（二）当事人的人数、身份、资格和民事行为能力；

（三）被拆迁物产权或使用权情况及现状；

（四）协议内容是双方当事人真实意思表示，条款完备，权利义务明确，具体可行，符合《城市房屋拆迁管理条例》及有关法律、法规、规章规定；

（五）公证人员认为应审查的其他问题。

第十一条 符合下列条件，公证处应出具公证书：

（一）拆迁人和被拆迁人主体资格合格；

（二）协议双方意思表示真实；

（三）协议的内容真实，符合法律、法规、规章规定；

（四）办证程序符合规定。

不符合前款规定条件的，应当拒绝公证，并在规定的期限内，将拒绝的理由通知当事人。

第十二条 被拆迁物的原产权人或使用权人变更，未办理产权或使用权过户手续的应依法先办理过户手续，再办理拆迁补偿、安置协议公证。

第十三条 国家征用农业用地发生的房屋拆迁补偿、安置协议公证，参照本细则办理。

第十四条 本细则由司法部负责解释。

第十五条 本细则自一九九三年一月一日起施行。

公证书格式（一）

拆迁补偿、安置协议公证书

（　　）××字第××号

兹证明×××（拆迁人）的代表人（或代理人）×××与×××、×××（被拆迁人）于××××年×月×日签订了前面的《拆迁补偿、安置协议》，并在我的面前，在前面的协议书上签名（或盖章）。×××与×××签订上述协议的行为符合《中华人民共和国民法通则》第五十五条和《城市房屋拆迁管理条例》的规定。

×××省××市公证处
公证员　　（签名）
××××年×月×日

公证书格式（二）

拆迁补偿、安置协议公证书

（　　）××字第××号

兹证明×××（拆迁人）的代表人（或代理人）×××与×××、×××（被拆迁人）的共同代理人×××于××××年×月×日签订了前面的《拆迁补偿、安置协议》，并在我的面前，在前面的协议书上签名（或盖章）。×××与×××签订上述协议的行为符合《中华人民共和国民法通则》第五十五条和《城市房屋拆迁管理条例》的规定。

××× 省 ×× 市公证处
公证员　　　（签名）
×××× 年 × 月 × 日

（注：本格式用于本细则第六条规定的情况）

房屋拆迁证据保全公证细则

（1993 年 12 月 1 日　司法部令第 29 号）

第一条　为规范城市房屋拆迁证据保全公证活动，根据《中华人民共和国公证暂行条例》、《城市房屋拆迁管理条例》、《公证程序规则（试行）》，制定本细则。

第二条　房屋拆迁证据保全公证是指在房屋拆迁之前，公证机关对房屋及附属物的现状依法采取勘测、拍照或摄像等保全措施，以确保其真实性和证明力的活动。

第三条　本细则适用于《城市房屋拆迁管理条例》规定的拆除依法代管的房屋，代管人是房屋主管部门的；拆除有产权纠纷的房屋，在房屋拆迁主管部门公布的规定期限内纠纷未解决的；拆除设有抵押权的房屋实行产权调换，抵押权人和抵押人在房屋拆迁主管部门公布的规定期限内达不成抵押协议的；以及其他房屋拆迁证据保全的公证事项。

第四条　房屋拆迁证据保全公证，由被拆迁房屋所在地公证处管辖。

第五条　房屋拆迁证据保全公证申请人是拆迁人或被拆迁人，房屋拆迁主管部门也可以作为申请人。上述申请人可以委托他人代为提出公证申请。

第六条　申请人应填写公证申请表，并提交下列材料：

（一）身份证明：申请人为法人的，应提交法人资格和法定代表人的身份证明；被拆迁人为公民个人的，应提交身份证明；

（二）资格证明：拆迁人应提交房屋拆迁主管部门核发的拆迁许可证明；接受拆迁委托的被委托人应提交房屋拆迁资格证书；被拆迁人应提交作为被拆除房屋及其附属物的所有人（包括代管人、国家授权的国有房屋及其附属物的管理人）和被拆除房屋及其附属物的使用人的证明；

（三）拆除有产权纠纷的房屋，提交由县级以上人民政府房屋拆迁主管部门批准的补偿安置方案的证明；

（四）实施强制拆迁的房屋，提交县级以上人民政府作出的限期拆迁的决定或人民法院院长签发的限期拆迁的公告；

（五）公证人员认为应当提交的其他有关材料。

第七条　符合下列条件的申请，公证处应予受理，并书面通知申请人：

（一）申请人符合本细则第五条的规定；

（二）申请公证事项属于本公证处管辖；

（三）提供本细则第六条所需材料。

不符合前款规定条件的申请，公证处应作出不予受理的决定，通知申请人，并告知对拒绝受理不服的复议程序。

受理或拒绝受理的决定，应在申请人依据本细则规定正式提出申请后的七日内作出。

第八条 公证人员应认真接待申请人，应按《公证程序规则（试行）》第二十四条的规定制作谈话笔录，并着重记录下列内容：

（一）申请证据保全的目的和理由；

（二）申请证据保全的种类、名称、地点和现存状况；

（三）证据保全的方式；

（四）公证人员认为应当记录的其他内容。

申请人也可以提交包含上述内容的书面材料。

第九条 符合证据保全公证条件的，公证处应派两名以上公证人员（其中至少有一名公证员）参与整个证据保全活动。

第十条 办理房屋拆迁证据保全公证，公证员应当客观、全面地记录被拆迁房屋的现场状况，收集、提取有关证据。应该根据被保全对象的不同特点，采取勘测、拍照、摄像等方式进行证据保全。

第十一条 对房屋进行勘测的，应当制作勘测记录，记明勘测时间、地点、测验人、记录人、被保全房屋的产权人、坐落、四至、房屋性质、结构、层次、面积、新旧程度、屋面及地面质地、附属设施以及其他应当记明的事项；能够用图示标明的房屋长度、宽度应当图示；记录应当由勘测人、公证员签名或者盖章；拆迁活动当事人在场的，应请当事人签名或盖章；该当事人拒绝签名或盖章的，公证员应在记录中记明。

第十二条 对房屋进行拍照和摄像的，应当全面反映、记录房屋的全貌。房屋结构、门窗、厨房以及附属设施等，要有单独的图片显示。

第十三条 公证机关对保全事项认为需要勘测的，应当聘请专业技术部门或其他部门中有该项能力的人员进行勘测。

专业技术部门及其勘测人应当提出书面勘测结论，在勘测书上签名或者盖章。其他部门勘测人勘测的，应由勘测人所在单位加盖印章，证明勘测人身份。

第十四条 实施强制拆迁房屋证据保全时，公证机关应通知被拆迁人到场。如其拒不到场，公证员应在笔录中记明。

实施强制拆迁房屋中有物品的，公证员应当组织对所有物品逐一核对、清点、登记，分类造册。并记录上述活动的时间、地点，交两名有完全行为能力的在场人员核对后，由公证员和在场人在记录上签名。被拆迁人拒绝签名的，公证员应在记录中记明。

物品清点登记后，凡不能立即交与被拆迁人接收的，公证员要监督拆迁人将物品存放在其提供的仓库中，并对物品挂签标码，丢失损坏的，仓库保管人应承担赔偿责任。

拆迁人应制作通知书，通知当事人在一定期限内领取物品。逾期不领的，公证处可以接受拆迁人的提存申请，办理提存。

第十五条 公证员对房屋证据保全的活动结束后应出具公证书。公证书应当按照《公证程序规则(试行)》第三十八条的规定及《公证书格式(试行)》第四十八式保全证据公证书格式(之二)制作。公证词应当记明申请保全的理由及时间,公证员审查申请人主体资格及证据情况的内容,采取保全的时间、地点、方法,保全证据所制作的笔录、拍摄的照片、录像带的名称、数量及保存地点。

第十六条 本细则自1994年2月1日起施行。

司 法 部

关于废止《司法部 建设部关于房产登记管理中加强公证的联合通知》的通知

(2016年7月5日 司发通〔2016〕63号)

各省、自治区、直辖市司法厅(局),新疆生产建设兵团司法局:

根据《不动产登记暂行条例》的规定,国务院国土资源主管部门负责指导、监督全国不动产登记的工作。《司法部、建设部关于房产登记管理中加强公证的联合通知》(司公通字〔1991〕117号)已不再适用,经商住房和城乡建设部,现决定予废止,自本通知印发之日起不再执行。

司法部

2016年7月5日

司法部　自然资源部

关于印发《关于推进公证与不动产登记领域信息查询共享机制建设的意见》的通知

（2018年12月18日　司发通〔2018〕132号）

各省、自治区、直辖市司法厅（局）、自然资源主管部门，新疆生产建设兵团司法局、自然资源主管部门：

为深化落实党中央、国务院“放管服”改革要求，提高公证服务和不动产登记工作效率，切实保障当事人合法权益，维护司法权威，推动社会信用体系建设，我们制定了《关于推进公证与不动产登记领域信息查询共享机制建设的意见》，现印发给你们，请认真贯彻执行。

司法部
自然资源部
2018年12月18日

关于推进公证与不动产登记领域信息查询共享机制建设的意见

为深化落实党中央、国务院“放管服”改革要求，提高公证服务和不动产登记工作效率，切实保障当事人合法权益，维护司法权威，推动社会信用体系建设，根据《中华人民共和国公证法》《不动产登记暂行条例》等有关规定，司法部、自然资源部就推进公证与不动产登记领域信息查询共享机制建设提出如下意见：

一、明确目标，积极推进部门信息共享

各级司法行政机关和自然资源主管部门按照依法、有序、安全、高效的原则，在现有工作基础上，联合推进公证与不动产登记领域信息查询共享机制建设，是贯彻落实中央改革任务，加快推进政务服务“一网通办”和企业群众办事“只进一扇门”“最多跑一次”的重要举措，有利于进一步提升公证和不动产登记便民利民服务能力和水平。

司法部和自然资源部应积极推进部门间“总对总”信息查询共享机制建设。双方采用专线连接并设置内网前置机的方式，各自汇集各个司法行政机关和自然资源主管部门对跨地区不动产登记信息、公证信息的查询申请，分别提交至国家级不动产登记信息管理基础平台、司法部政务管理平台，采用接口方式调用，实现基于全国数据库查询结果的传输交换，以满足公证和不动产登记领域对跨地区业务办理的需要。

各地司法行政机关和自然资源主管部门应积极推进同级部门间“点对点”信息查询共享机制建设。已建立“点对点”信息查询共享机制的地区，应按照司法部、自然资源部有关技术规范要求进一步完善系统。尚未建立“点对点”信息查询共享机制的地区，应加快同级部门间网络对接和信息共享机制建设。

各地司法行政机关和自然资源主管部门应积极推进“点对总”信息查询共享机制建设。各地司法行政机关要确保实现与司法部政务管理平台的对接互通，自然资源部主管部门要确保实现与国家级不动产登记信息管理基础平台的实时互通，实现跨地区查询不动产登记信息和公证信息。

二、突出重点，着力提高规范化水平

各级司法行政机关和自然资源主管部门通过专线或其他方式建立信息查询共享通道，依法查询核实公证和不动产登记申办当事人提供的不动产登记信息、公证信息的真实性和有效性。

司法行政机关提交的查询申请应当载明公证机构名称、公证员及联系方式、具体查询事项、当事人的姓名或名称、公民身份证号码或者统一社会信用代码等特定主体身份信息及不动产坐落（不动产权证号或不动产单元号）等内容；自然资源主管部门依法查询后，反馈不动产权利人和不动产坐落、面积、共有情形、登记时间等基本情况及抵押、查封、预告、异议登记等信息。

自然资源主管部门提交的查询申请应当载明不动产登记机构名称、查询人员及联系方式、具体查询事项、公证文书编号等内容；司法行政机关依法查询后，反馈委托公证、继承公证等与不动产登记有关的公证文书编号及文书内容等信息。

三、落实责任，确保信息安全

各地公证机构和不动产登记机构要严格按照“谁承办、谁提起、谁负责”的原则，通过强化管理、规范工作流程、细化工作要求，依法依规相互做好协助查询工作。对网络查询的结果，必要时可到相应公证机构和不动产登记机构进行现场核验。网络查询结果与实际信息不一致的，以实际信息为准。

各级司法行政机关和自然资源主管部门要高度重视信息安全保密工作，严格执行公证和不动产登记资料查询制度，依法使用查询结果，不得将查询信息泄漏和用于查询请求事项之外的用途，并通过建立健全严格的规章制度和采取必要措施，隔离内外部网络，建立必要的技术隔离措施，保护敏感信息，杜绝超权限操作，确保信息安全。

四、统筹协调，深化拓展部门合作

司法部和自然资源部应有序推进部门间常态化的信息查询共享机制建设，构建和完善信息动态更新机制，推进公证机构与不动产登记机构的业务协同和服务创新，积极开展一条龙、一站式、一体化服务，为人民群众提供更加便捷、高效的服务。

省级司法行政机关和自然资源主管部门可以根据本意见，结合本地实际，制定贯彻实施意见。对执行本意见的情况和工作中遇到的问题，要及时报告司法部、自然资源部。

(十一)保全证据公证

司法部公证司

关于为在华居住的奥地利公民参加奥大选办理有关公证书的通知

[1990年8月10日 (90)司公字第110号]

各省、自治区、直辖市司法厅(局)公证管理处:

据奥地利驻华使馆告,奥地利将于今年十月七日举行大选,根据新的选举办法,所有居住在国外的该国公民均应参加大选,并在上述日期之前进行投票选举。对这些选民的投票有三种证明方式:1.奥地利驻各国的使领馆证明;2.在国外的选民互相证明;3.选民居住国的公证机关证明。该使馆希望我公证处为居住在我国的选择第三种证明方式的选民在其选票附件上证明该选民将选票装入信封,将该信封粘封,并装入另一个信封的行为的真实性。

经商外交部条法司认为,我公证处可以办理此项公证,但须另纸公证(公证书格式见附件)。我司已将所拟的公证书格式送奥地利驻华使馆,请即通知所属办理涉外公证的公证处,如遇有奥地利公民申办此项公证,应按上述要求积极予以办理。

附件:公证书格式

附件:

公 证 书

( )××字第××号

兹证明奥地利公民×××[姓名用外文填写]先生(女士)于××××年×月×日×时在我

面前将选票装入信封，并将该信粘封，装入另一个信封。

中华人民共和国××省××市公证处
公证员
××××年×月×日

司法部　国家版权局

关于在查处著作权侵权案件中发挥公证作用的联合通知

（1994年8月26日　司发通〔1994〕070号）

各省、自治区、直辖市司法厅(局)、版权局(处)，新疆生产建设兵团司法局：

随着进一步完善知识产权法律制度，切实加强著作权保护工作，在著作权保护中发挥公证证据的作用十分必要。特别是著作权行政管理部门在依法查处著作权侵权行为时，重视发挥公证的证据作用，可以保证证据的客观真实性，有利于查处侵犯著作权行为的顺利进行，有效地打击侵权行为，保护著作权人的合法权益。根据《国务院关于进一步加强知识产权保护工作的决定》精神，特作如下规定：

一、著作权行政管理部门在查处侵权行为时，要求申请人和有关当事人提供证据的，应当对证据进行证据保全公证。对于公证机构出具的有关证据保全的公证文书，著作权行政管理部门应当作为查处侵权案件时认定事实的根据。但有相反证据足以推翻公证证明的除外。

二、著作权证据保全公证由事实发生地公证处管辖。公证机构在办理著作权证据保全公证时，有权根据当事人的要求和被保全对象的不同特点，采取购买或索取实物，现场拍照、摄像，询问证人、记录或录制证人证言等保全方式，全面、客观地反映真实情况。证据保全公证书应记明申请保全的时间、理由以及进行证据保全的时间、地点、方式等内容。保全证据时所拍摄的照片、录像带及实物、发票等，应在清单中列明。对于保全的物证、书证等，公证机构应加强保管措施，对于软盘、录音和录像带等应制作备份并定期复制，防止证据灭失。

三、公证机构应当指定专人办理著作权证据保全公证事项，办证人员应当认真学习有关著作权保护的法律和法规，注意及时总结办证经验和听取文书使用部门的意见。在办证中遇到专业问题应注意听取当地著作权行政管理部门的意见，著作权行政管理部门应积极予以协助。

四、各地著作权行政管理部门和司法行政管理部门应加强联系，互相协作，不断研究和改进有关著作权公证的工作。

各地在执行本通知时遇有情况和问题,望及时报告和反映。

司法部律师公证工作指导司

关于《关于公证处办理证据保全公证中对物证能否采用封签进行封存的请示》的复函

[1999年12月3日 (99)司律公函091号]

贵州省司法厅公证管理处:

你处今年十一月二十二日《关于公证处办理证据保全公证中对物证能否采用封签进行封存的请示》收悉。经研究认为,公证处的保全证据是根据《公证暂行条例》的规定和公民、法人的申请,为维护各方利益,对证据的证明力进行保全的活动。在保全证据过程中,为了保证保全行为的连续性、客观性和真实性,在紧急情况下,对放置清点过程中或待清点的物品的房间,可以采取粘贴临时性封签的方式对物证及其存放环境等事实进行固定,以防止不测情况发生。此种粘贴封签的行为不具有行政或司法机关查封的性质。

此复。

司法部办公厅

关于进一步规范保全证据公证业务有关问题的通知

(2005年7月7日 司办通〔2005〕49号)

各省、自治区、直辖市司法厅(局),新疆生产建设兵团司法局:

近年来,保全证据公证业务逐年增长,公证机构积极发挥职能作用,依法办证,对于固定证据、预防和减少矛盾纠纷、保障司法效率和公正发挥了重要作用。随着经济社会发展和诉讼证据规则的逐步完善,保全证据公证日趋复杂,对受理、审查、出证等各环节的要求更加严格。而近一段时间以来,个别地方出现一些违规办证现象,如在无合法依据的情况下,公证处对申请人撬门破锁取得的物品进行证据保全等,产生了较大负面影响,损害了公证的公信力。经部领导同意,现就进一步规范保全证据公证业务有关问题通知如下：

一、公证机构要严格按照法律、法规、规章规定，认真审查、办理保全证据公证。为此，重申并进一步明确，凡有下列情形之一的，公证机构应当不予受理或拒绝公证：(1)申请人与保全证据事项没有利害关系的；(2)申请人之间对保全证据事项存在争议的；(3)申请的保全证据事项超越公证业务范围或违反公证管辖规定的；(4)被保全证据及其取得，违反法律、法规、规章规定或存在违法行为前提的；(5)其他不予受理或拒绝公证的情形。

二、司法部拟抓紧制定和修订相关公证规则，对保全证据公证的适用范围、办证程序等进行规范。各地司法行政机关、公证员协会要加强对保全证据公证业务的指导和监督，健全完善相关制度，推行要素式公证书，进一步加强质量监管，适时进行督促检查，发现问题及时纠正。

三、结合正在开展的公证队伍教育规范树形象活动，各地公证机构对保全证据公证等涉及群众切身利益、容易引发矛盾和冲突的公证事项，要认真开展自查自纠，切实解决存在问题，进一步完善工作规程，消除质量隐患。司法行政机关进行督查、巡查，也要将此作为工作重点之一。

执行过程中发现的重要情况，请及时报部。

(十二)其他有法律意义的事实和文书公证

司法部公证律师司

关于出具未领养老金证书事

[1980年1月15日 (80)司公字第7号]

各省、市、自治区高级人民法院、司法厅(局)：

据我驻加拿大使馆来函反映，加拿大联邦政府规定，凡汇款超过一定数额，在申请免交所得税时，需有证明。加政府这一规定适用于居住在加拿大所有的人。据此，经与外交部领事司研究，今后凡我国旅居加拿大华侨和中国血统加籍人为寄款赡养在我国农村的亲属和在城市未领取退休金的亲属，而申请办理被赡养人未领取我国政府任何养老金证明书者，经查实后，可按所附格式予以办理，但要掌握被赡养人一般地应达到我国规定的退休年龄。

望通知所属公证处照此执行。

司法部公证律师司

关于办理查无档案记载公证书的通知

[1983年3月18日　(83)司公字第31号]

各省、市、自治区司法厅(局)公证管理处:

目前,各地公证机关对无法查实的公证事项,一般均不予出具公证书。这不利于维护当事人的合法权益。据我驻美国大使馆反映,根据美国法律规定,对于此类无法查实的事项,可据实出具无有档案记载的公证书,这种证明书在美国法律上称之为次要证据,可以代替出生证明书和结婚证明书等的效用。对此我司意见,今后凡遇到无法查实的公证事项时,可为当事人出具无档案记载公证书。证词为:“兹证明×××的××(出生、结婚等)至今查无档案记载。”

特此通知。

司法部公证律师司

关于办理有法律意义的文书公证有关问题的复函

[1985年5月9日　(85)司公字第61号]

上海市司法局公证管理处:

上海市公证处一九八五年四月二十四日(85)沪证发字第11号《关于办理有法律意义的文书公证有关问题的请示》收悉。根据我司一九八五年三月六日(85)司公字第24号《关于办理有法律意义文书公证事的通知》精神,同意该处提出的办理有法律意义文书公证的意见。

附：

关于办理有法律意义的文书公证有关问题的请示

［1985 年 4 月 24 日　(85)沪证发字第 11 号］

司法部公证律师司：

(85)司公字第 24 号通知悉。根据通知精神，今后在办理有法律意义的文书公证时，我们拟采取如下做法：(1)司法部一九八一年所规定的公证书试行格式第二十四式不再应用。(2)文书原件可以和公证书装订在一起，申办人也愿意的，把文书原件装在证明书之前，证明文书原件上的签名、印鉴属实。(3)文书原件因带有硬封面等原因不能和公证书装订在一起，或虽然装订在一起但申办人不愿意的，则将经核对原件无误的复印件装订在公证书之前，证词举例："兹证明前面的复印件与复旦大学于一九八〇年七月发给张百利的(80)复毕字第 5 号毕业文凭原件相符，该毕业文凭上的学校印章与校长×××的印章均属实"。

以上三点是否可行，请批示。

司法部公证律师司

复《关于公证员能否在公证书的译文上签名的请示函》

［1986 年 10 月 20 日　(86)司公字第 136 号］

广东省司法厅公证管理处：

你处粤司公字(1986)116 号《关于公证员能否在公证书的译文上签名的请示函》收悉。按照规定，公证员不能在公证书的译文上签名，可按我司(86)司公字第 66 号函《关于送往美国使用的公证书需证明译文与原文相符事的通知》的规定，出具译文与原文相符的公证书并附相应的英译文。

司法部公证律师司

关于为自费留学人员出具父母收入证明事的通知

[1988年1月22日　(88)司公字第8号]

各省、自治区、直辖市司法厅(局)公证管理处:

据外交部领事司领认函(1987)120号函告,一些国家规定,外国自费留学人员凡父母收入或人均生活水平低于一定限额,即可申请减免注册学费。如比利时规定:凡父母年收入低于37万比郎(约合3万多人民币),凭父母收入情况公证书即可申请减付学费一半以上。目前我国一般家庭收入远远低于这些国家的最低限额,如能出具此类公证书,将有利于我国留学生在国外求学。为此,经研究认为,我公证机关可以应当事人申请,为自费留学人员办理此类证明(公证书格式见附件一、附件二),但为出国探亲申办签证而要求出具收入证明的,暂不办理,可将情况报来再作研究。

以上请通知所属办理涉外公证的公证处。

附件一:

父母收入证明书

(　　)××字第××号

兹证明×××(男或女,××××年×月×日出生,现驻××国××市××街××号)的父亲×××和母亲×××的年收入为××××人民币(或:年收入低于××××元人民币),家庭所需扶养人口为×人。

中华人民共和国××省××市公证处

公证员　　　(签名)

××××年×月×日

注:采用“低于××××元人民币”格式的,其人民币数额为对方国家所要求的人均生活水平折合人民币后的最低限额。

附件二：

公　证　书

（　　）××字第××号

兹证明×××（男或女），家庭年人均收入低于××××元人民币。

中华人民共和国××省××市公证处

公证员　　　（签名）

××××年×月×日

注：人民币数额为对方国家要求的人均生活水平折合人民币后的最低限额。

司法部公证司

关于办理机动车驾驶证公证书的函

［1989年6月21日　(89)司公字第61号］

各省、自治区、直辖市司法厅（局）公证管理处：

据我驻墨尔本总领事馆来函反映，我国公证处出具的机动车驾驶证公证书未直接证明准驾车型，使当事人在国外办理驾驶证时遇到困难。为便于当事人在国外办理驾驶证，今后公证处在出具此类公证书时，应根据机动车驾驶证，在证词中写明准驾车型。证词为："兹证明前面的复印件内容与×××（当事人）的中华人民共和国机动车驾驶证原件相符。该驾驶证上××省（市）公安厅（局）车辆管理章，××省（市）公安厅（局）车辆管理所证件章均属实。根据上述驾驶证，×××（当事人）可以驾驶××车和××车。"

另外，根据公安部《启用机动车新驾驶证的规定》，从今年七月一日开始启用全国统一的新机动车驾驶证。新驾驶证分为四种，即正式驾驶证、实习驾驶证、学习驾驶证和临时驾驶证。凡是已发了新驾驶证的，我公证处仅以《中华人民共和国机动车驾驶证》（正式驾驶证）为根据办理新驾驶证公证。

司法部公证司

关于律师资格证书公证的复函

［1991年4月18日　(91)司公字第93号］

浙江省司法厅公证管理处:

你处浙司公〔1991〕第19号《关于对律师资格证书能否予以公证的请示》收悉。经商律师司认为,《中华人民共和国律师资格证书》可以对外公证。公证处应证明资格证书的复印件与原件相符及印章属实。资格证书的复印件和译文中均应包括资格证书所注内容,即"注:不得凭本证书从事律师职务。凡从事律师职务者,必须持司法部颁发的律师工作执照"。

司法部公证司

关于办理签证申请表中签字属实公证的复函

［1991年12月3日　(91)司公函字第83号］

北京市司法局公证管理处:

你处(91)京司法公字第75号函收悉。关于韩冬九为赴塞浦路斯留学申办其本人及经济担保人在塞浦路斯驻华使馆提供的"中国留学生签证申请表"中签字属实公证,经研究认为,公证处可以另纸证明当事人及其经济担保人在上述申请表中的签字属实。

劳动部 司法部

对出国工人技术等级、技术职务证书办理公证的规定

（1992年1月16日 劳培字〔1992〕1号）

各省、自治区、直辖市及计划单列市劳动（劳动人事）厅（局），司法厅（局），国务院有关部门，解放军总后司令部、总参军务部：

近几年，随着改革开放，我国一些行业的技术工人进行国内、国际之间劳务合作与交流活动不断增加。每年有相当数量的技术工人由国家派遣或个人申请出国，需办理出国公证手续。为了维护国家对工人技术等级、技术职务证书核发与管理的严肃性，保证出国技术工人的素质，适应国际交流的实际需要，使我国的一些传统技艺和技术专长在国际上保持良好的声誉，根据一九九〇年经国务院批准，劳动部发布实施的《工人考核条例》，现对各地区、各部门和各单位派遣或个人申请出国的各类技术工人的《技术等级证书》、《技师合格证书》、《高级技师合格证书》的公证问题作如下规定：

一、地方所属企事业单位派遣或个人申请出国的技术工人，其《技师合格证书》或《高级技师合格证书》，由当事人原住所地公证机关根据当事人的申请，查实后，以证明其证书复印件与原件相符，原件上中华人民共和国劳动部的印鉴和省、自治区、直辖市或计划单列市劳动（劳动人事）厅（局）的印鉴属实的方式，出具公证书。

二、地方所属企事业单位派遣或个人申请出国的技术工人，其《技术等级证书》须经省、自治区、直辖市或计划单列市劳动（劳动人事）厅（局）审核、重新换发全国统一式样的《技术等级证书》，并加盖省、自治区、直辖市或计划单列市劳动（劳动人事）厅（局）印章，当事人原住所地公证机关予以公证，证明省、自治区、直辖市或计划单列市劳动（劳动人事）厅（局）的印鉴属实。证明方式与第一条相同。

三、国务院有关部门、解放军各总部及其所属企事业单位派遣出国的技术工人的《技术等级证书》、《技师合格证书》、《高级技师合格证书》须经劳动部培训司审核、重新换发全国统一规定的上述证书，并加盖劳动部培训司证书专用印章，当事人原住所地公证机关予以公证，证明劳动部培训司证书专用的印鉴属实。证明方式与第一条相同。

四、凡出国的技术工人持有各类培训机构和公司、学会、协会等社会团体举办的培训班颁发的和不符合上述规定的《技术等级证书》、《技师合格证书》和《高级技师合格证书》，公证机关一律不予办理公证证明。对乱制、滥发上述规定证书的，按《工人考核条例》罚则的有关规定，由有关部门或机关予以处罚。

各地公证机关和劳动行政部门在办理工人技术等级、技术职务证书公证时，应与当事人原住

所地的省、自治区、直辖市及计划单列市劳动(劳动人事)厅(局)加强联系,密切配合,对执行中出现的问题应逐级请示。

司法部公证司

关于办理确认书公证的复函

[1992年6月13日 (92)司公函082号]

北京市司法局公证管理处:

你处京司公〔1992〕39号请示收悉。关于可否为当事人在日本学校提供的确认书上的签字属实公证,经研究认为,公证处可予办理。但需审查该确认书上有否有损我国尊严或敌视我国的内容,有此类内容的不予办理。公证处办理此项公证时,应将确认书装订在证词页前,另纸公证。

劳动部 司法部

关于印发《对出国工人技术等级、技术职务证书办理公证的补充规定》的通知

(1992年6月19日 劳培字〔1992〕10号)

各省、自治区、直辖市及计划单列市劳动(劳动人事)厅(局)、司法厅(局),国务院有关部门,解放军总参军务部、总后劳动工资局、生产管理部:

一九九二年一月十六日劳动部、司法部联合颁发了《对出国工人技术等级、技术职务证书办理公证的规定》(劳培字〔1992〕1号),对加强出国工人的技术等级、技术职务证书管理和保证出国工人技术素质等方面都收到了良好的效果。但是,近来一些地方公证部门在办理公证时掌握不一,为此,对有关问题作了补充规定。现印发给你们,请按照执行。

附:对出国工人技术等级、技术职务证书办理公证的补充规定

附：

对出国工人技术等级、技术职务证书办理公证的补充规定

一、各地区、各部门和各单位派遣（包括地区和有关部门负责劳务出口的公司）或个人申请出国的机械、电子、建筑、能源、交通、轻工、化工、饮食服务等各个行业的技术工人，都应到当事人住所地公证处办理技术等级或技术职务证书的公证。

二、凡已取得技术等级或技术职务证书的当事人在申办工作经历公证书的同时，应按《对出国工人技术等级、技术职务证书办理公证的规定》办理技术等级证书或技术职务证书的公证；只从事过某种工作，并未取得相应技术等级的，应在其经历公证书中注明“未取得技术等级证书”。

三、当事人向公证处申办技术等级、技术职务证书公证时，应向公证处提交本人证书及所在工作单位出具的证明，公证处经调查核实后予以办理。

四、各省、自治区、直辖市及计划单列市劳动（劳动人事）厅（局）在更换出国工人技术等级、技术职务证书时，应在当事人的证书照片和发证日期处分别加盖劳动（劳动人事）厅（局）证书专用钢印和油印印鉴。在证书专用印鉴未制成前，须盖劳动（劳动人事）厅（局）行政钢印和油印印鉴。

司法部公证司　公安部六局　外交部领事司

关于办理护照影印件与原件相符公证的通知

［1993 年 10 月 16 日　(93) 司公字第 11 号］

各省、自治区、直辖市司法厅（局）、公安厅（局）、各驻外使、领馆：

近年来，我国公民在国内外为办理有关手续，经常向公证处和驻外使领馆申请办理护照影印件相符公证，为解决持照人的实际需要，经研究决定，公证处和驻外使领馆经核查可以办理护照影印件与原件相符公证。公证书证词为：“兹证明前面的影印件与 × × × 所持有的中华人民共和国 × × × × × × 号护照原件相符”。办理此项公证时，一般应证明护照封面、封底和第 1 ~ 6 页内容。公证处应向当事人讲明，经公证的护照影印件不能代替护照使用。

司法部公证司

关于印鉴、签字属实公证书证词的复函

［1993年11月12日　(93)司公函142号］

浙江省司法厅公证管理处：

你处11月4日请示收悉。关于印鉴签字属实公证书证词问题，经研究认为，《公证书格式(试行)》第四十九式中被证明文书上的印鉴是钢印的，即使文件复印件上无法显示，公证书证词也可表述为证明原件上钢印属实；被证明文书上只有印鉴，没有法定代表人或有关人员签字的，公证书证词可只证明原件上的印鉴属实。

司法部公证司

关于可以办理退伍军人证明书公证的复函

［1995年1月12日　(95)司公函001号］

上海市司法局公证管理处：

你处一九九四年十月八日沪司公管发字〔1994〕第36号《关于可否办理退伍军人证明书公证的请示》函及附件收悉。经商解放军总政治部有关部门，现答复如下：

《退伍军人证明书》(1989年改为《士兵退出现役证》)是法律规定的有效兵役证件，由国防部统一制发，为退出现役士兵持有。该证件载明了公民依法服现役时间及退出现役后是否服预备役的情况，是公开使用的证明公民依法服现役的经历和退出现役后的兵役状况的专门证件，可以对外公证。

公证处可按照《公证书格式(试行)》中第四十九式证明书格式(之七)为当事人办理《退伍军人证明书》(或《士兵退出现役证》)影印件与原件相符公证。

司法部　卫生部

关于出国护士执业证书办理公证的规定

（1995 年 7 月 25 日　司发通〔1995〕088 号）

各省、自治区、直辖市司法厅（局），卫生厅（局）：

随着我国改革开放的不断深入，护士进行国际间劳务合作与交流活动日益扩大，护士赴国外工作的人数逐年递增。为了维护国家对护士管理及护士执业证书核发与管理的严肃性，保证出国护士的素质，适应国际交流的需要，现对各地区、各部门、各单位派遣或个人申请出国的护士持有的《中华人民共和国护士执业证书》（以下简称《护士执业证书》）的公证问题作如下规定：

一、各地区、各部门、各单位派遣（包括地区和有关部门负责劳务输出的公司）或个人申请出国的护士，均须在当事人住所地公证处申请办理《护士执业证书》公证。

二、当事人向公证处申办《护士执业证书》公证时，应向公证处提交本人证书及所在工作单位出具的证明，公证处经调查核实后予以办理，以证明其证书复印件与原件相符，原件上中华人民共和国卫生部印鉴，省、自治区、直辖市卫生厅（局）印鉴及注册机关印鉴属实的方式出具公证书。

三、解放军各总部及其所属企事业单位派遣出国的护士，其《护士执业证书》的公证方式与第二条相同。

四、对非卫生行政部门颁发的《护士执业证书》，公证机关一律不予办理公证。对乱制、伪造、滥发《护士执业证书》的单位或个人，由卫生行政部门予以处罚。

各地公证处和卫生行政部门在办理《护士执业证书》公证时，应加强联系，密切配合，对执行中出现的问题应及时逐级请示。

司法部公证司

关于发往委内瑞拉使用的健康公证事的通知

[1996年1月5日　(96)司公函004号]

各省、自治区、直辖市司法厅(局)公证管理处,长安公证处:

根据外交部领事司通知,委内瑞拉共和国要求,自1995年11月24日起,凡办理赴该国签证所需的健康证明中,应包括艾滋病(H.I.V)检查的内容。据此,各公证处在办理发往委内瑞拉的健康公证时,应要求当事人提供艾滋病检查证明,如当事人提供的体检表中已包括该项目,该项目必须填写清楚。公证处以证明检查证明的原件与复印件是否相符,检查机构的印章属实的方式给予公证。

外交部　司法部　民政部

关于驻外使、领馆就中国公民申请人民法院承认外国法院离婚判决事进行公证、认证的有关规定

(1997年3月27日　外领八函〔1997〕5号)

各驻外使领馆、团、处:

近年来,随着我公民在国外结婚、离婚人数的增多,涉及中国公民向我人民法院申请承认外国法院离婚判决的案件也越来越多。为维护司法裁判的严肃性,统一、明确做法,方便当事人,经商最高人民法院,现对有关事宜做如下具体规定:

一、婚姻当事人一方为中国公民的外国法院的离婚判决书在国内使用,须经国内中级人民法院对该判决裁定承认后,才能为当事人出具以该外国法院离婚判决为准的婚姻状况公证。

二、婚姻当事人一方为中国公民的外国法院离婚判决书在国外使用:

(一)若居住国可根据外国法院离婚判决书或其他证明材料,为当事人出具婚姻状况证明,不需要我驻该国使、领馆出具以外国法院离婚判决为准的婚姻状况公证,我使、领馆可不予干预,

但不干预不等于承认。

（二）若当事人不能在居住国取得婚姻状况证明，需我驻该国使、领馆出具以此判决为准的婚姻状况公证，应先向国内中级人民法院申请对该判决的承认。该判决经裁定承认后，才能为当事人出具有关公证。

三、国内中级人民法院受理当事人的申请时，对外国法院离婚判决书的真伪不能判定，要求当事人对该判决书的真实性进行证明的，当事人可向驻外使、领馆申请公证、认证。外国法院的离婚判决书可经过居住国公证机构公证、外交部或外交部授权机构认证，我使、领馆认证；亦或居住国外交部直接认证，我使、领馆认证。进行上述认证的目的是为判决书的真伪提供证明，不涉及对其内容的承认。

四、当事人不能亲自回国申请承认外国法院的离婚判决，可委托他人代理。驻外使、领馆可为此类委托书办理公证或认证。受理委托书公证应要求当事人亲自申请。

五、当事人或其代理人申请国内中级人民法院对外国法院离婚判决书的裁定承认，必须提供：

（一）外国法院离婚判决书正本及经证明无误的中文译文；

（二）若申请人是离婚判决的原告，作出判决的外国法院出具的被告已被合法传唤出庭或合法传唤出庭文件已送达被告的有关证明文件及经证明无误的中文译文；

（三）若判决书中未指明判决已生效或生效时间的，作出判决的外国法院出具的判决已生效的证明文件及经证明无误的中文译文。

驻外使、领馆应按照公证、认证程序为上述文件办理公证或认证。

六、第五条中所述的“经证明无误的中文译文”，可经如下途径证明：

（一）外国公证机构公证、外交部或外交部授权机构认证及我驻外使、领馆认证；

（二）驻外使、领馆直接公证；

（三）国内公证机关公证；

七、外国法院离婚判决书生效日期与我国法院裁定承认日期不同，离婚后未再婚公证应以外国法院离婚判决书生效日期为准。

八、国内中级人民法院裁定对外国法院离婚判决不予承认的，当事人可到国内原户籍所在地或婚姻缔结地中级人民法院起诉离婚。驻外使领馆可根据国内法院的离婚判决，为当事人出具在国外期间的婚姻状况证明。

九、有关外国法院离婚判决中夫妻财产分割、生活费负担、子女抚养等方面判决承认执行的公证、认证，不适用本规定。

原规定与上述规定不一致的，按此规定办理。上述规定以外的情况，请逐案报请国内。

司法部律师公证工作指导司

关于送意大利使用的有关证书办理公证事的通知

［1999 年 2 月 25 日　(99)司律公字 006 号］

各省、自治区、直辖市司法厅(局)公证管理处，长安公证处：

根据外交部领事司与意大利驻华大使馆的磋商结果，现就送意大利使用的民事类证书公证事宜通知如下：

一、自今年四月一日起，凡送意大利使用的婚姻、技术等级、驾驶执照等证书，均需办理公证。格式适用《公证书格式(试行)》第四十九式之四，不办理实体性公证。

二、公证书(含有关证书及公证书证词内容)应附准确的意大利文译文。

有关证书内容的译文最后要加盖翻译单位印章，复印章无效。

三、办理上述公证时，公证处应按程序规定，严格审查。

请尽快将上述内容通知所属各有关公证处。

劳动和社会保障部办公厅　司法部办公厅

关于境外就业和对外劳务合作人员职业资格证书办理公证等有关问题的通知

(1999 年 9 月 16 日　劳社厅函〔1999〕121 号)

各省、自治区、直辖市劳动(劳动和社会保障)厅(局)、司法厅(局)，国务院有关部门劳动保障工作机构：

为促进国际劳务技术合作与交流，维护我国传统的技艺和专长在国际上的良好声誉，现对境外就业和对外劳务合作人员(以下简称对外劳务人员)办理职业资格证书公证等有关问题通知如下：

一、对外劳务人员须持印有中英文对照并套印“劳动和社会保障部培训就业司职业技能鉴定专用章”、“劳动和社会保障部职业技能鉴定中心职业技能鉴定专用章”的职业资格证书，作为办理职业技能水平公证的有效证件。

二、对外劳务人员原来所持的职业资格证书（含《技术等级证书》、《技师合格证书》以及《高级技师合格证书》）由省级以上劳动（劳动和社会保障）部门审核或鉴定复核后，统一换证，并在证书照片处盖省级以上劳动（劳动和社会保障）行政部门钢印。

三、对外劳务人员办理职业资格证书公证时，应持本人身份证件、涉外证书原件及其复印件和有关证明材料向其住所地具有办理涉外公证资格的公证处提出申请。经公证处审核无误后，以证明复印件与原件相符、证书上“劳动和社会保障部培训就业司职业技能鉴定专用章”、“劳动和社会保障部职业技能鉴定中心职业技能鉴定专用章”（套红印），以及持证人照片处省级以上劳动（劳动和社会保障）行政部门钢印属实的方式，出具公证书。

四、各省、自治区、直辖市劳动（劳动和社会保障）部门每季度应将上一季度换发证书情况报劳动和社会保障部培训就业司，并抄报司法部律师公证工作指导司。

附件：职业资格证书特征说明。

附件：

职业资格证书特征说明

一、职业资格证书分为初级技能、中级技能、高级技能以及技师、高级技师，由劳动和社会保障部统一印制。

二、证书内页第 2 页套印中华人民共和国劳动和社会保障部印章。

三、证书内页和封二、封三、封底采用隔色彩红印刷。

四、证书内页和封二、封三、底边采用 LDBZH 浮雕印刷。

五、证书内页使用 ZHYZG 水印纸。

六、内页第 1 页的国徽有红色荧光。

七、封二彩红下方 8 ~ 10 毫米处有无色荧光显示的“劳动和社会保障部统一印制”字样。

司　法　部

关于办理居民户口簿影印件与原件相符公证的通知

［2000 年 4 月 19 日　(2000)司律公字 020 号］

各省、自治区、直辖市司法厅(局)公证管理处,新疆生产建设兵团司法局公证管理处,长安公证处:

据反映,有外国驻华使馆在受理我公司签证申请时,要求提供户口簿影印件与原件相符公证书。经商公安部有关部门认为,我公民向外国驻华使领馆申请办理签证手续、内地居民向港澳台地区申请办理相关手续时,可凭公安机关制发的护照、居民身份证、居民户口簿证明身份,如受理方要求复印留档,公证处可以办理居民户口簿影印件与原件相符公证。对办理居民身份证影印件与原件相符公证的申请,公证处应按《司法部关于不宜办理居民身份证复印件与原件相符公证的批复》(司复〔1998〕004 号)的规定处理。

公证处办理居民户口簿影印件与原件相符公证应注意审查当事人提交的是否确系公安机关制发的居民户口簿原件。公证书格式适用《公证书格式(试行)》第四十九式(之七)。

请尽快通知各有关公证处。

(十三)涉　台　公　证

司法部公证律师司

关于赵屏生受其在台哥哥委托代管房产公证事的复函

［1985 年 10 月 30 日　(85)司公字第 168 号］

广西壮族自治区司法厅公证律师管理处:

你处桂司公律字(85)第 44 号“关于赵屏生受其哥赵森禄的委托代管房产公证事的请示报

告”收悉,现答复如下:

根据外交部(85)领四字第030号“关于台湾省居民为转让、赠与及委托代管大陆房产办理公证事”一文中:“台湾居民在台湾办理的转让、赠与及委托代管大陆房产的公证书,我原则上可视作依据。受让人、受赠人和受托人可凭此公证书及房产契证原件(受托代管房产可用影印件)向房产所在地的房管部门申办房产过户和代管手续”的规定,赵屏生可持其兄在台湾办理的公证证明和房产契证的影印件,直接向其兄房产所在地房管部门申办房产代管手续,不需再经房产所在地公证机关办理公证事宜。

附:(85)领四字第030号文

附件:

外交部领事司关于台湾省居民为转让、赠与及委托代管大陆房产办理公证事

[1985年4月15日 (85)领四字第030号]

近年来,常有台湾省居民及其在国外亲属向我驻外使领馆探询关于办理转让、赠与及委托代管大陆房产公证事,经商司法部公证律师司,答复如下:

台湾省居民在台湾办理的转让、赠与及委托代管大陆房产的公证书,我原则上可视作依据。受让人、受赠人和受托人可凭此公证书及房产契证原件(受托代管房产可用影印件)向房产所在地的房管部门申办房产过户和代管手续。转让人、赠与人和委托人若不在台湾办理上述公证证明,但能到香港,可凭房产契证原件和影印件,向司法部委托的香港八位律师(注)之一申办公证;如到与我建立外交关系的国家,可凭房产契证原件或影印件,向我驻该国使领馆申办公证。转让、赠与房产必须按法律程序办理,产权无争议。对于委托亲友代管大陆房产的台湾省居民,如不能亲自在上述地方办理委托书公证,可写委托书,通过国外亲友向我有关驻外使领馆申办,由亲友声明该委托书系委托人亲笔,我驻外使领馆证明该亲友的签字属实。受托人凭该公证证明及房产契证原件或影印件,向房产所在地的房管部门申办代管房产手续。

台湾省居民办理转让、赠与及委托代管大陆房产公证事,是一个新问题,情况比较复杂,各馆遇有此类公证,如无把握或情况特殊,可报国内商处。

如以后有新规定,按新规定办理。

注:现为237位律师。

司法部公证律师司

关于能否为宋氏房产落实政策办理委托公证事的复函

[1987年1月26日　(87)司公字第10号]

江苏省司法厅公证管理处:

你处1986年12月30日司公(86)第53号《关于为宋豹林办理产权委托公证问题的请示》收悉。关于阜宁县人民政府为宋家落实政策,需办理宋豹林之父宋振亚的委托书公证事,经研究认为,从来文及附件看,房屋产权人不明确。公证处应先查清房屋的产权人,再根据情况办理公证书。如果产权人或产权人之一是宋振亚,则应由宋振亚本人到台湾的公证机关办理委托书公证,尔后直接拿到大陆来使用。如宋振亚在台湾办理公证书不方便,可到我驻其他国家使领馆办理。因委托人宋振亚居住在台湾,其委托行为发生在台湾,我公证机关不宜为其办理委托书公证。如产权人还包括宋振东,也需由宋振东在马来西亚当地公证机关或我驻马来西亚使馆办理委托书公证。

司法部公证律师司

关于为台属去台定居办理有关公证证明事的复函

[1988年3月9日　(88)司公字第24号]

江苏省司法厅公证管理处:

你处1988年2月3日司公(1988)第3号《请示一涉台公证事》函悉。关于张益金与其子管政国为申请去台湾定居,申办结婚、出生等公证书事,经与有关部门研究认为,我公证机关可为在大陆台属办理去定居所需公证证明。办理张益金与其夫管启炳结婚证证明时,只要对于他们在大陆结婚的情况调查属实,即可为其出具公证书,不需管启炳提供在台的婚姻状况证明。

为更好地办理涉台公证事项,请公证处在办结此公证事项后,注意了解公证书发往台湾后使用效果,并将情况函告我司。

司　法　部

关于印发《涉台公证工作座谈会会议纪要》的通知

(1990 年 1 月 26 日　司发〔1990〕015 号)

各省、自治区、直辖市司法厅(局):

现将《涉台公证工作座谈会会议纪要》发给你们,请认真研究执行。执行中有何问题,望及时报告我部公证司。

涉台公证工作座谈会会议纪要

一九八九年十二月二十五日至二十九日,司法部公证司在湖南省岳阳市召开了涉台公证工作座谈会,福建、山东、江苏、浙江、湖南、四川、上海、北京、安徽、广东、天津、广西等省、自治区、直辖市司法厅(局)公证管理处和部分公证处的负责同志以及国务院台办和人大法工委的同志参加了会议。会议汇报、总结、交流了近两年来办理涉台公证的情况和经验,并就办理涉台公证中如何执行法律、政策的问题进行了讨论,现纪要如下:

一、会议认为,近年来,海峡两岸民间交往日益频繁,回大陆探亲、旅游,以及从事经济贸易等活动的台胞数量剧增,也有一些大陆同胞赴台探亲、奔丧。我公证机关在办理公证中,认真执行中央对台工作的政策和有关法律规定,克服办公条件差、人员少、经费不足等困难,坚持“三优”(即优先受理、优先调查、优质服务),积极、热情地为台胞、台属提供法律服务,有效地维护了当事人的合法权益,受到台胞、去台人员和台属的欢迎。与会的十二个省、自治区、直辖市的公证机关近两年来共办理涉台公证近四千件,主要用于探亲、奔丧、继承遗产、收养子女、委托代管房屋、委托代理诉讼、从事经济活动等。其中发往台湾使用的公证书二千余件,据了解这些公证书基本上被台湾当局有关部门所接受。公证机关在办理公证时,对于台胞、去台人员提供的台湾公证机关出具的公证书等有关证明文件,也作为认定事实的依据。

二、会议认为,海峡两岸的民间交往带来了很多新的法律问题,特别是海峡两岸长期隔绝所积压、遗留的问题,以及因两岸法律制度不同所产生的一系列问题,这些问题在公证工作中都程度不同地有所涉及,应当予以注意和认真研究。对于目前尚无具体法律、政策依据的,公证机关应及时请示报告,注意总结办证经验,努力做好涉台公证工作。

（一）办理涉台遗产继承公证，应注意以下几个问题：

1. 遗产继承的法律适用

（1）被继承人生前住所在大陆，其遗产（动产和不动产）在大陆，遗产继承应依据“中华人民共和国继承法”；被继承人生前住所在台湾，其在大陆遗产（动产和不动产）的继承也应依据“中华人民共和国继承法”，公证处应据此出具继承权公证书。

（2）大陆的继承人继承在台湾的遗产（动产和不动产），公证处应出具亲属关系公证书，证明在大陆的继承人与在台湾的被继承人之间的亲属关系。

2. 为继承在台湾的遗产而办理亲属关系公证时，如果大陆继承人不在同一地居住，根据《公证暂行条例》第十二条的规定，其亲属关系证明应统一由一个公证处办理。

3. 继承在台湾的遗产，根据目前情况可以由继承人自行选择办理继承的方式，现推荐以下五种方式，供参考：

（1）委托其在台湾的亲友。

（2）委托与台湾律师有业务联系的大陆的律师事务所，再通过大陆律师转委托台湾律师。

（3）委托我部设在香港的“中国法律服务（香港）有限公司”，由该公司转委托台湾律师。

（4）委托“海峡两岸法律服务有限公司”。该公司主要由香港律师黎锦文和台湾律师沙壬、陈符瑶、梁浩、林复宏、林辰彦等人组成。大陆继承人可将委托书寄给黎锦文律师。委托书一般应依照台湾通用的格式出具。

（5）委托我部设在北京的“中国国际经济与法律咨询公司”，该公司与“海峡两岸法律服务有限公司”有相互委托关系，大陆继承人可将委托书寄给北京“中国国际经济与法律咨询公司”。

4. 去台人员或台胞在台湾立遗嘱处分其在大陆的财产（动产和不动产）时，该遗嘱内容应符合“中华人民共和国继承法”。当事人申办遗嘱继承时，公证处应对遗嘱进行检验。主要包括：确认该遗嘱是否是遗嘱人本人所立，遗嘱人在立遗嘱时是否符合行为地法律；遗嘱人在遗嘱中所处分的财产是否属于本人所有；遗嘱受益人有无变化，遗嘱中有无取消缺乏劳动能力又没有生活来源的继承人的继承权等。

（二）办理涉台收养公证，应注意以下几个问题：

1. 台湾同胞、去台人员回大陆收养子女，大陆同胞在大陆收养在台湾的人为养子女，应依据大陆的有关规定办理收养公证。收养人、被收养人、送养人均应符合大陆规定的条件，且应亲自到被收养人或收养人户籍所在地公证处办理收养公证。原则上有子女的人不得收养。对司法部（88）司发公函字第334号《关于台湾同胞回大陆收养子女公证事的批复》（《公证工作手册》[第十辑]第73页）中，对收养人不受有无子女限制的规定予以修改。

2. 去台人员在大陆的亲属按封建习俗为其所立的嗣子，原则上不予承认。如果去台人员本人认可并申请办理收养公证，符合收养条件的，公证处应予办理收养公证。与嗣子已形成事实收养关系的去台人员死亡后，为继承在台遗产，公证处可根据收养事实，为其出具养子亲属关系证明。

3. 去台人员在大陆的配偶独自收养子女的，未经去台人员本人同意，不能认定是去台人员的养子女。如果去台人员本人追认请求办理收养公证，公证处应依据大陆的有关规定办理。其在大陆的配偶独自收养子女的时间为收养关系成立的时间。

（三）办理去台人员的婚姻状况公证，应注意以下几个问题：

1. 去台人员与在大陆配偶之间婚姻状况的公证，原则上应依据民政部、司法部民〔1988〕民字

14号《关于去台人员与其在大陆的配偶之间婚姻关系问题处理意见的通知》(《公证工作手册》[第十辑]第79页)和最高人民法院法(办)发〔1988〕18号《印发[处理涉台刑事申诉、民事案件座谈会纪要]的通知》(《公证工作手册》[第十辑]第60页)精神办理。

2. 去台人员去台前已婚,去台后又再婚而未与原配偶离婚的,如果其在大陆的原配偶未办理合法离婚手续,且未再婚,因探亲或继承财产的需要申办有关公证书的,公证处可据实出具去台人员与大陆原配偶的结婚公证书或夫妻关系公证书。

3. 去台人员在台虽未再婚,但其在大陆配偶已再婚的,公证机关不能为其出具结婚公证书或夫妻关系公证书。

4. 去台人员去台后,与其在大陆的原配偶均已再婚的,即使双方均未办理离婚和再婚的法律手续,他们的婚姻关系自后再婚的配偶再婚之日起,视为解除。公证机关不能再为去台人员与原配偶出具结婚公证书或夫妻关系公证书。

(四)办理亲属关系公证,应注意以下几个问题:

1. 注意对历史线索、证据的调查取证,对于事实不清、证据不足的,不能草率出证。

2. 去台人员回大陆认领亲子,要求办理公证的,应按司法部公证司(89)司公字第64号《关于办理认领亲子公证的复函》精神办理。

3. 由于亲属关系公证书既可用于探亲,又可用于继承在台遗产,为防止遗漏法定继承人,对凡用于赴台探亲的亲属关系公证书的证词中增加使用目的的内容,同时修改用于继承的亲属关系公证书,格式见附件一和附件二。

(五)办理赠与公证,应注意以下几个问题:

1. 大陆同胞将自己的财产赠与台胞申办公证,涉及不动产的需符合不动产所在地有关法律、政策的规定。

2. 去台人员或台胞将自己随身携带的财物或继承的在大陆的动产赠与大陆亲友而申办公证的,公证处可予以办理。

3. 去台人员或台胞将所继承的在大陆的不动产赠与在大陆的亲友而申办公证的,只要赠与人向公证处说明该赠与物属于个人财产,公证处可予以办理。

(六)对印有"中华民国"字样的文书可否公证,应依外交部领事司和司法部公证司领四函(1989)195号《关于对解放前印有"中华民国"字样的历史资料的公证、认证事》的规定办理。如遇有新的情况和问题再逐级请示。

(七)去台人员和台胞向公证机关提供的出自台湾不同部门的证明文书,作为证据采用时,需注意其证据效力和可靠程度。目前对以下部门出具的文书,我公证机关可作认定事实的依据:

1. 台湾公证机关出具的公证书、认证知情人的声明书;

2. 台湾户政机关出具的证明与原件相符的户籍誊本影印件;

3. 台湾医院出具的死亡证明、尸体检验证明书和地方法院出具的尸体检验证明书(均为原件);

另外,对于其他部门出具的文书,可根据所办理的公证事项的具体情况作为参考。

三、会议认为,"和平统一,一国两制"是中央解决台湾问题,实现国家统一的大政方针。台胞接待工作和大陆人员赴台工作是今后相当长时期内对台工作的一个重要方面,涉台公证也是其中重要内容之一。公证机关要充分认识办理好涉台公证对于增强祖国大陆对台湾的吸引力,促进祖国统一的重要意义。办理涉台公证是一项复杂的工作,涉及到很多法律问题,政策性很强。在办理公证中,要加强同当地统战、对台办等部门的联系和配合。如遇到疑难、复杂、重要的问题,应与有关部门互通情况,及时交换意见,并及时向司法行政机关汇报。

目前,希望来大陆投资、办厂、进行贸易活动的台湾同胞越来越多,各地公证机关要认真贯彻执行国务院《鼓励台湾同胞投资的规定》,注意认真办理涉及海峡两岸经济贸易方面的公证事项,为台湾同胞在大陆进行经济贸易活动提供法律服务。

各级司法行政机关要加强对公证机关办理涉台公证的业务指导和监督,及时与他们研究工作中的新情况、新问题。为保证办理涉台公证的质量,请各省、自治区、直辖市司法厅(局)公证管理处根据本省(区、市)的具体情况,指定部分公证机关负责办理涉台公证,并对所办理的发往台湾使用的公证书,按其性质和内容作出上报有关司法行政机关审核的规定。

附件:亲属关系证明书　格式两种

附件一:

亲属关系证明书

(　　)××字第××号

申请人:×××,男(或女),××××年×月×日出生,现住××省××市××街××号。

×××,男(或女),××××年×月×日出生,现住××省××市××街××号。

关系人:×××,男(或女),××××年×月×日出生,现住台湾省××市××街××号。

兹证明申请人×××是关系人×××的××。申请人×××是关系人×××的××。

本证明用于探亲(奔丧)。

××省××市公证处

公证员　　　(签名)

年　　月　　日

附件二：

亲属关系证明书

（　　）××字第××号

根据档案记载或经调查（或经向知情人×××和×××调查），兹证明×××，（男或女，××××年×月×日出生，××××年×月×日死亡，生前住台湾省××市××街××号）的配偶和直系亲属只有以下×人：

妻子：×××，××××年×月×日出生，现住××省××市××街××号。

儿子：×××，××××年×月×日出生，现住××省××市××街××号。

女儿：×××，××××年×月×日出生，现住××省××市××街××号。

××省××市公证处

公证员　　　（签名）

年　　月　　日

司法部公证司

关于为处理在台股份办理公证事的通知

［1990年10月27日　(90)司公字第163号］

各省、自治区、直辖市司法厅（局）公证管理处：

上海、山东等地司法厅（局）公证管理处请示如何处理当事人申办解放前购买在台企业资产股份的公证事项，经商国务院台办、中央统战部、中国银行等有关部门，现作如下规定：

1. 公证处受理当事人处理解放前购买在台股份的公证申请后，必须向有关部门查核其在台的股份是否系原私营企业在公私合营时列为待处理资产或账外资产。凡已列为待处理资产或账外资产的，调回后按有关规定处理；上述财产之外，属于个人购买的股份，调回后由个人接受或继承。

2. 为维护国家利益和集体、个人的合法权益，凡处理已列入待处理资产或账外资产的在台股份,应当通过中国银行以私人调汇方式委托南洋商业银行信托有限公司办理。属于个人购买的股份,可参照上述途径办理。

以上请通知所属办理涉外公证的公证处。执行中有何问题,望及时告我司。

司法部公证司

关于发往台湾使用的公证书应严肃认真制作的函

[1990年10月29日 (90)司公字第157号]

各省、自治区、直辖市司法厅(局)公证管理处:

据有关部门反映,近几年,我发往台湾使用的一些公证书有字迹不清,书写不工整,手写字与印刷字掺杂,繁简字体并用等不严肃现象,在台湾使用引起不好的反映,并影响公证书的效力。

请转告有关公证处,在办理公证时应严肃认真,打印、制作公证书应严格执行有关规定,统一用3号仿宋体和标准简化字。今后在办证质量检查中,凡出现上述问题的公证书,应列为不合格的公证书。

司法部公证司

关于对旧政府发给的工商证件可否公证事的复函

[1991年1月24日 (91)司公字第17号]

上海市司法局公证管理处:

你处沪司发公管字(1990)第15号《关于对旧政府发给的工商证件可否公证的请示》收悉。关于解放前曾任三明纺织厂总经理的吴本善,为向台湾有关部门交涉收回并出卖该厂在台湾设立的大昌纺织分公司的现有资产,而申办解放前国民党政府发给三明纺织股份有限公司的工商部执照和上海市人民政府对三明纺织有限公司重新登记的有关资料的复印件与原件相符公证事,经商外交部领事司认为,上海市公证处可以办理此项公证。为避免在证词中出现“中华民国”或“原”经济部、工商部字样,可将证词改为:“兹证明前面的三明纺织股份有限公司工字第柒伍玖捌号工厂登记证和三明纺织股份有限公司新圆字第伍零玖号执照的复印件与原件相符,该证件上的上海市工商行政管理局档案材料证明专用章均属实。”

另外,根据我司(90)司公字第163号《关于为处理在台股份办理公证事的通知》精神,处理台湾大昌纺织分公司的现有资产,应通过中国银行以私人调汇方式委托南洋商业银行信托有限公司办理,不宜由吴本善本人去台办理。

司法部公证司

关于不能在涉台公证书上加盖红十字会印章的复函

[1991年1月31日　(91)司公字第19号]

甘肃省司法厅公证管理处:

你处省司公(1991)1号《关于红十字会能否在涉台公证文书上盖章的请示》收悉。经研究认为,公证处是国家专门证明机关,依据事实和法律办理公证事务,不受其他单位或个人的干涉。公证处应按《公证暂行条例》和部有关规定制作、出具公证书,不得加盖其他机关、团体的印章,发往台湾使用的公证书也不例外。同意你处意见,发往台湾使用的公证书上,不得加盖省的红十字会的公章。

司　法　部

关于不能由比尼公司等单位代办台属继承遗产事的通知

(1991年2月26日　司发〔1991〕033号)

各省、自治区、直辖市司法厅(局):

据四川、山东司法厅反映,北京核工程研究设计院比尼公司为台属代办涉台遗产继承并要求公证机关予以配合。经商国务院台湾事务办公室认为:近期有些单位四处招揽代办涉台继承事宜,造成了混乱,影响了台属遗产继承的顺利进行,应予制止。今后,任何公司(包括“比尼公司”)未经我部或国务院台办审核授权,不得办理此类业务,如遇这类情况应予劝阻,并及时报部。为了更好地保护继承人的合法权利,应仍按我部司发(1990)015 号文件《关于印发〈涉台公证工作座谈会会议纪要〉的通知》推荐的五种方式……指导当事人委托代理人办理。

司　法　部

关于办理涉台遗产继承公证若干问题的通知

(1991 年 11 月 29 日　司发〔1991〕085 号)

各省、自治区、直辖市司法厅(局):

我部《关于印发〈涉台公证工作座谈会会议纪要〉的通知》(司发〔1990〕015 号)(以下简称《涉台会议纪要》)下发以来,各地公证处就办理涉台遗产继承公证又陆续提出了一些具体问题。经研究,现综合有关问题通知如下:

一、关于大陆继承人继承在台遗产、被继承人无遗嘱时的亲属关系公证和婚姻状况公证问题

(一)亲属关系证明书

出具用于继承的亲属关系公证书,原则上应按我部《涉台会议纪要》附件二的格式出具,同时应证明被继承人与其配偶和同一顺序的全部继承人的亲属关系。列出已死亡的继承人,写明死亡地点和日期,并另行出具继承人的死亡公证书。对于在台湾或在国外的继承人,公证处无法调查清楚的,在公证书中可不列入。

证明被继承人与各顺序继承人的亲属关系,均须写明有无配偶;证明被继承人与后一顺序继承人的亲属关系,均须写明无前一顺序继承人。如第一至第四顺序继承人均无生存者,由死者配偶单独继承的,证明亲属关系时要说明这四个顺序继承人死亡的地点和时间,并另行出具死亡公证书。另外,妾的子女与妻的关系,妻的子女与妾的关系,前夫或前妻的子女与后夫或后妻的关系,在办理用于继承的亲属关系公证书时,均不必列出。

用于继承的亲属关系公证书格式,参见附录二。

(二)婚姻状况公证书

《涉台会议纪要》中规定:“去台人员在台虽未再婚,但其在大陆配偶已再婚的,公证机关不能为其出具结婚公证书或夫妻关系公证书”。现据了解,台湾有关方面认为,台湾的被继承人在台未再婚,其大陆配偶改嫁被视为重婚,但并未丧失继承权。因此,公证处办理用于继承在台遗产的婚姻状况公证时,如被继承人在台户籍中有原大陆配偶的记载,公证处可以出具被继承人与原配偶何时在何地结婚,其原配偶何时在何地单方与其离婚,以及离婚后又与他人何时在何地再婚的公证书,交当事人使用。

二、关于遗嘱继承问题

（一）遗嘱人生前在台湾立有遗嘱处分其在台遗产，遗嘱受益人在大陆，公证处根据遗嘱受益人的申请，可以为其办理身份公证书和委托书公证书，由受托人代为办理领取在台遗产手续。

（二）遗嘱人生前在台湾立有遗嘱处分其在大陆遗产，遗嘱受益人在大陆，该遗嘱内容需符合我国有关法律。在遗嘱受益人申办遗嘱继承公证时，公证处应对该遗嘱进行下列审查：1. 确认该遗嘱是否为遗嘱人本人所立；2. 遗嘱中处分的财产是否属于本人所有；3. 遗嘱受益人情况有无变化，是否保留缺乏劳动能力又没有生活来源的继承人的遗产份额等。对于第 1 项内容，如遗嘱人所立遗嘱系经台湾地方法院公证处公证的，公证处可视情况予以认定；非公证遗嘱，则需由台湾执业律师出具法律意见书后才能予以认定。

（三）已在大陆定居的台胞，生前在大陆立遗嘱处分其在台遗产，遗嘱受益人在大陆，该遗嘱受益人需在其住所地公证处办理以下公证书后，由代理人向在台的遗产管理人承认继承或向台湾地方法院诉请确认或给付：

1. 公证遗嘱，遗嘱受益人需办理身份公证书和委托书公证书。

2. 代书或自书遗嘱，需办理声明书公证书，由遗嘱见证人或遗嘱人在大陆的亲属发表声明，证明该遗嘱系遗嘱人本人生前所立的最后遗嘱，然后再办理遗嘱受益人的身份公证书和委托书公证书。

三、关于委托代办遗产继承问题

（一）被继承人在台死亡后，其遗产如无人继承或不清楚有无继承人，一般由台湾地方法院选任遗产管理人。大陆继承人要求继承遗产的，须向遗产管理人声明承认继承，并可以委托代理人代为领取遗产。继承人有数人时，可以共同委托其中一名继承顺序在前的合法继承人作为代表人，全权出面办理，其共同委托书需办理公证。如遗产管理人不予受理，大陆继承人则需向台湾地方法院诉请继承。被继承人的全部合法继承人需共同办理委托书公证，委托代理人代为诉讼。同住一地的多名继承人可以合办一份委托书。

（二）委托书格式问题

凡《涉台会议纪要》中推荐的委托代办的几种方式，如委托大陆或香港律师或在台亲友办理的，委托书按一般委托书格式出具。凡按部公证司 1990 年 8 月 3 日（90）司公字第 99 号《关于转发南洋商业银行信托有限公司〈关于遗产承办与公证业务简报〉的函》规定，委托南洋商业银行信托有限公司（该公司地址为：香港德辅道中 151 号南洋商业银行大厦 9 字楼）办理的，其委托书按附录二之五格式出具。

大陆继承人继承在台遗产，由于不了解情况，一般尽可能不直接委托台湾律师办理。如果根据案情确需直接委托的，公证处可根据要求，办理直接委托台湾律师的委托书，并另纸公证委托人的签字盖章属实（格式参见附录二之六、之七）。

四、对公证书的要求

（一）继承在台遗产的各种公证书，应分别单独装订，不能将数种公证书合订成一册。每种公证书应办理正本四份，以备向台湾各级法院上诉时用。

（二）直接委托台湾律师的委托书公证书，应办理正本四份。

五、办理继承在台遗产所需的证明文件和有关材料

办理继承在台遗产，公证处应要求继承人提供被继承人的以下文件和资料：1. 台湾身份证或其他有关证明文件(如工作证、工会会员证等);2. 台湾警察局户政事务所发出的户籍登记全部誊本(部分或除户誊本不适用);3. 自然死亡者需提供死亡诊断书;意外死亡者需提供“相验尸体死亡证明书”;4. 与继承人联系的台湾咨询人(知情人)的姓名、地址、电话。以上文件和资料如系复印件,必须经公证证明复印件与原件相符。

附录一:

台湾有关继承的规定

一、继承顺序

当然继承人:配偶

第一顺序继承人:子女

第二顺序继承人:父母

第三顺序继承人:兄弟姐妹(包括同父异母或同母异父的半血缘兄弟姐妹和亲生子女与养子女间的兄弟姐妹均有继承权)

第四顺序继承人:祖父母

二、应继份(继承人不分居住在台湾或大陆)

(一)继承人为同一顺序者,平均继承。

(二)当然继承者(配偶)与其他顺序继承人共同继承时,其应继份比例如下:

1. 与第一顺序继承人继承时,平均;

2. 与第二顺序或第三顺序继承人继承时,配偶占二分之一,其他继承人共占二分之一;

3. 与第四顺序继承人继承时,配偶占三分之二,其他继承人共占三分之一;

4. 配偶有数人时,其为共占一份还是各占一份,没有明确规定,但从台湾地方法院已判决生效的案件看,是共占一份。

(三)如无第一至第四顺序继承人,仅有配偶继承时,应由其继承全部遗产。

三、继承回复请求权的时效,为十年。

附录二：

之一［第一顺位继承（无代位继承）］

亲属关系证明书

（　　）××字第××号

根据档案记载（或经调查或经向知情人×××和×××调查），兹证明×××（男或女，××××年×月×日出生，××××年×月×日死亡，生前住台湾省××市××街××号）的配偶和直系亲属共有以下×人：

父亲：×××，××××年×月×日出生，××××年×月×日死亡。

母亲：×××，××××年×月×日出生，××××年×月×日死亡。

配偶：×××，××××年×月×日出生（于××××年×月×日与被继承人×××结婚），现住××省××市××街××号（或于××××年×月×日死亡）。

长男：×××，××××年×月×日出生，现住××省××市××街××号（或于××××年×月×日死亡，生前未婚亦无子女）。

次男：×××，××××年×月×日出生，现住××省××市××街××号。

××省××市公证处

公证员　　　（签名）

××××年×月×日

附录二：

之二（第一顺位继承及代位继承）

亲属关系证明书

（　　）××字第××号

根据档案记载（或经调查或经向知情人×××和×××调查），兹证明×××（男或女，××××年×月×日出生，××××年×月×日死亡，生前住台湾省××市××街××号）的配偶和直系亲属共有以下×人：

父亲：×××，××××年×月×日出生，××××年×月×日死亡。

母亲：×××，××××年×月×日出生，××××年×月×日死亡。

配偶：×××，××××年×月×日出生（于××××年×月×日与被继承人×××结婚），现住××省××市××街××号（或于××××年×月×日死亡）。

长男：×××，××××年×月×日出生，现住××省××市××街××号。

次男：×××，××××年×月×日出生，于××××年×月×日死亡，生前未婚亦无子女（或已婚，未生育子女）。

叁男：×××，××××年×月×日出生，于××××年×月×日死亡，生前于××××年×月×日与×××结婚，并于××××年×月×日生有一子×××。

孙：×××，××××年×月×日出生，现住××省××市××街××号，为×××（指叁男）与×××之子。

××省××市公证处
公证员　　　（签名）
××××年×月×日

附录二：

之三（第三顺位继承）

亲属关系证明书

（　　）××字第××号

根据档案记载（或经调查或经向知情人×××和×××调查），兹证明×××（男或女，××××年×月×日出生，××××年×月×日死亡，生前住台湾省××市××街××号）于××××年去台湾，去台湾前未结婚亦无子女，其直系血亲共有以下二人：

父亲：×××，××××年×月×日出生，于××××年×月×日死亡。

母亲：×××，××××年×月×日出生，现住××省××市××街××号。

××省××市公证处
公证员　　　（签名）
××××年×月×日

附录二:

之四(第三顺位继承)

亲属关系证明书

(　　)××字第××号

根据档案记载(或经调查或经向知情人×××和×××调查),兹证明×××(男或女,××××年×月×日出生,××××年×月×日死亡,生前住台湾省××市××街××号)于××××年去台湾,去台湾前未结婚亦无子女,其直系亲属及旁系血亲共有以下×人:

父亲:×××,××××年×月×日出生,于××××年×月×日死亡。

母亲:×××,××××年×月×日出生,于××××年×月×日死亡。

哥哥:×××,××××年×月×日出生,于××××年×月×日死亡。

弟弟:×××,××××年×月×日出生,现住××省××市××街××号。

妹妹:×××,××××年×月×日出生,现住××省××市××街××号。

××省××市公证处

公证员　　　(签名)

××××年×月×日

附录二:

之五

委　托　书

委托人:×××,男或女,××××年×月×日出生,现住××省××市××街××号。

×××,男或女,××××年×月×日出生,现住××省××市××街××号。

受托人:南洋商业银行信托有限公司。

我们是×××(死者的姓名)的父母(或兄弟姐妹),×××(死者)于××××年×月×日在台湾死亡。×××生前住台湾省××市(县)××街××号,死后在台湾留有遗产。根据××省××市(县)××公证处××××年×月×日出具的××××号《亲属关系证明书》,我们现要求继承×××在台湾的遗产并委托南洋商业银行信托有限公司为我们的合法代理人,全权代表我们向台湾有关当局、部门、机构、人士办理继承×××在台湾遗产的一切事宜,并全权代表我们领取、执管、处理、变卖和调回上述遗产。

代理人在办理上述事项中所签署的一切有关文件，我们均予以承认。代理人得就其所提供的服务按其厘定的收费规定收取费用及报酬。

代理人有转委托权。

委托人：×××

×××

年　月　日

附录二：

之六

民事委托书

委托人：×××，男(或女)，××××年×月×日出生，现住××省××市××街××号

受托人：×××律师

为____________一案，委托人×××委托×××律师为诉讼代理人。对本案有为一切诉讼行为的权利，并有代为承认、放弃、变更诉讼请求，进行和解，提起反诉、上诉、申请再审、申请强制执行、领取诉讼标的，以及委托他人代理的特别代理权。

委托人：×××

年　月　日

附录二：

之七

刑事委托书

委托人：×××，男(或女)××××年×月×日出生，现住××省××市××街××号

受托人：×××律师

为______一案，委托人×××委托×××律师为第____审____人。

委托人：×××

年　月　日

司法部公证司

关于为被俘人员返台定居办理公证的复函

［1992年2月24日　(92)司公函032号］

上海市司法局公证管理处：

你处沪司公管发(1991)第50号函收悉。经商有关部门，同意你处意见，公证处经调查，可以为被我军俘虏的国民党士兵吴国宏返回台湾定居，办理其在大陆的居住状况证明。证词应避开被我俘虏等政治敏感问题，只证明吴国宏自××××年×月到青岛后于何年何月在何地居住的情况。

司　法　部

关于印发《海峡两岸公证书使用查证协议实施办法》的通知

(1993年5月11日　司发〔1993〕006号)

各省、自治区、直辖市司法厅(局)：

海峡两岸共同商谈达成的《两岸公证书使用查证协议》已于四月二十九日在新加坡正式签署。根据协议约定，该协议将于五月二十九日生效实施。为便于各地正确履行该协议，我们制定了《海峡两岸公证书使用查证协议实施办法》，现发给你们，请速发本省(区、市)公证员协会(筹备组)和办理涉台公证的公证处执行。

附件：一、《两岸公证书使用查证协议》

二、《海峡两岸公证书使用查证协议实施办法》

三、海基会使用的文书格式

附件一：

两岸公证书使用查证协议

海峡两岸关系协会、中国公证员协会与财团法人海峡交流基金会，就两岸公证书使用查证事宜，经协商达成以下协议：

一、联系主体

（一）关于寄送公证书副本及查证事宜，双方分别以中国公证员协会或有关省、自治区、直辖市公证员协会与财团法人海峡交流基金会相互联系。

（二）本协议其他相关事宜，由海峡两岸关系协会与财团法人海峡交流基金会联系。

二、寄送公证书副本

（一）双方同意相互寄送涉及继承、收养、婚姻、出生、死亡、委托、学历、定居、扶养亲属及财产权利证明公证书副本。

（二）双方得根据公证书使用需要，另行商定增、减寄送公证书副本种类。

三、公证书查证

（一）查证事由

公证书有下列情形之一，双方应相互协助查证：

1. 违反公证机关有关受理范围规定；

2. 同一事项在不同公证机关公证；

3. 公证书内容与户籍资料或其他档案资料记载不符；

4. 公证书内容自相矛盾；

5. 公证书文字、印鉴模糊不清，或有涂改、擦拭等可疑痕迹；

6. 有其他不同证据资料；

7. 其他需要查明的事项。

（二）拒绝事由

未叙明查证事由，或公证书上另加盖有其他证明印章者，接受查证一方得附加理由拒绝该项查证。

（三）答复期限

接受查证一方，应于收受查证函之日起三十日内答复。

（四）查证费用

提出查证一方应向接受查证一方支付适当费用。

查证费用标准及支付方式由双方另行商定。

四、文书格式

寄送公证书副本、查证与答复，应经双方协商使用适当文书格式。

五、其他文书

双方同意就公证书以外的文书查证事宜进行个案协商并予协助。

六、协议的履行、变更与终止

双方应遵守协议。

协议变更或终止,应经双方协商同意。

七、争议解决

因适用本协议所生争议,双方应尽速协商解决。

八、未尽事宜

本协议如有未尽事宜,双方得以适当方式另行商定。

九、签署生效

本协议自双方签署之日起三十日后生效实施。

本协议于四月二十九日签署,一式四份,双方各执两份。

海峡两岸关系协会　　　　　　财团法人海峡交流基金会

代表:　　　　　　　　　　　代表:

附件二:

海峡两岸公证书使用查证协议实施办法

第一条　为履行《两岸公证书使用查证协议》,制定本实施办法。

第二条　凡与海峡交流基金会(以下简称海基会)联系寄送公证书副本和查证公证书,由中国公证员协会或省、自治区、直辖市公证员协会(或公证员协会筹备组,以下同)进行,任何个人、公证处或省以下公证员协会不得向海基会寄送公证书副本或答复查证事项。

各公证员协会应有专人负责登记、寄收公证书副本、答复查证函,结算费用和统计分析资料等工作。

第三条　根据协议的约定,应寄送的公证书副本包括:

1. 用于继承的亲属关系公证书、委托书公证书,以及根据案情需要办理的出生、死亡、婚姻等公证书;

2. 收养、婚姻、出生、死亡、学历、委托书公证书;

3. 用于大陆居民赴台湾定居,或台湾居民赴大陆定居的亲属关系、婚姻、出生等公证书;

4. 用于减免所得税而办理的扶养亲属公证证明,包括亲属关系、谋生能力、病残、成年在学公证书、缴纳保险费或缴纳医药费公证书;

5. 财产权利证明公证书,指公民、法人或其他组织所享有的财产权利公证证明,包括物权、债权、继承权等有形财产和专利、著作、商标等无形财产权。

第四条　发往台湾属于协议约定相互寄送副本范围的公证书应办理一份副本(该副本须使

用公证专用水印纸,无需粘贴公证书封面和封底,不需加盖副本章),由经办公证处在送达公证书的同日将副本径寄省(区、市)公证员协会。公证员协会在收到公证书副本后,应登记并在三日内寄往海峡交流基金会法律服务处。

第五条 各公证员协会收到海基会寄来的在大陆使用的公证书副本,应进行登记并根据公证书用途转寄公证书使用部门。

第六条 海基会的查证函寄到中国公证员协会的,中国公证员协会应当在三日内转出证的公证处或地、市司法局公证管理科,同时抄送公证处所在的省(区、市)公证员协会。公证处或公证管理科在收到查证函后,应当在十日内将查证结果报中国公证员协会,同时抄报省(区、市)公证员协会。由中国公证员协会答复海基会。

海基会的查证函直接寄给有关省(区、市)公证员协会的,省(区、市)公证员协会应当在三日内转出证的公证处或地、市司法局公证管理科。公证处或公证管理科收到查证请求书后应当在十日内将查证结果报省(区、市)公证员协会。对于查证属实的公证书,由省(区、市)公证员协会登记后直接答复海基会;凡是有问题的公证书,省(区、市)公证员协会应当将情况报告中国公证员协会,经同意后由省(区、市)公证员协会答复海基会。

公证处不能在规定时间答复的应说明原因,无正当理由超过期限的,应承担延误时间造成的损失责任。

第七条 对海基会要求查证的公证书,必须符合协议第三条第一项所约定的事由,凡不是该七种情形之一的不予查证,对第 7 种“其他需要查明事项”,须报中国公证员协会同意后再转公证处查证。对此项转办时限可放宽至五日。

查证事由不是协议第三条第一项约定的七种情况之一的,应将情况报中国公证员协会后,退回海基会。

第八条 海基会的查证函未写明查证事由,或在要求查证的公证书上加盖其他证明印章的,报告中国公证员协会后写明拒绝理由退回海基会。

第九条 海基会将查证函直接寄到公证处,或通过当事人、其他单位转交的,公证处不予答复。同时应当将情况报告中国公证员协会和省(区、市)公证员协会,由中国公证员协会统一向海基会交涉。

第十条 公证书使用部门需要向台湾出证机关进行查证的,应将需要查证的公证书复印件寄送所在的省(区、市)公证员协会或中国公证员协会,并说明要求查证的事由。公证员协会审查认为符合协议第三条第一项规定的情形的,应登记并出具查证函转寄海基会。海基会答复后,应将查证结果即转公证书使用部门。

寄送查证函时,不得在公证书副本上加盖任何其他印章。

第十一条 公证书副本寄送函、查证函和查证回函必须依照附件文书格式的要求书写。

第十二条 办理寄送副本的公证事项,应按附件所列标准加收公证书副本费、邮寄费、手续费。由公证处统一向当事人收取,再分别与省(区、市)公证员协会和中国公证员协会结算。

根据协议第三条第四项的约定,提出查证公证书一方应向接受查证一方支付适当费用。公证员协会和公证处或公证管理科应将海基会的每一项查证所需费用,按照附件所列标准逐一记帐。在公证处或公证管理科上报查证情况时应同时将该项查证是否进行了实际调查、应收调查费一并上报,以便统一结算,并按规定比例分配。

寄送公证书副本费用的收入、支出和查证费用的支出和收入需要单独做帐、单独结算、出具收据,不得与公证费收据相混,不得列为公证费收入。

凡要求海基会查证台湾出具的公证书的,依据附件所列的费用标准向海基会支付。所需费用由公证员协会向提出查证的单位或当事人收取。

第十三条 本实施办法所规定的时限应自收到公证书副本或查证函之日起计算,不包括邮局寄送时间。

第十四条 本实施办法自一九九三年五月二十九日起施行。

附件(一):

一、寄送公证书副本和查证费用收费标准和分配办法

1. 凡办理寄送副本的公证事项,每件应向当事人加收公证书副本、邮寄、手续费人民币30元,其中15元上交省(区、市)公证员协会,作为登记和邮寄等手续费。

对于要求以特快专递寄往海基会的,每件应再加收人民币130元,其中120元上交省(区、市)公证员协会。

2. 根据约定,凡查证公证书均以美元结算。对海基会要求查证的公证书,依照约定每件收取15美元,其中下拨公证处10美元。需要实际调查的或要求将答复函以特快专递寄往海基会的,每件再加收40美元;如果两项都需要的,每件应加收80美元。其中加收的40美元调查费下拨公证处。

凡要求海基会查证台湾出具的公证书的,每件需依据上述费用标准向海基会支付15美元。需要实际调查的或要求将答复函以特快专递寄送的,每件再加收40美元,如果两项都需要的,每件应加收80美元。所需费用由公证员协会向提出要求查证的单位或当事人收取。

上述向海基会收取或支付的费用,每半年由海基会与中国公证员协会或有关的省(区、市)公证员协会结算。

二、海基会地址:台北市敦化北路201号台塑大楼前栋十楼海峡交流基金会法律服务处

电话:00886—2—7187373转400

传真:00886—2—5149962—4

附件(二):

(之一)

公证书副本寄送函

(　　)×字第　　号

海峡交流基金会:

根据《两岸公证书使用查证协议》第二条,现将××省××市(县)公证处(　)×字第　号公证书副本共　页寄送贵会。请查收。

印章

年　　月　　日

注:编号括号中填年度,括号后填本省(区、市)的简称,第　号中填本省(区、市)统一编的序号。例如今年山西省的编号是(1993)晋字第001号。本附件二的后两个函的格式编号与此相同。

(之二)

查　证　函

(　　)×字第　　号

海峡交流基金会:

××××公证处(　　)×字第　　号公证书(见附件)因××××××××××××××××××××(查证事由),根据《两岸公证书使用查证协议》第三条,请协助查证。

附:××××公证处(　　)×字第　　号公证书复印件共　页。

印章

年　　月　　日

（之三）

查 证 回 函

（　　）×字第　　号

海峡交流基金会：

贵会×月×日海文陆（法）字第　号查证函及附件收悉。经查证：

印章

年　　月　　日

注：本函如需附附件，可在查证结果后写明附件。

附件三：海基会使用的文书格式

财团法人海峡交流基金会

海文陆（法）字第　　号

受文者：　　　　　　月　　日

副本收受者：

一、检送关于　　　　　　　　事，

公证处　　年度　　公（认）证

字第　　号公证书副本　　件。

二、请查照。

财团法人海峡交流基金会

海文陆（法）字第　号

受 文 者：　　　　月　日

副本收受者：

一、兹因　　公证书（如附件）有　　之情形，

致本会就其是否真正辨识困难，敬请协助查明惠复。

二、检附　　公证书

影本　件。

财团法人海峡交流基金会

海文陆（法）字第　　号
月　　日

受　文　者：
副本收受者：
一、关于请求协助查明　　公证书是否真正事，贵会　　月　　日函及附件均敬悉
二、经洽准　　函复，略以　　等语。
三、请查照。

司法部公证司

关于为彭振荣办理“继承系统表”公证的复函

［1993年10月6日　(93)司公函125号］

广西司法厅公证管理处：

你处1994年9月7日桂司公字(93)第23号《关于能否为彭振荣办理“继承系统表”公证的请示》收悉。关于彭振荣为继承其父彭绍贵在台遗产，台湾有关部门要求其提供继承系统表公证书。由于我公证处出具的用于继承的亲属关系公证书，已将所有法定继承人包括在内，因此不必

再出具继承系统表公证书。

请玉林市公证处将公证书重新寄南洋商业银行信托有限公司。另,南商信托公司可直接与海峡交流基金会法律服务处何武良先生联系,何先生会协助予以解决。

司　法　部

关于不得办理台胞定居公证的通知

(1993年10月20日　司发通〔1993〕113号)

各省、自治区、直辖市司法厅(局):

自1992年底台湾“退除役官兵辅导委员会”制定《安养荣民进入大陆地区定居申请作业须知》后,经批准回大陆定居的台湾居民持我公安机关签发的“台湾同胞定居证”,要求我公证机关予以办理批准回大陆定居公证书。一些已定居的原国民党老兵也要求我公证机关为其出具批准定居证明,以领取“就养给付”。根据中共中央统战部、公安部、国务院台湾事务办公室《关于不得出具批准台胞定居证明的通知》(统发〔1993〕14号)精神,此类定居事项不予办理公证。可依下述情况给予答复或变通处理:

1. 对现尚在台湾,经批准在大陆定居并持有我公安机关签发的“台湾同胞定居证”,要求办理批准回大陆定居公证的,公证机关可向当事人说明:“台湾同胞定居证”是办理常住户口入户登记等手续用的,不是办理公证的依据。

2. 对已在大陆定居,公安机关已办理了常住户口入户登记手续并发给了居民身份证,要求办理批准定居公证者,公证机关可根据当事人的要求办理居住证明或居民身份证影印件与原件相符公证书(格式见附件一和附件二)。

以上请通知办理涉台公证的公证处执行,在执行中注意与当地统战部门、公安部门和台办联系和配合。

附件一：

居住公证书

（　　）××字第××号

兹证明×××（男或女，××××年×月×日出生，持有编号为×××××××××××××××的居民身份证）现住××省××县××乡××村。

中华人民共和国××省××县公证处
公证员　　　（签名）
年　　月　　日

附件二：

证　明　书

（　　）××字第××号

兹证明前面的影印件与×××持有的××市公安局××分局发给的编号为×××××××××××××××居民的身份证原件相符。

中华人民共和国××省××县公证处
公证员　　　（签名）
年　　月　　日

司法部公证司

关于办理指纹公证的通知

［1994年2月15日　(94)司公字04号］

各省、自治区、直辖市司法厅(局)公证管理处：

近来一些地方请示，能否为已在大陆定居的台湾同胞，办理在台湾当局提供的“指纹卡片”上所捺指纹公证。经商有关部门认为，公证处可以为台胞办理指纹公证，但必须1.由当事人自愿申请；2.只证明当事人在我们制作的指纹卡片上（见附件）所捺指纹属实。证词为：“兹证明××（男或女，××××年×月×日出生）于××××年×月×日来到我处，在我的面前，在前面的指纹卡片上所捺指纹属实”。

指纹卡片

捺印时间：

<table>
<tr><td colspan="5">姓名：</td><td colspan="5">性别：</td><td colspan="5">籍贯：</td><td colspan="5">出生日期：</td></tr>
<tr><td colspan="10">原台湾住址：</td><td colspan="10">现大陆住址：</td></tr>
<tr><td colspan="10">原身份证件号码：</td><td colspan="10">现身份证件号码：</td></tr>
<tr><td colspan="4"></td><td colspan="4"></td><td colspan="4"></td><td colspan="4"></td><td colspan="4"></td></tr>
<tr><td colspan="4">右拇指</td><td colspan="4">右食指</td><td colspan="4">右中指</td><td colspan="4">右环指</td><td colspan="4">右小指</td></tr>
<tr><td colspan="4"></td><td colspan="4"></td><td colspan="4"></td><td colspan="4"></td><td colspan="4"></td></tr>
<tr><td colspan="4">左拇指</td><td colspan="4">左食指</td><td colspan="4">左中指</td><td colspan="4">左环指</td><td colspan="4">左小指</td></tr>
<tr><td colspan="8" rowspan="2"></td><td colspan="4" rowspan="2"></td><td colspan="4" rowspan="2"></td><td colspan="4"></td></tr>
<tr><td colspan="4"></td></tr>
<tr><td colspan="8">左四指平面印</td><td colspan="4">左拇指</td><td colspan="4">右拇指</td><td colspan="4">右四指平面印</td></tr>
</table>

司　法　部

关于不为私渡去台人员办理公证的复函

（1994 年 5 月 19 日　司发函〔1994〕158 号）

福建省司法厅：

你厅公证管理处一九九四年二月十七日（1994）闽司笺证字第 27 号《关于可否为方国英办理未婚公证事的请示》收悉。方国英为私渡去台人员，经商有关部门认为，根据海峡两岸红十字组织于一九九〇年九月就双向遣返问题达成的“金门协议”的有关规定，大陆居民私渡去台应属被遣返的对象，因此，公证处不应为其办理公证。

此复。

司　法　部

关于为已故去台老兵的继承人办理遗产继承公证的紧急通知

（1994 年 8 月 1 日　司发通〔1994〕056 号）

各省、自治区、直辖市司法厅（局）：

近来各地不断就涉台遗产继承的有关问题请示我们：由于台湾当局规定大陆继承人继承在台遗产的时效为两年，在一九九二年九月十八日以前去世的去台老兵的遗产，至一九九四年九月十八日时效届满，继承人的遗产继承权不再受保护。为此，现在有不少机构和个人提出能够帮助大陆的继承人继承在台遗产，纷纷参与查找继承人的工作。有些仅凭台湾报纸上公布的死者名单，要求公证处为他们出具有关公证书；有些借机敛财，出具假证明欺骗当事人和公证处；有些不了解台湾继承的程序和规定，延误了时间失去了机遇，使本来可以办成的事情变得复杂化。

根据中央有关领导同志和台办领导同志的批示，及中台办（1994）166 号文件精神，同意海协的台湾事务法律咨询中心和中国法律服务（香港）有限公司合办去台老兵遗产案件，现将办理去台老兵遗产继承的意见通知如下：

一、发动和依靠基层法律服务机构积极寻找去台老兵在大陆的继承人,代理他们申办公证。

尽快寻找遗产继承人,及时申办公证,是这项工作的关键,也十分艰巨。要广泛发动和紧紧依靠各地基层法律服务机构,发挥他们分布广、队伍大、熟悉民情、懂得法律的优势,尽可能多地寻找到有关继承人。

基层法律服务机构可以按以下办法具体开展工作：

首先,根据本通知所附名单及所了解的情况,确定基本线索,分析研究有关被继承人是否有可能在本地有亲属以及其他基本情况。根据台湾有关规定,寻找的范围包括去台老兵的配偶、子女、父母、兄弟姐妹、祖父母、外祖父母(包括养亲和半血缘亲)以及有代位继承权和转继承权的人。

其次,凡有一定线索和寻找可能的,要制订可行的寻找方案,并立即组织基层法律工作者,必要时发动广大人民调解员,深入基层,调查走访,查找有关档案资料。

第三,要将这项工作的重要性和意义及时向基层党政领导汇报,争取他们的重视和支持,争取公安、民政、史志、台办等有关部门的配合协作。

第四,凡经过寻找,可以基本确定为继承人的,要向他们宣传领取遗产的意义和有关法律知识、领取遗产的程序和要求,争取他们的配合。

第五,继承人确定后,要按本通知所列项目和要求认真准备申办遗产继承公证的文件,及时送本地公证处,代理继承人申办公证,并按公证处要求作必要的补充、修正。

此项工作时间紧、难度大。凡有一定线索和寻找可能的,基层法律服务机构要集中人力,突击寻找,作为重要的政治任务来抓。申办公证的时间一般应在8月18日以前。逾期各基层法律服务机构即不宜再办理此项事务。

各县(市、区)司法行政机关要对这项工作高度重视,加强组织协调。要向所属组织宣传这一工作的重要性和政治意义,提高他们的认识,调动他们的积极性。要卓有成效地组织基层的寻找工作。保证基层法律服务机构与公证机构的配合协调,并积极争取地方党政领导及公安、民政、史志、台办等部门的重视、支持。此项工作结束后,要将情况上报,各省(自治区、直辖市)司法厅(局)基层工作处于9月5日以前汇总报司法部基层工作司。

二、各地公证处要积极、准确、快速地为已死亡的去台老兵的亲属办理继承遗产的有关公证书。

1. 与当地乡镇法律服务机构密切配合,认真核实有关证据。对于经调查核实确实是去台老兵的合法继承人的,要迅速、准确地出具有关公证书。

2. 原则上去台老兵的遗产继承公证应按照我部司发〔1991〕085号《关于办理涉台遗产继承公证若干问题的通知》办理,由于时间紧迫,对于已经死亡的去台老兵遗产的继承公证,可予以适当变通。凡是能够提供死者姓名、性别、籍贯、出生日期、死亡时间、生前住址,以及继承人姓名、性别、出生日期、婚姻状况、与死者的亲属关系等证明文件的,公证处均可为继承人出具亲属关系公证书、委托书等公证书。由于年代久远,对于查不清被继承人父母姓名的,在公证书中可不写其父母姓名,只写明父母死亡即可。

3. 对于有数名继承人,而只查找到其中一个继承人,其他继承人下落不明的,可以由该继承人作为共同遗产管理人发表声明,全权出面办理有关公证事项并委托代理人申请继承。待遗产继承回来后,其他继承人的遗产份额可由公证处以提存方式予以保管。

4. 为了保证遗产的顺利继承和调回,办理涉台遗产继承可以委托以下一些机构和个人:

(1)台湾律师。

台湾至正律师事务所王震南律师:该律师与中国法律服务(香港)有限公司有业务联系,特别是在老兵遗产继承方面有些优势。公证处可通过中国法律服务(香港)有限公司与王震南律师联系,直接委托王律师办理。

公证处出具公证书后,将公证书正本用快递直接寄台湾至正律师事务所王震南律师,同时将公证书传真给中国法律服务(香港)有限公司。各省公证员协会按《两岸公证书使用查证协议》规定的渠道,用快递方式将此类公证书副本寄送海基会。中国法律服务(香港)有限公司不与海基会联系。

中国法律服务(香港)有限公司地址:

香港湾仔港湾道 26 号华润大厦 33 楼 3306 室

联系人:律师徐建,秘书陈琪

电话:—00852—8279700

传真:—00852—8271079

王震南律师地址:

台湾台北市忠孝东路四段 320 号光复大厦 15 楼

电话:—00886—2—7310725

传真:—00886—2—7316355

台湾台北市天下法律事务所何武良律师:该律师曾任台湾海基会法律服务处律师,熟悉两岸法律事务,现一些省公证员协会与他有联系。

地址:台北市忠孝东路四段 500 号八楼之五

电话:—00886—2—7220491

传真:—00886—2—7220492

(2)去台老兵在台亲友、同乡会等。

(3)与台湾律师有联系的大陆律师。

在出具委托书前,公证处或当事人一定要与受托人联系好,受托人表示愿意接受委托时再出具委托书。不能轻信那些我们不了解的、自吹能办理涉台遗产继承的人。

请速通知所属司法局和公证处照此办理,并请将已经办理此类公证的数量、当事人姓名(包括继承人和被继承人)、委托代理人的情况于近期报我部公证司。

附:已死亡的去台老兵名单(供查找用)(略)

司法部公证司

关于办理涉台继承亲属关系公证书时应记明被继承人父母姓名事的通知

［1994 年 10 月 19 日　(94)司公函 094 号］

各省、自治区、直辖市司法厅(局)公证管理处:

据海基会反映,有的公证处在办理用于继承已故去台老兵遗产的亲属关系公证时,经常遗漏被继承人父母的姓名,致使公证书的使用单位在认定继承人时发生困难。为此,请速通知所属办理涉台业务的公证处,在理解和执行司发通(1994)056 号通知及有关规定时,只有在确因年代久远,查不清被继承人父母姓名的情况下,才可在公证书中不写其父母姓名,只写其父母死亡。否则,必须在公证书中写明被继承人父母姓名。

司　法　部

关于增加寄送公证书副本种类事宜的通知

(1994 年 12 月 17 日　司发通〔1994〕091 号)

各省、自治区、直辖市司法厅(局):

根据《两岸公证书使用查证协议》第二条规定,海峡两岸关系协会、中国公证员协会与财团法人海峡交流基金会商定,于一九九五年一月二十日开始增加寄送涉及病历、税务、经历、专业证书等四项公证书副本。请速发本省、自治区、直辖市公证员协会(筹备组)和办理涉台业务的公证处执行。

司法部公证司

关于按当地情况向海基会寄特快专递公证书副本的通知

［1994年12月28日　(94)司公字13号］

各省、自治区、直辖市司法厅(局)公证管理处:

据悉通过EMS特快专递渠道向海基会寄送公证书副本受阻。今后各省(区、市)公证员协会向海基会寄特快专递副本的,可按当地特快专递的渠道寄送。今后不论采用什么渠道寄特快专递公证书副本的,除按特快专递部门规定的标准向当事人收取费用外,每件副本再向当事人收取本省内的邮寄、手续费等55元(与原收费标准未变,过去是与快寄费一并收取的),公证处仍留20元,其余上交省(市、区)公证员协会。关于邮寄副本的有关问题,仍按原则规定执行。

司法部公证司

关于涉台老兵遗产继承公证中有关问题的函

［1995年1月20日　(95)司公函005号］

各省、自治区、直辖市司法厅(局)公证管理处:

近来,各地在办理涉台老兵遗产继承公证的过程中反映一些问题,请示如何处理。经研究答复如下:

一、关于办证时未查找到被继承人有关亲属姓名,因而在亲属关系公证中未予写明,现已查到有关亲属姓名,当事人及台湾有关方面要求补充证明,如何处理的问题。

1. 如事实清楚证据确凿者,公证处可将原公证书收回,重新出具公证书;如原公证书无法收回,公证处可以出具实体性补充公证书(格式附后)。

2. 如当事人提供新情况,但公证处无法得到可靠的证据,可由当事人发表书面声明,公证处证明声明书上当事人签名盖章属实。

二、对于公证书中的人名、出生日期、住址等与台湾户籍誊本记载不符，如何处理的问题。

对这种情况，可由当事人发表书面声明，声明书中应写明原公证书（编号）的内容真实以及与户籍誊本不一致的原因，公证处证明声明书上当事人签名盖章属实，公证处不出具实体性公证书。

三、关于因被继承人同名同姓同县，致使公证书有关亲属姓名等与台湾户籍誊本中的不符，以及公证书中非因公证处原因发生错误如何处理的问题。

按中国公证员协会一九九四年一月二十四日（94）公协字05号《关于向海基会寄送公证书副本有关问题的函》第三条的规定办理。

四、关于台湾有关单位提出大陆继承人可先在大陆公证处办理亲属关系公证书和委托书公证书，专门用于委托台湾律师申请被继承人的台湾户籍誊本，公证处可否办理的问题。

公证处可以先办理委托书公证书，用于委托台湾律师申请台湾户籍誊本，不得办理亲属关系公证书。台湾的户籍誊本视情可作为公证处办理亲属关系公证书的参考。

办证过程中发现问题，请及时报告。

附件：

（补充公证书格式）：

公　证　书

（　　）××字第××号

经查：本公证处××××年×月×日为×××出具的（　　）××字第××号××公证书中未写明××（事项），现做如下补充：

……

……

本公证书用于继承×××在台湾的遗产。

中华人民共和国××省××市（县）

公证员　　　（签名）

××××年×月×日

注：补充公证书的编号重新编定。

司　法　部

关于办理涉台公证有关问题的通知

（1995 年 7 月 4 日　司发通〔1995〕076 号）

各省、自治区、直辖市司法厅（局）：

最近，浙江、陕西等地请示关于办理涉台公证的有关问题。经商国台办，现答复如下：

一、有关公证事项受理的问题

1.（略）

2.（略）

3. 回大陆定居的原台湾居民的“台湾证照”、“台湾居民来往大陆通行证”被我公安机关收存，现当事人申办证件被收存公证，公证处可予受理（公证书格式见附件）。

4. 办理印鉴、签名属实和影印件与原件相符的公证事项，要严格按照有关文件和公证书格式的规定出具公证书。凡规定应出具实体性公证书的，不应出具印鉴、签名属实或影印件与原件相符公证书。对各级党组织、安全部门以及中国人民解放军（规定可以对外的除外）等部门的印鉴及出具的文书不得办理公证到台湾使用。

二、关于已故去台老兵遗产继承问题

（一）台湾当局规定，去台老兵的遗产继承，应自死亡时起三年内提出继承表示，逾期视为放弃。对一九九二年九月十八日以前去世的以一九九二年九月十八日起算、其遗产继承时效至一九九五年九月十八日止，届时继承人的遗产继承权利不再受保护。为此各地要抓紧办理已故去台老兵的遗产继承公证。实事求是地为去台老兵的继承人办理好亲属关系、委托书等公证，争取在一九九五年九月十八日前向台湾有关部门提出继承申请。对已发出的委托书，受托人在一个月内无接受委托表示的，当事人应去信催办或要求退回有关材料另行委托代理人。

（二）为保证遗产顺利继承和调回，遗产继承人可委托一些组织和个人代理。现推荐如下：

1. 去台老兵在台亲友、同乡会等。

2. 与台湾律师有联系的大陆律师。

3. 省、自治区、直辖市公证员协会法律咨询部。法律咨询部可转委托台湾律师。

三、更改公证书发送程序问题

向海基会寄送副本的公证书，公证处应先将公证书副本寄省（自治区、直辖市）公证员协会审查。公证员协会审查无误应在三日内通知公证处向当事人送达公证书正本，同时公证员协会将副本寄送海基会。经审查认为公证书有问题的，应退公证处重新办理。

四、从目前情况看，各地发往台湾地区使用的公证书需要查证的呈增加趋势，这在一定程度上反映出公证书存在的质量问题。因此,各地要切实加强涉台公证的管理,努力提高办证质量,更好地发挥公证机关在维护海峡两岸同胞的合法权利、促进海峡两岸关系健康发展等方面的积极作用。

五、凡过去的规定与本通知相抵触的,均按本通知执行。在执行中发现新问题请及时报告。

附件:

公　证　书

(　　)××字第××号

兹证明×××(男或女,××××年×月×日出生),原居住台湾地区,于××××年到×××省××市(县)××街(乡)××号(村)定居。在办理定居手续中,其所持"台湾居民来往大陆通行证"(编号××××)及台湾证照(编号××××)已被×××公安机关收存。

中华人民共和国××省××市(县)公证处

公证员　　　(签名)

××××年×月×日

司法部公证司

关于台湾居民申办公证如何确认身份的复函

[1995 年 7 月 31 日　(95)司公函 059 号]

北京市司法局公证管理处:

你处京司公(95)37 号"关于办理向台湾销售商品房公证中如何确认买受人身份的请示"收悉。经研究认为,台湾居民向大陆申办公证有两种情况,一种是当事人亲自到大陆申办;一种是当事人委托大陆代理人申办。当事人亲自到公证处申办应提交"台湾居民来往大陆通行证"及台湾证照;委托代理人申办,除代理人应提交有关证明外,还应提交当事人的台湾身份证、户籍登记全部誊本。上述证件如系复印件,必须经公证证明复印件与原件相符。公证证词和被证明的文书中不得出现“中华民国”字样。另外,在办理向台湾销售商品房公证时应严格审查销售单位是否具有向台湾销售商品房的资格。

司法部公证司

关于办理台胞在大陆缴纳税款公证的通知

[1996年5月6日 (96)司公字04号]

各省、自治区、直辖市司法厅(局)公证管理处:

目前,部分公证处为台胞在大陆地区缴纳所得税出具的公证书形式不一,为规范公证书格式和方便当事人的使用,现就办理台胞在大陆交纳税款公证有关问题通知如下:

公证处为台胞办理在大陆缴纳税款公证,应根据当事人提供的国家税务机关出具的完税证明出具公证书。证词为:根据××税务部门纳税记录记载,兹证明×××(指纳税人姓名或企业名称)于××××年×月×日起××××年×月×日止,个人(企业)所得税应纳税所得额为人民币××××元×角×分,个人(企业)所得税应纳所得税额为人民币××××元×角×分,已于××××年×月×日缴纳完毕。

司　法　部

关于为已故去台老兵的继承人办理遗产继承公证的通知

(1996年6月20日 司办字[1996]39号)

各省、自治区、直辖市司法厅(局):

近来,各地公证机关认真办理去台老兵遗产继承公证,对保护大陆继承人的合法权益发挥了重要的作用。鉴于涉台老兵遗产继承时效将至,现将有关事项通知如下:

一、各地要高度重视涉台老兵遗产继承公证工作,把此项工作当成一件重要的公证事项来抓。要认真执行司法部关于涉台继承的有关规定,特别是要认真执行《司法部关于为已故去台老兵的继承人办理遗产继承公证的紧急通知》[司发通(1994)056号]和《司法部公证司关于涉台老兵遗产继承公证中有关问题的函》[(95)司公函005号],认真寻找老兵遗产的继承人,依法处理遗产。要抓紧办理涉台继承公证书的查证工作,尽可能在《协议》规定的时限范围内答复海基会。

二、办理涉台继承公证,要高度负责,坚持真实、合法、实事求是的原则,申请人一般应亲自到公证处申办,委托他人申办的应有委托书并说明不能亲自申办的理由。公证处对各部门提供的证明材料,都要认真核实,防止出现错证和假证,更不能弄虚作假。

三、要加强涉台公证工作的请示汇报。涉台继承公证政策性强,涉及问题复杂,因此,重大情况要及时上报,按上级决定的意见办,不得擅自做变通规定。有关情况要如实报告上级机关,不能隐情不报。

四、委托台湾律师或有关人员办理继承事宜,要尊重当事人的选择;当事人请公证处推荐时,公证处应慎重选择推荐执业素质良好的律师。

司法部公证司

关于为台胞在大陆死亡办理公证事的通知

[1996年8月13日　(96)司公字07号]

各省、自治区、直辖市司法厅(局)公证管理处:

根据国台发(1996)10号《关于台湾同胞在大陆死亡善后处理办法》中关于公证方面的规定,现将有关事项通知如下:

一、办理死亡公证

申办台胞在大陆的死亡公证书,公证处应根据以下情况,要求当事人提供有关死亡证明。

1. 正常死亡,提供县级以上医院或者授权的医疗机构出具的《死亡证明书》。

2. 被羁押的犯罪嫌疑人、被告人或被拘留的人员,在案件侦查、审理、执行期间正常死亡的,提供办案机关法医出具的《死亡鉴定书》;办案机关没有法医的,可提供公安机关法医出具的《死亡鉴定书》。

3. 非正常死亡,提供地(市)级以上公安机关法医出具的相关鉴定书。

二、办理遗物清点公证

清点遗物,应有死者家属或其代表和大陆有关部门人员在场。遗物清点必须造册,列出清单,清点人均应签字。公证人员参加清点遗物结束后,应出具遗物清点公证书。公证书应写明清点时间、清点场所、参加清点的在场人员(包括公证人员、当事人和其他在场人)、对谁的遗产进行了清点,公证书主要证明各清点单所列财产及清点人在清单上的签名、盖章均属实。

三、办理遗物移交公证

办理遗物移交公证，公证人员应认真审查遗物移交人与接收人的身份、资格和移交书。移交书应注明移交时间、地点、在场人、物品种类、件数等。移交完毕，移交人和接收人应在移交清单上签名、盖章。公证书应证明移交人与接收人于什么时间、地点在公证员面前进行遗物移交并在移交书上签名、盖章。

附件：国台发(1996)10号文(略)

司法部公证司

关于发往台湾使用的死亡公证书须载明死者的出生日期和生前住所地的通知

[1997年9月16日　(97)司公字019号]

各省、自治区、直辖市司法厅(局)公证管理处：

从一九九八年一月一日起，凡发往台湾使用的死亡公证书应载明死者的出生年月日和生前住所地，具体证词为：兹证明×××，男(或女)，[××××年×月×日出生，生前住××省××市(或县)××街(或村)]，于××××年×月×日在××省××市(或县)因××(死亡原因)死亡。

司　法　部

关于为抗日阵亡的原国民党军方人员办理基本情况公证问题的批复

(1998年5月13日　司复〔1998〕007号)

广西壮族自治区司法厅：

关于你厅请示为抗日阵亡的原国民党军方人员在台湾的亲属申办阵亡者的基本情况公证书

一事，经商国台办有关部门，现批复如下：

在不违反国家有关政策，且祖国大陆有历史档案记载，证据确凿的情况下，公证机关可以为抗日阵亡的原国民党军方人员在台湾的亲属办理有关公证文书。公证书主要证明阵亡人员的姓名、性别、出生地、出生年月日、在原国民党某部队任职，于某年某月某日在某地与日军作战中阵亡。但申请人提供的申请材料中不得出现"中华民国政府"字样。

司　法　部

关于寄送"未受刑事处分证明""健康检查证明"公证书副本的批复

（2003 年 6 月 15 日　司复〔2003〕16 号）

中国公证员协会：

你会 2002 年 4 月 12 日《关于"未受刑事记录证明"、"健康检查合格证明"公证书寄送副本事项的请示报告》收悉。

经研究，同意根据《两岸公证书使用查证协议》第二条（一）和《海峡两岸公证书使用查证协议实施办法》第三条 3 的规定，可以将用于祖国大陆居民赴台湾定居，或台湾居民赴祖国大陆定居之用的"未受刑事处分证明"和"健康检查证明"公证书副本寄送海基会。请通知各省、自治区、直辖市公证员协会和办理涉台业务的公证处。

此复。

司　法　部

关于涉台公证文书能否附英译文的批复

（2005 年 9 月 29 日　司复〔2005〕16 号）

湖北省司法厅：

你厅《关于涉台公证文书能否附英译文的请示》（鄂司法文〔2005〕103 号）收悉。

经研究,我部认为,《公证程序规则》第三十九条第二款“根据需要或当事人的要求,公证书可附译文”的规定,应该同样适用于大陆发往台湾使用的公证文书。你厅《请示》中所提《授权委托书》公证书,如果当事人需要,可以附英译文。

此复。

司法部律师公证工作指导司

关于修改涉台结婚公证书格式的通知

(2006 年 10 月 24 日　〔2006〕司律公字 038 号)

各省、自治区、直辖市司法厅(局)公证管理处,新疆生产建设兵团司法局公证管理处:

为了适应当前大陆、台湾两地公证文书往来的需要,保证当事人基本信息的准确性、完整性,方便双方当事人进行诉讼及文书送达,经研究决定,今后在涉台结婚公证书中须加载男女双方户籍地址、身份证件号码等信息。

请各地遵照执行。

附件:涉台结婚公证书修订式样

附件:

结婚公证书

(××××)×××字第××号

兹证明×××[男/女,××年××月××日出生,住××省××市(××区/县)××街道××号,身份证件号码为××××××]与×××[女/男,××年××月××日出生,住××省××市(××区/县)××街道××号,身份证件号码××××××]于××年××月××日在××省××市登记结婚。

××省××市(××区/县)公证处

公证员签章

××年××月××日

司　法　部

关于取消部分规章和规范性文件设定的证明事项的决定(节录)

(2018 年 12 月 21 日　司发〔2018〕10 号)

一、取消部门规章设定的 20 项证明事项

(十八)取消《取得国家法律职业资格的台湾居民在大陆从事律师职业管理办法》第五条规定的“台湾居民身份证明公证”,改为通过申请人书面承诺,政府部门调查或者内部核查、网络核验等方式办理。

(十四)抵押登记、提存

司法部办公厅

关于认真贯彻执行《提存公证规则》的通知

(1995 年 6 月 19 日　司办字〔1995〕19 号)

各省、自治区、直辖市司法厅(局):

为维护经济流转秩序,预防和减少债务纠纷,保证提存公证质量,肖扬部长于 1995 年 6 月 2 日签发了《提存公证规则》(司法部第 38 号令)。经部领导同意,现就有关问题通知如下:

一、提存公证充分体现了公证机构作为社会主义市场经济中介机构的沟通、服务、公证、监督的作用,有利于及时调整债权债务关系,预防和减少三角债,稳定社会民事、经济秩序。各地要结合本地实际,采取多种通俗生动的形式,大力组织宣传活动,使公民、法人和有关部门充分认识提存公证的意义和作用,了解提存公证的条件、范围和程序,从而更好地运用提存公证这一手段,保护自己的合法权益。

二、提存公证是一项专业性很强、要求很高的公证业务，虽然提存公证从 1987 年起就在一些城市试办，1990 年司法部又下发了《关于普遍开展提存公证业务的通知》，但是，一些地方在具体办证时仍很不规范，也发生过一些问题。《提存公证规则》的制定，有利于进一步开拓公证业务领域，提高提存公证质量。各地应组织公证人员认真学习《提存公证规则》，必要时，应对有关办证人员进行专门培训。

三、提存公证具有债的消灭和担保的效力，公证处的权利和责任重大，有时涉及的金额也很大，稍有不慎，就可能给当事人和公证处带来不应有的损失。所以，公证机构应从思想上给予高度重视。要严格按照《提存公证规则》规定的程序和条件办理提存公证；对于提存物品和款项应有严密稳妥的保管储存措施，绝不能非法挪用；对于提存标的物，应严格按法定或当事人约定的条件给付，给付前应经公证处主任审批。

四、要全力维护提存公证的信誉，树立起公正、权威、稳妥可靠的形象。坚决严肃查处办理提存公证过程中的违法、违纪行为。今后，如有此类违法、违纪行为，一经查出，必须从重处理，决不姑息。

提存公证规则

（1995 年 6 月 2 日　司法部第 38 号令）

第一条　为维护经济流转秩序，预防和减少债务纠纷，保证提存公证质量，根据《中华人民共和国民法通则》、《中华人民共和国公证暂行条例》及有关规定，制定本规划。

第二条　提存公证是公证处依照法定条件和程序，对债务人或担保人为债权人的利益而交付的债之标的物或担保物（含担保物的替代物）进行寄托、保管，并在条件成就时交付债权人的活动。为履行清偿义务或担保义务而向公证处申请提存的人为提存人。提存之债的债权人为提存受领人。

第三条　以清偿为目的的提存公证具有债的消灭和债之标的物风险责任转移的法律效力。

以担保为目的的提存公证具有保证债务履行和替代其他担保形式的法律效力。

不符合法定条件的提存或提存人取回提存标的的，不具有提存公证的法律效力。

第四条　提存公证由债务履行地的公证处管辖。

以担保为目的的提存公证或在债务履行地申办提存公证有困难的，可由担保人住所地或债务人住所地的公证处管辖。

第五条　债务清偿期限届至，有下列情况之一使债务人无法按时给付的，公证处可以根据债务人申请依法办理提存：

（一）债权人无正当理由拒绝或延迟受领债之标的的；

（二）债权人不在债务履行地又不能到履行地受领的；

（三）债权人不清、地址不详，或失踪、死亡（消灭）其继承人不清，或无行为能力其法定代理人不清的。

第六条 有下列情况之一的,公证处可以根据当事人申请办理提存公证:

(一)债的双方在合同(协议)中约定以提存方式给付的;

(二)为了保护债权人利益,保证人、抵押人或质权人请求将担保物(金)或其替代物提存的;

当事人申办前款所列提存公证,必须列明提存物给付条件,公证处应按提存人所附条件给付提存标的物。

第七条 下列标的物可以提存:

(一)货币;

(二)有价证券、票据、提单、权利证书;

(三)贵重物品;

(四)担保物(金)或其替代物;

(五)其他适宜提存的标的物。

第八条 公证处应当在指定银行设立提存账户,并置备保管有价证券、贵重物品的专用设备或租用银行的保险箱。

第九条 提存申请人应当填写公证申请表,并提交下列材料:

(一)申请人的身份证明;法人应提交法人资格证明和法定代表人身份证明,法定代理人应提交与被代理人关系的证明,委托代理人应提交授权委托书;

(二)合同(协议)、担保书、赠与书、司法文书、行政决定等据以履行义务的依据;

(三)存在本规则第五条或第六条规定情况的有关证明材料;

(四)提存受领人姓名(名称)、地址、邮编、联系电话等;

(五)提存标的物种类、质量、数量、价值的明细表;

(六)公证员认为应当提交的其他材料。

第十条 符合下列条件的申请,公证处应当受理:

(一)申请人对提存受领人负有清偿或担保义务;

(二)具有本规则第五条或第六条规定的情况;

(三)申请事项属于本公证处管辖;

(四)本规则第九条规定的材料基本齐全。

公证处应在收到申请之日起三日内作出受理或不予受理的决定。不予受理的,公证处应当告知申请人对不予受理不服的复议程序。

第十一条 公证人员应按《公证程序规则(试行)》第二十四条规定制作谈话笔录,记录下列内容:

(一)提存理由和相关事实(如无法给付债的标的物的事由和经过);

(二)有关提存受领人的详细情况;

(三)提存标的物的详细情况;

(四)提存人所作的特别说明等。

第十二条 公证员应当按《公证程序规则(试行)》第二十三条规定,审查下列内容:

(一)本规则第九条所列材料是否齐全,内容是否属实;

(二)提存人的行为能力和清偿依据;

（三）申请提存之债的真实性、合法性；

（四）请求提存的原因和事实是否属实；

（五）提存标的物与债的标的是否相符，是否适宜提存；

（六）提存标的物是否需要采取特殊的处理或保管措施。

第十三条 符合下列条件的，公证处应当予以提存：

（一）提存人具有行为能力，意思表示真实；

（二）提存之债真实、合法；

（三）符合本规则第五条或第六条以及第七条规定条件；

（四）提存标的与债的标的相符。

提存标的与债的标的不符或在提存时难以判明两者是否相符的，公证处应告知提存人如提存受领人因此原因拒绝受领提存物则不能产生提存的效力。提存人仍要求提存的，公证处可以办理提存公证，并记载上述条件。

不符合前两款规定的，公证处应当拒绝办理提存公证，并告知申请人对拒绝公证不服的复议程序。

第十四条 公证处应当验收提存标的物并登记存档。对不能提交公证处的提存物，公证处应当派公证员到现场实地验收。验收时，提存申请人（或其代理人）应当在场，公证员应制作验收笔录。

验收笔录应当记录验收的时间、地点、方式、参加人员、物品的数量、种类、规格、价值以及存放地点、保管环境等内容。验收笔录应交提存人核对。公证员、提存人及其他参与人员应当在验收笔录上签名。

对难以验收的提存标的物，公证处可予以证据保全，并在公证笔录和公证书中注明。

经验收的提存标的物，公证处应当采用封存、委托代管等必要的保管措施。

对易腐易烂易燃易爆等物品，公证处应当在保全证据后，由债务人拍卖或变卖，提存其价款。

第十五条 对提存的贵重物品、有价证券、不动产或其他物品的价值难以确定的，公证处可以聘请专业机构或人员进行估价。

第十六条 提存货币的，以现金、支票交付公证处的日期或提存款划入公证处提存账户的日期为提存日期。

提存的物品需要验收的，以公证处验收合格的日期为提存日期。

提存的有价证券、提单、权利证书或无需验收的物品，以实际交付公证处的日期为提存日期。

第十七条 公证处应当从提存之日起三日内出具提存公证书。提存之债从提存之日即告清偿。

第十八条 提存人应将提存事实及时通知提存受领人。

以清偿为目的的提存或提存人通知有困难的，公证处应自提存之日起七日内，以书面形式通知提存受领人，告知其领取提存物的时间、期限、地点、方法。

提存受领人不清或下落不明、地址不详无法送达通知的，公证处应自提存之日起六十日内，以公告方式通知。公告应刊登在国家或债权人在国内住所地的法制报刊上，公告应在一个月内在同一报刊刊登三次。

第十九条 公证处有保管提存标的物的权利和义务。公证处应当采取适当的方法妥善保管提存标的,以防毁损、变质或灭失。

对不宜保存的、提存受领人到期不领取或超过保管期限的提存物品,公证处可以拍卖,保存其价款。

第二十条 下列物品的保管期限为六个月:

(一)不适于长期保管或长期保管将损害其价值的;

(二)六个月的保管费用超过物品价值5%的。

第二十一条 从提存之日起,超过二十年无人领取的提存标的物,视为无主财产;公证处应在扣除提存费用后将其余额上缴国库。

第二十二条 提存物在提存期间所产生的孳息归提存受领人所有。提存人取回提存物的,孳息归提存人所有。

提存的存款单、有价证券、奖券需要领息、承兑、领奖的,公证处应当代为承兑或领取,所获得的本金和孳息在不改变用途的前提下,按不损害提存受领人利益的原则处理。无法按原用途使用的,应以货币形式存入提存账户。

定期存款到期的,原则上按原来期限将本金和利息一并转存。股息红利除用于支付有关的费用外,剩余部分应当存入提存专用账户。

提存的不动产或其他物品的收益,除用于维护费用外剩余部分应当存入提存账户。

第二十三条 公证处应当按照当事人约定或法定的条件给付提存标的。本规则第六条第一项规定的以对待给付为条件的提存,在提存受领人未为对待给付之前,公证处不得给付提存标的物。

提存受领人领取提存标的物时,应提供身份证明、提存通知书或公告,以及有关债权的证明,并承担因提存所支出的费用。提存受领人负有对待给付义务的,应提供履行对待给付义务的证明。委托他人代领的,还应提供有效的授权委托书。由其继承人领取的,应当提交继承公证书或其他有效的法律文书。

第二十四条 因债权的转让、抵销等原因需要由第三人领取提存标的物的,该第三人应当提供已取得提存之债债权的有效法律文书。

第二十五条 除当事人另有约定外,提存费用由提存受领人承担。

提存费用包括:提存公证费、公告费、邮电费、保管费、评估鉴定费、代管费、拍卖变卖费、保险费,以及为保管、处理、运输提存标的物所支出的其他费用。

提存受领人未支付提存费用前,公证处有权留置价值相当的提存标的物。

第二十六条 提存人可以凭人民法院生效的判决、裁定或提存之债已经清偿的公证证明取回提存物。

提存受领人以书面形式向公证处表示抛弃提存受领权的,提存人得取回提存物。

提存人取回提存物的,视为未提存。因此产生的费用由提存人承担。提存人未支付提存费用前,公证处有权留置价值相当的提存标的。

第二十七条 公证处不得挪用提存标的。公证处或公证人员挪用提存标的的,除应负相应的赔偿责任外,对直接责任人员要追究行政或刑事责任。

提存期间,提存物毁损灭失的风险责任由提存受领人负担;但因公证处过错造成毁损、灭失的,公证处负有赔偿责任。

公民、法人以不正当手段骗取提存标的的,负有赔偿责任;构成犯罪的,依法追究刑事责任。

公证处未按法定或当事人约定条件给付提存标的给当事人造成损失的,公证处负有连带赔偿责任。

第二十八条 符合法定或当事人约定的给付条件,公证处拒绝给付的,由其主管的司法行政机关责令限期给付;给当事人造成损失的,公证处负有赔偿责任。

根据人民法院、仲裁机构的裁决或司法行政机关决定给付的,由此产生的法律后果由作出决定的机构承担。

第二十九条 司法机关或行政机关因执行公务而申办提存公证的,参照本规则办理。

监护人、遗产管理人为保护被监护人、继承人利益,请求将所监护或管理的财产提存的,参照本规则办理。

遗嘱人或赠与人为保护遗嘱受益人或未成年的受赠人利益,请求将遗嘱所处分的财产或赠与财产提存的,参照本规则办理。

第三十条 外国人、无国籍人在中国境内申办提存公证,适用本规则。

第三十一条 本规则自发布之日起施行。由司法部负责解释。

公证机构办理抵押登记办法

(2002年2月20日 司法部令第68号)

第一条 为规范公证机构的抵押登记活动,根据《中华人民共和国担保法》和《中华人民共和国公证暂行条例》等规定,制定本办法。

第二条 《中华人民共和国担保法》第四十三条第二款规定的公证部门为依法设立的公证机构。

第三条 《中华人民共和国担保法》第四十三条规定的"其他财产"包括下列内容:

(一)个人、事业单位、社会团体和其他非企业组织所有的机械设备、牲畜等生产资料;

(二)位于农村的个人私有房产;

(三)个人所有的家具、家用电器、金银珠宝及其制品等生活资料;

(四)其他除《中华人民共和国担保法》第三十七条和第四十二条规定之外的财产。

当事人以前款规定的财产抵押的,抵押人所在地的公证机构为登记部门,公证机构办理登记适用本办法规定。

第四条 以《中华人民共和国担保法》第四十二条第(二)项的规定的财产抵押,县级以上地方人民政府规定由公证机构登记的;以及法律、法规规定的抵押合同自公证机构办理登记之日起生效的,公证机构办理登记适用本办法规定。

第五条 以本办法第三条规定的财产抵押的,抵押权人自公证机构出具《抵押登记证书》之日起获得对抗第三人的权利。

以本办法第四条规定的财产抵押的，抵押合同自公证机构出具《抵押登记证书》之日起生效。

第六条　申办抵押登记，由抵押合同双方当事人共同提出申请，并填写《抵押登记申请表》。

《抵押登记申请表》应载明下列内容：

（一）申请人为个人的，应载明其姓名、性别、出生日期、身份证明号码、工作单位、住址、联系方式等；申请人为法人或其他组织的，应载明法人或其他组织的名称、地址、法定代表人或负责人或代理人的姓名、性别、职务、联系方式；

（二）主合同和抵押合同的名称；

（三）被担保的主债权的种类、数额；

（四）抵押物的名称、数量、质量、状况、所在地、所有权或者使用权权属；

（五）债务人履行债务的期限；

（六）抵押担保的范围；

（七）抵押物属再次抵押的，应载明再次抵押的情况；

（八）申请抵押登记的日期；

（九）其他需要说明的问题。

申请人应当在申请表上签名或盖章。

第七条　申请人应向公证机构提交下列材料：

（一）申请人和代理人的身份、资格证明；

（二）主合同、抵押合同及其他相关合同；

（三）以本办法第四条规定的财产抵押的，应提交抵押物所有权或者使用权证书；以本办法第三条规定的财产抵押的，应提交抵押物所有权或者使用权证书或其他证明材料；

（四）抵押物清单；

（五）与抵押登记事项有关的其他材料。

第八条　符合下列条件的申请，公证机构应予以受理：

（一）申请抵押登记的财产符合本办法第三条、第四条的规定；

（二）抵押登记事项属于本公证机构管辖；

（三）本办法第七条所列各项材料齐全。

公证机构不予受理的，应记录在案，并及时告知申请人。

第九条　公证机构应当在受理之日起5个工作日内审查完毕，并决定是否予以登记。

第十条　有下列情形之一的，公证机构不予办理抵押登记：

（一）申请人提交的材料无效；

（二）申请人对抵押物的名称、数量、质量、状况、所在地、所有权或者使用权权属存在争议；

（三）以法律、法规规定的不得抵押的财产设定抵押的。

对不予登记的，公证机构应记录在案，并书面告知申请人。

第十一条　公证机构决定予以登记的，应向当事人出具《抵押登记证书》。

《抵押登记证书》应载明下列内容：

（一）抵押人、抵押权人的姓名、身份证明号码或名称、单位代码、地址；

（二）抵押担保的主债权的种类、数额；

（三）抵押物的名称、数量、质量、状况、所在地、所有权或者使用权权属；

（四）债务人履行债务的期限；

（五）抵押担保的范围；

（六）再次抵押情况；

（七）抵押登记的日期；

（八）其他事项。

第十二条　公证机构办理房地产抵押登记的，应在出具《抵押登记证书》后告知房地产管理部门。

第十三条　办理抵押登记的公证机构应配备计算机，录入抵押登记信息，并设立书面登录簿，登录本公证机构办理抵押登记的资料。

办理抵押登记的公证机构应及时与其他公证机构交换抵押登记信息，信息的交换办法由各省、自治区、直辖市司法厅（局）制定。

第十四条　当事人变更抵押合同向公证机构申请变更登记，经审查符合抵押登记规定的，公证机构应予以办理变更抵押登记。

当事人变更抵押合同未办理变更抵押登记的，自行变更后的抵押不发生《中华人民共和国担保法》规定的抵押登记效力。

第十五条　当事人履行完毕主债务或提前终止、解除抵押合同向公证机构申请办理注销登记的，公证机构应予以办理注销抵押登记。

第十六条　公证机构办理抵押登记，按规定收取抵押登记费。抵押登记费由当事人双方共同承担或从约定。

第十七条　当事人及有关人员可以查阅、抄录或复印抵押登记的资料，但应按规定交纳费用。

第十八条　以承包经营权等合同权益、应收账款或未来可得权益进行物权担保的，公证机构办理登记可比照本办法执行。

第十九条　本办法由司法部解释。

第二十条　本办法自发布之日起施行。

（十五）知识产权公证

司　法　部

关于贯彻落实《国家知识产权战略纲要》的意见（节录）

（2010 年 2 月 2 日　司发〔2010〕6 号）

六、切实加强组织领导

各级司法行政机关要把贯彻实施国家知识产权战略作为一项长期的战略任务坚持不懈地抓紧抓好。各省（区、市）司法厅（局）每年要制订推进国家知识产权战略实施的工作计划，明确任务，层层分解，落实到人，有计划有步骤地开展工作。要充分发挥律师、公证、司法考试、司法鉴定、法制宣传等各部门职能作用，统一部署，分工负责，相互协作。注重发挥司法行政机关和行业协会两个方面的积极性，积极鼓励和引导律师、公证、司法鉴定等机构和人员发挥职能作用，推进国家知识产权战略实施。加强同知识产权主管部门的协调配合，及时掌握国家知识产权战略实施的各项政策措施，及时协调解决国家知识产权战略实施过程中遇到的有关问题，推动司法行政系统实施国家知识产权战略工作的顺利开展。

司法部　国家工商行政管理总局　国家版权局　国家知识产权局

关于充分发挥公证职能作用
加强公证服务知识产权保护工作的通知

（2017 年 6 月 16 日　司发〔2017〕7 号）

各省、自治区、直辖市司法厅（局）、工商行政管理局市场监督管理部门、版权局、知识产权局，新疆生产建设兵团司法局、版权局、知识产权局：

为深入贯彻落实党的十八大和十八届三中、四中、五中、六中全会精神，深入贯彻落实党中央、国务院关于实施创新驱动发展战略和国家知识产权战略,加快知识产权强国建设的决策部署,充分发挥公证服务知识产权保护的职能作用,现就有关事项通知如下。

一、加强公证服务知识产权保护工作的重要意义

随着我国经济发展进入新常态和我国创新驱动发展战略的深入实施,知识产权日益成为国家发展的战略性资源和国际竞争力的核心要素。知识产权作为现代产权制度的重要构成、创新驱动发展的重要保障,在国家经济社会发展中的地位和作用日益凸显。公证制度是一项预防性的司法证明制度,具有服务、沟通、证明、监督的功能,在维护市场经济秩序、保障和实现公民权益、促进对外开放、加强社会诚信建设等方面具有独特优势和重要作用。经过公证证明的事项具有法定的证据效力、强制执行效力和法律行为成立要件效力。公证工作在服务知识产权保护,促进实施创新驱动发展战略和国家知识产权战略,加快知识产权强国建设中大有可为。加强公证服务知识产权保护工作,充分发挥公证制度在知识产权保护中的功能和优势,是加强知识产权保护运用、创新完善知识产权管理机制、健全知识产权公共服务体系的重要内容,也是深入实施知识产权战略、加快知识产权强国建设的重要举措。各级司法行政机关、工商行政管理机关、版权局、知识产权局要从全面依法治国和推进社会主义法治建设的高度,从实施创新驱动发展战略,加快知识产权强国建设的高度,充分认识加强公证服务知识产权保护工作的重要意义,积极创造条件,加大服务力度,创新方式方法,推进公证服务知识产权保护,维护知识产权创新、创造、应用和保护的良好秩序,促进和保障我国知识产权事业健康发展。

二、充分发挥公证服务知识产权保护的职能作用

各级司法行政机关、工商行政管理机关、版权局、知识产权局要支持和引导公证机构充分发挥公证职能作用,围绕知识产权创造设立、运用流转、权利救济、纠纷解决、域外保护等环节提供公证服务,实现对知识产权事前、事中、事后的全程保护。

(一)发挥公证在知识产权创造中的作用。支持和引导公证机构积极为企业、科研院所和发明创造权利人的技术研发、技术改进等活动提供公证服务,特别要注重做好对企业、科研院所和权利人在新技术研发过程中涉及的生产工艺流程及半成品、成品等证据材料的保全工作,防范新技术的泄露和纠纷的产生,保护技术创新。积极为企业新产品的委托开发或委托设计等活动提供法律咨询和公证服务,帮助和指导企业、科研院所和权利人提高证据意识,及时为其办理保密、竞业禁止等协议公证,为企业建立和完善现代企业制度提供法律支持。探索利用新技术手段在作品、计算机软件等著作权登记前的创作过程中提供全程公证服务。

(二)促进知识产权合理运用和有效流转。加强对权利人以协议、遗嘱、赠与等方式使用、传承知识产权的公证服务工作,不断完善公证在知识产权的交易流转、财产继承和分割事务中的公证程序和方法,保障知识产权依法交易、分配、使用、继承,促进社会和谐。支持和引导公证机构在知识产权的转让、许可和竞价拍卖等活动中主动作为,积极介入监督交易活动,及时指出并纠正违法行为,确保程序公正透明、行为合法有效。积极办理知识产权转让许可、知识产权合作、知识产权入股等知识产权交易合同公证,帮助当事人各方审查合同条款的合法性,依法核查合同各方当事人的签约能力情况,监督履约,保障相关合同资金的安全使用和知识产权的有效实施,预防和减少合同履行中的风险。

(三)加强知识产权纠纷预防和调解工作。以公证的方式保管知识产权证据及相关证明材料,加强对证明知识产权在先使用的保全证据公证。支持和引导公证机构对知识产权质押融资合同办理赋予债权文书强制执行效力公证，为知识产权融资增信，提高履约率，预防和减少三角债，维护企业经营秩序和金融秩序。开展知识产权纠纷诉讼与调解对接工作，依法规范知识产权纠纷调解工作，完善多部门参与的知识产权纠纷调解机制，探索对有给付内容的调解协议办理赋予债权文书强制执行效力公证。

（四）充分运用公证手段维护保障合法权益。支持和引导公证机构接受委托或依据当事人申请，对市场（含电子商务）中侵犯著作权、专利权、商标专用权的商品进行公证购买并办理保全证据公证，对经营者在KTV、影院等经营场所未经许可播放音乐、影视等作品办理保全证据公证，对展会现场展出商品涉嫌侵犯著作权、专利权、商标专用权办理保全证据公证，对侵犯著作权、专利权、商标专用权的商品集中销毁行为办理保全证据公证。支持公证机构提供远程公证服务，针对网络文学、新闻、音乐、影视、游戏、动漫、软件等重点领域的侵权盗版行为，允许权利人或相关人员使用公证机构开发的远程公证系统实时取证，作为办理公证的证据材料。

（五）加强知识产权境外保护公证工作。支持企业实施“走出去”战略，支持和引导公证机构积极做好“走出去”企业的知识产权境外保护工作，帮助企业对已经申请专利、获得专利权或已经生产、使用的产品、技术，做好在先使用、公开在先证据资料的保全服务，为企业境外专利申请、转让、许可、涉外诉讼和国际仲裁提供强有力的证据支撑。

三、加强对公证服务知识产权保护工作的组织领导

（一）创新公证服务方式。公证机构要加强公证信息化建设，关注和研究“互联网+”和电商经济的新特点、新要求，依托电子签名和数据加密等新技术，改进创新公证证明方式和服务方法，优化服务知识产权保护的公证流程，不断探索拓展公证服务知识产权保护新业务。建立知识产权公证服务平台，积极探索开展“智慧保管箱”等新型公证业务。

（二）培育遴选示范机构。鼓励有条件的公证机构设立专门的知识产权公证部门，确定专职知识产权公证工作人员，开辟知识产权公证绿色通道，建立知识产权维权取证快速响应机制。公证机构经批准可在科创园区、知识产权密集型产业集聚区、知识产权服务业聚集区等重点园区、知识产权保护中心设立公证服务点，有条件的地方可组建专业知识产权公证机构。在全国范围内遴选若干家知识产权公证服务示范机构并授牌，发挥示范作用，引导公证机构提供优质高效的知识产权公证服务。

（三）加强工作指导协调。各级司法行政机关、工商行政管理机关、版权行政管理机关和知识产权局要高度重视，加大对公证服务知识产权保护工作的支持力度，积极搭建平台，发挥公证在知识产权创造、应用、流转、保护中的作用，共同推进公证服务知识产权保护工作。各地公证协会要加强业务指导，组织开展知识产权公证业务的专题培训、研讨活动，努力提高知识产权公证业务质量。

司法部
国家工商行政管理总局
国家版权局
国家知识产权局
2017年6月16日

国家知识产权局　司法部

关于印发《关于加强知识产权纠纷调解工作的意见》的通知(节录)

(2021年10月22日　国知发保字〔2021〕27号)

(十)建立健全知识产权纠纷调解衔接联动机制。采取联合调解、协助调解、委托移交调解等方式,建立知识产权纠纷人民调解、行政调解、行业性专业性调解、司法调解衔接联动工作机制。加强知识产权纠纷调解组织与行政执法部门、司法机关、仲裁机构等衔接联动,建立健全知识产权纠纷投诉与调解对接、诉调对接、仲调对接等工作机制。探索在知识产权保护中心、快速维权中心、维权援助中心等建立知识产权纠纷"一站式"调解平台,引导调解组织、远程司法确认室、知识产权仲裁院(中心)、公证知识产权服务中心等各类资源入驻调解平台,为当事人提供司法确认、仲裁、公证等保护渠道。加强知识产权纠纷"一站式"调解平台与当地综合性非诉讼纠纷化解中心、调解中心等平台的工作对接,及时协调解决重大疑难复杂知识产权纠纷。

(十六)三 农 公 证

司法部公证司

关于落实十五届三中全会精神进一步加强农村公证法律服务的通知

[1998年11月6日　(98)司公字020号]

各省(自治区、直辖市)司法厅(局)公证管理处、新疆生产建设兵团司法局公证管理处、长安公证处:

党的十五届三中全会对深化农村改革,开创农业和农村工作新局面作出了全面安排和部署,司法部党组也发出了《关于认真落实十五届三中全会精神的通知》，为认真贯彻、落实三中全会精神和部党组通知要求，各级公证管理部门及公证处要认真组织学习，全面贯彻实施，进一步加强农村公证法律服务工作，为保证党在农村各项政策的正确执行，维护农村的社会稳定再创佳绩。

一、要深入学习党的十五届三中全会精神，用三中全会精神统一公证系统广大从业人员的思想

农业、农村和农民问题是关系我国改革开放和现代化建设全局的重大问题，中央对农业和农村工作历来高度重视，反复强调要把加强农业放在一切经济工作的首位。党的十五届三中全会通过了《中共中央关于农业和农村工作若干重大问题的决定》，全面科学地总结了农村改革二十年的基本经验，明确提出了农业和农村跨世纪发展的目标和方针，对我国农村经济、政治、文化建设作出了全面部署，是指导我们建设有中国特色社会主义新农村的纲领性文件。各地公证管理部门和公证处要认真学习贯彻中央的《决定》，更好地运用公证手段，依法保障三中全会确定的土地承包期再延长30年的政策不变，促进农村的改革、发展和稳定，开创农村公证工作新局面。

二、要全面总结改革开放以来的农村公证工作，树立典型，推广成功经验

近二十年来，全国公证机构和广大公证从业人员紧紧围绕党在农村的中心工作，为农村家庭联产承包责任制、乡镇企业改革及建立农村社会化服务体系提供了优质高效的公证法律服务，在保障党在农村各项政策的正确执行、促进农村经济的健康发展、推动农村的民主法制建设、维护农民的合法权益和农村的社会稳定等方面起到了重要的作用。各级公证管理机关及公证处都要认真、全面地总结本地区、本部门在农村公证工作中的经验、教训，树立先进典型，推广成功经验。我们将适时召开全国农村公证工作经验交流和研讨座谈会，推进开展农村公证工作，更好地为贯彻十五届三中全会精神服务。

三、要研究、采取多种有效措施，以为农村改革、发展和稳定提供法律保障和法律服务为重点，推进各项工作的开展

围绕十五届三中全会精神，运用公证手段为长期稳定农村以家庭承包经营为基础、统分结合的双层经营体制，为土地适度规模经营、横向经济联合以及社会化服务体系的建立提供优质高效的公证法律服务，公证机构和广大从业人员要进行认真的研究和探讨。要广泛深入地开展土地承包租赁、扶贫贷款、支农周转金、农业技术转让、粮棉购销合同、劳动用工合同、房屋宅基地、“四荒”拍卖等农村公证事项，当前尤其重要的是配合有关部门，积极开展第二轮土地承包合同公证，并做好相关法律服务和法律保障工作。

结合落实十五届三中全会精神，各地公证机构要大力开办农村提留、减轻农民负担、农村计划生育等公证，通过证后回访等进行法律宣传和法制教育，使农村干部增强法制观念和依法办事能力，使广大农民知法守法，履行应尽义务，用法律保护自己的合法权益，切实起到预防和减少经济纠纷，维护农村稳定的作用。

关于加强对“果园、庄园”等农林开发活动管理的通知

（1999 年 1 月 29 日　国土资发〔1999〕40 号）

各省、自治区、直辖市土地（国土）管理局（厅）、司法厅（局）、工商行政管理局，中国人民银行各分行、中国人民银行北京营业管理部、重庆营业管理部：

近年来，广东、海南等地一些开发商以农林开发的名义，从农民集体或县乡政府手中取得成片土地，然后分割转让、转租，进行招商引资和“果园、庄园”开发。由于管理不到位，出现了用地不规范、非法集资、虚假广告误导等问题。为加强“果园、庄园”等农林开发管理，整顿用地秩序，防范金融风险，现就有关问题通知如下：

一、中国人民银行各级分支机构要在认真贯彻执行《关于严禁利用庄园开发进行非法集资的紧急通知》（银发〔1998〕509 号）的基础上，根据《非法金融机构和非法金融业务活动取缔办法》（国务院〔1998〕247 号令）和《国务院办公厅转发中国人民银行整顿乱集资乱批设金融机构和乱办金融业务活动实施方案的通知》（国办发〔1998〕126 号）精神，继续加大对“果园、庄园”等开发中非法集资的监管和查处力度，坚决取缔“未经依法批准，以任何名义向社会不特定对象进行的集资”。

二、各级工商行政管理机关要严格按规定核定企业经营范围，不得使用“招商”等不规范用语，未经中国人民银行批准，不得核准从事金融业务；坚决查处开发企业的超范围经营活动，积极配合人民银行对非法集资的取缔工作，对非法集资的企业，一经查实，坚决吊销其营业执照。

以吸收股东开发“果园、庄园”的，不论以转让、转租土地使用权方式，还是以其他方式增加新的股东，均应按《公司法》的规定，办理登记注册手续，其中以社会募集股份形式吸收股东投资进行土地开发的，应按《公司法》的规定，经国务院证券管理部门批准后，由工商行政管理机关办理登记。

各级工商行政管理机关对与“果园、庄园”开发经营活动的有关广告，要依法加强监管。“果园、庄园”的开发经营广告，必须同时说明其开发经营风险。对以转让、转租土地为名，向社会不特定对象进行集资、承诺回报的广告，要及时予以制止，并严肃查处。

三、各级土地管理部门要切实加强“果园、庄园”等农林开发项目用地的审批管理。开发必须符合土地利用总体规划和土地开发规划、计划，土地权属和地类必须经过严格认定，不得以任何借口占用土地利用总体规划确定的不宜开发土地进行开发。“果园、庄园”等农林开发项目用地要严格按《土地管理法》的有关规定，经县级以上土地行政主管部门批准，办理相应的用地手续，任何单位和个人不得私自与农村集体经济组织签订用地协议，禁止征用农民集体土地搞农林开发项目。开发必须严格按照批准的农林用途使用土地，严禁改变用途搞房地产开发，确需配套进行非农建设的，要严格办理建设用地审批，凡未经批准，擅自以可建“别墅”、“庄园”、“度假屋”

等为名吸引投资和开工建设的，均属违法行为，要严肃查处。

四、加强对“果园、庄园”等农林开发项目用地的转让、转租管理，未经批准，不得擅自进行分割转让、转租。通过出让方式取得的国有土地使用权或以拍卖方式取得的集体所有“四荒”地使用权，在交清全部土地价款，完成前期开发后，方可依法转让、出租、抵押，但首次转让、出租、抵押时，土地出让合同的履行情况必须经土地行政主管部门审核确认，不符合条件的，不得转让、出租、抵押；以租赁、承包或其他方式取得的土地使用权，未经土地行政主管部门批准，不得转让、出租、抵押，未经原集体经济组织三分之二以上成员同意，本集体经济组织以外的单位和个人承包的集体土地不得转包、分包。

五、加强“果园、庄园”等农林开发项目用地的产权管理。开发用地批准后，开发商应按规定到县级以上土地管理部门办理土地登记，领取土地证书，土地证书中应注明土地规划条件和土地转让、转租的限定条件。属于出让、划拨、租赁方式取得国有土地使用权的，领取《国有土地使用证》；属于拍卖、租赁、承包经营方式取得集体“四荒”地使用权的，领取《集体土地使用证》。开发商依法转让开发用地的，必须在与投资者签订合同后，按规定到县级以上土地行政主管部门办理变更登记。

六、投资开发“果园、庄园”等农林开发项目，要正确运用公证手段进行法律服务和监督。各地公证处在办理有关公证事项时，既要严格按规定的公证程序进行，又要按照真实、合法的原则，认真进行实质性审查，严格依法办证；同时，要严肃纪律，不得办“关系证”、“人情证”。各级公证管理机构要切实加强对公证处办理此类公证的指导监督，一旦发现问题，应当及时纠正；要及时总结推广成功经验，使这类公证的办理不断规范化、制度化，切实发挥公证在加强“果园、庄园”开发管理中的法律服务和保障作用。

七、各地要抓紧清理整顿已有的农林开发项目，重点清理整顿各种“果园、庄园”开发项目，按“谁批准，谁负责”的原则，妥善处理存在的问题，规范开发活动，并于1999年3月31日前将清理整顿和规范情况上报国土资源部、司法部、中国人民银行和国家工商行政管理局，在整顿和规范工作完成之前，各地要暂停“庄园、果园”开发企业、开发项目和用地的审批，暂停对设立“庄园、果园”的公证。

司　法　部

关于充分发挥司法行政工作职能作用　促进解决企业拖欠农民工工资问题的通知(节录)

(2010年2月8日　司发通〔2010〕12号)

4. 充分发挥司法行政工作在促进解决企业拖欠农民工工资问题中的职能作用。要认真做好农民工权益保护的法制宣传教育工作，加强对用工单位和中介机构管理人员的法制宣传教育，督促企业落实清偿被拖欠农民工工资的主体责任，依法按时足额支付农民工工资，预防和减少拖欠或克扣农民工工资现象的发生；深入农民工和用工企业宣传《劳动法》、《劳动合同法》等与农民工密切相关的法律法规，引导农民工依法理性维护自身合法权益，强化社会各方面维护农民工权益的意识，努力营造关心支持农民工的良好社会氛围。要引导广大法律服务机构和法律服务人员以调解协商方式解决涉及农民工工资拖欠问题的法律纠纷，鼓励和支持律师事务所、公证处对经济确有困难又不符合法律援助条件的农民工，酌情减收或免收服务费用；引导法律服务机构和法律服务人员积极参与建设领域工资拖欠纠纷的诉讼、非诉讼协商、调解活动，帮助建筑业企业通过法律途径及时收回工程款，促进解决农民工工资拖欠问题。要认真组织办理农民工法律援助案件，对农民工申请支付劳动报酬和工伤赔偿案件，不再审查经济困难条件，优先受理，快速办理；对情况紧急或即将超过仲裁或诉讼时效的法律援助案件以及涉及人数众多的群体性案件，可以先行受理，事后补办手续；加强工作站点建设，在法院、劳动仲裁机构、外来务工人员集中地区建立便民服务窗口，延长服务时间，保持“12348”线路畅通，确保农民工及时获得法律咨询和法律援助；强化农民工法律援助异地协作，方便农民工异地维权。要指导人民调解组织协助有关部门做好农民工工资支付情况检查，做好矛盾纠纷排查预防和化解工作，发现拖欠工资问题或欠薪苗头做到优先调解、妥善处置、案结事了，努力防止纠纷化解不力导致刑事案件的发生，促进社会和谐稳定。

司法部办公厅

关于切实做好农民工讨薪、维权等服务工作的通知（节录）

（2014年12月10日　司办通〔2014〕43号）

三、努力为农民工讨薪、维权提供法律服务

鼓励支持有条件的法律服务机构设立法律咨询热线，通过各种媒体公示联系方式，便于农民工遇到困难及时、有效获取法律帮助。鼓励和支持律师事务所、公证处对经济确有困难又达不到法律援助条件的农民工，酌情减收或免收法律服务费用。注重发挥法律服务人员的调解功能，积极倡导和推进以调解协商方式化解矛盾纠纷，降低农民工讨薪、维权成本。积极探索并推广针对劳资双方达成的偿还欠款协议及兑现农民工工资协议的强制执行公证制度，进一步发挥公证工作在维护农民工合法权益方面的职能作用。面向农民工集中的行业、企业，开展有针对性的专项法律服务活动，帮助企业建立和完善各项劳动规章制度，严格农民工劳务合同的依法订立、审查、履行、监管、备案、登记制度,切实保障农民工的休息和薪酬权利。加快公益律师队伍建设,推动将公益律师从事农民工维权服务列入各级政府购买法律服务范围,保障、支持其依法开展服务。加强对农村留守儿童、留守妇女和留守老人的关爱服务,帮助解决他们的法律问题,解决农民工的后顾之忧。

司　法　部

关于切实做好为农民工服务工作的意见(节录)

(2015 年 2 月 6 日　司发通〔2015〕12 号)

二、切实做好为农民工服务工作

(二)进一步做好农民工法律服务工作。帮助行业、企业建立和完善各项劳动规章制度,切实保障农民工的休息和薪酬权利。创新农民工法律服务工作方式,积极倡导法律服务人员以调解协商方式化解矛盾纠纷,探索推广针对劳资双方达成的偿还欠款协议及兑现农民工工资协议的强制执行公证制度。加快建设公益律师队伍,推动将公益律师从事农民工维权服务列入各级政府购买法律服务范围;组织公益律师进行培训,提高农民工案件法律服务工作专业化水平。认真开展农民工专项法律服务工作,指导各地组建农民工法律服务团,每年春节前开展“情暖农民工”专项法律服务行动。

司　法　部

关于做好 2016 年司法行政系统农民工工作的通知(节录)

(2016 年 1 月 20 日)

二、认真做好司法行政系统农民工各项工作

(二)进一步加强农民工法律服务工作。开展专项法律服务,鼓励各地将农民工劳动权益保障纳入企业法律体检等专项法律服务活动,严格农民工劳务合同的依法订立、审查、履行、监管、备案、登记制度，引导企业依法规范用工，引导农民工通过理性合法形式表达诉求、维护权益。继续推进强制执行公证，对劳资双方达成的偿还欠款及兑现农民工工资的协议赋予强制执行效力，促进解决拖欠农民工工资问题。强化部门协作，加强与劳动、财政、信访、建设等相关职能部门的协调配合，加强与工会、共青团、妇联、残联等社会团体和组织的合作协商，争取支持，共同做好农民工法律服务工作。

司　法　部

关于充分发挥职能作用　认真做好根治拖欠农民工工资有关工作的意见(节录)

(2019 年 4 月 1 日)

二、坚持以人民为中心发展思想，扎实推进根治欠薪合力攻坚各项工作

(三)深入开展农民工劳动合同普查与体检。从现在开始到 5 月，集中开展农民工与劳动合同调研服务活动，通过提供主动服务，完善预防措施，防止年底集中爆发欠薪现象。要全面摸底，以县区司法局为主，深入劳务用工、工程建设属地，在辖区内对所有企业劳动合同与劳务用工情况进行全面调查，摸清底数，掌握实情。要全面体检，发挥律师、公证员、基层法律服务工作者的作用，针对劳动合同签订情况进行全面法律体检，建立体检档案，跟进服务措施。要全面分析，对劳动合同签订与劳务用工中存在的问题，结合信息化科技手段，进行大数据比对分析，认真排查各类劳动合同和劳务用工违法违规情况，提供个性化、多元化法律解决方案。5 月底前，各省(区、市)司法厅(局)要形成书面普查报告(要有情况，有数据，有分析，有案例，有对策)报部。

(七)创新做好公证服务根治欠薪工作。司法行政部门要配合人力资源社会保障等部门，指导督促拖欠工资的企业与劳动者签订还款协议，并由公证机构依法赋予强制执行效力。研究建立完善公证失信当事人名单管理制度和公证机构主动催缴制度，对于办理还款协议赋予强制执行效力公证后，仍逾期拒不还款的欠薪企业，支持公证机构在签发执行证书前，先予申报纳入失信公证当事人名单，按照一定的程序及时实施失信惩戒。

司　法　部

关于开展“乡村振兴　法治同行”活动的通知(节录)

(2021 年 5 月 18 日)

各省、自治区、直辖市司法厅(局),新疆生产建设兵团司法局:

为认真贯彻《中共中央　国务院关于全面推进乡村振兴加快农业农村现代化的意见》和《中共中央办公厅　国务院办公厅关于加快推进公共法律服务体系建设的意见》精神,贯彻落实党中央、国务院关于实施乡村振兴战略的决策部署,扎实推进法治乡村建设,司法部决定在全国开展“乡村振兴　法治同行”活动。现将《“乡村振兴　法治同行”活动方案》印发你们,请认真贯彻执行。

请各司法厅(局)于今年 6 月底前向司法部报送活动具体实施方案,活动开展有关情况及时报部。

司法部

2021 年 5 月 18 日

“乡村振兴　法治同行”活动方案

1. 加强公共法律服务平台建设。以司法所为依托,推动乡镇公共法律服务工作站与司法所一体规划、一体建设、资源共享。发挥司法所化解矛盾纠纷、法治宣传、基层法律服务、法律咨询等服务功能,统筹提供法律援助、律师、公证、司法鉴定等法律服务指引,为乡村群众提供“一站式”服务。加强乡镇(村居)公共法律服务工作站(室)标准化建设,提升服务规范化水平,完善服务功能,提高服务质量。通过标语标牌、便民卡、广播电视、短信微信等方式,将“12348”公共法律服务热线普及到田间地头、千家万户。适应少数民族、老年人、残疾人群体特点和法律服务需求,完善法律服务网无障碍功能,提供少数民族语言版、老年人大字版、视力残疾人语音版等服务。

5. 推广“三项”精准服务。加强法律援助与公证、司法鉴定工作衔接,引导公证和司法鉴定机构依法为受援人减免公证费、鉴定费;深化“法援惠民生　助力农民工”活动,建立健全异地协作机制,依托法律服务网“农民工欠薪求助绿色通道”等平台及时为农民工排忧解难;鼓励引导更多社会组织和志愿者参与法律援助工作,组织实施“1 + 1”中国法律援助志愿者行动项目、中央专项彩票公益金法律援助项目、“援藏律师服务团”项目，开展“法援乡村惠民生”活动，为中西部地区农村群众提供优质法律援助。

9. 开展“公证进乡村”活动。大力推进公证服务向乡村延伸，在乡村公共法律服务工作站（室）全面设立公证咨询联络点，公布联系方式，提供 24 小时公证法律咨询、业务办理预约等服务。优化公证服务方式，通过视频公证、巡回办证、定期办证等，实现农村群众申办公证“就近办”。依托村（居）法律顾问和“法律明白人”广泛宣传公证制度，引导农村群众积极运用公证手段维护合法权益，预防和化解矛盾纠纷。

五、不予公证事项

司法部公证律师司

关于能否出具平反证明事的复函

[1983 年 6 月 8 日　(83)司公字第 74 号]

吉林省司法厅：

你厅(83)吉司发公字 47 号《关于如何对待李日男申办其父的平反公证书的请示报告》收悉。经商外交部领事司,可由为李日男之父李哲汉平反的单位出具为其平反的证明,交当事人直接发往国外使用即可,不必办理公证。

司　法　部

关于停止办理日本孤儿证明的通知

[1983 年 7 月 14 日　(83)司发公字第 253 号]

各省、市、自治区司法厅(局)：

一九八二年十一月十九日外交部、公安部印发的经国务院批准的《关于处理在华日本孤儿问题的原则》中规定:“有关寻找、会见孤儿,调查、了解孤儿情况,以及孤儿赴日寻亲、探亲、定居事宜,不宜多头进行,今后应通过官方途径统一安排。对日本各民间团体、旅游团、新闻记者、专家或个人插手此项工作者,一般不作安排”。并确定这方面的有关事宜,统一由外交、公安部门管理。为了贯彻执行上述规定,经我们与外交部、公安部共同研究,决定今后公证机关不再办理确认日本孤儿身份的证明(出生证明,养父母、子女等亲属关系证明,仍应照常办理)。对于已经受理而尚未办理的,应即停办,并向申请人做好解释工作;对于已经办理的,如发现错误,可按规定程序予以撤销。今后如遇当事人到公证机关要求办理确认孤儿身份证明,应说明这类问题国家规定由公安、外事部门管理。

各地接此通知后，请即通知所属司法行政机关和公证处，自文到之日起执行。

司法部公证律师司

关于能否为赵力平的“监护协议和授权书”公证问题的复函

［1983年12月10日　(83)司公字第156号］

江西省司法厅公证律师处：

你省南昌市公证处一九八三年十一月三十日(83)洪公字第0804号《关于赵力平申请公证问题的请示报告》收悉。关于美籍华人赵永永为把十三岁的侄儿赵力平带到美国读书，而与其兄赵明晋、嫂刘新连签订写有“宗教训练”字样的关于赵力平的“监护协议和授权书”(以下简称“授权书”)能否公证事，经与国务院宗教事务局研究认为：我国宪法规定，中华人民共和国公民有宗教信仰自由。不得强制公民信仰宗教或者不信仰宗教。赵力平是个未成年的中国公民，在他本人尚未自立，没有选择宗教信仰的能力或愿望的情况下，把对他的“宗教训练”列入监护及法律权转移给外国人，据此对他进行“宗教训练”这本身就是强制信教，不符合我国宪法和有关政策规定。因此，我们不赞成在一个与外国人签订的“监护协议和授权书”上，对一个年仅十三岁的未成年的中国公民写有接受“宗教训练”的内容。如果赵永永等对“协议书”不作相应修改，公证处不宜对该“协议书”进行公证。

(下略)

司法部公证律师司

关于能否办理信仰公证事的函

［1984年2月14日　(84)司公字第20号］

江苏省司法厅公证管理处：

现将南京工学院阿拉伯也门共和国留学生捷米尔给我部的来信及我部信访处的复信转

你处。

关于捷米尔申请为其未婚妻邵明办理信仰证明事，经与有关部门研究认为，根据我国宪法规定，公民有宗教信仰自由，任何国家机关、社会团体和个人不得强制公民信仰宗教或者不信仰宗教，因此公证机关不办理信仰证明。

关于捷米尔反映公证处不给办理邵明父母同意女儿与其结婚的声明书公证书事，虽然我国法律规定男女婚姻自由，不许任何第三者加以干涉，但是如果该声明书确属对方国家要求办理，而且邵明父母也同意女儿与捷米尔结婚，我们意见可给予办理。

司法部公证律师司

复关于能否为赴美探亲或自费留学人员出具能按时返回的证明书事

[1984 年 6 月 13 日　(84)司公字第 121 号]

贵州省司法厅公证律师处：

五月十八日请求关于能否为赴美探亲或自费留学人员出具按时返回的公证书事的来函收悉。经与外交部领事司研究，认为美方非移民签证复信中的规定与要求，对中国公民有一定的歧视性。同时为避免给公证处工作带来困难，对类似证明，公证处应原则上拒绝出具。如本人自我证明，对美方的要求作出保证，公证处可不管。

司法部公证律师司

关于能否出具未参加任何党派组织公证书事的复函

[1985 年 8 月 20 日　(85)司公字第 133 号]

纺织工业部人事司：

你司一九八五年八月十三日函收悉。关于你部机械公司原工程师杨志宏从美国来信，要求办理从未参加过任何党派组织的公证证明一事，经研究答复如下：

我公证处系国家司法行政部门领导的公证机关,不能为公民出具是否是党团员或是否参加过任何党派组织的证明;一般情况下,也没有必要向国外提供其详细的政治情况。

(下略)

司法部公证律师司

关于不宜办理保姆原雇主职业、工资公证证明的复函

[1985年12月25日 (85)司公字第189号]

福建省司法厅公证管理处:

你处(85)闽司函字第92号"关于美国驻香港领事馆要求当事人提供原雇主工资收入情况证明的请示"函收悉。经研究认为,美国驻香港领事馆要求申请人王美钦提供其在内地当保姆时的雇主陈修雄的职业及月薪情况证明,与王美钦申请赴美无关,是美方无理要求,故不予办理或变通办理有关公证证明。

司法部公证律师司对《关于继母子间权利义务关系是否可以终止的请示报告》的批复

[1986年1月13日 (86)司公字第3号]

上海市司法局公证管理处:

你处(85)沪司公管发字第47号"关于继母子间权利义务关系是否可以终止的请示报告"收悉。经与有关单位研究,同意你处的第二种意见。即根据婚姻法、继承法中关于继父或继母和受其抚养教育的继子女间的权利义务同生身父母子女的权利义务关系的规定,在继父或继母与其抚养教育过的继子女的亲属关系没有解除(如继父或继母与生母或生父因离婚而解除婚姻关系,继父或继母与继子女间的亲属关系也随之解除)的情况下,中止双方权利义务关系的协议是不符合法律规定的,故不宜为此类协议书办理公证证明。

司法部公证律师司

关于不再办理亲属邀请书公证事的通知

［1988年10月7日　(88)司公字第89号］

新疆司法厅：

你厅公证管理处一九八八年二月五日《关于我国公民邀请去苏亲属来华探亲有关问题的报告》收悉。关于为我国公民办理邀请其在苏亲属来华探亲的邀请书公证事，经与公安部六局研究，办理邀请书证明，系公安部门行使入境审批权，不宜由公证机关办理。请通知所属办理涉外公证的公证处，今后不再受理发往苏联使用的邀请书公证申请，但用于其他方面的证明仍由公证机关办理。

司法部公证司

关于不宜办理“安乐死”公证事项的复函

［1989年6月15日　(89)司公字第57号］

安徽省司法厅公证管理处：

你处皖司公(1989)018号《公证机关能否办理“安乐死”公证证明的请示报告》收悉。关于能否为病人的“安乐死请求书”办理公证证明，经商有关部门认为，我国对“安乐死”尚无法律规定，所以公证机关不宜办理无法律依据的“安乐死”方面的公证事项。

司法部公证司

关于不为出国旅游、探亲和留学者办理保证回国后仍在原单位工作的公证证明的函

［1989年8月15日 (89)司公字第81号］

广西壮族自治区司法厅公证管理处：

南宁市公证处七月七日给外交部领事司的函及送认证的(89)桂南证字第1848号公证书已由该司转我司。关于我国公民出国旅游、探亲和留学回国后是否仍在原单位工作，是有关单位的内部问题，我公证处不予办理公证证明，为此，我司已照会奥地利驻华使馆。随函附去上述公证书，请该公证处修改后重新送认证。

另外，公证处为上述人员办理公证时，应依照我司(89)司公字第12号《关于为赴阿根廷旅游、探亲者出具公证书事的复函》精神办理。对当事人所在单位出具的同意其出国，在出国期间保留其住房和不开除的证明，均不办理公证证明。

司法部公证司

关于不能办理“同意入籍”公证的复函

［1990年7月13日 (90)司公字第83号］

湖北省司法厅公证管理处：

你处鄂司公字(90)第13号《关于可否办理“同意入籍”公证的请示》函收悉。经与公安部六局研究认为，居住在日本的中国公民申请加入日本国籍，日本要求提供其在中国的亲属同意其加入日籍的书面意见违反我国国籍法，也不合乎情理，因此，我公证机关不能为其亲属办理“同意入籍”公证书。

司法部公证司

关于不办理夫妻一方未与他人结婚公证的复函

[1990年11月5日 (90)司公字第173号]

广东省司法厅公证管理处：

你处粤司公字(1990)172号《关于可否证明夫妻一方没有另与他人再婚的请示》收悉。关于可否为已移居国外的当事人在国内的配偶办理未与他人结婚公证事，经研究同意你处意见，公证处不予办理。如当事人坚持申办公证、公证处可用信函方式答复当事人(修改的信函格式见附件)。

附件：

×××先生(女士)：

我们认真研究了您要求办理您在您妻(夫)离开中国大陆期间未与他人结婚的公证书的请示。我国法律规定，我国实行一夫一妻、婚姻登记制度，禁止重婚。我们已为您出具了与×××的夫妻关系(结婚)公证，申办上述公证是无意义的，所以无需办理。

中华人民共和国××省××市公证处
年　月　日

司法部公证司

关于宝灯申办与性明师、徒孙关系公证的函

[1991年2月1日 (91)司公字第20号]

吉林省司法厅公证管理处：

你处转来香港湛山寺主持宝灯的申请收悉。关于宝灯申办师、徒孙的公证事，经商国务院宗

教局认为,我国实行国家政权与宗教相分离的原则,宪法规定:"中华人民共和国公民有宗教信仰自由","任何国家机关、社会团体和个人不得强制公民信仰宗教或不信仰宗教"。这也就是说,宗教信仰问题是个人的私事,是公民个人自由选择的问题。因此,我公证机关不宜办理此类涉及公民宗教信仰问题的公证。

司法部公证司

关于公证处不宜为澳门居民出具"非当地出生"公证书的复函

[1991年2月2日 (91)司公字第21号]

新华通讯社香港分社外事部:

你部社外发(1991)M1号"关于内地公证处能否为澳门居民签发'非当地出生证明书'问题"的函收悉。经商港澳办三司认为,公证机关办理公证是依法证明已发生的法律行为和已存在的、有法律意义的文书和事实的真实性、合法性,一般不出具法律行为或事实行为不曾在该地发生的公证书,故不宜为澳门居民办理"非当地出生"公证书。为解决当事人办理葡籍认别证的需要,可由当事人或其亲属发表在澳门出生的声明,公证处证明声明人在声明书上的签字属实。

司法部公证司

关于不办理《打算结婚声明书》公证的复函

[1991年3月25日 (91)司公字第57号]

海南省司法厅公证管理处:

你处琼司公律(1991)3号《关于如何出具〈打算结婚声明书〉证明书的请示》收悉。经商外交部领事司认为,鉴于我国和加拿大已于1984年就简化我国公民赴加拿大探亲和定居手续达成了谅解(见《公证工作手册》第九辑第48页),公证处不办理《打算结婚声明书》公证。

另,请通过广东省中国旅行社代办签证部,告知加拿大驻港专员公署,如中国公民赴加拿大探亲、定居手续程序有变化，应由加拿大驻华使馆向中国外交部正式提出。

司法部公证司

关于不办理夫妻关系未破裂公证书的复函

[1991年8月6日　(91)司公函字第29号]

上海市司法局公证管理处：
浙江省司法厅公证管理处：

你处沪司公管发字(1991)第2号《关于可否为赴意大利探亲者出具夫妻关系未破裂公证书的请示》，浙司公(1991)第33号《关于能否为当事人办理未解除夫妻关系公证事的请示》收悉。关于意大利有关方面要求赴意大利的我国公民提供夫妻关系未破裂公证书，我司已照会意大利驻华大使馆，说明我公证处可以出具结婚公证书或夫妻关系公证书，不能出具夫妻关系未破裂公证书。请转告办理涉外公证的公证处，不办理夫妻关系未破裂公证书。

司法部公证司

关于不办理蔡天赐日本国籍公证的复函

[1991年10月25日　(91)司公函字第64号]

安徽省司法厅公证管理处：

你处(91)司公字第091号函收悉。关于蔡天赐申办日本国籍公证，经商公安部六局认为，我公证处不能为当事人办理外国国籍公证。

司法部公证司

关于已形成抚养关系的嫡母与庶女之间能否办理解除权利义务关系公证的复函

［1992年2月12日　(92)司公函022号］

上海市司法局公证管理处：

你处沪司公管发字(1991)第47号《关于已形成抚养关系的嫡母与庶女之间能否解除权利义务关系的请示》收悉。经研究认为：嫡母与庶子女为姻亲关系，我国法律没有嫡母与庶子女视为继父母子女权利义务关系的规定，所以不应将郑如文与单梅英之间的关系视为继母女关系。郑如文与单梅英之间共同生活多年的抚养关系是事实关系；相互间因抚养事实形成的权利义务，一般不宜协商解除，故公证处不应为郑如文与单梅英办理解除权利义务关系的公证。

司法部公证司

关于不办理国际气功师证书公证的复函

［1992年5月16日　(92)司公函075号］

天津市司法局公证管理处：

天津市公证处津证发字(92)第11号请示收悉。关于可否办理国际气功师证书公证，经商国家中医药管理局医政司认为，该证书规定气功医疗病种范围不符合国家有关规定，不具备气功医疗法律效力，不能办理公证。

司法部公证司

关于不为赴阿根廷旅游者办理工资收入公证等事的通知

［1994年6月4日　(94)司公函058号］

各省、自治区、直辖市司法厅(局)公证管理处，国家公证处：

据外交部领事司告，阿根廷主管当局已决定不再要求前往阿旅游的中国公民提供个人工资收入公证书。因此，阿驻华使馆今后将不再要求中国有关申请人提供此类公证书。

另，阿官方对我公证处出具的送往阿使用的未受刑事处分公证书的有效期重新作出规定：自公证处公证之日至送达阿驻华使馆认证，有效期为两个月；公证书自大使馆认证之日至送达阿根廷使用，有效期为六个月。

请尽快通知所属各办理涉外公证的公证处。

司法部公证司

关于劝阻毛里求斯普济寺招收婴幼儿为尼姑的复函

［1994年8月17日　(94)司公函079号］

驻毛里求斯使馆领事部：

你部(94)毛求领发字第037号函收悉。经商国务院宗教事务局政策法规司，答复如下：国外寺庙在我国招收婴幼儿出家为尼，尚无先例。我国政策规定，不允许强迫任何人，特别是十八岁以下的少年儿童入教、出家和到寺庙学经。《中华人民共和国境内外国人宗教活动管理法》第八条规定，外国人"不得在中国公民中发展教徒"。因此，毛里求斯普济寺到我国招收婴儿出家为尼一事应予劝阻。该寺如确需从我国境内寻找尼姑，可商我国佛教组织同意后，从已出家的年轻比丘尼中物色，并按有关规定办理手续。

请将(94)梅市证字第794、795和796号出生公证书扣留并转我司，以便进一步调查处理。

司　法　部

关于禁止为歌星演职人员到境外夜总会等场所演出办理公证的通知

（1995年2月17日　司发通〔1995〕008号）

各省、自治区、直辖市司法厅（局）：

今年1月1日、20日，我驻新加坡使馆来电，反映国内女歌星大量涌入新加坡，在夜总会卖唱，丧失国格、人格的事时有发生，在当地引起公众和舆论的关注，建议国内有关部门采取措施予以严控。为此，特通知如下：

一、今后公证处办理有关演唱证、演唱经历等公证事项必须严格按照公证事务管辖权的规定，境外使用的，必须由具有涉外公证权的公证处承办。

二、根据文化部《关于坚决制止向境外派遣歌星及其他演职人员、艺术团组到夜总会等场所演出的紧急通知》（文外函〔1995〕6号）的规定精神，不得为以任何名义和形式向境外派遣歌星及其他演职人员、艺术团组到夜总会、餐饮及色情场所演出办理有关公证。

三、为出境演出申办有关公证时，当事人除必须提供由文化主管部门颁发的歌手及其他演员演出资格证件外，还必须提供文化主管部门批准出境演出的证明。

四、此类公证因涉及当事人的具体行为能力，一般应由本人到公证处提出申请，不得委托他人代理申请；艺术团组的工作人员为团组演出申办有关公证时应持有文化主管单位的授权委托书。

五、公证书应注明使用目的和使用地范围，有效期不得超过一年。

请及时通知所属各公证处，并严格遵照执行。

附：文化部《关于坚决制止向境外派遣歌星及其他演职人员、艺术团组到夜总会等场所演出的紧急通知》（文外函〔1995〕6号）

附：

文　化　部

关于坚决制止向境外派遣歌星及其他演职人员、艺术团组到夜总会等场所演出的紧急通知

（1995年1月4日　文外函〔1995〕6号）

本部各司局、各直属单位，各省、自治区、直辖市文化厅（局）：

据我驻新加坡使馆反映，近年来我女歌星正大量涌入新加坡，在形形色色的夜总会卖唱，丧失人格、国格的事时有发生，已引起当地公众和舆论界的关注。其中一些经办此事的新加坡经纪人持我公证处出具的歌星公证书及我有关省文化厅出具的同意赴新演唱的证明到我驻新使馆办理认证手续，有些证明的受文单位居然写明是新加坡移民局，落款处盖着我有关省文化厅的公章，这是外事纪律所不容许的。

对此，特通知如下：

一、文化部所属各司局、所属各企事业单位，各地文化厅（局）及所属单位，必须严格执行监察部等六单位《关于坚决制止和严肃查处利用劳务输出等非法移民和向境外派遣女青年从事色情服务的通知》（监发〔1994〕3号），不得以任何名义和形式向境外派遣歌星及其他演职人员、艺术团组到夜总会、餐饮及色情场所和变相色情场所演出。对涉嫌从事此类活动的单位和个人，应拒办手续，并及时查明情况，向上级和监察机关报告。同时要积极协同其他有关部门共同搞好管理工作。

二、文化部所属各单位、各地文化厅（局）及有关部门在发放歌手及其他演员演出资格证件时，要注明“此件对外无效”。如要办理出国演出，必须按正常途径报批并严格审批手续。

司法部公证司

关于公证处不宜办理借腹生育协议公证的复函

［1995年5月9日　（95）司公函033号］

江苏省司法厅公证管理处：

你厅今年三月六日《关于能否办理借腹生育协议公证的请示》［苏司公（1995）第011号］函

收悉。经研究认为，借腹生育涉及到法律、医学、家庭关系、伦理道德、社会习俗等一系列问题，情况复杂，目前法律无明文规定。因此，公证处不宜办理借腹生育协议公证。

司 法 部

关于涉及日本侵华罪行公证事的批复

（1998年3月31日　司复〔1998〕003号）

浙江省司法厅：

你厅公证管理处1997年12月8日的请示函及附件收悉。经商外交部有关部门认为，凡涉及向日本政府提出民间战争索赔的诉讼请求文书、行为不予公证。对日本侵华罪行的事实、物证、书证、证人证言等，只要不以索赔为目的、不涉及具体索赔请求的，公证机关可以按《公证暂行条例》规定给予公证。这对保留真实的历史记录，教育世人，揭露日本侵华罪行具有重要的意义。

此复。

司法部公证司

关于不宜为在国外出生并寄养在国内的华侨子女办理出生公证的复函

［1998年6月5日　(98)司公字008号］

浙江省司法厅公证管理处：

你处《关于能否为华侨在国外出生并寄养在国内的子女办理出生公证问题的请示》（浙司公〔1998〕第3号）函悉。经商外交部领事司认为，华侨在国外出生的子女入境时应持有我驻外使领馆颁发的有效证件，上载明其出生地。对确系在国外出生的，应由华侨自行向其子女出生地国申办出生公证和认证后，再经我驻该国使领馆认证即可，无须国内公证处据此再另行出具出生公证书。此外，对华侨子女在国外出生的具体事实，公证处难以查实。因此，公证处不宜为在国外出生并寄养在国内的华侨子女办理出生公证。

司法部公证司

关于不宜为代母生育子女办理有关亲子关系公证的复函

[1998 年 7 月 30 日　(98)司公函 020 号]

广东省司法厅公证管理处：

你处《关于黄耀祥、黄彩珍出生公证的请示》(粤司公字〔1998〕48 号)函收悉。经研究并向有关部门了解情况后认为，代母生育问题，现尚无法律、法规规定，有关政策明文禁止，且涉及复杂的社会、伦理、法律等问题。我司亦曾于 1995 年发文，明确不宜办理借腹生育协议公证。鉴此，公证处不宜办理代母生育子女方面亲子关系的公证。

此复。

司　法　部

关于《关于如何为经我驻外使领馆认证的外国公证书办理公证的请示》的复函

(2001 年 5 月 29 日　〔2001〕司律公函 036 号)

福建省司法厅公证管理处：

你处《关于如何为经我驻外使领馆认证的外国公证书办理公证的请示》[(2001)闽司证字第 066 号]函收悉。你处请示中反映：有关单位因虑及当前社会上伪造证书情况，对经我驻外使领馆认证的外国公证书不予采用，而要求由国内公证处对其办理有关公证以确认其真实性。你处提出两种解决意见并请示如何办理。对此，经征求外交部领事司意见，现做如下答复：

一、经我驻外使领馆认证的外国公证书系已生效的法律文书，与国内公证处出具的公证书具有相同的效力。因此，我公证处不宜办理此类以确认其真实性为目的的公证。如对经我驻外使领馆认证的外国公证书的真实性有疑义,应通过其他途径核查。

二、对经我驻外使领馆认证而无中译文的外国公证书,公证处可以办理其中文译本与外文原本内容相符公证。但应当明确此类译文公证不具有证明外国公证书真实性及内容符合我国法律的效力。

对外国公证书的翻译应当符合对涉外公证书的翻译要求。

此复。

司　法　部

关于公证处不宜应外国法院要求出具公函并在可视电话上作证的复函

(2001 年 7 月 23 日　〔2001〕司律公函 044 号)

福建省司法厅公证管理处:

你处今年七月二日(2001)证政字第 022 号函悉。对厦门市同安区公证处可否对在外国法院进行的诉讼案件涉及的公证书的真实性问题应该法院要求出具公函并由有关公证员在可视电话上作证的问题,经研究认为:外国法院提出上述要求是为在我国领域内调查取证。一国法院为审理案件的需要在另一国领域内调查取证应通过司法协助条约规定的途径或外交途径进行。因此,公证处不宜应外国法院要求直接出具公函并由公证员在可视电话上作证。

此复。

司　法　部

关于不办理《军官转业证书》公证的复函

(2001 年 10 月 12 日　〔2001〕司律公函 049 号)

北京市司法局公证管理处:

你处京司公(2001)30 号请示收悉。关于《军官转业证书》能否公证一事,经商中国人民解放军总政治部办公厅认为,《军官转业证书》与原《转业军人证书》的性质和内容基本相同,系军官退出现役到地方工作的证件,不是国家法律规定的证明兵役状况的文书,如对外公证,缺乏法律依据。因此,不宜办理《军官转业证书》及《转业军人证书》的公证。

六、公证书的制作、翻译和认证

司法部公证律师司

关于公证书试行格式的几点说明

［1981 年 7 月 13 日　(81)司公字第 94 号］

公证书是国家公证机关出具的证明文件。要求内容真实、合法；文字准确、明了、易懂；印刷装订整洁、美观、大方。

一、关于一事一证问题

为了申请人使用方便，一般以一事一证为好。有几项证明内容但属于同一使用目的而需合并成一份证书的可以几事一证。

二、关于出生地和出生日期问题

出生地一般只写省、县(市)的名称。如省、县(市)的名称有变化，则应写出生时的名称；如果出生时的地名现已不存在，则可在地名前边加一个“原”字。

公证书上一律不写年龄，以出生日期代替年龄，出生日期一律用公历，写明 × 年 × 月 × 日，必要时，可用括号注明农历日期。

三、关于编号问题

公证书均需编号。一宗公证事，需要办几件公证书的，应按顺序每件编一个号，不要几件同编一个号；如几项内容办成一份公证书的，应按一件计，编一个号。

有关继承问题的公证书，继承权公证书的编号应在委托公证书之前；遗嘱公证书的编号又应排在继承权公证书之前。

委托书、遗嘱是委托人、立遗嘱人出具的文件，不应另行编号，号应编在委托公证书和遗嘱公证书上。

四、关于签名盖章问题

公证员应亲自在公证书上签名或盖签名章。签名和签名章要易于辨认，不要太草，大小一般宽为 2 公分，长为 1.5 公分。签名和签名章应报送外交部领事司备案，并抄送我部。

申请人一般应签名，不会写字的可以盖章，通常不按手印。

签名、盖章的位置见格式第一式之二。

一般不在外国文件或外文正本上盖我公证机关和公证员印章。但如外国文件或外文正本上无损害我国主权和与我国法律、政策相抵触的内容，可作另纸公证的形式予以证明。

五、关于贴照片问题

经历公证书和学历公证书一律贴照片；结婚公证书贴夫妇两人的单身或合影照片。其他证明书一般不贴照片，如果申请人提出正当理由（如使用地要求）要求贴照片的，也可以贴。照片一律用最近的一寸半身免冠照片，贴照片位置见格式第一式之二，并加盖钢印。

六、关于纸张问题

（略）

七、关于印刷问题

公证书封面一律铅印。办证不多、印刷有困难的县（市）可由省统一印刷。

公证书正文一律打字油印。

公证书封面的“公证书”用老初宋体字；“中华人民共和国×省×市公证处”用二宋体字；公证书正文用打字机三号字。

版面排版的尺寸见第一式。

八、关于装订问题

装订时，应将公证书证明内容按先后顺序排列。

首先是封面（国内使用的公证文书不需要加封面）。

其次是公证书，如果是证明申请人签字属实的公证书，则应把申请人提出的文件排在前面，公证机关的公证书排在后面。

（略）

如附有外文译文，是中文正本的译文，应附在中文本之后；是证明外文译文与中文正本相符，则应将译文排在公证机关的公证书之前。

最后是封底（无封面者亦不需加封底）。

在几项证明内容属于同一使用目的时，装订中应将证明内容合乎规律地排列装订。

装订一般用胶水粘，要粘得平整；页数多，粘有困难的，则可把正页用订书机装订，而后粘上封面封底。

（略）

送外交部领事司认证的公证文书必须装订好，切勿散着送认证。

司法部公证律师司

对《关于缩小委托公证书用纸尺寸的请示报告》的批复

［1984年5月5日　(84)司公字第91号］

江苏省司法厅公证管理处：

你处司公(84)第18号《关于缩小委托公证书用纸尺寸的请示报告》收悉。经研究，我司认为，委托公证书是公证机关为有关当事人出具的用于经济活动的专门法律文书，不是日常随身携带的身份证件。因此，应按照我部所规定的公证书格式的要求制作，不能随意缩小、扩大或者加套塑料封皮。否则，即失去了公证文书的法律上的严肃性。

司法部公证律师司

关于公证书上数字用法的复函

［1987年11月18日　(87)司公字第125号］

广东省司法厅公证管理处：

你处粤司公(87)75号函《关于〈公证书〉上数字用法的请示》收悉。经查，我司未曾转发国家语委等七个部门的联合通知《关于出版物上数字用法的试行规定》。关于《公证书》上数字用法问题，因《公证书格式》尚在修改中，在未下发新的公证书格式执行之前，请仍沿用以往用法，即：公证书编号使用阿拉伯数字，其他数字均使用汉字。

司法部公证司重申公证书译文中姓名拼音事的函

［1990年4月17日　(90)司公字第38号］

各省、自治区、直辖市司法厅(局)公证管理处：

据我驻汉堡总领事馆反映，我国一些公证机关发往国外使用的公证书译文中人名、地名拼音不准确，不规范。德方为此提出质疑。为便于我公证书在域外使用和维护我公证书的严肃性，现重申：公证书译文中的姓名和国内地名必须按照汉语拼音拼写。另外还可根据当事人的要求，在汉语姓名后面，用括号注上他们在域外使用的姓名或地方方言译音姓名。请即通知所属办理涉外公证的公证处，严格执行。

司法部公证司

关于修改部分民事公证书格式及公证书译文、贴照片等问题的通知

［1993年5月22日　(93)司公函053号］

各省、自治区、直辖市司法厅(局)公证管理处：

《公证书格式(试行)》实行以来，各地及有关部门提出了一些意见。现将急需修改的部分民事公证书格式和一些不够明确的问题通知如下：

一、关于修改未婚和未受刑事处分公证书格式问题

1. 将第三十四式未婚公证书格式(之一至七)证词中第一句话“根据××省××市户籍管理机关档案记载或××单位证明”等字样删去，直接写“兹证明×××……”。例如，之一式应改为：“兹证明×××(男或女，××××年×月×日出生，现住××省××市××街××号)至××××年×月×日(单位出具证明或公证处查证的时间)未曾登记结婚。”

2. 将第四十式未受刑事处分公证书格式(之一至之四)证词中第一句话“根据××省××市户籍管理机关档案记载(或××单位公务人员档案记载)”等字样删去，直接写“兹证明×××……”。例如，之一式应改为：“兹证明×××(男或女，××××年×月×日出生，现住×××

×)至××××年×月×日离境(或去香港、澳门)之日,在中国(或内地)居住期间未曾受过刑事处分。”

3. 第四十式未受刑事处分公证书格式(之二)证词中,在括号中的当事人出生日期后面加上现住址,改为:“兹证明×××(男或女,××××年×月×日出生,现住××省××市××街××号)至××××年×月×日,在中国居住期间未曾受过刑事处分。”

二、关于修改出生、死亡、亲属关系公证书格式问题

1. 将第二十二式出生公证书格式(之一、之二)证词中括号内“××单位公务人员档案记载”删去。今后凡依据人事档案出具出生公证书的,不再写上办证依据。

2. 将第二十三式死亡公证书格式证词中括号内“××单位公务人员档案记载”删去。今后凡依据人事档案出具死亡证明的,不再写上办证依据。

3. 将第三十九式亲属关系公证书格式(之二至之五)中“根据××单位公务人员档案记载”字样删去。

三、关于公证书附译文的问题

发往域外使用的公证书一般均需附译文(日本、香港等地除外)。译文排在公证书证词之后。对于证明有法律意义文书的,应将所证明文件的译文排在公证书证词之后,再将公证书译文排在所证明文件的译文之后。对于还需证明译文与原文相符的,其排列顺序为:

(1)所证明文件(如声明书、委托书)中文本(或复印件);

(2)公证书;

(3)所证明文件的译文;

(4)公证书译文;

(5)证明译文与原文相符公证书;

(6)证明译文与原文相符公证书译文。

对于仅证明译文与原文相符的,应将所证明文件的中文本排在第1页,其译文排在第2页,公证书排在第3页,公证译文排在第4页。

四、关于公证书贴照片的问题

1. 凡发往域外使用的经历、学历(实体公证)、结婚公证书,以及发往美国使用的出生公证书,均需在公证书左下方贴当事人本人二寸免冠照片,并加盖公证处钢印。结婚公证书贴夫妻二人单身或合影照片均可。

2. 对于文书使用国或当事人要求贴照片的,应在公证书中加贴本人照片。例如泰国要求对出生和未婚公证书加贴当事人照片。

3. 对于用于继承等的结婚公证书,如配偶一方死亡后,另一方提供不了死亡者照片的,则不必在公证书中贴照片。对于需办理认证的,公证处在送认证时应加以说明。

以上请速通知所属办理涉外公证的公证处执行。

司法部公证司

关于发往韩国使用的公证书中人名和地名可直接使用原语言文字的复函

［1993年8月7日　(93)司公函088号］

吉林省司法厅公证管理处：

你处今年一月二十八日《关于发往韩国的公证书中人名、地名中英译文附朝英译文的请示》收悉。对于请示的问题，经商外交部领事司，现答复如下：

为避免中文、朝鲜文、英文等人名和地名互译的困难，对于发往韩国使用的公证书中的人名和地名可直接使用原语言文字，不作翻译。

司法部公证司

关于我驻外使领馆启用公证认证防伪专用纸的通知函

［1998年2月5日　(98)司公函006号］

各省、自治区、直辖市司法厅(局)公证管理处，长安公证处：

为维护我驻外使领馆公证认证的权威性、真实性，增强公证认证用纸的防伪功能等，外交部决定自一九九八年四月一日起，我驻外使领馆统一启用防伪专用纸办理有关公证、认证业务。将启用的防伪专用纸为A4标准尺寸，内有满版长城水印图案，每页下部中央印有无色荧光的"中华人民共和国驻外使领馆公证专用"字样(用肉眼看不出来)，左下角处印有八位数的红色荧光编号，字样与编号在紫外线照射下分别呈黄绿色和紫红色。

鉴于各地公证处今后在办理有关公证时，可能遇到我驻外使领馆上述日期后出具的公证、认证文书的情况，如对其真实性有疑问，你们可向所在省、自治区、直辖市外办核实。

特此通知。

司法部公证司

关于涉外公证书认证问题的通知

［1998年6月30日 (98)司公字010号］

各省、自治区、直辖市司法厅(局)公证管理处：

据一些我驻外使领馆反映,近来常有当事人持未办领事认证的国内的公证文书向我驻外使领馆申办认证。按认证程序规定,我驻外使领馆不宜对上述公证书进行认证。据了解,造成上述问题的主要原因是当事人不了解我认证程序规定和国际惯例。

为避免当事人因不了解认证的规定而影响有关事务的及时完成,保证我公证文书的顺利使用,现将需办理认证的有关国家名单及要求发给你们,请公证处在办理有关公证时向当事人说明：

(一)公证书需经认证,在办妥我外交部领事司或其授权机关及有关国家驻华使领馆认证后,再送到国外使用。不办理认证,公证书不能在该国使用,我驻外使领馆对其也不予认证。

对名单没有列出的国家(地区),亦请提醒当事人注意提前了解公证书是否应办理认证手续。

(二)一些国家对我公证书办理认证的时效等有具体要求,请当事人注意掌握。

请及时通知各有关公证处。

附件:(略)

司法部律师公证工作指导司

关于公证书加盖钢印事的通知

［1999年5月7日 (99)司律公字043号］

各省、自治区、直辖市司法厅(局)公证管理处,新疆生产建设兵团司法局公证管理处,长安公证处：

为统一公证书加盖公证处钢印办法,使其规范化,经研究决定：

一、国内公证书(包括正本、副本,下同)除只有一页且不粘贴当事人照片或不粘贴封面、封底的,可以不加盖钢印外,其他均应加盖钢印。

涉外、涉港澳台公证书均应加盖钢印。

二、公证书粘贴好后,一般自封面至封底垂直透体加盖钢印于公证书左下方。

对粘贴封面、封底的公证书证词页上粘贴照片的情况,公证处可在封面上相应位置加盖。

对因公证书较厚、钢印加盖效果不好的问题,公证处可采取将公证书粘贴好后,一次加盖几页的方法解决。

上述规定自一九九九年七月一日起执行。自该日期起,以往规定与本通知规定不一致的以本通知为准。

请尽快通知所属各公证处。

司法部律师公证工作指导司

关于非发往域外使用的公证书目前不宜使用公证专用纸的意见

[1999年6月28日 (99)司律公函055号]

四川省司法厅公证工作处:

你处《关于四川省成都市发现伪造公证书的情况报告》(川司公〔1999〕21号)收悉。对你处的赠与公证书使用公证专用水印纸以防伪造等的建议,经研究认为,根据《司法部关于公证书增加防伪措施的通知》(司公通字〔1991〕174号)规定,并综合考虑目前公证专用纸使用、管理的实际情况,公证专用纸的使用范围仍以保持在发往域外(含港澳台地区)使用的公证书这一范围之内为宜。非发往域外使用的公证书(包括赠与公证书)目前不宜使用公证专用纸。对出现的伪造公证书、使用地又非域外的情况,有关公证管理部门和公证处可采取与有关部门协商确定寄送副本、核查公证档案或代当事人办理有关登记手续等方式,积极排除伪证被使用的可能性。同时,发现伪证应视性质、情节等,根据有关规定予以处理。成都市公证处向公安部门报案的做法应予肯定。

司法部律师公证工作指导司

关于涉外公证书取消认证页等事的通知

(2000年1月21日 〔2000〕司律公字004号)

各省、自治区、直辖市司法厅(局)公证管理处,长安公证处:

为维护涉外公证书的严肃性,进一步加大防伪力度。经商外交部领事司决定,涉外公证书取消认证页。外交部领事司自2000年3月1日起将公证书认证贴纸直接粘贴在公证书证词译文页背面。

为此,在涉外公证书的制作上应注意以下两点:

一、证词译文页应使用公证专用纸。否则,自上述日期起,外交部领事司对证词译文页为非公证专用纸的公证书将不予认证。

二、装订应规范。从公证书内各页的排列顺序,直至加盖钢印,都应按规定进行,并保证外观整洁。另外,公证书封面、封底用纸应选用70克以上的质地良好的纸张。

请即将上述内容通知各有关公证处。执行中出现的问题,请逐级书面反映。

特此通知。

司　法　部

关于保全证据等三类公证书试行要素式格式的通知

(2000年3月11日 司发通〔2000〕035号)

各省、自治区、直辖市司法厅(局),新疆生产建设兵团司法局:

为增强公证文书的证明力,提高公证队伍的整体业务水平,满足社会对公证法律服务的需要,充分发挥公证的作用,在北京、天津、上海三市试点经验的基础上,经研究决定:在全国范围内,对保全证据、现场监督、合同(协议)三类公证书试行要素式公证书格式。现就有关问题通知如下：

一、推行要素式公证书格式是公证工作改革的重要内容，是对传统公证书格式的全面突破，是一项十分具体而又复杂的工作，对公证人员的素质、分析判断能力、办证程序的严谨性等都提出了更高的要求。为保证这项工作的顺利进行，试行工作要本着先学习、后试行，先试点、后推广，边总结、边完善的原则，积极、稳妥地全面推开。

二、试行要素式公证书格式的范围暂定为在国内使用的保全证据、现场监督、合同（协议）三类公证书，发往域外使用的涉外、涉港澳台公证书及其他国内公证书，仍使用现行公证书格式。各公证处及公证员不得随意扩大要素式公证书格式的适用范围。其他公证事项确需使用要素式公证书格式的，应提出格式样式、适用范围和使用要求，并逐级请示报告，经我部律师公证工作指导司批准后方可使用。

三、试行工作分为学习、试点和推广三个阶段。各地要采用集中培训、集体学习、自学等方式，组织全体公证人员认真学习领会我部下发的要素式公证书格式、使用说明、参考格式，与要素式格式相关的法律、法规及司法文书写作知识，努力提高法律、公证业务、语文和文书写作水平。北京、上海、天津及其他省市选定的试点公证处应在6月30日前结束学习阶段，其他公证处应在今年年底以前完成。7月1日至12月31日为试点阶段，主要任务是通过试点总结摸索经验，为全面推行要素式公证书格式打好基础。各省市（不含北京、上海、天津）要选择大中城市及公证质量良好的公证处进行试点。参与试点的公证员应为三级以上或具有大学学历的四级公证员，要具有丰富的公证实践经验、较高的文字表达水平和良好的办证质量，并经省级以上组织的要素式公证书格式培训合格。试点公证处每月要就试点工作进行小结，试点结束时要拿出全面的试点工作报告。年底前，要将本省试点的情况汇总上报我部律师公证工作指导司。在学习、试点的基础上，从2001年1月1日起（北京、上海、天津从2000年7月1日起），在全国各公证处全面推行使用要素式公证书格式。

四、各级司法行政机关及主管领导要认真重视要素式公证书格式的推行工作，把它作为改革与发展、提高公证质量和队伍素质、巩固公证成果的重要事项来抓。要根据本地的实际情况，制定推行工作方案，组织学习培训，选好试点单位，做好推广工作。各公证处在试行过程中应注意及时总结经验，不断提高适用要素式公证书格式的能力。对好的经验、意见和建议可随时逐级报我部律师公证工作指导司研究，以利进一步改进和完善。

三类要素式公证书格式及参考格式由律师公证工作指导司另行下发。

司法部办公厅

关于公证书用纸改为A4型的通知

（2002年10月22日　司办通〔2002〕第85号）

各省、自治区、直辖市司法厅（局），新疆生产建设兵团司法局，中国公证员协会，各省、自治区、直辖市公证员协会：

根据国务院发布的《国家行政机关公文处理办法》关于公文用纸一般采用国际标准A4型（210mm×297mm）的精神，经部领导批准，公证书用纸拟改为国际标准A4型（210mm×297mm）。具体通知如下：

一、发往国外和我国港澳台地区使用的公证书用纸，自2003年1月1日起使用A4型公证专用水印纸。各公证处尚未用完的16开水印纸由各省、自治区、直辖市公证员协会集中，统一指定公证处使用，并将所指定的公证处名称报司法部律师公证司和中国公证员协会。

二、非发往国外和港澳台地区的公证书用纸，自2003年1月1日起，原则上使用A4型纸质较好的普通纸；到2004年1月1日，所有公证书用纸一律改为A4型。各公证处如有尚未用完的16开公证书普通用纸，在2004年1月1日前仍可继续使用。但任何公证处一旦开始使用A4型纸，就不得再使用16开纸。

请通知各地做好各有关事项的准备工作。

司法部律师公证工作指导司

关于目前不宜由公证员在公证书上签字来替代公证员签名章的通知

（2003年8月7日　〔2003〕司律公字009号）

各省、自治区、直辖市司法厅（局）公证管理处，新疆生产建设兵团司法局公证管理处，长安公证处：

据部分省公证管理处反映，在交通系统举行的招投标中，根据交通部有关文件的规定，招标方在招标文件中明确要求:投标人授权或委托代理人执行投标事宜的须办理授权书或委托书公证,公证员须在公证书上签字,否则为无效标书。经研究认为,目前仍不宜由公证员在公证书上亲笔签字来替代以往在公证书上加盖公证员签名章的做法。为此,我司与交通部有关部门进行了协商。日前,交通部公路司正式致函(交公便字〔2003〕193 号)我司表示,根据司法部对公证书的有关规定,该司将《公路工程国内招标文件范本》(2003 年版)中关于公证员在公证书上签字的要求解释为盖公证员签名章,而非由公证员手签字,并上网公示。请即转告各公证处。

司　法　部

关于制发涉外、涉港澳台民事公证书副本有关问题的批复

(2006 年 10 月 20 日　司复〔2006〕16 号)

吉林省司法厅:

你厅《关于可否制发涉外涉港澳台民事公证书副本的请示》(吉司请字〔2006〕22 号)收悉,经研究,现批复如下:

鉴于目前全国各地正在贯彻实施《公证法》,部分公证机构名称已经或即将发生变化等情况,对于当事人在办理涉外涉港澳台民事公证后又请求公证机构为其制发公证书副本的,根据以下情况予以处理:

(一)制发公证书的原公证机构仍存在的,如公证书自出具之日起未超过六个月的,按有关规定制发副本。

(二)制发公证书的原公证机构已变更名称或合并,但原承办公证员未变动的,如公证书自出具之日起未超过六个月的,制发副本。

(三)制发公证书的原公证机构已变更名称或合并,并且原承办公证员已变动的,按规定程序重新办理公证。

(四)制发公证书的原公证机构已撤销的,按规定程序重新办理公证。

此复。

司　法　部

关于推行继承类、强制执行类要素式公证书和法律意见书格式的通知

（2008年12月30日　司发通〔2008〕177号）

各省、自治区、直辖市司法厅（局），新疆生产建设兵团司法局、监狱局：

为进一步扩大要素式公证书的使用范围，自2004年1月起，我部在北京、天津、吉林、上海、广东、四川等省（市）的部分公证处开展了继承类、强制执行类要素式公证书和法律意见书格式的试点工作，经过几年的实践，试点工作取得了预期效果。在对试点工作进行总结的基础上，经研究决定，自2009年7月1日起，在全国范围内推行继承类、强制执行类要素式公证书和法律意见书格式。现将有关事宜通知如下：

一、充分认识推行要素式公证书格式的重要性

推行要素式公证书格式，是深化公证工作改革的一项重要内容，对于进一步完善公证制度、增强公证公信力具有重要的推动作用。一方面，要素式公证书能够更好地满足社会多层次、多方面的公证法律服务需求，有助于进一步拓展公证服务领域，使公证工作更好地适应经济社会发展的需要；另一方面，要素式公证书更加符合法律规定的公证文书作为“认定事实的根据”和“强制执行的根据”的标准和要求，有助于进一步强化公证文书的法律效力，使公证文书和公证工作更好地取信于社会。

二、认真做好推行要素式公证书格式的准备工作

要素式公证书格式的内容丰富，从根本上改变了传统的定式公证书格式简单的证明方式。同时，要素式公证书格式对公证员的法律专业知识和公证执业技能提出了新的更高的要求，特别是此次推行的继承类、强制执行类要素式公证书和法律意见书，不仅相关公证事项的业务量大，而且涉及的法律关系复杂，各项准备工作做得是否充分，直接关系到这几类要素式公证文书格式能否顺利推行及其实际效果。因此，各地要根据要素式公证书的要求，采用集中培训、开展研讨、个人自学等方式，组织全体公证员认真学习我部印发的继承类、强制执行类要素式公证书和法律意见书格式，学习与这些公证文书相关的法律、法规及司法文书写作知识，努力提高法律知识、公证业务和文书写作水平。为保证公证质量，所有公证员必须参加省级以上司法行政机关或者公证协会组织的集中培训，合格后，方可在2009年7月1日后继续办理相关的公证业务。

三、切实加强领导，精心组织实施

各级司法行政机关要把推行继承类、强制执行类要素式公证书和法律意见书格式，作为深化

公证工作改革、提高公证文书质量和公证队伍素质、巩固和提升公证公信力的一项重要工作来抓。各省(区、市)司法厅(局)要结合本地实际,制定具体的工作方案,扎扎实实做好实施准备、工作指导、监督检查、总结提高等各个环节的工作。在推行要素式公证书格式过程中,各地要善于总结经验,及时发现和解决存在的问题,努力提高公证文书质量,确保要素式公证书格式顺利推行。

继承类、强制执行类要素式公证书和法律意见书的通用格式,由律师公证工作指导司印发。

司　法　部

关于推行新的定式公证书格式的通知

(2011 年 3 月 17 日　司发通〔2011〕32 号)

各省、自治区、直辖市司法厅(局),新疆生产建设兵团司法局:

为了进一步完善公证文书制度,司法部根据《公证法》及《公证程序规则》的规定,对现行定式公证书格式进行了全面清理和修订,形成新的定式公证书格式,决定自 2011 年 10 月 1 日起在全国范围内推行。现将有关事宜通知如下:

一、充分认识推行新的定式公证书格式的重要性

修订完善定式公证书格式,是贯彻实施《公证法》、依法推进公证工作改革的一项重要内容,是进一步完善公证文书制度、提高公证质量和增强公证公信力的重要措施。新的定式公证书格式,总结了我国公证文书制度的实践经验,并根据当前公证工作发展的新情况、新要求,从格式类别、内容要素到形式结构进行了全面修订。新的定式公证书格式,内容更加充实、结构更加科学、形式更加灵活,指导性、适用性、科学性进一步增强。推行使用新的定式公证书格式,对于进一步提高公证文书质量,增强公证文书法律效力,使公证文书更好地取信于社会,具有重要的推动作用。各级司法行政机关公证管理部门和广大公证员,要深刻认识推行新的定式公证书格式的重要性、紧迫性,扎实有效地做好新格式的推行使用工作,努力把公证工作提高到一个新的水平。

二、认真做好新的定式公证书格式的学习培训工作

新的定式公证书格式涉及大多数公证事项,目前,除保全证据、现场监督、合同协议、继承、强制执行等公证采用要素式公证书格式外,其他公证事项均使用定式公证书格式,因此,推行新的定式公证书格式将对公证机构的执业活动产生重要影响。同时,为了进一步增强公证文书格式的指导性、适用性和科学性,一方面在公证书格式中增加了"注"的指引性内容,另一方面在内容结构上增加了申请人基本情况、公证事项等必备要素,使得修订后的定式公证书。格式在相对固定的基本框架下增加了许多需要据实表述的内容,对公证员撰写公证书提出了新的更高的要求。因此,各地要结合实际做好新的定式公证书格式的学习培训工作,通过集中培训、研讨交流、个人自学等方式,使广大公证执业人员和公证管理干部尽快熟悉和掌握新格式的内容和要求,为顺利推行使用新格式做好准备工作。

三、严格按照新的定式公证书格式的规范和要求制作公证书

《公证法》第三十二条规定:公证书应当按照国务院司法行政部门规定的格式制作,这是公证机构及公证员办理公证应当遵循的一项基本要求,否则,将会导致公证证词表述不当甚至公证书内容不正确、不合法。在新的定式公证书格式中,既有固定表述的内容,又有据实表述的内容。凡格式要求必须按照既定的固定内容加以表述的,在制作公证书时要全面、完整地予以体现,不得擅自变更;对于格式要求据实表述的内容,应当按照“注”的具体指引,结合公证事项的具体情况,准确表述相关内容,充分体现“注”所要求的核心内容和要素,防止随意性。总之,各公证机构及其公证员要严格按照修订后的定式公证书格式的要求,依法、严格、规范办理每一项公证文书,确保公证文书的高质量。

四、切实加强工作指导

推行新的定式公证书格式是当前公证工作的一件大事。各级司法行政机关要把推行新的定式公证书格式作为深化公证工作改革、加强公证工作规范化建设和提高公证队伍素质的一项重要工作来抓,切实加强工作指导,确保推行工作顺利进行。各省(区、市)司法厅(局)要结合本地实际,制定具体的工作方案,对实施准备、工作指导、监督检查、总结提高等工作做出安排,确保推行使用工作有序进行。在推行新的定式公证书格式过程中,各地要认真做好检查和总结工作,适时对新的定式公证书格式的使用情况进行评查,及时发现和解决存在的问题,总结交流经验,充分利用推行新的定式公证书格式的契机,进一步提高公证文书质量和公证机构的办证水平。新的定式公证书格式在使用过程中出现的问题请及时报部。

新的定式公证书格式由律师公证工作指导司印发。

中华人民共和国司法部

二〇一一年三月十一日

七、公证费、公证经费管理

国家计委　司法部

关于印发《公证服务收费管理办法》的通知

（1997年3月3日　计价费〔1997〕285号）

各省、自治区、直辖市及计划单列市物价局（委员会）、司法厅（局）：

根据党的十四届三中全会《关于建立社会主义市场经济体制若干问题的决定》和《国民经济和社会发展"九五"计划和2010年远景目标纲要》精神，为促进公证服务业的发展，充分发挥公证处的市场中介组织作用，国家计委、司法部制定了《公证服务收费管理办法》，现印发给你们，请按照执行。

实行财政补助的公证处的收费管理，参照本办法执行。

公证服务收费管理办法

第一条　为适应建立社会主义市场经济体制的要求，保障公证处和申请办理公证事项的公民、法人以及其他组织（以下简称申请人）的合法权益，规范公证处收费行为，根据有关公证和价格的法律、法规，制定本办法。

第二条　本办法适用于公证处和申请人。

第三条　公证处对下列法律行为、有法律意义的事实和文书的真实性、合法性，向申请人提供证明以及办理其他公证服务，应按规定的收费标准向申请人收取公证服务费：

（一）证明经济合同，办理继承、赠与、遗赠和提存公证；

（二）赋予债权文书具有强制执行效力；

（三）证明民事协议；

（四）证明出生、生存、学历、经历、婚姻状况、亲属关系、收养关系、死亡、不可抗力事件、组织资格和资信等有法律意义的事实；

（五）办理证据保全、制作票据拒绝证书，证明有法律意义的文书，证明知识产权的享有、转让和使用许可；

（六）办理遗嘱公证和保管遗嘱，清点保管遗产，确认遗嘱的效力；

（七）证明对财产的清点、清算、评估和估损；

（八）其他民事法律行为的设立、变更、终止；

（九）保管文书，办理法律规定的抵押登记，代办与公证事项相关的登记、认证事务，代拟和修改与公证事项相关的法律文书，解答法律咨询；

（十）依法办理的其他法律服务事务。

第四条 制定和调整本办法第三条第（一）、（二）、（三）、（四）、（五）项的服务费标准，由国务院司法行政部门提出方案报国务院价格部门审批。制定和调整本办法第三条第（六）、（七）、（八）、（九）、（十）项的服务费标准，由省、自治区、直辖市人民政府司法行政部门提出方案，报同级价格部门审批，并报国务院价格部门备案。

省、自治区、直辖市人民政府价格部门制定服务费标准不当的，由国务院价格部门责令其纠正或直接予以纠正。

第五条 制定和调整公证服务费标准以公证处提供公证服务的社会平均成本为基础，根据办理公证事项所需人数、时间以及公证服务的复杂程度，并考虑申请人的承受能力确定。

第六条 公证服务实行计件收费和按标的比例收费。

本办法第三条第（一）、（二）项按标的比例收费；第三条第（三）、（四）、（五）、（六）、（七）、（八）、（九）、（十）项计件收费。

第七条 公证处为申请人提供公证服务过程中发生的下列费用，由申请人另行支付：

（一）鉴定费、评估费；

（二）公证书副本费；

（三）公证处到异地（省外）办理公证所需的差旅费；

（四）当事人因举证有困难，委托公证处进行调查的有关费用等。

第八条 公证处为申请人提供公证服务，依照规定的收费标准向申请人收取公证服务费，并向申请人出具收费票据。公证员个人不得私自收费。

第九条 公证处向申请人收取公证服务费，可在受理公证事项时预收，也可以与申请人约定在承办公证事项期间分期收取。

第十条 已受理的公证事项，申请人要求撤回的，按规定收取手续费。因公证处的责任不能出具公证书或撤销公证书的，预收或已收的公证服务费应全部退还申请人；因公证处和申请人双方责任而撤销公证书的，应按照责任的大小退还部分费用。因申请人提供伪证及举证不实而不能出具公证书的，预收的公证服务费不予退还。

第十一条 对本办法第十条所指责任有异议的，由县级以上司法行政部门认定。

第十二条 有下列情况之一的，公证处应当按照法律援助的有关规定，减收或者免收公证服务费：

（一）办理与领取抚恤金（或劳工赔偿金）、救济金、劳动保险金等有关的公证事项；

（二）办理赡养、抚养、抚养协议的证明；

（三）办理与公益活动有关的公证事项；

（四）列入国家“八七”扶贫攻坚计划贫困县的申请人申办的公证事项；

（五）申请人确因经济困难而无力负担的；

（六）其他特殊情况需要减免的。

第十三条 公证处应当严格执行国家规定的公证服务收费标准，明码标价，接受社会监督。

第十四条 公证处有下列价格违法行为之一的，由价格部门的价格监督检查机构依法查处：

（一）擅自提高收费标准的；

（二）扩大收费范围的；

（三）自立名目滥收费的；

（四）不按规定明码标价的；

（五）不如实提供价格检查所需资料的；

（六）违反本办法的其他价格违法行为。

第十五条 本办法由国务院价格部门负责解释。

第十六条 本办法自1997年3月1日起施行。1991年国家物价局、财政部颁布的《公证收费规定》（〔1991〕价费字549号文附件一）同时废止。

司法部律师公证工作指导司

关于转发《关于整顿企业抵押贷款收费的通知》的通知

（2000年2月23日 〔2000〕司律公字008号）

各省、自治区、直辖市司法厅（局）公证管理处，新疆生产建设兵团司法局公证管理处，长安公证处：

近日，国家发展计划委员会、财政部、国家经济贸易委员会、中国人民银行联合发布了《关于整顿企业抵押贷款收费的通知》（计价格〔2000〕25号）。该《通知》对企业在抵押贷款活动中涉及的公证收费作出了规定。转发给你们，请告各公证处遵照执行。

附件：《国家发展计划委员会、财政部、国家经济贸易委员会、中国人民银行关于整顿企业抵押贷款收费的通知》（计价格〔2000〕25号）（复印件）

附件：

国家发展计划委员会　财政部
国家经济贸易委员会　中国人民银行

关于整顿企业抵押贷款收费的通知

（2000 年 1 月 10 日　计价格〔2000〕25 号）

各省、自治区、直辖市物价局（委员会）、财政厅（局）、经贸委（计经委），各人民银行分行：

目前，企业抵押贷款中存在着收费环节多、重复收费、乱收费及收费标准高的问题，不仅给企业造成了沉重的经济负担，也影响企业经营效率。因此，为贯彻落实《中共中央国务院关于进一步治理向企业乱收费、乱罚款和各种摊派等问题的决定》精神，整顿企业抵押贷款收费，切实减轻企业负担，经国务院减轻企业负担部联席会议批准，现就有关问题通知如下：

一、严格规范各项收费。企业办理抵押贷款过程中，除为保证贷款资金安全所必须履行的法定登记外，任何部门、单位都不得强制实施服务及收费，不得强迫企业到指定的机构接受服务及收费。办理抵押贷款需要进行评估、公证和鉴证的，应按照"谁委托、谁付费"的原则，由委托方自行委托有资格的机构进行评估、公证、鉴证。

二、整顿行政性收费，对企业办理抵押贷款收费实行适当减收。

（一）企业办理抵押登记过程中，政府有关部门收取的验证费、查档费、建档费、现场勘察费、过期保管费、注销费、管理费、审查费、确认费等均属乱收费，一律予以取消。

（二）企业以土地使用权作为抵押物的，土地登记中的权属调查、地籍测绘费均按现行规定标准的 50%—70% 计收。土地界址点没有发生变化的不得收取地籍测绘费。企业以房屋产权作为抵押物的，登记费按现行规定标准的 50%—70% 计收。

具体减收幅度，由省级价格主管部门会同同级财政部门确定。

（三）以其他物品作为抵押物的，凡需履行登记手续的，除按规定收取证照工本费外，不得收取其他费用。

（四）企业抵押及贷款合同鉴证应坚持自愿委托原则，不得强制企业接受合同鉴证并收费。合同鉴证费按现行规定标准的 50% 计收。

三、加强对中介机构收费行为的监管，适当降低收费标准。

（一）评估、公证收费要坚持公正、公开的原则，向用户公开收费办法及收费标准，接受政府价格主管部门的检查和社会监督。

（二）土地评估收费，要严格执行现行土地使用权抵押评估减半收费的规定。房屋、国有资产评估收费，以及地方政府定价的其他各类评估收费，除已对抵押评估规定减半收费的外，均按现行规定收费标准的50%—70%计收。

房屋、国有资产抵押评估收费的具体减收幅度,由省级价格主管部门会同有关部门确定。

(三)对企业抵押及贷款合同进行公证的,按照现行规定收费标准的50%计收。

四、对抵押物进行评估,须以与贷款规模相适应的有效抵押物的评估金额为基数计取费用,不得采取扩大评估标的范围或虚高估价的方式多收费。

五、抵押物的抵押权益登记有效期限应与贷款期限相一致。在贷款期限内,评估、公证、鉴证机构不得再重复进行评估、公证、鉴定并收费。

六、企业抵押权益登记期满,继续利用同一抵押物申请抵押贷款续期的,除工本费外,不再收取抵押物登记费;委托前次评估机构和公证机构再次进行评估和公证的,其收费标准应在不超过规定收费标准30%的幅度内计收。

七、各商业银行应本着自愿原则,就抵押物保险事宜与贷款企业进行协商。企业已办理的保险能够保证抵押物安全的,银行不得要求企业再次保险。

八、各省、自治区、直辖市价格主管部门应会同有关部门于近期对本地区企业抵押贷款收费进行一次全面整顿,各级政府减轻企业负担办事机构要组织力量做好检查工作,坚决制止各种乱收费行为,对违反本通知规定的收费行为要严肃查处。

司法部办公厅

关于转发《财政部　国家计委关于将部分行政事业性收费转为经营服务性收费(价格)的通知》的通知(节录)

(2002年2月25日　司办通〔2002〕第15号)

各省、自治区、直辖市司法厅(局),新疆生产建设兵团司法局,各副省级市司法局:

经部领导同意,现将《财政部、国家计委关于将部分行政事业性收费转为经营服务性收费(价格)的通知》(财综〔2001〕94号)转发给你们,请通知各有关单位认真贯彻落实文件中的有关要求。

财政部　国家计委关于将部分行政事业性收费转为经营服务性收费(价格)的通知

(2001 年 12 月 28 日　财综〔2001〕94 号)

各省、自治区、直辖市、计划单列市财政厅(局)、计委(物价局),新疆生产建设兵团财务局,国务院有关部门:

近年来,随着社会主义市场经济的发展,过去由国家计委(原国家物价局)、财政部批准的行政事业性收费项目,有一部分已不再具有政府公共管理和公共服务性质,体现出明显的市场经营服务特征。根据国家计委、国家经贸委、财政部、监察部、审计署、国务院纠风办颁布的《中介服务收费管理办法》(计价格〔1999〕2255 号)的有关规定,为规范行政事业性收费管理,决定将部分行政事业性收费转为经营服务性收费。现将有关事宜通知如下:

一、将下列部门的行政事业性收费转为经营服务性收费(价格)。

(八)司法部门

1. 公证费。收费依据:原国家物价局、财政部《关于发布司法系统行政事业性收费项目及标准的通知》(价费字〔1991〕549 号)。其中,公证机构已改制为事业法人的,其收取的公证费转为经营服务性收费;公证机构为行政机关的,其收取的公证费仍按行政事业性收费进行管理。公证收费统一按照《国家计委、司法部关于印发〈公证服务收费管理办法〉的通知》(计价费〔1997〕285 号)和《国家计委、司法部关于调整公证服务收费标准的通知》(计价费〔1998〕814 号)的规定执行。

三、上述行政事业性收费转为经营服务性收费(价格)后,要严格按照《中华人民共和国价格法》的有关规定进行管理,并按国家有关规定依法纳税,使用税务发票。同时,按规定及时到指定的价格、财政主管部门办理收费许可证和行政事业性收费票据购领变更手续。

四、本通知自 2002 年 1 月 1 日起执行。过去有关规定与本通知不一致的,以本通知规定为准。

财政部

国家发展计划委员会

二〇〇一年十二月二十八日

司　法　部

关于公证服务收费有关问题的批复

（2009年9月4日　司复〔2009〕12号）

湖南省司法厅：

你厅《关于公证机构实行服务性收费的请示》（湘司〔2009〕45号）收悉。经研究，批复如下：

1997年原国家计委、司法部《关于印发〈公证服务收费管理办法〉的通知》（计价费〔1997〕285号）和1998年原国家计委、司法部《关于调整公证服务收费标准的通知》（计价费〔1998〕814号），分别对公证服务的收费项目、监督管理和收费标准等作出具体规定，明确事业体制和行政体制的公证机构的公证收费统一按照这两个规定执行。2001年财政部、原国家计委《关于将部分行政事业性收费转为经营服务性收费（价格）的通知》（财综〔2001〕94号）进一步明确规定：公证机构已改制为事业法人的，其收取的公证费转为经营服务性收费；公证机构为行政机关的，其收取的公证费仍按行政事业性收费进行管理。公证收费统一按照《关于印发〈公证服务收费管理办法〉的通知》（计价费〔1997〕285号）和《关于调整公证服务收费标准的通知》（计价费〔1998〕814号）的规定执行。鉴于国家有关部门对公证收费已经有明文规定，请你厅积极与有关部门沟通，在制定你省公证服务收费具体标准时，切实贯彻执行国家关于公证服务收费的规定。

国家发展改革委　教育部　司法部　新闻出版广电总局

关于下放教材及部分服务价格定价权限有关问题的通知

（2015年6月3日　发改价格〔2015〕1199号）

各省、自治区、直辖市发展改革委、物价局，教育厅（局），司法厅（局），新闻出版广电局，中央各部门（单位）有关出版单位：

为贯彻落实新修订的《义务教育法》、《公证法》和《全国人民代表大会常务委员会关于司法鉴定管理问题的决定》有关规定，按照国务院第69次常务会议部署，决定下放教材和部分服务价格定价权限。现将有关问题通知如下：

一、下放到省级管理的定价项目包括：教材价格，即列入中小学用书目录的教科书和列入评议公告目录的教辅材料印张基准价；公证服务收费；司法鉴定服务收费。

二、合理制定教材和有关服务价格

（一）列入中小学用书目录的教科书和列入评议公告目录的教辅材料印张基准价及零售价格，由省、自治区、直辖市人民政府价格主管部门会同同级出版行政部门按照微利原则确定。

（二）公证服务、司法鉴定服务收费，由省、自治区、直辖市人民政府价格主管部门会同同级司法行政部门按照有利于公证、司法鉴定事业可持续发展和兼顾社会承受能力的原则制定。

三、各地要按照本通知要求及时修订地方定价目录，清理、修改本地区出台的相关文件。

四、各收费单位要严格落实明码标价制度，在收费场所显著位置公示收费项目、收费标准、投诉举报电话等信息。

五、各级价格主管部门要加强价格监督检查，依法查处各类价格违法行为，切实维护市场良好价格秩序，保护消费者和经营者的合法权益。

六、各省、自治区、直辖市人民政府价格主管部门会同同级相关部门按照本通知规定，于2016年5月1日前制定出台本地区的教材价格及公证服务、司法鉴定服务收费标准，文件出台之日起同时废止下列文件及与本通知不符的相关规定。废止文件包括：《国家发展改革委、新闻出版总署关于进一步加强中小学教材价格管理等有关事项的通知》（发改价格〔2006〕816号）、《国家发展改革委关于青海等地区中小学教材价格问题的通知》（发改价格〔2007〕803号）、《国家发展改革委办公厅关于内蒙古自治区中小学教材价格有关问题的复函》（发改办价格〔2009〕1560号）、《国家发展改革委、新闻出版总署、教育部关于中小学循环使用教材价格政策问题的通知》（发改价格〔2012〕658号）、《国家发展改革委、新闻出版总署、教育部关于加强中小学教辅材料价格监管的通知》（发改价格〔2012〕975号）。

国家发展改革委

教育部

司法部

新闻出版广电总局

2015年6月3日

国家发展改革委　司法部

关于进一步完善公证服务价格形成机制的指导意见

（2021年7月22日　发改价格〔2021〕1081号）

各省、自治区、直辖市及新疆生产建设兵团发展改革委、司法厅：

公证制度是重要的预防性司法制度，公证服务是公共法律服务的重要组成部分。为贯彻落实党中央、国务院决策部署，加快营造市场化、法治化、国际化营商环境，不断提高公证服务的可及性、便利性，切实减轻企业和群众公证费用负担，促进公证行业高质量发展，现就进一步完善公证服务价格管理提出如下意见：

一、总体要求

以习近平新时代中国特色社会主义思想为指导，全面贯彻党的十九大和十九届二中、三中、四中、五中全会精神，坚持以人民为中心的发展思想，充分发挥市场在资源配置中的决定性作用，更好发挥政府作用，适应公证行业改革发展形势变化，深化公证服务价格形成机制改革，科学确定政府定价范围和方式，健全规范价格调整机制，严格规范经营者价格行为，多措并举减轻企业和群众公证费用负担，促进公证服务供给总量、质量、效率提升和行业高质量发展。到2022年，公证服务价格形成机制进一步完善，公证服务价格更加合理，偏高的价格标准明显降低；到2025年底，科学高效、规范透明的公证服务价格形成机制进一步健全，人民群众对公证服务价格的满意度显著提升。

二、主要政策措施

（一）界定政府定价范围。关系民生的基本公证服务，以及具有区域垄断性、竞争不充分的项目，原则上应实行政府定价或指导价管理，其他服务项目价格由市场形成。公证服务价格实行属地管理，国家统一制定关系民生的基本公证服务项目清单（附后），各地在此基础上，结合当地实际，适当增加其他公证项目，形成本地区政府管理价格的公证服务项目目录，并根据市场形势变化，及时调整。清单中项目价格各地已经由市场形成的，可继续按照现行方式管理。各地要根据公证行业市场化改革情况，在充分评估基础上，将可替代性较强、竞争较为充分或个性化需求较强的公证服务项目及时移出清单，价格放开由市场形成。

（二）改进政府定价方式。对实行政府管理价格的项目，省级价格主管部门要会同司法行政部门统筹考虑公证服务的社会平均成本、赔付风险及当地群众可承受能力等因素合理制定价格标准。鼓励各地实行最高上限价格管理，由公证机构在不超过政府规定最高上限价格的范围内确定具体价格水平；按标的金额比例计价的，应当合理设立阶梯递减费率，并同时限定最高费用总额。

对涉及居民房产继承、遗赠的公证事项，鼓励各地按房产面积计价，或同时提供按房产面积和标的金额比例两种方式计价并从低选择。按标的金额比例计价的，第一档（即费率最高的一档）费率不得超过0.5%，后续档费率要阶梯递减。单套居民房产办理上述公证事项费用总额原则上不得超过1万元。

（三）健全价格调整制度。制定和调整公证服务价格，要严格按照《政府制定价格行为规则》（国家发展改革委令2017年第7号）有关规定，依法履行成本监审或调查、听取意见、合法性审查、集体审议等程序。健全公证服务价格动态调整机制，通过自评估、聘请第三方机构评估等方式，对公证服务价格政策、价格水平进行跟踪调查和定期评估，及时优化完善价格政策，定期评估周期原则上不超过5年。

（四）规范经营者价格行为。健全经营者行为规范，督促公证机构明码标价、自我约束、公平竞争，不得通过循环证明、捆绑服务等增设不必要的证明事项并加价。建立公证服务价格定期报告和检查制度，要求公证机构向价格主管部门、司法行政部门定期报送价格政策执行和公证收入、支出等相关情况。完善公证费用收取方式，对事实上由金融机构等申请的，赋予债权文书具有强制执行效力的公证事项，落实"谁申请，谁付费"要求，不得增加借款人负担。各地价格主管部门要配合市场监管部门加强监督检查，严厉查处乱涨价、巧立名目乱加价等价格违规违法行为。

（五）完善价格减免政策。根据形势变化，不断完善公证费用减免政策。对于与领取抚恤金、劳工赔偿金、救济金、劳动保险金等有关的公证事项，与公益活动有关的公证事项，证明赡养、抚养、扶养协议的公证事项，应当明确价格减免政策。对80岁及以上老人首次办理遗嘱公证，免收遗嘱公证服务费用。对低保户、重度残疾人办理关系民生的基本公证服务项目清单中相关业务的，公证服务费用减免比例不低于50%。鼓励各地出台更多对低收入、高龄老人、残疾人等特殊群体的价格减免政策，确保其能够获得基本公证服务。

三、组织实施

（一）加强组织领导。各地价格主管部门、司法行政部门要高度重视完善公证服务价格机制工作，加强统筹领导，密切配合，对照本指导意见要求，认真梳理现行公证服务价格政策和管理制度，结合本地实际及时制定本地区贯彻落实具体政策措施，倒排时间表、压实责任，保证工作扎实推进。

（二）聚焦重点工作。结合近年来房地产等资产价值上升情况，对财产继承、赠与、遗赠、遗嘱，以及直接关系企业经营成本的经济合同等公证服务价格进行重新测算，于今年10月底前出台新的价格标准，切实将偏高的公证服务价格降下来。

（三）综合配套施策。在完善价格形成机制的同时，要加快培育良好的市场环境，鼓励公证机构与公证机构之间、公证机构与提供同类服务的市场主体之间公平有序竞争，通过竞争促进公证机构加强管理、提高服务质量和效率。推动公证机构与司法行政、民政、公安、税务等部门的信息共享，鼓励公证机构开发电子公证平台，探索电子公证、网络公证，推进"一网通办"，降低服务成本。督促指导公证机构健全财务管理等制度，强化内部管理，压减不合理支出，降低运营成本。对公证机构特别是自收自支的公证机构所承担的法律援助、公益法律服务等工作，推动通过政府购买服务等方式予以适当补偿，减轻公证机构运营成本压力。

（四）做好宣传解释。各地在出台完善公证服务价格政策、调整价格标准时，要同步加强宣传解释，增进群众对公证机构和公证业务的了解。要密切关注舆情反映，及时了解和回应群众关切，妥善化解价格矛盾。

附件：关系民生的基本公证服务项目清单

国家发展改革委
司法部
2021年7月22日

附件：

关系民生的基本公证服务项目清单

一、证明法律事实类公证服务

1. 证明财产继承、赠与、接受遗赠；

2. 证明离婚、抚养、赡养、监护、劳动（劳务）、寄养、遗赠扶养、解除收养关系、出国留学等协议；

3. 证明遗嘱；

4. 证明自然人委托、声明、保证、认领亲子等其他单方法律行为；

5. 证明出生、生存、死亡、身份、曾用名、住所地（居住地）、学历、学位、经历、职务（职称）、资格、有无违法犯罪记录、婚姻状况、亲属关系、财产权、收入状况、纳税状况、选票、指纹等有法律意义的事实；

6. 证明不可抗力、意外事件、收养关系、抚养事实、票据拒绝、查无档案记载、法人及其他组织的资格、资信等。

二、证明文件文书类公证服务

1. 证明证书、执照；

2. 证明文书的副本、影印本、节本、译本与原本相符；

3. 证明涉外公证书的译文与原文相符；

4. 证明文书上的签名、印鉴、日期。

司法部公共法律服务管理局

关于明确公证服务“费用总额”相关问题的复函

（2021 年 11 月 29 日　司公通〔2021〕19 号）

北京市司法局：

你局《关于提请明确公证服务“费用总额”相关问题的函》收悉。经商国家发展改革委价格司，现将《国家发展改革委、司法部关于进一步完善公证服务价格形成机制的指导意见》（发改价格〔2021〕1081 号）中“费用总额”相关问题的解释函复如下：

一、关于“按标的金额比例计价的，应当合理设立阶梯递减费率，并同时限定最高费用总额”中的“最高费用总额”，应仅包含该件公证事项的公证服务费及副本费（若有），不包含其他费用，如根据当事人委托或要求，发生公证业务以外的其他服务费用。

二、关于“单套居民房产办理上述公证事项费用总额原则上不得超过 1 万元。”系指单套居民房产单次办理单项继承或单项遗赠公证事项时，公证服务费及副本费（若有）合计不得超过 1 万元，不包含其他费用，如公证机构为当事人提供服务的过程中，根据当事人委托或要求，发生公证服务以外的其他服务费用。

司法部公共法律服务管理局

2021 年 11 月 29 日

八、公证档案

司法部　国家档案局

关于发布《公证文书立卷归档办法》和《公证档案管理办法》的通知

［1988年3月18日　(88)司发公字第062号］

各省、自治区、直辖市司法厅(局)、档案局：

为加强对公证档案的保管和利用，健全公证机关档案管理制度，根据《中华人民共和国档案法》等有关法律、法规规定，以及公证机关办理公证的实践，特制定《公证文书立卷归档办法》和《公证档案管理办法》。凡一九八七年以来办结的公证事项和一九八七年以前尚未立卷归档的公证文书材料，均按这两个“办法”的规定执行。对于一九八七年以前已立卷归档的公证案卷，可不必重新排列装订，但须按《公证档案管理办法》的规定重新划分保管期限，待超过保管期限后进行公证档案鉴定时再行处理。

现将两个办法及说明发给你们，请遵照执行。

附：《公证文书立卷归档办法》和《公证档案管理办法》

附件：

公证文书立卷归档办法

第一章　总　　则

第一条　公证机关的公证文书，是国家的重要专业文书之一，它所形成的档案，是公证机关进行公证证明活动和当事人从事民事活动的真实记录，反映了公证机关贯彻执行国家法律、法规和党的各项方针政策的情况，体现了公证机关的基本职能。

第二条　公证机关必须严格按照公证文书材料立卷的要求，认真做好立卷归档工作。公证文书的立卷归档由承办人负责，归档前由公证事项的主要承办人负责立卷质量的检查。

第三条 公证文书材料分为国内民事、涉外民事、国内经济、涉外经济四类，按年度和一证一卷、一卷一号的原则立卷。同一当事人为同一目的而办的数项公证，可合并为一卷。跨年度的公证事项，放在办结年立卷。

第四条 公证机关用以办理公证的各种证明材料、谈话笔录、往来公交等，都必须用钢笔或者毛笔书写、签发，字体要求整齐、清晰。

第二章 材料的收集、整理和排列顺序

第五条 公证机关受理申请后，公证事项的承办办即开始收集有关的各种证明材料，记录整理谈话笔录、调查材料等。着手立卷的准备工作。

第六条 公证事项办理结束或终止后，由承办人检查、整理该公证事项的全部文书材料，进行立卷归档工作。要补齐遗漏的证明材料，去掉不必立卷归档的材料。

第七条 档案中内容相同的文书材料一般只存一份，重复的材料一律剔除，但有领导同志批示的除外。为备日后查考，可根据需要将多余的公证书保留一至三份夹在已装订好的卷内。

第八条 具有下列情况之一的文书材料，不必归档：

1. 办理公证之前有关询问如何办理公证的信件、电文、电话记录、谈话笔录以及复函等；
2. 没有参考价值的信封；
3. 其他公证处委托代查的有关证明材料的草稿；
4. 未经签发的文电草稿、历次修改草稿（定稿除外）；
5. 不属于公证业务范围的人民来信等。

第九条 对不能附卷归档的实物证据，可将其照片及证物的名称、数量、重量、规格、特征、保管处所、质量检查证明等记载或留存附卷后，分别保管。

第十条 公证案卷的排列顺序应为：

1. 卷宗封面；
2. 内卷目录；
3. 公证书正文；
4. 公证书签发稿；
5. 公证书译文；
6. 公证书申请表；
7. 当事人的身份证明；
8. 当事人提供的有关证明材料；
9. 当事人申请证明的文书材料原件，如遗嘱、合同、委托书等；
10. 接待当事人的谈话笔录；
11. 公证处审查、调查所取得的证明材料；
12. 其他有关材料；
13. 公证员承办公证事项的报批表；
14. 公证书发送回证；

15. 公证费收据或减免收费的申请与领导审批意见；

16. 备考表；

17. 附件袋；

18. 卷底。

第十一条 终止公证事项的案卷，应按照公证活动时间先后顺序排列。公证人员对终止事项原因的记录，或当事人申请撤回的书面材料，排在全部文书材料之后。

第三章 立卷编目和装订

第十二条 公证书材料一律使用阿拉伯数字逐页编码，页码位置正面在右上角，背面在左上角。

第十三条 按卷内公证文书材料排列顺序逐项登记好卷内目录，要求将每件文书材料的题名、承办人姓名、年月日填写清楚，并标明起止页号。不能随意更改和简化文书材料的题名，没有题名的应拟写题名。

第十四条 有关卷内文书材料的说明，应逐项填写在备考表内，并填写立卷人、检查人的姓名和立卷时间。

第十五条 卷宗封面所列项目要用钢笔或毛笔逐项填写清楚，案卷题名要简明、确切地反映卷内文书材料内容，其中办结日期为出具公证书的日期。

第十六条 公证档案装订前要进一步整理。对破损的材料要修补或复制，复制件放在原件后面。装订部位过窄或有字迹的材料，要用纸张加衬边。纸面过大的材料，要按卷宗大小折叠整齐。对字迹难以辨认的材料，应当附上抄件。需附卷的信封要打开平放，邮票不要揭掉。材料上的金属物要全部剔除干净。

第十七条 卷宗一律使用棉线绳，三眼或五眼订牢。线绳要打成活结，在活结处贴上公证处封签，并在骑缝线上加盖立卷人的名章。

第四章 归 档

第十八条 公证文书材料应在办结后三个月内整理归档，并由公证事项的承办人根据《公证档案管理办法》的规定提出保管期限的意见，向档案室移交，办理移交手续。涉及国家机密和个人隐私的公证事项均列为密卷，在归档时应在档案右上角加盖密卷章。

第十九条 档案管理人员要对移交的档案进行严格检查，凡不符合立卷规定要求的，一律退还给立卷人，重新整理。

第二十条 随卷归档的录音带、录像带等声像档案，应在每盘磁带上注明当事人的姓名、内容、档案编号、录制人、录制时间等，逐盘登记造册归档。

第五章 附 则

第二十一条 各省、自治区、直辖市司法厅（局）司根据本省（区市）的情况，制定补充办法。

公证档案管理办法

第一章　总　　则

第一条　为加强公证档案的科学管理，统一公证档案管理工作制度，根据国家档案局制定的《机关档案工作条例》和《关于机关档案保管期限的规定》以及公证机关的实际情况，制定本办法。

第二条　公证档案是公证机关证明活动的真实记录，是国家档案的重要组成部分，具有重要的查考利用价值。保管、整理好公证档案是公证机关的重要任务。

第三条　公证档案必须由公证处集中统一管理，并由专人负责。

第二章　管理体制和人员配备

第四条　公证处应配备专职或兼职档案管理人员，根据条件逐步设立档案机构。

第五条　公证处的档案工作受同级和上级司法行政机关档案机构指导，业务上受同级地方档案行政管理部门的指导和监督。

第六条　公证档案管理人员应由坚持四项基本原则，认真执行党和国家的方针、政策，忠于职守、严守法纪、热爱公证档案工作，具有高中以上文化程度和一定专业知识的人员担任。

公证档案管理人员应保持相对稳定。

第七条　公证档案管理人员的任务是：

（一）收集、整理、保管和统计本处的档案，做好档案的接收、移交和登记，并开展档案利用工作；

（二）指导、督促和检查公证人员对公证文书材料立卷归档；

（三）进行档案鉴定；

（四）接受司法行政机关和地方档案行政管理部门的业务指导、监督和检查，定期汇报档案工作情况；

（五）收集与公证业务有关资料；

（六）完成领导交办的有关档案工作的其他任务。

第三章　档案的接收和整理

第八条　接收档案时，档案管理人员应按照《公证文书立卷归档办法》的要求，检查案卷质量，对符合要求的予以接收，并办理档案移交手续。

第九条　对接收的公证档案，按国内民事、涉外民事、国内经济、涉外经济的类别和年度、保管期限等编写归档顺序号，填写检索卡片、档案目录登记簿、档案收进登记簿。

第十条 在编号、登记后的档案封面的左上角应盖上“归档”章，以区别未编号、登记归档的案卷，并按类别、年度、保管期限放进专门的档案柜保管。

第四章 档案的借调与查阅

第十一条 公证机关应严格执行保密制度，建立公证档案借阅制度和档案借阅登记簿。借阅档案必须履行一定的批准和登记手续，并限定借阅期限。在期限内因特殊情况不能按期归还的应办理延期手续。

第十二条 本公证处的公证人员因工作需要，履行借阅登记手续后，可以借阅公证档案。

第十三条 同级或上级司法行政机关的公证管理部门因工作需要借阅公证档案的，应履行借阅登记手续。

第十四条 人民法院、人民检察院和有关国家机关因工作需要，要求查阅有关档案的，应出具正式查卷函件，经公证处主任批准后办理查阅手续。因特殊情况必须借出的，应经同级司法行政机关批准。借出时要交点清楚，办理正式借据，并限期归还。

借出的档案不得转借其他单位或人员使用。

第十五条 除人民法院、人民检察院和有关国家机关外，其他单位和个人一般不得借调和查阅公证档案。因特殊情况必须查阅的，须由公证处报经同级司法行政机关批准。

第十六条 律师因诉讼代理的需要，向公证机关提交律师的身份证明、律师事务所的查卷证明，及当事人同意律师查阅本人的公证档案的证明，经公证处主任或副主任批准后，可查阅当事人提交给公证处的证明材料和公证处所记录的与当事人谈话笔录。

第十七条 凡涉及国家机密和个人隐私的公证密卷档案，以及当事人要求保密的公证档案，一般不得借调和查阅。特殊情况必须查阅的，须经当事人同意后，由公证处报同级司法行政机关批准。

第十八条 凡经批准允许查阅的公证档案，可以摘抄或复印所查阅的内容。

第十九条 对查阅或借出的公证档案，要及时催还。还回时如发现案卷被拆，文件材料短缺、涂改、增删、污损等情况，应立即向本处领导汇报并及时追查。

第二十条 档案管理人员必须严格遵守保密制度，保守国家机密和当事人的秘密。不得超越制度向任何人提供档案或扩大利用范围；不得向他人泄露档案的内容。

第五章 档案的保管期限

第二十一条 公证档案的保管期限规定为永久、长期和短期三种。

凡属于需要长远查考、利用的公证档案，列为永久保管。

凡属于在相当长时期内需要查考、利用，作为证据保存的公证档案，列为长期保管，保管期限为六十年。

凡属于在较短时间内需要查考、利用，作为证据保存的公证档案，列为短期保管，保管期为二十年。

第二十二条 公证档案的保管期限,从公证事项办结或终止后的下一年起算。
第二十三条 下列公证档案,列为永久保管:
1. 收养证明;
2. 解除收养证明;
3. 出生证明、死亡证明;
4. 结婚证明、离婚证明;
5. 亲属关系证明;
6. 继承权证明;
7. 有关财产转移方面的声明书证明;
8. 赠与证明;
9. 房屋买卖证明;
10. 析产证明、产权证明;
11. 遗嘱证明;
12. 学历证明;
13. 提存证明;
14. 宅基地使用权证明;
15. 商标注册证明;
16. 公司章程证明;
17. 涉及到不动产的证据保全证明。
第二十四条 下列公证档案,列为长期保管。
1. 受过或未受刑事处分证明;
2. 职称证明;
3. 国籍证明;
4. 营业证书证明;
5. 抵押、担保证明;
6. 招标投标证明;
7. 联营协议证明;
8. 中外合资、外资企业的合同证明;
9. 申请专利的有关证明;
10. 劳务合同证明;
11. 清点遗产证明;
12. 证据保全证明;
13. 房屋搬迁协议证明;
14. 房屋租赁证明;
15. 涉及到不动产的副本、节本、译本、影印本与原本相符证明;
16. 履行期在十六年以上的农林牧副渔各业承包合同证明;
17. 履行期在十六年以上的其他合同证明;
18. 用于诉讼的有关证明。

第二十五条　下列公证档案，列为短期保管：

1. 生存证明、健康证明；

2. 定居证明；

3. 未婚证明、无配偶证明；

4. 委托书、委任书证明；

5. 援外人员劳动保险证明；

6. 副本、节本、译本、影印本与原本相符证明；

7. 现场监督证明；

8. 商品成分证明；

9. 技术标准证明；

10. 企业承包、租赁证明；

11. 生产经营责任制证明；

12. 执行许可证明；

13. 保管遗嘱或其他文件证明；

14. 履行期在十五年以下的农林牧副渔各业承包合同证明；

15. 其他履行期在十五年以下的合同证明。

第二十六条　凡终止的公证事项所形成的档案，列为短期保管。

第二十七条　公证处复查公证事项所形成文书材料，应与原公证档案合并保管；由司法行政机关复查的，应将其复查结论存入原公证档案内，其保管期限均与原公证档案相同。复查后作出撤销公证书决定的，其公证档案与复查材料或撤销公证书的决定和通知合并重新列为短期保管，其保管期限从原公证档案保管期限起算时间开始计算。

第二十八条　公证处总登记簿册列为永久保管。

第二十九条　对未规定保管期限的公证档案，须由公证处比照上列档案保管期限的规定提出保管期限的意见，并报上级司法行政机关批准后执行。

第六章　档案的鉴定和销毁

第三十条　对于超过保管期限的档案应定期进行鉴定。鉴定工作由公证处主任、档案管理人员和公证员组成鉴定小组共同进行。

第三十一条　经鉴定，对仍有保存价值的案卷，应采取提高保管期限档次的办法延长保管期限。对确无保存价值的档案应进行登记造册，连同销毁报告一并报同级司法行政机关，经书面批准后予以销毁。

第三十二条　被批准销毁的公证档案，应将公证书留下一份，按年度、类别整理立卷，并同销毁报告的批件、档案销毁清册一起，划为永久保管。

第三十三条　为防止遗失和泄密，销毁档案应由两人负责监督，监销人应在销毁清册上签字。

第七章　档案的统计和移交

第三十四条　公证处应建立公证档案的统计制度，对档案的收进、移出、保管、利用等情况进行统计，并按规定向有关上级机关和档案行政管理部门报送档案工作基本情况统计表。

第三十五条　直辖市公证处列为永久保管的公证档案，在本处保存二十年；其他公证处列为永久、长期保管的公证档案，在本处保存十年，保存期满后，连同案卷目录（一式三份）和有关检索工具、参考材料，一并向同级地方档案馆移交。对移交的档案，一律填写档案移出登记簿。

第三十六条　公证处设置变更时，应对公证档案进行清理，并按下列办法处理：

（一）撤销的公证处的档案，应向同级地方档案馆移交或由同级或上级司法行政机关代管；

（二）一个公证处划分为几个公证处的，其公证档案由一个公证处代管或向同级地方档案馆移交；

（三）几个公证处合并为一个公证处的，各个公证处的档案应移交给合并后的公证处，或分别向同级地方档案馆移交；

（四）公证处撤销或合并时，没有办理完毕的公证事项，可移交给新的公证处继续办理，并作为新的档案加以保存；

（五）一个公证处的部分业务划给另一个公证处的，其档案不得移交。接受业务的公证处因工作需要，可以借阅或复制。

第八章　档案的保管和防护

第三十七条　公证档案室应坚实、防火、防盗、防潮、防高温、防鼠、防虫、防光、防污染，室内要保持清洁、整齐、通风。要购置必要的档案柜、消防器材、去湿机、空调机等设备，并逐步采用先进技术，提高档案的管理水平。

第三十八条　档案室要专用，不得存放与档案无关的物品。严禁在档案室周围存放易燃物。

第三十九条　随卷归档的录音带、录像带等声像档案，应单独存放保管，防止磁化，并根据保管期限定期复制。

第四十条　档案管理人员应定期对档案进行检查和清点，对于破损、虫蛀、鼠咬、变质、字迹褪色的档案要及时采取防治措施，并进行修补和复制。发现案卷丢失的，应立即向领导汇报，并积极查找。

第四十一条　档案人员调动工作的，应在离职前做好档案移交工作，办理交接手续。

第九章　附　　则

第四十二条　各省、自治区、直辖市司法厅（局）可根据本省（区、市）的情况，制定补充办法。

司法部公证司

关于公证案卷排列顺序的复函

［1990年3月21日 (90)司公字第31号］

新疆司法厅公证管理处：

你区昌吉市公证处来函请示，对《公证文书立卷归档办法》第十条公证案卷的排列顺序中第3项“公证书正文”如何理解，经商国家档案局，现答复如下：

第十条第3项“公证书正文”是指公证处正式出具的公证书并包括所证明的法律文书，如合同（契约）、委托书、遗嘱、声明书、文件副本、影印本等。因为被证明的法律文书是公证文书的组成部分，与公证书是一个整体，不可分离。

第9项“当事人申请证明的文书材料原件，如遗嘱、合同、委托书等”，是指当事人提交给公证处的原始材料，与第3项所指的文书材料形成的时间不同，作用不同，其排列顺序也不同。

九、公证执业指导案例

司法部办公厅

关于发布公证执业指导案例的通知

（2017年9月25日）

各省、自治区、直辖市司法厅（局），新疆生产建设兵团司法局：

《司法部关于公证执业“五不准”的通知》下发以来，各地公证机构认真贯彻落实通知要求，执行情况总体较好。但也存在一些理解上和执行中的偏差等问题，导致有的公证机构对“五不准”规定理解和把握不准，随意扩大禁办范围，对应当办理的公证事项不予办理，对把握不准的公证事项简单拒绝办理；有的公证机构滥用公证书格式，以其他形式的公证替代禁办公证事项，规避“五不准”规定。为指导各地公证机构依法依规办理公证事项，经研究，现将公证执业，特别与正确理解执行好“五不准”规定有关的案例予以发布，请各地公证机构在办证中认真参照执行。

司法部办公厅

2017年9月25日

公证指导案例（一）

不得拒绝办理异地房产的售房委托公证

公证要点

代为售房委托公证是常规公证业务，是群众正常办证需求。公证机构不得因异地房产售房委托核实工作较多，潜在风险较大而拒绝办理，除审查当事人身份、房产权属、婚姻状况、与受托人关系外，不得要求当事人提供与委托无关的材料，不得随意扩大禁止办证范围，不得设置障碍故意拒绝办理。

基本案情

A 市人甲将要出国学习,欲出售名下位于 B 市的一套房产,其向公证处咨询办理售房委托书公证,受托人为其妻子,委托事项为代为出售 B 市的一套房产。公证机构审查后认为没有能力审查异地的房产权属情况,遂要求甲提供售房合同。因甲尚未找到买家,无法提供售房合同,公证机构拒绝办理。

案例分析

1. 处分不动产的委托书公证较之其他委托潜在风险较大,公证机构、公证员应当尽到更高注意义务,认真审查当事人身份、房产权属、婚姻状况以及委托人与受托人之间的关系。异地房产信息、婚姻状况必要时应当委托当地公证机构查询核实,公证机构不得以房产信息、婚姻信息在外地而简单拒绝办理。

2. "五不准"《通知》规定不准办理涉及不动产处分的全项委托公证,正常的售房委托公证不在禁止之列。公证机构不得随意扩大禁止办证范围,不得要求当事人提供与委托无关的材料,不得设置障碍故意拒绝办理。

公证指导案例(二)

一并办理解押、出售不动产的委托公证受托人应为近亲属

公证要点

公证机构、公证员在充分审查申请人的身份、意思表示,查验核实委托人和受托人的亲属关系后,可以办理同时包含代为解押、代为出售事项的委托公证,但不得设定受托人代为收取售房款的内容。

基本案情

甲将要移民出国,欲出售房产一套,其向公证处咨询办理售房委托书公证,受托人为其胞弟。委托事项为代为解押、代为出售房产、代收售房款。公证机构为其办理内容为代为解押、代为出售房产的委托书,但不包括代为收取售房款。

案例分析

1. 涉及不动产处分交易,需要委托符合民事法律规定的近亲属(包括配偶、父母、子女、兄弟姐妹、祖父母、外祖父母、孙子女、外孙子女)的,公证机构、公证员在充分审查申请人的身份、意思表示,查验核实委托人和受托人的亲属关系后,可以办理同时包含代为解押、代为出售不动产事项的委托公证,同时将相应的亲属关系证明材料附卷存档。

2. 不动产转让款数额往往较大,代收售房款往往会出现"担保性委托"的情形,也会给委托人带来巨大的经济风险,售房款转入委托人账户也是银行、房屋交易监管部门的通行做法。因此,在近亲属间涉及不动产处分的委托公证中,不宜在委托书中设定受托人代为收取售房款的内容。但委托人可以授权受托人协助办理将相关款项转入委托人账户的手续,并在委托书中明确

售房款直接转入委托人的账户并写明账户信息。

公证指导案例(三)

委托贷款合同公证应当审查资金来源和借款用途

公证要点

委托贷款关系因银行的加入而被纳入了国家金融监管的范围,其性质亦不再是当事人双方之间的企业借贷关系,公证机构可以办理相关合同公证及赋予强制执行效力公证,但应当审查资金来源和借款用途。

基本案情

某投资管理有限公司委托A银行向某房地产开发有限公司放款2.5亿元,贷款期限2年,年利率15%,某房地产开发有限公司以其拥有的土地使用权设定抵押担保。上述三方当事人向公证处申请赋予委托贷款合同和抵押合同强制执行效力公证,公证处受理了该申请,经过审查资金来源、借款用途后出具了具有强制执行效力的公证书。

案例分析

1. 委托贷款是指委托人提供资金,由受托人(商业银行等金融机构)根据委托人确定的借款人、用途、金额、期限、利率等代为发放、协助监督使用并收回的贷款(不包括现金管理项下委托贷款和住房公积金贷款)。委托贷款关系因银行的加入而被纳入了国家金融监管的范围,其性质亦不再是当事人双方之间的企业借贷关系,公证机构可以办理相关合同公证及赋予强制执行效力公证。

2. 委托贷款合同公证业务中,公证机构应当对于资金来源、借款用途等进行尽职审查。公证机构可以要求银行提供其进行资金来源及借款用途审查的有关情况。

公证指导案例(四)

不得同时办理抵押、解押、出售不动产的委托公证

公证要点

涉及不动产处分的重大事项应以所涉及的主要民事法律关系来认定和判断,不动产的抵押、解押、出售等事项均属于重大事项。“重大事项一次一委托”就是要求公证机构不能将多个重大事项拆分为多份公证书同时办理,而是要依据不动产当时的状态和情形来办理。其他与实现核心法律关系相关的、事务性的、手续性的事项不属于重大事项。

基本案情

甲有一套房产，已向银行设定抵押，因无法归还贷款，经与银行协商一致，决定变卖房产归还贷款。甲由于工作繁忙，欲委托朋友办理相关手续，向公证处申请委托公证。委托授权的内容包括代为还款、代为解押、代为领取产权证书、代为寻找买家售房、代为签订合同、代为办理过户登记、代为配合买方办理贷款、代为交接物业等事项。

案例分析

1. 涉及不动产处分的重大事项应以所涉及的主要民事法律关系来认定和判断，不动产的解押、出售、抵押事项属于重大事项，应当据实委托办理。而与重大事项相关的寻找买家、磋商价格、签订合同、办理过户、配合买家办理贷款、交接物业等事务性的、手续性的事项，可以围绕重大事项而一并委托。

2. “重大事项一次一委托”的目的在于避免委托人一次性将全部财产权能委托他人，特别是授予没有信任基础关系的人，从而使委托人的财产权利长期处于不稳定状态。同时，涉及不动产处分的重大事项之间往往存在意思表示冲突，公证员应当向委托人充分释明涉及不动产处分重大事项委托的法律意义和法律效果，不得在不动产未设立抵押之前办理解押的委托公证，不得同时办理包含全部重大事项的委托公证。

公证指导案例(五)

处分不动产的委托公证应当审查权属和婚姻状况

公证要点

办理涉及不动产处分的委托公证，公证机构、公证员应当认真审查申请人的身份、意思表示，审查委托人和受托人的亲属关系，审查核实不动产权属和当事人婚姻信息。

基本案情

甲在A市工作多年，最近取得购买限购房屋的资格，拟出售其在B市的房产，以便在A市购买商品房。因正值企业销售旺季，甲不能请假，故委托父亲代为办理出售房屋的相关事宜，向A市公证机构申请办理委托书公证。A市公证机构在办理公证时，未对甲所处分的B市不动产及在B市的婚姻登记信息进行核实，出具的公证书中注明“未对不动产权属及婚姻信息进行核实，不承担有关信息不实的责任”。

案例分析

1. 关于自然人处分不动产的委托书公证的审查范围，通常涉及委托人的身份、委托人的签字(指印、印鉴)、委托人的意思表示、委托书所处分的不动产的权属情况、委托人的婚姻状况。

2. 公证机构应当审查不动产权属状况和委托人婚姻状况，异地的房产及婚姻信息，视情况可以委托当地公证机构进行查询核实，公证机构应当对不动产权属信息进行记录。

3. 未经审查核实不得出具公证书，不得擅自在公证书中增加“因未对有关信息进行审查不承担相应责任”等表述。

公证指导案例(六)

公证机构应当综合使用联网查询、交叉印证等手段核实当事人身份

公证要点

涉及敏感、重大权益事项的公证事项,公证员应当增强责任心和风险防控意识,除常规审核方式外,还要综合使用仪器识别、联网查询等方式对当事人身份进行审查核实,必要时应当进行录音录像。

基本案情

A公司向公证处申请办理其股东、法定代表人“张某”所签署的委托书公证,用于向银行提供贷款担保。公证处受理后,公证员采取了视读的方式审查“张某”的身份证,对“张某”进行人证同一辨认并拍照留存,随后出具了公证书。后发现“张某”系假冒,所提供的身份证系伪造,公证书被撤销。

案例分析

1. 身份证件的核实、人证同一的认定,是办理公证的前提。公证员应当告知当事人冒充他人、伪造证件、骗取公证书的法律责任后果,告知当事人虚假陈述等失信行为将被记入信用记录、受到联合惩戒。

2. 审查公证当事人的身份应当经过“证件视读、身份证识别仪核验、单独谈话、交叉印证”等程序,充分运用指纹比对、人脸识别等技术手段,及时与公安部门身份信息系统联网比对查询。对于身份可疑的当事人,对涉及敏感、处分重大权益的事项,公证员应当通过单独谈话、交叉印证等方式查明当事人身份和真实意图。公证员上门办证的,应当使用手持仪器等设备进行身份核实。

3. 申请人使用临时身份证、护照、港澳居民来往内地通行证、台湾居民来往大陆通行证等身份证件,无法对该证件进行仪器识别的,公证员应与公安部门进行核实。

4. 核实工作应当全过程记录存档,必要时应当全程录音录像。

公证指导案例(七)

不得办理垫资赎楼交易中的担保性委托公证

公证要点

委托人(售房人)和受托人(垫资还贷人)间签署垫资服务协议,名为委托,实为借贷关系,委托书具有担保性质,公证机构不得办理。

基本案情

甲有一套尚未还清房贷的房子欲出售,需先向银行还清剩余贷款,解除抵押登记,取回房屋产权证书。某融资担保公司表示能够帮助甲先垫资还清贷款,申请银行解除抵押登记,取回房产证原件,即所谓的"垫资赎楼"。甲和该担保公司签订垫资(担保)服务协议,并按照其欠银行贷款金额1%的比例支付服务费。同时,甲向公证处申请办理委托公证,受托人为担保公司和其员工,委托事项包括结清贷款、解除抵押、领取并保管产权证、签署房屋买卖合同、收取售房款(含买方按揭款)、房屋再次抵押及贷款、出租房屋、房屋拆迁、回迁、诉讼代理等全部事项。公证机构告知甲可以同时办理"垫资解押" +"借款抵押"或"垫资解押" +"卖房"两个委托公证。

案例分析

1. 将原先的全项委托书拆分成"垫资解押" +"借款抵押"或"垫资解押" +"出售房产"两个委托书,甚至以"重大事项一事一委托"为由进一步拆分,要求当事人同时申办多个委托公证,同时签署多份委托书,同时领取公证书,实质上与全项委托无异。垫资解押与借款抵押、出售房产在不动产处分环节中明显存在着先后顺序,处于抵押、查封等限制处分状态的不动产,必须先解除抵押、查封等限制状态后才能办理出售委托书公证。公证机构、公证员不应简单拆分并同时办理解押和出售、解押和再次抵押委托公证。

2. 市场机构(中介公司、担保公司)为确保垫资(担保)资金安全,要求房产出售方委托垫资第三方全权处置房产,并利用公证机构予以"证明",主要是为了保障受托人利益的实现,往往不是委托人的真实意思表示,违背委托代理的法律本意,属于担保性委托。

3. 为保护委托人的合法权益,公证机构不得在公证委托书中出现"本委托书不可撤销""委托期限至全部事项办完为止"等内容,不得出现"撤销此类委托书须收回之前所有的委托公证书"或"受托人到公证机构表示同意方可撤销"等内容。

4. 公证机构应在文书起草、合意确认的证明功能基础上,创新发展不动产领域的包含产权转移登记代理、资金监管等全流程综合性法律服务。

公证指导案例(八)

不得以保全证据公证替代民间借贷合同公证

公证要点

公证机构、公证员不得偷换概念、滥用公证书格式,不得以保全证据公证办理合同公证。

基本案情

某公证处为当事人办理、出具了一份借款合同保全证据公证书。甲作为出借人向乙出借人民币 100 万元,双方为此签订了借款合同,并就借款合同的期限、抵押物、利率、还款付息方式、纠纷解决方式等条款进行了约定,合同一式五份,其中两份约定存放于公证处。承办公证员按照保全书证的公证事项,对该签订借款合同的行为进行所谓的保全证据公证,证明结论部分为"兹证明与本公证书相粘连的《借款合同》共壹页与保存于某公证处的原件内容相符"。

案例分析

1. 保全证据公证是指公证机构根据当事人的申请,对与申请人权益有关的、日后可能灭失或难以取得的证据,采取一定的措施,先行予以收集、固定并进行保管,以保持其真实性和证明力的活动。合同公证是公证机构依法证明当事人之间签订合同行为的真实性、合法性。合同公证要求公证员指导当事人依法签订合同,使合同真实、合法、有效,并督促签约各方认真履行合同,预防纠纷。保全证据公证与合同公证在公证事项、证明内容、证明方式、证明结果等方面都存在较大差异,公证机构和公证员承担的法律责任也有明显区别。

2. 公证机构、公证员用保全证据公证的形式替代民间借贷合同公证,属于滥用公证书格式、规避实质审查义务的行为。

公证指导案例(九)

不得以声明公证替代委托公证

公证要点

公证机构、公证员不得错误使用公证书格式,将属于委托事项的"出售不动产、收取售房款"包装成声明的形式,办理声明公证。

基本案情

甲向公证机构申请办理《房屋出售过户、代收房款声明书》公证、《代收房款声明书》公证,声明书的主要内容包括"声明人甲授权乙代表上述声明人办理不动产的转让、过户、网上签约、配合买受人办理二手房贷款或者住房公积金贷款等手续。现为预防纠纷,声明人特此声明如下:声明人同意受托人代收上述不动产的售房款,买受人将售房款打入受托人的个人银行账户内,则视为声明人收到售房款;声明人自愿对上述声明内容承担一切法律责任。"

案例分析

1. 委托和声明均为单方民事法律行为,区分标准在于意思表示内容的不同。声明的意思表示内容为"主张权利、放弃权利或承担义务",委托的意思表示内容为"代理权之授予"。收取售房款属于委托的意思表示范畴,不得以声明书公证代替委托书公证。

2. 不动产转让款数额往往较大,代收房款往往会出现"担保性委托"的情形,给委托人带来巨大的经济风险,售房款打入委托人账户也是银行、房屋交易监管部门的通行做法。禁止在委托书中设定受托人代为收取售房款的内容,公证机构不得以声明书公证等任何方式进行规避。

公证指导案例(十)

不得以签名属实公证替代委托公证

公证要点

公证机构、公证员应严格审查申请人的真实目的和公证书的用途,不得以签名(印鉴)属实公证替代委托公证,规避对实质内容的审查。

基本案情

某公证员在办理不动产处分的委托公证时,仅对当事人身份进行了严格审查,没有对不动产的权属情况及委托人婚姻状况进行严格审查,直接以签名(印鉴)属实公证替代委托公证,出具多份公证书。

案例分析

1. 签名(印鉴)属实公证是证明有法律意义的文书上的签署形式,并没有对文书本身的真实性、合法性进行证明,其适用范围主要是法人或其他组织出具的授权书、保证函、确认函、签名样式、推荐信等,使用范围以涉外使用为主。

2. 当事人办理委托公证事项,虽然形式上也是在公证员面前签名,公证词中也要证明签名属实,但是委托有更加明确的证明要求,委托人表示知悉委托的法律意义和法律后果、委托行为符合法律规定。它要求公证员对委托人的身份证明、人证是否一致、意思表示是否真实、签名是否属实(或是否在公证员面前签署)等进行审查核实。

3. 以签名(印鉴)属实公证替代委托公证,属于公证书格式的滥用。

司法部办公厅

关于发布第1批公证指导性案例(1—3号)的通知

(2017年12月17日　司办通〔2017〕134号)

各省、自治区、直辖市司法厅(局),新疆生产建设兵团司法局:

经研究,现将老年人意定监护协议公证等3件案例(指导性案例1—3号),作为第1批公证指导性案例发布,供各公证机构办理公证业务时参照。

公证指导性案例1号

老年人意定监护协议公证

关键词

老年人　意定监护　协议

案情概况

上海市宝山区居民甲年过七旬,中年丧妻,最近因身体不适住院,他的五个子女因治疗和陪护意见不一致而产生矛盾。甲心里又着急又无奈,特别是担心自己将来因病头脑意识不清或者昏迷,子女会因医疗和照顾问题再起纷争,于是决定趁自己现在还没有糊涂的时候和平时对自己关心最多、自己也最信任的小儿子乙商量,由他来做自己丧失或者部分丧失民事行为能力时的监护人。乙听说公证机构能够提供这方面的法律服务,便陪同甲到附近的某公证处咨询。

2016年10月12日,上海市某公证处公证员李某接待了他们,通过与甲谈话聊天,确认了甲神志清醒,希望通过签订协议指定小儿子乙作为自己的监护人。公证机构受理了该公证申请后,承办公证员李某引导甲乙双方到专门的录音录像办证室,对办理公证的全过程进行录音录像。公证员首先将意定监护的法律概念、法律意义和法律效果告诉双方,甲明确表示愿意在自己身体健康的情况下指定小儿子乙作为监护人,待自己丧失或者部分丧失民事行为能力时,由乙履行监护职责。公证员又向乙告知监护人应当承担的责任,乙明确表示愿意负责父亲将来的生活照管、医疗救治、财产管理、维权诉讼和死亡丧葬等事务。随后,公证员向甲乙双方告知了意定监护的生效条件、监护人的职责范围、监护的具体事项、意定监护的撤销等内容。公证员进一步告诉甲,他可以在神志清醒的情况下以公证形式单方撤销监护协议,并由公证机构负责送达给乙,此后就依法恢复成法定监护。公证员还告诉甲,公证机构将为甲乙双方设立的意定监护协议保密,待协议约定的条件成就时,甲的其他法定监护人可以向公证机构申请查询,以维护甲、乙及其他法定监护人的合法权益。甲和乙对意定监护协议内容达成一致,公证员李某对协议内容进行了审查,甲、乙现场签字捺印。公证书出具后,甲、乙各持一份。公证员李某于公证书出具当日,将意定监护协议上传至全国公证管理系统进行备案。

案例评析

一、相关法律和政策依据

1.《中华人民共和国民法总则》第三十三条;

2.《中华人民共和国老年人权益保障法》第二十六条;

3.《中华人民共和国公证法》第十一条。

二、公证要点

1.《民法总则》和《老年人权益保障法》等法律规定了意定监护制度,当事人可以依法向公证机构申请办理意定监护协议公证,公证申请人应为意定监护的设立人和协商确定的监护人双方。

2. 公证员应向当事人阐明意定监护制度的法律意义、法律风险、法律后果和监护人的责任,审查当事人是否具备民事行为能力以及意思表示是否真实。

3. 公证员可以根据当事人的意思表示代为起草意定监护协议文书。意定监护协议文书应当明确意定监护事项、监护职责、监护条件实现的确认方式、争议解决等方面的内容。

4. 意定监护协议公证办理后,公证机构、公证员负有保密义务,不得向协议双方以外的第三人透露意定监护协议的内容,以维护意定监护协议双方,特别是设立意定监护的老年人的合法权益。在意定监护条件实现时,公证机构可以根据申请,向意定监护的设立人的所有法定监护人公开意定监护公证文书。

5. 公证机构办理意定监护协议公证,应当在公证书出具后及时将意定监护协议公证上传至全国公证管理系统进行备案。

三、案例意义

我国已进入老龄社会,加强老年人权益保障和法律服务工作意义重大。2015 年 4 月修正的《老年人权益保障法》中首次提出了意定监护制度,2017 年 10 月 1 日施行的《民法总则》将意定监护的适用人群范围扩大至所有具有完全民事行为能力的成年人,有力地保障了成年人,特别是老年人丧失或者部分丧失民事行为能力时能够有所养、有所依。目前一些公证机构根据当事人的申请,依法办理意定监护协议公证,有效维护了当事人的合法权益。

四、专有名词解释

监护:是为监督和保护无民事行为能力人和限制民事行为能力人的合法权益而设立保护人的一种民事法律制度。监护依设立的方式,一般可分为法定监护、指定监护、意定监护和委托监护。

意定监护:有完全民事行为能力的成年人,可以与其近亲属、其他愿意担任监护人的个人或者组织事先协商,以书面形式确定自己的监护人。协商确定的监护人在该成年人丧失或者部分丧失民事行为能力时,履行监护职责。

公证指导性案例 2 号

一次性支付未成年子女抚养费协议公证和提存公证

关键词

未成年人　一次性支付　抚养费协议　提存

案情概况

重庆市江北区的甲、乙双方因感情不和离婚，在离婚协议书中，他们对未成年儿子丙的抚养问题进行了约定，由甲抚养丙，乙一次性支付丙的抚养费。离婚后双方马上就面临抚养费的实际支付问题，甲担心抚养费不能及时给付到位，乙却担心抚养费不能专款专用于丙，于是双方打算向公证处申请办理抚养费协议公证和抚养费提存公证。

2016 年 12 月 12 日，甲、乙来到重庆市某公证处申请办理公证。公证员顾某审查了双方提供的抚养费协议，并向甲、乙告知，虽然丙和甲共同生活，但父母都有抚养的义务，抚养费协议中不得对给付抚养费附加条件，乙不得以没有实现探望权等为借口，停止支付或不足额支付抚养费；抚养费可以提存到公证处，由甲代丙进行领取，也可以按协议约定由公证处向指定的银行账户交付。甲、乙双方表示同意，决定由乙一次性将丙 18 岁之前的抚养费提存至公证处，由公证处按月向丙的银行账户交付。公证员为他们办理了抚养费协议公证及提存公证后，乙当场将抚养费一次性打入公证处的提存账户，公证处出具了公证书。

案例评析

一、相关法律和政策依据

1.《中华人民共和国公证法》第十一条、第十二条；

2. 最高人民法院《关于人民法院审理离婚案件处理子女抚养问题的若干具体意见》第八条。

二、公证要点

1. 对于离婚父母一方有能力一次性支付未成年人抚养费的，或者支付抚养费的一方担心抚养费用途的，父母双方可以申请办理抚养费协议公证和提存公证。

2. 父母对于未成年子女的抚养义务是法定义务，不因离婚而免除。在办理抚养费协议公证时，不直接抚养的一方不得将行使探望权等作为支付抚养费的条件。

3. 办理抚养费提存公证时，父母双方要明确抚养费的支付方式、支付期限、专用账户信息等内容，公证机构可以按照当事人的约定向特定银行账户进行交付。

4. 公证机构应当按照司法部《提存公证规则》的规定，在指定银行设立专门提存账户，不得擅自挪用提存款及其他提存标的物。

三、案例意义

夫妻双方离婚时对未成年子女的抚养费问题进行明确约定，能够有效防止离婚后因抚养费给付问题而产生的矛盾纠纷，保护未成年人的合法权益。如果夫妻双方对抚养费约定不明确，或者约定的内容无法执行，实践中很容易产生纠纷，直接损害未成年子女利益和他们的学习和生活。因此,对于有能力一次性支付抚养费的当事人,可以运用法律制度,选择到公证机构办理抚养费协议公证及提存公证,并由公证机构按照约定的条件向未成年子女交付抚养费。

四、专有名词解释

提存公证:是指公证机构按照法定条件和程序,对提存申请人交付的提存物进行寄托、保管,并在条件满足时交付债权人或其他受益人的活动。

公证指导性案例 3 号

房屋租赁合同公证及单方收回出租房屋的保全证据公证

关键词

房屋租赁合同　单方收回出租房屋　催告保全证据

案情概况

甲公司系北京市朝阳区一写字楼的出租人,在以往的租赁经营中,经常出现租户租约到期后锁门跑路或者失联,房屋无法腾退,也无法顺利续租的情况,导致遭受损失。后来甲公司了解到可以通过公证解决上述问题,便计划在新租户租赁房屋时,共同到公证机构申请办理租赁合同公证。

2016 年 4 月,甲公司与新租户乙公司的代理人共同来到北京市某公证处,申请办理租赁合同公证。公证员张某审查了甲公司、乙公司的法人资质、代理人的身份和代理权限等证明材料后,受理了公证申请。公证员向甲公司、乙公司告知,按照租赁合同约定,如果乙公司不按期交纳租金和物业费,经催告仍拒不交纳或者失联的情况下,甲公司有权解除合同并将出租房屋收回。乙公司对此表示同意。公证员进一步告知申请人双方,应当在合同中明确用于催告的联系地址、电话、电子邮箱等信息,腾退出租房屋的条件,以及房屋中存放物品的处理方式。乙公司当场表示,如果自己违约并出现甲公司单方收回房屋的情形,同意其自行处置房屋内物品。公证员审查了双方达成一致意见的租赁合同,并办理了公证。几个月后,乙公司以“内部装修”为由突然关门,迟迟不营业并无法联系。2017 年 1 月 30 日,甲公司按照合同约定,决定单方收回租给乙公司的办公场地,并向公证处申请办理单方收回出租房屋现场保全证据公证。在公证员张某的面前,甲公司的代理人按照乙公司留下的联系地址、电话和电子邮箱,拨打电话、以特快专递发出催告函及催告电子邮件。10 天后,特快专递被退回,电子邮件也未收到回复,符合合同中对于“经催告失联”的认定情形。2 月 10 日,公证员张某审查核实相关情况后,决定对单方收回出租房屋现场进行公证证据保全。当天下午,公证员张某和助理来到租赁办公场地,会同居委会工作人员、甲公司工作人员一同进入现场,进行物品清点,全程进行录像。公证员对于现场物品进行贴标、编号、登记、装箱并密封。清点完毕后,公证员及其助理和在场人员在物品登记清单和现场记录上签名,清点的物品交由甲公司按照合同处理。回到公证处后,公证员起草保全证据公证证词,经审批后出具了公证书。至此,甲公司顺利收回了出租房屋。

案例评析

一、相关法律和政策依据

1.《中华人民共和国公证法》第十一条;

2.《公证程序规则》第五十四条。

二、公证要点

1. 公证员可以根据保全证据公证的意义和法律效果,向当事人提供咨询,告知出租人依法单方收回出租房屋的条件、程序及申办保全证据公证的有关要求。

2. 公证员应协助、指导出租人和承租人完善合同条款,明确各方权利义务。合同中应当明确"承租人不履行或不完全履行合同义务时,出租人有权单方收回出租房屋";明确不履行或不完全履行合同义务的情形,包括拖欠租金、租期届满时不腾退房屋等;明确出租人单方收回房屋前应履行的催告义务,用以催告的联系地址和电话,以及收回出租房屋的条件。

3. 公证员在受理单方收回出租房屋的保全证据公证时,应提示出租人履行催告义务,重点审查和核实承租人存在违约的事实。

4. 清点存放在出租房屋中的财物时,公证员应登记造册、拍照或摄像,保全过程制作现场记录,财物交由出租人按照约定处置。

5. 租赁合同中没有承租人自愿接受出租人单方收回房屋的条款,且未经公证证明,在承租人违约又不腾退的情形发生时,公证机构不得办理单方收回房屋的保全证据公证。

三、案例意义

房屋租赁中会经常发生承租人不付租金或租期届满后不腾退房屋的情况。特别是一段时期以来,一些涉及非法吸收公众存款和集资诈骗的公司骗租写字楼物业,有关承租人进入刑事诉讼程序后,依法出租人既联系不上他们,也很难将房屋收回后再次出租。公证机构可以根据申请,为出租人和承租人办理租赁合同公证,明确载明承租人不履行或者不完全履行合同义务时,出租人有权单方收回出租房屋,帮助守约方依法及时收回出租房屋,防止损失扩大,维护守约方的合法权益。

四、专有名词解释

保全证据公证:是指公证机构根据自然人、法人或者其他组织的申请,依法对与申请人权益有关的、有法律意义的证据、行为过程加以提取、收存、固定、描述或者对申请人的取证行为的真实性予以证明的活动。

司法部办公厅

关于发布第2批公证指导性案例(4—6号)的通知

(2018年1月29日　司办通〔2018〕21号)

各省、自治区、直辖市司法厅(局),新疆生产建设兵团司法局:

公证制度在依法保护知识产权中具有重要作用。充分运用证据保全、合同公证等方式,做好产权保护领域公证工作,对于弘扬法治、宣传公证、服务社会、维护权利具有重要意义。经研究,现将公司股权激励合同公证等3件产权保护类案例(指导案例4—6号),作为第2批公证指导性案例发布,供各公证机构办理公证业务时参照。

公证指导性案例4号

公司股权激励合同公证

关键词

员工持股　股权回购　股权激励合同公证

案情概况

2017年初,山东省青岛市的某国有控股混合所有制企业,拟开展员工持股试点,对公司重要技术人员、经营管理人员和业务骨干等实施股权激励计划。根据国有资产管理要求和公司股东会决议,股权激励计划须确保国有股本不变,以员工个人出资实施增资扩股的形式,授予员工股权;员工在劳动服务期限内持有股权并享受分红,期限届满且达到激励目标时,享有股权增值部分的收益,但不得对股权进行转让、质押等处分。员工与公司的劳动服务关系终止时,由公司回购股权,授予新的员工,实现循环激励。为确保履约、防止纠纷,该公司向公证处咨询,希望对包括股权授予和股权回购等内容的股权激励合同办理公证,公证员在全面了解情况后告知了公司需要提交的申请材料。

2017年10月16日,该公司代理人与公司员工王某共同来到山东省青岛市某公证处,申请办理股权激励合同公证。公证员张某首先审查核实了公司的营业执照、公司章程,代理人和王某的身份,审查确认股权激励方案已经董事会决议、股东会决议、职工代表大会决议通过并进行了公示。同时,公证员向国有资产管理部门进行了核实,确认方案内容符合国家法律规定且真实有效。随后,公证员审查了股权激励合同中持股比例、入股价格、出资来源、持股方式、股权分红、退股条件、退股期限、退股价格及其计算方式等内容,重点就股份回购的程序、股权处分的限制、持股员工权益保护等向合同双方进行了告知说明,指导双方修改完善了股权授予和股权回购等合同条款,对容易产生歧义或约定不明的内容进行了明确。双方对合同内容达成一致意见后,公证员询问确认了该公司和王某签订股权激励合同的意思表示真实,出具了股权激励合同公证书。

案例评析:

一、公证要点

1. 国有控股混合所有制企业实施员工股权激励计划,关系到国有企业改革发展和公司员工切身利益,法律政策性强,各方主体产权保护要求高。公证机构办理国有控股企业股权激励合同公证过程中,应坚持依法平等保护各类股东权益,确保股权激励合同符合国家有关法律法规和国有企业改制、国有产权管理等有关规定。

2. 公证机构应当重点审查核实激励方案是否按照国有资产管理部门要求和公司章程,履行了董事会、股东会、职工代表大会等内部议事程序,是否经有关国有资产管理部门批准,是否履行了公司内部公示等程序,确保规则公开、程序公开、结果公开,确保员工持股过程公开透明,防止暗箱操作和利益输送,防止国有资产流失。

3. 公证机构应在审查股权激励合同内容符合激励方案要求的同时,重点认真审查合同中的股权授予人、持股人、持股比例、入股价格、出资来源、持股方式、股权分红、退股条件、退股期限、退股价格及其计算方式等内容,确保股权激励合同的内容符合公司法等法律法规的规定。

二、案例意义

2016 年,中共中央、国务院《关于完善产权保护制度依法保护产权的意见》提出,要在国有企业混合所有制改革中,依照相关规定支持有条件的企业实行员工持股,建立员工利益和企业利益、国家利益激励相容机制。2017 年 7 月,司法部印发《关于进一步拓展创新公证业务领域更好地服务经济社会发展的意见》,要求拓展创新产权保护公证业务,积极服务各种所有制经济组织和公民财产权保护,做好产权保护领域公证工作。公证机构通过提供法律咨询、方案设计、合同审查、合同公证、监督履行等法律服务,能够保障公司股权激励依法依规进行,预防纠纷、防范风险,平等保护公司、被激励员工以及其他各类股东的产权权益。

三、相关法律和政策依据

1.《中华人民共和国公证法》第十一条、第十二条;

2.《中华人民共和国公司法》第一百四十二条、第一百七十八条;

3. 国务院《关于国有企业发展混合所有制经济的意见》;

4. 国务院国有资产监督管理委员会《关于国有控股混合所有制企业开展员工持股试点的意见》。

四、专有名词解释

股权激励:是指企业采取股权出售、股权奖励、股权期权等方式授予激励标的股权,对企业的重要技术人员、经营管理人员和业务骨干等实施激励的行为。

股权回购:是指公司按一定的程序购回发行或流通在外的本公司股份的行为。

公证指导性案例 5 号

农村土地承包合同公证

关键词

土地承包经营权　土地承包程序　土地承包合同公证

案情概况

2017 年 5 月,浙江省义乌市某农业开发企业承包了某村一片土地,用于农业养殖和种植。为防止因村民对土地承包不知情、承包程序不符合法律规定等导致纠纷,该企业负责人甲到公证处咨询能否对土地承包经营权合同进行公证。公证员刘某了解情况后告知甲,根据《中华人民共和国农村土地承包法》规定,作为该村以外的单位,承包该类土地必须经村民会议三分之二以上成员或者三分之二以上村民代表同意、乡(镇)政府批准、通过各镇(街)招标中心招标获得;办理土地承包经营权合同公证应由合同双方共同到公证处提交申请,并需要提交村民代表大会决议、政府批文、土地承包中标结果确认书、企业营业执照、企业农业开发资质证书、土地权属凭证、拟公证的土地承包合同等材料。

2017 年 6 月 11 日,甲和作为发包方代表的村民委员会主任乙一同到公证处申请办理公证。公证员刘某细致审查了双方身份证明及提交的材料后,受理了公证申请。随后,公证员到村民委员会查看了村民代表大会会议记录,确认本次土地发包已经按照程序召开村民代表大会通过,该村 9 名村民代表均参加会议并全部同意发包。接着,公证员到镇政府核实了批准发包的文件,到国土资源局和林业局核实了承包土地所有权归属和土地性质,到税务、工商和农业部门查询了承包企业的纳税情况、资产申报情况,核实了相关资质证书的真实性,最后到招标中心查阅了招标记录,核实了评标结果。在确定所有材料真实、合法后,公证员通知甲和乙再次来到公证处,对双方办理公证的意愿、目的、合同主要内容等进行询问并制作了询问笔录,指导双方对拟公证的土地承包合同进行了完善,明确了土地用途、违约责任、征收补偿等内容,并确认双方对合同内容无异议。双方在公证员面前签署了修改后的合同。公证员出具了土地承包合同公证书。

案例评析:

一、公证要点

1. 农村土地承包的法律性和政策性较强,不仅涉及到《土地管理法》《土地承包法》《村民委员会组织法》等多部法律法规,还涉及到中央和地方的土地政策。公证员办理土地承包合同公证要全面了解相关法律法规和政策要求,确保承包行为合法合规且合乎政策要求。

2. 在主体资质方面,公证员应重点审查发包人、承包人是否具有相应的资质,包括发包方是否具有相应的处分权利,发包方是否对承包方的资信情况和运营能力进行了审查等内容。

3. 在承包程序方面,公证员应重点审查村民委员会的发包程序是否合法,包括发包方将农村土地发包给本集体经济组织以外的单位或者个人承包,是否事先经本集体经济组织成员的村民会议三分之二以上成员或者三分之二以上村民代表的同意,是否报乡(镇)人民政府批准;是否经招标、拍卖、公开协商等公开竞争方式获得,招标、拍卖、公开协商等程序是否符合相关法律法规,从而避免因程序违法而导致发包结果无效。

4. 在合同内容方面,公证员应重点审查发包方、承包方的姓名(名称),承包土地的名称、坐落、面积、质量等级,承包期限和起止日期,承包土地的用途,双方权利义务及违约责任等内容。特别要对承包方在土地上建造必要用房的面积、占地范围和报批手续,承包期满后地上建筑、苗木等附着物产权归属或折价方式,以及如遇土地征收时相关补偿方式和补偿费分配等约定进行审查,必要时指导双方当事人对合同进行完善,避免履行过程中发生纠纷。

二、案例意义

农村土地承包事关农村经济发展、农民利益和承包方的切身利益。对于承包方企业而言,稳定的土地承包经营权是一项重要的产权,事关企业财产安全甚至长远发展。近年来,因承包发包程序不合法、合同内容约定不明确、征地补偿约定不明等引发的产权纠纷增多。公证机构为农村土地承包经营活动提供公证服务,对土地权益交易流转中涉及的资质、程序等事项进行审查核实,排除不真实、不合法因素,指导当事人依法依程序签署合同、履行义务,能够有效防止土地承包经营过程中的纠纷隐患,保护农民土地权益和承包经营权人的合法权益。

三、相关法律和政策依据

1.《中华人民共和国公证法》第十一条;

2.《中华人民共和国土地管理法》第十五条;

3.《中华人民共和国农村土地承包法》第二十一条、第四十四条、第四十六条、第四十八条;

4.《中华人民共和国村民委员会组织法》第二十四条、第二十六条。

四、专有名词解释

土地承包经营权:是指土地承包经营权人依法对其承包经营的耕地、林地、草地等享有占有、使用和收益的权利,有权从事种植业、林业、畜牧业等农业生产。

公证指导性案例 6 号

知识产权侵权市场调查活动保全证据公证

关键词

商标　市场调查　保全证据公证

案情概况

乔丹体育股份有限公司(以下简称乔丹体育公司)是一家在中国登记的中国企业,2001 年至 2002 年间,乔丹体育公司注册了“乔丹”“QIAODAN”等商标并广泛使用。2012 年,美国著名篮球运动员迈克尔·乔丹以乔丹体育公司上述商标的注册行为侵犯其在先权利为由,向中国国家工商行政管理总局商标评审委员会提出撤销“乔丹”“QIAODAN”或相似商标的申请。乔丹体育公司辩称“乔丹”是常见的英文姓氏,与迈克尔·乔丹本人并没有唯一对应关系。为证明公众看到“乔丹”商标就会联想到迈克尔·乔丹,迈克尔·乔丹的代理人北京市某律师事务所决定委托某市场调查与分析公司(以下简称调查公司)进行一次市场调查,调查报告将作为证据用于撤销商标申请或诉讼。

2012年3月17日,迈克尔·乔丹的代理人向上海市某公证处提出公证申请,对调查公司在上海市进行市场调查的过程进行保全证据公证。公证员黄某审查了当事人提交的相关身份证明和资格证明,与保全的证据有利害关系的证明材料,载有申请保全证据的理由、用途和证据取得方法的书面说明。公证员向当事人告知保全证据公证的法律意义和可能产生的法律后果,并特别告知调查结果是客观形成的,无论对当事人的主张产生有利或不利影响,公证处都会根据事实进行记录描述,保证保全行为的连续性、客观性和真实性。在重点审查了调查活动和调查方案不会侵害他人合法权益、参与保全证据相关人员的身份符合要求后,公证员受理了该公证申请。2012年3月17日至19日,公证员黄某和公证员助理与调查公司的调查员一起,分别前往上海市美罗城广场、沪西工人文化宫和中山公园,在公证人员的监督下,调查员现场随机选择被访者进行问卷调查,并现场回收商标认知调查问卷。三处地点分别回收74份、91份和55份问卷,之后交公证人员带回公证处密封并加贴公证处封条。保全证据公证书详细记载了公证人员与调查员到达调查地点、随机选择被访者、被访者填写问卷、回收问卷等调查全过程。最后,公证员将公证书连同经公证处密封的调查问卷原件一并送达当事人。

2016年12月7日,“乔丹”商标争议行政纠纷系列案件作出再审判决。最高人民法院审理认为,上述调查活动证明了中文“乔丹”与迈克尔·乔丹存在稳定的对应关系以及相关公众误认为“乔丹”与迈克尔·乔丹存在特定关系;调查过程由公证机构进行了公证,调查程序较为规范,调查结论的真实性、证明力相对较高,可以与其他证据结合后共同证明相关事实。法院最终认定“乔丹”争议商标违反了《中华人民共和国商标法》的有关规定,侵犯了迈克尔·乔丹的在先姓名权,判决商标评审委员会就争议商标重新作出裁定。

案例评析:

一、公证要点

1. 公证机构办理知识产权侵权市场调查活动保全证据公证,应当事先审查当事人提供的调查方案和调查问卷内容,确保其中不存在违反法律法规、侵犯他人合法权益以及误导被调查人的情形。

2. 公证机构应当确保知识产权侵权调查活动具有一定的随机性,公证员可以在调查方案确定的时间段和区域范围内随机指定调查时间、调查地点。

3. 公证机构应当确保知识产权侵权调查活动的客观性,公证人员监督申请人严格按照经审查的调查方案进行调查活动,客观全面如实记录调查过程并制作工作记录,调查获得的原始数据应由公证人员保管并加以封存。

4. 公证机构派员外出办理知识产权侵权保全证据公证,应当由二人共同办理,其中一名必须是公证员。

二、案例意义

随着国家知识产权战略的深入实施,我国知识产权保护水平不断提高。实践中越来越多的知识产权权利人了解和认识到公证在知识产权的权利认定、流转保障和侵权维权方面发挥独特作用,选择通过公证法律服务保障自身权益。为知识产权侵权市场调查活动办理保全证据公证,是公证积极拓展创新服务内容的一项举措，通过公证的事前审查、事中监督、事后出具有法定证据效力的公证书，能够为诉讼活动中依法认定侵权事实提供有力依据，切实维护知识产权权利人的合法权益。

三、相关法律和政策

1.《中华人民共和国公证法》第十一条、第三十六条；

2.《中华人民共和国商标法》第十条、第四十四条；

3. 司法部　国家工商行政管理总局　国家版权局　国家知识产权局《关于充分发挥公证职能作用　加强公证服务知识产权保护工作的通知》。

司法部办公厅
关于发布第3批公证指导案例(7—8号)的通知

(2018年6月21日　2018年6月25日印发)

各省、自治区、直辖市司法厅(局)，新疆生产建设兵团司法局：

经研究，现将商品住房选房顺序摇号现场监督公证等2件案例(指导案例7—8号)，作为第3批公证指导案例发布，供各公证机构办理公证业务时参照。

司法部办公厅

2018年6月25日

公证指导案例7号

商品住房选房顺序摇号现场监督公证

关键词

商品住房销售　选房顺序摇号　现场监督公证

案情概况

2017年5月，南京市某房地产公司星晖花园项目商品住房销售的申购人数大于房源数。为保障销售活动公平公开透明，5月29日上午，该房地产公司向江苏省南京市某公证处申请办理商品住房选房顺序摇号现场监督公证,希望采用电脑摇号方式确定申购人选房先后顺序。受公证处指派,公证员王某审查了房地产公司代理人提交的营业执照、商品住房预售许可证、授权委托书、销售方案等材料;重点审核了经南京市房地产市场综合执法办公室核验的《报名摇号清册》,确认该商品住房销售项目共有375组申购人,其中有356组符合南京市住房限购政策,具备摇号资格。根据审查情况,公证处于当日受理了公证申请。

随后,公证员王某与房地产公司代理人进行充分沟通,制定了《摇号规则》,重点明确了以下内容:1. 本次摇号活动暂定于5月31日上午10时在公证处进行,如在公示期内有申购人提出异议且不能及时解决的,则推迟摇号时间;2. 摇号活动由公证员全程主持;3. 摇号活动采用电脑摇号方式进行,摇号电脑和软件均由公证处提供;4. 摇号活动现场生成摇号所需要的号码数据,须与申购人在《报名摇号清册》中的报名序号一一对应;5. 摇号活动现场突发情况的处理规则;6. 摇号活动通过公证处官方网站、微信公众号对外进行视频直播。5月29日下午,公证处通过官方网站对《报名摇号清册》《摇号规则》进行了24小时的公示。5月30日,公证处对准备摇号使用的专用电脑进行了检查,与经检测合格的摇号软件共同封存。

公示期满,公证处未接到有效异议。5月31日上午10时,摇号活动如期在公证处举行,公证员王某、张某主持摇号活动。首先,公证员王某现场介绍摇号活动的有关规则,安排公证员助理启封摇号电脑和摇号软件,操作电脑运行摇号软件生成摇号所需要的号码数据。随后,公证员王某宣布了摇号现场突发情况处理规则,公证员助理操作摇号软件随机生成了356组有效申购人的选房先后顺序号码。最后,公证员王某现场宣读公证证词,并对本次摇号活动使用的电脑和软件进行封存。房地产公司代表、申购人代表、人大代表、政协委员、纪检监察人员、房地产监管部门代表、新闻媒体代表受邀到场见证。公证处通过官方网站及微信公众号对摇号过程进行了视频直播。摇号活动结束后,公证处将摇号结果在官方网站进行了公示。6月5日,公证处依法出具了公证书。

案例评析

一、公证要点

1. 公证机构办理商品房选房顺序摇号现场监督公证,应当事先与房屋管理部门充分沟通协调,在工作层面进行有效衔接。公证机构应当从严、从实、全方位、全流程参与摇号过程,切实履行公证职能。

2. 公证机构应当对商品房申购人的信息和资格尽到审查义务,确保用于摇号的基础数据真实、完整和准确,防范人为操作摇号结果的情形发生。符合摇号条件的申购人名单信息应当由公证机构公示,或者公证机构监督开发商公示。

3. 公证机构应当指导公证申请人制定科学严谨的摇号规则,明确相关突发事件的处置预案,确保摇号活动的公平和安全。公证机构发现抽签摇号活动违反事先已明确的规则、当事人及相关人员存在弄虚作假和徇私舞弊的情形,应当终止公证。

4. 公证机构应当重点排除人为和技术上的干涉和干扰,自主控制、自行开展商品房摇号工作。采用计算机摇号的,要保证计算机的专用性,不得用于摇号以外的其他用途;要保证软件由公证协会、公证机构或房屋管理部门自主或委托开发,并经检测合格,在使用的各个环节不存在他人介入的可能,不得使用房地产公司或其他利益相关方提供的软件;计算机及软件在摇号前和摇号后由公证机构封存保管,摇号时不得接入互联网。采用传统人工方式摇号的,要根据规则使用相应的方法和工具,保证摇号的随机性、公正性和全程公开。公证机构应当对现场摇号环节全程录像,并可以采取符合法律规定的形式进行现场直播。

5.公证机构应当在摇号结束后现场宣布摇号结果,并采取适当方式进行公示,接受社会监督。

二、案例意义

近年来,为促进房产依法公平交易、维护市场经济秩序,越来越多的地方引入公证手段,对商品住房选房顺序摇号活动进行现场监督。公证以客观中立身份一方面帮助制定购房选房规则、解释和运用规则,对选房摇号全过程进行监督、证明和公示,能够确保房产交易公开透明,有效预防房产销售过程中的暗箱操作行为;另一方面能够有效保障人民群众获得公平合理的选购权益,避免矛盾纠纷和群体性事件发生。公证机构在其证明、监督过程中,对交易规则的解释和运用,是向社会、公民进行普法宣传教育的有效途径。

三、相关法律和政策依据

1.《中华人民共和国公证法》第十一条;

2.《公证程序规则》第五十二条。

四、专有名词解释

商品住房选房顺序摇号:是指在商品住房项目销售过程中,有效申购人多于项目可供房源的,通过随机摇号的方式确定申购人选房先后顺序的活动。

现场监督公证:是指公证机构根据当事人的申请,依法通过事前审查、现场监督,对招投标、拍卖、开奖、摇号等活动的真实性、合法性予以证明的活动。

公证指导案例 8 号

民办学校入学电脑派位现场监督公证

关键词

学生入学　电脑派位　现场监督公证

案情概况

2017 年 6 月,湖北省某市教育局为做好全市民办初中学校新生入学工作,制定下发了《关于进一步规范 2017 年义务教育阶段新生入学管理工作的通知》,同时制定《电脑派位工作方案》和《电脑派位规则》,要求民办初中学校招收新生时,实行电脑派位和自主招生相结合的办法,并请公证机构进行监督。市教育局提供了委托研发的“初中学校新生入学电脑派位系统”。在市教育局的工作人员前来湖北省某公证处提出公证请求后,公证处指派公证员田某先期对派位系统第三方评审鉴定的全过程以及派位系统加密、刻盘、密封的环节做了全程监督。

7 月 10 日,市教育局的工作人员再次来到公证处,申请对其组织的 2017 年全市民办初中学校新生入学电脑派位过程及其结果进行现场监督公证。公证员田某审查了盖有教育局公章和法定代表人签名的公证申请书、法定代表人身份证明、授权委托书、代理人身份证明、《关于各民办学校报名人数和电脑派位拟录取人数的情况说明》后，受理了公证申请。

7月13日上午，公证员田某和助理前往市教育局。在公证人员的监督下，各学校报名数据由市教育局工作人员逐一进行比对，确认无误后将数据形成电子文档，与电脑派位系统软件一同刻录到光盘中。光盘经市教育局工作人员和公证员共同签封后，交由公证处专门保管。对于用来派位的专用电脑，公证员进行检查后予以封存。

7月15日上午，公证员田某和助理来到市教育局电脑派位现场，在学生家长代表、政府有关部门和监察部门工作人员的见证下，当众启封电脑和光盘。公证员就前期电脑派位系统编程科学、合理、可行性的认证，以及检测效果、数据录入、电脑系统及场所封存和检查情况，向在场人员进行了说明。之后，公证员监督市教育局工作人员操作电脑进行随机派位，并将结果暨录取名单打印一式三份，由市教育局负责人、各学校负责人和公证员签名确认。公证处据此证明民办初中新生入学电脑派位工作全过程符合法律规定和有关规则，派位结果真实、有效，并当场宣读了公证词。

案例评析

一、公证要点

1. 公证机构办理新生入学电脑派位现场监督公证，应当确保从摇号规则制定到摇号结束的全部流程都在公证机构的监督范围内，保障活动的真实、公平、透明。支持具备条件的公证机构先期介入申请人资格审查。同时，要会同公证申请人研究制定应对派位现场突发情况的预案。

2. 新生入学电脑派位软件系统应当由公证协会、公证机构提供。暂不具备条件而由教育管理等部门提供的软件系统，公证员应当审查软件著作权，确认不存在侵权情况；应当进行计算机软件安全性、可靠性检测，开展模拟测评，确认算法概率公平；公证机构应当派员对检测过程进行监督，并对软件予以封存。

3. 公证机构应当对教育主管部门提交、已经审核过的参加电脑派位的申请人情况进行再审查，重点审查学校接受新生计划数额与教育管理部门下达的计划数是否一致，以及申请人报名的信息真实准确，是否存在重复报名等违规情形。

4. 公证员可以根据实际需要，在操作电脑派位运行前，向现场代表就前期电脑派位准备工作和公证机构对其审查、监督的情况进行说明。

5. 在电脑派位过程中，公证人员应当监督电脑软硬件设备是否正常运行，每一个步骤是否符合已审查确认的程序，所产生的数据是否属实。公证员应当现场宣读公证词，宣布派位结果。公证机构应当采取适当方式将派位结果予以公示，接受社会监督。

6. 公证机构对于电脑派位原始数据、系统程序和派位过程中产生的资料，应当全部留存附卷备查。

二、案例意义

教育公平是社会公平的重要内容，关系民众切身利益和民生福祉。公证运用沟通、证明、监督的制度优势，参与入学派位工作过程的监督，保证入学派位过程公平、公正、公开透明，能够切实维护入学升学正常秩序，有利于消除社会公众疑虑、维护政府公信力。公证对入学派位过程的监督、规则运用和宣讲，是以案释法、宣传法治的有效方式，也是公证防范风险、服务社会治理创新、公平配置社会资源、促进社会和谐的重要体现。

三、相关法律和政策依据

1.《中华人民共和国公证法》第十一条;

2.《公证程序规则》第五十二条。

关于印发《2020 年公证服务脱贫攻坚指导性案例》的通知

(2020 年 11 月 3 日　中公通〔2020〕24 号)

各省、自治区、直辖市司法厅(局)公共法律服务管理处(局)、公证管理处,新疆生产建设兵团司法局公共法律服务管理处,各地方公证协会、新疆生产建设兵团公证协会:

根据 2020 年工作安排,中国公证协会、司法部公共法律服务管理局联合编发了公证服务脱贫攻坚指导性案例。

现将产业扶贫协议公证等 3 件案例印发给你们,供各公证机构办理业务时参照。

中国公证协会　司法部公共法律服务管理局

2020 年 11 月 3 日

产业扶贫协议公证

关键词

产业扶贫“公司 + 贫困户”模式　动产抵押

案情概况

2018 年下半年,为落实产业扶贫战略目标,内蒙古自治区土默特左旗旗委、旗政府采取“公司 + 贫困户”的合作模式,通过农业种植产业带动辖区内建档立卡贫困户脱贫致富。土默特左旗敕勒川镇人民政府经研究决定,准备将上级拨付的扶贫专项资金注入土默特左旗某农业发展有限公司,共同完成辖区内贫困户的脱贫目标。为保证此次合作公开、公平、合法,要求办理该项目合作协议书公证。

2018 年 9 月 3 日,土默特左旗敕勒川镇人民政府的委托代理人李某与某农业发展有限公司法定代表人张某共同向内蒙古自治区呼和浩特市某公证处申请办理《产业扶贫战略合作协议》公证。该协议主要内容:(一)土默特左旗某农业发展有限公司(以下简称公司)积极参与产业扶贫项目,通过“公司 + 贫困户”模式,在土默特左旗敕勒川镇人民政府(以下简称镇政府)的领导和组织协调下，扶持辖区内建档立卡贫困户实施经济作物种植产业脱贫项目，加快推进辖区内贫困户脱贫致富。（二）协议中还明确规定了各方的权利、义务：甲方镇政府应严格落实辖区内贫困户的资格审查工作，在贫困户自愿的前提下实施经济作物扶贫项目，严格执行国家财政扶贫资金管理办法的相关规定，专款专用，确保扶贫资金安全、高效使用；在项目实施后，甲方镇政府需负责日常监督考核，降低扶贫项目资金使用风险；乙方公司应按照建档立卡在享贫困户名单，为贫困户提供种植指导方案、供应合格种子、化肥，落实作物收购等扶贫政策，并提供有效的抵押物以确保扶贫项目资金按照协议安全、高效使用。公证员接待双方代表后，严格对协议双方的主体身份、协议条款内容、国务院关于脱贫的相关文件、旗政府的审批文件、镇政府和村委会的公示材料及其合作社相关的一系列申报材料等进行了审查核实。

经公证处处务会研究讨论，决定受理该项公证申请。随后，公证处协助双方对预先起草的扶贫战略合作协议进行认真细致的修改。第二日，承办公证员带领公证辅助人员和摄像设备亲自来到公司经营场所地的行政村，对该合作社村的经营场所、厂房等附属设施进行了实地走访、考察，同时对协议中约定的抵押物机器设备及其他动产依次进行了清点、拍照、登记，最后制作了抵押物清单，由公证人员以及申请人签字确认。公证人员在告知了双方当事人签订合作协议的法律意义及可能产生的法律后果，双方自愿签署了该协议书、笔录等相关公证材料，该合作协议公证顺利办结。

案例评析

一、公证要点

1. 公证人员在办证过程中要全面了解中央、地方各级政府对于产业脱贫的相关法律法规和政策要求，确保协议内容合法合规。涉及重大政策和众多群众切身利益的公证事项，要经集体研究。

2. 公证员要重点审查双方的主体资格，按照国务院扶贫办关于县级脱贫攻坚项目库建设的指导意见的要求，严格按照项目入库程序、公开透明建立项目库，确保将扶贫资金拨付入库的企业或合作社使用。

3. 围绕协议实施，公证员要审查扶贫资金的金额、期限，项目实施的对象及扶贫措施，双方的权利、义务，抵押物的状况等。

二、案例意义

产业扶贫作为精准扶贫的一项关键举措，是打赢脱贫攻坚战的重要支撑。《中共中央　国务院关于打赢脱贫攻坚战的决定》指出，要加强贫困地区农民合作社和龙头企业培育，发挥其对贫困人口的组织和带动作用。公证机构在政府拨付扶贫款项的过程中提供公证法律服务，依据相关法律法规、政策性文件的规定，对扶贫协议书中涉及的主体资格、程序等事项进行审查，指导当事双方依法签署协议，告知当事双方权利、义务关系，为扶贫资金的安全使用提供了法律保障。

三、相关法律和政策依据

1.《中华人民共和国公证法》第十一条；

2.《中华人民共和国担保法》第四十三条。

“租赁合同+资金托管”公证

关键词

租赁合同公证　资金托管　扶贫

案情概况

2019年末，山东省泰安市某区甲镇政府整合扶贫专项资金120万元在该镇乙村建设蔬菜大棚7个。大棚建成后，按照扶贫政策规定，大棚产权归甲镇乙村村民委员会所有，属于该村集体组织财产。乙村通过对外招标方式，把7个蔬菜大棚租赁给丙企业用于种植有机蔬菜，丙企业向乙村支付租赁费并自主经营、自负盈亏。乙村将收取的租赁费分配给本村建档立卡的贫困户，以保证贫困户稳定增收，解决贫困户生活费用。由于这7个蔬菜大棚是利用政府专项扶贫资金建造，属于扶贫项目，涉及贫困户的切身利益，乙村委会担心丙企业如因经营不善，到期拒付租赁费，从而导致广大贫困户利益受损。如何保护贫困户的合法权益、如何明确该村委会与企业的权利义务？带着这些疑问，镇政府与乙村的负责人一同来公证处咨询。

经过与镇、村负责人沟通，公证员了解到，参与蔬菜大棚招标的共有5家企业及个人，最终丙企业以自身的优势和最高的租金竞标成功，双方尚未签订租赁合同。公证员告诉乙村负责人，乙村和丙企业可以申请办理《蔬菜大棚租赁合同》公证；蔬菜大棚的租赁费待丙企业支付给乙村后，乙村可委托公证处进行资金监管，由公证处按照乙村提供的建档立卡贫困户的名单进行发放。镇、村负责人听了公证员介绍的公证服务方案后表示认同。

随后，公证员审查了乙村及丙企业提交的蔬菜大棚产权证明、招标公告、村民代表大会决议、竞标成功通知书、丙企业的营业执照、法定代表人身份证明、法人身份证等公证申请材料，代为起草了《蔬菜大棚租赁合同》。公证员建议双方特别约定：1. 租赁期间，丙企业负责大棚的安全及日常维护管理，应当指定具有丰富管理经验的人员负责该大棚的正常运转，保证乙村的收益；2. 如丙企业对大棚进行改建，必须经乙村书面同意；3. 丙企业每年支付的租赁费交由公证处托管，由公证处作为租赁费的资金托管管理人，定期按合同约定的方式及对象发放该资金；4. 为保证乙村贫困户权益不受损害，如丙企业未能按时缴纳租赁费，除应支付违约金外，乙村有权单方面解除租赁合同。双方经充分沟通、了解各自权利义务后达成合意，并办理了公证。同时，乙村和公证处签订了《资金托管协议书》，协议中特别明确了以下几点：1. 丙企业所缴纳租赁费的支付方式，即公证处按照乙村指定的时间、数额将每年租赁费按照该村提供的贫困人员名单发放到各贫困户银行卡账户内；2. 乙村于每年资金发放前五个工作日应当向公证处提供当年该村贫困户名单及发放金额，遇有贫困户名单变动时，乙村应当提交变动依据；3. 资金托管期满后所留余额的提取方式。

案例评析

一、公证要点

1. 公证员要根据资金性质、项目产权归属等明确合同签订主体。

2. 公证员可以根据当事人申请，代为起草合同协议文本，在合同中明确约定租赁费支付方式、支付期限、逾期支付的违约责任等条款，保障扶贫户合法权益。

3. 公证处进行资金托管应与当事人签订协议，在《资金托管协议书》中列明资金管理人、资金托管人和利害关系人，明确托管资金的支付期限、支付数额、支付方式，以及受益人名单及其银行账号等内容，强调情况变化时托管人的通知义务等。

二、案例意义

"十三五"是全面建成小康社会的关键时期，消除贫困成为各级党委和政府的重大政治任务，产业扶贫是脱贫攻坚的治本之策、根本之举。贫困村蔬菜大棚的建设是产业扶贫项目之一。公证处通过对《蔬菜大棚租赁合同》进行公证，指导村委会与企业签订合同，并由公证处介入扶贫资金托管，既保障了扶贫项目的安全运营，保障了贫困户的合法权益，又拓宽了公证服务领域，提高了公证在基层的认知度。

三、相关法律和政策依据

1.《中华人民共和国公证法》第十一条；

2.《中华人民共和国民法总则》第一百四十三条；

3.《中华人民共和国合同法》第八条；

四、专有名词解释

公证处资金托管：委托人按照与公证处签订的《资金托管协议书》的要求，将特定的资金存入公证处指定的银行账户内，由公证处代为管理，公证处按照委托人要求的支付条件，将款项支付给受益人的行为过程。

易地扶贫搬迁承诺书公证

关键词

易地扶贫搬迁　承诺书签名公证

案情概况

年近六旬的周某一家三代四口人共同生活在河北省承德市某偏远山区，是建档立卡贫困户。由于原居住的房屋年久失修成为危房，只好租住别人的房屋，全家自愿申请按照国家易地扶贫搬迁的相关政策进行搬迁。

根据《河北省承德市易地扶贫搬迁领导小组办公室关于进一步做好易地扶贫搬迁分散安置和土地复垦工作的通知》（承搬迁办〔2018〕1号）精神，公证处参与了易地扶贫搬迁工作，对分散安置户所签合同（协议）、证明等进行公证。易地扶贫搬迁工作分为三种解决方式，一是政府补偿自主建房，二是政府补偿自主购房，三是政府补偿后投亲靠友居住。搬迁工作要求确保每一分散安置户不因购房、建房而举债，投靠接收真实有效。根据三种不同的解决方式需要当事人签署多份协议和证明，公证处经与有关部门商定，决定采取由自主建房人、自主购房人、投亲靠友人、投亲靠友接收人分别按各自情况，对自己所签各项协议、证明材料及有关权利义务进行确认承诺,公证处对其在承诺书上的签名(指印)进行公证。

由于周某原居住地地处偏远山区,为方便当事人,公证人员带齐身份识别系统、笔记本电脑、打印机等办公设备,到周某一家所在乡镇现场办理公证。公证员对当事人身份进行了核实,审查了当事人提供的相关证明材料,并对以下主要事实核实确认:

1. 核实周某的地籍调查表,确认周某符合易地搬迁条件;核实周某及家人意思表示,确认周某及家人了解搬迁政策及搬迁意愿;核实村委会、乡镇政府、派出所、县扶贫和农业开发办公室、县国土资源局乡镇国土所批准及公示情况,确认周某为符合政策的易地搬迁对象。

2. 核实易地扶贫搬迁统计情况,确认周某一家在新建购房、投亲三种分散安置方式中选择新建房屋。

3. 确认乡镇人民政府作为甲方与周某签订了易地扶贫搬迁协议,根据易地扶贫搬迁相关政策,双方明确约定了周某新建房面积(人均不超过 25 平米),周某享受政府补助等事项及其他具体权利义务。按协议约定,周某拆除旧房、恢复地貌、旧房证件交回、新房建成并入住,由周某提出验收申请,乡镇政府、村委会做出易地扶贫搬迁自检报告,最后由乡镇易地扶贫搬迁领导小组出具验收合格的验收单。

4. 乡镇人民政府为保证搬迁工作顺利进行与周某签订的《承德县易地扶贫搬迁旧房拆除协议》,周某在规定时自行拆除旧房,拆除后由乡镇人民政府、村委会验收合格,宅基地由政府统一收回,拨付补偿款。

根据调查核实情况,公证员受理了周某一家的申请并进行了询问,再次现场确认了当事人对政策了解、搬迁意愿、权责划分等无异议,对当事人所签合同(协议)、证明逐一进行审查,对承诺书签名(指印)公证的法律意义明确告知。在做好上述各项工作的基础上,公证员及时出具了承诺书签名公证书,为精准脱贫易地扶贫搬迁工作提供了法律服务和保证。

案例评析

一、公证要点

1. 公证员对当事人提供的搬迁户、接收户身份证明等材料进行审查,合同、协议等资料中签约人与申请人必须一致,一般不得代理;

2. 公证员要向当事人阐明关于易地扶贫搬迁分散安置和土地复垦的政策规定,审查当事人的意思表示是否真实,并明确协议双方的权利义务;

3. 公证员要对涉案事实证据和证明材料进行核实后方可出证。对隐瞒事实,提供虚假证明材料的申请,应当拒绝受理。对因房屋产权有争议无法拆除旧房的,应当提出诉讼建议,先行解决产权归属;

4. 对因特殊原因不能到场的当事人,公证员必须亲自入户进行询问、核实等工作。

二、案例意义

易地扶贫搬迁是习近平总书记在中央扶贫工作会议上提出的“五个一批”中的重要内容之一,是实施精准扶贫、精准脱贫的有力抓手。易地扶贫搬迁体现国家扶贫战略、顺应群众期盼,是解决偏远贫困人口问题的根本之策。公证的参与,既展示了人民政府公信力,又是对政府工作程序性、规范性、合法合规性的良好监督;而对于扶贫搬迁安置户,公证的参与和上门服务是对农村贫困群体宣传党的扶贫惠民政策、普及法律知识、落实精准脱贫战略的重要举措。

三、相关法律和政策依据

1.《中华人民共和国公证法》第十一条；

2.《中华人民共和国民法总则》第一百四十三条、第一百六十一条。

司法部发布公证工作指导案例

（2021 年 9 月 7 日）

为充分发挥公证职能作用，更好地指导公证机构开展公证法律服务工作，2021 年 9 月 7 日，司法部发布“植物新品种样品取样送样行为保全证据公证”“可行性研究报告查重检测网页保全证据公证”2 个案例，旨在宣传和总结公证服务知识产权保护工作的有关经验和有益做法，更好地推动公证行业服务知识产权保护工作。

此次发布的案例集中体现了公证在知识产权保护中的职能作用。通过公证方式服务知识产权的产生、流转、应用和纠纷解决的全过程，既能预防纠纷，又可辅助诉讼。本次发布的案例都是涉及知识产权的保全证据公证，公证证据具有较高的证据效力，通过公证将涉及知识产权的证据进行提前保管或者固定，可以有效防止证据被篡改或者证据灭失等风险，为今后可能发生或者已经发生的纠纷提供有力的证据支持。

当前，公证行业也在积极探索延伸和拓展公证服务知识产权保护的内容，如利用信息技术平台，开展电子数据的保管；积极参与办理涉及知识产权流转的合同公证，参与知识产权纠纷的调解等工作。

以上案例均可在 12348 中国法网的“司法行政（法律服务）案例库”中搜索查阅。

案例一：

植物新品种样品取样送样行为保全证据公证

甲公司拥有一项植物新品种权，该公司发现某市有人在未经其许可的情况下疑似播种并销售上述植物新品种种子。为维护公司的合法权益，甲公司委托乙律所代为处理该侵权取证事宜，律所遂向当地公证机构申办保全证据公证。公证机构受理该公证事项后，即派员随甲公司委托代理人及员工到播种该植物的地块进行取样，并将该植物叶片样品送往丙地进行检测。

取样的地块位于山区，附近没有路牌等标志物，无法描述具体位置。因此在取样过程中，公证员采取了一套综合辅助手段解决位置固定问题，并将使用方式和取证结果都在公证书中据实表述并作为公证书附件。因送检需要到异地完成,整个取样、送样过程需经过三至四天,所有环节中最重要的是确保取样、样品保管、送样等全过程均在公证机构监督之下。在取样完成后,公证员现场使用公证机构的封条及玻璃胶带对物品进行编号、拍照、装箱、封存,并将封存的样品带回保管。同时因送样需要经过飞机托运,为确保保全事实的真实性,公证处全程确保托运及取件每一步都在公证机构的监督下完成。此项公证的办理,帮助当事人锁定容易灭失的证据,避免了出现当事人日后维权举证困难的局面。

案例编号:YNGGGY1622708393

植物新品种样品取样送样行为保全证据公证

案例内容

【案情简介】

甲公司拥有一项植物新品种权,该公司发现某市有人在未经其许可下疑似播种并销售上述植物新品种种子。为维护公司的合法权益,甲公司委托乙律所代为处理该侵权取证事宜,律所遂向当地公证机构申办保全证据公证。公证机构受理该公证事项后,即派员随甲公司委托代理人及员工到播种该植物的地块进行取样,并将该植物叶片样品送往丙地进行检测。

取样的地块位于山区,附近没有路牌等标志物,无法描述具体位置。因此在取样过程中,公证员对位置固定问题采取了一套综合辅助手段:(1)手机拍照尽量远近都拍摄,可结合视频及照片还原现场;(2)使用"某导航"等进行定位截屏;(3)借助手机"指南针"等确定方位或经纬度。上述辅助手段的使用方式和取证结果都在公证书中据实表述并作为公证书附件。因送检需要到异地完成,整个取样、送样过程需经过三至四天,所有环节中最重要的是确保取样、样品保管、送样等全过程均在公证机构监督之下。在取样完成后,公证员现场使用公证机构的封条及玻璃胶带对物品进行编号、拍照、装箱、封存,并将封存的样品带回保管。同时因送样需要经过飞机托运,为确保保全事实的真实性,公证处全程确保托运及取件每一步都在公证机构的监督下完成。此项公证的办理,帮助当事人锁定容易灭失的证据,避免了出现当事人日后维权举证困难的局面。

【公证书格式】

公　证　书

(2019)××证字第××号

申请人:某(昆明)律师事务所

住所:云南省昆明市××中心B座××层

负责人:李某某

委托代理人:万某某,女,一九九二年一月五日出生,公民身份号码:××××

公证事项:保全证据

申请人某(昆明)律师事务所委派其代理人万某某于二〇一九年八月十七日向本处提出申请,称其代理了云南某种业有限公司知识产权诉讼的相关事宜,现为固定侵权证据,申请本处对云南某种业有限公司的员工张某某(男,公民身份号码:××××)采集叶片(取样)的行为和过程进行保全证据公证。保全方式为拍照及摄像。

根据《中华人民共和国公证法》和《公证程序规则》的规定,我处受理了申请人的申请。并指派本公证员、公证员助理黄某某办理。二〇一九年八月十七日下午,本公证员、公证员助理黄某某在申请人的委托代理人万某某及张某某的带领下来到云南省昭通市××采石场附近的保全现场。现场由公证员助理黄某某使用自带HUAWEI Mate 20 pro手机(型号:LYA-AL00、品牌:HUAWEI)上的百度地图软件进行了定位,并对手机上显示的定位结果进行了截屏。由张某某在玉米地的三个位置各采集十株样本,由张某某、万某某将采集到的三十株样品上的叶片分装并编号,并将两份样品放置于两个装有冰袋的泡沫箱内,一份标记为"备样"、一份标记为"送样",由公证人员将两个泡沫箱分别进行密封。在上述过程中,由本公证员使用自带iPhone手机(型号:MQA62CH/A、品牌:Apple)对第一个取样地点进行拍照(内容详见附件二1-1至1-2);对第二个取样地点进行拍照(内容详见附件二2-1至2-2);对第三个取样地点进行拍照(内容详见附件二3-1至3-5)。由公证员助理黄某某使用自带手机对玉米地附近道路、取得的样品、密封后的样品进行拍照,并对张某某的取样过程进行摄像。

取样结束后,由公证人员将前述两部手机内现场取得的两张屏幕截图及三十八张照片导入了我处的办公电脑内,并进行打印,结果见本公证书附件一、附件二。随后,公证人员将前述手机内现场取得的三段视频资料刻录复制到了公证处提供的全新光盘内,共拷贝了一式四份,一份留存于公证处,结果见本公证书附件三。

兹证明上述取样过程均在本公证员和公证员助理黄某某的监督下进行;与本公证书相粘连的定位截图打印件系手机现场定位截图并打印所得,内容与手机屏幕显示内容相符;本公证书所附照片彩打件系现场拍摄后打印所得,其内容与实际情况相符;与公证书相粘连的密封袋内的光盘中的视频资料系现场拍摄所得,其内容与实际情况相符;取得的样品经本处密封并加贴封条后,标记为"备样"的样品交由申请人自行保管,标记为"送样"的样品由本公证员暂行保管。

附件一:定位截图打印件两张(共两页)(略)

附件二:现场照片打印件三十八张(共十九页)(略)

附件三:密封袋一个(内有光盘一张)(略)

中华人民共和国云南省昆明市国信公证处

公证员

二〇一九年九月二十六日

案例二：

可行性研究报告查重检测网页保全证据公证

某大学与某证券股份有限公司(以下简称“证券公司”)签订了一份《技术咨询服务合同》,合同约定证券公司作为甲方,委托乙方某大学为甲方所有的某创新孵化项目提供技术咨询服务事项,乙方于指定时间内必须向甲方提交其独立撰写的可行性研究报告。可行性研究报告的验收标准为字数不少于 3 万字(包含 3 万字),且符合规范性检查和学术不端检测要求。

在合同规定的时间内,某大学完成了证券公司委托的全部工作,也提交了相应的可行性研究报告,并最终通过某权威网站的查重检测,结果显示符合合同规定的验收标准。为了保证相关人可以核实检测报告的真实性,检测网站规定查重检测报告可通过登录其指定网站验证真伪,但仅有一次验证的机会。某大学为保证验证的客观性和真实性,请求证券公司自行进行验证,证券公司考虑后予以拒绝。某大学在证券公司不配合的情况下,认为如果单独进行验证,势必造成验证结果不可复制及不可重现,项目验收工作将出现僵局。某大学经过内部讨论后决定寻求公证机构的帮助。某大学的委托代理人于 2019 年 12 月向深圳市某公证处提出保全证据公证申请。公证处收到申请后,指派知识产权公证专业团队承办此次案件,经过分析、设计方案、保全取证、出证等程序顺利完成了所有公证工作,在 5 个工作日内出具了公证书,为某大学和证券公司有效化解了一个两难的困境。

案例编号:GDGGGY1622773186

可行性研究报告查重检测网页保全证据公证

案例内容

【案情简介】

某大学与某证券股份有限公司(以下简称“证券公司”)签订了一份《技术咨询服务合同》,合同约定证券公司作为甲方,委托乙方为甲方所有的某创新孵化项目提供技术咨询服务事项,乙方于指定时间内必须向甲方提交其独立撰写的可行性研究报告。可行性研究报告的验收标准包含不少于 3 万字,且符合规范性检查和学术不端检测要求。

在合同规定的时间内,某大学完成了证券公司委托的全部工作,也提交了相应的可行性研究报告,并最终通过某权威网站的查重检测,结果显示符合合同规定的验收标准。为了保证相关人可以核实检测报告的真实性,检测网站规定查重检测报告可通过登录其指定网站验证真伪,但有且仅有一次验证的机会。某大学为保证验证的客观性和真实性,请求证券公司自行进行验证,证券公司考虑后予以拒绝。某大学在证券公司不配合的情况下,认为如果单独进行验证,势必造成验证结果不可复制及不可重现,此时项目验收工作出现僵局,某大学经过内部讨论后决定寻求公证机构的帮助。某大学的委托代理人于 2019 年 12 月向深圳市某公证处提出保全证据公证申请。公证处收到申请后,指派知识产权公证专业团队承办此次案件,经过分析、设计方案、保全取证、出证等程序顺利完成了所有公证工作,在 5 个工作日内出具了公证书,为某大学和证券公司有效化解了一个两难的困境。

【公证书格式】

公　证　书

(2019)深前证字第××号

申请人:某大学

法定代表人:陈某某

委托代理人:郑某某

公证事项:保全证据

某大学的委托代理人郑某某于二〇一九年十二月二十七日来到我处称为维护申请人合法权益及防止证据灭失,向我处申请保全证据公证。

根据《中华人民共和国公证法》的规定和某大学的委托代理人郑某某的请求,在本公证员与本处工作人员李某某的监督下,于二〇一九年十二月二十七日在我处,由申请人的委托代理人郑某某操作本处一台连入 Internet 的电脑,进行了如下保全证据行为:

一、郑某某打开电脑,打开并运行屏幕录像软件《屏幕录像专家 V2017》,在电脑桌面上新建一个文件夹,命名为“2019.12.27.查重报告公证”,在此文件夹中新建一个 word 文档,命名为“截图文件”,将该文档的页面设置为横向,插入页码。打开 Google Chrome 浏览器(以下简称浏览器),点击删除浏览器的历史记录。

二、重新打开浏览器,在浏览器地址栏输入“http://check7.cnki.net/codeverify”,链接进入,显示页面。点击键盘上的“印屏幕”键,对上述界面进行截屏并依次将截屏内容保存到上述“截图文件”word 文档中(此种操作方法以下简称“截屏”),结果见打印附件第 1 页。

三、在“输入报告单编号”一项输入郑某某持有的报告单编号“ADBD2019R_××××××”,之后输入验证码,点击“验证”按键,显示页面。对该进程中所显示的页面进行截屏,结果见打印附件第 2~5 页。

上述操作完成后,郑某某关闭浏览器,停止运行屏幕录像软件《屏幕录像专家 V2017》,再由本处工作人员李××保存并彩色打印该“截图文件”word 文档,结果见附件。

兹证明与本公证书相粘连的附件共五页,为郑某某在现场操作过程所得原件的打印件,与实际情况相符。

附件:“截图文件”word 文档打印件(共 5 页)(略)。

中华人民共和国广东省深圳市前海公证处

公证员

二〇二〇年一月三日

十、公 证 协 会

中国公证员协会

关于向海基会寄送公证书副本有关问题的函

［1994年1月24日　(94)公协字05号］

各省、自治区、直辖市公证员协会：

现对部分省(自治区、直辖市)公证员协会在履行《两岸公证书使用查证协议》提出的问题，答复如下：

一、关于海基会和当事人催寄公证书副本问题

近来一些当事人反映，他们的公证书副本海基会没收到，有时海基会也直接来函，催寄公证书副本。为此，

1. 应按《海峡两岸公证书使用查证协议实施办法》第四条的规定程序及时寄送公证书副本。未及时寄送者应承担迟延的责任。

2. 协会已按约定寄送公证书副本而当事人或海基会又来函催寄副本的，协会可将寄送副本的函号和时间告诉当事人或海基会，经海基会核查确实未收到公证书副本的，协会可予以补寄。

3. 对违反管辖规定，擅自办理涉台公证并将公证书发往台湾使用后，海基会来函催要公证书副本的，省公证员协会发现后，应明确函告海基会，该公证处违反管辖规定，已责令撤销公证书，公证费退还当事人，并通知当事人到有管辖权的公证处重新申请办理公证书，然后按程序寄送公证书副本。对违反管辖规定的公证处主任、承办公证员要给予必要的处罚，并通报全省(区、市)。

二、关于海基会要求寄送“协议”约定范围之外的公证书副本问题

海基会来函要求寄送的公证书副本，不属于“协议”约定的寄送范围时，可由省(区、市)公证员协会直接复函海基会，说明按“协议”约定，他们所要求寄送的公证书副本不属寄送公证书副本的范围，故不予寄送。复函同时抄报中国公证员协会。

三、关于对发往台湾使用后，又发现问题的公证书应如何处理的问题

1. 公证员协会在寄送副本时发现公证书有问题，不能再寄送副本，应告出证公证处要求当事人将已寄到台湾使用的公证书追回。然后，公证处应根据《公证程序规则(试行)》第三十八条和第五十七条的规定，对打印错误或内容正确但表述不当的公证书，采用修改后加盖校对章或重新

打印制作的方法将公证书修改后重新交当事人使用,同时由公证员协会寄送副本。对错证,应作出撤销公证书的决定,并视具体情况重新出具公证书或不予出具公证书。

2. 当事人和公证员协会已将公证书正、副本发往台湾后又发现公证书有问题,公证员协会应立即给海基会去函(或传真)将有问题的公证书副本要回,并通知当事人退回公证书。然后按前项办法重新修改公证书,或撤销公证书。对撤销的公证书应将撤销决定通知书交给当事人并抄送海基会。

四、关于报送执行协议情况的问题

为了解各公证员协会自协议生效以来执行的情况,请你会将 1993 年 5 月 29 日协议实施至 1993 年 12 月 31 日期间,执行协议的基本情况和存在的问题报我会。另外,将所寄送的公证书副本情况按所附表格统计,一并于 2 月 10 日前报我会。

中国公证员协会

公证专用纸管理办法

(2002 年 10 月 15 日)

第一条 为规范公证专用纸(以下简称专用纸)的管理,保证正确保管、使用专用纸,充分发挥其防伪作用,防止被盗、遗失等,制定本办法。

第二条 专用纸是专供办理涉外、涉港澳台公证业务的公证处制作发往外国或者我国港澳台地区的公证书的防伪纸张。

公证处制作前款所述公证书的正本、副本的公证证词页、公证证词译文页应当使用专用纸。但归档的公证书除外。

未经司法部批准不得扩大专用纸的使用范围或者将专用纸用于非公证书的制作。

第三条 对专用纸的管理实行统一生产、统一发放;归口管理、分工负责;标准明确、责任到处和人的原则。

第四条 中国公证员协会负责全国专用纸的联系生产、发放和管理工作,并接受司法部的指导、监督。

省、自治区、直辖市(以下简称省)公证员协会负责本省所需专用纸的订购、接收、发放、调剂和日常管理工作,并接受省级司法行政机关的指导、监督。

公证处对本处购买、验收的专用纸承担保管和使用上的管理责任,并接受司法行政机关、公证员协会的监督、管理。

第五条 专用纸按年度以省为单位订购。公证处根据上年度专用纸实际使用量确定其本年度订购量,并在每年第一季度内向省公证员协会提出书面订购申请。

省公证员协会对各公证处的订购申请审核、汇总后，统一向中国公证员协会订购本省所需专用纸，同时将有关费用通过银行汇入中国公证员协会指定的账户。

第六条 中国公证员协会根据全国各公证处对专用纸的实际需要，并综合其他因素制订生产计划，安排生产。

第七条 专用纸应当以安全、快捷的方式运输。

第八条 专用纸按成本计价收费，费用由使用公证处负担，在公证处公证业务费中列支。

第九条 省公证员协会接收、发放专用纸应当指派两名以上人员进行，并对接收、发放情况造册登记。

对购买量较大的公证处，省公证员协会有权视情决定将其专用纸分批发放。分批发放的，未发的专用纸由省公证员协会妥善储存、保管。

第十条 特殊情况下，经省级司法行政机关书面批准，省公证员协会可以对本省购买的专用纸统一增加防伪措施。省级司法行政机关的批准书和所增加的防伪措施方案应当报中国公证员协会、司法部备案。

第十一条 对专用纸的保管和使用应当建立完善的管理制度，保证在各环节上有据可查。

储存、使用单位应当指定专人负责验收、储存、保管、发放专用纸；设专室、专柜储存专用纸；储存专用纸的库房、铁柜应当符合储存专用纸的安全性要求。具体标准由中国公证员协会制定，并报司法部备案。

未达到专用纸保管标准的公证处不得开办涉外、涉港澳台公证业务。已经开办的，应当在中国公证员协会规定的期限内达到。仍未达到的，停办涉外、涉港澳台公证业务。

第十二条 公证处应当采取措施，降低损耗，防止浪费。

专用纸自验收时起至发放出库止，保管责任人员及其他内部知情人员不得将储存地点、储存方法等泄露给外部人员。

第十三条 专用纸在运输、储存、制作公证书等过程中因破损等原因导致作废的，以及被盗、遗失后追（找）回的，应当在专用簿册上详细登记编号后集中销毁。销毁办法由省公证员协会根据本地实际制订，报省级司法行政机关备案。

第十四条 省公证员协会应当储存部分专用纸以备调剂。

省公证员协会根据申请从其储备中或者从与缺纸的公证处相邻近的储存充裕的公证处调剂。

省公证员协会在调剂不能时，应当尽快向中国公证员协会申请增购专用纸。

各省及各公证处之间不得自行调剂专用纸。

第十五条 有关专用纸的申请、情况报告、接（验）收、发放、销毁登记专用簿册等资料应当妥善保管。

第十六条 各级司法行政机关、公证员协会应当对公证处专用纸保管和使用等情况进行检查，督促公证处改进工作。

第十七条 被盗、遗失的专用纸，不论其是否追（找）回，一律作废。

专用纸被盗、遗失的，一经发现，应当及时向公安机关报案，并应当及时通过省公证员协会报告省级司法行政机关、中国公证员协会。

中国公证员协会应当及时将被盗、遗失专用纸情况通报有关方面。

第十八条 各级司法行政机关、公证员协会、公证处发现伪造的公证书使用了专用纸的,应当查明其所用专用纸的来源,并根据结果做出处理。

对非本省公证员协会、公证处所购专用纸的,应当报告中国公证员协会。

第十九条 公证处有下列情形之一的,省级司法行政机关应当暂停其涉外、涉港澳台公证业务:

(一)专用纸被盗、遗失,隐瞒不报的。

(二)专用纸一次被盗、遗失数量达到200张的。

(三)专用纸保管、使用混乱,可能发生严重后果,经司法行政机关或公证员协会检查和督促,在指定期限内仍不能改进的。

暂停上述公证业务的公证处在查明原因、改进工作并对责任人员作出相应处理后,可以继续办理上述公证业务。

第二十条 公证处有下列情形之一的,省级司法行政机关应当撤销其涉外、涉港澳台公证业务:

(一)公证处工作人员倒卖专用纸的。

(二)专用纸一次被盗、遗失达到1000张的。

(三)专用纸被盗、遗失达到两次的。

第二十一条 对有本办法第二十条第(一)项规定情形的公证处工作人员,应当除名、开除或辞退。倒卖所得予以没收,可以并处罚款。

有本办法第十九条第(一)项、第(三)项、第二十条第(三)项情形之一的公证处,本级司法行政机关应当撤销公证处主任职务;有办理涉外、涉港澳台公证业务资格的,省级司法行政机关应当撤销其涉外、涉港澳台公证业务资格。

对因过错造成专用纸被盗、遗失的公证处工作人员,应当视性质、情节及认错表现,予以处分。

对倒卖专用纸数量较大,或者工作人员渎职,情节恶劣,造成专用纸大量被盗的,移送司法机关依法处理。

第二十二条 本办法所称“工作人员”包括公证员协会和公证处的工作人员;包括正式工作人员,也包括临时聘用人员。

本办法第二十一条第一款、第三款中处分、处罚的决定机关为有处分权限的机关。

第二十三条 本办法由中国公证员协会负责解释。

中国公证员协会可以制定有关具体实施办法并报司法部备案。

第二十四条 本办法自2003年1月1日起施行。

中国公证员协会

关于深入开展公证行业文明创建工作的意见

（2003年5月8日）

为全面贯彻落实党的十六大精神和“三个代表”重要思想，切实加强公证行业社会主义精神文明建设，现就深入开展公证行业文明创建工作提出如下意见：

一、公证行业文明创建工作的重要意义

（一）党的十六大提出，全面建设小康社会，必须大力发展社会主义文化，建设社会主义精神文明；必须大力加强社会主义法制建设，拓展和规范法律服务。公证制度作为社会主义民主法制和社会诚信体系的重要组成部分，是精神文明建设和民主法制建设的主体力量，是推进社会文明、公正、健康发展的重要法制保障。深入开展行业文明创建工作，是社会主义市场经济和法制建设的需要，更是公证行业自我完善和有序发展的需要。因此，一定要从贯彻落实十六大精神和“三个代表”重要思想的高度，从为全面建设小康社会提供高效优质法律服务的高度，从促进公证事业全面发展的高度，充分认识加强公证行业文明创建工作的重要性。

（二）近年来，公证行业认真贯彻落实《中共中央关于加强社会主义精神文明建设若干重要问题的决议》和《司法部关于加强社会主义精神文明建设的意见》。一方面，广泛开展了“先进集体”、“文明公证处”、“优秀公证员”创建和评查活动、公证员职业道德和执业纪律教育活动和公证队伍教育整顿和行风评议活动，公证行业精神文明建设呈现健康向上、持续发展的良好态势；另一方面，加快公证工作改革步伐，积极拓展法律服务领域，充分发挥公证的职能作用，促进了全社会的精神文明建设。但不容忽视的是，新形势下公证行业精神文明建设也遇到许多新情况、新问题，特别是一些地方公证行业内不正当竞争、公信力下降等问题逐渐成为社会关注、群众关心的热点问题。这些问题在很大程度上制约了公证事业的健康发展，也损害了行业的整体形象。为此，必须充分认识到公证行业精神文明建设的紧迫性和长期性，深入持久地开展行业文明创建工作。

（三）开展行业文明创建工作是公证行业持续健康发展的重要保障。行业文明创建是一项长期性的工作，是一个系统工程，在推进公证改革和加强各项制度建设的同时，必须高度重视公证行业文明创建工作的开展，要把这项工作当作公证队伍建设和业务发展中的一件大事来抓，缜密布置，坚持不懈。只有这样，才能进一步充实和发展公证的法律服务职能，才能发挥公证工作在构建社会诚信体系中的作用，在依法治国和社会主义市场经济建设中做出更大贡献。

二、公证行业文明创建工作的指导思想和主要目标

（一）指导思想：坚持以十六大精神为指导，全面贯彻“三个代表”重要思想，认真落实《中央精神文明建设指导委员会关于开展创建文明行业工作的若干意见》和《司法部关于加强社会主义精神文明建设的意见》,以"诚信服务"为主题,深入开展行业文明创建工作,大力拓展和规范公证法律服务,全面加强公证行业的制度建设、队伍建设、业务建设、基础设施建设和文化建设,努力把公证行业建设成诚实信用、高度文明、社会信赖的行业。

(二)主要目标:建设一支政治坚定、道德高尚、作风优良、诚实守信、严格执法、文明服务的公证队伍;建立健全行业自律性运行机制,全面提高自我发展、自我管理、自我完善、自我约束的能力,建设一批服务优、实力强、信誉好的文明公证机构;在全行业树立起"诚信为本、服务社会"的行业理念,培育内涵丰富、功能先进的行业文化;进一步拓展法律服务领域,改进、优化工作作风和工作方式,充分发挥公证的司法预防和法律监督职能作用,为社会提供优质的公证法律服务,把公证行业建设成为名副其实的文明行业。

三、公证行业文明创建工作的主要任务

(一)加强和完善公证行业党建工作。建立健全公证机构党组织,完善各项规章制度;充分发挥党组织和党员的先锋模范作用,增强全行业的政治意识、大局意识和责任意识;广泛开展反腐倡廉工作,纯洁队伍,净化执业环境,用良好的党风带动和促进行业文明建设。

(二)建立行业诚信体系,提高行业公信力。争取用三年时间建立全国性公证行业信息管理系统和信用评估系统。全面落实《公证行业信息化建设发展三年规划》,加快网络信息系统的集成建设和软件开发,扩大信息化建设试点单位,实现行业诚信建设的标准化、网络化和统一化;建立公证机构和公证员的信用档案,将执业纪律、服务规范、收费标准等内容向社会公开,为社会各界查询公证信用信息提供服务。

(三)规范行业管理,加强行风监督。全面落实《公证员职业道德基本准则》提高公证员的职业道德素质,使全行业进一步认识诚信是公证的立业之本,是对公证人员最基本的职业道德要求,逐步在行业内形成忠于法律、维护正义、恪尽职守、同业互助的职业道德风尚;认真做好公证员的教育培训工作,全面提升公证行业的整体素质;制定公证员执业规范和公证员惩戒规则,坚决制止和严厉处罚行业不正当竞争行为;接受法律监督和社会监督。

(四)树立行业典范,加强公证宣传。在总结经验的基础上,继续深入持久地开展"文明公证处"和"优秀公证员"的评选活动,充分发挥文明公证处和优秀公证员在行业文明创建活动中的示范作用,同时,对文明公证处和优秀公证员进行动态管理,做好监督检查工作,对检查不合格的要取消荣誉称号;积极推广主办公证员制度,扩大要素式公证书适用范围,进一步提高办证效率,强化公证人员的责任意识;进一步宣传公证行业的优秀人物和先进事迹,宣传公证法律服务的重要作用,增进社会对公证行业的进一步了解。

(五)积极开展公益活动,树立行业良好形象。认真落实司法部"一个调整、两个加强"的工作部署,积极组织和引导公证人员面向基层、面向群众提供优质、高效、便捷的公证法律服务;积极开展法律援助及社会公益活动,树立公证法律服务新形象。

四、公证行业文明创建工作的几点要求和措施

(一)切实加强对创建文明行业工作的领导。各级公证员协会要充分认识行业文明创建工作的重要性、必要性、紧迫性,切实加强对行业文明创建工作的领导,要把文明创建工作纳入重要的议事日程,纳入领导责任和政绩考核的内容;公证员协会是行业文明创建工作的组织机构和实施部门,要充分发挥行业管理的职能作用,会同同级司法行政机关统筹安排,精心布置,确保本地区的文明创建工作落到实处;公证机构主要负责人要亲自抓,做好文明创建工作的动员和组织工作,广泛开展以“公正执法、诚信服务”为主体的系列活动。

(二)突出重点,抓好落实。紧紧围绕诚信服务这一主题,完善行业诚信体系建设,以此带动文明创建工作的全面开展。把文明创建工作与拓展公证业务结合起来,与规范执业秩序结合起来,与质量管理结合起来;以建立计算机管理系统为基础,通过中国公证网、中国普法网及各地公证网站为社会提供服务。对创建工作中取得的成果和经验,要积极宣传和推广普及,增强全行业对创建活动的信心。

(三)有步骤、分阶段进行。公证行业文明创建工作是一项长期的工作,要在认真研究和规划的基础上,有步骤、分阶段进行。当前的首要任务是完成以下三个阶段的工作:第一阶段为学习阶段(2003 年下半年),各地要组织公证员认真学习十六大文件和“两会”精神,学习中央有关精神文明创建工作的文件和意见,领会实质,统一思想;第二阶段为实施阶段(2004 年上半年),各地要根据《意见》的要求和本地的实际,认真研究解决公证工作中存在的问题并制定整改措施;第三阶段为检查阶段(2004 年下半年),中国公证员协会要对各省(区、市)公证员协会的文明创建工作进行检查,各地公证员协会要对本地区公证机构的文明创建工作进行检查,并在适当时期组织经验交流会和表彰会,以推动公证行业文明创建活动的开展。

(四)做好监督检查工作。各地公证员协会要与司法行政机关共同做好行业文明创建工作的监督检查工作。在认真做好组织实施工作的同时,要加强此项工作的监督检查力度,确保质量和效果;及时了解、掌握、通报文明创建工作情况,对工作中出现的责任心不强、走过场、弄虚作假、形式主义的现象,要及时进行整治,并通过采取设置举报箱、意见簿、聘请行风监督员、社会民意测评等手段,主动接受社会各界对此项工作的监督,确保行业文明创建工作健康有序地开展。

公证行业自律公约

(2003 年 12 月 26 日　公协字〔2003〕030 号)

第一条　为促进公证事业的健康发展,充分发挥公证职能作用,维护公证工作秩序,保护公证处、公证人员以及公证当事人的合法权益,制定本公约。

第二条　公证处、公证人员应当遵守本公约,依法履行公证职责,自觉遵守法律、法规、规章以及公证行业规范的规定。

第三条　公证处、公证人员应当严格遵守公证程序,热情服务,认真负责地办理公证业务,保证公证质量。

第四条　公证处、公证人员应当自觉接受社会各界对公证行业的监督和批评,共同抵制和纠正行业不正之风。

第五条　公证处、公证人员应当时刻维护行业利益和行业形象,密切合作,相互尊重,同业互助,共谋发展。

第六条 公证处、公证人员在办理公证时不得为下列不当行为:

(一)利用媒体或者其他方式进行夸大、虚假宣传,误导当事人;

(二)利用职务之便谋取不当利益;

(三)在名片上印有曾经担任过的行政职务、荣誉职务、专业技术职务或者其他头衔;

(四)采用不正当方式垄断公证业务;

(五)故意诋毁、贬损其他公证处或者公证人员的声誉;

(六)干扰其他公证处或者公证人员正常的公证业务;

(七)给付或者承诺给付回扣或者其他利益;

(八)公证处未经有管理权限的司法行政部门同意,擅自设立办事机构或者分支机构。

第七条 本公约所称公证人员,是指在公证处内从事公证业务的公证员、助理公证员、公证辅助人员。

第八条 本公约经中国公证员协会四届二次理事会通过,自 2004 年 1 月 1 日起施行。

中国公证员协会会员互助办法

(2003 年 7 月 14 日四届四次常务理事会会议通过　公协字〔2004〕第 005 号)

第一条 为了增强中国公证员协会会员凝聚力,发扬团队精神,体现行业自救、同行互助的良好风尚,对遇到特殊困难的会员给予经济帮助,制定本办法。

第二条 中国公证员协会设立会员互助委员会(以下简称:委员会),具体负责互助金的募集、管理、审核和发放工作。

第三条 委员会由协会理事和协会办事机构工作人员组成,由协会秘书长任主任。

第四条 委员会接受中国公证员协会常务理事会的领导和监督。

第五条 会员互助金的来源。

(一)中国公证员协会会费。

(二)团体会员和个人会员赞助和捐赠。

(三)社会捐赠。

(四)其他合法收入。

第六条 在中国公证员协会登记注册的会员按时足额交纳会费,遇到下列情况之一时,可以向委员会申请会员互助金救助:

(一)团体会员因不可抗力或意外事件受到重大损失的。

(二)个人会员因公或者见义勇为意外死亡、三级以上伤残的。

第七条 申请互助金,应当向委员会提交下列文件和材料:

(一)书面申请。公证处加盖公章的互助金申请书。

(二)救助对象的基本情况及本年度注册证明文件。

(三)县(区)级以上医院伤残诊断证明或死亡通知书复印件。

(四)省级公证员协会的意见。

(五)互助委员会认为应当提交的其他材料。

第八条 会员互助金申请期限。

被救助者自事件发生之日起60日内。

第九条 救助标准。

(一)个人会员因公或见义勇为死亡。公证员执业年限在10年以上(含10年)者,互助金不超过12000元;执业年限满5年不满10年者,互助金不超过8000元;执业年限不满5年者,互助金不超过5000元。

(二)个人会员因公或见义勇为伤残。

一级伤残以致生活不能自理者:公证员执业年限在10年以上(含10年)者补助20000元,执业年限满5年不满10年者,补助15000元,执业年限不满5年者补助10000元。

二级伤残以致丧失工作能力者:公证员执业年限在10年以上(含10年)者,补助15000元,执业年限满5年不满10年者,补助10000元,执业年限不满5年者,补助5000元。

三级伤残以致严重影响工作者:公证员执业年限在10年以上(含10年)者,补助8000元,执业年限满5年不满10年者,补助5000元,执业年限不满5年者,补助3000元。

(三)团体会员因不可抗力或意外事件发生重大损失,由委员会研究决定。

第十条 委员会负责互助金的审核。互助经费在中国公证员协会设立账户,并在该项下列支。

特殊情况或重大项目超过标准的,由委员会提请协会会长办公会审批。

第十一条 同意发放互助金的,由协会互助委员会通知省级公证员协会。

第十二条 申请人申请互助金弄虚作假,一经发现收回互助金,由所在省、自治区、直辖市公证员协会予以批评教育,并可根据情节轻重给予相应的惩戒。

第十三条 本办法自中国公证员协会常务理事会通过之日起施行。

第十四条 本办法由中国公证员协会常务理事会负责解释。

中国公证员协会

关于印发《公证服装使用管理办法》的通知

（2004 年 11 月 30 日　公协字〔2004〕第 027 号）

各省、自治区、直辖市公证员协会：

为了适应公证工作改革和公证事业发展的需要，对原公证员服装进行了改革。新的公证服装定于 2005 年 5 月 1 日使用。为了规范穿着公证服装的行为，制定了《公证服装使用管理办法》，现印发你们，请按此执行。

公证服装使用管理办法

（2004 年 8 月 18 日中国公证员协会四届三次理事会通过）

第一条　为了适应公证工作改革和公证事业发展的需要，规范穿着公证服装的行为，树立良好的行业形象，制定本办法。

第二条　公证服装是执业公证员、助理公证员在履行公证职务时穿着的公证行业标识性服装。

第三条　下列场合必须着装：

1. 办理现场监督类公证，在公证监督的现场；
2. 在不影响证据提取情况下，办理证据保全公证；
3. 在公证处以外办理其他公证事务的场合；
4. 在公证处前台接待当事人；
5. 参加庆典仪式。

第四条　公证服装样式为男士着黑色西服，女士冬、春、秋季着黑色西服，夏季着黑色套服。

第五条　公证服装的基本配置为男士冬季西服 1 套，夏季薄料半衬西服 1 套，长袖衬衣 2 件，半袖衬衣 1 件，领带 1 条；女士冬季西服 1 套，夏季套服 1 套（含上衣、裙子、裤子），长袖衬衣 2 件，领巾 1 条。

在基本配置基础上，各公证处可调整面料质地。

第六条　公证员、助理公证员着装时，必须佩戴公证行业标识。非执行公证职务时，不得佩带公证行业标识。

公证行业标识由中国公证员协会统一制作下发。

第七条 公证服装首次制作，由中国公证员协会统一组织，确定款式、颜色、版型。以后由各省（区、市）按照中国公证员协会的要求组织制作。

第八条 公证员、助理公证员着装时，应表现出公证人员庄重、大方的精神风貌，保持服装的洁净、平整。服装不整洁或破损不得使用。

公证服装不得转借、转送。公证人员调离公证处时，应将公证服装及标识交回公证处。

第九条 公证服装费用由公证处负担。

第十条 本办法自2005年5月1日起施行。

第十一条 本办法由中国公证员协会常务理事会负责解释。

中国公证协会

公证复查争议投诉处理办法（试行）

（2007年1月9日中国公证协会五届二次常务理事会审议通过）

第一章 总 则

第一条 为了规范公证复查争议投诉处理工作，维护公证执业秩序和公证行业信誉，根据《中华人民共和国公证法》、《公证程序规则》和《中国公证协会章程》的有关规定，制定本办法。

第二条 公证复查争议投诉是指公证当事人、公证事项的利害关系人（以下简称投诉人）对公证机构作出的撤销或者不予撤销公证书的复查决定有异议，采用投诉方式提请地方公证协会予以处理的行为。

第三条 地方公证协会处理公证复查争议投诉，应当坚持依法、客观、公正的原则。

第四条 地方公证协会负责处理对本行政区域内公证机构的公证复查争议投诉。

地方公证协会设立的分会，可以根据地方公证协会的授权处理公证复查争议投诉。

第五条 中国公证协会对地方公证协会的公证复查争议投诉处理工作进行监督和指导。

第二章 投诉的受理

第六条 投诉人应当自收到或者知道公证机构作出的撤销或者不予撤销公证书的复查决定之日起六十日内，向地方公证协会提出公证复查争议投诉。

第七条 公证复查争议投诉应当以书面形式提出，载明投诉人的诉求及其理由，并提供相关证明材料。

第八条 投诉人委托代理人提出公证复查争议投诉的,代理人应当提交授权委托书。

第九条 符合下列条件的公证复查争议投诉,地方公证协会应当受理:

(一)投诉人具有投诉资格,代理人具有代理资格;

(二)属于本办法规定的公证复查争议投诉范围;

(三)被投诉人为本地方公证协会会员;

(四)在规定的期限内提出公证复查争议投诉;

(五)投诉形式符合本办法规定;

(六)投诉事项未向人民法院提起诉讼。

第十条 地方公证协会应当自收到公证复查争议投诉之日起十个工作日内决定受理或者不予受理,并以口头或者书面形式通知投诉人,不予受理的应当说明理由。

第三章 投诉的处理

第十一条 投诉人应当就其诉求及理由提供真实、合法、充分的证明材料,被投诉人保管的公证卷宗中已有的证明材料除外。

地方公证协会认为投诉人就其投诉理由的说明或者提供的证明材料不充分、不完备或者有疑义的,可以要求投诉人作出说明或者补充证明材料。

第十二条 地方公证协会受理投诉事项后,应当及时将投诉材料送交被投诉人,并书面通知被投诉人进行答辩。被投诉人应当自收到投诉材料和答辩通知之日起十五个工作日内提交答辩意见。

第十三条 被投诉人应当提供支持其答辩意见的证明材料。

地方公证协会认为被投诉人答辩说明的情况或者提供的证明材料不充分、不完备或者有疑义的,可以要求被投诉人作出说明或者补充证明材料。

第十四条 地方公证协会应当依照有关法律、法规和司法行政规章的规定,对公证复查争议投诉事项的有关情况以及证明材料进行核实。

地方公证协会根据核实投诉事项有关情况的需要,可以要求被投诉人提供全部或者部分公证卷宗材料,也可以向有关单位或者个人进行调查。

第十五条 地方公证协会处理投诉事项,根据需要或者投诉人、被投诉人的申请,可以举行听证。

第十六条 地方公证协会处理投诉事项,对所涉及的复杂疑难或者专业性较强的问题,可以组织或者聘请公证业内或者有关方面的专家进行论证。

第十七条 地方公证协会负责处理公证复查争议投诉的人员有以下情形的应当回避:

(一)投诉人的近亲属;

(二)被投诉人所属的公证员;

(三)投诉事项涉及的公证员的近亲属。

参与公证复查争议投诉处理论证工作的专家有前款规定情形的应当回避。

第十八条 地方公证协会应当自受理之日起六十日内提出处理意见。

因不可抗力、补充证明材料或者需要调查核实有关情况的,所需时间不计算在前款规定的期限内。

第十九条 地方公证协会应当根据不同情况,按以下规定处理投诉事项:

（一）认为公证机构撤销或者不予撤销公证书的复查决定正确的，对投诉人的请求不予支持，并告知被投诉人；

（二）认为公证机构撤销或者不予撤销公证书的复查决定错误的，对投诉人的请求予以支持，书面建议被投诉人撤销原复查决定，重新作出复查决定；

（三）认为公证机构撤销或者不予撤销公证书的复查决定不适当或者有疑义的，书面建议被投诉人就原公证争议重新进行复查。

第二十条 地方公证协会应当将公证复查争议投诉处理结果书面通知投诉人。

第二十一条 有以下情形之一的，应当终止公证复查争议投诉处理：

（一）公证复查争议投诉受理后，投诉人又就投诉事项向人民法院起诉的，或者发现投诉事项已由人民法院立案审理的；

（二）在投诉处理过程中投诉人撤回投诉的；

（三）在投诉处理过程中被投诉人主动变更原复查决定或者重新进行复查的；

（四）投诉人死亡（终止），继续处理该投诉事项已无意义的。

第二十二条 对于地方公证协会的处理建议，被投诉人应当采纳。

被投诉人拒不采纳的，视情节轻重，由地方公证协会给予相应的行业处分。

地方公证协会在公证复查争议投诉处理过程中发现被投诉人及其公证员有违法、违规情形的，依照有关规定予以处理。

第四章　附　　则

第二十三条 公证当事人、公证事项的利害关系人对公证机构依据《公证程序规则》第六十五条作出的撤销公证书的决定有异议的，适用本办法。

第二十四条 地方公证协会可以依据本办法制定公证复查争议投诉处理的实施细则，报中国公证协会备案。

第二十五条 本办法由中国公证协会常务理事会负责解释。

第二十六条 本办法自 2007 年 5 月 1 日起施行。

中国公证协会

关于支援西部公证事业发展的意见

（2007 年 1 月 9 日中国公证协会五届二次常务理事会审议通过）

为贯彻落实党中央、国务院西部大开发战略和司法部支援西部的具体部署，2003 年以来，中国公证协会开展了以“紧跟西部发展形势,支援西部公证事业”为主题的“西部工程”,并取得一定的成绩,但是仍有较大差距。为推动全国公证行业快速协调发展,充分发挥公证的职能作用,为构建社会和谐社会作出更大的贡献,中国公证协会第五届党组和常务理事会在总结以往经验的基础上,研究决定,必须把支援西部公证事业发展作为一项重要任务列入公证行业的发展规划,进一步加大对西部公证事业支持的力度,以促进行业协调发展。现就继续支援西部地区公证事业发展提出以下意见:

一、指导思想和工作目标

支援西部地区,促进公证行业协调发展的指导思想是:以邓小平理论和“三个代表”重要思想为指导,以科学发展观为统领,认真贯彻落实党中央有关西部大开发的指示和国家有关支援西部建设的指导方针,坚持统筹规划、协调发展、因地制宜、量力而行的原则,以提高公证队伍素质、改善执业环境、增强自我发展能力为目标,发扬行业互助精神,调动各方面积极因素,推进公证事业的健康协调发展。

支援西部地区,促进公证行业协调发展的工作目标是:通过工作支持、人力支持、物质支持和政策支持,力争在三年内使西部公证事业发展有所加快,公证机构的办公设备有所改善,公证员素质有所提升,自我发展能力有所增强。

二、重点工作

支援西部公证事业,促进行业协调发展,重点抓好以下工作:

(一)为提升自我发展能力提供工作支持

1. 继续加大对西部公证员的培训力度。加大对西部地区公证培训的指导支持力度,继续从东、中部地区公证处挑选优秀中、青年公证员组成西部讲师团,定期或不定期地赴西部为西部地区公证员培训提供师资支援,在条件允许的情况下增加讲师授课,尽量满足西部培训工作的需要。

2. 加强对西部地区业务指导的力度。协助组织东西部地区的业务交流,组织西部公证处主任和骨干公证员到东部公证处考察、学习,利用中国公证网提高对西部地区业务指导的效率,对西部地区的有关业务请示报告及时研究答复。

3. 加强对西部地区典型人物、典型事例的宣传报道力度,扩大影响,树立形象,让各级领导和广大群众了解公证,掌握公证,运用公证。

4. 在协会组织的各种业务培训活动中,对西部贫困地区的公证员适当降低培训费用。对主要涉及西部问题的培训,尽量放在中西部地区举办,以降低参训人员的参训成本。

(二)为改善西部公证机构办公条件提供物质支持

1. 筹建公证行业发展基金,通过多种渠道筹集基金,主要用于支持西部公证事业信息化建设。

2. 积极鼓励倡导东部地区与西部地区签定对口支援协议,以结对互助方式,加大对西部公证事业的支援力度,帮助西部地区改善公证处的办公设备。

(三)为缓解西部公证员短缺的局面提供人力支持

1. 论证东中部地区的中青年公证员志愿者赴西部执业的可行性,在条件具备时组织实施,并提出相关的政策鼓励、保障措施。

2. 协助西部地区组织对公证业务辅助人员进行司法考试培训,提高参考率和通过率,充实西部公证队伍。

(四)为西部公证事业发展提供优惠政策

三、保障措施

(一)明确目标,加强领导

支援西部的目标核心在于培育西部地区公证行业的自我发展能力,以促进整个公证行业的协调健康发展,而不是输血扶贫,需要全行业的共同努力才能实现。因此,东部、西部的地方公证协会要切实加强对这项工作的领导,因地制宜,制定切实可行的实施方案,采取积极有力措施,保障这项工作顺利进行。

(二)拓展渠道,筹集资金

中国公证协会将每年从会费中提取5%充实公证行业发展基金,东部地区的地方公证协会也要拿出必要的资金用于支援西部。同时,要拓展包括国际项目、法律援助基金、同业互助基金、企业赞助在内的多种渠道积极争取各界的资金援助,充分保障支援西部工作的物质基础。

(三)统筹兼顾,狠抓落实

中国公证协会将积极发挥组织、协调作用,督促各地把支持西部公证事业发展的工作落到实处,东中部地区的地方公证协会要把支援西部作为关乎公证事业发展的大事来抓,发挥本地优势,落实各项措施,积极、主动把支援西部的工作落到实处。西部地区的地方公证协会要充分利用自身条件,提出合理可行方案,努力促进本地区公证事业的发展。

中国公证协会专业委员会
业务规则制定程序

(2007年1月9日中国公证协会五届二次常务理事会审议通过)

一、本程序所称业务规则是指由中国公证协会专业委员会起草,由常务理事会审议通过的业务类行业规范。

二、业务规则分为规范意见和指导意见。

规范意见具有约束力,是公证机构、公证员办证必须遵守的规则和办证质量检查的依据;

指导意见不具约束力,是公证机构、公证员办证的指南和参考。

三、各专业委员会应根据协会行业规范制定规划拟定本年度业务规则制定计划,并落实业务规则的起草单位或者责任人。

四、起草单位或者责任人起草并提出行业规范草稿。专业委员会就草稿向业内外征求意见并视情况进行调研。

五、专业委员会根据汇总的意见进行修改、讨论,认为基本成熟的,提出送审稿。

六、送审稿(应包括三份材料:1. 规则草案;2. 规则的说明;3. 有关规则的背景材料)提交分管副会长审核,分管副会长认为不成熟的,提出修改意见交专业委员会作进一步修改。

七、分管副会长审核同意的,提交会长办公会讨论,会长办公会讨论通过后,提交常务理事会审议。

八、送审稿提交常务理事会后,第一次审议时分歧较大的,退回专业委员会根据常务理事会的意见进行修改。

九、送审稿经专业委员会修改,并经分管副会长审核同意后,再次提交常务理事会审议表决。

十、业务规则应当经常务理事会审议通过,必要时可以在书面征求常务理事多数同意后,由会长办公会审议。会长办公会审议通过的,视为常务理事会通过。

常务理事会认为需经理事会审议的,提交理事会审议。

十一、业务规则审议通过后,由会长签发颁布。

十二、本规则自常务理事会通过之日起施行。

中国公证协会

关于加强地方公证协会建设的指导意见

(2007 年 11 月 29 日中国公证协会五届四次常务理事会审议通过)

为加强地方公证协会建设,完善行业管理职能,提高行业自律管理水平,促进行业健康发展,根据《中华人民共和国公证法》(以下简称《公证法》)和《中国公证协会章程》,制定本指导意见。

一、指导思想

以邓小平理论和“三个代表”重要思想为指导,深入贯彻落实科学发展观,认真践行社会主义法治理念,紧紧围绕加快构建社会主义和谐社会和夺取全面建设小康社会新胜利的目标要求,按照司法部的总体部署,团结带领广大会员,认真贯彻实施《公证法》,加强协会职能建设和自身建设,切实履行监督职责,提升行业自律管理水平,始终维护和不断增强公证公信力,为全面建设小康社会和构建社会主义和谐社会做出新贡献。

二、职能建设

以为会员提供服务为工作核心,以促进公证事业发展为工作宗旨,积极开拓,勇于创新,不断加强监督、自律、培训、维权、奖惩、交流和宣传等职能建设,进一步完善“两结合”公证管理体制,推动公证行业又好又快地发展。

(一)完善自律监管体系,促进行业规范发展

以更新管理观念、创新管理手段和加强制度建设为着力点,强化会员自律意识,加大对职业道德和执业行为的检查力度和对同业不正当竞争行为的监管力度;建立健全行业奖惩机制,引导会员自觉接受当事人监督、社会监督和舆论监督,畅通投诉处理渠道,认真处理投诉问题,督促广

大会员依法执业，维护良好的执业秩序；注重执业规范体系建设，引导会员规范执业，完善公证质量监管机制和公证执业风险防范机制，使公证质量整体水平不断提高；加强对公证专用水印纸的管理，严格执行《海峡两岸公证文书使用查证协议》，认真做好涉台公证书查证和公证书副本寄送工作，进一步规范涉台公证管理工作。

（二）提高队伍整体素质，维护会员合法权益

始终围绕公证队伍建设的总要求，深入持久地在会员中开展社会主义法治理念教育活动，不断增强会员政治素养；从会员实际需求出发，创新培训内容和手段，完善继续教育培训制度，积极推动业内交流，推进行业理论和实务研究，不断提高会员专业素养；认真贯彻《公证员职业道德基本准则》，加快行业诚信建设进程，引导会员树立诚信理念，培育行业诚信文化；以调查研究为基础，认真总结本省（区、市）公证行业存在的问题，及时向相关政府职能部门反映，并提出解决的意见和建议；当会员合法权益受损时，代表会员与有关部门协商沟通，促使其尽快纠正对会员的不当处罚和侵权行为；严格按照相关规定，建立健全会费收取和使用制度，为服务会员提供必要的经费保障；继续做好公证赔偿基金的管理工作，完善公证执业责任保险制度，不断提升公证执业保障水平。

（三）营造良好执业环境，扩大行业社会影响

加强与相关政府职能部门的联络沟通，积极参与行业立法，争取相关政府职能部门的关心和支持，为行业发展营造有利的政策环境；组织开展会员之间的业务和工作经验交流，积极推动地区性的交流与合作；创造有利条件，开展行业互助，促进行业全面发展；建立内部调解处理机制，妥善处理行业内部争议，营造健康和谐的行业内部环境；协调行业与其他法律服务行业及相关社会组织的关系，加深相互了解，不断增进合作；协调会员与公证当事人和社会公众的关系，争取社会的理解与支持，积极帮助会员拓展服务领域，创造良好的行业发展环境；紧密结合本地实际，加快推进信息化平台基础设施建设，逐步完善行业信息网络体系建设，不断提高信息化服务水平，实现行业资源共享；举办会员福利事业，进一步增强行业凝聚力；通过制定宣传规划、整合宣传资源和创新宣传方式，向社会公众大力宣传和普及公证法律知识，提高社会公众的公证法律意识；通过奖励和表彰先进公证机构和优秀从业人员，宣传行业先进事迹和典型经验，提升行业的社会认知度，树立行业良好社会形象；积极同新闻媒体联系沟通，关注行业热点问题，适时进行舆论引导，为行业发展创造有利的舆论环境；在此基础上，努力提高广大会员在政治、经济、文化等各个方面的社会地位。

三、自身建设

加强协会自身建设，是促进公证行业改革和发展，完善公证行业自律管理体系的必然要求，也是充分发挥协会职能作用的重要保障。协会要根据《公证法》的要求和司法部的总体部署，积极进行制度改革和机制创新，不断加强自身建设。

（一）健全协会内部管理制度

目前，协会要根据《公证法》和《社会团体登记管理条例》的要求，做好协会的更名和备案工作；同时结合自身工作实际，建立以章程为核心的内部管理制度，健全会员代表大会和理事会（常务理事会）制度，合理设置执业公证员在协会理事会（常务理事会）中的数额，认真执行换届选举制度，实行民主管理。选举产生的协会会长应当具有丰富的行业经验和较强的管理协调能力，在本省（区、市）范围内拥有较高的行业威信和较强的行业影响力和号召力。

（二）加强办事机构建设

协会办事机构是协会的内在组成部分，是协会正常运转的基本保障。要根据行业自律管理职能的特点，调整办事机构的职能和机构设置，完善工作机制，认真执行协会理事会（常务理事会）的各项决定；按照社团法人的设立条件和要求，设立独立账号，健全办事机构内部管理制度，积极争取地方政府和相关部门的支持，充实人力物力，逐步改变"一套人马、两块牌子"的做法；注重办事机构人才队伍建设，提升人员素质和工作能力，不断提高为会员服务的能力和水平；理事会（常务理事会）聘任的秘书长应当熟悉行业情况，具有较强的工作能力和一定的组织协调能力。

（三）加强协会办事机构党建工作

按照中共中央组织部、民政部《关于在社团中建立党组织有关问题的通知》规定，协会办事机构专职人员中有正式党员3名以上的，应当建立党的基层组织，建立党组织由省（区、市）司法厅（局）机关党委审批。党组织应当加强对党员的教育、管理和监督，不断提高党员干部的思想素质和业务素质，确保协会政治方向正确，工作措施得力；要紧密结合公证工作实际，充分发挥党员的先锋模范作用，积极引导广大公证人员坚定政治信念，提升服务能力，不断推动公证事业又好又快发展。

中国公证协会

办理房屋委托书公证的指导意见

（2008年4月23日中国公证协会五届常务理事会五次会议通过）

第一条 为了规范公证机构办理房屋委托书公证，根据《中华人民共和国民法通则》、《中华人民共和国公证法》和《公证程序规则》等法律、法规及规章的有关规定，制定本指导意见。

第二条 本指导意见所称的房屋委托书是指委托人为了授权他人代为办理房屋的购买、出售、互换、继承、受遗赠、租赁、抵押等事宜而单方签署的法律文书。

第三条 委托人申请办理房屋委托书公证，应当亲自向公证机构提出，不得委托他人代理。

第四条 房屋委托书应当包括下列主要内容：

（一）委托人姓名（名称）及基本情况；

（二）受托人姓名（名称）及基本情况；

（三）房屋的基本情况，但涉及的房屋尚未确定的除外；

（四）委托内容：委托事项和代理权限、委托期间、受托人有无转委托权等；

（五）委托人的签名（印鉴、指印）及签署日期。

委托人或者受托人为二人以上的，公证机构可以建议当事人在委托书中载明下列内容：

（一）每个受托人的代理范围、权限；

（二）委托人或者受托人中一人解除委托（辞去委托）或者死亡后委托书的效力。

委托书中不得含有委托设立遗嘱、赠与等依法应当由本人亲自实施的内容。

第五条 公证机构办理房屋委托书公证原则上适用《公证程序规则》第三十八条的规定，仅对委托人的签名（印鉴、指印）和签署日期进行证明，不对委托书的内容进行证明。

当事人或者接受房屋委托书的第三人有特殊需要的，公证机构也可以适用《公证程序规则》第三十六条的规定，对委托人的委托行为以及委托人的签名（印鉴、指印）和签署日期进行证明。

第六条 适用《公证程序规则》第三十八条的规定办理房屋委托书公证的，委托人应当提交下列材料：

（一）委托人的身份证件和资格证明；

（二）房屋委托书文本；

（三）房屋委托书所涉及的房屋权属（权利）凭证的原件或者复印件，但购买房屋的除外；

（四）法人或者其他组织申办房屋委托书公证，按照法律、法规或者章程规定需要审批的，应当提交股东会（董事会）决议或者有关部门的批准文件；

（五）监护人申请办理以处分被监护人所有的房屋为内容的委托书公证，应当提交享有监护权的证明材料以及为被监护人利益而处分房屋的保证书。

第七条 公证机构适用《公证程序规则》第三十八条的规定办理房屋委托书公证，除需要按照《公证程序规则》规定的事项进行审查外，还应当重点审查下列事项：

（一）委托人的身份是否属实；

（二）委托人是否具有完全民事行为能力；

（三）委托书中有无违反法律规定或者明显虚假的内容；

（四）委托书中委托人的签名（印鉴、指印）和签署日期是否属实；

（五）委托人为被羁押人员的，应当注意审查委托人是否可以处分委托书所涉及的房屋，必要时可以向有关部门核实。

第八条 公证机构适用《公证程序规则》第三十八条的规定办理房屋委托书公证，应当询问委托人并制作询问笔录。询问笔录除需要按照《公证程序规则》规定应当载明的内容外，还应当载明下列内容：

（一）委托人与受托人的关系和授权受托人的原因；

（二）处分的房屋是否属于委托人所有，有无其他共有人，有无被抵押、查封、扣押等限制处分的情况。

委托人拒绝接受公证机构要求其补正、修改不完备或者表达不准确的委托书的，应当将此情形记入询问笔录。

第九条 公证机构适用《公证程序规则》第三十八条的规定办理房屋委托书公证，除需要按照《公证程序规则》规定向当事人进行告知外，还应当重点告知下列内容：

（一）委托书中委托、代理、转委托等法律术语的含义；

（二）委托人签署委托书的法律后果；

（三）委托他人在收取房款前代办变更登记或者委托他人代收房款（租金）应当注意的风险；

（四）处分已设定抵押权的房屋，应当在处分前征得抵押权人同意。

第十条 公证机构适用《公证程序规则》第三十八条的规定办理涉及处分房屋的委托书公证,可以在公证书中加注:"本公证书未对委托人是否具有处分权做出证明"。

第十一条 适用《公证程序规则》第三十六条的规定办理房屋委托书公证的,委托人应当提交下列材料:

(一)委托人的身份证件和资格证明;

(二)房屋委托书文本;

(三)房屋委托书所涉及的房屋权属(权利)凭证原件,但购买房屋的除外;

(四)处分已设定抵押权的房屋,提交抵押权人同意处分的书面材料;

(五)法人或者其他组织申办房屋委托书公证,按照法律、法规或者章程规定需要审批的,应当提交股东会(董事会)决议或者有关部门的批准文件;

(六)监护人申请办理以处分被监护人所有的房屋为内容的委托书公证,应当提交享有监护权的证明材料以及为被监护人利益而处分房屋的保证书。

第十二条 公证机构适用《公证程序规则》第三十六条的规定办理房屋委托书公证,除需要按照《公证程序规则》规定的事项进行审查外,还应当重点审查下列事项:

(一)委托人的身份是否属实;

(二)委托人是否具有完全民事行为能力;

(三)委托书内容是否与委托人意思表示一致;

(四)委托书中有无违反法律规定或者明显虚假的内容;

(五)处分房屋的,以查阅房屋登记簿的方式核实委托人提交的房屋权属凭证是否属实,以及该房屋有无被抵押、查封、扣押等限制处分的情况;

(六)委托书所处分的房屋属于夫妻共有财产且夫妻不能共同签署委托书的,另一方是否同意;

(七)委托书中委托人的签名(印鉴、指印)和签署日期是否属实;

(八)委托人为被羁押人员的,应当注意审查委托人是否可以处分委托书所涉及的房屋,必要时可以向有关部门核实。

第十三条 公证机构适用《公证程序规则》第三十六条的规定办理房屋委托书公证,应当询问委托人并制作询问笔录。询问笔录除需要按照《公证程序规则》规定应当载明的内容外,还应当载明下列内容:

(一)委托人与受托人的关系和授权受托人的原因;

(二)处分的房屋是否属于委托人所有,有无其他共有人,有无被抵押、查封、扣押等限制处分的情况;

(三)所处分房屋的来源、取得时间,委托人的婚姻状况;所处分的房屋属于夫妻共有财产的,夫妻双方对处分房屋的意见。

委托人拒绝接受公证机构要求其补正、修改不完备或者表达不准确的委托书的,应当将此情形记入询问笔录。

第十四条 公证机构适用《公证程序规则》第三十六条的规定办理房屋委托书公证,除需要按照《公证程序规则》规定向当事人进行告知外,还应当重点告知下列内容:

(一)委托书中委托、代理、转委托等法律术语的含义;

（二）委托人签署委托书的法律后果；

（三）委托他人在收取房款前代办变更登记或者委托他人代收房款（租金）应当注意的风险。

第十五条 公证机构适用《公证程序规则》第三十六条的规定办理房屋委托书公证，应当采用要素式公证书。

第十六条 受托人根据经公证的房屋委托书申请办理转委托书公证的，公证机构可以受理。

公证机构办理房屋转委托书公证，原则上适用《公证程序规则》第三十八条的规定，仅对转委托人的签名（印鉴、指印）和签署日期进行证明，不对原委托书目前的有效性进行证明，并可以在公证书中加注："本公证书未对原委托书目前是否有效做出证明"。

第十七条 公证机构发现委托人（转委托人）理解表达能力有欠缺，或者对其民事行为能力有疑问时，可以对询问过程录音或者录像，必要时可以要求委托人（转委托人）提交专业机构出具的其具有完全民事行为能力的鉴定证明。

第十八条 公证机构办理房屋以外其他不动产委托书公证可以参照本指导意见办理。

第十九条 本指导意见由中国公证协会常务理事会负责解释。

中国公证协会

办理夫妻财产约定协议公证的指导意见

（2008年4月23日中国公证协会五届常务理事会五次会议通过）

第一条 为了规范公证机构办理夫妻财产约定协议公证，根据《中华人民共和国民法通则》、《中华人民共和国婚姻法》、《中华人民共和国公证法》和《公证程序规则》等法律、法规及规章的有关规定，制定本指导意见。

第二条 本指导意见所称的夫妻财产约定协议是指夫妻双方就婚姻关系存续期间所得的财产以及各自婚前财产的归属等事宜达成的书面协议。

第三条 夫妻双方申请办理夫妻财产约定协议公证，应当共同向公证机构提出，不得委托他人代理。

第四条 夫妻财产约定协议可以就协议所涉及的财产约定为各自所有、共有，或者部分各自所有、部分共有。约定共有的，可以约定为按份共有、共同共有，或者部分按份共有、部分共同共有。

第五条 夫妻财产约定协议可以对全部夫妻财产进行约定，也可以对部分夫妻财产进行约定；可以对婚后所有的财产进行约定，也可以对婚前各自所有的财产进行约定；可以进行概括性约定，也可以进行具体性约定；可以对财产所有权的归属进行约定，也可以对财产的占有、使用、收益和处分进行约定；可以约定婚姻关系存续期间家庭生活费用的负担和债务清偿责任，也可以约定婚姻关系终止时财产的分割。

第六条 夫妻双方申请办理夫妻财产约定协议公证，应当提交下列材料：

（一）夫妻双方的身份证件；

（二）结婚证或者其他有效婚姻证明；

（三）夫妻财产约定协议文本；

（四）所涉及记名财产的权属凭证原件，但仅就财产进行概括性约定不涉及具体财产的除外（例如，记载于各自名下的财产归各自所有）。

第七条 夫妻财产约定协议应当包括下列主要内容：

（一）夫妻双方的姓名、性别、出生日期、住所地、身份证件号码、结婚日期等基本情况；

（二）所涉及的财产。对具体财产进行约定的，应当列明财产的名称、数量等基本情况；

（三）按照本指导意见第四条、第五条规定所约定的具体内容。

第八条 公证机构办理夫妻财产约定协议公证，除需要按照《公证程序规则》规定的事项进行审查外，还应当重点审查下列事项：

（一）夫妻双方的身份是否属实；

（二）夫妻双方是否具有完全民事行为能力；

（三）协议内容是否与夫妻双方的意思表示一致；

（四）财产权属凭证原件有无可疑之处；

（五）夫妻双方对所约定财产的权属是否清楚；

（六）协议中有无违反法律规定或者违背社会公德的内容。

第九条 公证机构办理夫妻财产约定协议公证，应当询问夫妻双方并制作询问笔录。询问笔录除需要按照《公证程序规则》规定应当载明的内容外，还应当载明下列内容：

（一）夫妻双方是否自愿签订协议，签订协议的目的，对协议内容是否清楚；

（二）协议所涉及重要财产的权属、来源、取得时间和现状；

（三）夫妻双方对协议所涉及财产的权属和现状是否清楚；

（四）对约定为各自所有的财产，夫妻双方是否对其占有、使用、收益和处分作出约定。

第十条 公证机构办理夫妻财产约定协议公证，除需要按照《公证程序规则》规定向夫妻双方进行告知外，还应当重点告知下列内容：

（一）协议所涉及的财产权属变更的法律后果；

（二）协议所涉及的财产权属发生变更，且依法需要办理登记等手续的，应当在法定期限内办理有关手续；

（三）协议具有的对内（指夫妻之间）、对外（指第三人）的法律效力。

第十一条 准备结婚的男女双方在办理结婚登记前就双方各自婚前财产、婚姻关系存续期间所得财产的归属等事宜签订财产约定协议申办公证的，公证机构可以参照本指导意见办理。

前款财产约定协议应当载明协议以结婚登记为生效条件的内容。

第十二条 本指导意见由中国公证协会常务理事会负责解释。

中国公证协会

办理具有强制执行效力债权文书公证及出具执行证书的指导意见

（2008年4月23日中国公证协会第五届常务理事会第五次会议通过）

第一条 为了规范公证机构办理具有强制执行效力的债权文书公证及出具执行证书活动，根据《中华人民共和国民事诉讼法》、《中华人民共和国公证法》、《公证程序规则》和《最高人民法院、司法部关于公证机关赋予强制执行效力的债权文书执行有关问题的联合通知》（以下简称《联合通知》）的有关规定，制定本指导意见。

第二条 当事人申请办理具有强制执行效力的债权文书公证，应当由债权人和债务人共同向公证机构提出。涉及第三人担保的债权文书，担保人（包括保证人、抵押人、出质人、反担保人，下同）承诺愿意接受强制执行的，担保人应当向公证机构提出申请。

申请出具执行证书由债权人向公证机构提出。

第三条 公证机构办理具有强制执行效力的债权文书公证，债权文书应当以给付为内容，具体范围为《联合通知》第二条规定的债权文书。

第四条 符合《联合通知》第二条规定未经公证的债权文书，当事人就履行过程中出现的争议或者违约订立新的协议，并就新的协议共同向公证机构申请办理具有强制执行效力债权文书公证的，公证机构可以受理，但应当要求当事人提供原债权真实、合法的证明材料，并对证明材料采取适当的方式进行核实。

第五条 申请办理具有强制执行效力公证的债权文书应当对债权债务的标的、数额（包括违约金、利息、滞纳金）及计算方法、履行期限、地点和方式约定明确。

当事人互为给付、债权文书附条件或者附期限，以及债权债务的数额（包括违约金、利息、滞纳金）、期限不固定的情形不属于债权债务关系不明确。

第六条 当事人申请办理具有强制执行效力的债权文书公证，债权文书中应当载明当债务人（包括担保人）不履行或者不适当履行义务时，其愿意接受强制执行的承诺。

债务人（包括担保人）仅在债权文书的附件（包括补充条款、承诺书）中载明愿意接受强制执行承诺的，当事人应当在附件上签名（盖章）。该附件应当与债权文书一并装订在公证书中。

当事人在公证申请表、询问笔录等债权文书（包括附件）以外的其他文书上所作的愿意接受强制执行的承诺，不宜单独作为公证机构办理具有强制执行效力的债权文书公证的依据。

第七条 债务人（包括担保人）的委托代理人代理申办公证时，在债权文书中增设愿意接受强制执行承诺条款的，其授权委托书中应当包括授权增设愿意接受强制执行承诺的内容，或者包括授权申办具有强制执行效力债权文书公证的内容，或者包括授权代理签订合同的内容。

第八条 公证机构办理具有强制执行效力的债权文书公证，除需要按照《公证程序规则》规定的事项进行审查外，还应当重点审查下列事项：

（一）债务人（包括担保人）愿意接受强制执行的承诺是否明确，债务人（包括担保人）对做出愿意接受强制执行承诺的法律意义和后果是否清楚；

（二）债权债务关系是否明确，债权人和债务人（包括担保人）对债权文书的下列给付内容是否无疑义：

1. 债权债务的标的、数额（包括违约金、利息、滞纳金）及计算方法、履行期限、地点和方式；

2. 债务为分期履行的，对分期履行债务的强制执行的条件和范围的约定。

（三）对核实债务不履行或者不适当履行的方式所作的约定是否明确。

第九条 公证机构可以指导当事人就出具执行证书过程中双方当事人的举证责任和对债务人（包括担保人）不履行或者不适当履行债务的核实方式做出约定。债务人（包括担保人）可以约定采用“公证处信函核实”或者“公证处电话（传真）核实”等核实方式。该约定可以记载在债权文书或者其附件（包括补充条款、承诺书）中。

“公证处信函核实”方式是指公证机构在出具执行证书前，应当根据当事人约定的寄送方式和通讯地址向债务人（包括担保人）以信函方式核实债务人（包括担保人）不履行或者不适当履行债务的事实。

“公证处电话（传真）核实”方式是指公证机构在出具执行证书前，应当根据当事人约定的通讯号码向债务人（包括担保人）以电话（传真）方式核实债务人（包括担保人）不履行或者不适当履行债务的事实。

第十条 公证机构办理具有强制执行效力的债权文书公证，除需要按照《公证程序规则》规定向当事人进行告知外，还应当重点告知下列内容：

（一）申办具有强制执行效力债权文书公证的法律意义和后果；

（二）债权人申请出具执行证书的程序、期限和举证责任；

（三）债务人（包括担保人）对债权人申请出具执行证书提出异议的程序、期限和举证责任。

公证机构告知上述内容可以采用告知书、询问笔录等方式，书面告知应当由当事人签名。

第十一条 债权人向公证机构申请出具执行证书，应当提交下列材料：

（一）申请公证机构出具执行证书的申请书，申请书应当包括债权人保证所提交证明材料真实的承诺；

（二）经公证的具有强制执行效力的债权文书；

（三）委托代理人的，提交授权委托书；

（四）已履行了债权文书约定义务的证明材料。

债权人如有债务人（包括担保人）不履行或者不适当履行债务的证明材料，应当向公证机构提交。

第十二条 公证机构出具执行证书，除需要按照《联合通知》第五条规定的内容进行审查外，还应当重点审查下列内容：

（一）债权人提交的已按债权文书约定履行了义务的证明材料是否充分、属实；

（二）向债务人（包括担保人）核实其对债权文书载明的履行义务有无疑义，以及债权人提出的债务人（包括担保人）不履行或者不适当履行债务的主张是否属实。

第十三条　公证机构在出具执行证书前，对债务人（包括担保人）不履行或者不适当履行债务的事实进行核实时，当事人对核实方式有约定的，应当按照当事人约定的方式核实；当事人没有约定的，可以依据本指导意见第九条的规定自行决定核实方式。

公证机构按照当事人约定的方式进行核实时，无法与债务人（包括担保人）取得联系，或者债务人（包括担保人）未按约定方式回复，或者债务人（包括担保人）回复时提出异议但未能提出充分证明材料，不影响公证机构按照法定程序出具执行证书。

第十四条　有下列情形之一的，公证机构不予出具执行证书：

（一）债权人未能对其已经履行义务的主张提出充分的证明材料；

（二）债务人（包括担保人）对其已经履行义务的主张提出了充分的证明材料；

（三）公证机构无法在法律规定的执行期限内完成核实；

（四）人民法院已经受理了当事人就具有强制执行效力的债权文书提起的诉讼。

第十五条　公证机构在出具执行证书时，应当向债权人告知其向有管辖权的人民法院申请执行的期限。

第十六条　公证机构出具执行证书后，应当将核实债权文书履行状况的过程和结果制作成询问笔录、工作记录等书面材料归档保存。

第十七条　公证机构办理具有强制执行效力的债权文书公证及出具执行证书，应当注意下列问题：

（一）可以要求当事人在债权文书、询问笔录和告知书上捺指印；

（二）债权文书涉及股权、不动产的，以查阅登记机构档案的方式进行核实；

（三）信函核实宜采用国家邮政机构寄送的方式；

（四）电话（传真）核实宜以录像、录音的方式保全核实过程；

（五）对民间借贷、非金融机构的还款协议，以及《联合通知》第二条第（六）项规定的其他债权文书、第三条第二款规定的债权文书办理具有强制执效力公证的，宜更加谨慎；

（六）当事人对债权文书中的修改、补充内容应当记载在债权文书中或者另行订立补充条款，不得以载入询问笔录代替。

第十八条　本指导意见由中国公证协会常务理事会负责解释。

中国公证协会

公证机构审查自然人身份的指导意见

（2008 年 11 月 25 日中国公证协会五届常务理事会七次会议通过　公协字〔2009〕006 号）

第一条　为了规范公证机构在办理公证过程中审查自然人（以下简称当事人）身份的程序，根据《中华人民共和国公证法》、《公证程序规则》等有关法律、法规、规章以及《中国公证协会专业委员会业务规则制定程序》的规定，制定本指导意见。

第二条　公证机构在办理公证过程中应当对当事人的身份进行审查，审查的内容包括核查当事人提交的身份证件是否真实、有效，辨认当事人与其提交的身份证件是否同一。

第三条　公证机构审查当事人身份时，应当要求当事人提交居民身份证。

当事人没有居民身份证或者无法提交居民身份证的，可以提交下列证件：

（一）临时居民身份证；

（二）户口簿（仅限未满十六周岁）；

（三）中华人民共和国护照；

（四）军官证（武警警官证）、士兵证；

（五）港澳居民来往内地通行证；

（六）台湾居民来往大陆通行证或者其他有效旅行证件；

（七）外国护照；

（八）法律规定的其他有效身份证件。

第四条　核查身份证件一般采取视读方式，当事人提交的身份证件经视读符合下列条件，公证机构可以认定身份证件真实、有效：

（一）证件为原件；

（二）证件标识、类别、签发机关印章式样等符合法定要求；

（三）提交证件的日期在证件有效期限内；

（四）证件名称、规格、式样、登记项目、文字、数字符号、字体、字号无明显疑点；

（五）证件号码无缺位或者多位。

当事人提交的身份证件不符合前款规定的，公证员和公证机构的其他工作人员（以下简称公证人员）可以要求当事人作出说明并补充证明材料。

当事人拒绝补充证明材料，或者身份证件及补充证明材料经核查无法认定真实、有效，公证机构应当根据《公证程序规则》第四十八条的规定不予办理公证。

第五条 核查居民身份证应当参照本指导意见说明附件中介绍的方法或者制证机关介绍的方法。

第六条 核查第二代居民身份证,具备使用识别身份证专业仪器条件的,宜采取机读方式。当事人提交的身份证经机读核查无误的,且经视读核查提交身份证的日期在身份证有效期限内,可以认定身份证真实、有效。

不具备使用识别身份证专业仪器条件的,可以采取视读方式,当事人提交的身份证经视读核查符合本指导意见第四条第一款规定的,可以认定身份证真实、有效。

第七条 公证人员在核查身份证件过程中应当排除身份证件存在的瑕疵以及证明材料之间相互矛盾之处,注意对照检查身份证件有效期限与当事人年龄、签发日期之间的关系。

第八条 当事人提交的身份证件经认定真实、有效的,当事人应当在公证人员的面前,由公证人员对其进行人证同一辨认。

公证人员通过辨认认定当事人的相貌特征与其提交的身份证件上相片的相貌特征是否相符。

第九条 经辨认当事人的相貌特征与其提交的身份证件上相片的相貌特征差距较大且难以认定同一时,公证人员应当要求当事人提交书面说明并提交其他证明材料,同时可以采取其他方式作为辅助确认手段。

当事人拒绝提交书面说明及其他证明材料,或者当事人提交的其他证明材料经核查无法认定人证同一,公证机构应当根据《公证程序规则》第四十八条的规定不予办理公证。

第十条 经辨认确认人证同一的,公证人员应当将身份证件及补充证明材料按原比例复印,复印件应当清晰完整。

公证人员应当在复印件上加盖审查身份证件确认章,签署审查人员姓名,签注日期。

第十一条 公证人员对在审查身份中发现的疑点进行核实的,应当将核实情况制作工作记录。

第十二条 公证机构可以根据个案的实际需要增加审查当事人身份的内容,并要求当事人提交其它证明材料,通过其在其它证明材料上的签名、相片等作为进一步确认当事人身份的辅助手段。

第十三条 公证机构应当告知当事人依据《公证法》第四十四条的规定,提交虚假身份证明材料,骗取公证书的,依法承担法律责任。

第十四条 当事人依据《公证程序规则》的规定委托他人代理申办公证的,审查代理人身份参照本指导意见执行。

第十五条 本指导意见由中国公证协会常务理事会负责解释。

中国公证协会

办理保全证据公证的指导意见(修订)

(2004年8月18日中国公证员协会第四届理事会第三次会议通过　2008年11月25日中国公证协会五届七次常务理事会修订通过　公协字〔2009〕007号)

第一条　为了规范公证机构办理保全证据公证事项,根据《中华人民共和国民事诉讼法》、《中华人民共和国公证法》、《公证程序规则》等法律、法规、规章以及《中国公证协会专业委员会业务规则制定程序》的规定,制定本指导意见。

第二条　保全证据公证是指公证机构根据自然人、法人或者其他组织的申请,依法对与申请人权益有关的、有法律意义的证据、行为过程加以提取、收存、固定、描述或者对申请人的取证行为的真实性予以证明的活动。

第三条　保全证据公证的种类:

(一)对书证的保全;

(二)对物证的保全;

(三)对视听资料的保全;

(四)对证人证言、当事人陈述的保全;

(五)对行为过程和事实的保全。

第四条　保全证据公证由当事人住所地、行为或者事实发生地的公证机构受理。

第五条　自然人、法人或者其他组织申请办理保全证据公证,应当提交下列材料:

(一)申请人的身份证明、资格证明;

(二)申请人与保全的证据有利害关系的证明材料;

(三)载有申请保全证据的理由、用途和证据取得的方式或者方法的书面说明;

(四)与申请保全证据相关的其他证明材料。

第六条　符合下列条件的申请,公证机构可以受理:

(一)申请人主体资格符合法律规定;

(二)申请符合《公证程序规则》第十九条的规定;

(三)申请人取得证据的方式不违反法律、法规的禁止性规定。

对于不符合前款规定条件的申请,公证机构不予受理,并通知申请人。

申请人申请对已被查封、扣押的财产办理保全证据公证的,公证机构不宜受理,但经依法实施查封、扣押的机关申请或者同意的除外。

第七条　公证机构办理保全证据公证,除需要按照《公证程序规则》规定的事项进行审查

外,还应当重点审查下列事项:

(一)保全的证据与当事人的权益是否有利害关系;

(二)保全证据的方式、方法有无侵害他人合法权益或者违反法律、法规禁止性规定的情形;

(三)参与保全证据相关人员的身份是否属实、资格是否具备。

第八条 公证机构办理保全证据公证,应当询问当事人并制作询问笔录,询问笔录除需要按照《公证程序规则》规定应当载明的内容外,还应当载明下列内容:

(一)申请保全证据的原因、用途或者目的;

(二)申请保全的证据的种类、名称、数量、时间、地点和现状;

(三)保全证据的方式、方法。

第九条 公证机构派员外出办理保全证据公证的,由二人共同办理,承办公证员应当亲自外出办理。

第十条 公证机构办理保全证据公证,可以根据具体情况采取绘图、照相、录像、录音、复制、封存、非专业性鉴定和勘验、制作笔录等方法和措施,并制作详细的工作记录。

保全证据过程中涉及到专业技术鉴定、评估的事项,应当由当事人委托专业机构办理,或者征得当事人的同意由公证机构代为委托。

第十一条 办理保全书证、物证和视听资料的公证,公证员和公证机构的其他工作人员(以下简称公证人员)应当采取现场勘验和当场提取证据的方式进行,并将相关的情况制作工作记录。记录的内容应当包括:勘验的时间、地点;办理保全证据公证的公证人员及在场的相关人员的人数、姓名;保全对象的基本情况;保全的方式、方法;证据取得的时间、地点、方式或者证据的存放方式、地点、现状;取得的证据数量、种类、形式等。

对不易收存的物证可以采取记录、绘图、照相、录像、复制等方式保全。

办理保全物证、书证和视听资料的公证需要由专业机构或者专业人员采用技术手段进行的,公证人员应当审查专业人员的身份和相应的资格,告知其操作的法律意义与法律后果,并对保全过程予以证明。

保全物证、书证和视听资料过程中,委托专业机构或者专业人员以照相、录像、录音、测绘、评估或者鉴定等方式形成的证据,应当由专业机构的承办人员或者专业人员签名并及时由公证机构封存。

当事人申请以下列视听方式办理保全证据公证的,公证机构可以受理:

(一)以照相、录像方式在公共场所(包括营业场所)对财产、行为办理保全证据公证的;

(二)以录像、录音方式对其与他人的谈话办理保全证据公证的。

第十二条 办理保全证人证言的公证,由使用证人证言的当事人提出申请,也可以由提供证言的证人单独或者与使用证人证言的当事人共同提出申请。

保全证人证言,可以由证人在公证人员面前亲笔书写证言,或者由使用证言的当事人在公证人员面前对证人进行询问并作出记录,必要时也可以由公证人员对证人进行询问,公证人员可以酌情采用录像、录音等方式保全证人证言形成的过程。

公证人员在证人作出证言前,应当告知其享有的权利、承担的义务及其法律责任,并将告知内容制作询问笔录。询问笔录和所保全的证人证言应当由证人签名。

申请保全若干证人的证言,公证机构应当分别办理。

保全危重病人的证言，应当由医疗机构证明其精神状况并可以酌情采用录像、录音等方式保全证人证言形成的过程。

保全限制行为能力人的证言，应当审查其年龄、智力或者保全时的精神状况，并有其监护人在场，监护人应当在询问笔录和所保全的证人证言上签名确认。

保全证人证言的公证书中可以载明："本公证书仅证明证人证言的形成过程，不对前面的×××的证言内容的真实性作出证明"。

保全当事人陈述的，参照本条规定办理。

第十三条 办理保全送达文书的公证，应当做好送达的现场记录。现场记录应当载明下列内容：

（一）当事人（包括送达代理人，下同）的名称；

（二）受送达人的名称；

（三）送达文书的名称；

（四）送达的地点；

（五）送达的方式；

（六）对送达现场情形的客观记录。

采用邮寄方式送达的，应当将送达凭证原件或者复印件归档保存；采用数据电文方式送达的，应当将数据电文的纸质载体归档保存。

保全送达的文书应当由当事人送达，公证机构仅对当事人送达文书的行为和过程予以证明。

公证人员办理保全送达文书公证应当向当事人告知下列内容：

（一）公证机构仅保全当事人送达文书的行为和过程，不代理当事人送达文书，送达的时间、地点和受送达人发生错误的风险均由当事人承担；

（二）公证机构办理保全送达文书公证，仅证明当事人送达文书行为和过程的真实，不证明被送达文书内容的真实；

（三）公证机构不对送达行为可能产生的法律后果（如中止诉讼时效）作任何承诺；

（四）公证机构不对受送达人的身份、权限的真实性作出证明（受送达人接受公证人员核实其身份的除外）；

（五）在办理保全邮寄送达、数据电文送达公证中，公证机构仅保全当事人的送达行为，不对受送达人是否收到了送达文书作出证明。

第十四条 办理保全侵权物证的公证，公证机构可以根据当事人的要求和被保全对象的不同特点，采取客观记录当事人购买或者索取实物（包括索要发票、凭证）的过程、照相、录像、询问证人等方式，保全现场的真实情况。

办理侵权物证保全时，为便于申请人取证，公证人员可以不公开身份，但必须亲临现场，并进行现场记录或者事后及时补记现场记录。现场记录应当载明取证的时间、地点、证据名称、数量等，并交由申请人或者在场人签名。

取证过程中取得的票据、单据等凭证，公证机构应当收存原件，有正当理由无法收存原件的，应当收存经公证人员核实无误的复印件。

第十五条 办理保全互联网上实时数据证据的公证，应当使用公证机构的计算机或者无利害关系的第三人的计算机进行。

公证人员或者当事人应当按照当事人提供的书面操作程序进行操作。公证人员应当按照操作顺序记录登录网络、进入相关网址(网页)、下载、打印(或者刻录光盘)等整个过程和所使用的操作软件的名称与版本,并要注意审核下载的内容是否与网页内容相符,必要时可以对保全过程进行录像。

第十六条 办理保全单方收回出租房屋或者其他物业的公证,应当具备下列条件:

(一)申请人须是房屋或者其他物业的所有权人或者管理人,并提交权属证书或者授权委托书;

(二)提交经公证的承租合同,且其中必须载明承租人不履行或者不完全履行合同义务时,所有权人或者管理人有权单方收回出租房屋或者其他物业的约定;

(三)承租合同约定出租人单方收回出租房屋或者其他物业前应当履行催告程序的,申请人应当先就其履行催告义务的过程申办保全证据公证;

(四)提交承租人存在违约事实的证明材料(如催交租金的函件);

(五)申请人书面承诺对单方收回房屋或者其他物业行为而侵犯他人合法权益愿意承担相应的法律责任;

(六)申请人承诺保护房屋或者其他物业内承租人财产的完整和安全。

申请人应当有能力控制保全证据现场的局面,防止矛盾激化。申请人无法控制现场局面的,公证机构应当不予办理;已经开始取证的,可以暂时中止保全程序,待恢复正常秩序后视情况继续或者终止。

对现场清点的物品,应当登记造册,必要时可以进行封存,交由申请人妥善保管。公证人员对保全过程应当做好现场记录,并可采取照相、录像等方式对现场状况加以固定。

第十七条 公证人员在办理保全证据公证过程中,为了保证保全行为的连续性、客观性和真实性,在必要情况下,对清点过程中放置待清点物品的房间,可以采取粘贴临时性封签的方式,对物品及其存放环境等事实进行固定。

第十八条 除应当由公证机构保存的证据以外,公证机构可以与当事人、该项证据实际持有人共同确定封存证据的保管人、保管场所、保管期限,并将其写入公证证词中。

当事人或者有关机构领取有封存期限的物品后,公证机构应当将证据的照片、复印件和领取收条归档。

第十九条 涉及危及人身健康、安全或者违反公序良俗的、进行商品或者服务的比较性广告宣传的保全证据公证申请,公证机构不宜受理。

第二十条 房屋拆迁保全证据公证,应当按照司法部《房屋拆迁证据保全公证细则》的规定办理。

第二十一条 本指导意见由中国公证协会常务理事会负责解释。

中国公证协会

办理继承公证的指导意见

(2009年10月22日中国公证协会五届九次常务理事会审议通过　公协字〔2010〕002号)

第一条　为了规范公证机构办理继承公证事项,根据《中华人民共和国民法通则》、《中华人民共和国继承法》、《中华人民共和国公证法》、《公证程序规则》和有关法律、法规、规章以及《中国公证协会专业委员会业务规则制定程序》的规定,制定本指导意见。

第二条　当事人可以就继承被继承人某项遗产向公证机构申请办理继承公证,也可以就继承被继承人数项遗产一并向公证机构申请办理继承公证。

二个以上当事人继承同一遗产的,应当共同向一个公证机构提出公证申请。

第三条　当事人申请办理继承公证,应当提交下列材料:

(一)当事人的身份证件;

(二)被继承人的死亡证明;

(三)全部法定继承人的基本情况及与被继承人的亲属关系证明;

(四)其他继承人已经死亡的,应当提交其死亡证明和其全部法定继承人的亲属关系证明;

(五)继承记名财产的,应当提交财产权属(权利)凭证原件;

(六)被继承人生前有遗嘱或者遗赠扶养协议的,应当提交其全部遗嘱或者遗赠扶养协议原件;

(七)被继承人生前与配偶有夫妻财产约定的,应当提交书面约定协议;

(八)继承人中有放弃继承的,应当提交其作出放弃继承表示的声明书;

(九)委托他人代理申办公证的,应当提交经公证的委托书;

(十)监护人代理申办公证的,应当提交监护资格证明。

本条所称"死亡证明",是指医疗机构出具的死亡证明;公安机关出具的死亡证明或者注明了死亡日期的注销户口证明;人民法院宣告死亡的判决书;死亡公证书。

本条所称"亲属关系证明",是指被继承人或者继承人档案所在单位的人事部门出具的证明继承人与被继承人之间具有亲属关系的证明;基层人民政府出具的证明继承人与被继承人之间具有亲属关系的证明;公安机关出具的证明继承人与被继承人之间具有亲属关系的证明;能够证明相关亲属关系的婚姻登记证明、收养登记证明、出生医学证明和公证书。

第四条　当事人有合理理由无法提交本指导意见第三条规定的死亡证明或者亲属关系证明的,应当提交二件以上足以证明相关死亡事实或者相关亲属关系的其他证明材料。

当事人有合理理由无法提交财产权属（权利）凭证原件的，应当提交财产权属（权利）凭证制发部门出具的其他证明材料。

第五条 公证机构办理继承公证，除需要按照《公证程序规则》规定的事项进行审查外，还应当重点审查下列事项：

（一）当事人的身份是否属实；

（二）当事人与被继承人的亲属关系是否属实；

（三）被继承人有无其他继承人；

（四）被继承人和已经死亡的继承人的死亡事实是否属实；

（五）被继承人生前有无遗嘱或者遗赠扶养协议；

（六）申请继承的遗产是否属于被继承人个人所有。

第六条 对当事人提交的符合本指导意见第三条规定的材料，公证机构除需要按照《公证程序规则》的规定进行审查外，还应当采用下列方式对亲属关系证明、死亡证明和财产权属（权利）凭证原件进行重点核实：

（一）对亲属关系证明，应当向出具证明材料的单位核实；

（二）对死亡证明和财产权属（权利）凭证原件进行审查后有疑义的，应当向出具证明材料的单位核实。

第七条 对当事人提交的符合本指导意见第四条规定的其他证明材料，公证机构应当按照《公证程序规则》的规定，根据不同情况采用适当的方式进行审查。对证明相关死亡事实或者相关亲属关系的证明材料，公证机构应当向出具证明材料的单位或者个人核实。证明材料经核实，应当能够互相印证且能够共同证明被继承人或者其他继承人的死亡事实或者相关亲属关系。

第八条 公证机构办理继承公证，应当询问当事人并制作询问笔录。询问笔录除需要按照《公证程序规则》的规定应当载明的内容外，还应当载明下列内容：

（一）被继承人死亡的时间、地点、原因；

（二）被继承人生前工作单位、住址、婚姻状况；

（三）申请继承的遗产的来源、取得时间、权属及基本状况；

（四）被继承人全部法定继承人（包括尽了主要赡养义务的丧偶儿媳或者女婿）的姓名、性别、与被继承有和亲属关系、工作单位、住址。法定继承人已经死亡的，应当载明死亡的时间；

（五）在继承人以外有无依靠被继承人扶养的缺乏劳动能力又没有生活来源的人或者对被继承人扶养较多的人，有无需要为其保留遗产份额的胎儿；

（六）被继承人生前有无遗嘱或者遗赠扶养协议，有几份；

（七）继承人中有无表示放弃继承的。

第九条 公证机构办理继承公证，除需要按照《公证程序规则》的规定向当事人进行告知外，还应当重点告知下列内容：

（一）当事人隐瞒、遗漏继承人（包括有权分得适当遗产的其他人）的，或者隐瞒、遗漏被继承人遗嘱（遗赠扶养协议）的，应当承担相应的法律责任；

（二）继承遗产的，应当在继承遗产实际价值内清偿被继承人依法应当缴纳的税款和债务；

（三）遗嘱（遗赠扶养协议）附有义务的，继承人（受遗赠人）应当履行义务。

第十条 当事人申请办理继承金额（数量）不明的银行卡（证券资金账户）内钱款（证券）公

证的，公证机构应当告知其先申请办理用途为查询卡（户）内金额（数量）的亲属关系公证，待金额（数量）确定后，公证机构可以为其办理继承公证。

当事人申请办理继承存放在银行保管箱内物品公证的，公证机构应当告知其先申请办理用途为查询保管箱内物品的亲属关系公证和开启保管箱清点物品的保全证据公证，待保管箱内属于被继承人所有的物品的种类和数量确定后，公证机构可以为其办理继承公证。

第十一条 当事人依照《中华人民共和国保险法》第四十二条的规定申请办理继承被继承人死亡保险金公证的，公证机构应当依照《中华人民共和国继承法》及本指导意见的有关规定为其办理继承公证。

第十二条 当事人申请办理继承有限责任公司股权公证的，公证机构应当告知其《中华人民共和国公司法》第七十六条的规定。

当事人申请办理继承有限责任公司股东资格公证的，应当提交公司章程和其现任职证明。公证机构应当审查公司章程对当事人继承股东资格有无限制性规定以及审查当事人所从事的职业是否限制其继承股东资格。根据公司章程和有关法律规定，当事人不能继承股东资格的，公证机构为其办理继承股权公证。

第十三条 当事人依照《中华人民共和国合伙企业法》第五十条和第八十条的规定申请办理继承合伙人财产份额或者合伙人资格公证的，公证机构参照本指导意见第十二条的规定办理。

第十四条 公证机构办理遗嘱继承公证，应当按照下列方式审查确认遗嘱的效力：

（一）遗嘱为公证遗嘱的，公证机构应当对遗嘱内容是否符合法律规定进行审查，并向全体法定继承人核实，核实的内容包括询问被继承人有无其他遗嘱或者遗赠扶养协议，法定继承人中有无缺乏劳动能力又没有生活来源的人。

法定继承人对公证机构的核实没有回复的，或者无法与法定继承人取得联系的，公证机构在对遗嘱进行审查后，可以确认遗嘱的效力；

（二）遗嘱为公证遗嘱以外的其他符合法定形式的遗嘱的，公证机构应当取得全体法定继承人对遗嘱内容无异议的书面确认，并经审查认为遗嘱的内容符合法律规定，可以确认遗嘱的效力；

（三）遗嘱为在境外所立的遗嘱的，公证机构应当根据法律、法规及司法部的有关规定确认遗嘱的效力。

第十五条 除《公证法》和《公证程序规则》规定的不予办理公证的情形外，有下列情形之一的，公证机构不予办理遗嘱继承公证：

（一）根据法律规定遗嘱继承人丧失继承权的；

（二）遗嘱经审查无效或者效力无法确认的；

（三）遗嘱处分的财产不属于被继承人个人所有或者被继承人生前已经处分了遗嘱所涉及的财产的；

（四）继承同一遗产，遗嘱继承人中有人未提出公证申请且又未作出放弃继承表示的；

（五）利害关系人与遗嘱继承人就遗嘱内容是否符合《中华人民共和国继承法》第十九条的规定有争议的；

（六）利害关系人有充分证据证明遗嘱继承人没有履行遗嘱所附义务的。

第十六条 除《公证法》和《公证程序规则》规定的不予办理公证的情形外，有下列情形之一的，公证机构不予办理法定继承公证：

（一）根据法律规定法定继承人丧失继承权的；

（二）被继承人生前所立遗嘱或者签订的遗赠扶养协议已经处分了法定继承人申请继承的遗产的；

（三）法定继承人中有人未提出公证申请且又未作出放弃继承表示的；

（四）法定继承人不能协助公证机构完成核实或者有关单位及个人拒绝协助公证机构进行核实的；

（五）法定继承人之间对法定继承人的范围、遗产的权属或者是否有适用《中华人民共和国继承法》第十二条、第十四条规定的人有争议的。

第十七条 继承人表示放弃继承的声明书应当亲自在公证员面前作出。继承人不能亲自到受理继承公证申请的公证机构作出放弃继承表示的，其表示放弃继承的声明书应当经过公证。

继承人表示放弃继承的，公证机构仅需审查继承人个人的意思表示。

第十八条 受遗赠人申请办理接受遗赠公证的，公证机构参照本指导意见有关办理遗嘱继承公证的规定办理。

第十九条 本指导意见由中国公证协会常务理事会负责解释。

中国公证协会专业委员会活动规则（2010修订）

（2010年12月28日）

第一条 为进一步加强公证行业自律管理，充分发挥专业委员会的职能作用，规范专业委员会的活动，根据《中国公证协会章程》的有关规定，制定本规则。

第二条 中国公证协会（以下简称协会）专业委员会是在协会常务理事会领导下，组织业内外专家，开展公证理论研究，进行公证业务指导，制定公证业务规范的专门机构。

第三条 协会根据业务发展需要设立相应的专业委员会，并可以根据变化的情况对专业委员会的设置进行调整。

专业委员会的设立、变更、撤销由协会常务理事会决定。

第四条 专业委员会的职责：

（一）根据协会理事会、常务理事会相关决议开展工作；

（二）起草行业规范；

（三）开展业务指导，组织业务交流；

（四）研究拓展和规范公证业务；

（五）研究疑难案件，提出专家咨询意见；

（六）开展专业理论研究；

（七）就有关立法提出立法建议；

（八）搜集整理相关业务资料。

第五条　专业委员会由具有较高理论水平、丰富实践经验的公证员和公证管理人员组成。

根据工作需要，专业委员会可以聘请关心和支持公证工作、有较深业务造诣的专家、学者和专业人士担任委员或者顾问。

第六条　各专业委员会设主任委员一人、副主任委员若干人、委员若干人。

主任委员负责委员会工作，副主任委员协助主任委员工作。

第七条　委员应当具备的条件：

（一）政治素质高，工作能力强，热心公证事业，具有奉献精神；

（二）公证员应当执业满五年，公证管理人员应当具有丰富管理经验；

（三）大学本科以上学历；

（四）具有丰富实践经验和较高的研究水平，在业内具有一定知名度；

（五）有参加专业委员会活动的积极性，并具备必要的经济和时间条件。

第八条　专业委员会主任委员、副主任委员由协会分管副会长提名，协会常务理事会审议。

第九条　专业委员会委员的聘任程序为：

（一）本人申请；

（二）专业委员会主任委员提名；

（三）征得所在单位及地方公证协会同意；

（四）协会秘书长审核、分管副会长批准。

第十条　专业委员会主任委员、副主任委员、委员由协会常务理事会聘任，任期三年，任期届满，可以续聘。

第十一条　委员任职期间有下列情形之一的，可以解聘：

（一）自愿退出；

（二）因违法违纪，受到行政处罚或者行业处分的；

（三）不参加专业委员会的活动或者不能胜任专业委员会工作的；

（四）其他不符合担任专业委员会委员条件的。

第十二条　专业委员会应当按照协会工作计划和工作需要拟定年度工作计划，并报协会常务理事会审议。

专业委员会应当在每年末就实施当年工作计划的情况向协会常务理事会提出工作报告。

第十三条　专业委员会可以采取研讨会、座谈会、业务观摩、业务培训、提出工作建议和意见书、对外义务咨询、公证业务宣传宣讲、对外交流等多种形式开展工作。

第十四条　协会秘书处负责协助、协调各专业委员会日常工作。

第十五条　协会应当根据专业委员会工作需要和协会财务状况，核拨必要经费用于专业委员会开展工作。

第十六条　本规则自协会常务理事会通过之日起施行，《中国公证员协会专业委员会管理暂行办法》同时废止。

第十七条　本规则由协会常务理事会负责解释。

公证员职业道德基本准则(2011 修订)

(2011 年 1 月 6 日　公协字〔2011〕第 003 号)

为加强公证员职业道德建设,保证公证员依法履行公证职责,维护和增强公证公信力,根据《中华人民共和国公证法》,制定本准则。

一、忠于法律　尽职履责

第一条　公证员应当忠于宪法和法律,自觉践行社会主义法治理念。

第二条　公证员应当政治坚定、业务精通、维护公正、恪守诚信,坚定不移地做中国特色社会主义事业的建设者、捍卫者。

第三条　公证员应当依法办理公证事项,恪守客观、公正的原则,做到以事实为依据、法律为准绳。

第四条　公证员应当自觉遵守法定回避制度,不得为本人及近亲属办理公证或者办理与本人及近亲属有利害关系的公证。

第五条　公证员应当自觉履行执业保密义务,不得泄露在执业中知悉的国家秘密、商业秘密或个人隐私,更不得利用知悉的秘密为自己或他人谋取利益。

第六条　公证员在履行职责时,对发现的违法、违规或违反社会公德的行为,应当按照法律规定的权限,积极采取措施予以纠正、制止。

二、爱岗敬业　规范服务

第七条　公证员应当珍惜职业荣誉,强化服务意识,勤勉敬业、恪尽职守,为当事人提供优质高效的公证法律服务。

第八条　公证员在履行职责时,应当告知当事人、代理人和参与人的权利和义务,并就权利和义务的真实意思和可能产生的法律后果做出明确解释,避免形式上的简单告知。

第九条　公证员在执行职务时,应当平等、热情地对待当事人、代理人和参与人,要注重其民族、种族、国籍、宗教信仰、性别、年龄、健康状况、职业的差别,避免言行不慎使对方产生歧义。

第十条　公证员应当严格按照规定的程序和期限办理公证事项,注重提高办证质量和效率,杜绝疏忽大意、敷衍塞责和延误办证的行为。

第十一条　公证员应当注重礼仪,做到着装规范、举止文明,维护职业形象。

现场宣读公证词时,应当语言规范、吐字清晰,避免使用可能引起他人反感的语言表达方式。

第十二条 公证员如果发现已生效的公证文书存在问题或其他公证员有违法、违规行为，应当及时向有关部门反映。

第十三条 公证员不得利用媒体或采用其他方式，对正在办理或已办结的公证事项发表不当评论，更不得发表有损公证严肃性和权威性的言论。

三、加强修养　提高素质

第十四条 公证员应当牢固树立社会主义荣辱观，遵守社会公德，倡导良好社会风尚。

第十五条 公证员应当道德高尚、诚实信用、谦虚谨慎，具有良好的个人修养和品行。

第十六条 公证员应当忠于职守、不徇私情、弘扬正义，自觉维护社会公平和公众利益。

第十七条 公证员应当热爱集体，团结协作，相互支持、相互配合、相互监督，共同营造健康、有序、和谐的工作环境。

第十八条 公证员应当不断提高自身的业务能力和职业素养，保证自己的执业品质和专业技能满足正确履行职责的需要。

第十九条 公证员应当树立终身学习理念，勤勉进取，努力钻研，不断提高职业素质和执业水平。

四、廉洁自律　尊重同行

第二十条 公证员应当树立廉洁自律意识，遵守职业道德和执业纪律，不得从事有报酬的其他职业和与公证员职务、身份不相符的活动。

第二十一条 公证员应当妥善处理个人事务，不得利用公证员的身份和职务为自己、亲属或他人谋取利益。

第二十二条 公证员不得索取或接受当事人及其代理人、利害关系人的答谢款待、馈赠财物或其他利益。

第二十三条 公证员应当相互尊重，与同行保持良好的合作关系，公平竞争，同业互助，共谋发展。

第二十四条 公证员不得以不正当方式或途径对其他公证员正在办理的公证事项进行干预或施加影响。

第二十五条 公证员不得从事以下不正当竞争行为：

（一）利用媒体或其他手段炫耀自己，贬损他人，排斥同行，为自己招揽业务；

（二）以支付介绍费、给予回扣、许诺提供利益等方式承揽业务；

（三）利用与行政机关、社会团体的特殊关系进行业务垄断；

（四）其他不正当竞争行为。

五、附　　则

第二十六条 中国公证协会和地方公证协会监督公证员遵守本准则。

第二十七条 公证员助理和公证机构其他工作人员,参照执行本准则的有关规定。

第二十八条 本准则由中国公证协会负责解释。

第二十九条 本准则自发布之日起施行。

中国公证协会
关于印发《中国公证协会工作委员会活动规则》的通知

(2011 年 1 月 6 日)

各省、自治区、直辖市公证协会:

《中国公证协会工作委员会活动规则》已经中国公证协会六届四次常务理事会会议通过,现印发给你们,请参照执行。

中国公证协会

二〇一一年一月六日

中国公证协会工作委员会活动规则

(2010 年 12 月 28 日中国公证协会六届四次常务理事会会议通过)

第一条 为进一步加强公证行业自律管理,充分发挥工作委员会的职能作用,规范工作委员会的活动,根据《中国公证协会章程》的有关规定,制定本规则。

第二条 中国公证协会(以下简称协会)工作委员会是在协会常务理事会领导下,负责研究、拟订公证行业自律管理的相关议案、规则,履行行业自律管理职能,办理相关事务的专门机构。

第三条 协会根据工作需要设立相应的工作委员会,并可以根据工作开展情况对工作委员会的设置进行调整。

工作委员会的设立、变更、撤销由协会常务理事会决定。

第四条 工作委员会的职责:

(一)根据理事会、常务理事会相关决议开展工作;

（二）主持行业重大课题的调研，提出相关意见和建议；

（三）参与行业管理规范的起草、论证等工作；

（四）受理和处理工作委员会具体工作范围内的相关事务；

（五）指导地方公证协会开展相关工作。

第五条　各工作委员会的工作范围：

（一）培训委员会工作范围：

1. 研究制定行业培训规划和实施办法；

2. 组织编写、审定行业培训教材；

3. 组织全国公证行业培训师资队伍，建立全国公证行业职业培训试题库；

4. 指导、监督全国公证行业职业培训工作。

（二）维护公证员依法执业权益委员会工作范围：

1. 研究维护公证员合法权益、支持公证员依法执业的具体措施和办法，提出维权工作的政策性建议和研究报告；

2. 开展行业维权状况调查，向行业通报维权情况，提示相关风险；

3. 直接参与或办理公证行业内具有重大影响的维权事项；

4. 针对维权工作中发现的问题，代表行业与相关部门沟通协调，及时反映行业意见和建议。

（三）基金管理委员会工作范围：

1. 研究制定全国公证行业职业保险相关政策和规定；

2. 负责全国公证赔偿基金的监督管理工作；

3. 负责协会西部发展基金的管理和使用。

（四）女公证员工作委员会工作范围：

1. 保障女公证员依法执业，维护女公证员合法权益；

2. 组织女公证员开展各类研讨和联谊活动，加强女公证员之间的联系和交流；

3. 引导女公证员充分发挥自身优势，为推动公证行业发展做出应有贡献；

4. 组织女公证员为保障妇女儿童合法权益提供专项法律服务，组织开展和参与各类社会公益活动；

5. 积极引领女公证员参政议政，进一步提升女公证员的政治地位和社会地位。

（五）青年公证员工作委员会工作范围：

1. 指导青年公证员加强思想政治建设和职业道德建设，提升青年公证员队伍的综合素质和执业水平；

2. 研究青年公证员执业中面临的问题和困难，提出指导青年公证员成长的意见和措施；

3. 组织开展符合青年公证员特点的各种业务活动和文体活动，加强青年公证员之间的沟通和交流；

4. 发现和培养青年公证员骨干力量，展示青年公证员良好社会形象。

（六）惩戒委员会工作范围：

1. 研究制定行业惩戒相关规定；

2. 受理应当由协会惩戒委员会处理的案件；

3. 对受理案件进行调查核实并做出处理决定；

4. 根据受理案件处理情况提出行业建议和意见；

5. 监督惩戒决定的执行情况。

第六条 工作委员会由具有较高理论水平、丰富实践经验的公证员和公证管理人员组成。

根据工作需要，工作委员会可以聘请关心和支持公证工作、有较深业务造诣的专家、学者和专业人士担任委员或者顾问。

第七条 各工作委员会设主任委员一人、副主任委员若干人、委员若干人。

主任委员负责委员会工作，副主任委员协助主任委员工作。

第八条 委员应当具备的条件：

（一）政治素质高，工作能力强，热心公证事业，具有奉献精神；

（二）公证员应当执业满三年，公证管理人员应当具有丰富管理经验；

（三）大学本科以上学历；

（四）具有丰富的实践经验和较高的研究水平，在业内具有一定知名度；

（五）有参加工作委员会活动的积极性，并具备必要的经济和时间条件。

第九条 工作委员会主任委员、副主任委员由协会分管副会长提名，协会常务理事会审议。

第十条 工作委员会委员的聘任程序为：

（一）本人申请；

（二）工作委员会主任委员提名；

（三）征得所在单位及地方公证协会同意；

（四）协会秘书长审核，分管副会长批准；

第十一条 工作委员会主任委员、副主任委员、委员由协会常务理事会聘任，任期三年，任期届满，可以续聘。

第十二条 委员任职期间有下列情形之一的，协会可以解聘：

（一）自愿退出；

（二）因违法违纪，受到行政处罚或者行业处分的；

（三）不参加工作委员会活动或者不能胜任工作委员会工作的；

（四）其他不符合担任工作委员会委员条件的。

第十三条 工作委员会应当按照协会工作计划和工作需要拟定年度工作计划，并报协会常务理事会审议。

工作委员会应当在每年末就实施当年工作计划的情况向协会常务理事会提出工作报告。

第十四条 工作委员会应当按照年度工作计划，采取符合本委员会工作特点的活动方式，不断丰富活动内容，注重活动实效，灵活组织开展工作。

第十五条 工作委员会制定相关行业规范，必须经常务理事会审议通过。

第十六条 协会秘书处负责协助、协调各工作委员会日常工作。

第十七条 协会应当根据工作委员会工作需要和协会财务状况，核拨必要经费用于工作委员会开展工作。

第十八条 各工作委员会可根据本规则制定具体活动规则。

第十九条 本规则自协会常务理事会通过之日起实施。

第二十条 本规则由协会常务理事会负责解释。

中国公证协会

办理保全互联网电子证据公证的指导意见

（2012年1月7日中国公证协会六届七次常务理事会审议通过　公协字〔2012〕049号）

第一条　为规范公证机构办理保全互联网电子证据公证事项，增强公证效力，根据《中华人民共和国公证法》《公证程序规则》等法律、法规、规章的规定，制定本指导意见。

第二条　本指导意见所称保全互联网电子证据，是指公证机构利用计算机设备和技术，通过接入广域网固定、提取电子证据的活动。

保全网上招标和网上拍卖电子证据以及保管电子数据业务不属于本指导意见规范的范围。

第三条　公证机构派员外出办理保全互联网电子证据公证的，应当由二人共同办理，其中一人应当是承办公证员，另一人可以是公证员助理。

公证人员到现场办理保全互联网电子证据公证时，为便于保全证据，可以不表明身份。

第四条　公证机构受理公证申请后，除按照《公证程序规则》的规定向当事人进行告知外，还应当重点告知下列内容并载入询问笔录：

（一）当事人申请保全的内容不得侵犯他人通信秘密、个人隐私，申请保全的方式不得反法律、法规的禁止性规定；

（二）公证人员可以对当事人提出的提取、固定证据的方法、操作程序以及使用的设备提出建议，当事人有权决定是否予以采纳。如果当事人的最终决定违反法律规定，公证机构应当不予公证。因当事人最终决定采用的方法、操作程序以及当事人提供的设备存在瑕疵，导致当事人或者第三人利益受损的，当事人应当承担法律责任；

（三）公证机构仅对提取、固定互联网电子证据的过程的真实性作出证明，不保证所保全的电子证据必然发生对当事人有利的影响，也不保证所保全的电子证据必然被人民法院或者其他使用者采信；

（四）当事人申请保全网上聊天记录、电子邮件的，公证人员应当告知其如果不能证明对方的真实身份，则保全的电子信息可能不具有证据效力；

（五）当事人申请保全的电子邮件存储在大型公共网站邮件服务器以外的邮件服务器内的，公证人员应当告知当事人公证机构仅证明电子邮件被提取时的客观状况，不证明电子邮件被提取之前的客观状况；

（六）当事人申请办理保全互联网购物证据公证的，公证人员应当建议当事人对网络订购、支付货款和接收网购物品的全过程办理公证。

第五条　公证机构在审查公证事项时，应当询问当事人并制作询问笔录，询问笔录除按照

《公证程序规则》第二十九条的规定应当载明的内容外，还应当重点载明下列内容：

（一）当事人申请公证的目的或者用途；

（二）当事人与申请保全的互联网电子证据之间的利害关系；

（三）当事人申请保全互联网电子证据的种类、名称以及目前的存储介质状况；

（四）提取、固定互联网电子证据的时间、地点和所使用的主要的或者特殊的方法、软件、设备；

（五）当事人有关提取、固定互联网电子证据的特殊要求。

第六条 当事人申请办理保全互联网电子证据公证，应当提交与保全的事项有利害关系的证明材料，申请保全的互联网电子证据本身足以证明其与保全的事项有利害关系的除外。

第七条 公证机构办理保全互联网电子证据公证，应当在公证机构的办公场所使用公证机构的计算机和公证机构的网络接口接入互联网，否则，应当对所使用的计算机进行清洁性检查。

第八条 公证机构办理保全互联网电子证据公证，可以使用本单位的移动硬盘、存储卡、U盘、光盘、录音机、录像机、照相机、手机等移动存储介质，也可以使用当事人或者第三人提供的移动存储介质。使用当事人或者第三人提供的移动存储介质应当对移动存储介质进行清洁性检查。

提取的电子证据存入移动存储介质后，应当由当事人和公证人员共同封存。封存之前，移动存储介质应当始终在公证人员的监控之中。

提取的电子证据需要附在公证书之后的，建议使用一次性刻录光盘并采用终结方式刻录。

第九条 公证机构办理保全互联网电子证据公证，可以采用下载、截屏、实时打印、存储打印、录像、照相、利用软件同步录像、文字记录等多种方式提取、固定证据。

对登录、下载、截屏、保存等指令输入过程能够实时打印的，如果提取证据的环境允许，建议优先采用“实时打印 + 录像”的方式提取、固定证据。

涉及网页中动态形象的保全和利用专业软件提取的证据，建议采用录像的方式提取、固定证据，同时对主要内容实时打印（例如，体现影视作品的版权、演创人员姓名等部分的截图）。

第十条 公证机构在办理保全互联网电子证据时，可以采取下列措施保证所保全电子证据的完整性：

（一）打印件无法完整体现页面全部内容的，公证机构应当同时采用录像或者照相方式提取、固定证据，并在现场记录中对打印件无法完整体现页面全部内容的情形予以记录；

（二）当事人因保全的影视作品集数较多、播放时间较长，仅申请对部分内容进行保全的，公证机构在现场记录中应当载明在页面上（包括广告、海报、节目单等）该影视作品的每集是否都有显示，对每一集点击后是否都能播放。同时，应当将含有作品名称、版权人、制作公司、出品公司等作品基本信息的内容一并保全。公证人员在征得当事人同意的情况下，可以对影视作品的每一集随机（或者重点）选取部分内容进行播放，并对播放画面进行截屏打印和录像保全；

（三）对登录、下载、截屏、保存等指令输入过程实施截屏打印形成的纸质文件均应当附于公证书内并留存附卷。如果截屏打印文件数量过多不便全部打印的，可以将与当事人诉求关联性最密切的部分截屏打印（例如，长篇小说的封面、目录、首页、末页、版权页等），然后将全部截屏文件刻录光盘封存后一并附于公证书内并留存附卷；

（四）保全网页的目的是用于解决网页设计侵权纠纷的，除对网页实时打印外，还应当对网页的源代码实时打印，必要时公证人员可以要求当事人聘请专业人员进行操作；

（五）保全的网页中如果载有“权利声明”、“政府主管机关网站备案（许可）信息”及“联系方式”的，公证人员应当一并保全；

（六）当事人因登录互联网实施观看、阅读、下载、购物而支付费用的，公证人员可以根据当事人的申请，对其付费过程和付费凭证一并予以保全；

（七）当事人需要保全部分电子信息内容的，应当保证所保全的内容不得与该电子信息的整体内容有矛盾或者引起歧义；

（八）如果因截屏保存或者截屏打印的内容有遗漏，当事人要求补充保全遗漏内容的，公证人员应当重新进行保全。

第十一条　公证机构办理保全互联网电子证据公证，应当制作现场记录。现场记录应当记录接入互联网的全部操作步骤及下列内容：

（一）操作人员和记录人员；

（二）保全的时间和地点；

（三）接入互联网的设备和接口，保全所使用的计算机以及移动存储介质在接入互联网之前的控制人；

（四）未使用公证机构的网络接口、计算机及移动存储介质的原因以及进行清洁性检查的情况；

（五）计算机所使用的操作系统、浏览器及其他相关软件的名称、版本；

（六）下载、安装、启动截屏软件或者屏幕录像软件等特殊软件的过程以及软件的名称、版本；

（七）接入互联网以及接入后的全部操作步骤，包括输入的指令、打开浏览器、对话框的名称和所在位置、回车、空格、拖拉滚动条、下载、截屏、同步录像、保存、实时打印、存储打印、关闭浏览器、断开互联网、重启等；

（八）存储所提取证据的操作过程和移动存储介质的保管过程；

（九）复制所提取证据的操作过程，存储复制证据的介质的提供者，所提取证据的复制品的数量和保管者；

（十）登录收费网站、会员网站提取、固定证据的，应当记录登录的账号（账户名、用户名）。

第十二条　公证机构办理保全互联网电子证据公证，需要到网吧、会所等公共场所（下称保全地点）保全证据的，现场记录除载明本指导意见第十一条规定的内容外，还应当载明下列内容：

（一）保全地点的详细地址，必要时可以对保全地点的外观进行拍照；

（二）进入、离开保全地点的时间；

（三）公证人员随机挑选计算机的过程；

（四）对计算机进行清洁性检查的过程；

（五）使用当事人提供的移动存储介质的，对移动存储介质进行清洁性检查的过程；

（六）在保全地点通过网络传输将提取、固定的证据发回公证机构控制的电子邮箱的，应当载明电子邮件传输的操作过程和公证人员回到公证机构下载电子邮件的过程。

第十三条　实名制邮箱的注册人或者非实名制邮箱的密码持有人申请办理保全互联网电子邮件公证的，应当保证其申请登录邮箱保全电子邮件的行为不会侵犯他人的通信秘密、个人隐私。公证机构受理后,应当审查保全电子邮件的行为是否存在侵犯他人通信秘密、个人隐私的情形。

法人或者其他组织申请保全其员工使用的用于公务的电子邮箱内的邮件,应当提交其与该员工签订的有关公务邮箱仅用于公务的书面约定,或者经该员工书面同意,或者由该员工亲自操作提取、固定相关电子邮件。

第十四条 对网购物品的接收进行保全的,公证人员应当携带网购物品由现场回到公证机构封存。启封、核验网购物品应当尽量保存原包装的完整性,封存网购物品要尽量避免封条遮挡原包装或者物品的文字、图片等外观标识,必要时应当另行包装封存,封条上应当由当事人和公证人员共同签字(盖章)。接收的网购物品和售货凭证记载不一致的,公证机构应当在现场记录和公证证词中予以注明。

第十五条 本指导意见由中国公证协会常务理事会负责解释。

中国公证协会

公证质量评价标准(试行)

(2012年1月7日中国公证协会六届七次常务理事会审议通过 公协字〔2012〕012号)

第一章 总 则

第一条 为保证公证质量,促进公证质量评价工作的制度化、科学化,根据《中华人民共和国公证法》《公证程序规则》和其他司法行政规章及规范性文件的规定,制定本标准。

第二条 公证协会和公证机构开展公证质量评价工作应当坚持依法、客观、公正的原则。

第三条 公证质量评价包括受理公证申请,审查公证事项,审查、核实证明材料,制作询问笔录,制作、出具公证书等环节。

第二章 受理公证申请

第四条 公证案卷中,应当有公证申请表。

公证申请表中应当载明下列内容:

(一)申请人及其代理人的基本情况;

(二)申请公证的事项及公证书的用途;

(三)申请公证的文书的名称;

(四)提交证明材料的名称、份数及有关证人的姓名、住址、联系方式;

(五)申请的日期;

(六)其他需要说明的情况。

公证申请表上应当有申请人的签名(指印)或者印鉴。

第五条 公证案卷中,应当有申请人申请办理公证时提交的下列材料:

(一)自然人的身份证明,法人的资格证明及其法定代表人的身份证明,其他组织的资格证明及其负责人的身份证明;

(二)委托他人代为申请的,代理人提交了当事人的授权委托书,法定代理人或者其他代理人提交了有代理权的证明;

(三)申请公证的文书;

(四)申请公证的事项的证明材料,涉及财产关系的,提交了有关财产权利证明;

(五)与申请公证的事项有关的其他材料。

第六条 公证案卷中的材料显示,公证机构受理的一般公证事项,符合下列条件:

(一)申请人与申请公证的事项有利害关系;

(二)申请人之间对申请公证的事项无争议;

(三)申请公证的事项符合《公证法》第十一条规定的范围;

(四)申请公证的事项符合《公证法》第二十五条的规定和该公证机构在其执业区域内可以受理公证业务的范围。

第七条 公证案卷中,应当有向申请人发送的受理通知单回执并有申请人或其代理人的签名。

第八条 公证案卷中,应当有告知记录。告知方式可以采用告知书或者采用询问笔录以及申请表、受理通知单、发送公证书回执等书面材料中的格式条款。

第九条 告知事项应当包括下列内容:

(一)当事人申请公证事项的法律意义和可能产生的法律后果;

(二)当事人在办理公证过程中享有的权利、承担的义务;

(三)办证规则规定的其他应当告知的内容。

第十条 书面告知内容应当载明告知的时间、地点,并有当事人或其代理人的签名(指印)或者印鉴。

对阅读有困难的当事人,应当采用口头方式告知并载入书面记录,书面记录中应当有当事人签名(指印)或者印鉴。告知不通晓中文的当事人的,除有当事人签名(指印)或者印鉴外,还应当有翻译人员的签名。

第十一条 公证案卷中,应当有按照规定向当事人收取或者补收公证费的凭证。减收或者免收公证费的,应当符合有关规定。

第十二条 办理涉外公证业务的公证机构和公证员应当符合中国公证协会《关于加强和规范涉外公证管理工作的意见》的规定。

省级司法行政机关或者地方公证协会对涉台公证业务资格有规定的,办理涉台公证业务的公证机构和公证员应当符合有关规定。

第三章　审查公证事项

第十三条　公证案卷中，应当有当事人的身份（资格）证明及补充证明材料的复印件。复印件上应当盖有审查身份证件确认章或者有当事人的签名（指印）或者印鉴。

第十四条　公证案卷中的材料应当能够显示，公证员对当事人的身份和所提交的身份（资格）证明的审查符合下列要求：

（一）自然人提交了居民身份证、临时居民身份证、户口簿（仅限未满十六周岁）、中华人民共和国护照、军官证（武警警官证）、士兵证等有效身份证件；

（二）自然人身份证件注有有效期限的，提交证件的日期在证件有效期限内；

（三）核查自然人居民身份证或者其他有效身份证件的方法，符合中国公证协会《公证机构审查自然人身份的指导意见》的有关规定；

（四）法人或者其他组织提交了营业执照、登记证书、组织机构代码证等资格证明，且资格证明在有效期限内；

（五）法人提交了法定代表人的身份证明，其他组织提交了负责人的身份证明。

第十五条　公证案卷中的材料应当能够显示，公证员对境外当事人身份和所提交的身份（资格）证明的审查符合下列要求：

（一）自然人提交了港澳居民来往内陆通行证、台湾居民来往大陆通行证或者其他有效旅行证件、外国护照等身份证件；

（二）自然人身份证件注有有效期限的，提交证件的日期在证件有效期限内；

（三）核查自然人所持身份证件的方法，符合中国公证协会《公证机构审查自然人身份的指导意见》的有关规定；

（四）港、澳、台地区法人或者其他组织提交了资格证明，且资格证明已经经其住所地的公证人（机构）公证，或者经司法部指定的机构、人员证明；

（五）外国法人或者其他组织提交了资格证明，且资格证明已经经其住所地的公证人（机构）公证并经我驻外使（领）馆认证。

第十六条　公证案卷中的材料应当能够显示，公证员对于民事法律行为公证事项的审查符合下列条件：

（一）当事人具有从事该行为的资格和相应的民事行为能力；

（二）当事人明确表示其申请公证的民事法律行为系自愿所为，没有受到胁迫，没有重大误解，没有恶意串通，其对民事法律行为的后果清楚无误；

（三）所公证的民事法律行为的内容合法，不违背社会公德和法律、法规的禁止性规定；

（四）所公证的民事法律行力的形式合法；

（五）有关办证规则规定的特殊要求。

第十七条　公证案卷中的材料应当能够显示，公证员对于有法律意义的事实或者文书公证事项的审查符合下列条件：

（一）当事人明确表示其申请公证的事实或者文书的内容属实，其对申请公证的后果清楚无误；

（二）采用与证明内容和证明方式相适应的核实方式核实后，能够确认当事人申请公证的事实或者文书真实，内容合法、不违背社会公德；

（三）所公证的事实或者文书的形式合法，文书上的签名、印鉴和日期准确、属实；

（四）有关办证规则规定的特殊要求。

第十八条 公证案卷中的材料应当能够显示，公证机构办理现场监督类公证、遗嘱公证、保全证据公证和出具执行证书，符合《中华人民共和国公证法》、《公证程序规则》及有关办证规则的相关规定。

第四章 审查、核实证明材料

第十九条 公证案卷中的材料应当能够显示，公证员对当事人提交的证明材料的审查符合下列要求：

（一）审查证明材料是否真实、合法、充分；

（二）证明材料按照办证规则和行业惯例需要核实的，公证员已经进行了核实；

（三）鉴定意见、检验检测结论、翻译材料上有相关专业机构及承办鉴定、检验检测、翻译人员的印鉴和签名；

（四）对于辅助性证明材料，公证员收集了两件以上且证明材料之间能够相互印证；

（五）有关办证规则有特殊规定的，公证员已经按其规定办理。

第二十条 公证员采信下列证明材料，按照有关办证规则需要核实或者对其有疑义的，已经进行了核实并在公证案卷中有核实记录：

（一）人民法院的生效判决书、裁定书、调解书；

（二）仲裁委员会的裁决书、调解书；

（三）公证书；

（四）党政机关、事业单位、国有企业人事（组织、政工、劳资）部门出具的证明材料；

（五）户籍等登记机关及档案管理机构出具的证明材料；

（六）有法定资质的专业鉴定机构出具的证明材料；

（七）通过政府部门官方网站查询的证明材料。

第二十一条 公证员采信下列证明材料的，公证案卷中应当附有其他辅助性证明材料且证明材料之间能够互相印证：

（一）社区居民委员会（社区工作站）出具的证明材料；

（二）村民委员会及其他村集体经济组织出具的证明材料；

（三）党政机关、事业单位、国有企业以外的法人或者其他组织出具的证明材料；

（四）当事人、公证事项的利害关系人的陈述和有关证人的证言。

第二十二条 公证机构核实或者派员外出核实的，核实的方式和程序应当符合《公证程序规则》的规定并在公证案卷中有相关记录。

第五章　制作询问笔录

第二十三条　采用询问方式核实公证事项有关情况及证明材料的，公证案卷中应当有询问笔录。

第二十四条　询问笔录中应当载明询问日期、地点、询问人、记录人、询问事由，被询问人的基本情况、告知内容、询问谈话内容等。

第二十五条　询问笔录中应当有被询问人核对询问笔录的表述及签名（指印）或者印鉴。

询问笔录中的修改之处，应当有被询问人签名（指印）或者印鉴。

第二十六条　为阅读有困难的当事人或者不通晓中文的当事人制作的询问笔录，应当符合本标准第十条第二款的规定。

第六章　制作、出具公证书

第二十七条　公证案卷中的材料应当能够显示，出具公证书的时间在受理之日起十五个工作日内。

因不可抗力、补充证明材料或者需要核实有关情况所需时间超出前款规定的期限的，公证案卷中应当有及时告知当事人的记录。

第二十八条　按规定需要审批的公证事项，公证案卷中应当有公证机构的负责人或其指定的公证员的审批意见。

第二十九条　公证书应当符合司法部规定的格式。

第三十条　公证书应当包括以下主要内容：

（一）公证书编号；

（二）当事人及其代理人的基本情况；

（三）公证事项；

（四）公证证词；

（五）承办公证员的签名（签名章）、公证机构印章；

（六）出具日期。

第三十一条　公证书应当使用全国通用的文字。在民族自治地方，根据当事人的要求，可以制作当地通用的民族文字文本。

第三十二条　制作涉外及涉港、澳、台公证书，应当按照规定使用公证专用纸。

第七章　公证质量评价等级

第三十三条　公证质量评价等级分为合格、基本合格和不合格。

第三十四条　公证案卷材料全部符合下列标准的，公证质量评价为合格：

（一）公证案卷中有公证申请表，表中填写内容规范，表上有申请人的签名（指印）或者印鉴；

（二）公证申请符合受理条件；

（三）公证事项由可以办理相应公证业务的公证员承办；

（四）履行告知义务的内容、方式、时间和记录规范、明确；

（五）公证费的收取符合规定；

（六）当事人的身份真实，具有从事该行为的资格和相应的民事行为能力；

（七）委托他人代为申请的，代理人提交了当事人的授权委托书，法定代理人或者其他代理人提交了有代理权的证明；

（八）公证案卷中有当事人的身份（资格）证明及补充证明材料的复印件，复印件清晰可辨。复印件上盖有审查身份证件确认章或者有当事人或其代理人的签名（指印）或者印鉴；

（九）证明的民事法律行为、有法律意义的事实或者文书真实、合法，证明材料充分，公证书适用法律正确；

（十）证明材料需要核实的，核实的方式和程序符合《公证程序规则》及有关办证规则的规定；

（十一）有鉴定意见、检验检测结论、翻译材料的，材料上有相关专业机构及承办鉴定、检验检测、翻译人员的印鉴和签名；

（十二）询问笔录、现场勘验笔录、工作记录中的记录内容详尽、准确、有针对性，笔录（记录）时间、地点、签名等事项齐全，修改之处加盖了印章或者有当事人的签名（指印）或者印鉴；

（十三）证明材料原件不宜入卷的，其复印件经公证员核对签名或者盖章，并注明与原件相符；

（十四）摘抄、复印（复制）的有关资料清晰、完整，并有公证员或者相关人员的核对意见和签名；

（十五）需要审批、不需要审批的程序规范，手续齐全；

（十六）公证书按照司法部规定的格式制作。

第三十五条　公证案卷材料有下列情形之一的，公证质量评价为基本合格：

（一）公证案卷中有公证申请表，但公证申请表填写不规范或者不全；

（二）公证事项不属于公证执业区域内的证明业务或者相关法律事务；

（三）公证事项由没有相应公证业务资格的公证员承办；

（四）履行告知义务的内容、方式、时间和记录不规范；

（五）公证费的收取不规范；

（六）当事人及代理人的主体资格以及相关权利证明基本齐全，但有欠缺或者瑕疵；

（七）当事人的身份（资格）证明及补充证明材料的复印件不清晰。复印件上没有审查身份证件确认章或者没有当事人或其代理人的签名（指印）或者印鉴；

（八）证明材料以及出证所依据的相关材料基本齐全，但有欠缺或者瑕疵；

（九）证明材料不充分，但尚不影响公证书的真实性、合法性；

（十）公证书引用法律、法规和规章不准确，但尚不影响公证书的使用；

（十一）核实有关情况以及相关证明材料的方式不规范，但尚不影响核实结论；

（十二）询问笔录、现场勘验笔录和工作记录中的内容过于简单、针对性不强，或者询问笔录修改之处未有被询问人的签名（指印）或者印鉴；

（十三）按照有关规定应当照相、录像、录音的，没有照相、录像、录音；

（十四）公证书出具日期、现场宣读公证证词日期、审批日期、免批签发日期不符合规定，但尚不影响公证书的使用；

（十五）公证机构的负责人或者被指定负责审批的公证员审批自己承办的公证事项；

（十六）公证书格式不规范，制作不规范，公证证词的文字表述（包括译文）不够严谨，或者有个别错字、繁体字和不规范的简化字，或者有个别多字、漏字，但尚不影响公证书的使用。

第三十六条 公证案卷材料有下列情形之一的，公证质量评价为不合格：

（一）没有公证申请表；

（二）应当由当事人亲自办理的公证事项，不是其亲自申办的；

（三）没有告知记录；

（四）没有当事人的身份（资格）证明材料复印件；

（五）应当制作询问笔录的，没有询问笔录；

（六）规定公证事项需要审批的，未经审批；

（七）公证书文字表述存在法律上或者逻辑上的明显错误，或者公证书由于错、别字较多，挖补、涂改严重，直接影响到公证书使用；

（八）其他违反法律、法规规定的情形。

第八章 附　　则

第三十七条 地方公证协会可以根据本标准制定公证质量评价标准实施办法。

第三十八条 本标准不作为认定错误公证书和公证赔偿责任的依据。

第三十九条 本标准所称的公证案卷包括经主管部门认可的纸质或者电子文书。

第四十条 本标准由中国公证协会常务理事会负责解释。

第四十一条 本标准自发布之日起施行。

中国公证协会

办理保全送达文书证据公证的指导意见

（2012年8月28日中国公证协会六届九次常务理事会审议通过　公协字〔2012〕025号）

第一条 为了规范公证机构办理保全送达文书证据公证事项，维护公证书的证据效力，保证公证质量，根据《中华人民共和国公证法》、《公证程序规则》等法律、法规、规章的规定，制定本指导意见。

第二条 本指导意见所称保全送达文书证据公证，是指公证机构派员亲临送达现场，依据客观、公正的原则，证明当事人以直接送达、邮寄送达、发送数据电文等方式送达文书的行为和过程的活动。

第三条 保全送达文书证据公证事项可以由当事人（包括送达代理人，下同）住所地的公证机构受理，也可以由送达行为地的公证机构受理。

第四条 申请办理保全送达文书证据公证除应当符合《公证程序规则》第十九条的规定外，还应当符合下列条件：

（一）送达的文书的内容不得有本指导意见第五条不予办理的情形；

（二）有明确的受送达人、送达地址以及其他必要的通讯方式；

（三）申请人对送达行为所产生的法律后果承诺承担法律责任；

（四）申请人所送达的文书属于行政决定或者人民法院、仲裁委员会的法律文书等公文书的，申请人送达文书的权限和送达的期限符合法律、法规的规定。

第五条 公证机构对当事人拟送达的文书内容应当进行形式审查。拟送达的文书有下列内容之一的，公证机构不予办理：

（一）违反法律、法规的禁止性规定；

（二）违背社会公德；

（三）含有对受送达人威胁、恐吓、侮辱的内容。

第六条 公证机构受理公证申请后，除按照《公证程序规则》的规定向当事人进行告知外，还应当重点告知下列内容：

（一）公证机构仅保全当事人送达文书的行为和过程，不代理当事人送达文书。如果因为受送达人、送达地址、送达时间发生错误，导致送达行为没有发生当事人预期的效力，其后果由当事人承担；

（二）公证机构仅对当事人送达文书的行为和过程的真实性作出证明，不对被送达文书的内容作出证明；

（三）公证机构不对受送达人（代收人）的身份、权限的真实性作出证明；

（四）当事人以邮寄送达和发送数据电文等方式送达的，公证机构不对受送达人是否收到送达文书作出证明；

（五）公证机构不对受送达人是否接收所送达的文书和送达行为可能产生的法律后果（例如，中断诉讼时效）作出承诺或者保证；

（六）当事人以直接送达方式送达的，公证人员不在送达现场对当事人如何送达提出建议，也不提示受送达人（代收人）签收，当事人应当自行要求受送达人（代收人）当场签收。如果出现受送达人拒绝签收，或者因为受送达人不在现场当事人采用留置方式送达或者送交给代收人转交的情形，当事人的送达行为可能无法实现其所期待的法律后果；

（七）公证人员在办理保全送达文书证据公证的过程中如果认为其人身安全受到或者可能受到威胁的，有权拒绝受理或者暂停办理或者依照《公证程序规则》第五十条的规定终止办理该项公证；

（八）因送达行为或者送达文书的内容侵犯受送达人或者第三人合法权益的，其后果由当事人承担。

第七条　公证机构在审查公证事项时，应当询问当事人并制作询问笔录，询问笔录除按照《公证程序规则》第二十九条的规定应当载明的内容外，还应当重点载明下列内容：

（一）当事人申请公证的目的或者用途；

（二）当事人与拟送达的文书之间的利害关系；

（三）拟送达文书的名称和主要内容；

（四）送达的方式（直接送达、邮寄送达、发送数据电文等）；

（五）当事人是否知道受送达人的地址、邮政编码、电话（传真）号码、电子邮箱等。

第八条　公证机构派员外出办理保全送达文书证据公证，应当由二人共同办理，其中一人应当是承办公证员，另一人可以是公证机构的其他工作人员。

第九条　公证人员在送达现场不便制作工作记录的，应当在离开送达现场后及时补作。工作记录应当包括下列主要内容：

（一）制作记录的时间、地点；

（二）当事人的姓名、性别、出生日期、职务、身份证件号码；

（三）送达文书的名称和份数；

（四）送达的时间、地点；

（五）送达的方式；

（六）对送达现场情形的客观记录；

（七）在送达现场收集相关照片、票据等其他证据的情况。

以直接送达方式送达的，工作记录酌情增加下列内容：

（一）当事人指认的受送达人的姓名或者受送达人（代收人）自称的姓名；

（二）受送达人（代收人）的性别、身高、衣着、发型、口音等特征。

工作记录制作完毕后，应当由参与送达的当事人和在送达现场的公证人员签字。

第十条　公证员在送达前或者送达时应当认真核对当事人拟送达给受送达人的文书与其提交给公证机构的拟送达文书的内容是否一致。

第十一条　当事人送达的文书原则上为原件。

公证机构存档的送达文书为复印件的，应当由当事人签字确认并注明时间。

第十二条　当事人以直接送达方式送达的，公证人员在制作工作记录时，措辞应当准确、客观、详细：

（一）对时间、地点、送达文书名称的记载应当准确。对地点的记载可以描述建筑物的外观特征和内部房间的具体位置；

（二）对受送达人（代收人）的记载应当客观。当事人未要求受送达人出示身份证件配合公证员核实其身份的，工作记录中对接收送达文书的人的姓名、身份不应当依照推理作出记载；

（三）对送达结果的记载应当详细。对出现诸如“受送达人（代收人）接收但拒绝在回执上签字”等各种送达结果应当详细记载。

第十三条　当事人以邮寄方式送达的，公证人员应当建议其使用邮政快递方式送达，并建议当事人索要邮件详情单或者对显示邮寄到达信息的网页、手机通知短信办理保全证据公证。

第十四条　当事人以发送数据电文方式送达的，原则上使用电信、邮政部门或者公证机构的网络和设备。

公证人员可以以录像以及下载、截屏、实时打印、存储打印、照相、利用软件同步录像等方式保全送达操作过程，并应当将发送的数据电文的纸质载体归档保存。

第十五条 公证人员在办理保全送达文书证据公证中，应当收集签收的回执或者邮政及快递企业收件的证明文件等证据，同时可以酌情收集与送达有关的其他证据。

第十六条 当事人申请保全送达文书以外的其他物品的，公证机构可以参照本指导意见的相关规定办理。

第十七条 本指导意见由中国公证协会常务理事会负责解释。

中国公证协会
关于在全国公证机构使用统一的宣传板的通知

（2015年11月20日 中公通〔2015〕40号）

各省、自治区、直辖市公证协会：

公证机构是公证执业的场所，处在公证管理的基础环节。长期以来，为宣传公证法律制度和公证发展成就，各地公证协会积极指导公证机构场所建设，通过公证机构处务公开、公证知识上墙等形式，注重场所建设与公证宣传结合，强化公证主动融入社会，形成了许多值得肯定的工作经验，取得了良好社会效果。为深入推进公证行业标准化、规范化建设，树立鲜明统一的行业形象，进一步推动解决当前全国公证机构窗口形象建设和户外宣传工作中存在的形式繁多、展示内容缺乏规划等问题，中国公证协会设计了一套宣传板（含宣传板、LED宣传模板、大型和便携式展示架），供各地公证机构统一使用。

大力加强公证机构场所建设，改进公证机构窗口服务形式，关系到社会各界对中国公证制度的认知和评价。中国公证协会推出宣传板，统一公证机构接待场所和户外宣传板的规范使用，是进一步推进公证管理精细化，有效提升公证机构执业为民良好形象，进一步提升人民群众认知公证、认同公证的重要工作举措，对普及公证法律知识、传播公证价值理念、弘扬公证职业精神、维护和增强公证公信力具有重要意义。

各地公证协会要充分认识这一规范措施的重要意义和积极作用，高度重视统一宣传板的使用工作，精心组织、积极筹划，努力做好相关解释和推广工作，紧密结合当地党政部门司法公开、便民利民服务公示要求等工作实际加以落实。

附件一：

宣传载体、内容、形式介绍

一、宣传板所含内容

宣传板由七部分内容组成，分别为：公证制度简介、公证为公尚信、公证三大效力、公证四大作用、公证执业区域、公证受理范围、公证办理程序。

二、宣传板形式、载体

宣传板设计为四种形式。

（一）宣传板

1. 各地公证机构可根据接待场所条件，将该宣传板全套分别悬挂或全套一体悬挂。

2. 设计规格

尺寸 844×1162mm

格式 CMYK PDF

分辨率 300DPI

注：大度全开纸张规格 850mm×1168mm

3. 略

（二）LED 宣传模板

1. 依照高清电视显示器的规格设计制作的一套适合在 LED 显示屏播放的 PPT 宣传模板。

2. 设计规格（高清版/普通版，三种分辨率。根据播放设备规格选用）

（1）分辨率 1080×720 格式 JPG（高清版/标准版）

（2）分辨率 1920×1080 格式 JPG（高清版/标准版）

（3）分辨率 3840×2160 格式 JPG（高清版/标准版）

3. 略

（三）大型易拉宝展示架

1. 大型易拉宝展示架可以移动、折叠，坚固、耐用，即适合在主宣传墙（文化墙）处集中摆放，也适合在主墙之外的其他位置分开摆放，形成宣传墙（文化墙）效果。

2. 设计规格

尺寸 80cm×180cm

格式 CMYK JPG

分辨率 150DPI

3. 略

（四）X 型便携展示架

1. X 型便携展示架，画面和架子可单独拆装，并配有包装袋，便于携带，设计的主要意图是便于公证处深入社区或户外宣传时使用，同时也适合中小公证处在办事接待场所摆放、展示。

2. 设计规格

尺寸 60cm × 160cm

格式 CMYK JPG

分辨率 150DPI

3. 略

中国公证协会

办理小额遗产继承公证的指导意见

(2016 年 2 月 2 日中国公证协会七届七次常务理事会审议通过　中公通〔2016〕20 号)

第一条　为进一步提高小额遗产继承公证的办证效率,方便当事人取得小额遗产,根据《中华人民共和国继承法》《中华人民共和国公证法》《公证程序规则》和有关法律、法规、规章以及《中国公证协会专业委员会业务规则制定程序》的有关规定,制定本指导意见。

第二条　适用本指导意见办理小额遗产继承公证应当符合下列条件:

(一) 申请继承的单笔遗产数额不超过人民币五万元。具体限额由各地方公证协会根据本地实际情况在本项规定的最高限额内确定具体标准;

(二) 申请继承的遗产为被继承人名下的存款、养老金、公积金、基金、证券账户内的资产、职业年金等财产;

(三) 申请人为第一顺序法定继承人;

(四) 申请人保证被继承人生前无遗嘱且无遗赠扶养协议。

第三条　适用本指导意见办理公证,可以由法定继承人中的一人或者数人提出公证申请。申请人应当提交下列证明材料:

(一) 申请人的身份证件;

(二) 被继承人的死亡证明;

(三) 遗产权利凭证或者证明;

(四) 载明被继承人全部第一顺序法定继承人的亲属关系证明;

(五) 申请人的承诺书;

(六) 与申请公证有关的其他材料。

第四条　公证机构适用本指导意见办理公证,应当重点审查下列事项:

(一) 当事人的身份是否属实;

(二) 被继承人死亡的事实;

(三) 当事人是否为第一顺序法定继承人。

公证员通过书面审查、询问未发现当事人的陈述或者提供的证明材料有疑义的,可以不再进行核实。

第五条 公证机构适用本指导意见办理继承公证,应当通过全国公证遗嘱备案查询平台,查询被继承人有无遗嘱。

第六条 有下列情形之一的,不适用本指导意见办理公证:

(一)不符合本指导意见第二条所规定的条件;

(二)公证员在审查中发现当事人的陈述或者提供的证明材料有重大疑义;

(三)申请人有不诚信记录;

(四)继承关系较为复杂或者继承人之间有争议;

(五)公证员认为不适用本指导意见的其他情形。

第七条 本指导意见由中国公证协会常务理事会负责解释。

中国公证协会
办理遗嘱保管事务的指导意见

(2016年2月2日中国公证协会七届七次常务理事会审议通过　中公通〔2012〕21号)

第一条 为规范公证机构办理遗嘱保管事务,根据《中华人民共和国继承法》《中华人民共和国公证法》和有关法律、法规、规章以及《中国公证协会专业委员会业务规则制定程序》的有关规定,制定本指导意见。

第二条 本指导意见所称遗嘱保管事务,是指公证机构依据遗嘱人的申请对其提交的遗嘱进行密封、存放、相关信息备案,并根据有关人员申请提供遗嘱取回、开启、领取等一系列服务的公证事务。

第三条 公证机构可对申请人提交的下列遗嘱进行保管:

(一)自书遗嘱;

(二)代书遗嘱。

第四条 遗嘱保管的申请人应当是遗嘱人。

第五条 申请人应当向公证机构提交身份证明,并书面提出遗嘱保管申请,书面申请中应当载明:

(一)申请人的身份信息及联系方式;

(二)申请保管的遗嘱形式;

(三)如申请人指定遗嘱领取人的,应当载明遗嘱领取人的身份信息和联系方式;

(四)开启遗嘱、领取遗嘱的条件;

（五）遗嘱原件由公证机构留存、遗嘱领取人仅领取遗嘱复印件的承诺；

（六）全体法定继承人信息备注。

第六条 公证机构保管遗嘱，应当指派两名公证人员共同办理，其中一名应当是公证员。

保管按照下列方式进行：

（一）申请人在公证人员面前将申请保管的遗嘱密封于信封内交与公证员；

（二）公证员在信封上亲笔注明："×××（遗嘱人）于××××年××月××日在××公证处，将其密封的遗嘱交由本处保管"字样；

（三）申请人和公证人员在信封的封缝处签名并注明时间；

（四）公证人员应当对上述封存过程制作书面记录，并由申请人签名确认。

第七条 公证机构应当向申请人出具保管证书。

保管证书应当载明申请人的身份信息、遗嘱的形式、遗嘱领取人的身份信息及联系方式、遗嘱开启与领取的条件等内容。保管证书一式两份，一份交与申请人，一份由公证机构留档。

第八条 公证机构应当将保管的遗嘱相关信息在全国公证遗嘱备案查询平台上备案。已备案的保管遗嘱应当作为办理继承公证时遗嘱检认的依据。

第九条 公证机构应当按照公证档案管理规定，将保管证书、遗嘱、保管申请书、书面记录及其他与保管有关的材料一并立卷并列为密卷保管。

公证机构应当建立遗嘱保管登记簿，登记簿可以是电子形式，也可以是纸质。

第十条 申请人可以随时取回遗嘱。

申请人取回遗嘱应当向公证机构提交书面申请并交回保管证书。公证机构应当指派两名公证人员共同办理，其中一名应当是公证员。如申请人不能交回保管证书的，应当书面说明。

取回遗嘱按以下方式进行：

（一）申请人与公证人员一起核验遗嘱密封状况；

（二）申请人与公证人员共同拆启密封的信封，取出遗嘱；

（三）公证人员应当将取回遗嘱的过程制作成书面记录，并由申请人签名确认。

申请人请求打开存放遗嘱信封的，视为取回遗嘱。如需继续保管的，应当重新办理保管手续。

第十一条 申请人取回遗嘱后，公证机构对遗嘱的保管终止。公证机构应当及时在遗嘱保管登记簿和全国公证遗嘱备案查询平台进行备注。

第十二条 申请人死亡后，遗嘱领取人可持申请人的死亡证明申请开启密封遗嘱和领取遗嘱复印件，遗嘱原件由公证机构继续保存。申请人未指定遗嘱领取人或者遗嘱领取人死亡、丧失民事行为能力的，申请人的全体法定继承人可以参照本条第一款规定申请开启、领取遗嘱复印件。

第十三条 遗嘱领取人申请开启、领取遗嘱的，应当向公证机构提交书面申请。公证机构应当指派两名公证人员共同办理，其中一名应当是公证员。

开启、领取遗嘱按以下方式进行：

（一）遗嘱领取人与公证人员一起核验遗嘱密封状况；

（二）遗嘱领取人与公证人员共同拆启密封信封，取出遗嘱，拆启信封时应当保持信封上封条和签名的完整性，已经拆启的信封，由公证机构存档；

（三）公证人员对遗嘱进行复制，并加盖印章确认与原件相符；

（四）公证人员应当将领取遗嘱复印件的过程制作成书面记录，并由遗嘱领取人签名确认；

（五）公证人员应当及时在遗嘱保管登记簿和全国公证遗嘱备案查询平台进行备注。

第十四条 公证机构应当对遗嘱的保管、取回、开启和领取的主要环节进行录像并将录像随遗嘱保管卷宗存档。

第十五条 本指导意见由中国公证协会常务理事会负责解释。

中国公证协会章程

（2017年2月21日中国公证协会第八次会员代表大会修订通过）

第一章 总 则

第一条 本会名称为中国公证协会，英文译名为China Notary Association。

第二条 本会是依据《中华人民共和国公证法》设立的，由公证机构、公证员、地方公证协会以及其他与公证事业有关的专业人员、机构组成的全国性公证行业自律组织，是非营利性的社会团体法人。

第三条 本会宗旨是，坚持中国共产党的领导，团结和带领会员高举中国特色社会主义伟大旗帜，以邓小平理论、“三个代表”重要思想、科学发展观为指导，深入贯彻落实习近平总书记系列重要讲话精神和治国理政新理念新思想新战略，忠实履行职责使命，坚决贯彻执行党的基本路线、方针、政策，严格遵守国家宪法和法律，恪守职业道德和执业纪律，始终维护和不断增强公证公信力，加强公证队伍建设和行业自律，维护会员合法权益，促进公证事业改革和发展，为全面建成小康社会，实现中华民族伟大复兴的中国梦提供优质高效的法律服务。

第四条 本会接受司法部、民政部的监督和指导。

第五条 本会住所设在北京市。

第二章 职 责

第六条 本会履行下列职责：

（一）协助司法部管理、指导全国公证工作，依照本章程对公证机构和公证员的执业活动进行监督；

（二）指导地方公证协会工作；

（三）制定行业规范；

（四）维护会员的合法权益，保障会员依法履行职责；

（五）依法举办会员福利事业；

（六）对会员进行职业道德、执业纪律教育，对会员的违纪行为实施行业处分，协助司法行政机关查处会员的违法行为；

（七）负责会员的培训，组织会员开展学术研讨和工作经验交流，根据有关规定对公证机构、公证员实施奖励；

（八）组织开展公证行业信息化建设；

（九）负责全国公证赔偿基金的使用管理工作，对地方公证协会管理使用的公证赔偿基金进行指导和监督；

（十）负责公证宣传工作，主办公证刊物，对外提供公证法律咨询等服务；

（十一）负责与国外和港、澳、台地区开展有关公证事宜的研讨、交流与合作活动；

（十二）负责海峡两岸公证书的查证和公证书副本的寄送工作；

（十三）负责公证专用纸的联系生产、调配，协助司法部作好管理工作；

（十四）履行法律法规规定的其他职责，完成司法部委托的事务。

第三章　会　　员

第七条　本会会员分为团体会员和个人会员。

第八条　取得公证机构执业证书的公证机构和取得社会团体法人登记证书的地方公证协会为本会团体会员。其他与公证业务有关的机构，经本会同意，可以成为本会团体会员。

取得公证员执业证书的公证员为本会个人会员。公证管理人员、从事公证法学教学、科研以及对公证制度有研究的人员，经本会同意，可以成为本会个人会员。中国委托（香港）公证人、中国委托（澳门）公证人，经本会同意，并报业务主管单位审核批准，可以成为本会个人会员。

第九条　个人会员享有下列权利：

（一）享有本会的选举权、被选举权和表决权；

（二）提出维护会员合法权益的要求；

（三）享受本会举办的福利；

（四）参加本会举办的各种学习、研讨和交流活动；

（五）使用本会的图书资料；

（六）通过本会向有关部门提出建议；

（七）对本会工作提出批评和建议。

第十条　个人会员履行下列义务：

（一）遵守本会章程、执行本会决议；

（二）完成本会委托的工作；

（三）向本会反映情况，提供有关资料；

（四）按规定交纳会费；

（五）维护会员间的团结，维护公证职业的荣誉。

第十一条　团体会员享有除第九条第一项以外的其他权利，履行第十条的义务。

第十二条　经申请批准加入的会员，无正当理由，不履行义务或不交纳会费的，视为自动退会。

第四章　组织机构和负责人产生、罢免

第十三条　本会的最高权力机构是会员代表大会,会员代表大会职权是:

(一)制定、修改本会章程;

(二)讨论决定本会的工作方针和任务;

(三)选举和罢免理事会理事;

(四)审议、通过理事会工作报告和财务报告;

(五)会员代表大会认为依法应由它行使的职权。

第十四条　会员代表大会须有三分之二会员代表出席方能召开,决定重要事项须经出席人数三分之二以上通过。

第十五条　会员代表大会每四年举行一次。因特殊情况需提前或延期举行的,须由理事会表决通过,报司法部审查并经民政部批准同意。但延期最长不超过一年。

第十六条　理事会由会员代表大会选举组成,是会员代表大会闭会期间的执行机构,对会员代表大会负责。

第十七条　理事会职权是:

(一)执行会员代表大会决议;

(二)向会员代表大会报告工作;

(三)选举常务理事并从中选举会长、副会长;

(四)根据需要,增补或罢免个别常务理事;

(五)决定设置或撤销本会专业委员会、工作委员会;

(六)制定会员奖励、行业处分规则;

(七)制定本会的办事规则和年度工作计划。

第十八条　理事会须有三分之二以上理事出席方能召开,其决议须经到会理事三分之二以上表决通过方能生效。

第十九条　理事会会议每年举行一次,根据需要可以提前或推后。

第二十条　本会设立常务理事会,常务理事会由理事会选举产生,在理事会闭会期间行使第十七条除第二、三、四项以外的职权,并决定聘任或解聘秘书长,对理事会负责。常务理事人数不超过理事人数的三分之一。

第二十一条　常务理事会须有三分之二以上常务理事出席方能召开,其决议须经到会常务理事三分之二以上表决通过方能生效。

第二十二条　常务理事会听取并审议会长、副会长、秘书长及秘书处工作报告,研究决定重要事宜。常务理事会会议每年不得少于两次。

第二十三条　本会会长、副会长必须具备下列条件:

(一)坚持党的路线、方针、政策,政治素质好;

(二)在本会业务领域内有较大影响;

(三)会长、副会长最高任职年龄不超过70周岁;

(四)身体健康,能坚持正常工作;

（五）未受过剥夺政治权利的刑事处罚的。

第二十四条　本会会长、副会长任期四年，可连选连任，但会长任期不得超过两届。

第二十五条　本会会长履行下列职责：

（一）召集和主持常务理事会、会长办公会；

（二）检查会员代表大会、常务理事会决议的落实情况；

（三）代表本会签署有关重要文件；

（四）处理其他重大事务。

第二十六条　本会设秘书长一人，副秘书长若干人。秘书长由常务理事会聘任，副秘书长由秘书长提名，常务理事会决定。

秘书长履行下列职责：

（一）主持秘书处日常工作；

（二）组织实施会员代表大会、理事会、常务理事会决议和会长办公会决定，组织实施年度工作计划；

（三）依照有关规定，提名秘书处内设机构主要负责人、聘用秘书处专职工作人员；

（四）处理其他日常事务。

第二十七条　本会会长或秘书长为本会法定代表人。

本会法定代表人不兼任其他团体法定代表人。

第二十八条　本会各专业委员会、工作委员会设主任委员一人，根据需要设副主任委员若干人。主任委员、副主任委员由常务理事会决定。

第五章　资产管理、使用原则

第二十九条　本会经费来源：

（一）会费；

（二）国内外捐赠；

（三）政府部门资助；

（四）在核准的业务范围内开展活动或服务的收入；

（五）其他合法收入。

第三十条　本会按照国家有关规定收取会员会费。

第三十一条　本会经费主要用于开展协会工作，为会员提供公证信息、资料，开展学术交流、培训、疗养和其他公益福利活动，支付本会秘书处及其专职工作人员的各项开支。

第三十二条　本会建立严格的财务管理制度，保证会计资料合法、真实、准确、完整。

第三十三条　本会配备具有专业资格的会计人员。会计不得兼任出纳。会计人员必须进行会计核算，实行会计监督。会计人员调动工作或离职时，必须与接管人员办清交接手续。

第三十四条　本会的资产管理必须执行国家规定的财务管理制度，接受会员代表大会和财政部门的监督。资产来源属于国家拨款或者社会捐赠、资助的，必须接受审计机关的监督，并将有关情况以适当方式向社会公布。

第三十五条　本会换届或更换法定代表人之前必须接受民政部和司法部组织的财务审计。

第三十六条 本会的资产,任何单位、个人不得侵占、私分和挪用。

第三十七条 本会秘书处专职工作人员的工资和保险、福利待遇,参照国家对事业单位的有关规定执行。

第六章 章程的修改程序

第三十八条 对本会章程的修改,须经理事会表决通过后报会员代表大会审议。

第三十九条 本会修改的章程,须在会员代表大会通过后15日内,经司法部审查同意,并报民政部核准后生效。

第七章 终止程序及终止后的财产处理

第四十条 本会完成宗旨或自行解散或由于分立、合并等原因需要注销的,由理事会或常务理事会提出终止动议。

第四十一条 本会终止动议须经会员代表大会表决通过,并报司法部审查同意。

第四十二条 本会终止前,须在司法部及有关机关指导下成立清算组织,清理债权债务,处理善后事宜。清算期间,不开展清算以外的活动。

第四十三条 本会经民政部办理注销登记手续后即为终止。

第四十四条 本会终止后的剩余财产,在司法部和民政部的监督下,按照国家有关规定,用于发展与本会宗旨相关的事业。

第八章 附 则

第四十五条 本章程经2017年2月20~21日第八次会员代表大会修订通过,自民政部核准之日起生效。

第四十六条 本章程由常务理事会负责解释。

中国公证协会

关于加强公证质量管理的意见

(2017年6月5日 中公发〔2017〕6号)

为进一步贯彻落实《司法部办公厅关于加强公证质量监管严防错证假证问题的紧急通知》

精神,现就严格公证执业程序,加强公证质量管理提出如下意见:

一、强化公证行业质量意识

公证质量是公证工作的生命线,是公证行业健康发展的基石。当前,各地方公证协会、公证机构、广大公证人员要认真学习贯彻《司法部办公厅关于加强公证质量监管严防错证假证问题的紧急通知》精神,切实汲取近期公证行业在公证质量及监管方面的经验教训,进一步强化公证质量意识。各地方公证协会要将强化和提升公证行业质量意识作为本年度的工作重点,组织公证机构、广大公证人员开展"三个一"为核心的公证质量意识教育活动,即集中开展一次公证质量专项检查,公开一批行业惩戒的典型,组织开展一次公证行业警示教育,通过专项活动引导广大公证人员自觉坚守依法、中立、客观、规范的公证职业理念,引导广大公证人员自觉践行精雕细琢、精益求精、力求完美的工匠精神,坚决摒弃公证执业和行业发展中浮躁短视、盲目扩张、过度追逐经济效益的不良倾向。

二、严格公证执业程序

公证执业程序是公证执业不可逾越的铁律。广大公证人员要严格遵守和履行公证法、公证程序规则以及有关公证办证规则规定的执业程序和执业标准,不能随意简化、变通、曲解程序规定。从申请到发证,每一阶段公证执业程序都必须有完备详细的工作记录,鼓励引导公证机构对必要的公证环节、公证事项进行录像,提升公证执业的信息化水平,推进实现公证执业全流程信息化。公证员必须在公证机构内开展公证执业活动,需要外出执业的要履行必要的备案手续,公证员要按规则要求亲自办证,严禁公证员助理以公证员名义或代公证员开展执业活动。公证员应当结合执业实际情况履行必要的告知义务,特别是公证事项的法律意义、可能产生的法律后果。公证员要对公证当事人的身份、提供的材料进行必要的审查,不能将公证审查义务通过告知形式转嫁给公证当事人,更不能因过于自信而怠于履行审查义务。公证人员在公证执业程序中应当保持中立客观,坚守执业底线,坚决杜绝关系证、人情证,确保公证执业的公平公正。

三、健全公证质量管理体系

公证质量管理是公证质量的保障,是公证质量提升的重要途径。公证行业要充分发挥"两结合"管理体制的优势,健全完善"三位一体"的公证行业质量管理体系。一是要强化公证人员的自我约束、自我监督职责,从提升公证人员专业素养入手,严把公证队伍的准入关,做好日常自我学习和专项执业教育和培训工作,提升公证执业责任感、荣誉感和自豪感。二是要强化公证机构执业监管责任,公证机构负责人要扎实履行第一责任人职责,推进公证机构日常质量管理制度化、规范化,健全完善公证机构日常业务学习制度、风险防控制度、内部质量定期抽查制度,严格执行公证审批制度,认真履行公证机构复查职责,建立复查案件内部通报制度。三是要强化行业协会公证质量管理责任,不断健全完善公证行业质量管理体系。中国公证协会、各地方公证协会要注意研究新情况、发现新问题,防范新风险点,及时制定公证业务规范、发布提示警示信息。要加强自身管理能力建设,推进公证质量管理的标准化、规范化和信息化,通过信息化手段强化对公证执业过程的监督和管理力度。要深化健全公证行业质量评估制度,通过定期组织开展公证行业质量评估活动,及时发现纠正公证质量问题和隐患,督促公证机构完善内部质量管理制度。要健全完善公证复查争议投诉等外部监督机制,对于处理投诉中发现的典型、重大案件要妥善处理,并及时分析、总结经验教训。

四、完善公证行业质量管控机制

公证质量的提升是内在自我约束与外部管控相互作用的结果，目前，健全完善公证行业质量管控机制是确保公证质量的重要手段。中国公证协会、各地方公证协会要以改革创新的精神、敢于担当的勇气，进一步做好公证质量管控机制建设。一是配合本级司法行政机关，分工合作，做好公证办证规则和行业规范的废改立工作，努力实现公证执业有法可依。二是依托中国公证协会信息化建设工作，建立集公证执业和行业管理相结合的公证信息化平台，实现公证执业信息的及时交换共享、及时分析和及时处理。三是探索建立一系列公证执业责任追究和应用机制。全面贯彻落实公证法关于公证执业责任的规定，加大对“有故意或者重大过失的公证员追偿”的力度，探索建立公证员执业责任终身追究制度。将公证质量与公证执业保险挂钩，探索建立公证执业保险费率浮动机制，实现权利义务的统一，保证公证执业保险的公平性。四是探索建立公证行业执业诚信信息（红黑名单）公示制度，将奖励、惩处信息记入公证机构、公证员执业档案并对外公示。

请各地方公证协会、公证机构和广大公证人员认真贯彻落实司法部办公厅通知精神和本意见要求，自觉强化公证质量意识、规范公证执业程序、健全自律监管机制，切实履行公证质量管理职责。各地方公证协会要结合本地实际，有针对性、有重点地开展公证行业质量管理工作，及时报送公证质量管理中发现的重大问题、积累的先进工作经验和工作成果。

中国公证协会
2017 年 6 月 5 日

中国公证协会

关于加强涉外、涉港澳台公证书专用纸管理工作的通知

（2017 年 9 月 28 日　中公通〔2017〕38 号）

各省、自治区、直辖市公证协会：

自 1991 年发往域外使用的公证书使用涉外、涉港澳台公证书专用纸（以下简称“公证专用纸”）以来，有效地抑制了社会上伪造公证书的现象，收到了良好效果。但是，也有个别地方管理不善，发生了公证专用纸被盗、丢失、冒用的事件。根据《司法部办公厅关于将公证专用水印纸具体管理职责移交公证行业协会的通知》（司办通〔2002〕58 号）精神，各地方公证协会负责本省（区、市）所需公证专用纸的申请、接收、发放和日常管理工作，并接受中国公证协会指导、监督。为进一步明确公证专用纸管理职责，改进和完善管理方式，特通知如下：

一、切实提高思想认识。各地方公证协会和公证处要切实从维护公证行业良好形象，维护公

证书严肃性和权威性的高度,充分认识加强公证专用纸管理的重要意义,充分认识公证专用纸流失可能带来的严重后果,严格执行《公证专用纸管理办法》,切实加强管理,做到管理的科学化、制度化、规范化。

二、明确管理责任、严格申领程序。各地方公证协会应明确专人负责公证专用纸的申领、发放、监督、调剂、统计等工作,并将联系人信息报中国公协备案。公证处应设专人(可兼职)、专柜负责公证专用纸的接收、发放、保管工作,未经主管领导审批,具体保管人员不得擅自发放;健全完善本处公证专用纸管理制度,做到管理到位、责任到人。

各省、自治区、直辖市所用公证专用纸,由各地方公证协会统一向中国公协申请,申请数量要与实际所需数量大体相当;各省之间不得相互调剂使用公证专用纸。

三、严肃财经纪律。2013 年,根据《财政部国家发展改革委下发关于公布取消和免征一批行政事业性收费的通知》(财综〔2013〕67 号)文件规定,取消了公证专用纸收费项目。中国公协已于当年停止收取公证专用纸相关费用,各地方公证协会要严格财务管理,严禁向本省(区、市)公证机构收取公证专用纸费用,或变相收取相关费用。

四、健全补救措施。各地方公证协会对发现公证专用纸被盗、丢失,应及时向当地公安机关报案,并录入公证行政管理和行业管理系统。在使用中作废的公证专用纸,应进行公证行政管理和行业管理系统录入,由各地方公证协会集中销毁。

中国公协将及时对各地报告的被盗、丢失、作废的公证专用纸号码通报有关部门,声明其作废,以防止违法犯罪分子利用流失的公证专用纸伪造公证书,严重影响公证声誉和权威的现象发生。

五、切实履行监督、报告职责。各地方公证协会对本省(区、市)2017 年至今所申请的公证专用纸使用情况登录公证行政管理和行业管理系统进行补录,并于今年 10 月 27 日前完成。2017 年 12 月 30 日前对本省(区、市)公证专用纸的保管及使用情况进行一次全面检查,对照《公证专用纸管理办法》逐条落实、查找隐患、防患未然,并将检查情况报中国公协。今后公证专用纸使用情况需实时登录公证行政管理和行业管理系统进行登记录入工作。

中国公证协会

中国公证行业徽标使用管理办法

(2018 年 1 月 29 日中国公证协会八届三次常务理事会议通过　中公通〔2018〕5 号)

第一条　为规范中国公证行业徽标的使用,树立和维护公证行业社会形象,制定本办法。

第二条　中国公证行业徽标是中国公证行业的统一标识。

中国公证行业徽标,图案为白底红字“中国公证”字样中国印。

第三条 中国公证行业徽标用于中国公证协会、地方公证协会、公证机构办公场所悬挂。

第四条 下列活动场所或者物品可以悬挂或者使用中国公证行业徽标:

(一)公证协会、公证机构举行重要会议和活动的场所;

(二)公证协会、公证机构颁发的奖状、荣誉证章、证书、证件等;

(三)以公证协会、公证机构名义编辑出版的报纸、杂志、图书、音像制品等出版物;

(四)公证协会、公证机构执行公务的交通工具、专用设备;

(五)公证协会、公证机构工作中使用的办公器具及外事、外宣用品;

(六)公证协会、公证机构需要使用会徽的其他活动或者物品。

第五条 中国公证行业徽标应当端正悬挂在公证协会、公证机构办公地点正门、会议室、会场主席台或者活动场所等的显著位置。

第六条 中国公证行业徽标及其图案不得用于下列场所、活动或者物品:

(一)与公证工作性质或者职能无关的场所、活动或者物品;

(二)与公证工作无关的个人活动;

(三)其他不宜使用中国公证行业徽标的场所、活动或者物品。

第七条 中国公证行业徽标标准规格为:边长70CM。办公场所室外悬挂时,建议金属材质,可根据背景面积按比例放大,不能缩小;室内悬挂,可根据背景面积按比例缩放,材质可自行选择。以上两种情况不得改变徽标图案和颜色。

在活动或物品上使用时,可按需求缩放,但不得改变徽标图案,颜色可按《公证行业徽标标识制作使用规范》进行选择。

任何状况下使用徽标,均需保证视觉效果良好。

第八条 公证协会、公证机构应当依照本办法使用和维护中国公证行业徽标,出现破损的应当及时予以更换和维修。

第九条 公证机构及其工作人员有违反本办法规定使用中国公证行业徽标的,由当地公证协会予以纠正;地方公证协会及其工作人员有违反本办法规定使用中国公证行业徽标的,由中国公证协会予以纠正。

第十条 中国公证行业徽标由各使用单位制作。

第十一条 本办法由中国公证协会解释。

第十二条 本办法自常务理事会议通过之日起施行。

中国公证协会

关于加强公证徽章管理和使用的意见

（2018年1月29日中国公证协会八届三次常务理事会议通过　中公通〔2018〕22号）

中国公证行业徽章(以下简称公证徽章)于2004年8月18日经中国公证协会四届三次理事会通过,自2005年5月11日开始使用,已得到行业和社会认可。中国公证协会在充分尊重行业意见和选择基础上,对公证徽章在质地、尺寸、样式上进行了调整优化,使公证徽章更加庄重、美观,佩戴也更加方便。为加强和规范公证徽章的管理、使用工作,现提出以下意见:

一、要高度重视公证徽章的管理和使用工作。加强和规范公证徽章的管理、使用工作,对于增强公证人员工作责任感和职业自豪感,树立和维护公证行业社会形象,具有重要意义。各公证协会、公证机构要将加强公证徽章管理作为加强公证文化建设的切入点和着力点,与提高公证行业规范化建设水平、推进公证队伍思想和职业道德建设、提升公证公信力和行业良好社会形象相结合,高度重视,加强领导,做好公证徽章的管理、使用工作。要切实加强对公证徽章佩戴、保管和维护的管理,对违反本意见佩戴、使用公证徽章的,公证机构或公证协会要予以纠正;情节严重的,要对相关责任人员给予行业惩戒。

二、要规范佩戴公证徽章。严格限定公证徽章佩戴人员和场合,确保公证徽章的严肃性。公证徽章是中国公证行业统一佩戴的标识,用于公证员和公证辅助人员在公证工作中及参加公证相关活动时佩戴。与公证工作性质或者职能无关的场所、活动;与公证工作无关的个人活动;以及其他不宜佩戴公证徽章的场所、活动不得佩戴。不得将公证徽章转借、赠与不具有佩戴资格的人员。

三、要加强对公证徽章的保管和维护。公证徽章是公证行业文化和公证人员良好精神风貌的有效展示,保管好、维护好公证徽章是维护行业形象的重要体现。公证徽章由中国公证协会监制,各地方公证协会统一申领、发放。任何单位和个人不得擅自制作;不得出卖、抵押、伪造和变造;出现破损的应当及时予以更换;出现遗失的应当及时申请补发。

各地公证协会要充分认识严格公证徽章管理、使用的重要性,切实做好公证徽章的管理和使用工作。

中国公证协会

公证机构和公证员执业诚信信息管理办法

（2018 年 2 月 6 日中国公证协会八届三次常务理事会审议通过　中公通〔2018〕6 号）

第一章　总　　则

第一条　为推进公证行业诚信体系建设，规范公证机构和公证员执业诚信信息管理，提高公证行业诚信水平和社会公信力，根据《中华人民共和国公证法》《中国公证协会章程》等有关规定，制定本办法。

第二条　公证协会应当依托公证征信查询系统建立公证机构和公证员执业诚信电子档案，记载公证机构和公证员执业诚信信息（以下简称“执业诚信信息”），对执业诚信信息进行日常管理，接受同级司法行政机关的监督和指导。

地方公证协会负责本地区执业诚信电子档案建设、执业诚信信息管理工作。

中国公证协会负责公证征信查询系统的建设和管理、全国执业诚信信息管理工作，并对地方公证协会执业诚信电子档案建设、执业诚信信息管理工作进行监督指导。

第三条　执业诚信信息的管理，应当遵循及时、客观、准确、公开、规范的原则，并依法保护个人隐私和商业秘密。

第二章　信息的界定与采集

第四条　本办法所称执业诚信信息，是指公证机构和公证员在执业活动中遵守法律、恪守公证职业道德和执业纪律的信息，以及其他影响执业诚信状况评价的信息。

执业诚信信息包括年度考核情况信息、执业奖励信息、不良执业信息以及按照有关规定应当纳入的其他信息。

第五条　年度考核情况信息包括公证机构年度考核情况信息和公证员年度考核情况信息。

公证机构年度考核情况信息应当包括公证机构基本信息、考核年度、考核机关和考核结果。

公证员年度考核情况信息应当包括公证员基本信息、考核年度、考核机关、考核结果。

第六条　下列组织作出的表彰和奖励决定、评比结果等信息应当记入执业奖励信息：

（一）司法部及其直属机关；

（二）中国公证协会、地方公证协会；

（三）县级以上党委、人大、政府及其部门、政协、民主党派或者人民团体；

（四）在民政部登记的全国性社会组织；

（五）中国公证协会认为有必要记录其奖励信息的其他组织。

执业奖励信息应当包括公证机构名称、公证员姓名，奖励的内容，作出奖励决定的单位、奖励时间和文号。

第七条 下列信息应当记入不良执业信息：

（一）因执业受到行政处罚、刑事处罚的；

（二）因违反公证员职业道德、执业纪律和行业规范受到行业惩戒的；

（三）因执业过错承担民事赔偿责任或者被追偿的；

（四）省级以上司法行政机关、公证协会认为应当记录的其他不良执业信息。

不良执业信息应当包括公证机构名称、公证员姓名，处罚或惩戒事由，处罚或惩戒种类、内容，作出处罚或惩戒决定的主体、依据、时间。

第八条 地方公证协会通过下列途径采集执业诚信信息：

（一）司法行政机关、公证协会作出的年度考核情况信息、执业奖励信息、不良执业信息，由地方公证协会录入执业诚信电子档案；

（二）司法行政机关、公证协会以外组织作出的，符合本办法第六条规定的执业奖励信息，公证机构应当自收到对本机构或者公证员奖励决定文书之日起十个工作日内通过公证征信查询系统向地方公证协会申报，地方公证协会审核后录入执业诚信电子档案；地方公证协会认为申报信息不符合本办法规定的，应当退回并说明不予录入的原因；

（三）司法行政机关、公证协会以外组织作出的，符合本办法第七条规定的不良执业信息，由地方公证协会通过执业诚信信息共享等途径采集、录入执业诚信电子档案。

第九条 地方公证协会应当公正、客观录入从不同信息途径获取的执业诚信信息，保持执业诚信信息的原始完整性，不得有选择地录入执业诚信信息。

第十条 地方公证协会对记载执业诚信信息的书面材料应当立卷保存。

执业诚信信息应当永久保存。

第三章 信息的使用

第十一条 公证协会开展下列工作应当查阅有关公证机构、公证员的执业诚信信息作为参考：

（一）执业年度考核；

（二）推荐公证机构、公证员参加有关业内外组织、活动等；

（三）组织行业评比、职称评定；

（四）开展公证执业检查、评估；

（五）其他有必要查阅的情况。

第十二条 执业诚信信息应当向社会公开，下列信息除外：

（一）因执业过错承担民事赔偿责任或者被追偿的；

（二）不良执业信息已超过公开期限的；

（三）执业诚信信息中涉及公证员公民身份号码、住所地址等个人隐私的。

第十三条　中国公证协会通过中国公证网等网络平台向社会提供全国公证机构、公证员执业诚信信息查询服务。

第十四条　向社会公开的执业诚信信息的公开期限为：

（一）年度考核情况信息长期有效；

（二）执业奖励信息长期有效；

（三）不良执业信息公开期限为5年。

不良执业信息公开期限自处罚、惩戒决定生效之日起算。

第十五条　公证协会应当根据执业诚信电子档案，每年度向社会发布公证机构和公证员"守信激励名单"和"失信惩戒名单"。

"守信激励名单"和"失信惩戒名单"效力期限为一年，自名单公布之日起算。

"守信激励名单"和"失信惩戒名单"标准由中国公证协会制定。

第十六条　中国公证协会负责全国范围内的公证机构和公证员"守信激励名单"和"失信惩戒名单"发布工作；各地方公证协会负责本地区公证机构和公证员"守信激励名单"和"失信惩戒名单"的认定、发布和撤销工作。

第十七条　对列入"失信惩戒名单"的公证机构和公证员，公证协会应当实施下列监管措施：

（一）将列入"失信惩戒名单"管理的公证机构和公证员列为重点业务监管对象；

（二）对列入"失信惩戒名单"的公证机构和公证员，司法行政机关和公证协会应当督促其进行整改；

（三）将"失信惩戒名单"信息与有关部门互联共享，实施联合惩戒。

第四章　信息变更和监督管理

第十八条　录入执业诚信电子档案的执业诚信信息所对应的决定或者行为经法定程序撤销、变更的，地方公证协会应当及时删除、修改相应执业诚信信息。

经本办法第八条第（二）、（三）项规定途径采集的信息所对应的决定或者行为经法定程序撤销、变更的，公证机构应当自收到撤销、变更决定文书之日起十个工作日内通过公证征信查询系统向地方公证协会申报。

第十九条　公证机构、公证员认为执业诚信信息、"守信激励名单"和"失信惩戒名单"有错误或者对有关内容有异议的，可以向地方公证协会提出书面更正申请，并提供相关证明材料。

地方公证协会应当根据下列情况作出相应处理：

（一）属于记录错误的，予以更正；

（二）属于对原始信息内容有异议的，地方公证协会根据申请人提交的原始信息作出机构同意更正的书面答复意见进行更正；

（三）原始信息作出机构不同意更正或者没有书面答复意见，地方公证协会不予更正。

地方公证协会应当在十五个工作日内作出书面处理意见。

第二十条　公证机构对其报送的执业诚信信息的真实性、准确性、完整性负责。

报送执业诚信信息有虚假内容的，应当视情节给予行业惩戒。

第二十一条 公证机构无正当理由未按照规定报送、更新执业诚信信息的，地方公证协会应当及时提示；提示后仍未按照规定报送、更新的，可以给予行业惩戒。

第二十二条 地方公证协会未按照本办法规定及时、真实、准确、完整地录入执业诚信信息，造成不良后果的，应当按照有关规定追究相关人员的责任。

第二十三条 公证协会工作人员对公证征信查询系统中不应当向社会公开的执业诚信信息负有保密义务，并承担相应的保密责任。

公证协会工作人员有下列行为之一的，应当追究其责任：

（一）违反保密义务，泄露公证征信查询系统中不应当向社会公开信息的；

（二）擅自修改执业诚信信息或者有选择地录入执业诚信信息的。

第五章　附　　则

第二十四条 本办法由中国公证协会常务理事会负责解释。

第二十五条 本办法自公布之日起施行。

中国公证协会

关于印发《中国公证行业标识制作规范》的通知

（2018 年 3 月 7 日　中公通〔2018〕12 号）

各省、自治区、直辖市公证协会：

中国公证行业徽标、中国公证行业室内外标识已经中国公证协会八届三次常务理事会议通过。《关于印发〈中国公证行业徽标使用管理办法〉的通知》已于 2018 年 2 月 6 日印发你们，中国公证行业室内外标识已按常务理事会议意见微调完毕，请各公证协会、公证机构严格依照《中国公证行业徽标制作使用规范》《中国公证行业标识制作使用规范》制作、使用中国公证行业徽标和中国公证行业室内外标识。

统一规范使用中国公证行业徽标、中国公证行业室内外标识，是加强公证行业规范化建设、方便群众对公证行业识别对公证工作认知的一项重要工作，是提升公证文化软实力的一项重要举措，对进一步树立公证行业良好社会形象具有重要作用，意义重大。各公证协会、公证机构要将统一规范使用公证行业徽标、标识工作列为公证规范化建设的重要内容，切实加强领导，认真组织实施。准备装饰装修的，要与中国公证行业徽标、中国公证行业室内外标识的使用一体设计；正在装饰装修的，要及时增加中国公证行业徽标、中国公证行业室内外标识的使用；已经进行一体化装饰装修的，在难以大面积改动的情况下，要单独考虑中国公证行业徽标的使用，对于中国公证行业室内外标识的使用,有条件更换的要尽快更换,无条件更换的,要尽量缩短装饰装修间隔时间,再次装饰装修时,要与中国公证行业徽标、中国公证行业室内外标识的使用一体设计。中国公证协会将适时对各地落实情况进行专项检查。

附:(略)

中国公证协会

关于进一步加强公证执业过错责任追偿工作的意见

(2018 年 4 月 3 日　中公发〔2018〕5 号)

各省、自治区、直辖市公证协会:

为贯彻落实《公证法》,进一步加强公证执业过错责任追偿工作,强化公证员责任意识,提升公证服务质量,提出如下意见:

一、充分认识进一步加强公证执业过错责任追偿工作的重要性

加强公证执业过错责任追偿工作,将公证赔偿与公证员的个人执业责任相挂钩,是贯彻落实《公证法》有关公证赔偿规定的具体措施,是加强公证执业责任风险管控、强化公证机构和公证员责任心的重要抓手。实践中,各地公证机构虽然开展了公证员执业过错责任追偿工作,但还存在一些问题,突出表现为有的公证机构执业责任保险出险理赔后,不依法向责任公证员追偿,或者不按时间、比例追偿,公证赔偿对公证员个人过错的预防和惩罚作用不明显,制约了此项制度对公证质量保障作用的发挥。做好新形势下公证工作,必须重视对各地执业责任保险赔偿和向公证员追偿工作的落实,强化公证机构内部监督管理,加强对公证执业过错的责任追究,以促进提高公证质量,维护公证公信力,更好地发挥公证职能作用,为服务经济社会发展和民生事业作出新贡献。

二、严格执行公证执业过错责任追偿制度

公证机构及其公证员因过错给当事人、公证事项的利害关系人造成损失的,要主动依法承担相应的赔偿责任。公证机构赔偿后,要按照《公证法》和《最高人民法院关于审理涉及公证活动相关民事案件的若干规定》等要求,必须向责任公证员追偿。在履行赔偿责任后 10 日内,公证机构应根据责任公证员的过错程度、后果影响、出险次数、工作表现等情况,根据从严原则,综合确定相应的追偿比例和数额,并督促其按照决定确定的期限和方式履行偿付责任。公证员逾期不履行的,公证机构要采取必要方式强制履行,并将此情形载入公证员执业信用记录。公证机构要设立专门账户收缴追偿资金,严格按照规定规范使用,履行定期报告和相应审计责任,严禁追偿工作流于形式或追偿资金变相返还。公证机构负责人是公证执业过错责任追偿工作的第一责任人,要严格履行工作职责,做到制度规则公开透明,坚持一个标准执行到底。

三、加强对公证执业过错责任追偿工作的监督指导

地方公证协会、公证机构要依法开展公证员执业过错责任追偿相关工作,主动接受司法行政部门的监督指导。公证机构要建立科学、完善的追偿工作制度机制,明确追偿标准、细化工作流程,报地方公证协会备案并严格遵照执行;要及时将执业赔偿案件及向公证员追偿工作情况报送地方公证协会和主管司法行政机关。地方公证协会要强化监管,加强工作指导检查和数据汇总;对于没有建立相应制度或者有制度而不执行、执行不力的公证机构及其负责人要严肃问责,依规依纪从严给予相应的行业惩戒,并公开在行业内进行通报;对已发生的公证赔偿并应向公证员追偿的案件,要注意跟踪督办,做到件件有落实;对于本地区公证机构执业赔偿、公证员被追偿情况,要形成专门的工作报告,并制作典型案例,于每年12月底前报送中国公证协会。中国公证协会将不定期对各地落实公证员执业过错责任追偿工作情况进行监督抽查,适时通报监督抽查结果,确保此项工作有规可循、依法开展、见到实效。

中国公证协会

关于进一步加强公证服装使用管理工作的通知

(2018年4月26日　中公通〔2018〕27号)

各省、自治区、直辖市公证协会:

为贯彻落实司法部和中国公协党组关于公证文化建设工作部署,深入推进公证行业文化建设,进一步规范公证服装管理秩序,切实加强公证服装管理工作,进一步展现公证队伍风貌,树立公证行业形象,增强公证人员的职业荣誉感和使命感,不断提升公证队伍正规化、专业化、职业化水平,根据《中国公证协会公证服装使用管理办法》,现就进一步加强公证服装使用管理工作通知如下:

一、使用范围和场合

公证服装是公证员、公证员助理和公证机构其他工作人员在公证执业活动中穿着的公证行业标识性服装,下列场合应当按要求着装:在公证机构工作场所日常工作中;办理现场监督类公证,在公证监督的现场;在不影响证据提取情况下,办理证据保全公证;在公证机构以外其他办理公证事务的场合;参加重要会议和重要活动。

二、使用要求和管理

公证员、公证员助理和公证机构其他工作人员着装应表现出公证人员庄重、大方的职业精神风貌。具体要求包括:穿着公证服装时必须佩戴公证徽章;穿着公证服装时,应当配套穿着,保持整洁统一,一般情况下不得在公证服装外罩便服及披衣,不得敞怀、挽袖、卷裤腿;执行与公证相关事务时不得赤脚穿鞋;除工作需要外,不得穿着公证服装进入公共娱乐场所;公证服装和公证徽章不得擅自拆改、不得捐赠或借(送)给他人;公证服装原则上每2~3年更换一次,因特殊原因造成服装破旧损坏的应及时更换;地方公证协会服务窗口工作人员着装可以参照执行。

三、切实加强监督管理

各地方公证协会、公证机构要高度重视公证服装工作,将公证服装工作列为公证规范化建设的重要内容,切实加强监督和指导,对违反着装规定的要予以批评教育,情节严重的,要对相关责任人员给予行业惩戒。

中国公证协会

关于印发公证业务分类表的通知

(2018年5月4日 中公通〔2018〕29号)

各省、自治区、直辖市公证协会:

经部领导同意,现将我会会同部律师公证工作指导司共同制定的公证业务分类表(供在公证登记簿中使用)印发你,请认真执行。

附:公证业务分类表(供在公证登记簿中使用)

送:各省(区、市)司法厅(局)公证管理处,新疆生产建设兵团司法局公证管理处

中国公证协会办公室

附件:

公证业务分类表(供在公证登记簿中使用)

(2018年4月)

1 委托

1.1 城市房屋所有权

1.2 农村房屋所有权

1.3 建设用地使用权

1.4 其他不动产物权
1.5 动产物权
1.6 债权
1.7 股权
1.8 著作权
1.9 专利权
1.10 商标权
1.11 原产地地理标志
1.12 虚拟财产
1.13 其他无形财产
1.14 人格权
1.15 身份权
1.16 一般事务性委托
2 声明
2.1 放弃继承权声明
2.2 涉及法律事实的声明(出生、死亡、婚姻状况等)
2.3 商标转让声明
2.4 其他声明
3 赠与(单方)
4 受赠
5 遗嘱
5.1 处分财产的遗嘱
5.2 遗嘱监护
5.3 遗嘱信托
5.4 处理事务的遗嘱
5.5 遗嘱的变更和撤销
5.6 其他遗嘱
6 保证
6.1 保证书
6.2 保函
6.3 其他保证
7 公司章程
8 认领亲子
9 出生
10 生存
11 死亡
11.1 正常死亡
11.2 非正常死亡

11.3　宣告死亡

12　身份

12.1　国籍

12.2　法定监护

12.3　指定监护

12.4　委托监护

12.5　协议监护

12.6　意定监护

12.7　因死亡户籍注销

12.8　因迁移户籍注销

12.9　未做过户籍登记

13　曾用名

13.1　曾用名

13.2　又名、别名、译名、笔名、网名等

14　住所地(居住地)

15　学历

16　学位

17　经历

17.1　自然人经历

17.2　法人经历

17.3　非法人组织经历

18　职务(职称)

18.1　职务

18.2　专业技术职务

19　资格

19.1　法人资格

19.2　用于知识产权事务的法人资格

19.3　非法人组织资格

19.4　职业资格

20　无(有)犯罪记录

20.1　无犯罪记录

20.2　有犯罪记录

21　婚姻状况

21.1　未婚

21.2　离婚未再婚

21.3　丧偶未再婚

21.4　已婚(初婚)

21.5　已婚(再婚)

22　亲属关系

22.1　亲属关系

22.2　用于继承的亲属关系

23　收养

23.1　收养关系

23.2　事实收养

24　抚养事实

25　财产权

25.1　股权

25.2　著作权

25.3　专利权

25.4　商标权

25.5　存款

25.6　不动产物权

25.7　动产物权

25.8　债权

25.9　虚拟财产权利

25.10　其他财产权

26　收入状况

27　纳税状况

28　票据拒绝

29　选票

30　指纹(印鉴)

30.1　指纹

30.2　印鉴式样

30.3　签名式样

31　不可抗力(意外事件)

31.1　不可抗力

31.2　意外事件

32　查无档案记载

33　证书(执照)

34　文书上的签名(印鉴)

35　文本相符

36　保全证据

注:必须先点选保全内容[著作权、专利权、商标权、原产地地理标志、商业秘密、劳动争议、合同违约、侵权(知识产权除外)、海商海事、其他等]

36.1　保全证人证言或当事人陈述

36.2　保全物证

36.3　保全书证
36.4　保全视听资料、软件
36.5　保全送达行为
36.6　保全购物过程
36.7　其他保全行为
36.8　保全现状
36.9　保全网页
36.10　保全电子邮件
36.11　保全即时通讯记录(短信、微信、QQ 聊天记录等)
36.12　保全服务器数据
36.13　保全其他电子数据
36.14　保全其他证据

37　现场监督

37.1　拍卖
37.2　招标、投标
37.3　开奖(评奖)
37.4　股份公司创立大会
37.5　其他会议监督
37.6　股票认购证抽签
37.7　商品房(经适房、两限房等)摇号
37.8　升学派位(摇号)
37.9　其他摇号、抽签活动
37.10　土地使用权出让招拍挂

38　合同(协议)

38.1　涉及人身关系的协议
38.1.1　婚前财产约定协议
38.1.2　夫妻财产约定协议
38.1.3　离婚协议
38.1.4　离婚后财产分割及子女抚养协议
38.1.5　同居关系析产及子女抚养协议
38.1.6　收养协议
38.1.7　解除收养协议
38.1.8　抚养协议
38.1.9　变更抚养权协议
38.1.10　扶养协议
38.1.11　赡养协议
38.1.12　寄养协议
38.1.13　遗产分割协议

38.1.14　分家析产协议
38.1.15　遗赠扶养协议
38.1.16　监护协议
38.1.17　意定监护协议
38.2　涉及财产关系的合同
38.2.1　建设用地使用权出让(转让)合同
38.2.2　房屋买卖合同
38.2.3　建设工程合同
38.2.4　其他财产关系合同
38.3　知识产权合同
38.3.1　著作权转让合同
38.3.2　著作权许可使用合同
38.3.3　商标权转让合同
38.3.4　商标使用许可合同
38.3.5　专利权转让合同
38.3.6　专利实施许可合同
38.3.7　商业秘密合同
38.3.8　技术开发合同
38.3.9　技术转让合同
38.3.10　技术咨询和技术服务合同
38.4　劳动合同
38.5　解除劳动关系协议
38.6　工伤赔偿(补偿)协议
38.7　损害赔偿(补偿)协议
38.8　房屋拆迁安置补偿合同
38.9　移民安置协议
38.10　精准扶(脱)贫协议
38.11　污染防治协议
38.12　资助出国留学协议
38.13　合作协议
38.14　法人(非法人组织)决议
38.15　职工代表大会(职工大会)决议
38.16　其他组织成员决议(决定)
38.17　其他合同(协议)

39　继承(受遗赠)

39.1　法定继承
39.2　小额继承
39.3　遗嘱继承

39.4　股东资格继承

39.5　个人独资企业继承

39.6　受遗赠

39.7　其他继承

40　具有强制执行效力的债权文书公证书及执行证书

40.1　借款合同

40.2　借用合同

40.3　无财产担保的租赁合同

40.4　抵押贷款合同

40.5　担保合同、保函

40.6　除欠货物的债权文书

40.7　各种借据、欠单

40.8　还款(物)协议、还款承诺

40.9　已给付赡养费、抚养费、抚育费、学费、赔(补)偿金为内容的协议

40.10　调解协议

40.11　和解协议

40.12　融资合同

40.13　债务重组合同

40.14　符合规定条件的其他债权文书

40.15　执行证书

41　公证登记

41.1　厂房抵押登记

41.2　挖掘机抵押登记

41.3　起重机抵押登记

41.4　大坝抵押登记

41.5　渠道抵押登记

41.6　公路抵押登记

41.7　矿山机械抵押登记

41.8　码头岸线抵押登记

41.9　其他抵押登记

41.10　收费权质押登记

41.11　其他质押登记

42　公证提存

注:必须先点选提存标的物[货币、有价证券、票据、提单、权利证书、贵重物品、担保物(金)或其替代物、其他适宜提存的标的物]

42.1　清偿性提存

42.2　担保性提存

42.3　资金监管

43　公证保管

43.1　遗嘱保管

43.2　文书保管

43.3　作品保管

43.4　遗产保管

43.5　电子数据保管

43.6　物品保管

44　代书

45　咨询(顾问)

45.1　公证事项咨询

45.2　公证事务及司法辅助咨询

45.3　有关公证服务知识产权的咨询

45.4　公证服务〈法律〉顾问

46　出具法律意见书

46.1　防范化解重大风险法律意见书

46.2　其他法律意见书

47　代办

48　司法辅助事务

48.1　调解

48.2　代为送达

48.3　代为调查

48.4　协助保全财产

48.5　协助执行

48.6　担任破产管理人

48.7　其他司法辅助事务

中国公证协会

关于印发“公证执业理念”表述语的通知

(2018年5月9日　中公通〔2018〕31号)

各省、自治区、直辖市公证协会:

提炼确定“公证执业理念”,对公证事业长期发展建设实践过程中所形成的精神财富进行概括和总结，是全国公证行业以及关心、支持公证事业发展的社会各界人士长期以来的共同期待，是公证行业践行社会主义核心价值观的迫切需要，是深化公证文化建设的重要举措，对于推动我国公证事业持续健康发展具有十分重要的意义。

根据中国公证协会党组指示精神，“公证执业理念”表述语经过全国网上征集、专家讨论评议、个别征求意见、全国网络投票、中国公协党组会议审议等工作环节和程序，现已确定，并印发你们。各公证协会、公证机构要认真做好“公证执业理念”表述语的使用和宣传工作，使“公证执业理念”全行业践行、全社会知晓，成为反映公证行业面貌、代表公证行业形象、引领公证事业发展的强大精神力量。

各地方公证协会使用和宣传“公证执业理念”表述语的情况请及时报中国公证协会。

附：“公证执业理念”表述语及表述语涵义

“公证执业理念”表述语及表述语涵义

“公证执业理念”表述语：

崇法、尚信、守正、求真。

“公证执业理念”表述语涵义：

“崇法”是“公证执业理念”的核心。崇：崇高和尊崇之意。公证人员忠于党、忠于国家、忠于人民，对法律心怀信仰和至高敬畏，模范遵守宪法和法律，严格按照法律规定办理公证事项和公证事务，使每一份公证文书都能经得起法律和历史的检验。

“尚信”是“公证执业理念”的精髓。尚：尊崇、注重之意。公证人员落实以人民为中心发展思想，恪守职业道德和执业纪律，坚持诚信为本，操守为重，做社会诚实信用的实践者、推动者和先行者，以良好的诚信保证公证公信力。

“守正”是“公证执业理念”的特征。守：是一种情操，是一种信念。公证人员誓做社会公平正义的践行者和护卫者，恪守公正，保持中立，不偏不倚，不受任何单位、个人的非法干预，独立履行公证职能，维护各方当事人合法利益。

“求真”是“公证执业理念”的品质。求：觅、设法得到。公证人员以工匠精神勤勉尽责，谨慎执业，精益求精，严格执行公证程序规则，以当事人之真意，发现法律之事实。

中国公证协会

公证执业违规行为惩戒规则(试行)

(2018 年 9 月 7 日中国公证协会八届四次常务理事会通过　中公发〔2018〕9 号)

第一章　总　　则

第一条　为加强公证队伍的职业道德和执业纪律建设,维护执业秩序,规范公证协会对会员违规行为的惩戒工作,根据《中华人民共和国公证法》《公证程序规则》《公证机构执业管理办法》《公证员执业管理办法》《中国公证协会章程》(以下称章程)等有关规定,制定本规则。

第二条　地方公证协会对会员的违规行为实施行业惩戒,适用本规则。

第三条　地方公证协会实施行业惩戒,应当以事实为依据,以法律为准绳,遵循客观、公正、公开的原则,坚持教育与惩戒相结合。

第四条　地方公证协会依据本规则作出的惩戒决定对会员具有拘束力,地方公证协会及会员均有义务予以执行。

地方公证协会的惩戒决定,由被惩戒人现执业所在地的地方公证协会负责执行。

第二章　惩戒委员会

第五条　中国公证协会设立惩戒委员会,在协会常务理事会的领导下,负责制定和修订公证行业相关惩戒规则,对地方公证协会的惩戒工作进行指导与监督。

第六条　地方公证协会设立惩戒委员会,在地方公证协会常务理事会或理事会的领导下,负责对会员的违规行为进行惩戒。

第七条　对涉嫌违规行为的惩戒,由行为发生时涉嫌会员所属地方公证协会管辖。

涉嫌违规行为发生后,涉嫌会员加入其他地方公证协会的,行为发生地公证协会应将调查结果移送后加入的公证协会,由后加入的公证协会依据调查结果作出惩戒决定并执行。

地方公证协会之间发生惩戒管辖权争议的,由中国公证协会指定管辖。

第八条 惩戒委员会由下列人员组成:

(一)具有公证行业管理经验、熟悉公证行业情况的管理人员和公证员;

(二)协会聘请的其他相关人员。

第九条 惩戒委员会的组成人员应具备如下条件:

(一)公证员应当具有五年以上执业经历;

(二)具有强烈的政治责任心、公证行业责任感和奉献精神;

(三)公道正派,清正廉洁,自觉接受监督;

(四)无违法违纪行为和不良执业记录,在专业领域有较深造诣。

第十条 惩戒委员会委员所在的机构,应当为委员的履职提供便利与条件,不得阻挠或变相阻挠委员参与惩戒委员会的工作。

第十一条 惩戒委员会的委员,应当按照本规则的规定勤勉履职,协会常务理事会或理事会可对怠于履职或不正当履职的委员予以解聘。

第十二条 惩戒委员会设主任委员一名,副主任委员两名,由公证协会会长办公会提名,经常务理事会或者理事会决定产生,任期与理事会任期相同。

第十三条 惩戒委员会设委员若干名,由主任委员提名,经常务理事会或者理事会决定产生,任期与理事会任期相同。

第十四条 上一届惩戒委员会任期届满而新一届惩戒委员会尚未产生期间,上一届惩戒委员会继续履行职责直至新一届惩戒委员会产生。

第十五条 惩戒委员会负责如下工作:

(一)受理惩戒案件,包括投诉人直接向地方公证协会投诉的案件、相关部门移送建议予以惩戒的案件和委员会依职权自行查办的案件;

(二)对惩戒案件的证据材料进行审查,决定是否立案;

(三)对惩戒案件的情况进行调查,必要时组织听证;

(四)作出惩戒决定;

(五)监督检查惩戒决定的执行情况;

(六)其他有关工作。

第十六条 惩戒委员会的其他工作,由公证协会秘书处负责。

第十七条 惩戒委员会及相关工作人员应当严格遵守工作纪律,保守工作秘密。

第十八条 惩戒委员会工作规则由委员会自行制定。

第三章 惩戒种类

第十九条 对违规行为可以作出的惩戒措施种类有:

(一)训诫;

(二)警告;

(三)通报批评;

(四)公开谴责;

(五)中止会员权利;

(六)取消会员资格。

中止会员权利的期限为一个月以上一年以下。

给予上款规定的第(五)项惩戒时,可同时给予第(二)至(四)项惩戒。

第二十条 决定给予警告及以上惩戒的,可以同时责令违规会员接受专门培训或者限期整改。

专门培训可以采取集中培训、增加常规培训课时或者地方公证协会认可的其他方式进行。

限期整改是指违规会员必须在地方公证协会规定的期限内改正错误行为,消除不良后果,并落实防止错误行为再次发生的有效措施。

第二十一条 地方公证协会拟对违规会员作出中止会员权利或取消会员资格的惩戒决定之前,应当建议司法行政机关依法对该会员给予相应的行政处罚。

会员的行为可能构成犯罪的,地方公证协会可以建议司法行政机关移送司法机关处理。

第二十二条 会员受到司法行政机关行政处罚或司法机关刑事处罚的,公证协会应当做出相应的惩戒。

第二十三条 会员有下列情形之一的,可以减轻或者免予惩戒:

(一)初次违反执业纪律或职业道德并且情节轻微的;

(二)主动报告、积极配合协会调查的;

(三)及时消除或者减轻危害后果的。

第二十四条 会员有下列情形之一的,应当从重或加重惩戒:

(一)同时具有两种以上应予惩戒的行为的;

(二)在两年内发生两次以上同一性质的应予惩戒的行为的;

(三)在协会调查期间,拒不停止违规行为的;

(四)逃避、抵制、阻挠调查或者隐匿、伪造、销毁相关证据材料的;

(五)对投诉人或相关人员进行威胁和打击报复的。

第二十五条 违规行为情节显著轻微可不予惩戒的,惩戒委员会应对违规会员予以提醒或警示。

第二十六条 受到惩戒的违规行为,惩戒决定记入违规会员的执业档案。

第四章 违规行为及惩戒适用

第二十七条 会员有下列情形之一的,予以训诫;情节严重的予以警告或通报批评:

(一)无正当理由拒绝受理公证申请的;

(二)服务态度恶劣,造成不良影响的;

(三)无正当理由,不按期出具公证书的;

(四)不予受理、不予办理或终止办理公证的决定未按规定通知当事人,造成不良影响的;

(五)违反执业区域管理规定受理公证业务的;

（六）不执行公证行业信息平台录入和查询规定的。

第二十八条 会员有下列情形之一的，予以警告；情节严重的，予以通报批评或公开谴责：

（一）在媒体上或者利用其他手段对本机构或本人进行虚假宣传，误导当事人、社会公众或社会舆论，造成不良影响的；

（二）故意诋毁、贬损其他公证机构或者公证人员声誉的；

（三）故意干扰其他公证机构或者其他公证人员正常办理公证业务的；

（四）不按规定缴纳会费、公证赔偿基金，不参加公证执业责任保险的；

（五）上报的统计数据存在瞒报、夸大等造假行为的；

（六）不按规定履行复查义务的。

第二十九条 会员有下列情形之一的，予以通报批评；情节严重的，予以公开谴责或中止会员权利：

（一）不按法定程序出具公证书的；

（二）同时在两个以上公证机构执业的；

（三）同时从事有报酬的其他职业的；

（四）严重违反复查处理程序或复查处理结果违法，造成不良影响的；

（五）遗失丢失公证文书或者公证档案，情节严重的。

第三十条 会员有下列情形之一的，予以公开谴责；情节严重的，予以中止会员权利：

（一）通过压价、支付佣金、支付回扣等不正当方式争揽公证业务的；

（二）在公证收费之外，直接或变相收取当事人财物的；

（三）利用执业便利为自己或者他人牟取、收受不正当利益的；

（四）拒不执行地方公证协会复查争议投诉处理意见的；

（五）擅自减免、提高公证收费或不向当事人开具收费凭证的；

（六）尚未取得公证员执业证的人员直接或变相独立办理《公证法》第十一条规定的公证事项的；

（七）泄露在执业活动中知悉的国家秘密、商业秘密或者个人隐私的；

（八）对投诉人或相关人员进行打击报复的；

（九）拒不履行惩戒决定的。

第三十一条 会员有下列情形之一的，予以中止会员权利，情节严重的，取消会员资格：

（一）私自出具公证书的；

（二）故意为不真实、不合法的事项出具公证书的；

（三）因重大过失为不真实、不合法的事项出具公证书，造成重大损失的或者造成恶劣社会影响的；

（四）泄露在执业活动中知悉的国家秘密、商业秘密或者个人隐私，造成重大损失或恶劣社会影响的；

（五）毁损、篡改、遗弃公证文书或者公证档案，情节严重的；

（六）侵占、挪用公证费或者侵占、盗窃公证专用物品的；

（七）发生重大公证质量事故，限期整改仍未改正的；

（八）受到司法行政机关停止执业或停业整顿行政处罚期间，继续执业或变相执业的；

(九)其他严重违反公证法律法规或者职业道德和执业纪律的行为,造成严重不良影响的。

第三十二条 会员受到司法行政机关停止执业或停业整顿行政处罚的,会员的权利自动中止,中止期限与行政处罚确定的期限相同。

第三十三条 机构会员组织、放任指使个人会员从事违法违规行为的,在对违法违规的个人会员惩戒的同时,对机构会员及负责人从重或加重惩戒。

第三十四条 会员具有本规则列举的违规行为的,适用本规则;会员具有本规则未列举的其他违反法律、法规、部门规章或行业管理规范的行为,应予惩戒的,比照本章相近条款予以处理。

第五章 受理和调查

第三十五条 投诉人可以自行或委托他人直接来访投诉,也可以信函和邮件形式投诉,并按要求提交个人身份证明、证据材料和书面诉求材料。

投诉人认为公证机构或者公证员的行为应当受到惩戒的,自知道或者应当知道之日起一年内向公证协会提出投诉,能够证明自己不知道的除外。提出投诉的期限自该行为发生之日起最长不超过二十年。

第三十六条 投诉人在投诉中对公证书有异议的,应当首先依照《公证程序规则》关于公证争议处理程序的规定,就公证书向公证机构提出复查或者向公证协会提出复查争议投诉。

第三十七条 对于没有投诉人投诉的会员的涉嫌违规行为,地方公证协会有权主动调查并作出惩戒决定。

第三十八条 地方公证协会受理投诉时应当要求投诉人提供具体的事实和相关证据材料,必要时可以要求投诉人接受当面询问。

第三十九条 地方公证协会应当制作接待投诉记录,填写投诉登记表,妥善保管投诉材料。

第四十条 接待投诉的工作人员应当完成以下工作:

(一)直接投诉的,应当认真作好笔录,并可以录音录像;

(二)非直接投诉的,应当作好收发登记、转办、告知和保管等工作;

(三)对司法行政机关移交或委托地方公证协会调查的投诉案件,以及相关部门移送或披露的投诉案件,应当办理登记手续。

第四十一条 惩戒委员会应当在接到投诉之日起十个工作日内作出是否立案的决定。

第四十二条 具有下列情形之一的不予立案:

(一)不属于本协会受理范围的;

(二)代理他人投诉,但未提交合法的授权文件的;

(三)不能提供相关证据材料或者证据材料不足的;

(四)提交的证据材料与投诉事实没有关联性的;

(五)匿名投诉或者投诉人身份无法核实的;

(六)投诉人拒绝直接来访,地方公证协会认为无需主动调查的;

(七)超过投诉期限的;

(八)被投诉人的会员资格已经终止的;

(九)对地方公证协会已经处理过的违规行为,没有新的事由和证据而重复投诉的;

（十）投诉人在公证机构完成复查程序或者公证协会完成复查争议投诉程序之前，以公证书不真实、不合法为由提起投诉的；

（十一）其它不应立案的情形。

第四十三条 对不予立案的，应当在惩戒委员会决定作出之日起七个工作日内向投诉人书面说明不予立案的理由，但匿名投诉的除外。

需由其他地方公证协会或其他机构处理的案件，地方公证协会应当制作转移处理书，随投诉资料移送有管辖权的机构，并告知投诉人。

第四十四条 地方公证协会应当自立案之日起五个工作日内向投诉人、被投诉会员发出书面立案通知。投诉人递交了书面投诉文件的，应当将投诉文件的副本与通知一并送达被投诉会员。

被投诉会员收到立案通知后，应自行对案件进行复核，在十个工作日内向惩戒委员会提交复核报告、答辩意见和惩戒委员会要求提供的其他材料。

第四十五条 惩戒委员会委员有下列情形之一的，应当自行回避，投诉人、被投诉会员也有权向地方公证协会申请其回避：

（一）本人与投诉人或者被调查的会员系近亲属的；

（二）本人的近亲属与投诉人或被调查的会员有近亲属关系的；

（三）与本案被投诉会员在同一公证机构执业的；

（四）被投诉会员为本人所在的公证机构；

（五）其他可能影响案件公正处理的情形。

投诉人、被投诉会员提出回避申请的，应当说明理由，并在收到立案通知十日内提出。

前款规定，适用于参与处理投诉案件的其他工作人员。

第四十六条 地方公证协会会长或副会长的回避，由会长办公会决定。

惩戒委员会主任、副主任的回避由所在地方公证协会会长或者主管惩戒工作的副会长决定。

惩戒委员会委员的回避，由惩戒委员会主任或者副主任决定。

第四十七条 对回避申请，地方公证协会或者惩戒委员会应当在申请提出的三个工作日内，以口头形式作出决定，并记录在案，此决定为终局决定。

第四十八条 惩戒委员会对决定立案调查的案件应当委派两名以上委员组成调查组进行调查，必要时可邀请相关部门人员参加。

第四十九条 与案件有直接关联的事实或者争议进入诉讼、仲裁程序或者发生其他导致调查无法进行的情形的，经惩戒委员会主任批准可以中止调查，待相关程序结束或者相关情形消失后，再行决定是否恢复调查，中止期间不计入调查时限。

第六章　惩戒决定和申诉复查

第五十条 调查结束后，调查组应当制作调查报告。

第五十一条 惩戒委员应当自立案之日起60日内作出惩戒决定，应当有三分之二以上的委员参与表决，并由参与表决的委员过半数通过。

第五十二条 惩戒委员会认为需要补充调查的，可以延长投诉处理期限十五个工作日，补充调查以一次为限。

第五十三条 惩戒委员会应根据不同情况,作出如下决定:

(一)不属于地方公证协会受理范围的,作出撤销案件的决定;

(二)投诉所称的事实不存在或证据不充分的,作出不予惩戒决定;

(三)确有应予以惩戒情形的,作出予以相应惩戒的决定。

第五十四条 惩戒委员会作出决定后,应当制作书面决定书,决定书应当载明事实和证据、决定及依据、申诉的权利与期限等内容。

第五十五条 决定书经惩戒委员会主任审核后,由地方公证协会会长签发。

决定书应当在签发后的五个工作日内,送达被投诉会员,并在决定书生效后将处理结果告知投诉人。

第五十六条 达成和解或者投诉人撤销投诉的,不终止对违规行为的查处程序,但应当酌情减轻或免予惩戒,必要时可以依照本规则第三十七条的规定启动调查程序。

第五十七条 被投诉会员对惩戒委员会的决定不服的,可以在收到惩戒决定书之日起十个工作日内向作出决定的地方公证协会提出申诉。

被投诉会员逾期未提起申诉的,惩戒决定书自申诉期满后发生效力。

第五十八条 申诉应当以书面形式提出,并载明申诉人的基本情况、申诉的具体事实、理由、证据等内容。

第五十九条 地方公证协会在受理申诉后,由常务理事会或理事会对案件进行复查。复查时应当对原决定所依据的事实、证据等进行全面审查。

常务理事会或理事会可成立专门或临时机构负责上述复查工作。

第六十条 地方公证协会应在受理申诉之日起三十个工作日内,根据不同情况作出如下复查决定:

(一)认为原决定认定事实清楚,适用依据正确,程序符合规定,维持原决定;

(二)认为原决定在认定事实、适用依据或履行程序方面存在错误的,要求惩戒委员会重新做出决定或直接另行作出决定。

第六十一条 复查决定应当有三分之二以上的常务理事或理事参加表决,由参与表决的过半数通过。

第六十二条 地方公证协会要求惩戒委员会重新作出决定的,惩戒委员会不得以相同的事实和理由作出相同的决定。

第六十三条 依照本规则申诉程序作出的惩戒决定为最终决定。

申诉惩戒决定由地方公证协会会长签发,自签发之日起生效,并于生效之日起五个工作日内送达被投诉会员。

第六十四条 地方公证协会应将本地区的惩戒决定报中国公证协会备案。

训诫处分由作出决定的地方公证协会实施,并告知所在公证机构负责人。警告处分由作出决定的地方公证协会书面送达所在公证机构。通报批评处分决定生效的,应当在本地区公证行业内进行通报。公开谴责及以上处分决定生效的,应当向社会公开披露。

第七章　附　　则

第六十五条　本规则所称地方公证协会包括各省、自治区、直辖市公证协会和设区的市所成立的公证协会,各省、自治区协会与设区的市公证协会有关惩戒工作的分工由各省、自治区公证协会确定。

第六十六条　地方公证协会可以根据本规则结合本地区实际情况,制定相应的实施细则、工作规则及惩戒执行程序。

第六十七条　本规则所称个人会员为取得公证员执业证书的公证员;机构会员为取得公证机构执业证书的公证机构。对公证协会其他会员实施惩戒的,参照本规则执行。

第六十八条　本规则由中国公证协会常务理事会负责解释。

第六十九条　本规则自 2018 年 10 月 1 日起施行。2004 年 4 月 1 日实施的《公证员惩戒规则(试行)》同时废止。

中国公证协会

公证行业维护公证员依法执业权益工作规则

(2018 年 9 月 7 日中国公证协会八届四次常务理事会通过　中公发〔2018〕10 号)

第一条　为了维护公证员依法执业权益,改善公证执业环境,根据《中华人民共和国公证法》和《中国公证协会章程》有关规定,制定本规则。

第二条　中国公证协会和地方公证协会设立的维护公证员依法执业权益委员会(以下简称"维权委员会")是公证协会负责维权工作的专门委员会,在所属协会常务理事会或理事会领导下开展维权工作。

第三条　维护公证员依法执业权益,实行属地为主、分层实施,行业互助,注重实效的原则。

第四条　中国公证协会维权委员会对地方公证协会维权工作进行工作指导和监督。

第五条　中国公证协会维权委员会设主任委员 1 人,副主任委员和委员各若干人。

地方公证协会维权委员会的组成由地方公证协会决定。

第六条　维权委员会委员应具备以下条件:

(一)热爱公证行业,有强烈的事业心和政治责任感,有奉献精神。

(二)能正确行使职责,依法办事,清正廉洁,自觉接受监督。

(三)坚持民主集中制,有民主作风和全局观念。

(四)从事公证相关工作五年以上,无违法乱纪行为和不良执业记录,有胜任维权工作的组织能力、文化水平和专业知识。

第七条 根据需要,各公证协会可以聘任热心公证事业的有关部门领导、专家、学者、律师等担任维权委员会的顾问。

第八条 维权委员会的工作职责:

(一)制定同级公证协会有关维护公证员依法执业权益的具体措施和办法。

(二)开展有关公证执业权利的理论研究,推进、参与有关公证执业权利的立法。

(三)关注和重视广大公证员的意愿,针对普遍性的公证执业权利问题进行调查研究,并积极向有关部门提出意见、建议或具体解决措施。

(四)组织有关法律专家对严重侵犯公证执业权利的、或者具有普遍性的维权事项进行研讨,积极向有关机关、组织或人员提出维权意见和建议或采取相应维权措施。

(五)维权委员会对所受理、承办的维权事项,要及时向同级公证协会常务理事会或理事会报告,地方公证协会并应当将维权事项的调查、处理结果及解决情况报告中国公证协会。

(六)定期召开维权委员会会议,总结、安排工作,并组织交流推广维权工作经验,不断完善维权工作体制、机制。

(七)开展有关公证维权的其他工作。

第九条 维权委员会每年应当至少召开一次委员会全体委员会议。根据工作需要,经主任委员提议可以召开工作会议或专题会议。

第十条 维权事项一般由地方公证协会维权委员会负责办理。对遇有重大疑难的事项,可以申请中国公证协会协助,中国公证协会可指派委员协助地方公证协会办理。

对于在全国范围内有重大影响的维权事项,中公协认为有必要时可直接办理。

第十一条 公证员遇有下列情形的,可以向所在地公证协会维权委员会申请维权:

(一)在执业过程中人身权益遭受侵害,且已向公安部门报案的。

(二)公证职业尊严受到有关部门严重侵犯,且公证机构已经向相关部门提出控告或提起诉讼的。

(三)因执业行为被追究刑事责任,但维权委员会认为存在免责或减轻责任情节的。

(四)被新闻媒体失实报道造成严重负面影响的。

(五)遭受其他严重侵犯公证执业权利的情形。

第十二条 公证员在依法执业过程中的下列情形不属于维权受理范围:

(一)公证员与当事人之间因公证质量和公证服务收费等发生争议的;

(二)公证员与公证机构之间因行政管理和业务管理发生争议的;

(三)公证员不服行业惩戒或司法行政机关行政处罚的;

(四)其他不属于维权受理的情形。

第十三条 维权的申请

(一)根据受理范围,由公证员通过所在公证机构向地方公证协会提出维权申请,或由地方公证协会向中国公证协会提出维权申请。

(二)维权申请应当采取书面形式。

(三)维权申请应当载明:维权事由、基本事实、被侵犯的权利、维权请求等。维权申请应附该维权事项相关材料。

第十四条 维权事项的登记与受理

(一)维权委员会收到维权书面申请后,应当予以登记。

(二)维权委员会应当自收到书面申请之日起五个工作日内决定受理或者不予受理,并以口头或者书面形式通知申请人,对于决定不予受理的,应当向申请人说明理由。

(三)申请人对不予受理的决定提出异议的,维权委员会主任委员在征求至少2名委员意见的基础上,于五个工作日内再次做出是否受理的决定,该决定为最终决定。

前述各期限不包括要求申请人提交或补充提交有关材料的期间。

第十五条 对维权事项的办理可以采用以下方式:

(一)中国公证协会维权委员会对其办理的维权事项,应指定不少于三人的委员组成工作组。

地方公证协会维权委员会可以根据具体情形,指派维权委员会委员独任维权,也可以指定维权委员会委员组成维权事项工作组。

维权事项重大、复杂的,可以邀请业内外专家召开研讨会,分析研究相关问题,商讨维权措施。

(二)工作组应当在组长带领下,对维权事项有关事实进行调查核实;根据民主集中制原则,提出初步维权意见,报请维权委员会主任委员批准后,开展维权工作。

(三)调查核实和维权意见可以采用口头沟通方式,也可以采用致函方式。致函应由公证协会统一出具。

(四)工作组认为必要时报请维权委员会主任委员同意,并经协会会长书面批准,可以借助媒体进行维权;

(五)在维权过程中,工作组发现不属于本规则规定的维权情形的,在查清事实的基础上,报请维权委员会主任委员批准,终止该维权事项办理。

独任维权参照以上第(二)至(五)项执行。

第十六条 对公证机构的维权工作,参照本规则执行。

第十七条 各省、自治区、直辖市公证协会可根据本地区实际制定实施细则或办法,报中国公证协会备案。

第十八条 本规则自2018年10月1日施行。

第十九条 本规则由中国公证协会常务理事会负责解释。

中国公证协会

关于进一步做好司法行政(法律服务)案例库公证案例选编工作的通知

(2018 年 9 月 11 日　中公通〔2018〕47 号)

各省(区、市)公证协会:

司法行政(法律服务)案例库案例选编工作是司法部党组确定的一把手工程。根据工作任务安排,中国公协牵头负责公证案例选编工作,各公证协会、公证机构主要负责人要高度重视,要担负起此项工作的政治责任,组织专门力量,精心做好每一个案例的选编、评审工作。为进一步做好司法行政(法律服务)案例库公证案例选编工作,要求如下:

一、严格把好公证案例质量

各公证协会、公证机构应认真学习《司法部关于建立司法行政(法律服务)案例库的方案》《司法行政(法律服务)案例库相关业务案例选编实施办法》《司法部关于印发〈关于建立司法行政(法律服务)案例库的方案〉的通知》《司法行政(法律服务)案例评审规范》及中国公协制定的《公证案例编写及审核规范》等基础文件,进一步提高案例质量意识、品牌意识,确保每一个案例都经得起推敲和社会检验,成为展现公证工作良好形象的名片。要提高工作认识,使案例选编工作成为推动公证工作上层次、上水平的有力抓手,将案例选编工作作为公证业务的"检测场"。

要充分发挥层级把关职能,对案例的合法合规、文档格式、文字规范、叙述方式等进行全方位审查、修改,绝不容许层级评审制度流于形式,要建立追责机制。

二、主动完成案例报送任务

2018 年度全行业公证案例报送任务为 700 例,截至 7 月底,完成率不足 50%。各公证协会、公证机构要增强任务时限意识,严格按照 2018 年度公证案例报送任务进度,及时、主动、高质量地完成案例选编、评审工作。各地应建立工作时间表并严格执行,原则上案例从收到至审核结束,不得超过 15 天。防止案例积压,防止因突击审核而忽视案例质量。未完成任务的省份须在 9 月底前按进度补齐案例数量。部信息中心、研究室将每月在一定范围内通报案例报送数量。各层级对未及时完成工作的单位也应予以通报。

三、积极适应线上评审系统

各公证协会、公证机构要积极主动适应案例报送方式的转换,努力掌握和运用系统的操作流程。在使用中发现问题时,要主动反映至中国公协,由中国公协统一与部信息中心沟通、协调解决。

四、随时复查案例

各公证协会、公证机构要随时对已经在网上运行的案例、已报送和待审批的案例进行复查。要“查重”,“查错、纠错”,“防泄密、失密”,防止因发布的案例而引发舆论炒作和行政复议。发现问题案例,应及时以书面形式上报中国公协,由中国公协统一报送部信息中心进行改正或删除。复查应以本区域自查为主,但如发现其他区域问题案例,也应及时上报至本省(区、市)公证协会后统一上报中国公协。中国公协也将适时通报案例中存在的问题。

附:《公证案例编写及审核规范》

公证案例编写及审核规范

为完成好司法行政(法律服务)案例库公证案例编写及审核工作,为社会提供丰富准确的公证案例,特制定公证案例编写及审核规范。

一、案例选择标准

1. 确保案例内容具有正确的政治方向和舆论导向,防止因案例公开造成负面影响。

2. 案例选择应注重确定性,避免选择公证事项不在法定范围内、或法律依据不明确、办证方式或程序有争议等案例。

3. 各公证机构选择编写案例时,应从上一年度处、区、市、省质量检查优秀的卷宗,各市、省评选的优秀案例,公证书已被法院在判决过程中采用、当事人使用且社会效果良好的公证书中选取案例进行编写。

4. 所选案例应经过一定时间的沉淀,原则上不应将刚刚办理不久的公证事项和公证事务作为案例,尤其是遗嘱公证、继承(受遗赠)公证、具有强制执行效力的债权文书及执行证书公证等。已经过社会验证,如法院判决时已采用,当事人已使用的公证除外。

5. 公证案例选择应包括所有业务类型,避免过于偏向某一种业务领域。

二、编写标准

1. 体例

案例编写时应包括以下内容:事件起由,当事人遇到的困难、受理理由、办证过程(主要部分)、社会反馈、公证书。

2. 公证书内容

公证书内容要与案情简介内容保持一致。适用定式公证书的事项附定式公证书格式,适用要素式公证书的事项附公证书具体内容。公证书中如步骤繁琐,可仅将前后关键步骤写明,中间步骤可省略,但需注明。例:编者注:中间步骤此处省略。

3. 案例基本信息采集中的“公证事项”应当根据具体案情,按照《关于印发公证业务分类表的通知》(中公通〔2018〕29)规定的《公证业务分类表》内容进行编写。

4. 编写时的注意事项

1)选编应符合可公开性要求,涉及国家秘密、商业秘密、个人隐私,可能违反未成年人保护相关法规，以及其他不宜在互联网上公开的案例，均须严格做好脱密、脱敏以及其他处理。如不宜公开的个人信息项和一些特定信息项，应进行相应技术处理：当事人及亲属等相关人员称谓不宜公开的，表述时采用“姓”加“某”或“某某”的表述方式，或使用化名，遇到遗嘱、继承等当事人及相关人员众多且姓氏一样时可采用“姓”加“ABCD”或“甲乙丙丁”；地址一般只公开到县级，县级以下都采用某乡（某镇）某村（居）的表述方式；单位名称中包含县级以下地址信息的，用某有限公司或其他表述方式（如同一案例中出现多个单位的情况下，可采用 A、B、C、D 或甲、乙、丙、丁等表述方式予以区别）；身份证号、公证书号车牌号中出现的数字用××××的表述方式等。

2）案例内容要客观真实，应有明确的当事人和案件事实，避免一般性工作总结或经验介绍，应与供稿单位辖区有实际联系，不得抄袭网上或其他载体上公开发表的内容。

3）法律适用要正确，同类案例尽量保持统一、规范的法律适用标准，引用的法律条文要确保有效性，所依据法律的生效期间和案件发生时间要匹配。

4）文字表述应采取客观、中性、平实的表达方式，注意运用法言法语，体现案例的专业性，避免文学性描述和加工，不应过多描述公证员办理过程中如何困难、如何克服等情节。

5）案例标题应简单明确，避免文学性描述和加工，例如：某某省某某市某某变更抚养权公证案，“乔丹”商标争议公证保全证据案。检索主题词一般不少于四项，应准确表达案例核心要素。

6）其他细节问题：准确使用标点符号，消除错别字，补齐遗漏，纠正格式错误。时间统一使用阿拉伯数字，一般文中带“几”的数字表示（如二十几等）都要用汉字，定型的带数字的词、词组、惯用语等只能用汉语（如第三季度等），文中有多个数字或多次出现时，前后表述方式要一致（汉语或阿拉伯数字统一表示）。文中的金额统一以元作为单位。但公证书中的数字格式按照部律公司对于公证书格式的要求执行。

三、审核标准及职责

各级审核人员应严格按照案例选择、编写标准对案例进行审核。

各公证机构审核时应做到：消除案例语句不通顺、错别字、前后表述不一致、格式不符的情况，确保案例真实。

各省（区、市）公证协会审核时应做到：检查语句是否通顺、是否存在错别字、前后表述是否一致、格式是否相符、标题和内文表述是否有过多的文学色彩等。对案例业务是否规范，法律适用是否恰当进行审核，杜绝有重大瑕疵、违反现有行业规定的案例。对于不符合标准的案例进行修改或驳回。

中国公协初审时应做到：进一步核查案例中涉及的公证业务办理流程及公证书是否准确，对关键词、标题进行调整。对于不符合案例选择和编写标准的案例进行修改或驳回。对于严重不符合标准的，应予以记录报中国公协秘书处案例选编工作小组。

中国公协复审时应做到：把控各案例是否适合上网公开，判断案例是否会产生负面影响，调整标题、关键词，对于不适合的案例予以驳回。及时统计初审上报的严重不符合规范的案例，定期予以通报。

中国公证协会

公证业务办证系统流程规则

（2019年1月9日　中公通〔2019〕1号）

第一章　总　　则

第一条　为推进公证“放管服”改革，强化公证执业流程信息化控制，进一步严格公证审查核实工作，提高公证质量，根据《公证法》《公证程序规则》等规定，结合公证工作实际，制定本规则。

第二条　公证业务办证系统（以下简称“办证系统”）应当按照本规则的规定，对公证程序实施流程控制，确保公证程序的完整合规，并能自动生成上传相关日志信息。

第三条　办证系统中公证程序应当包括申请、受理、登记、审查、审批、制证、发证和归档等主要环节。

公证程序流程控制的重点是受理、登记、审查与审批等环节。

第四条　办证系统应当具备公证机构与有关部门信息共享获取、核实材料所需的端口和技术条件。

能够通过信息共享方式获取、核实《主要公证业务审查要点和证明材料清单》规定审查的必备证明材料和补充性证明材料，不应再要求当事人提供。

信息共享不能替代公证员交叉询问、比对印证、制作笔录等工作职责。

第二章　申　　请

第五条　公证申请环节应当包括当事人申请和公证机构初核两部分。办证系统应当具备网上受理功能。

第六条　在当事人申请部分，办证系统应当包括下列内容：

（一）申请人、代理人基本情况；

（二）申请公证的事项及公证书的用途、使用地；

（三）证明材料的名称、份数及有关证人的姓名、住址、联系方式；

（四）证明材料真实性和自愿接受失信联合惩戒的承诺；

（五）申请的日期；

（六）申请人、代理人的签名或者指纹。

第(一)、(三)项内容应当具有对应证明材料的上传功能。

第七条 在公证机构初核部分，办证系统应当包括对下列内容的确认：

(一)经人脸识别设备或者其他身份验证系统确定人证同一；

(二)申请人与申请公证的事项有利害关系；

(三)申请人之间对申请公证的事项无争议；

(四)申请公证的事项符合《公证法》第十一条规定的范围；

(五)申请公证的事项符合《公证法》第二十五条的规定和公证执业区域规定。

前款内容有一项不能确认的，办证系统应当确定公证申请不予受理。

第三章 受理和登记

第八条 在指派公证员环节，办证系统应当包括下列内容：

(一)初派或者再派公证员姓名；

(二)公证员对回避情形的认定；

(三)当事人的确认表示；

(四)公证书编号；

(五)受理通知单。

第九条 在告知环节，办证系统应当根据公证事项生成相应的公证告知书。

公证告知书应当包括告知当事人申请公证事项的法律意义和可能产生的法律后果，告知当事人在办理公证过程中享有的权利、承担的义务。

公证告知书应当有当事人的签字。

第十条 公证受理后，办证系统应当按照要求开始将公证办理的相关数据信息同步至办证系统中的公证登记簿，同时上传至公证管理系统公证登记簿中。

第四章 审 查

第十一条 在核实环节，办证系统应当包括下列核实方式：

(一)询问当事人、公证事项的利害关系人和证人；

(二)向有关单位或者个人了解相关情况或者核实、收集相关书证、物证、视听资料等证明材料；

(三)现场勘验；

(四)委托专业机构或者专业人员鉴定、检验检测、翻译；

(五)委托异地公证机构核实。

相应的核实方式应当具有对应核实后证明材料的上传功能。

第十二条 在审查环节，办证系统应当包括对下列内容的确认：

(一)当事人的人数、身份、申请办理公证的资格及相应的权利清晰；

(二)当事人的意思表示真实；

(三)申请公证的文书内容完备，含义清晰，签名、印鉴齐全；

(四)提供的证明材料真实、合法、充分；

(五)申请公证的事项真实、合法。

具体公证事项审查环节应当确认的内容参见《主要公证业务审查要点与证明材料清单》。

第五章 审批出证

第十三条 在审批出证环节，办证系统应当包括对下列内容的确认：

(一)申请公证的事项及其文书真实、合法；

(二)公证事项的证明材料真实、合法、充分；

(三)办证程序符合《公证法》《公证程序规则》及有关办证规则的规定；

(四)拟出具的公证书内容、表述和格式符合相关规定；

(五)收取公证费符合收费标准规定；

(六)重大、复杂的公证事项，已提交公证机构集体讨论。

前款第(五)项应当包括下列内容：

(一)公证事项及相应的收费标准、计算办法；

(二)因法律援助或者其他条件减免的申请与审核；

(三)公证预收费及公证费用核定；

(四)公证收费发票。

第六章 制证

第十四条 在制证环节，办证系统应当包括下列内容：

(一)符合司法部公证书格式和制作标准的公证书模板；

(二)公证书编号；

(三)公证机构印章和公证员签名章。

公证书制证完毕后，办证系统应当补录完整公证登记簿数据信息，同时向公证管理系统上传公证登记簿内容和办证系统日志信息。

第七章 发证与归档

第十五条 在发证环节，办证系统应当包括下列内容：

(一)公证事项、公证书编号、公证书份数、领取人、领取方式、时间；

(二)他人代领，应当有当事人的授权表示；

(三)邮寄方式送达的，应记录负责邮寄的快递公司名称、快递单号、签收时间等。

第十六条 在归档环节，办证系统中应当包括下列内容：

(一)待归档案卷信息；

(二)已归档案卷信息；

(三)证明材料的扫描件；

（四）归档时间、归档人、目录、卷宗名称、类别、申请人姓名等内容。

第八章　特别规定

第十七条　在审查至审批环节，确认结果有下列情形之一的，办证系统应当确定公证事项不予办理：

（一）无民事行为能力人或者限制民事行为能力人没有监护人代理申请办理公证的；

（二）当事人与申请公证的事项没有利害关系的；

（三）申请公证的事项属专业技术鉴定、评估事项的；

（四）当事人之间对申请公证的事项有争议的；

（五）当事人虚构、隐瞒事实，或者提供虚假证明材料的；

（六）当事人提供的证明材料不充分又无法补充，或者拒绝补充证明材料的；

（七）申请公证的事项不真实、不合法的；

（八）申请公证的事项违背社会公德的；

（九）当事人拒绝按照规定支付公证费的。

第十八条　在审查至审批环节，发生下列情形之一的，办证系统应当确定公证事项终止办理：

（一）因当事人的原因致使该公证事项在六个月内不能办结的；

（二）公证书出具前当事人撤回公证申请的；

（三）因申请公证的自然人死亡、法人或者其他组织终止，不能继续办理公证或者继续办理公证已无意义的；

（四）当事人阻挠、妨碍公证机构及承办公证员按规定的程序、期限办理公证的；

（五）其他应当终止的情形。

第九章　附　　则

第十九条　《主要公证业务审查要点和证明材料清单》由中国公证协会另行印发。

第二十条　公证事务的流程参照公证事项执行。

第二十一条　本规则自发布之日起施行。

附件：

公证程序流程图及说明

一、总体流程图

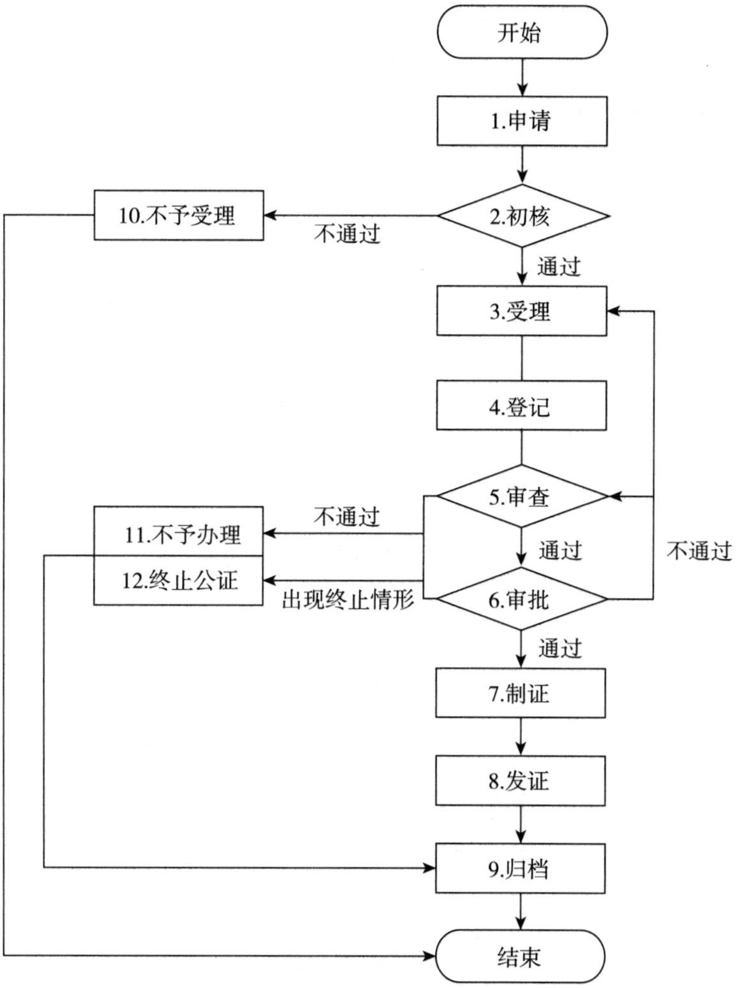

图表1　总体流程图

二、申请与初核流程图

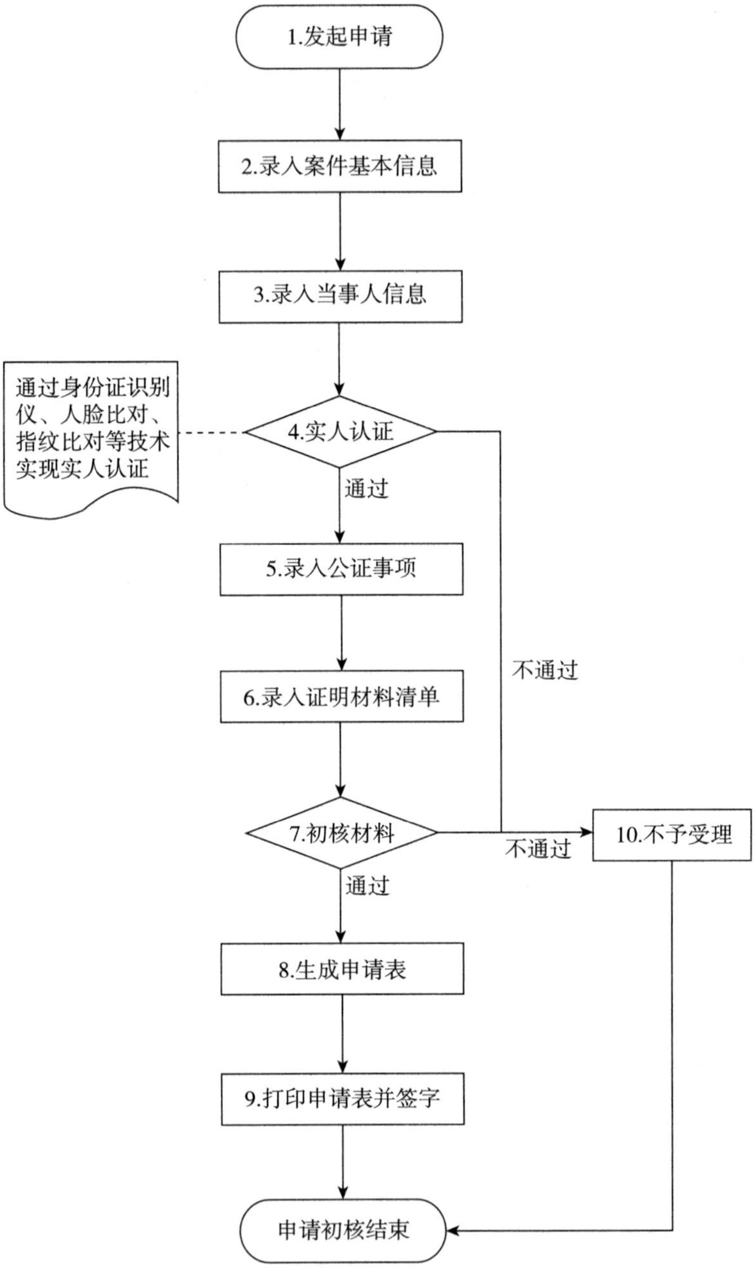

图表 2　申请与初核流程图

三、受理流程图

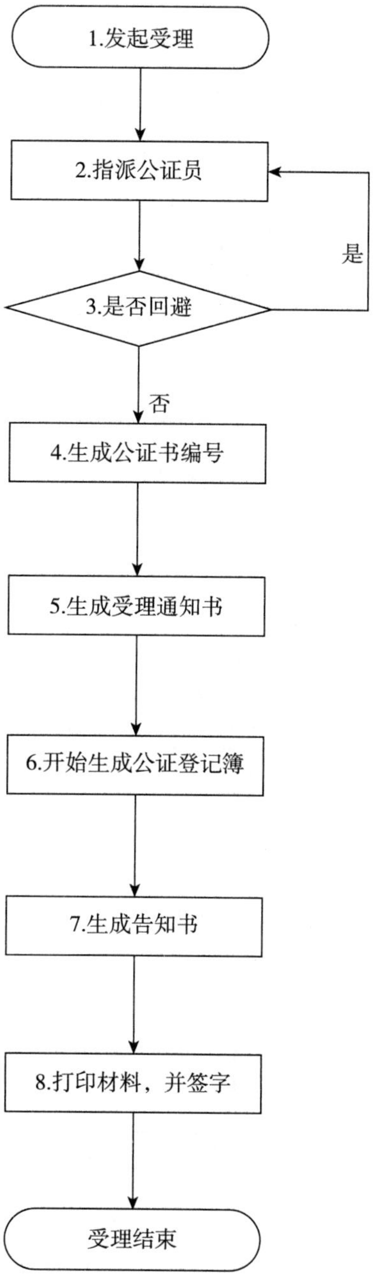

图表 3　受理流程图

四、审查流程图

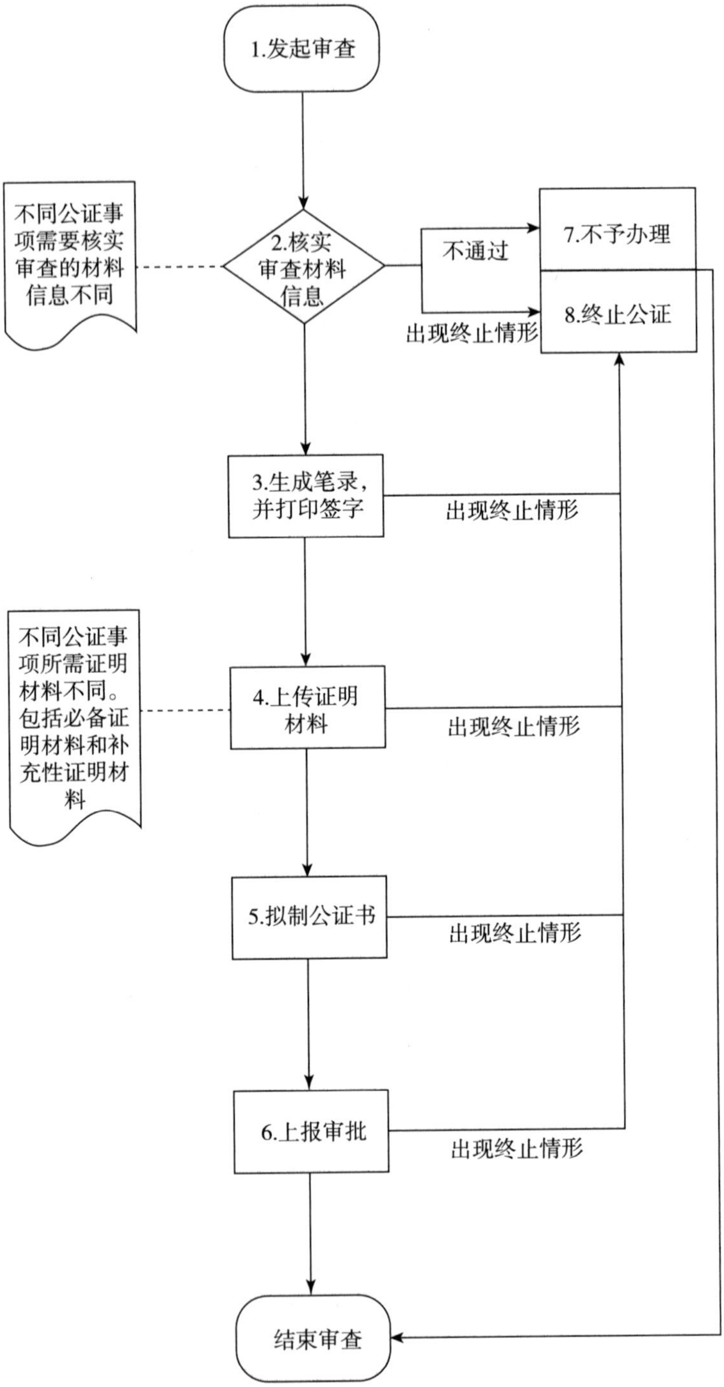

图表4　审查流程图

五、审批流程图

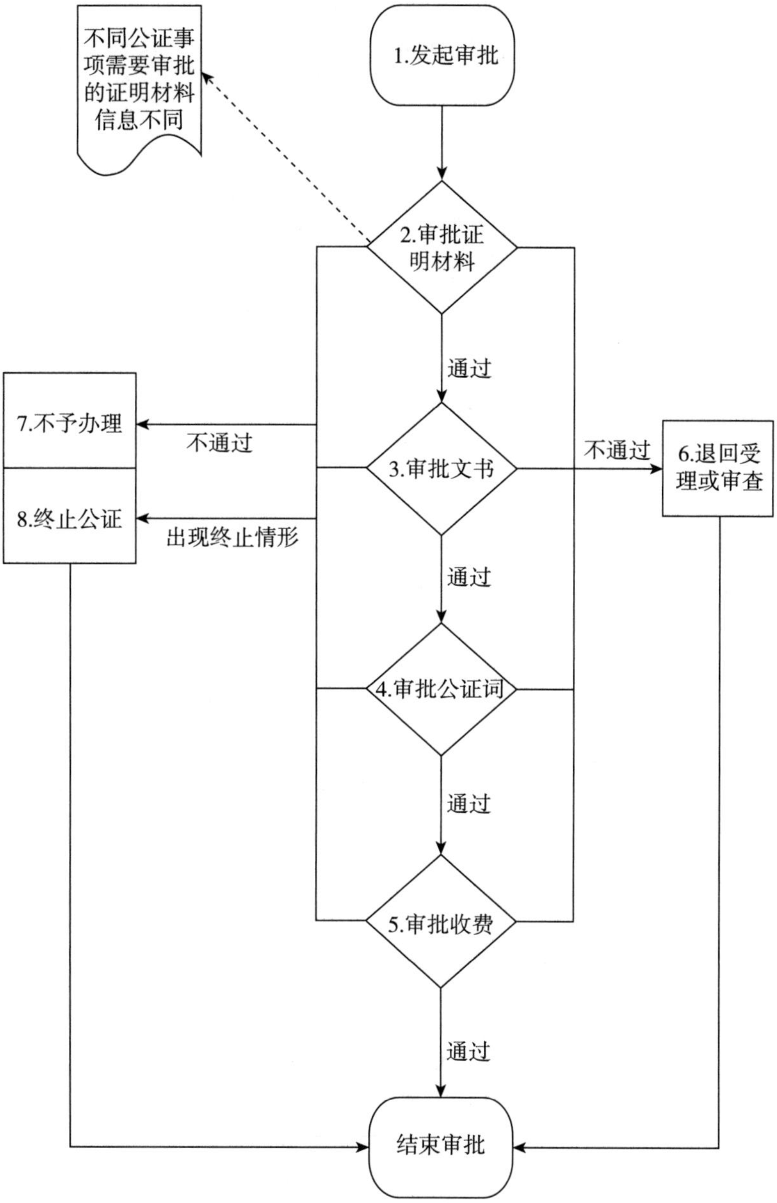

图表 5　审批流程图

六、制证流程图

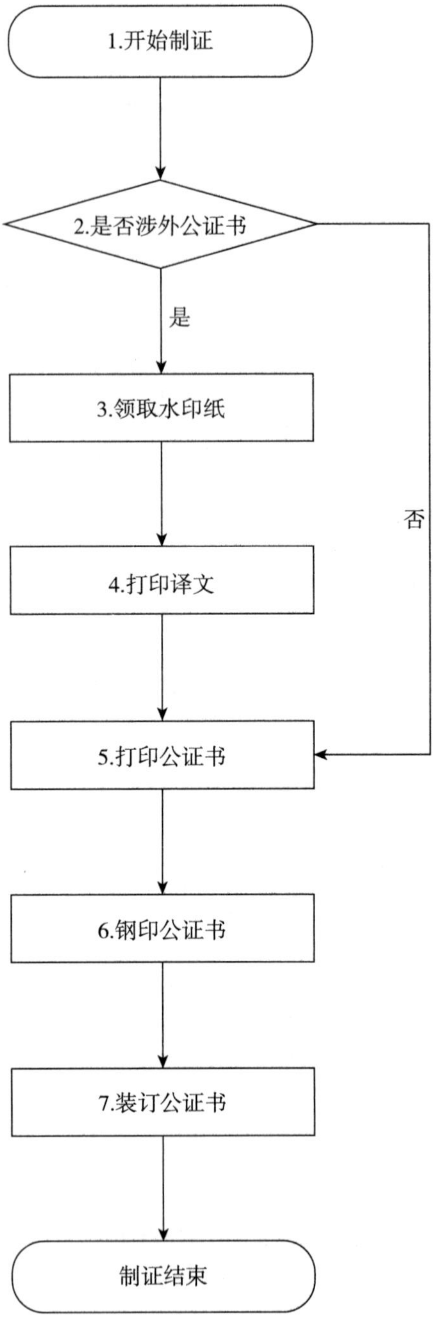

图表 6　制证流程图

七、发证流程图

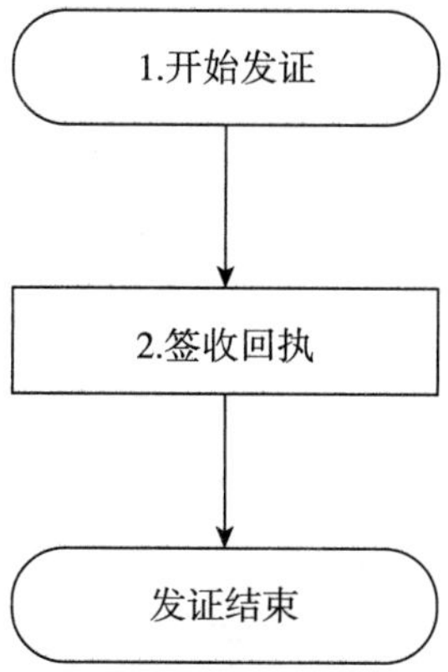

图表7　发证流程图

八、归档流程图

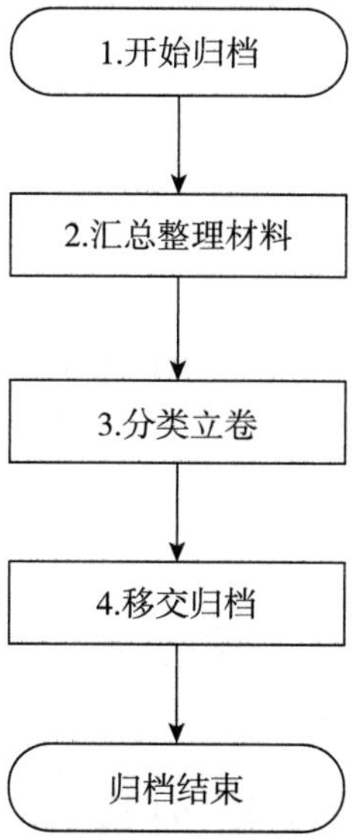

图表8　归档流程图

九、收费流程图

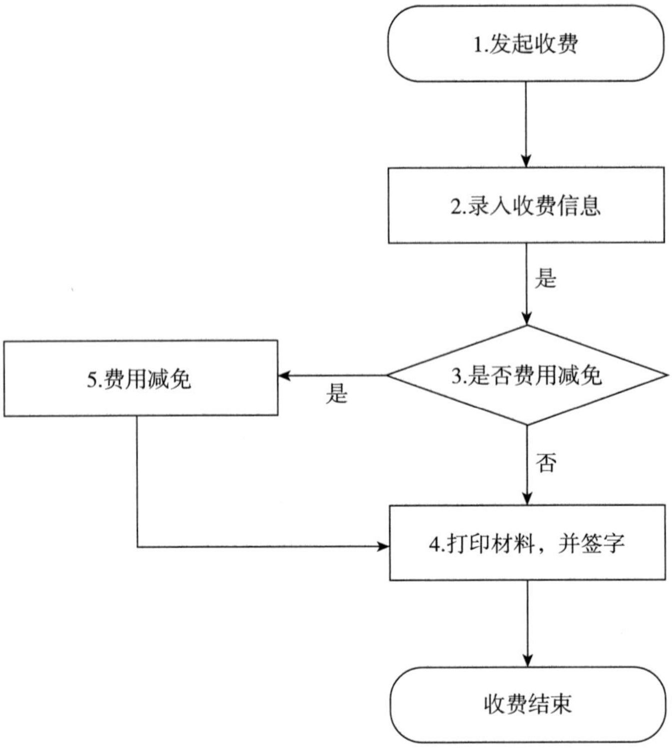

图表9　收费流程图

司法部公共法律服务管理局　中国公证协会

关于加强公证行业党组织规范化建设的实施方案

（2020年4月30日　中公通〔2020〕8号）

各省、自治区、直辖市司法厅（局）公共法律服务管理处（局），新疆生产建设兵团司法局公共法律服务管理处，各省、自治区、直辖市公证协会，新疆生产建设兵团公证协会：

为贯彻落实《中共司法部党组关于加强公证行业党的领导　优化公证法律服务的意见》（司党〔2020〕1号），加强党对公证工作的领导，进一步规范公证行业党组织建设，实现公证行业党的组织和党的工作全覆盖，制定如下实施方案。

一、总体要求

坚持以习近平新时代中国特色社会主义思想为指导，全面贯彻落实新时代党的建设总要求，坚持党对公证工作的全面领导，坚持以政治建设为统领，加强公证行业党组织规范化建设，实现公证行业党的组织和党的工作全覆盖，党员公证人员全部纳入组织管理，党性观念显著增强，进一步发挥党员公证人员的先锋模范作用和党组织的战斗堡垒作用，建设一支忠诚干净担当的高素质公证队伍。

二、工作措施

（一）规范党组织设置

1. 有3名以上正式党员的公证机构，都要单独设立党组织，新设立的公证机构须同步成立党组织。正式党员超过50名的，应当成立党总支；正式党员超过100名的，应当成立基层委员会。（各地司法行政机关和公证机构，2020年6月完成）

2. 党员人数不足3名的公证机构，由主管司法行政机关原则上按照区域相邻、就近方便的原则，"以大带小"、"以强带弱"，在法律服务行业内或与司法行政机关组建联合党支部。（各地司法行政机关和公证机构，2020年6月完成）

3. 无党员的公证机构，由主管司法行政机关选派党建工作指导员，明确工作职责，实现指导工作全覆盖。（各地司法行政机关和公证机构，2020年6月完成）

4. 规范党组织领导班子配备，按规定成立党支部委员会，选优配强党组织领导班子，有条件的设立专职副书记，配备专兼职党务工作者，鼓励公证机构党组织设立专职党务工作者。（各地司法行政机关和公证机构，2020年6月完成）

（二）完善党建工作制度和工作机制

5. 对照党章党规，修订完善各地公证协会、公证机构章程或工作制度，写入党组织设置、地位作用、职责任务、工作保障等党建工作内容。（各地公证协会适时召开会员代表大会修订章程；各公证机构2020年6月完成）

6. 对照《公证机构党组织规范化建设标准》，结合公证机构工作实际，进一步细化完善公证机构党建工作各项制度。（各公证机构党组织，2020年6月完成）

7. 建立健全党组织全面参与公证机构业务发展、队伍建设、分配考核等重大事项决策的工作机制，发挥党组织在人员选聘、表彰奖励、违法违规惩戒中的政治把关作用，明确党组织负责人出具公证机构工作人员的政治鉴定意见。（各公证机构党组织，2020年6月完成）

8. 落实公证机构负责人"一岗双责"，推动实现党组织负责人与公证机构管理层、决策层双向进入，交叉任职。建立健全党组织与公证机构决策管理层重大问题会商、重要情况通报、重要会议列席制度。（各公证机构党组织，2020年6月完成）

（三）规范党组织生活

9. 对照党章和《关于新形势下党内政治生活的若干准则》、《中国共产党支部工作条例（试行）》等规定，规范"三会一课"、主题党日、组织生活会、民主评议党员等活动，经常性组织党员参加政治学习、谈心谈话、开展批评与自我批评。（各公证机构党组织，持续推进）

10. 团结和联系非党员公证人员和群众，组成相对固定的联络小组，结合公证业务和公益法律服务，创新载体和活动方式，共同开展活动。（各公证机构党组织，持续推进）

11. 加强党建活动场所建设，有条件的公证机构应当建设党建活动室，不具备单独建设党建

活动室条件的公证机构应当积极利用当地区域性、综合性、开放性党群活动中心开展活动。(各公证机构党组织,持续推进)

12. 推动党建工作与业务工作相融合,创新党建活动方式,把党组织活动融入公证机构执业活动、日常管理、文化建设中,大力推行"智慧党建"模式,增强党内组织生活的吸引力、感染力。(各公证机构党组织,持续推进)

(四)加强党员教育管理

13. 坚持把政治标准放在首位,切实做好党员发展工作。注重在骨干公证人员和公证机构管理决策层中发展党员,把党员公证人员培养成公证机构骨干和管理者。(各公证机构党组织,持续推进)

14. 组织开展党组织和党员基本信息核查,及时督促、帮助党员公证人员按照执业关系接转组织关系,杜绝"隐形党员"、"口袋党员"。(各公证机构党组织,2020 年 6 月完成)

15. 加强党建工作培训,对党员公证人员定期开展经常性纪律教育和警示教育,增强党员教育培训的针对性和有效性,监督党员履行义务,遵守党的纪律和宪法法律,恪守职业道德和执业纪律。(各公证机构党组织,持续推进)

16. 落实全面治党主体责任,对发生严重违纪违法行为的公证机构及其负责人,加大问责力度,依照相关规定及时作出组织处理或纪律处分。(各地司法行政机关、公证协会和公证机构党组织,持续推进)

三、工作步骤

(一)动员部署阶段

1. 各地要认真贯彻落实《中共司法部党组关于加强公证行业党的领导　优化公证法律服务的意见》、《公证机构党组织规范化建设考评标准》,要将本《实施方案》的具体要求向司法厅(局)党委(组)报告。及时部署开展公证机构党组织规范化建设,对公证机构党组织建设情况全面排查,进一步细化工作措施,明确任务分工和完成时限,广泛宣传发动,确保工作有序推进。(各地司法行政机关、公证协会和公证机构党组织,2020 年 5 月上中旬完成)

2. 制定《公证机构党组织规范化建设考评标准评分细则》,并以此为基础完善全国公证管理系统公证行业党建信息工作模块,指导各公证机构及时准确填报相关信息(线上)。(部公共法律服务管理局、中国公证协会,2020 年 6 月完成)

(二)自查整改阶段

3. 各地要组织所辖公证机构党组织,对照《公证机构党组织规范化建设考评标准》,认真开展自查,深入查找存在的问题和不足,对存在的问题进行认真分析,解剖原因,制定针对性整改措施。各地司法行政机关和公证协会党组织要注重整合资源,加强综合协调,督促指导基层党组织解决问题的同时,对自身规范化建设情况进行自查整改,在不断解决问题中进一步规范党建工作。(各地司法行政机关、公证协会和公证机构党组织,2020 年 6 月中旬完成)

4. 坚持突出重点,分类指导。重点检查指导公证机构党组织设置情况和党员基本信息统计。对党员人数不足 3 名的公证机构,重点指导组建联合党支部。对无党员的公证机构,重点指导主管司法行政机关选派党建工作指导员,确保公证机构党组织和党的工作全覆盖。对有 3 名以上党员的公证机构党组织规范化建设情况,各地司法行机关和公证协会可先行验收考评,注重总结经验,补齐工作短板。(各地司法行政机关、公证协会和公证机构,2020 年 6 月下旬完成)

（三）考评督导阶段

5. 各级司法行政机关要认真履行主体责任，党委（党组）要认真履行第一责任人责任，切实抓好公证行业党组织规范化建设工作。各地公证协会要加强工作指导，认真落实具体责任。公证机构党组织负责人要认真履行工作职责，确保各项任务落到实处。部公共法律服务局和中国公证协会将适时开展考评抽查和工作督导，对党组织规范化建设工作要求落实不重视、不到位的，要通报整改。（部公共法律服务管理局、中国公证协会，各地司法行政关、公证协会和公证机构，2020 年 6 月完成）

6. 各地要努力挖掘在党组织规范化建设方面表现突出的公证机构和公证人员典型，认真总结推广经验做法。要通过报纸、电视、微信、微博等平台大力宣传，充分发挥先进典型的示范带动作用，为推进公证行业党组织规范化建设工作营造良好氛围。（部公共法律服务管理局、中国公证协会，各地司法行政关、公证协会和公证机构，持续推进）

中国公证协会

公证机构窗口服务规范化建设指引

（2021 年 7 月 2 日中国公证协会八届八次常务理事会审议通过　中公通〔2021〕19 号）

为进一步规范公证机构窗口服务，提升窗口服务效能，持续加强和改进公证行风建设，特制定本指引。

一、窗口服务场所建设

（一）行业标识

1. 公证机构应当按照中国公证协会《中国公证行业徽标使用管理办法》《中国公证行业标识制作规范》要求，制作、使用公证徽标，设计、制作行业标识。

2. "公证执业理念"表述语应当在接待区域内醒目位置进行展示。

3. 在行政审批中心、行政服务中心、公共法律服务中心、人民法院等场所设置的公证服务窗口，可以在醒目位置设置公证徽标、公证行业标识。

（二）接待区域

1. 公证机构应具有独立、专用的办公场所，并合理设置功能区域，接待区域与内部办公区域相对分离。执业公证员 5 人以上的公证机构，应当有独立的接待大厅。

2. 公证机构设置服务窗口（含接待室）的数量与执业公证员人数配比应当达到 1/3 以上。有条件的公证机构可以设置网上预约办证窗口、涉企"绿色通道"等专门办证窗口。

3. 在行政审批中心、行政服务中心、公共法律服务中心、人民法院等场所设置的公证服务窗口，应当具有相对独立的办公区域。

4. 有条件的公证机构可以在接待区域设置不动产登记、房屋交易管理、社保、金融等部门机构的办事窗口。

(三)服务设施

1. 接待区域应当设置数量适当的等候座椅,有条件的公证机构可以配置自动叫号系统。

2. 接待区域应当为当事人现场起草文书、填写材料配备桌椅、笔墨、纸张、印泥、申办表格等必要的物品。有条件的公证机构可为当事人提供起草、打印文件所需电脑、打印机、公证自助办理机等设施。

3. 接待大厅区域应当设置公证宣传资料架,摆放行业期刊、办证须知、服务指南等业务宣传资料。有条件的公证机构可以设置电子显示屏,播放法律宣传、公证知识宣传、防骗风险警示等视频短片。

4. 接待区域应当配备饮用水设备、轮椅、老花镜、雨伞、便携式血压测量仪等适老便民设施和物品。有条件的公证机构可以设置无障碍通道,配备母婴室、公共厕所、无线网络和移动设备充电装置等设施。

(四)公开公示

1. 接待区域醒目位置公示公证人员名录、办证流程、收费项目、收费标准、服务内容、监督电话等内容。

2. 有条件的公证机构可以使用电子显示屏对上述内容进行滚动播出公示,自觉接受社会监督。

(五)服务环境

1. 接待区域应当保持环境整洁,工作时间保持安静,禁止大声喧哗,禁止吸烟。

2. 接待区域办公物品应摆放整齐,地面、墙面、门窗、办公设施、服务设施、宣传设施无污迹、积灰,整洁整齐。

(六)安全管理

1. 公证机构应当建立各类应急处置预案,保证能够及时有效处置各类突发事件。

2. 公证机构应当建立健全突发公共卫生事件防控制度和措施,配备相应应急和防护用具。

3. 接待区域应当配备消防、防爆等安全防护设施,安全指示完备清晰。有条件的公证机构应当设置电子监控设施,监控录像应保存三个月以上。

4. 有条件的公证机构可以聘用安保人员维持窗口服务秩序,处理窗口突发事件。

二、窗口服务行为规范

(一)仪容得体

1. 公证人员应当按照中国公证协会《公证员服装使用管理办法》《关于开展公证员服装换装工作的通知》要求,规范统一穿着公证员服装,保持合体、洁净、平整;佩戴公证徽章、胸牌,中国共产党党员应同时佩戴党徽。

2. 公证人员应当保持行为形象端庄、大方、整洁、得体,不得佩戴夸张首饰、饰物。

(二)标准规范

1. 公证机构应当推进窗口服务标准化建设,规范窗口服务用语、服务流程。

2. 公证人员应职责明确,按时到岗,尽职履责,工作时间不得从事与本职工作无关事宜。

3. 公证人员相互之间应做好工作配合,禁止推诿扯皮、敷衍塞责、消极应付。

（三）告知充分

公证机构应当落实首问负责制，严格执行一次性告知制度，告知当事人办理公证的条件、程序、期限以及需要提交的材料、获取材料的途径和方式等。

（四）服务热情

公证人员执业过程中应当保持良好的精神状态和精神面貌，文明用语，热情服务。依法依规不能满足的公证服务需求，应耐心解释说明，做好疏导工作。

（五）便民利民

1. 公证机构应当为老年人、残疾人或有其他特殊困难的当事人开辟绿色通道，应当为符合法律援助条件的当事人减免公证费。

2. 公证机构对行动不便或者其他合理理由无法到公证机构办理公证的当事人，可以提供预约上门服务。

3. 有条件的公证机构可以建立周末值班制度，对时间要求紧迫的公证事项，实行延时服务、代办服务。有条件的公证机构可以通过线上平台提供预约、在线申办服务。

三、窗口服务监督机制

（一）行业监督

1. 各地方公证协会应当依法依规加强对公证机构窗口规范化建设的指导和监督。

2. 公证机构应当建立负责人值班巡查制度，及时处理窗口服务问题。

3. 公证机构应当定期对窗口服务情况进行总结评估，及时进行整改。

（二）当事人监督

1. 公证机构应当通过设立群众意见箱、举报监督电话、网络投票等方式，广泛开展人民满意度调查，及时汇集社情民意，接受群众监督。

2. 有条件的公证机构可以通过信息化手段建立公证服务窗口匿名评价机制，由公证当事人对窗口服务现场评价。

（三）社会监督

1. 公证机构应当每年至少组织一次“公证开放日”活动，听取新闻媒体、人大代表、政协委员等社会各界人士对公证窗口服务的意见建议。

2. 有条件的公证机构可以建立服务满意度调查制度，定期自行或委托第三方进行社会满意度测评，根据测评结果，优化服务环境，改进服务工作，提高服务质量。

3. 有条件的公证机构可以聘请社会监督员，通过定期巡查或者随机明察暗访等方式监督公证窗口服务，汇集群众意见、反映群众诉求、提出整改建议。

中国公证协会

关于实施《公证执业违规行为惩戒规则(试行)》若干问题的规定

(2021年8月2日　中公通〔2021〕23号)

第一条　为进一步完善公证行业惩戒制度,规范公证协会对会员违规行为的惩戒工作,维护执业秩序,根据中国公证协会《公证执业违规行为惩戒规则(试行)》(以下简称《惩戒规则》),制定本规定。

第二条　地方公证协会设立惩戒委员会负责处理公证执业投诉,对会员的违规行为进行惩戒,协助和配合司法行政机关开展执业投诉处理工作。

设区的市未设立公证协会的,由省、自治区公证协会惩戒委员会履行前款所规定的全部职责。省、自治区公证协会可以指定惩戒委员会的部分委员协助本会驻当地的联络组等派出机构履行前款所规定的职责。

第三条　投诉人向地方公证协会提起的投诉中既包括其认为公证书有错误的,又包括对公证机构或者公证员的执业行为有异议的,由复查争议委员会统一受理,依据《公证复查争议投诉处理办法(试行)》第十条、《惩戒规则》第四十一条的规定一并作出是否立案的决定,并由复查争议委员会按照《惩戒规则》第四十三条、第四十四条的规定通知投诉人、被投诉人。

复查争议委员会对公证机构或者公证员的执业行为投诉作出受理决定后,应当将投诉材料和受理决定及时移交惩戒委员会处理。

第四条　设区的市公证协会之间因受理惩戒案件发生争议的,由省或自治区公证协会指定受理案件的协会。

设区的市公证协会怠于履行职责的,省或自治区公证协会可以督促其在规定的期限内处理完毕,也可以亲自处理相关案件。

省或自治区公证协会怠于履行职责的,中国公证协会可以督促其在规定的期限内处理完毕,也可以指定其他地方公证协会处理相关案件。

涉及全国有重大影响的案件,或者有其他特殊情形的案件,中国公证协会认为必要时可以参照《惩戒规则》第三十七条的规定主动调查,并作出惩戒决定。

第五条　依据《惩戒规则》第二十条责令违规会员接受专门培训的,公证机构根据违规会员的违规情节和本机构的内部管理规定,可以要求其承担部分或者全部培训费用。

依据《惩戒规则》第二十条责令违规会员限期整改的,公证机构可以依据《公证程序规则》第五条的规定，在限期整改期间暂停指派相关公证员受理某一类或者某几类公证业务。

第六条 地方公证协会依据《惩戒规则》第十五条第一款、第二十二条和第三十七条做出惩戒决定的，适用《惩戒规则》第四十四条和第六章所规定的程序。

第七条 惩戒决定书由地方公证协会会长签发，加盖地方公证协会的印鉴。

设区的市公证协会做出的惩戒决定书应当在生效后的十个工作日内，报送同级司法行政机关和省、自治区、直辖市公证协会备案，并由省、自治区公证协会在收到备案文件之后的十个工作日内报中国公证协会备案；省、自治区公证协会做出的惩戒决定书应当在生效后的十个工作日内，报送同级司法行政机关和中国公证协会备案。

第八条 决定书生效后，地方公证协会应当在十个工作日内将处理结果告知投诉人。决定不予惩戒或者给予被投诉人通报批评及以下惩戒的，采用口头方式或者电子送达方式告知；给予被投诉人公开谴责及以上处分的，采用书面或者电子送达方式告知。

第九条 地方公证协会做出的中止会员权利或者取消会员资格的惩戒决定书生效后，被惩戒会员在中国公证协会以及其他地方公证协会的会员资格同时被中止或者取消。

第十条 本规定自印发之日起实施。

中国公证协会

关于贯彻落实《关于优化公证服务更好利企便民的意见》的意见

（2021年8月2日　中公通〔2021〕24号）

为深入贯彻落实司法部《关于优化公证服务更好利企便民的意见》（以下简称“《意见》”）精神，现就积极发挥公证行业自律管理职能，深化公证“放管服”改革，更好地优化和提升公证服务提出以下意见。

一、坚持以人民为中心，增强公证服务为民的责任感、使命感

公证是公共法律服务的重要组成部分。党中央、国务院高度重视公共法律服务体系建设。公证行业作为现代公共法律服务业，具有基础性、服务性和保障性的特点，人民群众对于公证服务效果的追求随着经济社会发展不断提升，贯穿公证执业活动全过程，切实增强人民群众在公证执业活动中的获得感、幸福感、安全感，是优化公证服务的最终目标要求。当前，公证行业还存在部分公证机构办理公证“难、繁、慢”的问题，与人民群众对公证行业的期望有较大差距，给公证行业的社会形象造成了一定影响。公证行业必须正视公证服务问题，坚持以人民为中心的发展理念，围绕更好满足人民群众对美好生活的向往和日益增长的公证法律服务需求，激发内驱动力，自我革新发展，切实增强公证服务为民的责任感、使命感，将公证服务为民的执业要求落实在每一个具体的公证执业活动中。

二、坚持以深化公证改革为基础，建立公证服务长效机制

1. 深化公证体制机制改革

各地方公证协会、公证机构要充分认识到深化公证体制机制改革是解决公证服务深层次矛盾的有效途径，要通过深化改革破除公证行业发展中存在的体制机制障碍，激发公证机构自我发展的活力，催生公证员干事创业的动力。各地方公证协会要从推动公证行业长远健康发展的高度，主动作为，积极配合省（区、市）司法行政机关做好公证体制机制改革工作，落实事业体制公证机构改革“三项政策”，规范有序推进合作制公证机构建设发展，完善公证机构保障机制。适时开展本地合作体制公证机构规范化发展、公证机构执业主体地位、县域公证机构发展路径等涉及公证改革重大问题的调查研究，要及时发现公证改革中存在的问题，能解决的要推动尽快解决，涉及改革政策制定的要勇于代表行业提出意见建议，反映行业呼声，为改革决策提供第一手材料。

2. 推进公证执业方式变革

中国公证协会将根据公证行业实际，研究推出 12 大类 22 小项涉及民生、企业的高频公证事项公证证明材料清单，于 2021 年 8 月底前与部公共法律服务管理局共同向社会公布。研究制定公证一次性告知内容概要，对公证机构在受理阶段进行一次性告知的范围提出明确要求。组织修订《办理继承公证的指导意见》和《办理小额遗产继承公证的指导意见》，进一步规范办理继承公证程序，切实减轻公证当事人提供证明材料的压力。配合部公共法律服务管理局科学制定公证公益服务事项范围，鼓励公证机构为老年人、未成年人、残疾人、农民工以及困难群众提供公益性法律服务，依法开展公证法律援助，依法减免公证费用。各地方公证协会要加强对告知承诺与公证职责关系的研究，积极配合省（区、市）司法行政机关确定本地区告知承诺事项范围。要建立健全保障机制，引导和鼓励公证机构主动走出去帮助当事人收集调查证明材料，要健全完善跨地区间公证机构协查的监督保障机制，切实解决跨区域收集核查证明材料难的问题。要引导和鼓励有条件的公证机构开展代办等延伸服务，探索推动公证机构与不动产登记等部门、行业合作开展跨行业业务联办，实现“一站式”通办服务。

三、坚持以公证窗口建设为突破，树立公证行业服务形象

3. 加强公证机构窗口规范化建设

各地方公证协会要按照中国公证协会印发的《公证机构窗口服务规范化建设指引》要求，从窗口服务场所建设、窗口服务行为规范、窗口服务监督机制等方面，引导各地公证机构进一步规范公证机构窗口服务，优化公证服务环境，持续加强和改进公证行风建设。各地方公证协会可以根据本地实际，研究制定本地公证机构窗口建设的细化意见。

4. 加强公证机构窗口服务能力建设

公证机构要将服务窗口作为本公证机构最主要的服务平台，加大人员投入、物资保障和技术支持力度，做好办证需求分流、窗口流量管理和现场申办引导，切实缓解人民群众办证难、办证等待时间长的问题。中国公证协会、各地方公证协会都要有针对性地设计窗口服务能力的课程，将窗口服务能力提升纳入年度公证员培训内容。鼓励地区间、公证机构之间以及与外行业间相互进行窗口服务的观摩学习交流和检查。培养树立窗口服务先进典型，总结推广公证机构窗口服务经验。

5. 加强对公证机构窗口服务的监督

各地方公证协会要探索建立包括公证行业内部监督、公证当事人监督和社会监督的公证机构窗口服务三级监督体系。探索建立公证机构窗口服务评价机制，由公证当事人对窗口服务进行综合评价，商省（区、市）司法行政机关将窗口年度评价情况纳入公证机构、公证员年度考核。探索建立窗口服务满意度调查机制，每年至少自行或委托第三方进行一次社会满意度测评。公证机构应当每年至少组织一次"公证开放日"活动，听取新闻媒体、人大代表、政协委员等社会各界人士对公证窗口服务的意见建议。有条件的公证机构可以聘请社会监督员，通过定期巡查或者随机明察暗访等方式监督公证窗口服务，汇集群众意见、反映群众诉求、提出整改建议。

四、坚持以公证信息化建设为依托，提升公证行业服务能力

6. 加大数据共享推进力度

中国公证协会将依托全国一体化政务服务平台，于 2021 年底前与民政（婚姻、收养）、公安（人口基本信息）、自然资源（不动产登记）、住建（房产开发、房产交易、住房租赁、公积金）、市场监管（企业登记）等部门实现数据共享，为公证机构核查提供在线数据查询服务。各地方公证协会要以公证执业需求为导向，梳理公证执业数据共享目录清单，积极配合省（区、市）司法行政机关做好与本地相关部门的数据共享工作。要探索推动建立在线数据查询疑义信息快速校核和反馈机制，加强与信息提供部门的互动，共同推动提升共享数据质量。

7. 加快推进公证行业数据的内外应用

中国公证协会将分阶段探索建立公证书在线核验机制，在全国公证管理系统中增设公证书在线核查功能，2021 年底前基本实现公证行业内部查询，对外逐步实现与人民法院、司法行政系统（仲裁）、住建部（房地产开发、住房公积金）、自然资源部（不动产登记）等部门（机构）的对接，并通过公证服务查询系统满足社会公众对公证书的在线核查需求。后续将根据使用需求，进一步强化技术支持，健全完善查询渠道，通过区块链等技术方式加强公证书在线核查的安全性和稳定性。支持和鼓励各地方公证协会以开展公证档案的数据化应用为先导，探索公证行业数据的多元化应用，通过大数据应用为公证执业服务，为公证行业管理服务，为公证参与社会治理服务。

8. 加快推进公证在线服务平台建设

中国公证协会将组织研发全国统一的在线申办公证业务平台，支持电脑、手机移动端等多元方式登录。针对高频公证事项，组织研发在线办理公证业务平台，通过平台统一工作标准，实现在线流程的规范和管控。通过两个平台的建设，实现全国公证机构在线开展公证服务的全覆盖，2022 年底前统一接入全国一体化政务服务平台，提升公证行业的整体服务能力和水平。鼓励各地结合本地实际，探索通过远程视频方式办理公证业务，中国公证协会将会同部公共法律服务管理局及时总结当前海外远程视频公证试点工作经验，于 2022 年底前研究制定相关公证业务操作指引。

五、坚持以行业自律管理为保障，筑牢公证服务监管防线

9. 通过专项治理推进解决突出问题

各地方公证协会要将贯彻落实《意见》精神，切实优化公证服务纳入当前公证行业正在开展的公证专项治理工作，要聚焦公证服务中存在的"难、繁、慢"等突出问题，深挖症因，对症施策，探索推进，总结经验，建立长效机制并总结推广。各地方公证协会要充分履行行业自律管理职能,依法依章程开展行业自律管理工作,对于本地公证行业存在的公证质量不高、服务不好等突出问题,要敢于动真,坚持碰硬,毫不留情开展治理,从严从实抓好整改,切实解决问题、改变面貌、提升形象。

10. 加强公证复查与投诉处理工作

各公证机构要正确认识和高度重视公证复查工作,要将公证复查作为检查公证服务、监督公证质量的重要抓手,要通过公证复查复盘公证执业程序,查摆公证执业中存在的问题,从程序上和实体上维护当事人及利害关系人合法权益。各地方公证协会要依法依规履行公证执业监督职责,做好公证复查争议投诉处理工作,要通过处理投诉发现和解决公证执业中存在的服务和质量问题,对于久投不决的公证投诉要下大力气进行梳理分析,查找症因,集中力量妥善解决。坚决杜绝公证复查、投诉处理走过场、搞形式,切不可怠于履责、搞推诿,更不能态度生硬、搞对立,要将公证行业的职责扛在肩头,让人民群众在复查和投诉处理中同样感受到公证行业的责任感。要通过公证复查与投诉处理工作,举一反三,引以为戒,形成良性反馈,切实推进公证服务和公证质量的稳步提升。

11. 加强公证行业社会宣传

各地方公证协会、公证机构要善于综合运用多元化媒体渠道,宣传公证法律制度、公证价值作用,宣传公证服务经济发展、社会治理和保障民生的案例和成效。要坚持“请进来、走出去”,与媒体建立良好的工作沟通机制,请媒体和有关群众到公证执业一线亲自感受公证执业的严谨认真,及时向媒体通报公证行业有关改革发展情况。要积极走进学校、工厂、社区、机关等单位机构宣讲中国法治建设成就,宣讲中国特色社会主义公证制度。要通过公证行业的社会宣传,讲好公证故事,传达公证声音,让社会各界知晓公证、了解公证,认可公证的服务价值,选择和运用公证维护自身合法权益,为公证事业规范建设与改革发展营造良好的社会环境。

各地方公证协会要组织本地公证机构认真学习,切实领会《意见》精神,配合省(区、市)司法行政机关结合本地实际,研究制定具体落实方案,确保优化公证服务各项举措落地见效。

第五部分　其他部门规章及规范性文件

中国人民建设银行城镇土地开发和商品房贷款办法（节录）

（1989年5月13日）

第六条 借款企业应对借款提供符合国家规定的担保。企业应用自有财产或开发产品作为贷款的抵押，也可由第三方保证人提供保证，经建设银行审查同意后，方可办理贷款手续。有关借款担保事宜按照中国人民建设银行印发的《建设银行借款合同担保办法（试行）》通知办理。

办理抵押贷款和法人担保手续，均要由公证部门予以公证。

借款企业发生隶属关系、性质、名称等重大变更时，应与贷款行签订借款合同的补充文本。

中国工商银行

关于企业以固定资产抵偿贷款问题的复函（节录）

［1990年1月31日　工银复（90）5号］

企业因各种原因，不能偿还银行贷款（包括贷款利息），可用已经有关部门确认产权归其所有、并能自主支配的房屋、设备等财产抵偿贷款……办理抵偿手续时，须经法律部门公证，明确产权、使用权和处理权全部由企业转让给银行。

中国社会福利有奖募捐委员会

关于颁发《中国社会福利有奖募捐券发行财务管理试行规定》的通知(节录)

(1991年1月9日　中募〔1991〕委字第2号)

(二)奖券发行费的使用范围:

(11)奖券报废、滞销损失:指因奖券质量、市场疲软等原因,造成奖券报废和滞销降价,经当地公证销毁后,凭公证书和有关主管部门批件,按券面损失净额的提取比例冲减发行费收入。

(13)其他费用:①银行代理发行手续费:②通过银行结算手续费;③奖券业务经营活动中支付的合同公证费、咨询费、保险费、诉讼费、聘请律师费;④业务招待费:指在奖券生产、供应、销售环节过程中发生的业务交往活动必要的招待费用,按当地会议伙食标准掌握开支;⑤奖券发行业务开支的其他费用。

中国人民银行

关于执行《储蓄管理条例》的若干规定(节录)

(1993年1月12日　银发〔1993〕7号)

第四十条　储蓄存款的所有权发生争议,涉及办理过户或支付手续,应慎重处理。

(一)存款人死亡后,合法继承人为证明自己的身份和有权提取该项存款,应向储蓄机构所在地的公证处(未设公证处的地方向县、市人民法院,下同)申请办理继承权证明书,储蓄机构凭以办理过户或支付手续。该项存款的继承权发生争执时,由人民法院判处。储蓄机构凭人民法院的判决书、裁定书或调解书办理过户或支付手续。

(三)在国外的华侨和港澳台同胞等在国内储蓄机构的存款或委托银行代为保管的存款,原存款人死亡,其合法继承人在国内者,凭原存款人的死亡证明向储蓄机构所在地的公证处申请办理继承权证明书,储蓄机构凭以办理存款的过户或支付手续。

（五）继承人在国外者，可凭原存款人的死亡证明和经我国驻该国使、领馆认证的亲属证明，向我国公证机关申请办理继承权证明书，储蓄机构凭以办理存款的过户或支付手续。继承人所在国如系禁汇国家，按上述规定办理有困难时，可由当地侨团、友好社团和爱国侨领、友好人士提供证明，并由我驻所在国使领馆认证后，向我国公证机关申请办理继承权证明书，储蓄机构再凭以办理过户或支付手续。继承人所在国如未与我建交，应根据特殊情况，特殊处理。居住国外的继承人继承在我国内储蓄机构的存款，能否汇出国外，按我国外汇管理条例的有关规定办理。

（六）存款人死亡后，无法定继承人又无遗嘱的，经当地公证机关证明，按财政部门规定，全民所有制企事业单位、国家机关、群众团体的职工存款，上缴国库收归国有。集体所有制企事业单位的职工，可转归集体所有。此项上缴国库或转归集体所有的存款都不计利息。

交 通 银 行

关于印发《交通银行保管箱业务暂行办法》的通知（节录）

（1994 年 7 月 14 日　交银发〔1994〕245 号）

第八条　欠交租费一年以上，经本行书面通知后，在规定期限内，仍未办理续租、退租手续者，本行有权向司法机关申请公证破箱或开箱。有关一切费用均应由租用人负担。

第九条　经公证破箱或开箱满叁年，本行以书面限期再次催告租用人后，租用人仍未交清费用者，本行有权处理存物。

交通银行

关于印发《交通银行对外提供外汇担保管理暂行办法》的通知(节录)

(1994年8月17日　交银发〔1994〕285号)

第二十九条　切实落实好反担保,其主要措施有:

1. 外汇保证金。申请人存入一定比例的外汇作为保证金。

2. 信用反担保。由金融机构或有相当财务实力的企业提供反担保,分支行应审查反担保人的资格和信誉,落实反担保人的外汇资金实力。

3. 抵押反担保。房屋、设备、可变现有价证券、土地使用权以及其他可转让权益,均可作为抵押资产。以国营企业的固定资产为抵押,须按当地国有资产管理局的有关规定办理,对抵押的财产应及时办好抵押登记手续,将抵押合同提交公证。以实物财产抵押应办理好以我行为第一受益人的财产保险。抵押反担保可单独使用,也可与信用反担保一起使用。

财政部　外经贸部

关于印发《对外经济合作企业外派人员工资管理办法》的通知(节录)

(1995年7月4日　财外字〔1995〕259号)

第六条　各派出单位要在外派人员出境前与其签订合同或协议,并经公证部门公证,必要时可要求外派人员提供担保或抵押。

外派人员实行工资制后,在境外期间的人身保险应由派出单位负责办理有关手续,其保险费由派出单位负担。

对外贸易经济合作部　国家工商行政管理局

关于对外贸易中商标管理的规定(节录)

(1995年7月13日　〔1995〕外经贸管发第340号)

第十一条　合资、合作企业使用其中任何一方的注册商标时,均应当在合资、合作协议中予以明确;合资、合作企业以本企业名义申请注册的商标,应当由合资、合作各方在提出申请前,签订经过公证的关于合资、合作关系结束后该商标归属的协议。

民　政　部

关于巩固执法成果进一步贯彻落实民政行政法规的通知(节录)

(1995年9月10日　民办发〔1995〕18号)

一、要采取多种渠道保障五保供养

要认真做好五保老人的委托扶养工作。对那些身体较好、行动方便、能生活自理、有一定的经济基础、愿意由亲友扶养的五保老人,民政部门要协助农村基层组织认真细致地做好扶养委托工作。要帮助五保老人选好扶养人,签订五保协议,明确扶养人与被抚养人的权利和义务。五保协议书要经主管部门的公证,彼此双方都要认真履行协议,无论哪一方都不能违背协议和随意中止协议。乡民政助理员和农村基层组织,要做好经常性的监督和检查,保证五保协议的全面履行。

中国人民建设银行代理发行企业债券管理暂行办法(节录)

(1995年9月29日 建总发字〔1995〕第126号)

第五条 受理代理发行企业债券时,发行债券单位(以下简称:债务人)应当向代理行提供下列文件:

一、代理发行债券申请书("参考文本"附后),内容包括:申请单位名称、注册资本、上级主管部门、担保单位(或财产抵押物)、证券主管机关批准文号、批准日期、发行金额、发行对象、发行期、债券期限、债券利率、还本付息方式、个人利息收入是否纳税、债券评级等级、债券资金用途、代理方式、代理发行和兑付费用等;

二、证券主管机关批准发行的文件;

三、债券发行章程;

四、经公证机构公证的、合法的经济担保书(或财产抵押物的产权证明);

五、发行单位经会计师事务所审计的近三年的财务报告;

六、经证券主管机关认可的债券评信机构出具的信用评级证书;

七、其他需提供的有关文件和资料。

企业发行债券用于固定资产投资,还应提供有权部门下达的固定资产投资计划(或审批文件)和项目可行性研究报告。

中国农业发展银行粮棉油加工贷款管理暂行办法(节录)

(1995年11月6日 农发行字〔1995〕238号)

第十七条 合同管理发放粮棉油加工贷款,要根据国家有关经济金融法规,由借贷双方及担保方签订符合法律程序、条款完整明确、手续齐备的借款合同。容易引起纠纷的合同要办理公证。任何一方可能引起合同变更的行为,应事先征得合同各方同意,并严格履行变更手续,由合同各方签订书面变更协议。

中国农业银行

关于印发《中国农业银行经济纠纷处理办法(试行)》的通知(节录)

(1995年12月1日　农银发〔1995〕312号)

第十八条　经济纠纷的处理可采取以下方式:

1.各级行法律顾问机构主持依法协商、调解;
2.依法申请仲裁;
3.公证债权文书依法申请法院执行;
4.依法申请支付令;
5.依法提起诉讼;
6.依法提起申诉;
7.其他处理方式。

财　政　部

关于重新下发"财政部门销毁国债券(凭证)实施办法"的通知

(1996年6月3日　财国债字〔1996〕36号)

各省、自治区、直辖市、计划单列市财政厅(局),财政部驻各省、自治区、直辖市、计划单列市财政监察专员办事处:

国债工作是国家财政经济工作的一个重要组成部分,国债券(含国债凭证、收款单,下同)的销毁是国债工作的一个重要环节,是一项极其严肃的工作。

多年来,财政部门在国债券销毁工作中积累了一定的经验,做了大量工作。但目前各地组织销毁国债券的实施程序不够统一,个别地方仍存在着制度不严格、操作不规范等问题。国债券的销毁直接关系到国家财政预、决算的执行,为保证做好此项工作,现重新下发“财政部门销毁国债券(凭证)实施办法”。各省级财政厅(局),必须严格按此办法做好国债券(凭证)销毁的组织管理工作,切实做到严密组织、严肃纪律、严格制度、严防流失。负责国债工作的主要领导干部要直接组织并选派具有高度责任心的工作人员具体实施国债券的销毁工作。在销毁过程的每一个环节,都要明确岗位责任制,做到责任落实、账务清楚、有据可查、万无一失。

本办法自文到之日起开始执行,并同时作为公证、监销部门对销毁国债券进行公证和监销的依据。以前下发的有关国债券的销毁办法即行废止。

附件:

财政部门销毁国债券(凭证)实施办法

为加强国债券(含国债凭证、收款单,下同)的管理,规范国债券销毁工作,健全销毁制度,特制定本办法。

第一条 财政部门销毁国债券的范围包括:财政部门已兑付的到期国债券,发行剩余的国债券以及各省级财政部门受财政部委托销毁的其他国债券。

第二条 财政部门国债券的销毁权属于财政部。未经财政部批准,各地无权自行销毁。财政部对各省级财政厅(局)国债兑付及发行等有关帐务审核无误后,即下达委托销毁国债券通知书(附件一,以下简称委托销毁通知书)。各省级财政厅(局)作为国债券销毁的经办单位,以财政部下达的委托销毁通知书为依据,直接组织国债券的销毁工作。每次国债券销毁工作开始前,均应专门组成销毁工作领导小组,成员由各省级财政厅(局)有关负责人、公证人员、监销人员和国债券销毁的协办单位(实施国债券销毁地点的财政部门或有关单位)负责人组成。

财政部授权驻各省、自治区、直辖市、计划单列市财政监察专员办事处就地行使以国债券销毁工作的监销职责。

第三条 国债券的销毁,原则上采取集中销毁的方法进行。个别省、自治区因地域辽阔、行政区划分散、交通不便等原因集中销毁确有困难的,经向财政部报告并取得同意后,可选择具备销毁条件的地(市)设立固定销毁点,但全省(自治区)的销毁点最多不得超过3个。销毁点的销毁工作由各省、自治区财政厅直接负责,无权委托下级财政部门自行组织销毁国债券,销毁程序与在省级销毁程序相同。直辖市、计划单列市由本级财政局集中组织销毁。从1996年起,按照中央规定取消计划单列市的省会城市的财政局,不再直接组织国债券的销毁工作,统一由省财政厅组织安排。

第四条 对已兑付国债券进行整点、复点、打洞、抽查、运送、销毁等工作的有关规定:

(一)财政部门国债兑付的经办单位对已兑付待销毁的国债券要认真进行整点,整点的要求如下:

1. 按已兑付券面汇总清单(汇总清单中须详细列出已兑付券面的发行年度、国债券种类、面额、张数等)准确核实待销毁国债券(1981 年向单位发行的国库券,应按不同计息期核对尾号),检查已兑付国债券是否到期,有无误兑情况,每张券面及凭证是否加盖付讫印戳。

2. 鉴别待销毁国债券的真伪,查验有无涂改挖补、变造或是否属于伪造券等。

3. 检查无误后,按种类、券别、发行年度分类捆扎,每 100 张一把,平铺捆扎,每把捆扎条上必须加盖经手人名章。10 把为一捆,每捆以双十字捆扎并加封签(条),封签(条)上加盖经手人名章(残破污损的国债券要单独捆扎、存放)。凡经过整点的债券,要做到捆扎牢固、整齐,印章清楚,封签(条)完好。

4. 整点后的国债券应及时装袋(箱)封存,袋(箱)口捆扎结扣处必须加封签。袋(箱)外应粘贴标签,注明经办单位名称、债券名称、发行年度、兑付年度、券别、捆数、金额及封袋日期等,并加盖经手人名章。整点好的已兑付待销毁国债券应及时入库,妥善保管,按照上级财政部门的要求及时上缴。

(二)各省级财政厅(局)对其下属单位或其他单位上缴的已兑付国债券必须全部复点,复点的程序与整点相同,即按上述整点要求的各项内容逐项进行核查,如发现问题,应责成交券单位查找原因并重新进行整点。

复点无误后,仍按照整点的要求捆扎,捆扎条上加盖复点人名章,装袋(箱)加封签后封存于券库内,并填制“×××财政厅(局)××××年已兑付国债券销毁情况记录表”(附二)一式四份,表中各项内容应填写清楚,并加盖有关部门公章及组织销毁工作的负责人签章、经办人签章。

对于复点后的国债券应当场进行打洞处理。打洞要求:每张券面打两个洞,打洞位置在券面两侧中间部位,直径不小于 20 毫米。打洞后的国债券捆扎及装袋(箱)办法按本办法第四条第一款第四项要求办理。打洞后的碎券纸应及时装袋(箱)封存并妥善保管,与国债券同时销毁。

(三)各省级财政厅(局)将已兑付待销毁的国债券复点、整理完毕后,向财政部报送“××××年已兑付国债券券面汇总清单”(可用“附二”代替),并提出销毁申请报告。报告中须详细注明申请销毁国债券的种类、数量(面额、张数)、销毁方式(“粉碎”或“装球”)、销毁地点(粉碎地点或承担销毁任务的造纸厂名称)及销毁时间,同时还应报送具体组织销毁工作的负责人名单,待接到财政部签发的委托销毁通知书后,方可组织实施销毁工作。在没有接到财政部签发的委托销毁通知书之前,不得擅自销毁国债券。已兑付的国债券,应严格按照财政部下达的委托销毁通知书中确认的数字销毁。

由于各年度到期国债券的兑付期不同,年度内已兑付的国债券采取分次销毁或一次销毁的办法。分次销毁是指在年终上报兑付结束报告表之前,根据已兑付券面汇总清单,财政部下达委托销毁通知书,在当年内组织销毁;到年底根据兑付结束报告表和剩余待销毁券面清单,财政部再次下达委托销毁通知书,将未销毁部分券面在次年一季度组织销毁。一次销毁是指根据年终兑付结束报告表和已兑付券面汇总清单,财政部一次下达委托销毁通知书,在次年一季度组织销毁。财政部将在每年下发的当年度财政部门办理到期国债券兑付办法中,具体规定本年度已兑付国债券是采取分次销毁还是一次销毁。但无论分次销毁还是一次销毁,本年度中实际销毁国债券的各项内容(券面种类、金额)与当年国债兑付结束报告表的内容必须完全相符,不得有误。

（四）公证和监销人员必须对整点、复点后的待销毁国债券进行核对和抽查，有关核对、抽查的程序按本办法第八条第四款规定办理。

（五）待销毁国债券经公证、监销人员核对、抽查验证无误后，可采用“碎币机粉碎”或“装球化浆”两种方式进行销毁。如采用“碎币机粉碎”方式销毁国债券，必须使用人民银行用于销毁人民币的专用“碎币机”，并严格按照有关规定进行操作。采用“碎币机”销毁，待销毁的国债券可免于打洞处理，但经公证、监销人员抽查验证无误后必须当场进行粉碎处理。粉碎时应严格控制现场操作人员，确保操作现场的安全。粉碎国债券的要求：纸条宽度不大于10毫米。粉碎后的纸条应及时装袋（箱）封存入库，不得流失，必须送往造纸厂装球化成纸浆。如采用“装球化浆”方式销毁国债券，必须在承担销毁人民币任务的具备一定条件的造纸厂内采用装入球罐内化成纸浆的方式进行。化浆的要求：销毁的国债券必须达到浆状。除以上两种销毁方式外，未经财政部许可，不得随意以任何其他方式进行国债券的销毁工作。

（六）销毁国债券的粉碎过程及从国债券出库到化成纸浆后验浆的整个过程，都必须在销毁工作小组成员的严格控制之下进行。券面在运往销毁地点的途中，必须安排四名以上武装人员押运，且安排押运车辆不得少于两辆（不含开道警车）。国债券运抵销毁现场后，仍应继续做好安全保卫工作，直到国债券全部销毁完毕。在销毁现场，一切无关人员不得进入场内。

（七）国债券在整点、复点、打洞、抽查、粉碎、押送、装球等销毁过程中的每一现场，都必须保持四人以上在场。国债券装入球罐后，由经办单位负责人在公证、监销人员监督下对球口实行签封，待球罐转动20分钟后，其他工作人员可暂离现场，但整个球罐运转过程中，现场监督不得少于两人。销毁过程中，工作人员应对各个具体环节严格把关，建立交接登记制度，防止销毁工作在某一个环节失控。

第五条 对已兑付国债凭证（特种国债收款单及凭证式国债收款单，下同）销毁工作的规定：

（一）财政部门办理的已兑付国债凭证，在兑付期（当年的兑付资金结算时间）结束后，经办单位要依据上报的国债兑付收尾报告表进行认真核对。核对内容包括：每张凭证是否到期、利息计算是否准确、是否加盖付讫印戳、总份数及所载总金额是否与报表相符等。特种国债收款单还应根据当年发行结束后各级上报的特种国债收款单领、用、废、余情况表，检查已兑付收款单的号码是否为当年使用的号码。检查无误后，以50张为一本装订成册，每册封皮上注明债种、发行年度、张数及所载总金额，加盖经办单位公章及负责人、经手人签章。整理好的国债凭证应妥善保管，按上级财政部门要求及时上缴。

（二）已兑付国债凭证的整点，以地（市）、县财政部门为单位装订成册，各省级财政厅（局）对其下属单位交来的已兑付国债凭证应全部复点、核对，如发现已兑付国债凭证所款各项内容与报表内容不符时，应退回经办单位重新处理。复点无误后，应即填制“×××财政厅（局）××××年已兑付国债凭证（收款单）销毁情况记录表”（附三）一式四份。填制要求与本办法第四条第二款填制“×××财政厅（局）××××年已兑付国债券销毁情况记录表”（附二）相同。待销毁国债凭证经整点、复点无误后，向财政部报送“××××年已兑付国债凭证汇总清单”，并提出销毁申请报告。已兑付国债凭证实施销毁的程序与销毁已兑付国债券相同。

（三）对各地使用后收缴的财政部统一印制的《国债券代保管凭证》，在省级财政厅（局）保存一年以后，由各省级财政厅（局）比照上述办法自行组织销毁，但销毁情况应详细注册备案。

第六条 对发行剩余国债券销毁的规定：

（一）发行剩余国债券是国家所有的、不允许进入市场流通的国债券、任何部门不得私自动用或自行销毁。

（二）各省级财政厅（局）须在国债发行结束后一个月内，对发行剩余国债券进行清点、整理、封存，妥善保管，并将发行剩余国债券的券别、张数、金额汇总清单上报财政部。在代财政部保管期间，任何人不得擅自拆封。各地的发行剩余国债券，必须是未上市流通过的新券面。发行剩余国债券的整点办法按本办法第四条第一款第三、第四项规定办理，发行剩余券面的销毁由财政部直接组织，具体办法由财政部派专人实施。

第七条 财政部委托销毁的其他国债券的销毁规定：

各省级财政厅（局）在本地区财政部门已兑付国债券之外，受财政部委托销毁的其他国债券（包括交易场所集中兑付的国债券），应严格按照财政部委托销毁通知书中核定的数字进行销毁，并单独出具公证书。具体实施销毁的程序与各省级财政厅（局）销毁已兑付国债券的程序相同。

第八条 公证、监销人员职责：

（一）国债券销毁工作的全过程必须经当地公证机构派员公证，公证人员不少于两名，还必须由当地财政监察专员办事处派员监销。

（二）公证和监销人员对国债券销毁的全过程（从开始抽查到检验销毁后的碎纸条、纸浆）负公证、监督责任。公证和监销人员在履行公证和监销职责前，应认真了解本办法中各项规定。财政部门有责任提供本办法作为公证、监销的依据。

（三）公证和监销人员必须依据财政部下达的委托销毁通知书中的各项数额，对整个销毁过程进行审核监督。如发现待销毁国债券数额与财政部下发的委托销毁通知书中的内容不相符时，应责令其立即进行补差调整。如不能当场进行补差时，公证、监销人员应按实际销毁数额出具公证书及有关证明，并详细注明差额情况。

（四）公证人和监销人必须对待销毁国债券进行全额核对并拆把抽查。抽查最低比例为：100 元面额以下（含 100 元），为销毁总金额的 2%；500 元、1000 元面额，为销毁总金额的 5%；超过 1000 元以上面额，为销毁总金额的 10%。抽查中如发现券面短缺情况，公证和监销人员有权提高抽查比例，直到全部点清。对待销毁的国债凭证的检查比例为 100%。检查方法按本办法第五条第一款规定办理。

（五）公证和监销人员负责审查整个销毁工作的手续、程序和安全措施等是否符合本办法的各项规定。在国债券清点、销毁的全过程中，如发现债券流失、被盗等事件时，公证和监销人有权暂停销毁，及时封存待销毁券面，采取措施认真查找原因，同时报上级部门和当地公安部门处理。要严肃追究有关人员的责任，并及时将出现的问题及采取的措施报财政部备案。

（六）销毁工作结束后，公证部门应依据实际销毁数额及执行情况出具国债券销毁公证书一式四份，其中一份报财政部，一份留存省级财政厅（局），一份留存公证部门，一份留存监销部门。公证书的内容包括文字说明和国债销毁情况记录表（即附二或附三）两部分。文字说明部分应注明执行销毁国债券（委托公证）的单位、时间、地点、国债券的兑付年度及券面发行年度、种类、数量、金额、抽查比例、验浆结果等销毁全过程的真实记录及公证、监销人员的单位、姓名、职务等详细情况。国债销毁情况记录表中的各项内容应填写清楚、准确，并加盖公证、监销部门公章及公证、监销人员签章。对实行销毁的发行剩余国债券、到期兑付国债券及各类国债凭证等应分别出具销毁公证书。公证书(附国债销毁情况记录表)应及时报财政部备案,财政部以销毁公证书作为审核各省级财政厅(局)执行兑付决算情况的依据。

第九条 其他有关事项:

(一)按有关规定兑付的残破污损国库券,销毁时须单独上报财政部,财政部将单独下达委托销毁通知书。

(二)销毁各类国债凭证时,对失去后已办理挂失手续的凭证(收款单),在存根联后应附有申请挂失单位出具的证明信和经办部门已办理兑付的挂失手续凭据。申请挂失证明信中应注明丢失的国债凭证(收款单)中所载金额、国债类别等,并一式二份,一份同挂失的有关手续一并附在存根联后备案(销毁时应向公证、监销部门出示丢失凭证的存根联以便核对);另一份作为已丢失的收款单,经公证、监销人员审核后销毁。

(三)受财政部委托执行销毁国债券的各省级财政厅(局),在组织实施国债券的销毁工作前,应与公安、公证、监销等有关部门(包括承担销毁任务的厂方)联系,安排好销毁工作的有关事宜,做到周密组织、共同协商、责任明确、方案稳妥,确保国债券的销毁工作万无一失。

附:一、委托销毁国债券通知书(略)

二、×××财政厅(局)××××年已兑付国债券销毁情况记录表(略)

三、×××财政厅(局)××××年已兑付国债凭证(收款单)销毁情况记录表(略)

铁路施工企业内部财务管理办法(节录)

(1996年6月10日 铁财〔1996〕60号)

第一百五十七条 企事业单位在对路外投资、借贷活动中必须对合作方的资信状况及合法性进行调查确认,按法定程序签订协议。协议内容必须符合经济法规的规定,并进行公证。

第一百七十七条 多经企业在经济活动中应遵守如下规定:

(一)不准违反国家政策规定,为其他单位或个人代开发票、收据,从中收取费用。

(二)不得以任何方式为外单位提供经济担保和代签经济合同。

(三)未经主业主管部门批准,不得擅自对外单位进行投资、联营和提供贷款。

(四)不准设立“小金库”、“小钱柜”,或以任何名义截留、转移、私分利润,严禁巧立名目,乱发奖金、实物和补贴。

(五)签定经济合同,要有财会人员参加,重要合同事先必须对对方进行资信调查,并到合同公证机关进行公证。

中国建设银行基本建设管理办法(节录)

(1996年7月3日　建总发字〔1996〕107号)

第二十四条　建设单位应根据国家有关规定,优先采取招标方式择优选择施工单位,签订施工合同,并按规定进行公证或鉴证,合同内容应符合实际情况,防止含糊不清,引起争执。应将施工合同复印件报分行备案,其中总行管理的分行及直属单位建设项目施工合同复印件报总行备案。

邮电部专用网与公用网联网的暂行规定(节录)

(1996年7月24日　邮部〔1996〕752号)

第十六条　经邮电管理局审批后,申请单位与当地邮电通信企业签订联网协议,并办理公证。联网协议应上报邮电管理局备案。

中国农业银行世界银行贷款项目采购管理办法(节录)

(1996年12月1日　农银发〔1996〕342号)

第十五条　采购的监督管理

在项目投标过程中,农业银行应要求对项目采购的开标、评标、定标过程进行公证,如有必要,由农业银行指定仲裁机构对协议执行过程中发生的纠纷进行仲裁。

财政部　外经贸部

关于印发《对外经济合作企业外派人员工资管理办法的补充规定》的通知(节录)

(1997 年 1 月 16 日　财外字〔1997〕8 号)

第十一条　企业的外派劳务人员应就上述事项及双方认为必要的其他事项签订书面合同并经公证机关公证。签订合同时,企业应向外派劳务人员出示同国(境)外雇主签订的劳务合同。

中国工商银行

关于印发《中国工商银行贷款担保管理办法》的通知(节录)

(1997 年 7 月 3 日　工银发〔1997〕88 号)

第二十一条　以贷款实施的在建工程抵押的,抵押物为该建设工程的土地使用权、建设过程中逐渐形成的财产及最终形成的财产。

以在建工程抵押的,应依法办理有关登记和公证手续。贷款行认为必要时,可要求借款人在办理抵押的同时,另行提供保证人。

中国工商银行办公室

关于印发《中国工商银行保管箱业务章程(试行)》的通知(节录)

(1997年12月28日　工银办〔1997〕273号)

第十七条　租用期满,租用人需续租的,应在到期前1个月交纳租金。租用人逾期3个月未办理退租手续又未续交租金的,银行有权扣留保证金并停止开箱,同时通知租用人解除租约。如逾期6个月仍未办理续租、退租手续的,银行有权向司法机关申请公证破箱或开箱,有关的费用由租用人负担。箱内物品由银行登记、开列清单并移存保管。由此形成的损坏,由租用人自负。经公证破箱或开箱满6个月,银行再次限期催告租用人,租用人仍未提取的,银行将依本章程和租约处理存放物品以偿付一切费用。

财政部　国家税务总局

关于个人无偿受赠房屋有关个人所得税问题的通知(节录)

(2009年5月25日　财税〔2009〕78号)

为了加强个人所得税征管,堵塞税收漏洞,根据《中华人民共和国个人所得税法》有关规定,现就个人无偿受赠房屋有关个人所得税问题通知如下:

一、以下情形的房屋产权无偿赠与,对当事双方不征收个人所得税:

(一)房屋产权所有人将房屋产权无偿赠与配偶、父母、子女、祖父母、外祖父母、孙子女、外孙子女、兄弟姐妹;

(二)房屋产权所有人将房屋产权无偿赠与对其承担直接抚养或者赡养义务的抚养人或者赡养人;

（三）房屋产权所有人死亡，依法取得房屋产权的法定继承人、遗嘱继承人或者受遗赠人。

二、赠与双方办理免税手续时，应向税务机关提交以下资料：

（一）《国家税务总局关于加强房地产交易个人无偿赠与不动产税收管理有关问题的通知》（国税发〔2006〕144号）第一条规定的相关证明材料；

（二）赠与双方当事人的有效身份证件；

（三）属于本通知第一条第（一）项规定情形的，还须提供公证机构出具的赠与人和受赠人亲属关系的公证书（原件）；

（四）属于本通知第一条第（二）项规定情形的，还须提供公证机构出具的抚养关系或者赡养关系公证书（原件），或者乡镇政府或街道办事处出具的抚养关系或者赡养关系证明……

国务院安委会

关于印发《国务院安全生产委员会成员单位安全生产工作职责》的通知（节录）

（2010年1月9日　安委〔2010〕2号）

国务院安全生产委员会各成员单位：

《国务院安全生产委员会成员单位安全生产工作职责》已经2010年1月7日国务院安全生产委员会全体会议审议通过，现印发给你们，请遵照执行。

国务院安全生产委员会

二〇一〇年一月二十九日

国务院安全生产委员会成员单位安全生产工作职责（节录）

七、司法部

（一）将安全生产法律法规纳入公民普法的重要内容，会同有关部门广泛宣传普及安全生产法律法规知识；指导律师、公证、基层法律服务工作，为生产经营单位提供安全生产法律服务。

（二）指导监狱、劳动教养企业贯彻执行安全生产法律、法规和标准，落实安全生产责任制，完善安全生产条件,消除事故隐患。

(三)负责司法系统安全生产统计分析。

环境行政处罚办法(2010 修订)(节录)

(2010 年 1 月 19 日　环境保护部令第 8 号)

第五十七条　【送达方式】送达行政处罚文书可以采取直接送达、留置送达、委托送达、邮寄送达、转交送达、公告送达、公证送达或者其他方式。

送达行政处罚文书应当使用送达回证并存档。

农业部办公厅　财政部办公厅

关于印发 2010 年转产转业和渔业资源保护项目实施指导意见的通知(节录)

(2010 年 3 月 8 日)

附件:

2010 年转产转业和渔业资源保护项目实施指导意见(节录)

三、项目申报要求

(一)增殖放流申报要求

3. 资金使用要求。项目资金主要用于补助放流苗种支出,包括:购买放流苗种费用、放流前期的苗种检验检疫、暂养、包装、运输费用以及放流期间公证公示、放流苗种标志和放流后期跟踪监测、效果评估费用等。其中:购买放流苗种方面的费用支出应不少于总资金的 90%。

四、项目组织实施

（三）项目实施。各省（区、市）及计划单列市、黄渤海区渔政局根据财政部下达的项目资金、农业部下达的项目任务以及本实施指导意见，编制本地区（本单位）具体实施方案，报农业部备案后组织实施。

1. 增殖放流。各地各单位要严格按照《水生生物增殖放流管理规定》实施增殖放流项目。增殖放流苗种供应单位确定须符合政府采购等相关规定，在信誉良好、科研力量雄厚、技术水平高，并持有《水产苗种生产许可证》或《水生野生动物驯养繁殖许可证》的苗种生产单位中，按照“公开、公平、公正”的原则确定，同等条件下优先选择国家级、省级水产原良种场、资源增殖站以及驯养繁殖基地作为放流苗种供应单位。珍稀濒危物种放流苗种供应单位须在农业部公布的珍稀濒危水生动物增殖放流苗种供应单位中选择。要与增殖放流苗种供应单位签订项目合同书，明确增殖放流物种、规格、数量、提供时间等内容。要加强对增殖放流苗种供应单位的技术指导和监督检查，严把放流苗种的亲体选择、种质鉴定、检验检疫关，确保健康、优质、无病害、无药物残留的水生生物苗种用于增殖放流，避免对放流水域生态造成不良影响。项目单位要精心组织，认真做好放流苗种的规格测量、计数、运输、投放、验收等工作，确保足额完成承担项目所要求的各项增殖放流任务。已经制定技术规范的品种，要严格按照相关技术规范要求执行。要建立放流过程公证公示制度，对放流区域、时间、品种、规格和数量等有关情况，应通过适当形式向社会公示；珍稀濒危水生生物放流或具备条件的经济水生生物放流，应由相关公证机构出具公证书，接受社会监督。对大规格水生生物苗种尤其是珍稀濒危水生生物苗种，要选取一定比例进行标志放流。

民政部　国家档案局

关于印发《伤残抚恤人员档案管理办法》的通知（节录）

（2010年3月17日　国家档案局令第10号）

各省、自治区、直辖市民政厅（局）、档案局，计划单列市民政局、档案局，新疆生产建设兵团民政局、档案局：

为了加强伤残抚恤人员档案的规范化管理，根据《中华人民共和国档案法》及《军人抚恤优待条例》、《伤残抚恤管理办法》等有关法律、法规，民政部、国家档案局制定了《伤残抚恤人员档案管理办法》。现印发你们，请遵照执行。

民政部

国家档案局

二〇一〇年三月十七日

伤残抚恤人员档案管理办法(节录)

附件：

1. 伤残抚恤人员材料归档范围

2. 伤残抚恤人员材料的整理方法

附件1：

伤残抚恤人员材料归档范围(节录)

七、发放抚恤金过程中形成的下列材料归入伤残抚恤人员档案：

(一)在国内异地居住的，每年由居住地公安机关出具的居住证明；

(二)在港、澳、台定居或出国定居的，每年由我国驻外使领馆(或我国驻外使领馆认证的当地公证机关)出具的居住证明；

(三)其他应归档材料。

财　政　部

关于规范国有企业境外投资中个人代持股份有关问题的通知(节录)

(2010年3月26日　财企〔2010〕24号)

一、国有企业境外投资中，现有的个人代持股份应当按照财政部印发的《境外投资财务管理暂行办法》(财外字〔1996〕215号)和《国务院办公厅转发财政部、国家国有资产管理局关于驻港澳机构以个人名义办理产权注册登记手续等问题的意见的通知》(国办发〔1989〕54号)的有关规定进行规范。

经境内委托人所在地公证机关公证的“股份声明书”、“委托协议书”和“股权转让书”正本应当由境内委托人保存备查,文件副本报履行出资人职责的机构(部门)备案。

中国海事局

关于深化海事行政执法政务公开工作的意见(二)(节录)

(2010 年 5 月 5 日)

附件 3:

海事行政执法政务公开指南(节录)

(七)船舶油污损害民事责任保险的商业性保险机构和互助性保险机构备案

实施机关:××海事局

受理部门:

受理岗位:

申请人:船舶油污损害民事责任保险的商业性保险机构和互助性保险机构或其代理人

具备条件:1. 在中国注册的船舶互助保险机构。

2. 承担国际航线中国籍船舶油污损害民事责任保险的境外船舶互助保险机构应符合以下要求:

(1)在我国境内设有代表机构或者代理机构;

(2)上一年度净基金超过 1 亿美元,每总吨净基金超过 3 美元/总吨;

(3)近三年内未有不良信誉的记录;

(4)保险合同的内容符合法律、行政法规、规章以及中华人民共和国批准或者加入的国际条约的有关规定;

(5)具有与中国境内金融机构、保险公司或船东互保协会签署的一旦发生污染事故后保证赔付的担保协议。

3. 承担中国籍船舶油污损害民事责任保险的保险公司应符合以下要求:

(1)取得国务院保险监督管理机构许可开展相关业务资质;

(2)净资产超过 15 亿元人民币;

(3)近三年内未有不良信誉的记录;

(4)保险合同的内容符合法律、行政法规、规章以及中华人民共和国批准或者加入的国际条约的有关规定。

提交材料:1. 保证承担所签发船舶油污损害民事责任保险或其他财务保证责任的书面承诺;

2. 营业执照、注册登记证明以及其他合法开业的证明材料。境外互助性保险机构还应当提交在中华人民共和国境内设立代表处或代理机构的证明材料;境外互助保险机构提供的营业执照、注册登记证明或者其他合法开业证明为复印件的,应当经其所在国家或者地区依法设立的公证机构公证或者经中国驻该国使、领馆认证;

3. 上一年度的经注册会计师审计的资产负债表、损益表;

4. 上一年度已承保的船舶总吨位;

5. 上一年度船舶油污损害民事责任保险经营状况;

6. 承保的中国籍船舶名单;

7. 船舶油污损害民事责任保险业务的负责人、联系人以及联络方法。境外的互助保险机构还应当提交境内代表处或代理机构的负责人、联系人以及联络方法;

8. 船舶油污损害民事责任保险合同或其他财务保证的样本;

9. 上一年度所承保中国籍船舶的理赔情况和所承保船舶在中华人民共和国境内发生的船舶油污染事故的理赔情况;

10. 需要说明的其他背景材料。

办理依据:1.《中华人民共和国海洋环境保护法》

2.《中华人民共和国防治船舶污染海洋环境管理条例》

办结期限:30 个工作日

办理结果:符合条件的,予以备案;不符合条件,不予备案并说明理由。

收费标准:不收费

卫生部办公厅　国家中医药管理局办公室

关于办理香港特区医师申请内地《医师资格证书》有关事宜的通知(节录)

(2010 年 5 月 14 日　卫办国际发〔2010〕85 号)

附件

国康医药器材有限公司

Guo Kang Pharmaceutical & Medical Supplies Ltd.

Unit 2002, West Tower, Shun Tak Center, 168 – 200
Connaught Rd Central, Sheung Wan, Hong Kong.
Tel:(852)2523 2138, 2523 2178　Fax:(852)2803 0921

编号:CDCDOOOOOOOOOO　　　　日期:××××/××/××

*致×××省/市卫生厅(局):

敬启者,

今附上×××女士/先生申请内地临床/中医/口腔医师资格证书文件如下,恳请查收:

(一)内地医师资格认定申请审核表

(二)六个月内二寸脱帽正面半身彩色照片 2 张

(三)香港特别行政区永久性居民身份证正反面影印本

(四)与拟申请医师资格类别相应的医学专业学历证明正反面影印本

(五)已公证之香港特别行政区行医执照或行医权证明正反面影印本(限 2007 年 12 月 31 日前已取得且满 5 年者)

(六)已公证之专科医师执业执照或专科医师资格证明正反面影印本

(七)相关医疗机构在职证明或执业登记证明

(八)执业期间无不良执业记录证明

(九)无犯罪记录之证明(可出具经中国委托公证人香港律师公证声明)

以上材料应为简体或繁体中文文本或附中文译文。

上述文件经本公司核对无误，恳请尽速办理内地医师资格证书之核发，俟贵方完成作业后，烦请联络：

王木石先生（北京）

电话：010－59085399

传真：010－59085555

邮箱：wangms@ bodimedia. com. cn

或：

胡馨月小姐（香港）

电话：(852)2523 2138

传真：(852)2803 0921

邮箱：gytb8299@ gamil. com

邮寄地址：香港上环干诺道中168－200号信德中心西翼2002室

此致

敬礼

国康医药器材有限公司（印章）

××××年×月×日

卫　生　部

关于印发《食品添加剂新品种申报与受理规定》的通知（节录）

（2010年5月25日　卫监督发〔2010〕49号）

各省、自治区、直辖市卫生厅局，新疆生产建设兵团卫生局，中国疾病预防控制中心、卫生部卫生监督中心：

为了贯彻《食品添加剂新品种管理办法》，规范食品添加剂新品种申报与受理工作，我部组织制定了《食品添加剂新品种申报与受理规定》。现印发给你们，请遵照执行。

食品添加剂新品种申报与受理规定(节录)

第五条 申请首次进口食品添加剂新品种的,除提交第三条规定的资料外,还应当提交以下资料:

(一)出口国(地区)相关部门或者机构出具的允许该添加剂在本国(地区)生产或者销售的证明文件;

(二)生产企业所在国(地区)有关机构或者组织出具的对生产企业审查或者认证的证明文件;

(三)受委托申请人应提交委托申报的委托书;

(四)中文译文应有中国公证机关的公证。

第十三条 进口食品添加剂在生产国(地区)允许生产销售的证明文件应当符合下列要求:

(一)每个产品应当提供1份证明文件原件,无法提供证明文件原件的,须由文件出具单位确认,或由我国驻产品生产国使(领)馆确认。一份证明文件载明多个食品添加剂新品种的,在首个新品种申报时已提供证明文件原件后,该证明文件中其他新品种申报可提供复印件,并提交书面说明,指明证明文件原件所在的申报产品;

(二)应载明文件出具单位名称、生产企业名称、产品名称和出具文件的日期;

(三)应由产品生产国政府主管部门或行业协会出具;

(四)应有出具单位印章或法定代表人(或其授权人)签名;

(五)所载明的生产企业名称和产品名称(或商品名称),应与所申报的内容完全一致;

(六)凡载明有效期的,申请人应在证明文件的有效期内提出申请;

(七)中文译文应有中国公证机关的公证。

受理编号:卫食添新申(　　)第　　号

受理日期:　　　年　　月　　日

食品添加剂新品种申请表

食品添加剂名称________________

中华人民共和国卫生部制

填表说明

1. 本表申报内容及所有申报资料均须打印。

2. 本表申报内容应当完整、清楚,不得涂改。

3. 功能分类是指食品添加剂的类别，应当按照《食品添加剂使用卫生标准》(GB2760)的分类填写。

4. 填写此表前，请认真阅读有关法律法规及《食品添加剂新品种申报与受理规定》。

<table>
<tr><td colspan="2">食品添加剂名称</td><td colspan="3"></td></tr>
<tr><td>分类</td><td></td><td>申请目的</td><td colspan="2">□食品添加剂新品种
□扩大使用范围食品添加剂
□扩大使用量食品添加剂</td></tr>
<tr><td colspan="2">申报者</td><td colspan="3"></td></tr>
<tr><td colspan="2">地址</td><td colspan="3"></td></tr>
<tr><td colspan="2">电话</td><td></td><td>邮政编码</td><td></td></tr>
<tr><td colspan="2">传真</td><td></td><td>联系人</td><td></td></tr>
<tr><td colspan="5">申报单位保证书
本申报单位保证：本申请表中所申报的内容和所附资料均真实、合法，所附资料中的数据均为研究和检验得到数据。如有不实之处，我单位愿负相应法律责任，并承担由此造成的一切后果。</td></tr>
<tr><td colspan="5">申报单位(盖章)　　　　　　　　　　申报单位法定代表人(签字)
年　月　日　　　　　　　　　　　　年　月　日</td></tr>
</table>

所附资料(请在所提供资料前的□内打"√")

□1. 食品添加剂新品种申请表

□2. 添加剂的通用名称、功能分类、用量和使用范围

□3. 证明技术上确有必要和使用效果的资料或者文件

□4. 食品添加剂的质量规格要求、生产使用工艺和检验方法，食品中该添加剂的检验方法或者相关情况说明

□5. 安全性评估资料，包括生产原料或者来源、化学结构和物理特性、生产工艺、毒理学安全性评价资料或者检验报告、质量规格检验报告

□6. 标签或说明书样稿

□7. 其他国家(地区)、国际组织允许生产和使用等有助于安全性评估的资料

□8. 食品添加剂样品 1 件或 30 克

进口食品添加剂新品种需提供如下资料：

□1. 出口国(地区)相关部门或者机构出具的允许该添加剂在本国(地区)生产或者销售的证明文件

□2. 生产企业所在国(地区)有关机构或者组织出具的对生产企业审查或者认证的证明文件

□3. 受委托申请人提交的委托申报委托书

□4. 中文译文公证文件

续表

所附资料的具体要求： 1. 请提供原件 1 份，复印件 4 份，电子文本光盘 1 份。复印件应当由原件复制，复印件应当清晰并与原件完全一致。申报与受理规定第六条规定的内容应当以 Word 或者 Excel 格式提供电子文本； 2. 请使用 A4 规格纸张打印或复印； 3. 应当完整、清晰，同一项目的填写应当前后一致； 4. 所附资料中的外文应当译成规范的中文，并将译文附在相应的外文资料前，但本规定要求使用英文或拉丁文的成分名称、人名以及外国地址等除外，国外文献资料可附中文摘要。
其他需要说明的内容：

商业银行集团客户授信业务风险管理指引（2010 修改）（节录）

（2010 年 6 月 4 日　中国银行业监督管理委员会令 2010 年第 4 号）

第十三条　商业银行在对集团客户授信时，应当要求集团客户提供真实、完整的信息资料，包括但不限于集团客户各成员的名称、相互之间的关联关系、组织机构代码、法定代表人及证件、实际控制人及证件、注册地、注册资本、主营业务、股权结构、高级管理人员情况、财务状况、重大资产项目、担保情况和重大诉讼情况以及在其他金融机构授信情况等。

必要时，商业银行可要求集团客户聘请独立的具有公证效力的第三方出具资料真实性证明。

国家食品药品监督管理局

关于化妆品配方中香精原料申报有关问题的通知

（2010 年 7 月 2 日　国食药监许〔2010〕258 号）

各省、自治区、直辖市卫生厅（局）、食品药品监督管理局（药品监督管理局）：

根据《化妆品行政许可申报受理规定》（国食药监许〔2009〕856 号）的附件《化妆品行政许可申报资料要求》第十四条要求，复配原料必须以复配形式申报，并应标明各组分在其中的含量

(以百分比计)。考虑到香精的特点,现就化妆品配方中香精原料申报有关问题通知如下:

在申报化妆品配方时,如配方中使用了香精原料,应当申报香精在配方中的用量,不须申报香精中具体香料组分的种类和含量,原料名称以“香精”命名。如同时申报香精及香精中香料组分的种类和含量时,则须提交香精原料生产厂商出具的关于该香精所含全部香料组分种类及含量的证明文件。证明文件为外文的,应译成中文,并对中文译文进行公证。

国家食品药品监督管理局
二〇一〇年七月二日

民政部　国家档案局

关于印发《社会组织登记档案管理办法》的通知(节录)

(2010年7月15日　民发〔2010〕101号)

各省、自治区、直辖市民政厅(局)、档案局,计划单列市民政局、档案局,新疆生产建设兵团民政局、档案局:

为了加强社会组织登记档案的规范化管理,根据《中华人民共和国档案法》及《社会团体登记管理条例》、《民办非企业单位登记管理暂行条例》和《基金会管理条例》等有关法律、法规,民政部、国家档案局共同制定了《社会组织登记档案管理办法》。现印发给你们,请遵照执行。

民政部
国家档案局
二〇一〇年七月十五日

社会组织登记档案管理办法(节录)

二、基金会登记文件材料归档范围

(四)基金会变更法定代表人登记文件材料:登记管理机关准予基金会变更法定代表人的文件;基金会变更法定代表人登记申请表;基金会法定代表人登记表;拟由外国人及香港、澳门、台湾居民担任的基金会法定代表人的公证、认证材料;前任法定代表人任职期间的财务审计报告;其他材料。

三、境外基金会代表机构登记文件材料归档范围

（三）境外基金会代表机构变更负责人文件材料：登记管理机关准予境外基金会代表机构变更负责人的文件；境外基金会代表机构登记事项表；境外基金会代表机构变更负责人申请书；离任负责人任职期间的财务审计报告；境外基金会代表机构负责人的公证、认证材料；其他材料。

商务部　外交部

关于进一步做好对外劳务合作工作的紧急通知（节录）

（2010 年 8 月 20 日　商合电〔2010〕1749 号）

二、进一步强化外派企业责任，监督外派企业落实劳务人员的社会保障和境外管理，严禁以中介的方式外派劳务和不负责任的行为。对外承包工程企业必须依照《劳动合同法》与外派劳务人员签订劳动合同，保障外派劳务人员工资报酬及工作生活条件，建立与外派劳务人员的对话沟通机制，严禁将工程项下劳务进行分包。对公民个人因私境外就业应要求其具有境外工作和相关职业资质；签订劳动合同，明确劳动报酬和社会保险；取得境外居留和工作许可；上述材料经境内外公证机关公证和外交机关认证。

商务部办公厅　财政部办公厅

关于农产品现代流通综合试点指导意见的通知（节录）

（2010 年 9 月 15 日　商建字〔2010〕278 号）

（二）项目申报单位应如实提供有关材料，其中农产品批发市场和农贸市场项目材料应包括：市场符合各项条件的证明材料，项目建设和改造方案，市场营业执照副本复印件，税务部门出具的纳税证明，土地使用权证明，突发事件保障市场供给的预案等相关材料。农超对接项目材料应包括：农超对接双方的资质证明（其中农民专业合作社、农业产业化龙头企业的前 3 项资质证明应由当地农经部门出具），经公证部门确认有效的期限不少于 5 年的对接合同，超市对农民专业合作社、农业产业化龙头企业进行生产指导和质量安全管理的有关资料。

中国保险监督管理委员会

关于中国人民财产保险股份有限公司修改章程的批复(节录)

(2010年9月27日　保监发改〔2010〕1169号)

中国人民财产保险股份有限公司：

你公司关于修改公司章程的请示(人保财险董发〔2010〕11号)收悉。经审查,核准你公司2010年6月25日股东大会决议对章程进行的修改。请你公司依照有关规定办理变更事宜。

此复。

附件:中国人民财产保险股份有限公司章程

中国保险监督管理委员会
二○一○年九月二十七日

附件:

中国人民财产保险股份有限公司章程(节录)

第四十二条　任何登记在股东名册上的股东或任何要求将其姓名(名称)登记在股东名册上的人,如果其股票(即"原股票")遗失,可以向公司申请就该股份(即"有关股份")补发新股票。

内资股股东遗失股票,申请补发的,依照《公司法》第一百四十四条的规定处理。

境外上市外资股股东遗失股票,申请补发的,可以依照境外上市外资股股东名册正本存放地的法律、证券交易场所规则或者其它有关规定处理。

H股股东遗失股票申请补发的,其股票的补发应当符合下列要求:

(一)申请人应当用公司指定的标准格式提出申请并附上公证书或法定声明文件。公证书或法定声明文件的内容应当包括申请人申请的理由、股票遗失的情形及证据,以及无其它任何人可就有关股份要求登记为股东的声明。

第七十三条　表决代理委托书至少应当在该委托书委托表决的有关会议召开前二十四小时,或者在指定表决时间前二十四小时,备置于公司住所或召集会议的通知中指定的其它地方。委托书由委托人授权他人签署的,授权签署的授权书或者其它授权文件应当经过公证。经公证的授权书或者其它授权文件,应当和表决代理委托书同时备置于公司住所或者召集会议的通知中指定的其它地方。

委托人为法人的,其法定代表人或董事会、其它决策机构决议授权的人作为代表出席公司的股东会议。

国家食品药品监督管理局

关于印发化妆品技术审评要点和化妆品技术审评指南的通知(节录)

(2010 年 9 月 28 日　国食药监许〔2010〕393 号)

附件 2:

化妆品技术审评指南(节录)

三、产品配方

(一)产品配方总体要求

3. 产品配方中使用了香精原料,可以申报香精在配方中的用量,不须申报香精中具体香料组分的种类和含量,原料名称以“香精”命名。如同时申报香精及香精中香料组分的种类和含量时,则须提交香精原料生产企业出具的关于该香精所含全部香料组分种类及含量的证明文件。证明文件是外文的,应译成中文,并对中文译文进行公证。

国家食品药品监督管理局

关于进一步明确化妆品行政许可申报受理有关事项的通知(节录)

(2010年9月30日 国食药监许〔2010〕397号)

二、关于申报资料要求的有关事项

(七)行政许可在华申报责任单位授权书应由进口化妆品生产企业或进口化妆品新原料生产企业法定代表人或法定代表人授权该生产企业的签字人签字或盖生产企业公章。

行政许可申请表保证书应由进口化妆品生产企业或进口化妆品新原料生产企业法定代表人或其授权的该生产企业的签字人或其授权的在华申报责任单位的签字人签字;无公章的,应在保证书生产企业签章处予以注明。

行政许可申请表承诺书应由行政许可在华申报责任单位法定代表人或法定代表人授权该单位的签字人签字并加盖行政许可在华申报责任单位公章。

授权委托签字时,应提供授权委托书公证件及其中文译文,并做中文译文与原文内容一致的公证。根据《化妆品行政许可申报资料要求》第二十四条的要求,在每次提交行政许可申请时应同时提交授权委托书原件或经公证后的复印件,并书面说明委托签字授权书原件所在的申报产品名称。授权委托签字的内容不应包含于在华申报责任单位授权书中。

除检验报告、公证文书、官方证明文件及第三方证明文件外,行政许可在华申报责任单位应对进口化妆品(新原料)申报资料原件逐页加盖行政许可在华申报责任单位公章或骑缝章。

住房和城乡建设部

关于印发《物业承接查验办法》的通知(节录)

(2010年10月14日 建房〔2010〕165号)

第三十一条 物业承接查验可以邀请业主代表以及物业所在地房地产行政主管部门参加,

可以聘请相关专业机构协助进行,物业承接查验的过程和结果可以公证。

律师事务所证券法律业务执业规则(试行)(节录)

(2010年10月20日　中国证券监督管理委员会、司法部公告〔2010〕33号)

第十二条　律师进行查验,向有关国家机关、具有管理公共事务职能的组织、会计师事务所、资信评级机构、公证机构等查证、确认有关事实的,应当将查证、确认工作情况做成书面记录,并由经办律师签名。

对原产于日本和韩国的进口不锈钢冷轧薄板实施最终反倾销措施(节录)

(2010年10月28日　商务部公告2010年第69号)

2010年5月,日本冶金工业(株式会社)向商务部提交申请,请求继承株式会社YAKIN川崎在不锈钢冷轧薄板反倾销措施中的权利义务,并提交了董事会会议记录、合并公告、注册登记文件、株式会社YAKIN川崎注销证明书、产能产量变化情况、生产设备变化情况以及相关公证和我驻出口国政府大使馆(领馆)的认证文件等相关证明材料。

票据管理实施办法(2011修订)(节录)

(1997年6月23日国务院批准　1997年8月21日中国人民银行令第2号发布　根据2011年1月8日国务院令第588号《国务院关于废止和修改部分行政法规的决定》修订)

第二十八条　票据法第六十三条规定的“其他有关证明”是指:

(一)医院或者有关单位出具的承兑人、付款人死亡的证明;
(二)司法机关出具的承兑人、付款人逃匿的证明;
(三)公证机关出具的具有拒绝证明效力的文书。

住房和城乡建设部　财政部　中国人民银行
中国银行业监督管理委员会

关于加强和改进住房公积金服务工作的通知(节录)

(2011年1月19日　建金〔2011〕9号)

办理要件:职工符合规定提取条件的,应提供本人身份证、相应证明材料及复印件等。由代办人办理的,提供委托书及代办人身份证。相应的证明材料应包括:

9.死亡、被宣告死亡的,由其合法继承人或受遗赠人提供缴存人死亡证明或被宣告死亡证明、继承人或受遗赠人身份证、继承权或受遗赠权证明、公证书;

2010年度全国性行业协会商会的评估等级结果(节录)

(2011年2月24日　民政部公告第200号)

4A等级
15.中国公证协会

农业部办公厅

关于开展增殖放流项目专项检查的通知(节录)

(2011年3月3日　农办渔〔2011〕21号)

二、检查内容

检查内容包括增殖放流项目执行情况和资金使用情况。

(一)增殖放流项目执行情况

2.项目管理情况。建立何种监督机制,增殖放流从抽样计数开始是否有全程影像资料记载并在有效监督下公开进行;是否建立增殖放流具体操作规程,对抽样、计数、称重、评估和不同品种的规格测量予以规范;供苗单位是否招投标确定以及相关资料是否齐全归档;放流是否公证、公示以及相关资料是否齐全归档;每次放流是否有现场交货单、验收人员签字单等验收手续。

商务部实施外国投资者并购境内企业安全审查制度有关事项的暂行规定(节录)

(2011年3月4日　商务部公告2011年第8号)

四、在向商务部提出并购安全审查正式申请时,申请人应提交下列文件:

(二)经公证和依法认证的外国投资者身份证明或注册登记证明及资信证明文件;法定代表人身份证明或外国投资者的授权代表委托书、授权代表身份证明;

卫 生 部

关于印发《食品相关产品新品种行政许可管理规定》的通知(节录)

(2011年3月24日 卫监督发〔2011〕25号)

第六条 申请首次进口食品相关产品新品种的,除提交第五条规定的材料外,还应当提交以下材料:

(一)出口国(地区)相关部门或者机构出具的允许该产品在本国(地区)生产或者销售的证明材料;

(二)生产企业所在国(地区)有关机构或者组织出具的对生产企业审查或者认证的证明材料;

(三)受委托申请人应当提交委托申报的委托书;

(四)中文译文应当有中国公证机关的公证。

国家食品药品监督管理局办公室

关于化妆品行政许可批件(备案凭证)补发申请有关问题的通知

(2011年4月11日 食药监办许〔2011〕58号)

各省、自治区、直辖市食品药品监督管理局(药品监督管理局),有关单位:

为进一步规范化妆品行政许可工作,经研究,现对化妆品行政许可批件(备案凭证)补发申请有关事宜通知如下:

根据《化妆品行政许可申报受理规定》(国食药监许〔2009〕856号)的要求,原化妆品行政许可批件(备案凭证)载明行政许可在华责任单位的,申请补发化妆品行政许可批件(备案凭证)时,除按《化妆品行政许可申报资料要求》第十一条提交申请补发的相关资料外,还应补充提供下列资料：

一、生产企业出具的撤销原行政许可在华责任单位的情况说明及其公证书；

二、原行政许可在华责任单位签署的知情同意书。

国家食品药品监督管理局办公室

二〇一一年四月十一日

国家质量监督检验检疫总局

关于印发《检验检疫实验室管理办法（试行）》的通知

（2011 年 4 月 12 日　国质检科〔2011〕164 号）

各直属检验检疫局，中国检验检疫科学研究院：

为加强检验检疫实验室科学化、规范化、制度化管理，引导和促进检验检疫实验室改革与发展，提升检验检疫实验室履职把关和服务社会发展的两个能力，国家质检总局制订了《检验检疫实验室管理办法（试行）》。现将《检验检疫实验室管理办法（试行）》印发你们，请遵照执行。

附件：检验检疫实验室管理办法（试行）

附件：

检验检疫实验室管理办法（试行）（节录）

第十二条　对既承担部分法定检测业务，又承担委托检测业务的检验检疫实验室，在完成法定检测业务的基础上，引导建立市场发展机制，在获得相关资格许可后，面向社会广泛开展委托检验、公证鉴定、技术咨询等多方面的技术服务，通过积极参与市场竞争加快自身发展。其承担法定检测业务的投入需求予以重点支持，其开展委托检测业务的经费，由其通过市场化运作从经营服务性收入中自主解决。建设要求如下：

（一）鼓励实验室在人事、财务、劳动分配等方面探索机制创新，按照按劳分配、效率优先的分配原则，建立形式多样、自主灵活的分配激励机制，努力做大做强，创造吸引人才、留住人才的良好环境。

（二）在有条件的地区和单位，鼓励实验室间以资产为纽带，通过联合重组、资源整合等方式组建跨区域、跨行业的检测集团，提高与国外检测机构的竞争能力，努力创造知名品牌，向规模化、集约化、品牌化方向发展。

（三）鼓励以多种形式纳入国家和地方发展战略规划，争取国家和地方的财政支持，结合地方产业特色共建资源共享、面向社会开放的公共检测服务平台，充分发挥检验检疫实验室在国际贸易中的技术引领优势和桥梁纽带作用，帮助企业提升国际竞争力，引领地方产业发展。

卫　生　部

关于印发《食品相关产品新品种申报与受理规定》的通知（节录）

（2011 年 5 月 23 日　卫监督发〔2011〕49 号）

第五条　申请首次进口食品相关产品新品种的，除提交第三条规定的材料外，还应当提交以下材料：

（一）出口国（地区）相关部门或者机构出具的允许该产品在本国（地区）生产或者销售的证明材料；

（二）生产企业所在国（地区）有关机构或者组织出具的对生产企业审查或者认证的证明材料；

（三）中文译文应当有中国公证机关的公证。

环境保护部办公厅

关于印发《环境行政处罚证据指南》的通知（节录）

（2011 年 5 月 30 日　环办〔2011〕66 号）

4. 证据收集

4.2　收集方式

4.2.1　收集证据可以采取下列方式：

(9)申请公证进行证据保全;

6.证据认定

6.2　证明效力

6.2.2　证明同一事实的数个证据,其证明效力一般为:

(2)现场检查(勘验)笔录、环境监测报告、鉴定结论、档案材料、经过公证或者登记的书证优于其他书证、视听资料和证人证言;

财政部　教育部

关于印发《国家公派出国教师生活待遇管理规定》的通知(节录)

(2011年6月24日　财教〔2011〕194号)

第十条　出国教师赴任前可领取一次性出国补贴3000元人民币,用于支付公证、护照签证、体检等费用及赴离任、休假、探亲期间的国内旅费。

中国气象局

关于印发气象部门开展法制宣传教育第六个五年规划的通知(节录)

(2011年6月24日)

二、根据工作需要选学的法律、法规

8.中华人民共和国公证法

全国普法办

关于加强食品安全法制宣传教育工作的通知(节录)

(2011年6月28日　普法办〔2011〕8号)

二、抓住重点,务求实效,推进食品安全法制宣传教育工作不断深入

(三)努力增强宣传的针对性和实效性。要根据各地实际,分类指导、因地制宜开展法制宣传教育。要整合司法行政系统的力量和资源,调动司法助理员、基层法律工作者、律师、公证员、人民调解员的积极性,为做好食品安全工作服务。要发挥普法讲师团、法制宣传员、法制文艺工作者等社会宣传队伍作用,组织他们深入到社区、农村、学校、企业,开展食品安全法制宣传教育。要充分发挥广播、电视以及报刊、网络等媒体的作用,开展直观、生动、形象的宣传。

关于贯彻实施《船舶交易管理规定》有关事项的通告(节录)

(2011年8月8日　交通运输部通告2011年第4号)

三、船舶交易服务机构的申报材料

申请设立船舶交易服务机构的,应符合《规定》相关条件要求,提交以下申报材料:

(一)营业执照、营业场所房产证明或租赁合同、办公设施说明。

(二)具备相应资格的五名专业人员需提交的材料如下:

1. 具备船舶与海洋工程、轮机工程、航海技术或相近专业之一的大学本科及以上学历的人员,提供其相关学历证书。

2. 在船舶运输经营企业或船舶运输辅助业经营企业担任相关业务部门经理以上职务满三年的人员,提供其相关从业证明及公证材料。

3. 在船舶交易服务机构或船舶经纪机构担任相关业务部门经理以上职务满三年的人员,提供其相关从业证明及公证材料。

商务部实施外国投资者并购境内企业安全审查制度的规定(节录)

(2011年8月25日　商务部公告2011年第53号)

第五条　在向商务部提出并购安全审查正式申请时,申请人应提交下列文件:

(二)经公证和依法认证的外国投资者身份证明或注册登记证明及资信证明文件;法定代表人身份证明或外国投资者的授权代表委托书、授权代表身份证明;

在中国境内就业的外国人参加社会保险暂行办法(节录)

(2011年9月6日　人力资源和社会保障部令第16号)

第七条　在中国境外享受按月领取社会保险待遇的外国人,应当至少每年向负责支付其待遇的社会保险经办机构提供一次由中国驻外使、领馆出具的生存证明,或者由居住国有关机构公证、认证并经中国驻外使、领馆认证的生存证明。

国家食品药品监督管理局

关于进一步明确进口化妆品行政许可在华申报责任单位备案与变更有关事项的通知

（2011年9月21日　国食药监保化〔2011〕428号）

各省、自治区、直辖市食品药品监督管理局（药品监督管理局），有关单位：

根据《化妆品行政许可申报受理规定》和《关于进一步明确化妆品行政许可申报受理有关事项的通知》等有关要求，为进一步明确进口化妆品行政许可在华申报责任单位（以下称在华申报责任单位）备案与变更有关事项，现通知如下：

一、关于在华申报责任单位备案有关事项

（一）在华申报责任单位在首次申报前，应在国家食品药品监督管理局行政受理机构（以下称受理机构）进行授权书备案。备案时应提交以下资料：

1. 在华申报责任单位授权书原件及相关公证材料原件；

2. 在华申报责任单位营业执照复印件。

（二）进口化妆品生产企业或进口化妆品新原料生产企业（以下称申请人）拟变更在华申报责任单位的，拟变更的在华申报责任单位在首次申报前，应在受理机构进行授权书备案。备案时应提交以下资料：

1. 拟变更的在华申报责任单位授权书原件及相关公证材料原件；

2. 拟变更的在华申报责任单位营业执照复印件；

3. 经公证机关公证的申请人撤销原在华申报责任单位的相关证明文件原件。

（三）在华申报责任单位自身名称或地址变更的，应当向受理机构补充提交当地工商行政管理部门出具的相关变更证明文件原件或经公证的复印件。

（四）在华申报责任单位授权书应当符合下列要求：

1. 授权书由申请人和在华申报责任单位共同签署（申请人由负责人签字或盖章均可，在华申报责任单位应由法定代表人签字并加盖单位印章），并经公证机关公证；授权书为外文的，还应译成中文，并对中文进行公证。

2. 授权书至少应包括以下内容：授权单位名称及地址、在华申报责任单位名称及地址等（参考模版见附件）。

（五）授权书不设授权有效期。

二、关于在华申报责任单位变更有关事项

（一）在华申报责任单位自身名称或地址变更的，可对行政许可批件（备案凭证）中载明的在华申报责任单位相关信息提出变更申请，并提交以下资料：

1. 在华申报责任单位授权书复印件；

2. 当地工商行政管理部门出具的相关变更证明文件原件或经公证的复印件。

（二）申请人拟变更的在华申报责任单位备案后，变更后的在华申报责任单位不得对行政许可批件（备案凭证）中载明的原在华申报责任单位相关信息单独提出变更申请。

（三）变更后的在华申报责任单位申请原在华申报责任单位行政许可批件（备案凭证）的延续或变更时，应同时提交以下资料：

1. 变更后的在华申报责任单位授权书复印件；

2. 经公证机关公证的申请人撤销原在华申报责任单位的相关证明文件复印件。

（四）申请人拟变更的在华申报责任单位备案后，原在华申报责任单位还应当对其申报且已受理但未完成的化妆品行政许可事项负责，直至获得相应的行政许可决定为止。

附件：进口化妆品行政许可在华申报责任单位授权书（参考模版）

国家食品药品监督管理局

二〇一一年九月二十一日

国家档案局

关于印发《国家基本专业档案目录（第一批）》的通知（节录）

（2011年10月14日　档函〔2011〕261号）

附件：

国家基本专业档案目录（节录）（第一批50种）

三、政务类

序号	名称	专业主管部门
13	纪检监察机关案件档案	中纪委、监察部

14	事业单位登记档案	中编办
15	人民检察院诉讼档案	高检院
16	人民法院诉讼档案	高法院
17	公安业务档案	公安部
18	社会组织登记档案	民政部
19	地名档案	民政部
20	行政区域界线档案	民政部
21	公证档案	司法部
22	普查档案	统计局
23	信访档案	信访局

2011—2015年司法行政系统教育培训规划(节录)

(2011年10月18日)

二、主要任务

(二)政策法规培训。加强党的路线方针政策培训,扎实开展党的十七届五中全会精神和“十二五”规划的培训,开展党和国家重大战略决策部署的培训,引导广大干部准确把握“十二五”时期经济社会发展的指导思想、总体思路、目标任务和重大举措,把思想和行动统一到中央精神上来。扎实开展宪法、中国特色社会主义法律体系和国家基本法律的培训,使全体干部牢固树立宪法和法律观念,自觉学法、守法、用法。扎实开展通用法律知识、专门法律知识和新颁布法律法规专题培训,深入开展律师法、公证法、监狱法、人民调解法等司法行政工作法律法规以及与司法行政工作密切相关的法律法规的培训,使广大干部不断提高掌握运用法律政策的能力,依法履行岗位职责。

(六)指导监督和组织开展法律服务工作者的教育培训。各级司法行政机关要切实履行职责,进一步加强律师、公证员、法律援助工作者、基层法律服务工作者、司法鉴定人等法律服务工作者教育培训工作的整体规划、监督检查和制度规范,扎实开展思想政治教育。重点抓好党员律师、律师事务所负责人、合伙人和骨干律师的教育培训,依托司法行政系统现有教育资源建立律师培训基地,探索选派优秀律师党员到各级党校、行政学院参加培训。各行业协会要充分发挥职能作用,认真组织实施法律服务工作者教育培训规划,重点开展业务能力、职业道德和执业纪律等教育培训。

国家档案局

关于印发《国家基本专业档案目录(第二批)》的通知(节录)

(2011年11月7日　档函〔2011〕273号)

附件:

国家基本专业档案目录(节录)(第二批50种)

三、政务类

序号	名称	专业主管部门
15	领事事务档案	外交部
16	网站管理档案	工业和信息化部
17	安全生产许可证档案	工业和信息化部、住房城乡建设部、安全监管总局
18	无线电台执照档案	工业和信息化部
19	机动车登记档案	公安部
20	出入境管理档案	公安部
21	慈善捐赠档案	民政部
22	律师业务档案	司法部
23	律师事务所执业档案	司法部
24	司法鉴定档案	司法部
25	司法考试档案	司法部
26	公证机构执业档案	司法部
27	会计师事务所登记档案	财政部
28	劳动人事争议仲裁档案	人力资源社会保障部
29	农产品质量安全档案	农业部
30	农药登记档案	农业部
31	兽药登记档案	农业部

32	广告登记管理档案	工商总局
33	国家标准档案	质检总局
34	药品品种登记档案	食品药品监管局
35	医疗器械登记档案	食品药品监管局
36	保健食品登记档案	食品药品监管局
37	海域勘界档案	海洋局
38	海岛地名档案	海洋局

商业特许经营备案管理办法(2011 修订)(节录)

(2011 年 12 月 2 日　商务部令 2011 年第 5 号)

第六条　申请备案的特许人应当向备案机关提交以下材料:

(一)商业特许经营基本情况。

(二)中国境内全部被特许人的店铺分布情况。

(三)特许人的市场计划书。

(四)企业法人营业执照或其他主体资格证明。

(五)与特许经营活动相关的商标权、专利权及其他经营资源的注册证书。

(六)符合《条例》第七条第二款规定的证明文件。

在 2007 年 5 月 1 日前已经从事特许经营活动的特许人在提交申请商业特许经营备案材料时不适用于上款的规定。

(七)与中国境内的被特许人订立的第一份特许经营合同。

(八)特许经营合同样本。

(九)特许经营操作手册的目录(须注明每一章节的页数和手册的总页数,对于在特许系统内部网络上提供此类手册的,须提供估计的打印页数)。

(十)国家法律法规规定经批准方可开展特许经营的产品和服务,须提交相关主管部门的批准文件。

外商投资企业应当提交《外商投资企业批准证书》,《外商投资企业批准证书》经营范围中应当包括"以特许经营方式从事商业活动"项目。

(十一)经法定代表人签字盖章的特许人承诺。

(十二)备案机关认为应当提交的其他资料。

以上文件在中华人民共和国境外形成的,需经所在国公证机关公证(附中文译本),并经中华人民共和国驻所在国使领馆认证,或者履行中华人民共和国与所在国订立的有关条约中规定的证明手续。在香港、澳门、台湾地区形成的,应当履行相关的证明手续。

国家标准化管理委员会

关于印发《标准化事业发展“十二五”规划》的通知(节录)

(2011年12月23日　国标委综合〔2011〕79号)

五、拓展服务业标准化领域

(一)生产性服务业

04　商务服务

研制会计、审计、税务、认证认可、市场调查等专业服务标准,法律咨询、司法鉴定、公证、经济仲裁等法律服务标准,项目策划、财务顾问等企业管理服务标准,人力资源服务外包、人力资源管理咨询、高级人才巡访、劳务派遣、人才档案管理等人力资源服务标准,以及广告、会展等服务标准。

中国领事证件服务指南(节录)

(2011年12月28日)

第一部分　行前准备

●办妥认证。国内各种证书、证明等如需在外国使用,一般情况下需事先在国内公证机构、贸促会、出入境检验检疫机构等办妥公证书或其他证明文书,并通过外事部门办理领事认证,再送至前往国家驻华使领馆进行认证。出国前,请注意确认已办妥相关文书的公证和认证手续。

●复印备用。为备急需,建议在出国前复印护照(护照资料页及加注页、外国签证、出入境记录等),以及公证认证法律文书等资料。必要时,也可事先办理重要文件复印件与原件相符的公证认证手续备用。

第三部分　在外居留

●留意文书的有效期。婚姻状况、无犯罪记录、健在公证等部分法律文书所涉及的事项有可变性，有效期一般为 6 个月。此外，一些国家对部分种类法律文书的时效还有特殊规定。建议根据需要及时申办并尽快使用。

●外国文书在华使用。外国主管部门出具的各种证件、证明如需在中国使用，通常需事先在当地公证机构办妥公证，并通过当地外事主管部门办理认证，再送往中国驻当地使领馆进行认证。回国前请注意确认已办妥相关文书的公证和认证手续。

第四部分　申 办 证 件

●公证认证及婚姻登记服务。根据中国有关法律、法规和相关国际条约，驻外使领馆可为中国公民办理有关文书的公证或认证；在与驻在国的法律规章不相抵触，且驻在国承认的情况下，办理中国公民之间的婚姻登记手续。

●证件办理时间。驻外使领馆受理护照或其他旅行证件申请，需与原发照机关或户籍所在地核实身份，完成办理所需时间取决于身份核实进度。申请公证、认证或婚姻登记，通常需要 1 至 4 个工作日。驻外使领馆根据中国有关法规收取办理领事证件的费用。

●驻外使领馆不可以提供以下证件服务：为不在驻在国的中国公民办理护照、旅行证件；代中国公民办理外国签证、停留或居留手续、工作许可等；直接认证中国国内公证机关出具的公证书；认证非本馆领区相关机构出具的文书；直接公证发生在中国国内的事实，或国内有关单位出具的其他证书、文书；办理我国法律、法规规定不能办理的其他证件或证明。

第五部分　安 全 使 用

●妥善保存。请妥善保管护照、公证认证法律文书及其复印件。为稳妥起见，请尽可能将上述证件存放在防火、防水、防盗的安全处所。

●谨慎使用。注意尽量减少护照在公众场所的使用次数，用毕确认护照已放置妥当。如确有需要，在将护照提供给他人（如移民官员）时，请务必索要凭据，并及时取回护照。公证书只在必要时使用。

第六部分　特 别 提 示

●在申办各类领事证件及外国签证时，不实申报或提供伪造申请材料，买卖、伪造护照和公证认证书等行为，为各国法律所禁止，当事人将被拒绝办理或吊销证件、签证，甚至被追究刑事责任。

国家人民防空办公室

印发《社会中介机构承担人民防空综合防护体系建设任务管理规定(暂行)》的通知(节录)

(2012 年 1 月 13 日　国人防〔2012〕23 号)

第三条　本规定所称社会中介机构是指依法设立的运用专门的知识和技能,按照一定的业务规则和程序为委托人提供人民防空综合防护体系建设中介服务,并收取相应费用的法人单位。包括:

(一)独立审计机构;

(二)资产、土地、工程等评估机构;

(三)工程监理机构;

(四)法律、档案等服务机构;

(五)信息、技术、工程等资讯机构;

(六)检测、检验、公证、认证机构;

(七)人才介绍机构;

(八)专利、税务、房地产、招投标等代理机构;

(九)法律、法规、规章规定的其他组织等。

人力资源和社会保障部

关于印发工伤保险经办规程的通知(2012修订)(节录)

(2012年2月6日　人社部发〔2012〕11号)

工伤保险业务经办用表填表说明

三十五、供养亲属抚恤金核定表(表5－9)

1. 此表由经办机构打印制表,在核定工亡职工供养亲属抚恤金时使用。一式三联,经办机构审核盖章后,由供养亲属、用人单位和经办机构分别留存。

2. 工亡职工公民身份号码、姓名、性别:按工亡职工《工伤认定决定书》所示内容填写。

3. 工亡时间:按工亡职工《认定工伤决定书》、《居民死亡医学证明书》或其他死亡证明所示内容填写。

4. 本人工资:按工亡职工工伤前12个月平均月缴费工资填写。

5. 供养亲属姓名、性别、公民身份号码、年龄:按居民身份证或户口簿所示内容填写。

6. 与工亡职工关系(6栏):根据户口簿或公安部门、政府机构、市级公证部门出具的供养亲属申请人与工亡职工亲属关系的证明材料填写。

7. 孤寡老人或孤儿:根据县级以上民政部门的证明填写"是"或"否"。

8. 支付比例:配偶每月40%,其他亲属每人每月30%,孤寡老人或孤儿每人每月在上述标准的基础上增加10%。

9. 支付金额:为月支付金额或一次性领取供养亲属抚恤金金额。

商务部办公厅　国务院台湾事务办公室秘书局

关于印发《台湾非企业经济组织在大陆常驻代表机构审批管理工作规则》的通知(节录)

(2012 年 4 月 12 日　商办台函〔2012〕259 号)

第二十条　台湾非企业经济组织及其代表机构向商务部提交的申请材料必须真实、有效。必要时,商务部可以要求代表机构提供的全部或部分申报材料须经台湾地区公证机构公证。

全国博物馆评估办法(节录)

(国家文物局 2008 年 2 月发布　2012 年 5 月修订)

第十六条　全国博物馆评估委员会、省(自治区、直辖市)博物馆评估委员会及其现场评估小组须严格遵循相关评估工作程序、规则和纪律,接受有关管理部门、博物馆行业、社会各界和公证机构的监督。

农业部办公厅　财政部办公厅

关于印发《2012年渔业资源保护和转产转业项目实施指导意见》的通知(节录)

(2012年5月25日　农办财〔2012〕78号)

三、项目申报要求

(一)增殖放流申报要求

3. 资金使用要求。项目资金主要用于补助放流苗种支出,包括:购买放流苗种费用、放流前期的苗种检验检疫、暂养、包装、运输费用以及放流期间公证公示、放流苗种标志和放流后期跟踪监测、效果评估费用等。其中:购买放流苗种方面的费用支出应不少于总资金的90%。

四、项目组织实施

(三)项目实施。各省(区、市)及计划单列市、中国水产科学研究院和全国水产技术推广总站根据财政部下达的项目资金、农业部下达的项目任务以及本实施指导意见,编制本地区(本单位)具体实施方案,报农业部备案后组织实施。

1. 增殖放流。各地各单位要严格按照《水生生物增殖放流管理规定》、《全国水生生物增殖放流总体规划》、《全国珍稀濒危水生动物增殖放流规划(2011—2015年)》实施增殖放流项目。经济物种放流苗种供应单位的确定须符合政府采购等相关规定,在信誉良好、科研力量雄厚、技术水平高,并持有《水产苗种生产许可证》的苗种生产单位中,按照"公开、公平、公正"的原则确定,同等条件下优先选择国家级、省级水产原良种场、资源增殖站作为放流苗种供应单位。珍稀濒危物种放流苗种供应单位须在农业部公告的珍稀濒危水生动物增殖放流苗种供应单位中选择。要与增殖放流苗种供应单位签订项目合同书,明确增殖放流物种、规格、数量、提供时间等内容。要加强对增殖放流苗种供应单位的技术指导和监督检查,确保健康、优质、无病害、无药物残留的水生生物苗种用于增殖放流,避免对放流水域生态造成不良影响。项目单位要精心组织,认真做好放流苗种的规格测量、计数、运输、投放、验收等工作,确保足额完成承担项目所要求的各项增殖放流任务。要按照2011年2月1日起正式实施的《水生生物增殖放流操作技术规程》(SC/T 9401——2010)要求开展增殖放流,已经制定具体技术规范的品种,要严格按照相关技术规范要求执行。要建立放流过程公证公示制度,对放流区域、时间、品种、规格和数量等有关情况,应通过适当形式向社会公示;具备条件的水生生物放流,应由相关公证机构出具公证书,接受社会监督。对大规格水生生物苗种尤其是珍稀濒危水生生物苗种,要选取一定比例进行标志放流。

中国人民银行　国家发展改革委　财政部等

关于印发浙江省温州市金融综合改革试验区总体方案的通知(节录)

(2012 年 7 月 27 日　银发〔2012〕188 号)

二、主要任务

(四)规范发展民间融资。坚持规范发展和适度创新相结合的原则,研究制定规范民间融资、打击非法金融活动的管理办法,形成疏堵结合的民间融资管理体系。探索建立民间融资备案管理制度,开展民间借贷登记、合约公证、资产评估登记等服务。建立健全民间融资监测体系,做好民间融资动态跟踪和风险预警。

国家标准化管理委员会　国家发展和改革委员会　教育部等

关于印发《社会管理和公共服务标准化工作“十二五”行动纲要》的通知(节录)

(2012 年 8 月 2 日　国标委服务联〔2012〕47 号)

三、重点任务

(二)加强重点领域标准制修订工作

11. 司法行政与服务标准

重点开展司法鉴定、公证业务等领域的标准制修订工作。

子工程 3:司法行政与服务标准化建设工程

——开展司法鉴定标准化研究。建立健全科学的司法鉴定标准体系,统一司法鉴定职业规范,保障司法鉴定质量,提升司法鉴定的社会公信力,促进司法公正。

——建立公证业务标准体系。实现公证服务秩序标准化、办证程序标准化、公证机构内部管理标准化、公证管理行为标准化，提高公证工作管理和建设的水平。

本子工程预期目标：初步建立司法行政与服务标准体系，为加强和创新社会管理工作提供支撑。

中国边民与毗邻国边民婚姻登记办法(节录)

(2012年8月8日民政部令第45号公布　自2012年10月1日起施行)

第六条　办理结婚登记的中国边民应当出具下列证件、证明材料：

(一)本人的居民户口簿、居民身份证；

(二)本人无配偶以及与对方当事人没有直系血亲和三代以内旁系血亲关系的签字声明。

办理结婚登记的毗邻国边民应当出具下列证明材料：

(一)能够证明本人边民身份的有效护照、国际旅行证件或者边境地区出入境通行证件；

(二)所在国公证机构或者有权机关出具的、经中华人民共和国驻该国使(领)馆认证或者该国驻华使(领)馆认证的本人无配偶的证明，或者所在国驻华使(领)馆出具的本人无配偶的证明，或者由毗邻国边境地区与中国乡(镇)人民政府同级的政府出具的本人无配偶证明。

国家发展和改革委员会

关于印发广州南沙新区发展规划的通知(节录)

(2012年9月12日　改地区〔2012〕2915号)

五、打造以生产性服务业为主导的现代产业新高地

(二)建设商业服务中心。

——特色金融与专业服务。按照与港澳功能互补、错位发展、互利共赢的原则，积极发展科技金融、航运金融等特色金融业，不断完善珠三角金融综合服务体系。依托香港国际金融和国际航运中心，推动粤港澳金融服务合作，鼓励和支持港澳企业和金融机构积极参与组建航运产业基金、航运金融租赁公司、航运保险机构，提高航运金融资源的集中度与配置效率。推进保险改革创新项目在南沙新区先行先试，研究制定港澳保险机构进入南沙新区的政策，在南沙新区开展自保公司、相互制保险公司等新型保险公司试点，大力发展再保险、航运保险、货运保险和信用保险等业务。引导和支持珠江三角洲地区加工贸易、物流仓储、电子商务等各类大型企业在南沙设立财务中心、结算中心。加快发展临港大宗商品期货经纪业务。设立风险投资、创业投资和私募股权投资等各类股权投资机构，建设财富管理中心。支持符合条件的港澳和国际大型金融机构在南沙新区设立法人机构、分支机构。拓展跨境贸易人民币结算业务，开展探索资本项目可兑换的先行试验，进一步扩大人民币跨境使用。鼓励和支持粤港澳企业跨境直接融资。建设检测认证机构集聚区，促进港澳与内地在中医药、建筑建材、食品及珠宝等检测认证领域的合作发展，建设与国际接轨的检测认证中心。大力发展会计、律师、公证、咨询评估、投资管理、人力资源等专业服务业以及家庭服务业等生活性服务业，加快引入国际知名专业服务机构。

机动车登记规定（2012 修正）（节录）

（2008 年 5 月 27 日公安部令第 102 号发布　根据 2012 年 9 月 12 日《公安部关于修改〈机动车登记规定〉的决定》修正）

第十四条　机动车所有人为两人以上，需要将登记的所有人姓名变更为其他所有人姓名的，应当提交机动车登记证书、行驶证、变更前和变更后机动车所有人的身份证明和共同所有的公证证明，但属于夫妻双方共同所有的，可以提供《结婚证》或者证明夫妻关系的《居民户口簿》。

变更后机动车所有人的住所在车辆管理所管辖区域内的，车辆管理所按照本规定第十一条第二款的规定办理变更登记。变更后机动车所有人的住所不在车辆管理所管辖区域内的，迁出地和迁入地车辆管理所按照本规定第十三条的规定办理变更登记。

第六十四条　本规定下列用语的含义：

（六）机动车来历证明是指：

1. 在国内购买的机动车，其来历证明是全国统一的机动车销售发票或者二手车交易发票。在国外购买的机动车，其来历证明是该车销售单位开具的销售发票及其翻译文本，但海关监管的机动车不需提供来历证明；

2. 人民法院调解、裁定或者判决转移的机动车，其来历证明是人民法院出具的已经生效的《调解书》、《裁定书》或者《判决书》，以及相应的《协助执行通知书》；

3. 仲裁机构仲裁裁决转移的机动车，其来历证明是《仲裁裁决书》和人民法院出具的《协助执行通知书》；

4. 继承、赠予、中奖、协议离婚和协议抵偿债务的机动车，其来历证明是继承、赠予、中奖、协议离婚、协议抵偿债务的相关文书和公证机关出具的《公证书》；

5. 资产重组或者资产整体买卖中包含的机动车，其来历证明是资产主管部门的批准文件；

6. 机关、企业、事业单位和社会团体统一采购并调拨到下属单位未注册登记的机动车，其来历证明是全国统一的机动车销售发票和该部门出具的调拨证明；

7.机关、企业、事业单位和社会团体已注册登记并调拨到下属单位的机动车，其来历证明是该单位出具的调拨证明。被上级单位调回或者调拨到其他下属单位的机动车，其来历证明是上级单位出具的调拨证明；

8.经公安机关破案发还的被盗抢且已向原机动车所有人理赔完毕的机动车，其来历证明是《权益转让证明书》。

文　化　部

关于印发《网络文化市场执法工作指引（试行）》的通知（节录）

（2012年9月24日　文市发〔2012〕35号）

第十五条　远程取证是指通过信息网络对网络文化单位、网络文化产品及其所在网站实施收集、调取和固定电子数据的过程。

远程取证过程可邀请一至两名与案件无关的公民作见证人，或者有资质的公证机构公证。

证券公司董事、监事和高级管理人员任职资格监管办法（2012修订）（节录）

（2006年10月20日中国证券监督管理委员会第192次主席办公会议审议通过　根据2012年10月19日中国证券监督管理委员会《关于修改〈证券公司董事、监事和高级管理人员任职资格监管办法〉的决定》修订）

第二十七条　申请人提交学历、学位证明文件复印件的，应当加盖颁发单位或出具单位的公章，或出具公证机关的公证文书或律师的认证文件，以证明复印件与原件一致；提交国外和中国香港、澳门特别行政区及台湾地区大学或高等教育机构学位证书或高等教育文凭，或者非学历教育文凭的，应当同时提交国务院教育行政部门对其所获教育文凭的学历学位认证文件。

中国科学院

关于印发《中国科学院公派留学管理办法》的通知(节录)

(2012 年 10 月 30 日　科发人教字〔2012〕151 号)

第十六条　院公派留学人员留学期限 6 个月及以上者,派出前须与所在单位签订《出国留学协议书》并办理公证手续。协议书由所在单位自行制定,内容应包括:出国期限、进修内容、留学期间所在单位提供的待遇、延期和违约条款、担保人、回国工作安排等内容。

国家食品药品监督管理局

关于简化化妆品生产企业名称或地址(生产现场未改变)变更有关事宜的通知(节录)

(2012 年 11 月 7 日　国食药监保化〔2012〕307 号)

二、申请企业名称或地址信息变更时,申请人应填写《化妆品生产企业名称或地址(生产现场未改变)变更申请表》,并同时提交以下证明材料:

国产特殊用途化妆品涉及生产企业名称或地址(生产现场未改变)变更的,应提交当地工商行政管理部门出具的证明文件原件或经公证的复印件、生产企业卫生许可证复印件,以及所在地省级食品药品监管部门出具的生产企业生产现场未改变的证明文件。

进口化妆品涉及生产企业名称或地址(生产现场未改变)变更的,应提交生产国政府主管部门或有关机构出具的相关证明文件和重新备案的《进口化妆品行政许可在华申报责任单位授权书》复印件。其中,因企业间的收购、合并而提出合法变更生产企业名称的,也可提交双方签订的收购或合并合同的复印件。证明文件需翻译成规范中文,中文译文应有中国公证机关的公证。

进口化妆品涉及在华申报责任单位自身名称或地址变更的,应提交当地工商行政管理部门出具的变更证明文件原件或经公证的复印件。

香港特别行政区和澳门特别行政区律师事务所与内地律师事务所联营管理办法(2012修正)(节录)

(2003年11月30日司法部令第83号发布　根据2012年11月21日司法部令第126号第五次修正)

第七条　香港、澳门律师事务所与内地律师事务所申请联营,应当共同向内地律师事务所所在地的省级司法行政机关提交下列申请材料:

(一)双方签署的联营申请书;

(二)双方签署的联营协议;

(三)香港、澳门律师事务所获准在香港、澳门设立的有效登记证件的复印件,独资经营者或者负责人、所有合伙人名单,驻内地代表机构执业许可证的复印件及代表名单;

(四)香港、澳门特别行政区政府有关部门出具的香港、澳门律师事务所符合香港、澳门法律服务提供者标准的证明书;

(五)内地律师事务所执业许可证的复印件,负责人、所有合伙人名单,地(市)级司法行政机关出具的该所符合本办法第六条规定条件的证明文件;

(六)香港、澳门律师事务所驻内地代表机构与内地律师事务所不在同一省、自治区、直辖市的,由香港、澳门律师事务所驻内地代表机构所在地的省级司法行政机关出具的香港、澳门律师事务所符合本办法第五条第(六)项规定条件的证明文件;

(七)省级司法行政机关要求提交的其他材料。

本条前款第三项所列有效登记证件的复印件,须经内地认可的公证人公证。

根据本办法第六条第二款规定申请联营的内地律师事务所,应当同时提交本所具有5年以上执业经历的设立人的证明材料。

申请材料应当使用中文,一式三份。材料中如有使用外文的,应当附中文译文。

公　安　部

关于印发《机动车登记工作规范》的通知(2012 修订)(节录)

(2012 年 11 月 30 日　公交管〔2012〕333 号)

第十八条　办理共同所有人姓名变更登记的业务流程和具体事项为:

(一)变更后机动车所有人住所在车辆管理所管辖区域内的,登记审核岗审查《机动车变更登记/备案申请表》、登记证书、行驶证、变更前和变更后机动车所有人的身份证明、机动车为共同所有的公证证明或者证明夫妻关系的《居民户口簿》或者《结婚证》。符合规定的,向机动车所有人出具受理凭证。签注登记证书交机动车所有人;收回原行驶证并销毁,制作行驶证交机动车所有人;需要改变机动车号牌号码的,收回原号牌并销毁,确定新的机动车号牌号码,制作号牌、检验合格标志交机动车所有人。档案管理岗核对计算机登记系统的信息,整理资料,装订、归档。

(二)变更后机动车所有人的住所不在车辆管理所管辖区域内的,查验岗按照本规范第十二条第(一)项的规定办理;登记审核岗按照本条第(一)项的规定审查相关资料。符合规定的,按照本规范第十二条第(三)项和第(四)项的规定办理转出。转入地车辆管理所按照本规范第十三条至第十六条的规定办理。

第十九条　办理变更登记的,下列资料存入机动车档案:

(一)《机动车变更登记/备案申请表》原件,办理机动车转入的,收存《机动车注册、转移、注销登记/转入申请表》原件;

(二)机动车所有人身份证明复印件;

(三)属于非专用校车喷涂粘贴校车外观标识、加装校车标志灯和停车指示标志的,收存县级或者设区的市级人民政府批准的校车使用许可的复印件;

(四)属于因质量问题更换整车的,收存更换后的合格证或者进口凭证原件,原机动车的合格证或者进口凭证复印件;

(五)属于机动车所有人的住所迁出车辆管理所管辖区域的,收存行驶证原件;

(六)属于机动车转入的,收存原机动车档案内的资料;

(七)机动车查验记录表原件。

办理共同所有人姓名变更登记的,除收存本条第一款第(一)项和第(二)项规定的资料外,还应当收存下列资料:

(一)变更前机动车所有人的身份证明复印件;

（二）机动车为两人以上共同所有的公证证明复印件。属于机动车为夫妻双方共同所有的，可以收存证明夫妻关系的《居民户口簿》或者《结婚证》的复印件；

（三）属于变更后机动车所有人住所不在车辆管理所管辖区域内的，收存机动车查验记录表、行驶证原件。

第七十二条 车辆管理所对人民法院、人民检察院、公安机关或者其他行政执法部门、纪检监察部门以及公证机构、仲裁机构、律师事务机构等因办案需要查阅机动车档案的，审查其提交的档案查询公函和经办人工作证明；对机动车所有人查询本人的机动车档案的，审查其身份证明。

查阅档案应当在档案查阅室进行，档案管理人员应当在场。需要出具证明或者复印档案资料的，经业务领导批准。

除机动车所有权转移到原登记车辆管理所辖区以外和机动车所有人住所迁出车辆管理所辖区以外的变更登记外，已入库的机动车档案原则上不得再出库。

企业文件材料归档范围和档案保管期限规定（节录）

（2012年12月17日 国家档案局令第10号）

第八条 永久保管的企业管理类档案主要包括：

（一）本企业设立、合并、分立、改制、上市、解散、破产或其他变动过程中形成的文件材料，本企业董事会、监事会、股东会的构成、变更、召开会议、履行职责和维护权益的文件材料；

（二）本企业资产和产权登记、评估与证明文件材料，资产和产权转让、买卖、抵押、租赁、许可、变更、保护等凭证性文件材料，对外投资文件材料；本企业资本金核算、确认、划转、变更等文件材料，企业融资文件材料；

（三）本企业关于重要问题向有关机关和上级主管单位的请示、报告、报表及其复函、批复，有关机关和上级单位制发的需本企业办理的重要文件材料，行业协会、中介机构等对本企业做出的重要决定、出具的审计、公证、裁定等重要文件材料，本企业与其他组织和个人形成的重要合同、协议及补充协议等文件材料；

旅游行政处罚办法(节录)

(2013 年 5 月 12 日　国家旅游局令第 38 号)

第三十四条　对于先行登记保存的证据,应当在 7 日内采取下列措施:

(一)及时采取记录、复制、拍照、录像、公证等证据保全措施;

(二)需要鉴定的,送交鉴定。

旅游主管部门应当在期限届满前,解除先行登记保存措施。已移转保存的,应当返还当事人。

民政部　国家发展和改革委员会　公安部　司法部　财政部　国家卫生和计划生育委员会　国家宗教事务局

关于进一步做好弃婴相关工作的通知(节录)

(2013 年 5 月 14 日　民发〔2013〕83 号)

四、落实相关部门职责,形成工作合力

民政部门要发挥做好弃婴相关工作的主导作用,协调有关部门健全弃婴的接收、救治、安置机制,加强对各类儿童福利机构以及弃婴收养工作的指导和管理,提高弃婴的养育质量和抚育水平。发展改革部门要根据儿童福利事业发展需要,推动儿童福利机构设施建设。公安机关要积极主动为弃婴办理相关手续,妥善做好弃婴接收、户籍办理等工作,要积极查找弃婴和儿童的生父母和其他监护人,严厉查处打击遗弃婴儿等违法犯罪行为。司法行政部门要加大弃婴权益保护法律法规宣传力度,开展多种形式的法制宣传活动,指导公证机构依法办理收养公证。财政部门要加大资金支持力度,保障儿童福利工作相关经费支出。卫生计生部门要加强对医疗保健机构的指导,指定条件较好的医院作为弃婴救治、体检的医疗机构,明确费用结算办法,配合相关部门做好弃婴的救治工作,并全面掌握辖区内居民的家庭成员情况和育龄人员的生育情况。宗教事务部门要配合相关部门做好引导和规范宗教界收留弃婴相关工作。

中央国家机关政府采购中心

关于印发《中央国家机关政府采购中心开标评标管理办法(试行)》的通知(节录)

(2013年6月14日　国机采办〔2013〕11号)

第十六条　开标

(一)项目经办人按照主持程序宣布开标正式开始。

(二)介绍项目情况、监管部门人员、采购人派出的纪检监察人员、公证人员等。

(三)宣布开标纪律。

(四)推选监标人。项目经办人宣布在投标人中推选不少于2名代表作为监标人,推选出的监标人应在指定位置就座。

财政部　国家发展改革委

关于公布取消和免征一批行政事业性收费的通知(节录)

(2013年6月25日　财综〔2013〕67号)

附件1

取消的行政事业性收费项目(节录)

(共31项)

司法部门

4. 外国律师事务所办事处申请手续费
5. 外国律师事务所办事处年检费
6. 涉外、涉港澳台公证书工本费

国务院侨办　公安部　外交部

关于印发《华侨回国定居办理工作规定》的通知(节录)

(2013年6月30日　国侨发〔2013〕18号)

第五条　华侨本人提出申请回国定居,应当提交回国定居申请表、自愿放弃国外居留资格声明书、出入境记录、有效护照或者旅行证及复印件、符合规定的照片、经驻外使领馆认证或者公证的华侨在国外的居留证明或者其他可以证明其居留事实的材料和与受理条件相关的其他证明材料。

华侨回国定居应当由华侨本人提出申请。华侨本人确因客观原因无法亲自办理的,可以委托亲属提出申请。亲属代为提出申请回国定居的,除应当提交本条第一款规定的材料外,还应当提交受托人身份证明、经公证的亲属关系证明和委托书。

伤残抚恤管理办法(2013 修订)(节录)

(2007 年 7 月 31 日民政部令第 34 号公布　根据 2013 年 7 月 5 日《民政部关于修改〈伤残抚恤管理办法〉的决定》修订)

第二十四条　在国内异地居住的伤残人员,每年应当向负责支付其伤残抚恤金的民政部门提供一次居住地公安机关出具的居住证明。当年未提交证明的,县级人民政府民政部门应当经过公告或者通知其家属提交证明;经过公告或者通知其家属后 60 日内,伤残人员仍未提供上述居住证明的,从第二年起停发伤残抚恤金。

前往香港、澳门、台湾定居或者出国定居的伤残人员,县级人民政府民政部门应当告知当事人每年向负责支付其伤残抚恤金的民政部门提供一次由我国驻外使领馆或者当地公证机关出具的居住证明,由当地公证机关出具的证明书,须经我驻外使领馆认证。香港地区由内地认可的公证人出具居住证明,澳门地区由内地认可的公证人或者澳门地区政府公证部门出具居住证明,台湾地区由当地公证机构出具居住证明。当年未提供上述居住证明的,从第二年起停发伤残抚恤金。

中国保险监督管理委员会

关于加强人身保险公司总精算师管理的通知(节录)

(2013 年 8 月 1 日　保监寿险〔2013〕620 号)

五、保险公司报送的总精算师任职资格审查材料和其他文件资料,应当用中文书写。原件是外文的，应当附经中国公证机构公证的中文译本。

取得内地法律职业资格的香港特别行政区和澳门特别行政区居民在内地从事律师职业管理办法(2013修正)(节录)

(2003年11月30日司法部令第81号发布　根据2005年12月28日司法部令第99号、2006年12月22日司法部令第105号、2009年9月1日司法部令第117号和2013年8月7日司法部令第128号修正)

第十一条　取得内地法律职业资格的香港、澳门居民属于具有5年以上执业经历的香港法律执业者、澳门律师的，在内地申请律师执业，应当参加由内地地方律师协会组织的不少于1个月的集中培训，并经考核合格。

前款规定的香港法律执业者、澳门律师应当通过拟聘其执业的内地律师事务所向住所地的地(市)级律师协会申请参加培训。申请培训，除按照实习管理规定提交相关材料外，应当同时提交由香港律师会、大律师公会或者澳门律师公会出具并经内地认可的公证人公证的申请人在香港、澳门执业经历、年限的证明。

第十四条　取得内地法律职业资格的香港、澳门居民在内地申请律师执业，应当依照《律师法》和司法部制定的《律师执业管理办法》的规定，向拟聘其执业的内地律师事务所住所地设区的市级或者直辖市区(县)司法行政机关提出申请，由其出具审查意见后报省级司法行政机关审核，作出是否准予申请人在内地执业的决定。

申请人按规定提交的文件中，其身份证明复印件和未受过刑事处罚的证明材料须经内地认可的公证人公证，同时还须说明是否具有香港、澳门、台湾地区或者外国律师资格以及是否受聘于香港、澳门、台湾地区或者外国律师事务所的情况。符合本办法第十一条规定情形的申请人应当同时提交由香港律师会、大律师公会或者澳门律师公会出具并经内地认可的公证人公证的申请人在香港、澳门的执业经历、年限的证明。

省级司法行政机关经审核予以颁发律师执业证的，应当自颁证之日起30日内将获准在内地执业的香港、澳门居民名单及执业登记材料报司法部备案。

交通运输部

关于无船承运业务经营者保证金责任保险制度操作办法的通知(节录)

(2013 年 9 月 30 日　交水发〔2013〕600 号)

(四)无船承运人更名手续:

以保证金责任保险方式申请取得经营资格的无船承运人申请更名,应向交通运输部提出申请,并报送以下材料:

1. 无船承运业务经营者名称变更申请表;

2.《无船承运业务经营资格登记证》原件(正、副本);

3. 旧版及新版提单样本;

4. 境内无船承运人须提交《名称变更核准通知书》、原名称和新名称的营业执照复印件。

境外无船承运人须提交企业注册国有关部门出具的名称变更证明文件(须经当地公证机构公证)。

5. 经保险机构签批更名后签发的新保险单。

交通运输部将向无船承运人核发新名称的《无船承运业务经营资格登记证》。

交通运输部

关于试行无船承运业务经营者保证金保函制度操作办法的通知(节录)

(2013 年 9 月 30 日　交水发〔2013〕601 号)

(四)无船承运人更名手续:

以保证金保函方式申请取得经营资格的无船承运人申请更名,应向交通运输部提出申请,并报送以下材料：

1. 无船承运业务经营者名称变更申请表；

2.《无船承运业务经营资格登记证》原件（正、副本）；

3. 旧版及新版提单样本；

4. 境内无船承运人须提交《名称变更核准通知书》、原名称和新名称的营业执照复印件，境外无船承运人须提交企业注册国有关部门出具的名称变更证明文件（须经当地公证机构公证）；

5. 经担保机构签批更名后签发的新保函。

交通运输部将向无船承运人核发新名称的《无船承运业务经营资格登记证》。

国家卫生和计划生育委员会

关于印发《新食品原料申报与受理规定》和《新食品原料安全性审查规程》的通知（节录）

（2013 年 10 月 15 日　国卫食品发〔2013〕23 号）

各省、自治区、直辖市卫生厅局（卫生计生委），新疆生产建设兵团卫生局，委直属有关单位：

为规范新食品原料安全性审查和许可工作，根据《中华人民共和国食品安全法》和《新食品原料安全性审查管理办法》的规定，我委组织制定了《新食品原料申报与受理规定》和《新食品原料安全性审查规程》（可从国家卫生计生委网站政务信息栏目下载）。现印发给你们，请遵照执行，并将执行中的有关问题及时反馈我委。

国家卫生计生委

2013 年 10 月 15 日

新食品原料申报与受理规定（节录）

第十七条　申报代理的委托书应当符合下列要求：

（一）载明委托申报的新食品原料名称、受委托单位名称、委托事项和委托日期，并加盖委托单位的公章或由法定代表人签名；

（二）委托书载明申报多个新食品原料的，首次申报时已提供证明文件原件的，在申报其他新食品原料时可提供复印件，并注明本次申报的内容；

（三）申报委托书应当经真实性公证；

（四）申报委托书如为外文，应当译成规范的中文，中文译文应当经中国公证机关公证。

第十八条 进口新食品原料的证明材料应当符合下列要求：

（一）出口国（地区）相关部门或者机构出具的允许该产品在本国（地区）生产或者销售的证明材料，应当由政府主管部门、行业协会出具。无法提供原件的可提供复印件，复印件须由出具单位确认或由中国驻该国使（领）馆确认；

（二）生产企业所在国（地区）有关机构或者组织出具的对生产企业审查或者认证的证明材料，应当由政府主管部门、行业协会出具。无法提供文件原件的，可提供复印件，复印件须由出具单位确认或由中国驻该国使（领）馆确认；

（三）应当载明新食品原料名称、申请人名称、出具文件的单位名称并加盖单位印章或法定代表人（或其授权人）签名及文件出具日期；

（四）所载明的新食品原料名称和申请单位名称应当与所申请的内容一致；

（五）一份证明文件载明多个新食品原料的应当同时申请，其中一个新食品原料提供原件，其他可提供复印件，并提供书面说明，指明证明文件所在的申报产品；

（六）证明文件如为外文，应译为规范的中文，中文译文应当由中国公证机关公证；

（七）凡证明文件载明有效期的，申请人应在其有效期内提出申请。

无法提交证明材料的，可由国家卫生计生委组织专家进行现场核查。

第二十三条 终止申报或未获批准的，申请人可书面申请退回以下材料：

（一）申报委托书；

（二）由出口国（地区）相关部门或者机构出具的生产或者销售的证明材料（载明多个产品并同时申请的证明文件原件除外）及公证书；

（三）生产企业所在国（地区）有关机构或者组织出具的对生产企业审查或者认证的证明材料（载明多个产品并同时申请的证明文件原件除外）及公证书。

其他申报材料不予退还，由卫生监督中心存档。

中国人民银行　国家发展和改革委员会　财政部等

关于印发《云南广西建设沿边金融综合改革试验区总体方案》的通知(节录)

(2013 年 11 月 20 日　银发〔2013〕276 号)

二、主要任务

(八)完善地方金融管理体制。科学界定地方金融管理的职责边界。探索开展民间借贷备案登记、合约公证、资产评估等服务,加强民间融资动态监测和风险预警。加强地方人民政府与国家金融管理部门的沟通协调,形成监管合力,防止出现监管真空。强化和落实地方人民政府处置金融风险和维护地方金融稳定的责任,建立地方金融管理监测预警机制。

国家卫生和计划生育委员会　国家中医药管理局

关于印发《医疗机构病历管理规定(2013 年版)》的通知(节录)

(2013 年 11 月 20 日　国卫医发〔2013〕31 号)

第二十四条　依法需要封存病历时,应当在医疗机构或者其委托代理人、患者或者其代理人在场的情况下,对病历共同进行确认,签封病历复制件。

医疗机构申请封存病历时,医疗机构应当告知患者或者其代理人共同实施病历封存;但患者或者其代理人拒绝或者放弃实施病历封存的,医疗机构可以在公证机构公证的情况下,对病历进行确认,由公证机构签封病历复制件。

非上市公众公司监管指引第4号——股东人数超过200人的未上市股份有限公司申请行政许可有关问题的审核指引(节录)

(2013年12月26日 证监会公告〔2013〕54号)

申请行政许可的200人公司应当对股份进行确权,通过公证、律师见证等方式明确股份的权属。申请公开发行并在证券交易所上市的,经过确权的股份数量应当达到股份总数的90%以上(含90%);申请在全国股份转让系统挂牌公开转让的,经过确权的股份数量应当达到股份总数的80%以上(含80%)。未确权的部分应当设立股份托管账户,专户管理,并明确披露有关责任的承担主体。

全国老龄工作委员会办公室
最高人民法院 中共中央宣传部等

关于进一步加强老年人优待工作的意见(节录)

(2013年12月30日 全国老龄办发〔2013〕97号)

38.鼓励律师事务所、公证处、司法鉴定机构、基层法律服务所等法律服务机构,为经济困难的老年人提供免费或优惠服务。

中国民用航空公司　外交部　公安部　人力资源和社会保障部

关于国内航空公司聘用外籍机组人员办理入出境及就业手续有关问题的通知(节录)

(2014年2月10日　民航发〔2014〕8号)

一、国内航空公司拟聘用外籍机组人员,应向省级人力资源社会保障部门(以下简称人社部门)或者其授权的地市级人社部门提出办理就业许可申请,并提交以下证明材料:

(一)外籍飞行员

1.《外国人就业申请表》一份,近期二寸彩色证件照片一张;

2.有效护照或其他国际旅行证件(复印件);

3.个人简历(中文);

4.劳动合同复印件或附有航空公司、飞行员及中介公司签字的服务合同复印件(中文本,如无中文本,须附中文译文);

5.航空公司营业执照(复印件);

6.国外航空器驾驶执照复印件和中国民用航空局飞行标准司或指定机构出具的国外航空器驾驶员执照认可受理回执,或国外航空器驾驶员执照公证件(仅适用于驾驶国外注册航空器的机组人员);

7.无犯罪记录证明或民航公安局出具的背景调查批复复印件。

三、外籍机组人员入境后,持以下材料到人社部门办理外国人就业证:

(一)外籍飞行员

1.《外国人就业登记表》一份,近期二寸证件彩色照片两张;

2.有效护照或其他国际旅行证件(原件及复印件,复印护照首页和有效Z字签证页);

3.外国人就业许可证书(复印件);

4.劳动合同复印件或附有航空公司、飞行员及中介公司签字的服务合同复印件(中文本,如无中文本,须附中文译文);

5.国外航空器驾驶员执照复印件和中国民用航空局飞行标准司或指定机构出具的国外航空器驾驶员执照认可受理回执,或国外航空器驾驶员执照公证件(仅适用于驾驶国外注册航空器的机组人员);

6.中国民航地区管理局颁发的体检合格证。

机电产品国际招标投标实施办法(试行)(节录)

(2014年2月21日　商务部令2014年第1号)

第四十七条　开标时,由投标人或者其推选的代表检查投标文件的密封情况,也可以由招标人委托的公证机构检查并公证;经确认无误后,由工作人员当众拆封,宣读投标人名称、投标价格和投标文件的其他主要内容。

招标人在招标文件要求提交投标文件的截止时间前收到的所有投标文件,开标时都应当当众予以拆封、宣读。

投标人的开标一览表、投标声明(价格变更或其他声明)都应当在开标时一并唱出,否则在评标时不予认可。投标总价中不应当包含招标文件要求以外的产品或服务的价格。

中华人民共和国海事局

关于STCW公约马尼拉修正案履约过渡和海船船员管理系统应用相关事项的通知(节录)

(2014年2月26日　海船员〔2014〕127号)

七、自2014年3月1日起,已通过海船船员管理系统信息采集和证书核对的船员,申请“11规则”船员证书遗失补发,通过系统校核的,可替代“11规则”规定的遗失公告或公证书;申请办理船员适任证书、培训合格证时,海船船员管理系统中已具有的信息均可免于提交纸质材料。

中华人民共和国海事局

关于印发《海事行政执法证据管理规定》的通知(节录)

(2014 年 3 月 7 日　海政法〔2014〕141 号)

第四十条　证据之间存在矛盾的,应当补充调查取证,合理排除矛盾,或者依据证据证明效力的大小认定证据。

认定证据时,应当按照下列标准,比较数个证据对同一待证事实的证明效力。

(一)鉴定意见、勘验(检查)笔录、档案材料、经过公证或者登记的书证优于其他书证、视听资料和证人证言;

(二)国家机关依职权制作的公文文书优于其他书证;其他证人证言优于与当事人有亲属关系或者其他密切关系的证人提供的对该当事人有利的证言;法定鉴定部门的鉴定意见优于其他鉴定部门的鉴定意见;

(三)原件、原物优于复制件、复制品;

(四)原始证据优于传来证据;

(五)数个种类不同、内容一致的证据优于孤立的证据。

财政部办公厅

关于变更中国福利彩票双色球游戏规则的通知(节录)

(2014 年 3 月 11 日　财办综〔2014〕17 号)

第二十一条　双色球每期开奖时,在公证人员封存销售数据资料之后,并在其监督下通过摇奖器确定开奖号码。摇奖时先摇出 6 个红色球号码,再摇出 1 个蓝色球号码。

国家知识产权局2014年国家知识产权战略实施推进计划(节录)

(2014年4月1日)

31.积极拓展知识产权公证业务领域,加快构建完善的知识产权预防性保护机制。

财政部办公厅

关于变更中国体育彩票超级大乐透游戏规则的通知(节录)

(2014年4月8日　财办综〔2014〕23号)

第二十四条　每期开奖时,在公证人员封存销售数据资料之后,并在其监督下从01~35共35个号码中随机摇出5个前区号码,从01~12共12个号码中随机摇出2个后区号码。

通信工程建设项目招标投标管理办法(节录)

(2014年5月4日　工业和信息化部令第27号)

第二十八条　招标人应当根据《招标投标法》和《实施条例》的规定开标,记录开标过程并存档备查。招标人应当记录下列内容:

(一)开标时间和地点;

(二)投标人名称、投标价格等唱标内容;

（三）开标过程是否经过公证；

（四）投标人提出的异议。

开标记录应当由投标人代表、唱标人、记录人和监督人签字。

因不可抗力或者其他特殊原因需要变更开标地点的，招标人应提前通知所有潜在投标人，确保其有足够的时间能够到达开标地点。

商标评审规则（2014修订）（节录）

（2014年5月28日　国家工商行政管理总局令第65号）

第三十九条　下列事实，当事人无需举证证明：

（一）众所周知的事实；

（二）自然规律及定理；

（三）根据法律规定或者已知事实和日常生活经验法则，能推定出的另一事实；

（四）已为人民法院发生法律效力的裁判所确认的事实；

（五）已为仲裁机构的生效裁决所确认的事实；

（六）已为有效公证文书所证明的事实。

前款（一）、（三）、（四）、（五）、（六）项，有相反证据足以推翻的除外。

第四十条　当事人向商标评审委员会提供书证的，应当提供原件，包括原本、正本和副本。提供原件有困难的，可以提供相应的复印件、照片、节录本；提供由有关部门保管的书证原件的复制件、影印件或者抄录件的，应当注明出处，经该部门核对无异后加盖其印章。

当事人向商标评审委员会提供物证的，应当提供原物。提供原物有困难的，可以提供相应的复制件或者证明该物证的照片、录像等其他证据；原物为数量较多的种类物的，可以提供其中的一部分。

一方当事人对另一方当事人所提书证、物证的复制件、照片、录像等存在怀疑并有相应证据支持的，或者商标评审委员会认为有必要的，被质疑的当事人应当提供或者出示有关证据的原件或者经公证的复印件。

第四十一条　当事人向商标评审委员会提供的证据系在中华人民共和国领域外形成，或者在香港、澳门、台湾地区形成，对方当事人对该证据的真实性存在怀疑并有相应证据支持的，或者商标评审委员会认为必要的，应当依照有关规定办理相应的公证认证手续。

第五十一条　商标评审委员会就数个证据对同一事实的证明力，可以依照下列原则认定：

（一）国家机关以及其他职能部门依职权制作的公文文书优于其他书证；

（二）鉴定结论、档案材料以及经过公证或者登记的书证优于其他书证、视听资料和证人证言；

（三）原件、原物优于复制件、复制品；

（四）法定鉴定部门的鉴定结论优于其他鉴定部门的鉴定结论；

（五）原始证据优于传来证据；

（六）其他证人证言优于与当事人有亲属关系或者其他密切关系的证人提供的对该当事人有利的证言；

（七）参加口头审理作证的证人证言优于未参加口头审理作证的证人证言；

（八）数个种类不同、内容一致的证据优于一个孤立的证据。

关于实施《公开募集证券投资基金运作管理办法》有关问题的规定（节录）

（2014年7月7日　中国证券监督管理委员会公告〔2014〕36号）

四、根据《运作办法》第四十八条，中国证监会不再对基金份额持有人大会决议予以核准或者出具无异议意见。基金份额持有人大会决议的事后备案材料包括：申请报告，持有人大会决议，修改后的基金合同、招募说明书、托管协议，公证书和法律意见书。

住房和城乡建设部办公厅

关于开展加强和改进住房公积金服务专项督查工作的通知（节录）

（2014年7月11日　建办金函〔2014〕394号）

二、工作任务

（一）健全服务制度。按照《住房公积金服务指引》要求，建立首问负责、一次性告知、限时办结、服务承诺等各项服务制度，明确服务内容、落实服务责任。

（二）优化业务流程。在确保资金安全，有效防控风险的前提下，合理简化业务办理手续。做好住房公积金管理中心与受委托银行在业务办理手续方面的衔接，推动各地实施一站式业务办理,缩短办理时限,提高办事效率。

(三)降低中间费用。取消强制保险、公证和担保及其他不合理收费。降低业务办理现场提供的复印、打印等服务收费,有条件的地区免费提供辅助性服务。

(四)改进服务方式。改善服务环境,在服务网点配备自助查询终端、叫号机、休息椅、饮水机等设施。逐步建立网上服务大厅、12329 服务热线、手机短信平台、网点服务四位一体的服务体系。

(五)提升服务能力。加强住房公积金服务人员的配备,不断提高服务意识和服务能力。通过建立对服务人员的培训、考核和责任追究机制,推进住房公积金管理队伍建设。

商标代理机构备案办理须知

(2014 年 7 月 14 日)

根据《商标法实施条例》规定,商标代理机构从事商标局、商标评审委员会主管的商标事宜代理业务的,应当向商标局备案。

一、备案主体

可以向商标局备案的商标代理机构包括经工商行政管理部门登记从事商标代理业务的服务机构以及从事商标代理业务的律师事务所。

经工商登记的商标代理机构,其经营范围中应当含有“商标代理”或者“知识产权代理”项目。

二、备案办理方式

商标代理机构办理备案可以直接递交,也可以通过邮寄办理。

直接递交的,商标局对按要求填写的备案表及交验的有关证明文件进行审核,并留存交验文件的复印件。邮寄办理的,商标代理机构应当按要求填写备案表并提交登记主管部门盖章的或者经公证的有关证明文件的复印件。

直接递交的,在商标局商标注册大厅专门受理窗口办理;邮寄办理的,备案材料寄送至北京市西城区茶马南街 1 号中国商标大楼收文科,邮政编码:100055。

三、商标代理机构备案

商标代理机构向商标局备案,应当填写商标代理机构备案表(按要求填写并经商标代理机构盖章、负责人签字,下同)并提交以下文件:

(一)盖有登记主管部门章戳的工商营业执照、律师事务所执业许可证副本的复印件,或者经公证的工商营业执照、律师事务所执业许可证副本的复印件,并加盖商标代理机构章戳;

(二)经办人有效身份证明文件的复印件。

四、商标代理机构变更备案

备案商标代理机构依法办理变更登记手续后，应当及时向商标局办理变更备案，商标代理机构怠于办理的，自行承担由此产生的法律后果。

（一）变更商标代理机构名称、地址、负责人的，应当填写商标代理机构变更备案表并提交下列文件：

1. 登记主管部门出具的变更证明文件，或者加盖登记主管部门章戳的变更证明文件的复印件，或者经公证的变更证明文件的复印件；

2. 变更后的工商营业执照、律师事务所执业许可证副本的复印件，并加盖商标代理机构章戳；

3. 经办人有效身份证明文件的复印件。

（二）变更其他备案事项的，应当填写商标代理机构变更备案表并提交下列文件：

1. 工商营业执照或者律师事务所执业许可证副本的复印件，并加盖商标代理机构章戳；

2. 经办人有效身份证明文件的复印件。

五、商标代理机构合并备案

备案商标代理机构依法办理合并登记手续后，应当及时向商标局办理合并备案，商标代理机构怠于办理的，自行承担由此产生的法律后果。

办理商标代理机构合并备案，应当填写商标代理机构合并备案表并提交以下文件：

（一）登记主管部门出具的合并登记证明文件，或者加盖登记主管部门章戳的合并登记证明文件的复印件，或者经过公证的合并登记证明文件的复印件；

（二）合并后的工商营业执照或者律师事务所执业许可证副本的复印件，并加盖商标代理机构章戳；

（三）授权委托书及经办人有效身份证明文件的复印件。

商标代理机构名称以外的其他备案事项同时发生变更的，按照商标代理机构变更备案办理。

六、商标代理机构注销备案/结算

商标代理机构注销、变更营业登记，停止办理商标代理业务的，应当与委托人就未完成代理事宜签订终止委托协议或者经委托人同意与其他商标代理机构签订转委托协议。

商标代理机构办理注销、变更登记后，应当及时向商标局办理注销备案/结算。办理注销备案/结算的，应当填写商标代理机构注销备案/结算表并提交以下文件：

（一）登记主管部门出具的注销登记、变更登记证明文件，或者加盖登记主管部门章戳的上述证明文件的复印件，或者经过公证的上述证明文件的复印件；

（二）仅办理结算的，须附送盖有登记主管部门章戳的工商营业执照或者律师事务所执业许可证副本的复印件，或者经公证的上述身份证明文件的复印件，并加盖商标代理机构章戳；

（三）授权委托书以及经办人有效身份证明文件的复印件。

办理结算的，拖欠的规费应当及时补足，所交预付款有余额的，商标局经清算后予以退回；指定非本商标代理机构名义账户的，须另附材料说明。

注销备案/结算的商标代理机构，其未完成的商标代理事宜，商标局将有关书件直接送达商标申请人或者按照《关于委托人直接领取相关书件的通知》办理；商标申请人是外国人或者外国企业的，书件送达按照商标法实施条例第五条第三款的规定办理。

七、工作时限

商标局自收到备案材料之日起十五个工作日内对商标代理机构备案材料进行审核。符合要求的,予以备案;不符合要求的,通知商标代理机构补正,补正合格的,予以备案。

八、办理费用

商标代理机构备案无须缴纳费用。

九、备案信息的公布

商标代理机构备案信息,由商标局在中国商标网公布。

十、附则

2014 年 5 月 1 日前,工商总局及商标局发布的关于商标代理备案的规范性文件,其规定与《商标法实施条例》及本须知内容相抵触的,遵照《商标法实施条例》和本须知要求执行。

本须知自发布之日起施行。

国家文物局

关于民办博物馆设立的指导意见(节录)

(2014 年 8 月 1 日　文物博发〔2014〕21 号)

二、设立民办博物馆,应当具备下列条件:

(十一)举办民办博物馆的社会组织,应当具有法人资格;举办民办博物馆的个人,应当具有中国国籍,具有政治权利和完全民事行为能力。

非本地注册的社会组织,须在本地相应机构登记注册,获得许可。在本地办馆须是本地常住人口,或已在公安机关办理一年以上暂住证明的外地人口。

国家机关及国有博物馆在职人员不得以个人名义举办民办博物馆。

社会组织或者个人联合出资办馆的,须签署联合办馆协议并经公证机关公证,协议中应确定其中一方为主办者,并载明各方出资数额和方式、各方权利义务、合作期限、争议解决办法等。

属捐赠性质的藏品、资金等资产,须提交捐赠协议,载明捐赠人的姓名、捐资数额、用途和管理方法,以及相关有效证明文件。

三、设立民办博物馆,应当按照《博物馆管理办法》的相关规定,向所在地省级文物行政部门提交下列材料:

(三)合法有效的藏品证明文件。包括藏品清册和图录(包括登记号、名称、类别、年代、质地、实际数量、质量、尺寸、现状、来源、藏品图片)及藏品合法来源说明、藏品鉴定证明,公证机关出具的证明藏品清册和图录中所涉及的藏品均已作为拟设立博物馆的固定资产的公证文书。

国家工商行政管理总局商标局

关于商标注册申请分割业务说明及申请注意事项的公告(节录)

(2014 年 8 月 20 日)

二、填写要求

1. 申请人直接递交的,在《商标注册申请分割申请》“申请人章戳(签字)”栏盖章或签字;委托代理机构递交的,代理机构在该申请“代理机构章戳”栏盖章,商标代理从业人员在“代理人签字”栏签字。

2. 以下情况应提交相关证明文件:

(1)申请人名称发生变更的,应当附送相关变更证明文件原件或经公证的复印件;

(2)代理机构发生变更的,应当附送申请人已向商标局申请办理变更商标代理人并被受理的相关证明,通常为我局作出的该申请受理通知书复印件。

国土资源部

关于印发《国土资源违法行为查处工作规程》的通知(节录)

(2014 年 9 月 10 日 国土资发〔2014〕117 号)

9 案情分析与调查报告起草

在调查取证的基础上,办案人员应当对收集的证据、案件事实进行认定,确定违法的性质和法律适用,研究提出处理建议,并起草调查报告。

9.1 证据认定

9.1.1 证据审查

办案人员应当对证据的真实性、合法性和关联性进行审查。

(1)真实性审查主要审查证据是否为原件、原物,复制件、复制品是否符合要求等。

(2)合法性审查主要审查证据取得程序及相关手续是否合法等。

(3)关联性审查主要审查证据与案件的待证事实之间是否具有内在的联系,证据之间能否互相支撑形成证据链等。

9.1.2 证据的证明效力认定

认定各类证据的证明效力应当遵循以下原则:

(1)国家机关以及其他职能部门依职权制作的公文文书优于其他书证;

(2)鉴定结论、鉴定意见或者检验报告、现场勘测笔录、档案材料以及经过公证或者登记的书证优于其他书证、视听资料和证人证言;

(3)原件、原物优于复制件、复制品;

(4)法定鉴定部门的鉴定结论、鉴定意见或者检验报告优于其他鉴定部门的鉴定结论、鉴定意见或者检验报告;

(5)原始证据优于传来证据;

(6)其他证人证言优于与当事人有亲属关系或者其他密切关系的证人提供的对该当事人有利的证言;

(7)数个种类不同、内容一致的证据优于一个孤立的证据。

9.1.3 辅助证据

下列证据不能单独作为认定案件事实的依据,但可以作为辅助证据。

(1)未成年人的证言;

(2)与当事人有亲属关系或者其他密切关系的证人所作的对该当事人有利的证言,或者与当事人有不利关系的证人所作的对该当事人不利的证言;

(3)难以识别是否经过修改的视听资料;

(4)无法与原件、原物核对的复制件或者复制品;

(5)其他不能单独作为定案依据的证据材料。

农业部办公厅

关于下达2014年渔业资源保护项目任务的通知(节录)

(2014年9月12日　农办渔〔2014〕52号)

四、及时总结验收,科学评价项目效益

各省级及计划单列市渔业行政主管部门要认真做好增殖放流和海洋牧场项目总结工作,于2014年12月1日前将所承担工作任务的执行情况总结报告报我部渔业渔政管理局,内容包括项目执行情况、验收情况(海洋牧场项目)、取得成效、存在问题和有关建议等。其中:增殖放流项目还要提供跟踪调查和效果评价报告、公证文书和公示材料以及相关项目经费使用情况(每省提供不少于三次放流活动的公证公示材料);海洋牧场项目要求省级渔业主管部门会同财政部门制定项目验收方案,做好项目自验和省级验收,验收结果要归档保存并报我部渔业渔政管理局备案。

民　政　部

关于规范生父母有特殊困难无力抚养的子女和社会散居孤儿收养工作的意见(节录)

(2014年9月29日　民发〔2014〕206号)

各省、自治区、直辖市民政厅(局):

为规范生父母有特殊困难无力抚养的子女和社会散居孤儿(以下简称两类儿童)的收养工作,切实维护被收养儿童的合法权益,根据《中华人民共和国收养法》及《中国公民收养子女登记办法》、《外国人在中华人民共和国收养子女登记办法》及相关规定,现就两类儿童收养提出如下意见；

三、严格规范送养材料

提交送养材料时，送养人可以直接向县级以上人民政府民政部门提交，也可以由受委托的社会福利机构转交。受委托的社会福利机构应当协助送养人按照要求提交送养证明材料。

送养人应当提交下列证件和证明材料：本人及被收养人的居民身份证和居民户口簿或公安机关出具的户籍证明，《生父母或监护人同意送养的书面意见》（见附件1），并根据下列情况提交相关证明材料。

（二）如生父母一方死亡或者下落不明的，送养人还应当提交下列证明：

1. 死亡证明、公安机关或者其他有关机关出具的下落不明的证明；

2. 经公证的死亡或者下落不明一方的父母不行使优先抚养权的书面声明（见附件2）。

（三）生父母以外的监护人作为送养人的，应当提交下列证明材料：

1. 生父母的死亡证明或者人民法院出具的能够证明生父母双方均不具备完全民事行为能力的文书；

2. 监护人所在单位或村（居）委会出具的监护人实际承担监护责任的证明；

3. 其他有抚养义务的人（祖父母、外祖父母、成年兄姐）出具的经公证的同意送养的书面意见（见附件3）。

生父母均不具备完全民事行为能力的，还应当提交生父母所在单位、村（居）委会、医疗机构、司法鉴定机构或者其他有权机关出具的生父母对被收养人有严重危害可能的证明。

住房和城乡建设部　财政部　中国人民银行

关于发展住房公积金个人住房贷款业务的通知（节录）

（2014年10月9日　建金〔2014〕148号）

六、降低贷款中间费用。住房公积金个人住房贷款担保以所购住房抵押为主。取消住房公积金个人住房贷款保险、公证、新房评估和强制性机构担保等收费项目，减轻贷款职工负担。

商务部办公厅　国家标准委办公室

关于印发《商贸物流标准化专项行动计划》的通知(节录)

(2014 年 11 月 20 日　商办流通函〔2014〕752 号)

四、主要任务

(二)物流综合信息服务平台。

3. 建设物流诚信体系。要强化物流信息服务平台的信用评价功能,加快推进物流信息标准化工作和商贸物流信用体系建设,推动建立以公民身份号码和组织机构代码为基础的统一社会信用代码制度,推广实名制、会员制、公证制、实时交易评价制、司法调解制和黑名单制,做到物流诚信信息社会共享,逐步形成物流业诚信生态圈,促进解决物流企业交易信息不对称、诚信成本高等问题。

一般反避税管理办法(试行)(节录)

(2014 年 12 月 2 日　国家税务总局令第 32 号)

第十五条　主管税务机关审核企业、筹划方、关联方以及与关联业务调查有关的其他企业提供的资料,可以采用现场调查、发函协查和查阅公开信息等方式核实。需取得境外有关资料的,可以按有关规定启动税收情报交换程序,或者通过我驻外机构调查收集有关信息。涉及境外关联方相关资料的,主管税务机关也可以要求企业提供公证机构的证明。

中国国际经济贸易仲裁委员会证据指引（节录）

（2015年2月5日）

第六条　书证

（一）除纸质文件外，书证包括数据电文（如电子文件、电子邮件）等具有可读性的电子版证据。

（二）当事人提交书证的，可提交与原件相同的纸质复印件或数据电文的打印件。当事人亦可同时提交书证的电子版。

（三）除当事人另有约定或仲裁庭经征求当事人意见后另有决定外，提交在中国内地以外形成的书证，无需经过公证与认证。

商务部办公厅

关于开展石油成品油经营企业油库现场摸底核查工作的通知（节录）

（2015年3月19日　商办运函〔2015〕96号）

五、核查内容

（一）现场核查油库产权归属、地理位置、库容量、油罐个数，核实是否符合油库布局规划。

（二）查验国土资源、规划建设、安全监管、公安消防、环境保护、气象、质监等部门核发的油库及配套设施等相关证件原件，无原件的证件要重点查验并说明情况。

（三）对于在2007年1月1日后通过购买其他企业油库取得资质的企业，要重点查验购买协议以及有关政府部门、公证机构、中介组织出具的油库买卖、转让证明文件原件。

香港、澳门特别行政区律师事务所驻内地代表机构管理办法(2015修正)(节录)

(2002年3月13日司法部令第70号发布　根据2003年11月30日司法部令第84号、2006年12月22日司法部令第104号和2015年4月27日司法部令第131号修正)

第八条　港澳律师事务所申请在内地设立代表处,应当向拟设立的代表处住所地的省、自治区、直辖市司法厅(局)提交下列文件材料:

(一)该律师事务所主要负责人签署的设立代表处、派驻代表的申请书。拟设立的代表处的名称应当为"××律师事务所(该律师事务所的中文名称)驻××(内地城市名)代表处";

(二)该律师事务所在其本特别行政区已经合法设立的证明文件;

(三)该律师事务所的合伙协议或者成立章程以及负责人、合伙人名单;

(四)该律师事务所给代表处各拟任代表的授权书,以及拟任首席代表系该律师事务所合伙人或者相同职位人员的确认书;

(五)代表处各拟任代表的律师执业资格以及拟任首席代表已在内地以外执业不少于3年、其他拟任代表已在内地以外执业不少于2年的证明文件;

(六)该律师事务所所在特别行政区的律师协会出具的该代表处各拟任代表为本地区律师协会会员的证明文件;

(七)该律师事务所所在特别行政区的律师管理机构出具的该律师事务所以及各拟任代表没有受过刑事处罚和没有因违反律师职业道德、执业纪律受过处罚的证明文件。

前款所列文件材料,应当有香港委托公证人或澳门公证机构的公证证明。

该律师事务所提交的文件材料应当一式三份,分别装订成册,文件材料如用外文书写的,应当附中文译文。

中外合作职业技能培训办学管理办法(2015修订)(节录)

(2006年7月26日劳动保障部令第27号公布 根据2015年4月30日人力资源和社会保障部令第24号《人力资源社会保障部关于修改部分规章的决定》修订)

第十三条 申请筹备设立中外合作职业技能培训机构,应当由中国教育机构提出申请,提交《中外合作办学条例》规定的文件。其中申办报告应当按照国务院劳动保障行政部门根据《中外合作办学条例》第十四条第(一)项制定的《中外合作职业技能培训机构申请表》所规定的内容和格式填写。

申请筹备设立中外合作职业技能培训机构,还应根据《中外合作办学条例》有关条款的规定,提交中外合作办学者的注册登记证明、法定代表人的有效证明文件,其中外国合作办学者的有关证明文件应当经所在国公证机关证明。

第二十八条 审批机关受理申请后应当在30个工作日内作出是否批准举办中外合作职业技能培训办学项目的决定。有下列情形之一的,审批机关不予批准举办中外合作职业技能培训办学项目,并书面说明理由:

(一)违背社会公共利益、历史文化传统和职业培训的公益性质,不符合国家或者地方职业培训事业发展需要的;

(二)中外合作办学者有一方不符合条件的;

(三)申请文件不符合本办法要求,经告知仍不改正的;

(四)申请文件有虚假内容的;

(五)法律、行政法规规定的其他不予批准情形。

新建纯电动乘用车企业管理规定(节录)

(2015年6月2日 国家发展和改革委员会、工业和信息化部令第27号)

第九条 新建企业投资项目申请报告应包括以下内容:

(一)具备纯电动乘用车整车正向开发能力的研发机构。至少具备整车及动力系统匹配、整车管理系统、车载能源管理系统、车辆轻量化、车辆安全等关键技术的设计开发能力、试验检测能力以及对整车产品运行状态的监控能力。

（二）与生产纲领、产品结构相适应的车身成型、涂装、总装等整车生产工艺和装备，以及动力蓄电池系统集成等关键部件的生产能力和一致性保证能力。

（三）纯电动乘用车产品的销售及售后服务体系。

（四）新建企业要有履行保障消费者权益等社会责任的承诺和措施，并提供担保企业和经公证的担保期不低于5年（以项目建成投产为起始点）的担保合同。

关于简化个人无偿赠与不动产土地使用权免征营业税手续的公告

（2015年6月29日　国家税务总局公告2015年第50号）

为切实减轻纳税人负担，现将简化个人无偿赠与不动产、土地使用权免征营业税手续的有关事项公告如下：

个人以离婚财产分割、赠与特定亲属、赠与抚养人或赡养人方式无偿赠与不动产、土地使用权，符合《财政部　国家税务总局关于个人金融商品买卖等营业税若干免税政策的通知》（财税〔2009〕111号）第二条免征营业税规定的，在办理营业税免税手续时，无需提供房产所有人“赠与公证书”、受赠人“接受赠与公证书”，或双方“赠与合同公证书”。

本公告自2015年7月1日起实施。此前尚未进行税务处理的，按照本公告规定执行。《国家税务总局关于加强房地产交易个人无偿赠与不动产税收管理有关问题的通知》（国税发〔2006〕144号）第一条中“属于其他情况无偿赠与不动产的，受赠人应当提交房产所有人‘赠与公证书’和受赠人‘接受赠与公证书’，或持双方共同办理的‘赠与合同公证书’”同时废止。

特此公告。

国家税务总局

2015年6月29日

国家卫生计生委　国家中医药管理局

关于印发卫生计生单位接受公益事业捐赠管理办法(试行)的通知(节录)

(2015年8月26日　国卫财务发〔2015〕77号)

第二十二条　接受货币方式捐赠,原则上应当要求捐赠人采用银行转账方式汇入受赠法人单位银行账户。

接受非货币方式捐赠,鼓励受赠单位委托第三方评估机构对非货币捐赠财产价值进行评估、确认或公证。

民　政　部

关于进一步规范(无)婚姻登记记录证明相关工作的通知(节录)

(2015年8月27日　民函〔2015〕266号)

一、自文件发布之日起,除对涉台和本通知附件所列清单中已列出国家的公证事项仍可继续出具证明外,各地民政部门不再向任何部门和个人出具(无)婚姻登记记录证明。各地民政部门在出具证明时,应当根据当事人所涉事项,在出具证明中注明“本证明仅限于×××(申请人)办理赴××国家(或者台湾地区)的××公证事项使用,用于其他事项无效。”

国务院安全生产委员会

关于印发《国务院安全生产委员会成员单位安全生产工作职责分工》的通知(节录)

(2015年8月27日　安委〔2015〕5号)

(七)司法部。

1. 将安全生产法律法规纳入公民普法的重要内容,会同有关部门广泛宣传普及安全生产法律法规知识;指导律师、公证、基层法律服务工作,为生产经营单位提供安全生产法律服务。

2. 负责全国监狱安全管理工作,指导、监督司法行政系统戒毒场所安全管理工作,贯彻执行安全生产法律法规和标准,落实安全生产责任制,完善安全生产条件,消除事故隐患。

3. 负责司法行政系统安全生产统计分析。

外国投资者对上市公司战略投资管理办法(2015修正)(节录)

(2005年12月31日商务部、中国证券监督管理委员会、国家税务总局、国家工商总局、国家外汇管理局令2005年第28号发布　自2006年1月31日起施行　根据2015年10月28日商务部令2015年第2号《商务部关于修改部分规章和规范性文件的决定》修正)

第十二条　上市公司或投资者应向商务部报送以下文件:

(一)战略投资申请书(格式见附件1);

(二)战略投资方案(格式见附件2);

(三)定向发行合同或股份转让协议;

(四)保荐机构意见书(涉及定向发行)或法律意见书;

(五)投资者持续持股的承诺函;

(六)投资者三年内未受到境内外监管机构重大处罚的声明,以及是否受到其他非重大处罚的说明;

（七）经依法公证、认证的投资者的注册登记证明、法定代表人（或授权代表）身份证明；

（八）经注册会计师审计的该投资者近三年来的资产负债表；

（九）上述（一）、（二）、（三）、（五）、（六）项中规定提交的文件均需经投资者法定代表人或其授权代表签署，由授权代表签署的还应提交经法定代表人签署的授权书及相应的公证、认证文件；

（十）商务部规定的其他文件。

前款所列文件，除第七项、第八项所列文件外，必须报送中文本原件，第七项、第八项所列文件应报送原件及中文译件。

商务部收到上述全部文件后应在30日内作出原则批复，原则批复有效期180日。

第十八条 上市公司应自外商投资企业批准证书签发之日起30日内，向工商行政管理机关申请办理公司类型变更登记，并提交下列文件：

（一）公司法定代表人签署的申请变更申请书；

（二）外商投资企业批准证书；

（三）证券登记结算机构出具的股份持有证明；

（四）经公证、认证的投资者的合法开业证明；

（五）国家工商行政管理总局规定应提交的其他文件。

经核准变更的，工商行政管理机关在营业执照企业类型栏目中加注"外商投资股份公司（A股并购）"字样，其中，投资者进行战略投资取得单一上市公司25%或以上股份并承诺在10年内持续持股不低于25%的，加注"外商投资股份公司（A股并购25%或以上）"。

关于进一步简化和规范个人无偿赠与或受赠不动产免征营业税、个人所得税所需证明资料的公告（节录）

（2015年11月10日　国家税务总局公告2015年第75号）

一、纳税人在办理个人无偿赠与或受赠不动产免征营业税、个人所得税手续时，应报送《个人无偿赠与不动产登记表》、双方当事人的身份证明原件及复印件（继承或接受遗赠的，只须提供继承人或接受遗赠人的身份证明原件及复印件）、房屋所有权证原件及复印件。属于以下四类情形之一的，还应分别提交相应证明资料：

（一）离婚分割财产的，应当提交：

1. 离婚协议或者人民法院判决书或者人民法院调解书的原件及复印件；

2. 离婚证原件及复印件。

（二）亲属之间无偿赠与的，应当提交：

1. 无偿赠与配偶的，提交结婚证原件及复印件；

2. 无偿赠与父母、子女、祖父母、外祖父母、孙子女、外孙子女、兄弟姐妹的，提交户口簿或者出生证明或者人民法院判决书或者人民法院调解书或者其他部门（有资质的机构）出具的能够证明双方亲属关系的证明资料原件及复印件。

（三）无偿赠与非亲属抚养或赡养关系人的，应当提交：

人民法院判决书或者人民法院调解书或者乡镇政府或街道办事处出具的抚养（赡养）关系证明或者其他部门（有资质的机构）出具的能够证明双方抚养（赡养）关系的证明资料原件及复印件。

（四）继承或接受遗赠的，应当提交：

1. 房屋产权所有人死亡证明原件及复印件；

2. 经公证的能够证明有权继承或接受遗赠的证明资料原件及复印件。

中央国家机关住房资金管理中心

关于落实《住房城乡建设部关于住房公积金异地个人住房贷款有关操作问题的通知》的通知（节录）

（2015年11月12日）

三、《证明》应由申请人持居民身份证办理，配偶代为办理的，应持本人身份证原件并提供申请人身份证复印件及结婚证复印件；单位住房公积金经办人代为办理的，应持本人身份证原件并提供申请人身份证复印件；其他代办人应持经公证的授权委托书原件及本人身份证原件并提供申请人身份证复印件办理。

民　政　部

关于印发《婚姻登记工作规范》的通知(2015修订)(节录)

(2015年12月8日　民发〔2015〕230号)

第三十一条　香港居民办理结婚登记应当提交:

(一)港澳居民来往内地通行证或者港澳同胞回乡证;

(二)香港居民身份证;

(三)经香港委托公证人公证的本人无配偶以及与对方当事人没有直系血亲和三代以内旁系血亲关系的声明。

第三十二条　澳门居民办理结婚登记应当提交:

(一)港澳居民来往内地通行证或者港澳同胞回乡证;

(二)澳门居民身份证;

(三)经澳门公证机构公证的本人无配偶以及与对方当事人没有直系血亲和三代以内旁系血亲关系的声明。

第三十三条　台湾居民办理结婚登记应当提交:

(一)台湾居民来往大陆通行证或者其他有效旅行证件;

(二)本人在台湾地区居住的有效身份证;

(三)经台湾公证机构公证的本人无配偶以及与对方当事人没有直系血亲和三代以内旁系血亲关系的声明。

第三十四条　华侨办理结婚登记应当提交:

(一)本人的有效护照;

(二)居住国公证机构或者有权机关出具的、经中华人民共和国驻该国使(领)馆认证的本人无配偶以及与对方当事人没有直系血亲和三代以内旁系血亲关系的证明,或者中华人民共和国驻该国使(领)馆出具的本人无配偶以及与对方当事人没有直系血亲和三代以内旁系血亲关系的证明。

与中国无外交关系的国家出具的有关证明,应当经与该国及中国均有外交关系的第三国驻该国使(领)馆和中国驻第三国使(领)馆认证,或者经第三国驻华使(领)馆认证。

第三十五条　外国人办理结婚登记应当提交:

(一)本人的有效护照或者其他有效的国际旅行证件;

（二）所在国公证机构或者有权机关出具的、经中华人民共和国驻该国使（领）馆认证或者该国驻华使（领）馆认证的本人无配偶的证明，或者所在国驻华使（领）馆出具的本人无配偶证明。

与中国无外交关系的国家出具的有关证明，应当经与该国及中国均有外交关系的第三国驻该国使（领）馆和中国驻第三国使（领）馆认证，或者经第三国驻华使（领）馆认证。

第六十四条 受理补领结婚证、离婚证申请的条件是：

（一）婚姻登记处具有管辖权；

（二）当事人依法登记结婚或者离婚，现今仍然维持该状况；

（三）当事人持有本规范第二十九条至第三十五条规定的身份证件；

（四）当事人亲自到婚姻登记处提出申请，填写《申请补领婚姻登记证声明书》。

当事人因故不能到婚姻登记处申请补领婚姻登记证的，有档案可查且档案信息与身份信息一致的，可以委托他人办理。委托办理应当提交当事人的户口簿、身份证和经公证机关公证的授权委托书。委托书应当写明当事人姓名、身份证件号码、办理婚姻登记的时间及承办机关、目前的婚姻状况、委托事由、受委托人的姓名和身份证件号码。受委托人应当同时提交本人的身份证件。

当事人结婚登记档案查找不到的，当事人应当提供充分证据证明婚姻关系，婚姻登记机关经过严格审查，确认当事人存在婚姻关系的，可以为其补领结婚证。

关于明确若干营业税问题的公告（节录）

（2015 年 12 月 25 日　国家税务总局公告 2015 年第 92 号）

二、《中华人民共和国营业税暂行条例》第六条所称符合国务院税务主管部门有关规定的凭证，包括法院判决书、裁定书、调解书，以及仲裁裁决书、公证债权文书。

公安机关实施保安服务管理条例办法（2016 修正）（节录）

（2010 年 2 月 3 日公安部令第 112 号发布　根据 2016 年 1 月 14 日公安部令第 136 号《公安部关于修改部分部门规章的决定》修正）

第十一条 申请设立中外合资经营、中外合作经营或者外资独资经营的保安服务公司（以下

统称外资保安服务公司),除了向公安机关提交本办法第九条、第十条规定的材料外,还应当提交下列材料:

(一)中外合资、中外合作合同;

(二)外方的资信证明和注册登记文件;

(三)拟任的保安服务公司法定代表人和总经理、副总经理等主要管理人员为外国人的,须提供在所属国家或者地区无被刑事处罚记录证明(原居住地警察机构出具并经公证机关公证)、5年以上保安经营管理工作经验证明、在华取得的保安师资格证书复印件。

本办法施行前已经设立的保安服务公司重新申请保安服务许可证,拟任的法定代表人和总经理、副总经理等主要管理人员为外国人的,除需提交前款第三项规定的材料外,还应当提交外国人就业证复印件。

外国医师来华短期行医暂行管理办法(节录)

(1992年10月7日卫生部令第24号发布　根据2003年11月28日《卫生部关于修改〈外国医师来华短期行医暂行管理办法〉第十八条的通知》第一次修正　根据2016年1月19日国家卫生和计划生育委员会令第8号《国家卫生计生委关于修改〈外国医师来华短期行医暂行管理办法〉等8件部门规章的决定》第二次修正)

第十条　申请外国医师来华短期行医注册,必须提交下列文件:

(一)申请书;

(二)外国医师的学位证书;

(三)外国行医执照或行医权证明;

(四)外国医师的健康证明;

(五)邀请或聘用单位证明以及协议书或承担有关民事责任的声明书。

前款(二)、(三)项的内容必须经过公证。

中国保监会

关于印发《责任保险统计制度（试行）》的通知（节录）

（2016 年 1 月 21 日　保监发〔2016〕8 号）

二、填报口径

（一）部分险种释义。

特种设备安全责任保险产品：承保电梯、吊装等特种设备造成第三者人身伤亡和财产损失，依法应由被保险人承担的经济赔偿责任。

侵犯专利权责任保险产品：承保被保险人非因故意侵犯他人专利权，依法应由被保险人承担的经济赔偿责任。

产品质量安全责任保险产品：承保生产者、销售者依法应当承担的修理、更换、退货责任，以及生产者、销售者因产品存在缺陷造成人身损害及其他财产损失依法应当承担的赔偿责任（含产品质量责任保险）。

建筑工程质量保险产品：承保保险合同中载明的建筑物在正常使用条件下，因潜在缺陷发生质量事故造成建筑物的损坏，依法应由被保险人承担的经济赔偿责任。

首台（套）重大技术装备保险产品：承保被保险人制造销售的首台（套）重大技术装备因质量缺陷，导致装备自身损坏或人身伤亡、其他财产损失，依法应由被保险人承担的修理、更换、退货及损害赔偿等经济责任。

诉讼财产保全责任保险产品：承保被保险人向人民法院申请诉讼财产保全，因申请错误造成被申请人直接经济损失，依法应由被保险人承担的经济赔偿责任。

退货运费保险产品：承保网购行为中发生退货的运费支出。

账户支付安全保险产品：承保因支付账户或密码及其他安全工具被盗取、冒用等原因造成的账户资金损失。

专利执行保险产品：承保第三方未取得授权而首次实施保单列明的专利，被保险人获取证据、提起诉讼或仲裁发生的必要的、合理的调查费、公证费、交通费、住宿费、伙食补助费等。

中国保监会

关于中国人民财产保险股份有限公司短期出口特定合同信用保险条款和费率的批复(节录)

(2016年3月7日　保监许可〔2016〕151号)

第四十六条　本保险条款中未予定义的名词按下列含义解释。

(十四)追偿费用:指在追偿过程中发生的全部费用,包括但不限于调查费、诉讼费、仲裁费、律师费、公证费、认证费和执行费等,以及追回欠款后支付给追账公司或律师事务所等第三方机构的佣金。

公　安　部

关于印发《机动车驾驶证业务工作规范》的通知(2016修改)(节录)

(2016年3月21日　公交管〔2016〕136号)

第五十一条　人民法院、人民检察院、公安机关或者其他行政执法部门、纪检监察部门以及公证机构、仲裁机构、律师事务所因办案需要查阅机动车驾驶证档案的,应当出具公函和经办人的工作证;机动车驾驶人查询本人档案的,应当出具身份证明和机动车驾驶证。由档案管理人员报经业务领导批准后查阅,查阅档案应当在档案查阅室进行,档案管理人员应当在场。需要出具证明或者复印档案资料的,应当经业务领导批准。已入库的机动车驾驶证档案原则上不得出库。

国家发展改革委

关于废止教材价格和部分服务收费政策文件有关问题的通知

（2016 年 3 月 29 日　发改价格〔2016〕703 号）

教育部、司法部、财政部、国家新闻出版广电总局，各省、自治区、直辖市发展改革委、物价局：

为贯彻落实党的十八届三中全会精神，发挥市场在资源配置中的决定性作用，促进相关行业发展，近年来，国家发展改革委会同有关部门放开了律师服务（刑事案件辩护和部分民事诉讼、行政诉讼、国家赔偿案件代理除外）收费，将教材价格、公证服务收费、司法鉴定服务收费下放省级管理，由省级价格主管部门会同同级政府有关部门制定教材价格和相关服务收费标准。为此，经研究，并商有关部门同意，决定废止教材价格和部分服务收费政策文件。现就有关问题通知如下：

一、废止《国家物价局、财政部关于发布司法系统行政事业性收费项目和标准的通知》（〔1991〕价费字 549 号）等 9 个文件。具体见附件《废止教材价格和部分服务收费政策文件目录》。

二、各地价格主管部门应会同有关部门对依据本通知废止文件制定的价格和收费政策进行清理，及时废止本地区不符合国家规定的有关文件。

三、价格主管部门应加强对教材价格和有关服务收费的监管，对实行政府定价管理的教材价格和服务收费，应严格遵守相关的定价程序，科学核算成本，合理制定教材价格和服务收费标准；对实行市场调节价管理的教材价格和服务收费，应加强事中事后监管，规范收费行为，依法查处各类违规收费行为，切实保护服务对象的合法权益。

四、本通知自 2016 年 5 月 1 日起执行，其中，《国家发展计划委员会、财政部、新闻出版总署关于中小学教材印张中准价等有关事项的通知》（计价格〔2001〕1775 号）中关于出版发行少数民族文字教材亏损补贴政策，自 2017 年 1 月 1 日起废止。各省、自治区、直辖市人民政府价格主管部门会同同级相关部门于 2016 年 5 月 1 日前制定出台本地区的教材价格及公证服务、司法鉴定服务收费标准的，文件执行之日同时在本省范围内停止执行附件《废止教材价格和部分服务收费政策文件目录》中有关文件。

附件：《废止教材价格和部分服务收费政策文件目录》

国家发展改革委

2016 年 3 月 29 日

附件：

废止教材价格和部分服务收费政策文件目录(节录)

1.《国家物价局、财政部关于发布司法系统行政事业性收费项目和标准的通知》(〔1991〕价费字549号)

2.《国家发展计划委员会、司法部关于调整公证服务收费标准的通知》(计价费〔1998〕814号)

9.《国家发展改革委、财政部关于降低部分行政事业性收费标准的通知》(发改价格〔2013〕1494号)中关于公证服务收费标准的有关规定

国家发展改革委价格认证中心

关于印发《价格认定依据规则》的通知(节录)

(2016年4月19日　发改价证办〔2016〕94号)

第十七条　价格认定人员可以通过以下方式确认电子数据：

(一)打印后由有关单位或者人员、价格认定人员签名或者盖章；

(二)以公证的方式证明；

(三)转化为只读光盘、磁盘等,经有关单位或者人员、价格认定人员与原电子数据核对无误后,加封封条；

(四)依据《电子签名法》的相关规定使用电子签名；

(五)能够确认电子数据的其他方式。

国家税务总局

关于发布《营业税改征增值税跨境应税行为增值税免税管理办法(试行)》的公告(节录)

(2016年5月6日　国家税务总局公告2016年第29号)

第十条　按照本办法第八条规定提交备案的跨境销售服务或无形资产合同原件为外文的，应提供中文翻译件并由法定代表人(负责人)签字或者单位盖章。

纳税人无法提供本办法第八条规定的境外资料原件的，可只提供复印件，注明“复印件与原件一致”字样，并由法定代表人(负责人)签字或者单位盖章；境外资料原件为外文的，应提供中文翻译件并由法定代表人(负责人)签字或者单位盖章。

主管税务机关对提交的境外证明材料有明显疑义的，可以要求纳税人提供境外公证部门出具的证明材料。

国家发展和改革委员会　国家粮食局
财政部　中国农业发展银行

关于修订印发《租赁社会粮食仓储设施收储国家政策性粮食的指导意见(试行)》的通知(2016)(节录)

(2016年5月16日　国粮检〔2016〕106号)

(十一)启用租赁库点前，承租企业与出租企业必须签订具有法律效力的租赁合同，明确双方的权利、义务和责任。粮食入仓储存后，承租企业与出租企业签订粮权确认书作为租赁合同附件，并将粮权确认书复印件悬挂于仓房内；也可采取悬挂、喷涂醒目标识等措施公示粮权。出租企业有义务配合承租企业采取向当地金融机构备案、公证部门公证等措施对租仓收储的粮食进行确权，并不得用于抵押、质押。

公安部　发展改革委　教育部等

关于印发《关于改进和规范公安派出所出具证明工作的意见》的通知(节录)

(2016 年 8 月 3 日　公通字〔2016〕21 号)

一、有关单位要求群众开具证明或者提供证明材料,要遵循于法有据和“谁主管、谁负责”的原则,凡是公民凭法定身份证件能够证明的事项,公安派出所不再出具证明;依法不属于公安派出所法定职责的证明事项,由主管部门负责核实。

(三)对于需要证明的下列 6 类事项,由有关部门和单位按照以下方式办理:

1. 需证明当事人婚姻状况的,凭当事人在使用部门的个人声明和能够提供的结婚证、离婚证、人民法院生效裁判文书或者离婚证明书、配偶死亡证明等有效证件、证明材料证明,需要核查的,由使用部门按照规定进行核查。

2. 需证明当事人文化程度的,凭学历证书、学位证书或者学校、相关认证机构出具的证明书证明,或者依法办理公证。

3. 需证明当事人正常死亡或者经医疗卫生机构救治的非正常死亡的,由医疗卫生机构签发《居民死亡医学证明(推断)书》。

4. 异地居住退休人员需办理领取养老金资格认证的,由异地居住退休人员到居住地所在街道(乡镇)劳动保障工作机构或者县(区)级社会保险经办机构办理认证手续。

5. 因公民个人或者有关部门和单位工作人员填写、录入差错等原因,致使公民在有关部门或者单位的登记信息与居民户口簿、居民身份证、护照登记信息不一致,需证明两者为同一人的,由有关部门和单位负责核查,公安部门根据职责提供必要协助。

6. 需证明当事人未登记户口的,区分以下情形办理:因补发《出生医学证明》需核实新生儿未申报出生登记的,由卫生计生行政部门向公安部门核查;因申报户口登记时需核实当事人未在其他地方登记户口的,由公安部门负责核查;因出国(境)定居需要办理无户籍公证的,由公证机构向公安部门核查。

国家发展改革委

关于做好对外转让债权外债管理改革有关工作的通知(节录)

(2016 年 8 月 8 日　发改外资〔2016〕1712 号)

二、境内金融机构对外转让不良债权登记申请材料应包括以下内容：

(一)对外转让不良资产情况(账面本金、利息总额、主要构成、地域分布、第三方评估意见)；

(二)对外转让协议；

(三)在新闻媒体上公开发布的处置公告；

(四)境外投资者企业注册证明、有关书面承诺及资信业绩情况证明文件。以境外特殊目的公司(SPV)形式购买不良债权,不能充分证明资信业绩状况的,要提供控股母公司的证明文件；

(五)公证机构对转让过程出具的公证书(不良债权简况,转让方式,参与转让的主要境内外投资者,相关报价)；

(六)律师事务所出具的法律意见书；

全国老龄办　国家发展改革委　教育部等

关于推进老年宜居环境建设的指导意见(节录)

(2016 年 10 月 9 日　全国老龄办发〔2016〕73 号)

三、重点任务

16. 弘扬敬老、养老、助老社会风尚。全社会积极开展应对人口老龄化行动,弘扬敬老、养老、助老社会风尚。开展"敬老养老助老"主题教育活动,弘扬中华民族孝亲敬老传统美德。开展老龄法律法规普法宣传教育,增强全社会依法保护老年人合法权益的意识,反对和打击对老年人采取任何形式的歧视、侮辱、虐待、遗弃和家庭暴力,引导律师、公证、基层法律服务所和法律援助机构深入开展老年人法律服务和法律援助工作。

教育部　工商总局

关于印发《自费出国留学中介服务合同示范文本》的通知(节录)

(2016年10月27日　教外〔2016〕84号)

第七条　不可抗力

由于政治原因或地震、台风、水灾、火灾、战争以及其他不能预见并且对其发生和后果不能防止或避免的不可抗力,致使直接影响本合同的履行或者不能按约定的条件履行时,遇有上述不可抗力的一方,应及时通知对方,并应在十五日内,提供不可抗力详情及本合同不能履行、或者部分不能履行、或者需要延期履行的理由的有效证明文件,此项证明文件应由不可抗力发生地区的公证机构出具,按其对本合同的影响程度由双方协商决定是否解除合同、免除或者部分免除履行合同的责任,或者延期履行合同。

境外非政府组织代表机构登记和临时活动备案办事指南(节录)

(2016年11月28日)

一、境外非政府组织代表机构登记

(一)设立登记

4.境外非政府组织设立代表机构需要公证、认证的文件及办理程序

境外非政府组织提交的证明材料及章程等,以及拟担任境外非政府组织代表机构首席代表的外国人以及香港、澳门、台湾居民的身份证明等,按照下列程序确认:

(1)外国人身份证明、在外国合法成立的非政府组织证明文件、材料及其章程、在外国存续二年以上并实质性开展活动的证明材料等,应当经其本国公证机构或者公证人公证(但外国本国法律有特殊规定的除外)和有关机构认证,并经中国驻该国使(领)馆认证;

(2)香港居民的身份证明、在香港合法成立的非政府组织的证明材料及其章程、在香港存续

二年以上并实质性开展活动的证明材料等，应当经内地认可的公证人公证；

（3）澳门居民的身份证明、在澳门合法成立的非政府组织的证明材料及其章程、在澳门存续二年以上并实质性开展活动的证明材料等，应当经澳门特别行政区政府公证部门或者内地认可的公证人公证；

（4）台湾居民应当提交《台湾居民来往大陆通行证》证明其身份，在台湾地区合法成立的非政府组织的证明材料及其章程、在台湾存续二年以上并实质性开展活动的证明材料等，应当经当地公证人公证。

（二）变更登记

2. 所需提交的材料

（1）名称变更

境外非政府组织名称发生变更的，其境内代表机构名称应作相应变更。

①业务主管单位同意文件；

②境外非政府组织代表机构登记证书复印件；

③《境外非政府组织代表机构变更登记申请表》（表六）；

④境外非政府组织名称变更的证明文件（需经公证、认证）。

名称变更登记完成后，境外非政府组织代表机构需对税务登记证书、印章式样、银行账号等重新进行备案。

（2）首席代表变更

①业务主管单位同意文件；

②境外非政府组织代表机构登记证书复印件；

③《境外非政府组织代表机构变更登记申请表》（表六）；

④境外非政府组织对拟任首席代表任命书（需经公证、认证）；

⑤《境外非政府组织代表机构首席代表登记表》（表三）；

⑥拟任首席代表由外国人以及香港、澳门、台湾居民担任的，应当提交经过公证、认证的身份证明；

⑦拟任首席代表无犯罪证明材料或声明（表四）。

二、境外非政府组织临时活动备案

（二）办理临时活动备案所需提交的材料

1.《境外非政府组织临时活动备案表》（表十一）；

2. 境外非政府组织合法成立的证明文件、材料；

3. 境外非政府组织与中方合作单位的书面协议；

4. 临时活动项目经费、资金来源证明材料及中方合作单位的银行账户；

5. 中方合作单位获得批准的文件。

上述所提交的有关境外非政府组织的文件材料需经公证、认证。

国家知识产权局

关于印发《关于严格专利保护的若干意见》的通知(节录)

(2016年11月29日 国知发管字〔2016〕93号)

(七)有效推进调查取证工作

充分运用调查取证手段。对权利人举证确有困难的,应充分、合理使用登记保存、抽样取证等调查取证手段,适当减轻专利权人举证负担;专利侵权纠纷案件立案受理后,应尽量采取直接送达方式,在送达的同时进行调查取证。调查取证时,对拒绝配合的被调查人员和企业,依照相关规定列入征信系统失信名单。对法律、法规赋予地方知识产权局实施查封、扣押、封存、暂扣等措施的,应依法充分行使。探索以公证方式保管案件证据及相关证明材料。

国家税务总局

关于土地价款扣除时间等增值税征管问题的公告(节录)

(2016年12月24日 国家税务总局公告2016年第86号)

六、纳税人办理无偿赠与或受赠不动产免征增值税的手续,按照《国家税务总局关于进一步简化和规范个人无偿赠与或受赠不动产免征营业税、个人所得税所需证明资料的公告》(国家税务总局公告2015年第75号,以下称《公告》)的规定执行。《公告》第一条第(四)项第2目“经公证的能够证明有权继承或接受遗赠的证明资料原件及复印件”,修改为“有权继承或接受遗赠的证明资料原件及复印件”。

全国老龄办　最高人民法院　最高人民检察院等

关于进一步加强老年法律维权工作的意见(节录)

(2016年12月28日　全国老龄办发〔2016〕102号)

(五)各级司法行政机关要把老年人作为法律援助工作的重点人群,推动进一步降低门槛,扩大老年人法律援助事项范围,逐步将法律援助对象扩展到低收入、高龄、空巢、失能等老年人。完善法律援助便民服务机制,简化手续、程序,加快办理速度。建立健全老年人法律援助服务网络,加强基层老年人法律援助工作站、联络点建设。加强"12348"法律服务热线建设,有条件的地方开设针对老年人的维权热线,实行电话和网上预约、上门服务等,方便老年人咨询和申请法律援助。加强对律师事务所、公证处、基层法律服务所、司法鉴定机构的管理和业务指导,积极为老年人提供诉讼代理及法律咨询、代书、调解、公证、司法鉴定等诉讼和非诉讼法律服务。发挥人民调解化解民间纠纷的作用,组织、指导广大人民调解组织及时化解涉及老年人的婚姻、继承、赡养等矛盾纠纷。

国家食品药品监管总局

关于发布医疗器械优先审批申报资料编写指南(试行)的通告(节录)

(2017年2月15日　国家食品药品监管总局通告2017年第28号)

二、格式要求

(一)申报资料应按本指南载明序排列并装订成册。

(二)应有所提交资料目录,包括申报资料的一级和二级标题。每项二级标题对应的资料应单独编制页码。

(三)境内医疗器械优先申请申报资料若无特别说明,均应为原件,并由申请人签章。"签章"是指:企业盖章,或其法定代表人、负责人签名加企业盖章。

(四)进口医疗器械优先申请申报资料若无特别说明,原文资料均应由申请人签章,中文资料由代理人签章。原文资料“签章”是指:申请人的法定代表人或者负责人签名,或者签名并加盖组织机构印章,并且应当提交由申请人所在地公证机构出具的公证件;中文资料“签章”是指:代理人盖公章,或者其法定代表人、负责人签名并加盖公章。

(五)由申请人编写的文件按 A4 规格纸张打印,字体大小适于阅读。

(六)申报资料使用复印件的,复印件应当清晰并与原件一致。彩色图片、图表应提供彩色副件。

(七)申报资料应当使用中文。原文为外文的,应当有中文译本。

民政部　公安部　交通运输部　卫生计生委

关于印发《重大突发事件遇难人员遗体处置工作规程》的通知(节录)

(2017 年 3 月 3 日　民发〔2017〕38 号)

第三十八条　认领人应当凭有效身份证件认领遗物,填写遗物认领登记表,注明与遇难人员的关系、认领时间、地点、见证人以及遗物件数、种类和特征等,并拍照留存,必要时可通过司法公证认领。

国家卫生和计划生育委员会

关于修改《新消毒产品和新涉水产品卫生行政许可管理规定》等 5 件规范性文件部分条款的通知(节录)

(2017 年 5 月 9 日　国卫监督发〔2017〕27 号)

一、《新消毒产品和新涉水产品卫生行政许可管理规定》(国卫办监督发〔2014〕14 号)

(一)将第四条、第十条、第十一条和第十八条中的“卫生监督中心”修改为:“中国疾病预防控制中心”。

（二）将第十二条修改为：“在技术评审过程中评审委员会认为需要对检验结果和检验方法（或评价方法）进行验证试验的，由评审委员会确定产品的验证检验项目、检验方法、检验样品要求以及是否采样封样。验证试验应当由审批部门委托取得资质认定的检验机构进行。”

（三）将第十四条修改为：“承担验证试验的检验机构接收样品为封样产品时，应当对样品、封条及采样单等进行检查核对，封条破损的样品不予接收。

检验机构出具的检验报告应当附产品彩色照片、检验申请表、检验受理通知书、产品说明书、采样单，所有材料均需逐页加盖检验专用章。”

（四）将附件1《新消毒产品申报受理规定》第二条的“卫生监督中心网上申报系统”修改为：“国家卫生计生委卫生行政许可网上申报系统”。

删除附件1《新消毒产品申报受理规定》第九条（五）、第十条（三）和第十一条（二）中的“中文译文应经中国公证机关公证”。

（五）将附件2《新涉水产品申报受理规定》第二条的“卫生监督中心网上申报系统”修改为：“国家卫生计生委卫生行政许可网上申报系统”。

删除附件2《新涉水产品申报受理规定》第十条（五）、第十一条（三）、第十二条（二）中的“中文译文应经中国公证机关公证”。

四、《省级涉水产品卫生行政许可规定》（国卫办监督发〔2014〕63号）

（一）将第二十一条修改为：“申请延续、变更、注销和补发卫生行政许可批件的，应当由批件上注明的申请单位向原发证部门提出申请，并按照省级涉水产品申报材料要求，提交有关材料，并对申请材料的真实性负责，承担相应的法律责任。

申请补发许可批件的，应当提交补发申请表。补发的卫生许可证沿用原卫生许可证号，批准日期为准予补发日期，在该日期后打印‘补发’字样，原有效期限不变。”

（二）删除附件1《省级涉水产品申报材料要求》第二条（八）、第五条（四）、第七条（五）、第九条（三）、第十条（三）、第二十一条（五）和第二十二条（二）中的“中文译文应当经中国公证机关公证”。

删除附件1《省级涉水产品申报材料要求》第十一条。

国务院知识产权战略实施　工作部际联席会议办公室

关于印发《2017年深入实施国家知识产权战略加快建设知识产权强国推进计划》的通知(节录)

(2017年6月23日　国知战联办〔2017〕12号)

13.制定并推行知识产权尽职调查规范。选取若干地方开展知识产权保护公证服务试点工作,遴选培育若干家知识产权保护公证服务示范机构。(司法部负责)

国家食品药品监督管理总局　保健食品审评中心

关于过渡期保健食品新产品注册和延续注册申请人主动提交补充材料有关事项的通知(节录)

(2017年7月21日)

一、对申请材料或补充材料已受理,尚未发出审评意见的保健食品新产品注册和延续注册(再注册)申请,注册申请人可以向我中心主动提交补充材料,依据现行规定对产品名称、配方格式、标签说明书及产品技术要求等申请材料进一步完善。

(四)原注册人为自然人的延续注册(再注册)申请:需重新确定符合《保健食品注册与备案管理办法》第十一条规定的注册人,并提交经公证的注册证书所有权转移合同。

取得国家法律职业资格的台湾居民在大陆从事律师职业管理办法(2017修正)(节录)

(2008年12月21日司法部令第115号发布 根据2017年9月21日《司法部关于修改〈取得国家法律职业资格的台湾居民在大陆从事律师职业管理办法〉的决定》修正)

第五条 台湾居民申请律师执业,应当根据《律师法》和《律师执业管理办法》的有关规定,向设区的市级或者直辖市的区(县)司法行政机关提出申请,并提交与申请执业相关的证明材料。

台湾居民申请律师执业,提交的身份证明和其他在台湾地区出具的证明材料应当经台湾地区的公证机构公证,同时还应当书面说明是否具有台湾、香港、澳门地区或者外国律师资格以及是否受聘于台湾、香港、澳门地区或者外国律师事务所的情况。

蛋白同化制剂和肽类激素进出口管理办法(2017修正)(节录)

(2014年8月5日国家食品药品监督管理局总局令第9号公布 根据2017年11月7日国家食品药品监督管理总局局务会议《关于修改部分规章的决定》修正)

第十五条 出口蛋白同化制剂、肽类激素,出口单位应当向所在地省、自治区、直辖市食品药品监督管理部门提出申请,报送下列资料:

(一)药品出口申请表。

(二)进口国家或者地区的药品管理机构提供的进口准许证正本(或者复印件及公证文本)。

如进口国家或者地区对蛋白同化制剂、肽类激素进口尚未实行许可证管理制度,需提供进口国家的药品管理机构提供的该类药品进口无需核发进口准许证的证明文件(正本)以及以下文件之一:

1. 进口国家或者地区的药品管理机构提供的同意进口该药品的证明文件正本(或者复印件及公证文本);

2. 进口单位合法资质的证明文件和该药品用途合法的证明文件正本(或者复印件及公证文本)。

财政部　税务总局

关于租入固定资产进项税额抵扣等增值税政策的通知(节录)

(2017年12月25日　财税〔2017〕90号)

三、自2018年1月1日起,航空运输销售代理企业提供境外航段机票代理服务,以取得的全部价款和价外费用,扣除向客户收取并支付给其他单位或者个人的境外航段机票结算款和相关费用后的余额为销售额。其中,支付给境内单位或者个人的款项,以发票或行程单为合法有效凭证;支付给境外单位或者个人的款项,以签收单据为合法有效凭证,税务机关对签收单据有疑义的,可以要求其提供境外公证机构的确认证明。

航空运输销售代理企业,是指根据《航空运输销售代理资质认可办法》取得中国航空运输协会颁发的“航空运输销售代理业务资质认可证书”,接受中国航空运输企业或通航中国的外国航空运输企业委托,依照双方签订的委托销售代理合同提供代理服务的企业。

基层法律服务工作者管理办法(2017修订)(节录)

(2000年3月31日司法部令第60号公布　2017年12月25日司法部令第138号修订)

第十三条　对有下列情形之一的申请执业核准的人员,司法行政机关应当作出不准予执业核准的决定:

(一)具有本办法第八条规定情形之一的;

(二)曾因严重违法违纪违规行为被基层法律服务所解除聘用合同或者劳动合同的;

(三)曾被吊销律师执业证书或者受到停止执业处罚期限未满的;

(四)具有法律职业资格或者律师资格、公证员资格并已在律师事务所或者公证机构执业的。

第四十六条　基层法律服务工作者有下列行为之一的,由所在地县级司法行政机关或者直辖市的区(县)司法行政机关予以警告;有违法所得的,依照法律、法规的规定没收违法所得,并

由设区的市级或者直辖市的区(县)司法行政机关处以违法所得三倍以下的罚款,罚款数额最高为三万元:

(一)超越业务范围和诉讼代理执业区域的;

(二)以贬损他人、抬高自己、虚假承诺或者支付介绍费等不正当手段争揽业务的;

(三)曾担任法官的基层法律服务工作者,担任原任职法院办理案件的诉讼代理人的;

(四)冒用律师名义执业的;

(五)同时在基层法律服务所和律师事务所或者公证机构执业,或者同时在两个以上基层法律服务所执业的;

(六)无正当理由拒绝履行法律援助义务的;

(七)明知委托人的要求是非法的、欺诈性的,仍为其提供帮助的;

(八)在代理活动中超越代理权限或者滥用代理权,侵犯被代理人合法利益的;

(九)在同一诉讼、仲裁、行政裁决中,为双方当事人或者有利害关系的第三人代理的;

(十)不遵守与当事人订立的委托合同,拒绝或者疏怠履行法律服务义务,损害委托人合法权益的;

(十一)在调解、代理、法律顾问等执业活动中压制、侮辱、报复当事人,造成恶劣影响的;

(十二)不按规定接受年度考核,或者在年度考核中弄虚作假的;

(十三)泄露在执业活动中知悉的商业秘密或者个人隐私的;

(十四)以影响案件审判、仲裁或者行政裁定结果为目的,违反规定会见有关司法、仲裁或者行政执法人员,或者向其请客送礼的;

(十五)私自接受委托承办法律事务,或者私自收取费用,或者向委托人索要额外报酬的;

(十六)在代理活动中收受对方当事人、利害关系人财物或者与其恶意串通,损害委托人合法权益的;

(十七)违反司法、仲裁、行政执法工作有关制度规定,干扰或者阻碍司法、仲裁、行政执法工作正常进行的;

(十八)泄露在执业活动中知悉的国家秘密的;

(十九)伪造、隐匿、毁灭证据或者故意协助委托人伪造、隐匿、毁灭证据的;

(二十)向有关司法人员、仲裁员或者行政执法人员行贿、介绍贿赂,或者指使、诱导委托人向其行贿的;

(二十一)法律、法规、规章规定应予处罚的其他行为。

司法行政机关对基层法律服务工作者实施上述行政处罚的同时,应当责令其改正。

政府采购质疑和投诉办法(节录)

(2017年12月26日　财政部令第94号)

第四十条　相关当事人提供外文书证或者外国语视听资料的,应当附有中文译本,由翻译机构盖章或者翻译人员签名。

相关当事人向财政部门提供的在中华人民共和国领域外形成的证据,应当说明来源,经所在国公证机关证明,并经中华人民共和国驻该国使领馆认证,或者履行中华人民共和国与证据所在国订立的有关条约中规定的证明手续。

相关当事人提供的在香港特别行政区、澳门特别行政区和台湾地区内形成的证据,应当履行相关的证明手续。

国家旅游局办公室
关于印发《旅游市场监督检查操作指南》的通知(节录)

(2018年1月15日　旅办发〔2018〕12号)

第四章　证据及取证要求

4.7　[电子数据制作要求]

执法人员收集电子数据,可以采取下列步骤取证,或以公证等其他有效形式证明电子数据与原始载体的一致性和完整性:

(一)应当收集电子数据的原始载体,并制作现场笔录,如实记载电子数据的类型、原始来源、具体内容、取证时间和地点、证据提供人等,现场笔录应当由执法人员和当事人签名或盖章;

(二)无法收集电子数据原始载体或者收集原始载体确有困难的,可以对电子数据进行复制或者转化成其他有效形式的证据材料,制作电子数据打印件应当由当事人注明"此件与原件核对无误",并由执法人员和当事人签名或盖章;

(三)将电子数据调取、打印的过程全程录像记录。

当事人拒绝签字、盖章的,应注明情况。

4.14 【先行证据保存处理】

对于先行登记保存的证据,应当在7日内采取下列措施:

(一)及时采取记录、复制、拍照、录像、公证等证据保全措施;

(二)需要鉴定的,送交鉴定。

第八章 送 达

8.6 [邮寄送达注意要点]

直接送达确有困难的,执法机构可以用挂号信邮寄送达。

邮寄送达应附有处罚文书和送达回证。

邮寄送达时,应在信封上注明送达的处罚文书名称和送达回证,对执法人员和邮政人员装封的过程全程录像,并留存挂号信回执;有条件的执法机构可以采取公证方式来证明送达的内容。

挂号信回执上注明的收件日期与送达回证上注明的收件日期不相符的,或者送达回证没有寄回的,以挂号信回执上注明的收件日期为送达日期。

在京领事认证代办机构工作规范(节录)

(2018年4月19日)

第九条 从事领事认证代办人员原则上应具备法律专业背景或相关工作经历,须了解领事认证相关国际和国内法律法规,熟悉涉外公证书或其他证明书的种类、格式,熟知外交部领事司认证程序、办证须知,以及各国驻华使馆对领事认证的具体要求和办证时间。

第十六条 按照《领事认证代办机构文书审核和把关清单》和外交部领事司有关要求,对拟送文书进行严格审核。主要审核内容包括:

(一)文书外观是否整洁,装订和制作是否规范。

(二)文书上的印章、签字是否有效,是否清晰完整。

(三)文书内容是否有明显违反我国法律法规之处;是否有攻击、诋毁国家和政府之处;是否有明显违背社会公序良俗之处。

(四)文书格式、内容及译文等是否符合《公证法》等相关法律规定,如公证书证词是否与司法部规定的《公证书格式》相符等。

(五)文书及申办材料(如文书复印件、使馆申请表及其他辅助证明材料等)是否满足认证处及相关国家驻华使馆要求(具体要求以"中国领事服务网"相关板块实时更新的信息为准)。

(六)文书涉及的相关文件是否存在其他问题。

不符合相关规定的文书不得送领事司认证处办理认证。

道路交通事故处理工作规范(节录)

(2018 年　公交管〔2018〕149 号)

第一百一十一条　调解开始前,交通警察应当对调解参加人的资格进行审核:

(一)是否属于道路交通事故当事人或者其代理人,委托代理人提供的授权委托书是否载明委托事项和委托权限,当事人、法定代理人或者其遗产继承人是否在授权委托书上签名或者盖章,必要时可以要求对授权委托书进行公证;

(二)是否是道路交通事故车辆所有人或者管理人;

(三)是否是承保机动车保险的保险公司人员;

(四)是否是垫付费用的道路交通事故社会救助基金管理机构指派或者委派的人员;

(五)是否是经公安机关交通管理部门同意的其他人员。

对不具备资格的,交通警察应当告知其更换调解参加人或者退出调解。经审核,调解参加人资格和人数符合规定的,进行调解。

外国航空运输企业常驻代表机构审批管理办法(节录)

(2018 年 5 月 22 日交通运输部令第 9 号公布　自 2018 年 9 月 1 日起施行)

第十条　申请设立代表机构的外国航空运输企业(以下简称申请人),应当根据不同情况向民航局提交申请材料:

(一)指定的外国航空运输企业应当提交下列材料:

1. 法定代表人或者授权签字人签署的申请书原件,内容包括:设立代表机构的目的、代表机构的名称、首席代表和代表、业务范围、办公地址、联系方式等;

2. 民航局颁发的经营许可复印件或者其他形式的批准文件复印件;

3. 代表机构工商登记证复印件;

4. 法定代表人或者授权签字人签署的代表机构首席代表和代表的任命书原件或者经公证的

复印件；

5. 首席代表和代表的有效身份证件复印件；

6. 首席代表和代表填写并经本人确认签字的《外国航空运输企业常驻代表机构代表登记表》(附件1)。

(二)非指定的外国航空运输企业应当提交下列材料：

1. 法定代表人或者授权签字人签署的申请书原件,内容包括:企业简况、设立代表机构的目的、代表机构的名称、首席代表和代表、业务范围、办公地址、联系方式等；

2. 所在国的有关当局与民航局达成的有关协议复印件；

3. 代表机构工商登记证复印件；

4. 所在国的有关当局颁发的注册证明和航空运营人许可证复印件；

5. 法定代表人或者授权签字人签署的代表机构首席代表和代表的任命书原件或者经公证的复印件；

6. 首席代表和代表的有效身份证件复印件；

7. 首席代表和代表填写并经本人确认签字的《外国航空运输企业常驻代表机构代表登记表》。

第十七条 外国航空运输企业变更代表机构的名称、首席代表或者代表、代表机构办公地址,应当向民航局申请变更登记。

(一)申请变更代表机构名称应当提交下列材料：

1. 法定代表人或者授权签字人签署的申请书原件；

2. 民航局颁发的经营许可复印件或者其他形式的批准文件复印件；

3. 代表机构批准证书原件；

4. 代表机构工商登记证复印件。

(二)申请变更代表机构首席代表或者代表应当提交下列材料：

1. 法定代表人或者授权签字人签署的申请书原件；

2. 法定代表人或者授权签字人签署的首席代表或者代表的任命书原件或者经公证的复印件；

3. 拟任人填写并经本人确认签字的《外国航空运输企业常驻代表机构代表登记表》；

4. 拟任人有效身份证件复印件；

5. 代表机构批准证书原件；

6. 代表机构工商登记证复印件。

(三)申请变更代表机构办公地址应当提交下列材料：

1. 法定代表人或者授权签字人签署的申请书原件,在同一城市变更代表机构办公地址的申请书可由代表机构首席代表签署并加盖代表机构公章；

2. 新办公地址房屋租赁合同或者相关证明材料；

3. 代表机构批准证书原件；

4. 代表机构工商登记证复印件。

出入境尸体骸骨卫生检疫管理办法（2018第二次修正）（节录）

（2017年3月9日国家质量监督检验检疫总局令第189号公布　根据2018年4月28日海关总署令第238号《海关总署关于修改部分规章的决定》第一次修正　根据2018年5月29日海关总署第240号令《海关总署关于修改部分规章的决定》第二次修正）

第七条　需要运送尸体、骸骨出境的，原则上应当从入殓地所在口岸出境。尸体、骸骨出境前，托运人或者其代理人应当向出境口岸海关申报，并按照要求提供以下材料：

（一）尸体、骸骨入出境卫生检疫申报单；

（二）死者有效身份证明；

（三）县级及以上医疗机构出具的死亡证明书或者公安、司法部门出具的死亡鉴定书或者其他相应的公证材料；

（四）本办法第六条所列证明文件；

（五）托运人或者其代理人身份证明。

人民银行　银保监会　证监会等

关于进一步深化小微企业金融服务的意见（节录）

（2018年6月23日　银发〔2018〕162号）

七、增强财税政策支持力度，减少各类融资附加费用

（十八）加大财税优惠政策支持力度。加大金融机构小微企业贷款利息收入免征增值税优惠力度，从2018年9月1日至2020年底，将符合条件的小微企业和个体工商户贷款利息收入免征增值税单户授信额度上限，由100万元提高到500万元。对国家融资担保基金支持的融资担保公司要加强监管考核，支持小微企业融资的担保金额占比不低于80%，其中支持单户授信500万元及以下小微企业贷款及个体工商户、小微企业主经营性贷款的担保金额占比不低于50%，适当降低担保费率和反担保要求。

（十九）推动减少小微企业融资附加费用。各地发展改革、财税部门和人民银行、银保监会派出机构要配合当地市场监管部门落实国务院关于进一步清理规范涉企收费有关要求，规范小微企业融资相关的担保（反担保）费、评估费、公证费等附加手续收费行为，减轻小微企业融资负担。推动地方政府探索以政府采购、财政补贴等方式，降低小微企业融资附加费用支出。

海关总署

关于公布《进口可用作原料的固体废物国外供货商注册登记管理实施细则》的公告（节录）

（2018年7月6日　海关总署公告2018年第91号）

第六条　申请人应当通过进境货物检验检疫监管系统提交注册登记申请，并在网络提交注册登记申请成功后的30天内向海关总署提交以下书面材料：

（一）通过申请系统生成并打印的注册登记申请书（见附件1）；

（二）经公证的税务登记文件，有商业登记文件的还需提供经公证的商业登记文件；

（三）组织机构、部门和岗位职责的说明；

（四）标明尺寸的固定办公场所平面图，有加工场地的，还应当提供加工场地平面图，3张以上能全面展现上述场所和场地实景的照片；

（五）ISO9001质量管理体系或者RIOS体系等认证证书彩色复印件；

（六）委托代理人提出注册登记申请的，应当提交委托书原件以及委托双方身份证明复印件。

提交的文字材料，应当使用中文或者中英文对照文本。

中国人民银行办公厅

关于加强特定非金融机构反洗钱监管工作的通知

(2018年7月13日　银办发〔2018〕120号)

为预防洗钱和恐怖融资活动，遏制洗钱犯罪和相关犯罪，加强特定非金融机构反洗钱和反恐怖融资工作，根据《中华人民共和国反洗钱法》、《中华人民共和国中国人民银行法》、《中华人民共和国反恐怖主义法》，现就有关事项通知如下：

一、根据《中华人民共和国反洗钱法》第三十五条、第三十六条规定，下列机构在开展以下各项业务时属于《中华人民共和国反洗钱法》、《中华人民共和国反恐怖主义法》规定的特定非金融机构，应当履行反洗钱和反恐怖融资义务。具体包括：

(一)房地产开发企业、房地产中介机构销售房屋、为不动产买卖提供服务。

(二)贵金属交易商、贵金属交易场所从事贵金属现货交易或为贵金属现货交易提供服务。

(三)会计师事务所、律师事务所、公证机构接受客户委托为客户办理或准备办理以下业务，包括：买卖不动产，代管资金、证券或其他资产，代管银行账户、证券账户，为成立、运营企业筹集资金，以及代客户买卖经营性实体业务。

(四)公司服务提供商为客户提供或准备提供以下服务，包括：为公司的设立、经营、管理等提供专业服务，担任或安排他人担任公司董事、合伙人或持有公司股票，为公司提供注册地址、办公地址或通讯地址等。

二、特定非金融机构应当严格执行《中国人民银行关于加强贵金属交易场所反洗钱和反恐怖融资工作的通知》(银发〔2017〕218号)、《住房城乡建设部 人民银行 银监会关于规范购房融资和加强反洗钱工作的通知》(建房〔2017〕215号)、《财政部关于加强注册会计师行业监管有关事项的通知》(财会〔2018〕8号)等相关文件要求(见附件)，认真履行反洗钱和反恐怖融资义务。

三、特定非金融机构应当遵守法律法规等规章制度，开展反洗钱和反恐怖融资工作。如有对特定非金融机构开展反洗钱和反恐怖融资工作更为具体或者严格的规范性文件，特定非金融机构应从其规定；如没有更为具体或者严格规定的，特定非金融机构应参照适用金融机构的反洗钱和反恐怖融资规定执行。

四、对于未按照有关规定开展反洗钱和反恐怖融资工作的特定非金融机构，中国人民银行及其分支机构或特定非金融机构的行业主管部门应依法对其采取监管措施或实施行政处罚。有关法律法规有处罚规定的，依照规定给予处罚；有关法律法规未作处罚规定的，由中国人民银行及其分支机构按照《中华人民共和国中国人民银行法》第四十六条进行处罚。

请中国人民银行上海总部，各分行、营业管理部、省会(首府)城市中心支行、副省级城市中心支行将本通知转发至辖区内相关特定非金融机构。

本通知自印发之日起执行。

国家档案局

关于印发《企业境外档案管理办法》的通知(节录)

(2018 年 8 月 2 日　档发〔2018〕13 号)

第十八条　涉及企业资产与产权、商业秘密、债权债务等内容的档案应当列为重要档案,范围包括:

(一)境外单位设立、合并、分立、改制、上市、解散、破产或其他变动过程中形成的档案;境外单位董事会、监事会、股东会的构成、变更、召开会议、履行职责和维护权益等过程中形成的档案。

(二)境外单位资产和产权登记、评估与证明档案,资产和产权转让、买卖、抵押、租赁、许可、变更、保护等凭证性档案,对外投资形成的档案;境外单位资本金核算、确认、划转、变更等过程形成的档案,企业融资过程形成的档案;专利管理档案。

(三)在境外注册、获取的各种资格证书,企业准许在外经营的经营证照及失效证件原件或被收缴的复印件等经营权申报、审批形成的档案。

(四)境外单位关于重要问题的请示、报告、报表及其复函、批复,由有关单位制发的需境外单位办理的文件材料组成的重要档案;行业协会、中介机构等对本企业做出的重要决定、出具的审计、公证、裁定等档案;境外单位与其他组织和个人形成的重要合同、协议及补充协议等档案。

(五)会计档案。

(六)境外建设项目、设备仪器、科研开发、产品生产管理中产生的具有核心技术的档案。

(七)其他具有重要利用价值的档案。

财　政　部

关于变更中国福利彩票双色球游戏规则的审批意见(节录)

(2018 年 8 月 13 日　财综〔2018〕43 号)

第二十二条　双色球每期开奖时,在公证人员封存销售数据资料之后,并在其监督下通过摇奖器确定开奖号码。摇奖时先摇出 6 个红色球号码,再摇出 1 个蓝色球号码。

国家市场监督管理总局反垄断局

关于经营者集中申报的指导意见(节录)

(2018 年 9 月 29 日修订)

第二十条　申报的文件、资料应当包括如下内容:

(一)申报书。申报书应当载明参与集中的经营者的名称、住所、经营范围、预定实施集中的日期。申报人身份证明或注册登记证明,境外申报人须提交当地有关机构出具的公证和认证文件。委托代理人申报的,应当提交经申报人签字的授权委托书;

(二)集中对相关市场竞争状况影响的说明。包括:集中交易概况;集中的动机、目的和经济合理性分析;相关市场界定;参与集中的经营者在相关市场的市场份额及其对市场的控制力;主要竞争者及其市场份额;市场集中度;市场进入;行业发展现状;集中对市场竞争结构、行业发展、技术进步、国民经济发展、消费者以及其他经营者的影响等;

(三)集中协议。包括:各种形式的集中协议文件,如协议书、合同以及相应的补充文件等;

(四)参与集中的经营者经会计师事务所审计的上一会计年度财务会计报告;

(五)反垄断局要求提交的其他文件资料。

国家市场监督管理总局反垄断局

关于经营者集中简易案件申报的指导意见(节录)

(2018 年 9 月 29 日修订)

第三条 申报的文件、资料包括如下内容:

(一)申报书。申报书应当载明参与集中的经营者的名称、住所、经营范围、预定实施集中的日期。申报人身份证明或注册登记证明,境外申报人须提交当地有关机构出具的公证和认证文件。集中委托代理人申报的,应当提交经申报人签字的授权委托书。

(二)集中对相关市场竞争状况影响的说明。包括:集中交易概况;相关市场界定;参与集中的经营者在相关市场的市场份额;主要竞争者及其市场份额;集中对相关市场竞争状况影响的效果评估及依据等。

(三)集中协议。包括各种形式的集中协议文件,如协议书、合同以及相应的补充文件等。

(四)参与集中的经营者经会计师事务所审计的上一会计年度财务会计报告。

(五)反垄断局要求提交的其他文件资料。

国家市场监督管理总局反垄断局

关于经营者集中申报文件资料的指导意见(节录)

(2018 年 9 月 29 日修订)

第二条 集中各方的基本情况,包括但不限于:企业名称、注册地、经营范围、企业形式、联系人(姓名、职务、联系方式)、最近一个会计年度的营业额(包括全球和中国境内)、公司规模及业界地位、公司设立和重要变更的历史情况等。

集中申报人应提供其身份证明或注册登记证明。若申报人为境外企业或自然人,还应提交当地相关机构出具的公证认证文件。

申报人委托他人代理申报的,应出具授权委托书,并提供其联系方式及文件送达地址。境外申报人应委托在境内有住所的代理人或文件签收人,并提供联系方式。

国家发展和改革委员会　国家粮食和物资储备局
财政部　中国农业发展银行

关于切实加强国家政策性粮食收储和销售出库监管的意见(节录)

(2018 年 11 月 8 日　国粮发〔2018〕264 号)

各省、自治区、直辖市及新疆生产建设兵团发展改革委、粮食局、财政厅(局)、农业发展银行分行,中国储备粮管理集团有限公司、中粮集团有限公司、中国供销集团有限公司、中化集团有限公司:

为深入实施国家粮食安全战略,认真落实国家粮食收储政策,以更加有力的举措、更加有效的监管,切实守住管好"天下粮仓",根据党中央、国务院领导同志关于政策性粮食库存消化工作的重要批示精神和《关于印发小麦和稻谷最低收购价执行预案的通知》(国粮发〔2018〕99 号)有关规定,以及粮食安全省长责任制有关要求,提出如下意见。

二、加强重点环节监管

(四)储存环节

各地各部门和相关企业要严格执行《粮油储存安全责任暂行规定》和《粮油安全储存守则》《粮库安全生产守则》等规定,按照"谁储粮、谁负责,谁坏粮、谁担责"的原则,逐级传导压力和夯实责任。督促具体收储企业加强管理和内部管控,压实安全储粮和安全生产主体责任;建立健全安全检查长效机制,坚持开展安全储粮和安全生产隐患排查,及时发现和消除各类风险隐患,加强治理,建立台账,明确整改要求和责任,确保不发生重大粮油储存事故和重大生产安全事故。

政策性粮食验收入库后,要及时进行公证和公示,确认粮权,固定粮权证据。粮权公证情况要及时报告当地政府和银保监会等部门。任何单位和个人不得擅自动用国家政策性粮食,不得以政策性粮食为任何单位和个人提供担保或清偿债务。

进口可用作原料的固体废物检验检疫监督管理办法（2018年第三次修正）（节录）

（2017年12月8日国家质量监督检验检疫总局令第194号公布　根据2018年4月28日海关总署令第238号《海关总署关于修改部分规章的决定》第一次修正　根据2018年5月29日海关总署第240号令《海关总署关于修改部分规章的决定》第二次修正　根据2018年11月23日海关总署第243号令《海关总署关于修改部分规章的决定》第三次修正）

第十一条　申请人应当凭以下材料办理进口废物原料供应商注册登记：

（一）注册登记申请书；

（二）经公证的税务登记文件，有商业登记文件的还需提供经公证的商业登记文件；

（三）组织机构、部门和岗位职责的说明；

（四）标明尺寸的固定办公场所平面图，有加工场地的，还应当提供加工场地平面图，3张以上能全面展现上述场所和场地实景的照片；

（五）ISO9001质量管理体系或者RIOS体系等认证证书彩色复印件；

（六）委托代理人提出注册登记申请的，应当提交委托书原件以及委托双方身份证明复印件。

提交的文字材料，应当使用中文或者中英文对照文本。

第三十一条　装运前检验机构应当是在所在国家（地区）合法注册的检验机构。

装运前检验机构应当提前将下列信息向海关总署备案：

（一）经公证的所在国家（地区）合法注册的第三方检验机构资质证明；

（二）所在国家（地区）固定的办公和经营场所信息；

（三）通过ISO/IEC17020认可的证明材料；

（四）从事装运前检验的废物原料种类；

（五）装运前检验证书授权签字人信息及印签样式。

提交的信息，应当使用中文或者中英文对照文本。

对提交材料完备的装运前检验机构，由海关总署对外公布。

财 政 部

关于变更中国体育彩票超级大乐透游戏规则等有关事项的审批意见(附:中国体育彩票超级大乐透游戏规则、中国体育彩票超级大乐透浮动奖奖金特别规定)(节录)

(2018 年 12 月 13 日 财综〔2018〕70 号)

第二十五条 每期开奖时,在公证人员封存销售数据资料之后,并在其监督下从 01 ~ 35 共三十五个号码中随机摇出五个前区号码,从01 ~ 12 共十二个号码中随机摇出两个后区号码。

国家药监局

关于发布药品医疗器械境外检查管理规定的公告(节录)

(2018 年 12 月 26 日 2018 年第 101 号)

第二十八条 有下列情形之一的,视为持有人拖延、阻碍、限制或者拒绝检查,直接判定为“不符合要求”:

(一)《境外检查告知书》送达后,逾期不提供符合要求的授权文件的;未在规定时限内提供相关文件、资料的;

(二)持有人阻止或者两次推迟安排检查的;

(三)被检查持有人拒不安排动态生产的;

(四)不配合办理境外检查手续的;

(五)不配合开展延伸检查的;

（六）拖延、阻碍、限制、拒绝检查人员进入被检查场所或者区域的，或者限制检查时间，设定不合理检查条件或者干扰检查的；

（七）拖延、拒绝提供或者故意掩盖关键检查信息的；

（八）拒绝或者限制现场检查收集证据相关资料，拒绝对证据相关资料履行公证认证手续或者提交公证认证文件的；

（九）其他不配合检查的情形。

房屋建筑和市政基础设施工程施工招标投标管理办法（2019修正）（节录）

（2001年6月1日建设部令第89号发布　根据2018年9月28日住房和城乡建设部令第43号《住房城乡建设部关于修改〈房屋建筑和市政基础设施工程施工招标投标管理办法〉的决定》第一次修正　根据2019年3月13日住房和城乡建设部令第47号《住房和城乡建设部关于修改部分部门规章的决定》第二次修正）

第三十三条　开标由招标人主持，邀请所有投标人参加。开标应当按照下列规定进行：

由投标人或者其推选的代表检查投标文件的密封情况，也可以由招标人委托的公证机构进行检查并公证。经确认无误后，由有关工作人员当众拆封，宣读投标人名称、投标价格和投标文件的其他主要内容。

招标人在招标文件要求提交投标文件的截止时间前收到的所有投标文件，开标时都应当当众予以拆封、宣读。

开标过程应当记录，并存档备查。

全国外汇市场自律机制

关于发布《外汇市场自律机制纠纷解决工作指引》的公告(节录)

(2019 年 3 月 15 日　汇律发〔2019〕2 号)

第二十条　自律机制与法院、仲裁、公证等机构建立并完善对接机制,促进有关纠纷的有效解决。

上市公司章程指引(2019 修订)(节录)

(2019 年 4 月 17 日　中国证券监督管理委员会公告〔2019〕10 号)

第六十三条　代理投票授权委托书由委托人授权他人签署的,授权签署的授权书或者其他授权文件应当经过公证。经公证的授权书或者其他授权文件,和投票代理委托书均需备置于公司住所或者召集会议的通知中指定的其他地方。

委托人为法人的,由其法定代表人或者董事会、其他决策机构决议授权的人作为代表出席公司的股东大会。

进口药材管理办法(节录)

(2019 年 5 月 16 日　国家市场监督管理总局令第 9 号)

第八条　首次进口药材,申请人应当通过国家药品监督管理局的信息系统(以下简称信息系统)填写进口药材申请表,并向所在地省级药品监督管理部门报送以下资料:

（一）进口药材申请表；

（二）申请人药品生产许可证或者药品经营许可证复印件，申请人为中成药上市许可持有人的，应当提供相关药品批准证明文件复印件；

（三）出口商主体登记证明文件复印件；

（四）购货合同及其公证文书复印件；

（五）药材产地生态环境、资源储量、野生或者种植养殖情况、采收及产地初加工等信息；

（六）药材标准及标准来源；

（七）由中国境内具有动、植物基原鉴定资质的机构出具的载有鉴定依据、鉴定结论、样品图片、鉴定人、鉴定机构及其公章等信息的药材基原鉴定证明原件。

申请人应当对申报资料的真实性负责。

第十五条 变更进口药材批件批准事项的，申请人应当通过信息系统填写进口药材补充申请表，向原发出批件的省级药品监督管理部门提出补充申请。补充申请的申请人应当是原进口药材批件的持有者，并报送以下资料：

（一）进口药材补充申请表；

（二）进口药材批件原件；

（三）与变更事项有关的材料。

申请人变更名称的，除第一款规定资料外，还应当报送申请人药品生产许可证或者药品经营许可证以及变更记录页复印件，或者药品批准证明文件以及持有人名称变更补充申请批件复印件。

申请人变更到货口岸的，除第一款规定资料外，还应当报送购货合同及其公证文书复印件。

第十九条 进口单位应当向口岸药品监督管理部门备案，通过信息系统填报进口药材报验单，并报送以下资料：

（一）进口药材报验单原件；

（二）产地证明复印件；

（三）药材标准及标准来源；

（四）装箱单、提运单和货运发票复印件；

（五）经其他国家（地区）转口的进口药材，应当同时提交产地到各转口地的全部购货合同、装箱单、提运单和货运发票复印件；

（六）进口药材涉及《濒危野生动植物种国际贸易公约》限制进出口的濒危野生动植物的，还应当提供国家濒危物种进出口管理机构核发的允许进出口证明书复印件。

办理首次进口药材备案的，除第一款规定资料外，还应当报送进口药材批件和进口药材补充申请批件（如有）复印件。

办理非首次进口药材备案的，除第一款规定资料外，还应当报送进口单位的药品生产许可证或者药品经营许可证复印件、出口商主体登记证明文件复印件、购货合同及其公证文书复印件。进口单位为中成药上市许可持有人的，应当提供相关药品批准证明文件复印件。

海　事　局

关于印发《海事行政复议工作规定》的通知（节录）

（2019 年 6 月 6 日　海政法〔2019〕209 号）

第十条　申请人申请行政复议，应当提交以下材料：

（一）书面申请行政复议的，应当提交《行政复议申请书》（见附件 2）。行政复议申请书应当经申请人签名或者盖章。

（二）申请人身份证明文件。申请人为公民的，应当提交身份证复印件或者其他有效证件复印件；申请人为法人或者其他组织的，应当提交营业执照复印件或者其他有效证件复印件。申请人为港澳台自然人、法人或者其他组织的，其身份证明文件应当经所在地公证机关证明。申请人为外国自然人、法人或者其他组织的，其身份证明文件应当经所在国公证机关证明，并经中华人民共和国驻该国使领馆认证，或者履行中华人民共和国与该所在国订立的有关条约中规定的证明手续后，才具有效力。

（三）被申请人作出具体行政行为的证明材料。认为被申请人不履行法定职责的，应当提供曾经要求被申请人履行法定职责而被申请人未履行的证明材料。

（四）委托代理人参加行政复议的，应当提交授权委托书原件。授权委托书应当载明委托人、受托人、委托事项、委托权限、委托期限，由委托人签名或者盖章。

（五）申请行政复议时一并提出行政赔偿请求的，应当提供受具体行政行为侵害而造成损害的证明材料。

（六）法律、法规要求提供的其他材料。

申请人当面提交复议申请的，海事行政复议机关法制部门在收到上述材料后，应当妥善收存并制作《海事行政复议申请材料收存单》（见附件 3）。《海事行政复议申请材料收存单》由申请人确认并签名或者盖章，一份交申请人，一份由海事行政复议机关法制部门留存。

申请人当面提交复议申请的，以递交日为收到申请之日；邮寄的，以复议机关签收之日为收到申请之日；通过复议机关对外公布的复议申请邮箱提交申请的，自电子邮件系统接收之日为收到申请之日；通过复议机关对外公布的复议申请传真提交申请的，自传真收到并双方确认之日为收到申请之日。

教育部等五部门

关于完善安全事故处理机制维护学校教育教学秩序的意见(节录)

(2019 年 6 月 25 日　教政法〔2019〕11 号)

3. 健全学校安全事故处理的法律服务机制。司法行政机关应当组织法律援助机构依法为符合条件的学校安全事故受伤害者提供法律援助,指导律师事务所、公证机构等为当事人提供法律服务,指导律师做好代理服务工作,引导当事人依法、理性表达意见,合理提出诉求。有条件的地方可以设立学生权益法律保护中心,以政府购买服务等方式,聘请法律专业服务机构或人员,为学生提供法律服务。纠纷处理过程中,需要鉴定以明确责任的,由双方共同委托或者经当事人申请,由主持调解的机构、组织委托司法鉴定机构进行鉴定。

国家药监局

关于医疗器械电子申报有关资料要求的通告

(2019 年 7 月 5 日　国家药监局通告 2019 年第 41 号)

为落实中共中央办公厅、国务院办公厅《关于深化审评审批制度改革鼓励药品医疗器械创新的意见》(厅字〔2017〕42 号)的要求,有序推进医疗器械注册电子申报工作,现就有关资料的提交要求如下:

一、进口产品申报资料中仅证明性文件、符合性声明以及说明书、标签应当提交由申请人所在地公证机构出具的公证件。

二、考虑医疗器械注册电子申报信息化系统电子目录结构,任意一级标题下的申报资料文件页码均可单独编制。

三、医疗器械注册电子申报信息化系统启用后,电子注册申报资料中技术要求一式一份。

本通告自 2019 年 8 月 1 日起实施。

特此通告。

国家药监局
2019年7月5日

国家药监局

关于进一步完善药品关联审评审批和监管工作有关事宜的公告（节录）

（2019年7月15日　国家药监局公告2019年第56号）

（十八）境外原辅包供应商更换登记代理机构的，提交相关文件资料后予以变更。包括：变更原因说明、境外原辅包供应商委托书、公证文书及其中文译本、新代理机构营业执照复印件、境外原辅包供应商解除原代理机构委托关系的文书、公证文书及其中文译本。

不动产登记暂行条例实施细则（2019修正）（节录）

（2019年7月24日　自然资源部令第5号）

第十一条　无民事行为能力人、限制民事行为能力人申请不动产登记的，应当由其监护人代为申请。

监护人代为申请登记的，应当提供监护人与被监护人的身份证或者户口簿、有关监护关系等材料；因处分不动产而申请登记的，还应当提供为被监护人利益的书面保证。

父母之外的监护人处分未成年人不动产的，有关监护关系材料可以是人民法院指定监护的法律文书、经过公证的对被监护人享有监护权的材料或者其他材料。

第十二条　当事人可以委托他人代为申请不动产登记。

代理申请不动产登记的，代理人应当向不动产登记机构提供被代理人签字或者盖章的授权委托书。

自然人处分不动产，委托代理人申请登记的，应当与代理人共同到不动产登记机构现场签订授权委托书，但授权委托书经公证的除外。

境外申请人委托他人办理处分不动产登记的，其授权委托书应当按照国家有关规定办理认证或者公证。

第十四条 因继承、受遗赠取得不动产，当事人申请登记的，应当提交死亡证明材料、遗嘱或者全部法定继承人关于不动产分配的协议以及与被继承人的亲属关系材料等，也可以提交经公证的材料或者生效的法律文书。

国家发展改革委 银保监会

关于深入开展“信易贷”支持中小微企业融资的通知（节录）

（2019年9月12日 发改财金〔2019〕1491号）

二、重点工作任务

（四）创新“信易贷”违约风险处置机制。

鼓励金融机构依托金融科技建立线上可强制执行公证机制，加快债务纠纷解决速度。依托全国信用信息共享平台对失信债务人开展联合惩戒，严厉打击恶意逃废债务行为，维护金融机构合法权益。

交通运输部

关于修改《中华人民共和国国际海运条例实施细则》的决定（节录）

（2019年11月28日 交通运输部令2019年第41号）

一、将第三条第十五项中的“个人履历表须经公证机关公证”修改为“申请人须承诺对所提供从业资历的真实有效性负责”。

中华人民共和国国际海运条例实施细则(节录)

第三条 《海运条例》和本实施细则中下列用语的含义是:

(九)企业商业登记文件,是指企业登记机关或者企业所在国有关当局签发的企业营业执照或者企业设立的证明文件。境外企业商业登记文件为复印件的,须有企业登记机关在复印件上的确认或者证明复印件与原件一致的公证文书。

第五十条 《海运条例》和本实施细则规定的许可、登记事项,申请人可委托代理人办理。代理人办理委托事项的,应当提供授权委托书。外国申请人或者投资者提交的公证文书,应当由申请人或者投资者所在国公证机关或者执业律师开出。

本实施细则所要求的各类文字资料应当用中文书写,如使用其他文字的,应随附中文译文。

中华人民共和国外资银行管理条例实施细则(2019 修订)(节录)

(2019 年 12 月 18 日　中国银行保险监督管理委员会令 2019 年第 6 号)

第八十三条 本细则要求报送的资料,除年报外,凡用外文书写的,应当附有中文译本。外资银行营业性机构的内部控制制度、业务操作规程、业务凭证样本应当附有中文译本;其他业务档案和管理档案相关文件如监管人员认为有必要的,也应当附有中文译本。特殊情况下,银保监会及其派出机构可以要求有关中文译本经外国银行分行的总行、外商独资银行或者中外合资银行的外方股东所在国家或者地区认可的机构公证,并且经中国驻该国使馆、领馆认证。

中国银保监会外资银行行政许可事项实施办法（节录）

（2019年12月26日　中国银行保险监督管理委员会令2019年第10号）

第八条　本办法要求提交的资料，如要求由授权签字人签署，应当一并提交该授权签字人的授权书。

本办法要求提交的营业执照复印件、经营金融业务许可文件复印件、授权书、外国银行对其在中国境内分行承担税务和债务责任的保证书，应当经所在国家或者地区认可的机构公证，并且经中国驻该国使馆、领馆认证，法律法规另有规定的，依照其规定。中国境内公证机构出具的公证材料无须认证。

银保监会视情况需要，可以要求申请人报送的其他申请资料经所在国家或者地区认可的机构公证，并且经中国驻该国使馆、领馆认证。

市场监管总局

关于贯彻落实《外商投资法》做好外商投资企业登记注册工作的通知（节录）

（2019年12月28日　国市监注〔2019〕247号）

三、明确外商投资企业材料规范

5.明确外国投资者主体资格证明。在申请外商投资企业登记时，申请人向登记机关提交的外国投资者的主体资格证明或者身份证明应当经所在国家公证机关公证并经中国驻该国使（领）馆认证。如其本国与中国没有外交关系，则应当经与中国有外交关系的第三国驻该国使（领）馆认证，再由中国驻该第三国使（领）馆认证。某些国家的海外属地出具的文书，应当在该属地办妥公证，再经该国外交机构认证，最后由中国驻该国使（领）馆认证。中国与有关国家缔结或者共同参加的国际条约对认证另有规定的除外。外国自然人来华投资设立企业，提交的身份证明文件为中华人民共和国外国人永久居留身份证的，无需公证。

6. 明确港澳台投资者主体资格证明。香港特别行政区、澳门特别行政区和台湾地区投资者的主体资格证明或者身份证明应当按照专项规定或者协议，依法提供当地公证机构的公证文件。香港特别行政区、澳门特别行政区自然人投资者的身份证明为当地永久性居民身份证、特别行政区护照或者内地公安部门颁发的港澳居民居住证、内地出入境管理部门颁发的往来内地通行证；提交港澳居民居住证或者往来内地通行证的，无需公证。大陆公安部门颁发的台湾居民居住证、大陆出入境管理部门颁发的台湾居民往来大陆通行证，可作为台湾地区自然人投资者的身份证明且无需公证。香港特别行政区、澳门特别行政区自然人使用往来内地通行证、定居在国外的中国公民（华侨）使用护照申请登记注册的，可以通过全国企业登记身份管理实名验证系统进行实名验证，无需线下核实相关证件。

财政部办公厅

关于印发境外会计组织申请明确业务主管单位办事指南的通知（节录）

（2019 年 12 月 31 日　财办会〔2019〕34 号）

二、应提交的材料

境外会计组织应当提交《境外会计组织在中国境内设立代表机构业务主管单位申请书》（附件 1）、近两年在中国境内开展相关活动说明（见附件 2），并提供《境外非政府组织代表机构登记和临时活动备案办事指南》载明的设立登记所需提交的（2）~（11）项材料。

根据《境外非政府组织代表机构登记和临时活动备案办事指南》，上述文件材料需经公证、认证的，可提交复印件，并附公证、认证文件的中文翻译件 1 份。相关材料为外文的，需提供中文翻译件。

台湾投资者经第三地转投资认定暂行办法（2019 修正）（节录）

（2019 年 12 月 31 日　商务部、国务院台湾事务办公室公告 2019 年第 61 号）

第十条　台湾投资者申请转投资认定，应向转投资企业所在地省级商务主管部门提出申请，并报送以下材料：

（一）《台湾投资者经第三地转投资认定申报表》，台湾投资者委托他人申请的，应提交经公证的台湾投资者签署的委托书；

（二）台湾投资者为自然人的，提交经公证的身份证明文件；

（三）台湾投资者为企业的，提交经公证的台湾投资者设立登记证明文件、拥有或租用经营场所的证明文件、上一年度该企业缴纳所得税的证明文件（亏损的企业提供征税机关关于亏损情况的证明文件）和员工保险缴纳证明；

（四）台湾投资者、第三地投资者和转投资企业之间所有和控制关系的说明和证明文件；

（五）负责认定和管理的部门要求提供的其他文件。

中国银保监会　发展改革委　教育部等

关于促进社会服务领域商业保险发展的意见（节录）

（2020年　银保监发〔2020〕4号）

七、优化老年人住房反向抵押养老保险支持政策。建立完善支持老年人住房反向抵押养老保险业务发展的合同赋予强制执行效力、公证遗产管理人、房产差异化处置等制度，促进相关业务规范发展。深化“放管服”改革，对符合法律援助条件的当事人，公证机构按规定减免公证费；不动产登记机构积极支持并做好相关不动产抵押登记服务工作，简化办理流程和要求。

自然资源部　国家税务总局　中国银保监会

关于协同推进“互联网+不动产登记”方便企业和群众办事的意见（节录）

（2020年5月15日　自然资发〔2020〕83号）

九、不断延伸拓展登记信息网上查询服务。不动产登记机构应认真履行法定的登记信息查询职责，加快不动产登记信息网上查询，积极提供优质查询服务，方便企业和群众通过查询不动产登记信息防范交易风险，避免强制核验，与住房城乡建设、农业农村、公安、民政、财政、税务、市场监管、金融、审计、统计等部门加强登记有关信息互通共享，积极支撑房地产市场调控，为抵押贷款、积分落户、子女入学、市场主体注册、清理拖欠农民工工资、强制执行等提供便利。推进登记服务点向银行、法院、公证机构、乡镇和社区延伸，提供预约咨询、登记申请、信息查询等网络服务。各银行业金融机构应当积极参与交易资金监管、登记代理等商业服务，具备条件的地方可以进驻不动产登记大厅开展服务。颁发电子证书证明、提供网络查询服务的地方，纸质证书可以不再附记抵押权信息、不再粘贴纸质附图。今年年底前，东部和中部省份的所有市县以及西部省份地级以上城市力争全部推出登记信息网上查询服务。

国家监察委员会

关于开展反腐败国际追逃追赃工作情况的报告（节录）

（2020年8月10日）

（四）关口前移筑牢防逃堤坝，持续深化标本兼治

完善防逃制度机制，科学设置防逃程序。督促各地区各部门强化对防逃工作重要性的认识，将防逃工作纳入主体责任范畴，对新增外逃人员所属部门进行责任追究。指导推动各级监察机关制定对被调查人、重要涉案人的防逃方案及措施，将防逃工作贯穿职务犯罪案件办理全过程。健全防逃预警机制，与公安机关、证件保管部门、公证机构等建立信息沟通渠道，对国有企业、国有金融机构、基层自治组织等领域的新增监察对象实现全覆盖，对存在的外逃风险及时预警评估、重点关注。湖北联合发展投资集团原董事长李红云、西南林业大学原校长蒋兆岗、黑龙江省牡丹江市政府原副秘书长程鹏，在察觉到自己被监察机关调查后企图外逃，严密的防逃措施令其无法出境，很快就被缉拿归案。

公　安　部

关于印发《公安机关录用人民警察政治考察工作办法》的通知(节录)

(2020 年 9 月 12 日　公通字〔2020〕11 号)

第八条　考察对象具有下列情形之一的,不得确定为拟录用人选:

(一)泄露国家秘密、工作秘密,或者有危害国家安全、荣誉和利益行为的;

(二)组织、参加、支持暴力恐怖、民族分裂、宗教极端、邪教、黑社会性质等非法组织,或者参与相关活动的;

(三)组织、参加反对中国共产党的理论和路线方针政策的网络论坛、群组、直播等活动的;

(四)编造、制作、发表、出版、传播反对中国共产党、反对中国特色社会主义制度或者违反国家法律法规的有害信息,或者参加国家禁止的政治性组织等的;

(五)通过网络组党结社,参与或者动员不法串联、联署、集会等网上非法活动的;

(六)曾受到刑事处罚或者依据刑法被免予刑事处罚,或者曾被劳动教养、收容教养或者收容教育的;

(七)曾因结伙斗殴、盗窃、诈骗、哄抢、抢夺、敲诈勒索等行为,受到行政拘留处罚的;

(八)受过记大过以上处分或者撤销党内职务以上处分的;被机关按规定取消录用的;被机关或者国有企业辞退的;事业单位工作人员被降低岗位等级或者撤职以上处分的;担任领导职务的公务员引咎辞职或者被责令辞职不满三年的;

(九)曾被吊销律师、公证员执业证书的;

(十)曾被开除团籍或者在接受高等教育期间受到开除学籍处分的;

(十一)组织、参加、支持非法集会、游行、示威等活动的;

(十二)压制批评,打击报复或者弄虚作假,误导、欺骗领导或者公众的;

(十三)玩忽职守,贻误工作或者滥用职权,侵害公民、法人以及其他组织的合法权益的;

(十四)贪污、行贿、受贿,利用职务之便为自己或者他人谋取私利或者违反财经纪律,浪费国家或者集体资财的;

(十五)组织、参加、支持色情、吸毒、赌博、迷信等活动的;

(十六)在国家法定考试中被认定有舞弊等严重违纪违规行为或者在法律规定的国家考试以外的其他考试中被认定为组织作弊的;

(十七)已取得或者正在申请国(境)外永久居留权、长期居留许可的;配偶已取得或者正在申请外国国籍或者国(境)外永久居留权、长期居留许可的;没有配偶,子女全部取得或者正在申请外国国籍或者国(境)外永久居留权、长期居留许可的;上述人员属于香港、澳门居民已领取中华人民共和国居民身份证的除外;

(十八)个人档案中记载出生日期、参加工作时间、入党(团)时间、学历学位、经历、身份等信息的重要材料缺失、严重失实,且在规定的考察期限内,考察对象无法补齐或者涉嫌涂改造假无法有效认定的;

(十九)严重违反职业道德、社会公德、家庭美德;品德不良,社会责任感和为人民服务意识较差的;

(二十)被依法列为失信联合惩戒对象的;

(二十一)其他不符合担任公安机关人民警察政治素质和道德品行条件的。

最高人民法院　最高人民检察院　公安部

关于印发《办理跨境赌博犯罪案件若干问题的意见》的通知(节录)

(2020年10月16日　公通字〔2020〕14号)

七、关于跨境赌博犯罪案件证据的收集和审查判断

(一)公安机关、人民检察院、人民法院在办理跨境赌博犯罪案件中应当注意对电子证据的收集、审查判断。公安机关应当遵守法定程序,遵循有关技术标准,全面、客观、及时收集、提取电子证据;人民检察院、人民法院应当围绕真实性、合法性、关联性审查判断电子证据。

公安机关、人民检察院、人民法院收集、提取、固定、移送、展示、审查、判断电子证据应当严格依照《最高人民法院、最高人民检察院、公安部关于办理刑事案件收集提取和审查判断电子数据若干问题的规定》《最高人民法院、最高人民检察院、公安部关于办理网络犯罪案件适用刑事诉讼程序若干问题的意见》的规定进行。

(二)公安机关采取技术侦查措施收集的证据材料,能够证明案件事实的,应当随案移送,并移送批准采取技术侦查措施的法律文书。

(三)依照国际条约、刑事司法协助、互助协议或者平等互助原则,请求证据材料所在地司法机关收集,或者通过国际警务合作机制、国际刑警组织启动合作取证程序收集的境外证据材料,公安机关应当对其来源、提取人、提取时间或者提供人、提供时间以及保管移交的过程等作出说明。

当事人及其辩护人、诉讼代理人提供的来自境外的证据材料,该证据材料应当经所在国公证机关证明，所在国中央外交主管机关或者其授权机关认证，并经我国驻该国使、领馆认证。未经证明、认证的，不能作为证据使用。

来自境外的证据材料，能够证明案件事实且符合刑事诉讼法及相关规定的，经查证属实，可以作为定案的根据。

民　政　部

关于修改部分规范性文件的公告

（2020 年 10 月 20 日　民政部公告第 490 号）

根据《中华人民共和国民法典》的有关规定，我部决定修改 9 件规范性文件，现予以公布。决定修改的规范性文件内容，自 2021 年 1 月 1 日起施行。

附件：决定修改的规范性文件

民政部

2020 年 10 月 20 日

附件

决定修改的规范性文件（节录）

八、《民政部关于规范生父母有特殊困难无力抚养的子女和社会散居孤儿收养工作的意见》（民发〔2014〕206 号）

将“为规范生父母有特殊困难无力抚养的子女和社会散居孤儿（以下简称两类儿童）的收养工作，切实维护被收养儿童的合法权益，根据《中华人民共和国收养法》及《中国公民收养子女登记办法》、《外国人在中华人民共和国收养子女登记办法》及相关规定，现就两类儿童收养提出如下意见”修改为“为规范生父母有特殊困难无力抚养的子女和社会散居孤儿（以下简称两类儿童）的收养工作，切实维护被收养儿童的合法权益，根据《中华人民共和国民法典》及《中国公民收养子女登记办法》、《外国人在中华人民共和国收养子女登记办法》及相关规定，现就两类儿童收养提出如下意见”。

经营者集中审查暂行规定(节录)

(2020年10月23日　国家市场监督管理总局令第30号)

第十二条　申报文件、资料应当包括如下内容:

(一)申报书。申报书应当载明参与集中的经营者的名称、住所、经营范围、预定实施集中的日期,并附申报人身份证件或者注册登记文件,境外申报人还须提交当地公证机关的公证文件和相关的认证文件。委托代理人申报的,应当提交授权委托书。

(二)集中对相关市场竞争状况影响的说明。包括集中交易概况;相关市场界定;参与集中的经营者在相关市场的市场份额及其对市场的控制力;主要竞争者及其市场份额;市场集中度;市场进入;行业发展现状;集中对市场竞争结构、行业发展、技术进步、国民经济发展、消费者以及其他经营者的影响;集中对相关市场竞争影响的效果评估及依据。

(三)集中协议。包括各种形式的集中协议文件,如协议书、合同以及相应的补充文件等。

(四)参与集中的经营者经会计师事务所审计的上一会计年度财务会计报告。

(五)市场监管总局要求提交的其他文件、资料。

申报人应当对申报文件、资料的真实性负责。

保健食品注册与备案管理办法(2020修订)(节录)

(2020年10月23日　国家市场监督管理总局令第31号)

第十三条　申请首次进口保健食品注册,除提交本办法第十二条规定的材料外,还应当提交下列材料:

(一)产品生产国(地区)政府主管部门或者法律服务机构出具的注册申请人为上市保健食品境外生产厂商的资质证明文件;

(二)产品生产国(地区)政府主管部门或者法律服务机构出具的保健食品上市销售一年以上的证明文件,或者产品境外销售以及人群食用情况的安全性报告;

(三)产品生产国(地区)或者国际组织与保健食品相关的技术法规或者标准;

(四)产品在生产国(地区)上市的包装、标签、说明书实样。

由境外注册申请人常驻中国代表机构办理注册事务的,应当提交《外国企业常驻中国代表机构登记证》及其复印件;境外注册申请人委托境内的代理机构办理注册事项的,应当提交经过公证的委托书原件以及受委托的代理机构营业执照复印件。

第三十条 保健食品注册人转让技术的,受让方应当在转让方的指导下重新提出产品注册申请,产品技术要求等应当与原申请材料一致。

审评机构按照相关规定简化审评程序。符合要求的,国家市场监督管理总局应当为受让方核发新的保健食品注册证书,并对转让方保健食品注册予以注销。

受让方除提交本办法规定的注册申请材料外,还应当提交经公证的转让合同。

第七十四条 申请首次进口保健食品注册和办理进口保健食品备案及其变更的,应当提交中文材料,外文材料附后。中文译本应当由境内公证机构进行公证,确保与原文内容一致;申请注册的产品质量标准(中文本),必须符合中国保健食品质量标准的格式。境外机构出具的证明文件应当经生产国(地区)的公证机构公证和中国驻所在国使领馆确认。

生物制品批签发管理办法(2020)

(2020年12月11日 国家市场监督管理总局令第33号)

第十五条(节录) 批签发申请人申请批签发时,应当提供以下证明性文件、资料及样品:

进口疫苗类制品和血液制品应当同时提交生产企业所在国家或者地区的原产地证明以及药品管理当局出具的批签发证明文件。进口产品在本国免予批签发的,应当提供免予批签发的证明性文件。相关证明性文件应当同时提供经公证的中文译本。相关证明性文件为复印件的,应当加盖企业公章。

国务院安全生产委员会

关于印发《国务院安全生产委员会成员单位安全生产工作任务分工》的通知(节录)

(2020年12月28日 安委〔2020〕10号)

(七)司法部。

1.负责审查有关部门报送国务院的有关安全生产法律草案、行政法规草案,起草或组织起草有关安全生产重要法律草案、行政法规草案。

2. 负责有关安全生产地方性法规、地方政府规章和国务院部门规章的备案审查。

3. 负责有关安全生产行政法规解释的具体承办工作，承办申请国务院裁决的有关安全生产行政复议案件，指导、监督全国安全生产行政复议工作。

4. 将安全生产法律法规纳入公民普法的重要内容，协调推动有关部门落实“谁执法谁普法”普法责任制，广泛宣传普及安全生产法律法规知识；指导律师、公证、基层法律服务工作，为生产经营单位提供安全生产法律服务。

5. 负责全国监狱、司法行政戒毒场所安全生产管理工作，贯彻执行安全生产法律法规和标准，落实安全生产责任制，完善安全生产条件，消除事故隐患。

6. 负责司法行政系统安全生产统计分析。

国家税务总局　工业和信息化部　公安部

关于发布《机动车发票使用办法》的公告（节录）

（2020年12月28日　国家税务总局、工业和信息化部、公安部公告2020年第23号）

第五条　主管税务机关可以结合销售方取得机动车的相关凭据判断其经营规模，并动态调整机动车发票领用数量。

取得机动车的相关凭据包括：

（一）增值税专用发票；

（二）海关进口增值税专用缴款书；

（三）货物进口证明书；

（四）机动车整车出厂合格证；

（五）法院判决书、裁定书、调解书，以及仲裁裁决书、调解书，公证债权文书；

（六）国家税务总局规定的其他凭证。

农业农村部

关于印发《渔政执法工作规范(暂行)》的通知(节录)

(2020 年 12 月 29 日　农渔发〔2020〕27 号)

第八十一条　书证包括国家机关制作的公文和证书证件、检验(检测、认定、评估)报告、公证书、律师事务所出具的法律意见书、合同书、地(海)图、技术资料、作业日志、生产记录、购销凭证、会计账簿等。

国家药监局

关于发布《药品上市后变更管理办法(试行)》的公告(节录)

(2021 年 1 月 12 日　国家药监局公告 2021 年第 8 号)

为贯彻《药品管理法》有关规定,进一步加强药品上市后变更管理,国家药监局组织制定了《药品上市后变更管理办法(试行)》,现予发布,自发布之日起施行,此前规定与本公告不一致的,以本公告为准。

各省级药品监管部门应当落实辖区内药品上市后变更监管责任,细化工作要求,制定工作文件,明确工作时限,药品注册管理和生产监管应当加强配合,互为支撑,确保药品上市后变更监管工作平稳有序开展。

特此公告。

附件:1. 药品上市后变更管理办法(试行)

2. 关于实施《药品上市后变更管理办法(试行)》的说明

3.《药品上市后变更管理办法(试行)》政策解读(略)

4. 药品上市许可持有人变更申报资料要求

药监局

2021 年 1 月 12 日

附件 4:

药品上市许可持有人变更申报资料要求(节录)

二、证明性文件

(一)申请药品上市许可持有人名称、注册地址变更

1. 境内生产药品,应当提交变更前后药品上市许可持有人的《药品生产许可证》及其变更记录页、营业执照的复印件。

2. 境外生产药品,境外持有人指定中国境内的企业代理相关药品注册事项的,应当提供授权委托文书及公证、认证文书,并附中文译本;中国境内注册代理机构的营业执照复印件。

境外生产药品,应当提交有关国家或地区主管部门出具的允许药品上市许可持有人变更的证明文件,以及公证、认证文书,并附中文译本。

(二)药品上市许可持有人主体变更的

1. 境内生产药品,应当提交有关变更前后药品上市许可持有人的《药品生产许可证》及其变更记录页、营业执照的复印件,以及药品上市许可持有人变更协议原件(涉及商业秘密的应当隐去)。

2. 境外生产药品,境外持有人指定中国境内的企业代理相关药品注册事项的,应当提供授权委托文书及公证、认证文书,并附中文译本;中国境内注册代理机构的营业执照复印件。

境外生产药品,应当提交有关国家或地区主管部门出具的允许药品上市许可持有人变更的证明文件,以及公证、认证文书,并附中文译本。

中国银保监会办公厅　中国人民银行办公厅

关于简化提取已故存款人小额存款相关事宜的通知

（2021年1月28日　银保监办发〔2021〕18号）

各银保监局，人民银行上海总部，人民银行各分行、营业管理部、省会（首府）城市中心支行、副省级城市中心支行，各大型银行、股份制银行，外资银行，银行业协会：

为进一步优化金融服务，便利群众办理存款继承，根据《中华人民共和国商业银行法》《中华人民共和国银行业监督管理法》《储蓄管理条例》等法律和行政法规，经商相关部门，银保监会、人民银行决定简化已故存款人小额存款提取手续。现将相关事项通知如下：

一、符合条件的已故存款人的继承人，向银行业金融机构申请提取已故存款人的小额存款，银行业金融机构应当按照本通知规定办理，不再适用《中国人民银行关于执行〈储蓄管理条例〉的若干规定》（银发〔1993〕7号）以及《中国人民银行　最高人民法院　最高人民检察院　公安部　司法部关于查询、停止支付和没收个人在银行的存款以及存款人死亡后的存款过户或支付手续的联合通知》（〔80〕银储字第18号）关于提取已故存款人存款须经公证的规定。

二、适用本通知规定办理已故存款人小额存款提取业务应当同时符合下列条件：

（一）已故存款人在同一法人银行业金融机构的账户余额合计不超过1万元人民币（或等值外币，不含未结利息）；

（二）提取申请人为已故存款人的配偶、子女、父母，或者公证遗嘱指定的继承人、受遗赠人；

（三）提取申请人同意一次性提取已故存款人存款及利息，并在提取后注销已故存款人账户。

银行业金融机构可以上调本条第（一）项规定的账户限额，但最高不超过5万元人民币（或等值外币，不含未结利息）。

外币存款按照提取当天国家外汇管理局公布的汇率中间价折算。

三、银行业金融机构自身发行的非存款类金融产品适用本通知关于简化提取的规定，其本金和收益一并计入第二条第（一）项规定的账户限额。

非存款类金融产品未到期且无法提前终止，或者无法办理非交易过户的，应当在该产品到期或满足赎回条件后一次性提取。

银行业金融机构代为办理公积金提取等业务的，应当告知提取申请人按照相关部门的要求办理。

四、已故存款人的配偶、子女、父母办理已故存款人小额存款提取业务，应当向存款所在银行业金融机构提交以下材料：

（一）死亡证明等能够证明已故存款人死亡事实的材料；

（二）居民户口簿、结婚证、出生证明等能够证明亲属关系的材料；

（三）提取申请人的有效身份证件；

（四）提取申请人亲笔签名的承诺书。

五、已故存款人的公证遗嘱指定的继承人或受遗赠人办理已故存款人小额存款提取业务，应当向存款所在银行业金融机构提交以下材料：

（一）死亡证明等能够证明已故存款人死亡事实的材料；

（二）指定提取申请人为已故存款人的继承人或受遗赠人的公证遗嘱；

（三）提取申请人的有效身份证件；

（四）提取申请人亲笔签名的承诺书。

六、银行业金融机构应当对提取申请人提交的材料进行必要审查，审查时应当尽到合理谨慎义务。

七、提取申请人隐瞒真实情况，通过提交虚假材料、作出虚假承诺等方式冒领存款，涉嫌犯罪的，银行业金融机构应当将相关线索移交司法机关。

八、银行业金融机构应当加强对已故存款人小额存款提取业务的内控管理，制定规范的业务流程和操作标准，妥善保管客户信息及交易资料。

九、银行业金融机构应当加强与公安部门、民政部门、公证机构等相关单位的协作，健全信息联网核查机制，保障存款安全和继承人合法权益。

十、银行业自律组织应当充分发挥行业自律、协调和服务职能，指导会员制定已故存款人小额存款提取业务规范，协调做好相关政策咨询和金融服务。

十一、根据经济社会发展情况，银保监会商人民银行可以调整第二条规定的小额存款的金额标准。

十二、本通知不适用于涉及境外个人的存款提取事项。

境外个人包括持港澳居民往来内地通行证、台湾居民往来大陆通行证、港澳台居民身份证或其他有效旅行证件的港澳台同胞，持外籍护照或外国人永久居留证的外国公民，以及持中国护照及境外永久居留证件的定居国外的中国公民。

附件：

附件1：承诺书参考样本（提取申请人为已故存款人的配偶、子女、父母）

附件2：承诺书参考样本（提取申请人为已故存款人的公证遗嘱指定的继承人或受遗赠人）

附件1

承诺书参考样本
（提取申请人为已故存款人的配偶、子女、父母）

××××（银行业金融机构名称）：

本人姓名________，证件号码________________，与存款人________的关系是________。本人现申请提取________在你行遗留的小额存款（账户号码为____________），特承诺如下：

一、本人在办理提取业务时所作的陈述和所提交的材料均真实无误；

二、本人经与其他所有继承人核实后确认，未发现存款人生前订立了遗嘱或者遗赠扶养协议；

三、本人同意一次性提取账户内全部资金，并同意在提取完毕后注销账户；

四、本人领取存款后，将尽到妥善保管义务，并依法与其他全体继承人协商分配所提取的款项；

五、如有其他继承人或者利害关系人向你行主张分配上述款项的权利，由本人负责处理相关争议并承担赔偿责任；

六、本人愿意承担违反本承诺的法律责任。

承诺人：×××（亲笔签名）

××××年××月××日

附件2

承诺书参考样本
（提取申请人为已故存款人的公证遗嘱指定的继承人或受遗赠人）

××××（银行业金融机构名称）：

本人姓名______，证件号码________________，与存款人______的关系是________。本人现申请提取____在你行遗留的小额存款（账户号码为______________），特承诺如下：一、本人在办理提取业务时所作的陈述和所提交的材料均真实无误；二、本人经与其他所有继承人核实后确认，未发现存款人生前订立了其他内容相抵触的有效遗嘱或者遗赠扶养协议；三、本人同意一次性提取账户内全部资金,并同意在提取完毕后注销账户;四、本人领取存款后,将尽到妥善保管义务,并依法与其他全体继承人协商分配所提取的款项;五、如有其他继承人或者利害关系人向你行主张分配上述款项的权利,由本人负责处理相关争议并承担赔偿责任;六、本人愿意承担违反本承诺的法律责任。

承诺人:×××(亲笔签名)

××××年××月××日

国家药监局

关于发布《已上市化学药品变更事项及申报资料要求》的通告(节录)

(2021年2月3日　国家药监局通告2021年第15号)

为配合药品注册管理办法实施,国家药品监督管理局组织制定了《已上市化学药品变更事项及申报资料要求》,现予发布。本通告自发布之日起实施。

特此通告。

附件:已上市化学药品变更事项及申报资料要求

国家药监局

2021年2月3日

附件

已上市化学药品变更事项及申报资料要求(节录)

四、申报资料要求

药品上市许可持有人应根据所申请事项,按以下编号及顺序提交申报资料,不适用的项目应注明不适用并说明理由。年报事项按照国家药品监管部门公布的有关年报的相关规定执行。

1. 药品批准证明文件及其附件的复印件

包括申报药品历次获得的批准文件，应能够清晰了解该品种完整的历史演变过程和目前状况。如药品注册证书、补充申请批件、药品标准制修订件等。附件包括上述批件的附件，如药品的质量标准、生产工艺信息表、说明书、标签及其他附件。

2. 证明性文件

（1）境内持有人及境内生产企业的《药品生产许可证》及其变更记录页、营业执照复印件。

（2）境外持有人指定中国境内的企业法人办理相关药品注册事项的，应当提供委托文书、公证文书及中文译本，以及注册代理机构的营业执照复印件。

（3）境外已上市药品提交其境外上市国家或者地区药品管理机构出具的允许药品变更证明文件、公证认证文书及中文译文。除涉及上市许可持有人、上市许可持有人注册地址、生产企业、生产地址及药品规格变更外，境外上市国家或地区药品管理机构不能出具有关证明文件的，申请人可以依据当地法律法规的规定做出说明。境外生产的药品注册代理机构发生变更的，应提供境外持有人解除原委托代理注册关系的文书、公证文书及其中文译本。

按照化学药品1类、2类批准的境外生产药品，如申请不涉及技术类变更，应按本项要求提交相关证明性文件。

（4）药品上市许可持有人变更申报资料要求按照《关于发布〈药品上市后变更管理办法（试行）〉的公告》（2021年第8号）的有关规定执行。

3. 检查检验相关信息

包括药品研制情况信息表、药品生产情况信息表、现场主文件清单、药品注册临床试验研究信息表、临床试验信息表以及检验报告。

4. 修订的药品质量标准、生产工艺信息表、说明书、标签样稿，并附详细修订说明。

5. 药学研究资料

按照国家药品监管部门公布的已上市化学药品药学变更等相关技术指导原则开展研究，根据相关技术指导原则对各类变更事项的具体要求，分别提供部分或全部药学研究试验资料和文献资料，以及必要的原注册申请相关资料。

6. 药理毒理研究资料

按照国家药品监管部门公布的药理毒理相关技术指导原则开展研究，根据相关技术指导原则对各类变更事项的具体要求，分别提供部分或全部药理毒理研究的试验资料和必要的国内外文献资料。

7. 临床研究资料

按照国家药品监管部门公布的已上市化学药品临床变更相关技术指导原则开展研究。根据相关技术指导原则对各类变更事项的具体要求，分别提供相关资料。要求进行临床试验的，应当按照有关规定和相关技术指导原则开展临床试验。不要求进行临床试验的，应提供有关临床资料。

8. 国家药品监管部门规定的其他资料。

国家药监局

关于发布《已上市中药变更事项及申报资料要求》的通告(节录)

(2021 年 2 月 23 日　国家药监局通告 2021 年第 19 号)

为配合《药品注册管理办法》实施,国家药品监督管理局组织制定了《已上市中药变更事项及申报资料要求》,现予发布。本通告自发布之日起实施。

特此通告。

附件:已上市中药变更事项及申报资料要求

国家药监局

2021 年 2 月 23 日

附件

已上市中药变更事项及申报资料要求(节录)

二、申报资料项目及要求

药品上市许可持有人应根据所申请事项,按以下编号及顺序提交申报资料,不适用的项目应注明不适用并说明理由。报告事项按照国家药品监督管理部门公布的有关报告类的相关规定执行。

(一)药品注册证书及其附件的复印件

包括申报药品历次获得的批准文件,应能够清晰了解该品种完整的历史演变过程和目前状况。如药品注册证书、补充申请批准通知书(批件)、药品标准制修订件等。附件包括上述批件的附件,如药品的质量标准、生产工艺、说明书、标签及其他附件。

(二)证明性文件

1. 境内持有人及境内生产企业的《药品生产许可证》及其变更记录页、营业执照。

2. 境外持有人指定中国境内的企业法人办理相关药品注册事项的,应当提供委托文书、公证文书及其中文译文，以及注册代理机构的营业执照复印件。境外生产药品注册代理机构发生变更的，应提供境外持有人解除原委托代理注册关系的文书、公证文书及其中文译文。

3. 境外已上市药品应当提交境外上市国家或者地区药品管理机构出具的允许药品变更的证明文件及其公证认证文书、中文译文。具体格式要求参见中药相关受理审查指南。除涉及药品上市许可持有人、药品规格、生产企业及生产场地的变更外，境外上市国家或者地区药品管理机构不能出具有关证明文件的，可以依据当地法律法规的规定做出说明。

（三）检查相关信息

包括药品研制情况信息表、药品生产情况信息表、现场主文件清单、药品注册临床试验研究信息表、临床试验信息表、质量标准、生产工艺、标准复核意见及样品检验报告。

（四）立题目的和依据

需要详细说明药品变更的目的和依据。

（五）修订的药品说明书样稿，并附详细修订说明

包含国家药品监督管理部门批准上市以来历次变更说明书的情况说明，现行最新版说明书样稿。

（六）修订的药品标签样稿，并附详细修订说明

（七）药学研究资料

按照国家药品监督管理部门公布的已上市中药药学变更相关技术指导原则开展研究，根据相关技术指导原则对各类变更事项的具体要求，分别提供部分或全部药学研究试验资料和必要的原注册申请相关资料。

（八）药理毒理研究资料

根据变更事项的类别，提供相应的药理毒理试验资料和/或文献资料。

（九）临床研究资料

根据临床相关变更事项的类别，提供以下临床研究资料和/或文献资料。

变更事项需临床试验数据提供支持依据的，应先申请临床试验，提供拟进行临床试验的计划和方案。

拟同时申请减免临床试验的，需要提供既往开展的循证等级较高、质量较好的临床研究资料（如有，需提供完整的临床研究总结报告），支持申请事项的相关国内外文献资料，其他支持性证据及相关证明性文件。

（十）产品安全性相关资料综述

产品安全性相关资料包括上市后安全性研究及相关文献资料，国家不良反应监测中心反馈的不良反应数据，企业自发收集到的不良反应数据，相关临床研究、临床应用、文献报道等，以及境内外各种渠道收集到的关于本品不良反应的详细情况等。

产品安全性相关资料综述，指根据变更内容对以上安全性相关资料进行总结，为变更提供支持性证据。

国家药监局

关于发布《化妆品注册备案资料管理规定》的公告（节录）

（2021 年 2 月 26 日　国家药监局公告 2021 年第 32 号）

第五条　化妆品注册备案资料应当符合国家有关用章规定，签章齐全，具有法律效力。境外企业及其他组织不使用公章的，应当由法定代表人或者企业（其他组织）负责人签字。除用户信息相关资料外，产品的注册备案资料中如需境外化妆品注册人、备案人签章的，其法定代表人或者负责人可授权该注册人、备案人或者境内责任人的签字人签字。授权委托签字的，应当提交授权委托书原件及其公证书原件，授权委托书中应当写明授权签字的事项和范围。

除政府主管部门或者有关机构、注册和备案检验机构、公证机关等出具的资料原件外，化妆品注册备案资料均应由境内注册人、备案人或者境内责任人逐页加盖公章。使用带有电子加密证书的公章的，可直接在电子资料上加盖电子公章。

第十条　首次申请特殊化妆品注册或者办理普通化妆品备案时，境内的注册申请人、备案人和境内责任人应当提交以下用户信息相关资料：

（一）注册人备案人信息表（附 1）及质量安全负责人简历；

（二）注册人备案人质量管理体系概述（附 2）；

（三）注册人备案人不良反应监测和评价体系概述（附 3）；

（四）境外注册人、备案人应当提交境内责任人信息表（附 4）；

（五）境内责任人授权书原件（式样见附 5）及其公证书原件；

（六）注册人、备案人有自行生产或者委托境外生产企业生产的，应当提交生产企业信息表（附 6）和质量安全负责人信息，一次性填报已有生产企业及其信息。生产企业为境外的，应当提交境外生产规范证明资料原件。

第十七条　境外生产企业应当提交生产企业符合质量管理体系或者生产质量管理规范的资质证书、文件等证明资料，证明资料应当由所在国（地区）政府主管部门、认证机构或者具有所在国（地区）认证认可资质的第三方出具或者认可，载明生产企业名称和实际生产地址信息。

无法提供证明资料原件的，应当提供由中国公证机关公证的或由我国使（领）馆确认的复印件。

第二十条　用户权限相关资料中，可进行一般审核更新的内容包括基本信息、质量管理体系概述、不良反应监测和评价体系概述、境内责任人的授权范围和授权期限。

一般审核更新时,应当提交一般审核更新信息表(附7),同时一并提交符合要求的相关资料。其中,境外注册人、备案人名称发生变化的,应当提供由所在国(地区)政府主管部门或者有关机构出具的主体未发生变化的相关证明文件原件,无法提交原件的,应当提供由中国公证机关公证的或者由我国使(领)馆确认的复印件;境外生产企业生产场地仅地址文字改变的,应当提供由所在国(地区)政府主管部门或者有关机构出具的生产现场未改变的证明文件原件,无法提交原件的,应当提供由中国公证机关公证的或者由我国使(领)馆确认的复印件;境内责任人授权范围改变的,新授权范围应当包括原授权范围。

第四十七条 注册人因公司吸收合并、新设合并、分立等原因发生改变的,由新的境内注册人或者具有新的境外注册人相应用户权限的境内责任人提交以下资料,对涉及的特殊化妆品注册证进行一次性变更:

(一)公司合并注销、分立、成立全资子公司或者由同一集团内不同子公司运营的声明及相关文件;

(二)利益相关方(如原注册人,新注册人,境内责任人等)及其法定代表人对特殊化妆品注册证所有权归属无异议的声明及其公证文件原件。

国家药监局

关于发布《化妆品新原料注册备案资料管理规定》的公告(节录)

(2021年2月26日　国家药监局公告2021年第31号)

为贯彻落实《化妆品注册备案管理办法》,规范和指导化妆品新原料注册与备案工作,国家药监局制定了《化妆品新原料注册备案资料管理规定》,现予公布,自2021年5月1日起施行。

特此公告。

附件:化妆品新原料注册备案资料管理规定

国家药监局

2021年2月26日

附件

化妆品新原料注册备案资料管理规定(节录)

第五条 化妆品新原料注册和备案资料的签章应当符合我国相关法律法规规定,确保签章齐全,具有法律效力。境外企业及其他组织不使用公章的,应当由法定代表人或者授权签字人签字。授权委托签字的,应当提交授权委托书原件及其公证书原件,授权委托书中应当写明授权签字的事项和范围。

除政府主管部门或者有关机构、检验检测机构、公证机关等出具的资料原件外,注册和备案资料均应当由境内注册人、备案人或者境内责任人逐页加盖公章。用户使用带有电子加密证书公章的,可直接在电子资料上加盖电子公章。

第九条 化妆品新原料注册人、备案人在申报新原料注册或进行新原料备案前,应当通过信息服务平台,填报以下信息,进行用户信息登记:

(一)化妆品新原料注册人、备案人信息;

(二)化妆品新原料注册人、备案人安全风险监测和评价体系概述(样例见附1);

(三)化妆品新原料注册人、备案人为境外的,应当由境内责任人填报信息,同时提交境内责任人授权书及其公证书的原件。

同一境内企业同时具有化妆品新原料注册人、备案人或境内责任人等多重身份的,或经授权作为多个境外化妆品新原料注册人、备案人的境内责任人的,可一次性提交全部相关资料后取得相应的用户权限。已有用户可以根据实际情况补充提供相关资料,增加用户权限。

第十条 化妆品新原料注册人、备案人或境内责任人的以下信息资料发生变化时,应当进行更新,确保信息服务平台中的相关信息资料真实准确:

(一)化妆品新原料注册人、备案人或境内责任人的法定代表人、联系方式等信息发生变化时,用户应当在信息服务平台上及时自行更新;

(二)化妆品新原料注册人、备案人或境内责任人的其他基本信息、新原料安全风险监测和评价体系概述、境内责任人的授权范围和授权期限发生变化的,应当提交化妆品新原料注册人、备案人信息更新表(样例见附2),并按要求提交相关资料后完成相关信息资料的更新。

其中,境外注册人、备案人名称、地址发生变化的,应当提供由所在国(地区)政府主管部门或者有关机构出具的主体未发生变化的相关证明文件原件,无法提交原件的,应当提供由中国公证机关公证的或由我国使(领)馆确认的复印件;境内责任人名称、地址发生改变的,应当提供我国政府主管部门或者有关机构出具的主体未发生变化的相关证明文件原件。

境内责任人授权范围改变的,新授权范围应当包括原授权范围;仅进行授权期限更新的,授权书其他内容不得改变。

境内责任人变更的,应当提交拟变更境内责任人承担原境内责任人相关各项责任的承诺书,同时提交原境内责任人关于更换境内责任人的知情同意书或者能够证明境内责任人发生变更的已生效法律判决文书。

国家发展和改革委员会　国家粮食和物资储备局
财政部　中国农业发展银行

关于进一步强化国家政策性粮食日常管理和依法监管有关问题的通知（节录）

（2021 年 4 月 25 日　国粮执法〔2021〕85 号）

（一）政策执行方面。具体收储企业要严格执行国家收储政策，不得违规租仓或委托储粮，不得以合同约定、补签协议等方式变相更改租赁性质、挤占费用、转嫁风险，不得启用未经报批和现场审核的仓房，不得启用存在安全隐患或已涉粮案件的企业仓房储粮；严格执行"五要五不准"收购准则，做到标准上墙、政策上榜、样品上台，公示收购品种、质量要求、量（价）折扣标准，按照国家规定和标准，收购当年新粮，及时支付农民售粮款、切实做到"一手钱一手粮"；严格执行政策性粮食销售出库相关政策规定，严守出库纪律。

确定收储库点的单位及具体收储企业要及时对验收入库的政策性粮食进行公证和公示，确认粮权，固定粮权证据。中储粮分（子）公司及直属企业要及时组织销售粮源提报、审核，会同地方粮食和储备部门核验出库能力，通过农业发展银行账户回笼资金，配合粮食交易中心协调出库纠纷。

地方粮食和储备部门牵头，会同相关部门单位重点对违反定点程序、审核不严、弄虚作假、改变租赁或委托性质、"打白条"、"压级压价"、"先收后转"、"转圈粮"、"以陈顶新"、以政策性粮食为债务作担保或清偿债务、额外收取出库费用、违规设置障碍制造"出库难"，违规增扣量等坑害国家利益、农民和消费者利益的违法违规行为进行查处。

关于新冠肺炎疫情期间优化兽药审批服务的通告(节录)

(2021年5月14日　农业农村部通告第3号)

二、优化审批流程

进口兽药再注册、变更注册申请中,因疫情影响,兽药生产国或地区兽药管理机构出具的允许该兽药上市销售的证明文件、兽药生产企业符合《兽药生产质量管理规范》的证明文件,经公证或认证后提请中国使领馆确认存在困难的,申请时可以先行提供相关证明文件、公证或认证文书及其中文译本,暂不提交中国使领馆确认文件。但应于农业农村部兽药评审中心报我部审批前补齐,到期未补齐的,将退回申请。

银 保 监 会

关于印发保险公司城乡居民大病保险业务管理办法的通知(节录)

(2021年5月17日　银保监发〔2021〕12号)

各银保监局,各保险公司,中国保险行业协会:

为进一步规范城乡居民大病保险市场秩序,保护参保群众的合法权益,促进城乡居民大病保险业务健康开展,银保监会制定了《保险公司城乡居民大病保险业务管理办法》,现予印发,请遵照执行。

银保监会

2021年5月17日

保险公司城乡居民大病保险业务管理办法(节录)

第四十六条 保险公司有下列情形之一的,银保监会将其从大病保险名单中移除:

(一)一年内有3家次及以上省级机构(含计划单列市机构、总公司直管的机构)被移除出大病保险名单;

(二)在大病保险投标过程中弄虚作假,相互串通投标报价,恶意压价竞争,妨碍其他投标人的公平竞争,损害招标人或者其他投标人的合法权益,以向招标人、评标委员会成员行贿或者其他不正当竞争手段谋取中标等;

(三)除标书购买费、政府采购或指定代理机构招标费用除外,以任何形式向任何单位或个人支付手续费或佣金、中标服务费、咨询费、公证费等给予或者承诺给予保险合同约定以外的回扣或者其他利益,或者指使、同意其分支机构的上述行为;

(四)发生服务能力严重不足、理赔服务质量低下或其他严重影响大病保险业务正常经营的重大情况;

(五)承办大病保险过程中,出现挪用、截留、侵占大病保险资金违法违规案件,严重损害被保险人合法利益的;

(六)未经监管部门同意,单方中途退出大病保险项目;

(七)其他严重影响大病保险业务稳定运行的行为。

国家发展改革委

关于"十四五"时期深化价格机制改革行动方案的通知(节录)

(2021年5月18日　发改价格〔2021〕689号)

五、加快公共服务价格改革

(十四)健全公用事业价格机制。认真落实关于清理规范城镇供水供电供气供暖行业收费促进行业高质量发展的意见,清理取消不合理收费,加快完善价格形成机制,严格规范价格收费行为。推动县级以上地方政府建立生活垃圾处理收费制度,合理制定调整收费标准。推行非居民餐厨垃圾计量收费。具备条件的地区探索建立农户生活垃圾处理付费制度。完善危险废弃物处置收费机制。健全铁路货运与公路挂钩的价格动态调整机制。清理规范海运口岸收费。

(十五)完善公益性服务价格政策。进一步完善教育、养老、殡葬、景区、公共法律服务等领域价格政策。巩固完善以政府投入为主、多渠道筹集教育经费的体制,完善学前教育收费政策,规范民办教育收费。适应医养结合、社区养老、居家养老等养老领域新模式,建立健全养老服务价格机制,支持普惠性养老服务发展。进一步完善殡葬服务收费政策,规范收费行为。健全景区门票价格形成机制,加强景区内垄断性服务价格监管。完善公证、仲裁等公共法律服务价格形成机制。

自然资源部

关于修改印发《不动产登记操作规范(试行)》的通知(节录)

(2021年6月7日　自然资函〔2021〕242号)

三、将1.9.2第二款修改为"监护关系证明材料可以是户口簿、监护关系公证书、出生医学证明,或者民政部门、居民委员会、村民委员会或人民法院指定监护人的证明材料,或者遗嘱指定监护、协议确定监护、意定监护的材料……"

国家药监局

关于发布《已上市生物制品变更事项及申报资料要求》的通告(节录)

(2021年6月17日　国家药监局通告2021年第40号)

为配合药品注册管理办法实施,国家药品监督管理局组织制定了《已上市生物制品变更事项及申报资料要求》,现予发布。本通告自发布之日起实施。

特此通告。

附件：已上市生物制品变更事项及申报资料要求

国家药监局

2021 年 6 月 17 日

附件

已上市生物制品变更事项及申报资料要求（节录）

四、申报资料要求

药品上市许可持有人应根据所申请事项，按以下编号及顺序提交申报资料，不适用的项目应注明不适用并说明理由。年报事项按照国家药品监管部门公布的有关年报的相关规定执行。

（一）药品批准证明文件及其附件的复印件

包括申报药品历次获得的批准文件，应能够清晰了解该品种完整的历史演变过程和目前状况。如药品注册证书、补充申请批件、药品标准制修订件等。附件包括上述批件的附件，如药品的质量标准、生产工艺（即制造及检定规程）、说明书、标签及其他附件。

（二）证明性文件

1. 境内持有人及境内生产企业的《药品生产许可证》及其变更记录页、营业执照复印件。

2. 境外持有人指定中国境内的企业法人办理相关药品注册事项的，应当提供委托文书、公证文书及中文译本，以及注册代理机构的营业执照复印件。

3. 境外已上市药品提交其境外上市国家或者地区药品管理机构出具的允许药品变更证明文件、公证认证文书及中文译文。除涉及上市许可持有人、上市许可持有人注册地址、生产企业、生产地址及药品规格变更外，境外上市国家或地区药品管理机构不能出具有关证明文件的，申请人可以依据当地法律法规的规定做出说明。境外生产的药品注册代理机构发生变更的，应提供境外持有人解除原委托代理注册关系的文书、公证文书及其中文译本。

按照创新型和改良型生物制品批准的境外生产药品，如申请不涉及技术类变更，应按本项要求提交相关证明性文件。

4. 药品上市许可持有人变更申报资料要求按照《关于发布〈药品上市后变更管理办法（试行）〉的公告》（2021 年第 8 号）的有关规定执行。

（三）检查检验相关信息

包括药品研制情况信息表、药品生产情况信息表、现场主文件清单、药品注册临床试验研究信息表、临床试验信息表以及检验报告。

（四）修订的药品质量标准、生产工艺、说明书、标签样稿，并附详细修订说明。

（五）药学研究资料

按照国家药品监管部门公布的已上市生物制品药学变更等相关技术指导原则开展研究，根据相关技术指导原则对各类变更事项的具体要求,分别提供药学研究试验资料和文献资料,以及必要的原注册申请相关资料。

(六)药理毒理研究资料

按照国家药品监管部门公布的药理毒理相关技术指导原则开展研究,根据相关技术指导原则对各类变更事项的具体要求,分别提供部分或全部药理毒理研究的试验资料和必要的国内外文献资料。

(七)临床研究资料

按照国家药品监管部门公布的已上市生物制品临床变更相关技术指导原则开展研究。根据相关技术指导原则对各类变更事项的具体要求,分别提供相关资料。要求进行临床试验的,应当按照有关规定和相关技术指导原则开展临床试验。不要求进行临床试验的,应提供有关临床资料。

(八)国家药品监管部门规定的其他资料。

交通运输行政执法程序规定(2021 修正)(节录)

(2021 年 6 月 30 日　交通运输部令 2021 年第 6 号)

第三十五条　收集、调取书证应当遵守下列规定:

(一)收集书证原件。收集原件确有困难的,可以收集与原件核对无误的复制件、影印件或者节录本;

(二)收集书证复制件、影印件或者节录本的,标明“经核对与原件一致”,注明出具日期、证据来源,并由被调查对象或者证据提供人签名或者盖章;

(三)收集图纸、专业技术资料等书证的,应当附说明材料,明确证明对象;

(四)收集评估报告的,应当附有评估机构和评估人员的有效证件或者资质证明的复印件;

(五)取得书证原件的节录本的,应当保持文件内容的完整性,注明出处和节录地点、日期,并有节录人的签名;

(六)公安、税务、市场监督管理等有关部门出具的证明材料作为证据的,证明材料上应当加盖出具部门的印章并注明日期;

(七)被调查对象或者证据提供者拒绝在证据复制件、各式笔录及其他需要其确认的证据材料上签名或者盖章的,可以邀请有关基层组织、被调查对象所在单位、公证机构、法律服务机构或者公安机关代表到场见证,说明情况,在相关证据材料上记明拒绝确认事由和日期,由执法人员、见证人签名或者盖章。

第三十八条　收集电子数据应当遵守下列规定:

(一)收集电子数据的原始存储介质。收集电子数据原始存储介质确有困难的,可以收集电子数据复制件，但应当附有不能或者难以提取原始存储介质的原因、复制过程以及原始存储介质存放地点或者电子数据网络地址的说明，并由复制件制作人和原始存储介质持有人签名或者盖章，或者以公证等其他有效形式证明电子数据与原始存储介质的一致性和完整性；

（二）收集电子数据应当记载取证的参与人员、技术方法、步骤和过程，记录收集对象的事项名称、内容、规格、类别以及时间、地点等，或者将收集电子数据的过程拍照或者录像；

（三）收集的电子数据应当使用光盘或者其他数字存储介质备份；

（四）收集通过技术手段恢复或者破解的与案件有关的光盘或者其他数字存储介质，电子设备中被删除、隐藏或者加密的电子数据，应当附有恢复或者破解对象、过程、方法和结果的专业说明；

（五）依照法律、行政法规规定利用电子技术监控设备收集、固定违法事实的，应当经过法制和技术审核，确保电子技术监控设备符合标准、设置合理、标志明显，设置地点应当向社会公布。电子技术监控设备记录违法事实应当真实、清晰、完整、准确。执法部门应当审核记录内容是否符合要求；未经审核或者经审核不符合要求的，不得作为行政处罚的证据。执法部门应当及时告知当事人违法事实，并采取信息化手段或者其他措施，为当事人查询、陈述和申辩提供便利。不得限制或者变相限制当事人享有的陈述权、申辩权。

国家市场监督管理总局

关于修改《市场监督管理行政处罚程序暂行规定》等二部规章的决定（节录）

（2021年7月2日　国家市场监督管理总局令第42号）

二十一、第二十四条改为第二十七条，将第一款修改为：“在中华人民共和国领域外形成的公文书证，应当经所在国公证机关证明，或者履行中华人民共和国与该所在国订立的有关条约中规定的证明手续。涉及身份关系的证据，应当经所在国公证机关证明，并经中华人民共和国驻该国使领馆认证，或者履行中华人民共和国与该所在国订立的有关条约中规定的证明手续。”

将第二款修改为：“在中华人民共和国香港特别行政区、澳门特别行政区和台湾地区形成的证据，应当履行相关的证明手续。”

市场监督管理行政处罚程序规定(节录)

(2021年7月2日　国家市场监督管理总局令第42号)

第二十七条　在中华人民共和国领域外形成的公文书证,应当经所在国公证机关证明,或者履行中华人民共和国与该所在国订立的有关条约中规定的证明手续。涉及身份关系的证据,应当经所在国公证机关证明,并经中华人民共和国驻该国使领馆认证,或者履行中华人民共和国与该所在国订立的有关条约中规定的证明手续。

在中华人民共和国香港特别行政区、澳门特别行政区和台湾地区形成的证据,应当履行相关的证明手续。

外文书证或者外国语视听资料等证据应当附有由具有翻译资质的机构翻译的或者其他翻译准确的中文译本,由翻译机构盖章或者翻译人员签名。

中国银保监会办公厅

关于印发非银行金融机构行政许可事项申请材料目录及格式要求的通知

(2021年7月12日)

各银保监局、金融资产管理公司:

《中国银保监会非银行金融机构行政许可事项实施办法》(中国银行保险监督管理委员会令2020年第6号,以下简称《办法》)已于2020年3月印发。经银保监会同意,现将与之相配套的《非银行金融机构行政许可事项申请材料目录及格式要求》(以下简称《目录》)印发给你们,并就有关事项通知如下:

一、《目录》是配合《办法》实施的规范性文件。自发布之日起,非银行金融机构(含金融资产管理公司等六类机构及境外非银行金融机构驻华代表处,以下简称非银机构)许可事项申请人应按《目录》要求提供申请材料。

二、银保监会将根据非银机构改革发展情况及监管工作需要适时对《目录》进行调整和完善,调整和完善后的《目录》将通过银保监会网站对外公布。

三、本通知印发前有关行政许可事项申请材料目录及格式要求的规定与本通知不一致的,按照本通知执行。

附件:非银行金融机构行政许可事项申请材料目录及格式要求(2021 年版)

中国银保监会办公厅
2021 年 7 月 12 日

附件

非银行金融机构行政许可事项申请材料目录及格式要求(节录)

(2021 年版)

4.2 境外非银行金融机构驻华代表处设立审批

申请材料目录:

(1)申请书。由申请人董事长或总经理(首席执行官或总裁)签署,内容包括申请设立代表处的目的,申请人的主要业务类型及经营情况介绍,拟设代表处的城市,拟设代表处中外文名称(中文名称中应标明母公司的注册地所在国家,如母公司名称中已体现注册地所在国家,可不重复)。

(2)申请表(见附件 1)。

(3)境外非银行金融机构注册登记文件或经营金融业务许可文件复印件。

注册登记文件和经营金融业务许可文件复印件应经其所在国家或地区认可的机构公证或经中华人民共和国驻该国使、领馆认证。

(4)由所在国家或地区金融监管当局出具的对其在中国境内设立代表处的意见书(函),或由所在行业协会出具的推荐信,内容包括申请人在注册地最近 2 年的守法合规情况以及是否同意其在中国设立代表处。

(5)境外非银行金融机构章程。

(6)境外非银行金融机构董事会成员名单和最大十家股东名单。

(7)境外非银行金融机构内部组织架构图。

(8)境外非银行金融机构所在集团的控股子公司分布图。

(9)境外非银行金融机构最近 3 个会计年度审计报告复印件。审计报告如为非标准意见审计报告的,应提供有关情况的解释说明。

(10)申请人法定代表人签署的非涉黑涉恶组织的声明;确认所提交申请材料内容和相关数

据真实、复印件均与原件一致的声明。

(11)银保监会按照审慎性原则规定的其他文件。

各类非银行金融机构(含法人机构和分支机构)设立后续事项报告材料目录:

完成有关设立程序的报告,包括领取金融许可证、工商变更登记等情况说明。

1.2 境外非银行金融机构驻华代表处首席代表任职资格核准

申请材料目录:

(1)申请人授权签字人签署的致所在地银保监局的申请书(函)。

(2)申请人授权签字人签署的对拟任首席代表的授权书,该授权书应经其所在国家或地区认可的机构公证或经中华人民共和国驻该国使、领馆认证。

(3)申请人授权签字人签署的拟任人简历、身份证明复印件和学历证明复印件。复印件应加盖非银行金融机构单位公章或人事部门章,并注明与原件相符。

(4)拟任人接受反洗钱和反恐怖融资培训情况报告及本人签字的履行反洗钱和反恐怖融资义务的承诺书。

(5)拟任人签署的声明书:

①不存在大额逾期债务未能偿还的声明。

②无故意或重大过失犯罪记录的声明。

③非涉黑涉恶人员的声明。

④确认所提供申请材料内容和相关数据真实、复印件均与原件一致,对出具的所有声明或承诺均承担法律责任的声明。

(6)银保监会按照审慎性原则规定的其他文件。

海南自由贸易港跨境服务贸易特别管理措施(负面清单)(2021年版)(节录)

(2021年7月23日 商务部令2021年第3号)

《海南自由贸易港跨境服务贸易特别管理措施(负面清单)(2021年版)》已经党中央、国务院同意,现予公布,自2021年8月26日起施行。

部长 王文涛

2021年7月23日

海南自由贸易港跨境服务贸易特别管理措施（负面清单）（2021年版）（节录）

44. 只有在中国境内设立的公证机构才可从事公证服务。对设立公证机构实行总量控制。只有通过中国司法考试或统一法律职业资格考试的中国公民才可担任公证员。

水运工程建设项目招标投标管理办法（2021修正）（节录）

（2021年8月11日　交通运输部令2021年第14号）

第四十三条　开标由招标人或招标代理组织并主持。

开标应按照招标文件确定的程序进行，开标过程应当场记录，招标人、招标代理机构、投标人、参加开标的公证和监督机构等单位的代表应签字，并存档备查。开标记录应包括投标人名称、投标保证金、投标报价、工期、密封情况以及招标文件确定的其他内容。

投标人对开标有异议的，应当在开标现场提出，招标人或招标代理应当场作出答复，并制作记录。

关于查办走私珍贵动物及其制品违法犯罪案件举报奖励工作事宜的公告

（2021年9月18日　海关总署公告2021年第72号）

为深入贯彻中央决策部署，鼓励社会公众积极举报走私珍贵动物及其制品违法犯罪线索，严厉打击涉野生动物走私违法犯罪活动，有效维护社会公共安全和生态安全，根据《中华人民共和国海关法》和《中华人民共和国海关对检举或协助查获违反海关法案件有功人员奖励办法》（海关总署第8号令），海关查办走私珍贵动物及其制品违法犯罪案件的举报人，属于海关总署第8

号令第六条规定的有特殊贡献的案件检举人，相关举报奖励事宜公告如下：

四、奖励领取

（一）举报可以实名或者匿名方式进行。匿名举报人有奖励诉求的，应当提供能够辨别其身份的有效信息及联系方式。领取举报奖励金应当提供本人有效身份证件，实名领取。

（二）举报人应当在海关通知之日起六个月内领取奖励。委托他人代领的，受托人应当提供举报人经公证的授权委托书、举报人和受托人的有效身份证件。无正当理由逾期不领的，视为自动放弃。

上海证券交易所

关于发布《上海证券交易所科创板股票发行与承销实施办法（2021 年修订）》的通知（节录）

（2021 年 9 月 18 日　上证发〔2021〕76 号）

第十六条　网上申购总量大于网上发行总量时，本所按照每 500 股配一个号的规则对有效申购进行统一连续配号。

有效申购总量大于网上发行总量时，主承销商在公证机构监督下根据总配号量和中签率组织摇号抽签，每一个中签号可认购 500 股新股。

全国中小企业股份转让系统有限责任公司

关于发布《全国中小企业股份转让系统挂牌公司股份特定事项协议转让业务办理指南》的公告（节录）

（2021 年 10 月 8 日　股转系统公告〔2021〕950 号）

为更好服务市场，便利投资者，全国中小企业股份转让系统有限责任公司对《全国中小企业股份转让系统挂牌公司股份特定事项协议转让业务办理指南》进行了修订，现予以发布，自发布之日起施行。2019年12月27日发布的《全国中小企业股份转让系统挂牌公司股份特定事项协议转让业务办理指南》、2020年2月2日发布的《关于调整特定事项协议转让业务办理方式有关事项的通知》同时废止。

特此公告。

附件：全国中小企业股份转让系统挂牌公司股份特定事项协议转让业务办理指南

全国中小企业股份转让系统有限责任公司
2021年10月8日

附件：

全国中小企业股份转让系统挂牌公司股份特定事项协议转让业务办理指南（节录）

（2018年6月发布《全国中小企业股份转让系统挂牌公司股份特定事项协议转让业务办理指南（试行）》；2019年3月第一次修订；2019年12月第二次修订并更名为《全国中小企业股份转让系统挂牌公司股份特定事项协议转让业务办理指南》；2021年10月8日第三次修订）

身份证明文件及要求

二、境内自然人

1. 身份证明文件及复印件；

2. 经公证的授权委托书（如委托他人代办，参考格式见附件3－2）；

3. 经办人身份证明文件复印件（如委托他人代办）。

六、其他要求

境外主体的身份证明文件、授权委托书以及授权人有权授权的证明文件需要符合以下要求：

1. 外国（地区）申请人提交的文件，需要经过我国驻该国使、领馆认证，或者履行我国与该所在国订立的有关条约中规定的身份证明手续。如投资者所在国（地区）与我国无外交关系，其提供的文件，需要经该国（地区）外交机构或者其授权机构和我国有外交关系国家驻该国（地区）使、领馆认证后，再办理我国驻该第三国使、领馆认证。

2. 香港地区申请人提交的文件，应当经我国司法部委托的相关公证人公证，并盖有中国法律服务（香港）有限公司转递香港公证文书专用章。

3. 澳门地区申请人提交的文件，应当经澳门政府公证部门或我国司法部委托的公证人公证，并经中国法律服务(澳门)公司加盖核验章。

4. 台湾地区申请人提交的文件,应当经台湾地区的公证部门公证,并由台湾海峡交流基金会按照1993年《海峡两岸公证书使用查证协议》寄送公证书副本。台湾申请人还应当提交接收台湾公证书的内地公证协会出具的公证书正本与台湾海峡交流基金会寄送该会的副本一致的核对证明。

5. 境外主体提交的申请材料为外文文本的,需同时提供经过有资质的翻译机构的翻译和境内公证。

6. 上述经使、领馆认证或公证机构公证的文件,应当在完成认证或公证之日起6个月内提交。

深圳证券交易所

关于发布《深圳证券交易所上市公司股份协议转让业务办理指引(2021年修订)》的通知(节录)

(2021年10月22日　深证上〔2021〕1004号)

第十三条　办理协议转让,转让双方涉及自然人的,由本人或者持公证授权委托书的代理人办理;涉及法人、其他组织的,由法定代表人、负责人或者其授权的代理人办理。

第六部分　认证机构、收费及要求

领事认证办法

(2015年11月19日外交部令第2号公布　自2016年3月1日起施行)

第一章　总　　则

第一条　为了规范领事认证工作,维护领事认证公信力,促进对外交往,保障自然人、法人或者其他组织的合法权益,制定本办法。

第二条　本办法适用于国内出具的需送往国外使用的文书和国外出具的需送至国内使用的文书的领事认证。

第三条　本办法所称领事认证,是指领事认证机构根据自然人、法人或者其他组织的申请,对国内涉外公证书、其他证明文书或者国外有关文书上的最后一个印鉴、签名的真实性予以确认的活动。

前款所称领事认证机构,是指依照本办法办理领事认证的机构,包括外交部、外交部委托的地方人民政府外事部门(以下称地方外办)和驻外使馆、领馆以及外交部委托的其他驻外机构。

领事认证机构委托代办接件、录入、咨询等服务性事务的单位,应当在委托范围内从事相关活动。

第四条　领事认证机构办理领事认证,应当遵守法律,坚持客观、真实的原则,不得损害国家利益和社会公共利益。

第五条　外交部负责国家领事认证工作。

第六条　领事认证分为国内文书的领事认证和国外文书的领事认证。

外交部和地方外办负责办理国内文书的领事认证。

驻外使馆、领馆以及外交部委托的其他驻外机构负责办理国外文书的领事认证。

第七条　领事认证人员包括领事认证签署人员和领事认证协助人员。

领事认证签署人员负责审核、签署工作。

领事认证协助人员负责受理、制证、收费等事务性工作。

第八条　外交部和驻外使馆、领馆以及外交部委托的其他驻外机构的领事认证签署人员应当为随员及以上外交职务或者领事随员及以上领事职务。

地方外办的领事认证签署人员应当为主任科员及以上职务。

领事认证签署人员应当具有3年以上外交或者外事工作经历,具备领事认证签署工作所需的专业知识和能力,并参加外交部组织的相应培训。

驻外使馆、领馆以及外交部委托的其他驻外机构和地方外办的领事认证签署人员应当报外交部备案,特殊情况应当报外交部批准。

第九条 领事认证人员不得实施下列行为：

（一）为本人及其近亲属办理领事认证或者办理与本人及其近亲属有利害关系的领事认证；

（二）未按规定程序出具领事认证书；

（三）故意毁损、篡改领事认证书或者领事认证档案；

（四）侵占、盗窃领事认证防伪纸张、印章等专用物品；

（五）利用办理领事认证的职务便利索取财物，或者牟取其他不正当利益；

（六）其他法律、行政法规禁止的行为。

第十条 领事认证的申请人以及其他个人或者组织不得实施下列行为：

（一）利用领事认证书从事非法活动；

（二）伪造、变造领事认证书；

（三）伪造或者擅自变动、改动经领事认证的公证书或者其他证明文书。

第二章 印鉴和签名式样的备案

第十一条 领事认证机构在办理领事认证前应当依照本章规定对相应印鉴和签名式样进行备案。

第十二条 国内公证机构以及其他证明机构应当将相应印鉴以及公证员、签署人的签名式样向外交部、地方外办进行备案。

第十三条 地方外办应当将用于领事认证的印鉴以及领事认证签署人员的姓名、职务、签名式样送有关国家驻华领事机构备案。

第十四条 外交部应当将用于领事认证的印鉴以及领事认证签署人员的姓名、衔级、签名式样送有关国家驻华使馆备案。

第十五条 驻外使馆、领馆以及外交部委托的其他驻外机构应当对驻在国认证机构的印鉴和签署人员的姓名、职务和签名式样进行备案。

第十六条 驻外使馆、领馆以及外交部委托的其他驻外机构、地方外办应当将领事认证签署人员的姓名、衔级（职务）、签名式样报外交部备案。

第十七条 印鉴、签名式样自备案之日起10个工作日后生效。

第十八条 领事认证签署人员不再行使签署职责的，有关机构应当及时将被取消签署权人员的姓名、衔级（职务）、取消签署权的日期等事项通知原备案机构。

第三章 领事认证程序

第十九条 国内出具的需送往国外使用的文书，文书使用国要求领事认证的，经国内公证机构公证或者证明机构证明后，应当送外交部或者地方外办办理领事认证，方可送文书使用国驻华使馆或者领事机构办理认证。

中国缔结或者参加的国际条约或者外交部另有规定的除外。

第二十条 国外出具的需送至国内使用的文书，中国法律法规规定或者文书使用机构要求认证的，经文书出具国有关机构公证、认证后，应当由中国驻该国使馆、领馆或者外交部委托的其他驻外机构办理领事认证。

中国缔结或者参加的国际条约或者外交部另有规定的除外。

第二十一条　申请办理领事认证，应当提交以下材料：

（一）合法有效的身份证件；

（二）填写真实、完整、准确的申请表；

（三）申请领事认证的文书；

（四）领事认证机构认为需要提交的其他材料。

第二十二条　领事认证机构可以根据需要向申请人核实申办领事认证的目的和领事认证书的用途等情况，必要时可以要求申请人提交相关证明材料。

第二十三条　有下列情形之一的，领事认证机构不予办理领事认证：

（一）文书的印鉴、签名不属实的；

（二）文书的印鉴、签名未进行备案，或者与备案不相符的；

（三）文书的印鉴、签名、装订、时效等不符合文书出具机构、文书使用机构规定和要求的；

（四）可能损害国家利益和社会公共利益的；

（五）不予办理领事认证的其他情形。

第二十四条　申请人提交的办理领事认证的文书在两页及以上的，应当采用火漆加封、加盖骑缝章或者加盖钢印等不易被拆换的方式进行装订。

第二十五条　领事认证机构经过审查，认为申请领事认证的文书符合要求的，应当自受理申请之日起10个工作日内出具领事认证书。

因不可抗力、补充证明材料或者需要核实有关情况的，所需时间不计算在前款规定的期限内。

第二十六条　领事认证书应当包括下列内容：

（一）领事认证书编号；

（二）领事认证证词；

（三）出具领事认证书的机构名称；

（四）领事认证签署人员的签名；

（五）出具领事认证书的日期。

第二十七条　领事认证书自出具之日起生效。

领事认证书应当采用领事认证贴纸的形式粘贴在办理领事认证的文书上，具体式样、内容由外交部负责制定。

第二十八条　领事认证书应当使用规范汉字。

第二十九条　申请人申请办理领事认证应当按照国务院财政部门、价格主管部门的规定缴纳相关费用。

第三十条　领事认证机构经过审查，认为申请办理领事认证的文书、手续或者其他材料不齐全的，应当一次性告知申请人需要履行的手续和补充的证明材料。

第四章　领事认证效力和异议处理

第三十一条　领事认证是领事认证机构以国家名义对文书予以确认的活动,其目的是使一国出具的文书能在另一国境内得以承认,不会因为怀疑文书上的印鉴、签名的真实性而影响其域外的法律效力。

领事认证不对公证书或者其他证明文书证明的事项行使证明职能,不对文书内容本身的真实性、合法性负责,文书内容由文书出具机构负责。

第三十二条　经领事认证的文书内容被更改、替换的,领事认证书无效。

第三十三条　申请人和已经领事认证的文书内容的利害关系人,对领事认证机构出具的领事认证书有异议的,可以向出具该领事认证书的领事认证机构提出复查申请。

第三十四条　领事认证机构收到复查申请后,应当进行审查、核实。对于领事认证书的编号、证词、出证日期等内容错误的,应当及时予以纠正。

第三十五条　已经领事认证的公证书或者其他证明文书依法定程序确定有错误而进行更正的,原公证书或者其他证明文书上的领事认证书自动失效。申请人可以持更正后的公证书或者其他证明文书重新申请办理领事认证。

已经领事认证的公证书或者其他证明文书依法定程序撤销的,领事认证书自该公证书或者其他证明文书因撤销而失效之日起同时自动失效。

第五章　法 律 责 任

第三十六条　领事认证人员有本办法第九条规定行为之一的,由有关机关依法给予行政处分;构成犯罪的,依法追究刑事责任。

第三十七条　申请人以及其他个人或者组织有本办法第十条规定行为之一的,依法承担相应的法律责任。

第六章　附　　则

第三十八条　本办法所称文书,是指出生证、结婚证、学历证、原产地证、商业发票、含有非纸质材料的文件等各类证书以及文字材料等的总称。

第三十九条　本办法自 2016 年 3 月 1 日起施行。

外国驻华使馆领事认证规定及收费标准
（2021年12月9日更新）

（因驻华使馆收费标准及办证时间时有调整，本表所列标准仅供参考，请当事人以使馆实际收费标准和办证时间为准。）

国家	收费标准（人民币元）	工作日	有关规定
A			
阿尔巴尼亚	600（+5元银行手续费）	10	1. 商业类文书需1份复印件。 2. 不受理双内容文书。
阿尔及利亚	民事20 商业570	20	1. 需法文译文。 2. 单据类文书须做成证书形式。 3. 本国籍学生申请学习类文书认证，公证书可使用阿语、法语或英语译文。
阿富汗	死亡、未刑、诊断证明免费 出生、学历、护照、户籍80 未婚、未再婚160 结婚、离婚400 旅行社800 其他965 经济授权书1005	15	1. 需波斯文或英文译文。 2. 需1份复印件。 3. 需填写使馆认证申请表（如需表格请询驻华使馆）。 4. 经济文书中涉及阿方企业及相关人员的，均需提供阿方企业的营业执照复印件及阿方人员的护照或身份证明复印件。如需在阿方注册公司，应填写阿方的外国公司注册登记表，并提供本公司总裁副总裁信息。 注：因阿富汗使馆要求美元结算，外交部领事司认证处目前不提供代办使馆认证服务。

续表

国家	收费标准(人民币元)	工作日	有关规定
阿根廷	出生、结婚、丧偶、离异、未婚、亲属、户口证明等40美金。 刑事处分、住址、退休、护照复印件、工作证明及民事委托书、民事授权书、派遣函60美金。 毕业证书、在学证明、学籍学分证明、职业资格证书等50美金。 经济类文件200美金(按汇率以人民币结算)。	7	1. 需西文译文。 2. 苏、浙、沪、皖地区出具的文书送驻上海总领馆认证。 3. 闽、粤、琼、桂地区出具的文书送驻广州总领馆认证。 4. 公证书须有公证员亲笔签名。 5. 未刑、未婚公证书有效期为3个月。 6. 由其他国家或地区转口至阿的货物,其产地证需附两张发票。 7. 民事类文件申请阿驻华使馆认证须提供申请人身份证正反面(2019年4月23日更新)复印件。如跨领区办理阿驻华使馆认证还需另提供申请人户口本本人页复印件及在使馆领区所属省市的居住证明。 8. 原产地证自中国有关部门认证起有效期为6个月,文书应由相关部门直接出具,或以公证书、商业证明书形式出具,并翻译成西班牙语或英语,不接受生产商或出口商直接出具的证明。(此信息发布时间为2019年1月29日) 9. 所有民事文件申请人需提前与使馆用邮件方式联系(邮箱:consuladoechin@ mrecic. gov. ar)、并说明目的及所需办理认证所有材料的种类或填写民事申请表(2021年6月25日更新)。
阿联酋	民事证书300 商业证书4000 产地证300 发票(按金额计算) 0~2500美元:200 2500~7500美元:400 7500 ~ 15000 美元:800 15000 ~ 22500 美元:1200 22500 ~ 37500 美元:1600 37500 ~ 62500 美元:2000 62500~125000美元:2600 125000 ~ 250000 美元:3000 250000 ~ 500000 美元:4000 500000美元及以上按如下计算: 金额 * 0.016	7	1. 发票需1份复印件。 2. 发票须与产地证一起认证,发票按金额收费。 3. 出口肉类时,需同时认证下列四类文书:发票、产地证、商检证、屠宰证。 4. 所有委托类公证书(民事和商业)均收费4000元。 5. 在办理部分种类货物出口所需文书的认证时,除认证产地证和发票外,还需同时认证装箱单和(或)商检证。因阿各海关对有关货物的要求不尽相同,请申办人员在申办认证前,向货物接收地海关咨询有关对文书的详细要求。上述文书应同批一起认证,否则需重新办理所有文书的认证。 6. 粤、琼、桂出具的公证文书可以送驻广州总领馆认证(2019年10月25日发布)。

续表

国家	收费标准(人民币元)	工作日	有关规定
阿曼	产地证 600 发票(按金额计算) 1 ~ 10000 美元:1500 10000 ~ 50000 美元:2100 50000 ~ 100000 美元:3000 100000 美元以上:4500 商业合同 600 经济证明书 1200 商业授权书 1800 屠宰证 900 经济代理 1800 普通代理 900 民事协议、委托、授权书,离婚 600 亲属、结婚、未刑、驾照、职业资格、工作经历、成绩单、死亡证明、出生医学证明 900 以上未提到的任何其他文书 300 副本:正本认证费的 50%	8	
阿塞拜疆	50 美元	10	需 1 份复印件。 注:因阿塞拜疆使馆要求美元结算,外交部领事司认证处目前不提供代办使馆认证服务。

续表

国家	收费标准(人民币元)	工作日	有关规定
爱尔兰	325	5	1. 18 岁以下儿童及无业人员的短期签证申请,提交的文件需经外交部单认证(附英文翻译),文书有效期为 6 个月。 A、18 岁以下儿童短期签证申请须提交: a、出生证明公证书,如与一方家长旅行,另一方父母或法定监护人需提供同意书的公证认证。 b、申请人单独旅行,需提供双方父母或监护人同意书的公证认证。 c、如父母离异,须提供已公证认证过的离婚判决书复印件,说明完整监护权委托给谁。 d、如一方父母或监护人死亡,须提交死亡证明的公证认证。 B、无业人员短期签证申请须提交: 如申请人无业且已结婚,需提供其配偶的工作证明(附英文译本)及结婚证公证认证的复印件。 2. 长期签证申请须办理外交部及驻华使馆双认证。 3. 未满 18 岁儿童的长期签证申请须提交: A、中国的出生证明:已办理双认证的出生证或领养证公证书。其他国的出生证或领养证须按其国家法律程序进行公证。 B、爱尔兰出生证明:只需爱尔兰出生证明原作和复印件,无需公证认证。 C、双方父母或法定监护人准许儿童前往爱尔兰生活的签名信:如父母或居住在中国,需办理其双认证;如居住在他国,由居住国的相关部门证明;如居住在爱尔兰,签名信须由爱尔兰的执业律师进行公证(有效期不超 6 个月),信中须声明孩子可以永久离开中国,并明确说明孩子将与谁前往爱尔兰,与谁居住。 D、如父母在中国离婚,需提交双认证的离婚协议公证书,说明完整监护权委托给谁;如在爱尔兰或其他地方离婚,需提供由执业律师公证的离婚决议复印件。 E、一方父母或监护人如在中国去世,需提交双认证的死亡证明。如在爱尔兰或其他地方去世,死亡证明应根据该国适用的法律程序进行公证。 4. 配偶或民事伴侣的长期签证申请须提交: A、经双认证的结婚证公证书/民事伴侣证书公证书。 B、离婚或丧偶,需提交双认证的离婚证或配偶死亡证明。 5. 老年受赡养人的长期签证申请须提交: 已双认证的出生证/领养证的公证书,表明和资助人间的血缘关系。 6. 办理长期签证申请须提交: 无犯罪记录证明(超过 18 岁的所有申请人),此证书自签发之日起不能超过 6 个月。此要求不适用于爱尔兰或欧盟/欧洲经济区公民的家庭成员。
埃及	商业 1060 民事 800	7	1. 需阿文或英文译文。 2. 需 1 份复印件。 3. 苏、浙、皖、沪地区出具的文书送驻上海总领馆认证。

续表

国家	收费标准(人民币元)	工作日	有关规定
埃塞俄比亚	民事 504 商业 539	10	需用英文填写使馆认证申请表。
爱沙尼亚	217(常按汇率调整)	15	1. 需英文译文。 2. 需填写使馆认证申请表。 3. 需提供整本复印件 1 份,加收 1 元复印费。 4. 需提供英文使用目的说明。
安哥拉	683 元	7	1. 需葡文译文。 2. 需 1 份复印件。
澳大利亚	395(常按汇率调整)	5	
奥地利	574(常按汇率调整)	7	1. 需附译文与原文相符公证。 2. 苏、浙、沪、皖地区出具的文书送驻上海领馆认证。 3. 学历、结婚公证书须为 33 式。 4. 体检表公证书有效期为 28 天。 5. 定居者申办的未刑公证书 1 个月有效。 6. 需提供当事人护照复印件 1 份。 7. 每周三上午使馆收件。 8. 未婚须由民政部出具。 9. 办理与奥地利公民结婚双认证,需提供双方护照复印件各两份及公证书复印件一份。 10. 涉及银行财产证明文件不予认证。
B			
巴哈马	390	5	需英文填写使馆认证申请表。
巴布亚新几内亚	零	3	无犯罪记录无需办理认证。
巴基斯坦	普通 75 加急 150 授权书普通 263 授权书加急 526	普通 10 加急 2	1. 申办商业类文书的认证需提供 1 份英文目的说明。 2. 使馆不受理发票及其他涉及金额的文书的认证。 3. 注:不再提供公证书复印件(本信处发布时间为 2018 年 11 月 13 日)。
巴勒斯坦	商业 360 民事免费	5	1. 需 1 份复印件(整本复印,含封皮)。 2. 文书中凡涉及该国国名的,须标注国家名称:巴勒斯坦国(英文:state of palestine)。

续表

国家	收费标准(人民币元)	工作日	有关规定
巴林	500 发票(按金额计算) 1~2645美元:500 2646~13227美元:750 13228~26455美元:1500 26456~52910美元:3000 52911~132275美元:4500 132276~264550美元:7500 264551美元以上:10000	10	
巴拿马	民事、商业200	普通20	1. 需西语译文(2019年8月26日更新)。 2. 需1份复印件。 3. 巴拿马籍学生学习类文书自文件开具日起半年内使馆认证免费(此信息2019年7月17日发布)。 4. 不认证多内容公证书。 5. 所有公证文书须办理双认证,并由外交部代送办理使馆认证。 6. 苏、浙、沪、皖、赣、鄂出具的公证文书可以送上海总领馆认证。
巴西	160	5	1. 一般情况下,使馆不认证双内容的公证书。 2. 办理签证的无犯罪证明只需办理外交部单认证。 3. 粤、闽、贵、琼、湘、桂出具的文书送驻广州总领馆认证。 4. 苏、浙、沪、皖、鲁出具的文书送驻上海总领馆认证。 5. 未刑3个月有效。
白俄罗斯	295	7	学习类公证书(毕业证、成绩单、学历等)可直接在白俄罗斯使用,无须办认证。
保加利亚	普通160 加急320	20	1. 需1份复印件。 2. 结婚证书,出生证书,无犯罪证书的保加利亚文翻译,当事人可自愿选择使馆办理翻译,费用为每页140元,外交部认证后需自送使馆。 3. 每份民事文件申请办理使馆认证需提供当事人护照首页复印件,如无护照,可提供身份证复印件(需将姓名用拼音拼写)(2021年1月6日发布)。 4. 每份商业文件办理使馆认证需提供公司相关人员(法人、办证人员)身份证复印件(需将姓名用拼音拼写)或护照首页复印件(2021年1月22日发布)。 5. 每两周开馆一次,加急办证时间不固定(2021年5月12日发布)。

续表

国家	收费标准(人民币元)	工作日	有关规定
比利时	168(常按汇率调整)	7	1. 苏、浙、沪、皖地区出具的文书送驻上海领馆认证。 2. 结婚公证书须按第 33 式办理公证。 3. 未刑公证书 6 个月有效。 4. 大学、大专学历须先经教育部学位与研究生教育发展中心认证处确认。中学学历如使馆无法核实,申请人须提供原学校就读证明。 5. 学历公证书的认证时间不固定。 6. 申请该馆 D 签证的公证材料需办理使馆领事认证。 7. 结婚、离婚、未刑认证须提供非实体公证。 8. 1996 年前出生认证须办理实体公证,1996 年后出生须办理出生医学证明。
秘鲁	民事 240 商业 640 用于申请签证 640 自由销售证明 640	10	1. 产地证和发票复印件须订在一起。 2. 需提供 1 份复印件。 3. 苏、浙、沪、皖、赣、闽地区出具的文书送驻上海总领馆认证。 4. 自 2019 年 9 月起,认证需提交申请人的身份证号码;申请企业认证需提交统一社会信用代码(2019 年 8 月 28 日发布)。
波兰	241	15	1. 需 1 份复印件。 2. 需提供英文出国目的证明。 3. 赴波兰就读初、高中,须提供当事人在国内就读地教育局的派遣函。 4. 上海、安徽、福建、江苏、浙江出具的文书送驻上海总领馆认证。 5. 广东、海南、广西出具的文书送驻广州总领馆认证。 6. 四川、重庆、云南、贵州出具的文书送驻成都总领馆认证。 7. 香港、澳门出具的文书送驻香港总领馆认证。 (以上领区信息于 2021 年 10 月 22 日发布) 8. 暂停办理驾照类文件(2021 年 10 月 12 日发布)
玻利维亚	民事 375 元 民事声明书 150 元 职业资格证书、工作经历 375 元 委托书 900 元 商业 1125 元 商业委托书涉及金额的:金额 *0.005 玻利维亚籍公民的大学毕业证 225 元 玻利维亚籍高中、中小学学习证明 38 元 中国籍大学生的学历、成绩单 1350 元 中国籍高中、中小学生的学习类文书 225 元 玻利维亚籍离婚 263 元	15	1. 需西文译文。 2. 需 1 份复印件。 3. 使馆办理认证的时间根据该馆所持有税花数量的情况而定,请申办人员尽量提前办理。 4. 据玻利维亚驻华使馆告,申办该馆领事认证,除官方机构颁发的固定格式证明文件外,其他声明书、委托书及商业文书须签名,并在中文签名旁加注与护照相一致的拼音。 5. 无犯罪记录公证书有效期为 3 个月。 6. 公证书证词中申请人为公司、单位、团体等机构的,文书内容无论何种类型,均按商业文件收费。 7. 即日起,根据玻利维亚领事法条例,玻利维亚驻华大使馆将用"Cargo con reintegro en Bolivia"(将在玻利维亚支付)印章的方式进行认证。申请人收到使馆盖章的文件后,请在玻利维亚相关机构进行交费,即可在玻利维亚使用。(此信息于 2019 年 12 月 16 日发布)

国家	收费标准(人民币元)	工作日	有关规定
D			
丹麦	209	7	1. 需1份公证书复印件(不装订)。 2. 只接收丹麦语和英语译文公证书。 3. 申请驻华使馆认证的民事类文书均须办理非实体公证(2019年11月13日发布)。 4. 认证文件是由中华人民共和国相关机构签发的正式文件(出生证明、结婚证、死亡证明、出口申报书、兽医申报书等),不能以个人形式出具,否则使领馆将不予认证。自2021年8月1日起,申请人需在每本公证书上附联系方式(姓名、联系电话)及文件用于丹麦境内的证明(如有)。对存疑文件使领馆将要求申请人提供关于认证文件为何方要求及作何用途的证明材料(2021年7月23日发布)。
德国	225	7	1. 苏、浙、沪、皖地区出具的文书送驻上海总领馆认证。 2. 闽、粤、琼、桂地区出具的文书送驻广州总领馆认证。 3. 川、黔、滇、渝地区出具的文书送驻成都总领馆认证。 4. 黑、吉、辽地区出具的文书送驻沈阳总领馆认证。(自2015年3月15日起) 5. 厨师经历及技能等级公证书,只须办理外交部单认证。 6. 驾照公证书译文应用德语。 7. 未成年子女的监护权应由法院裁决,不能由父母采用声明形式。 8. 曾用名应说明具体使用时间段。 9. 1996年1月1日之后出生的须做出生医学证明公证(第33式);之前出生的须做实体公证(如出生日期与发证日期相隔较长的则应注明补发原因,并加盖补发章)。 10. 不认证采用第35式证明格式的公证文书。 11. 婚姻状况等宜按第33式证明格式出具,不接受实体公证。
东帝汶	免费	7	
多米尼加	民事500 商业1000	15	需西文译文。
E			
厄瓜多尔	商业600 民事185	10	1. 广东省出具的文书送驻广州领馆认证。 2. 自2017年5月1日起只接收西班牙语译文。 3. 不认证多内容的公证书。 4. 需1份复印件。 5. 在华并享受奖学金的厄瓜多尔籍留学生办理学历及相关学习类证明使馆认证费免费。
厄立特里亚	450	10	需1份复印件。

续表

国家	收费标准(人民币元)	工作日	有关规定
俄罗斯	275	10	1. 需俄文或英文译文。 2. 须附译文与原文相符公证,且公证词中须证明所证文件译文与原文相符。 3. 黑、吉、辽地区出具的文书送驻沈阳总领馆认证。 4. 苏、浙、沪、皖地区出具的文书送驻上海总领馆认证。 5. 港、澳地区出具的文书送驻香港总领馆认证。 6. 不认证商业单据。 7. 经济文件、授权书等须有签字、盖章及签署日期。
F			
法国	208	15	1. 译文必须为法语(此信息 2019 年 7 月 22 日发布)。 2. 出生实体公证书须贴当事人照片并盖钢印。
菲律宾	190	10	1. 文书需一式两份(使馆收一份认证费)。 2. 单据类文书均须做成公证书或证书形式。 3. 涉及雇佣菲律宾人的合同类文书,需外交部认证后,当事人自送使馆办理使馆认证。 4. 涉及合同文件不予认证。
芬兰	230	5	1. 办理领事认证申请人需提供:公证书原件、复印件和认证使用目的声明(申请人签名及日期)。如同一份公证文书申请办理一份以上的认证,需注明办理多份文书的原因并提供数量相同的公证文书原件以及复印件。例如,同一份公证文书申请两份认证需提供两份原件以及两份复印件。 2. 芬兰籍公民与中国籍公民涉外婚姻相关公证文书(如结婚证、子女出生医学证明等)的认证,如用于芬兰人口信息局(Digi-ja väestötietovirasto)登记,该文书的认证免费。申请人需自行填写并申报 Digi-ja väestötietovirasto 表格,使馆不代为填报。 3. 用于涉外婚姻的公证书(如结婚证、离婚证、出生证等)应按第 33 式办理公证。 (以上信息 2020 年 12 月 15 日更新)
佛得角	驾照 380 元/7 ~ 10 日(无加急) 无犯罪证明普通 90 元/7 日,加急 190 元/7 日 其他普通 90 元/7 日,加急 190 元/7 日	7	1. 译文为葡语译文。 2. 商业文件需提供法人和其他组织信用信息概况(2021 年 8 月 27 日发布)。

续表

国家	收费标准(人民币元)	工作日	有关规定
G			
刚果民主共和国	商业 1400 民事 240	15	1. 提供法语目的说明。个人文件,写给公使的目的说明需本人签字;商业文件,写给公使的目的说明需用公司抬头纸并加盖公司章(2021 年 1 月 25 日更新)。 2. 需提供公证书复印件(2020 年 11 月 9 日发布)。 3. 需提供申办人身份证复印件(2021 年 8 月 31 日发布)。
哥伦比亚	148 元	10	1. 只接收西语译文公证书。 2. 沪、浙、苏、皖、闽、赣出具的文书送驻上海总领馆认证。 3. 云(滇)、贵(黔)、琼、粤、桂出具的文书送驻广州总领馆。 4. 需 1 份整本复印件(不装订)。 5. 多内容公证书(30 页以上)需在封皮用铅笔标注总页数(含封皮)。
哥斯达黎加	276	14	1. 需西文译文。 2. 用于申请签证、居留等出入境手续的未刑公证,须由公安部门出具证明公证。哥方不接受未刑的实体公证。 3. 2017 年 11 月 1 日起苏、浙、沪、皖出具的公证文书送驻上海总领馆,驻华使馆不再办理。
古巴	1716	12	1. 需西文译文。 2. 需 1 份复印件,加收 1 元复印费。 3. 不受理双内容文书。
H			
哈萨克斯坦	225	30	1. 需 1 份复印件,加收 1 元复印费。 2. 公证书中涉及当事人的姓名后须加注护照号码,并需在公证书末页后附该当事人的护照复印件,并与公证书装订在一起。 3. 未婚公证书或未刑公证书,应由当地民政部门或公安部门出具当事人在当地无婚姻登记记录或未受刑事处分证明,再办理公证。哈方不接受未婚或未刑的实体公证及无配偶声明书的签字属实公证。另,哈方不接受护照复印件公证。 4. 需哈萨克语或俄语译文。 5. 哈方要求公证书包含所证文件译文与原文相符公证及证词译文与证词相符公证。 6. 哈萨克文译文参考格式:毕业证书、无犯罪记录、中国税收居民身份证明。 7. 开馆时间为每周一、二、四、五。 8. 自 2017 年 7 月 6 日起,毕业证书须提交《中国高等教育学历认证报告》和《中国中等教育学历认证报告》。 9. 2017 年 12 月 16 日起,文件(姓名和名称)翻译成哈语或俄语时,需使用汉语拼音或汉语西里尔字母转写系统。 10. 凡涉及学历认证的公证书,须附《学信网》打印的带有二维码的证明。不接受拍照、截屏等方式(此信息 2019 年 9 月 23 日发布)。

续表

国家	收费标准(人民币元)	工作日	有关规定
海地	民事 2200 元 商业 2500 元	10	1. 公证书需法语译文。 2. 海地在华侨民可仅办理外交部单认证。
韩国	28	5	1. 需 1 份复印件。 2. 苏、浙、沪、皖地区出具的文书送驻上海总领馆认证。 3. 黑、吉、辽地区出具的文书送驻沈阳总领馆认证。 4. 山东省地区出具的文书送驻青岛总领馆认证。 5. 豫、湘、鄂、赣地区出具的文书送驻武汉总领馆认证。 6. 韩国公民结婚认证、申请“国民年金”的公证书需当事人自送使馆。 7. 办理签证的无犯罪记录证明只需办理外交部单认证。 8. 驻华使馆告，自 2021 年 7 月 1 日起，韩国驻华使领馆在审查中国公民和在华外国人赴韩免隔离申请材料时，需要确认《预防接种凭证》是否属实，要求该凭证为中文原件，无需译成其他语言，但需公证及外交部认证(2021 年 7 月 1 日发布)。
黑山	30 欧(随汇率变动)	7	1. 需提供英文目的说明。 2. 建议自送使馆办理使馆认证(2021 年 9 月 28 日发布)。
荷兰	185(常按汇率调整)	7	1. 苏、浙、沪、皖地区出具的文书送驻上海总领馆认证。 2. 粤、闽、琼、桂地区出具的文书送驻广州总领馆认证。 3. 使馆要求所有公证书半年有效。 4. 未婚证明需由当地民政局出具。不接受实体公证。 5. 离婚证须按第 33 式办理公证书，离婚调解书须做复印件与原件相符公证书。 6. 结婚应办理第 33 式公证书，结婚证上的照片须为双人合影。 7. 公证书中当事人的姓名译文必须使用汉语拼音。如当事人所持护照上的姓名系地方方言拼音，可在汉语拼音姓名之后用括弧加以注明，即：汉语拼音姓名(护照上的方言拼音姓名)。 8. 用于办理探亲签证用的亲属关系公证书只需外交部单认证。 9. 出生证明译文参考式样：派出所证明、医院证明。 10. 自 2012 年 6 月 1 日起，部分办证要求调整，详情请自查。
J			
吉尔吉斯斯坦	民事普通 416　加急 736 商业普通 736　加急 1376	普通 5 加急 3	1. 需 1 份复印件。 2. 驻华使馆不受理护照(如有护照公证送交使馆，使馆不予认证且不退还使馆认证费)、军人身份证、工会证、劳动手册、驾驶证、行车证认证。 3. 申办领事认证需本人自送使馆办理。具体办理流程详见其官网。
吉布提	毕业证、学位证、成绩单、在读证明、学习证明：普通 150，加急 200 其余文件：普通 700，加急 1400	普通 5 加急 3	

续表

国家	收费标准(人民币元)	工作日	有关规定
捷克	170(常按汇率调整)	10	1. 办签证用文书只需外交部单认证。 2. 苏、浙、沪、皖地区出具的文书送驻上海总领馆认证。 3. 技术(技能)职称证书的认证需提供技术(技能)职称证书的复印件、培训项目(包括培训内容和培训时间)及考核成绩。该二项均须有官方授权单位的印章。 4. 办理出生公证书和亲属关系公证书的认证,需提供证明父母与子女关系的户口本复印件。每份公证书均须附上一份户口本复印件。证明出生医学证明的公证书可不用提供户口本复印件。另,公证书中出现的人员均应标注出生日期。 5. 结婚公证书须为非实体公证。若为实体公证,另需提供结婚证复印件。
津巴布韦	500	10	1. 使馆只认证非实体公证书。 2. 需 1 份复印件。
柬埔寨	商业 1000　民事 200	7	外交部认证后当事人须将文书自送使馆办理使馆认证。
K			
卡塔尔	民事 250 护照(外交、特别、公务)丢失补办 7500 商业 375 发票按金额收费 0~4109 美元:1250 元 4110 ~ 27396 美元:2500 元 27397 ~ 68489 美元:6250 元 68490~273958 美元:12500 元 超过 273959 美元:金额 2.5 * 3.6502 * 0.006	15	1. 自 6 月 22 日起,原产地证和商业发票须一起认证,如货物为食品,则须同时认证健康证及相应的原地证和商业发票。并收取相应费用(2021 年 6 月 22 日更新)。 * 不可只办理健康证认证,必须附发票和产地证才可认证(2021 年 11 月 16 日发布)。 2. 须提供英文的证书使用目的说明。 3. 香港出具文书送香港领馆认证。 4. 办理毕业证书或学位证书领事认证须同时提交并认证成绩单、学历证明同时认证,并用英文填写使馆提供的申请人同意书。 5. 自 2021 年 4 月 19 日起,公司/个人认证材料中需提交联系方式(2021 年 4 月 16 日发布)。
克罗地亚	113	15	1996 年后出生认证须办理出生医学证明,1996 年前出生认证应办理派出所出具的证明公证或户口本公证,使馆不再接受出生实体公证。
科特迪瓦	500	10	

国家	收费标准(人民币元)	工作日	有关规定
科威特	发票 350 产地证、箱单 525 屠宰证、商检证、职业资格及其他 175	7	1. 科威特籍公民办理双认证,需提前与使馆沟通,并提交护照复印件及在华签证页复印件。(此信息 2020 年 7 月 24 日更新发布) 2. 蓝色产地证、白色产地证、发票可单独申请办理认证。(此信息 2019 年 4 月 17 日发布) 3. 学历应办理非实体公证。 4. 科威特驻广州、上海、香港总领馆认证业务自 2020 年 1 月 27 日起转由科威特驻华使馆(北京)办理,截止日期另行通知。(此信息 2020 年 4 月 8 日发布) 5. 中国及科威特籍以外人员,需自送使馆办理使馆认证(2021 年 11 月 25 日更新)。
肯尼亚	112	15	1. 需提供中英文"使用目的说明"。 2. 民事类文件需提供申请人护照复印件(中国人除外)(2021 年 8 月 19 日发布)。
L			
拉脱维亚	普通 120 加急 240	普通 10 日 加急 7 日	1. 需提供 1 份证书使用人的护照复印件。 2. 需填写认证申请表。 3. 需提供公证书整本复印件(内容完整,不能用拍照打印件,无需装订,可用曲别针)。
老挝	200	5	1. 需英文译文。 2. 需 1 份复印件。
黎巴嫩	民事 385 商业 1440 产地证 160 发票按票面 4‰收取	7	1. 所有出口至黎巴嫩的货物发票都需认证。所有发票进行认证时需随附原产地证一起认证,单独发票或原产地证不予认证。 所需认证的发票上要附有英文声明,需涵盖信息如下: This invoice is the original document, the unique one issued by us (name of the company) related to the items listed in it, and the mentioned prices expresses the real value of it without any discount or advance payment or any other amount, and we declare that its origin is XX(country) only. 原产地证费用: 1. 单张发票:160 元/份,多张发票:320 元/份 (2021 年 11 月 2 日更新) 注:如果同一个公司需要认证同一日期的多张发票,所需认证的所有发票的票号和日期需在原产地证上进行标注。 发票费用: 1. 最低收费:290 元,2. 最高收费:20000 元 (2021 年 11 月 2 日更新) 2. 需 1 份复印件。 3. 商业文书需提供英文撰写的公司情况说明,应包括:经营范围、成立时间、法人姓名、公司电话、传真、文件使用目的、在黎地址、电话等。

续表

国家	收费标准(人民币元)	工作日	有关规定
利比亚	民事公证书 24 产地证正本 60 发票: 24 元 + 发票金额(美元)×7‰ 24 元 + 发票金额(欧元)×11‰ 其他经济公证书 24	10	1. 需阿文译文。 2. 需 2 份复印件。 3. 发票和产地证须同时办理外交部认证后一起送使馆认证。 4. 单据类文书不能做成证书形式。 5. 本国籍学生申请的学习类认证文书,可使用阿语或英语译文。
立陶宛	160	5	需 1 份复印件。
卢森堡	150	10	1. 苏、浙、沪、皖、闽地区出具的文书送驻上海总领馆认证。 2. 申请以文化体育活动、旅游、探亲访友为目的的申根签证,未成年人(18 岁以下)所需提交的证明材料中,双方家长或法定监护人出具的出行同意书、家庭关系或监护关系公证书需经外交部单认证。
卢旺达	50	15	1. 需 1 份复印件。 2. 需英文使用目的说明。 3. 文书使用目的说明需详细说明所申请的工作。 4. 如个人在卢有公司,需护照、签证复印件及营业执照复印件。 5. 如由单位派往工作,需本单位出具的详细证明(使用公函纸,注明出国目的、担任何种工作、证书使用目的)并加盖公章,单位领导签字,附当事人护照、签证复印件。 6. 办签证用只需外交部单认证。 7. 向卢国内申请长期签证时需办理双认证。
罗马尼亚	免费	10	1. 苏、浙、沪、皖出具的文书送驻上海总领馆认证。 2. 需提交认证申请表(申请表姓名请用汉语拼音拼写;同一申请人的公证书可填写一张申请表,不同申请人请分开填写;申请表中请准确填写是否需要加急服务,不一致时,将退回重填)。 3. 每份公证书需附申请人护照复印件(商业文件需提供公司法人代表护照复印件)。 4. 需 1 份复印件。 5. 认证申请须事先在使馆领事服务系统(www. econsulat. ro)录入相关申请信息。同时提交给使馆的认证申请纸质材料包括:领事认证申请表(从 www. econsulat. ro 网站打印)、申请人护照复印件、申请认证文件复印件、经外交部认证的文书。(本信息发布时间为 2018 年 10 月 23 日) * 自 2020 年 11 月 1 日起,驻华使馆不再受理领事认证,如需办理使馆认证请登录其官网查询办理方式。

续表

国家	收费标准(人民币元)	工作日	有关规定
M			
马达加斯加	免费	5	需提供整本公证书复印件1份。
马耳他	200	3	1.赴马耳他留学人员,如由资助者资助学习,资助者需提交经外交部认证(单认证)的声明书; 2.18岁以下的申请人还需提交出生公证和父母双方或监护人的授权认证。 3.用于申请签证用途的文书只需办理外交部单认证,送马耳他使用的其它文书需办理外交部及其使馆认证。当事人可自送使馆也可选择由外交部代送使馆办理使馆认证。 4.使馆认证受理时间为周一至周五。
马来西亚	44	7	苏、浙、沪、皖地区出具的文书送驻上海总领馆认证。
毛里求斯	免费	15	1.身份证复印件1份及英文出国目的说明; 2.申办出生公证的领事认证还需提供出生证的复印件1份。 3.需1份复印件。
毛里塔尼亚	免费	7	
美国	355	10	
蒙古	150	10	
孟加拉国	330元 加急385元	普通10 加急3	1.需1份复印件。 2.需提供英文使用目的说明。
缅甸	150	30	需1份复印件。 民事文件不予认证。
摩尔多瓦	民事300 经济555	10	需提供整本复印件1份,加收1元复印费。
摩洛哥	民事50元×公证书页数 商业210元/本	10	1.商业文书的认证需附英文目的说明。 2.商业认证需全套复印件。(2020年12月31日发布)
莫桑比克	250	5	1.每周三受理。 2.18岁以下未成年人申请签证,需做亲属关系认证。同时父母双方不能同行或一方缺席,均须办理双方或另一方授权委托公证书认证;须外交部认证并由其代办驻华使馆认证。 3.第三方国家公民需办理其本国认证后自行送往莫桑比克使馆。(2021年4月16日发布)

续表

国家	收费标准(人民币元)	工作日	有关规定
墨西哥	自由销售 333 其他 281	10	1. 需 1 份复印件,要求与原件上内容一致,字迹清晰,复印时正反面使用纸张(2020 年 3 月 23 日更新)。如不符合使馆要求,使馆将拒绝受理。(2021 年 5 月 13 日) 2. 中墨两国政府的交换公费留学生须自办。 3. 苏、浙、沪、皖地区出具的文书送驻上海总领馆认证。 4. 粤、闽、琼、桂、赣、湘地区出具的文书送驻广州总领馆认证。 5. 结婚需按第 33 式办理公证,使馆不接受实体结婚公证。 6. 代办部分与中国未建交的中美洲国家的认证。(代办尼加拉瓜、危地马拉、洪都拉斯) 7. 不认证双内容。暂不认证实体出生公证。 8. 使馆不认证 35 式公证书。 9. 用于墨西哥的原产地证明无需办理领事认证。
N			
南非	免费	10	单据类文书须做成证明书形式。
尼泊尔	福利类服务:免费 民事 280 银行、金融机构、公司签发的文件副本证明、移民证书、警方报告、未刑、医生证明、宣誓书、原产地证明书、商业委托书、其他同类性质文件:350 教育证书(成绩单除外):35 委托书 700	7	1. 尼泊尔人文件需提供护照复印件一份。 2. 所有文件需提供英文目的说明(2019 年 8 月 14 日发布)。 3. 每本公证书需提供一本公证书副本,副本不用认证。(2021 年 11 月 30 日发布)
尼日利亚	350	20	1. 单据类文书须做成公证书。 2. 民事证书类公证须为非实体公证。

续表

国家	收费标准(人民币元)	工作日	有关规定
挪威	300	7	申请文书认证需附申请人关于办理认证文件使用目的说明,所有选项需填写完整(注:第2页“其他目的,请注明”为必填)。如申请人是未成年人,使用目的说明需经一方父母或监护人签字。(2020年8月18日更新) 1. 探亲访友目的的短期签证,以下三种情况只需办理外交部单认证:A、与挪威邀请人的亲属关系证明(如结婚证、出生证,选任一适用);B、不满18岁未成年人的亲属关系公证书(如出生证)或监护证明公证;C、未成年人单独旅行或与一方家长旅行时需提供双方家长或监护人的旅行同意书的公证书。 2. 办理家庭团聚类居留许可申请,须提供公证处出具的证明亲属关系或监护关系的公证书,该公证书需办理双认证。 3. 驻华使馆仅核实认证的中文文书,而非其他国家颁发文书,自2020年5月1日后,递交到使馆认证的外文(非中文)文书的费用将不予退还。 (以上信息于2020年4月26日发布)
P			
葡萄牙	113	10	1. 接受英文译文。 2. 苏、浙、沪、皖、赣地区出具的文书送驻上海总领馆认证。 3. 闽、粤、湘、桂、琼地区出具的文书送驻广州总领馆认证。(此信息2018年12月24日发布) 4. 申请葡萄牙签证所需的个人体检证明和户口簿的公证书不需办理使馆认证。 5. 申请人葡萄牙籍所需的户口簿公证书需办理外交部和使馆双认证。 6. 无犯罪公证书应包含申请人居住地或户籍所在地派出所出具的无犯罪证明原件,并需办理非实体公证。(2020年12月1日发布)
R			
瑞典	160	7	自2011年12月1日起,申办瑞典签证用公证书只需办理外交部认证。

续表

国家	收费标准(人民币元)	工作日	有关规定
瑞士	570(1 或 2 份) 1100(3 份或以上) 285(返还认证处)	7	1. 苏、浙、沪、皖地区出具的文书送驻上海总领馆认证。 2. 闽、粤、琼、桂、湘、赣地区出具的文书送驻广州总领馆认证。 3. 由使馆直接寄回瑞士的文书(如出生、婚姻状况、结婚、离婚、居住证明公证书)须提供: A. 瑞士用文机构地址(如瑞士用文机构信件、电子邮件或申请人撰写的认证目的说明)。 B. 申请人护照复印件。 C. 如申请人在瑞士居住,还需提供居住地址。 4. 返还认证处的文书(如学业类文书)当事人需提供: A. 申请人护照复印件。 B. 目的说明(如学校录取通知书,电子邮件或瑞士学校申请表)。 ＊未包含在以上类别中的文书使馆均不予认证,如需认证请自行与使馆联系。 5. 申办中国驾照领事认证时,申请人需提供护照首页复印件及瑞士签证页的复印件。
S			
塞尔维亚	352(其中包括使馆手续费 45 元/份) 若文书为一式两份,则第二份收 283.5 元	5	需提供 1 份整本复印件。
萨尔瓦多	140	4	需西班牙译文。(2019 年 7 月 4 日发布)
塞拉利昂	400	7	
塞浦路斯	18	10	1. 需 1 份复印件。 2. 需填写使馆认证申请表。 3. 签证用文书需办理双认证。 4. 塞浦路斯籍公民需经外交部认证,并由其代送使馆办理使馆认证。
沙特	75	10	1. 白色产地证需用阿文填写(手写、机打均可)。 2. 出口肉类时,需同时认证下列四类文书:发票、产地证、商检证、屠宰证。 3. 发票、产地证的认证免费。 4. 涉沙特公民的结婚证认证申请人办理外交部认证后,需自送沙特驻华使馆侨民事务处再递交领事处认证。(2021 年 7 月 30 日更新) 5. 除沙特籍以外公民办理民事类文件需提供在华居留证明复印件。(此信息 2019 年 4 月 30 日发布) 6. 除中国籍以外公民所有学历类(毕业证、成绩单、学位证等)文书,申请人办理外交部认证后需自送沙特驻华使馆文化处再递交领事处认证。(2021 年 7 月 28 日发布)

国家	收费标准(人民币元)	工作日	有关规定
斯里兰卡	商业 285 民事 215 教育 32 斯里兰卡人 195	7	
斯洛伐克	150	7	1. 苏、浙、沪、皖、赣、闽地区出具的文书送驻上海总领馆认证。 2. 需提供整本复印件。 3. 需提供申请人护照复印件或身份证复印件。 (上述 2.3 于 2021 年 3 月 31 日发布)
斯洛文尼亚	110	7	
苏丹	228	7	苏丹籍学生办理学历、学位、成绩单认证,驻华使馆认证免费。
苏里南	140		申办认证前需先至使馆申请签证。
T			
塔吉克斯坦	150	7	1. 需 1 份复印件。 2. 需俄文译文。 3. 不受理护照认证申请。
泰国	125	7	1. 需一式两份,使馆只收一份认证费。 2. 需泰文或英语译文。 3. 商业单据须做成证明书形式。 4. 山东省出具的文书送驻青岛总领馆认证。
土耳其	124	10	1. 需一式两份,使馆只收一份认证费。 2. 苏、浙、沪、皖地区出具的文书送驻上海总领馆认证。 3. 闽、桂、琼、粤地区出具的文书送驻广州总领馆认证。 4. 香港出具的文书送驻香港总领馆认证。
土库曼斯坦	225 加急 375	普通 10 加急 3	1. 需 1 份复印件。 2. 须附译文与原文相符公证,且公证词中须证明所证文件译文与原文相符。
突尼斯	民事 50 商业 200	7	1. 需提供英文的使用目的说明(由突方提供)。 2. 需提供公证书整本彩色复印件(上述 1.2 于 2021 年 6 月 23 日发布)。
W			
委内瑞拉	出生/死亡/结婚证 640 发票/产地证明/自由销售证明/分析证/动植物检验检疫 960 委内瑞拉籍学习认证免费 其它 800	10	1. 需一式两份,使馆只收一份认证费。 2. 需西文译文。 3. 结婚公证书中须有双方的身份证号码。 4. 苏、浙、沪地区出具的文书送驻上海总领馆认证。 5. 使馆开门时间为每周一。 6. 需填写认证申请表。

续表

国家	收费标准(人民币元)	工作日	有关规定
乌克兰	民事 350 民事加急 700 商业 700 商业加急 1400	普通 25 加急 12	1. 如补办使馆加急认证,须补交加急费。如:已交 350,须再交纳 700;如已交 700,须再交 1400。(2020 年 8 月 18 日更新) 2. 恢复以下文件认证:护照,军官证,劳动登记手册,信件,持有武器许可,交通工具登记证书(行驶证),驾驶证,身份证,法律文件及相关说明(2020 年 9 月 7 日发布)。
乌拉圭	普通民事、商业 720 学位、职业资格 270 犯罪、成绩单、在读证明、婚姻、出生、死亡 90 授权书/委托书 900	10	1. 需西文译文。 2. 申请移民签证所需的文书(出生证、婚姻状况证明、未刑证明、健康证和防疫证),需办理外交部单认证。 3. 中方企业申办乌签证时,需办理营业执照的外交部单认证。 4. 使馆在办理居住手续所提供的无犯罪证明、健康证明文书上标注"已阅",不再收取认证费。
乌兹别克斯坦	民事、商业:960	10	1. 需 1 份复印件。 2. 需附译文与原文相符公证。
X			
西班牙	57	5	1. 苏、浙、沪、皖、赣地区出具的文书送驻上海总领馆认证。 2. 闽、粤、琼、桂、云、贵、湘地区出具的文书送驻广州总领馆认证。 3. 需西文或英文译文。
希腊	216(常按汇率调整)	10	单据类文书均需做成公证书或证明书形式。
匈牙利	185	4	1. 需匈牙利语、英语、德语或法语译文。 2. 公证书复印件一份。 3. 申请人护照首页复印件一份。 4. 填写申请表。(以上信息于 2019 年 3 月 19 日发布) 5. 企业须提供法人护照及营业执照复印件(2019 年 10 月 25 日发布)。
新加坡	52	10	1. 需提供出国使用目的说明及新方邀请文件。 2. 新方公司邀请当事人去工作的,还需有新移民局出具邀请文件的原件。
新西兰	420	7	

续表

国家	收费标准(人民币元)	工作日	有关规定
叙利亚	民事类文书:164元 商业类文书:328元 不包括款项的产地证:328包括款项表明中国制造的原产地证明:655 涉及委托的文书:492元 发票(按金额计算) 美元:发票金额×1250×1.5%/190.99 欧元:发票金额×1518.04×1.5%/190.99 发票最小收费额655元(人民币) 发票最大收费金额32725(人民币)	7	1.需1份复印件。 2.发票、产地证必须有下列字样:NEITHER PARTS NOR RAW-MATERIAL OF ISRAELI ORIGINHAVE BEEN USEDIN THE PRODUCTION OF THE GOODSMENTIONED IN THIS INVOICE, NOISRAELICOMPANY ORINSTITUTEHAVE BEEN INVOLVED IN THEPRODUCTION OR CO-PRODUCTION OFTHE ABOVE MENTIONED GOODS. 3.凡证书中包含与以色列有关内容,该馆均不予认证。 4.委托书及涉委托字样和内容的文书,需附阿拉伯语译文页。 5.原产地证需与发票同一批次认证(此信息2019年7月15日发布)。
Y			
牙买加	80	5	
也门	商业1200 民事600	7	1.涉及食品和药品(人用及兽药)出口的产地证、发票等文书的认证,须同时认证由地方出入境检验检疫部门出具的健康证明书,其中药品类文件还须提供GMP证书。 2.有关化学制品(含农药)出口文书的认证,须同时认证由农业部农药检定所出具的证书。 3.认证涉及军品的文书,必须附有也门外交部的批文。 4.本国籍学生的毕业证、学位证及成绩单需自送使馆文化处。 5.学生学习类证书免费。(不分国籍)(2020年1月13日发布)

续表

国家	收费标准(人民币元)	工作日	有关规定
伊拉克	民事 113 商业 1200 产地证、发票、装箱单 825	20	1. 食品进口需提供健康证明。 2. 不认证肉类、奶类食品。 3. 单据类的商业文件(不能由公证处出具)送使馆经商处认证(仅周二收发件)。 4. 伊拉克籍学生的学位、学历、成绩单公证书需自送使馆。 5. 自 2018 年 5 月 2 日起,申请办理原产地证和商业发票认证,须提交由德国 TUV 莱茵公司或 BV 必维国际检验公司出具的符合性证书(COC),未在名单内的货物同样需要上述检验公司出具符合性核查(COI)作为认证附件。 6. 中国外贸企业须按照德国 TUV 莱茵公司官网或必维集团官网公布规定,准确填报申请表,依据产品类别,明确应提交的文件是认证报告(COC)还是检验报告(COI),并须向中国境内的德国 TUV 莱茵公司或必维机构申请。 7. 办理原产地证和商业发票以下两种情况须同时递交合同复印件: A、申请公司与伊拉克政府签订的项目(不包括投资类的政府项目),不递交符合性证书(COC、COI)及进口许可证。 B、发票金额超过壹佰万美金。 8. 公司申请原产地证和商业发票认证时,如收货人为伊拉克国有石油公司,必须提交符合性证书(COC 或 COI)作为附属审核材料。(此信息 2019 年 4 月 26 日发布) 9. 经营两用化学品的投资类公司,办理原产地证和商业发票认证,需递交伊展览总公司出具的进口许可证复印件,以便审核。 10. 原产地证和商业单据必须先办理外交部认证再办理伊驻华使馆或商务处的领事认证(2020 年 3 月 9 日发布)。
伊朗	其他证书 480 元 产地证和发票按发票金额收费: 1 ~ 171 美元、1 ~ 150 欧元:160 元 172 ~ 1712 美元、151 ~ 1500 欧元:560 元 1713 ~ 8558 美元、1501 ~ 7500 欧元:960 元 8559 ~ 17115 美元、7501 ~ 15000:1920 元 17116 ~ 85575 美元、15001 ~ 75000 欧元:4000 元 85575 美元及以上、75000 欧元及上:8000 元 健康证按发票金额收费:1 ~ 171 美元、1 ~ 150 欧元:400 元	15	1. 需 1 份复印件。 2. 产地证、发票、健康证(如有)须一起认证,并按发票金额收费。 3. 苏、浙、沪、皖地区出具的文书送驻上海总领馆认证。 4. 香港地区出具的文书送驻香港总领馆认证。 5. 所有商业发票类文书中必须注明买卖双方公司信息,包括公司名称地址、联系电话及手机、传真;伊朗到货港口信息;货物名称、重量、运输方式、金额(美元、欧元)、原产地等信息。 6. 动植物检验检疫证明按发票金额收费。 7. 申办健康证认证需同时认证商业发票。(2019 年 5 月 7 日更新)

续表

国家	收费标准(人民币元)	工作日	有关规定
	172 ~ 171150 美元、151 ~ 150000 欧元:880 元,171151 ~ 1711500 美元、150001 ~ 1500000 欧元:1600 元, 1711501 美元、1500001 欧元以上:3200 元 分析证、自由销售证明等文书按发票金额收费: 1 ~ 171 美元、1 ~ 150 欧元:400 元 172 ~ 171150 美元、151 ~ 150000 欧元:880 元 171151 ~ 1711500 美元、150001 ~ 1500000 欧元:1600 元 1711501 美元、1500001 欧元以上:3200 元		1. 需 1 份复印件。 2. 产地证、发票、健康证(如有)须一起认证,并按发票金额收费。 3. 苏、浙、沪、皖地区出具的文书送驻上海总领馆认证。 4. 香港地区出具的文书送驻香港总领馆认证。 5. 所有商业发票类文书中必须注明买卖双方公司信息,包括公司名称地址、联系电话及手机、传真;伊朗到货港口信息;货物名称、重量、运输方式、金额(美元、欧元)、原产地等信息。 6. 动植物检验检疫证明按发票金额收费。 7. 申办健康证认证需同时认证商业发票。(2019 年 5 月 7 日更新)
意大利	认证每一签字和印章收费 184 元 每页译文加收 100 元 加急另收 383 元 (收费标准按季度调)	普通 10 加急 2	1. 苏、浙、皖、沪地区出具的文书送驻上海总领馆认证。 2. 粤、桂、琼、闽、湘、赣地区出具的文书送驻广州总领馆认证。 3. 川、黔、滇、渝地区出具的文书送驻重庆总领馆认证。 4. 需意文译文,且必须加盖翻译公司印章。 5. 学历公证须按第 33 式办理公证。大学以上学历需历年学习成绩单的公证。 6. 访问学者和科研人员申请学历认证,须有意方名牌院校或科研单位及有关部门的邀请函,公证书应按第 33 式办理,无需提供学习成绩单的公证。 7. 涉及学历/学位、成绩单和课程描述的公证书的认证须由当事人自送使馆。 8. 结婚和未刑公证书有效期为 3 个月;出生公证书有效期不限;其它公证书均半年有效。 9. 申办签证用文书只需办理外交部单认证。 10. 结婚公证须按第 33 式办理。 11. 公证词中不得出现"意大利文译文与中文原文相符"的字样。 12. 经济票据必须做成公证书。 13. 民事类公证书需附一张申请表。 14. 申请意大利助学金的公证书需办理双认证并由外交部代送,并附助学金申请表及收入证明。

续表

国家	收费标准(人民币元)	工作日	有关规定
			15. 涉意籍婚姻需自送使馆办理使馆认证。 申请助学金须提供以下材料： 1. 亲属关系证明公证书 ＊公证书中,申请学生的证件号码统一使用护照号码,不再使用身份证号码。 ＊父母离异的,需另外提交一份反映子女抚养权归属情况的离婚证或离婚判决书公证书(不接受离婚协议书)。 ＊父母一方去世的,在亲属关系证明公证书中体现“已故”即可,无需另行提交亲属死亡报告公证书等。 2. 房产证明公证书 A. 家庭拥有房产需提供房产证公证书 B. 家庭无房产需提供无房证明公证书 注：＊无房证明需在市级房管局开具,证明需包含所有家庭成员(父母、子女)的无房信息。请将所有家庭成员无房证明开在一份证明里(个别房管所要求分别开具证明除外)。 ＊证明需要盖房管所公章,留经办人姓名,办公室固定电话。 ＊租房合同公证书不是助学金所需材料,请勿提供。 3. 父母收入证明公证书 A. 收入证明公证书(在职人员) ＊证明需严格按照附件中“收入证明模板”开具,证明需使用单位抬头纸机打。 ＊除此之外,申请人还需在公证书中附带一份工作单位所属地税局开具的完税证明原件(无需公证)(收入未达到纳税标准的申请人须同样开具完税证明并显示纳税额为零)。完税证明原件需盖地税局公章,留经办人姓名,办公室固定电话。 B. 养老/退休金收入证明公证书(退休人员) ＊请在当地发放退休金/养老金的社保机构开具退休金收入证明(证明需要盖社保机构公章,留经办人姓名,办公室固定电话),并做成公证书。 ＊除此之外,申请人还需在公证书中附带一份能反映其退休收入情况的银行盖章的历史交易明细对账单原件(无需公证)。 C. 失业证或下岗证公证书(失业、无业人员) ＊失业证或下岗证需显示历年年审信息以及失业金领取情况。 ＊如失业证或下岗证上注明申请人“已实现灵活就业”等信息则表明该申请人已就业,所提供的失业证或下岗证将视为无效,那么须按照3. A 条款中的要求提交实际收入证明公证书。若申请人父母离异,申请人可按照要求提供子女抚养方的收入证明公证书即可。 请注意： 一、所有上述材料需要由中国外交部递交至本使馆进行使馆认证(使馆领事处窗口不接收任何有关助学金材料的认证申请),申请人提交认证材料时,应同时提供学生本人护照首页复印件,有效签证/居留复印件。 二、上述2、3 材料公证书的公证词中须出现“原件属实”字样以反映该文件的真实性。 三、上述1、2、3 材料需一并提交认证申请,不得单独申请其中某份材料的认证。

续表

国家	收费标准(人民币元)	工作日	有关规定
			四、上述所有以公证书形式提交的文件应翻译为意大利语。请申请人保证所有公证书中意大利语译文的质量,译文不合格将存在被退件的可能性。另:翻译公司盖章不得出现“原文与译文相符”字样。 五、为了材料的核查,意大利驻华使馆保留要求申请人进一步提供其他补充材料的权利。 六、所有核实电话应提供座机号码,不得提供手机号。 七、驻华使馆领区管辖范围:北京,天津,黑龙江,吉林,辽宁,河北,河南,山东,山西,陕西,宁夏,甘肃,内蒙古,新疆,湖北,青海,西藏。 八、由于申请材料数量巨大,请申请人自行掌握材料提交时间,以免延误助学金的发放。 九、请申请人妥善保管材料,一旦丢失,恕不补办,必须重新提交申请。 16. 所有证明类文件公证均需使用原件(例:收入证明等)。具体详见使馆网页。 17. 自 2019 年 3 月 1 日起,除中国公民涉学习文件及意大利公民的领事认证可由申请人直接递交意驻华使馆办理外,其余文书认证均需通过外交部领事司递送和领取。 18. 意大利驻华使馆关于在意非长期居留中国/意大利公民的中国驾照使用办法及认证相关材料链接如下:https://ambpechino. esteri. it/ambasciata _ pechino/zh/informazioni _ e _ servizi/servizi _ consolari/patente-cinese-uso-in-italia-da. html。(此信息于 2020 年 1 月 22 日发布)
以色列	98 元银行手续费	7	1. 需提供公证书整本复印件(包括封皮)。每本公证书(原件)均需提供 2 份当事人的护照复印件及 1 份使馆申请表。(2021 年 7 月 9 日更新) *需填写认证申请表。(2020 年 12 月 17 日更新) 2. 每本公证书加收 2 元复印费。 3. 公证书通过外交部认证后必须由其代送办理使馆认证。(此信息于 2021 年 6 月 11 日更新)

续表

国家	收费标准(人民币元)	工作日	有关规定
印度	商业 338 民事 78	15	1. 需提供 1 份英文说明信,说明认证文书的种类、递交的文件数目及有关内容。说明信须使用公司抬头纸、有公司盖章以及相关负责人签字。 2. 申办一般授权委托书(GPA)的认证时,除递交英文说明信外,还需提交当事人现用护照复印件一份。 3. 申办商业文书认证的公司还须提交 1 份经贸促会确认并盖章的营业执照证明。 4. 用于经济用途的文书均按经济文件收费。 5. 商业用途文书认证需填写(英语)使馆申请表(每本公证书均须提交),签字盖章后与需认证文书一同送办。 *表格在线填写完整后点击提交并打印(投标文书选第七项,其他商业文书对应选择类别)。 网址链接如下:https://www.eoibeijing.gov.in/comm-attest/application-for-commercial-attestation.php。 注:用于招投标目的文书在递交时请于使馆表上方用铅笔加注"Z"字,以便使馆经商处审核。(第 6 条信息于 2019 年 11 月 13 日更新) 6. 除中国、印度以外的第三方国家公民申办印度民事文书领事认证,需外交部及本国驻华使馆认证后,再办理印度驻华使馆认证。建议申请人自办。(此信息 2019 年 5 月 6 日发布) 7. 苏、浙、沪地区出具的文书可以送上海总领馆认证。 8. 闽、桂、琼、粤、湘、云、川地区出具的文书可以送广州总领馆认证。 9. 港澳地区出具的文书可以在香港领馆认证。 (7、8、9 信息于 2019 年 7 月 23 日发布) 10. 申请商业目的认证,英文目的说明中需有公司的介绍及申请原因,也可提供公司简介作为公司介绍(2020 年 6 月 5 日发布)。 11. 自 2020 年 8 月 7 日起,申请人需登录网站: https://indianconsularservices.mea.gov.in。 在线申请办理民事、教育和贸易/商业类领事认证。建议先登录印度驻华使馆官网(www.eoibeijing.gov.in), 在主页"领事服务"栏目下查阅有关申请指南及其它详细信息。申请经使馆在线审核通过后,将确认单打印件按申请人夹在认证文书原件一起递交至印度驻华使馆。属于使馆领区范围内省份文书仅可递交至使馆办理。其它省份文书请根据领区划分递交印度驻上海或广州总领馆办理,具体受理方式请直接咨询总领馆。(2020 年 11 月 9 日更新) 12. 申请民事文书需提供使馆官网上打印的印度领事服务系统临时收据单,无需再提供身份证及护照复印件,每份文书只对应一份收据单,如提供多余收据单的文书将不予受理(2021 年 4 月 13 日更新)。

续表

国家	收费标准(人民币元)	工作日	有关规定
印度尼西亚	商业 875 民事 175	7	1. 需 1 份复印件。 2. 申办商业类文书时,需提供中方企业给印方合作企业的委托书、代理信或授权书(应注明中方企业详细地址),并附出口印尼产品的详细资料及印方企业的营业执照复印件、自由销售证书、产品成分证明、经营许可证书及中方企业的营业执照。 3. 药品、医疗器械、保健品、化妆品类商品的认证须提供中华人民共和国药品 GMP 证书、中方企业给印方企业的授权书。 4. 中国公司如在印度尼西亚建立公司代表处,所需认证的商业文书包括意向书、任命书、声明函(须说明只从事已定协议中规定允许范围内的业务活动)、公司营业执照等。 5. 印尼涉外婚姻、涉外出生证明公证只办理外交部领事司单认证即可。 6. 涉印尼公民婚姻(结婚、离婚)公证书均需外交部认证后自送使馆办理使馆认证。
英国			自 2016 年 5 月 1 日起不再受理领事认证。
约旦	民事 100 商业 620	7	1. 出口肉类时屠宰证仍正常办理双认证。 2. 认证自由销售证书时需提供约旦客户要求认证的证明。 3. 出生、死亡、结婚、未刑公证等民事类文书的认证须出示该国有关部门要求认证的文件(传真亦可)。 4. 商业文书中若未标有约旦字样的,则需提供该国进口商要求认证的文件。 5. 自 20 年 9 月 16 日起送往约旦使用的世界贸易组织协议规定的免费认证名录所列的产地证、发票、箱单、检验检疫证明 4 类文书原件无需办理该馆领事认证,亦不再要求办理外交部认证,其它商业文书认证程序不变。(2020 年 9 月 18 日发布) 6. 需 1 份复印件。
越南	330	10	1. 需 1 份复印件,加收 1 元复印费。 2. A. 中国护照、身份证、居留许可证、驾照、毕业证(包括成绩单)等证照类文书如未提前办妥国内涉外公证及“双认证”,并已被持有者带到越南境内:持有者可通过越南公证部门将正本申请办理副本公证书或翻译版的公证书,但须通过后续机关审核后才能决定是否受理认证事项。B. 如上述证件未带入越南境内:仍按照正常流程办理国内涉外公证及中国外交部、越南驻华使领馆“双认证”。(2020 年 9 月 17 日更新)

续表

国家	收费标准(人民币元)	工作日	有关规定
		Z	
智利	95	12	闽、粤、桂、琼文书送智利驻广州总领馆认证。
乍得			使馆只接受本国留学生认证,无费用。其他文件认证需先自行联系使馆(2021 年 1 月 13 日发布)。
中非	500	5	需法语译文。(2021 年 4 月 13 日发布)

注:
1. 使馆认证费随汇率变化等原因时有调整,故本表仅供参考,以使馆实际收费为准,多退少补。
2. 使馆认证时间受多种因素影响,故本表所列认证所需时间仅供参考。
3. 各驻华使馆的领事认证原则上由外交部代领事司认证处为办理。